NOMOS**ANWALT**

Beate Heiß
Rechtsanwältin und Fachanwältin für Familienrecht,
Traunreut

Vertragsgestaltung in Familiensachen

- **Eheverträge**
- **Notarielle Scheidungsvereinbarungen**
- **Prozessvergleiche**

unter Mitarbeit von

Christina Herrmann, Rechtsanwältin, Traunreut

 Nomos

Die Deutsche Bibliothek verzeichnet diese Publikation in
der Deutschen Nationalbibliografie; detaillierte bibliografische
Daten sind im Internet über http://dnb.ddb.de abrufbar.

ISBN 978-3-8329-2367-9

1. Auflage 2007

Vorwort

Ziel des vorliegenden Werkes ist es, dem Anwalt und Notar Vertrags- und Vereinbarungsmuster für Eheverträge, notarielle Scheidungsvereinbarungen sowie Prozessvergleiche an die Hand zu geben. Dazu gibt es eine Zusammenstellung derjenigen Vertragsmuster aus Literatur und Rechtsprechung sowie meiner eigenen Tätigkeit wieder, die sich in der familiengerichtlichen und anwaltlichen Praxis bewährt haben.

Enthalten sind nahezu sämtliche Entscheidungen zur Inhaltskontrolle und Wirksamkeit von Eheverträgen nach der neuen Bundesverfassungsgerichts- und BGH-Rechtsprechung. Auch die Unterhaltsrechtsreform wurde berücksichtigt, zumal das neue Recht unter bestimmten Voraussetzungen auch auf bereits bestehende Unterhaltsvereinbarungen anzuwenden ist.

Der Teil „notarielle Scheidungsvereinbarungen" beschränkt sich nicht nur auf die Auseinandersetzung von Zugewinngemeinschaft und Gütergemeinschaft, sondern enthält auch Vereinbarungen zur Übertragung von Immobilien, Übernahme von Vorkaufsrechten, Einräumung eines Vorkaufsrechts sowie der Übertragung bei bestehendem Erbbaurecht. Dieser Teil hat seine besondere Bedeutung darin, dass er Antwort gibt auf die regelmäßig auftretende Frage, ob nicht bereits vor der Scheidung eine Vereinbarung zur vermögensrechtlichen Auseinandersetzung sowie zur Unterhaltsregelung getroffen werden kann. Zahlreiche Vereinbarungsvorschläge geben dem Anwalt die Möglichkeit, diese Frage zu beantworten und gestalterisch tätig zu werden. Darüber hinaus sind auch zahlreiche Regelungsvorschläge zu Vermögensübertragungen, Nießbrauchsrecht und Wohnrecht zu Gunsten der gemeinsamen Kinder enthalten.

Die Abgabe einer Unterhaltsverzichtserklärung ist nach der neuen Rechtsprechung mit erheblichen Haftungsgefahren verbunden. Gleiches gilt für Vereinbarungen, in denen die Möglichkeit einer zeitlichen Begrenzung nicht berücksichtigt wurde, obwohl diese nach der gesetzlichen Neuregelung verstärkt möglich ist. Die Praxis zeigt auch, dass Vergleiche häufig aufgrund der damit verbundenen Haftungsgefahr nicht abgeschlossen werden.

Werden Ausgleichszahlungen geregelt, so bietet das Werk zahlreiche Formulierungsvorschläge zu Sicherungsmöglichkeiten wie Grundschuld, Bankbürgschaft, Hypothek. Gleiches gilt für die häufig im Zusammenhang mit Immobilienübertragungen vereinbarte Schuldenübernahme. Ebenfalls ausführlich dargestellt werden die steuerlichen Folgen der Vereinbarungen.

Der Band enthält schließlich auch erbvertragliche Regelungen zwischen Ehegatten, die den Übergang von Immobilienvermögen auf die Kinder sichern sollen.

Die Muster zu den dargestellten Vereinbarungen – die sämtlich auf der dem Buch beiliegenden CD vorhanden sind – sollen dem Benutzer Ausgangspunkt für die eigene Vertragsgestaltung sein. Sie werden nicht nur ausführlich in rechtlicher Hinsicht erörtert. Beratungshinweise helfen außerdem, die Fallstricke, die mit den Vereinbarungen verbunden sind, zu erkennen. Dies hilft bei der Anpassung der Muster auf den jeweiligen Einzelfall, auf den sie freilich stets abgestimmt werden müssen.

Da es im Hinblick auf die Fülle des zu überarbeitenden Materials nicht möglich ist, die aktuelle Rechtsprechung zu allen Streitfragen vollständig aufzubereiten, bin ich für Anregungen und Hinweise, vor allem auch für etwaige weitere erörterungsbedürftige Fragen, dankbar.

Mein besonderer Dank gilt Herrn Notar Wolfgang Lehnert, Trostberg, der mir seine in längjähriger Notarpraxis erworbene Erfahrung in meiner jahrzehntelangen Tätigkeit als Familienrechtsanwältin zur Verfügung gestellt hat. Die dargestellten Vertragsmuster zu den notariellen Scheidungsvereinbarungen sind aus meiner anwaltlichen Tätigkeit in Zusammenarbeit mit Herrn Notar Lehnert entstanden.

Danken möchte ich auch für die Unterstützung meiner Kollegin, Frau Rechtsanwältin Christina Herrmann, die dieses Buch unter anderem mit Kapiteln zu nichtehelichen Lebensgemeinschaften und Lebenspartnerschaften, Kindesunterhalt, elterlicher Sorge und Umgangsrecht vervollständigt hat.

Traunreut im November 2006   Beate Heiß

Inhalt

Verweise erfolgen auf Seitenzahlen

Musterverzeichnis

§ 2 Ehegattenunterhalt

§ 3 Hausrat und Vermögenszuordnung

§ 4 Versorgungsausgleich

§ 5 Erbrechtliche Regelungen

§ 6 Steuern

§ 7 Generalabgeltungsklausel und Salvatorische Klausel

§ 2 Immobilienvermögen, Grundstücksübertragung

§ 3 Sonstige Vermögenswerte

§ 4 Ehegattenunterhalt

§ 5 Kindesunterhalt

§ 6 Elterliche Sorge

Teil 1: Grundsätze zu Eheverträgen, notariellen Scheidungsvereinbarungen und gerichtlichen Vergleichen

Literatur

Heiß, Das Mandat im Familienrecht, 2005; *Heiß*, in: Kroiß, Formularbibliothek Zivilprozess, Familienrecht 2005, Rn 800 zu § 5; *Langenfeld*, Handbuch der Eheverträge und Scheidungsvereinbarungen, 5. Auflage 2005; *Zimmermann/Dorsel*, Eheverträge, Scheidungs- und Unterhaltsvereinbarungen, 4. Auflage 2005; *Göppinger/Börger*, Vereinbarungen anlässlich der Ehescheidung, 8. Auflage 2005; *Münch*, Ehebezogene Rechtsgeschäfte, 2004; *Schwab*, Handbuch des Scheidungsrechts, 5. Auflage 2004; *Palandt*, Bürgerliches Gesetzbuch, 65. Auflage 2006; *Grziwotz*, Formbedürftigkeit ehevertraglicher Vereinbarungen im Rahmen von Gesamtbeurkundungen, FamRB 2006, 23 ff.; *Bergschneider*, Zur Inhaltskontrolle bei Eheverträgen – das Urteil des BVerfG v. 6.2.2001 und seine Konsequenzen für die Praxis, FamRZ 2001, 1337, 1338; *Heiß/Born*, Unterhaltsrecht – Ein Handbuch für die Praxis, 30. Auflage 2006, Stand März 2006; *Borth*, Anmerkung zu BGH Urteil XII ZR 265/02 v. 11.2.2004, FamRZ 2004, 609 ff; *Kornexl*, Ehevertragsgestaltung als Störfallvorsorge, FamRZ 2004, 1611 ff; *Langenfeld*, Vertragsgestaltung, 3. Auflage 2004; *Baumbach/Lauterbach* Zivilprozessordnung, 64. Auflage 2006; *Kindermann*, Die Abrechnung in Ehe- und Familiensachen, 2005; *Mayer/Kroiß*, RVG, 2004; *Vollkommer/Heinemann*, Anwaltshaftungsrecht, 2. Auflage 2003; *Borgmann/Jungk/Grams*, Anwaltshaftung, 4. Auflage 2005; *Groß*, Anwaltsgebühren in Ehe- und Familiensachen, 1997; *Gerhardt/Heintschel-Heinegg/Klein*, Handbuch des Fachanwalts Familienrecht, 5. Auflage 2005; Soergel/*Bearbeiter*, Kommentar zum Bürgerlichen Gesetzbuch, Band 8, Familienrecht II, 12. Auflage 1987; *Hinne/Klees/Teubel/Winkler*, Vereinbarung mit Mandanten, 2006; *Krause*, Honorarvereinbarungen für das familienrechtliche Mandat, FamRB 2006, 20 ff.; *Kitzinger*, in: Becksches Formularbuch Familienrecht, 2004.

A. Inhalt von Eheverträgen

Ein Ehevertrag beinhaltet i.d.R.   1

- Regelungen betreffend die güterrechtlichen Verhältnisse,
- Vereinbarungen über den Versorgungsausgleich,
- unterhaltsrechtliche Regelungen.

Inhalt bei Scheidungsvereinbarungen:

- Trennungsunterhalt
- nachehelicher Ehegattenunterhalt
- Hausrat
- elterliche Sorge und Umgangsrecht
- Übertragung von Miteigentumsanteilen an Immobilien
- Vereinbarungen betreffend Schuldenübernahme
- Rückabwicklung von Zuwendungen
- Rückübertragungen von Immobilien aufgrund vorhergehender Verträge im Zusammenhang mit Zuwendungen unter den Ehegatten.

B. Form des Ehevertrages

Gemäß § 1408 Abs. 1 BGB können die Ehegatten ihre güterrechtlichen Verhältnisse   2
durch **Ehevertrag** regeln. Dieser muss bei **gleichzeitiger** Anwesenheit beider Teile zur Niederschrift eines Notars geschlossen werden, § 1410 BGB.

Gleichzeitige Anwesenheit bedeutet **nicht persönliche Anwesenheit** (s.u. Tei 1 Rn 21 ff).   3
Handeln mit **Vollmacht** und Auftreten eines **vollmachtslosen** Vertreters mit **nachträglicher Genehmigung** sind möglich, wobei sowohl die Vollmacht als auch die nachträg-

liche Genehmigung nach § 167 Abs. 2 BGB formfrei sind[1] (im Einzelnen hierzu s. die Ausführungen zur Inhaltskontrolle Teil 1, Rn 132).

4 **Beratungshinweis:**

Gerade im Hinblick auf die neue Rechtsprechung des Bundesgerichtshofs und des Bundesverfassungsgerichts zur Frage der Wirksamkeit und Inhaltskontrolle von Eheverträgen sollte der Notar in der Praxis Eheverträge nur bei persönlicher gleichzeitiger Anwesenheit beider Eheleute abschließen.

Sinn der Formvorschrift des § 1410 BGB ist die Sicherstellung sachkundiger Beratung und Gestaltung sowie der Schutz vor **einseitiger Benachteiligung** und Übereilung.

5 Ein umfassender Ehevertrag **beinhaltet** i.d.R. Vereinbarungen über den Güterstand, § 1408 Abs. 1 BGB, Vereinbarungen über den Versorgungsausgleich, § 1408 Abs. 2 BGB, und Vereinbarungen über den nachehelichen Unterhalt, § 1585 c BGB. Zwar sind Vereinbarungen über den nachehelichen Ehegattenunterhalt gem. § 1585 c BGB formlos möglich (zur Unterhaltsreform s. aber Teil 1, Rn 44). Der **Zusammenhang** mit einem **formbedürftigen** Ehevertrag führt jedoch richtiger Ansicht nach auch zur Formbedürftigkeit derartiger Unterhaltsvereinbarungen.[2]

6 Ein Ehevertrag kann sowohl **vor der Ehe** als auch **während** der Ehe abgeschlossen werden. Dies ergibt sich aus § 1408 Abs. 1 BGB und der dortigen Formulierung „ . . . insbesondere auch nach Eingehung der Ehe . . . .“ Darüber hinaus ist jederzeit eine Verbindung mit einem **Erbvertrag** möglich, § 2276 BGB.

7 Wird der Ehevertrag von **Verlobten** abgeschlossen, so wird er erst mit Eheschließung wirksam. Der Ehevertrag kann sowohl mit einer **Bedingung** bzw. mit einem Rücktrittsvorbehalt abgeschlossen werden. Der Abschluss eines **Vorvertrages** in der Form des § 1410 BGB ist möglich.[3]

8 Bei der Beurkundung ist nach neuerer Rechtsprechung des BGH[4] darauf zu achten, dass die Beteiligten mit dem **Nachnamen** unterzeichnen. Bei Unterschrift allein mit dem **Vornamen** soll die Urkunde **unwirksam** sein. Das Urteil stellt zu strenge Anforderungen. Wer bei Beurkundung anwesend ist, ausgewiesen war und durch Unterschrift zu erkennen gibt, dass er die Urkunde billigt, der sollte sich an seiner Erklärung festhalten lassen müssen.[5]

9 Soll aufgrund eines Ehevertrages eine **Eintragung in das Güterrechtsregister** erfolgen, so ist die Vollmacht oder Zustimmung desjenigen Ehegatten, der bei Abschluss des Ehevertrages vertreten wurde, in **öffentlich beglaubigter Form** nachzuweisen, denn der Antrag auf Eintragung in das Güterrechtsregister ist grundsätzlich von beiden Ehegatten in öffentlich beglaubigter Form zu stellen, §§ 1560 S. 2, 1561 Abs. 1 BGB. Die Ausnahme des § 1561 Abs. 2 Nr. 1 BGB, wonach der Antrag **eines** Ehegatten genügt, wenn der

---

1 BGH NJW 1998, 1857 = LM § 167 Nr. 40 m. Anm. Langenfeld.
2 Langenfeld, Handbuch der Eheverträge und Scheidungsvereinbarungen, Rn 20 zu Kap. 1.
3 Langenfeld a.a.O. Rn 17 zu Kap. 1.
4 BGH Mitt BayNot 2003, 233.
5 Münch, Ehebezogene Rechtsgeschäfte, Rn 318 zu Teil 2; Kanzleiter, Mitt BayNot 2003, 197.

Ehevertrag vorgelegt wird, greift gerade dann nicht, wenn hierbei ein Ehegatte vertreten war, ohne dass die Vollmacht mindestens öffentlich beglaubigt ist.[6]

§ 1378 Abs. 3 S. 2 BGB fordert für eine Vereinbarung über den Ausgleich des Zugewinns, gemeint ist hier die Vereinbarung über die **konkrete Zugewinnausgleichsforderung,**[7] gleichfalls die notarielle Beurkundung. Unter Zugewinnausgleichsvereinbarungen fallen alle Regelungen, die sich auf den **Bestand,** die Höhe und die **Fälligkeit** und **Durchsetzbarkeit** der Zugewinnausgleichsforderung auswirken.[8]   10

Eine Vereinbarung über die Beteiligung eines Ehegatten am **Verkaufserlös** des im Alleineigentum des anderen stehenden Gegenstandes i.V.m. der Erklärung, dass das weitere Vermögen zum Zugewinnausgleich rechne, ist gem. § 1378 Abs. 3 S. 2 BGB **formbedürftig.**[9] Das gilt auch für die Auseinandersetzung der Mitberechtigung beider und der **Alleinberechtigung** eines Ehegatten an einem **Vermögensgegenstand,** wenn die Auslegung ergibt, dass dieser Gegenstand aus dem Zugewinn ausgenommen werden solle.[10]   11

Die Abgrenzung zwischen § 1378 Abs. 3 BGB und § 1410 BGB ist äußerst umstritten.[11] Da der BGH Vereinbarungen unter Ehegatten nach § 1378 Abs. 3 BGB auch schon **vor Rechtshängigkeit** eines Scheidungsantrags zulässt,[12] verliert die Abgrenzung jedoch an Bedeutung. Nach Ansicht von *Brix*[13] erfasst § 1378 Abs. 3 S. 2 BGB auch die Eheverträge und erleichtert die notwendige Form für das **Scheidungsverfahren** durch **Verweis** auf § 127a BGB. § 1378 Abs. 3 S. 3 BGB und Eheverträge aber schließen sich danach gegenseitig aus, da § 1378 Abs. 3 S. 3 BGB nur Regelungen zum Schicksal der Ausgleichsforderung erfasst, die aber deren Entstehen gerade voraussetzen.[14] Vereinbarungen über **Entstehen** und **Inhalt** der Ausgleichsforderung sind danach von § 1378 Abs. 3 S. 3 BGB nicht erfasst.[15]   12

Bei Erwerb oder Veräußerung von Grundbesitz ist gem. § 311b Abs. 1 BGB notarielle Beurkundung erforderlich. Gleiches gilt nach § 794 Abs. 1 Nr. 5 ZPO für den Fall einer **Vollstreckungsunterwerfung.** Eine Vollstreckungsunterwerfung ist nicht nur für Geldforderungen zulässig, sondern z.B. auch wegen der Räumung der Ehewohnung oder der Herausgabe von Hausratsgegenständen (zum Verzicht auf Räumungsschutzfristen u.a. s. Teil 3, § 2 Rn 165). Zu Fällen mit Auslandsberührung siehe *Zimmermann/Dorsel,* Eheverträge, Scheidungs- und Unterhaltsvereinbarungen, § 12.   13

Umfang der Formbedürftigkeit: Aus der Sicht des § 1410 BGB kann nur eine **umfassende** Beurkundung empfohlen werden, so auch die Rechtsprechung des BGH,[16] sodass auch Unterhaltsvereinbarungen, die zwar grundsätzlich nicht der Form der notariellen Beurkundung bedürfen, mit beurkundet werden müssen, wenn sie im Zusammenhang   14

---

6 KG, FPR 2002, 186; Münch, a.a.O. Rn 324 zu Teil 2.
7 Vgl. BGH, NJW 1997, 2239 ff.
8 Palandt/Brudermüller, Rn 16 zu § 1378 BGB.
9 BGH FamRZ 1983, 160.
10 OLG Düsseldorf, FamRZ 2005, 273 zu Hausrat im Alleineigentum.
11 Münch, a.a.O. Rn 326 zu Teil 2.
12 BGH NJW 1983, 753.
13 FamRZ 1993, 12 ff.
14 Münch, a.a.O. Rn 326 zu Teil 2.
15 Finger, FuR 1997, 68.
16 BGH FamRZ 2002, 1179, 1180.

mit güterrechtlichen Vereinbarungen oder Vereinbarungen zum Versorgungsausgleich abgeschlossen werden. Für diesen Fall hat der BGH[17] die Formbedürftigkeit der Unterhaltsvereinbarung bejaht.

15 Auch die **Aufhebung** eines Ehevertrages, durch den der Güterstand geändert worden war, bedarf der Form des § 1410 BGB.[18] *Münch*[19] empfiehlt daher zu Recht, **umfassend** zu beurkunden und keine Trennung von Grundstücksgeschäft und schriftlichen Regelung zu Unterhalt und Schuldenregelungen vorzunehmen,[20] da der Schaden bei einer Nichtigkeit der Gesamtvereinbarung in keinem Verhältnis zur Kostenersparnis steht.

16 **Beratungshinweis:**

Im Hinblick auf die **richterliche Inhaltskontrolle** empfiehlt *Langenfeld*[21] zu Recht, dass

- Belehrung und auch Gestaltung vom Notar **persönlich** vorgenommen werden sollen und nicht von einer Hilfskraft,
- i.d.R. mindestens **2 Termine** in Anwesenheit beider Beteiligter stattfinden sollten und zwar zum einen zur Aufklärung und Besprechung und zum anderen zur Klärung aufgetretener Fragen,
- zwischen dem ersten und dem zweiten Termin sollte den Parteien ein **Entwurf** zugeleitet werden.
- Falls **Ausländer** an dem Vertragsabschluss beteiligt sind, sollte sowohl ein Dolmetscher hinzugezogen werden als auch eine schriftliche Übersetzung des Ehevertragsentwurfs veranlasst werden.[22] (Zu Fällen mit Auslandsberührung s. *Zimmermann/ Dorsel*, Eheverträge, Scheidungs- und Unterhaltsvereinbarungen, § 12.)
- Ein faires Verfahren im Rahmen der notariellen Beurkundung kann die Sittenwidrigkeitsschwelle nach der neuen Rechtsprechung des BGH und des BVerfG zur Inhaltskontrolle von Eheverträgen (und Scheidungsvereinbarungen) anheben.[23]
- Ein **gerichtlicher** Vergleich ersetzt gem. § 127a BGB die notarielle Form.
- Die Tatsache, dass ein Ehevertrag bzw. eine Scheidungsvereinbarung gerichtlich protokolliert wurde, schließt die erforderliche **Inhaltskontrolle** nicht aus[24]
- Wird die Form der notariellen Beurkundung oder des gerichtlichen Vergleichs nicht eingehalten, so ist die Vereinbarung **nichtig**, § 125 S. 1 BGB.
- Eine **Heilung** durch Eintragung im Güterrechtsregister, durch Zeitablauf, durch Erfüllung oder gerichtliche Genehmigung tritt **nicht** ein.[25]
- Die **Berufung** auf die **Formnichtigkeit** kann nur in besonders gelagerten Fällen treuwidrig sein.[26]

---

17 BGH a.a.O.
18 OLG Frankfurt, NJWE-FER 2001, 228; Münch, a.a.O. Rn 336 zu Teil 2.
19 Münch, a.a.O. Rn 337.
20 Bergschneider, FamRZ 2001, 1337, 1338.
21 Langenfeld, a.a.O. Rn 21 zu Kap. 1.
22 Langenfeld, Handbuch der Eheverträge und Scheidungsvereinbarungen, Rn 21 zu Kap. 1.
23 OLG Zweibrücken, FamRB 2005, 317; OLG Frankfurt FamRB 2005, 318.
24 OLG München, FamRZ 2005, 215.
25 Grziwotz, a.a.O.; Hahne, in: Schwab, Handbuch des Scheidungsrechts, 5. Auflage 2004, VI Rn 306.
26 Grziwotz, a.a.O. m.w.N.

- Auch **Vorverträge,** die zum Abschluss eines Ehevertrages verpflichten, bedürfen der notariellen Form.[27] Es sind sowohl der **Hauptvertrag** als auch der Vorvertrag formbedürftig.[28]
- Auch **Abänderungen** eines Ehevertrages bedürfen der notariellen Form.[29]
- Grund hierfür ist, dass i.d.R. nicht nur frühere Vereinbarungen aufgehoben werden, sondern dass die Aufhebung i.d.R. über die früher getroffenen Regelungen hinausgehende Rechtswirkungen hat.[30]
- Eine **Ausnahme** gilt für Vereinbarungen zum Zugewinn **nach Rechtskraft** der Scheidung.[31]
- Der Formzwang gilt insbesondere auch für Verpflichtungen zum Abschluss eines Ehevertrages, die **gegenüber einem Dritten** übernommen wurden, so z.B. die im Gesellschaftsvertrag enthaltene Pflicht, Gütertrennung zu vereinbaren.[32]

C. Erbvertrag

Kostenrechtlich von Vorteil ist, mit dem Ehevertrag eine **erbvertragliche** Regelung zu verbinden, da die entsprechende Gebühr nur einmal anfällt und zwar aus dem Vertrag mit dem höheren Geschäftswert, § 46 Abs. 3 KostO. In diesem Fall der **Verbindung in einer Urkunde** genügt für den Erbvertrag nach § 2276 Abs. 2 BGB die für den Ehevertrag vorgeschriebene Form, d.h. entgegen § 2274 BGB ist in diesem Fall der **persönliche Abschluss nicht** vorgeschrieben.[33]   17

D. Vertragsfreiheit, Vertragsinhalt

Abgesehen von den Anforderungen bezüglich Wirksamkeit und Inhaltskontrolle (hierzu s. Teil 1 Rn 49 ff) ist ein Ehevertrag **unwirksam,** wenn er gegen die **guten Sitten** verstößt, etwa wenn er einen Ehegatten vermögensrechtlich völlig entmündigt und knebelt. Nichtig ist der Vertrag, wenn er gegen **gesetzliche** Verbote verstößt.[34]   18

Eine **Anfechtung** nach §§ 119, 123, 142 BGB wird i.d.R. bei notariellen Verträgen im Hinblick auf die damit verbundenen Belehrungen **nicht** in Betracht kommen. Ein **Wegfall der Geschäftsgrundlage** kommt zwar zum einen bei familienrechtlichen Verträgen in Betracht, nicht jedoch bei Vereinbarungen für den Fall der Ehescheidung; dies deshalb, weil die Vereinbarung ja gerade für den Fall der Scheidung getroffen wurde. Eheverträge unterliegen, wie alle anderen Verträge, der **Anfechtung** wegen **Gläubigerbenachteiligung** nach §§ 129 ff InsO, § 3 AnfG.[35] (Im Einzelnen s.u. Teil 1 Rn 256 ff)   19

---

27 Grziwotz, a.a.O.; Palandt/Brudermüller, 64. Auflage 2005, § 1410 BGB Rn 1.
28 Grziwotz, a.a.O.
29 OLG Frankfurt, FamRZ 2001, 1523 für eine an sich **formfreie** Unterhaltsvereinbarung in einem umfassenden Ehevertrag.
30 Grziwotz, a.a.O.
31 Grziwotz, a.a.O.
32 Grziwotz, a.a.O.
33 Münch, Ehebezogene Rechtsgeschäfte, Rn 331 zu Teil 2.
34 Langenfeld, a.a.O. Rn 11 zu Kap. 1.
35 Langenfeld, a.a.O. Rn 12 zu Kap. 1.

20 Scheidungsvereinbarungen über den **Versorgungsausgleich** sind gem. § 1587o BGB **genehmigungsbedürftig**. Gemäß § 1587o Abs. 2 S. 4 BGB unterliegen diese Vereinbarungen der Inhaltskontrolle des Familiengerichts (im Einzelnen hierzu s.u. Teil 1 Rn 64 ff).

E. Vollmacht und Genehmigung

21 Das Erfordernis der **gleichzeitigen** Anwesenheit bedeutet nicht, dass **persönliche** Anwesenheit erforderlich ist.[36] **Persönliche Anwesenheit** ist jedoch erforderlich, wenn der Ehevertrag mit einem **Erbvertrag** verbunden wird, § 2276 Abs. 1 S. 1 BGB.

22 Ein Erb- oder Pflichtteilsverzichtsvertrag kann nach § 2347 Abs. 2 BGB vom **Erblasser** jedoch nur **persönlich** geschlossen werden. Ein Erb- und Pflichtteilsverzicht, mit dem der Erblasser auf Pflichtteilsansprüche und Erbansprüche am Nachlass seiner Frau verzichtet, kann deshalb nicht vorbehaltlich der Genehmigung durch die Ehefrau erfolgen, sondern muss in der Form von **Angebot** und **Annahme** hierzu vorgenommen werden.

23 Handelt es sich nur um einen Ehevertrag, so ist Vertretung möglich. Die hierzu erteilte widerrufliche **Vollmacht** bedarf gem. § 167 Abs. 2 BGB **keiner Form**.[37] **Gleiches** gilt für die **Genehmigung** des von einem vollmachtlosen Vertreter abgeschlossenen Ehevertrags (§ 182 Abs. 2 BGB).

24 Umstritten ist, aber von der h.M. bejaht wird auch die Formfreiheit der **unter Befreiung von den Beschränkungen des § 181 BGB** erteilten Vollmacht und der Genehmigung des von einem Ehepartner zugleich im **eigenen** Namen und für den **anderen** abgeschlossenen Vertrags.[38]

25 **Beratungshinweis:**

In der Praxis kann diese Vorgehensweise jedoch nicht empfohlen werden, da sie besonderen Anlass für eine richterliche Inhaltskontrolle darstellt.

Beurkundungsbedürftig ist die Vollmacht, wenn sie eine rechtliche oder tatsächliche **Gebundenheit** des Vollmachtgebers bewirkt, die die Einhaltung der Schutzzwecke der Form erfordert. Beispiel ist die **unwiderruflich** erteilte **Vollmacht**. Bei Vorliegen eines solchen Formverstoßes geht der BGH davon aus, dass nur die **Unwiderruflichkeit** unwirksam ist, also eine widerrufliche Vollmacht vorliegt.[39]

Auch hier ist eine eingehende richterliche Inhaltskontrolle die Folge.

26 Die Beurkundung eines Ehevertrags durch **Angebot** und **Annahme** an verschiedenen Orten und zu verschiedenen Zeiten ist nicht möglich, da § 1410 BGB Spezialvorschrift zu § 128 BGB ist. Eine **Sukzessivbeurkundung** ist somit ausgeschlossen.[40]

---

36   Grziwotz, a.a.O.
37   BGH FamRZ 1998, 902.
38   Grziwotz, a.a.O.; BGH, FamRZ 1998, 902; LG Braunschweig, NJW-FER 2000, 50.
39   BGH FamRZ 1990, 860.
40   Grziwotz, a.a.O.

F. Verbindung von formfreien Regelungen und formbedürftigen Regelungen

Die Formvorschriften gelten **auch** für **anderweitige** Vereinbarungen über **Unterhalt,** 27 **Hausratsteilung, Übernahme der ehegemeinschaftlichen Schulden,** wenn sie, wie häufig, mit der Vereinbarung über den Versorgungsausgleich im Zusammenhang stehen. Für Regelungen des Zugewinnausgleichs gelten die Formvorschriften ohnehin.[41]

Alle Abreden, die nach dem erkennbaren Willen eines Vertragsteils eine **rechtliche** Einheit 28 mit dem Ehevertrag bilden und daher miteinander stehen und fallen sollen, sind beurkundungspflichtig.[42] Gleiches gilt bei einem **Zusammenhang mit Grundstücksgeschäften,** wie z.B. bei der Übertragung einer Eigentumswohnung als Gegenleistung für einen Verzicht auf nachehelichen Unterhalt.[43]

Die Beurkundungsbedürftigkeit erstreckt sich **insbesondere auch** auf Unterhaltsverträge, 29 wenn diese im Zusammenhang mit anderen Regelungen abgeschlossen werden.

Umstritten ist, ob bei Nichtbeurkundung von an sich formfreien Teilen einer Gesamtvereinbarung 30 **Gesamtnichtigkeit** gem. § 139 BGB eintritt, oder nicht.[44] *Thiele*[45] möchte „wegen des Gewichtes des güterrechtlichen Teils" regelmäßig keine Gesamtnichtigkeit annehmen. Zu Recht weist *Grziwotz*[46] darauf hin, dass dies der Rechtsprechung des BGH zur richterlichen Inhaltskontrolle widerspricht, wonach der nacheheliche Unterhalt an erster Stelle hinsichtlich der Bedeutung der Scheidungsfolgen steht.[47]

Soweit die Meinung vertreten wird, die fehlende Beurkundung sei ein **Indiz gegen** eine 31 **Verbundenheit,** ist dies nicht zwingend, da sich der Zusammenhang i.d.R. aus der **inhaltlichen** Abhängigkeit ergibt und nicht aus der Frage der Urkundeneinheit.[48]

Die Gesamtnichtigkeit scheidet nur dann aus, wenn die Parteien den beurkundeten Vertrag 32 **auch ohne den nichtigen Teil geschlossen hätten.** Sahen sie hingegen beide Teile als **selbständig** an, so liegt bereits kein einheitliches Rechtsgeschäft vor.[49]

Beratungshinweis: 33

Aus den vorgenannten Gründen ist in jedem Fall zur Sicherheit immer eine **Gesamtbeurkundung** vorzunehmen. Dies entspricht der herrschenden Meinung. Die in der Literatur bestehende Minderansicht[50] ist nicht überzeugend.

---

41 Hahne, in: Schwab, Handbuch des Scheidungsrechts, 5. Aufl. 2004, VI Rn 306.
42 Grziwotz, a.a.O.; Langenfeld, DNotZ 1983, 139; Palandt/Brudermüller, 64. Aufl. 2005,
    § 1410 BGB Rn 2 f; Borth, in: Schwab, Handbuch des Scheidungsrechts, 5. Aufl. 2004, VI Rn 1281.
43 Borth, in: Schwab, Handbuch des Scheidungsrechts, 5. Aufl. 2004, VI Rn 1281.
44 Grziwotz, a.a.O.
45 Staudinger/Thiele, § 1410 BGB Rn 14.
46 Grziwotz, a.a.O.
47 BGH FamRZ 2004, 601.
48 Palandt/Brudermüller, 64. Aufl. 2005, § 1410 BGB Rn 3.
49 Grziwotz, a.a.O.
50 Kanzleiter, NJW 1997, 217 (219); DNotZ 2004, 940.

G. Unterhaltsvereinbarungen

I. Verzichtsvereinbarungen (Trennungsunterhalt)

34 Es wird zunächst auf die nachfolgenden Ausführungen zur Wirksamkeit und Inhaltskontrolle nach BGH- und BVerfG-Rechtsprechung verwiesen (s. Teil 1 Rn 49 ff). Für die Zeit des **Getrenntlebens** kann grundsätzlich auf Unterhalt für die **Zukunft** nicht verzichtet werden. Dies ergibt sich ausdrücklich aus dem Gesetz, § 1614 BGB.

35 Auch ein **Unterhaltsabfindungsvertrag** ist unzulässig, soweit damit der Verzicht auf den zukünftigen Getrenntlebensunterhalt verbunden ist. Auch die Möglichkeit, über eine Haftungsfreistellung einen verdeckten Verzicht herbeizuführen, ist rechtlich unwirksam.

36 **Beratungshinweis:**

Wenn dennoch ein Vergleich abgeschlossen wird, wonach gegen Zahlung einer bestimmten Summe kein Trennungsunterhalt geltend gemacht wird, so empfiehlt es sich, folgende Formulierung mit aufzunehmen:
„Sollte entgegen dieser Vereinbarung Trennungsunterhalt geltend gemacht werden, so wird die bezahlte Abfindungssumme auf die geltend gemachten Unterhaltsansprüche angerechnet. Die Unterhaltsberechtigte erklärt ausdrücklich ihr Einverständnis dahingehend, dass insoweit Aufrechnung gegen laufende Unterhaltsansprüche bis zur Höhe des Abfindungsbetrages zulässig ist."[51]

37 Die Aufrechnung kann, statt durch einseitige Erklärung, auch durch **Vertrag** vollzogen werden.[52] Bezieht sich der Vertrag auf künftige Forderungen, werden diese im Zeitpunkt ihrer Entstehung getilgt.[53]

II. Berücksichtigung der Unterhaltsrechtsreform

38 Im Hinblick auf das in absehbarer Zeit in Kraft tretende Gesetz zur Änderung des Unterhaltsrechts sind folgende Überlegungen veranlasst:

1. Anwendung auf bestehende Titel

39 Artikel 229 EGBGB § 15 des Entwurfs, der die Übergangsvorschriften enthält, besagt, dass das geplante Recht grundsätzlich auch auf bereits **bestehende** rechtskräftige **Unterhaltstitel** und **Unterhaltsvereinbarungen** anzuwenden ist. Allerdings können sich die Unterhaltspflichtigen und Unterhaltsberechtigten auf **Umstände**, die vor dem Inkrafttreten des Unterhaltsrechtsänderungsgesetzes entstanden und durch dieses Gesetz erheblich geworden sind, nur dann berufen, wenn

---

51 Heiß, Das Mandat im Familienrecht, Rn 764 zu Teil 8; Heiß, in: Kroiß, FormularBibliothek Zivilprozess 2005, Familienrecht Rn 788 zu § 5.
52 Palandt/Grüneberg, Rn 19 zu § 387.
53 Palandt/Grüneberg, a.a.O.

- dies zu einer **wesentlichen** Änderung der Unterhaltsverpflichtung führen würde und
- die Änderung dem anderen unter besonderer Berücksichtigung seines Vertrauens in die getroffene Vereinbarung **zumutbar** ist. Durchzuführen ist die Abänderung mit der Abänderungsklage nach § 323 ZPO.[54]

2. Möglichkeiten zur Vereinbarung

Muster:[55] **Ausschluss der Abänderbarkeit**

Die Parteien sind darüber einig, dass diese Vereinbarung auch dann nicht abänderbar ist, wenn das Recht über den nachehelichen Unterhalt geändert wird. Sie verzichten hiermit auch ausdrücklich darauf, sich auf die für ein solches Gesetz geltenden Übergangsvorschriften zu berufen.

Die Parteien vereinbaren, dass eine Abänderung auch ohne Vorliegen der in den Übergangsvorschriften enthaltenen besonderen Abänderungsvoraussetzungen verlangt werden kann.

Alternative:[56] **Abänderbarkeit**

Die Parteien sind darüber einig, dass diese Vereinbarung abänderbar ist, sobald das Recht über den nachehelichen Unterhalt geändert wird. Es gelten dann uneingeschränkt die Vorschriften des Abänderungsgesetzes; die besonderen Voraussetzungen für die Abänderung einer Unterhaltsvereinbarung, die in den Übergangsvorschriften eines Änderungsgesetzes enthalten sind, gelten für diese Vereinbarung nicht.

(Alternativ: Die Abänderungsvoraussetzungen werden von prozentualen oder betragsmäßigen Grenzen abhängig gemacht.)

40

3. Inhalt der Neuregelung

Es sollen im Gegensatz zur jetzigen Rechtslage, wonach zeitliche Begrenzung nur in § 1573 Abs. 5 und § 1578 Abs. 1 S. 2 BGB geregelt ist, Unterhaltsansprüche aus **allen Unterhaltstatbeständen zeitlich begrenzbar** sein.   41

Im Hinblick auf die Rechtsprechung des BGH zur Inhaltskontrolle, wonach der **Betreuungsunterhalt** zum Kernbereich der Scheidungsfolgen erklärt wurde, dürfte eine Herabsetzung von Unterhaltsansprüchen wegen Kinderbetreuung wohl trotz der Änderung des § 1569 BGB (Grundsatz der **Eigenverantwortung**) nicht oder nur sehr eingeschränkt in Betracht kommen.   42

Insoweit ist sowohl Vorsicht geboten mit Herabsetzung des Kindesalters, von dem an die Erwerbsobliegenheit des betreuenden Elternteils beginnt, als auch mit einer Herabsetzung der gesetzlichen Unterhaltshöhe. Dies gilt übrigens auch für die in § 1578 b BGB neu vorgesehene Herabsetzung und zeitliche Beschränkung des Unterhalts.[57]   43

Zur **synoptischen Übersicht** der geltenden Fassung sowie der Fassung des Referentenentwurfs s. FamRZ 2005, 1041.   44

---

54 Bergschneider, FamRZ 2006, 153 ff.
55 Bergschneider, a.a.O.
56 Bergschneider, a.a.O.
57 Bergschneider, a.a.O.

■ Vorgesehen ist eine neue **notarielle Formvorschrift** für Unterhaltsvereinbarungen (§ 1585 c S. 2 BGB), die jedoch nur für den **Geschiedenenunterhalt** vor Rechtskraft des Scheidungsurteils gelten soll, also **nicht** für den Unterhalt während der Ehe, **nicht** für **Getrenntlebensunterhaltsvereinbarungen** auch **nicht** für **Kindesunterhalt**.

■ Der **Grundsatz der Eigenverantwortung** soll in § 1569 BGB neu formuliert werden wie folgt: „Nach der Scheidung obliegt es jedem Ehegatten, selbst für seinen Unterhalt zu sorgen. Ist er dazu **außer Stande**, hat er Anspruch auf Unterhalt nach den folgenden Vorschriften".

■ Die **Erwerbsobliegenheit** geschiedener Ehegatten soll **verschärft** werden.

■ Gewollt ist mit der Gesetzesänderung, dass der Grundsatz der Eigenverantwortung in weit stärkerem Maße als bisher für die einzelnen Unterhaltstatbestände herangezogen wird.[58]

■ Bei der Auslegung von § 1570 BGB wird dies dazu führen, dass das bisherige von der Rechtsprechung entwickelte „**Altersphasenmodell**", ab welchem Alter des Kindes dem betreuenden Elternteil eine Erwerbstätigkeit zumutbar ist, neu zu überdenken **und zu korrigieren** ist.[59]

■ Zu Recht weist *Schwab* darauf hin, dass es bei § 1570 BGB nicht um Eigenverantwortung, sondern um die Verantwortung gegenüber den Kindern geht, also letztlich um die Frage des **Tatbestands** des § 1570 BGB **selbst** und damit aus dem Prinzip der Eigenverantwortung **kein Zwang zur Fremdbetreuung** der Kind entwickelt werden kann.

■ Gesteigerte Erwerbsobliegenheit, § 1574 BGB:
  – Der neu gefasste Absatz 1 bringt in der Sache nichts Neues. Die Erwerbsobliegenheit bezieht sich nicht auf **jedwede denkbare** Tätigkeit, sondern nur auf eine **angemessene**. Unverändert sind die Kriterien der Angemessenheit nach § 1574 Abs. 2 BGB: Ausbildung, Fähigkeiten, Lebensalter und Gesundheitszustand; hinzu kommt **neu** eine **frühere Erwerbstätigkeit**.[60]
  – Der Unterhaltsempfänger kann nicht geltend machen, dass eine vor oder während der Ehe ausgeübte Tätigkeit nach der Scheidung nicht seiner Ausbildung entspreche. Die Begründung zum Entwurf meint, die Erwerbstätigkeit in einem früher ausgeübten Beruf sei „grundsätzlich immer angemessen".
  – Jedoch wird man der „berühmten" Chefarztgattin nicht ansinnen können, wieder aus Aushilfskellnerin zu jobben, nur weil sie das 15 Jahre zuvor vorübergehend als Studentin gemacht hat.[61]
  – Die „**ehelichen Lebensverhältnisse**" sollen nach dem Entwurf als Kriterium der Angemessenheit entfallen und statt dessen in Form einer **Einwendung** zum Zuge kommen, für die der Unterhalts**kläger** die **Darlegungs- und Beweislast** trägt.

---

58   Referentenentwurf (RE) S. 23, einzusehen im Internet unter www.bmj.bund.de/media/archive/943.pdf; Schwab, Reform des Unterhaltsrechts, FamRZ 2005, 1417 ff.
59   RE S. 23; Schwab, a.a.O., S. 1418.
60   Schwab, a.a.O.
61   Schwab, FamRZ 2005, S. 1418.

■ Die neue Härteklausel des § 1578b BGB – Unterschiede zu § 1573 Abs. 5 BGB und § 1578 Abs. 1 S. 2, 3 BGB:

– Die **allgemeine Härteklausel** bildet das Kernstück der Reform. Genauer handelt es sich um eine Kombination von **zwei Klauseln** in § 1578 b BGB, wonach der Unterhaltsanspruch eines geschiedenen Ehegatten **herabzusetzen** (Abs. 1) oder **zeitlich zu begrenzen** (Abs. 2) ist, wenn eine an den ehelichen Lebensverhältnissen orientierte Bemessung bzw. ein zeitlich unbegrenzter Anspruch **unbillig** wäre. Beides kann, wie Absatz 3 erkennen lässt, auch **verbunden** werden.

– Die neue Härteklausel ist im Grunde zusammengesetzt aus Elementen des § 1578 Abs. 1 S. 2 und S. 3 BGB (Absenkung des Unterhaltsniveaus auf den sog. angemessenen Lebensbedarf) und des § 1573 Abs. 5 BGB (zeitliche Begrenzung bei bestimmten Unterhaltstatbeständen). Der Unterschied zu diesen jetzt geltenden Normen liegt darin, dass künftig **alle Unterhaltsansprüche zeitlich begrenzbar** sein sollen – die Herabsetzungsmöglichkeit ist (wenigstens theoretisch) schon jetzt für alle Unterhaltsansprüche gegeben.[62]

– Das **Ersatzniveau**, auf das abgesenkt werden kann, ist „der angemessene Lebensbedarf".

– Bei der Billigkeitswertung sollen nach wie vor Dauer der Ehe, Gestaltung von Haushaltsführung und Erwerbstätigkeit und Dauer der Kindesbetreuung berücksichtigt werden.

– Im Entwurf fehlt jedoch der Satz, dass die Härteklausel i.d.R. nicht zum Zuge kommen soll, wenn der Unterhaltsberechtigte nicht nur vorübergehend ein gemeinschaftliches Kind allein oder überwiegend betreut hat oder betreut. Stattdessen ist das Kindesinteresse in die Klausel selbst verwoben („auch unter Wahrung eines dem Berechtigten zur Pflege und Erziehung anvertrauten gemeinschaftlichen Kindes").[63]

– Bei der Unbilligkeitswertung ist auf die ehebedingten Nachteile abzustellen; Folge: je weniger das Unvermögen, sich bei der Scheidung selbst zu unterhalten, aus der Gestaltung des ehelichen Lebens resultiert, desto eher kommt eine Herabsetzung in Frage.

– Ein Unterschied zur derzeitigen Rechtslage liegt darin, dass die Herabsetzung zugleich ab Scheidung erfolgen kann, also nicht erst – wie beim bisherigen § 1578 Abs. 1 S. 2 BGB – eine gewisse Zeit lang der volle Unterhalt zu gewähren ist.

– Im Übrigen sind die Möglichkeiten der Herabsetzung und zeitlichen Befristung beliebig kombinierbar, es kann nur zeitlich befristet, nur herabgesetzt oder beides werden, es kann auch für gewisse Zeit der volle Unterhalt gewährt und für die Folgezeit abgesenkt werden usw.

– Wichtig erscheint, dass für das Gericht nicht die Möglichkeit bestehen soll, den Unterhalt von vornherein ganz zu versagen.[64]

---

62 Schwab, a.a.O., S. 1419.
63 Schwab, a.a.O.
64 Schwab, a.a.O.

■ Betroffene Unterhaltstatbestände:
- Der **Betreuungsunterhalt** wird wohl kaum zeitlich befristet werden können, denn er besteht ohnehin nur, solange dem Ehegatten wegen Kindesbetreuung eine Erwerbstätigkeit nicht zugemutet werden kann. Auch die Begründung zum Entwurf sieht hier nur „seltene Ausnahmefälle".[65]
- Erfasst werden die Unterhaltsansprüche wegen **Arbeitslosigkeit** (§ 1573 Abs. 1 BGB) und **Aufstockungsunterhalt** (§ 1573 Abs. 2 BGB), was jedoch schon nach derzeitiger Rechtslage möglich ist.
- Der **Ausbildungsunterhalt** wird wohl selten befristet werden können, denn er besteht längstens für die Zeit der Ausbildung. Es kommt jedoch eine Herabsetzung auf den angemessenen Bedarf in Betracht.
- Geringe Bedeutung wird die neue Härteklausel für den **Billigkeitsunterhalt** nach § 1576 BGB haben.
- Im Wesentlichen wird die neue Härteklausel Bedeutung bei Unterhalt wegen **Alters und Krankheit** (§§ 1571, 1572 BGB) haben. Die Begründung denkt „etwa an den Fall der Erkrankung eines Ehegatten, die ganz unabhängig von der Ehe eingetreten ist". Hier soll also der Gesichtspunkt **fehlender Ehebedingtheit** der Bedarfslage Bedeutung erlangen, den auch der BGH bei der Ausformung der Kernbereichstheorie ansetzt.[66]
- *Schwab*, a.a.O., weist zu Recht darauf hin, dass dieser Gedanke nicht leicht durchzuführen sein wird, da schwere Krankheiten pflegen „ganz unabhängig von der Ehe" einzutreten, auch wenn sie während der Ehe ausbrechen – das Zeitelement bedingt ja keine Kausalität.
■ Verhältnis des neuen § 1587 BGB zu § 1579 BGB:
- Gemäß § 1579 BGB ist maßgeblich die **grobe Unbilligkeit**, während bei § 1578b BGB die **schlichte** Unbilligkeit genügt.
- **Kurze Ehen** können somit zum einen unter § 1579 Nr. 1 BGB fallen, andererseits aber auch unter § 1587 b BGB.
- In der Begründung des Entwurfs ist der **Vorrang des § 1579 BGB** vorgesehen. Folge: Erst wenn eine kurze Ehe i.S.d. Norm **nicht** gegeben ist, die Ehe also **länger** ist, kommt § 1578b BGB zum Zug.[67] Entspricht dies den Tatsachen, so weist *Schwab*, a.a.O., zu Recht darauf hin, dass es verwundert, dass bei kurzer Ehe eine **höhere Unbilligkeitsschwelle** zu überwinden ist als bei längerer Ehe. Bei **kurzer** Ehe soll es schwerer sein, den Unterhaltsanspruch zu begrenzen als bei längerer, „diese Rechnung kann nicht aufgehen".[68]
■ Veränderungen des § 1579 BGB:
- Ehen von kurzer Dauer: Bei § 1579 Nr. 1 BGB soll die Zeit einer Unterhaltsberechtigung nach § 1570 BGB der Ehedauer nicht einfach hinzugerechnet werden, wie der bisherige Wortlaut besagt, sondern diese Betreuungszeit soll erst im Rahmen der Billigkeitsabwägung „zu berücksichtigen" sein. Die Begründung

---

65 RE S. 27 f.
66 FamRZ 2004, 601, 605; Schwab, a.a.O., S. 1420.
67 RE S. 31.
68 Schwab, FamRZ 2005, 1420.

beruft sich dabei auf eine Entscheidung des BVerfG,[69] sodass es sich hier nur um eine sprachliche Präzisierung der jetzt schon geltenden Rechtslage handelt.[70]

– Verfestigte Lebensgemeinschaft:
  – Das Zusammenleben mit einem neuen Partner soll aus der Generalklausel des jetzigen § 1579 Nr. 7 BGB herausgenommen werden und als eigener Härtegrund formuliert werden („wenn der Berechtigte in einer verfestigten Lebensgemeinschaft lebt").
  – Der Begriff der verfestigten Lebensgemeinschaft soll sich jedoch an der bisherigen Rechtsprechung orientieren, nämlich:
  – Über längere Zeit hinweg geführter gemeinsamer Haushalt, Erscheinungsbild in der Öffentlichkeit, größere gemeinsame Investitionen, wie der Erwerb eines gemeinsamen Familienheims und auch die Dauer der Verbindung können einen Schluss auf eine verfestigte Verbindung nahe legen.[71]
  – Die Leistungsfähigkeit des neuen Partners soll nach dem Referentenentwurf keine Rolle mehr spielen.

▪ Die neue Rangordnung:
  – Nach bisherigem Recht haben die **Ehegatten**, die minderjährigen und die ihnen gleich gestellten **Kinder** den **gleichen Rang**, und zwar vor allen anderen Unterhaltsgläubigern.
  – Betreffend den geschiedenen und den neuen Ehegatten legt § 1582 BGB den **Vorrang** des **geschiedenen Ehegatten** jedenfalls dann fest, wenn der geschiedene Gatte wegen Kinderbetreuung unterhaltsberechtigt ist oder wenn die Ehe einschließlich Kinderbetreuungszeit von langer Dauer war.
  – Diese Rangfolge soll **grundlegend verändert** werden.[72]
    – Der Unterhalt der **minderjährigen** und ihnen gleichgestellten Kindern soll allein im **ersten Rang** stehen. Im Prinzip soll erst der Kindesunterhalt in voller Höhe befriedigt werden, bevor Ehegatten oder geschiedene Ehegatten berücksichtigt werden.
    – An die **zweite Rangstufe** treten **Elternteile**, die **wegen Betreuung eines Kindes** unterhaltsberechtigt sind und ferner Ehegatten bei einer **Ehe von langer Dauer**.
    – Erst an die **dritte Rangstufe** treten die Ehegatten im Übrigen.
    – In der **vierten Rangstufe** rangieren dann die Kinder, die **nicht minderjährig** sind oder Minderjährigen gleichgestellt sind; hierher gehören z.B. auch die Studenten, die sich in einer angemessenen Berufsausbildung befinden.
    – **Fünfte Rangstufe: Enkel** und weitere Abkömmlinge.
    – **Sechste Rangstufe: Eltern.**
    – **Siebte Rangstufe: Großeltern** und **weitere Verwandte** aufsteigender Linie.

---

69 BVerfG, FamRZ 1989, 941.
70 Schwab, a.a.O.
71 RE S. 32; Schwab, a.a.O.
72 Schwab, a.a.O., S. 1422.

■ Anwendung auf bestehende Titel:
- Die Parteien können sich auf Umstände berufen, die bereits vor dem Inkrafttreten des Reformgesetzes entstanden sind, mit folgenden Einschränkungen:
  - Nur wenn dies zu einer **erheblichen Veränderung** der Unterhaltsverpflichtung führen würde und **zudem**
  - die Änderung dem anderen Teil unter besonderer Berücksichtigung seines Vertrauens in die getroffene Regelung **zumutbar** ist.
- Praktisch soll das mit der Abänderungsklage nach § 323 ZPO durchgeführt werden.[73] Folge ist, dass jedes rechtskräftige Urteil, das erheblich anders ausgefallen wäre, wenn **damals** schon das neue Recht gegolten hätte, jede **Vereinbarung,** die **damals** anders getroffen worden wäre, wenn das neue Recht schon gegolten hätte, jetzt angreifbar wird mit der einzigen Einschränkung der **Zumutbarkeit** „unter besonderer Berücksichtigung des Vertrauens in die getroffene Regelung", einem Kriterium, das von den Gerichten mit dieser oder jener Tendenz gehandhabt werden mag, aber völlig unberechenbar ist.[74]
- In erster Linie werden wohl Fälle betroffen sein, in denen die **neue** Rangordnung völlig **neue** Ergebnisse bringt bzw. Unterhaltsansprüche wegfallen oder sich auf die Hälfte reduzieren.
- Die Begründung zum Referentenentwurf hält das zu schützende **Vertrauen** in eine **Unterhaltsvereinbarung** „insbesondere dann" für **besonders schutzwürdig,** wenn die Vereinbarung „nur ein **Bestandteil** einer größeren, umfassenden Regelung ist, etwa wenn sich die Ehegatten anlässlich von Trennung oder Scheidung über Unterhalt, Güterrecht, Hausrat und Wohnung sowie ggf. über den Versorgungsausgleich geeinigt haben".[75]

4. Präklusion

45   Eine Unterhaltsbeschränkung, die **nicht** in die **Scheidungsvereinbarung** aufgenommen wurde, kann in einem späteren Abänderungsverfahren grundsätzlich nicht mehr berücksichtigt werden.[76]

46   Die **Voraussetzungen** der zeitlichen Begrenzung sind regelmäßig bereits im **Erstverfahren** zu prüfen, in einem **späteren Abänderungsverfahren** ist diese Einwendung **präkludiert**.[77] Dies gilt jedoch **nur,** wenn die Gründe, aus denen eine zeitliche Begrenzung des Unterhaltsanspruchs hergeleitet wird, bereits **zur Zeit des Ausgangsverfahrens eingetreten** waren oder **zuverlässig vorausgesehen** werden konnten.[78]

47   Eine **Billigkeitskorrektur** früherer **fehlerhafter Feststellungen oder vergessener Tatsachen** wird vom BGH zugelassen, wenn aus **anderen** Gründen eine Abänderungsklage

---

73   Schwab, FamRZ 2005, 1425.
74   Schwab, FamRZ 2005, 1425.
75   RE S. 54.
76   BGH FamRZ 2001, 905.
77   Heiß, Das Mandat im Familienrecht, Rn 46 zu Teil 8; Heiß, in: Kroiß, FormularBibliothek Zivilprozess 2005, Familienrecht Rn 364 zu § 5; BGH, FamRZ 1986, 886, 888; 2000, 1499; 2001, 905.
78   Heiß,a.a.O.; BGH FamRZ 2000, 1499; BGH FamRZ 2001, 905.

zulässig ist, um unerträgliche Ergebnisse zu vermeiden.[79] Ein **Nachschieben** bereits früher bestehender nicht vorgebrachter Umstände wurde zugelassen, um die **Beibehaltung** des ursprünglichen Urteils zu **erreichen**,[80] ebenso umgekehrt bei einer auf neu eingetretenen Umständen gestützten Herabsetzungsklage als Tatsachen, die zu einer **Beibehaltung** des bisherigen Titels führen.[81]

5. Beabsichtigte Formvorschrift

Nach § 1585 c S. 2 BGB des Entwurfs bedarf eine Unterhaltsvereinbarung **vor der**   48
Rechtskraft der Scheidung der **notariellen Beurkundung**. Im Hinblick auf § 127 a
BGB dürfte, wie bei anderen Vereinbarungen auch, ein gerichtlicher Vergleich formwirksam sein (im Einzelnen s.o. Teil 1, Rn 12).[82]

H. Inhaltskontrolle von Eheverträgen und Scheidungsvereinbarungen

Literatur
Heiß/Heiß, in: Heiß/Born, Unterhaltsrecht – Ein Handbuch für die Praxis, S. 3.130 ff.

I. Grundsatz der Vertragsfreiheit

Grundsätzlich gilt bei Eheverträgen, Trennungs- und Scheidungsvereinbarungen der   49
Grundsatz der Vertragsfreiheit. Die Grenze liegt jedoch dort, wo **Dominanz** des einen
Partners und **strukturelle Unterlegenheit** des anderen Ehegatten vorliegt. Es darf kein
Missbrauch der Vertragsfreiheit eintreten.

Eheverträge haben dort ihre Grenzen, wo sie nicht Ausdruck und Ergebnis gleichbe-   50
rechtigter Partnerschaft sind, sondern eine auf **ungleichen Verhandlungspositionen** basierende einseitige Dominanz eines Ehepartners widerspiegeln. Es darf **keine einseitige
ehevertragliche Lastenverteilung** vorliegen.

1. Wirksamkeitskontrolle

Der Tatrichter hat in einem ersten Schritt eine **Wirksamkeitskontrolle** des Ehevertrags   51
nach § 138 BGB anhand einer auf den **Zeitpunkt des Vertragsschlusses** bezogenen Gesamtwürdigung der individuellen Verhältnisse der Ehegatten vorzunehmen (Einkommens- und Vermögensverhältnisse, geplanter oder bereits verwirklichter Lebenszuschnitt und dgl.). Eine **Sittenwidrigkeit** wird dabei regelmäßig nur in Betracht
kommen, wenn Regelungen aus dem **Kernbereich** des Scheidungsfolgenrechts ohne Gegenleistungen abbedungen werden und ein **Missbrauchsverhalten** vorliegt (Schwangerschaft, Sprachunkundigkeit und dgl.). Wenn § 138 BGB eingreift, **gilt die gesetzliche
Rechtslage.**

79   BGH FamRZ 1998, 99, 101; Heiß, Das Mandat im Familienrecht Rn 807 zu Teil 8; Heiß, in: Kroiß, FormularBibliothek Zivilprozess 2005, Familienrecht Rn 845 zu § 5.
80   Niklas, FamRZ 1987, 869 ff; Heiß, a.a.O.
81   BGH FamRZ 1998, 99, 101.
82   Bergschneider, a.a.O.

2. Ausübungskontrolle

52 In einem zweiten Schritt ist im Rahmen der **Ausübungskontrolle** nach § 242 BGB zu prüfen, ob der Ausschluss gesetzlicher Scheidungsfolgen nach dem **aktuellen Verhältnis rechtsmissbräuchlich** ist. Es ist dann vom Gericht die **Rechtsfolge** anzuordnen, die den berechtigten Belangen beider Ehegatten in ausgewogener Weise Rechnung trägt.[83]

53 Es muss immer folgende **Frage** gestellt werden:[84] Ergibt sich aus dem vereinbarten Ausschluss der Scheidungsfolge eine evident einseitige Lastenverteilung, die hinzunehmen für den belasteten Ehegatten auch bei angemessener Berücksichtigung der Belange des anderen Ehegatten und seines Vertrauens in die Geltung der getroffenen Abrede sowie bei verständiger Würdigung des Wesens der Ehe, unzumutbar ist.

II. Inhalt nach der Rechtsprechung des BVerfG[85]

54 Das BVerfG verlangt für eine richterliche Inhaltskontrolle von Eheverträgen/Scheidungsvereinbarungen das **kumulative** Vorliegen zweier Voraussetzungen:
- Zum einen muss eine **Ungleichgewichtslage** vorliegen,
- zum anderen muss der Vertragsinhalt durch eine **erkennbare einseitige Lastenverteilung** gekennzeichnet sein.

55 Der Privatautonomie sind dort Grenzen zu setzen, wo eine **strukturelle** Unterlegenheit Grund für den Vertragsinhalt ist. Diese strukturelle Unterlegenheit kann auf einer bestehenden **Schwangerschaft bei Vertragsabschluss** begründet sein. Bei einer einseitigen Dominanz hat eine gerichtliche Inhaltskontrolle zu erfolgen.
- Ist aufgrund einer **besonders einseitigen Aufbürdung** von vertraglichen Lasten ein **krasses** Ungleichgewicht und eine **unangemessene** Benachteiligung bei einer erheblich ungleichen Verhandlungsposition der Vertragspartner wegen der einseitigen Dominanz des einen Vertragspartners ersichtlich, dass eine Partner **faktisch einseitig bestimmen** kann, ist es Aufgabe des Rechts, auf die Wahrung der Grundrechtspositionen beider Vertragspartner hinzuwirken, um zu verhindern, dass sich für einen Vertragsteil die **Selbstbestimmung in eine Fremdbestimmung verkehrt**.
- Bei Eheverträgen **und Scheidungsvereinbarungen** gebietet in solchen Fällen **gestörter Vertragsparität** der verfassungsrechtlich erforderliche Schutz der Ehe als gleichberechtigter Partnerschaft eine **gerichtliche Kontrolle** und ggf. Korrektur der Vereinbarungen.
- Die erkennbare einseitige Lastenverteilung kann sich aus dem **Verzicht** der einkommensmäßig unterlegenen Frau auf **nacheheliche Unterhalt** und der Freistellung des Mannes von Kindesunterhalt ergeben, wobei eine bestehende **Schwangerschaft** bei Abschluss eines Ehevertrages **nur** ein **Indiz** für eine vertragliche Disparität sein kann, die Anlass gibt, den Vertrag einer stärkeren richterlichen Kontrolle zu unterziehen.

56 Eine besondere Schutzbedürftigkeit liege dann vor, wenn der Vertrag die Schwangere **einseitig belaste** und ihre Interessen keine angemessene Berücksichtigung finden. Darüber hinaus sei in einem solchen Fall auch noch das **Kindeswohl** zu berücksichtigen.

---

83 BGH FamRZ 2004, 601.
84 Heiß/Heiß, a.a.O.
85 BVerfG, FamRZ 2001, 343, 985.

Der ehevertraglich vereinbarte **Ausschluss von Unterhaltsansprüchen** (neben dem Verzicht auf Versorgungsausgleichsansprüche und auf Zugewinnausgleich) ist jedenfalls dann **unwirksam**, wenn die schwangere Braut erst kurze Zeit vor der beabsichtigten Eheschließung erstmalig mit dem Abschluss des Ehevertrages konfrontiert wird.[86]

■ Bei der Prüfung, ob ein Ehevertrag einer gerichtlichen Kontrolle am Maßstab des Artikels 2 Abs. 1 i.V.m. Artikel 6 Abs. 2 u. 4 GG standhält, ist der Ehevertrag im Wege der richterlichen Inhaltskontrolle unter einem **subjektiven** und einem **objektiven** Aspekt zu überprüfen.[87] Zu beachten ist, dass Vergleichsmaßstab nicht etwa die Rechtslage ohne Eheschließung ist, sondern die **Rechtslage mit Eheschließung**, aber ohne Ehevertrag. Das BVerfG weist nämlich ausdrücklich darauf hin, dass trotz der Eheschließungsfreiheit keine grenzenlose Ehevertragsfreiheit besteht.[88]

57

III. Inhaltskontrolle von Eheverträgen und Scheidungsvereinbarungen nach der Rechtsprechung des BGH[89]

1. Vertragsfreiheit

Nach dem Grundsatz der Vertragsfreiheit steht es den Ehegatten frei, die gesetzlichen Regelungen über den Zugewinn, den Versorgungsausgleich und den nachehelichen Unterhalt ehevertraglich **auszuschließen**. Dabei darf aber nicht der **Schutzzweck dieser Regelungen** beliebig unterlaufen werden.

58

2. Einseitige Lastenverteilung

Das wäre der Fall, wenn eine **evident** einseitige und durch die eheindividuelle Gestaltung der ehelichen Lebensverhältnisse **nicht gerechtfertigte Lastenverteilung** entstünde, die hinzunehmen für den belasteten Ehegatten – bei angemessener Berücksichtigung der Belange des anderen Ehegatten und seines Vertrauens in die Gestaltung der getroffenen Abrede – bei verständiger Würdigung des Wesens der Ehe **unzumutbar** erscheint.

59

3. Kernbereiche

Die Belastungen des anderen Ehegatten werden dabei umso schwerer wiegen und die Belange des anderen Ehegatten umso genauerer Überprüfung bedürfen, je unmittelbarer die vertragliche Abbedingung gesetzlicher Regelungen **in den Kernbereich des Scheidungsfolgenrechts** eingreift.

60

Zu diesem **Kernbereich** gehört in erster Linie der **Betreuungsunterhalt** (§ 1570 BGB), der schon im Hinblick auf seine Ausrichtung am Kindesinteresse nicht der freien Disposition der Ehegatten unterliegt. Er ist jedoch **nicht jeglicher Modifikation entzogen**, wenn es z.B. die Art des **Berufs der Mutter** erlaubt, Kinderbetreuung und Erwerbstätigkeit **miteinander zu vereinbaren**, ohne dass das Kind Erziehungseinbußen erleidet oder wenn ab einem bestimmten Kindesalter **Dritte zur Betreuung herangezogen werden**.

61

---

86 OLG Oldenburg, FamRZ 2004, 545.
87 OLG Koblenz, FamRZ 2004, 805 m. Anm. Bergschneider.
88 FamRZ 2001, 343; Heiß/Heiß, in: Heiß/Born S. 3.131.
89 FamRZ 2004, 601.

62 Für die **Disponibilität** ist eine **Rangabstufung** vorzunehmen, die sich in erster Linie danach bemisst, welche Bedeutung die einzelnen Scheidungsfolgen-Regelungen für den Berechtigten in seiner jeweiligen Lage haben.

a) Rangstufe 1

63 Unterhalt wegen **Kindesbetreuung**, § 1570 BGB.

b) Rangstufe 2

64 Unterhalt wegen **Alters**, § 1571 BGB; Unterhalt wegen **Krankheit**, § 1572 BGB, Versorgungsausgleich. Auf **derselben** Stufe wie der Altersunterhalt rangiert der **Versorgungsausgleich** als vorweggenommener Altersunterhalt und ist daher vertraglicher Disposition nur **begrenzt** offen. Vereinbarungen über ihn müssen deshalb nach **denselben Kriterien** geprüft werden wie ein vollständiger oder teilweiser **Unterhaltsverzicht**.

65 Zur Wirksamkeits- und Ausübungskontrolle eines Ehevertrages, der den **Ausschluss des Versorgungsausgleichs** enthält, betont der BGH,[90] dass eine **Gesamtwürdigung** vorzunehmen ist, die auf die individuellen Verhältnisse beim Vertragsabschluss abstellt, insbesondere also auf die Einkommens- und Vermögensverhältnisse, den geplanten oder bereits verwirklichten Zuschnitt der Ehe sowie auf die Auswirkungen auf die Ehegatten und auf die Kinder. **Subjektiv** sind die von den Ehegatten mit der Abrede verfolgten Zwecke sowie die sonstigen Beweggründe zu berücksichtigen, die den begünstigten Ehegatten zu seinem Verlangen nach der ehevertraglichen Gestaltung veranlasst und den benachteiligten Ehegatten bewogen haben, diesem Verlangen zu entsprechen.

66 Die vom BGH aufgestellten **strengen Voraussetzungen** rücken die richterliche Inhaltskontrolle eines Verzichts auf Versorgungsausgleich (§ 1408 Abs. 2 BGB) in die Nähe der **Genehmigungsbedürftigkeit** einer Scheidungsvereinbarung gem. § 1587 o Abs. 2 BGB.

67 Da für das Verfahren über den Versorgungsausgleich das **Amtsermittlungsprinzip** des FGG gilt (§§ 621 a Abs. 1, 621 Abs. 1 Nr. 6 ZPO, 12 FGG), wird der Familienrichter bei jedem ehevertraglichen Verzicht auf Versorgungsausgleich das Thema **Inhaltskontrolle** zumindest **ansprechen** müssen, und zwar auch ohne ausdrückliche Einwendung des benachteiligten Ehegatten.[91]

68 Nach der Entscheidung des BGH[92] sollen jedoch Entscheidungen zur **Anpassung** des ehevertraglichen Ausschlusses des **Versorgungsausgleichs** an geänderte Verhältnisse und zur Beschränkung des im Rahmen der Ausübungskontrolle durchzuführenden Versorgungsausgleichs auf die **ehebedingt entstandenen Versorgungsnachteile** eines Ehegatten beschränkt sein.

69 Die **Ehefrau** soll wirtschaftlich so gestellt werden, wie sie bei **Weiterführung ihrer Erwerbstätigkeit ohne die Kinderbetreuung** gestanden hätte. Es sind also die **fiktiven**,

---

90 BGH FamRZ 2005, 26.
91 Bergschneider, FamRZ 2005, 28.
92 BGH FamRZ 2005, S. 185 ff.

im Wege einer Prognose festgestellten Versorgungsanrechte des berechtigten Ehegatten zugrunde zu legen. Dies kann durch überschlägige **Schätzung** nach § 287 ZPO geschehen.

Im vorliegenden Fall wurde ein **Sachverständigengutachten** erholt, das folgende Methode angewandt hat: Die von der Ehefrau später in der Zeit nach Wiederaufnahme ihrer vollen Berufstätigkeit erworbenen Entgelte und die sich daraus ergebenden Entgeltpunkte wurden ermittelt und sodann die durchschnittlichen monatlichen Entgeltpunkte für diesen Zeitraum auf den zurückliegenden Zeitraum der Kindererziehung übertragen. | 70

Nach Anmerkung von *Bergschneider*[93] lässt diese Methode jedoch außer Acht, dass die Ehefrau bei Wiederaufnahme der Erwerbstätigkeit nach Kinderbetreuung möglicherweise nicht mehr das Einkommen erreicht, das sie ohne Unterbrechung der Erwerbstätigkeit hätte. Es müsse eventuell dasjenige Einkommen fortgeschrieben werden, das die Ehefrau **bis zur Unterbrechung** der Erwerbstätigkeit hatte. | 71

c) Rangstufe 3

Unterhalt wegen **Erwerbslosigkeit**, § 1573 Abs. 1 BGB. | 72

d) Rangstufe 4

Krankenvorsorge- und **Altersvorsorgeunterhalt**, § 1578 Abs. 2, 1. Var. Abs. 3 BGB. | 73

e) Rangstufe 5

Aufstockungs- und **Ausbildungsunterhalt**, §§ 1573 Abs. 2, 1575 BGB, die i.d.R. ohnehin befristet sind. | 74

f) Außerhalb des Kernbereichs: Zugewinnausgleich

Dieser erweist sich ehevertraglicher Disposition am **weitesten zugänglich**. Das Gebot ehelicher Solidarität fordert keine wechselseitige Vermögensbeteiligung der Ehegatten: Ihr trägt das geltende Unterhaltsrecht Rechnung. Grob unbillige **Versorgungsdefizite**, die sich aus den für den Scheidungsfall getroffenen Absprachen der Ehegatten ergeben, sind vorrangig im **Unterhaltsrecht** und allenfalls **hilfsweise** durch **Korrektur** der von den Ehegatten gewählten Vermögensordnung zu kompensieren. | 75

4. Notarielle und anwaltliche Belehrung

Die richterliche Inhaltskontrolle wird **nicht** dadurch **obsolet**, dass der belastete Ehegatte durch einen **Notar** hinreichend über den Inhalt und die Konsequenzen des Vertrages **belehrt** oder von einem **Rechtsanwalt beraten** wurde. | 76

---

93 Bergschneider, FamRZ 2005, S. 185 ff.

5. Sittenwidrigkeit und Wirksamkeitskontrolle

77 Der Tatrichter hat als **ersten Schritt** im Rahmen einer Wirksamkeitskontrolle zu prüfen, ob die Vereinbarung schon im **Zeitpunkt** ihres Zustandekommens **offenkundig** zu einer derart einseitigen Lastenverteilung für den Scheidungsfall führt, dass ihr – und zwar losgelöst von der künftigen Entwicklung der Ehegatten und ihrer Lebensverhältnisse – **wegen Verstoßes gegen die guten Sitten** die Anerkennung der Rechtsordnung ganz oder teilweise mit der Folge zu versagen ist, dass an ihre Stelle die **gesetzlichen Regelungen** treten, § 138 Abs. 1 BGB. Erforderlich ist dabei eine **Gesamtwürdigung**, die auf die individuellen Verhältnisse beim **Vertragsabschluss** abstellt, insbesondere also auf die Einkommens- und Vermögensverhältnisse und den geplanten oder bereits verwirklichten **Zuschnitt der Ehe** sowie die Auswirkungen auf die Ehegatten und die Kinder.

78 Das Verdikt der **Sittenwidrigkeit** wird dabei regelmäßig **nur** in Betracht kommen, wenn durch den Vertrag Regelungen aus dem **Kernbereich** des gesetzlichen Scheidungsfolgenrechts ganz oder jedenfalls zu erheblichen Teilen abbedungen werden, ohne dass dieser Nachteil für den anderen Ehegatten durch **anderweitige Vorteile** gemildert oder durch die besonderen Verhältnisse der Ehegatten, z.B. Ehetyp, gerechtfertigt wird. Bei **Sittenwidrigkeit** ist der **gesamte** Vertrag **nichtig** und die Frage einer **Teilnichtigkeit** nach § 139 BGB nicht mehr zu prüfen.

79 Die Unterschiedlichkeit, mit der die Instanzgerichte die richterliche Inhaltskontrolle bei Eheverträgen beurteilen, ist beachtlich (hierzu siehe im Einzelnen Teil 1 Rn 148 ff).

80 So hat das OLG Celle[94] für einen Vertrag die strengste Sanktion, nämlich die Bestandskontrolle, greifen lassen und den Vertrag für **sittenwidrig** nach § 138 Abs. 1 BGB erklärt, konsequenter Weise mit Wirkung von Anfang an, weil bei Unterlegenheit der Frau sowohl aufgrund von Schwangerschaft als auch aufgrund einer persönlichen Situation auf **Betreuungsunterhalt** gem. § 1570 BGB verzichtet worden war. Das OLG hat den **Gesamtvertrag** für sittenwidrig erklärt und auch die **Gütertrennung** in das Verdikt mit einbezogen.

6. Ausübungskontrolle

81 Ist der Vertrag **nicht sittenwidrig**, aber zu beanstanden, muss der Richter im Rahmen der **Ausübungskontrolle** als zweiten Schritt prüfen, ob und inwieweit ein Ehegatte die ihm durch den Vertrag eingeräumte Rechtsmacht **missbraucht**, wenn er sich im Scheidungsfall gegenüber einer vom anderen Ehegatten begehrten gesetzlichen Scheidungsfolge darauf **beruft**, dass diese durch den Vertrag wirksam abbedungen sei, § 242 BGB. Dabei sind nicht nur die Verhältnisse im **Zeitpunkt des Vertragsschlusses** maßgebend. Entscheidend ist vielmehr, ob sich nunmehr im **Zeitpunkt des Scheiterns** der Lebensgemeinschaft aus dem Ausschluss der Scheidungsfolge eine **evident einseitige Lastenverteilung** ergibt, die hinzunehmen für den anderen Ehegatten unzumutbar ist.

82 Das kann insbesondere der Fall sein, wenn die tatsächliche einvernehmliche Gestaltung der ehelichen Lebensverhältnisse von der **ursprünglichen** dem Vertrag zugrunde liegenden **Lebensplanung** grundlegend abweicht.

---

94 OLG Celle, FamRZ 2004, 1489 ff.

Nacheheliche Solidarität wird dabei ein Ehegatte regelmäßig **nicht einfordern können**, wenn er **seinerseits** die eheliche Solidarität verletzt hat; soweit ein angemessener Ausgleich ehebedingter Nachteile in Rede steht, werden dagegen **Verschuldensgesichtspunkte** eher zurücktreten. Insgesamt hat sich die gebotene Abwägung an der **Rangordnung** der Scheidungsfolgen zu orientieren:

Je **höherrangiger** die vertraglich ausgeschlossene und nunmehr dennoch geltend gemachte Scheidungsfolge ist, umso **schwerwiegender** müssen die Gründe sein, die für ihren Ausschluss sprechen. Hält die Berufung eines Ehegatten auf den vertraglichen Ausschluss der Scheidungsfolge der richterlichen **Rechtsausübungskontrolle** nicht stand, so führt dies im Rahmen des § 242 BGB noch **nicht** zur **Unwirksamkeit** des vertraglich vereinbarten Ausschlusses. Der Richter hat vielmehr diejenige **Rechtsfolge anzuordnen**, die den berechtigten Belangen beider Parteien in der nunmehr eingetretenen Situation in ausgewogener Weise Rechnung trägt.

Dabei wird er sich allerdings umso stärker an der vom Gesetz vorgesehenen Rechtsfolge zu orientieren haben, je zentraler diese Rechtsfolge im **Kernbereich** des gesetzlichen Scheidungsfolgenrechts angesiedelt ist.

7. Unterhaltsausschluss trotz Kinderbetreuung

Der Kernbereich ist jedoch nicht jeglicher Modifikation entzogen.[95] Ehevertragliche Regelungen hält der BGH für denkbar, wenn die **berufliche Tätigkeit** und die **Betreuung eines Kindes** miteinander **vereinbart** werden können. Auch ist ein Verzicht möglich, wenn bereits bei Eheschließung die Voraussetzungen eines Unterhalts wegen **Krankheit** bei **Eheschließung** nach § 1572 BGB und wegen **Alters** nach § 1571 BGB gegeben sind, soweit der Verzicht objektiv **nicht zum Nachteil der Sozialhilfe** vereinbart wurde, weil dann § 138 BGB eingreift.[96]

Entscheidend für die **Definition des Kernbereichs** ist nach dem BGH, welche Bedeutung die einzelnen Scheidungsfolgen für den Berechtigten in dessen konkreter Lebenslage haben. Der BGH hält deshalb die **Sicherung des laufenden Lebensbedarfs** (Existenzsicherung) für wichtiger als die Gewährung des Zugewinns und des Versorgungsausgleichs.

8. Inhaltskontrolle

Die Inhaltskontrolle von Eheverträgen nimmt der BGH in **2 Schritten** vor, nämlich durch die

- Wirksamkeitskontrolle **gem. § 138 BGB und die**
- Ausübungskontrolle **gem. § 242 BGB.**

Wie oben Teil 1, Rn 51, 77 ausgeführt, ist bei der Wirksamkeitskontrolle auf den **Zeitpunkt des Vertragsabschlusses** abzustellen. Sittenwidrigkeit wird dann angenommen, wenn Regelungen aus dem Kernbereich des gesetzlichen Scheidungsfolgenrechts ganz oder zu erheblichen Teilen abbedungen werden, ohne dass diese Nachteile durch anderweitige Vorteile gemildert werden. Eine **Kompensation** kann z.B. durch die Übertra-

83

84

85

86

87

88

89

---

95 Heiß/Heiß, in: Heiß/Born S. 3.131 c.
96 BGH FamRZ 1992, 1403.

gung von **Vermögenswerten** für den Fall der Scheidung eintreten, die den Unterhaltsbedarf des berechtigten Ehegatten dauerhaft und angemessen absichert (Kapitallebensversicherungen, Immobilie). Auch bei jeweils gesicherten Einkünften oder eigenen Vermögenswerten kann das Verdikt der Sittenwidrigkeit entfallen.

9. Nachvertragliche Entwicklungen

90 Soweit ein Ehevertrag der Prüfung des § 138 BGB standhält, wobei der BGH darauf hinweist, dass die **Einstiegsschwelle** für § 138 BGB sehr **hoch** ist, muss der Richter anhand
des Maßstabes des § 242 BGB prüfen, ob ein Ehegatte die ihm durch den Vertrag eingeräumte **Rechtsmacht missbraucht,** wenn er sich auf die vertraglichen Regelungen bei Geltendmachung eines Anspruchs zum Scheidungsfolgerecht beruft. Hierbei kommt es nicht
nur auf die Verhältnisse bei Vertragsabschluss an; es können vielmehr vor allem **nachver-
tragliche Entwicklungen** berücksichtigt werden, wenn im Zeitpunkt des Scheiterns der
Ehe durch die vertragliche Regelung eine **evident einseitige Lastenverteilung** eintritt.
Dies kann insbesondere dann der Fall sein, wenn die einvernehmliche Gestaltung der ehelichen **Lebensverhältnisse von der bei Vertragsabschluss geplanten Gestaltung** der ehelichen Lebensverhältnisse grundlegend abweicht, z.B. entgegen den gemeinsamen Vorstellungen ein **Kind** zur Welt kommt. Gleiches gilt, wenn durch **schicksalhafte
Entwicklungen** ein Ehegatte besondere Lasten zu tragen hat (z.B. das gemeinsame
Kind dauerhaft **erkrankt** oder **behindert** ist und ständig gepflegt werden muss).

91 Während das BVerfG die Inhaltskontrolle auf den Zeitpunkt des **Vertragsabschlusses**
abstellte, berücksichtigt der **BGH** im Rahmen der Ausübungskontrolle auch eine **nach-
vertraglich** eintretende evident einseitige **Lastenverteilung.**

10. Rechtsfolgen

92 **Rechtsfolge** im Falle einer gebotenen **Rechtsausübungskontrolle** im Rahmen des § 242
BGB ist **nicht** ohne weiteres die **Unwirksamkeit** des vertraglichen Ausschlusses. Es werden auch **nicht** zwingend die vom **Gesetz** vorgesehen Scheidungsfolgen wieder in Kraft
gesetzt. Der BGH will vielmehr im Rahmen des § 242 BGB den **beiderseitigen Belangen**
der Ehegatten in der gegenüber den Grundlagen der Vereinbarung veränderten Sachlage Rechnung tragen.

93 Je zentraler die Rechtsfolgen im **Kernbereich** der Scheidungsfolgen angesiedelt sind,
umso stärker greift die **gesetzliche** Rechtsfolge durch. **Rechtsfolge** der Rechtsausübungskontrolle ist somit eine **Umgestaltung der vertraglichen Rechtsfolgen** und nicht
nur eine temporäre Versagung der Berufung auf den vereinbarten Verzicht. Dabei ist
eine **Gesamtschau** aller Scheidungsfolgen anzustellen und diese in die Prüfung einzubeziehen, unbeschadet einer **Salvatorischen Klausel.**

11. Beweislast

94 Will ein Ehegatte einen Ehevertrag mit der Wirksamkeitskontrolle nach § 138 BGB
oder der Ausübungskontrolle nach § 242 BGB angreifen, muss er deren Voraussetzun-

gen **darlegen** und **beweisen**, weil er die Abkehr von einer ehevertraglichen Regelung erreichen will.[97]

Der BGH verlangt für beide Prüfungsbereiche eine **Gesamtschau** zur getroffenen Vereinbarung, insbesondere **Gründe** und **Umstände** ihres Zustandekommens. Dies wird, wenn der Ehevertrag keine **Erläuterungen zur Motivation** der einzelnen Regelungen enthält, zu Beweislastproblemen führen. 95

Wurden in einem **Ehevertrag** oder einer **Scheidungsfolgenvereinbarung global** die Scheidungsfolgen vollständig oder jedenfalls weitgehend ausgeschlossen, so kann bereits aus dem Vertragsinhalt die – **widerlegbare** – **Vermutung** abgeleitet werden, dass bereits durch den Vertrag in den Kernbereich der Scheidungsfolgen eingegriffen wurde.[98] Dies wird durch die Feststellung des BVerfG gestützt, dass sich der Effekt einer **einseitigen Benachteiligung** umso mehr verfestigen kann, je mehr gesetzliche Rechte im Ehevertrag abbedungen wurden.[99] 96

Dem betroffenen Ehegatten dürfte in diesem Fall jedenfalls der Nachweis der Voraussetzungen einer Ausübungskontrolle bei Berücksichtigung seiner persönlichen und wirtschaftlichen Lage bei Scheitern der Ehe gelingen. 97

Bei einem Verzicht auf **höchstrangige Rechte aus dem Kernbereich** der Scheidungsfolgen hat der Antragsgegner die **Darlegungs- und Beweislast** dafür, dass der Verzicht nicht zu beanstanden ist. Für den Verzicht auf **Betreuungsunterhalt** gilt diese Regelung uneingeschränkt. Der Unterhaltspflichtige muss also darlegen, dass der betreuende Elternteil im Hinblick auf seinen Beruf die **Kindesbetreuung mit einer Erwerbstätigkeit vereinbaren kann**, ohne dass das Kind Erziehungseinbußen erleidet oder die Ehegatten sich verständigt hatten, ab einem bestimmten Kindesalter **Dritte zur Betreuung** heranzuziehen, um einen möglichst frühen Wiedereinstieg des betreuenden Elternteils in das Berufsleben zu ermöglichen.[100] 98

12. Umfang der Wirksamkeitskontrolle

Die Wirksamkeitskontrolle setzt eine Gesamtwürdigung voraus, sodass in jedem Fall eine Prüfung entsprechend § 139 BGB stattfinden hat, inwieweit ein **Wille zur Einheitlichkeit** der vertraglichen Regelungen besteht, bei dessen Vorliegen der gesamte Vertrag nichtig ist. Soweit bei Bestehen eines **Globalverzichts** die Voraussetzungen des § 138 BGB angenommen werden, wird der **gesamte** Vertrag von § 138 BGB erfasst, sodass auch eine **Salvatorische Klausel nicht** dazu führt, dass einzelne Teile **wirksam** bleiben, weil deren Zweck nur in der Beseitigung der Wirkungen des § 139 BGB besteht.[101] 99

---

97   Borth, FamRZ 2004, 609 ff.
98   Borth, FamRZ 2004, 611.
99   FamRZ 2001, 343, 347.
100   Bergschneider, FamRZ 2004, 808.
101   Borth, FamRZ 2004, 612.

13. Feststellungsklage und Leistungsklage

100   Unabhängig von der Möglichkeit, sogleich ein **Zugewinnausgleichs-** oder ein **Nachscheidungsunterhaltsverfahren** als **Folgesachen** im Ehescheidungsverbund anhängig zu machen, besteht ein rechtliches Interesse i.S.d. § 256 Abs. 1 ZPO, die Nichtigkeit eines Ehevertrages gerichtlich feststellen zu lassen.[102]

101   Anderer Ansicht ist das OLG Frankfurt,[103] **wie folgt: Solange** ein **Scheidungsantrag nicht gestellt** und sonst offen ist, ob es zu einer Scheidung der Parteien kommt, ist eine Klage auf Feststellung der Nichtigkeit eines Ehevertrages mangels Feststellungsinteresses unzulässig.

102   Der **BGH**[104] zeigt auf, dass es im Rahmen eines Ehescheidungsverfahrens mindestens **3 Möglichkeiten** gibt, die Rechte aus der Unwirksamkeit eines Ehevertrages aufgrund richterlicher Inhaltskontrolle **prozessual geltend zu machen.**

103   Werden die Ansprüche aus nachehelichem Unterhalt/Güterrecht als Folgesache gem. § 623 ZPO als **Stufenklage** anhängig gemacht, hat das **Familiengericht** die Wirksamkeit des Ehevertrages inzident zu **prüfen.**

104   Geht es um die Wirksamkeit des Ausschlusses oder der Beschränkung des **Versorgungsausgleichs,** hat das Familiengericht im **amtswegigen** Verfahren zu entscheiden; es ist **regelmäßig erforderlich,** das Familiengericht über die Tatsachen zu informieren, auf welche die Unwirksamkeit des Ehevertrages gestützt wird.

105   Die auf **Sittenwidrigkeit** beruhende Unwirksamkeit eines Ehevertrages kann auch mit der **Feststellungsklage** i.S.v. § 256 ZPO und der Zwischenfeststellungsklage geltend gemacht werden und zwar jeweils auch in den Varianten der Widerklage gegen den Scheidungsantrag.[105]

106   Macht der benachteiligte Ehegatte die Unwirksamkeit eines **Globalverzichts** geltend, ist aus prozessökonomischen Gründen eine **Feststellungsklage** nach § 256 ZPO zur Prüfung der Wirksamkeit des Vertrages zulässig, um ein aufwendiges Verfahren zur Bestimmung der **Anspruchshöhe** im Falle einer **Leistungsklage** zu vermeiden.[106]

107   Macht ein Ehegatte die Unwirksamkeit eines Ehevertrages nach § 138 BGB geltend oder hält er die Berufung auf einen Verzicht nach § 242 BGB für missbräuchlich, muss er hinsichtlich **jeder einzelnen Scheidungsfolge** entweder im Verbund nach § 623 Abs. 1 ZPO oder isoliert eine **Leistungsklage** erheben, der i.d.R. eine **Stufenklage zur Auskunft** voranzustellen ist. Das Familiengericht entscheidet dann inzidenter, ob der Ausschluss der Scheidungsfolgen nach dem Vertrag Bestand hat oder dieser nach §§ 138, 242 BGB zu korrigieren ist.[107]

---

102   OLG Düsseldorf, FamRZ 2005, 282.
103   OLG Frankfurt/M., FamRZ 2005, 457.
104   BGH FamRZ 2005, 691.
105   Bergschneider, Anm. zu BGH FamRZ 2005, 693.
106   Borth, FamRZ 2004, 612 i.A.a. OLG Stuttgart, WM 1994, 626, 629.
107   Borth, FamRZ 2004, 612.

I. Umsetzung der Rechtsprechung zu Wirksamkeit und Inhaltskontrolle in die Praxis

I. Anwendbarkeit der Rechtsprechung auf Scheidungsvereinbarungen

Ob auch Scheidungsvereinbarungen der richterlichen Inhaltskontrolle unterliegen, ist vom BGH noch nicht entschieden. In der Entscheidung des OLG Celle[108] wurde die Rechtsprechung ohne Angabe einer Begründung auch auf eine **Scheidungsfolgenvereinbarung** angewandt. Dem folgt die Literatur.[109]

108

Richtig dürfte sein,[110] die BGH-Grundsätze **angepasst auf den besonderen Vertragstyp** Scheidungsvereinbarung anzuwenden. Demnach soll eine **Wirksamkeitskontrolle** nach § 138 BGB und den Maßstäben der Kernbereichslehre stattfinden. Die **Ausübungskontrolle** nach § 242 BGB kommt regelmäßig nicht in Betracht, da die Scheidungsvereinbarung die **konkrete Scheidung** regelt und das beim Ehevertrag typische **Prognoserisiko nicht besteht**.[111]

109

II. Kriterien zur Gesamtabwägung im Rahmen der Wirksamkeitskontrolle[112]

- Es ist **nicht jede Klausel** im Einzelnen auf Sittenwidrigkeit zu prüfen, sondern es hat eine **Gesamtschau** aller getroffenen Vereinbarungen zu erfolgen. Je mehr der Kernbereich betroffen ist, umso schwerer wiegt der Eingriff in die gesetzliche Regelung.
- Es sind die **Gründe** und **Motive** des Vertragsabschlusses zu überprüfen, also auch die Motive des **begünstigten** Ehegatten, die Regelungen zu verlangen, wie die Motive des **belasteten** Ehegatten, sich mit diesen Belastungen abzufinden und den Vertrag zu akzeptieren.
- Es sind die **sonstigen** Umstände des Vertragsabschlusses zu überprüfen, z.B. zu welchem Zeitpunkt vor der Eheschließung und mit welcher Eile der Vertrag abgeschlossen wurde.
- Es ist zu prüfen, ob der Vertrag **ehetypgerecht** ist. Ist dies der Fall, so sind auch Abbedingungen von gesetzlichen Regelungen des Kernbereichs möglich.
- Weiter sind die Folgen für Ehegatten und Kinder zu prüfen.

III. Vertragsgestaltung auf der Grundlage der BGH-Rechtsprechung

1. Güterstandsregelung

Vereinbarungen betreffend den Güterstand können grundsätzlich getroffen werden, so z.B. Gütertrennung oder modifizierte Zugewinngemeinschaft (Herausnahme von Vermögen aus dem Zugewinn). Sie können jedoch im Extremfall durch **unangemessene** Ausschlüsse der übrigen Scheidungsfolgen i.S.d. Gesamtschau kontrollanfällig werden.[113]

110

---

108 OLG Celle, 2004, 1202.
109 Bergschneider, Anm. zu OLG Celle FamRZ 2004, 1202.
110 Langenfeld, Handbuch der Eheverträge und Scheidungsvereinbarungen, Rn 34 zu Kap. 1; Münch, Rn 2209; Kornexl, FamRZ 2004, 1611.
111 Langenfeld, a.a.O., Rn 34 zu Kap. 1.
112 Langenfeld, a.a.O., Rn 48 zu Kap. 1.
113 Langenfeld, a.a.O., Rn 54 zu Kap. 1.; Münch, ZNotP 2004, 126.

2. Versorgungsausgleich

111 Wie oben in Teil 1, Rn 64 ff, ausgeführt, rangiert der Versorgungsausgleich auf der gleichen Stufe wie der Altersunterhalt, also auf Rangstufe 2, nach der Entscheidung des BGH.[114] Entscheidungen zur **Anpassung** des ehevertraglichen Ausschlusses des **Versorgungsausgleichs** an geänderte Verhältnisse und zur Beschränkung des im Rahmen der Ausübungskontrolle durchzuführenden Versorgungsausgleichs sollen auf die **ehebedingt entstandenen Versorgungsnachteile** eines Ehegatten beschränkt sein.

112 Die **Ehefrau** soll wirtschaftlich so gestellt werden, wie sie bei **Weiterführung ihrer Erwerbstätigkeit ohne die Kinderbetreuung** gestanden hätte. (Im Einzelnen s.o. Teil 1, Rn 64 ff)

3. Kinderbetreuungsunterhalt

113 Da der **Kinderbetreuungsunterhalt** nach § 1570 BGB die **1. Stufe** des Kernbereichs bildet, ist er nur sehr eingeschränkt abdingbar, so z.B. bei einem abweichenden Betreuungsmodell, wie **Betreuung** des Kindes durch eine **Hilfsperson.**

114 Eine **höhenmäßige Begrenzung** dürfte weiterhin zulässig sein. Im Rahmen der Ausübungskontrolle hält der BGH[115] einen Betreuungsunterhalt in Höhe des aus der fortgesetzten Berufstätigkeit der Frau erzielbaren Einkommens für angemessen, auch wenn dieser unter dem Unterhalt nach den ehelichen Lebensverhältnissen liegt. Auch dürfte eine **wertgesicherte** Höchstgrenze, die **über** dem **bisherigen Einkommen** der Ehefrau, aber **unter** dem Unterhalt nach den ehelichen Lebensverhältnissen liegt, zulässig sein.

115 Auch eine **Kompensation des Unterhaltsverzichts** durch versorgungsgeeignete Leistungen ist im Rahmen des § 1570 BGB zulässig, so z.B. Übertragung geeigneter Renditeobjekte.[116] Gleiches muss wohl gelten für sonstige Vermögensübertragungen, Abfindungszahlungen u.a.

116 Der **Aufstockungsunterhalt** gehört nicht zum Kernbereich, kann also grundsätzlich ausgeschlossen werden, wobei dies **ausdrücklich klarzustellen** ist.

117 **Beratungshinweis:**

Lautet die Formulierung dahingehend, dass der **Kindesbetreuungsunterhalt** vom Unterhaltsverzicht **ausgenommen** sein soll, so legt dies der BGH[117] so aus, dass sowohl der Kindesbetreuungsunterhalt als auch der mit ihm **verbundene** Aufstockungsunterhalt geschuldet wird, also der Aufstockungsunterhalt, wenn dem betreuenden Elternteil wegen des Alters des Kindes eine Teilzeitberufstätigkeit zuzumuten ist.

Soll Aufstockungsunterhalt **nicht** geschuldet werden, so muss die Formulierung dahingehend lauten, dass „der Kindesbetreuungsunterhalt **nach § 1570 BGB**" vom Unterhaltsverzicht ausgenommen wird.[118]

---

114 FamRZ 2005, 185 ff.
115 BGH FamRZ 2004, 601.
116 Langenfeld, a.a.O., Rn 58 zu Kap. 1.
117 BGH FamRZ 2004, 601.
118 Langenfeld, a.a.O., Rn 59 zu Kap. 1.

Noch deutlicher ist die Formulierung, dass auf Aufstockungsunterhalt ausdrücklich **verzichtet** wird.

Die übrigen Unterhaltstatbestände gehören zu den vom Kernbereich entfernten Stufen.[119]

118

Zu beachten ist, dass die Gestaltungsmöglichkeiten bei **gehobenen Lebensverhältnissen** größer sind als in der Ehe von Normalverdienern.[120]

119

4. Regelung zu Zugewinn und Globalverzicht

Muster:[121] **Herausnahme von Betriebsvermögen aus dem Zugewinnausgleich**

Der Notar hat darauf hingewiesen, dass Eheverträge anlässlich der Scheidung einer gerichtlichen Inhaltskontrolle unterworfen sind. Die Beteiligten betrachten den folgenden Ehevertrag als eine faire und ausgewogene Gestaltung, die einerseits durch die Herausnahme des Betriebsvermögens aus dem Zugewinnausgleich dem Schutz des Unternehmens auch als Grundlage gegenwärtigen und künftigen Unterhalts dient, andererseits im Interesse des nicht unternehmerisch beteiligten Ehegatten das gesetzliche Scheidungsfolgenrecht im Übrigen beibehält.

120

②

Beratungshinweis:

121

Der Totalausschluss aller Scheidungsfolgen bedarf der Rechtfertigung durch den Ehetyp oder der Kompensation.

Die Vereinbarung von Gütertrennung in der Unternehmer-Ehe ist für sich genommen kontrollfest. Werden aber auch der Versorgungsausgleich und Ansprüche auf nachehelichen Unterhalt ausgeschlossen, so ergibt sich bei der Gesamtwürdigung im Rahmen der Wirksamkeitskontrolle in Folge dieser Ausschlüsse eine Ungleichgewichtslage, die durch geeignete Gegenleistungen auszugleichen ist.[122]

So kann z.B. der Versorgungsausgleich ausgeschlossen werden, wenn im Gegenzug hierzu sich der Ausgleichspflichtige verpflichtet, für die Ehefrau eine entsprechende Lebensversicherung abzuschließen.

Ein **Totalausschluss** aller Scheidungsfolgen ohne Kompensation kommt in Betracht bei 2 einkommens- und vermögensmäßig **unabhängigen Partnern**, wenn **keine Kinder** gewünscht sind.

Auch hier kann aber eine **Ausübungskontrolle** in Betracht kommen, wenn die Eheführung einverständlich geändert wurde und hierdurch ein Ehegatte in eine schutzwürdige Position geraten ist.

Vereinbaren die Parteien, dass jeder geschiedene Ehegatten seinen weiteren Unterhalt selbst und ohne Ansprüche gegen den anderen bestreiten soll (im Rahmen der Präambel) und jeder die Gegebenheiten des Arbeitsmarktes selbst zu verantworten hat, so liegt hierin eine Erklärung, dass die Parteien nach der Ehescheidung nicht solidarisch sein

119 Langenfeld, a.a.O., Rn 60 zu Kap. 1.
120 Langenfeld, a.a.O., Rn 61 zu Kap. 1.
121 Langenfeld, a.a.O., Rn 1265 zu Kap. 8.
122 Langenfeld, a.a.O., Rn 1280 zu Kap. 8.

wollen und eine etwaige berufliche Verschlechterung oder gar Erwerbslosigkeit eines Ehegatten nach dem maßgeblichen Willen der Partner **nicht** zu einer **Korrektur** im Wege der Ausübungskontrolle führen soll.

Ein Ausschluss der Scheidungsfolgen kommt insbesondere bei **Wiederverheiratung älterer Eheleute** in Betracht, die z.B. verwitwet oder geschieden sind und jeweils erwachsene Kinder aus 1. Ehe haben, bezüglich derer vermieden werden soll, dass sie in ihren Erbaussichten beeinträchtigt werden.

122

Muster: Präambel[123]

Die künftigen Ehegatten sind beide verwitwet, befinden sich mit ausreichenden Altersversorgungen im Ruhestand und haben jeweils Kinder 1. Ehe. Durch die Eheschließung sollen die jeweiligen Kinder in ihren künftigen Erb- und Pflichtteilsansprüchen nicht beeinträchtigt werden. Die künftigen Ehegatten wollen weder im Falle einer Scheidung voneinander etwas haben noch wollen sie einander beerben. Lediglich die künftige Ehefrau soll für die Aufgabe ihrer bisherigen Wohnung durch einen **Nießbrauch** an der Eigentumswohnung des künftigen Ehemannes **entschädigt** werden.

Der Notar hat die Erschienenen über das gesetzliche Ehe-, Güter- und Scheidungsfolgenrecht und die Möglichkeiten seiner vertraglichen Abbedingung und Änderung belehrt. Vor dem heutigen Beurkundungstermin fand eine Vorbesprechung mit dem Notar statt, im Anschluss an die den Erschienenen ein Vertragsentwurf zugeleitet wurde. Die Erschienenen erklären, dass sie vor dem heutigen Beurkundungstermin genügend Zeit zur Prüfung des Entwurfs und zur Willensbildung hatten.

Der Notar hat darauf hingewiesen, dass Eheverträge anlässlich der Scheidung einer gerichtlichen Inhaltskontrolle unterworfen sind und zwar sowohl im Hinblick auf ihre Wirksamkeit bei Abschluss des Vertrages wie im Hinblick auf Korrekturen in Folge späterer Veränderungen in der Lebensführung, insbesondere wenn diese Veränderungen einverständlich vorgenommen wurden. Die Beteiligten betrachten den folgenden Ehevertrag als eine faire und ausgewogene Gestaltung.

123

Muster:[124] Globalverzicht

– Vereinbarung Gütertrennung
– Ausschluss des Versorgungsausgleichs
– Verzicht auf nachehelichen Ehegattenunterhalt
– Erbvertrag/Erbverzichtsvertrag

Wir verzichten gegenseitig auf alle gesetzlichen Erb- und Pflichtteilsrechte und nehmen den Verzicht gegenseitig an. Jedoch erhält die Ehefrau als Vermächtnis mit erbvertraglicher Bindung den lebenslangen unentgeltlichen Nießbrauch an der im Grundbuch von ■■■ eingetragenen Eigentumswohnung ■■■ mit der Maßgabe, dass sie für die Dauer des Nießbrauchs alle Lasten der Eigentumswohnung zu tragen hat. Zur Abgabe aller zur Eintragung des Nießbrauchs erforderlichen Erklärungen gegenüber Notar und Grundbuchamt erhält die Ehefrau hiermit vom Ehemann auf dessen Tod unwiderrufliche Vollmacht unter Befreiung von den Beschränkungen des § 181 BGB.

---

123   Langenfeld, a.a.O., Rn 1299 zu Kap. 8.
124   Langenfeld, a.a.O., Rn 1301 zu Kap. 8.

Der Totalausschluss aller Scheidungsfolgen ist in diesem Fall notwendig und damit i.S.d. Wirksamkeitskontrolle kontrollfest. Der Ausschluss von Versorgungsausgleich und Unterhalt sind sowohl von der Interessenlage der künftigen Eheleute als auch von den Interessen der jeweiligen Kinder her sachgerecht. Eine Ausübungskontrolle ist kaum vorstellbar.[125]

124

Beratungshinweis:

125

Dem erbvertraglichen Wohnungsrechtsvermächtnis nach §§ 2274 ff, 2147 ff BGB, können Rechte der pflichtteilsberechtigten Abkömmlinge nach § 2306 BGB entgegenstehen. Es empfiehlt sich deshalb, die Abkömmlinge des Eigentümerehegatten zur Beurkundung hinzuzuziehen und sie einen gegenständlich beschränkten Pflichtteilsverzicht des Inhalts abgeben zu lassen, dass sie mit Wirkung für sich und ihre Abkömmlinge auf die Geltendmachung von Pflichtteilsansprüchen hinsichtlich des Wohnungsrechtsvermächtnisses verzichten.[126]

IV. Salvatorische Klausel; Teilunwirksamkeit

Zum Muster s. Teil 2, § 7 Rn 4. Offen gelassen wurde vom BGH bisher, ob es, wenn die Wirksamkeitskontrolle nach § 138 BGB begründet ist, eine **Teilunwirksamkeit** geben kann. Die Frage ist zu **verneinen** und zwar deshalb, weil die Wirksamkeitskontrolle aufgrund einer **Gesamtschau** aller Vereinbarungen stattfindet. Ergibt die Gesamtschau die Unwirksamkeit bzw. Sittenwidrigkeit, so betrifft dies die **gesamte** Vereinbarung.[127] Im Übrigen mögliche Einzelvereinbarungen, wie z.B. die Vereinbarung der Gütertrennung, werden insofern „infiziert" und sind ebenfalls unwirksam.

126

Zweifelhaft ist, ob eine **Salvatorische Klausel** etwas an dieser Gesamtnichtigkeit ändern kann. Die Bedeutung Salvatorischer Klauseln[128] wurde durch eine neuere Rechtsprechung des BGH relativiert.[129] Nach der Rechtsprechung des BGH findet **trotz** Salvatorischer Klausel eine **Prüfung** nach § 139 BGB statt, allerdings unter Umständen unter **Umkehr** der **Darlegungs- und Beweislast**. Eine dem Ehevertrag angefügte **allgemeine** Salvatorische Klausel hilft angesichts dessen nichts.[130] Denkbar ist eine **spezielle** Salvatorische Klausel etwa des Inhalts, dass bei Wegfall der **übrigen** einseitig belastenden Vertragsbestimmungen die **Gütertrennung bestehen bleibt**. Allerdings ist zweifelhaft, ob die Gerichte eine solche Lösung akzeptieren, da die Salvatorische Klausel **nicht** zu einer **Änderung** des **Gesamtcharakters** des Vertrages führen kann.[131]

127

125 Langenfeld, a.a.O., Rn 1300 zu Kap. 8.
126 Langenfeld, a.a.O., Rn 1302 zu Kap. 8.
127 Langenfeld, a.a.O., Rn 62 zu Kap. 1.
128 Hierzu Langenfeld, Vertragsgestaltung Rn 343 ff.
129 BGH NJW 2003, 347; Langenfeld, a.a.O., Rn 63 zu Kap. 1.
130 Langenfeld, Handbuch der Eheverträge und Scheidungsvereinbarungen, Rn 63 zu Kap. 1.
131 Langenfeld, a.a.O.

V. Auswirkung der Ungleichgewichtslage

128   Im Rahmen der Prüfung der Sittenwidrigkeit nach § 138 BGB kann die **Ungleichgewichtslage ein die Sittenwidrigkeit mitbestimmender Umstand** sein. Auch bei der Ausübungskontrolle in Folge geänderter Umstände ist sie im Rahmen der Prüfung der Inhaltskontrolle zu berücksichtigen.

129   **Fehlt** eine Ungleichgewichtslage, so kann dies zusammen mit der Kenntnis und Akzeptanz voraussehbarer Änderungen der ehelichen Verhältnisse dazu führen, dass sich die **Ausübungskontrolle verbietet.**[132]

130   Trotz Vorliegen einer Ungleichgewichtslage kann die **notarielle Belehrung** zur **bewussten Akzeptanz** und zumindest zu einer Abschwächung der Relevanz des Ungleichgewichts führen.[133]

VI. Umstände bei Zustandekommen des Vertrages, notarielles Verfahren

131   Das **notarielle Verfahren** gehört im Rahmen der Prüfung des § 138 BGB zu den **Umständen** des Zustandekommens des Ehevertrages. Bei ungleicher Verhandlungsposition kann ein „gestrecktes" Verfahren den im Rahmen des § 138 BGB erforderlichen **Vorwurf der verwerflichen Ausnutzung der Ungleichgewichtslage** entkräften helfen.[134]

132   Bei Eheverträgen ist mit absoluter Genauigkeit auf den ordnungsgemäßen Ablauf des Verfahrens zu achten.[135] Hierzu gehört eine **Vorbesprechung** beider Parteien mit dem Notar persönlich sowie die Zusendung des **Vertragsentwurfs**, die Gewährung einer angemessenen **Frist** zur Prüfung und eventuellen Abklärung mit anderen Beratern und schließlich die Beurkundung in **angemessenem Zeitrahmen** sowie bei **Ausländern** die Beiziehung eines Dolmetschers und schriftliche Übersetzung des Vertragsentwurfs.[136]

VII. Präambel und Belehrung

133   Mehr als bisher sind die **Rahmendaten, Gründe und Motive** im Vertrag darzustellen, was im Regelfall durch eine Präambel geschieht.[137]

134   **Beratungshinweis:**

Durchaus kann aber die exakte Aufführung dieser Rahmendaten dazu führen, dass Wirksamkeits- und Inhaltskontrolle vorprogrammiert sind, weil Abweichungen in der tatsächlichen Lebensgestaltung vorliegen, die nicht mehr mit den seinerzeitigen Motiven übereinstimmen.

135   Ein **konkreter Belehrungsvermerk** sollte jeweils im Anschluss an die entsprechende **Regelung** erfolgen anstelle der zusammengefassten Belehrungsvermerke am Ende der Urkunde.[138]

---

132 Langenfeld, a.a.O., Rn 64 zu Kap. 1.
133 Langenfeld, a.a.O.
134 Langenfeld, a.a.O., Rn 65 zu Kap. 1.
135 Wachter, ZNotP 2003, 408/418.
136 Langenfeld, a.a.O., Rn 65 zu Kap. 1.
137 Langenfeld, a.a.O., Rn 66 zu Kap. 1, sowie zur Präambel: Langenfeld, Vertragsgestaltung Rn 243 ff.
138 Langenfeld, Vertragsgestaltung Rn 187 ff.

VIII. Anwendung der BGH-Rechtsprechung auf Altverträge

Der BGH betont den **Vertrauensschutz** bei Altverträgen. Entspricht der Vertrag den Grundsätzen der Ehevertragsgestaltung nach Ehetypen, so ist nichts zu veranlassen. Bestehen **Zweifel**, ob ein Vertrag einer künftigen Inhaltskontrolle standhalten wird, kann eine **Nachbeurkundung** zu empfehlen sein.[139]

136

IX. Beratungshinweis zur künftigen Vertragsgestaltung

Grundsätzlich ist alles zu unternehmen, um nicht nur die Wirksamkeitskontrolle zu vermeiden, sondern auch die Ausübungskontrolle. Letztlich wird ein Vertrag, mit welchem **Ehegattenunterhalt** für den Fall der **Kinderbetreuung** ausgeschlossen ist, nur in Ausnahmefällen der Wirksamkeitskontrolle und Ausübungskontrolle/Inhaltskontrolle standhalten können, vielmehr werden Verträge in Betracht kommen, die entweder zwei Regelungen enthalten, nämlich einmal für den Fall, dass aus der Ehe kein Kind hervorgeht bzw. kein Kind adoptiert wird und zum anderen für den Fall der Geburt eines gemeinsamen Kindes oder Adoption. In Betracht kommt auch die Aufnahme einer **auflösenden Bedingung** oder ein **Widerrufsvorbehalt**.

137

In dem Beschluss vom 06.10.04 weist der BGH[140] darauf hin, dass sowohl für die Wirksamkeitskontrolle als auch für die Ausübungskontrolle die Frage maßgeblich ist, **ob und inwieweit der Ausschluss mit dem Gebot ehelicher Solidarität vereinbar erscheint** und betont in diesem Zusammenhang, dass die Ausübungskontrolle darin ihre Rechtfertigung findet, dass die Ehegatten **einverständlich den Lebensplan geändert** haben. Geplant war im zu entscheidenden Fall zunächst die Drittbetreuung der Kinder, während dann tatsächlich die Ehefrau im Einverständnis mit dem Ehemann ihre Berufstätigkeit eingestellt hatte, um die Kinder zu betreuen.[141]

138

Demnach wären von der Korrektur durch Ausübungskontrolle **ausgeschlossen** die Fälle, in denen die Änderung der tatsächlichen Verhältnisse **ohne Einverständnis** des anderen Ehegatten **von einem Ehegatten allein** herbeigeführt wurde. Hierin liegt eine in der Sache erhebliche **Einschränkung** der Voraussetzungen der Ausübungskontrolle über § 242 BGB.[142]

139

Eine Modifizierung der gesetzlichen Scheidungsfolgen bis hin zum völligen Ausschluss bleibt rechtlich **unbedenklich** für die Fälle, in denen der **geplante und gelebte Ehetyp** von der Partnerschaftsform der **Einverdienerehe** abweicht und in Folge dessen ein Schutz- und Kompensationsbedürfnis gar nicht erst entsteht.[143]

140

Problematisch bleiben nach wie vor jene Fälle, in denen der Ehemann vor der Eheschließung mit der schwangeren Frau einen **Totalausschluss** aller Scheidungsfolgen verlangt. Hier kann es jedoch so sein, dass der freie, **in Kenntnis der Folgen** nach Überlegung und Beratung gefasste Entschluss der Frau, um der Eheschließung Willen den einseitig belas-

141

139 Langenfeld, Handbuch der Eheverträge und Scheidungsvereinbarungen, Rn 67 zu Kap. 1.
140 BGH FamRZ 2005, 185 ff.
141 Langenfeld, a.a.O., Rn 88 zu Kap. 1.
142 Langenfeld, a.a.O., Rn 89 f zu Kap. 1.
143 Langenfeld, a.a.O., Rn 70 zu Kap. 1.

tenden Ehevertrag zu akzeptieren, die **Verwerflichkeit** und damit die **Sittenwidrigkeit** nach § 138 BGB **entfallen** lässt. Wird dies seitens des Notars so gesehen, so muss er beurkunden.[144]

142   Ist eine **Ausübungskontrolle durchzuführen**, so ist der Vertrag an den **mutmaßlichen Parteiwillen** im Falle geänderter Umstände anzupassen. Dies geschieht dadurch, dass von Richtern regelmäßig **nicht die volle vom Gesetz vorgesehene Begünstigung zugestanden wird**, sondern **lediglich** die durch die einverständlich herbeigeführte Veränderung der Lebensumstände entstandenen **ehebedingten Nachteile auszugleichen sind**. Folgegemäß hat der BGH[145] bei Ausschluss des Versorgungsausgleichs entschieden, dass bei Berufsaufgabe wegen Kinderbetreuung **nicht** der **volle Versorgungsausgleich** angeordnet wird, sondern die höhenmäßig unter der Halbteilungsquote liegenden Versorgungsanwartschaften zugeteilt werden, die der Berechtigte in dieser Zeit selbst hätte erwerben können.

143   Ein Ehevertrag mit der schwangeren Verlobten oder Ehefrau, wonach auf **Kinderbetreuungsunterhalt** verzichtet wird, ist ohne vollwertige Kompensation als nach § 138 BGB **sittenwidrig und nichtig** anzusehen.

144   Eine Ausnahme besteht nach BGH dann, wenn die Ehegatten – was in Anbetracht der ehelichen Verhältnisse realistisch sein muss – vereinbaren, dass die Ehefrau weiterhin **berufstätig bleibt** und die **Betreuung** des Kindes durch eine **dritte Person** vorgenommen wird. Wird diese Vereinbarung nicht eingehalten, so erfolgt die Korrektur im Wege der Ausübungskontrolle.[146]

145   Ein Ausschluss der Scheidungsfolgen kann sowohl der Wirksamkeitskontrolle als auch der Ausübungskontrolle standhalten, wenn die **Eheschließung trotz besonderer Risikofaktoren in der Person eines Ehegatten** erfolgt. Diese Risikofaktoren können z.B. in der beruflichen Situation[147] oder dem Gesundheitszustand[148] des künftigen Ehegatten liegen. Der Ehevertrag kann durch entsprechende Scheidungsfolgenausschlüsse zum Ausdruck bringen, dass sich die eheliche Solidarität auf diese Risiken nicht beziehen soll.[149]

146   Soweit als Gegenleistung für den Ausschluss von Scheidungsfolgesachen gewisse **Kompensationen** vereinbart werden, ist es im Rahmen der Wirksamkeitskontrolle regelmäßig **nicht erforderlich**, dass diese Kompensationen **wertmäßig** dem **ausgeschlossenen Recht völlig** entsprechen. Es genügt, wenn die Kompensation in Anbetracht der Verhältnisse des benachteiligten Ehegatten **angemessen** ist.[150]

147   Handelt es sich nicht um einen Totalausschluss, sondern lediglich um eine **Begrenzung** der gesetzlichen Ansprüche, so ist auf die **Verhältnisse beider Ehegatten** abzustellen. Bei beengten Vermögens- und Versorgungsverhältnissen braucht bei der Kompensation **nicht** die **volle** Versorgung des anderen Ehegatten sichergestellt werden. Bei überdurchschnittlichen Vermögens- und Versorgungsverhältnissen muss bei der Kompensation

---

144   Langenfeld, a.a.O., Rn 72 zu Kap. 1.
145   BGH FamRZ 2005, 185 ff.
146   Langenfeld, a.a.O., Rn 95.
147   Brambring, Ehevertrag und Vermögenszuordnung – Nachtr. S. 15: erfolgreiche Ärztin heiratet Kontrabassisten, der ohne Einkommen ist und es auch in Zukunft bleiben wird.
148   Brambring, a.a.O.: ein Ehegatte leidet an einer unheilbaren Krankheit, die eine Berufstätigkeit ausschließt.
149   Langenfeld, a.a.O., Rn 96 zu Kap. 1.
150   Langenfeld, a.a.O., Rn 97 zu Kap. 1.

nicht der gleiche Standard garantiert werden, sondern lediglich die Versorgung in Anbetracht der persönlichen Verhältnisse des Berechtigten sichergestellt werden.[151]

J. Überblick über die zur Frage von Wirksamkeit und Inhaltskontrolle erlassenen Entscheidungen

I. Ursprungsentscheidung des BGH, FamRZ 2004, 601, XII. ZS, Urteil vom 11.2.2004 (zu Entscheidung von OLG München)

1. Sachverhalt

- Verzicht auf nachehelichen Unterhalt und Zugewinnausgleich, sowie Versorgungsausgleich, allerdings Verpflichtung des Ehemannes zur Einzahlung in private Kapitallebensversicherung mit Versicherungssumme von 80.000, 00 DM.   148
- Zwei Kinder.
- Ehemann: Unternehmensberater mit Nettoeinkommen monatlich 27.000, 00 DM.
- Ehefrau betrieb Spielwarenladen, monatliches Einkommen 1.084, 00 DM.
- Verzichtet wurde auf **Unterhalt** mit **Ausnahme** des Unterhaltsanspruchs wegen **Kinderbetreuung.**

2. Rechtliche Beurteilung OLG

Das **OLG** hatte der Ehefrau neben dem Betreuungsunterhalt **Aufstockungsunterhalt** zugesprochen, sowie den Ehemann zur **Auskunftserteilung** zum Zwecke der Durchführung des **Zugewinnausgleichsverfahrens** verurteilt.   149

Die Ehefrau sei **wirtschaftlich völlig** vom Ehemann abhängig gewesen. Gem. seinem **Wunsch** habe sie sich der **Haushaltsführung** gewidmet. Wegen der Betreuung der **2-jährigen Tochter** habe sie praktisch auf Jahre hinaus keine Aussicht gehabt, durch eine Erwerbstätigkeit ihren Unterhalt sicherzustellen.   150

Durch den weitgehenden Unterhaltsverzicht sei sie **unangemessen benachteiligt.** Ihr sei auch das alleinige Risiko aufgebürdet worden, im **Alter, bei Krankheit oder bei Arbeitslosigkeit** ohne hinreichende Einkünfte auszukommen. Der Ausschluss der Unterhaltsberechtigung sei auch mit dem **Wohl der gemeinsamen** Kinder nicht vereinbar.   151

Die Ehefrau sei für den Fall der **Invalidität** nicht abgesichert gewesen, insbesondere auch aufgrund des Verzichts auf Versorgungsausgleich. Zur Abgeltung ihres Anspruchs auf Übertragung von Rentenanwartschaften sei ein Betrag in Höhe von 128.000, 00 DM erforderlich gewesen. Die vereinbarte Versicherungssumme von 80.000, 00 DM hätte zur Absicherung der Ehefrau bei weitem nicht ausgereicht.   152

Der vereinbarte **Ausschluss** des **Zugewinnausgleichs** sei unwirksam, weil der Antragsteller seine **dominierende Situation** als Inhaber von Vermögen und Bezieher eines weit überdurchschnittlichen Einkommens gegenüber der vermögens- und praktisch einkommenslosen Ehefrau zu deren Nachteil ausgenutzt habe. Auf der Seite der Ehefrau sei kein Zugewinn zu erwarten gewesen.   153

---

151   Langenfeld, Handbuch der Eheverträge und Scheidungsvereinbarungen, Rn 98 zu Kap. 1.

3. Änderung der Rechtsprechung des BGH

154 Die bisherige Rechtsprechung des BGH wurde geändert, im Hinblick auf die Entscheidungen des Bundesverfassungsgerichts vom 6.2.2001 und vom 29.3.2001.

a) Senatsbeschluss des BVerfG vom 6.2.2001[152]

155 ■ Die Voraussetzungen der **Selbstbestimmung** müssen gegeben sein. Sei aufgrund einer **einseitigen** Aufbürdung von vertraglichen Lasten und einer **erheblichen** ungleichen Verhandlungsposition der Vertragspartner ersichtlich, dass in dem Vertragsverhältnis ein Partner ein solches **Gewicht** habe, dass er den Vertragsinhalt **faktisch einseitig** bestimmen könne, so sei es Aufgabe des Rechts auf die Wahrung der Grundrechtsposition beider Vertragspartner hinzuwirken, um zu verhindern, dass sich für einen Vertragspartner die **Selbstbestimmung in eine Fremdbestimmung** verkehre. Dies gelte auch für Eheverträge.
■ Eine auf ungleichen Verhandlungspositionen basierende **einseitige Dominanz** eines Ehepartners sei **regelmäßig anzunehmen**, wenn eine **nicht verheiratete schwangere Frau** sich vor die Alternative gestellt sehe, in Zukunft entweder allein für das Kind Sorge zu tragen oder durch Eheschließung den Kindesvater in die Verantwortung einzubinden, wenn auch um den Preis eines sie **stark belastenden Ehevertrages**.
■ **Keine ungleiche** Belastung, wenn beide Partner einer in etwa gleichwertigen **Berufstätigkeit** nachgehen und sich **Haus- und Familienarbeit** teilen.
 – Wenn jedoch nach der **Lebensplanung** die Ehefrau für die Kinderbetreuung zuständig ist, so werde sie durch den Verzicht auf nachehelichen Unterhalt erheblich **benachteiligt**.
 – In diesen Fällen unterliegt der Vertrag der richterlichen **Inhaltskontrolle**.

b) Fortführung der Rechtsprechung des BVerfG im Beschluss vom 29.3.2001[153]

156 Während die erste Senatsentscheidung nur die Wirksamkeit einer **vor der Eheschließung** getroffenen Vereinbarung betraf, wurde in dem zweiten Beschluss des BVerfG eine oberlandesgerichtliche Entscheidung beanstandet, die der Ehefrau nur den **notwendigen Betreuungsunterhalt** zuerkannt, ihre weitergehenden Anträge auf **Unterhalt, Zugewinn und Versorgungsausgleich** aber zurückgewiesen hatte. In diesem Fall wurde **vor** der Eheschließung der nacheheliche Unterhalt, Zugewinn und Versorgungsausgleich vertraglich ausgeschlossen. Die Ehefrau war schwanger und hatte ein schwerbehindertes Kind aus einer anderen Verbindung.

---

152 FamRZ 2001, 343.
153 FamRZ 2001, 985.

c) Wesentlicher Inhalt der Entscheidung des BGH

■ Erforderlich ist eine **Gesamtschau** der getroffenen Vereinbarungen, die Gründe und 157
Umstände ihres Zustandekommens sowie die beabsichtigte und verwirklichte Gestaltung des ehelichen Lebens.

■ Die gesetzlichen Regelungen über Unterhalt, Zugewinn und Versorgungsausgleich unterliegen grundsätzlich der **vertraglichen Disposition der Ehegatten**; einen **unverzichtbaren** Mindestgehalt an Scheidungsfolgen zu Gunsten des berechtigten Ehegatten kennt das geltende Recht **nicht.**

■ § 1569 BGB: Verankerter Grundsatz der **nachehelichen Eigenverantwortung** bezüglich Unterhalt.

■ Allerdings: Schutz des **sozial schwächeren** Ehegatten, soweit **ehebedingte** Nachteile auszugleichen sind, die der Ehegatte um der Ehe oder der **Kindererziehung** willen in seinem **eigenen beruflichen Fortkommen** und dem Aufbau einer entsprechenden **Altersversorgung** erlitten hat (dieser Schutz wird gewährleistet durch die Unterhaltstatbestände).

■ Andererseits ist in § 1353, 1356 BGB das Recht der Ehegatten verbürgt, ihre **eheliche** Lebensgemeinschaft **eigenverantwortlich** entsprechend ihren **individuellen Vorstellungen und Bedürfnissen** zu gestalten.

■ Der **Zugewinnausgleich** ist weniger Ausdruck nachehelicher Solidarität als Ausdruck einer **Teilhabegerechtigkeit**, die zwar im Einzelfall ehebedingte Nachteile ausgleichen kann, jedoch weitgehend der Disposition der Ehegatten unterstellt ist. Zwar hat das BVerfG[154] verdeutlicht, dass Leistungen, die die Ehegatten für die eheliche Gemeinschaft erbringen gleichgewichtig sind und dass deshalb beide Ehegatten grundsätzlich auch Anspruch auf gleiche Teilhabe am gemeinsam Erwirtschafteten haben.[155]

Diese **fiktive Gleichgewichtung** schließt jedoch die **Möglichkeit** der Ehegatten, ihrer individuell vereinbarten Arbeitsteilung oder einer evident unterschiedlichen ökonomischen Bewertung ihrer Beiträge in der Ehe durch eine vom Gesetz **abweichende einvernehmliche Regelung** angemessen Rechnung zu tragen, **nicht** aus.

Auch bleibt es ihnen unbenommen, im Einzelfall als unbillig empfundenen Ergebnissen des gesetzlichen Güterstandes – etwa im Hinblick auf **Wertsteigerungen des Anfangsvermögens** – durch die vom Gesetz eröffnete Wahl der **Gütertrennung** zu begegnen.

■ Diese Überlegungen gelten – jedenfalls im Grundsatz – auch für den Versorgungsausgleich; allerdings: Vorweggenommener Altersunterhalt.[156]

■ Der **Schutzzweck** der **gesetzlichen** Regelung darf durch vertragliche Vereinbarungen nicht unterlaufen werden.

Dies wäre der Fall bei einer evident einseitigen und durch die individuelle Gestaltung der ehelichen Lebensverhältnisse **nicht** gerechtfertigten **Lastenverteilung**, die hinzunehmen für den belasteten Ehegatten – bei **angemessener Berücksichtigung**

---

154 FamRZ 2002, 527, 529.
155 BVerfG, a.a.O.
156 Hierzu s. Teil 1, Rn 64 ff. .

der Belange des **anderen** Ehegatten und seines Vertrauens in die Geltung der getroffenen Abrede – bei verständiger Würdigung des Wesens der Ehe **unzumutbar erscheint.**

Die Belastungen werden umso schwerer wiegen, je unmittelbarer die vertragliche Abbedingung gesetzlicher Regelungen in den **Kernbereich** des Scheidungsfolgenrechts eingreift.

– Rangstufe 1:
Kernbereich in erster Linie: **Betreuungsunterhalt**
Anderweitige Regelungen sind jedoch möglich, z.B. wenn Kinderbetreuung und Erwerbstätigkeit miteinander **vereinbart** werden können, **ohne** dass das Kind **Erziehungseinbußen** erleidet.

Auch erscheint eine **ganztägige Betreuung** durch die Mutter nicht als unabdingbare Voraussetzung für einen guten Erziehungserfolg, sodass sich die Parteien auch darauf verständigen können ab einem bestimmten Kindesalter **Dritte** zur Betreuung heranzuziehen, um einen möglichst frühen Wiedereintritt der Mutter in das Berufsleben zu ermöglichen.

– Rangstufe 2:
Unterhalt wegen **Alters** und wegen **Krankheit.** Auf der gleichen Stufe liegt der **Versorgungsausgleich** als vorweggenommener Altersunterhalt.
Verzicht hier evtl. möglich, wenn Eheschließung erst nach Ausbruch der Krankheit oder im Alter erfolgte.

– Rangstufe 3:
Unterhalt wegen **Erwerbslosigkeit.**

– Rangstufe 4:
Krankenvorsorge- und Altersvorsorgeunterhalt.

– Rangstufe 5:
Am ehesten verzichtbar: **Aufstockungs-** und Ausbildungsunterhalt.

■ **Zugewinnausgleich:** Dieser ist der ehevertraglichen Disposition am **weitesten zugänglich.**

Die eheliche Lebensgemeinschaft war und ist – auch als gleichberechtigte Partnerschaft von Mann und Frau – nicht notwendig auch eine **Vermögensgemeinschaft.**

Auch die vom BVerfG (FamRZ 2002, Seite 529) für das Recht des nachehelichen Unterhalts betonte Gleichgewichtigkeit von Erwerbstätigkeit und Familienarbeit hat keine bestimmte Strukturierung der ehelichen Vermögenssphäre zur Folge.

Zwar sieht der gesetzliche Güterstand eine **gleiche Teilhabe** der Ehegatten am gemeinsam erwirtschafteten Vermögen vor.

Dem liegt die typisierende Vorstellung zugrunde, dass die Ehegatten in ökonomisch **gleichwertiger Weise** zur Vermögensbildung beitragen.

Diese – **nur fiktive** – Gleichwertigkeit hindert die Ehegatten jedoch nicht, durch Modizifierung oder Abwahl des Regelgüterstandes ihre interne Vermögensordnung einvernehmlich an die individuellen Verhältnisse ihrer konkret beabsichtigten oder gelebten Eheform anzupassen und dabei auch eigene ökonomische Bewertungen an die Stelle der gesetzlichen Typisierung zu setzen.

Schließlich fordert auch das Gebot **ehelicher Solidarität keine** wechselseitige Vermögensbeteiligung der Ehegatten.
Deren Verantwortung füreinander (§ 1353 Abs. 1 Satz 2, Halbsatz 2 BGB) trägt das geltende **Unterhaltsrecht** Rechnung.
Das geltende **Güterrecht** knüpft demgegenüber nicht an **Bedarfslagen** an. Die vom Regelgüterstand verfolgte Gewinnbeteiligung hat keine unterhaltsrechtlichen Funktionen.
Zwar wird bei einer **Gesamtschau** die **Versorgungslage** des nicht oder nicht voll erwerbstätigen Ehegatten im Einzelfall auch durch das Ehevermögensrecht mitbestimmt.
Grob unbillige **Versorgungsdefizite**, die sich aus den für den Scheidungsfall getroffenen Absprachen der Ehegatten ergeben, sind jedoch vorrangig im Unterhaltsrecht – weil bedarfsorientiert – und allenfalls **hilfsweise** durch Korrektur der von den Ehegatten gewählten Vermögensordnung zu kompensieren.

d) Evident einseitige Lastenverteilung; Wirksamkeitskontrolle nach BGH[157]

- Es genügt nicht, dass ein Notar hinreichend über den Inhalt und die Konsequenzen des Vertrages belehrt hat.   158
- Zeitpunkt: Zustandekommen des Vertrages.
- Einkommens- und Vermögensverhältnisse.
- Geplanter oder bereits verwirklichter Zuschnitt der Ehe.
- Auswirkungen auf die Ehegatten und auf die Kinder.
- Subjektiv: Welche Zwecke haben die Parteien verfolgt/sonstige **Beweggründe** seitens des begünstigten Ehegatten für den Abschluss des Vertrages bzw. seitens des benachteiligten Ehegatten dem Verlangen bezüglich des Vertrages zu entsprechen.
- Keine Unwirksamkeit, wenn der Vertragsinhalt und die Nachteile durch die **besonderen Verhältnisse** der Ehegatten bzw. den **angestrebten oder gelebten** Ehetyp oder durch sonstige gewichtige **Belange** des **begünstigten** Ehegatten gerechtfertigt sind.
- Sodann: **Ausübungskontrolle.** (Im Einzelnen s.u. Teil 1, Rn 160 ff).
  Zeitpunkt: Scheitern der Lebensgemeinschaft.
  Prüfung ob evident einseitige Lastenverteilung zu diesem Zeitpunkt.
  Berücksichtigung der Belange des anderen Ehegatten und seines Vertrauens in die Geltung des Vertrages.
  Unzumutbarkeit für die Benachteiligte.
  Grundlegende **Änderung der Lebensplanung** gegenüber dem Zeitpunkt des Vertragsabschlusses.
  Rechtsfolge: Der Richter hat diejenigen Rechtsfolgen anzuordnen, die den berechtigten Belangen beider Parteien in der nunmehr eingetretenen Situation in ausgewogener Weise Rechnung tragen.
- Das OLG München hatte erstinstanzlich im vom BGH entschiedenen Fall den Vertrag insgesamt als unwirksam angesehen. Dies wurde vom BGH **nicht bestätigt**.

---

157 FamRZ 2004, 601 ff.

Angesichts der Beschränkung des § 138 Abs. 1 BGB auf **gravierende Verletzung der sittlichen Ordnung** fehlte in der genannten Entscheidung die tatsächliche Grundlage. Die Ehefrau war beim Vertragsabschluss bereits seit mehr als zwei Jahren verheiratet und nicht erneut schwanger. Die mit der Geburt ihres (ersten) Kindes einhergehende Unterbrechung der Berufsausübung lag wenig mehr als zwei Jahre zurück. Eine völlige wirtschaftliche Abhängigkeit wurde verneint. Auch die Tatsache, dass die Ehefrau im Zusammenhang mit ihrer **Schwangerschaft** auf Wunsch des Ehemannes eine von ihr angestrebte Promotion nicht betrieben hat, ist für die Frage der Sittenwidrigkeit ihres Verzichts **ohne Belang**.

Sittenwidrigkeit wurde auch verneint, da der Unterhaltsanspruch wegen Kinderbetreuung nicht ausgeschlossen wurde.

159   **Beratungshinweis:**

Der Vertrag wurde so ausgelegt, dass auch ein Anspruch auf **Aufstockungsunterhalt** ausgenommen sein sollte, **soweit** der zustehende Unterhalt aus § 1570 BGB **zusammen mit dem Einkommen aus einer Teilzeiterwerbstätigkeit** zur Deckung des vollen Unterhalts nicht ausreicht.

■   Auch der Verzicht auf Unterhalt wegen Krankheit und Alters begründet keine Sittenwidrigkeit.

Ein solcher Verzicht könnte allenfalls dann sittenwidrig sein, wenn die Parteien bei ihrer Lebensplanung im Zeitpunkt des Vertragsschlusses einvernehmlich davon ausgegangen wären, dass die Ehefrau sich **dauerhaft oder doch langfristig völlig aus dem Erwerbsleben** zurückziehen und der **Familienarbeit** widmen sollte, sodass eine **stete Abhängigkeit** vom Ehemann begründet würde.

Allerdings wird der Verzicht auf Unterhalt wegen Alters verstärkt, wenn auch der **Versorgungsausgleich** ausgeschlossen wird.

e) Ausübungskontrolle

aa) Aufstockungsunterhalt nach Kinderbetreuung

160   Für die Zeit **nach der Kinderbetreuung** könnte sich im Wege der Ausübungskontrolle ein Unterhaltsanspruch aus § 1573 Abs. 2 BGB ergeben, der jedenfalls die ehebedingten Erwerbsnachteile ausgleicht.

161   **Höhe:** Differenz des Einkommens, das die Ehefrau aus einer ihrer Ausbildung entsprechenden kontinuierlich ausgeübten Berufstätigkeit erzielen könnte (§ 287 ZPO); Bemessung nach dem Verdienst den sie aus einer ihr nach dem Berufsverzicht noch möglichen und zumutbaren vollen Erwerbstätigkeit erlöst oder erlösen könnte.

bb) Ausschluss des Zugewinnausgleichs

162   Die vom OLG ausgesprochene Verpflichtung des Antragstellers zur Auskunft über seinen in der Ehe erzielten **Zugewinn** kann – falls sich der Ehevertrag nicht schon nach § 138 Abs. 1 BGB als unwirksam erweist – nur Bestand haben, wenn der Antragsteller gem. § 242 BGB gehindert ist, sich auf die Gütertrennung zu berufen.

Der **Zugewinnausgleich** wird vom **Kernbereich** des Scheidungsfolgenrechts **nicht** umfasst. Die Berufung auf eine wirksam vereinbarte Gütertrennung wird sich deshalb nur unter **engsten** Voraussetzungen als rechtsmissbräuchlich erweisen, so etwa dann, wenn die Ehegatten bei ihrer Abrede von beiderseitiger, **ökonomisch vergleichbarer, gewinnbringender Berufstätigkeit** ausgegangen sind, diese Planung sich aber später nicht verwirklichen lässt. 163

Der Umstand, dass die Ehefrau sich in der Ehe der **Haushaltsführung und Kindererziehung** gewidmet hat, reicht für sich allein nicht dazu aus, die Vereinbarung der Gütertrennung einer Ausübungskontrolle zu unterziehen. 164

Abhilfe ist in solchen Fällen nicht über die Vermögensteilhabe zu bewirken, sondern über die **Unterhaltsregelung.** Auch das **besonders hohe** Einkommen des Ehemannes führt nicht zu dem Vorwurf des Rechtsmissbrauchs bezüglich der vereinbarten Gütertrennung. 165

Die Belange der gemeinsamen **Kinder** werden durch die Zuordnung des elterlichen Vermögens **nicht berührt**. 166

cc) Konkrete Bedarfsbemessung

Der BGH wies zur weiteren Entscheidung darauf hin, dass möglicherweise Teile des gehobenen Einkommens allein zu Konsumzwecken eingesetzt wurden. Vom OLG wurde der Unterhalt **konkret** bemessen anhand der Auflistung von Bedarfspositionen. Dies wurde im Ansatz nicht beanstandet. 167

dd) Versorgungsausgleich

Verzicht möglich bei beiderseitigen deutlich gehobenen Versorgungsverhältnissen (wenn es also lediglich um die **Aufstockung** einer bereits vorhandenen hinreichenden Versorgung geht). 168

ee) Betreuungsunterhalt

Nach BGH bleibt offen, ob im Falle eines **Globalverzichts** der gesamte Vertrag unwirksam ist oder sich nur auf den Kernbereich zum Unterhalt und zum Versorgungsausgleich bezieht. 169

Bei Betreuung gemeinsamer Kinder: **Voller Bedarf** nach § 1578 Abs. 1 Satz 1 BGB und auch Vorsorgeunterhalt für **Krankheit** sowie **Altersvorsorgeunterhalt**. Dies jedenfalls dann, wenn aufgrund des bisherigen Verlaufs der ehelichen Lebensverhältnisse und der **zukünftigen** Möglichkeit zur Ausübung einer beruflichen Tätigkeit eine eigene hinreichende Altersversorgung nicht aufgebaut werden kann und auch **sonstige Vermögenswerte** für eine Absicherung hierfür fehlen (siehe auch § 1573 Abs. 4 BGB). 170

ff) Beweislast

171 Sowohl die Beweislast für die Wirksamkeitskontrolle nach § 138 BGB als auch für die Ausübungskontrolle nach § 242 BGB trägt der Ehegatte, der sich auf die Unwirksamkeit des Vertrages beruft.

gg) Unwirksamkeit; Erstreckung auf Zugewinnausgleich

172 Einerseits umfasst nach BGH-Rechtsprechung die Wirksamkeitskontrolle nicht den Zugewinnausgleich. Andererseits würde von der Unwirksamkeit auch der Zugewinnausgleich mit umfasst, wenn gem. § 139 BGB der gesamte Vertrag unwirksam ist. Es hat eine **Prüfung** entsprechend § 139 BGB stattzufinden, inwieweit ein **Wille** zur Einheitlichkeit der vertraglichen Regelungen besteht, bei dessen Vorliegen der gesamte Vertrag nichtig ist.

173 Soweit bei Bestehen eines Globalverzichts die Voraussetzungen des § 138 BGB wegen des Gesamtcharakters des Ehevertrages angenommen werden, wird der **gesamte** Vertrag von § 138 BGB erfasst, sodass auch eine **Salvatorische Klausel** nicht dazu führt, dass einzelne Teile wirksam bleiben, weil deren Zweck nur in der Beseitigung der Wirkungen des § 139 BGB besteht.

II. Entscheidung OLG Koblenz 13. ZS, Beschluss vom 21.4.2004 – 13 UF 84/04, FamRZ 2005, Seite 40 f

1. Sachverhalt

174 ▪ Drei Kinder
▪ Gütertrennung
▪ Ausschluss Versorgungsausgleich
▪ Teilweise eingeschränkter Unterhaltsverzicht
▪ Bei Abschluss des Vertrages war die Ehefrau vollschichtig erwerbstätig
▪ Der Ehemann war selbständig
▪ Die Ehefrau hatte lediglich einige Jahre keine versicherungspflichtige Tätigkeit ausgeübt.

175 Die Ehefrau trägt vor, der Vertrag sei nur deshalb abgeschlossen worden, um nachteiligen Folgen im Falle eines Zusammenbruchs des Geschäfts des Ehemannes vorzubeugen. Der Ehemann trägt vor, dass über den Vertragsinhalt monatelang diskutiert wurde. Die **Sittenwidrigkeit** des Vertrages wurde vom OLG Koblenz **verneint**.

2. Begründung des Gerichts

176 ▪ Keine Ausnutzung einer Zwangslage.
▪ Ehevertrag wurde erst 1 ½ Monate nach Eheschließung abgeschlossen.
▪ Seinerzeit seien die Einkommens- und Vermögensverhältnisse des Ehemannes günstiger gewesen als seitens der Ehefrau.

- Bei Abschluss des Vertrages sei offen gewesen, wie sich die Einkommensverhältnisse des Ehemannes in Zukunft entwickeln würden.
- Den Parteien sei bewusst gewesen, dass auch für den Fall, dass aus der Ehe Kinder hervorgehen, die Ehefrau weiter durch ihre Arbeit zum Familieneinkommen beitragen muss. Es sei nicht erkennbar, dass die Ehefrau einseitig belastet worden ist.

3. Ausübungskontrolle

Die Geschäftsgrundlage der Vereinbarung habe sich nicht wesentlich geändert. Die ehelichen Lebensverhältnisse hätten sich entsprechend der Planung entwickelt. Beide Seiten hatten einen ausgeprägten Kinderwunsch. 177

Den Parteien sei bewusst gewesen, dass die Ehefrau in den Zeiten der Kinderbetreuung keiner Erwerbstätigkeit nachgehen kann. Die wirtschaftliche Entwicklung der Firma des Ehemannes sei ebenso offen gewesen wie die Entwicklung des Einkommens. 178

Aufgrund des Alters und der beruflichen Qualifikation sei davon auszugehen, dass die Ehefrau auch in Zukunft weitere Versorgungsanwartschaften erwerben wird. Es stehe nicht fest, dass die Versorgungsanwartschaften des Ehemannes weit höher liegen würden. 179

III. Entscheidung OLG Celle, 19. ZS, Urteil vom 24.6.2004, 19 UF 59/04, FamRZ 2004, 1489 ff

Zur **Unwirksamkeit** eines Ehevertrages, wenn die Verhandlungsposition der Ehefrau durch ihre **Schwangerschaft gravierend** belastet ist und darüber hinaus ihre **persönliche** Stellung dadurch eingeschränkt ist, dass sie im Geschäft ihrer zukünftigen **Schwiegereltern mitarbeitet** und in deren Haus wohnt. 180

Gegenstand war die **Wirksamkeit** eines Ehevertrages im Hinblick auf die Vereinbarung zum **Zugewinnausgleich**. 181

1. Sachverhalt

Ehefrau war im **Betrieb** der **Eltern** des Ehemannes (Juweliergeschäft) beschäftigt und wohnte in der Wohnung der Schwiegereltern. Bezüglich der Schwangerschaft hatte der Ehemann zunächst die **Abtreibung** gefordert. 182

Die Eheschließung sowie die Entscheidung betreffend das Kind erfolgte im Zusammenhang mit den Schwiegereltern. Der Ehemann wollte zunächst die Eheschließung nicht, aus Furcht vor jahrelangen Zahlungsansprüchen seiner Frau im Falle einer Scheidung. Auf Verlangen des Ehemannes und dessen Eltern wurde als Vorbedingung für die Eheschließung ein notarieller Vertrag geschlossen mit folgender Regelung: 183

- **Unterhaltsverzicht**

Bei Vorhandensein eines **Kindes** oder mehrerer Kinder **Unterhalt** nach den **gesetzlichen Grundlagen** bis das jüngste Kind das 6. Lebensjahr vollendet oder das schulpflichtige Alter erreicht hat. 184

Zahlung bis zur Rechtskraft der Scheidung: Unterhalts**abfindung** in Höhe von 3.000,00 DM für jedes angefangene Ehejahr (unabhängig von der Regelung zur Unterhaltspflicht bei Vorhandensein von Kindern).

- **Verzicht auf Versorgungsausgleich**
- **Gütertrennung**

185   Die Eheschließung fand nur wenige Tage nach Vertragsabschluss statt.
Aufgrund der Regelung bezüglich Vermögensausgleich (3.000,00 DM jährlich) hatte die Ehefrau 64.000,00 DM erhalten.

186   Die Tochter war am 20.10.1986 geboren, also zum Zeitpunkt der Entscheidung des OLG 18 Jahre alt. Gegen dieses Urteil wurde Revision eingelegt.

2. Begründung des Gerichts

187
- Der Vertrag wurde bezüglich des Zugewinnausgleichs als **unwirksam** beurteilt aufgrund der **Gesamtwürdigung** der Umstände, die zum Vertragsschluss geführt haben.
- Es wurde auf die **Dominanz** und **einseitige** Lastenverteilung zu Ungunsten der Ehefrau verwiesen.
  - Die Schwangere soll geschützt werden vor Druck und Bedrängung aus ihrem sozialen Umfeld oder seitens des Kindesvaters.
  - Eine solche Situation der **Unterlegenheit** sei danach regelmäßig anzunehmen, wenn eine nicht verheiratete schwangere Frau sich vor die Alternative gestellt sieht, in Zukunft entweder allein für das Kind Verantwortung zu tragen, oder durch Eheschließung den Kindesvater in die Verantwortung einzubinden.
- Die Voraussetzung für eine Unterlegenheit bei Vertragsabschluss wurden bejaht und zwar
  - aufgrund der bestehenden Schwangerschaft
  - sowie deshalb, weil die Klägerin keinen Verhandlungsspielraum gehabt hätte
  - sowie aufgrund der **geringen Zeitspanne** zwischen Feststellung der Schwangerschaft, der sich anschließenden Entscheidung, das Kind auszutragen und die Ehe zu schließen sowie Unterzeichnung des Ehevertrages.
    - Dieser zeitliche Ablauf hätte ein besonnenes und eingehendes Verhandeln über die Vertragsinhalte kaum zugelassen.
  - Der Verhandlungsspielraum der Ehefrau sei neben der Schwangerschaft auch aufgrund ihrer damaligen **persönlichen** Stellung von vornherein eingeschränkt gewesen.
  - Sie habe mit dem Ehemann bereits im Haus der Schwiegereltern gewohnt.
  - Darüber hinaus war die Ehefrau im Juweliergeschäft der zukünftigen Schwiegereltern abhängig beschäftigt, sodass ohne Eheschließung im Fall des Scheiterns ihrer Beziehung auch die **berufliche** Existenz mit dem Kleinstkind auf dem Spiel stand.
  - Bei Trennung hätte sie mit Auszug aus der Wohnung rechnen müssen.
  - Die wirtschaftliche Unterlegenheit könne auch nicht aufgrund der abgeschlossenen Berufsausbildung aufgewogen werden, da die Ehefrau bei Betreuung des Kindes ihren Beruf – wenn überhaupt – nur eingeschränkt hätte ausüben können.

– Unbeachtlich sei, dass die Ehefrau möglicherweise über einen Betrag in Höhe von 80.000,00 DM verfügt habe. Im Hinblick auf die Höhe der Summe könne man von wirtschaftlicher Unabhängigkeit nicht ausgehen.

– Durch die einschränkende Unterhaltsregelung sei in den **Kernbereich** des Betreuungsunterhalts eingegriffen worden, da die Ehefrau bereits **ab Vollendung** des 6. **Lebensjahres** des jüngsten Kindes auf Unterhalt verzichtet hatte.

– Die Ehefrau habe ferner auf Alters- und Krankheitsunterhalt verzichtet.

– Des Weiteren hätten die Parteien auf Versorgungsausgleich verzichtet.

– Die Zahlung eines Betrages von 3.000,00 DM jährlich in Abhängigkeit von der Dauer der Ehezeit sei **kein adäquater Ausgleich** für den Verzicht auf Betreuungsunterhalt ab dem 7. Lebensjahr.

■ Fazit:

– Da der Ehevertrag der Parteien bereits im Zeitpunkt seines Zustandekommens offenkundig zu einer erheblichen einseitigen Lastenverteilung für den Scheidungsfall geführt hätte, sei er wegen Verstoßes gegen die guten Sitten **nichtig** mit der **Folge,** dass an seine Stelle die gesetzlichen Vorschriften treten (§ 138 BGB).

– Nach dem gesamten Sachvortrag sei ein Anspruch auf Zugewinnausgleichszahlung nicht von vornherein ausgeschlossen, weshalb der Ehefrau ein **Auskunftsanspruch** zugesprochen wurde.

■ Das OLG kommt zur Unwirksamkeit des Vertrages nicht aufgrund der speziell auf die Gütertrennung gemünzten Argumentation, sondern auf dem Weg einer **Gesamtbetrachtung** des Vertrags und der Beanstandung, insbesondere des Unterhaltsverzichts und Verzichts auf Versorgungsausgleich.

■ Die Vertragsfreiheit im Bereich des Güterrechts nach der BGH-Rechtsprechung kann nicht als Freibrief angesehen werden. Es müssen andere Rechte des wirtschaftlich schwächeren Ehegatten gewahrt bleiben oder Gegenleistungen erbracht werden.

IV. Entscheidung des BGH XII. ZS, Beschluss vom 6.10.2004, FamRZ 2005, 185 ff

Entscheidung zur **Anpassung** des ehevertraglichen Ausschlusses des **Versorgungsausgleichs** an geänderte Verhältnisse und zur **Beschränkung** des im Rahmen der Ausübungskontrolle durchzuführenden Versorgungsausgleichs auf die **ehebedingt** entstandenen **Versorgungsnachteile** eines Ehegatten.   188

1. Sachverhalt

Im vorliegenden Fall wurde Gütertrennung vereinbart und auf Versorgungsausgleich verzichtet.   189

Ehefrau hatte Rentenanwartschaften in Höhe von 390,00 DM auf die Ehezeit bezogen, Ehemann: 3.084,00 DM.   190

2. Rechtliche Beurteilung

191 ■ Wirksamkeitskontrolle:
  – Zeitpunkt des Abschlusses des Vertrages: Seinerzeit war die Ehefrau versicherungspflichtig tätig.
  – Die Parteien hatten keine konkreten Pläne hinsichtlich künftiger gemeinsamer Kinder.
  – Fazit: **Keine Unwirksamkeit** nach § 138 Abs. 1 BGB.

■ Ausübungskontrolle:
  – Abzustellen sei auf den Jetzt-Zeitpunkt: Es wurde eine **grundlegende Abweichung** der tatsächlichen Lebenssituation von den Lebensumständen beim Vertragsabschluss bejaht im Hinblick auf die nachfolgende **Geburt der Kinder** und die mit deren Betreuung einhergehende eingeschränkte Erwerbstätigkeit der Ehefrau.
  – Auch wenn die Parteien **keine kinderlose Ehe geplant**, sondern beabsichtigt haben, die Betreuung von Kindern mit der Berufstätigkeit beider Ehegatten zu verbinden, hätten sie diese Vorstellung später **nicht verwirklicht**. Vielmehr war die Ehefrau während der Zeit der Betreuungsbedürftigkeit der Kinder nur zeitweise und in geringem Umfang erwerbstätig.
  – Der Versorgungsausgleichsverzicht hält der Ausübungskontrolle nach § 242 BGB dann **nicht Stand** wenn er dazu führt, dass ein Ehegatte aufgrund einvernehmlicher Änderung der gemeinsamen Lebensumstände über **keine hinreichende Alterssicherung verfügt,** weil er die Kinder betreut hat und deshalb keiner Erwerbstätigkeit nachgegangen ist.

■ Ausgeglichen werden sollen jedoch nur die **ehebedingten Versorgungsnachteile.** Die Ehefrau soll wirtschaftlich so gestellt werden, wie sie bei **Weiterführung** ihrer Erwerbstätigkeit **ohne die Kinderbetreuung** gestanden hätte.

■ Es sind also die **fiktiven** im Wege einer Prognose festgestellten Versorgungsanrechte des berechtigten Ehegatten zugrunde zu legen.
  – Dies kann durch überschlägige **Schätzung** nach § 287 ZPO geschehen.
  – Im vorliegenden Fall wurde ein **Sachverständigengutachten** eingeholt, das folgende Methode angewandt hat:
    Die von der Ehefrau später in der Zeit nach **Wiederaufnahme** ihrer vollen Berufstätigkeit erworbenen Entgelte und die sich daraus ergebenden Entgeltpunkte wurden ermittelt und sodann die durchschnittlichen monatlichen Entgeltpunkte für diesen Zeitraum auf den zurückliegenden Zeitraum der Kindererziehung übertragen.

■ Nach Anmerkung *Bergschneider*[158] lässt diese Methode jedoch außer Acht, dass die Ehefrau bei Wiederaufnahme der Erwerbstätigkeit nach Kinderbetreuung möglicherweise nicht mehr das Einkommen erreicht, das sie ohne Unterbrechung der Erwerbstätigkeit hätte. Es müsse evtl. dasjenige Einkommen fortgeschrieben werden, das die Ehefrau **bis zur Unterbrechung** der Erwerbstätigkeit hatte.

---

158 FamRZ 2005, 185 ff.

V. Beschluss des BGH XII. ZS, Beschluss vom 6.10.2004 (OLG München) FamRZ 2005, 26 ff

1. Sachverhalt

- Gütertrennung
- Ausschluss des Versorgungsausgleichs
- Regelung nachehelicher Ehegattenunterhalt
- Übertragung Hausanteil
- Ausgleichsanzahlung an Ehefrau

192

2. Rechtliche Beurteilung

- Bei der Frage nach dem **Kernbereich** der Scheidungsfolgen ist eine **Rangabstufung** vorzunehmen, die sich danach bemisst, welche **Bedeutung** die einzelnen Scheidungsfolgenregelung für den Berechtigten in seiner jeweiligen Lage haben.

193

- Zwar ist der Versorgungsausgleich einerseits dem **Zugewinnausgleich** verwandt und wie dieser ehevertraglicher Disposition **grundsätzlich zugänglich** (§§ 1408 Abs. 2, § 1587o BGB).
  Andererseits handelt es sich jedoch bei dem Versorgungsausgleich um einen **vorweggenommenen Altersunterhalt**.

Beratungshinweis:

194

Folge: Vereinbarungen über den **Versorgungsausgleich** sind nach den **gleichen Kriterien** zu überprüfen wie ein vollständiger oder teilweiser **Unterhaltsverzicht** (BGH, FamRZ 2004, 601 ff/605).

- Der Unterhalt wegen **Alters** gehört zum **Kernbereich** der gesetzlichen Scheidungsfolgen (ein Verzicht ist nicht generell ausgeschlossen, so z.B. nicht, wenn die Ehe erst im Alter geschlossen wird).
- Zu prüfen ist, ob und inwieweit der Ausschluss des Versorgungsausgleichs mit dem **Gebot ehelicher Solidarität vereinbar** erscheint.
- Wirksamkeitskontrolle/Zeitpunkt der Vereinbarung/Einseitige Lastenverteilung: Bei Unwirksamkeit: **Gesetzliche Regelung** (§ 138 Abs. 1 BGB).
- Es ist abzustellen auf:
  - Einkommens- und Vermögensverhältnisse.
  - Geplanter oder bereits **verwirklichter** Zuschnitt der Ehe.
  - Auswirkungen auf die Ehegatten und auf die Kinder.
  - **Subjektiv:** Welcher Zweck wurde von den Ehegatten verfolgt.
  - **Subjektiv:** Welche sonstigen **Beweggründe** bestanden, die den **begünstigten** Ehegatten zu seinem Verlangen nach der ehelichen Gestaltung veranlasst und den **benachteiligten** Ehegatten bewogen haben, diesem Verlangen zu entsprechen.
- **Unwirksamkeit** kann insbesondere dann gegeben sein, wenn ein Ehegatten sich **einvernehmlich der Betreuung** der gemeinsamen Kinder widmet und deshalb auf eine versorgungsbegründende Erwerbstätigkeit in der Ehe verzichtet und **keine Kompensation** vorliegt.

- Für die **umfassende Gesamtwürdigung** müssen Feststellungen über Art und Umfang der von den Ehegatten in der Ehe erworbenen **Versorgungsanrechte**, sowie über ihre **Vermögenssituation** zum Zeitpunkt des Vertragsabschlusses getroffen werden.
- Wird z.b. im Vertrag eine Entschädigung vereinbart, so ist zu prüfen, in welchem **Umfang** die Ehefrau mit dem Entschädigungsbetrag eigene Versorgungsanrechte erwerben könnte.
- Ausübungskontrolle:
  - Es wird abgestellt auf den Zeitpunkt des **Scheiterns** der Lebensgemeinschaft.
  - Ein Ausschluss wird der Ausübungskontrolle vielfach dann nicht standhalten, wenn er dazu führt, dass ein Ehegatte aufgrund einer **grundlegenden Veränderung** der gemeinsamen Lebensumstände über keine hinreichende Altersversorgung verfügt.
- Anmerkung *Bergschneider*[159] zu diesem Urteil:
  - Bei einem Verzicht oder Teilverzicht sind diejenigen Umstände in die Urkunde aufzunehmen, die erwarten lassen, dass die richterliche Inhaltskontrolle beanstandungsfrei verlaufen wird.
  - Aufgrund des **Amtsermittlungsprinzips** wird der Familienrichter in Zukunft bei **jedem** ehevertraglichen Verzicht auf Versorgungsausgleich, das Thema Inhaltskontrolle ansprechen müssen und zwar auch ohne ausdrückliche Einwendung des benachteiligten Ehegatten.
  - Beanstandung des Verzichts in der Regel dann, wenn sich ein Ehegatte während der Ehezeit einvernehmlich der Betreuung der gemeinsamen Kinder widmet und **keine Kompensation erhält**.
  - Zu berücksichtigen ist auch, in welchem Umfang der benachteiligte Ehegatte voraussichtlich die eigene Altersversorgung durch **künftige** versicherungspflichtige Tätigkeit weiter ausbauen kann.
  - Frage: Was geschieht mit alten **Urteilen**, in denen im Tenor der **Versorgungsausgleich ausgeschlossen** wurde, obwohl ihnen ein Verzicht zugrunde lag, der nach heutiger Rechtsprechung zu beanstanden, evtl. sogar als sittenwidrig zu qualifizieren ist? (Kann insoweit die Rechtskraft durchbrochen werden?)

VI. BGH-Urteil 12.1.2005, Wirksamkeit eines Ehevertrages bei Globalverzicht auf Scheidungsfolgen, FamRZ 2005, 691 ff

195 Zur Wirksamkeit von Eheverträgen in Fällen, in denen die **berufstätigen** Ehepartner schon bei Vertragsschluss **nicht** damit rechnen, dass aus ihrer Ehe noch **Kinder** hervorgehen werden:

1. Sachverhalt

196 Ehemann: Zahnarzt; Ehefrau: Gelernte Rechtsanwaltsgehilfin; diese hat den Beruf aber bereits lange Zeit vor der Ehe nicht mehr ausgeübt und betrieb ein Bekleidungsgeschäft.

---

159 FamRZ 2005, 26 ff.

Es wurde Gütertrennung vereinbart, der Versorgungsausgleich ausgeschlossen und wechselseitig auf nachehelichen Unterhalt verzichtet. 197
Für jedes vollendete Ehejahr sollte eine Unterhaltsabfindung in Höhe von 10.000,00 DM bezahlt werden, insgesamt jedoch nicht mehr als 80.000,00 DM.
Ehemann übernahm Verpflichtung zur Renteneinzahlung bis zum 60. Lebensjahr für die Ehefrau.
Alter der Parteien bei Eheschließung: 44 und 46 Jahre alt.

2. Rechtliche Beurteilung

■ Es sei nicht ersichtlich, dass die Ehefrau bei Abschluss des Vertrages einem **beson-** 198
   deren Druck ausgesetzt gewesen sei und der Ehemann sich in einer **übergeordneten**
   Verhandlungsposition befunden hätte, aufgrund derer er faktisch den Vertragsinhalt **einseitig** hätte bestimmen können.
■ Es war **Feststellungsklage** erhoben dahingehend, dass der Ehevertrag wegen Sittenwidrigkeit **nichtig** ist. Diese Feststellungsklage ist zulässig, sofern die Vorausset-
   zungen nach § 256 Abs. 2 ZPO erfüllt sind.
   – Die Feststellungsklage war vorgreiflich für die Entscheidung über den Versor-
      gungsausgleich.
   – Die Feststellungsklage war deshalb zulässig, da sie auch etwaige Ansprüche auf
      nachehelichen **Unterhalt** oder **Zugewinnausgleich** betraf.
■ **Wirksamkeitskontrolle** (evident einseitige und durch die individuelle Gestaltung der
   ehelichen Lebensverhältnisse nicht gerechtfertigte Lastenverteilung):
   – Einkommens- und Vermögensverhältnisse.
   – Geplanter und verwirklichter Zuschnitt der Ehe.
   – Auswirkungen auf die Ehegatten und **Kinder.**
   – Subjektiv: Die von den Ehegatten verfolgten Zwecke, sowie sonstige Beweggrün-
      de.
   – Im vorliegenden Fall: Keine gravierende Störung der Vertragsparität.
   – Auch kein Verstoß gegen die guten Sitten.
   – Bezüglich des Ausschlusses des **Altersunterhalts** war zu berücksichtigen, dass die
      Parteien bereits 44 und 46 Jahre alt waren, also bereits ein nicht unwesentlicher
      Teil der **Altersvorsorge erworben** war.
   – Hinzu kam die Zusage des Ehemannes bezüglich der Einzahlung der weiteren
      Rentenversicherungsbeiträge.
   – Bezüglich Ausschluss des Unterhalts: Hier war eine Kapitalzahlung von max.
      80.000,00 DM vereinbart, also **keine Unwirksamkeit.**
   – Zum Ausschluss des Versorgungsausgleichs:
      Versorgungsausgleich ist vorweggenommener Altersunterhalt, also gleiche Kri-
      terien wie Verzicht auf Altersunterhalt.
      Keine Unwirksamkeit wegen Alter der Ehegatten bei Vertragsschluss und Aus-
      bau eigener Altersversorgung, sowie Verpflichtung zur Beitragszahlung durch
      Ehemann.

- Auch aus dem **Zusammenwirken** der ehevertraglichen Regelungen lässt sich **keine Sittenwidrigkeit** herleiten.
- Der Vertrag hielt auch der richterlichen **Ausübungskontrolle** stand.
  Es lag **keine grundlegende Abweichung** von der ursprünglichen dem Vertrag zugrunde liegenden Lebensplanung vor und auch keine **unzumutbare** Lastenverteilung.
- Anmerkung *Bergschneider*:[160]
  Es gibt **drei** Möglichkeiten die Rechte aus der Unwirksamkeit **prozessual** geltend zu machen.
  1. Es werden Ansprüche auf nachehelichen Unterhalt/Güterrecht als **Folgesache** anhängig gemacht. Die Klage wird mit der Unwirksamkeit des Vertrages begründet.
  2. Geht es um die Wirksamkeit des Ausschlusses des **Versorgungsausgleichs,** so ist das Gericht über die Tatsachen zu informieren, auf welche die Unwirksamkeit des Ehevertrags gestützt wird. Üblicherweise werden diese Informationen in die Form eines „**Antrags**" auf Durchführung des Versorgungsausgleichs aufgenommen.
  3. Die Unwirksamkeit eines Ehevertrages kann auch mit der **Feststellungsklage oder Zwischenfeststellungsklage** geltend gemacht werden.
     - Es kann jedoch im Verbundverfahren **kein** den **gesamten** Ehevertrag umfassender Feststellungsantrag auf Unwirksamkeit der Regelung von Unterhalt, Güterrecht und Versorgungsausgleich geltend gemacht werden.
     - Es müsste eine **spezielle Folgesache** (z.B. Unterhalt) mit dem Feststellungsantrag anhängig gemacht werden und beantragt werden, den Ehevertrag insgesamt für unwirksam zu erklären.
     - Zwar hat der BGH im vorliegenden Fall nur zur Feststellungsklage betreffend Unwirksamkeit wegen Sittenwidrigkeit entschieden, jedoch ist kein Grund ersichtlich, den Feststellungsantrag nicht auch auf die **Ausübungskontrolle** zu richten.
  4. Bei der Prüfung der **subjektiven** Seite hat der BGH eine Störung der Vertragsparität auch deshalb für möglich gehalten, weil eine ausgeprägte soziale und wirtschaftliche Abhängigkeit aufgrund eines Arbeitsverhältnisses mit dem Ehegatten vorlag.
  5. Nach der Entscheidung des BGH rechtfertigt ein Verzicht auf **Aufstockungs- und Billigkeitsunterhalt** und die Vereinbarung der **Gütertrennung** nicht das Verdikt der Sittenwidrigkeit.
  6. Zum **Versorgungsausgleich:** Hierzu muss zu den **Umständen** und **übereinstimmenden Vorstellungen,** die beim Abschluss des Ehevertrages zugrunde gelegen haben und zu den **Veränderungen** in der Gestaltung und Entwicklung **ausführlich vorgetragen** werden.

---

160   FamRZ 2005, 691 ff.

VII. Beschluss OLG Nürnberg vom 3.12.2004, 10 UF 2979/04, FamRZ 2005, 1485 ff

Haben Eheleute in einem Ehevertrag vereinbart, dass der öffentlich-rechtliche Versorgungsausgleich stattfindet und dass betriebliche und sonstige private Versorgungsanwartschaften des Ausgleichs**pflichtigen** nicht ausgeglichen werden sollen, dann kann sich der Ausgleichs**pflichtige**, jedenfalls in Bezug auf **Umstände**, die bei Abschluss des Vertrages bereits **bekannt waren, nicht** auf eine grobe Unbilligkeit des Versorgungsausgleichs im Sinne des § 1587c BGB berufen. — 199

VIII. Entscheidung des OLG Hamm 2. FamS., Beschluss vom 13.10.2005, FamRZ 2006, 268 ff

Ein mit einer **Schwangeren** abgeschlossener Ehevertrag, der **allein** die Regelung der **Gütertrennung** zum Inhalt hat, ist wirksam. — 200

1. Sachverhalt

- Vereinbarung der **Gütertrennung**. — 201
- **Keine** Regelung sonstiger Ehe- und Scheidungsfolgen.
- Die Ehefrau war bei Abschluss der Vereinbarung **schwanger**.

2. Rechtliche Beurteilung

Das OLG hat darauf hingewiesen, dass die Parteien kurz vor Eheschließung einen „ganz normalen" **Standardvertrag** über die **Gütertrennung** abgeschlossen haben, der **keine** sonstigen **Ehe-** und **Scheidungsfolgen** regelt. — 202

Allein die Tatsache, dass die Ehefrau bei der Unterzeichnung des notariellen Vertrages unstreitig **schwanger** war, vermag einen Verstoß gegen die Vorschriften der §§ 138, 242 BGB oder Art. 3 GG nicht zu begründen. — 203

Dies deshalb, weil die Ehefrau auf den **Kernbereich** ihrer Ansprüche nach dem Scheidungsfolgenrecht, nämlich **Unterhaltsansprüche** – insbesondere wegen der Betreuung des seinerzeit noch ungeborenen Kindes – und den **Versorgungsausgleich nicht verzichtet** hatte. — 204

- Der **Zugewinnausgleich** fällt **nicht** in den Kernbereich des Scheidungsfolgenrechts.
  - Über ihr Vermögen können Eheleute Regelungen von einer großen Bandbreite treffen, ohne dass dies zu einem unzulässigen Eingriff in den durch die §§ 138, 242 BGB und Art. 3 GG geschützten Bereich führt.[161]
  - Im vorliegenden Fall hatte der Ehemann bereits bei Eheschließung einen Hof im Sinne der HöfeO. Die Tatsache, dass dieser Hof durch den Ehevertrag vor einer Zerschlagung geschützt werden sollte, sei rechtlich nicht zu beanstanden.
  - Hieran ändere auch nichts, dass der Hof im Rahmen einer modifizierten Zugewinngemeinschaft aus der Vermögensauseinandersetzung hätte herausgenommen werden können. Es müsse den Parteien im Rahmen ihrer **Privatautonomie** selbst überlassen bleiben, ob sie sich für eine vollständige **Gütertrennung** oder

---

161 OLG Hamm, a.a.O.; Palandt/Heinrichs, BGB, 64. Aufl., § 138 Rn 47; BGH, NJW 2004, 930; OLG Celle, NJW 2004, 1961.

eine **modifizierte Zugewinngemeinschaft** entscheiden. Eine **grob einseitige Benachteiligung** der Ehefrau liege nicht vor. Auch führt es **nicht zur Nichtigkeit** des Vertrages, dass die Ehefrau – wäre der Vertrag nicht abgeschlossen worden – voraussichtlich Zugewinnausgleichsansprüche gehabt hätte.

▪ Die Tatsache, dass der Ehemann möglicherweise damit **gedroht** habe, die Hochzeit „platzen" zu lassen, rechtfertige noch **nicht** die Annahme einer § 138 BGB genügenden vorsätzlichen „**Ausbeutung**" einer Zwangslage, zumal die Ehefrau seinerzeit als Direktionsassistentin berufstätig gewesen sei und im Übrigen der Vertrag kurz und von eindeutigem, auch einem juristischen Laien ohne Weiteres sofort verständlichen Inhalt gewesen sei.

▪ Etwas **anderes** hätte unter Umständen bei einem **langen**, eine Vielzahl miteinander verflochtener **komplizierter** Ehe- und Scheidungsfolgen regelnden Ehevertrag gelten können.

▪ Auch eine **nachträgliche Ausübungskontrolle** nach § 242 BGB führe zu keiner anderen Beurteilung.

  – Eine **einseitige** Lastenverteilung zum Zeitpunkt des **Scheiterns** der Ehe liege schon deshalb nicht vor, weil der Ehefrau uneingeschränkt **Unterhalts- und Versorgungsausgleichsansprüche** zustehen.

  – In seiner Anmerkung zu dem vorgenannten Urteil weist *Bergschneider*[162] darauf hin, dass zumindest bei einer Doppelverdiener-Ehe eine vereinbarte Gütertrennung nicht angreifbar sein kann, jedenfalls dann, wenn keine ganz besonderen gravierenden Umstände zu einer Beanstandung im Rahmen der richterlichen Inhaltskontrolle kommen. Ein solch gravierender Fall könne z.B. dann vorliegen, wenn die Ehe einen ganz anderen Verlauf als geplant nimmt, z.B. der eine Ehegatte seine **Erwerbstätigkeit krankheitshalber aufgeben** muss.

▪ Handle es sich um eine Ehefrau, die kein Einkommen habe und langjährig die **Kinder betreut habe**, könne die Gütertrennung zwar grundsätzlich ebenfalls als beanstandungsfrei anzusehen sein. An die Prüfung der **subjektiven Voraussetzungen**, also der einseitigen Dominanz werde man aber **geringere** Anforderungen zu stellen haben als bei beiderseits finanziell selbständigen Ehegatten. Das OLG habe auch die subjektive Seite geprüft, nämlich

  – ob die Frau schwanger war,

  – wo das Vermögen herkam,

  – wie der Ehevertrag zustande kam (Zwangslage, Hilflosigkeit Unerfahrenheit),

  – was das wesentliche Motiv für den Ehevertrag war,

  – ob ohne Ehevertrag der geplante Hochzeitstermin nicht stattgefunden hätte,

  – ob der Ehevertrag unvorbereitet abgeschlossen wurde,

  – wie es um das eigene Einkommen und Vermögen stand,

  – ob ein Ungleichgewicht in den Verhandlungspositionen festzustellen ist,

  – wie kompliziert der Vertrag ist,

  – ob es sich unter Berücksichtigung von Unterhalt und Versorgungsausgleich um eine evident einseitige Lastenverteilung gehandelt hat.

---

162 FamRZ 2006, 269 f.

■ Zusammenfassend weist *Bergschneider*[163] darauf hin, dass ein auf **Gütertrennung beschränkter Ehevertrag** meist beanstandungsfrei sein wird. Aber nur **meist**, nicht ohne Ausnahmen! Wie aber die Ausnahmen nach der Rechtsprechung auszusehen haben, die einen Standardvertrag zur Gütertrennung unwirksam machen, sage dieser Beschluss nicht. Mit der Gütertrennung sei es eben im Rahmen der richterlichen Inhaltskontrolle weiterhin eine schwierige Sache.[164]

IX. Urteil des BGH, FamRZ 2005, 1444 ff

1. Sachverhalt

Verzicht auf nachehelichen Ehegattenunterhalt, Versorgungsausgleich und Zugewinn: 205
■ Der Ehemann hatte sich verpflichtet, ab Eheschließung für die Ehefrau Rentenversicherungsbeiträge einzuzahlen.
■ Der Unterhaltsverzicht wurde abgeschlossen auflösend bedingt für den Fall, dass keine Kinder aus der Ehe hervorgehen.
■ Es wurde ein Unterhaltsbetrag vereinbart bis zur Vollendung des 6. Lebensjahres des jüngsten Kindes.
■ Es wurde ein weiterer Unterhaltsbetrag vereinbart bis zur Vollendung des 14. Lebensjahres des jüngsten Kindes.

2. Rechtliche Beurteilung

Leitsatz:

Ein Ehevertrag ist nicht bereits wegen des Verzichts auf den nachehelichen Unterhalt,   206
den Versorgungsausgleich und den Zugewinn unwirksam, wenn bei Vertragsschluss aufgrund beiderseitiger Einkünfte und des erreichten Lebensalters eine **ehebedingte Unterhaltsbedürftigkeit nicht zu erwarten** ist und auch eine ausreichende Altersvorsorge durch eigene Beiträge und Zahlungen des anderen Ehegatten erreicht wird.
■ **Wirksamkeitskontrolle** = Zeitpunkt des **Zustandekommens** des Vertrages (einseitige Lastenverteilung).
  – **Folge:** Unwirksamkeit führt dazu, dass die **gesetzlichen** Regelungen in Kraft treten.
    – Einkommens- und Vermögensverhältnisse.
    – Geplanter oder verwirklichter Zuschnitt der Ehe.
    – Auswirkungen auf Ehegatten und Kinder.
    – **Subjektiv:** Verfolgter Zweck/Warum wurde der Vertrag unterschrieben.
  – **Unwirksamkeit,** wenn **Kernbereich** ohne Gegenleistung (anderweitige Vorteile) ausgeschlossen wurde.
  – **Nicht** aber, wenn besondere Verhältnisse der Ehegatten (**angestrebter oder gelebter** Ehetyp) dies **rechtfertigen.**
  – **Folge** bei Unwirksamkeit: Gem. § 139 BGB Unwirksamkeit des **gesamten Vertrages.**

---

163 FamRZ 2006, 269 f.
164 Bergschneider, a.a.O.

- – Wenn Vertrag wirksam:
  - – Ausübungskontrolle nach § 242 BGB.
  - – Nicht nur Zeitpunkt Vertrag maßgebend.
  - – Sondern **Jetzt-Zeitpunkt**: Frage ob evident einseitige Lastenverteilung deren Hinnahme unzumutbar ist.
  - – z.b.: Wenn **tatsächliche** Gestaltung von der ursprünglichen **Lebensplanung abweicht.**
  - – **Folge**: Gericht ordnet Rechtsfolge an, die den Belangen beider in ausgewogener Weise Rechnung trägt.
- ■ Ehegatten können ihr Verhältnis **einvernehmlich gestalten,** z.b. in der Weise, dass sich für **keinen** von ihnen **berufliche Nachteile** ergeben (z.b.: **Doppelverdienerehe:** eigene Altersversorgung).
  - – Vorstellungen der Ehegatten bei Abschluss prüfen.
- ■ **Schwangerschaft** indiziert ungleiche Verhandlungsposition (subjektive Unterlegenheit).
  - – Diese reicht aber für sich **allein nicht** für **Nichtigkeit** (auch wenn der Ehemann die Eheschließung von der Vertragsunterzeichnung abhängig gemacht hat).
- ■ **Keine** Unwirksamkeit, wenn bezüglich der Betreuungsbedürftigkeit **niedrigere Altersgrenzen** vereinbart wurden.
- ■ Es kann auch ein **niedrigerer** Betrag als Unterhalt vereinbart werden (bedenklich nur, wenn Unterhalts**höhe** nicht geeignet ist, die ehebedingten Nachteile auszugleichen.
- ■ Altersunterhalt: Verzicht möglich, wenn anderweitige Absicherung durch Ehemann, so z.b. Beitragszahlung in die gesetzliche Rentenversicherung.
- ■ Unterhalt wegen **Erwerbslosigkeit: Verzicht möglich,** wenn bei Vertragsabschluss nicht mit einer **längerfristigen Erwerbslosigkeit** gerechnet werden musste.
- ■ Verzicht auf **Aufstockungsunterhalt** möglich.
- ■ Gütertrennung möglich.
- ■ **Ausschluss Versorgungsausgleich:** Eher wie Zugewinnausgleich (also möglich).
  - – Aber: Vorweggenommener **Altersunterhalt** (im vorliegenden Fall nur wegen Verpflichtung des Ehemannes zur Beitragszahlung in die gesetzliche Rentenversicherung wirksam, dies allerdings wiederum auch dann nicht, wenn der Ehemann seiner Verpflichtung nicht nachgekommen ist).
- ■ Inhaltskontrolle:
  - – Jetzt-Zeitpunkt.
  - – Regeln über den Wegfall der Geschäftsgrundlage.
  - – Nicht schon bei hohem Einkommensunterschied.
  - – Nur wenn bei Abschluss der Vereinbarung bestimmte Relation von Einkommens- und Vermögensverhältnissen als **gewiss** angesehen und **die Vereinbarung** darauf **abgestellt** wurde.
- ■ Urteil wurde im vorliegenden Fall aufgehoben und der Rechtsstreit zurückverwiesen.

■ Fazit des Urteils:
- Der **Altersvorsorgeunterhalt** wurde **wesentlich höher** bewertet als in der Grundsatzentscheidung.
- Die Tatsache, dass die **Schwangerschaft** einer Frau eine ungleiche Verhandlungsposition und damit eine Disparität beim Vertragsschluss indiziere, geht über die Vorgabe des Bundesverfassungsgerichts hinaus.
- Der BGH weicht eher auf die Ausübungskontrolle aus (statt Unwirksamkeit).

X. Münch, Aufsatz zur Inhaltskontrolle von Eheverträgen, FamRZ 2005, 570 ff

1. Die strenge Rechtsfolge der Gesamtnichtigkeit lässt den BGH zu Recht zögern, diese   207
   Konsequenz zu ziehen (Frage der Teilnichtigkeit und Anwendung des § 139 BGB).
2. Der BGH stellt insbesondere darauf ab, ob erkennbar sei, dass der Ehemann die Unerfahrenheit der Ehefrau in verwerflicher Weise ausgenutzt habe.
3. Damit wird deutlich, dass von einer Sittenwidrigkeit nur bei Vorliegen einer **ungleichen** Verhandlungsposition ausgegangen werden kann, die an objektiven und subjektiven Faktoren zu messen ist.
4. Der BGH hat klargestellt, dass die **Sittenwidrigkeit** nur in **Extremfällen** in Betracht kommt.[165]
5. Eine **objektive Ungleichgewichtslage**, die einer **Zwangslage** im Sinne des § 138 BGB entspricht, ist Voraussetzung für Sittenwidrigkeit.
6. Die Notwendigkeit einer objektiven Ungleichgewichtslage ergibt sich aus der Rechtsprechung des Bundesverfassungsgerichts, wonach der Staat Verlobten **nicht einen Schutz** vor nachteiliger Ehe gegen ihren Willen aufzwingen dürfe.
7. Der BGH sieht **keine Zwangslage** darin, dass die Beurkundung des Ehevertrages nur einen Tag vor der Hochzeit stattgefunden hat.
8. Zur Wirksamkeit von Eheverträgen bei kinderloser Ehe: Urteil des BGH vom 12.1.2005.[166]

Inhalt:
■ Gütertrennung.
■ Versorgungsausgleichsverzicht.
■ Verzicht auf nachehelichen Ehegattenunterhalt.
■ Gegenleistung für Verzicht: **Unterhaltsabfindung.**
■ Verpflichtung zur Beitragszahlung in die gesetzliche Rentenversicherung für die Ehefrau.

1. Eine **Schädigungsabsicht** oder ein **Bewusstsein der Sittenwidrigkeit** ist nach neuer Rechtsprechung nicht mehr notwendig für die Unwirksamkeit.[167]
2. von Sittenwidrigkeit könne wohl ausgegangen werden, wenn ein Ehevertrag das **Kindeswohl evident verletzt.**
3. Das Bundesverfassungsgericht hat eine solche Inhaltskontrolle nur dort vorsehen wollen, wo Selbstbestimmung in Fremdbestimmung umschlägt.[168]

---

165 BGH FamRZ 2004, 601 ff.
166 FamRZ 2005, 1444 ff.
167 Staudinger/Sack, § 138, Rn 61 m. w. Nachw. zu umfangreicher Rechtsprechung.
168 BVerfG, FamRZ 1994, 51; BVerfG, FamRZ 1995, 23.

4. Nach BGH[169] sind Feststellungen zur **subjektiven** Seite zu treffen.

5. **Ausübungskontrolle wenn seit** Vertragsabschluss **veränderte** Umstände vorliegen, z.B. Geburt von Kindern und Aufgabe der Berufstätigkeit durch die Mutter.

6. Der BGH stellt darauf ab, ob die Gestaltung der ehelichen Lebensverhältnisse von der ursprünglichen dem Vertrag zugrunde liegenden **Lebensplanung abweicht,** sodass eine Vertragspartei kraft gemeinsamen Entschlusses ein **Risiko** auf sich nimmt, das sich mit der Scheidung zu einem Nachteil verdichtet, sodass die Berufung des anderen Vertragsteils auf die vertragliche Regelung unbillig ist.

7. Eine Ungleichgewichtslage zum **Zeitpunkt der Abweichung** prüft der BGH in den aktuellen Beschlüssen **nicht.**

Die Begründung dürfte darin zu sehen sein, dass aus der faktischen Abweichung auf einen konkludent anderweitigen Vertragswillen geschlossen wird.[170]

1. War das betroffene **Risiko** allerdings bei **Vertragsschluss** bereits **absehbar** und hat diejenige Vertragspartei, die nun benachteiligt ist, das Risiko **bewusst auf sich genommen,** ohne dass eine **Ungleichgewichtslage** vorliegt, sind nach der im Aufsatz vertretenen Meinung die Voraussetzungen einer Inhaltskontrolle insoweit nicht gegeben.

2. Der BGH hat dies im vorliegenden Fall nicht geprüft und die bewusste völlige Risikoübernahme **verneint,** obwohl die Ehegatten wohl die Regelung ausdrücklich auch für den Fall treffen wollten, dass **Kinder** geboren werden. Allerdings hatten die Eltern wohl geplant, dies mit der Berufstätigkeit für beide Elternteile zu verbinden und sind von dieser Planung **abgewichen.**

3. Die **Änderung** der Lebensumstände soll gerade Gegenstand der vertraglichen Verzichte sein und **nicht** deren **Geschäftsgrundlage,** sodass es an einer Anwendungsmöglichkeit für die Störung der Geschäftsgrundlage nach § 313 BGB fehlt.[171]

4. So muss es sich um eine **schwerwiegende** Veränderung handeln, bei deren Voraussicht die Parteien den Vertrag **nicht** oder jedenfalls **nicht so** geschlossen hätten. Ferner darf das **Festhalten** am Vertrag der benachteiligten Seite **nicht zumutbar** sein.[172]

Aus dem Urteil, wonach bezüglich Versorgungsausgleich die Ehefrau so gestellt werden muss wie sie stünde, wenn sie die Erwerbstätigkeit ausgeübt hätte, wird geschlossen:

1. Wenn der **benachteiligte** Ehegatte so gestellt wird, als habe er die bei Vertragsabschluss beabsichtigte Lebensplanung (hier: Beide Vertragsteile bleiben berufstätig) verwirklicht, so ist der die Ausübungskontrolle auslösende **Nachteil beseitigt.**

2. Mit diesen Ausführungen zur **Begrenzung der Vertragsanpassung** auf den Ausgleich der **ehebedingten** Nachteile hat der BGH der These von dem allgemeinen **Halbteilungsgrundsatz** eine **Absage** erteilt, die im Gefolge der Entscheidung des BVerfG zur Anrechnungsmethode verstärkt vertreten wurde.[173]

---

169 FamRZ 2005, 26.
170 Hahne, DNotZ 2004, 84, 95.
171 Münch, FamRZ 2005, 572.
172 Palandt/Heinrichs, § 313 Rn 14 ff.
173 BVerfG, FamRZ 2002, 527, 529.

3. In der verfassungsrechtlichen Literatur wird die Halbteilung nicht als Strukturprinzip des Artikel 6 Abs. 1 GG aufgeführt, das der Disposition der Ehegatten entzogen wäre. Vielmehr schützt Artikel 6 Abs. 1 GG sogar die Freiheit der Ehegatten zur Wahl eigener Ehetypen und einer damit verbundenen Ausgestaltung ihrer Vermögenslage.[174]

4. Folgerungen für die Vertragsgestaltung:
   a) Nichtigkeit nur bei Vorliegen objektiver und subjektiver Imparität.
   b) Sowohl die rechtliche als auch die wirtschaftliche Situation der Ehegatten und die **Vorstellungen der Ehegatten** über ihre künftige eheliche Rollenverteilung, sowie die Beweggründe der Ehegatten zum Abschluss des Ehevertrages müssen sorgsam aufgeklärt und auch in der Urkunde dokumentiert werden.
   c) Hierzu ist eine detaillierte **Präambel** unerlässlich.
   d) Das **Beurkundungsverfahren** ist so zu gestalten, dass beide Ehegatten ausreichend Gelegenheit erhalten, sich über den Inhalt des Vertrages klar zu werden und diesen untereinander verhandeln zu können.
   e) Hierzu gehören **Vorbesprechung, Vertragsentwurf** und zeitlicher Vorlauf.
   f) Da **nur ehebedingte Nachteile** auszugleichen sind, die sich aufgrund der abweichenden tatsächlichen Lebensführung ergeben, sollten Regelungen getroffen werden wie z.B. bei der Vereinbarung einer Unterhaltshöchstgrenze: Beschränkung auf die Verdienstmöglichkeiten des verzichtenden Ehegatten.
   g) Beim Ehegattenunterhalt wird zu berücksichtigen sein, dass auch die Belange der **Kinder** berührt werden, sodass diese mit in die Betrachtung einzubeziehen sind.
   h) Ehegatten, die keinen Kinderwunsch haben und die Doppelverdienerehe nicht aufgeben wollen, sollten bei einem vollständigen Verzicht auf Unterhalt, Versorgungsausgleich und Zugewinn eine tatsächliche Änderung der Lebensführung, insbesondere bei Geburt eines Kindes mit in ihre Überlegungen einbeziehen.

XI. Entscheidung OLG Nürnberg, FamRZ 2005, 454 f

Die Voraussetzungen zur Wirksamkeits- und Inhaltskontrolle wurden bejaht bei Abschluss eines Ehevertrages, in dem eine schwangere Philippinin auf nachehelichen Unterhalt sowie die Durchführung des Versorgungsausgleichs verzichtet hatte. Das Gericht hat in der Entscheidung die Erfolgsaussichten für die beantragte Durchführung des Versorgungsausgleichsverfahrens bejaht.   208

XII. Entscheidung OLG Stuttgart, FamRZ 2005, 455 f

Im Ehevertrag hat eine **berufstätige Schwangere** vollständig auf nachehelichen Unterhalt verzichtet. Der **Versorgungsausgleich** wurde **ausgeschlossen.** Mit Stufenklage wurde nachehelicher Ehegattenunterhalt beansprucht. Das Gericht führt aus, dass Vieles dafür spreche, dass der **Unterhaltsverzicht sittenwidrig und nichtig** ist.   209

---

174 BVerfG, FamRZ 1993, 164; Art. 3, Abs. 2 GG verbietet die Festschreibung überkommener Rollenverteilung; Rauscher, FamRZ 1997, 1121, 1123.

210 Bei der **Zwangslage** sei Folgendes zu berücksichtigen:

- Der Ehevertrag wurde kurz vor der Eheschließung geschlossen.
- Die Ehefrau war schon bei der Eheschließung schwanger.
- Zwar war die Ehefrau noch berufstätig. Der Wegfall ihrer Einkünfte stand jedoch aufgrund des Geburtstermins bevor.
- Streitig sei, ob und in welchem Umfang die Ehefrau künftig weiter berufstätig sein sollte.
- Der Ausschluss des nachehelichen Unterhalts ist ein Eingriff in den Kernbereich des Scheidungsfolgenrechts.
- Unerheblich sei, ob die Parteien geplant hatten, dass die Ehefrau bei fortbestehender Ehe neben der Kinderbetreuung weiter arbeitet. Der Unterhaltsverzicht beziehe sich auf den Fall der Ehescheidung. Für eine alleinerziehende Mutter ist es bekanntlich weitaus schwieriger, einer Erwerbstätigkeit nachzugehen, als dies während einer intakten Ehe der Fall ist.
- Sollte der Vertrag der richterlichen Wirksamkeitskontrolle Stand halten, sei in jedem Fall eine Ausübungskontrolle durchzuführen.
- Für die Zeit der Betreuungsbedürftigkeit des Kindes dürfte die Berufung auf den Unterhaltsverzicht **treuwidrig** sein. Bereits im Ehevertrag hatte der Notar darauf hingewiesen, dass der Verzicht unter Umständen der Geltendmachung eines Kindesbetreuungsunterhalts nicht entgegengehalten werden kann.

XIII. Entscheidung OLG Frankfurt, FamRZ 2005, 457 f

211 Inhalt der Entscheidung: Eine Klage auf **Feststellung** der Nichtigkeit eines Ehevertrages ist **mangels Feststellungsinteresses** unzulässig, solange ein **Scheidungsantrag nicht gestellt** und auch sonst offen ist, ob es zu einer Scheidung der Parteien kommt. Nach der Anmerkung von *Herr* zu dieser Entscheidung kann der Lösung des OLG Frankfurt nicht zugestimmt werden, und zwar nicht obwohl, sondern gerade **weil** die Scheidung im Streitfall noch nicht beantragt war. Bedenken ergeben sich unter verfassungsrechtlichen Aspekten, weil der betroffene Ehegatte sich zum Scheidungsantrag gezwungen sieht. Im Übrigen sei das Feststellungsinteresse nach § 256 ZPO gegeben, wenn das erstrebte Urteil eine gegenwärtige Unsicherheit beseitigt, weil der Ehemann ein Recht der Ehefrau – z.B. auf Ehegattenunterhalt für den Fall der Scheidung – bestreitet. Der getrennte Ehegatte befände sich in unsicherer Rechtslage, wenn er wegen des Ehevertrages **jetzt** nicht weiß, ob und in welcher Höhe er **später** nach einer Scheidung Unterhalt beziehen oder einen Zugewinnausgleich erhalten wird. Feststellungsklagen nach der Trennung seien also zuzulassen.

Demgegenüber dürften Feststellungsklagen **vor Trennung** grundsätzlich unzulässig sein.

K. Auflösung des Vertrages, Vertragsanpassung, Abänderung, Anfechtung und Rücktrittsrecht

I. Formerfordernis

Gemäß § 1408 Abs. 1 BGB können die Ehegatten ihre güterrechtlichen Verhältnisse durch **Ehevertrag** regeln. Dieser muss bei **gleichzeitiger** Anwesenheit beider Teile zur Niederschrift eines Notars geschlossen werden, § 1410 BGB.   212

Gleichzeitige Anwesenheit bedeutet **nicht persönliche Anwesenheit**. Handeln mit **Vollmacht** und Auftreten eines **vollmachtslosen** Vertreters mit **nachträglicher Genehmigung** sind möglich, wobei sowohl die Vollmacht als auch die nachträgliche Genehmigung nach § 167 Abs. 2 BGB formfrei sind.[175] (Im Einzelnen hierzu s.o. Teil 1 Rn 14 ff, 21 ff).   213

Beratungshinweis: 214

Gerade im Hinblick auf die neue Rechtsprechung des Bundesgerichtshofs und des Bundesverfassungsgerichts zur Frage der Wirksamkeit und Inhaltskontrolle von Eheverträgen sollte der Notar in der Praxis Eheverträge nur bei persönlicher gleichzeitiger Anwesenheit beider Eheleute abschließen.

Sinn der Formvorschrift des § 1410 BGB ist die Sicherstellung sachkundiger Beratung und Gestaltung sowie der Schutz vor **einseitiger Benachteiligung** und Übereilung.[176]

Ein umfassender Ehevertrag **beinhaltet** i.d.R. Vereinbarungen über den Güterstand, § 1408 Abs. 1 BGB, Vereinbarungen über den Versorgungsausgleich, § 1408 Abs. 2 BGB, und Vereinbarungen über den nachehelichen Unterhalt, § 1585c BGB.   215

Zwar sind Vereinbarungen über den nachehelichen Ehegattenunterhalt gem. § 1585c BGB formlos möglich. (Zur Neuregelung nach der Unterhaltsrechtsreform s. Teil 1, Rn 44.) Der **Zusammenhang** mit einem **formbedürftigen** Ehevertrag führt jedoch richtiger Ansicht nach auch zur Formbedürftigkeit derartiger Unterhaltsvereinbarungen.[177]   216

Ein Ehevertrag kann sowohl **vor der Ehe** als auch **während** der Ehe abgeschlossen werden. Dies ergibt sich aus § 1408 Abs. 1 BGB und der dortigen Formulierung „ ... insbesondere auch nach Eingehung der Ehe ... ". Darüber hinaus ist jederzeit eine Verbindung mit einem **Erbvertrag** möglich, § 2276 BGB.   217

Wird der Ehevertrag von **Verlobten** abgeschlossen, so wird er erst mit Eheschließung wirksam. Der Ehevertrag kann sowohl mit einer **Bedingung** bzw. mit einem Rücktrittsvorbehalt abgeschlossen werden. Der Anschluss eines **Vorvertrages** in der Form des § 1410 BGB ist möglich.[178]   218

---

175 BGH NJW 1998, 1857 = LM § 167 Nr. 40 m. Anm. Langenfeld.
176 Langenfeld, Handbuch der Eheverträge und Scheidungsvereinbarungen, Rn 8 zu Kap. 1.
177 Langenfeld, a.a.O., Rn 20 zu Kap. 1.
178 Langenfeld, a.a.O., Rn 17 zu Kap. 1.

219   Beratungshinweis:

Im Hinblick auf die **richterliche Inhaltskontrolle** empfiehlt *Langenfeld*[179] zu Recht, dass

- Belehrung und auch Gestaltung vom Notar **persönlich** vorgenommen werden sollen und nicht von einer Hilfskraft,
- i.d.R. mindestens **2 Termine** in Anwesenheit beider Beteiligter stattfinden sollten und zwar zum einen zur Aufklärung und Besprechung und zum anderen zur Klärung aufgetretener Fragen,
- zwischen dem ersten und dem zweiten Termin sollte den Parteien ein **Entwurf** zugeleitet werden,
- falls **Ausländer** an dem Vertragsabschluss beteiligt sind, sowohl ein Dolmetscher hinzugezogen als auch eine schriftliche Übersetzung des Ehevertragsentwurfs veranlasst werden sollten.[180]

II. Vertragsfreiheit und Vertragsinhalt

220   Abgesehen von den Anforderungen bezüglich Wirksamkeit und Inhaltskontrolle (hierzu siehe Teil 1, Rn 49 ff) ist ein Ehevertrag **unwirksam**, wenn er gegen die **guten Sitten** verstößt, etwa wenn er einen Ehegatten vermögensrechtlich völlig entmündigt und knebelt. Nichtig ist der Vertrag, wenn er gegen **gesetzliche** Verbote verstößt.[181]

221   Eine **Anfechtung** nach §§ 119, 123, 142 BGB wird i.d.R. bei notariellen Verträgen im Hinblick auf die damit verbundenen Belehrungen **nicht** in Betracht kommen. Ein **Wegfall der Geschäftsgrundlage** kommt zwar zum einen bei familienrechtlichen Verträgen in Betracht, nicht jedoch bei Vereinbarungen für den Fall der Ehescheidung; dies deshalb, weil die Vereinbarung ja gerade für den Fall der Scheidung getroffen wurde.

- Eheverträge unterliegen, wie alle anderen Verträge, der **Anfechtung** wegen **Gläubigerbenachteiligung** nach §§ 129 ff InsO, § 3 AnfG.[182]
- Scheidungsvereinbarungen über den **Versorgungsausgleich** sind gem. § 1587 o BGB **genehmigungsbedürftig**. Gemäß § 1587 o Abs. 2 S. 4 BGB unterliegen diese Vereinbarungen der Inhaltskontrolle des Familiengerichts (im Einzelnen hierzu s. Teil 1, Rn 64 ff; Teil 2, § 4 Rn 1 ff).
- **Unterhaltsverzichtsvereinbarungen zu Lasten der Sozialhilfeträger** sind im Allgemeinen sittenwidrig und unwirksam, sodass eine Vereinbarung, in der ein nicht erwerbsfähiger und nicht vermögender Ehegatte auf Unterhalt verzichtet, mit der Folge, dass er **zwangsläufig** auf staatliche Leistungen angewiesen ist, auch dann nichtig ist, wenn ihr eine Schädigungsabsicht zu Lasten des Trägers der Sozialleistung nicht zugrunde liegt.[183]

179   Langenfeld, a.a.O., Rn 21 zu Kap. 1.
180   Langenfeld, a.a.O., Rn 21 zu Kap. 1.
181   Langenfeld, a.a.O., Rn 11 zu Kap. 1.
182   Langenfeld, a.a.O., Rn 12 zu Kap. 1.
183   OLG Köln, FamRZ 2003, 767; FamRZ 1999, 920.

III. Wirksamkeits- und Inhaltskontrolle, Leistungsklage, Feststellungsklage[184]

Wird die Unwirksamkeit eines Ehevertrages geltend gemacht, so stellt sich die Frage, **in welcher Form** diese Unwirksamkeit **in das Verfahren eingeführt** werden soll. Nach *Kogl*[185] gibt es zumindest **vier Wege**, die eventuelle Unwirksamkeit des Ehevertrags geltend zu machen, wobei man bezüglich des Versorgungsausgleichs bei Gericht darauf drängen müssen wird, dass zunächst zumindest die **Auskünfte** zum Versorgungsausgleich eingeholt werden, da eine Entscheidung des Gerichts in jedem Fall die Kenntnis von der Höhe der zu übertragenden Anwartschaft voraussetzt.

222

Beratungshinweis:

223

Da ein in einem Ehevertrag vereinbarter Unterhaltsverzicht immer nur den nachehelichen Ehegattenunterhalt betreffen kann, weil ein Unterhaltsverzicht auf Trennungsunterhalt nicht möglich ist (§ 1614 Abs. 1 BGB), kann es die Interessenlage gebieten, das Scheidungsverfahren möglichst lange hinauszuzögern aufgrund eines „sicheren" Unterhaltsanspruchs, der für die Zeit des Getrenntlebens besteht.

Andererseits können bezüglich Zugewinnausgleich Gründe der **Verzinsung** (ab Rechtskraft der Scheidung) sowie die Tatsache, dass die Gefahr des § 1378 Abs. 2 BGB ab Rechtskraft der Scheidung nicht mehr besteht, also die Gefahr, dass der Ausgleichspflichtige sich darauf berufen kann, dass das zum Zeitpunkt der Rechtskraft der Scheidung vorhandene Vermögen nicht mehr ausreicht, um die Zugewinnausgleichsansprüche des Ehegatten zu befriedigen, zu der Entscheidung führen, Scheidungsfolgesachen **nicht im Verbund** geltend zu machen.

Gemäß § 1378 Abs. 2 BGB wird die **Höhe** des Zugewinnausgleichsanspruchs auf den **Wert des Nettovermögens** des Ausgleichspflichtigen, das bei **Rechtskraft** der Scheidung noch vorhanden ist, begrenzt.

Wird somit während des Laufs des Scheidungsverfahrens Vermögen **veräußert** und dadurch der Zugewinn in Frage gestellt, so muss entweder versucht werden, durch einen **Abtrennungsantrag** den Zeitpunkt der Scheidung herbeizuführen oder aber **Arrestantrag** gestellt werden gem. §§ 1389, 1390 BGB.[186]

In der Praxis bedeutet dies, dass zwar einerseits bei **Vermögensminderungen** vor der Scheidung diese bei Benachteiligungsabsicht **fiktiv** dem Endvermögen zugerechnet werden, jedoch unter Umständen die **tatsächlich** vorhandenen **Vermögenswerte nicht mehr ausreichen**, um den Ausgleichsanspruch zu befriedigen. Der Ausgleichspflichtige beruft sich sodann auf § 1378 Abs. 2 BGB und muss nicht zahlen trotz fiktiver Zurechnung von Vermögenswerten.[187]

Die **Vorteile** und Nachteile der unterschiedlichen Vorgehensweisen müssen mit der Partei eingehend besprochen werden, zumal sich im gesonderten Verfahren die Kostenentscheidung nach Obsiegen und Unterliegen richtet, § 91 ZPO, während im Rahmen des Scheidungsverbunds i.d.R. von Kostenaufhebung auszugehen ist. Die Kosten des Scheidungsverfahrens werden gegeneinander aufgehoben, § 93a ZPO. Eine anderweitige

---

184 Im Einzelnen hierzu s. nachfolgend Rn 224 ff.
185 FamRB 4/2006, S. 117.
186 Heiß, Das Mandat im Familienrecht, Rn 11 zu Teil 10; Rn 483 ff zu Teil 10.
187 Heiß, Das Mandat im Familienrecht, Rn 11 zu Teil 10.

Kostenverteilung nach **billigem Ermessen** ist nach § 93a Abs. 1 S. 2 ZPO nur dann möglich, wenn z.b. einer der Ehegatten in seiner Lebensführung unverhältnismäßig beeinträchtigt würde oder die Kostenaufhebung **unbillig** erscheint im Hinblick darauf, dass ein Ehegatte in Folgesachen ganz oder teilweise unterlegen ist.[188]

1. Erster Weg: Kein Verbund

224 Denkbar ist, dass der Ausgleichsberechtigte ein Interesse daran hat, sämtliche Scheidungsfolgesachen erst später geltend zu machen, so z.b. wenn ohnehin fraglich ist, ob ein Unterhaltsanspruch besteht, weil der Berechtigte z.b. mit einem neuen Partner zusammenlebt oder aber wenn z.b. der Berechtigte erneut heiraten möchte, sodass es nur um die Frage des (möglichen) Zugewinnausgleichs geht.

225 Auch wenn nach den vorstehenden ausführlichen Ausführungen (s.o. Teil 1, Rn 75, 157) der Zugewinnausgleich einer ehevertraglichen Regelung am meisten zugänglich ist, kann es dennoch sein, dass aufgrund einer **Gesamtwürdigung** des Ehevertrages ein Zugewinnausgleichsausschluss aufgrund der **Gesamtschau** unwirksam ist (s.o. Teil 1, Rn 157).
Vorteile für den Ausgleichsberechtigten:

- § 1378 Abs. 2 BGB kommt nicht zur Anwendung,
- Verzinsung der Ausgleichsforderung gem. § 1378 Abs. 3 BGB,
- ggf. günstigere Kostenentscheidung (aber auch entsprechendes Kostenrisiko!).

226 Zu Recht weist *Kogl*[189] darauf hin, dass nach Abwägung der Vor- und Nachteile mit dem Mandanten das Ergebnis in einem entsprechenden Aktenvermerk bzw. noch besser in Form eines Schreibens an den Mandanten **aktenkundig** gemacht werden sollte, um spätere Vorwürfe zu vermeiden, wonach es einen wesentlich **kostengünstigeren** Weg gegeben habe.

227 Wird für solche gesonderten Folgesachen **Prozesskostenhilfe** beantragt, so kann nach jetzt geltender Rechtsprechung des BGH[190] **nicht** mehr damit argumentiert werden, dass eine derartige gesonderte Geltendmachung mutwillig sei i.S.v. § 114 ZPO.

228 Gerade, weil z.b. eine **Kostenerstattungspflicht** und eine Pflicht zur **Verzinsung** besteht, hat der BGH derartige separate Klagen ausdrücklich für zulässig erklärt und zwar sowohl für den **Unterhalt** als auch für den **Zugewinnausgleich**.[191]

2. Zweiter Weg: Nur Folgesache Unterhalt

229 Die Antragstellung kann auch nur mit einer einzigen Folgesache, nämlich Unterhalt, erfolgen. Zu Recht weist *Kogl*[192] darauf hin, dass es taktisch sehr unklug wäre, die elterliche Sorge als Folgesache mit einzubeziehen, da die Gefahr des § 623 Abs. 2 ZPO besteht, wonach auf entsprechende Antragstellung **Abtrennung** vorgesehen ist.

---

188 Heiß, Das Mandat im Familienrecht, Rn 93 zu Teil 2; Zu den Voraussetzungen: Thomas/Putzo, § 93a Rn 4 ff.
189 Kogl, a.a.O.
190 BGH FamRZ 2005, 786.
191 Kogl, a.a.O.; BGH, FamRZ 2005, 786.
192 FamRB 4/2006, S. 117 ff.

Nach dem Gesetzeswortlaut und der überwiegenden Meinung ist dem **Antrag** auf **Abtrennung** eines Ehegatten **zwingend stattzugeben**, ohne dass dem Gericht ein Ermessensspielraum zustünde.[193] Um willkürlichen Anträgen vorzubeugen, wird aber teilweise vertreten, dass im Falle eines **erkennbaren Missbrauchs** der Antrag **abzulehnen** sei.[194]   230

Vertreten wird schließlich auch die Ansicht, dass abgetrennt werden **könne**, um eine Sorgerechtsentscheidung schon **vor** Rechtskraft des Scheidungsurteils zu ermöglichen. Es dürfe aber nicht umgekehrt ein Scheidungsausspruch vor der Entscheidung über eine im Verbund anhängige Sorgerechtssache erfolgen. Dies laufe der Warnfunktion des Verbundes zuwider.[195]   231

Wird nur die Folgesache Unterhalt geltend gemacht, so kann der **Gegner** selbst Antrag zur elterlichen Sorge stellen und **seinerseits** die **Abtrennung** des **Verfahrens** beantragen, womit das Ziel der Verfahrensverzögerung nicht erreicht werden kann. Nach der herrschenden Meinung müssten konsequenter Weise **beide Folgesachen** abgetrennt werden.[196]   232

Gebührenrechtlich mag eine solche Vorgehensweise für den Anwalt von Vorteil sein, da z.B. bei Abtrennung von Unterhalt und Sorgerecht eine **echte Verfahrenstrennung** vorliegt und damit **alle** Rechtsanwaltsgebühren aus den Werten der getrennten Verfahren noch einmal entstehen.[197] Dieser gebührenrechtliche Vorteil wiegt jedoch die Nachteile für die Partei in keinster Weise auf.   233

Beratungshinweis: 234

Ist Prozesskostenhilfe bewilligt, so muss für sämtliche Folgesachen zusammen mit dem Abtrennungsantrag erneut Antrag auf Prozesskostenhilfebewilligung gestellt werden, da sich der ursprüngliche Antrag **nicht automatisch** auf diese selbständigen Familiensachen erstreckt.[198]

3. Dritter Weg: Folgesache Zugewinn

Der Zugewinn kann entweder allein oder zusammen mit dem Unterhalt im Verbund eingeklagt werden. Eine Abtrennung nach § 623 Abs. 2 ZPO ist **nicht** möglich, da sich diese Regelung nur auf das Zusammentreffen der Folgesachen elterliche Sorge und Unterhalt bezieht.[199]   235

Wird der Zugewinnausgleich im Wege einer **Stufenklage** (Auskunft/Eidesstattliche Versicherung/Zahlung) eingeklagt, so ist zu beachten, dass nach OLG Hamm[200] **nicht durch Teilurteil** ein Auskunftsanspruch **abgewiesen** werden darf, wenn ein **Ehevertrag**   236

---

193 Kogl, a.a.O.; sowie z.B. OLG Düsseldorf, FamRZ 2000, 842.
194 Kogl, a.a.O., mit Hinweis auf Philippi, in: Zöller, 25. Aufl. § 623 ZPO Rn 32 f m. w. Nachw. zum Meinungsstand.
195 Vgl. OLG Köln, FamRZ 2002, 1570 m. Nachw. zum Meinungsstand.
196 Kogl, a.a.O.
197 OLG München, FamRZ 2000, 168; Kogl, a.a.O.
198 OLG Naumburg, FamRZ 2001, 1469.
199 Kogl, a.a.O.
200 FamRB 2005, 350.

besteht, der **Gütertrennung** vorsieht, die Berufung hierauf jedoch (abhängig vom Ergebnis einer ebenfalls anhängigen **Unterhaltsklage**) unzulässig sein könnte. **Unterhalt** und **Zugewinn** dürfen nur **einheitlich** entschieden werden.

4. Vierter Weg: Zwischenfeststellungsklage

237 Nach der Rechtsprechung ist es möglich, durch eine sog. **Zwischenfeststellungsklage** eine verbindliche Entscheidung zur Wirksamkeit zu treffen.[201]

238 Streitig ist, ob eine solche Feststellungsklage nur im Fall eines **eingereichten** Scheidungsantrags erfolgen kann oder ob **auch vorab** eine derartige Feststellung begehrt werden darf. Das OLG Frankfurt[202] vertritt die Ansicht, dass zwingend ein Scheidungsverfahren vorgeschaltet werden muss.[203]

239 *Herr*[204] hat mit überzeugenden Gründen dargetan, dass dies nicht Voraussetzung sein darf, da die Rechtsprechung des OLG Frankfurt dazu führt, dass Eheleute einen Scheidungsantrag einreichen müssen, obwohl sie dies unter Umständen gar nicht können (mangels Vorliegen der gesetzlichen Voraussetzungen) oder wollen.

240 Wenn ein **Feststellungsverfahren** für den Anspruchsteller **negativ** entschieden wurde, besteht immer noch die Möglichkeit, nunmehr z.B. beim **Unterhalt** die **Ausübungskontrolle** geltend zu machen. Dies deshalb, weil lediglich das Problem der Sittenwidrigkeit, die zum Zeitpunkt des Vertragsabschlusses gegeben war, entschieden wurde.

241 Wird eine solche **Zwischenfeststellungsklage** eingereicht, kann aus Sicht des Antragsgegners nur eine **negative Widerklage** empfohlen werden. Auf jeden Fall sollte daher sofort widerklagend beantragt werden, dass auch im Rahmen der **Ausübungskontrolle** weitergehende Rechte ebenso wenig geltend gemacht werden können.[205]

IV. Abänderungsklage bei Unterhaltsregelungen

242 Enthält der Ehevertrag, die notarielle Scheidungsvereinbarung oder ein gerichtlicher Vergleich Regelungen zur Höhe des zu zahlenden Unterhalts und wurde die Abänderung nicht ausdrücklich ausgeschlossen, so kann sowohl vom **Leistungsverpflichteten** als auch vom **Unterhaltsberechtigten Abänderungsklage** nach § 323 ZPO erhoben werden.
Die Abänderungsklage ist möglich gegen
- vollstreckbare Urkunden (§§ 323 Abs. 4, 794 Abs. 1 Nr. 5 ZPO) sowie
- gegen gerichtliche Vergleiche (§§ 323 Abs. 4, 794 Abs. 1 Nr. 1 ZPO).[206]

---

201 OLG Frankfurt, FamRZ 1983, 176; OLG Düsseldorf, FamRZ 2005, 282.
202 FamRZ 2005, 457.
203 Kogl, a.a.O.
204 FamRZ 2005, 458.
205 Kogl, a.a.O.
206 Heiß, Das Mandat im Familienrecht, Rn 799 zu Teil 8; Heiß, in: Kroiß, FormularBibliothek Zivilprozess 2005, Familienrecht Rn 827 zu § 5.

1. Voraussetzungen für die Abänderungsklage

- Abänderungstitel nach § 323 Abs. 1, 4 ZPO: **Wesentliche Veränderung** der Verhält-   243
  nisse eines fortbestehenden Titels.
- Zeitpunkt der Abänderung: Nachdem § 323 Abs. 3 ZPO, also die **Zeitschranke,** für
  Vergleiche und **notarielle** Urkunden, in denen der Unterhalt geregelt wurde, nicht
  gilt, ist **rückwirkende** Abänderung möglich.[207]
- Als Vergleiche gelten nach dem eindeutigen Gesetzeswortlaut nur **wirksame** Prozessvergleiche nach § 794 Abs. 1 Nr. 1 ZPO und für vollstreckbar erklärte Anwalts-
  vergleiche (§§ 796a – 796c ZPO).
- Gegen **außergerichtliche** Vergleiche kann **nie** im Wege der Abänderungsklage vorgegangen werden.[208]
- Eine **notarielle Urkunde** stellt nach § 794 Abs. 1 Nr. 5 ZPO nur einen **Vollstreckungstitel** dar und unterliegt damit der Abänderungsklage nach § 323 Abs. 4
  ZPO, wenn sich der Schuldner der **sofortigen Zwangsvollstreckung** unterworfen
  hat.

2. Begründetheit der Abänderungsklage

a) Abänderungsgründe

- Es muss eine wesentliche Veränderung der Verhältnisse eingetreten sein.[209]   244
- Eine Wesentlichkeit wird bejaht, wenn sich die Gesamtunterhaltshöhe um etwa
  10 % geändert hat. Sie kann aber bei beengten wirtschaftlichen Verhältnissen
  auch darunter liegen.[210]
- Abänderungsgründe:
  - Erhöhung oder Reduzierung des Einkommens beim Pflichtigen und beim Be-
    dürftigen,[211]
  - Erhöhung des Bedarfs durch gestiegene Lebenshaltungskosten,[212]
  - Arbeitslosigkeit,
  - zusätzliche Unterhaltslasten durch Wiederverheiratung des Verpflichteten oder
    Geburt eines weiteren unterhaltsberechtigten Kindes,[213]
  - Wegfall berücksichtigter Verbindlichkeiten (Schulden, vorrangige Unterhaltslasten),
  - Änderung von Unterhaltabellen,[214]
  - höhere Altersstufe bei Kindern oder höherer Bedarf eines volljährigen Kindes,
  - Gesetzesänderung,[215]
  - Änderung der Rechtsprechung durch ein Gebot des BVerfG.

---

207 BGH NJW 1998, 2433; Heiß, Das Mandat im Familienrecht, Rn 803 zu Teil 8; Heiß, in: Kroiß, Formu-
     larBibliothek Zivilprozess 2005, Familienrecht Rn 834 zu § 5.
208 Heiß, a.a.O.; BGH, FamRZ 1982, 782 ff.
209 Heiß, a.a.O.
210 BGH FamRZ 1992, 539.
211 BGH FamRZ 1985, 374; 1989, 842.
212 BGH FamRZ 1992, 162, 164.
213 Zur Übersicht s. Heiß, Das Mandat im Familienrecht, Rn 805 zu Teil 8; Heiß, in: Kroiß, FormularBiblio-
     thek Zivilprozess 2005, Familienrecht Rn 841 zu § 5.
214 BGH FamRZ 1995, 221, 222.
215 BGH FamRZ 2001, 1687, 1689.

245 Bei grundlegender Änderung der **höchstrichterlichen** Rechtsprechung liegt ein Abänderungsgrund erst mit der **Änderung** der Rechtsprechung durch den **BGH**, nicht einer vorangehenden Änderung diese Rechtsprechung durch ein OLG vor.[216]

Demzufolge liegt ein **Abänderungsgrund** bei der **geänderten** Rechtsprechung zur Haushaltsführung und Aufnahme einer Berufstätigkeit nach Trennung/Scheidung (prägende Einkünfte) ab dem 13.6.2001 (Urteil des BGH) vor.[217]

b) Bindungswirkung

246 Die Abänderungsklage ermöglicht nur die **Anpassung** des Unterhalts an die veränderten Verhältnisse.[218] Es besteht eine **Bindungswirkung** an die unverändert gebliebenen Tatsachen, auch wenn die Tatsachenfeststellung **falsch** war.[219]

Die Bindungswirkung gilt insbesondere[220]
- für die Ermittlung der Einkommensverhältnisse,
- Einbeziehung fiktiver Einkünfte,
- Nichtanrechnung von Einkommensarten,
- Bildung des bereinigten Nettoeinkommens,
- Feststellungen zur Arbeitsfähigkeit,
- Bedürftigkeit,
- Berücksichtigung weiterer Unterhaltspflichtiger oder -berechtigter.[221]
- Unterhaltsrichtlinien oder Tabellen sowie Verteilungsschlüssel entfalten hingegen **keine Bindungswirkung.**[222]

247 Wurde der Unterhaltsanspruch aufgrund der seinerzeit noch anzuwendenden **Anrechnungsmethode** ermittelt, so ist eine Abänderungsklage gerichtet auf Ermittlung nach der Differenzmethode zulässig aufgrund der **geänderten** Rechtsprechung bei Haushaltsführung und Kinderbetreuung sowie anschließender Aufnahme einer Erwerbstätigkeit nach Scheidung.[223]

3. Billigkeitskorrektur

248 Eine **Billigkeitskorrektur** früherer **fehlerhafter Feststellungen oder vergessener Tatsachen** wird vom BGH zugelassen, wenn aus **anderen** Gründen eine Abänderungsklage **zulässig** ist, um unerträgliche Ergebnisse zu vermeiden.[224] Ein **Nachschieben** bereits früher bestehender nicht vorgebrachter Umstände wurde zugelassen, um die **Beibehaltung**

---

216 BGH FamRZ 2001, 1687, 1690.
217 BGH a.a.O.
218 BGH FamRZ 1984, 374, 375; 1994, 1100.
219 BGH FamRZ 1984, 374, 375; 2001, 905.
220 Heiß, Das Mandat im Familienrecht, Rn 806 zu Teil 8; Heiß, in: Kroiß, FormularBibliothek Zivilprozess 2005, Familienrecht Rn 843 zu § 5.
221 BGH FamRZ 1984, 374, 375.
222 BGH FamRZ 1984, 374, 375.
223 Heiß, a.a.O.
224 BGH FamRZ 1998, 99, 101.

des ursprünglichen Urteils zu erreichen,[225] ebenso umgekehrt bei einer auf neu eingetretenen Umständen gestützten Herabsetzungsklage als Tatsachen, die zu einer **Beibehaltung** des bisherigen Titels führen.[226]

4. Darlegungs- und Beweislast

Die Darlegungs- und Beweislast für eine wesentliche Änderung trägt der Abänderungs 249
kläger.[227] Den Abänderungs**beklagten** trifft hingegen die Darlegungs- und Beweislast für Tatsachen, die **trotz** veränderter Umstände die **Aufrechterhaltung** des Titels rechtfertigen.[228]

5. Abänderungszeitpunkt

- Für Anträge auf Unterhalts**erhöhung** gilt überhaupt keine Zeitschranke, soweit im 250
  Übrigen die Voraussetzungen nach § 1613 Abs. 1 BGB zur Geltendmachung rückständigen Unterhalts vorliegen.
- **Vergleiche** und vollstreckbare **Urkunden** können **rückwirkend** herabgesetzt werden.[229]

V. Wegfall der Geschäftsgrundlage

Die Grundsätze über den Wegfall der Geschäftsgrundlage finden **auch** auf **Eheverträge** 251
Anwendung. Dies kommt in Betracht, wenn die tatsächliche Gestaltung der ehelichen
Lebensverhältnisse von der ursprünglichen, dem Vertrag zugrunde liegenden Lebensplanung **abweicht**,[230] z.B. durch Geburt eines Kindes oder bei erheblich unterschiedlichen von den Vorstellungen bei Vertragsschluss abweichenden Einkommens- und Vermögensverhältnissen;[231] ferner bei Vereinbarung der Gütertrennung ohne Ausschluss
des Versorgungsausgleichs, wenn ein Anrecht aus der betrieblichen Altersversorgung
oder aus einer Lebensversicherung durch Ausübung des Kapitalwahlrechts wegfällt.[232]

Ob ein Festhalten am vertraglichen Ausschluss von Scheidungsfolgen **unzumutbar** ist, 252
entscheidet sich, wie bei der Wirksamkeitskontrolle (hierzu s.o. Teil 1, Rn 51 ff) unter
Berücksichtigung des **Ranges** der **Scheidungsfolge**.[233]

Ist die an die geänderten Verhältnisse anzupassende Regelung des **Versorgungsaus** 253
gleichs Teil einer umfassenden, auch andere Gegenstände, z.B. Zugewinnausgleich
und Unterhalt einbeziehenden **Gesamtregelung**, so kann die Geschäftsgrundlage der

---

225 Niklas, FamRZ 1987, 869 ff.
226 BGH FamRZ 1998, 99, 101.
227 Heiß, Das Mandat im Familienrecht, Rn 808 zu Teil 8; Heiß, in: Kroiß, FormularBibliothek Zivilprozess
     2005, Familienrecht Rn 846 zu § 5.
228 BGH FamRZ 1987, 259, 260; 1990, 496, 497.
229 Heiß, Das Mandat im Familienrecht, Rn 809 zu Teil 8; Heiß, in: Kroiß, FormularBibliothek Zivilprozess
     2005, Familienrecht Rn 848 zu § 5.
230 BGH NJW 1997, 126; NJW 2004, 930; NJW 2005, 139.
231 BGH NJW 2005, 2386.
232 Palandt/Brudermüller, Rn 11 zu § 1408; ebenso Kogel, FamRZ 2005, 1785.
233 BGH NJW 2005, 2391.

Vereinbarung **insgesamt entfallen** sein. Umgekehrt kann auch der Wegfall der Geschäftsgrundlage einer zugleich getroffenen anderweitigen Regelung derjenigen über den Versorgungsausgleich die Grundlage entziehen.[234]

254 Ein Wegfall der Geschäftsgrundlage kommt auch dann in Betracht, wenn ein von den Parteien als **vermeidbar** eingestuftes Risiko sich später verwirklicht,[235] wobei zusätzliche Umstände erforderlich sind, ähnlich wie bei der Wirksamkeitskontrolle, so z.B. die Belastung durch gemeinsame Kinder.[236]
Als weitere Umstände kommen in Betracht:

- Berufliche Nachteile aufgrund der Kindesbetreuung bei späterer Wiederaufnahme einer Erwerbstätigkeit.[237] Grundsätzlich genügt jedoch noch **nicht** ein erheblich unterschiedliches Einkommen beider Parteien.[238]
- Als weiterer Umstand kommt dagegen in Betracht die **Ehebedingtheit** der Nachteile.[239]

255 Die Geschäftsgrundlage für eine Versorgungsausgleichsverzichtsvereinbarung, die nach der ersten Ehe abgeschlossen wurde, kann entfallen, wenn auch die **zweite** Ehe **dieses Paares** scheitert.[240]

VI. Gläubigeranfechtung

256 Eheverträge unterliegen, wie alle anderen Verträge, der **Anfechtung** wegen **Gläubigerbenachteiligung** nach §§ 129 ff InsO, § 3 AnfG (im Einzelnen s.u. Teil 3 – Notarielle Scheidungsvereinbarungen).

257 Vereinbarungen von **Gütertrennung** unter **Aufhebung** der **Gütergemeinschaft** unterliegen **nicht** der Gläubigeranfechtung, ggf. **aber** der **Auseinandersetzungsvertrag**, soweit er mit einer Vermögensveräußerung verknüpft ist.[241]

258 Dagegen nicht, wenn ein **Recht** auf Aufhebung der Gütergemeinschaft bestand. Selbst bei großer Vermögensverschiedenheit ist die Vereinbarung der Gütergemeinschaft **keine** Schenkung[242] oder unentgeltliche Leistung i.S.v. § 134 InsO, wohl aber unter Umständen i.V.m. anschließender Gütertrennung.[243]

259 Güterrechtsverträge können von künftigen Gläubigern nicht mit der Schenkungsanfechtung angefochten werden.[244] Der BGH berief sich dabei auf die vorrangige Vertragsfreiheit der Ehegatten. Allenfalls eine missbräuchliche Auseinandersetzung der beendeten Gütergemeinschaft zum Nachteil der Gläubiger könne anfechtbar sein. Diese

234 Palandt/Brudermüller, Rn 11 zu § 1408.
235 BGH FamRZ 1992, 1403; 1995, 291; 1997, 873.
236 BGH a.a.O.
237 BGH NJW 2004, 930; 2005, 139.
238 BGH NJW 2005, 2386; a.A. wohl OLG Karlsruhe, FamRZ 2004, 1789 m. Anm. Bergschneider.
239 BGH NJW 2005, 2386.
240 BGH NJW 1994, 579; vgl. im Übrigen: BGH, FamRZ 1994, 96 f.
241 Palandt/Brudermüller, Rn 5 zu § 1408.
242 BGH NJW 1992, 558.
243 RG 1987, 301; Palandt/Brudermüller, Rn 5 zu § 1408.
244 BGH NJW 1972, 48.

Grundsätze wurden vom BGH nochmals ausdrücklich bestätigt. Der Bereich der Ausübung der Ehevertragsfreiheit ohne Verfolgung ehefremder Zwecke ist damit auch im Sinne der §§ 3 AnfG, 129 ff InsO, **anfechtungsfest**.

VII. Anfechtung nach §§ 119 ff BGB

1. Voraussetzungen

Grundsätzlich sind auch Vereinbarungen über Ehescheidungsfolgen nach den Vorschriften der §§ 119 ff anfechtbar, wobei die Anfechtungstatbestände des § 119 Abs. 1 BGB, **Erklärungs-** oder **Inhaltsirrtum** wegen der Mitwirkung von Anwälten, Notaren und Richtern außerordentlich selten sein dürften. 260

Gleiches dürfte gelten für die Anfechtung wegen eines **Irrtums über die Rechtsfolgen** einer Ehescheidungsfolgenvereinbarung,[245] wobei Anfechtbarkeit nur in Frage kommt, wenn die Vereinbarung nicht die tatsächlich gewollten, sondern davon wesentlich verschiedene Rechtsfolgen erzeugt.[246] Am ehesten kommt noch eine Anfechtung wegen Bedrohung oder arglistiger Täuschung nach § 123 BGB in Betracht, wobei denkbar ist insbesondere die **Täuschung** über die tatsächlichen **Einkommens-** und **Vermögensverhältnisse**. 261

Voraussetzung ist jedoch, dass die Täuschung durch Vorspiegelung oder Entstellung von Tatsachen oder durch Verschweigen, trotz entsprechender **Aufklärungspflicht**, begangen wird. 262

Aufklärungspflichten ergeben sich nicht nur allgemein aus den ehelichen Treuepflichten, sondern im Zusammenhang mit Trennung und Ehescheidung aus den §§ 1361, 1605, 1379 und § 1472 i.V.m. § 1435 BGB analog;[247] zur Auskunftsverpflichtung des Verwalters des Gesamtgutes nach Beendigung der Gütergemeinschaft s. Palandt/*Brudermüller*, § 1472 Rn 1. 263

Auch die Vortäuschung eines **Selbstmordversuchs** kann die Voraussetzungen einer arglistigen Täuschung, die zur Anfechtung berechtigt, darstellen.[248] Eine Anfechtung wegen **widerrechtlicher** Drohung setzt voraus, dass der bedrohte Ehegatte durch Inaussichtstellung eines künftigen Übels in eine Zwangslage versetzt worden ist, die ihn dazu veranlasst hat, die Ehescheidungsfolgenvereinbarung abzuschließen. 264

Dabei muss die Drohung widerrechtlich gewesen sein, was voraussetzt, dass entweder das eingesetzte Mittel der Drohung widerrechtlich ist, also z.B. die Drohung mit einem strafbaren oder sittenwidrigen Verhalten, oder der erstrebte Erfolg rechtswidrig ist, was aber meist schon zur Nichtigkeit nach §§ 134, 138 BGB führen wird.[249] 265

---

245 Göppinger/Börger, Vereinbarungen anlässlich der Ehescheidung, Rn 60 zu Teil 1.
246 Palandt/Heinrichs, § 119 Rn 15/16 m. w. Nachw. aus der Rechtsprechung mit dem Hinweis, dass Anfechtbarkeit ausscheidet, wenn die Vereinbarung noch andere, nicht erkannte und nicht gewollte Nebenwirkungen hervorbringt.
247 Göppinger/Börger, a.a.O., Rn 61 zu Teil 1.
248 BGH FamRZ 1996, 605.
249 Göppinger/Börger, a.a.O., Rn 62 zu Teil 1.

266 Auch die Inadäquanz von Mittel und Zweck, die Benutzung dieses Mittels zu diesem Zweck, kann gegen das Anstandsgefühl aller billig und gerecht Denkenden verstoßen[250] und deswegen zur Widerrechtlichkeit der Drohung führen.

267 In Betracht kommen Fälle, in denen mit **Gewaltanwendung**, mit **Strafanzeigen** oder Anzeigen an das **Finanzamt** oder mit Sorgerechtsanträgen oder **Kindesentziehung** gedroht wird, wobei im letzteren Fall Voraussetzung ist, dass der Sorgerechtsantrag bzw. Kindesentzug nicht am Wohle der Kinder orientiert ist, sondern zu sachfremden Zwecken ausgesprochen wird.[251]

268 War sich der drohende Ehegatte bewusst, dass sein Verhalten die Willensbildung seines Ehepartners beeinflussen kann und war diese Drohung **ursächlich** für den Abschluss der Ehescheidungsfolgenvereinbarung, d.h. wäre diese ohne die Drohung mit einem anderen Inhalt abgeschlossen worden,[252] führt die Drohung zur Anfechtbarkeit des Vertrages und damit zu dessen **Nichtigkeit** nach § 142 BGB.[253]

269 Gemäß § 124 Abs. 1 BGB muss die Anfechtung **innerhalb eines Jahres** erklärt werden und zwar im Falle der Täuschung ab dem Zeitpunkt der Entdeckung der Täuschung, und im Falle der Drohung ab dem Zeitpunkt, in welchem die Zwangslage beendet ist. Nach Ablauf von 10 Jahren seit Abgabe der Willenserklärung ist die Anfechtung gem. § 124 Abs. 3 BGB ausgeschlossen.

2. Folgen der Nichtigkeit, § 139 BGB

270 Bezieht sich die Nichtigkeit wegen Anfechtung, § 142 BGB, bzw. wegen Verstoßes gegen die §§ 134, 138 BGB auf die **gesamte** Vereinbarung, so ist diese ohne weiteres insgesamt nichtig.
Die Nichtigkeit einer Scheidungsfolgevereinbarung hat keinen Einfluss auf die **Rechtskraft der Ehescheidung**.[254]

271 Zur Frage, ob die Nichtigkeit eines Teils einer Vereinbarung zur Gesamtnichtigkeit führt, s.o. die ausführlichen Ausführungen zur Wirksamkeit und Inhaltskontrolle Teil 1, Rn 77 ff.
Es ist zu prüfen, ob und inwieweit ein enger Zusammenhang zwischen den einzelnen Teilen der Vereinbarung besteht und wie diese Vereinbarungen miteinander verknüpft sind. Es ist der mutmaßliche Parteiwille zu ermitteln, wobei das **objektiv Vernünftige** anzunehmen ist.[255]

272 Solche Verknüpfungen können sich insbesondere ergeben aus Regelungen über die Vermögensauseinandersetzung (Überlassung einer Immobilie) gegen Abfindung und im Gegenzug hierzu Vereinbarung eines Unterhaltsverzichts.

273 Wird eine Vereinbarung über den Ausschluss des **Versorgungsausgleichs** nach § 1587 o BGB geschlossen, so ist im Vertrag ausdrücklich klarzustellen, ob bei einer

---

250 BGH NJW 1983, 384 f; Palandt/Heinrichs, § 123 Rn 15 ff.
251 Göppinger/Börger, a.a.O., Rn 63 zu Teil 1.
252 BGH NJW 1964, 811.
253 Göppinger/Börger, a.a.O., Rn 64 zu Teil 1.
254 OLG Frankfurt, FamRZ 1984, 407, 408.
255 Göppinger/Börger, Vereinbarungen anlässlich der Ehescheidung, Rn 69 zu Teil 1.

Verweigerung der Genehmigung des Familiengerichts die Vereinbarung insgesamt wirksam sein soll oder nicht (im Einzelnen hierzu s. Teil 3 § 1 Rn 6, Notarielle Scheidungsvereinbarungen).

Die Aufnahme einer **Salvatorischen Klausel** hat gem. der oben angeführten Rechtsprechung (Teil 1, Rn 126 ff) nur noch die Funktion einer Beweislastregelung.[256]   274

Jedenfalls muss im Einzelnen abgewogen werden, welche Teile der Vereinbarung in einem **Abhängigkeitsverhältnis** stehen sollen oder nicht.[257] Allerdings kann eine Salvatorische Klausel **unwirksam** sein, wenn der Teil der Vereinbarung, dem grundlegende Bedeutung zukommt, **nichtig** ist, und zwar insbesondere nach §§ 134, 138 BGB.[258]   275

a) Nachehelicher Ehegattenunterhalt

Ist eine diesbezügliche Vereinbarung unwirksam, muss der Unterhalt nach den gesetzlichen Vorschriften geregelt werden, und zwar gem. §§ 1569 ff BGB. Hat ein geschiedener Ehegatte aufgrund einer **nichtigen** Vereinbarung an den anderen Ehegatten **Unterhaltszahlungen** geleistet, wird einem Anspruch auf Rückzahlung an den anderen Ehegatten nicht selten entgegengehalten werden können, dass der Empfänger einen gesetzlichen Unterhaltsanspruch nach Maßgabe der §§ 1569 ff BGB hatte, die aufgrund des nichtigen Vertrages geleisteten Zahlungen, also hierauf anzurechnen sind.[259]   276

In der Regel wird gegenüber Rückforderungsansprüchen die Einrede des Wegfalls der Bereicherung geltend gemacht werden können, §§ 814, 817 S. 2, 818 Abs. 3 BGB. In Betracht kommen jedoch Schadenersatzansprüche nach § 826 BGB.[260]   277

b) Versorgungsausgleich

Die Nichtigkeit der Vereinbarung über den Versorgungsausgleich wird auch durch die gerichtliche **Genehmigung nicht geheilt** mit der Folge, dass der Versorgungsausgleich durchzuführen ist, obwohl das Familiengericht in einem rechtskräftigen Scheidungsurteil festgestellt hat, dass ein Versorgungsausgleich nicht stattfindet.[261]   278

Hat aber das Familiengericht aufgrund der Vereinbarung eine von den §§ 1587 ff BGB **abweichende Regelung** durch rechtskräftiges Urteil getroffen, so wird deren Wirksamkeit durch die Nichtigkeit der Vereinbarung **nicht berührt**. Hier kommt allenfalls analog § 580 Nr. 6 ZPO ein **Wiederaufnahmeverfahren** in Betracht, sofern nicht unter dem Gesichtspunkt der Spezialität und Subsidiarität, § 582 ZPO, einer erweiternden Auslegung des § 10a Abs. 9 i.V.m. Abs. 1 Ziff. 1 VAHRG der Vorzug gegeben wird.[262]   279

---

256 BGH NJW 2003, 347.
257 Göppinger/Börger, Vereinbarungen anlässlich der Ehescheidung, Rn 71 zu Teil 1.
258 BGH NJW 2003, 347; NJW 1997, 933.
259 Göppinger/Börger, a.a.O., Rn 72 zu Teil 1.
260 Soergel/Häberle, § 1585c Rn 19.
261 BGH FamRZ 1991, 681.
262 Göppinger/Börger, a.a.O., Rn 73 zu Teil 1.

c) Übermäßig hoher Unterhalt

280   Wurde ein übermäßig hoher Unterhalt vereinbart, so führt die Teilnichtigkeit des Vergleichs dazu, dass der **angemessene** Unterhalt geschuldet ist und der begünstigte Ehegatte sich so behandeln lassen muss, als wenn er den angemessenen Unterhalt gefordert hätte.[263]

d) Sittenwidriges Handeln

281   Führt ein sittenwidriges Handeln einer Partei gegenüber der anderen zu dem Abschluss der Vereinbarung, so können Schadenersatzansprüche aus § 826 BGB bestehen. Solche Schadenersatzansprüche schließen die Berufung auf den Wegfall der Bereicherung aus.[264]

e) Zustimmung zur Scheidung

282   Beruft sich der Antragsgegner darauf, die Zustimmung zur Scheidung beruhe auf einem nichtigen Vertrag, so kann das Scheidungsverfahren **nicht wieder aufgenommen werden.**

283   Die Wiederaufnahme eines Rechtsstreits ist an eng begrenzte Voraussetzungen geknüpft, § 580 ZPO, von denen nur in den seltensten Fällen die Voraussetzungen der §§ 580 Nr. 1, 4, 581, 582 ZPO vorliegen werden.[265]

VIII. Rücktrittsrecht

284   Häufig wird schon in den notariellen Verträgen ein Rücktrittsrecht vereinbart (Notarielle Scheidungsvereinbarungen, Teil 3)

285   Wird anlässlich der Ehescheidung eine Vereinbarung geschlossen, so liegt regelmäßig ein gegenseitiger Vertrag i.S.d. §§ 320 ff BGB vor, sodass die für die **Vertragsverletzungen** geltenden allgemeinen Vorschriften des Schuldrechts anwendbar sind.

286   Grundsätzlich ist ein **Rücktritt** vom Vertrag denkbar, soweit dieser noch möglich ist.[266] Es muss jedoch anhand des Inhalts der Vereinbarung und von ihrer Auslegung überprüft werden, ob eine Verletzung von Vertragspflichten durch einen geschiedenen Ehegatten dem anderen das Recht gibt, sich von dem ganzen Vertrag zu lösen.[267]

287   Nur in **krassen Ausnahmefällen** wird man zu dem Ergebnis kommen können, dass der gesamte Vertrag betroffen ist. Im Regelfall werden Verletzungen einer umfassenden Scheidungsvereinbarung nur **Erfüllungsansprüche** bzw. **Schadenersatzansprüche** wegen Nichterfüllung auslösen können.[268]

---

263 Göppinger/Börger, Rn 74 zu Teil 1 m. w. Nachw.
264 Göppinger/Börger, a.a.O., Rn 75 zu Teil 1 m. w. Nachw.
265 Göppinger/Börger, Vereinbarungen anlässlich der Ehescheidung, Rn 76 zu Teil 1.
266 Göppinger/Börger, Vereinbarungen anlässlich der Ehescheidung, Rn 77 zu Teil 1.
267 BGH FamRZ 1967, 35.
268 Göppinger/Börger, a.a.O., Rn 77 zu Teil 1.

L. Sicherung der vertraglichen Ansprüche

I. Zahlungsansprüche

Um bereits im Vorfeld abzuklären, ob die Zahlung einer bestimmten Abfindungs- 288
summe, z.B. im Gegenzug zum Unterhaltsverzicht, tatsächlich geleistet werden kann,
empfiehlt sich, auf Vorlage einer **Finanzierungszusage** durch die Bank zu bestehen.

II. Bankbürgschaft

Die sicherste Möglichkeit ist die Vorlage einer unwiderruflichen selbstschuldnerischen 289
und unbedingten Bankbürgschaft einer deutschen Großbank, da in diesem Fall bei
Nichtzahlung durch den eigentlichen Schuldner der Zahlungsverpflichtete die Bank ist.

III. Grundbuchumschreibung erst nach Zahlungseingang

Üblicherweise wird von den Notaren bei Eigentumsüberschreibung bezüglich einer Im- 290
mobilie und damit verbundener Gegenleistung eine Vereinbarung dahingehend aufgenommen, dass die Urkunde dem Grundbuchamt zur Eigentumsumschreibung erst
vorgelegt werden darf, wenn dem Notar der Zahlungseingang durch den Gläubiger bestätigt wurde.

IV. Grundschuld und Hypothek

Insbesondere in Fällen, in denen der Zahlungsanspruch nicht sofort fällig ist, sondern 291
möglicherweise gestundet wird, empfiehlt sich die Eintragung einer Grundschuld
oder Hypothek zur Sicherung der Zahlungsansprüche. Dies ist insbesondere dann zu
empfehlen, wenn Eigentumsumschreibung bzw. Eintragung einer Auflassungsvormerkung sofort erfolgen soll, ohne dass vorher der Zahlungsanspruch (z.B. Abfindung) erfüllt ist.

Zur Abgrenzung von Hypothek und Grundschuld

Die **Sicherungshypothek** ist akzessorisch, d.h. es liegt eine exakt definierte Verbindlich- 292
keit, also eine **bestimmte Zahlungsverpflichtung**, vor, die gesichert werden soll, z.B.
Zahlung eines Abfindungsbetrages in **Raten**.

Demgegenüber ist die **Grundschuld unabhängig** von der Höhe der zugrunde liegenden 293
Verbindlichkeit und deshalb gefährlicher, weil eine Abtretung der Grundschuld möglich ist. Grundschulden werden i.d.R. bei noch **nicht genau feststellbaren Verbindlichkeiten** eingetragen. Die Abtretung kann **ausgeschlossen** werden. Der Abtretungsausschluss kann und sollte in das **Grundbuch eingetragen** werden.

Die Grundschuld kann grundsätzlich später für andere Verbindlichkeiten als die zu- 294
nächst zu sichernden verwendet werden, so z.B. Bankschulden, da mit der Grundschuld
künftig entstehende Schulden abgesichert werden.

295 Eine Grundschuld **mit Brief** ist i.d.R. nur i.V.m. der **Abtretung** der Grundschuld von Bedeutung. Die Briefgrundschuld kann privatschriftlich abgetreten werden in Form von Aushändigung des Briefes und der Abtretungserklärung und kommt insbesondere dann in Betracht, wenn ein **schnelles Wechseln der Kreditverhältnisse** vorliegt.

V. Zwangsvollstreckungsunterwerfungsklausel

296 In jedem Fall sollte bezüglich aller Zahlungsansprüche, also Unterhaltsansprüche und Zahlungen zum Ausgleich von vermögensrechtlichen Ansprüchen, eine Zwangsvollstreckungsunterwerfungsklausel in die notarielle Vereinbarung mit aufgenommen werden, um auf diese Weise einen **Vollstreckungstitel** zu schaffen.
Andernfalls müsste erneut aus der Vereinbarung geklagt werden, damit die Zahlungsansprüche tituliert sind.

VI. Haftungsfreistellung von ehegemeinschaftlichen Schulden

297 Wird eine Immobilie übertragen oder in sonstiger Weise eine Vermögensauseinandersetzung durchgeführt, bei der eine der Parteien die ehegemeinschaftlichen Schulden übernimmt, so ist darauf zu achten, dass **vor der notariellen Beurkundung** eine Erklärung der Bank vorliegt, wonach Haftungsfreistellung im **Außenverhältnis in Aussicht gestellt** wird.

298 Die Praxis zeigt, dass vor Vertragsunterzeichnung eine **endgültige Haftungsentlassungserklärung** durch die Bank i.d.R. nicht abgegeben wird, sondern diese von der Unterzeichnung der notariellen Vereinbarung abhängig gemacht wird. Zur Formulierung einer entsprechenden Erklärung s. Teil 3 § 2 Rn 112 ff).

VII. Räumungsverpflichtung

299 Bei jedweder Räumungsverpflichtung empfiehlt es sich, eine Regelung dahingehend aufzunehmen, dass auf **Räumungsschutzfristen** nach jeglichen gesetzlichen Vorschriften verzichtet wird.

300 Darüber hinaus muss zur Klarstellung geregelt werden, welche Gegenstände vom Räumungsverpflichteten mitzunehmen sind, da andernfalls Räumung wohl die komplette Mitnahme sämtlicher im Anwesen befindlicher Hausratsgegenstände bedeutet. Zur Formulierung der Räumungsverpflichtung im Einzelnen s. Teil 3, § 2 Rn 9.
Eine Haftungsentlassungserklärung im **Innenverhältnis** genügt **keinesfalls als Sicherheit** vor der Inanspruchnahme durch den Gläubiger.

301 Ist der an sich im Innenverhältnis zahlungspflichtige Ehegatte nicht mehr zahlungsfähig, so wird der – von den Schulden freigestellte Ehegatte – dennoch in Anspruch genommen.

302 Steht zum Zeitpunkt des Vertragsabschlusses noch nicht fest, ob Haftungsfreistellung im Außenverhältnis erklärt wird, so kann eine **Sicherungsgrundschuld** zu Gunsten des von der Haftung freizustellenden Schuldners eingetragen werden, die jedoch nur dann Sicherheit bietet, wenn nicht ohnehin das Anwesen bereits mit erheblichen grundbuchmäßig gesicherten Schulden belastet ist, sodass auch im Falle einer etwaigen Ver-

steigerung des Anwesens und Zwangsvollstreckung in die Immobilie die Befriedigung des Anspruchs aufgrund vorrangig eingetragener Verbindlichkeiten gefährdet ist. Im Einzelnen zu den entsprechenden Vereinbarungen s. Teil 3 (Notarielle Scheidungsvereinbarungen), § 2 Rn 85 ff.

M. Verjährung

Die Verjährung von Ansprüchen aus einer Ehescheidungsfolgenvereinbarung richtet sich nach § 194 Abs. 1 BGB.   303

- Soweit in der Vereinbarung **Zahlungsansprüche** geregelt sind, beispielsweise zum Zwecke des **Zugewinnausgleichs**, der Auseinandersetzung des Gesamtgutes und der sonstigen **Vermögensauseinandersetzung** oder als **Unterhaltsabfindung**, so verjährt dieser Anspruch in **30 Jahren**, § 197 Abs. 1 Ziff. 2 u. 4 BGB, und zwar ab Entstehung des Anspruchs, § 200 S. 1 BGB, d.h. im Allgemeinen frühestens mit der **Rechtskraft des Scheidungsurteils**, da mit dieser der Vergleich wirksam wird (vgl. auch § 201 BGB für titulierte Ansprüche nach § 197 Abs. 1 Ziff. 3 u. 4 BGB). Sind spätere Fälligkeitsdaten vereinbart, läuft die Frist ab diesem Fälligkeitsdatum.[269]
- Die 30-jährige Verjährungsfrist für familienrechtliche Ansprüche gilt aber nur, soweit nicht etwas anderes bestimmt ist. Eine solche anderweitige Bestimmung enthält § 1378 Abs. 4 BGB, sodass es für den **Zugewinnausgleichsanspruch** bei der **3-jährigen** Verjährungsfrist bleibt, soweit der Anspruch **nicht** in der **Ehescheidungsfolgenvereinbarung** tituliert ist, § 197 Abs. 1 Ziff. 4 BGB.[270]
- Hat sich ein Ehegatte zu **wiederkehrenden** Leistungen (insbesondere **Unterhaltszahlungen**) für die Zeit nach der Ehescheidung verpflichtet, verjährt der Anspruch auf die jeweilige Zahlung in **3 Jahren**, § 197 Abs. 2 i.V.m. § 195 BGB. Dies gilt auch für Sonderbedarf i. S. des § 1613 Abs. 2 BGB. Die Verjährung beginnt mit dem **Schluss des Kalenderjahres**, in dem der – bekannte – Anspruch fällig wird, sodass z.B. alle im Laufe des Jahres 2004 fällig gewordenen Unterhaltsraten am 31.12.2007 verjähren, § 199 Abs. 1 BGB.[271]
  - Demgegenüber verjähren in der Ehescheidungsfolgenvereinbarung erfasste und ggf. titulierte **rückständige** Unterhaltsraten erst nach 30 Jahren, § 197 Abs. 1 Nr. 2 und/oder Nr. 4 i.V.m. § 197 Abs. 2 BGB.[272]
  - Die Verjährungsfrist von 3 Jahren für laufende Unterhaltsansprüche gilt auch für **familienrechtliche Ausgleichsansprüche**.[273]
  - Die **Vollstreckungsverjährung** beträgt nach § 197 Nr. 3 BGB für **titulierte Rückstände** bis zur Rechtskraft der Entscheidung **30 Jahre**, für den titulierten **künftigen** Unterhalt nach § 197 Abs. 1 Nr. 3, Abs. 2 BGB dagegen nur **3 Jahre**.[274]

---

269 Göppinger/Börger, a.a.O., Rn 80 zu Teil 1.
270 Göppinger/Börger, a.a.O., Rn 80 zu Teil 1.
271 Göppinger/Börger, a.a.O., Rn 81 zu Teil 1.
272 Göppinger/Börger, a.a.O., Rn 81 zu Teil 1 mit Hinweis auf BGH, NJW 1990, 2754.
273 Heiß, Das Mandat im Familienrecht, Rn 531 zu Teil 8.
274 Heiß, Das Mandat im Familienrecht, a.a.O., Rn 531 zu Teil 8 mit Hinweis auf Büttner, FamRZ 2002, 361.

- Unterhaltsansprüche eines **Kindes** gegen einen Elternteil verjähren **nicht**, solange das Kind **minderjährig** ist, § 207 Abs. 1 Ziff. 2 BGB. Demgegenüber endet die Hemmung der Verjährungsfrist mit der Folge der Geltung der kurzen 3-jährigen Verjährungsfrist, wenn der Unterhaltsanspruch des Kindes nach § 1607 Abs. 3 BGB auf einen anderen Verwandten, der den Unterhalt gewährt hat, übergegangen ist.[275]
- Für **Kostenerstattungsforderungen** ist keine Sonderregelung mehr vorgesehen, sodass die Regel-Verjährungsfrist von **3 Jahren** gilt, sofern die Forderung **nicht** (z.B. durch einen Kostenfestsetzungsbeschluss oder einen vollstreckbaren Vergleich) **beziffert tituliert** ist, §§ 195, 197 Abs. 1 Ziff. 4 BGB.[276]

N. Vollstreckung

I. Protokollierter Vergleich

304   Gemäß § 794 ZPO findet die Zwangsvollstreckung statt aus **Vergleichen**, die zwischen den Parteien zur Beilegung des Rechtsstreits abgeschlossen wurden, sowie aus Vergleichen, die gem. § 118 Abs. 1 S. 3 oder § 492 Abs. 3 ZPO zu richterlichem Protokoll genommen sind.

- Übereinstimmungserklärung:
  - Ausreichen kann die Formulierung „Die Parteien sind sich darüber einig, dass...", je nach dem Inhalt der folgenden Erklärung.[277]
- Vorlesung, Genehmigung:
  - **Nicht** ausreichend ist es, wenn der Prozessvergleich nicht ordnungsgemäß vorgelesen und genehmigt worden ist, §§ 160 Abs. 3 Ziff. 1, § 162 Abs. 1 S. 1 ZPO.[278]
  - Das Gericht erteilt auf Antrag eine vollstreckbare Ausfertigung der getroffenen Vereinbarung.

305   Ein protokollierter Prozessvergleich ist wirksam, denn er ersetzt jede andere Form. Wird dem Protokoll eine Anlage beigefügt, so muss sie im Protokoll nach § 160 Abs. 5 ZPO als solche bezeichnet sein. Die im Protokoll als Anlage beigefügte Urkunde ist ein Bestandteil des Protokolls.[279]

306   Eine Bezugnahme auf eine Urkunde reicht aus, wenn die in Bezug genommene Urkunde, z.B. beim Prozessvergleich dem Protokoll nach § 160 Abs. 5 ZPO beigefügt ist[280] oder wenn die Berechnung mit Hilfe offenkundiger Daten möglich ist, insbesondere aus dem Grundbuch ersichtlicher Daten.
(im Übrigen s. zum vollstreckungsfähigen Inhalt nachfolgend Ziffer II.).[281]

---

275 Göppinger/Börger, a.a.O., Rn 82 zu Teil 1; OLG Brandenburg, NJW RR 2002, 362.
276 Göppinger/Börger, a.a.O., Rn 82 zu Teil 1.
277 Baumbach/Lauterbach, Zivilprozessordnung, Rn 6 zu § 794 ZPO.
278 OLG Köln, FamRZ 1994, 2048; Baumbach/Lauterbach, a.a.O., Rn 6 zu § 794.
279 OLG Zweibrücken, RPfleger 2004, 508; Baumbach/Lauterbach, a.a.O., Rn 22 zu § 160 ZPO.
280 OLG Zweibrücken, RPfleger 1992, 441.
281 BGH NJW 1995, 1162.

II. Notarielle Urkunden, § 794 Abs. 1 Ziff. 5 ZPO

Die Urkunde muss von einem deutschen Notar errichtet worden sein.[282]   307
Die Urkunde darf – abgesehen von **Schreibfehlern** – auch keine allseits einverständliche
nachträgliche „Berichtigung" erhalten haben.[283]

- Höchstbetragshypothek
  - **Nicht ausreichend** ist eine **Höchstbetrags-Hypothek**, § 1190 BGB. Sie lässt eine
    Unterwerfung hinsichtlich des Höchstbetrages nämlich nicht zu.[284] Wohl aber
    lässt sie eine Unterwerfungsklausel wegen eines Teilbetrages zu, der im Rahmen
    der **Höchstbetrags-Hypothek** bereits feststeht.[285]
- Wertsicherungsklausel
- Ausreichend ist die Anknüpfung an einen amtlichen Index.[286]
- Zwar kann § 3 WährG die Unwirksamkeit herbeiführen, § 134 BGB. Das Vollstre-
  ckungsorgan braucht sie aber nicht von Amts wegen zu prüfen.
  - Kostenübernahme:
    - Ausreichend ist es, wenn der Schuldner nicht errechnete Prozesskosten bei ei-
      ner immerhin ziffernmäßig bestimmten Hauptforderung übernommen hat.[287]
  - Unterhalt:
    - Nicht ausreichend ist ein Unterhalt „abzüglich des jeweiligen hälftigen staat-
      lichen Kindergeldes".[288]
    - Nicht ausreichend ist auch die bloße Bezugnahme auf die „Düsseldorfer Ta-
      belle".[289]
    - Nicht ausreichend ist eine einheitliche Unterhaltspauschale für mehrere Be-
      günstigte ohne eine Aufschlüsselung auf sie.[290]
    - Nicht ausreichend ist eine Zahlungsübernahme „unter Anrechnung" geleis-
      teter Zahlungen.[291]
  - Unterwerfungsklausel:
    - Der Schuldner muss sich in der Urkunde der sofortigen Zwangsvollstreckung
      unterworfen haben.[292] Eine Formularklausel ist nicht grundsätzlich unzuläs-
      sig.[293]
    - Die Unterwerfung ist auch in derjenigen Weise zulässig und evtl. notwendig,
      dass der Gläubiger eine vollstreckbare Ausfertigung **erhalten** darf, **ohne** dass
      er die **Entstehung** und die **Fälligkeit** der Schuld nachweisen muss, da § 726
      ZPO eine rein vollstreckungsrechtliche Vorschrift ist.[294]

---

282 Baumbach/Lauterbach, a.a.O., Rn 21 zu § 794.
283 OLG Hamm, RPfleger 1988, 197.
284 Baumbach/Lauterbach, a.a.O., Rn 27 zu § 794.
285 OLG Frankfurt, RPfleger 1977, 220; Hornung, NJW 1991, 1651.
286 Baumbach/Lauterbach, a.a.O., Rn 28 zu § 794.
287 Baumbach/Lauterbach, a.a.O., Rn 29 zu § 794.
288 OLG Frankfurt, FamRZ 1981, 70; Baumbach/Lauterbach, a.a.O., Rn 33 zu § 794.
289 OLG Koblenz, FamRZ 1987, 1291; Baumbach/Lauterbach, a.a.O., Rn 33 zu § 794 ZPO.
290 OLG Zweibrücken, FamRZ 1986, 1237.
291 OLG Zweibrücken, FamRZ 2003, 693.
292 OLG Bamberg, Bbg FamRZ 1987, 857.
293 OLG Hamm, DNotZ 93, 244; Baumbach/Lauterbach, Rn 36 zu § 794.
294 BGH NJW 1981, 2757; OLG Hamm, DNotZ 93, 244; Baumbach/Lauterbach, Rn 38 zu § 794 ZPO.

– Vollstreckbare Ausfertigung:
  – Die vollstreckbare Ausfertigung der notariellen Urkunde wird gem. § 797 Abs. 2 ZPO von dem Notar erteilt, der die Urkunde **verwahrt**. Befindet sich die Urkunde in der Verwahrung einer Behörde, so hat diese die vollstreckbare Ausfertigung zu erteilen.

III. Vollstreckung unvertretbarer Handlungen (§ 888 ZPO)

308   Gemäß § 888 ZPO können nicht vertretbare Handlungen in der Weise vollstreckt werden, dass auf Antrag von dem Prozessgericht des ersten Rechtszugs erkannt wird, dass der Schuldner zur Vornahme der Handlung durch **Zwangsgeld** und für den Fall, dass dieses nicht beigetrieben werden kann, durch **Zwangshaft** oder generell durch Zwangshaft anzuhalten ist.

IV. Vollstreckung von Haftungsfreistellungsansprüchen

309   Ein Anspruch auf **Haftungsfreistellung** bezüglich ehegemeinschaftlicher Schulden wird nach § 887 ZPO vollstreckt.[295]

310   Hierzu muss die Freistellungsvereinbarung beim Gericht vorgelegt werden und ein Beschluss erwirkt werden, dass der Berechtigte auf Kosten des Schuldners die Schulden selbst erfüllen kann (§ 887 Abs. 1 ZPO) und der Schuldner die hierfür anfallenden Kosten vorauszuzahlen hat (§ 887 Abs. 2 ZPO).[296]

311

Muster: Vollstreckung von Haftungsfreistellungsansprüchen

Es empfiehlt sich hier folgender Antrag:

1. Die Vollstreckungsklägerin wird ermächtigt, die mit protokollierter Vereinbarung/notarieller Vereinbarung vereinbarte Freistellung von den (monatlich fällig werdenden) Darlehensverbindlichkeiten in Höhe von ■■■ Euro gegenüber der ■■■ Bank, Kto-Nr ■■■ auf Kosten des Vollstreckungsschuldners in der Weise vorzunehmen, dass sie die Darlehensverbindlichkeiten selbst bezahlt.

2. Der Vollstreckungsschuldner wird verpflichtet, die hierfür anfallenden Kosten in Höhe von ■■■ Euro an die Vollstreckungsgläubigerin im Voraus zu zahlen.[297]

3. Die Vollstreckung wegen der Geldforderung erfolgt sodann nach § 794 Abs. 1 Nr. 3, 803 ff ZPO.

---

295   Heiß, Das Mandat im Familienrecht, Rn 331 zu Teil 10; Palandt/Heinrichs, § 257 Rn 3.
296   Heiß, a.a.O., Rn 331 zu Teil 10 m. Hinweis auf BGH, NJW 1958, 497; OLG Hamburg, FamRZ 1983, 213.
297   Heiß, Das Mandat im Familienrecht, Rn 332 zu Teil 10.

O. Kosten, Gebühren und Streitwert

I. Notarkosten und Geschäftswert

Auch die Gebühren der **Notare** richten sich nach der **Kostenordnung**, wobei neben den   312
Vorschriften des 1. Teils die Spezialbestimmungen des 2. Teils, §§ 140 – 157 KostO, gelten, § 141 KostO.

1. Gebührentatbestände

a) Gesetzliche Gebühren

Für die Höhe der Gebühren gilt § 32 KostO bzw. die dem Gesetz beigefügte Tabelle.   313
Vereinbarungen über die Höhe der Kosten sind **unwirksam**, § 140 S. 2 KostO, sodass
dem Notar nicht nur eine Unterschreitung der gesetzlichen Gebühren, sondern auch
eine Überschreitung im Wege einer Vereinbarung untersagt ist.[298]

b) Höhe der Gebühren

Der Notar erhält   314
- für die Beurkundung **einseitiger Erklärungen** eine volle Gebühr, § 36 Abs. 1 KostO,
- für die Beurkundung eines **Vertragsangebots** 1, 5 volle Gebühr, § 37 KostO und
- für die Beurkundung von Verträgen 2 volle Gebühren, § 36 Abs. 2 KostO.
- Eine halbe Gebühr für die Beurkundung von **Zustimmungserklärung** zu bereits beurkundeten Erklärungen und für die Beurkundung einer **Annahme** eines anderweitig
  beurkundeten Vertragsantrages, § 38 Abs. 2 Ziff. 1 u. 2 KostO.
- Nur eine volle Gebühr für die Beurkundung eines **Grundstücksübertragungsvertrages**, wenn sich der andere Teil bereits **vorher** in einem beurkundeten Vertrag zur
  Übertragung oder zum Erwerb des Eigentums verpflichtet hatte, § 38 Abs. 1 S. 1
  KostO.[299]

Beratungshinweis: 315

Die Anwendung dieser Bestimmungen kann in Betracht kommen, wenn Ehepartner an
verschiedenen Orten wohnen und deshalb eine getrennte Beurkundung von Vertrags-
angebot und Vertragsannahme erfolgt.[300]

- Die Unterwerfung unter die sofortige Zwangsvollstreckung löst keine gesonderte
  Gebühr aus, wenn sie mit der Unterhaltsvereinbarung gleichzeitig beurkundet wird,
  § 44 Abs. 1 KostO.[301]
- **Sicherungsgeschäfte** für den Unterhaltsanspruch sind nicht gesondert zu bewerten,
  § 44 Abs. 1 KostO.

---

298 Göppinger/Börger, Vereinbarungen anlässlich der Ehescheidung, Rn 212 zu Teil 1.
299 Göppinger/Börger, a.a.O.
300 Göppinger/Börger, a.a.O.
301 Göppinger/Börger, a.a.O., Rn 213 zu Teil 1.

- Für Vereinbarungen über den **Versorgungsausgleich** gilt grundsätzlich nach § 24 Abs. 6 S. 3 KostO die allgemeine Vorschrift des § 30 Abs. 1 KostO, allerdings i.V.m. § 24 Abs. 3 KostO (**5-facher Jahreswert**).
- Für den **Vollzug** einer Vereinbarung (z.B. Grundstücksübertragung) entstehen weitere Vollzugsgebühren nach §§ 146, 147 KostO.
- Der Notar hat Anspruch auf Ersatz von Auslagen und Umsatzsteuer nach §§ 151 a, 152, 153 KostO.[302]

2. Geschäftswert

316
- Der Geschäftswert richtet sich nach § 39 KostO und wird für Eheverträge nach Abs. 3 der Vorschrift nach dem **zusammengerechneten Wert** des gegenwärtigen Vermögens **beider Ehegatten** ermittelt. **Schulden** sind bei der Ermittlung des Vermögens abzuziehen. Betrifft der Ehevertrag nur bestimmte Gegenstände, so ist nur deren Wert maßgebend.[303]
- Im Übrigen gelten die allgemeinen Bewertungsvorschriften des § 39 Abs. 1 u. Abs. 2 KostO.
- Die Sondervorschrift des § 39 Abs. 3 KostO ist auch anzuwenden bei vertraglichem Ausschluss oder Modifizierung der Zugewinngemeinschaft, Ausschluss des Versorgungsausgleichs, wechselseitigem Verzicht auf Zugewinn oder sonstige erhebliche Änderungen des gesetzlichen Güterstandes.[304]
- Wird nur ein **Entwurf** erstellt, fällt die für die **Beurkundung** bestimmte Gebühr an; die **Hälfte** der für die Beurkundung der gesamten Erklärung bestimmten Gebühr fällt an, wenn der Notar einen ihm vorgelegten Entwurf einer Urkunde überprüft, mindestens jedoch ¼ der vollen Gebühr, § 145 Abs. 1 S. 2 KostO.[305]
- Die Entwurfsgebühren werden allerdings auf nachfolgende Beurkundungen angerechnet, § 145 Abs. 1 S. 3 KostO.
- Weitere Bestimmungen für die Festsetzung des Geschäftswertes enthalten die §§ 18 ff KostO, die auch auf die Berechnung der Notare anwendbar sind, § 141 KostO.
- Für die Bewertung von **Unterhaltsregelungen** gilt § 24 Abs. 3 KostO, wonach für Unterhaltsansprüche **höchstens** der **5-fache Jahreswert** in Ansatz zu bringen ist. Der Beginn des Bezugsrechts ist maßgebend, § 24 Abs. 6 KostO, wobei **Rückstände** besonders zu bewerten sind.[306]
- Ist eine **Wertermittlung** weder nach den Sondervorschriften der §§ 39 – 41 noch nach den allgemeinen Vorschriften der §§ 18 – 29 KostO möglich, gilt § 30 KostO, wonach die Bestimmung des Wertes nach freiem **Ermessen (bis maximal 500.000 Euro)** zu erfolgen hat, als **Regelwert** aber **3.000 Euro** anzusetzen sind.[307]

---

302 Göppinger/Börger, a.a.O., Rn 214 zu Teil 1.
303 Göppinger/Börger, a.a.O., Rn 215 zu Teil 1.
304 Göppinger/Börger, a.a.O., Rn 215 zu Teil 1.
305 Göppinger/Börger, a.a.O.
306 Göppinger/Börger, a.a.O., Rn 216 zu Teil 1.
307 Göppinger/Börger, a.a.O.

■ Wird auf den **Versorgungsausgleich** gegen eine **Gegenleistung** verzichtet (z.B. Abfindung), liegt ein **Austauschvertrag** i.S.d. § 39 Abs. 2 KostO vor, sodass der **höhere** Wert der beiderseitigen Leistungen in Ansatz zu bringen ist. Gleiches gilt für Austauschverträge, wie z.B. Zahlung einer Unterhaltsabfindung oder Vereinbarung einer Schenkung gegen Übernahme von Unterhaltsverpflichtungen.[308]

■ **Zusammenzurechnen** sind die Werte, wenn es sich um mehrere Erklärungen handelt, die einen **verschiedenen Gegenstand** haben und unterschiedlichen Gebührensätzen unterliegen, § 44 Abs. 2 KostO.[309]

■ **Gesellschaftsrechtliche Vereinbarungen:** Bei Ausscheiden eines Gesellschafters bestimmt sich der Geschäftswert nach dem **Wert des Anteils des Ausscheidenden**, sofern die ihm gewährte Abfindung nicht höher ist.[310]

  – Für eine **Hausratsregelung** ist der Wert des Hausrats maßgebend, § 19 Abs. 1 KostO. Wenn eine Ausgleichszahlung vereinbart wurde und diese höher ist, ist deren Wert maßgebend, § 39 Abs. 2 KostO.

  – Für Regelungen betreffend die **Ehesache** selbst kann nach § 30 KostO ein Ansatz geboten sein, im Zweifel also ein **Bruchteil des Regelwertes** von 3.000 Euro, so z.B. wenn das gemeinsame Scheidungsbegehren beurkundet wird.[311]

  – Für **ehe-** und **erbvertragliche** Regelungen verweist § 23 Abs. 3 RVG auf die Bestimmungen der Kostenordnung, also § 39 Abs. 3 KostO für den Ehevertrag und § 46 Abs. 4 für den Erbvertrag. Danach kommt es – ohne Wertbegrenzung – auf den **Wert des zusammengerechneten Vermögens** der Ehegatten bzw. auf den Wert dessen an, über das letztwillig verfügt wird, jeweils nach **Abzug der Schulden**. Nicht abzuziehen sind Vermächtnisse, Pflichtteilsrechte und Auflagen, § 46 Abs. 4 S. 2 KostO.

II. Vergütung des Anwalts

1. Höhe der Gebühren

Bei der Abrechnung von Trennungs- und Scheidungsfolgenvereinbarungen ist streitig, welchen Auftrag der Mandant typischerweise erteilt und wie dieser abzurechnen ist.[312] Ausgangspunkt ist die Entscheidung des BGH aus dem Jahr 1968.[313] In dieser Entscheidung wurde davon ausgegangen, dass ein Mandant, der den Anwalt mit der Durchführung des Scheidungsverfahrens beauftragt und gleichzeitig eine **Regelung hinsichtlich nicht anhängiger Folgesachen** wünscht, bei denen eine erzielte Einigung anschließend gerichtlich protokolliert werden soll, im Zweifel nur **einen einzigen Auftrag** erteilt. 317

Gegen diese Auffassung wurden von *Groß*[314] überzeugende Argumente vorgebracht. Die Frage, ob **ein** Auftrag erteilt wird oder ob **zwei** Aufträge erteilt werden, kann nicht davon abhängen, ob der Mandant bereits zu Beginn der Trennung einen Rechtsanwalt 318

---

308 Göppinger/Börger, a.a.O., Rn 217 zu Teil 1.
309 Göppinger/Börger, a.a.O.
310 Göppinger/Börger, a.a.O., Rn 218 zu Teil 1.
311 Göppinger/Börger, a.a.O., Rn 220 zu Teil 1.
312 Enders, FuR 1999, 189 ff; Kindermann, Die Abrechnung in Ehe- und Familiensachen, Rn 430.
313 NJW 1968, 52.
314 Anwaltsgebühren in Ehe- und Familiensachen, Rn 54 ff, insbesondere Rn 57.

beauftragt und eine Regelung der Scheidungsfolgen anstrebt oder ob dies erst nach Ablauf des Trennungsjahres geschieht. Es kann auch nicht davon abhängen, ob die Parteien eine Vereinbarung **gerichtlich protokollieren** lassen wollen oder nicht.
Dies ergibt sich häufig erst während des Mandats, insbesondere wenn dann eine notarielle Vereinbarung angestrebt wird.[315]

319 *Kindermann*, a.a.O., empfiehlt, dass der Rechtsanwalt dokumentieren sollte, mit welchen Tätigkeiten er beauftragt wird. Soll er außergerichtlich wegen verschiedener Gegenstände tätig werden und daneben einen Scheidungsantrag einreichen, sollte klargestellt werden, ob ein Auftrag oder ob zwei Aufträge erteilt werden.
Müller-Rabe[316] geht davon aus, dass eine Vermutung dafür spräche, dass eine etwaige Einigung gerichtlich protokolliert werden solle und schließt daraus, dass nur ein einheitlicher Auftrag erteilt werde, der auch die Gegenstände umfasse, die nicht anhängig würden.[317]

320 Wer dieser Auffassung folgt und **nicht** von **zwei Aufträgen** (einen zur außergerichtlichen Tätigkeit und einen zur Vertretung im Prozess) ausgeht, rechnet zukünftig wie folgt ab:[318]

321 **Verfahrensgebühren:**
- 1,3 Verfahrensgebühr Nr. 3100 VV für die anhängigen Gegenstände
- 0,8 Differenz-Verfahrensgebühr Nr. 3101 Nr. 1 bzw. Nr. 2 VV hinsichtlich der nicht anhängigen Gegenstände
- Kontrollrechnung nach § 15 Abs. 3 RVG

322 **Terminsgebühr:**
- 1,2 Terminsgebühr sowohl nach dem Wert der anhängigen als auch nach dem Wert der nicht anhängigen Gegenstände, wenn und soweit wegen Letzterer eine Besprechung mit dem Gegner – auch ohne Anwesenheit des Gerichts – zur Vermeidung eines Rechtsstreits stattgefunden hat

323 **Einigungsgebühren:**
- 1,5 Einigungsgebühr Nr. 1000 VV für die nicht anhängigen Gegenstände
- 1,0 Einigungsgebühr Nr. 1003 VV hinsichtlich der anhängigen Gegenstände
- Kontrollrechnung nach § 15 Abs. 3 RVG

324 Diese Auffassung führt im Ergebnis zu 3, 5 Gebühren nach dem Wert der nicht rechtshängigen Ansprüche (0,8 Differenz-Verfahrensgebühr; 1,2 Terminsgebühr und 1,5 Einigungsgebühr).

325 Wer jedoch von **zwei Aufträgen** ausgeht, rechnet die außergerichtliche Tätigkeit wegen der nicht anhängigen Gegenstände mit einer **Geschäftsgebühr** nach Nr. 2400 VV innerhalb des Rahmens von 0,5 bis 2,5 und eine Einigungsgebühr ab.
Daneben wird das **gerichtliche** Verfahren abgerechnet.

---

315 Kindermann, a.a.O., Rn 432.
316 In Gerhard/Heintschel-Heinegg/Klein, Handbuch Fachanwalt Familienrecht, 17. Kap. Rn 183.
317 So auch zur damaligen Rechtsprechung des BGH: BGHZ 48, 334, 336 f.
318 Kindermann, a.a.O., Rn 434.

Die Unterschiede beider Rechenwege liegen in der Gebührendegression auf der einen 326
Seite und der Tatsache, dass bei der Annahme eines Prozessauftrages feste Gebührensätze zugrunde zu legen sind und keine Rahmengebühren.[319]

Aufgrund der Änderungen bei der Honorierung von Beratungsleistungen zum 1.7.2006 327
ist eine **Vergütungsvereinbarung zu empfehlen** nach § 34 Abs. 1 S. 1 RVG. In der ab
1.7.2006 geltenden Fassung soll für eine **Beratung,** die nicht mit einer anderen gebüh-
renpflichtigen Tätigkeit zusammenhängt (sowie für die Ausarbeitung eines **schriftlichen**
Gutachtens und für die Tätigkeit eines Mediators) der Rechtsanwalt auf eine Gebührenvereinbarung hinwirken.[320]

Eine solche Vereinbarung nach § 34 Abs. 1 RVG ist jedoch dann **entbehrlich,** wenn 328
über die Anrechnung (bei weiterer Tätigkeit) nach § 34 Abs. 2 RVG ohnehin für die
Beratung mit Rücksicht auf die Anrechnung keine gesonderte Gebühr entfällt.[321]

Übersteigt der **Zeitaufwand** des ersten Beratungsgesprächs eine Stunde oder weicht der 329
Gegenstandswert, in der beraten wird, von „Normalwerten" erheblich ab, so wird
empfohlen, eine Vergütungsvereinbarung zu treffen[322] mit folgendem Inhalt (Beispiel):
„In der Angelegenheit ... wird für das erste Beratungsgespräch eine Gebühr von 190
Euro pro Stunde vereinbart, wobei jede angefangene Viertelstunde mit 47, 50 Euro be-
rechnet wird."[323]

Vor der Mandatsannahme nichts zur Vergütung zu sagen, ist dem Rechtsanwalt nach 330
§ 49b Abs. 5 BRAO verboten. Diese schreibt vor:
„Richten sich die zu erhebenden Gebühren nach dem Gegenstandswert, hat der Rechts-
anwalt vor Übernahme des Auftrags hierauf hinzuweisen".[324]

Bis 30.6.2006 wird die reine Beratungsleistung nach Nr. 2100 RVG-VV abgerechnet 331
(0,1 – 1,0). Zum 1.7.2006 fallen Nr. 2100 – 2103 RVG-VV weg. Stattdessen ist
nach § 34 RVG „**auf eine Gebührenvereinbarung hinwirken".** Maßstab sind dann
§ 315 Abs. 3 BGB und § 14 RVG, aber ohne den Rahmen von der 0,1 Gebühr bis
zur 1,0 Gebühr. Geht es um Rat oder Auskunft, so muss demnach der Rechtsanwalt
zu Beginn des Mandats die Gebührenfrage mit dem Mandanten klären und eine **Verein-**
barung treffen.[325]

Der **Maximalbetrag** gem. § 34 RVG beträgt **250 Euro netto,** § 34 Abs. 1 S. 3 i.V.m. 332
1008 VV.

Für die Mandatsausübung kann ein **Pauschalpreis** statt der Gebührensätze nach dem
RVG vereinbart werden. Mit Festpreisen geht der Rechtsanwalt jedoch ein **beträcht-**
liches Risiko ein. Je umfangreicher das Mandat ist, desto **unkalkulierbarer** ist der **Auf-**
wand. Aber auch in einfachen Sachen ist der Festpreis **allenfalls in Ausnahmefällen an-**
zuraten.[326]

---

319   Kindermann, a.a.O., Rn 435 f.
320   Hinne/Klees/Teubel/Winkler, Vereinbarungen mit Mandanten, Rn 108 zu § 1.
321   Hinne/Klees/Teubel/Winkler, a.a.O., Rn 115 zu § 1.
322   Mayer/Kroiß, a.a.O., Rn 154 ff zu § 34 RVG.
323   Mayer/Kroiß, a.a.O., Rn 158 zu § 34 RVG.
324   Krause, Honorarvereinbarungen für das familienrechtliche Mandat, FamRB 1/2006, 20 ff.
325   Krause, a.a.O.
326   Krause, FamRB 1/2006, 22.

333 Möglich ist auch eine Gebührenvereinbarung nach **Stundensätzen**, wobei die Höhe des Stundensatzes vom Grad der Spezialisierung, der Qualifizierung und der Erfahrung des Anwalts abhängt.

Eine **Vergütungsvereinbarung mit Stundenhonorar** hat folgende Kriterien zu erfüllen:[327]

- Es muss sich um eine **Individualvereinbarung** handeln,
- die Vereinbarung ist **auf die Regelung der Gebührenfrage zu beschränken**, also von der Vollmacht zu trennen,
- sie ist **als Vergütungsvereinbarung zu bezeichnen**,
- es hat ein **Hinweis** zu erfolgen, wonach eine eventuelle **Kostenerstattung** durch Dritte **nur in Höhe der gesetzlichen Gebühren** erfolgt.[328]
- Wichtig ist, den **Inhalt des Mandats genau zu bestimmen**.

Krause, a.a.O., empfiehlt folgende Formulierung:

334

Muster: Vergütungsvereinbarung

Vergütungsvereinbarung

zwischen

Rechtsanwalt und ███

in der Angelegenheit ███ wegen ███

Die Parteien vereinbaren für alle mit dem Mandat in Zusammenhang stehenden Bemühungen an Stelle der gesetzlichen Gebühren ein Stundenhonorar von netto ███ Euro.

Auslagen werden zusätzlich nach Nr. 7000 ff RVG-VV in Rechnung gestellt.

Die nach dem RVG zu erhebenden Gebühren richten sich nach dem Gegenstandswert. Diese Vereinbarung weicht davon, wie auch ansonsten von der gesetzlichen Gebührenregelung ab.

Von Dritten zu erstattende Beträge richten sich nach den gesetzlichen Gebühren.

(Datum, Unterschriften ███)

2. Mitwirkung bei Abschluss eines Vertrages

335 Unter **Mitwirkung** ist **jede Tätigkeit** zu verstehen, die der Rechtsanwalt in Richtung auf eine Einigung entfaltet. Hierunter zählt die **Beratung**,[329] wie die **Vertretung** bei der Protokollierung, allerdings nicht wenn die Mitwirkung sich in rechtlichen oder tatsächlichen Informationen zu einem schon ausgehandelten Vertrag erschöpft.[330]

336 Nr. 1000 VV Abs. 2 stellt klar, dass die Einigungsgebühr auch dann entsteht, wenn der Anwalt nicht unmittelbar bei dem Abschluss des Vertrags zugegen ist, sondern seine Mitwirkung sich in der **Beteiligung an den Verhandlungen** erschöpft.

337 Abs. 2 stellt ferner eine **Beweislastregelung** auf, wonach der Mandant beweisen muss, dass die Mitwirkung des Rechtsanwalts für die Einigung letztlich doch nicht ursächlich

---

327 BGH v. 06.08.2004 Az. IX ZR 119/03; BGHR 2004, 1530 = NJW 2004, 2818 ff.
328 Kitzinger, in: Beck'sches Formularbuch Familienrecht, 2004 B II Rn 9.
329 BGH VersR 1963, 826.
330 OLG Frankfurt, JurBüro 1983, 573; Mayer/Kroiß, a.a.O., Rn 33 zu Nr. 1000 VV.

war, wobei die Beweislastumkehr dem Wortsinn nach sich nicht auf die Mitwirkung als solche, sondern die **Ursächlichkeit**, wobei **Mitursächlichkeit** ausreicht, bezieht.[331]

Die Mitwirkung bleibt auch dann maßgeblich, wenn die Einigungsbemühungen zunächst gescheitert sind und es dann doch zu einer Einigung kommt.[332] Eine **wesentliche** Beeinflussung bei Vergleichsabschluss ist **nicht** zu fordern.[333] Nur geringfügige Abweichungen vom Vorschlag des Rechtsanwalts sind daher für die Annahme der Mitursächlichkeit unschädlich.[334]   338

Rät der Rechtsanwalt allerdings von dem Abschluss eines Vertrags ab und schließt der Mandant dennoch ab, fehlt es i.d.R. an der Ursächlichkeit. Vielfach wird bei bloßer Mitwirkung an der Protokollierung die Ursächlichkeit verneint, hier kommt es auf den Einzelfall an.[335]   339

Nr. 1000 VV billigt dem beauftragten Rechtsanwalt eine **Gebühr von 1,5** zu. Nach Nr. 1003 VV ermäßigt sich die Gebühr jedoch, wenn über den Gegenstand ein gerichtliches Verfahren anhängig ist auf 1, 0, auch wenn über den Gegenstand ein **Prozesskostenhilfeverfahren** anhängig ist, erfolgt diese Reduzierung.[336]   340

Ist ein **Berufungs-** oder **Revisionsverfahren** anhängig, wird die Reduzierung auf eine Gebühr in Höhe von **1,3** begrenzt.[337]   341

3. Gegenstandswert

Maßgebend ist nicht der Betrag, auf den sich die Parteien geeinigt oder verglichen haben, sondern der **Ausgangswert** derjenigen Gegenstände, über die eine Einigung erzielt worden ist.[338]   342

In **außergerichtlichen** Angelegenheiten ist der Gegenstandswert für die Geschäftsgebühr so hoch wie für die Vergleichsgebühr, da für den Gegenstandswert dieser Gebühr alle Vergleichsgegenstände und deren Wert maßgeblich sind.   343

In gerichtlichen Verfahren erhöht sich bei Einbeziehung von nicht anhängigen Gegenständen in einer Einigung der Wert der Einigungsgebühr um den Wert der nicht anhängigen Gegenstände. Es ist ihr voller Wert zu berücksichtigen.[339]   344

Die Gebühr beträgt für die nicht anhängigen Gegenstände 1,5, da die Voraussetzungen der Reduzierung gem. Nr. 1003 VV nicht vorliegen. Zusätzlich erhält der Rechtsanwalt bei Protokollierung der Einigung durch das Gericht eine Verfahrensgebühr von 0,8 für die **nicht anhängigen**, aber **mitprotokollierten** Gegenstände. Hatte er auch eine **Geschäftsgebühr** für diese Gegenstände verdient (hiervon ist i.d.R. auszugehen), ist diese allerdings **auf die Verfahrensgebühr anzurechnen**.   345

---

331 OLG Braunschweig, AnwBl 1968, 280; Mayer/Kroiß, a.a.O., Rn 34 zu Nr. 1000 VV.
332 Mayer/Kroiß, a.a.O., Rn 34 zu Nr. 1000 VV.
333 Mayer/Kroiß, a.a.O., Rn 35 zu Nr. 1000 VV.
334 OLG Stuttgart, AnwBl 1974, 355.
335 Mayer/Kroiß, a.a.O.; OLG Brandenburg, OLGR 1995, 186.
336 Mayer/Kroiß, a.a.O., Rn 36 zu Nr. 1000 VV.
337 Mayer/Kroiß, a.a.O.
338 Mayer/Kroiß, RVG Rn 37 zu Nr. 1000 VV; BGH, NJW 1964, 1523.
339 Mayer/Kroiß, a.a.O.; OLG Bamberg, JurBüro 1989, 201.

346   Ob eine Terminsgebühr auch für die Gegenstände, die den Mehrwert der Einigung ausmachen, entsteht, ist zu verneinen, da der Sinn und Zweck der Terminsgebühr dafür spricht, diese nur auf anhängige Gegenstände zu beziehen.

347   Soweit die Einbeziehung **unstreitiger** Forderungen in eine Einigung erfolgt, wird deren Wert häufig nur mit dem sog. **Titulierungsinteresse** berücksichtigt.[340] Auch hier ist durch die Schaffung der Einigungsgebühr zumindest die Ungewissheit durch die Titulierung beseitigt, sodass der **volle Wert** anzusetzen ist.[341]

348   Im **vorläufigen Rechtsschutzverfahren**, wie einstweiligen Verfügungs- oder Arrestverfahren, wird der Wert der Hauptsache zu dem Wert des vorläufigen Rechtsschutzverfahrens addiert.[342]

Es liegt insoweit keine wirtschaftliche Identität vor.[343]

Ist die Hauptsache noch nicht anhängig, entsteht hierfür eine Gebühr von 1,5 gem. Nr. 1000 VV.[344]

P. Anwaltshaftung

I. Anwaltspflichten

349   Wird auf den Rat des Anwalts hin, eine **günstige Vergleichsmöglichkeit nicht wahrgenommen,** so kann bei Verletzung der auch hier bestehenden Prüfungsanforderungen seine Haftpflicht eintreten. Es kommt, wie das OLG Oldenburg in einem Haftpflichturteil[345] ausführt, für den Pflichtverstoß darauf an, ob im Zeitpunkt der Vergleichsverhandlung **objektive** Anhaltspunkte dafür vorhanden waren, die den Vergleich „eindeutig günstiger erscheinen" ließen.

350   Die Frage, ob ein Vergleich als günstig bzw. ungünstig anzusehen ist, schließt sich an derjenigen nach den **Prozessaussichten** an; sie bezieht jedoch gewichtige wirtschaftliche und andere ausgleichende Faktoren ein.[346]

351   Viele Unsicherheitsfaktoren sind abzuwägen, nicht nur das offene Ergebnis von Beweisaufnahmen, die Einstellung der Richter, das Kostenrisiko, sondern **keineswegs zuletzt** der **ernsthafte** Wunsch des Mandanten.[347]

352   Dies wird auch vom BGH in seinem Urteil vom 5.1.1968[348] anerkannt. Danach ist dem Anwalt der **Ermessensspielraum** zu belassen, „dessen er auch bei gewissenhafter Interessenabwägung" bedarf. Es wäre unzumutbar, ihn wegen jeder der Partei möglicherweise nachteiligen Regelung Schadenersatzansprüchen auszusetzen, was praktisch das Ende jeder außergerichtlichen Vergleichspraxis bedeuten würde.[349]

---

340   Mayer/Kroiß, a.a.O., Rn 38 zu Nr. 1000 VV; OLG Koblenz, JurBüro 1984, 1218; a.A. OLG Nürnberg, JurBüro 1985, 1395.
341   Mayer/Kroiß, a.a.O., Rn 39 zu Nr. 1000 VV.
342   OLG München, JurBüro 1993, 673.
343   OLG Düsseldorf, AnwBl 1977, 131; Mayer/Kroiß, a.a.O.
344   Mayer/Kroiß, a.a.O.
345   OLG Oldenburg, NJW RR 1991, 1499.
346   Borgmann, Anwaltshaftung, 4. Aufl. Rn 113 zu Kap. 4.
347   Borgmann, a.a.O., Rn 188 zu Kap. 4.
348   BGH VersR 1968, 450/451.
349   Borgmann, a.a.O., m. Hinweis auf OLG Düsseldorf, Urteil vom 21.02.1995, Az: 24 U 88/94.

Auch das OLG Frankfurt[350] entschied wörtlich Folgendes: „Im Rahmen der **Beratung** 353
bezüglich des **Vergleichsabschlusses** sind in diesem Zusammenhang **fehlerfreie** Auskünfte über Rechtsfragen **nicht** immer im Sinne einer Eindeutigkeit **möglich**. Zu groß
ist die Vielfalt der Rechtsmeinungen, zu groß gelegentlich auch die rechtliche Unsicherheit, um gleichsam eine mathematische Genauigkeit bei der Beurteilung der Rechtslage
durch den Anwalt erwarten zu können. Noch weniger sicher kann die Prognose über
den Ausgang eines Prozesses sein. Denn hier ist zusätzlich zu berücksichtigen, dass nicht
nur Anwälte, sondern auch Richter Menschen sind, also irren können."
Der Rechtsanwalt hat grundsätzlich **im Einklang mit dem Mandanten** vorzugehen nach
entsprechender Belehrung und Zustimmung durch den Mandanten.[351]
Das anwaltliche Haftpflichtrisiko bei einem Vergleichsabschluss ist verhältnismäßig
hoch.[352]

Ein Vergleich, selbst wenn der Vergleichsvorschlag vom Gericht angeregt wird, hat of- 354
fensichtlich nicht die Autorität wie ein Urteil, das als höhere Gewalt angesehen wird.

Der BGH[353] hält die **Urteilsprognose** für eine **Pflicht** des Anwalts, der nicht zum Ver- 355
gleich raten dürfe, wenn sich ein günstigeres Urteil erreichen ließe, notfalls in nächster
Instanz. Bei manchen Mandanten scheuen sich vorsichtige Anwälte zu Recht, überhaupt zu einem Vergleich zu raten, obwohl auch **Regressfälle** wegen eines **nicht angenommenen** gegnerischen **Vergleichsangebots** zu verzeichnen sind.[354]

Die Frage, ob ein Vergleich als günstig bzw. ungünstig anzusehen ist, schließt sich eng 356
derjenigen nach den **Prozessaussichten** an; sie bezieht jedoch gewichtige wirtschaftliche
und andere ausgleichende Faktoren ein. Erscheint eine Vergleichsmöglichkeit deutlich
ungünstiger als die prognostizierten Prozessaussichten, so darf der Anwalt nicht zu einem Abschluss raten.

Aus dem Urteil des BGH[355] vom 28.9.1989 ergibt sich, wie sorgfältig der Anwalt Ver- 357
gleichsvereinbarungen überdenken muss. Bei einem Scheidungsvergleich war nicht be-
achtet worden, dass die Ehefrau für ein Bankdarlehen ihres Ehemannes mithaftete. Es
bestand eine anwaltliche Beratungspflicht über das **Risiko** der Ehefrau bei vorweg zu
erfüllenden Leistungen, dass sie später von der **Bank** als **Gesamtschuldnerin** in Anspruch genommen wird. Sie hätte ihren Grundstücksteil nicht aufgeben dürfen, bevor
die Bank sie von den mit übernommenen Schulden befreit hatte.[356]

Wird auf den Rat des Anwalts hin eine **günstige Vergleichsmöglichkeit nicht wahr-** 358
genommen, so kann Haftpflicht – wie oben ausgeführt – eintreten. Für den Pflichtverstoß kommt es darauf an, ob im Zeitpunkt der Vergleichsverhandlungen objektive
Anhaltspunkte dafür vorhanden waren, die den Vergleich „eindeutig günstiger erscheinen" ließen.

---

350 NJW 1988, 3269/3270.
351 BGH NJW 1994, 2085; Borgmann, a.a.O., Rn 120 zu Kap. 4.
352 Borgmann, a.a.O., Rn 112 zu Kap. 4.
353 NJW-RR 1996, 567.
354 Borgmann, Rn 112 zu Kap. 4.
355 BGH-IX ZR 180/88.
356 Borgmann, Rn 113 zu Kap. 4, unter Hinweis auf die genannte BGH-Entscheidung.

359 **Schlägt das Gericht den Vergleich vor,** so hat dies der Anwalt zwar in seine Überlegungen einzubeziehen, es darf aber seine gewissenhafte Prüfungspflicht nicht mindern. Das OLG Frankfurt[357] wertet den gerichtlichen Vorschlag im Vorprozess als einen „gewichtigen Faktor für den Vergleichsabschluss", entlastet aber den Anwalt, der zur Annahme rät, nicht, weil er keine genaue Berechnung der Unterhaltshöhe vorgenommen hatte.

360 Im vorliegenden Fall wurde gerügt, dass die **Besprechung** einer eigenen Berechnung mit dem Mandanten **nicht erfolgt** sei und so nicht erörtert hätte werden können, ob eine vergleichsweise Beendigung des Rechtsstreits sinnvoll gewesen wäre.

361 Ein **stärkeres** Gewicht hat ein gerichtlicher Vergleichsvorschlag, wenn gegen das Urteil dieses Gerichts **kein Rechtsmittel mehr möglich** ist.[358]
Zur Beurteilung der Pflichterfüllung des Anwalts bei der Beratung über einen Vergleichsabschluss **verbietet sich** eine ex-post-Betrachtung. Maßgebend ist die Situation, die sich im damaligen Zeitpunkt bot.[359]

362 Das OLG Hamm, Urteil vom 28.11.1985 – 28 U 91/1985 –, hält es keineswegs für sinnvoll, dass bei einem erheblichen Beweisrisiko Vergleichsgespräche erst nach der Beweisaufnahme oder gar erst in der Berufungsinstanz aufgenommen werden.

363 **Keinen Ermessensspielraum** hat der Anwalt, wenn der Vergleich für eine der beiden Parteien eine unangemessene Benachteiligung darstellt und diese ohnehin der schwächere Teil ist. Dies gilt insbesondere im Familienrecht unter Berücksichtigung der neuen Rechtsprechung zur Wirksamkeit und Inhaltskontrolle (hierzu s.o. Teil 1, Rn 49 ff).

364 Der Anwalt hat **stets im Einklang mit dem Mandanten** vorzugehen. Dies gilt in besonderem Maße für einen Vergleichsabschluss. Einen bindenden Abfindungsvergleich mit nicht unerheblicher Tragweite darf der Anwalt regelmäßig nur schließen, wenn sein Mandant hierüber **belehrt** ist und **zugestimmt** hat.[360]
Der Mandant muss also dem vorgesehenen Vergleich **ausdrücklich zustimmen.**
Die Grundlage für diese Entschließung hat der Anwalt zu schaffen, indem er den Vergleichsinhalt **erörtert** und darauf achtet, dass der Mandant keinen Fehlvorstellungen unterliegt.[361]

365 Der BGH stellt an diese **Aufklärung** und die **Annahme einer Einwilligung** strenge Anforderungen.
Für den Anwalt gefährlich sind deshalb immer **komplexe Lösungen**, bei denen verschiedene Positionen miteinander **verrechnet** werden, ohne dass erkennbar wird, wo ein Nachgeben erfolgt ist und wo nicht.[362]
Vorsicht ist immer bei Vergleichserörterungen im Gerichtstermin angebracht, weil man dann manches Mal in dieser Ausnahmesituation dem Vorgetragenen nicht folgen könne. Eine Vorerörterung in der Kanzlei ist immer zu empfehlen.[363]

---

357 FamRZ 1991, 1047.
358 Borgmann, Rn 116 zu Kap. 4.
359 OLG Düsseldorf, VersR 1980, 1073; OLG Frankfurt, NJW 1988, 3270; LG München, NJW 1990, 1369; OLG Oldenburg, Urteil vom 29.02.1980 – 6 U 147/79 –.
360 BGH NJW 1994, 2085.
361 OLG Köln, VersR 1992, 448; BGH, NJW 1994, 2085; BGH, NJW-RR 2000, 791.
362 Borgmann, Rn 120 zu Kap. 4.
363 Borgmann, a.a.O.

Beratungshinweis:

366

In jedem Fall sollte bei einer komplexen Lösung, die sowohl güterrechtliche Ansprüche als auch unterhaltsrechtliche Ansprüche beinhaltet, aber auch bei jedem anderen Vergleich die Sitzung ggf. mehrfach unterbrochen werden und der Inhalt des Vergleichsabschlusses mit dem erforderlichen **Zeitaufwand** mit dem Mandanten erörtert werden. Dringend zu empfehlen ist bezüglich des späteren Nachweises betreffend die Belehrung, dass in das **Protokoll** aufgenommen wird, dass nach mehrfachen Erörterungen und auch Belehrungen – die auch im Rahmen des Gerichtstermins durch den Anwalt erfolgen sollten, also in Anwesenheit des Gerichts sowie der Gegenseite – die Partei ausdrücklich erklärt, sie habe den Inhalt des Vergleichs verstanden und stimme diesem Vergleich ausdrücklich zu. Auch sollten bei Generalabfindungszahlungen Aufteilungen erfolgen, welche Zahlung für vermögensrechtliche Ansprüche und welche Zahlung für unterhaltsrechtliche Ansprüche erfolgt.

Schwierig wird es in der Praxis dann, wenn die einzelnen Punkte des wechselseitigen Nachgebens in das Protokoll aufgegeben werden, da in diesem Fall davon auszugehen ist, dass jegliche Vergleichsverhandlungen scheitern, weil erneut über die einzelnen Positionen diskutiert wird.

Die zur Haftung des Anwalts entschiedenen Fälle zeigen, dass **nicht die bloße Zustimmung des Mandanten genügt**, sie **muss durch** die anwaltliche Aufklärung und **Belehrung gedeckt sein.**

Eine Partei muss sogar von einem Vergleich abgehalten werden, wenn die Vergleichsgrundlagen noch ungeklärt sind und die Möglichkeit besteht, dass der Vergleich als abschließend behandelt wird.[364] *Borgmann*[365] weist zu Recht darauf hin, dass diese Entscheidung bedenklich erscheint.

367

Außergerichtliche Abfindungsvergleiche sollten vom Mandanten **persönlich unterzeichnet werden.** So entschied das OLG Koblenz,[366] dass der Text der unterschriebenen Abfindungserklärung „deutlich sichtbar und auch für einen Laien verständlich … " gewesen sei und deshalb eine Haftung nicht bestehe. Darauf allein sollte sich aber der Anwalt nicht verlassen. Er muss zwar mehr oder weniger intensiv belehren, muss jedoch einen uneinsichtigen Mandanten seinem Schicksal überlassen.[367]

368

Schließt der Anwalt **ohne Zustimmung des Mandanten** oder gar in Missachtung von dessen Weisung einen Vergleich ab, so ist der Mandant so zu stellen, als wenn der Vergleich nicht geschlossen worden wäre. Der Anwalt kann sich nicht auf die Vertretbarkeit der Vergleichsvereinbarung berufen.[368]

369

---

364 BGH, NJW 2000, 1944.
365 Borgmann, a.a.O., Rn 121 zu Kap. 4.
366 OLG Koblenz, VersR 1983, 450.
367 Borgmann, Rn 121 zu Kap. 4.
368 LG München, NJW 1990, 1369/1370.

370 Der BGH[369] nimmt zur Vertretbarkeit eines Vergleichsabschlusses die **Maxime des „sichereren und gefahrloseren" Wegs** zu Hilfe. Dieser Grundsatz ist für die Beurteilung der Pflichterfüllung des Anwalts **unangemessen**. Zur Recht weist Borgmann[370] auf Folgendes hin:

371 Wie kann der Anwalt angesichts der vielen Faktoren, die in einer bestimmten Situation eine mehr oder weniger große Rolle spielen, auch nur einigermaßen zuverlässig abwägen, was für seine Mandantschaft wohl sicherer oder auch nur zweckmäßiger ist? Ebenso wenig können die Richter der Vorinstanzen voraussehen, wie letztlich Recht gesprochen wird. Andernfalls wäre für den Anwalt der **haftpflichtrechtlich „sicherere"** Weg, sich auf **keinen** Vergleich einzulassen, denn bei einer Prozessführung siegt mit dem unanfechtbaren Urteil fiktiv das Recht. Etwas anderes steht der Partei nicht zu.

372 Ein Vergleich sollte so **eindeutig formuliert** sein, dass seine Durchsetzung keine Schwierigkeiten bereitet und, falls notwendig, Abänderungen möglich sind.[371] Den Willen der Vertragsparteien sollte er so wiedergeben, dass nicht erst eine Auslegung notwendig wird.

373 Soweit der BGH auf den „sichersten" Weg abstellt und dies als ständige Rechtsprechung bezeichnet[372] wird dies zu einer **Perversion** des ursprünglichen Gedankens, denn es liegt darin nicht mehr die Auswahl sowie das Abwägen des Anwalts unter mehreren Möglichkeiten, sondern sofort die Anforderung nach höchster Sicherheit und Perfektion. Der BGH kommt damit zu einer Sorgfaltsanforderung, die nicht mit der gesetzlichen Regelung in § 276 BGB im Einklang steht. Danach gilt auch für Anwälte der objektiv-typisierte Maßstab, der im Verkehr erforderlichen Sorgfalt, die nicht die „höchste" zu sein hat.[373]

374 Der Grundsatz des „sicheren" oder gar „sichersten" Wegs hat keinen Platz, wenn es um **Prognosen** mit kaum ausräumbaren Unsicherheitsfaktoren oder um **Zweckmäßigkeitsfragen** geht, die primär im tatsächlichen und nicht so sehr im rechtlichen ihre Grundlage haben.[374]

375 Die **Beachtung** und **Befolgung** der **Weisungen** des Mandanten liegt in der Rechtsnatur des auf entgeltliche Geschäftsbesorgung ausgerichteten Anwaltsvertrags. Der Anwalt ist Beauftragter, der Mandant trägt das Erfolgs- und Kostenrisiko. Der Rechtsanwalt hat somit ohne Weisung des **beratenen und belehrten** Mandanten nicht vorzugehen; er ist an die gegebenen Weisungen grundsätzlich gebunden.[375]

376 **Unklare** oder für die Rechtsverfolgung **problematische Weisungen** hat der Anwalt natürlich nicht blindlings zu befolgen. Er muss vielmehr im Rahmen seiner Beratungs- und Belehrungspflicht auf eine Klarstellung oder Änderung hinwirken.[376]

---

369   BGH VersR 1961, 467.
370   Borgmann, a.a.O., Rn 123 zu Kap. 4.
371   BGH, NJW 2002, 1048.
372   Borgmann, Rn 131 zu Kap. 4 m. zahl. Nachw. der BGH-Rechtsprechung.
373   Borgmann, a.a.O.; Lang, MDR 1984, 458/459; Vollkommer/Heinemann, Anwaltshaftungsrecht, 2. Aufl. Rn 285 ff.
374   Borgmann, a.a.O., Rn 140 zu Kap. 4.
375   BGH MDR 1961, 578; MDR 1977, 476.
376   BGH NJW 1997, 2168, 2169.

II. Der Schadensbegriff

Der Begriff des Schadens ist im BGB selbst nicht definiert. Der Gesetzgeber hat bewusst eine Lücke gelassen.[377] § 249 BGB sagt lediglich etwas über die Wiedergutmachung des eingetretenen Schadens aus. Hierzu dient in erster Linie die **Naturalherstellung**. Sie ist – was immer wieder übersehen wird – der primär geschuldete Schadenersatz. Erst wenn sie nicht möglich oder nach Fristsetzung verzögert ist, wird der für die Herstellung erforderliche **Geldersatz** gem. §§ 250, 251 BGB geschuldet.[378]   377

Grundsätzlich ist für die Schadensberechnung noch immer die **Differenz-Hypothese** anwendbar. Sie definiert das Interesse als Differenz zweier Güter- und Vermögenslagen einer Person zu verschiedenen Zeitpunkten, soweit diese Differenz Gegenstand einer Forderung dieser Person ist.[379]   378

Für den haftungsrechtlich in Anspruch genommenen Rechtsanwalt bedeutet dieser Vergleich, dass er den Mandanten **so zu stellen hat,** wie dieser bei pflichtgemäßem Verhalten insgesamt vermögensmäßig stünde. Der BGH formuliert dies entsprechend.[380]   379

Die **bestehende** Vermögenslage wird mit einer **hypothetischen** verglichen, die naturgemäß nicht immer leicht herauszufinden ist.[381]   380
Für die Schadensberechnung nach der Differenz-Hypothese ist regelmäßig auch der **Zeitpunkt**, in dem die Vermögenslagen verglichen werden, wichtig.
Bei der **konkreten Schadensberechnung** bedarf es nicht der Festlegung eines bestimmten Stichtages. Vielmehr sind grundsätzlich alle adäquaten Folgen des haftungsbegründenden Umstandes bis zum Zeitpunkt der letzten mündlichen Tatsachenverhandlung in die Schadensberechnung einzubeziehen.[382]

Dies **schließt** die Berücksichtigung **späterer Ereignisse nicht aus,**[383] sofern sie aufgrund vorgetragener Tatsachen mit einer für § 287 ZPO ausreichenden Wahrscheinlichkeit beurteilt werden können. Auch spätere Vorteile sind gegenrechnend einzubeziehen. Soweit sie nicht beurteilt werden können, weil auch eine Schätzung ausscheidet, gibt es Bereicherungsgegenansprüche, die mittels einer verlängerten Vollstreckungsgegenklage geltend gemacht werden können.[384] Nach Auffassung des BGH ist der Schaden wirtschaftlich zu verstehen.[385] § 249 BGB hat den gewöhnlichen Lauf der Dinge, wie er ohne das schadenbringende Ereignis nach Erfahrungsgrundsätzen aller Wahrscheinlichkeit nach stattgefunden hätte, im Auge. Durch die Schätzung des Schadens gem. § 287 ZPO wird der Richter nicht der Notwendigkeit enthoben, die schätzungsbegründenden Tatsachen soweit wie möglich vorher festzustellen.[386]   381

---

377 BGH NJW 1978, 1805, 1807.
378 Borgmann, a.a.O., Rn 79 zu Kap. 5.
379 Borgmann, a.a.O., Rn 80 zu Kap. 5.
380 BGH NJW RR 1988, 1367; NJW 2004, 444; Vollkommer/Heinemann, Rn 541.
381 Borgmann, Rn 80 zu Kap. 5.
382 BGH NJW 1980, 1742, 1743; NJW 1994, 314; Borgmann, a.a.O., Rn 95 zu Kap. 5.
383 Borgmann, a.a.O.
384 BGH NJW-RR 2001, 1450, 1451.
385 BGH NJW 1959, 1078; BGH, NJW 1965, 392.
386 Borgmann, a.a.O., Rn 96 zu Kap. 5.

382   Der **hypothetische Prozessverlauf** eines Verfahrens, das wegen einer anwaltlichen Pflichtverletzung nicht geführt wurde, kann nicht konkret beurteilt werden. Nach BGH[387] ist maßgeblich, wie das Erstgericht nach Auffassung des **jetzt** über den **Schadenersatzanspruch** erkennenden Gerichts **richtigerweise** hätte entscheiden müssen.

383   Die Auffassung des BGH geht davon aus, dass sich im Normalfall der **Vorprozess in den Bahnen des Rechts** abgespielt hätte, nicht zu berücksichtigen ist, dass das Vorgericht zu Gunsten des Beklagten möglicherweise oder sogar mit Sicherheit anders entschieden hätte.[388]

384   Die typisierende Betrachtungsweise, hier im Rahmen richterlicher Schätzung nach § 287 ZPO, könnte theoretisch auch anderes ergeben, wenn **Anhaltspunkte** dafür vorliegen, dass eine **andere Vorentscheidung** ergangen wäre.[389]
Grundsätzlich ist von dem **Sachverhalt** auszugehen, der dem Gericht des Vorprozesses bei pflichtgemäßem Verhalten des Prozessbevollmächtigten unterbreitet und von diesem Gericht aufgeklärt worden wäre.[390]

III. Schadenbemessung und Beweislast

385   Im Grundsatz bleibt es bei der **Beweislast** des den Schaden behauptenden **Mandanten**.[391] Der Mandant muss beweisen, inwieweit das wirtschaftliche Ergebnis ohne die anwaltliche Pflichtverletzung besser gewesen wäre (Gesamtvermögensvergleich).[392]

386   Es findet aber wiederum § 287 ZPO Anwendung. Hiernach reicht eine „deutlich überwiegende, auf gesicherter Grundlage beruhende Wahrscheinlichkeit, dass ein Schaden entstanden ist" für die richterliche Überzeugungsbildung aus.[393] Es müssen „greifbare Anhaltspunkte" für eine Schätzung vorhanden sein.[394] Hierbei hilft dem Geschädigten § 252 S. 2 BGB, entscheidend ist eine Prognose über die künftige Entwicklung.[395]

387   § 287 ZPO darf aber nicht so extensiv ausgelegt werden, dass die Vorschrift zu einem „Allheilmittel zur Behebung von Beweisschwierigkeiten des Schadenklägers" wird.[396] Eine Verallgemeinerung der Regel derart, dass jeder Kläger schließlich nur einen gewissen Grad von Wahrscheinlichkeit darzutun und der Gegner die Wahrscheinlichkeit zu entkräften habe, ist abzulehnen.[397]

IV. Kausalität

388   Es muss ein Kausalzusammenhang zwischen dem Verhalten des Verletzers und dem Tatbestand der haftungsbegründenden Norm, d.h. hier der Vertragsverletzung, beste-

---

387   Siehe die zahlreichen Entscheidungen bei Borgmann, a.a.O.
388   Vgl. OLG Saarbrücken, VersR 1973, 929.
389   BGH VersR 1962, 224, 227.
390   BGH NJW 1987, 3255.
391   BGH NJW 1986, 246.
392   BGH NJW 1987, 50; NJW 1998, 302; NJW 2000, 2669.
393   BGH NJW 1992, 2694; NJW 1993, 734.
394   BGH NJW 1992, 2694, 2695.
395   BGH NJW 1997, 937; NJW 2002, 292, 294; Borgmann, a.a.O., Rn 46 zu Kap. 9.
396   Borgmann, a.a.O., Rn 47 zu Kap. 9.
397   So auch BGH NJW 1986, 246.

hen. Der Verstoß gegen die vertraglich vereinbarte Pflicht, durch den der Vertragspartner so betroffen wird, dass nachteilige Folgen eintreten können, ist der nach § 286 ZPO von ihm zu beweisende Haftungsgrund.[398]

Es muss der reale **Kausalverlauf** mit einem angenommenen, hypothetischen **verglichen** werden, bei dem lediglich das haftungsbegründende Verhalten – Tun oder Unterlassen – hinweg- oder hinzugedacht wird. Entfällt der Erfolg dann, so besteht Ursachenzusammenhang.   389

Diese vereinfachende Formel versagt dann, wenn noch eine weitere Ursache in Reserve steht, also bei **kumulativer, alternativer oder hypothetischer Kausalität**.[399]   390

Die zu stellende Frage ist dann: Wie haben sich die Dinge entwickelt und wie hätten sie sich bei normgemäßem Verhalten entwickelt? Für diese Fälle gibt es freilich keine Patenlösung. Man kann die Frage der Zurechenbarkeit jedoch aus dem Zweck der verletzten Norm und aus Sinn und Funktion der Schadenersatzregelung beantworten.[400]   391

---

398   Borgmann, a.a.O., Rn 45 zu Kap. 5.
399   Borgmann, a.a.O., Rn 53 zu Kap. 5.
400   Hierzu siehe im Einzelnen Borgmann, a.a.O., Rn 39 ff zu Kap.5.

Teil 2: Eheverträge

§ 1 Vermögensrechtliche Regelungen

Das folgende Kapitel befasst sich mit den in Eheverträgen zu regelnden Bereichen Zugewinn, Gütertrennung, Gütergemeinschaft, Rückforderung und unbenannte Zuwendung, Schuldenhaftung, Zuwendungen der Eltern an Kinder, Ehegatten-Innengesellschaft sowie Arbeits- und Mietvertrag.

A. Zugewinn

I. Grundsätze zu Zugewinn und Schuldenhaftung

1. Beratung

a) Tatsächliche Ausgangssituation

Im Rahmen eines Ehevertrages sollten – soweit möglich – **alle eventuellen** Streitpunkte, die bei einer etwaigen Scheidung zwischen den Parteien entstehen könnten, geklärt werden, insbesondere solche, für die nicht das Familiengericht, sondern das Zivilgericht im Streitfall zuständig ist, so z.B. Schuldenhaftung, Nutzungsentschädigung, Rückforderung ehebedingter Zuwendungen, Herausgabe persönlicher Gegenstände.   1

- Ehegattenzuwendungen und deren Rechtsfolgen sollten festgestellt und geregelt werden,
- Gegebenenfalls soll das Recht auf Auseinandersetzung der Miteigentümergemeinschaft durch Zwangsversteigerung ausgeschlossen werden und diese Vereinbarung nach § 1010 BGB im Grundbuch eingetragen werden; dies i.d.R. jedoch durch einen **befristeten Ausschluss.**
- In Betracht kommt insbesondere die **modifizierte Zugewinngemeinschaft**, wonach bestimmte Vermögenswerte, wie z.B. Anfangsvermögen, Schenkungen, Erbschaften oder ein Betrieb von der Auseinandersetzung ausgeschlossen, also aus dem Zugewinn herausgenommen werden.
- Abzuwägen ist, ob Gütertrennung oder modifizierte Zugewinngemeinschaft (hierzu s.u.) die tatsächlich und wirtschaftlich sinnvollere Lösung darstellt (hierzu s.u. Teil 2 § 1, Rn 48).

b) Rechtliche Ausgangssituation

aa) Gütertrennung

Besteht zwischen den Parteien aufgrund notarieller Vereinbarung der Güterstand der   2
Gütertrennung, so bleiben die Vermögensmassen getrennt und es kommen allenfalls Ansprüche aufgrund unbenannter Zuwendungen in Betracht (hierzu s.u. Teil 2, § 1 Rn 272 ff).

bb) Gütergemeinschaft

3 Besteht aufgrund notarieller Vereinbarung der Güterstand der **Gütergemeinschaft** gem. §§ 1415 ff BGB, wird das Vermögen, ohne dass es weiterer Übertragungsakte bedarf, **gemeinschaftliches** Vermögen. (Zur Auseinandersetzung s. Teil 2, § 1 Rn 266 ff).

cc) Zugewinngemeinschaft

4 Leben die Parteien im Güterstand der **Zugewinngemeinschaft**, so erfolgt der Vermögenserwerb während der Ehe grundsätzlich **getrennt**, soweit nicht Miteigentum gebildet wird. Der Zugewinnausgleichsanspruch ist wie folgt zu ermitteln:

(1) Ermittlung des Zugewinnausgleichsanspruchs

- Zugewinngemeinschaft ist der gesetzliche Güterstand, also der Güterstand, der gilt, wenn **kein Ehevertrag abgeschlossen** wurde.
- Stichtag für die Wertermittlung für das **Endvermögen** ist die **Zustellung des Scheidungsantrags.**
- Stichtag für die Ermittlung des **Anfangsvermögens** ist das **Datum der Eheschließung.**
- Stichtag für das sog. **privilegierte Vermögen** in Form von Schenkungen oder Erbschaften ist der **Zeitpunkt** der **Schenkung** bzw. der **Erbschaft.**
- Zugewinn ist jedes Vermögen, das während der Ehe **erwirtschaftet** wurde.
- Vom **bereinigten Endvermögen** ist das jeweilige **Anfangsvermögen und** das **privilegierte Vermögen** (Erbschaften und Schenkungen) in Abzug zu bringen. Die **Differenz** bildet den **Zugewinn.**[1]

5 **Beratungshinweis:**

- Das Endvermögen ist nie weniger als Null.
- Es gibt kein negatives Anfangsvermögen.
- Ist das Endvermögen höher als das Anfangsvermögen, so bildet die Differenz den Zugewinn.
- Ist das Endvermögen niedriger als das Anfangsvermögen, so ist der Zugewinn **Null.** Ein Ausgleich des **Verlustes** erfolgt **nicht.**
- Die regelmäßig auftretende Frage der Parteien, ob sie das Vermögen, das sie in die Ehe **eingebracht haben,** wieder zurückerhalten, muss mit „**nein**" beantwortet werden und es muss eine konkrete Zugewinnausgleichsberechnung erstellt werden, um die Frage zu beantworten, in welcher Höhe sich das eingebrachte Vermögen bei der Zugewinnausgleichsauseinandersetzung auswirkt.
- Häufig wird der Anwalt mit der Frage konfrontiert, wie sich verschiedene Vermögensdispositionen während der Ehe (Schenkungen untereinander, Verkauf vorhandenen Immobilienvermögens, Neukauf von anderen Immobilien u.a.) auswirkt.

---

1 Heiß, Das Mandant im Familienrecht, Rn 13 ff zu Teil 10; Heiß, in: Kroiß, FormularBibliothek Zivilprozess 2005 Familienrecht, Rn 1300 f.

■ Die entsprechende Frage ist dahingehend zu beantworten, dass **eine Ehe grundsätzlich nicht rückabgewickelt wird**, sondern dass bei der Zugewinnauseinandersetzung das **strenge Stichtagsprinzip** gilt.[2]

Zu berücksichtigen ist, dass das Anfangsvermögen und ebenso Schenkungen oder Erbschaften zu **indexieren** sind, also zu bereinigen sind um den **Kaufkraftschwund des Geldes**.[3]

Diese Umrechnung ist wie folgt vorzunehmen:

Ermitteltes Anfangsvermögen multipliziert mit Index bei Güterstandsbeendigung, geteilt durch Index bei Güterstandsbeginn.

Beratungshinweis: 6

Um Fehler bei der Umrechnung zu vermeiden, ist die Anwendung des **Gutdeutsch-Programms** dringend zu empfehlen.

Wird die Indexumrechnung übersehen, so führt dies zu völlig falschen Ergebnissen, und zwar jeweils zu Ungunsten dessen, der Anfangsvermögen bei Eheschließung oder privilegiertes Vermögen hatte bzw. hat.

(2) Anrechnung von Vorausempfängen

Auf die Zugewinnausgleichsforderung können nach § 1380 BGB **Zuwendungen angerechnet** werden, die ein Ehegatte während der Ehe vom anderen erhalten hat. Dies gilt jedoch nur, wenn der **Zuwendende ausgleichspflichtig** ist, ist er **ausgleichsberechtigt**, so gilt § 1380 BGB **nicht**.

Der klassische Fall einer solchen Zuwendung liegt z.B. bei Übertragung von Miteigentum an einer während der Ehezeit erworbenen Immobilie vor.[4] 8

(3) Ausschluss des Zugewinns; Vereinbarung

Ein **neuer Güterstand** kann als solcher immer **nur ex nunc**, also mit Wirkung für die Zukunft vereinbart werden. Die Ehegatten können aber den Zugewinnausgleich **rückwirkend ausschließen** oder rückwirkend auf die Geltendmachung von Zugewinnausgleichsansprüchen verzichten. Dies sollte der Ehevertrag ausdrücklich regeln. Beim **Fehlen** einer ausdrücklichen **Regelung** ist ein Ausschlusswille zu **vermuten**.[5] 9

Die Entstehung von **Gesamtgut** kann nicht rückdatiert werden, § 1416 BGB. Die Verfügungsbeschränkungen der §§ 1365, 1369 BGB gelten erst ab Eintritt des neuen Güterstandes. 10

Der Zugewinnausgleich findet erst ab Eintritt des gesetzlichen Güterstandes statt. Für seine **Berechnung** kann aber in Abänderung von § 1374 Abs. 1 Hs. 1 BGB vereinbart werden, dass nicht der Zeitpunkt des Eintritts des Güterstandes maßgeblich ist, sondern 11

---

2 Heiß, Das Mandat im Familienrecht, a.a.O., Rn 16 zu Teil 10; Heiß, in: Kroiß, a.a.O., Rn 1302.
3 Heiß, Das Mandat im Familienrecht, a.a.O., Rn 38 ff zu Teil 10; Heiß, in: Kroiß, a.a.O., 1327 ff.
4 Im Einzelnen zur Anrechnung s. Heiß, Das Mandat im Familienrecht, Rn 204 zu Teil 10; Heiß, in: Kroiß, a.a.O., Rn 1528 ff.
5 Langenfeld, a.a.O., Rn 839 zu Kap. 4.

ein **früherer Zeitpunkt**, insbesondere der Zeitpunkt der Eheschließung. Es kann auch ein Stichtag **vor Eheschließung** gewählt werden.[6]

Wird der Güterstand der Gütergemeinschaft durch Vereinbarung eines anderen Güterstandes beendet, so muss das Gesamtgut auseinandergesetzt werden, § 1471 Abs. 1 BGB.

12 **Beratungshinweis:**

Wünschen die Parteien einen notariellen Ehevertrag, so ist Voraussetzung, dass zunächst eine umfassende Belehrung erfolgt über die Ansprüche, die bestehen, wenn keine Vereinbarung getroffen wird. Die Scheidungsfolgen sind mit den Parteien im Einzelnen zu erörtern. Sodann erst können die Vorstellungen der Parteien ermittelt werden, welche vertragliche Regelung sie – in Abweichung von der gesetzlichen Regelung – wünschen.

(4) Berücksichtigung von Lebensversicherungen, Abgrenzung zu Versorgungsausgleich, Bewertung von Lebensversicherungen

13 Sind die Ansprüche des Arbeitnehmers aus der im Rahmen der **Direktversicherung** zur betrieblichen Altersversorgung abgeschlossenen Kapitallebensversicherung arbeitsrechtlich **unverfallbar**, hat die Berücksichtigung im Zugewinnausgleich selbst dann zu erfolgen, wenn die Bezugsberechtigung des Versicherten **widerruflich** ist.[7]

14 Dem Arbeitgeber ist es in diesem Fall nämlich aus arbeitsrechtlichen Gründen verwehrt, den versicherungsrechtlich weiterhin möglichen Widerruf auszuüben. Mit ähnlichen Gründen kommt die Berücksichtigung einer Direktversicherung im Endvermögen eines Geschäftsführers und Gesellschafters einer GmbH in Betracht, die die Gesellschaft zu seinen Gunsten abgeschlossen hat.[8]

15 Private Kapitallebensversicherungen, auch solche mit einem (noch nicht ausgeübten) Rentenwahlrecht, unterliegen dem Zugewinnausgleich.[9]

Bezüglich des Wahlrechts wird wie folgt betreffend den maßgeblichen Zeitpunkt der Ausübung unterschieden:

Handelt es sich um ein Anrecht aus einer Kapitallebensversicherung mit Rentenwahlrecht, unterfällt die Versicherung dem Versorgungsausgleich, wenn das Wahlrecht bis zum Eintritt der Rechtshängigkeit des Scheidungsantrags ausgeübt wird und das Anrecht damit vor diesem Stichtag zu einem **Rentenanrecht** wird.

16 Umgekehrt soll ein solches Anrecht dem Zugewinnausgleich unterliegen, wenn der Berechtigte erst nach **Zustellung des Scheidungsantrags** von seinem Wahlrecht Gebrauch macht.

17 Umgekehrt soll es für den Fall, dass es sich um ein Anrecht aus einer **Rentenlebensversicherung** mit Kapitalwahlrecht handelt, zwar auch so sein, dass die Versicherung auf-

---

6 Langenfeld, a.a.O., Rn 840 zu Kap. 4. m. Hinweis auf OLG Hamburg, NJW 1964, 1076; Johannsen/Henrich/Jaeger, § 1374 Rn 3.
7 BGH FamRZ 1992, 411; FamRZ 1992, 1155; OLG Köln, FamRZ 2001, 158.
8 BGH FamRZ 1993, 1303; Börger, in: Göppinger/Börger, Rn 7 zu Teil 6.
9 BGH FamRZ 2003, 153; FamRZ 1984, 156 ff.

grund eines **vor Zustellung des Scheidungsantrags ausgeübten Wahlrechts** nicht mehr dem Versorgungsausgleich, sondern dem **Zugewinnausgleich** unterfällt; in diesem Fall soll aber **nicht** der **umgekehrte Schluss** gelten, dass ein erst **nach Zustellung** des Ehescheidungsantrags **ausgeübtes Wahlrecht unbeachtlich** bleibt, die Versicherung also weiter dem **Versorgungsausgleich** unterliegt.[10]

Dies soll sogar dann gelten, wenn die Ehegatten **Gütertrennung** vereinbart haben und dementsprechend in Folge eines erst **nach Rechtshängigkeit** des Ehescheidungsantrages ausgeübten Wahlrechts der Wert der Versicherung vollständig dem Ausgleich **entzogen** wird.[11]

18

Die Problematik in diesen Fällen liegt darin, dass die Lebensversicherung zunächst, da das Wahlrecht zum **Zeitpunkt der Rechtskraft der Scheidung** noch nicht ausgeübt war, dem **Zugewinnausgleich** unterliegt.[12] Dies betrifft jedoch nur Lebensversicherungen, die **keine Leibrentenversicherungen** sind. Handelt es sich um **Leibrentenversicherungen**, so unterliegen diese grundsätzlich dem **Versorgungsausgleich**.

19

Zu der Entscheidung des BGH[13] für eine Lebensversicherung, die während des Laufs eines Beschwerdeverfahrens zum Versorgungsausgleich aufgrund Ausübung des Wahlrechts in Form von Kapital ausbezahlt wurde.[14]

20

(5) Abgrenzung Zugewinn und Versorgungsausgleich allgemein

Nicht dem Zugewinnausgleich unterliegen nach § 1587 Abs. 3 BGB Anwartschaften oder Aussichten auf eine Versorgung wegen Alters oder Berufs- oder Erwerbsunfähigkeit. Diese Anwartschaften unterliegen nach Maßgabe der §§ 1587 ff BGB dem **Versorgungsausgleich** (zu Lebensversicherungen siehe oben Teil 1, § 1 Rn 13 ff).

21

Dies gilt unabhängig davon, ob gem. § 1408 Abs. 2 BGB ein Ausschluss des Versorgungsausgleichs erfolgt ist oder ob das Versorgungsausgleichsverfahren durchgeführt wird, weshalb z.B. eine private Rentenversicherung, die unter § 1587a Abs. 2 Nr. 5 BGB fällt, nicht dem Zugewinnausgleich unterliegt.

22

(6) Abgrenzung zu Hausrat

Zugewinn ist nicht jenes Vermögen, das nach der Hausratsverordnung verteilt werden kann, also Hausratsgegenstände, die im **gemeinsamen Eigentum** beider Ehegatten stehen oder bei denen die **Vermutung** des § 8 Abs. 2 HausratsVO für gemeinschaftliches Eigentum besteht.

23

Stehen Hausratsgegenstände im **Alleineigentum** eines Ehegatten, so unterliegen diese dem **Zugewinn**, so z.B. ein Pkw, der im Alleineigentum eines Ehegatten steht.[15]

24

10 BGH FamRZ 2003, 664 ff mit umfangreicher Darstellung des Meinungsstandes zu dieser umstrittenen Frage; Börger, a.a.O., Rn 7 zu Teil 6.
11 BGH FamRZ 2003, 923 ff; kritisch hierzu: Schwab, VII Rn 21; Deisenhofer, FamRZ 2003, 745.
12 Heiß, Das Mandat im Familienrecht, Rn 132 zu Teil 12.
13 BGH FamRZ 2003, 664.
14 Im Einzelnen s. Heiß, Das Mandat im Familienrecht, Rn 134 ff zu Teil 12.
15 Haußleiter/Schulz, a.a.O., Rn 118 zu Kap. 4; Heiß, Das Mandat im Familienrecht, Rn 7 zu Teil 15.

(7) Abgrenzung zu Unterhalt

25 Künftig fällig werdende, wiederkehrende Leistungen unterliegen ebenso wenig dem Zugewinn wie Ansprüche auf Arbeitsentgelt und Unterhaltszahlungen.[16] Zu solchen wiederkehrenden Leistungen gehören auch Leistungen nach dem Bundesversorgungsgesetz, da diese künftiges Einkommen vorweg nehmen, sowie Übergangsgebührnisse eines Zeitsoldaten nach § 11 SVG,[17] nicht aber die Übergangsbeihilfe nach § 12 SVG. Hierzu gehört auch die **Abfindung für eine Witwenrente** nach weiterer Eheschließung.[18]

26 Am Stichtag vorhandene Ansprüche für die **Vergangenheit** unterliegen jedoch dem **Zugewinnausgleich** und sind jeweils im Anfangs- oder Endvermögen zu berücksichtigen.[19]

27 Gleiches gilt wegen des Stichtagsprinzips für **Einkommen** oder **Unterhalt**, die am Stichtag in Form von **Kontoguthaben** noch vorhanden sind.[20] Wird eingewandt, dass das Guthaben per Stichtag auf dem Girokonto benötigt wird, um den Unterhalt für den folgenden Monat zu bezahlen, so ist dies **unbeachtlich**. Die Unterhaltsforderung **entsteht** erst im kommenden Monat und ist daher nicht zu berücksichtigen.[21]

28 Wird der Scheidungsantrag Mitte des Monats zugestellt und ist zu diesem Zeitpunkt der Unterhalt für diesen Monat noch nicht bezahlt, so ist die Unterhaltsschuld für diesen Monat als **Schuld** auf der **Passiv-Seite** zu berücksichtigen, obwohl der Monat noch nicht abgelaufen ist.[22]

29 Hat der Unterhaltsschuldner am Stichtag **Unterhaltsrückstände**, z.B. für mehrere Monate vor dem Stichtag, so sind diese bei ihm auf der **Passiv-Seite** zu berücksichtigen. Beim Unterhaltsberechtigten ist der Anspruch auf Rückstand im **Aktiv-Vermögen** zu berücksichtigen.[23]

(8) Stundung der Ausgleichsforderung, § 1382 BGB

30 Die Vorschrift ist anwendbar, wenn die sofortige Zahlung „**auch** unter Berücksichtigung der Interessen des **Gläubigers** zur **Unzeit** erfolgen würde."

31 Nach Satz 2 der Vorschrift ist dies dann der Fall, wenn sich durch die sofortige Zahlung die **Wohnverhältnisse** oder sonstigen Lebensverhältnisse **gemeinsamer Kinder nachhaltig verschlechtern** würden.

32 Da einerseits die Interessen des Schuldners und andererseits die Interessen des Gläubigers nach Billigkeit abzuwägen sind, kommt dieser Vorschrift in der **Praxis keine erhebliche Bedeutung** zu.[24]

---

16 So z.B. BGH, FamRZ 1981, 239 f; 1980, 39; 1982, 147 und 1982, 148.
17 BGH FamRZ 1980, 39; zu berücksichtigen ist nach § 2313 Abs. 1 S. 1 BGB analog der nach der Scheidung ausgezahlte Betrag (OLG München, FamRZ 1982, 608).
18 BGH NJW 1982, 279; Börger, a.a.O., Rn 10 zu Teil 6.
19 Für Unterhaltsrückstände: OLG Hamm, FamRZ 1992, 679; OLG Celle, FamRZ 1991, 944; Unterhaltsverbindlichkeiten: OLG Frankfurt, FamRZ 1990, 998 und für Nachzahlungen aus dem Bundesversorgungsgesetz: BGH, FamRZ 1981, 239 f; BGH, FamRZ 1983, 881 f.
20 BGH FamRZ 2003, 1544.
21 BGH FamRZ 2003, 1544, 1545; Heiß, Das Mandat im Familienrecht, Rn 174 zu Teil 10.
22 BGH FamRZ 2003, 1544, 1546; Heiß, a.a.O.
23 BGH FamRZ 2003, 1544, 1545; Heiß, Das Mandat im Familienrecht, a.a.O.
24 Heiß, Das Mandat im Familienrecht, Rn 209 zu Teil 10.

Der Stundungs**antrag** muss im Prozess gestellt werden. Die Entscheidung erfolgt durch Urteil.[25]

(9) Übertragung von Vermögensgegenständen in Anrechnung auf die Forderung, § 1383 BGB

- Der Zugewinnausgleichsanspruch besteht grundsätzlich in Form einer Geldforderung. In der **Praxis** spielt die Vorschrift des § 1383 BGB nahezu **keine Rolle.** 33
- Ein Anspruch auf Übertragung von Vermögensgegenständen kann ausschließlich zu Gunsten des **Berechtigten** bestehen. Der **Schuldner** hat seinerseits **keine Möglichkeit** zu wählen, ob er dem Gläubiger den Anspruch in Geld befriedigt oder durch Übertragung von Vermögensgegenständen.
- Die Übertragung von Vermögensgegenständen kann nur verlangt werden, wenn dies erforderlich ist, um eine **grobe Unbilligkeit** für den **Gläubiger** zu vermeiden und wenn diese Vermögensübertragung dem Schuldner **zugemutet** werden kann.[26]
- Eine grobe Unbilligkeit für den Gläubiger liegt z.B. vor, wenn das bisherige **Familienwohnheim** dringend benötigt wird, um die eheangemessene Lebensweise aufrecht zu erhalten[27] oder wenn eine besonders **enge Sachbeziehung** zu dem Gegenstand besteht, z.B. weil er aus der **Familie** des Gläubigers stammt.[28]

Der Vermögensgegenstand muss **übertragbar** sein, sodass die **Übertragung** von Anrechten an einer **Personengesellschaft ausscheidet.**[29] 34

Beratungshinweis: 35

Bei jedweder Zugewinnausgleichsauseinandersetzung und vorhandenen **Miteigentumsanteilen** an Immobilien oder sonstigen Vermögenswerten empfiehlt es sich, nicht allein die Zugewinnausgleichsforderung zu regeln, sondern eine **Gesamtregelung** herbeizuführen, bei der eine vermögensrechtliche Auseinandersetzung bezüglich sämtlicher vorhandener gemeinsamer Konten, Immobilien und insbesondere auch Schulden vorgenommen wird.

Börger[30] empfiehlt, dass zur Vermeidung von Auslegungsschwierigkeiten bei der Abwicklung des Vertrages und nicht zuletzt im Hinblick auf die korrekte Feststellung der Gegenstandswerte für die Abrechnung der Gerichts- und Anwaltskosten darauf geachtet werden soll, dass die Zugewinnausgleichsforderung einerseits und die in Anrechnung hierauf zu übernehmenden bzw. zu übertragenden Vermögenswerte bzw. die zu verrechnenden Gegenforderungen andererseits genau beziffert werden, was sich auch aus steuerlichen Gründen empfiehlt (hierzu s. Teil 2, § 1; § 6 Rn 1 ff).

---

25 Heiß, Das Mandat im Familienrecht, Rn 209 zu Teil 10, Rn 553 zu Teil 10 (zum Stundungsantrag).
26 Heiß, a.a.O., Rn 211 zu Teil 19.
27 Johannsen/Henrich/Jaeger, § 1383 Rn 5.
28 Johannsen/Henrich/Jaeger, a.a.O.; Heiß, Das Mandat im Familienrecht, Rn 211 zu Teil 10, Rn 557 zu Teil 10 (zum gerichtlichen Antrag).
29 Palandt/Brudermüller, § 1383 Rn 5.
30 A.a.O., Rn 15 zu Teil 6.

(10) Schuldenübernahme und Zweckbestimmungserklärung

- Übernimmt **ein Ehegatte** die Immobilie zu **Alleineigentum**, so ist die Frage der Schuldenhaftung, und zwar vor allem im **Außenverhältnis**, zu regeln (hierzu s. Teil 2, § 1 Rn 400 ff).
    - Die **Inaussichtstellung** der Haftungsfreistellung und Schuldentlassung muss aus Sicherheitsgründen **vor** Abschluss der notariellen Vereinbarung betreffend Miteigentumsanteilsübertragung vorgelegt werden, da andernfalls nur die Möglichkeit bleibt, ggf. vom Übertragungsvertrag zurückzutreten, falls die Bank im Außenverhältnis keine Haftungsfreistellung vornimmt (hierzu s. Teil 2, § 1 Rn 403).
- Ist die Frage der Freistellung **nicht geklärt** (wie dies häufig im Rahmen von Prozessvergleichen der Fall ist), so muss zumindest eine **Verpflichtung** aufgenommen werden dahingehend, dass der übernehmende Ehegatte die **Haftungsfreistellung** im Außenverhältnis notfalls durch **Umschuldung** zu bewirken hat.
- Die **Zweckbestimmungserklärung** muss gegenüber der Bank **eingeschränkt** werden, und zwar dahingehend, dass Grundpfandrechte weiterhin nicht mehr zur Absicherung künftiger Schulden des übertragenden Ehegatten verwendet werden können.[31]

36 **Muster: Einschränkung der Zweckbestimmung**[32]

Die Eheleute beantragen bei der ▪▪▪ Bank, die Zweckerklärung so einzuschränken, dass in Zukunft die Grundpfandrechte nur noch der Sicherung von Forderungen gegen den Ehemann dienen. Der Ehemann hat der Ehefrau die Schuldentlassungserklärung der Bank und die Erklärung über die Einschränkung der Zweckbestimmung bis zum ▪▪▪ vorzulegen.

37 Im Zusammenhang mit der Übernahme einer Immobilie ist die Abtretung von Eigentümerrechten an den eingetragenen Grundpfandrechten zu regeln.

38 **Muster:**[33] **Abtretung Grundschulden**

Ab dem Zeitpunkt der Schuldentlassung im Außenverhältnis tritt die Ehefrau dem Ehemann hiermit sämtliche **Eigentümerrechte** an den eingetragenen **Grundschulden** mit Verfügungsvollmacht ab.[34]

39 **Beratungshinweis:**

Bei Abwicklung eines Verkaufs einer gemeinsamen Immobilie sollte der Verkaufserlös auf ein **Notar-Anderkonto** überwiesen werden mit der Anweisung an den Notar, dass dieser vorab – insbesondere vor Verteilung des Verkaufserlöses – die offenen Schulden der jeweiligen Gläubiger in der tatsächlich bestehenden Höhe begleicht (hierzu siehe Teil 3).

31 Langenfeld, a.a.O., Rn 901 zu Kap. 5.
32 Langenfeld, a.a.O., Rn 902 zu Kap. 5.
33 Langenfeld, a.a.O., Rn 903 zu Kap. 5.
34 Langenfeld, a.a.O., Rn 903 zu Kap. 5.

(11) Lebensversicherungen, Bezugsberechtigung

Auch Bezugsberechtigungen bezüglich vorhandener Lebensversicherungen können ge- 40
regelt werden. In der Praxis sind Lebensversicherungen in der Weise abgeschlossen,
dass die Bezugsberechtigung jederzeit geändert werden kann, also widerruflich ist.

Muster: Regelung Bezugsberechtigung bei Lebensversicherung[35] 41

Der Ehemann hat auf sein Leben bei der ■■■ Lebensversicherung eine Kapitallebensversicherung mit Rentenwahlrecht über ■■■ Euro abgeschlossen, deren Bezugsberechtigte
die Ehefrau ist. Der derzeitige Wert (Fortführungswert ■■■) beträgt nach Auskunft der
Versicherungsgesellschaft ■■■. Hieraus stehen der Ehefrau also im Rahmen der Zugewinnausgleichsauseinandersetzung ■■■ Euro zu.

Der Ehemann verpflichtet sich, als **Bezugsberechtigten** an Stelle der Ehefrau den gemeinsamen **Sohn** ■■■ einzusetzen und der Ehefrau diese Änderung der Bezugsberechtigung
bis zum ■■■ nachzuweisen.

Beratungshinweis: 42

Bezüglich **gemeinschaftlicher Konten** hat eine Auseinandersetzung zu erfolgen. Bestehen Konten, betreffend derer zwar Alleininhaber ein Ehegatte ist, der andere jedoch
Vollmacht hat, so sind diese dem anderen Ehegatten gegenüber zu widerrufen und
der entsprechende **Widerruf** dem Geldinstitut gegenüber zu erklären.

II. Modifizierte Zugewinngemeinschaft

1. Beratung

a) Tatsächliche Ausgangssituation

Zunächst ist erforderlich, dass die Beteiligten über die **gesetzlichen** Ansprüche infor- 43
miert werden, die bestehen, wenn **kein** Ehevertrag abgeschlossen wird. Sodann ist
mit den Parteien abzuklären, wie sich die finanziellen Verhältnisse gestalten, ob Anfangsvermögen vorhanden ist und insbesondere was von den Parteien gewollt ist. So
ist z.B. in jedem Fall darauf hinzuweisen, dass das Anfangsvermögen nach der gesetzlichen Regelung mit den Wertsteigerungen dem Zugewinnausgleich unterliegt.
(s.o. Teil 2, § 1 Rn 4 ff)

b) Rechtliche Ausgangssituation

Es bestehen folgende ehevertragliche Möglichkeiten:[36] 44
- Die Verfügungsbeschränkungen der §§ 1365 ff BGB können ausgeschlossen werden, dies auch bezüglich nur eines Ehegatten.
- Der Zugewinnausgleich insgesamt kann **bedingt** oder **befristet** vereinbart werden,
  etwa nur für die Zeiten kindbedingter Berufsaufgabe.

---

35 Langenfeld, a.a.O., Rn 907 zu Kap. 5.
36 Langenfeld, a.a.O., Rn 423 zu Kap. 3.

- **Vorehelicher** Vermögenserwerb kann in den Zugewinnausgleich einbezogen werden.
- Beim Übergang von der Gütertrennung zur Zugewinngemeinschaft kann der Zugewinnausgleich **rückwirkend** vereinbart werden.
- Die **Höhe** des Anfangsvermögens oder des Endvermögens kann in einem Geldbetrag festgelegt werden.
- Die Zugewinnausgleichsforderung kann höhenmäßig **begrenzt** werden.
- **Einzelne** Vermögensgegenstände oder Vermögensmassen oder Erträge können gegenständlich aus dem Zugewinnausgleich **ausgenommen** werden.
- Der Zugewinnausgleich unter **Lebenden** kann ausgeschlossen werden, während er für den **Todesfall** bestehen bleibt.
- Es können Vereinbarungen zur **Bewertung** einzelner Vermögensgegenstände oder Vermögensmassen, etwa des Unternehmens getroffen werden.
- Die Zugewinnausgleichs**quote** des § 1378 Abs. 1 BGB kann ermäßigt oder erhöht werden.
- Der Zugewinnausgleich kann nur für **einen** Ehegatten ausgeschlossen oder beschränkt werden, für den anderen Ehegatten aber unberührt bleiben.
- Beim Zugewinnausgleich nach der güterrechtlichen Lösung des § 1371 Abs. 2 BGB sind dieselben Modifizierungen zulässig wie beim Zugewinnausgleich bei Scheidung.
- Es kann ein **periodischer** Zugewinnausgleich vereinbart werden.
- **Nicht zulässig** sind die folgenden Vereinbarungen:[37]
  - Das **Zusatzviertel** bei der erbrechtlichen Lösung nach § 1371 Abs. 1 BGB kann **nicht erhöht** werden, wohl aber herabgesetzt werden.
  - Der Ausbildungsanspruch nach § 1371 Abs. 4 BGB kann nicht ausgeschlossen oder modifiziert werden.
  - Die drittschützende Vorschrift des § **1378 Abs. 2 BGB** kann **nicht ausgeschlossen** oder modifiziert werden, ebenso nicht § 1378 Abs. 3 S. 3 BGB.

45 Gemäß der Rechtsprechung des BGH zur richterlichen Inhaltskontrolle[38] besteht im Bereich des Güterrechts die **größte Vereinbarungsfreiheit** innerhalb des Scheidungsfolgenrechts (hierzu s. Teil 1 Rn 75, 157).

46 Eine **Wirksamkeitskontrolle** nach § 138 BGB kann sich jedoch dann auf die güterrechtliche Vereinbarung erstrecken, wenn der Ehevertrag unter Berücksichtigung der Vereinbarungen zum nachehelichen Unterhalt sittenwidrig ist.

47 Die modifizierte Zugewinngemeinschaft in Form von **Herausnahme von privilegiertem Vermögen** beseitigt einen Mangel des gesetzlichen Zugewinnausgleichs. Sie ist der richterlichen Inhaltskontrolle **weder** in der Form der **Wirksamkeitskontrolle** noch in der Form der **Ausübungskontrolle** zugänglich.[39]

---

37 Langenfeld, a.a.O., Rn 424 zu Kap. 4.
38 BGH FamRZ 2004, 601.
39 Langenfeld, a.a.O., Rn 1260 zu Kap. 8.

Wollen sich die Eheleute gegenseitig **beerben**, empfiehlt sich die modifizierte Zuge-   48
winngemeinschaft wegen der Möglichkeit des **erbschaftsteuerfreien Zugewinnausgleichs**. Wollen sich die Eheleute **nicht** gegenseitig beerben, so ist die **Gütertrennung**
zu wählen. Sie ist dann ggf. durch einen gegenseitigen Pflichtteilsverzicht zu ergänzen.

2. Muster s. Teil 2, § 1 Rn 72 ff

III. Veränderung der gesetzlichen Stichtage

1. Beratung

a) Tatsächliche Ausgangssituation

Eine **Vorverlegung des Stichtags für das Anfangsvermögen** ist dann sinnvoll, wenn Ver-   49
lobte z.B. mit dem Hausbau beginnen, bevor sei heiraten. In diesen Fällen soll regelmäßig das Anfangsvermögen **vor Beginn** der **Investitionen** bei der Zugewinnausgleichsberechnung berücksichtigt werden und nicht das Anfangsvermögen bei Eheschließung.

Wird der Stichtag nicht vorverlegt, so gilt nach der Rechtsprechung des BGH Folgen-   50
des:

Hat einer der Ehegatten **vor** Eheschließung und nach Übereignung einer Immobilie auf
den **anderen Ehegatten** in das Anwesen **eigenes Vermögen investiert**, so besteht ein sog.
„über den Zugewinnausgleich hinausgehender Ausgleichsanspruch".

Der BGH hat hierzu ausgeführt, dass kein Grund vorliege, die Ehefrau im vorliegenden
Fall schlechter zu stellen, als wenn sie die finanziellen Leistungen erst **nach** der Ehe-
schließung/nach der Eigentumsumschreibung erbracht hätte.[40]

aa) Folge

Das Hausgrundstück des Ehemannes wird in seinem **Anfangsvermögen/privilegierten**   51
Vermögen nur mit dem **geringeren Wert** angesetzt, den es im Zeitpunkt der Eheschlie-
ßung/Übergabe **ohne die vorehelichen** Leistungen von der Ehefrau gehabt hätte.[41]

bb) Ergebnis

Die Ehefrau erhält über den Zugewinnausgleich die **Hälfte** des von ihr insgesamt inves-   52
tierten Geldes.[42]

Beratungshinweis: 53

Aufwendungen eines Ehepartners in das Anwesen des anderen vor Eheschließung oder vor
Übergabe der Immobilie an den anderen Ehegatten sind **aus dem Anfangsvermögen/
privilegierten Vermögen** herauszurechnen.

---

40 Heiß, Das Mandat im Familienrecht, Rn 41 zu Teil 10; Heiß, in: Kroiß, FormularBibliothek Zivilprozess,
    2005, Familienrecht, Rn 1333 ff.
41 So auch OLG München, FamRZ 2003, 312, 313.
42 Heiß, Das Mandat im Familienrecht, Rn 43 zu Teil 10.

Die **Beweislast** für die getätigten Investitionen trägt der Ehepartner, der diese getätigt hat.

Hierzu hat das OLG München[43] entschieden, dass als privilegiertes Anfangsvermögen i.S.d. § 1374 Abs. 2 BGB nur der **Wert des Grundstücks ohne Baumaßnahmenwert** angesetzt wird, wenn sich **nicht mehr feststellen lässt**, ob die Investitionen des nicht beschenkten Ehegatten vor oder nach der Schenkung stattgefunden haben. Das OLG München hält es für unbillig, den Fall mit starren Stichtagsregelungen über die Beweislast zu lösen. Gegen das Urteil wurde **Revision** eingelegt. Der BGH hat das Urteil mit Entscheidung vom 7.9.2005 (Az. XII ZR 209/02) aufgehoben und zur erneuten Entscheidung an das OLG zurückverwiesen.

b) Rechtliche Ausgangssituation

54 Die zeitlichen Grenzen des Zugewinns können durch eine Verlegung der gesetzlich vorgegebenen Stichtage verändert werden. Diese Stichtage zur Berechnung des Anfangs- und Endvermögens sind **disponibel**.[44]

So kann z.B. der Stichtag auf den Trennungszeitpunkt vorverlegt werden.

Eine solche Vorverlegung des Stichtags hat i.d.R. den Sinn, Vermögensminderungen zwischen Trennung und Scheidungsantragseinreichung zu vermeiden.

55 In diesem Zusammenhang ist jedoch zu bedenken, dass die Vorschrift des § 1378 Abs. 2 BGB, wonach die Ausgleichsforderung auf das bei **Beendigung** des Güterstandes (also Rechtskraft der Scheidung) vorhandene Vermögen **begrenzt** ist, **nicht abbedungen** werden kann.

56 Gemäß § 1375 Abs. 2 BGB kann zwar bei Vermögensminderung zwischen Trennung und Scheidung, also Vermögensminderung vor dem Stichtag, eine fiktive Zurechnung erfolgen, wenn unentgeltliche Zuwendungen, Verschwendung, absichtliche Vermögensbenachteiligung u.a. vorliegt. **Trotz** dieser fiktiven Zurechnung kann jedoch die Situation eintreten, dass kein Zugewinnausgleichsanspruch gegeben ist aufgrund der Vorschrift des § 1378 Abs. 2 BGB, wonach die Ausgleichsforderung auf die **Höhe** des **Vermögens**, das bei **Beendigung** des Güterstandes noch vorhanden ist, **begrenzt** ist.[45]

57 § 1378 Abs. 2 BGB ist als Gläubigerschutzvorschrift **nicht disponibel**. Es bleibt nur die Möglichkeit, durch einen ehevertraglichen Güterstandswechsel den Güterstand der Zugewinngemeinschaft zu beenden.[46]

Münch[47] empfiehlt in diesen Fällen, daran zu denken, einen Antrag auf **vorzeitigen Zugewinnausgleich** zu stellen bzw. den Zugewinn nicht im Verbund einzuklagen.

---

43 FamRZ 2003, 312.
44 Haußleiter/Schulz, Kap. 1 Rn 57 m.w.N.
45 Heiß, Das Mandat im Familienrecht, Rn 63 f zu Teil 10.
46 Haußleiter/Schulz, Kap. 1 Rn 334.
47 Münch, a.a.O., Rn 574 zu Teil 2.

Hierzu ist jedoch Folgendes zu bedenken:

Bei der Klage auf vorzeitigen Zugewinnausgleich handelt es sich nicht um eine Auskunftsklage oder Zahlungsklage, sondern zunächst um eine **Gestaltungsklage** mit dem Klageantrag: „Der Zugewinn der Parteien wird vorzeitig ausgeglichen".

58

Erst nach **Rechtskraft** der Entscheidung über die Gestaltungsklage kann der weitere Antrag auf Auskunft und Zahlung erfolgen. Die Ausgleichsforderung entsteht mit **Beendigung des Güterstandes**, der mit **Rechtskraft** des **Gestaltungsurteils** eintritt.[48]

59

Wird der Zugewinn **nicht** im **Verbund** eingeklagt, so ist die voraussichtliche **Kostenentscheidung** des Gerichts zu berücksichtigen. Während im Falle der Klage im Verbund i.d.R. Kostenaufhebung erfolgt, richtet sich die Kostenentscheidung im Falle eines gesonderten Verfahrens nach Obsiegen und Unterliegen.

60

2. Muster: Trennung als Endvermögensstichtag[49]

61

10

> Die Vertragsteile sind sich darüber einig, dass anstatt der Rechtshängigkeit des Scheidungsantrags derjenige Zeitpunkt für die Berechnung des beiderseitigen Endvermögens maßgebend ist, zu dem ein Ehegatte dem anderen durch Schreiben eines Rechtsanwalts/durch Einschreibebrief mitteilt, dass er getrennt lebt.
>
> **Alternative:**[50] **Vorverlegung Stichtag Anfangsvermögen**
>
> Die Parteien sind sich darüber einig, dass für die Berechnung des Zugewinns nicht der Tag der Eheschließung, sondern der ■■■ Anfangstermin i.S.d. § 1374 Abs. 1 BGB ist.
>
> Dies soll sowohl dann gelten, wenn der Güterstand auf andere Weise als durch den Tod beendet wird, als auch – soweit gesetzlich zulässig – beim Ende des Güterstandes durch den Tod eines Ehegatten.
>
> Der Notar hat darüber belehrt, dass die Vorverlegung des Anfangstermins nur schuldrechtlich Bedeutung hat, der Güterstand der Zugewinngemeinschaft also dennoch erst bei Eheschließung beginnt.

IV. Festlegung des Anfangsvermögens

1. Beratung

a) Tatsächliche Ausgangssituation

Im Hinblick auf § 1377 Abs. 3 BGB empfiehlt es sich in jedem Fall, ein **Verzeichnis über das Anfangsvermögen** zu erstellen. Insbesondere bei lang dauernden Ehen ist es häufig nicht mehr möglich, das Anfangsvermögen nachzuweisen, da Unterlagen über Bausparverträge, Bankguthaben oder sonstigen Vermögenswerten nicht mehr vorhanden sind und auch seitens der Banken nicht mehr ermittelt werden können.

62

---

48 Heiß, Das Mandat im Familienrecht, Rn 214 zu Teil 10; Heiß, in: Kroiß, FormularBibliothek Zivilprozess, 2005, Familienrecht, Rn 1556 ff.
49 Münch, a.a.O., Rn 576 zu Teil 2.
50 Münch, a.a.O., Rn 691 zu Teil 3.

b) Rechtliche Ausgangssituation

63 Nach dem Gesetz wird **vermutet**, dass – soweit kein Verzeichnis des Anfangsvermögens vorhanden ist – das **Endvermögen** eines Ehegatten seinen **Zugewinn** darstellt, § 1377 Abs. 3 BGB.

64 Aus diesem Grunde sollte gem. § 1377 Abs. 1 BGB ein Vermögensverzeichnis bei Abschluss eines Ehevertrages erstellt werden, das sowohl die beiderseits vorhandenen Vermögenswerte als auch deren **Bewertung** enthält.

65 Die Erstellung eines Verzeichnisses über das Anfangsvermögen bzw. die Festlegung des Anfangsvermögens hat auch **steuerlich** eine nicht unerhebliche Bedeutung.
Wie in Teil 2, § 6 ausgeführt, gilt im Rahmen des § 5 Abs. 1 ErbStG für die steuerliche Feststellung des Zugewinns die Vermutung des § 1377 Abs. 3 BGB nicht, sondern es muss dem Finanzamt gegenüber nachgewiesen werden, in welcher Höhe Zugewinn vorliegt.
Im Zusammenhang mit der Festlegung des Anfangsvermögens kann auch dessen Bewertung vorgenommen werden.

66 **2. Muster: Bewertungsvereinbarung**[51]

Wir sind uns darüber einig, dass für Zwecke des Zugewinnausgleichs das Anfangsvermögen des Ehemannes i.S.d. § 1374 Abs. 1 BGB mit 50.000 Euro und das Anfangsvermögen der Ehefrau i.S.d. § 1374 Abs. 1 BGB mit 80.000 Euro zu bewerten ist.

Alternative 1: Vermögensverzeichnis[52]

Unser derzeitiges wesentliches Vermögen ist jeweils in einem dieser Urkunde als wesentlicher Bestandteil beigeschlossenen Vermögensverzeichnis näher aufgeführt. Die Anlage, auf die hiermit verwiesen wird, ist wesentlicher Bestandteil und damit Inhalt und Gegenstand dieser Urkunde. Sie wurden vom Notar mitverlesen. Das in dieser Anlage genannte Vermögen stellt abschließend unser Anfangsvermögen i.S.d. § 1374 Abs. 1 BGB dar.

Alternative 2: Vermögensverzeichnis und Festsetzung des Anfangsvermögens[53]

Das gegenwärtige Vermögen jedes Ehegatten ergibt sich aus dem anliegenden Vermögensverzeichnis, das von uns aufgestellt wurde und in dem jeder einzelne Gegenstand bewertet ist. Das Verzeichnis bildet eine verlesene Anlage dieses Ehevertrages, auf die verwiesen wird.

Hieraus ergibt sich für den Ehemann ein Anfangsvermögen von ■■■ Euro, für die Ehefrau ein Anfangsvermögen von ■■■ Euro. Entsprechend setzen wir hiermit das Anfangsvermögen für den Zugewinnausgleich endgültig und verbindlich fest. Auf spätere abweichende Bewertung der Gegenstände des jeweiligen Anfangsvermögens wird gegenseitig verzichtet.

---

51 Münch, a.a.O., Rn 593 zu Teil 2.
52 Münch, a.a.O., Rn 594 zu Teil 2.
53 Langenfeld, a.a.O., Rn 501 zu Kap. 4.

V. Negatives Anfangsvermögen

1. Beratung

a) Tatsächliche Ausgangssituation

Die Festlegung negativen Anfangsvermögens kommt dann in Betracht, wenn einer der   67
Ehegatten bei Eheschließung **verschuldet** ist, da in diesem Fall ohne die nachfolgend
empfohlene Vereinbarung während der Ehe die **Schulden** des einen Ehegatten **getilgt**
werden, während der andere Ehegatte z.b. **Vermögen** bildet und sodann bei Scheidung
der Ehe ausgleichspflichtig wäre, während der andere Ehegatte keinen Zugewinn erzielt
hat, weil er **nur Schulden getilgt** hat und **kein Vermögen gebildet** hat.

b) Rechtliche Ausgangssituation

Gemäß § 1374 Abs. 1 BGB kann das Anfangsvermögen nicht negativ sein. So besteht   68
die Möglichkeit, auf Kosten des anderen Ehepartners während der Ehe Schulden zu tilgen. Auch wenn später ein privilegierter Erwerb (Schenkung/Erbschaft) vorliegt, so ist
eine „Über-Kreuz-Rechnung" nicht zulässig, weil die Wertfestsetzungen für § 1374
Abs. 1 und § 1374 Abs. 2 BGB getrennt erfolgen müssen. Hat ein Ehegatte bei Eheschließung Schulden, so können diese **nicht** mit einem **späteren privilegierten Erwerb**
(Erbschaft/Schenkung) verrechnet werden.[54]

Bei Eheschließung mit einem verschuldeten Partner kann dies dazu führen, dass dieser   69
Schulden tilgt, die Ehefrau dagegen Vermögen bildet und aus diesem Vermögen ausgleichspflichtig ist.

Wird das Anfangsvermögen **negativ** festgesetzt, so wird die **Schuldentilgung** zum **Zuge-**   70
winn.

Wenn darüber hinaus zusätzlich noch bis zur Schuldenhöhe der **privilegierte** Erwerb als
Zugewinn definiert würde, dann wäre das negative Vermögen doppelt belastet. Die
ehevertragliche Umwandlung privilegierten Erwerbs als Zugewinn wäre nur dann angemessen, wenn das Anfangsvermögen trotz Schulden bei Null bleiben würde.[55]

2. Muster: Festlegung negativen Anfangsvermögens[56]   71

Wir sind uns darüber einig, dass für Zwecke des Zugewinnausgleichs das Anfangsvermögen der Ehefrau auf 100.000 Euro festgesetzt wird. Der Ehemann hat Verbindlichkeiten in Höhe von 50.000 Euro. Positives Vermögen hat er nicht. Daher wird sein Anfangsvermögen entgegen § 1374 Abs. 1 BGB auf Minus 50.000 Euro festgesetzt. Von diesem
Betrag aus berechnet sich sein Zugewinn. Ein solcher wird auch erzielt, wenn das Endvermögen negativ bleibt, das Minus jedoch geringer ist.

■■■ Vermögensverzeichnis ■■■

---

54 BGH FamRZ 1995, 990; Heiß, Das Mandat im Familienrecht, Rn 60 zu Teil 10; Heiß, in: Kroiß, Formu-
    larBibliothek Zivilprozess 2005, Familienrecht Rn 1359 zu § 7.
55 Münch, a.a.O., Rn 598 zu Teil 2.
56 Münch, a.a.O., Rn 599 zu Teil 2.

VI. Modifizierung des Berechnungs- und Bewertungsverfahrens, Festsetzung von Anfangsvermögen, Schulden, Ausschluss des Anfangsvermögens und Bewertung von Betriebsvermögen

1. Beratung

a) Tatsächliche Ausgangssituation

72 Häufig haben Parteien bereits **vor der Eheschließung** Anschaffungen getätigt oder bei Eheschließung Schulden gehabt, die möglicherweise bei der Zugewinnausgleichsberechnung nicht zu berücksichtigen wären.

73 Häufig (z.B. bei Vorhandensein eines Mietshauses) wird der Zugewinn in erster Linie aufgrund der Erträgnisse aus dem vorhandenen Immobilienvermögen erzielt. In diesen Fällen kann es der Interessenlage der Parteien entsprechen, die dadurch eintretende **Wertsteigerung** vom Zugewinnausgleich **auszunehmen.**

74 Vorhandene **Unternehmensbeteiligungen** und **Betriebe** werden mit dem **Verkehrswert** in die Zugewinnausgleichsberechnung eingestellt.

75 Maßgeblich für die Bewertung sind die Bilanzen der letzten 3 – 5 Kalenderjahre vor dem Stichtag.[57]

76 Die unterste Grenze der Wertermittlung liegt beim Liquidationswert, von dem jedoch nur ausgegangen werden kann, wenn der Betrieb aufgelöst werden muss.
Im Übrigen ist vom **Ertragswert** auszugehen. Es lässt sich nur der **Preis** erzielen, der dem Käufer eine **angemessene Verzinsung** des eingesetzten Kapitals garantiert.[58]
Bei der Wertermittlung muss der **fiktive Unternehmerlohn** in Abzug gebracht werden sowie die latenten **Ertragsteuern**, also die Steuern, die im Falle eines Verkaufs anfallen würden.[59]
Um zu vermeiden, dass aufgrund eines eventuell sehr hohen Verkehrswertes der Betrieb bzw. das Unternehmen in Gefahr gerät oder definitiv zerschlagen werden muss, kann eine andere Bewertungsmethode sinnvoll sein.

77 Eine Korrektur der Berechnung des Zugewinnausgleichs kann auch dann aus Gerechtigkeitsgründen sinnvoll sein, wenn z.B. – was häufig der Fall ist – die Ehegatten vor Eheschließung auf dem einen von ihnen gehörenden Grundstück gemeinsam ein Haus gebaut haben (hierzu s. Teil 2, § 1 Rn 49 ff)

b) Rechtliche Ausgangssituation

S.a. Teil 2, § 1 Rn 1 ff

aa) Berechnung des Zugewinnausgleichs

78 Zugewinn ist der Betrag, um den das Endvermögen (§ 1375 BGB) das Anfangsvermögen (§ 1374 BGB) übersteigt (§ 1378 BGB).

---

57 Haußleiter/Schulz, Rn 302 zu Kap. 1; Heiß, Das Mandat im Familienrecht, Rn 175 zu Teil 10; Heiß, in: Kroiß, FormularBibliothek Zivilprozess, 2005, Familienrecht Rn 1496 zu § 7.
58 Heiß, a.a.O.; Borth, FamRB 2002, 371, 372.
59 Heiß, a.a.O., Rn 177 zu Teil 10; Heiß, in: Kroiß, FormularBibliothek Zivilprozess 2005, Familienrecht Rn 1498 f.

bb) Bewertung des Anfangsvermögens

- Zunächst ist das Anfangsvermögen jedes Ehegatten per Stichtag Eheschließung zu ermitteln. 79
- Besteht keine Möglichkeit, das Anfangsvermögen zu beweisen und existiert auch hierzu keine Aufstellung, so ist dieses mit Null zu bewerten.
- Verbindlichkeiten bei Eheschließung sind abzuziehen.
- Sodann muss die Geldentwertung durch Indexierung hinzugerechnet werden.
- Ist kein **Anfangsvermögen** festzustellen, so ist dieses mit Null anzusetzen (§ 1377 Abs. 3 BGB).

cc) Privilegiertes Vermögen

Schenkungen, Erbschaften oder Ausstattungen, die während der Ehe erfolgt sind, gelten als Anfangsvermögen (§ 1374 Abs. 2 BGB). 80
Auch hier ist die Indexierung zu beachten.

dd) Endvermögen

Es ist der Vermögensstatus per Stichtag Zustellung Scheidungsantrag festzustellen und zwar sowohl Aktivvermögen als auch Passivvermögen. Wurden in **Benachteiligungs-absicht** Vermögenswerte verschenkt oder verschwendet, so sind diese fiktiv dem End-vermögen zuzurechnen (§ 1375 Abs. 2 BGB), wenn die Schenkungen oder Verschwen-dungen nicht mindestens 10 Jahre zurückliegen. 81
Bei längerer Trennungszeit kann es sinnvoll sein, den **Stichtag** für die Bewertung des Endvermögens vorzuverlegen, so z.B .auf den Zeitpunkt der Trennung.

ee) Hausrat

Nicht dem Zugewinnausgleich unterliegt der Hausrat.[60] Hausrat, der **beiden** Eheleuten gehört, wird nach der Hausratsverordnung verteilt, § 8 Abs. 1 HausratsVO, und unter-liegt daher **nicht dem Zugewinnausgleich**.[61] 82
Gehört ein Hausratsgegenstand – z.B. ein Pkw – **einem Ehegatten alleine**, und zwar un-streitig, so fällt er in den Zugewinnausgleich.[62]

ff) Versorgungsausgleich

Vermögenswerte, die dem **Versorgungsausgleich** unterliegen, unterliegen nicht dem Zu-gewinnausgleich. 83

---

60 BGH NJW 1984, 484.
61 BGH FamRZ 1984, 144; Heiß, Das Mandat im Familienrecht, Rn 123 zu Teil 10; Heiß, in: Kroiß, Formu-larBibliothek Zivilprozess, 2005, Familienrecht Rn 1433.
62 Heiß, a.a.O.

84 **2. Muster: Modifizierung des Berechnungs- und Bewertungsverfahrens; Anfangsvermögen, Betriebsvermögen**

13

Alternative 1: Festsetzung des Anfangsvermögens

Das Anfangsvermögen des Ehemannes wird mit Euro ▬▬▬, das Anfangsvermögen der Ehefrau mit Euro ▬▬▬ festgesetzt.[63]

Alternative 2: Schulden im Anfangsvermögen

Der Ehemann hat Schulden in Höhe von Euro ▬▬▬. Sein Anfangsvermögen wird deshalb mit **Minus** ▬▬▬ festgesetzt. Die Ehefrau hat kein Anfangsvermögen.[64]

Alternative 3: Ausschluss des Anfangsvermögens[65]

Das Anfangsvermögen des A besteht im Wesentlichen aus dem Mietshaus ▬▬▬ in ▬▬▬. Bei Berechnung eines Zugewinnausgleichs bei Beendigung der Ehe aus anderen Gründen als durch Tod eines Ehegatten gilt Folgendes:

Wertsteigerungen sowie Erträge des Anfangsvermögens fallen nicht in den Zugewinn.

Sie können, ohne dass Ausgleichsansprüche entstehen, auf das Anfangsvermögen, insbesondere das Mietshaus des ▬▬▬ verwendet werden. **Verwendungen** aus dem **sonstigen Vermögen** eines der Ehegatten werden mit ihrem Wert zum Zeitpunkt der Verwendung zuzüglich eines Inflationsausgleiches dem Endvermögen des aufwendenden Ehegatten hinzugerechnet. Sie unterliegen dem Ausgleich, und zwar auch insoweit, als das Anfangsvermögen für den Ausgleich angegriffen werden müsste. Ersatzgegenstände, die aus den Erträgen des Anfangsvermögens angeschafft wurden, bleiben bei der Berechnung des Endvermögens unberücksichtigt. Insoweit ist jeder Ehegatte nachweispflichtig.

Der ausgleichspflichtige Ehegatte muss in keinem Fall einen höheren Zugewinnausgleich zahlen als bei Anwendung der gesetzlichen Bestimmungen.

85 **Beratungshinweis:**

Es ist zu beachten, dass die Verwendungen aus dem sonstigen Vermögen eines der Ehegatten **bewiesen** werden müssen, sodass also sowohl die Höhe als auch der Geldfluss (aus sonstigem Vermögen) nachzuweisen ist. Die Begrenzung auf die Höhe des Zugewinnausgleichs nach den gesetzlichen Bestimmungen ist deshalb empfehlenswert, da andernfalls durch die Hinzurechnung der Verwendungen aus sonstigem Vermögen ein höherer Zugewinnausgleichsanspruch entstehen könnte, als dieser nach dem Gesetz geschuldet ist. Dies aber ist mit der vorstehenden Vereinbarung gerade nicht gewünscht!

Alternative 4: Bewertung von Betriebsvermögen (Unternehmensbeteiligung)

Bezüglich der Beteiligung des ▬▬▬ an der ▬▬▬ wird der Wert des Anteils bei Bemessung des Endvermögens nach jenen Bestimmungen ermittelt, die der jeweils gültige **Gesellschaftsvertrag** für die **Abfindung** eines durch die Kündigung ausscheidenden Gesellschafters vorsieht.

---

63 Zimmermann/Dorsel, Eheverträge, Scheidungs- u. Unterhaltsvereinbarungen, Rn 44 zu § 7.
64 Zimmermann/Dorsel, a.a.O., Rn 47 zu § 7.
65 Zimmermann/Dorsel, a.a.O., Rn 52 zu § 7.

An Stelle einer im Gesellschaftsvertrag vorgesehenen Abschichtungsbilanz tritt das Gutachten eines Sachverständigen, der vom Präsidenten der Industrie- und Handelskammer ■■■ bestellt werden soll. Der Wert der Beteiligung für das Anfangsvermögen wird verbindlich auf ■■■ Euro festgelegt.[66]

Beratungshinweis: 86

Zunächst gelten nach der Rechtsprechung die Grundsätze zur **Unternehmensbewertung**. Wenn Beteiligungen **unveräußerlich** sind oder wenn laut Gesellschaftsvertrag bei Ausscheiden eines Gesellschafters ein Abfindungsanspruch **ausgeschlossen** ist oder z.B. auf den „Buchwert" beschränkt ist, ist gleichwohl auf den „wirklichen Wert des lebenden Unternehmens einschließlich der stillen Reserven und des good will" abzustellen.[67]
Der Wert der Beteiligung wird durch die **Nutzungsmöglichkeit** bestimmt. Der Firmenanteil kann frei genutzt werden.[68]
Auf den im Vertrag festgelegten **Abfindungswert** kommt es in folgenden Fällen an:
- Wenn die Beteiligung am Stichtag **gekündigt** war.[69]
- Wenn die Kündigung **erforderlich** wird, um den Zugewinnausgleich bezahlen zu können.
- Wenn die **laufenden** Einkünfte aus der **Gewinnbeteiligung** als **unterhaltsrechtlich** relevantes Einkommen zu berücksichtigen sind.[70]

Aus den vorstehenden Gründen empfiehlt sich eine Klarstellung bezüglich der Bewertung einer Unternehmensbeteiligung.

VII. Ausschluss von Wertsteigerungen des Anfangsvermögens

1. Beratung

a) Tatsächliche Ausgangssituation

In der Praxis werden häufig Vereinbarungen getroffen, wonach sowohl das Anfangsvermögen als auch der privilegierte Erwerb aus dem Zugewinn herausgenommen wird. Oft wird es von den Ehepartnern als ungerecht empfunden, dass eine Beteiligung an Wertsteigerungen von ererbtem Vermögen oder Vermögen, das bereits bei Eheschließung vorhanden war, erfolgen soll. 87

Beratungshinweis: 88

Zu bedenken ist jedoch immer auch der Fall, dass Anfangsvermögen oder privilegiertes Vermögen auch zu einer **Verminderung** des Zugewinnausgleichsanspruchs führen kann, und zwar z.B. aufgrund einer hohen **Indexierung** (aufgrund langer Ehedauer) oder aber wegen **Veräußerung** von privilegiertem Vermögen oder aus sonstigen Gründen eingetretener **Wertverluste** bezüglich Anfangsvermögen, Schenkungen oder Erbschaften.

---

66 Zimmermann/Dorsel, a.a.O., Rn 55 zu § 7.
67 BGH FamRZ 1980, 37, 38; FamRZ 1999, 361; Heiß, Das Mandat im Familienrecht, Rn 178 Teil 10.
68 BGH FamRZ 1986, 1196; Heiß, a.a.O.
69 BGH FamRZ 1980, 37, 38.
70 BGH FamRZ 2003, 432, 433; Heiß, Das Mandat im Familienrecht, Rn 178 Teil 10.

b) Rechtliche Ausgangssituation

89 Erfolgt keine vertragliche Regelung, unterliegen Vermögenswerte des Anfangsvermögens und privilegiertes Vermögen dem Zugewinn und zwar in Höhe der – nach Berücksichtigung der **Indexierung** – eingetretenen **Wertsteigerung** oder aber auch Wertminderung.

90 **2. Muster:**[71] **Ausschluss von Wertsteigerungen des Anfangsvermögens**

14

> ▪▪▪ den gesetzlichen Güterstand der Zugewinngemeinschaft wollen wir für unsere künftige Ehe ausdrücklich aufrechterhalten, ihn allerdings wie folgt modifizieren:
>
> Sämtliche Vermögenswerte, die ein jeder Ehegatte in der Vergangenheit oder zukünftig von Todes wegen oder mit Rücksicht auf ein künftiges Erbrecht, durch Schenkung oder als Ausstattung erwirbt, sollen beim Zugewinnausgleich bei Beendigung der Ehe aus anderen Gründen als durch den Tod eines Ehegatten (Alternative: ▪▪▪ Lebzeiten oder im Fall des Todes eines Ehegatten ▪▪▪) in keiner Weise berücksichtigt werden. Soweit solche Vermögenswerte bisher auf diese Weise erworben wurden, sind sie in der Anlage 1 zu dieser Urkunde niedergelegt.
>
> Gleiches gilt für die in der Anlage 2 aufgeführten Vermögensgegenstände des Anfangsvermögens eines jeden Ehegatten nach § 1374 Abs. 1 BGB.
>
> Solche Vermögenswerte sollen also weder bei der Berechnung des Anfangsvermögens noch bei der Berechnung des Endvermögens des entsprechenden Ehegatten berücksichtigt werden und zwar **auch dann nicht**, wenn sich ein **negativer Betrag** ergibt. Dies gilt insbesondere für Wertsteigerungen oder Verluste dieses Vermögens.
>
> Für dieses Vermögen sollen die güterrechtlichen Verfügungsbeschränkungen nicht gelten.

Zu den Regelungen für Erträge/Verbindlichkeiten/Surrogate/Verwendungen etc. siehe auch Teil 2, § 1 Rn 103).

91 Dient privilegiertes Vermögen nicht der gemeinsamen Lebensführung, so wird für die Erträge ein **Sonderkonto** errichtet, mit dem der Inhaber Verwendungen auf das privilegierte Vermögen, wozu auch **Schuldentilgungen** gehören, vornehmen kann. Guthaben und Verbindlichkeiten dieses Kontos sind gleichfalls vom Zugewinn ausgenommen. **Verwendungen** hierauf aus dem nicht privilegierten Vermögen sind jedoch ausgleichspflichtig und zu dokumentieren.

Dient dagegen das privilegierte Vermögen der gemeinsamen Lebensführung, so können Verwendungen bis zur Grenze des § 1375 Abs. 2 BGB auch aus nicht privilegiertem Vermögen erfolgen.

---

71 Münch, Ehebezogene Rechtsgeschäfte, Rn 569 zu Teil 2.

Beratungshinweis:

Zu der Notwendigkeit der Regelung von Verbindlichkeiten, Erträgen, Ersatzgegenständen sowie Verwendungen und zur Klarstellung betreffend Schuldenrückzahlungen, die auf Vermögen erfolgen, das vom Zugewinnausgleich ausgenommen ist, s. nachfolgend VIII. Die Grenze des § 1375 Abs. 2 BGB ist die der fiktiven Hinzurechnung von Vermögensminderungen zum Endvermögen bei unentgeltlichen Zuwendungen an Dritte, Vermögensverschwendung oder in Benachteiligungsabsicht vorgenommener Handlungen zur Verminderung des Endvermögens.

92

VIII. Herausnahme von Anfangsvermögen und privilegiertem Erwerb aus dem Zugewinnausgleich

1. Beratung

a) Tatsächliche Ausgangssituation

Häufig wird der Ausgleich von Wertsteigerungen von Anfangsvermögen und privilegiertem Vermögen als ungerecht empfunden, da diese Vermögenswerte nicht gemeinsam erwirtschaftet wurden, was aber dann nicht gilt, wenn eine Wertsteigerung von Vermögenswerten, z.B. in Form von Immobilien, vorliegt, die dadurch entstanden ist, dass die Parteien während der Ehe Aufwendungen in Ausbau, Umbau u.a. bereits bei Eheschließung vorhandener Vermögenswerte vorgenommen haben.

93

b) Rechtliche Ausgangssituation

aa) Bezeichnung der Vermögensgegenstände

Die Gegenstände, die aus der Berechnung des Zugewinnausgleichs herausgenommen werden, müssen **zweifelsfrei bezeichnet** werden.

94

Dies kann bezüglich des Anfangsvermögens durch ein beigefügtes **Vermögensverzeichnis** geschehen. Beim **privilegierten Erwerb** genügt der Bezug auf § 1374 Abs. 2 BGB.[72]

95

bb) Verbindlichkeiten

Bezüglich der auf herausgenommenes Vermögen bestehenden **Verbindlichkeiten** ist klarzustellen, dass auch diese vom Zugewinnausgleich ausgenommen sind, da sie sonst das übrige ausgleichspflichtige Vermögen **verringern würden**.

96

cc) Erträge

Einer Regelung bedarf auch, ob etwaige **Erträge** (z.B. Mietzinsen) aus dem Zugewinnausgleich herausgenommen werden sollen, so z.B. deshalb, weil sie dazu benötigt werden, die Unterhaltungskosten und Lasten einer Immobilie zu finanzieren.

97

---

72 Langenfeld, Handbuch der Eheverträge und Scheidungsvereinbarungen, Rn 443 zu Kap. 4.

98 **Beratungshinweis:**

Werden Erträge aus dem Zugewinnausgleich ausgenommen, so empfiehlt es sich aus **Beweisgründen**, diese Erträge (z.B. Mietzinsen) auf ein gesondertes Konto zu überweisen.

dd) Ersatzgegenstände, Surrogate

99 In jedem Fall sollte in die Vereinbarung aufgenommen werden, dass sich die Herausnahme auch auf **Ersatzgegenstände** erstreckt, so z.B. wenn der herausgenommene Gegenstand verkauft und stattdessen ein anderer Vermögenswert angeschafft wurde. Vereinbart werden sollte, dass auch **Surrogate** der gegenständlich aus dem Zugewinnausgleich herausgenommenen Vermögensteile bei der Berechnung des Endvermögens nicht berücksichtigt werden sollen.[73]

100 Nach *Langenfeld*[74] kann die nötige Klarheit nur durch die Verpflichtung geschaffen werden, diese Ersatzgegenstände in der Form des § **1410 BGB**, also zu **notarieller** Urkunde zu verzeichnen. Unterbleibt diese Verzeichnung, so sollte zur Klarstellung festgehalten werden, dass ein im Endvermögen nicht mehr vorhandener, ehevertraglich aus dem Zugewinnausgleich ausgenommener Gegenstand nach § 1374 Abs. 2 BGB zu behandeln, also dem Anfangsvermögen hinzuzurechnen ist. Die Form des § 1410 BGB sollte vereinbart werden, damit angesichts der strengen Rechtsprechung zur Formbedürftigkeit von Ehevertragsänderungen[75] kein Unwirksamkeitsrisiko eingegangen wird.[76]

ee) Verwendungen; Schuldenrückzahlungen

101 Bei **Verwendungen** auf einen aus dem Zugewinnausgleich **herausgenommenen Gegenstand** sollte vereinbart werden, dass diese sowohl dann, wenn sie seitens des Eigentümerehegatten als auch wenn sie seitens des anderen Ehegatten erbracht werden und nicht aus den Erträgen des Gegenstandes bestritten werden, an den Nicht-Eigentümer-Ehegatten bei Scheidung in Höhe der **Hälfte** des **Wertes** der Verwendungen auszuzahlen sind, und zwar unabhängig davon, ob bei Beendigung des Güterstandes noch eine entsprechende Wertsteigerung vorhanden ist.[77]

102 Im Hinblick darauf, dass umstritten ist, ob der Begriff Verwendungen auch **Schuldenrückzahlungen** zur Finanzierung des Vermögenswertes mitumfasst, sollte klargestellt werden, dass Verwendungen in diesem Sinn auch die Schuldenrückzahlungen sind, zumindest soweit sie die **Tilgung** betreffen, ggf. aber auch Zinszahlungen.

---

73 Langenfeld, a.a.O., Rn 448 zu Kap. 4.
74 Langenfeld, a.a.O.
75 Vgl. OLG Frankfurt, DNotZ 2004, 939.
76 Langenfeld, a.a.O., Rn 448 zu Kap. 4.
77 Langenfeld, a.a.O., Rn 450 zu Kap. 4.

2. Muster:[78] Herausnahme von Anfangsvermögen und privilegiertem Erwerb aus dem Zugewinnausgleich

Hinsichtlich des ehelichen Güterrechts soll es grundsätzlich beim gesetzlichen Güterstand verbleiben. Jedoch sollen die im anliegenden Verzeichnis, das verlesen wurde und auf das verwiesen wird, aufgeführten Gegenstände des Anfangsvermögens jedes Ehegatten beim Zugewinnausgleich bei Beendigung der Ehe aus anderen Gründen als dem Tod eines Ehegatten in keiner Weise berücksichtigt werden. Sie sollen deshalb **weder** zur Berechnung des **Anfangsvermögens noch** des **Endvermögens** dieses Ehegatten hinzugezogen werden. Dasselbe gilt für **zukünftigen** privilegierten Erwerb jedes Ehegatten i.S.v. § 1374 Abs. 2 BGB, also für Erwerb von Todes wegen oder mit Rücksicht auf ein künftiges Erbrecht, durch Schenkung oder Ausstattung. **Auch** die diese Gegenstände betreffenden **Verbindlichkeiten**, etwa Grundpfanddarlehen bei Grundstücken, sollen im Zugewinnausgleich keine Berücksichtigung finden.

Auch **Surrogate**, also Ersatzgegenstände, für einen aus dem Vermögen des jeweiligen Ehegatten ausscheidenden, aus dem Zugewinnausgleich ausgenommenen Gegenstand, sollen in obiger Weise aus dem Zugewinnausgleich ausgenommen sein. Sie werden also bei der Berechnung des **Endvermögens** nicht berücksichtigt. Die Ehegatten verpflichten sich, diese Ersatzgegenstände zu notarieller Beurkundung zu verzeichnen. Unterbleibt diese **Verzeichnung**, so ist ein im Endvermögen gegenständlich nicht mehr vorhandener in obiger Weise aus dem Zugewinnausgleich ausgenommener Gegenstand nach § 1374 Abs. 2 BGB zu behandeln, also mit seinem Wert bei Eingehung der Ehe oder bei späterem Erwerb dem Anfangsvermögen hinzuzurechnen.

Erträge der aus dem Zugewinnausgleich herausgenommenen Gegenstände, also etwa die Mietzinsen eines vermieteten Hausgrundstücks, sind ebenfalls aus dem Zugewinnausgleich ausgenommen, soweit sie gesondert, also etwa auf einem besonderen Mietzinskonto, angelegt sind. Unberührt bleibt eine etwaige Verpflichtung zum Familienunterhalt aus diesen Erträgen.

Verwendet der Eigentümer des aus dem Zugewinnausgleich ausgenommenen Gegenstandes ausgleichspflichtiges Vermögen auf diesen Gegenstand, so hat er bei Beendigung des Güterstandes unter Lebenden dem anderen Ehegatten die **Hälfte** des Wertes dieser **Verwendungen** in Geld auszuzahlen, und zwar unabhängig davon, ob eine Wertsteigerung vorhanden ist. Bei Verwendungen des anderen Ehegatten auf den Gegenstand ist diesem entsprechend die Hälfte des Wertes dieser Verwendung zurückzuzahlen. Diese Beträge sind ab dem Zeitpunkt der Verwendung bis zum Zeitpunkt der Zahlung mit dem gesetzlichen Zinssatz zu verzinsen.

Verwendungen in diesem Sinn sind Vermögensaufwendungen zur Erhaltung, Wiederherstellung und Verbesserung der vom Zugewinnausgleich ausgenommenen Vermögensgegenstände einschließlich der **Tilgung** von auf diesen Gegenständen lastenden **Schulden**. Zur Erfüllung eines etwaigen Zugewinnausgleichsanspruchs des anderen Ehegatten ist erforderlichenfalls auch privilegiertes Vermögen heranzuziehen.

Alternative: Modifizierung des Güterstandes der Zugewinngemeinschaft

Vorbemerkung:

Wir sind verlobt und wollen in Kürze heiraten.

Einen Ehevertrag haben wir für unsere Ehe noch nicht geschlossen.

Ich, Frau ■■■ bin deutsche Staatsangehörige. Ich, Herr ■■■ besitze die Staatsangehörigkeit ■■■.

---

78 Langenfeld, a.a.O., Rn 452 zu Kap. 4.

> Da wir unseren gewöhnlichen Aufenthalt in der Bundesrepublik Deutschland haben und auch bei unserer beabsichtigten Eheschließung haben werden, ist für die güterrechtlichen Wirkungen unserer zukünftigen Ehe das Recht der Bundesrepublik Deutschland maßgebend. Rein vorsorglich wählen wir hiermit gem. Art. 15 Abs. 2 EGBGB für die güterrechtlichen Wirkungen unserer Ehe das Recht der Bundesrepublik Deutschland.
>
> **Modifizierung des Güterstandes der Zugewinngemeinschaft**
>
> Für unsere zukünftige Ehe soll grundsätzlich der gesetzliche Güterstand der Zugewinngemeinschaft nach den Bestimmungen des Bürgerlichen Gesetzbuches der Bundesrepublik Deutschland maßgebend sein.
>
> In Abweichung hiervon vereinbaren wir für den Fall, dass unsere Ehe auf andere Weise als durch den Tod eines von uns beendet, insbesondere unsere Ehe geschieden wird, dass bezüglich des beiderseitigen Anfangsvermögens bei unserer Eheschließung und des Vermögens, das gem. § 1374 Abs. 2 BGB dem Anfangsvermögen hinzuzurechnen ist, ein Zugewinnausgleich nicht stattfindet; dieses Vermögen und eventuelle Wertsteigerungen dieses Vermögens einschließlich Surrogate für dieses Vermögen sind also vom Zugewinnausgleich ausgeschlossen.
>
> Der vorstehend vereinbarte teilweise Ausschluss des Zugewinnausgleichs gilt auch für den vorzeitigen Zugewinnausgleich bei Getrenntleben.

IX. Vereinbarung zu Erwerbsrecht und Darlehen im Hinblick auf Verwendung von Anfangsvermögen

1. Beratung

a) Tatsächliche Ausgangssituation

104   Erfolgt der Erwerb einer Immobilie zu hälftigem Miteigentum, trotz überwiegender Finanzierung durch einen Ehegatten, so sollten für den Scheidungsfall **Rückforderungs- oder Erwerbsrechte** vereinbart werden. Gleiches gilt für die Zuwendung eines Miteigentumsanteils am **ererbten** oder im Wege vorweggenommener Erbfolge erworbenen Grundstück, wenn dieses gemeinsam bebaut, renoviert oder auch nur unterhalten werden soll sowie in allen Fällen der Verwendung von Anfangsvermögen auf das Familieneigenheim.

b) Rechtliche Ausgangssituation

105   Wenn der **Nichteigentümer** eigenes **Anfangsvermögen** auf das Objekt verwendet, empfiehlt sich der Abschluss eines Darlehensvertrages mit Darlehensfälligkeit bei Scheidung, da sonst im Zugewinnausgleich mindestens die Hälfte der Zuwendung verloren geht.[79]

106   Finanziert der **andere** Ehegatte den **Erwerb** des **Eigentümerehegatten** aus **Anfangsvermögen,** bewahrt ihn ein entsprechendes vereinbartes **Erwerbsrecht** vor dem mindestens **hälftigen Verlust** dieses Anfangsvermögens im Zugewinnausgleich.[80]

---

79   Langenfeld, Handbuch der Eheverträge und Scheidungsvereinbarungen, Rn 170 zu Kap. 2.
80   Langenfeld, a.a.O., Rn 171 zu Kap. 2.

2. Muster:[81] Erwerbsrecht

Der Erwerb des ■■■ wurde vom Ehegatten des Erwerbers aus Vermögen finanziert, das nach § 1374 BGB nicht dem Zugewinnausgleich unterliegt. Der Ehegatte hat deshalb das Recht, bei Scheidung der Ehe die Übereignung des Objekts zu seinem Alleineigentum verlangen zu können. In seinem Anfangsvermögen ist das Objekt dann mit ■■■ Euro, berichtigt um die Geldwertveränderung, anzusetzen. Etwaige auf dem Objekt abgesicherte, für den Erwerb oder die Erhaltung des Objekts verwendete Grundpfanddarlehen, sind vom Erwerber zur Alleinschuld zu übernehmen und sind dann von seinem Endvermögen abzuziehen.

Alternative: Darlehen

■■■ Kaufvertrag (durch beide Ehegatten zu gleichen Miteigentumsanteilen) ■■■

Miteigentümervereinbarung:

Die Eheleute Frau ■■■ und Herr ■■■ erklären, dass von dem in Abschnitt ■■■ vereinbarten Kaufpreis von ■■■ Euro der Ehemann einen Betrag in Höhe von Euro ■■■ (2/3) und die Ehefrau einen Betrag in Höhe von Euro ■■■ (1/3) aufbringen.

Nachdem das Eigentum an dem Vertragsbesitz von den Ehegatten ■■■ zu gleichen Teilen erworben wird, erbringt der Ehemann zu Gunsten seiner Ehefrau einen Mehrbetrag in Höhe von Euro ■■■.

Dieser Betrag gilt der Ehefrau als vom Ehemann **geliehen**.

Sofern einer der Ehegatten für das Vertragsobjekt künftig **Aufwendungen** erbringt, sollen diese zur **Hälfte** ebenfalls dem anderen Ehegatten als geliehen gelten.

Die geliehenen Beträge sind jeweils zinslos gestundet und bei einem etwaigen Verkauf oder bei einer Aufhebung der Eigentümergemeinschaft im Falle einer Scheidung der Ehe vorweg auszugleichen.

X. Zugewinnausgleich, Einbeziehung vorehelicher Vermögensbildung, Hausbau vor Eheschließung

1. Beratung

a) Tatsächliche Ausgangssituation

Häufig haben die Parteien bereits vor der Eheschließung längere Zeit zusammengelebt und in dieser Zeit Vermögen gebildet. In diesem Fall empfiehlt es sich, entweder den **Zeitpunkt** für die Bestimmung des **Anfangsvermögens vorzuverlegen** auf den Beginn des Zusammenlebens. Einfacher ist es jedoch, das tatsächlich vorhandene Anfangsvermögen niedriger zu bewerten, um die Differenz zwischen der festgesetzten Wertzahl und dem wirklichen Wert in den Zugewinnausgleich einzubringen.[82]

---

81 Langenfeld, a.a.O., Rn 172 zu Kap. 2.
82 Langenfeld, a.a.O., Rn 503 zu Kap. 4.

b) Rechtliche Ausgangssituation

109 Zu beachten ist jedoch bei solchen Vereinbarungen, dass das **bereinigte Anfangsvermögen** beziffert wird, also etwaige zum Hausbau aufgenommene Schulden in Abzug gebracht werden.

110 Würde keine Vereinbarung des nachfolgenden Inhalts geschlossen, so müsste die Ehefrau sämtliche Investitionen, die sie vor Eheschließung getätigt hat, beweisen, wobei fraglich ist, ob hier nicht die Entscheidung des OLG München[83] analog anzuwenden ist, wonach als **privilegiertes Anfangsvermögen** i.S.d. § 1374 Abs. 2 BGB nur der **Wert des Grundstücks ohne Baumaßnahmen** angesetzt wird, wenn sich **nicht** mehr **feststellen** lässt, ob die Investitionen des nicht beschenkten Ehegatten vor oder nach der Schenkung stattgefunden haben. Das OLG München hält es für unbillig, den Fall mit starren Stichtagsregelungen über die Beweislast zu lösen. Gegen das Urteil wurde Revision eingelegt (im Einzelnen zu dem über den Zugewinnausgleich hinausgehenden Ausgleichsanspruch s.o. Teil 2, § 1 Rn 49 ff).

111 Der BGH hat mit Urteil vom 7.9.2005 (Az. XII ZR 209/02) das Urteil des OLG München aufgehoben und zur erneuten Entscheidung an das OLG zurückverwiesen mit der Begründung, dass sowohl im Anfangs- als auch im Endvermögen eine **Leibrentenverpflichtung**, die der Beschenkte übernommen hat, **wertmindernd zu berücksichtigen ist**.

112 2. Muster:[84] Einbeziehung vorehelicher Vermögensbildung

17

> Die Ehefrau hat kein Anfangsvermögen. Der Ehemann ist Eigentümer des Hauses (Beschrieb nach Grundbuch), das einen Wert von 300.000 Euro hat. Den Bauplatz von 100.000 Euro hat er von seinen Eltern im Wege der vorweggenommenen Erbfolge erworben. Die Eheleute wollen den Wert des während ihres nichtehelichen Zusammenlebens errichteten Wohnhauses von 200.000 Euro in einen etwaigen Zugewinn bei Beendigung des Güterstandes einbeziehen. Sie vereinbaren deshalb, dass das Anfangsvermögen des Ehemannes i.S.v. § 1374 Abs. 1 BGB 100.000 Euro beträgt.

XI. Modifizierte Zugewinngemeinschaft; Herausnahme von Unternehmen aus dem Zugewinnausgleich

1. Beratung

a) Tatsächliche Ausgangssituation

113 Jede Form eines vorhandenen Unternehmens, eines Betriebes oder einer Praxis stellt die Grundlage für die Finanzierung der Lebenshaltungskosten und damit für den **Lebensunterhalt** der Familie dar. Eine **Zerschlagung** eines Unternehmens im Rahmen der Zugewinnausgleichsauseinandersetzung kann damit i.d.R. nicht im Interesse **beider** Parteien sein.

---

83 FamRZ 2003, 312.
84 Langenfeld, Handbuch der Eheverträge und Scheidungsvereinbarungen, Rn 504 zu Kap. 4.

Muss anlässlich eines Zugewinnausgleichsverfahrens der hälftige Unternehmenswert   114
an den anderen Ehegatten ausbezahlt werden, so bedeutet dies häufig das Ende der unternehmerischen Tätigkeit und somit auch das Ende gehobener Einkommensverhältnisse der Parteien.

Abgesehen von den – in der Regel – außergewöhnlich hohen Kosten, die mit einer Betriebsbewertung durch einen Sachverständigen verbunden sind, dürfte auch der **Erhalt**   115
der Einkommensquelle zur Finanzierung des Unterhalts Anlass geben, Unternehmen aus dem Zugewinnausgleich auszunehmen.

b) Rechtliche Ausgangssituation

aa) Entwicklungen im „Firmenleben"

Wird ein bestimmtes Unternehmen oder eine Praxis aus dem Zugewinnausgleich ausgenommen, so muss auch an folgende **Entwicklungen im „Firmenleben"** gedacht werden:[85]   116

- Der Unternehmer nimmt **weitere Teilhaber** auf und aus dem Einzelunternehmen wird eine Personengesellschaft.
- Die bestehende Unternehmensform ist steuerlich nicht mehr interessant und das Unternehmen muss **umgewandelt** werden.
- Das Unternehmen wächst und wird durch Gründung von Tochterfirmen usw. zu einer **Unternehmensgruppe**.
- Das Unternehmen schließt sich mit anderen Unternehmen zusammen.
- Der Unternehmer nutzt die steuerlichen Möglichkeiten einer **Betriebsaufspaltung** und gliedert Vermögen aus dem bezeichneten Unternehmen aus.
- Der Unternehmer hat **Sonderbetriebsvermögen**, welches er der Personengesellschaft überlässt (dieses wird damit zum Betriebsvermögen, § 3 Abs. 2 EStR) oder Vermögen, das an eine von ihm beherrschte Kapitalgesellschaft langfristig überlassen wird, dadurch aber steuerlich nicht Betriebsvermögen wird.

Die Regelung muss also dahingehend getroffen werden, dass sie erweiternd auch für   117
diese genannten Fälle oder für sonstige denkbare Änderungen gilt.

bb) Betriebsvermögen

Auch der Verwendung des **steuerlichen** Begriffes „Betriebsvermögen" birgt erhebliche   118
Probleme in sich.[86] Das Steuerrecht erlaubt die Überführung von Vermögensgütern aus Privatvermögen in Betriebsvermögen in weitem Umfang. Dies kann etwa durch die Bildung von gewillkürtem Betriebsvermögen geschehen, aber auch durch Entnahmen oder Einlagen. Auch kann der Unternehmer ein hohes **Verrechnungskonto** aufbauen.

Der Phantasie im Hinblick auf Gestaltung zur Erzeugung von Betriebsvermögen sind   119
kaum Grenzen gesetzt.[87] Es gibt verschiedene Ansätze, solchen **Manipulationsgefahren** zu begegnen, ohne dass diese die beschriebenen Konflikte vollständig lösen können. So

---

85 Münch, Ehebezogene Rechtsgeschäfte, Rn 530 zu Teil 2.
86 Im Einzelnen hierzu s. Münch, a.a.O., Rn 533 ff.
87 Münch, a.a.O., Rn 539 f.

kann z.B. vereinbart werden, dass ein **Transfer** von Privatvermögen in das Betriebsvermögen, der in den letzten beiden Jahren vor Rechtshängigkeit des Scheidungsantrags stattgefunden hat, dem ausgleichspflichtigen **Endvermögen** des Unternehmers wieder hinzugerechnet wird, wodurch jedoch lediglich kurzfristige Manipulationen verhindert werden können.[88]

cc) Verbindlichkeiten

120   Korrespondierend müssen alle mit den herausgenommenen Vermögenswerten zusammenhängende **Verbindlichkeiten** gleichfalls unberücksichtigt bleiben.[89]

dd) Erträge und Surrogate

121   Einer Regelung bedarf auch, wie die **Erträge** aus dem ausgenommenen Vermögensbereich behandelt werden, sowie die Behandlung von **Surrogaten,** die regelmäßig ebenfalls vom Zugewinn ausgeschlossen werden.

ee) Verwendungen, Schuldentilgung

122   Zu regeln sind auch die **Verwendungen** auf das herausgenommene Unternehmen. Der zivilrechtliche Verwendungsbegriff **schließt die Schuldentilgung nicht ein.**[90] Somit ist – wenn dies gewünscht wird – **ausdrücklich klarzustellen,** dass „Verwendung" auch die Schuldentilgung mit umfasst.[91]

123   **Beratungshinweis:**

Das ausgenommene Vermögen sollte als **vorhandenes Vermögen** i.S.d. § **1378 Abs. 2 BGB** gelten, damit nicht der Ausgleichsanspruch ungerechtfertigt verkürzt wird. § **1378 Abs. 2 BGB** begrenzt den Zugewinnausgleichsanspruch auf die Höhe des bei Beendigung des Güterstandes (Rechtskraft der Scheidung) noch **vorhandenen Vermögens.** Im Übrigen ist zu **vermeiden,** dass der Ehegatte, der insgesamt weit weniger Zugewinn erzielt hat, wegen Herausnahme des Betriebsvermögens dem **anderen Teil ausgleichspflichtig** wird.

ff) Zulässigkeit des Vertrages

124   Derartige Eheverträge sind nach der Rechtsprechung des BGH **zulässig.**[92] Der BGH führt in dieser Entscheidung aus, dass ein Zugewinnausgleichsanspruch häufig nur aus der **Substanz** des Unternehmens befriedigt werden kann und damit nicht selten dessen Liquidität und Fortbestand gefährdet. Im Übrigen sichert der Erhalt des Unternehmens nicht zuletzt auch den nachehelichen Ehegattenunterhalt des anderen Ehegatten und dient deshalb auch seinem Interesse.[93]

---

88   Münch, a.a.O., Rn 542 zu Teil 2.
89   Münch, a.a.O., Rn 545 zu Teil 2.
90   N. Mayer, DStR 1993, 991, 992.
91   Münch, a.a.O., Rn 548 zu Teil 2.
92   BGH FamRZ 1997, 800.
93   Langenfeld, Handbuch der Eheverträge und Scheidungsvereinbarungen, Rn 457 ff zu Kap. 4.

gg) Bezeichnung des Unternehmens

Wichtig ist eine **exakte Bezeichnung** des unternehmerischen Vermögens, was allerdings dann schwierig ist, wenn noch kein Unternehmen vorhanden ist und lediglich eine unternehmerische Tätigkeit geplant ist. **125**

Ist das Unternehmen bereits vorhanden, so ist dieses nach dem **Handelsregister** zu bezeichnen, also unter Angabe der Handelsregisternummer entweder mit der Firma des Einzelunternehmens oder der Firma der Handelsgesellschaft. **126**

Aus der **Handelsbilanz** ergeben sich dann die betrieblichen Aktiva und Passiva, sodass die globale Verweisung genügt. Sind etwa bei einer Betriebsaufgabe die Gegenstände des Besitzunternehmens nicht handelsrechtlich organisiert, so sind sie in geeigneter Form zu bezeichnen, etwa durch die Aufführung der Grundstücke nach dem Grundbuch oder des Sonderbetriebsvermögens mit Hilfe der entsprechenden Bilanz. Entsprechendes gilt bei Beteiligungen an einer Familiengesellschaft oder einer mit Partnern betriebenen Handelsgesellschaft.[94] **127**

Im Hinblick auf die zahlreichen Möglichkeiten der Änderung des Unternehmens, so z.B. Rechtsformwechsel, Entstehung einer Gesellschaft an Stelle einer Einzelfirma durch Aufnahme von Partnern, Entstehung einer Unternehmensgruppe, Ausgliederung von Vermögen im Wege der Betriebsaufspaltung, Bildung von Sonderbetriebsvermögen, ist klarzustellen, dass auch solche **künftigen Veränderungen** von der vertraglichen Regelung mit umfasst werden.[95] **128**

hh) Surrogate

Ebenso ist wie bei Herausnahme von privilegiertem Vermögen ist eine Regelung betreffend etwaiger **Surrogate** (z.B. Verkauf des Unternehmens und Erwerb eines anderen Unternehmens) mit aufzunehmen (hierzu siehe oben Teil 2, § 1 Rn 99, 103). **129**

ii) „Unechtes" Betriebsvermögen

Ausschaltung „unechten" Betriebsvermögens: Handelt es sich nicht um Vermögen, das dem Unternehmen angehört, sondern lediglich um **scheinbar unternehmerisches** Vermögen, so muss geregelt werden, dass dieses dem Zugewinnausgleich unterliegt. Dies gilt z.B. für die **Überführung** des **privaten Grundbesitzes** in eine gewerblich geprägte Personengesellschaft nach § 13a ErbStG oder für Beteiligungen an Handelsgeschäften als reine **Vermögensanlage**, etwa in Form von GmbH-Anteilen oder Aktien. Dies ist im Ehevertrag klarzustellen.[96] **130**

jj) Gewillkürtes Betriebsvermögen

Schwierig ist es, **Manipulationen** vorzubeugen, z.B. in Form der Bildung von **gewillkürtem Betriebsvermögen** oder Entnahmen oder Einlagen. Die Abgrenzung etwa der betriebswirtschaftlich erforderlichen Einlagen von Privatvermögen in den Betrieb von **131**

---

94 Langenfeld, a.a.O., Rn 462 zu Kap. 4.
95 Langenfeld, a.a.O., Rn 463 zu Kap. 4.
96 Langenfeld, a.a.O., Rn 464 zu Kap. 4.

den in Benachteiligungsabsicht vorgenommenen Einlagen ist deshalb schwierig, weil die meisten Unternehmen unterkapitalisiert sind und sich eine **betriebswirtschaftliche Notwendigkeit** für die Einlage unschwer **vorschieben** lässt. Noch leichter kann man den Ehegatten gezielt benachteiligen, indem man einfach zu Gunsten des betrieblichen **Verrechnungskontos** auf Entnahmen verzichtet.[97]

132 Um solchen Manipulationen vorzubeugen, kann z.B. der **Stichtag** des Zugewinnausgleichs auf den Zeitpunkt der **Trennung** verlegt werden oder eine Frist vereinbart werden bereits vor Beginn des Getrenntlebens, innerhalb derer Veränderungen der Vermögensmassen nicht mehr berücksichtigt werden. Auch eine Schiedsgutachterklausel kommt in Betracht (hierzu siehe Teil 2, § 1 Rn 141).[98] Gewillkürtes Betriebsvermögen kann vorliegen bei einer betrieblichen Nutzung von 10–50%.

kk) Herausnahme im Todesfall

133 **Herausnahme** des Unternehmens aus dem Zugewinnausgleich im **Todesfall**: Umstritten ist, ob es möglich ist, das Unternehmen auch für den Fall der Auflösung der Ehe durch den Tod vom Zugewinnausgleich nach § 1371 Abs. 2 u. 3 i.V.m. §§ 1373 ff BGB auszunehmen.

134 Durch eine solche Regelung wird der Ehefrau die Möglichkeit genommen, sowohl wenn sie **nicht Erbin** wird, wie bei ihrer Erbeinsetzung nach Ausschlagung der Erbschaft oder trotz erklärten **Erb- oder Pflichtteilsverzichts** einen Zugewinnausgleich nach diesen Vorschriften verlangen zu können.[99]

135 Eine solche Regelung ist zivilrechtlich zulässig und wurde vom BGH nicht beanstandet.[100] Fraglich ist jedoch, ob hierdurch die Möglichkeit des **erbschaftsteuerfreien** Zugewinnausgleichs nach § 5 ErbStG eingeschränkt wird.[101] *Langenfeld*[102] empfiehlt, bis zur finanzgerichtlichen Klärung die Herausnahme auf den Zugewinnausgleich bei Scheidung zu beschränken.

ll) Erträge

136 **Betriebliche Erträge** stellen **Einkommen** dar, sodass eine Vereinbarung dahingehend, dass entnommene Erträge uneingeschränkt wieder für das Unternehmen verwendet werden dürfen, nicht sachgerecht ist. Werden sie aus dem Betriebsvermögen **entnommen**, so stellen sie **Privatvermögen** dar und unterliegen dem Zugewinnausgleich. Verbleiben sie im Betrieb, so gehören sie zum **Betriebsvermögen** und sind damit dem Zugewinnausgleich entzogen.[103]

---

97 Langenfeld, a.a.O., Rn 466 zu Kap. 4.
98 Langenfeld, a.a.O., Rn 466 zu Kap. 4.
99 Langenfeld, a.a.O., Rn 468 zu Kap. 4.
100 BGH FamRZ 1997, 800.
101 Münch, Ehebezogene Rechtsgeschäfte, Rn 556 Fußnote 659 verneint dies unter Berufung auf § 5 Abs. 1 S. 2 ErbStG.
102 Langenfeld, a.a.O., Rn 469 zu Kap. 4.
103 Langenfeld, a.a.O., Rn 470 f.

mm) Verwendungen

Problematisch ist die Behandlung von **Verwendungen** auf das Unternehmen, da
- einerseits Manipulationsgefahr besteht, wenn ausgleichspflichtiges **Privatvermögen** in das Unternehmen **transferiert** wird,
- andererseits der Unternehmer aber **gezwungen** sein kann, aus privatem Vermögen in das Unternehmen zu **investieren**.[104]

137

Manipulationen können **vermieden** werden durch

138

- eine Regelung, wonach Verwendungen innerhalb einer gewissen **Frist** vor Rechtshängigkeit der Scheidung in den Zugewinnausgleich einbezogen werden, wobei hier das Risiko besteht, dass davon auch **betriebsnotwendige** Verwendungen erfasst sind.
- Der **Stichtag** könnte **vorverlegt** werden, z.B. auf den Zeitpunkt der Trennung.

Sachgerecht ist, eine Vereinbarung dahingehend zu treffen, dass Verwendungen aus Privatvermögen nur aus betrieblicher Notwendigkeit zulässig sind und im Streitfall einem Schiedsgutachter nach §§ 317 ff BGB die Entscheidung hierüber übertragen wird.[105]

nn) Beschränkung auf vorhandenes Vermögen, § 1378 Abs. 2 BGB

Beschränkung auf das bei Rechtskraft der Scheidung noch vorhandene Vermögen, § 1378 Abs. 2 BGB: Diese Vorschrift sollte abbedungen werden in der Weise, dass auch das vom Zugewinnausgleich ausgenommene Vermögen als vorhandenes Vermögen i.S.d. Vorschrift gilt.[106] Gegen diese Empfehlung bestehen **Bedenken**, da die Regelung des § 1378 Abs. 2 BGB **vertraglich nicht ausgeschlossen werden** kann.[107]

139

oo) Zugewinnausgleichspflicht des Unternehmer-Ehegatten

Ergibt sich aufgrund der Herausnahme des Unternehmens aus dem Zugewinnausgleich eine Ausgleichspflicht des anderen Ehegatten, so sollte geregelt werden, dass der Unternehmer **keinen Ausgleichsanspruch** gegen den **anderen Ehegatten** hat.

140

2. Muster:[108] Modifizierte Zugewinngemeinschaft; Herausnahme von Unternehmen aus dem Zugewinnausgleich

141

> Der Ehemann ist Inhaber des folgenden Betriebes: ∎∎∎ (nähere Bezeichnung).
> **Dieser Betrieb** soll beim Zugewinnausgleich bei Beendigung der Ehe aus anderen Gründen als dem Tod eines Ehegatten in keiner Weise berücksichtigt werden.

18

---

104 Langenfeld, a.a.O., Rn 472 zu Kap. 4.
105 Langenfeld, a.a.O., Rn 474 ff zu Kap. 4.
106 Langenfeld, a.a.O., Rn 477 zu Kap. 4.
107 Palandt/Brudermüller, Rn 8 zu § 1378.
108 Münch, a.a.O., Rn 556 zu Teil 2.

Belehrungen/Hinweis:

Über die rechtliche Tragweite unserer vorstehenden Erklärungen wurden wir vom Notar eingehend belehrt, insbesondere darüber, dass die **Abgrenzung** der herausgenommenen Vermögenswerte zu Schwierigkeiten führen kann, dass etwa gewillkürtes Betriebsvermögen gebildet werden kann oder Verwendungen aus dem Privatvermögen in das Betriebsvermögen vorgenommen werden können.

Er empfiehlt daher eine strikte **Trennung** der Vermögensmassen und Aufzeichnungen über Bewegungen zwischen den Vermögensmassen.

Der Notar hat auf die Rechtsprechung des BVerfG und des BGH zur Inhaltskontrolle von Eheverträgen hingewiesen und erläutert, dass ehevertragliche Regelungen bei einer besonders einseitigen Aufbürdung von vertraglichen Lasten und einer erheblich ungleichen Verhandlungsposition unwirksam oder unanwendbar sein können.

Die Vertragsteile erklären, dass sie nach einer **Vorbesprechung** und dem Erhalt eines **Vertragsentwurfs** die rechtlichen Regelungen des Vertrages umfassend erörtert haben und dieser Vertrag ihrem gemeinsamen Wunsch nach Gestaltung ihrer ehelichen Verhältnisse entspricht.

Der Notar hat darauf hingewiesen, dass bei einer Änderung der Ehekonstellation – hierzu gehören insbesondere die Geburt gemeinsamer Kinder oder gewichtige Änderungen der Erwerbsbiografie – die Regelungen auch nachträglich einer Ausübungskontrolle unterliegen können. Er hat geraten, in diesem Fall die vertraglichen Regelungen der veränderten Situation anzupassen.

Da wir diesen Vertrag gemeinsam so wollen, soll er nach Möglichkeit auch dann im Übrigen **bestehen bleiben** und zur Anwendung gelangen, wenn lediglich **einzelne Regelungen unwirksam** sind oder der Ausübungskontrolle unterliegen. Wir verpflichten uns, in diesem Fall die beanstandete Klausel in rechtlich zulässiger Weise durch eine solche zu ersetzen, die dem Sinn der beanstandeten Klausel am nächsten kommt. Für uns stehen und fallen nicht mehrere Regelungen dieses Vertrags so miteinander, dass bei Unwirksamkeit oder Unanwendbarkeit der einen auch die andere entsprechend nicht anwendbar sein soll.

Alternative 1:

Dieser Betrieb soll beim Zugewinnausgleich in keiner Weise berücksichtigt werden und zwar weder bei lebzeitiger Beendigung des Güterstandes noch bei Beendigung des Güterstandes durch den Tod eines von uns. (Diese Alternative wäre nach *Münch*, a.a.O. dann zu empfehlen, wenn der Ehegatte auch nicht Erbe sein soll und daher auch § 1371 Abs. 2 BGB ausgeschlossen sein soll.)

Alternative 2:[109]

Hinsichtlich des ehelichen Güterrechts soll es grundsätzlich beim gesetzlichen Güterstand verbleiben. Jedoch soll der Handwerksbetrieb des Ehemannes mit allen betrieblich genutzten Gegenständen aus dem Zugewinnausgleich unter Lebenden gegenständlich ausgenommen sein. Derzeit sind dies die ▪▪▪ GmbH mit Sitz in ▪▪▪, also die Geschäftsanteile des Ehemannes an dieser Gesellschaft und alles bilanzierte Vermögen dieser Gesellschaft, insbesondere die bei der Gesellschaft für den Gesellschafter geführten Konten, weiterhin das im Privateigentum des Mannes stehende aber an die ▪▪▪ GmbH verpachtete Betriebsgrundstück (Beschrieb nach Grundbuch) einschließlich seiner Belastungen. Diese Gegenstände sollen beim Zugewinnausgleich bei Beendigung der Ehe aus anderen Gründen als dem Tod eines Ehegatten in keiner Weise berücksichtigt werden und zwar auch dann nicht, wenn ihr Wert negativ ist.

---

109   Langenfeld, a.a.O., Rn 479 zu Kap. 4.

Sie sollen weder zur Berechnung des Anfangsvermögens noch des Endvermögens hinzugezogen werden.

Auch die diese Gegenstände betreffenden Verbindlichkeiten sollen im Zugewinnausgleich keine Berücksichtigung finden.

Bei künftigen Veränderungen in der Rechtsform und im Bestand des Unternehmens sollen immer alle zu dem Unternehmen gehörenden und ihm dienenden Gegenstände vom Zugewinnausgleich unter Lebenden ausgenommen sein, insbesondere auch Gegenstände, die steuerlich Sonderbetriebsvermögen sind.

Im Streitfall bestimmt ein von der örtlich zuständigen Handwerkskammer zu bestimmender Sachverständiger als Schiedsgutachter verbindlich, welche Gegenstände dieser Regelung unterliegen.

Erträge des Unternehmens, die den Rücklagen zugeführt werden und Gesellschafterdarlehen sind ebenfalls vom Zugewinnausgleich ausgenommen, soweit dies den Grundsätzen einer ordnungsgemäßen Unternehmensfinanzierung entspricht.

Im Streitfall entscheidet der Schiedsgutachter. Werden jedoch bereits endgültig entnommene Gewinne wieder in das Unternehmen transferiert, so unterliegen sie dem Zugewinnausgleich, soweit nicht die Einlage betriebswirtschaftlich notwendig oder geboten ist. Im Streitfall entscheidet auch hier der Schiedsgutachter. Dies gilt auch für die Bildung von gewillkürtem Betriebsvermögen.

Das vom Zugewinnausgleich ausgenommene unternehmerische Vermögen gilt i.S.v. § 1378 Abs. 2 BGB als vorhandenes Vermögen.

Die Zwangsvollstreckung in das vom Zugewinnausgleich ausgenommene Vermögen des Unternehmers wegen Zugewinnausgleichsansprüchen ist erst zulässig, wenn die Vollstreckung in das ausgleichspflichtige Vermögen nicht zum Erfolg geführt hat.

Ist bei Scheidung der Ehe Betriebsvermögen nach obiger Maßgabe vorhanden und ergibt die Berechnung des Zugewinnausgleichs für das beiderseitige Privatvermögen, dass der Unternehmer einen Ausgleichsanspruch gegen den anderen Ehegatten hat, so entfällt dieser Ausgleichsanspruch.

Ein Zugewinnausgleich für das Privatvermögen bei Vorhandensein von Betriebsvermögen findet also nur statt, wenn sich aus ihm eine Ausgleichsforderung des anderen Ehegatten gegen den Unternehmer ergibt.

Wird der vom Zugewinn ausgenommene Betrieb veräußert, so unterfallen Veräußerungserlöse, die nicht mehr betriebliches Vermögen sind, dem Zugewinnausgleich, sind also dem Endvermögen hinzuzurechnen. Der ausgenommene Betrieb ist dann, soweit er Anfangsvermögen war, bei dem Betriebsinhaber zu berücksichtigen.

Alternative 3:

1. Dieser Betrieb soll für den Fall der Beendigung des Güterstandes durch Scheidung oder Aufhebung der Ehe in keiner Weise berücksichtigt werden. Gleiches gilt für den vorzeitigen Zugewinnausgleich nach §§ 1385, 1386 BGB. Für den Fall des **Todes bleibt** es jedoch beim **Zugewinnausgleich** durch Erbteilserhöhung oder güterrechtliche Lösung. Auch im Falle einer Beendigung des Güterstandes durch **Ehevertrag** verbleibt es beim Zugewinnausgleich, außer ein solcher Vertrag wird im Zusammenhang mit der Trennung oder Scheidung geschlossen. Wird der Betrieb danach beim Zugewinnausgleich nicht berücksichtigt, so gilt:

Dieses betriebliche Vermögen einschließlich des gewillkürten Betriebsvermögens und etwaigen Sonderbetriebsvermögens soll weder bei der Berechnung des Anfangsvermögens noch bei der Berechnung des Endvermögens des Ehemannes berücksichtigt werden und zwar auch dann nicht, wenn sich ein negativer Betrag ergibt. Gleiches gilt für Wertsteigerungen oder Verluste dieses Vermögens.

2. Dies gilt in gleicher Weise für jedes **Nachfolgeunternehmen** oder jede Nachfolgebeteiligung und jedes **Tochterunternehmen**, unabhängig von der verwendeten Rechtsform, auch bei Aufnahme weiterer Gesellschafter und auch für Kapitalgesellschaftsanteile, die im Privatvermögen gehalten werden.

In gleicher Weise ausgeschlossen ist bei einer etwa bestehenden Betriebsaufspaltung oder auch ohne eine solche dasjenige Vermögen, das an den Betrieb im obigen Sinne langfristig zur Nutzung überlassen und ihm zu dienen bestimmt ist.

(Alternative: ■■■ Sofern die entsprechenden Verträge vor mehr als 2 Jahren vor der Rechtshängigkeit eines Scheidungsantrags abgeschlossen wurden.)

Alternative 4 zu vorstehend 1. und 2. (Ausschluss jeglichen Betriebsvermögens):

Jegliches Betriebsvermögen eines von uns beiden soll beim Zugewinnausgleich bei Beendigung der Ehe aus anderen Gründen als dem Tod eines Ehegatten (ggf. auch beim Tod) in keiner Weise berücksichtigt werden.

Unter Betriebsvermögen in diesem Sinn verstehen wir auch **gewillkürtes** Betriebsvermögen und **Sonderbetriebsvermögen** sowie Vermögen, das dem Betrieb langfristig zur **Nutzung** überlassen und ihm zu dienen bestimmt ist.

Zum Betriebsvermögen in diesem Sinne gehören auch steuerlich im Privatvermögen gehaltene Kapitalanteile, soweit sie nicht der reinen Kapitalanlage dienen. Letzteres ist jedenfalls immer dann der Fall, wenn die Kapitalgesellschaft lediglich eigenes Vermögen verwaltet oder wenn die Beteiligungsquote des Ehegatten nicht größer als 10 % ist.

Nicht zum Betriebsvermögen gehören Gesellschaftsbeteiligungen an Gesellschaften, die nur eigenes Vermögen verwalten und die lediglich durch ihre gewerbliche Prägung gewerbliche Einkünfte erzielen.

(■■■ Schiedsgutachterklausel, wenn gewünscht ■■■)

3. **Erträge** aus diesem vom Zugewinn ausgeschlossenen Vermögen sind gleichfalls vom Zugewinn ausgeschlossen, sofern sie entweder

a) den betrieblichen Bereich **noch nicht verlassen** haben; insofern sind insbesondere ausgenommen Guthaben auf Kapital-, Darlehens-, Verrechnungs- oder Privatkonten sowie stehen gelassene Gewinne, Gewinnvorträge oder –Rücklagen oder

b) zulässiger Weise nach Ziffer 6 dieses Abschnittes wieder auf die ausgeschlossenen Vermögenswerte **verwendet** wurden.

4. Auch die diese Vermögenswerte betreffenden und ihnen dienenden **Verbindlichkeiten** sollen im Zugewinnausgleich keine Berücksichtigung finden.

5. **Surrogate** der aus dem Zugewinnausgleich herausgenommenen Vermögenswerte sollen nicht ausgleichspflichtiges Vermögen sein. Sie werden also bei der Berechnung des Endvermögens auch nicht berücksichtigt. Jeder Ehegatte kann verlangen, dass über solche Ersatzvermögenswerte ein **Verzeichnis** angelegt und fortgeführt wird. Auf Verlangen hat dies in notarieller Form zu geschehen.

Alternative zu Ziffer 5.: Surrogate im Privatvermögen ausgleichspflichtig

Sofern jedoch der vom Zugewinn ausgenommene Betrieb durch **Veräußerung aufgegeben** wird, unterfallen Veräußerungserlöse, die nicht mehr betriebliches Vermögen sind, dem Zugewinnausgleich, sind also dem **Endvermögen** hinzuzurechnen. Der ausgenommene Betrieb ist dann, soweit er Anfangsvermögen war, beim Anfangsvermögen zu berücksichtigen.

6. **Erträge** der vom Zugewinn ausgenommenen Vermögenswerte können auf diese Vermögenswerte **verwendet** werden, ohne dass dadurch für den anderen Ehegatten Ausgleichsansprüche entstehen.

Macht jedoch ein Ehegatte aus seinem **sonstigen** Vermögen Verwendungen auf die vom Zugewinnausgleich ausgenommenen Vermögenswerte, werden diese Verwendungen mit ihrem Wert zum Zeitpunkt der Verwendung dem **Endvermögen** des Ehegatten zugerechnet, der Eigentümer dieser Vermögenswerte ist.

Derartige Verwendungen unterliegen also, ggf. um den Geldwertverfall berichtigt, dem Zugewinnausgleich.

Alternativen als Ergänzung zu Ziffer 6:

Alternative 1:

Dies gilt jedoch nur für solche Verwendungen, die in den **letzten beiden Jahren** vor der Rechtshängigkeit eines Scheidungsantrags erfolgt sind.

Alternative 2:

Dies gilt jedoch nur für solche Verwendungen, die **nach der Trennung** erfolgt sind, wenn diese Trennung durch eine Mitteilung per Einschreiben an den anderen Vertragsteil dokumentiert war.

Alternative 3:

Entsprechendes gilt für Verwendungen des **anderen** Ehegatten auf die vom Zugewinnausgleich ausgenommenen Vermögenswerte.

Alternative 4:

Verwendungen des anderen Ehegatten auf die vom Zugewinnausgleich ausgenommenen Vermögenswerte werden wir durch gesonderten **Darlehensvertrag** regeln und sichern.

Alternative an Stelle obiger Ziffer 6:

Macht ein Ehegatte aus seinem **sonstigen** Vermögen Verwendungen auf die vom Zugewinnausgleich ausgenommenen Vermögenswerte, so sind diese Verwendungen gleichfalls vom Zugewinn **ausgeschlossen**, das bedeutet, dass auch diese aus dem ausgleichspflichtigen Vermögen stammenden Verwendungen nicht mehr ausgleichspflichtig sind. Der Notar hat über die Auswirkungen dieser Vereinbarung eingehend belehrt.

Unter **Verwendungen** verstehen wir auch die **Tilgung** von **Verbindlichkeiten**.

7. Zur Befriedigung der sich etwa ergebenden Zugewinnausgleichsforderung gilt das vom Zugewinn ausgenommene Vermögen als vorhandenes Vermögen i.S.d. § 1378 Abs. 2 BGB. (Fraglich, ob die Abbedingung wirksam vereinbart werden kann, s.o. Teil 2, § 1 Rn 139)

Eine Vollstreckung in das vom Zugewinnausgleich ausgeschlossene Vermögen ist erst zulässig, wenn die Vollstreckung in das ausgleichspflichtige Vermögen nicht zum Erfolg geführt hat.

Ein Ehegatte ist nicht verpflichtet, seinen Zugewinn auszugleichen, wenn er unter Berücksichtigung des vom Zugewinn ausgenommenen Vermögens des anderen Ehegatten nicht zur Ausgleichung verpflichtet wäre.

8. Die güterrechtlichen Verfügungsbeschränkungen sollen bei zu diesem Vermögen gehörenden Gegenständen nicht gelten.

9. Wir sind uns darüber einig, dass hinsichtlich des vorgenannten betrieblichen Vermögens auch bei **Mitarbeit der Ehefrau** keine Ehegatten-Innengesellschaft vorliegt, sondern eine rein arbeitsrechtliche Gestaltung. Wir verpflichten uns, insoweit eine erschöpfende vertragliche Regelung zu treffen, über die hinaus keine Ansprüche bestehen sollen, egal aus welchem Rechtsgrund sie hergeleitet werden könnten, insbesondere nicht aus Ehegatten-Innengesellschaft und nicht wegen Wegfalls der Geschäftsgrundlage.

10. Streiten die Ehegatten um die Zugehörigkeit zum betrieblichen Vermögen, so soll ein vom Präsidenten der örtlichen zuständigen IHK bestellter Sachverständiger als Schiedsgutachter verbindlich entscheiden.

■■■

Pflichtteilsverzicht:

Wir verzichten hiermit gegenseitig auf unser gesetzliches Pflichtteilsrecht im Bezug auf das nach vorstehender Ziffer ■■■ vom Zugewinn ausgenommene Vermögen. Wir nehmen diesen Verzicht wechselseitig an.

■■■ Belehrungen/Hinweise (hierzu siehe Eingangsformulierung Teil 2, § 1 Rn 141).

XII. Herausnahme der künftigen freiberuflichen Praxis aus dem Zugewinnausgleich

1. Beratung

a) Tatsächliche Ausgangssituation

Wie bei der Herausnahme von Unternehmen stellt die Durchführung des Zugewinnausgleichs bezüglich einer freiberuflichen Praxis ein erhebliches **Existenzrisiko** dar. Des Weiteren ist die Praxis und die Erzielung von Einkünften Grundlage für die nachehelichen **Ehegattenunterhaltsansprüche**.   142

b) Rechtliche Ausgangssituation

aa) Abgrenzung privat/betrieblich

Durch ehevertragliche Regelung ist Privatvermögen und das nicht ausgleichspflichtige Praxisvermögen voneinander abzugrenzen.   143

bb) Betriebliche Immobilien

Wird die Praxis z.B. in einer **Eigentumswohnung** betrieben, so muss diese ebenfalls vom Zugewinnausgleich ausgenommen werden. Steht die Eigentumswohnung im **Eigentum des anderen Ehegatten** aufgrund der damit verbundenen **Steuervorteile** (Wiesbadener Modell), so empfiehlt sich dringend, ein Rückforderungsrecht für den Scheidungsfall zu vereinbaren und die Eigentumswohnung zum ausgleichsfreien Praxisvermögen zu erklären.[110]   144

Wird die Praxis in einem **Teil** des Familienheims betrieben, so empfiehlt *Langenfeld*,[111] den Wertanteil der steuerlich Betriebsvermögen ist, vom Zugewinnausgleich auszunehmen oder die gesamte Immobilie im Zugewinnausgleich zu belassen und es den Ehegatten zu überlassen, die Praxisräume durch Bildung von Wohnungseigentum dem ausgenommenen Praxisvermögen zuzuordnen.   145

---

110 Langenfeld, Handbuch der Eheverträge und Scheidungsvereinbarungen, Rn 482 zu Kap. 4.
111 Langenfeld, a.a.O., Rn 482 zu Kap. 4.

cc) Verbindlichkeiten

Verbindlichkeiten, die auf der Praxis lasten, müssen ebenfalls ausdrücklich vom Zuge- 146
winnausgleich ausgenommen werden.

dd) Verwendungen

Verwendungen zum **Erwerb** und zum **ersten Aufbau** der Praxis sollten ebenfalls vom 147
Zugewinnausgleich ausgenommen werden. Gleiches gilt für privilegierten Erwerb i.S.v.
§ 1374 Abs. 2 BGB. Es ist ausdrücklich auszuschließen, dass der privilegierte Erwerb
nochmals im Privatvermögen berücksichtigt, also dem Anfangsvermögen zugerechnet
wird.[112]

ee) Erträge

Die **Verwendung der Erträge** in das Praxisvermögen sollte uneingeschränkt zugelassen 148
werden (also vom Zugewinnausgleich ausgenommen werden), da die freiberufliche
Praxis regelmäßig kein Rücklagenkonto hat, sodass die Inanspruchnahme des Privatvermögens des Praxisinhabers unumgänglich ist.[113]

2. Muster:[114] Herausnahme der künftigen freiberuflichen Praxis aus dem   149
   Zugewinnausgleich

19

Der Ehemann, der derzeit noch als Krankenhausarzt tätig ist, wird voraussichtlich in Zukunft eine Arztpraxis eröffnen. Im Hinblick hierauf werden die folgenden Vereinbarungen
getroffen:
Hinsichtlich des ehelichen Güterrechts soll es grundsätzlich beim gesetzlichen Güterstand
verbleiben. Jedoch soll eine künftig vom Ehemann betriebene **Arztpraxis** mit allen für sie
genutzten **Gegenständen** aus dem Zugewinnausgleich unter Lebenden gegenständlich
ausgenommen sein. Die Arztpraxis soll beim Zugewinnausgleich bei Beendigung der
Ehe aus anderen Gründen als dem Tod eines Ehegatten **in keiner Weise berücksichtigt**
werden und zwar auch dann nicht, wenn ihr Wert negativ ist. Sie soll weder zur Berechnung des Anfangsvermögens noch des Endvermögens hinzugezogen werden. Auch die
die Arztpraxis betreffenden **Verbindlichkeiten** sollen im Zugewinnausgleich keine Berücksichtigung finden.
Zur Arztpraxis gehören alle Gerätschaften, die für die **Ausübung des Berufes erforderlich**
sind. Hierunter fallen auch die notwendigen Möblierungen der Praxisräume einschließlich
des Wartezimmers. Nicht notwendige Einrichtungsgegenstände und Kunstgegenstände
in den Praxisräumen gehören dagegen zum ausgleichspflichtigen Privatvermögen.
Zur Arztpraxis gehört auch eine im Eigentum des Ehemannes stehende Immobilie, (etwa
eine Eigentumswohnung), in der ausschließlich die Praxis betrieben wird. Wird eine derartige Immobilie etwa aus steuerlichen Gründen zum Eigentum des anderen Ehegatten
erworben oder in dieses übertragen, so wird beim Erwerb die Rückforderung oder Übertragungsverpflichtung für den Scheidungsfall ausdrücklich geregelt. Nach dem hieraus

---

112 Langenfeld, a.a.O., Rn 484 zu Kap. 4.
113 Langenfeld, a.a.O., Rn 485 zu Kap. 4.
114 Langenfeld, a.a.O., Rn 486 zu Kap. 4.

> folgenden Eigentumserwerb des Ehemannes gehört die Immobilie sodann zum vom Zugewinnausgleich ausgenommenen Vermögen.
>
> Zum künftigen Erwerb und zum Aufbau der Arztpraxis kann der Ehemann sein Vermögen und zwar sowohl ehezeitlichen Zugewinn wie auch **Anfangsvermögen** und **privilegierten Erwerb** i.S.v. § 1374 Abs. 2 BGB einsetzen und verwenden, ohne dass hieraus der andere Ehegatte Ansprüche ableiten kann. Wird Anfangsvermögen oder privilegierter Erwerb in dieser Weise dem Zugewinnausgleich für das Privatvermögen entzogen, so kann es nicht nochmals beim Zugewinnausgleich für das verbleibende Privatvermögen als Anfangsvermögen berücksichtigt werden.
>
> **Erträge** der freiberuflichen Praxis können wieder in die Praxis investiert werden, auch wenn sie bereits in das Privatvermögen übernommen wurden.

XIII. Vereinbarung eines Höchstbetrages; Befristung

1. Beratung

a) Tatsächliche Ausgangssituation

150 In der Praxis selten sind Vereinbarungen von Höchstbeträgen oder zeitliche Befristungen des Zugewinnausgleichs; dies sicher nicht zuletzt deshalb, weil die **künftige Vermögensentwicklung** im Rahmen der Ehe **nicht absehbar** ist und es gerade Sinn und Zweck der Zugewinngemeinschaft entspricht, dass beide Eheleute in gleicher Weise an dem Vermögenszuwachs, der während der Ehe erzielt wurde, beteiligt werden.

b) Rechtliche Ausgangssituation

151 Sowohl eine **summenmäßige Begrenzung** der Ausgleichsforderung als auch eine Vereinbarung dahingehend, dass eine geringere Quote als die Hälfte des Zugewinns ausgeglichen wird, ist abweichend von § 1378 BGB zulässig, jedoch unter Berücksichtigung der geltenden BGH- und BVerfG-Rechtsprechung (hierzu s. Teil 1 Rn 49 ff, 75). Gleiches gilt für eine – in der Praxis relativ seltene – **zeitliche Befristung** des Zugewinnausgleichs.

152 Die Zugewinnausgleichsforderung kann durch die Festsetzung eines **Höchstbetrages** für das Endvermögen begrenzt werden, ggf. ergänzt um eine Indexklausel.[115]

153 Des Weiteren können **Bewertungsvereinbarungen** (z.B. bezüglich Unternehmen/Landwirtschaft/Immobilien) getroffen werden. So kann z.B. für die Bewertung eines landwirtschaftlichen Betriebes § 1376 Abs. 4 BGB abbedungen werden, also die Bewertung gemäß Ertragswert und stattdessen eine Bewertung nach Verkehrswert vorgenommen werden.

154 Die Ausgleichsquote kann abweichend von § 1378 Abs. 1 BGB auf einen bestimmten Prozentsatz festgelegt werden.

Wird ein **Höchstbetrag** festgelegt, so kann die Indexierung angemessen sein.

Ob die Vereinbarung einer **Indexklausel** bei einer solchen ehevertraglichen Vereinbarung **genehmigungsbedürftig** nach § 2 PaPkG i.V.m. der Preisklauselverordnung

---

115 Münch, Ehebezogene Rechtsgeschäfte, Rn 607 zu Teil 2.

ist, ist streitig. Es wird die Auffassung vertreten, dass die Vereinbarung einer erst künftig entstehenden Einmalzahlungspflicht genehmigungsfrei sei.[116]

Die Meinung ist jedoch nicht unbestritten. Da obergerichtliche Rechtsprechung fehlt, muss vorsorglich ein **Negativattest** eingeholt werden. 155

2. Muster:[117] Vereinbarung eines Höchstbetrages 156

20

Endet der Güterstand auf andere Weise als durch den Tod eines Ehegatten, so müsste als Zugewinn höchstens ein Betrag von 500.000 Euro gezahlt werden. Der Höchstbetrag von 500.000 Euro soll wertbeständig sein.

Der Höchstbetrag errechnet sich demnach wie folgt:

500.000 Euro

– i.W.: fünfhunderttausend Euro –

vervielfacht

um den Verbraucherpreisindex für Deutschland, wie dieser Index vom Statistischen Bundesamt in Wiesbaden für den Monat festgestellt wird, in dem der Scheidungsantrag rechtshängig wird, der zur Scheidung der Ehe führt,

geteilt

durch den Verbraucherpreisindex für Deutschland, wie er im Monat der heutigen Beurkundung bestimmt wird (Basis 2000 = 100).

Nach Hinweis auf das mögliche Erfordernis einer Genehmigung der vorstehenden Wertsicherungsklausel nach § 2 Preisangaben- und Preisklauselgesetz wird der beurkundende Notar beauftragt, ein Negativzeugnis – für den Fall der Genehmigungsbedürftigkeit die entsprechende Genehmigung – einzuholen beim Bundesamt für Wirtschaft, Frankfurter Str. 29 – 31, 65760 Eschborn/Ts.

Alternative: Zeitliche Befristung

Für den Fall, dass unsere Zugewinngemeinschaft auf andere Weise als durch den Tod eines Ehegatten beendet werden sollte, schließen wir den Zugewinnausgleich aus für die Zeit ab der Eheschließung bis zur Geburt unseres ersten gemeinsamen Kindes. Im Übrigen gilt für unsere Ehe der gesetzliche Güterstand.[118]

Alternativ:

Ein Zugewinnausgleich soll aber ab dem Zeitpunkt stattfinden, ab dem ein Ehegatte auf seine Berufstätigkeit ganz oder teilweise verzichtet, um sich der Erziehung und Pflege eines gemeinsamen Kindes zu widmen.[119]

---

116 Gutachten des DNotl, DNotl-Report 2002, 4; Münch, a.a.O., Rn 630 zu Teil 2.
117 Münch, a.a.O., Rn 632 zu Teil 2.
118 Zimmermann/Dorsel, Eheverträge, Scheidungs- u. Unterhaltsvereinbarungen, Rn 22 zu § 7.
119 Zimmermann/Dorsel, a.a.O., Rn 24 zu § 7.

XIV. Haftungsehevertrag

1. Beratung

a) Tatsächliche Ausgangssituation

157　Erfolgt die Eheschließung mit einem **verschuldeten** Partner, so besteht das Interesse der Parteien darin, das Vermögen vor dem **Zugriff** durch künftige **Gläubiger** zu **schützen**.

b) Rechtliche Ausgangssituation

158　Um diesen Schutz vor künftigen Gläubigern zu erreichen, kann das Anfangsvermögen durch ein Verzeichnis genau festgelegt werden. Allerdings unterliegen solche Vereinbarungen dem Anfechtungsgesetz bzw. der Insolvenzanfechtung, soweit hierin **Eigentumsübertragungen** liegen.[120] Soweit die Parteien wünschen, dass eine allgemeine Regelung dahingehend erfolgt, dass **künftige Eigentumserwerbe** ausschließlich durch den nicht verschuldeten Ehegatten erfolgen sollen, ist zu beachten, dass eine solche Abrede im Ehevertrag nicht in den konkreten Eigentumserwerb eingreifen kann, der zwischen dem Verkäufer und einem Ehegatten als Käufer stattfindet. Des Weiteren können die Ehegatten von einer solchen Abrede im Einzelfall ohne Formgebundenheit abweichen, denn eine zwingende Regelung ohne Abweichungsmöglichkeit dürfte sittenwidrig sein. Aus diesem Grund wird eine solche Abrede, die zu Gunsten eines Gläubigers eingreift, die **Vermutung** des § 1362 BGB nicht erschüttern können, wonach bewegliche Sachen im Besitz beider Ehegatten dem **Schuldner** gehören.[121]

159　§ 8 Abs. 2 HausratsVO enthält ferner eine Vermutung des **gemeinsamen** Eigentums für Hausratsgegenstände, die in der Ehe angeschafft wurden. Diese Vermutung soll nicht allein dadurch widerlegt sein, dass nur ein Ehegatte auftrat und die Gegenstände allein bezahlte.[122]

160　Aus diesem Grund ist es erforderlich, beim **Erwerb** darauf zu achten, dass als Käufer und **Rechnungsadressat** jeweils der nicht verschuldete Ehegatte aufgenommen wird, sodass anhand dieser Unterlagen die Eigentümerstellung später nachgewiesen werden kann.[123]

161　Entscheidend für die **Eigentümerstellung** soll sein, wen der Verkäufer als Käufer und damit Vertragspartner ansehen durfte, nicht hingegen aus wessen Mitteln der Kaufpreis stammte.[124] Gleichwohl werden solche Vereinbarungen geschlossen und halten offensichtlich in einigen Fällen von einer Pfändung ab.[125]

120　Münch, Ehebezogene Rechtsgeschäfte, Rn 600 zu Teil 2.
121　Münch, a.a.O., Rn 601 zu Teil 2.
122　Münch, a.a.O., Rn 601 zu Teil 2.
123　Münch, a.a.O., Rn 602 zu Teil 2.
124　OLG Brandenburg, FamRZ 2003, 1561 f.
125　Münch, a.a.O., Rn 603 zu Teil 2.

2. Muster:[126] Haftungsehevertrag

> Wir stellen fest und bestätigen wechselseitig, dass diejenigen Gegenstände, welche in der Anlage 1 aufgeführt sind, der Ehefrau A gehören und ihr Anfangsvermögen darstellen. Lediglich die in der Anlage 2 aufgeführten Gegenstände sind Eigentum und Anfangsvermögen des Ehemannes B.
> Künftig wird Hausratsgegenstände nur die Ehefrau A im eigenen Namen erwerben. Wir verpflichten uns gegenseitig, hieran in jeder etwa erforderlichen Form mitzuwirken.
> Der Notar hat darauf hingewiesen, dass eine solche Vereinbarung einen konkret anders abgeschlossenen Erwerb im Einzelfall dennoch zulässt. Er hat ferner geraten, bei jeder wichtigen Anschaffung zusammen mit dem Verkäufer eine Rechnung zu erstellen und aufzubewahren, welche die Ehefrau A als Erwerberin und Eigentümerin ausweist.

XV. Ausschluss des Zugewinnausgleichs unter Lebenden

1. Beratung

a) Tatsächliche Ausgangssituation

Wird der Zugewinnausgleich für den Fall der Scheidung ausgeschlossen, so müssen die Parteien darauf hingewiesen werden, dass damit **keinerlei Teilhabe** an **gemeinsam erwirtschaftetem** Vermögen besteht. 163

Dies bedeutet, dass im weiteren Verlauf der Ehe bei jeglichem Vermögenserwerb darauf zu achten ist, ob Inhaber des Vermögens beide Parteien oder nur eine Partei sein sollen. Jeder Erwerb auf den Namen nur eines Ehegatten schließt grundsätzlich Vermögensansprüche des anderen Ehegatten im Falle der Scheidung aus (mit Ausnahme von unbenannten Zuwendungen u.a., s. Teil 2, § 1 Rn 272 ff). 164

b) Rechtliche Ausgangssituation

aa) Voraussetzungen für Zugewinnausgleich

Der Zugewinnausgleich nach den §§ 1373 ff BGB findet statt im Todesfall, § 1371 BGB, und bei Beendigung des Güterstandes auf andere Weise als durch den Tod eines Ehegatten, § 1372 BGB, also z.B. bei Scheidung der Ehe, Aufhebung der Ehe und ehevertraglicher Aufhebung des Güterstandes. 165

bb) Beendigung des Güterstandes

Wird der Zugewinnausgleich für den Fall der Scheidung ausgeschlossen, so erfasst dieser Formulierung **auch die Eheaufhebung**, §§ 1313 ff BGB.[127] 166
Nicht mit umfasst sind folgende Fälle, in denen die Zugewinngemeinschaft ebenfalls endet, nämlich

---

126 Münch, a.a.O., Rn 604 zu Teil 2.
127 Zimmermann/Dorsel, Eheverträge, Scheidungs- u. Unterhaltsvereinbarungen, Rn 13 zu § 7.

- der Fall des vorzeitigen Zugewinnausgleichs gem. §§ 1385, 1386 BGB mit Rechtskraft des Urteils, durch das auf **vorzeitigen** Zugewinnausgleich erkannt wird, § 1388 BGB;
- der Fall der ehevertraglichen Vereinbarung der **Gütertrennung** und
- der Fall des ehevertraglichen **Ausschlusses** des **Versorgungsausgleichs** und/oder **Zugewinns**, der gem. § 1414 S. 2 BGB zum Eintritt der Gütertrennung führt.

167 Sollen auch diese Fälle mit umfasst sein, so bedarf es einer entsprechenden ausdrücklichen Regelung. Gleiches gilt für die Frage, ob der Ausschluss des Versorgungsausgleichs die Folge der **Gütertrennung** haben soll.

168 **Beratungshinweis:**

Im Hinblick darauf, dass der BGH angedeutet hat, der Verzicht auf Zugewinn könne als unbenannte Zuwendung mittels der Grundsätze des Wegfalls der Geschäftsgrundlage einer Anpassung unterliegen,[128] sollte ausdrücklich in den Vertrag aufgenommen werden, dass die Anwendbarkeit der Regelungen bei einer Störung der Geschäftsgrundlage ausgeschlossen werden, also keine Rückforderungsansprüche wegen unbenannter Zuwendung bestehen.

cc) Ausschluss im Todesfall

169 Im **Todesfall** erfolgt nach § 1371 Abs. 1 BGB der Ausgleich des Zugewinns dadurch, dass sich der **gesetzliche Erbteil** des überlebenden Ehegatten um **ein Viertel** der Erbschaft erhöht. Der gesetzliche Erbteil ergibt sich aus § 1931 BGB, er beträgt neben Abkömmlingen ein Viertel. Nach dem erhöhten Erbteil von ½ bestimmen sich die **Pflichtteilsrechte** der Abkömmlinge. Bei **Gütertrennung** beträgt der Erbteil des Ehegatten nach § 1931 Abs. 4 BGB neben **einem Kind** die Hälfte, neben zwei Kindern ein Drittel und neben drei oder mehr Kindern ein Viertel. **Ab dem zweiten Kind** sind also bei **Gütertrennung** die Pflichtteile der Kinder **höher** als im gesetzlichen Güterstand.[129]

dd) Ausschluss für den Fall der Scheidung

170 Wird der Zugewinnausgleich **für den Fall der** Scheidung ausgeschlossen, so ist zu beachten, dass der Zugewinnausgleich im **Todesfall bestehen bleibt. Auch** eine andere **Erbeinsetzung** und ein **Pflichtteilsverzicht** des Ehegatten bewirkt **nicht**, dass der güterrechtliche **Zugewinnausgleichsanspruch** des Ehegatten nach § 1371 Abs. 2 BGB **entfällt**. Soll der Ehegatte im **Todesfall** auch diesen güterrechtlichen Zugewinnausgleichsanspruch nicht erhalten, so müsste der Zugewinn **vollständig ausgeschlossen** werden.

171 Sollen also im Erbfall keine Ansprüche des Ehegatten bestehen, auch nicht auf den güterrechtlichen Zugewinn nach § 1371 Abs. 2 BGB, so muss der Zugewinn vollständig ausgeschlossen werden. Eine zusätzliche **Enterbung** oder ein **Pflichtteilsverzicht** genügen in diesem Fall **nicht**.[130]

---

128 BGH FamRZ 1997, 933.
129 Langenfeld, Handbuch der Eheverträge und Scheidungsvereinbarungen, Rn 428 zu Kap. 4.
130 Münch, Ehebezogene Rechtsgeschäfte, Rn 509 f.

An Stelle der Erbteilserhöhung nach § 1371 Abs. 1 BGB sieht § 1371 Abs. 2 BGB unter **172** bestimmten Voraussetzungen den **rechtsgeschäftlichen** Zugewinnausgleich nach den Vorschriften der §§ 1373 ff BGB vor. Den Betrag, den der überlebende Ehegatte nach Maßgabe des § 1371 Abs. 2 BGB geltend machen könnte, stellt § 5 Abs. 1 ErbStG von der **Erbschaftsteuer frei.** Der überlebende Ehegatte erhält damit den sich aus dem rechtsgeschäftlichen Zugewinnausgleich ergebenden Ausgleichsanspruch **unabhängig von seiner Höhe erbschaftsteuerfrei,** dies neben den sonstigen Ehegattenfreibeträgen. Hier liegt steuerlich ein wesentlicher **Vorteil** der Zugewinngemeinschaft gegenüber der **Gütertrennung.**[131]

In allen Fällen, in denen der überlebende Ehegatte grundsätzlich den Kindern vorgehen **173** soll, ist die modifizierte Zugewinngemeinschaft die **bessere Form der Gütertrennung.**[132]

Wird der Zugewinnausgleich unter Lebenden ausgeschlossen, so gelten bei Scheidung **174** der Ehe die Grundsätze der Gütertrennung und damit auch die Grundsätze der Rückforderung **ehebedingter Zuwendungen.**

Langenfeld[133] empfiehlt, im Ehevertrag diese Möglichkeit der Korrektur nur bei ausdrücklicher mindestens schriftlicher Vereinbarung zuzulassen, sie aber im Übrigen als nicht gewollt auszuschließen.

Des Weiteren empfiehlt er den Ausschluss der Verfügungsbeschränkungen der §§ 1365 und 1369 BGB im Zusammenhang mit dem Ausschluss des Zugewinnausgleichs unter Lebenden.

Stirbt der potentiell ausgleichspflichtige Ehegatte vor Rechtskraft der anhängigen **175** Scheidung, so findet nach dem Wortlaut der Vereinbarung der Zugewinnausgleich statt, weil die Ehe durch den Tod beendet wird. Das Gericht kann diesem nicht gewollten Ergebnis über die **analoge Anwendung** der §§ **1933, 2077 BGB** abhelfen. Besser ist jedoch die **ausdrückliche Regelung,** dass ein Zugewinnausgleich nicht stattfindet, wenn beim Tod eines Ehegatten das **Scheidungsverfahren anhängig** ist.[134]

2. Muster:[135] Ausschluss von Zugewinnausgleich unter Lebenden, Rückforderung und **176** Verfügungsbeschränkungen

Für den Fall der Beendigung des Güterstandes durch den Tod eines Ehegatten soll es beim Zugewinnausgleich durch Erbteilserhöhung oder güterrechtliche Lösung verbleiben. Wird jedoch der Güterstand auf **andere Weise** als durch den **Tod** eines Ehegatten beendet, so findet ein Zugewinnausgleich nicht statt. Insofern wird auf den Zugewinnausgleich gegenseitig verzichtet. Dies gilt auch für den **vorzeitigen** Zugewinnausgleich bei Getrenntleben.

Ein Zugewinnausgleich findet nicht statt, wenn der Güterstand durch den **Tod** eines Ehegatten beendet wird, aber ein **Scheidungsverfahren anhängig** ist.

Eine **Korrektur** der bei Scheidung der Ehe bestehenden **Vermögenszuordnung** oder ein Ausgleich für Zuwendungen von Vermögen oder Arbeitskraft an den anderen Ehegatten

---

131 Langenfeld, a.a.O., Rn 429 zu Kap. 4.
132 Langenfeld, a.a.O., Rn 432 zu Kap. 4.
133 Langenfeld, a.a.O., Rn 434 zu Kap. 4.
134 Langenfeld, a.a.O., Rn 436 zu Kap. 4.
135 Langenfeld, a.a.O., Rn 439 zu Kap. 4.

ist auf jeder einschlägigen Rechtsgrundlage **ausgeschlossen**, insbesondere auf der Grundlage der Rückforderung oder des geldlichen Ausgleichs ehebedingter Zuwendungen, des Ausgleichs für eheliche Kooperation und des Ausgleichs nach den Grundsätzen der Ehegatten-Innengesellschaft. Eine Rückforderung oder ein Ausgleich findet nur statt, wenn in der erforderlichen Form, mindestens aber privatschriftlich, ausdrücklich Ehegatten-Innengesellschaft, Rückforderungsrechte, Arbeitsverhältnisse oder Darlehen vereinbart wurden und sich hieraus entsprechende Ansprüche ergeben.

Die Verfügungsbeschränkungen der §§ 1365, 1369 BGB werden ausgeschlossen.

XVI. Ehevertrag mit Ausschluss Zugewinn im Scheidungsfall, Unterhaltsverzicht und Verzicht auf Versorgungsausgleich sowie gegenseitiger Erbeinsetzung[136]

1. Beratung

a) Tatsächliche Ausgangssituation

177 Eine Vereinbarung des nachfolgenden Inhalts mit einem **Globalverzicht** auf sämtliche Scheidungsfolgen wird zwar von den Parteien häufig gewünscht, begegnet jedoch unter Berücksichtigung der BVerfG- und BGH-Rechtsprechung **erheblichen Bedenken**, wenn es sich nicht um eine Ehe handelt, in der zwei sowohl vermögensrechtlich als auch einkommensmäßig gleichgestellte Partner – ohne minderjährige Kinder – die Ehe schließen. Solche – in der Vergangenheit relativ häufigen – Vertragsgestaltungen werden im Hinblick auf die aktuelle Rechtsprechung wohl die **absolute Ausnahme** bleiben.

b) Rechtliche Ausgangssituation

Hierzu s. Teil 2, § 1 Rn 165 ff. Mit dem nachfolgenden Vertrag werden **sämtliche** gesetzlich vorgesehenen Scheidungsfolgen abbedungen.[137]

178 **2. Muster: Ehevertrag mit Ausschluss Zugewinn im Scheidungsfall, Unterhaltsverzicht und Verzicht auf Versorgungsausgleich sowie gegenseitiger Erbeinsetzung**

A. Allgemeines

Wir sind in beiderseits erster Ehe verheiratet. Unsere Ehe haben wir am ■■■ vor dem Standesbeamten in ■■■ geschlossen.

Keiner von uns hat Kinder.

Wir sind beide deutsche Staatsangehörige und haben kein Vermögen im Ausland.

Wir haben bisher keinen Ehevertrag geschlossen und sind insoweit im gesetzlichen Güterstand der Zugewinngemeinschaft verheiratet.

Durch Erbvertrag oder gemeinschaftliches Testament sind wir nicht gebunden.

---

136 Münch, a.a.O., Rn 2416 zu Teil 9.
137 Zur Wirksamkeits- und Inhaltskontrolle solcher Vereinbarungen s.o. Teil 1 Rn 49 ff.

■■■ (Angaben zu den Lebens- und Einkommensverhältnissen sowie der beruflichen Tätigkeit bzw. Ausbildung beider Ehegatten) ■■■

B. Ehevertragliche Vereinbarungen

Ehevertraglich vereinbaren wir, was folgt:

I. Güterstand:

1. Für den Fall der Beendigung des Güterstandes durch den **Tod** eines Ehegatten soll es beim **Zugewinnausgleich** durch Erbteilserhöhung oder güterrechtliche Lösung verbleiben (hierzu im Einzelnen s. vorstehend Teil 2 § 1 Rn 170 ff).

2. Wird jedoch der Güterstand auf **andere Weise** als durch den Tod eines Ehegatten beendet, so findet kein Zugewinnausgleich statt.

Dies gilt auch für den vorzeitigen Zugewinnausgleich.

Auf den Ausgleich eines Zugewinns wird insoweit gegenseitig verzichtet.

Den Verzicht nehmen wir hiermit gegenseitig an.

Dies gilt auch für einen etwa bisher bereits entstandenen Zugewinn. (Achtung: Schenkungsteuer! hierzu s. Teil 2, § 6 Rn 1)

3. Durch diese Vereinbarung soll jedoch ausdrücklich keine Gütertrennung eintreten.

4. Zuwendungen eines Ehegatten an den anderen können bei Scheidung der Ehe nicht zurückgefordert werden, auch nicht wegen Störung der Geschäftsgrundlage, es sei denn, die Rückforderung ist auf gesonderter vertraglicher Grundlage vorbehalten. Dies gilt unabhängig vom Verschulden am Scheitern der Ehe.

Wir stellen ferner klar, dass andere Ausgleichsansprüche nicht bestehen sollen; insbesondere entsteht nicht etwa durch Mitarbeit im Betrieb eines Ehegatten oder durch das gemeinsame Halten von Vermögensgegenständen eine Ehegatten-Innengesellschaft, wenn wir dies nicht ausdrücklich vereinbaren.

Wir verpflichten uns, bei etwaigen Gesamthaftungen das **Innenverhältnis** des **Gesamtschuldnerausgleichs** ausdrücklich zu regeln.

Der Verzicht auf Zugewinn stellt nicht selbst eine ehebedingte Zuwendung dar (im Einzelnen hierzu siehe Teil 2, § 1 Rn 272).

5. Für unsere Ehe schließen wir hiermit ferner die Verfügungsbeschränkungen der §§ 1365 ff BGB gegenseitig aus.

6. Wir stellen klar, dass diese Modifikation des Güterstandes auch bestehen bleibt, wenn der nachfolgend vereinbarte Ausschluss des Versorgungsausgleichs nach § 1408 Abs. 2 S. 2 BGB unwirksam werden oder der nachstehend vereinbarte Unterhaltsverzicht unwirksam sein oder unanwendbar werden sollte.

II. Unterhaltsverzicht:

1. Für die Zeit nach etwaiger Scheidung unserer Ehe verzichten wir gegenseitig auf Unterhalt, auch für den Fall des **Notbedarfs**.

2. Diesen Verzicht nehmen wir hiermit gegenseitig an.

3. Der Verzicht gilt auch im Fall einer Änderung der einschlägigen gesetzlichen Vorschriften oder der Rechtsprechung weiterhin.

4. Wir wurden vom Notar über das Wesen des nachehelichen Unterhalts und die Auswirkungen des Verzichts eingehend belehrt. Wir wissen somit, dass jeder von uns für seinen eigenen Unterhalt sorgen muss.

– Wir wurden insbesondere darauf hingewiesen, dass ein Unterhaltsverzicht je nach den Umständen des Einzelfalles **sittenwidrig** sein kann mit der Folge, dass nach einer Ehescheidung Unterhalt nach den gesetzlichen Bestimmungen zu gewähren ist.

– Ferner kann die Berufung auf einen Unterhaltsverzicht gegen **Treu und Glauben** verstoßen. Für diesen Fall vereinbaren wir, soweit gesetzlich zulässig, dass Unterhalt höchstens in folgender Höhe zu leisten ist ▪▪▪ (ggf. voreheliche Anknüpfung) ▪▪▪

– Wir gehen jedoch übereinstimmend davon aus, dass derzeit Anhaltspunkte für eine Sittenwidrigkeit nicht erkennbar sind, zumal ein jeder von uns beiden **berufstätig** ist und es auch bleiben will und jeder von uns beiden Rentenanwartschaften hat, sodass die **Versorgung** eines jeden von uns beiden **gesichert** ist.

5. Der Notar hat auf die Rechtsprechung des BVerfG und des BGH zur Inhaltskontrolle von Eheverträgen hingewiesen und erläutert, dass ehevertragliche Regelungen bei einer besonders einseitigen Aufbürdung von vertraglichen Lasten und einer erheblich ungleichen Verhandlungsposition unwirksam oder unanwendbar sein können.

Die Vertragsteile erklären, dass sie nach einer **Vorbesprechung** und dem Erhalt eines **Vertragsentwurfs** die rechtlichen Regelungen dieses Vertrages umfassend erörtert haben und diese Regelungen ihrem gemeinsamen Wunsch zur Gestaltung ihrer ehelichen Verhältnisse entsprechen.

Der Notar hat darauf hingewiesen, dass bei einer **Änderung** der **Ehekonstellation** – hierher gehören insbesondere die Geburt gemeinsamer **Kinder** oder gewichtige Änderungen der Erwerbsbiografie – die Regelungen auch nachträglich einer Ausübungskontrolle unterliegen können. Er hat geraten, in diesem Fall den Vertrag der veränderten Situation anzupassen.

III. Verzicht auf Versorgungsausgleich:

1. Wir **schließen** hiermit nach § 1408 Abs. 2 S. 1 BGB gegenseitig den Versorgungsausgleich nach §§ 1587 ff BGB **aus**.

2. Diesen Verzicht nehmen wir hiermit gegenseitig an.

3. Eine **Abänderung** dieser Vereinbarung – insbesondere nach § 10a Abs. 9 VAHRG – wird ausgeschlossen.

4. **Gütertrennung** soll durch diese Vereinbarung entgegen § 1414 S. 2 BGB nicht eintreten.

5. Über die rechtliche und wirtschaftliche Tragweite des Ausschlusses des Versorgungsausgleichs wurden wir vom Notar ausführlich belehrt.

Weiterhin wurden wir darüber belehrt, dass der Ausschluss des Versorgungsausgleichs unwirksam ist, wenn innerhalb eines Jahres ab wirksamem Vertragsschluss **Antrag auf Scheidung** der Ehe gestellt wird.

6. In diesem Fall soll jedoch die vorstehende Vereinbarung als eine solche nach § 1587o BGB gelten. Über die dann erforderliche **Genehmigung** des **Familiengerichts** sind wir unterrichtet.

7. Sollte der Ausschluss des Versorgungsausgleichs unwirksam sein, weil einer der Ehepartner einen Scheidungsantrag innerhalb der Jahresfrist des § 1408 BGB stellt und auch durch das Familiengericht nach § 1587o BGB nicht genehmigt werden, so wird die Wirksamkeit der übrigen Vereinbarungen dieses Vertrages hiervon ausdrücklich nicht berührt.

IV.

Die vorstehenden ehevertraglichen Vereinbarungen nehmen wir hiermit gegenseitig an.

C. Erbrechtliche Verfügungen

I.

Zunächst **widerrufen** wir etwaige widerrufliche Verfügungen von Todes wegen aus früherer Zeit in vollem Umfang.

II.

In erbvertraglicher, also einseitig nicht widerruflicher Weise vereinbaren wir sodann Folgendes:

Wir **setzen** uns hiermit **gegenseitig** zum alleinigen und ausschließlichen Erben **ein**.

■■■ (Schlusserbfolge, wenn gewünscht) ■■■

Wir bestimmen ausdrücklich, dass unsere vorstehenden Verfügungen auch dann Bestand haben sollen, wenn bei unserem Tod nicht bedachte Pflichtteilsberechtigte vorhanden sein sollen. Wir verzichten auf ein Anfechtungsrecht nach § 2079 BGB.

Über die Tragweite unserer vorstehenden erbrechtlichen Erklärungen wurden wir vom Notar eingehend belehrt. Insbesondere wurden wir hingewiesen auf

– das Pflichtteilsrecht,
– die erbvertragliche Bindungswirkung,
– das freie Verfügungsrecht unter Lebenden und seine Grenzen,
– das Anfechtungsrecht,
– die Bestimmungen des Erbschaftsteuer- und Schenkungsteuergesetzes.

Alternative (für den Fall, dass keine Schlusserbeinsetzung getroffen wurde):

Der Notar hat uns insbesondere darauf hingewiesen, dass dann, wenn wir keine Schlusserbeinsetzung treffen, nach dem Letztversterbenden von uns die gesetzliche Erbfolge eintritt, wenn dieser nicht anders testiert, was er ohne Bindung tun kann.

D. Schlussbestimmungen

I.

Sollten einzelne **Bestimmungen** dieses Vertrages **unwirksam** sein oder werden oder sollte sich im Vertrag eine Regelungslücke zeigen, so wird die Wirksamkeit der übrigen Bestimmungen hierdurch nicht berührt.

Die Beteiligten sind dann verpflichtet, eine ersetzende Bestimmung zu vereinbaren, die dem wirtschaftlichen Sinn der unwirksamen Bestimmungen im Gesamtzusammenhang der getroffenen Regelung in rechtlich zulässiger Weise am nächsten kommt oder eine neue Bestimmung zu treffen, welche die Regelungslücke des Vertrags so schließt, als hätten sie diesen Punkt von vornherein bedacht.

Der Notar hat die Beteiligten über die Auswirkungen der Klausel eingehend belehrt und darauf hingewiesen, dass die Klausel nur zu einer **Beweislastveränderung** führt. Er hat die Vertragsteile befragt, ob Vertragsbestimmungen für sie so **miteinander verbunden** sind, dass die Unwirksamkeit der einen auch die der anderen zur Folge haben soll.

Hierauf erklären die Vertragsteile: Wir wünschen keine von der Salvatorische Klausel abweichende Festlegung für bestimmte Vertragsklauseln.

II.

Wir beantragen die Erteilung je einer Ausfertigung dieser Urkunde.

Unsere Geburtstandesämter erhalten eine Mitteilung über die Errichtung dieser Urkunde.

III.

Die besondere amtliche Verwahrung wird nicht gewünscht. Diese Urschrift und eine Ausfertigung sollen unversiegelt in der Urkundensammlung des beurkundenden Notars aufbewahrt werden.

IV.

Die Kosten dieser Urkunde tragen wir gemeinsam.

XVII. Zugewinnausgleichsausschluss; Rücktrittsvorbehalt

1. Beratung

a) Tatsächliche Ausgangssituation

179   Diese Vereinbarung gibt den Ehegatten bei einem Zugewinnausgleichsverzicht unter Lebenden die Möglichkeit, bei Eintritt einer bestimmten **Bedingung**, z.B. Geburt eines gemeinsamen Kindes/Adoption eines Kindes u.a., durch **Rücktritt** vom Vertrag den gesetzlichen Güterstand der Zugewinngemeinschaft wiederherzustellen.

b) Rechtliche Ausgangssituation

180   Die Vereinbarung des Rücktrittsvorbehalts hat gegenüber der Vereinbarung einer **Bedingung** den Vorteil, dass der zum Rücktritt berechtigte Ehegatte den Rücktritt nicht zu erklären braucht, wenn er dies nicht will, jedoch den Nachteil, dass der rücktrittsberechtigte Ehegatte zur Lösung vom Vertrag einen einseitigen Schritt unternehmen muss, der zur Störung des Ehefriedens führen kann.[138]

181   **2. Muster:**[139] **Zugewinnausgleichsausschluss; Rücktrittsvorbehalt**

> Der Zugewinnausgleich soll nur im Falle der Beendigung des Güterstandes durch den Tod eines Ehegatten stattfinden. Für die übrigen Fälle der Beendigung des Güterstandes wird er ausgeschlossen. Die Ehefrau ist jedoch berechtigt, von diesem Ausschluss des Zugewinnausgleichs unter Lebenden zurückzutreten, wenn ein gemeinsames Kind geboren wird. Der Rücktritt ist durch Urkunde eines Notars zu erklären und dem anderen Ehegatten zuzustellen.

XVIII. Immobilienübertragung als Gegenleistung für Zugewinnausgleichsausschluss

1. Beratung

a) Tatsächliche Ausgangssituation

182   Da zu Beginn der Ehe, also zum Zeitpunkt des Abschlusses des Ehevertrages, **in keinster Weise feststeht**, in welcher **Höhe** Zugewinn während der Ehe erwirtschaftet wird, wie lange die Ehe dauert und welche Vermögenswerte zum Zeitpunkt einer etwaigen Scheidung vorhanden sind, wird eine solche Vereinbarung in der Praxis selten abgeschlossen werden.

b) Rechtliche Ausgangssituation

183   Empfehlenswert ist eine solche Vereinbarung aus den oben genannten Gründen nicht. Liegt z.B. eine kurze Ehedauer vor, in der keine Vermögenswerte erwirtschaftet wur-

---

138   Langenfeld, Handbuch der Eheverträge und Scheidungsvereinbarungen, Rn 495 zu Kap. 4.
139   Langenfeld, a.a.O., Rn 496 zu Kap. 4.

den, sondern möglicherweise sogar noch eine Vermögensminderung eingetreten ist, so besteht eine Verpflichtung zur Übertragung von Vermögenswerten, obwohl **kein Zugewinn** entstanden ist.

Dem könnte dadurch vorgebeugt werden, dass in einer solchen Vereinbarung zumindest festgehalten wird, dass **Voraussetzung** für eine Übertragungsverpflichtung ist, dass ein **Zugewinnausgleichsanspruch** in Höhe eines Betrages von mindestens ... Euro (Wert der zu übertragenden Eigentumswohnung) entstanden ist.   184

2. Muster:[140] Immobilienübertragung als Gegenleistung für Zugewinnausgleichsausschluss   185

Als **Ausgleich** für den **Verzicht** der Ehefrau auf Zugewinnausgleich unter Lebenden verpflichtet sich der Ehemann, der Ehefrau im Fall der Scheidung eine **lastenfreie Eigentumswohnung** zu übertragen. Die Verpflichtung ist bei Rechtskraft der Scheidung zu erfüllen. Die Eigentumswohnung soll eine Wohnfläche von ■■■ m² mit einer Toleranz von 5 % nach oben oder unten haben, weiterhin eine Garage oder einen Kraftfahrzeugstellplatz. Diese Wohnung einschließlich des Orts und der Lage kann die Ehefrau nach billigem Ermessen bestimmen.

Wendet der Ehemann **während der Ehe** der Ehefrau eine Eigentumswohnung zu, die diesen Anforderungen entspricht, so entfällt die Verpflichtung.

XIX. Zugewinnausgleich; Fälligkeitsvereinbarung[141]

1. Beratung

a) Tatsächliche Ausgangssituation

Eine Fälligkeitsvereinbarung empfiehlt sich z.B. dann, wenn Zugewinnausgleichsansprüche bestehen aufgrund des Vorhandenseins eines **Unternehmens**. Wird in einem solchen Fall nicht ohnehin modifizierte Zugewinngemeinschaft vereinbart mit der Herausnahme des Unternehmens aus dem Zugewinnausgleich, so bietet möglicherweise eine solche Ratenzahlungsvereinbarung die Möglichkeit, dass der Betrieb trotz Scheidung und Zugewinnausgleich **fortgeführt** werden kann und nicht aufgrund hoher Zahlungsverpflichtungen, die zum Zeitpunkt der Rechtskraft der Scheidung fällig sind, zerschlagen wird.   186

b) Rechtliche Ausgangssituation

Erstreckt sich – wie im nachfolgenden Formulierungsvorschlag – die Zahlungsverpflichtung auf einen längeren Zeitraum, nämlich mehrere Jahre, muss zum einen die Zugewinnausgleichsforderung **gesichert** werden und zum anderen eine **Verfallklausel** vereinbart werden.   187

---

140 Langenfeld, a.a.O., Rn 492 zu Kap. 4.
141 Münch, a.a.O., Rn 636 zu Teil 2.

188 Wird keine Verfallklausel vereinbart, so bleibt nur die Möglichkeit einer – evtl. erfolglosen – **Zwangsvollstreckung** der **einzelnen** jeweils fälligen **Raten.** Demgegenüber stellt die sofortige Fälligkeit des gesamten Restbetrages durchaus ein Druckmittel für den Schuldner dar, die Forderung in den vereinbarten Raten zu bezahlen. Auch die Stellung einer Sicherheit, wie z.B. einer **Sicherungshypothek,** ist im nachfolgenden Vereinbarungsvorschlag Voraussetzung für die Ratenzahlung. Wird diese Sicherheit nicht geleistet, so wird der gesamte Betrag sofort zur Zahlung fällig.

Jedenfalls auf Seiten des Schuldners mag die Vereinbarung der **gesetzlichen Fälligkeitsvoraussetzungen** für den Fall eines Rechtsstreits über den Zugewinn Anlass dafür sein, eine einvernehmliche Regelung herbeizuführen.

189 **2. Muster: Zugewinnausgleich; Fälligkeitsvereinbarung**

> Hinsichtlich der Fälligkeit der Zugewinnausgleichsforderung wird für den Fall, dass der Güterstand auf andere Weise als durch den Tod eines Ehegatten endet, vereinbart, dass die Zugewinnausgleichsforderung in **5 gleichen Jahresraten** zu zahlen ist. Die erste Rate ist binnen 6 Monaten nach Rechtskraft der Scheidung zur Zahlung fällig, die restlichen Raten jeweils 1 Jahr danach. Gerät der Schuldner mit einer Rate länger als 14 Tage in **Verzug,** so ist die gesamte **Restforderung sofort** in einer Summe zur Zahlung fällig.
>
> Die noch geschuldeten Raten sind mit 2 % über dem Basiszinssatz nach § 247 BGB zu **verzinsen.** Die Zinsen sind jeweils mit der Zahlung der nächsten Rate für den bis dahin abgelaufenen Zeitraum zur Zahlung fällig.
>
> Dem Zahlungspflichtigen ist es jedoch **gestattet,** die Forderung ganz oder teilweise **vorzeitig zu erfüllen.**
>
> Der Zahlungsverpflichtete hat dem Berechtigten durch Bestellung einer erstrangigen **Sicherungshypothek** unter Einhaltung der Beleihungsgrenzen der §§ 11 Abs. 2, 12 Hypothekenbankgesetz Sicherheit für die oben genannte Forderung zu leisten und zwar binnen 2 Monaten nach Rechtskraft der Scheidung. Kommt er dieser Verpflichtung in der genannten Frist nicht nach, so wird die gesamte Zugewinnausgleichsforderung **sofort** in einer Summe zur Zahlung **fällig.**
>
> Kommt es zu einem **Rechtsstreit** über den Zugewinn, so verbleibt es bei den **gesetzlichen** Fälligkeitsvoraussetzungen.

XX. Rückwirkende Vereinbarung der Zugewinngemeinschaft

1. Beratung

a) Tatsächliche Ausgangssituation

190 Die Parteien haben durch notarielle Vereinbarung Gütertrennung als Güterstand für ihre Ehe gewählt. Häufig empfindet es einer der Partner im Verlaufe einer länger dauernden Ehe als ungerecht, wenn er an den gemeinsam erwirtschafteten Vermögenswerten im Falle einer Scheidung nicht mitbeteiligt ist. Nicht selten wird auch die weitere Fortdauer der Ehe davon abhängig gemacht, dass über den Güterstand der Zugewinngemeinschaft Ausgleichsansprüche entstehen sollen. Insbesondere auch in Verbindung mit der **Anschaffung** einer Immobilie oder in Verbindung mit der Leistung von **Investi-**

tionen in eine Immobilie des anderen Partners soll statt der Trennung der Vermögenswerte eine wirtschaftliche Beteiligung beider Ehegatten vereinbart werden.

b) Rechtliche Ausgangssituation

Haben die Parteien zunächst Gütertrennung vereinbart, so kann die Vereinbarung **zivil-**
rechtlich insoweit mit **Rückwirkung** auf den Zeitpunkt der Eheschließung erfolgen in
der Weise, dass als Anfangsvermögen das zur Zeit der Eheschließung vorhandene Vermögen definiert wird.[142]

Zu **beachten** ist, dass die Vereinbarung rückwirkender Zugewinngemeinschaft im Rahmen des **Schenkungsteuerrechts** eine Schenkung darstellen kann, wenn sie eine erhöhte
Zugewinnausgleichsforderung bewirkt und nicht in erster Linie güterrechtlich, sondern
erbrechtlich motiviert ist.[143]

2. Muster:[144] Rückwirkende Vereinbarung der Zugewinngemeinschaft

> **Güterstand:**
> 1. Mit Ehevertrag des Notars ■■■ in ■■■ vom ■■■ haben wir den Güterstand der Güter-
> trennung vereinbart, in dem wir heute noch leben. Eine Eintragung in das Güterrechts-
> register war nicht erfolgt.
> 2. Hiermit heben wir diesen Güterstand der Gütertrennung auf und vereinbaren für un-
> sere Ehe den Güterstand der Zugewinngemeinschaft. Dabei soll das Anfangsvermögen ei-
> nes jeden Ehegatten jedoch so berechnet werden, als hätten wir seit unserer Eheschlie-
> ßung im gesetzlichen Güterstand der Zugewinngemeinschaft gelebt, sodass die
> Vereinbarung der Zugewinngemeinschaft in dieser Weise zurückwirkt.
> 3. ■■■ eventuell Modifikation der Zugewinnregelung (hierzu siehe Teil 2, § 1 Rn 43 ff)

B. Gütertrennung

I. Vereinbarung Gütertrennung

1. Beratung

a) Tatsächliche Ausgangssituation

Im Hinblick auf die zahlreichen Möglichkeiten einer modifizierten Zugewinngemeinschaft stellt sich die Frage, wann die Vereinbarung der Gütertrennung in Betracht
kommt.

Häufig sind die Fälle, in denen ein **Unternehmen** vorhanden ist, wobei viele Gesell-
schaftsverträge von den Gesellschaftern den **Ausschluss** des Zugewinns – alternativ dessen Modifikation – **verlangen**. Des Weiteren sind betroffen die Fälle, in denen **ältere**
Eheleute **wieder heiraten** und deren Erben die jeweiligen Kinder sein sollen. Grund

191

192

193

194

195

142 BGH FamRZ 1998, 303.
143 Im Einzelnen s. Münch, a.a.O., Rn 478 f.
144 Münch, a.a.O., Rn 480 zu Teil 2.

ist die erbrechtliche Wirkung der Gütertrennung, wonach eine **Erbteilserhöhung** des überlebenden Ehegatten neben einem oder zwei Kindern gem. § 1931 Abs. 4 BGB eintritt.

196 Ein Vorteil der Gütertrennung ist, dass **Kreditinstitute** häufig bei Gütertrennung auf eine **Mithaftung des Ehegatten** verzichten, während sie diese i.d.R. bei modifizierter Zugewinngemeinschaft verlangen.

197 **Beratungshinweis:**

Wird Eheleuten empfohlen, den Güterstand der Gütertrennung zu vereinbaren, so muss darauf hingewiesen werden, dass während des Verlaufs der Ehe darauf zu achten ist, welche Vermögenswerte auf welchen der beiden Ehegatten überschrieben werden. Dies betrifft insbesondere auch jene Fälle, in denen z.B. ein Pkw aus versicherungstechnischen Gründen auf den Namen des anderen Ehegatten angemeldet wird.

Es muss deutlich darauf hingewiesen werden, dass bei Gütertrennung im Falle einer Scheidung grundsätzlich **keinerlei Ausgleichsansprüche** mehr bestehen, mit Ausnahme etwaiger Ansprüche aufgrund unbenannter Zuwendungen/Ehegatten-Innengesellschaft u.a. (hierzu s. Teil 2, § 1 Rn 272 ff).

Um klare Regelungen zu schaffen, müssen solche etwaigen Ansprüche aus Rückforderung von Zuwendungen oder Ehegatten-Innengesellschaften ausdrücklich ausgeschlossen werden (hierzu s. Teil 2, § 1 Rn 224)

198 Häufig wird Gütertrennung von Eheleuten vereinbart, um zu vermeiden, dass diese für die **Schulden** des anderen Ehegatten **mithaften**.

199 Dies ist falsch.

Auch bei bestehender **Zugewinngemeinschaft** haftet jeder Ehegatte nur für jene Schulden, die er **selbst unterzeichnet** hat oder bei denen er Darlehensverträge des anderen Ehegatten mit unterzeichnet hat oder **Bürgschaften** für dessen Schulden übernommen hat oder aber, soweit über bestehende **Grundschulden**, die auf einer gemeinsamen Immobilie lasten, Darlehensforderungen des anderen Ehegatten abgesichert sind.

200 **Beratungshinweis:**

Eine gesetzliche Mithaftung für Schulden allein aufgrund der bestehenden Ehe gibt es nicht!

In der Praxis häufig ist jedoch der Fall, dass Kreditinstitute auf eine Mithaftung des anderen Ehegatten verzichten, wenn der Güterstand der Gütertrennung besteht.

201 Sollen bestimmte Vermögenswerte, die z.B. von den Eltern zugewendet wurden, nicht dem Zugewinnausgleich unterliegen, so genügt es, statt der Vereinbarung einer Gütertrennung den **Ausschluss** des **Zugewinnausgleichs** bei Beendigung der Ehe in anderer Weise als durch den Tod zu vereinbaren, eventuell ergänzt um einen gegenständlich beschränkten Pflichtteilsverzicht.[145]

---

145 Zimmermann/Dorsel, Eheverträge, Scheidungs- u. Unterhaltsvereinbarungen Rn 15 zu § 9.

Es kann jedoch auch beabsichtigt sein, die **Erhöhung** des **Erbteils** im Todesfall zu Gunsten der Verwandtenerbfolge zu vermeiden (§ 1931 BGB). In diesem Fall ist eine **ausdrückliche erbvertragliche Regelung** jedoch unbedingt zu empfehlen.[146] 202

Der häufigste Fall der Vereinbarung einer Gütertrennung ist jener, dass dieser Güterstand zur Vorbereitung der vermögensrechtlichen Auseinandersetzung im Rahmen des Scheidungsverfahrens vereinbart wird mit entsprechenden Ausgleichszahlungen (s. Teil 3, § 2 Rn 231). 203

Beratungshinweis: 204

Nicht selten werden in der Praxis Immobilien von einem Ehepartner auf den anderen übertragen zur Vorbereitung eines etwaigen Scheidungsverfahrens in der Meinung, dass damit die vermögensrechtlichen Ansprüche des anderen Ehegatten abgegolten sind. Kommt der Wille der Parteien anlässlich der notariellen Beurkundung nicht deutlich zum Ausdruck, so wird übersehen, dass unabhängig von Immobilienübertragungen dennoch ein Zugewinnausgleichsanspruch besteht und dass Gütertrennung vereinbart werden muss, wenn weitere vermögensrechtliche Ansprüche ausgeschlossen sein sollen. Die Parteien sind ausdrücklich darauf hinzuweisen, dass bei bestehender Gütertrennung während der Ehe darauf zu achten ist, dass nicht Vermögenswerte „pro forma" auf den anderen Ehegatten lauten, so z.B. Pkws aufgrund der günstigeren Pkw-Versicherung u.a.

Im Falle einer Scheidung bestehen bei bestehender Gütertrennung grundsätzlich – mit 205 Ausnahme von ehebezogenen unbenannten Zuwendungen (hierzu siehe Teil 2, § 1 Rn 272 ff) – keinerlei Ausgleichsansprüche. Aus diesem Grunde können unter Umständen gerade bei Gütertrennung Regelungen zur **Rückforderung** und **Ausgleichung von Vermögen** im Scheidungsfall erforderlich sein (hierzu siehe Teil 2, § 1 Rn 300 ff).

Eine **Rückforderungsmöglichkeit** ist insbesondere unter Umständen dann sinnvoll, 206 wenn ein **gewerblicher Betrieb** vorhanden ist und Privatvermögen vor einem Zugriff der Gläubiger geschützt werden soll. Werden hier Vermögenswerte übertragen, besteht zwar nach den Grundsätzen des Wegfalls der Geschäftsgrundlage (unbenannte Zuwendungen) eine Rückforderungsmöglichkeit. Jedoch ist eine **ausdrückliche** Regelung auf jeden Fall vorzuziehen.

b) Rechtliche Ausgangssituation

aa) Inhalt der Vereinbarung

Die notarielle Urkunde muss **Belehrungen** für die Eheleute enthalten, insbesondere im 207 Hinblick auf die freie Verfügbarkeit, den fehlenden Zugewinn und auf die steuerlich nachteilige Behandlung im Todesfall (hierzu s. Teil 2, § 1 Rn 170 ff).

Der Abschluss des Vertrages wird heute regelmäßig nicht mehr im **Güterrechtsregister** 208 eingetragen, da die Beteiligten die Veröffentlichung scheuen. Die Erwähnung, dass je-

---

146 Zimmermann/Dorsel, a.a.O., Rn 15 zu § 9.

der Ehegatte die Eintragung allein bewirken kann, trägt der Vorschrift des § 1561 Abs. 2 Nr. 1 BGB Rechnung, wonach angeordnet ist, dass bei Vorlage eines Ehevertrages nur der beglaubigte Antrag **eines Ehepartners** genügt.[147]

209 Es ist an einen gegenteiligen **Pflichtteilsverzicht** zu denken, wenn die Ehegatten Gütertrennung vereinbaren, um eine komplette Vermögenstrennung auch für den Todesfall herbeizuführen, etwa bei der Wiederverheiratung von Ehegatten mit Kindern, die **alleine** die **Kinder** zu **Erben** einsetzen möchten. Generell ist immer auch die erbrechtliche Seite einer Vereinbarung mit den Parteien zu erörtern.[148]

bb) Eintragung in das Güterrechtsregister

210 Das Güterrechtsregister hat in der Praxis nahezu keine Funktion, da es keine güterrechtliche Maßnahme gibt, bei der die Eintragung in das Güterrechtsregister zum Schutz der Eheleute unerlässlich ist, während andererseits der Rechtsverkehr von der Einsichtsbefugnis keinen Gebrauch macht.[149]

211 Die Eintragung erfolgt nur auf Antrag, der in öffentlich beglaubigter Form zu stellen ist. Er wird im Bekanntmachungsblatt des Gerichts veröffentlicht. Jedermann kann ohne weiteres das Register einsehen und Abschriften aus dem Register verlangen. Nach § 1412 BGB hat das Register lediglich **negative Publizität**. Der **gute Glaube** an die Richtigkeit des Registers wird **nicht geschützt**, also z.B. nicht das Vertrauen auf die Wirksamkeit eines aufgrund unwirksamen Ehevertrages eingetragenen Vertragsgüterstandes. Vertrauen kann man nur dem **Schweigen** des Registers insoweit, als mangels Eintragungen vom gesetzlichen Güterstand, bei bestehender Eintragung und aufgrund wirksamen Rechtsgeschäfts vom Fortbestand des eingetragenen Zustandes ausgegangen werden darf.[150]

212 Das Güterrechtsregister wird beim Amtsgericht geführt, §§ 1558 ff BGB. Zuständig ist das Gericht des Wohnsitzes des Mannes.[151] Eintragungs**fähig** sind alle Tatsachen, die die Rechtslage Dritter im Verhältnis zu den Ehegatten unmittelbar beeinflussen. Dies sind **Eigentumszuordnung, Schuldenhaftung** und **Verfügungsbefugnis**.[152] Dagegen sind Zugewinnausgleich und Versorgungsausgleich Interna der Ehegatten. Die Unterscheidung ist erheblich für die Eintragungsfähigkeit von **Modifikationen** des gesetzlichen Güterstandes.[153]

cc) Erbteilserhöhung

213 Es ist zu beachten, dass die Gütertrennung zu einer **Erbteilserhöhung** für den überlebenden Ehegatten nach § 1931 Abs. 4 BGB führt und zwar neben **einem Kind** auf die **Hälfte** der Erbschaft, neben **zwei Kindern** auf **ein Drittel** der Erbschaft.

---

147 Münch, Ehebezogene Rechtsgeschäfte, Rn 467 zu Teil 2.
148 Münch, a.a.O., Rn 471 zu Teil 2.
149 Langenfeld, Handbuch der Eheverträge und Scheidungsvereinbarungen, Rn 800 zu Kap. 4.
150 Langenfeld, a.a.O., Rn 800 zu Kap. 4.
151 Langenfeld, a.a.O.
152 OLG Köln, FamRZ 1994, 1256.
153 Langenfeld, a.a.O., Rn 801 zu Kap. 4; MünchKomm/Kanzleiter, § 1558 Vorbem. 7 ff m.w.N.

dd) Verfügungsbeschränkungen

Die **Verfügungsbeschränkungen** der §§ 1365 ff BGB bestehen nicht.   214

ee) Wirksamkeits- und Inhaltskontrolle

Die Vereinbarung der Gütertrennung ist grundsätzlich zulässig, kann jedoch einer   215
Wirksamkeitskontrolle nach § 138 BGB unterliegen, wenn es sich um einen insgesamt
einseitig belastenden Vertrag handelt. Auch bei gravierenden nachträglichen Änderungen der ehelichen Lebensverhältnisse ist eine **Ausübungskontrolle** über § 242 BGB möglich (s.o. Teil 1, Rn 49 ff, 75, 208 ff).

ff) Ehebedingte Zuwendungen

Eine **Korrektur** der Vermögensverteilung bei Scheidung ist des Weiteren möglich auf   216
der Grundlage der Rechtsprechung der **ehebedingten** Zuwendungen. Diese Korrektur
kann durch Vertrag ausgeschlossen werden (hierzu siehe Teil 2, § 1 Rn 272 ff, 224,
234).

gg) Begründung des Güterstands der Gütertrennung

Gütertrennung wird begründet gem. § 1414 BGB durch   217
- Ausschluss oder Aufhebung des gesetzlichen Güterstandes,
- vollständigen Ausschluss der Zugewinngemeinschaft,
- vollständigen Ausschluss des Versorgungsausgleichs; wird der **Versorgungsaus-**
  gleich ausgeschlossen, muss zur Vermeidung von Auslegungsstreitigkeiten ausdrücklich geregelt werden, ob Gütertrennung gewollt ist oder nicht;
- Aufhebung der Gütergemeinschaft, falls sich nicht aus dem Ehevertrag etwas anderes ergibt;
- rechtskräftiges Urteil auf vorzeitigen Ausgleich des Zugewinns (§ 1388 BGB) oder
- rechtskräftiges Urteil auf Aufhebung der Gütergemeinschaft (§§ 1449 Abs. 1, 1470
  Abs. 1 BGB).

hh) Wirkung der Gütertrennung

Wird zwischen den Ehegatten der Güterstand der Gütertrennung vereinbart, so beste-   218
hen **völlig getrennte** Vermögensmassen:
- Es bestehen keinerlei Beschränkungen der **Verwaltungsrechte**, wie sie §§ 1365,
  1369 BGB beim gesetzlichen Güterstand vorsehen.
- Bei Beendigung der Ehe erfolgt kein **Ausgleich** des ehelichen Vermögenszuwachses.
- Der gesetzliche **Erbteil** des Ehegatten erhöht sich nicht (vgl. §§ 1371 Abs. 1, 1931
  Abs. 4 BGB); daraus folgt eine erhebliche Schlechterstellung, wenn
  – mehr als ein Kind vorhanden ist oder
  – keine Kinder vorhanden sind. Entsprechend ist der Ehegatte auch bei der Pflicht-
    teilsberechnung schlechter gestellt.[154]

---

154 Zimmermann/Dorsel, Eheverträge, Scheidungs- u. Unterhaltsvereinbarungen, Rn 1 zu § 9.

219 Keine Besonderheiten liegen vor im Hinblick auf die allgemeinen Ehewirkungen:
- **Eigentums**- und **Besitzvermutung** zu Gunsten des Gläubigers bleiben bestehen, §§ 1362 BGB, 739 ZPO.
- **Eheliche Anschaffungen** werden im Zweifel gemeinschaftliches Vermögen, § 1357 Abs. 1 S. 2 BGB.[155]

220 Zu prüfen ist, ob
- die Aufstellung eines **Vermögensverzeichnisses** erwünscht ist,
- der **Ausschluss** des § 1357 Abs. 1 S. 2 BGB von den Beteiligten gewollt ist, also der Ausschluss der Verfügungsbefugnis beider Ehegatten über Geschäfte zur angemessenen Deckung des Lebensbedarfs der Familie oder
- sich der gesetzliche Erbteil des Ehegatten trotz Gütertrennung erhöhen soll (§§ 1371 Abs. 1, 1931 Abs. 4 BGB).[156]

221 Darüber hinaus ist zu berücksichtigen, dass möglicherweise, trotz Bestehens der Gütertrennung, Ansprüche betreffend unbenannte Zuwendungen oder familienrechtlicher Vertrag, Wegfall der Geschäftsgrundlage, Ehegatten-Innengesellschaft gem. §§ 1351, 242 BGB bestehen können (hierzu s. Teil 2, § 1 Rn 272).

ii) Rücknahme des Scheidungsantrages

222 Wurde durch Ehevertrag der Versorgungsausgleich vollständig ausgeschlossen und vor Ablauf der Jahresfrist (§ 1408 Abs. 2 BGB) Scheidungsantrag gestellt, so ist der Ausschluss des Versorgungsausgleichs durch die Rechtshängigkeit des Scheidungsantrags unwirksam geworden, § 1408 Abs. 2 BGB.

223 Bei **Rücknahme** des Scheidungsantrags bleibt der Ausschluss **wirksam** bzw. lebt wieder auf.[157] Ob Gleiches bei unbegründetem Scheidungsantrag gilt, ist umstritten.[158] **Unklar** ist auch, ob die **Gütertrennung** bei Rücknahme des Scheidungsantrages bestehen bleibt bzw. wieder auflebt (ggf. ex nunc oder ex tunc?).
Diese Unklarheit hinsichtlich des Fortbestands der Gütertrennung sollte durch eine entsprechende **Klarstellung** im Ehevertrag beseitigt werden.[159]

224 **2. Muster: Vereinbarung Gütertrennung**

> Wir heben hiermit den gesetzlichen Güterstand auf und vereinbaren statt dessen **Gütertrennung** gem. § 1414 BGB. Jeder von uns soll **frei** von den **Beschränkungen** aus § 1365 und § 1369 BGB ohne Zustimmung des anderen Ehegatten über sein Vermögen, auch über sein Vermögen im Ganzen oder über Gegenstände des ehelichen Haushaltes verfügen und sich zu solchen Verfügungen verpflichten können. Die in § 1371 Abs. 1 BGB vorgesehene **Erhöhung** des **gesetzlichen Erbteils** des Überlebenden um eins und seine Verpflichtung gem. § 1371 Abs. 4 BGB, aus diesem zusätzlichen Viertel der Erbschaft etwaigen Abkömmlingen, die nicht aus unserer Ehe stammen, bei Bedarf die Mittel zu einer angemessenen Ausbildung zu gewähren, sollen **entfallen**. Ein in unserer Ehe erzielter Zugewinn soll nicht

---

155 Zimmermann/Dorsel, a.a.O., Rn 2 zu § 9.
156 Zimmermann/Dorsel, a.a.O., Rn 3 zu § 9.
157 Zimmermann/Dorsel, a.a.O., Rn 9 zu § 9 i.A. an BGH, FamRZ 1986, 788.
158 OLG Frankfurt, NJW-RR 1990, 582; Zimmermann/Dorsel, a.a.O., Rn 9 zu § 9.
159 Zimmermann/Dorsel, a.a.O., Rn 9 zu § 9.

nach Maßgabe der §§ 1372 ff BGB ausgeglichen werden. Wir verzichten ausdrücklich wechselseitig auf alle etwa insoweit bestehenden und entstehenden Ansprüche und nehmen diese Verzichtserklärung gegenseitig an.[160]

Alternative 1: Gütertrennung mit Rücktrittsvorbehalt

Ein jeder der Beteiligten behält sich jedoch ein **Rücktrittsrecht** von dieser Vereinbarung vor für den Fall, dass er seine Berufstätigkeit aufgibt oder auf weniger als die Hälfte der üblichen wöchentlichen Arbeitszeit reduziert. Der Rücktritt bedarf der notariellen Beurkundung und der förmlichen **Zustellung** an den Erklärungsgegner. Im Falle des Rücktritts **entfällt** die **Gütertrennung** im Innenverhältnis **rückwirkend** vollständig (oder: mit Wirkung ab **Zustellung** des Rücktritts).[161]

Alternative 2: Gütertrennung mit auflösender Bedingung

Sollte aus unserer Ehe ein **Kind** hervorgehen oder sollten wir ein Kind adoptieren, so soll mit Geburt des Kindes bzw. mit Wirksamwerden der Adoption an Stelle der Gütertrennung der gesetzliche Güterstand der **Zugewinngemeinschaft** treten.[162]

Alternative 3: Gütertrennung und ehebedingte Zuwendungen

Die Beteiligten vereinbaren den Güterstand der Gütertrennung gem. § 1414 BGB. Sie **schließen** darüber hinaus die **Rückforderung** oder den wirtschaftlichen Ausgleich von Zuwendungen, die während der Ehe zwischen den Ehegatten gemacht wurden, bei Beendigung der Ehe **aus** und zwar unabhängig von dem Grund der Beendigung. Jedem Ehegatten bleibt vorbehalten, im Falle einer einzelnen Zuwendung abweichend **schriftlich vorzubehalten**, dass die Rückforderung bei Beendigung der Ehe erfolgen kann.

Die Beteiligten setzen sich gegenseitig, der Erstversterbende den Längstlebenden zum alleinigen Erben ein, gleichviel, ob und welche Pflichtteilsberechtigte beim Tode des Erstversterbenden vorhanden sein werden.

Alternative 4: Gütertrennung und Ausgleichsanspruch

Für den Fall der Beendigung der Ehe verpflichtet sich der Ehemann, mit Wirkung für seine Erben zur Zahlung einer monatlich zum 1. eines Monats im Voraus zu gewährenden Geldrente in Höhe von Euro ■■■ auf Lebzeiten (evtl. Wertsicherung/Beendigung bei Wiederheirat usw. ähnlich der Unterhaltsregelung siehe Teil 3, § 4 Rn 40). Diese Rente ist durch Eintragung einer Reallast an rangerster Stelle auf dem Grundbesitz in ■■■ zu sichern.

II. Aufhebung der Gütertrennung

1. Beratung

a) Tatsächliche Ausgangssituation

Die Eheleute haben Gütertrennung vereinbart, möchten jedoch nunmehr gegen **Pflicht-** **225** **teilsansprüche** ihrer gemeinsamen Kinder so weit wie möglich **abgesichert** sein, §§ 2303 Abs. 1, 1371 Abs. 1 BGB. Entsprechendes gilt mit Blick auf den Freibetrag des überlebenden Ehegatten gem. § 5 Abs. 1 ErbStG.

---

160 Zimmermann/Dorsel, a.a.O., Rn 23 zu § 9.
161 Zimmermann/Dorsel, Eheverträge, Scheidungs- u. Unterhaltsvereinbarungen, Rn 27 zu § 9.
162 Zimmermann/Dorsel, a.a.O., Rn 28 zu § 9.

b) Rechtliche Ausgangssituation

226 Die Gütertrennung kann wie jeder Güterstand jederzeit aufgehoben werden. Die Aufhebung der Gütertrennung kann **rückwirkend** auf den Ehebeginn vereinbart werden.[163] In diesem Fall ist **Anfangsvermögen** i. S. von § 1374 Abs. 1 BGB das Vermögen, das jeder Ehegatte bei Beginn der Ehe hatte.

227 Fehlt eine entsprechende Erklärung über die Rückwirkung der Vereinbarung des gesetzlichen Güterstandes, so wird Anfangsvermögen i. S. von § 1374 Abs. 1 BGB das Vermögen, das jeder Ehegatte bei Abschluss des Ehevertrages hatte, durch den der gesetzliche Güterstand vereinbart wurde.[164] (Zur rückwirkenden Vereinbarung der Zugewinngemeinschaft s. auch Teil 2, § 1 Rn 190 ff).

228 Zu beachten ist, dass die Vereinbarung rückwirkender Zugewinngemeinschaft im Rahmen des **Schenkungsteuerrechts** eine Schenkung darstellen kann, wenn sie eine **erhöhte Zugewinnausgleichsforderung** bewirkt und nicht in erster Linie güterrechtlich, sondern **erbrechtlich motiviert** ist.

229 ### 2. Muster:[165] Aufhebung der Gütertrennung

29

> Durch Ehevertrag vom ■■■ des Notars ■■■ UR-Nr ■■■ haben wir Gütertrennung vereinbart. Wie heben diese rückwirkend vollständig auf und vereinbaren für die gesamte Dauer unserer Ehe den gesetzlichen Güterstand der Zugewinngemeinschaft.
> Eine Eintragung der Gütertrennung in das Güterrechtsregister ist nicht erfolgt.
> **Alternative 1:**[166]
> Wir leben seit unserer Eheschließung im Güterstand der Zugewinngemeinschaft. Mit Ehevertrag des Notars ■■■ in ■■■ vom ■■■ hatten wir den Güterstand der Gütertrennung vereinbart und den **Zugewinn** von der Eheschließung bis zur Vereinbarung der Gütertrennung **ausgeglichen.**
> Eine Eintragung in das Güterrechtsregister war nicht erfolgt.
> Hiermit heben wir diesen Güterstand der Gütertrennung auf und vereinbaren für unsere Ehe **erneut** den Güterstand der **Zugewinngemeinschaft.** Diese Aufhebung der Gütertrennung wirkt ab dem heutigen Tage.
> Das wesentliche Vermögen eines jeden von uns ist jeweils in einem dieser Urkunde als wesentlicher Bestandteil beigeschlossenem **Vermögensverzeichnis** näher aufgeführt.
> Dieses Vermögen gilt jeweils als Anfangsvermögen.
> Die Anlage, auf die hiermit verwiesen wird, ist wesentlicher Bestandteil und damit Inhalt und Gegenstand dieser Urkunde. Sie wurde vom Notar mitverlesen.
> **Alternative 2:**
> Wir vereinbaren hiermit **ab sofort** den gesetzlichen Güterstand der Zugewinngemeinschaft nach den Bestimmungen des Bürgerlichen Gesetzbuches.
> Über die Bestimmungen des neu vereinbarten Güterstandes wurden wir eingehend belehrt. Dieser soll uneingeschränkt Anwendung finden. Wir vereinbaren ausdrücklich, dass das Anfangsvermögen eines Ehegatten das Vermögen ist, das jedem von uns **derzeit**

---

163 Zimmermann/Dorsel, a.a.O., Rn 39 zu § 9.
164 Zimmermann/Dorsel, a.a.O., Rn 39 zu § 9.
165 Zimmermann/Dorsel, a.a.O. Rn 38 zu § 9.
166 Münch, Ehebezogene Rechtsgeschäfte, Rn 482 zu Teil 2.

gehört. Auf Einzelaufführung des Vermögens wird ausdrücklich verzichtet. Ebenso wird auf die Erstellung eines Vermögensverzeichnisses, trotz Belehrung durch den Notar, verzichtet (bedenklich wegen Beweislast!).

Zugewinnausgleichsansprüche vom Zeitpunkt der **Eheschließung** bis zum heutigen Tage sind nach Angabe nicht entstanden bzw. werden diese vorsorglich hiermit **gegenseitig ausgeschlossen**.

Beratungshinweis: 230

Diese Vertragsgestaltung betrifft den Fall, dass die Zugewinngemeinschaft erst mit **dem Ehevertrag** beginnen soll, welcher die Gütertrennung aufhebt. Es ist dringend zu empfehlen, das jeweilige Anfangsvermögen in Form eines Vermögensverzeichnisses aufzulisten, wenn die Vermutung des § 1377 Abs. 3 BGB später entkräftet werden soll.

III. Vereinbarung Gütertrennung; Ausschluss Rückforderungen wegen unbenannter Zuwendungen u.a.

1. Beratung

a) Tatsächliche Ausgangssituation

Eine ehebezogene Zuwendung liegt vor, wenn ein Ehegatte dem anderen einen Ver-   231
mögenswert **um der Ehe Willen und als Beitrag zur Verwirklichung und Ausgestaltung, Erhaltung oder Sicherung der ehelichen Lebensgemeinschaft** zukommen lässt, wobei er die Vorstellung hat, dass die eheliche Lebensgemeinschaft Bestand hat und er weiter an dem Vermögenswert teilhaben wird. Darin liegt die **Geschäftsgrundlage** der **Zuwendung.**[167]

Da es bei Gütertrennung grundsätzlich keiner Prüfung bedarf, ob eine angemessene Lö-   232
sung über die güterrechtlichen Vorschriften möglich ist, kommen Rückforderungsansprüche wegen unbenannter Zuwendungen bei dem Güterstand der Gütertrennung eher in Betracht als bei Zugewinngemeinschaft.[168, 169]

b) Rechtliche Ausgangssituation

Es kann ausdrücklich vereinbart werden, dass **Zuwendungen** während der Ehezeit **nicht**   233
das Bestehen der Ehe als **Geschäftsgrundlage** haben. Des Weiteren kann die Vermutung einer Ehegatten-Innengesellschaft ausgeschlossen werden.

---

167 Heiß, Das Mandat im Familienrecht, Rn 334 zu Teil 10; BGH, FamRZ 1999, 1580, 1592; FamRZ 1997, 933; 1992, 300.
168 Heiß, a.a.O., Rn 350 zu Teil 10.
169 Zu den Voraussetzungen der Rückgewährsansprüche, zur Höhe und Art der Rückgewähr s. im Einzelnen: Heiß, Das Mandat im Familienrecht, Rn 350 ff zu Teil 10 sowie Teil 2, § 1 Rn 272 ff.

234 **2. Muster:**[170] **Vereinbarung Gütertrennung; Ausschluss Rückforderungen wegen unbenannter Zuwendungen u.a.**

Im Einzelnen s. zur Vereinbarung der Gütertrennung auch Teil 3 Notarielle Scheidungsvereinbarungen Teil 3, § 2 Rn 232 ff.

Wir vereinbaren für unsere künftige Ehe den Güterstand der Gütertrennung und schließen deshalb den gesetzlichen Güterstand aus.

Der Notar hat uns darauf hingewiesen, dass durch die Vereinbarung der Gütertrennung ein Ausgleich des Zugewinns bei Beendigung der Ehe, insbesondere nach einer Scheidung, nicht stattfindet, dass sich das gesetzliche **Erbrecht** und das **Pflichtteilsrecht** vermindern können und dass keinerlei **Verfügungsbeschränkungen** zu Gunsten des anderen Ehegatten bestehen.

Zuwendungen eines Ehegatten an den anderen sollen bei Scheidung der Ehe nicht zurückgefordert werden können, sie sollen auch zu **keinerlei Ausgleichsansprüchen** führen. Die Scheidung der Ehe bildet nicht die **Geschäftsgrundlage** für künftige Zuwendungen zwischen den Ehegatten. Dies gilt unabhängig vom Verschulden am Scheitern der Ehe. Eine Rückforderung oder ein Vermögensausgleich erfolgen nur dann, wenn dies bei der Zuwendung ausdrücklich vereinbart wurde. Die Annahme einer Ehegatten-Innengesellschaft wird ausgeschlossen, es sei denn, eine solche sei ausdrücklich und schriftlich vereinbart.

Alternative:

Wir sind uns darüber einig, dass mit Abschluss und Durchführung dieses Vertrages **keinerlei** güterrechtliche oder **vermögensrechtliche Ansprüche** zwischen uns hinsichtlich der vergangenen Ehezeit gegeneinander mehr bestehen, gleich aus welchem Rechtsgrund sie hergeleitet werden mögen, insbesondere keine Ansprüche wegen Wegfalls der **Geschäftsgrundlage** oder aus einer **Ehegatten-Innengesellschaft** sowie aus einem etwaigen **Gesamtschuldnerausgleich**.

Von etwaigen **Ansprüchen** der Eltern gegen das Schwiegerkind **stellen** wir uns wechselseitig **frei**. Dies gilt unabhängig davon, ob die vorstehenden Ansprüche bei Abschluss dieses Vertrages bekannt sind oder nicht.

235 **Beratungshinweis:**

Bei dieser Vereinbarung ist zu bedenken, ob neben dem ggf. auszugleichenden Zugewinn noch andere Ansprüche, z.B. wegen Wegfalls der Geschäftsgrundlage (unbenannte Zuwendungen), aus Ehegatten-Innengesellschaft, aus einem Gesamtschuldverhältnis oder aus Miteigentum oder Arbeitsverhältnissen besteht.

Einer Klarstellung bedarf auch eine etwaige Regelung von Zuwendungen seitens der Schwiegereltern (zur Rechtslage s. Teil 2, § 1 Rn 350 ff).

---

170 Langenfeld, Handbuch der Eheverträge und Scheidungsvereinbarungen, Rn 533 zu Kap. 4.

C. Gütergemeinschaft

I. Vereinbarung Gütergemeinschaft

1. Beratung

a) Tatsächliche Ausgangssituation

Gütergemeinschaft wird häufig im landwirtschaftlichen Bereich vereinbart, wobei jedoch nicht bedacht wird, dass die Bewertung der Landwirtschaft nach dem **Verkehrswert** zu erfolgen hat, während bei Bestehen der Zugewinngemeinschaft die Bewertung gem. § 1376 Abs. 4 nur nach dem sehr **niedrigen Ertragswert** erfolgt, der sich i.d.R. nur in den seltensten Fällen während der Ehe steigert.   236

Häufig wird der Güterstand der Gütergemeinschaft vereinbart i.V. mit der **Übergabe** eines **landwirtschaftlichen** Anwesens. Gewollt ist in diesen Fällen, dass der einheiratende Ehegatte an dem vorhandenen Vermögen, also z.B. dem landwirtschaftlichen Betrieb, in gleicher Weise beteiligt wird.   237

Dies geschieht bei der Vereinbarung der Gütergemeinschaft in der Weise, dass sämtliche Vermögensgegenstände **Gemeinschaftseigentum** werden, ohne dass es eines Übertragungsvorganges bedarf, § 1416 Abs. 2 BGB. Auch wird der Güterstand der Gütergemeinschaft häufig vereinbart, um **Pflichtteilsansprüche** zu verringern.   238

In der Landwirtschaft wurde häufig deshalb Gütergemeinschaft vereinbart, weil der andere Ehegatte mitgearbeitet hat, jedoch kein messbarer Vermögenszuwachs hinsichtlich des landwirtschaftlichen **Ertragswertes** erzielt wurde, sodass die Zugewinngemeinschaft wegen § 1376 Abs. 4 BGB nicht zu Ansprüchen geführt hätte. Dem gegenüber ist bei vereinbarter Gütergemeinschaft in der Regel bei der Auseinandersetzung der **Verkehrswert** in Ansatz zu bringen.   239

Beratungshinweis: 240

Auf die Frage, welcher Güterstand zwischen den Parteien besteht, wird oft erklärt, man lebe im Güterstand der Gütergemeinschaft. Dieser Begriff wird in der Praxis häufig verwechselt mit dem Begriff der Zugewinngemeinschaft.
Darüber hinaus gehen die Parteien i.d.R. davon aus, dass eine Gütergemeinschaft bei Scheidung in der Weise auseinandergesetzt wird, dass jede der Parteien ½ des vorhandenen Vermögens erhält.
Dies ist **falsch**.
Vielmehr erfolgt der Ausgleich bei Beendigung des Güterstandes der Gütergemeinschaft **ähnlich** der Auseinandersetzung bei **Zugewinngemeinschaft**. (Hierzu siehe Teil 2, § 1 Rn 4 ff)
Zu klären ist, ob die Ehegatten eine **fortgesetzte Gütergemeinschaft** vereinbaren wollen, §§ 1483 ff BGB. In diesem Fall würde die gesamthänderische Bindung (Teil 2, § 1 Rn 262 ff) mit den **Erben** fortgesetzt werden, was wohl i.d.R. nicht gewünscht ist.
Andererseits können **steuerliche** Gesichtspunkte für die fortgesetzte Gütergemeinschaft sprechen, so z.B.

- Vererbung eines Landgutes zum Ertragswert; § 1515 Abs. 2 BGB;
- Vermeidung der **Doppelbesteuerung** des Erbes: Der überlebende Ehegatte wird bezüglich des Anteils des Verstorbenen am Gesamtgut **nicht Erbe**, sodass – anders als bei einer Vorerbschaft – erbschaftsteuerlich **keine Doppelbesteuerung stattfindet**, § 4 ErbStG.[171]

b) Rechtliche Ausgangssituation

aa) Notarielle Vereinbarung

241 Die Gütergemeinschaft muss durch Ehevertrag vereinbart werden. Dies kann vor oder während der Ehe geschehen. Enthält der Ehevertrag keine ausdrückliche Bestimmung bezüglich der Verwaltung, so tritt **gemeinschaftliche** Verwaltung nach § 1421 BGB ein.

242 Gütergemeinschaft kann grundsätzlich nur durch einen **notariellen Ehevertrag** vereinbart werden. Mit Abschluss dieser Vereinbarung wird das gesamte Vermögen der Ehegatten **Gesamtgut**. Der Vermögenszuwachs durch Eintritt der Gütergemeinschaft ist **schenkungsteuerpflichtig**[172] (im Einzelnen s. Teil 2, § 6 Rn 1).

243 **Beratungshinweis:**

Die Parteien müssen darauf hingewiesen werden, dass bei Vereinbarung der Gütergemeinschaft das Gesamtgut für **sämtliche** Verbindlichkeiten **beider Ehegatten** haftet, also z.B. auch für Unterhaltsansprüche, die gegen den anderen Ehegatten gerichtet sind. Darüber hinaus ist die Vorschrift des § 1604 BGB zu beachten, wonach sich die **Unterhaltpflicht** eines Ehepartners gegenüber seinen Verwandten so bestimmt, wie wenn das **Gesamtgut** dem **unterhaltspflichtigen** Ehegatten gehörte.

bb) Fortgesetzte Gütergemeinschaft

244 **Fortgesetzte** Gütergemeinschaft tritt nur dann ein, wenn sie ausdrücklich vereinbart ist, § 1483 BGB. Zur fortgesetzten Gütergemeinschaft s. *Langenfeld*, Handbuch der Eheverträge und Scheidungsvereinbarungen, Rn 607 ff zu Kap. 4 sowie oben Teil 2, § 1 Rn 240, 262 ff.

cc) Eintragung in das Güterrechtsregister, Grundbuchberichtigung

245 Die Eintragung der Gütergemeinschaft in das **Güterrechtsregister** ist fakultativ, empfiehlt sich jedoch regelmäßig bei Bildung von **Vorbehaltsgut**, da diese gem. § 1418 Abs. 4 BGB Dritten gegenüber nur nach Maßgabe des § 1412 BGB wirksam ist.[173]

246 Bei Vereinbarung von Gütergemeinschaft wird das gesamte bisherige Vermögen der Ehegatten **gemeinschaftlich**, soweit **nicht Vorbehaltsgut** begründet wird. Bei Vorhandensein von Immobilien ist das Grundbuch auf Antrag zu berichtigen, § 22 GBO. Regelmäßig wird der entsprechende Grundbuchberichtigungsantrag in die notarielle Ver-

---

171 Zimmermann/Dorsel, Eheverträge, Scheidungs- u. Unterhaltsvereinbarungen, Rn 8 zu § 10.
172 Zimmermann/Dorsel, a.a.O., Rn 6 zu § 10.
173 Langenfeld, Handbuch der Eheverträge und Scheidungsvereinbarungen, Rn 572 zu Kap. 4.

einbarung mit aufgenommen und vom Notar an das Grundbuchamt weitergeleitet zum Zwecke der Grundbuchberichtigung.

dd) Nachteile der Gütergemeinschaft

Grundsätzlich **überwiegen die Nachteile** der Gütergemeinschaft so sehr, dass sie kaum   247
noch empfohlen werden kann. Dies betrifft, abgesehen von der nahezu unlösbaren Auseinandersetzung (hierzu siehe unten sowie nachfolgend Rn 248), insbesondere auch die **Haftungsgemeinschaft** der Ehegatten, so z.B. die Gesamthaftung für unerlaubte Handlungen und die Gesamthaftung für Unterhaltsschulden beider Ehegatten.

- Verstirbt der bei Eingehung der Ehe unbemittelte Ehegatte vor dem Ehegatten, der erhebliches Vermögen in das Gesamtgut eingebracht hat, so muss, soweit die Freigrenzen überschritten werden, der **überlebende** Ehegatte sein **eigenes eingebrachtes Vermögen** bei der Erbschaftsteuer versteuern, da es in Höhe der Gesamtgutshälfte des Verstorbenen formell von diesem kommt.[174]
- Nach § 7 Abs. 1 Nr. 4 ErbStG gilt die **Bereicherung**, die ein Ehegatte bei Vereinbarung der Gütergemeinschaft erfährt, als **Schenkung** unter Lebenden. Auch hier droht also bei Überschreitung der Freigrenzen die **Schenkungsteuerpflicht.**[175]
- Gehört einem Ehegatten ein **gewerblicher Betrieb**, so führt die Vereinbarung der Gütergemeinschaft nicht zur Aufdeckung stiller Reserven des Betriebsvermögens, soweit der Ehegatte, wie regelmäßig, Mitunternehmer des Betriebes wird und die Buchwerte fortführt.[176] Anlässlich der Auseinandersetzung der Gütergemeinschaft bei Auflösung können **steuerpflichtige Entnahmegewinne** entstehen, soweit sich **betrieblich genutztes Vermögen** im Gesamtgut befindet.[177]
- Der Nachteil der Gütergemeinschaft besteht zum einen in einer äußerst **komplizierten Auseinandersetzungsregelung.** Im **Streitfall** kann ein solches Verfahren mehrere Jahre in Anspruch nehmen.
  - Die Hauptproblematik liegt in der Tatsache, dass anders als bei Auseinandersetzung der Zugewinngemeinschaft, ein **Stichtag** für die Vermögensauseinandersetzung vereinbart werden muss, falls im Scheidungsverbund Klage auf Auseinandersetzung der Gütergemeinschaft erhoben wird.
  - Jeder Ehegatte hat gegen den anderen aus § 1471 BGB nach Beendigung der Gütergemeinschaft (Rechtskraft der Scheidung) einen Anspruch auf Auseinandersetzung des Gesamtguts, wobei es **zulässig** ist, die Auseinandersetzungsklage im **Verbund** mit der Ehescheidung zu erheben.[178]
  - Da das Gericht **keine Gestaltungsfreiheit** hat und damit nur der Klage stattgeben oder die Klage abweisen kann,[179] muss von der Möglichkeit der **Stellung** von **Hilfsanträgen** Gebrauch gemacht werden. Der **Richter** muss auch im Prozessverlauf auf weitere **Hilfsanträge hinwirken.**[180]

---

174 Langenfeld, a.a.O., Rn 601 zu Kap. 4.
175 Langenfeld, a.a.O., Rn 602 zu Kap. 4.
176 BMF v 20.11.1972, DStR 1973, 30.
177 Langenfeld, a.a.O., Rn 606 zu Kap. 4.
178 BGH FamRZ 1984, 254.
179 Heiß, Das Mandat im Familienrecht, Rn 590 zu Teil 10; BGH FamRZ 1988, 813, 814.
180 Heiß, Das Mandat im Familienrecht a.a.O.; BGH FamRZ 1988, 813, 814.

- Bei **Auseinandersetzung** der Gütergemeinschaft bei Scheidung sind zunächst die Gesamtgutsverbindlichkeiten zu berichtigen,[181] § 1475 Abs. 1 S. 1 BGB.
  - Sind hierfür nicht genügend flüssige Mittel vorhanden, ist „das **Gesamtgut in Geld umzusetzen**",[182] § 1475 Abs. 3 BGB.

248 **Beratungshinweis:**

Bereits hieran scheitert i.d.R. eine Klage auf Auseinandersetzung der Gütergemeinschaft, da von beiden Parteien eine Veräußerung des Gesamtguts zum Zwecke der Schuldentilgung nicht gewünscht wird. Möglich ist jedoch, dass die Schuldentilgung durch eine bereits abgeschlossene **Entlassung aus der Mithaftung** ersetzt wird.[183]

- Ein weiterer nicht unerheblicher Nachteil liegt darin, dass das **Gesamtgut** und auch die Ehegatten **persönlich** für Verbindlichkeiten haften, die
  - vor Eintritt in den Güterstand begründet wurden,
  - die nach dem Gesetz begründet wurden, § 1459 BGB,
  - Haftung auch für Unterhaltsansprüche besteht, die den anderen Ehegatten betreffen, vor allem z.B. gegenüber **pflegebedürftigen Eltern** des anderen Ehegatten. Hierzu siehe jedoch die Rechtsprechung des BGH,[184] wonach eine Eingrenzung für Unterhaltsansprüche von Eltern gegen ihre Kinder vorgenommen wurde.
- Der **Ehegattenpflichtteil** ist in der Gütergemeinschaft niedrig und dem entsprechend der Pflichtteil der Kinder hoch, da keine gesetzliche Erbteilserhöhung eintritt.
- Zu berücksichtigen sind auch schenkungsteuerliche Auswirkungen, da § 7 Abs. 1 Nr. 4 ErbStG den Vorgang der Eingehung einer Gütergemeinschaft der Schenkungsteuer unterwirft (hierzu im Einzelnen siehe Teil 2, § 6 Rn 1).
- Zum **eigenbewohnten Objekt** siehe § 13 Abs. 1 Nr. 4 a ErbStG.
- Die Gesamthandsgemeinschaft wirkt sich so aus, dass **kein Ehegatte Teilung verlangen** und kein Ehegatte über seinen Anteil am Gesamtgut oder über einen Anteil an Gegenständen, die zum Gesamtgut gehören, **verfügen** kann, § 1419 BGB. Der Gesamtgutanteil ist **nicht pfändbar** (§ 860 Abs. 1 ZPO) und gehört im Falle einer **Insolvenz** nicht zur Masse (§ 36 Abs. 1 InsO).[185]

ee) Übernahmerecht, Wertersatz

249 Das **Übernahmerecht** hinsichtlich eingebrachter Gegenstände nach § 1467 Abs. 2 BGB und der Anspruch auf **Werterstattung** für eingebrachte Gegenstände nach § 1478 BGB können nebeneinander ausgeübt werden.[186] Die Ansprüche auf Wertersatz sowie die Ansprüche des rückfordernden Ehegatten auf Wertrückerstattung werden **miteinander verrechnet**, sodass dem Gesamtgut bei Wertsteigerung des eingebrachten Gegenstandes zwischen den Zeitpunkten der Einbringung und Rückforderung lediglich der **inflations-**

---

181 Heiß, Das Mandat im Familienrecht, Rn 244 zu Teil 10.
182 Heiß, a.a.O.
183 Heiß, a.a.O., Rn 250 zu Teil 10; BGH, FamRZ 1988, 813.
184 BGH Mitt BayNot 2003, 132 f.
185 Münch, Ehebezogene Rechtsgeschäfte, Rn 187 zu Teil 1.
186 BGH FamRZ 1982, 991; BGH, FamRZ 1986, 40/41; BGH, NJW-RR 1986, 1132.

bereinigte Mehrwert zur **hälftigen** Teilung zwischen den Ehegatten verbleibt. Im **Ergebnis** entspricht dies der Rechtslage im **gesetzlichen Güterstand.**[187]

Beratungshinweis: 250

Übernimmt ein Ehegatte das mit einem **Darlehen** belastete Grundstück und zugleich die Alleinschuld (im Rahmen der Auseinandersetzung der Gütergemeinschaft), so ist in diesen Fällen zu beachten, dass der **Saldo** des Grundpfanddarlehens **nur einmal abgezogen werden darf** und zwar zweckmäßigerweise bei der Wertermittlung des Grundstücks.[188] Wurde das Grundpfanddarlehen bereits beim **Grundstückswert** abgezogen, darf es nicht nochmals vom **Übernahmepreis** abgezogen werden.

■ Werden während des Bestehens der Gütergemeinschaft Gegenstände aus dem **Vorbehalts- oder Sondergut** eines Ehegatten in das Gesamtgut **eingebracht**, so will *Kanzleiter*[189] dem einbringenden Ehegatten bei Beendigung des Güterstandes das **Übernahmerecht** des § 1477 Abs. 2 BGB zugestehen. *Langenfeld*[190] weist darauf hin, dass für eine derartige erweiternde Auslegung des § 1477 Abs. 2 BGB kein Bedürfnis besteht, da die Einbringung in das Gesamtgut regelmäßig in der Absicht geschieht, hinsichtlich dieser Gegenstände die Alleinberechtigung endgültig aufzugeben. Im Übrigen bestehe die Möglichkeit, ein Rückforderungsrecht vertraglich vorzubehalten.

ff) Vereinbarungen von Vorbehaltsgut

Die Bestimmung des Vorbehaltsguts ergibt sich aus § 1418 BGB. 251
Vorbehaltsgut ist jenes Vermögen, das
■ durch **Ehevertrag** hierzu erklärt wurde,
■ durch **Dritte** unentgeltlich – ausreichend ist eine gemischte Schenkung, sofern nur eine gleichwertige Gegenleistung vorliegt[191] –
■ oder von **Todes** wegen zugewendet wurde mit der Bestimmung des Dritten, es solle Vorbehaltsgut sein,
■ als Frucht und Surrogat von Vorbehaltsgut anzusehen ist. Das Gesetz lässt auch ein rein rechtsgeschäftliches **Surrogat** bei einem objektiven Zusammenhang mit dem Vorbehaltsgut zu, wenn der Ehegatte das Rechtsgeschäft subjektiv auf das Vorbehaltsgut bezieht, auch wenn der Erwerb nicht aus Mitteln des Vorbehaltsgutes erfolgt.[192]

Dritten gegenüber kann die Eigenschaft als Vorbehaltsgut nur geltend gemacht werden, 252
wenn das Vorbehaltsgut im **Güterrechtsregister** eingetragen ist, § 1418 Abs. 4 BGB. Im **Grundbuch** ist der Ehegatte als Alleineigentümer einzutragen, die Eigenschaft als Vorbehaltsgut kann dort jedoch nicht vermerkt werden.

---

187   Langenfeld, a.a.O., Rn 625 zu Kap. 4.
188   Langenfeld, a.a.O., Rn 630 zu Kap. 4.
189   MünchKomm/Kanzleiter § 1477 Rn 5.
190   Langenfeld, a.a.O., Rn 639 zu Kap. 4.
191   Münch, a.a.O., Rn 193 zu Teil 1; MünchKomm/Kanzleiter, § 1418 Rn 7.
192   Münch, a.a.O., Rn 193 zu Teil 1.

gg) Unterschiede zwischen gesetzlichem Güterstand und Gütergemeinschaft

- Der Wertzuwachs bei Vorbehalts- und Sondergut wird bei Scheidung nicht ausgeglichen.
- Im Erbfall erhält der überlebende Ehegatte keinen Zugewinnzuschlag entsprechend § 1371 Abs. 1 BGB (hierzu ergänzend s.o. Teil 2, § 1 Rn 169 ff).
- Stirbt der ohne Vermögen eingetretene Ehegatte, ist sein Anteil gleichwohl Nachlass und damit erbschaftsteuerpflichtig.[193]

253 **Beratungshinweis:**

Abgesehen von den für die Ehegatten eintretenden haftungsrechtlichen Folgen der Vereinbarung einer Gütergemeinschaft ist auch im Hinblick auf die prozessualen Probleme bei der Auseinandersetzung der Gütergemeinschaft von diesem Güterstand grundsätzlich abzuraten.

Steuerlich ist zu beachten, dass aufgrund der Gesamthandsgemeinschaft **Ehegattenarbeitsverhältnisse** ohne Vorbehaltsgutregelung **steuerlich** nicht anerkannt werden.[194]

254 **2. Muster: Vereinbarung Gütergemeinschaft**

Wir vereinbaren hiermit als ehelichen Güterstand die Gütergemeinschaft. Wir **verwalten** das Gesamtgut **gemeinschaftlich**. Wir beantragen, die Gütergemeinschaft und die gemeinsame Verwaltung in das **Güterrechtsregister** einzutragen. Wir beantragen **Grundbuchberichtigung** im Grundbuch von ■■■ hinsichtlich des bisher auf den Ehemann allein eingetragenen Grundstücks ■■■

Der Notar wird beauftragt, die Anträge beim Registergericht und Grundbuchamt einzureichen.

Um Vollzugsnachricht an den beurkundenden Notar wird gebeten.

Alternative 1:[195] Gütergemeinschaft mit Bestimmung Vorbehaltsgut

Wir vereinbaren den Güterstand der Gütergemeinschaft. Die Verwaltung des Gesamtguts steht beiden Ehegatten gemeinschaftlich zu. Diese **bevollmächtigen** sich wechselseitig, füreinander alle Rechtsgeschäfte und Rechtshandlungen vorzunehmen und Erklärungen entgegenzunehmen einschließlich Grundstücksgeschäften und zwar befreit von den Beschränkungen des § 181 BGB.

Sämtliches Vermögen, das bei **Beginn der Ehe** bereits vorhanden war, erklären wir zum **Vorbehaltsgut**. Insoweit wird auf die anliegende Auflistung verwiesen. Der Nießbrauch der Ehefrau am Grundbesitz ■■■ wird ebenfalls zum Vorbehaltsgut erklärt. Gleiches gilt für **Zuwendungen** von Seiten eines Dritten oder Erwerbe von Todes wegen während der Ehe, **unabhängig** davon, ob der **Dritte** dies **bestimmt**.

Alternative 2: Privilegiertes Vermögen und „Anfangsvermögen" als Vorbehaltsgut

Wir sind uns darüber einig, dass dasjenige Vermögen, das ein Ehegatte künftig von **Todes** wegen erwirbt oder das ihm von einem Dritten **unentgeltlich** zugewendet wird, sein **Vorbehaltsgut** ist. Dies gilt unabhängig davon, ob ein Erblasser oder Dritter eine entsprechende Bestimmung trifft.

---

193 Zimmermann/Dorsel, Eheverträge, Scheidungs- u. Unterhaltsvereinbarungen, Rn 4 zu § 10.
194 Zimmermann/Dorsel, a.a.O., Rn 9 zu § 10.
195 Zimmermann/Dorsel, a.a.O., Rn 13 zu § 10.

Die Vermögensgüter, welche die Ehegatten **bisher** schon auf diese Weise **erworben** oder sonst in die Ehe mitgebracht haben, sind gleichfalls Vorbehaltsgut. Sie sind in der Anlage 1 aufgeführt. Die Anlage wurde mit verlesen. Sie ist wesentlicher Bestandteil und somit Inhalt und Gegenstand dieser Urkunde.

Alternative 3: Immobilien bzw. Betrieb als Vorbehaltsgut

Wir sind uns darüber einig, dass sämtliche jetzt oder künftig von einem Ehegatten gehaltene **Immobilien** Vorbehaltsgut sind.

Wir sind uns darüber einig, dass das vom Ehemann unter der Firma ■■■ betriebene Unternehmen mit allen **Aktiva** und **Passiva** Vorbehaltsgut des Ehemannes ist.

Beratungshinweis: 255

Zur Bestimmung von Betriebsvermögen s. die ausführlichen Ausführungen oben Teil 2, § 1 Rn 116 ff.

Alternative 4: Künftiger Erwerb[196]

Durch erbrechtlichen Erwerb oder unentgeltliche Zuwendung von Seiten eines Dritten soll Vorbehaltsgut auch dann **nicht** entstehen, wenn der **Dritte dies bestimmt**. Vielmehr soll auch solcher Erwerb immer in das Gesamtgut fallen.

Beratungshinweis: 256

Eine Vereinbarung ist auch dahingehend möglich, dass ein derartiger Erwerb **immer** in das Gesamtgut fallen soll.

Bestimmt ein Dritter übertragene Vermögensgegenstände zum Vorbehaltsgut, so kann er sich gegen spätere ehevertragliche Umschichtung der Zuwendung vom Vorbehaltsgut ins Gesamtgut oder umgekehrt nur durch entsprechende **Bedingung** oder ein für diesen Fall vereinbartes **Rückforderungsrecht** schützen.[197]

Bei Vereinbarung von Vorbehaltsgut ist die **Beifügung von Vermögensverzeichnissen** nicht unbedingt erforderlich, erleichtert jedoch die Eintragung des Vorbehaltsguts im Güterrechtsregister.

Alternative 5:

Gesamtgut wird lediglich das landwirtschaftliche Anwesen des ■■■ gelegen ■■■ sowie zu diesem Anwesen erfolgende Hinzuerwerbe oder Surrogate desselben. Eine Wertminderung bei Beendigung des Güterstandes ist nicht nach § 1478 BGB zu erstatten. (Zu einem ausführlichen Vertrag betreffend Vereinbarung der Gütergemeinschaft s. nachfolgend Rn 260).

Beratungshinweis: 257

Zu prüfen ist, ob dem Ehegatten, der **keine** Vermögensgegenstände **einbringt**, im Auseinandersetzungsfall das Risiko einer Wertminderung der eingebrachten Gegenstände abgenommen werden kann, § 1478 Abs. 1, 3 BGB.[198]

Die **gemeinschaftliche Verwaltung** ist der Regelfall. Sie kann durch wechselseitige **Vollmachten** vereinfacht werden.

---

196 Langenfeld, Handbuch der Eheverträge und Scheidungsvereinbarungen, Rn 581 zu Kap. 4.
197 Langenfeld, a.a.O., Rn 582 zu Kap. 4.
198 Zimmermann/Dorsel, a.a.O., Rn 12 zu § 10.

Die Parteien sind darauf hinzuweisen, dass auch **voreheliches Vermögen** in das Gesamtgut einbezogen wird.

Zwar besteht ein Anspruch auf Rückerstattung des Wertes von eingebrachtem Vermögen (§ 1478 BGB), jedoch ist ein etwaiger **Wertzuwachs auszugleichen**, was häufig von den Parteien nicht gewünscht wird.

Gleiches gilt für Schenkungen und Erwerbe von Todes wegen, falls diese nicht von dem Schenkenden zum Vorbehaltsgut erklärt werden, § 1418 Nr. 2 BGB.

3. Sondergut

258 Bei einem **Nießbrauchsrecht** handelt es sich um **Sondergut**. Sondergut sind gem. § 1417 Abs. 2 BGB Gegenstände, die nicht durch Rechtsgeschäft übertragen werden können, z.B. Nießbrauch (§ 1059 BGB) oder beschränkte persönliche Dienstbarkeit (§ 1092 BGB) sowie nach §§ 850 ff ZPO unpfändbare Teile des Arbeitseinkommens.[199]

259 Jeder Ehegatte bleibt **Eigentümer** seines Sonderguts, das er auch selbst verwaltet. Die Verwaltung erfolgt für Rechnung des Gesamtguts. Die Nutzungen fallen diesem zu, soweit sie durch Rechtsgeschäft übertragen werden können.[200]

Durch **Ehevertrag** kann Sondergut nicht begründet werden, auch nicht durch Bestimmung des Vermögenszuwenders. Verwandlung von Sondergut in Gesamtgut ist auch eheverträglich nicht möglich, wohl aber in Vorbehaltsgut. Die Eintragung der Sondergutseigenschaft in das Grundbuch ist unzulässig.[201]

II. Vereinbarung Gütergemeinschaft mit Auszahlungsverpflichtung im Falle der Scheidung; Bewertungsvereinbarung betreffend Landwirtschaft/Erbvertrag

1. Beratung

Zur tatsächlichen und rechtlichen Ausgangssituation s. vorstehend Rn 236 ff.

260 ### 2. Muster: Vereinbarung Gütergemeinschaft mit Auszahlungsverpflichtung im Falle der Scheidung; Bewertungsvereinbarung betreffend Landwirtschaft; Erbvertrag

Am ■■■ erscheinen vor mir ■■■

Herr ■■■

Frau ■■■ (jeweils Angabe von Wohnort/Geburtsdatum/Eltern)

Die Erschienenen wiesen sich aus durch Vorlage amtlicher Lichtbildausweise.

Die Erschienenen erklärten, eine Ehe- und Erbvertrag errichten zu wollen. Die Zuziehung von Zeugen wurde nicht gewünscht; sie war auch gesetzlich nicht veranlasst. Die Erschienenen sind zweifelsfrei voll geschäftsfähig, wie die mit ihnen geführte Sachbesprechung ergeben hat.

---

199 Heiß, Das Mandat im Familienrecht, Rn 222 zu Teil 10.
200 Palandt/Brudermüller, Rn 4 zu § 1417.
201 Palandt/Brudermüller, Rn 1 zu § 1417.

Auf Antrag der Erschienenen beurkunde ich bei ihrer gleichzeitigen Anwesenheit ihren mündlich vor mir abgegebenen Erklärungen entsprechend was folgt:

A. Ehevertrag

I.

Wir sind beide deutsche Staatsangehörige und haben am ■■■ miteinander die Ehe geschlossen.

Einen Ehevertrag haben wir bisher noch nicht errichtet.

Wir haben zwei gemeinsame Kinder.

II.

Wir heben hiermit den für unsere Ehe bisher geltenden Güterstand der Zugewinngemeinschaft auf und vereinbaren mit sofortiger Wirkung den Güterstand der **Gütergemeinschaft** nach den Bestimmungen des Bürgerlichen Gesetzbuchs.

Hierzu bestimmen wird Folgendes:

Vorbehaltsgut wird nicht ausbedungen.

– Das Gesamtgut wird von uns **gemeinsam verwaltet**. Wir erteilen uns aber gegenseitig die stets einseitig widerrufliche Vollmacht zur Verwaltung.
– Wir stimmen allen unseren **bisherigen Verfügungen** gegenseitig vorbehaltlos zu. Von einem Ehegatten erteilte **Vollmachten** gelten auch als vom anderen Ehegatten erteilt.
– Eine **Fortsetzung** der Gütergemeinschaft mit den gemeinsamen Abkömmlingen nach dem Ableben eines von uns soll nicht eintreten.
– Eine Eintragung des Güterstandes in das **Güterrechtsregister** wünschen wir nicht.
  – Wir beantragen, uns als Miteigentümer in Gütergemeinschaft im **Grundbuch** allerorts einzutragen und zwar insbesondere im Grundbuch des Amtsgerichts ■■■ für ■■■ Band ■■■ Blatt ■■■
  – Um Vollzugsnachricht an das Notariat ■■■ wird gebeten.
  – Auf die rechtlichen Wirkungen des Güterstandes der Gütergemeinschaft, insbesondere auch die gemeinsame **Schuldenhaftung**, wurde hingewiesen.

III.

Die gesetzlichen Bestimmungen, welche für den vereinbarten Güterstand der Gütergemeinschaft gelten, wurden vom Notar besprochen, insbesondere auch die vermögensrechtlichen Folgen für den Fall einer Ehescheidung.

Hierzu vereinbaren wir in Abänderung der gesetzlichen Regelung Folgendes:

(1) Wenn die Ehefrau durch **Mitarbeit** während längerer Zeit dazu beigetragen hat, das vom Ehemann in die Gütergemeinschaft eingebrachte Vermögen, insbesondere das **landwirtschaftliche Anwesen**, zu erhalten bzw. zu vermehren, kann sie bei der Auseinandersetzung eine **Ausgleichung** verlangen. Die Ausgleichung ist so zu bemessen, wie es mit Rücksicht auf die **Dauer** und den **Umfang** der **Leistungen** und auf den Wert des Gesamtvermögens der **Billigkeit** entspricht.

Beratungshinweis:

Achtung: Die Formulierung ist extrem auslegungsfähig, da der Ausgleichsbetrag praktisch nicht errechnet werden kann; problematisch ist andererseits, dass der Umfang der Leistungen zum Zeitpunkt des Vertragsabschlusses weder absehbar ist noch gar feststeht.

(2) Die Ehefrau hat in die Ehe einen Betrag von ■■■ Euro **eingebracht**, der in das landwirt-schaftliche Anwesen investiert worden ist, das bisher Alleineigentum des Ehemannes ist. Im Falle der Scheidung der Ehe der Beteiligten ist, wie die Beteiligten hiermit vereinbaren, dieser Betrag im Rahmen der Auseinandersetzung an die Ehefrau **zurückzuerstatten**, und zwar zuzüglich **Zinsen** in Höhe von 5 %Punkten über dem Basiszinssatz ab ■■■ (Datum Eheschließung) bis zum Tage der Rechtskraft des Scheidungsurteils. Auch wenn die Aus-einandersetzung im Übrigen noch nicht erfolgt ist, ist dieser Betrag innerhalb einer Woche nach Rechtskraft der Scheidung fällig.

Die vorstehende Zahlungsverpflichtung besteht unabhängig von den in vorstehender Ziffer (1) getroffenen Vereinbarungen.

(3) Wir vereinbaren ferner, dass für den Fall der Auseinandersetzung gem. §§ 1477 u. 1478 BGB der **Ertragswert** des landwirtschaftlichen Anwesens maßgebend sein soll, falls dieser geringer als der Verkehrswert ist.

B. Erbvertrag

I.

Wir haben bisher noch keinen Erbvertrag geschlossen oder ein gemeinschaftliches Testa-ment errichtet, sind somit in der freien Verfügung über unseren Nachlass in keiner Weise gehindert.

Rein vorsorglich widerrufen wir hiermit sämtliche bisher von uns etwa errichteten Ver-fügungen von Todes wegen. Unsere Beerbung soll sich also ausschließlich nach den in dieser Urkunde enthaltenen Verfügungen richten.

Wir stellen klar, dass die in diesem Erbvertrag enthaltenen Verfügungen uneingeschränkt auch für den Fall gelten sollen, dass sich der Stand oder Wert unseres Vermögens zukünf-tig verändern sollte.

II.

Wir vereinbaren erbvertragsmäßig, also in einseitig unwiderruflicher Weise, soweit nach-folgend nicht ausdrücklich etwas Abweichendes bestimmt ist, was folgt:

Hiermit setzen wir uns **gegenseitig** für den ersten bei uns eintretenden Sterbefall zum al-leinigen und ausschließlichen Erben ein.

– Der Erbe wird weder mit Auflagen noch mit Vermächtnissen beschwert und zwar auch nicht für den Fall einer eventuellen Wiederverehelichung.

– Der überlebende Eheteil von uns setzt zu seinen alleinigen und ausschließlichen Er-ben unserer gemeinsamen **Abkömmlinge** zu unter sich gleichen Stammanteilen ein.

  – Der überlebende Eheteil von uns ist jedoch noch berechtigt, seinen Nachlass ab-weichend von der vorstehenden Regelung unter unsere gemeinsamen Abkömm-linge (Kinder und deren Nachkommen) zu **verteilen**, den gesamten Nachlass auch nur einem der genannten Abkömmlinge zuzuwenden und/oder **Vermächt-nisse** oder Auflagen zu Gunsten der vorbezeichneten Abkömmlinge anzuordnen sowie Testamentsvollstreckungen und Teilungsanordnungen zu bestimmen.

  – **Andere Personen** als gemeinsame Abkömmlinge von uns dürfen hingegen **nicht** bedacht werden, und zwar auch nicht im Falle einer eventuellen **Wiederverehe-lichung** des überlebenden Eheteils von uns.

III.

Wir nehmen hiermit die in dem vorstehenden Abschnitt II getroffenen Verfügungen aus-drücklich gegenseitig an.

IV.

Auf die erbvertragliche Bindungswirkung und die gesetzlichen Pflichtteilsrechtsbestimmungen sind wir hingewiesen worden.

Für die Berechnung von **Pflichtteilsansprüchen** soll, soweit zulässig, der **Ertragswert** maßgebend sein, sofern dieser geringer als der Verkehrswert ist.

Die in dieser Urkunde enthaltenen Verfügungen werden unabhängig davon getroffen, ob und welche pflichtteilsberechtigte Personen wir hinterlassen werden.

C. Allgemeines

Wir tragen die Kosten der Errichtung dieser Urkunde und ihres grundbuchamtlichen Vollzuges sowie etwa anfallende Steuern gemeinsam.

Wir beantragen die Erteilung je einer beglaubigten Abschrift an uns.

Außer dem Original soll eine weitere beglaubigte Abschrift in der Urkundensammlung des Notars verwahrt werden.

Auszugsweise Abschriften, d.h. ohne die erbvertraglichen Bestimmungen erhalten:

Das Grundbuchamt, das Finanzamt – Grunderwerbsteuerstelle –, das Finanzamt – Schenkungsteuerstelle –.

III. Vereinbarung einer fortgesetzten Gütergemeinschaft

Die Notare **raten** von der Vereinbarung fortgesetzter Gütergemeinschaft **ab**. Die Alternative, nämlich die Beendigung der Gütergemeinschaft durch den Tod eines Ehegatten und die Regelung der Erbfolge im gleichzeitig mit dem Ehevertrag beurkundeten Erbvertrag ist der Regelfall.

Soll dennoch fortgesetzte Gütergemeinschaft vereinbart werden, so ist zu beachten, dass die gesetzlichen Regeln zum Schutz der Abkömmlinge zwingend sind, § 1518 BGB.

Weiterhin ist erforderlich, für den Fall der Ablehnung der fortgesetzten Gütergemeinschaft durch den überlebenden Ehegatten gem. § 1484 BGB ergänzende erbvertragliche Bestimmungen zu treffen.[202] Lediglich **erbschaftsteuerlich** bietet sie **Vorteile** dadurch, dass der Anteil des verstorbenen Ehegatten am Gesamtgut nach § 4 ErbStG den Abkömmlingen zugerechnet und von diesen sofort versteuert wird. Ein **Zwischenerwerb** des überlebenden Ehegatten **scheidet aus**, während die Abkömmlinge die vollen Freibeträge beim Tod beider Elternteile jeweils für die Hälfte des Gesamtguts ausnutzen können. Auch dieser Vorteil ändert jedoch nichts daran, dass die fortgesetzte Gütergemeinschaft grundsätzlich nachteilig und zu meiden ist. Sie führt bei zunehmender Lebenserwartung und abnehmender Familienbindung zu einer auf die Dauer beiden Teilen **unzumutbaren Vermögensgemeinschaft** zwischen dem **überlebenden Elternteil** und den **Abkömmlingen**.[203]

262

263

264

---

202 Langenfeld, Handbuch der Eheverträge und Scheidungsvereinbarungen, Rn 596 zu Kap. 4.
203 Langenfeld, a.a.O., Rn 604 zu Kap. 4.

265 Nur im Ausnahmefall kann die fortgesetzte Gütergemeinschaft dann eine Lösung sein, wenn unter Hintanstellung aller anderen Bedenken primär **Pflichtteilsansprüche der Abkömmlinge** auf den Tod des erstversterbenden Ehegatten **vermieden werden sollen**.[204]

IV. Aufhebung der Gütergemeinschaft und Auseinandersetzung des Gesamtguts

266 Hierzu siehe Teil 3, § 2 Rn 213 ff. Die Aufhebung der Gütergemeinschaft erfolgt i.d.R. im Rahmen eines Scheidungsverfahrens zum Zwecke der Auseinandersetzung der Gütergemeinschaft.

267 **Beratungshinweis:**

Wird die Gütergemeinschaft aufgehoben und soll an Stelle der Gütergemeinschaft nicht die Gütertrennung, sondern der gesetzliche Güterstand gelten, so ist dies im Aufhebungsvertrag ausdrücklich zu erklären, § 1414 S. 2 BGB.

268 Der Güterstand der Gütergemeinschaft kann durch Ehevertrag aufgehoben und damit beendet werden, § 1414 BGB. Mit Beendigung des Güterstandes ist dann das **Gesamtgut auseinanderzusetzen**, § 1471 ff BGB. Wird kein anderer Güterstand vereinbart, so tritt nach § 1414 BGB Gütertrennung ein.

269 Wenn **Werterstattungsansprüche** nach § 1478 BGB bestehen, können diese in der Vereinbarung berücksichtigt werden; nach dem Gesetz entstehen sie jedoch nur bei **Scheidung vor Auseinandersetzung**.[205] Werden also von einem Partner Werterstattungsansprüche abgelehnt, so muss der andere Partner das Scheidungsverfahren durchführen, um sich diese Ansprüche zu erhalten.

270 Umstritten ist, ob ein **Aufschub der Auseinandersetzung** für eine bestimmte Zeit zulässig ist.[206] Sofern die Zulässigkeit befürwortet wird, soll jedoch immer das Recht vorbehalten bleiben, die Auseinandersetzung aus **wichtigem Grund** verlangen zu können.

271 Bezogen auf die Vorschriften der §§ 1477 und 1478 BGB sowie über die **Art der Auseinandersetzung** können abweichende Vereinbarungen getroffen werden, z.B. Vereinbarungen hinsichtlich der Gegenstände, für die ein Übernahmerecht besteht und **Festlegung der Werte** für den **Wertersatz**. Es müsste damit auch etwa eine abweichende Aufteilungsquote im Rahmen des § 1476 BGB vereinbar sein, soweit sich dies als zweckmäßig erweist. Solche Vereinbarungen bedürfen der Form des Ehevertrages nach § 1410 BGB, wenn sie vorsorgend, etwa bei Eingehung der Gütergemeinschaft, getroffen werden.[207]

---

204 Im Einzelnen hierzu s. Langenfeld, Rn 607 ff zu Kap. 4.
205 Münch, Ehebezogene Rechtsgeschäfte, Rn 501 zu Teil 2.
206 Münch, a.a.O., Rn 215 zu Teil 1.
207 Münch, a.a.O., Rn 215 zu Teil 1.

D. Rückforderung, unbenannte Zuwendungen

I. Regelung bei unbenannten Zuwendungen; Rückforderung

1. Beratung

a) Tatsächliche Ausgangssituation

Häufig werden während bestehender Ehe Vermögenswerte von einem Ehegatten auf 272
den anderen übertragen, so z.B. Immobilien, um diese Vermögenswerte dem Zugriff
von Gläubigern zu entziehen oder zum Zwecke der finanziellen Absicherung des anderen
Ehegatten.

Nach dem Gesetz ist ein **dinglicher** Rückübertragungsanspruch i.d.R. ausgeschlossen, 273
mit Ausnahme des Falles einer **ehebedingten** oder **unbenannten** Zuwendung, wobei
hier die Regeln über den Wegfall der **Geschäftsgrundlage** zur Anwendung kommen.
Dies dann, wenn der Zuwendung die Vorstellung oder Erwartung zugrunde liegt,
dass die eheliche Lebensgemeinschaft weiterhin Bestand hat oder wenn es sich um
eine Zuwendung **um der Ehe Willen** handelt.

b) Rechtliche Ausgangssituation

Sollen Zuwendungen bei Ehescheidung **zurückgefordert** werden, so wird dringend 274
empfohlen, die Rückforderung **vertraglich vorzubehalten** im Hinblick auf die nachfolgend
dargestellte Rechtslage:

aa) Begriff

Eine ehebezogene Zuwendung liegt vor, wenn ein Ehegatte dem anderen einen Ver- 275
mögenswert **um der Ehe Willen** und als Beitrag zur Verwirklichung und Ausgestaltung,
Erhaltung oder Sicherung der ehelichen Lebensgemeinschaft zukommen lässt, wobei er
die Vorstellung hat, dass die eheliche **Lebensgemeinschaft Bestand hat** und er weiter an
dem Vermögenswert teilhaben wird. Darin liegt die **Geschäftsgrundlage** der Zuwendung.[208]

bb) Abgrenzung zur Schenkung

Eine Schenkung liegt nur dann vor, wenn der Gegenstand **uneigennützig** zur **freien Ver-** 276
fügung des Beschenkten hingegeben wird und diese Schenkung unabhängig vom Fortbestand
der Ehe erfolgt.[209]

Voraussetzung für das Vorliegen einer unbenannten Zuwendung ist, dass es sich **nicht** 277
um eine **Schenkung** handelt. Die Rechtsprechung geht in vielen Fällen bei Zuwendun-

---

208 Heiß, Das Mandat im Familienrecht, Rn 334 zu Teil 10; BGH, FamRZ 1999, 1580, 1592; 1997, 933;
1992, 300.
209 Heiß, Das Mandat im Familienrecht, Rn 335 zu Teil 10, BGH, FamRZ 1998, 669, 670; 1995, 1060, 1061;
1990, 600, 603.

gen unter Ehegatten von einer unbenannten Zuwendung aus, nicht aber von einer Schenkung.[210] Eine **Vermutung** für eine Schenkung besteht aber, wenn dieser **Begriff** ausdrücklich in einer notariellen **Urkunde** verwendet wird.[211]

278 Im Verhältnis zu **Dritten**, insbesondere **Pflichtteilsberechtigten** oder **Anfechtungsgläubigern** gilt die unbenannte Zuwendung als „objektiv unentgeltlich" und wird wie eine Schenkung behandelt, sofern nicht eine Unterhaltspflicht oder Gegenleistung zugrunde liegt.[212] **Steuerlich** liegt im Regelfall eine **Schenkung** vor.[213] Schenkungsteuer lässt sich dadurch vermeiden, dass zugleich ehevertraglich der Zugewinn (teilweise) ausgeschlossen wird und die Übertragung als **Ausgleich** dient.[214]

cc) Voraussetzungen für Rückgewähr

- Grundsätzlich werden Zuwendungen güterrechtlich ausgeglichen, sodass immer vorweg zu prüfen ist, welches Ergebnis sich aus der Zugewinnausgleichsberechnung ergibt. Erhält der Zuwendende nämlich den **hälftigen Wert** der Zuwendung wieder zurück, so liegt keine Unangemessenheit und Untragbarkeit i.S.d. Rechtsprechung des BGH vor.[215]

- Ausnahmsweise kann ein Anspruch auf **dingliche Rückgewähr** bestehen, wenn ein **besonders** schutzwürdiges Interesse daran besteht, z.B. wenn das Familienheim **behindertengerecht** ausgebaut wurde oder das Haus als Altersruhesitz für den Anspruchsberechtigten und seine bei ihm wohnenden Eltern dienen sollte.[216]

- Im Übrigen gibt es **keine** Rückforderung unbenannter Zuwendungen, solange der Zuwender einen Ausgleich in Höhe des **halben Wertes der Zuwendung** erhält.

- **Auch** bei einem **geringeren** Ausgleichsanspruch ist eine Korrektur nicht ohne weiteres geboten, sondern es müssen **weitere** Gründe hinzutreten.[217]

dd) Höhe der Rückgewähr

279 Es ist in erster Linie die Dauer der Ehe zu berücksichtigen. Für den Zeitraum, in dem die Ehe Bestand hatte, ist der Zweck der Zuwendung erreicht. Der Wert des Zugewendeten muss **nicht voll** zurückgegeben werden, denn die erwiesene Begünstigung ist nur für die **Zeit nach dem Scheitern der Ehe** zu entziehen.[218]

---

210 BGH FamRZ 1988, 373; NJW 1993, 385; Zimmermann/Dorsel, Eheverträge, Scheidungs- u. Unterhaltsvereinbarungen, Rn 2 zu § 11.
211 Zimmermann/Dorsel, a.a.O.; Zur Abgrenzung: BGH FamRZ 1990, 600.
212 BGH FamRZ 1992, 300; Zimmermann/Dorsel, a.a.O., Rn 5 zu § 11.
213 BFH DStR 1994, 615 = NJW 1994, 2044.
214 Zimmermann/Dorsel, a.a.O., Rn 6 zu § 11; Bauer, MittBayNot 1994, 302, 306.
215 Heiß, Das Mandat im Familienrecht, Rn 340, 344 ff zu Teil 10; BGH FamRZ 1995, 1060, 1062; FamRZ 1991, 1169, 1171.
216 Heiß, a.a.O., Rn 345 zu Teil 10; BGH FamRZ 1999, 365, 366; 1998, 669, 670.
217 Heiß, a.a.O., Rn 347; BGH FamRZ 1991, 1169, 1171.
218 Heiß, a.a.O., Rn 354; BGH FamRZ 1999, 365, 367.

- Bestand die Ehe nach der Zuwendung z.b. noch 10 Jahre, kann nur noch die Hälfte der Zuwendung zurückerstattet werden.[219]
- Bestand die Ehe 20 Jahre nach der Zuwendung, kann der **Zweck der Zuwendung** – Verwirklichung und Erhaltung der ehelichen Lebensgemeinschaft – im Einzelfall **als erreicht angesehen werden.**[220]
- **Obere Grenze** des Ausgleichsanspruchs: **Vermögensmehrung** des Zuwendungsempfängers in Folge der Zuwendung, die bei Trennung **noch** vorhanden war.[221]

ee) Erwerbsrecht Dritter

Bei Vermögensübertragungen aus **steuerlichen Gründen** ist ein Rückfall auf den zuwendenden Ehegatten häufig nicht erwünscht, etwa wenn dadurch die personelle Verflechtung bei der Betriebsaufspaltung einträte. Hier kann ein **Erwerbsrecht Dritter**, z.b. der Kinder, helfen.[222]   280

Beratungshinweis: 281

Wenn die Rückforderung durch den zuwendenden Ehegatten steuerlich schädlich sein könnte, sollte an ein Erwerbsrecht der Kinder gedacht werden, wobei solche Regelungen ohne Hinzuziehung eines **Steuerberaters** im Hinblick auf die damit verbundenen Haftungsgefahren nie getroffen werden sollten.

ff) Vertragliche Regelung der Rückforderung

Bewährt hat sich die Regelung, dass unbenannte Zuwendungen nur dann zurückgefordert werden können, wenn dies bei der **Zuwendung vorbehalten** war.   282
Im **Zuwendungsvertrag** sollte eine Regelung getroffen werden, ob zugewendete Gegenstände bei Scheidung der Ehe

- zurückgefordert werden können,
- nicht zurückgefordert werden können,
- im Zugewinnausgleich – sofern dieser nicht ausgeschlossen ist – in bestimmter Weise behandelt werden sollen.[223]

Der BGH[224] erwog, bei einem Güterstandwechsel vom gesetzlichen Güterstand in die   283
Gütertrennung den **ehevertraglichen Verzicht auf Zugewinn** selbst als eine **unbenannte Zuwendung** einzustufen. Es wurde argumentiert, dass die Ehegatten die Ehe nach dem Wechsel fortsetzen wollten und auch tatsächlich 15 Jahre fortgesetzt haben, sodass der Verzicht um der Ehe Willen erfolgt sei.

Folge wäre, dass der **Zugewinnausgleichsverzicht** – wohl auch der auf künftigen Zuge-   284
winn – nach den Regeln über den Wegfall der Geschäftsgrundlage anzupassen wäre. Damit wären Vereinbarungen der Gütertrennung oder des Zugewinnverzichts für

---

219 Heiß, a.a.O., Rn 355; OLG Stuttgart, FamRZ 1994, 1326, 1329.
220 Heiß, a.a.O.
221 Heiß, a.a.O.; BGH FamRZ 1982, 910, 912.
222 Münch, Ehebezogene Rechtsgeschäfte, Rn 661 zu Teil 3.
223 Münch, a.a.O., Rn 672 zu Teil 3.
224 BGH Mitt Bay Not 1997, 295 f.

den Scheidungsfall **nicht mehr sicher.** Es bleibt die weitere Entwicklung der Rechtsprechung abzuwarten. Es ist zu empfehlen, im Vertrag **klarzustellen,** dass es sich **nicht** um eine **ehebedingte Zuwendung** handelt.[225]

285 **Beratungshinweis:**

Aus den vorstehenden Ausführungen zu den Voraussetzungen und der – wohl weitgehend in das Ermessen des Gerichts gestellten – Höhe einer Rückforderung bei unbenannten Zuwendungen ist in der Praxis von solchen Prozessen aufgrund des völlig ungewissen Ausgangs abzuraten. Dies gerade auch im Hinblick auf die eingeschränkte Anwendbarkeit bei Zugewinngemeinschaft. Stattdessen sollte versucht werden, im Rahmen einer Vereinbarung solche Ansprüche zu regeln, was im Interesse **beider** Parteien liegt, denn für beide Parteien ist das Prozessrisiko hoch! Eine Klarstellung im Vertrag, mit welchem Vermögensübertragungen vorgenommen werden, empfiehlt sich aus diesen Gründen.

gg) Verwendungen

286 Für den **Rückforderungsfall** muss geregelt sein, dass **Verwendungen** des anderen Ehegatten auf das Objekt ebenfalls erstattet werden (bei Zugewinn: ggf. soweit aus Anfangsvermögen Verwendungen erfolgt sind).

287 Verwendung seitens des **Rückfordernden,** insbesondere im Rahmen der Schuldentilgung, sind unabhängig von der Außenhaftung (meist Gesamtschuld) darauf zu prüfen, ob sie im Innenverhältnis in voller Höhe Ausfluss seiner Unterhaltspflicht waren oder ihrerseits teilweise ebenfalls **Zuwendungen** darstellen. Andernfalls ist Anlass zu weiteren Vereinbarungen etwa auf Darlehensbasis.[226]

hh) Auswirkung auf Zugewinnausgleichsansprüche

288 Die Vereinbarung einer Rückforderung für den Scheidungsfall ist zu erwägen, wenn die Zuwendung zur Versorgung oder zur **Haftungsvermeidung** erfolgt und zwar insbesondere dann, wenn die Finanzierung aus Anfangsvermögen erfolgt, da in diesem Fall bei dem Güterstand der Zugewinngemeinschaft die **Hälfte** des Wertes der **Zuwendung** verloren ist.

289 Zu beachten ist jedoch, dass sodann der rückgeforderte Vermögenswert im Rahmen der Zugewinnausgleichsberechnung zu berücksichtigen ist, jedoch ist zumindest der dingliche Rückerwerb gesichert.
Denkbar ist auch, das **Rückforderungsobjekt insgesamt vom Zugewinnausgleich auszunehmen,** sodass insbesondere Wertsteigerungen, Verwendungen und objektbezogene Verbindlichkeiten nicht in die Berechnung einbezogen werden. Dies ist vor allem dann zu erwägen, wenn es sich um eine rein formale Verschiebung der Eigentumsverhältnisse handelt, etwa zur Vermeidung eines Gläubigerzugriffs. Allerdings **verliert** in diesen Fäl-

---

225 Münch, a.a.O., Rn 674 zu Teil 3.
226 Zimmermann/Dorsel, Eheverträge, Scheidungs- u. Unterhaltsvereinbarungen, Rn 9 zu § 11.

len der Ehepartner, der **Verwendungen** auf das zurückzuübertragende Vermögensobjekt macht, diese mit Rückübertragung **ersatzlos.**[227]

Zu beachten ist, dass bei Vereinbarung eines Rückforderungsanspruchs für den Fall der Scheidung bzw. Trennung dem Endvermögen des Inhabers des Rückforderungsanspruchs der zurückzufordernde Wert voll umfänglich zugerechnet wird, also seinen **Zugewinn erhöht.** Das Endvermögen desjenigen Ehegatten, der die Immobilie zurückzuübertragen hat, wird entsprechend **vermindert,** da der Wert des Rückforderungsanspruchs in Abzug zu bringen ist. 290

ii) Auswirkung auf Pflichtteilsansprüche

Bei ehebedingten Zuwendungen sollten ggf. **Pflichtteilsberechtigte** gegenständlich beschränkt auf ihr Pflichtteilsrecht beim Tode des Erwerbers **verzichten** (dies deshalb, weil eine unbenannten Zuwendung im Verhältnis zu Pfllichtteilsberechtigten wie eine Schenkung behandelt wird, s. Teil 2, § 6 Rn 1).[228] 291

jj) Pfändbarkeit des Rückübertragungsanspruchs

Vereinbaren die Ehegatten, dass der zuwendende Ehegatte **jederzeit** die **Rückübertragung** des zugewendeten Grundbesitzes oder Vermögens verlangen kann, so soll dies nach der Rechtsprechung des BGH zur **Pfändbarkeit** des Rechtes, die Rückübertragung zu verlangen, (neben dem Recht auf Rückübertragung) führen[229] (im Einzelnen s. Teil 2, § 1 Rn 308). 292

kk) Anrechnung gem. § 1380 BGB

Beratungshinweis: 293

Zu beachten ist die Vorschrift des § 1380 BGB, wonach eine Anrechnung auf eine bestehende Ausgleichsforderung stattfindet, falls eine solche Anrechnung nach dem Willen des übertragenden Ehepartners erfolgen soll, was § 1380 Abs. 1 S. 2 BGB bei überobligationsmäßigen Geschenken vermutet. Um Streitfragen zu vermeiden, ist **eine klarstellende Erklärung im Übertragungsvertrag** ratsam.[230]

Hat der Zuwendungsempfänger keine Ausgleichsforderung, findet § 1380 BGB keine Anwendung. Es gilt dann das normale Berechnungsverfahren.[231]

§ 1380 BGB gilt nur, wenn der **Zuwendende ausgleichspflichtig** ist, ist er ausgleichsberechtigt, so gilt § 1380 BGB **nicht.**[232]

227 Zimmermann/Dorsel, a.a.O., Rn 17 zu § 11.
228 Zimmermann/Dorsel, a.a.O.
229 Münch, ZFE 2003, 269 f; Zimmermann/Dorsel, Rn 10 zu § 11.
230 Zimmermann/Dorsel, Eheverträge, Scheidungs- u. Unterhaltsvereinbarungen, Rn 13 zu § 11.
231 Zimmermann/Dorsel, a.a.O., Rn 12 zu § 11.
232 Heiß, Das Mandat im Familienrecht, Rn 204 zu Teil 10.

Auf die Zugewinnausgleichsforderung können nach § 1380 BGB **Zuwendungen** angerechnet werden, die ein Ehegatte während der Ehe vom anderen erhalten hat.[233] Ob es sich um eine Schenkung oder eine sog. ehebezogene Zuwendung handelt, spielt keine Rolle.[234]

Zwar muss der Zuwender bei der Zuwendung **ausdrücklich die Anrechnung bestimmen**, jedoch ist nach § 1380 Abs. 1 S. 2 BGB „**im Zweifel**" anzunehmen, dass Zuwendungen angerechnet werden, wenn der **Wert** von **Gelegenheitsgeschenken überstiegen** wird.[235] (Zur Berechnung mit Hilfe des Gutdeutsch-Programms s. *Heiß*, Das Mandat im Familienrecht, Rn 621 ff zu Teil 10.).

294 Hat der **Ausgleichspflichtige** dem anderen Ehegatten etwas **zugewendet**, was in dessen Vermögen **nicht mehr vorhanden ist**, so muss die Vorschrift des § 1380 BGB berücksichtigt werden.

295 Die Anrechnung erfolgt in **4 Rechenschritten**:
- Der Wert der indexierten Zuwendung wird dem Zugewinn des Zuwenders hinzugerechnet, § 1380 Abs. 2 BGB.
- Die indexierte Zuwendung wird vom Zugewinn des Empfängers abgezogen.
- Es wird die fiktive Ausgleichsforderung errechnet.
- Von der errechneten Ausgleichsforderung wird der indexierte Wert der Zuwendung abgezogen.[236]

II) Anfechtungsrecht

296 Nach der Rechtsprechung des BGH[237] ist die unbenannte Zuwendung auch im Verhältnis zum Gläubiger **unentgeltlich** i.S.d. § 822 BGB, sodass ein Gläubiger, der einen Bereicherungsanspruch gegen einen Ehegatten hat, diesen auch gegen den anderen Ehegatten durchsetzen kann, welcher den Vermögensgegenstand im Wege der unbenannten Zuwendung von seinem Ehepartner erhalten hat. Damit ist die entsprechende Lösung bestätigt, die der BGH[238] für die Fälle der **Anfechtung** nach dem Anfechtungsgesetz oder der Insolvenzordnung gefunden hatte.[239]

297 Die anfechtungsrechtliche Literatur sieht Zuwendungen unter Ehegatten regelmäßig als **unentgeltlich** und damit der **Anfechtung** unterliegend an, selbst dann, wenn sie im Rahmen des **Zugewinnausgleichs** erfolgen,[240] ja sogar bei **gerichtlicher Entscheidung** über den Zugewinn.[241]

---

233 Heiß, a.a.O.
234 BGH FamRZ 2001, 413, 414.
235 BGH FamRZ 2001, 413, 414.
236 Heiß, Das Mandat im Familienrecht, Rn 204 zu Teil 10, Heiß, in: Kroiß, FormularBibliothek Zivilprozess, Rn 528 ff zu § 7; Haußleiter/Schulz, Rn 384 ff zu Kap. 1.
237 BGH NJW-RR 2001, 6.
238 BGH NJW 1991, 1610.
239 Münch, Ehebezogene Rechtsgeschäfte, Rn 736 zu Teil 3.
240 Vgl. OLG München, NJW-RR 1998, 1144.
241 Münch, a.a.O., Rn 737 zu Teil 3.

mm) Schenkungsteuerrecht

Der BFH ist dem BGH gefolgt und sieht unbenannte Zuwendungen regelmäßig als 298
Schenkungen an,[242] die an den allgemeinen Anforderungen des § 7 Abs. 1 Nr. 1 ErbStG
gemessen werden müssen. Zu berücksichtigen ist jedoch, dass § 13 Abs. 1 Nr. 4 a
ErbStG Zuwendungen unter Ehegatten im Zusammenhang mit dem (nur) **eigenbewohnten Familienheim** komplett von der **Schenkungsteuer ausgenommen** wird, wobei
ein solches eigenbewohntes Familienheim auch vorliegen kann, wenn eine Wohnung
von **einem Ehegatten** genutzt wird.[243]

2. Muster:[244] Regelung bei unbenannten Zuwendungen; Rückforderung

Zur ausführlichen Vereinbarung einer Zuwendung mit Rückforderungsrecht und Zu- 299
gewinnausgleich nach Rückforderung s. nachfolgend Rn 301.

Der Ehemann ■■■ wendet der Ehefrau ■■■ den Grundbesitz ■■■ als ehebedingte Zuwendung zu.

Die miterschienen Abkömmlinge verzichten ihrer dies annehmenden Mutter gegenüber
in Ansehung des übertragenen Grundbesitzes auf die Geltendmachung von **Pflichtteils-**
oder **Pflichtteilsergänzungsansprüchen** bei ihrem Tode.

Im Falle der rechtskräftigen Scheidung der Ehe hat der Ehemann ■■■ Anspruch auf **Rück-**
übertragung des in dieser Urkunde übertragenen Grundbesitzes. Soweit die Ehefrau ■■■
(bei Zugewinngemeinschaft: aus Anfangsvermögen) **Verwendungen** auf den Grundbesitz
gemacht hat, sind ihr diese Zug um Zug zu erstatten. Die Ehefrau ist aus der Mithaft für
auf dem Grundbesitz dinglich abgesicherte **Verbindlichkeiten** Zug um Zug gegen Abtretung aller in Ansehung der Belastungen bestehenden Eigentümerrechte zu **entlassen**.
Zweckerklärungen sind entsprechend abzuändern.

Alternative:[245] **Rückforderungsanspruch und Ausschluss von Verwendungsersatz**

Verlangt ■■■ die Rückübertragung des Grundbesitzes, bleiben der Grundbesitz selbst,
evtl. auf ihn getätigte **Verwendungen** sowie auf ihm lastende **Verbindlichkeiten** für die
Durchführung des Zugewinnausgleichs **unberücksichtigt**. Sie werden weder zur Berechnung des Anfangs- noch des Endvermögens eines Ehegatten hinzugezogen. Etwaige Verwendungen der ■■■ (Eigentümerin) auf den Grundbesitz werden nicht erstattet. Wird
das Rückforderungsverlangen nicht gestellt, verbleibt es jedoch bei § 1380 BGB.

---

242 BFH, Mitt Bay Not 1994, 266.
243 FG Berlin, DStR 2004/7, X.; Münch, a.a.O., Rn 739 zu Teil 3.
244 Zimmermann/Dorsel, Eheverträge, Scheidungs- u. Unterhaltsvereinbarungen, Rn 10 zu § 11.
245 Zimmermann/Dorsel, a.a.O., Rn 18 zu § 11.

II. Zuwendung mit Rückforderungsrecht und Zugewinnausgleich nach Rückforderung[246]

1. Beratung

a) Tatsächliche Ausgangssituation

300 Eine Zuwendung mit Rückforderungsrecht kommt vor allem in Betracht,

- wenn ein Hausanwesen unter Ehegatten **verschenkt** wird, zu dessen Erstellung der Zuwendungsempfänger **keinen Beitrag** geleistet hat und das ihm im Scheidungsfall nicht verbleiben soll oder

- ein Bauplatz, auf dem gemeinsam gebaut wird im Umgriff etwa des elterlichen Wohnhauses liegt und von den **Eltern** eines Teils geschenkt wurde oder

- wenn aus sonstigen Gründen bereits bei Zuwendung das künftige **dingliche** Schicksal des Vermögensgegenstandes geklärt werden soll.[247]

b) Rechtliche Ausgangssituation

Hierzu s. Rn 272 ff.

301 ### 2. Muster:[248] Zuwendung mit Rückforderungsrecht und Zugewinnausgleich nach Rückforderung

1. Die Überlassung erfolgt als **ehebedingte Zuwendung**, d.h. im Hinblick auf die eheliche Lebensgemeinschaft und zum Ausgleich für geleistete Mitarbeit und als angemessene Beteiligung an den Früchten des ehelichen Zusammenwirkens.

2. Der zuwendende Ehegatte

- nachfolgend kurz: der Rückerwerbsberechtigte -

hat das Recht, im Falle der Scheidung der Ehe die **Rückübertragung** des Zuwendungsobjektes zu verlangen. Der Rückforderungsanspruch entsteht mit der **Rechtshängigkeit** des Scheidungsantrags, gleich welches Ehegatten. Er erlischt, wenn er bis zur Rechtskraft der Scheidung nicht geltend gemacht wurde.

Alternative:

Das gleiche Recht steht dem Rückerwerbsberechtigten zu, wenn der Erwerber den Vertragsgrundbesitz ohne seine Zustimmung ganz oder teilweise **veräußert** oder **belastet**. In diesem Fall ist das Recht binnen 24 Monaten nach Abschluss des schuldrechtlichen Vertrages, längstens binnen 24 Monaten nach Kenntnis auszuüben.

3. Für den Rückerwerb gelten folgende Bestimmungen:

a) Der Grundbesitz ist frei von **Rechten Dritter** zu übertragen.

Ausnahmen hiervon bilden etwaige Rechte die in der vorliegenden Urkunde übernommen werden und etwaige Rechte, die mit Zustimmung des Rückerwerbsberechtigten im Grundbuch eingetragen werden.

Hinsichtlich eingetragener Grundpfandrechte hat der Rückerwerbsberechtigte auch die zugrunde liegenden **Verbindlichkeiten** in persönlicher Haftung mit schuldbefreiender

---

246 Münch, a.a.O., Rn 748 zu Teil 3.
247 Münch, a.a.O., Rn 744 zu Teil 3.
248 Münch, a.a.O., Rn 748 zu Teil 3.

Wirkung zu übernehmen, soweit die Darlehensvaluten für **Investitionen** auf den Vertragsgrundbesitz verwendet wurden; ein Erstattungsbetrag gemäß nachfolgendem Buchstaben b) ist insoweit nicht zu zahlen.

b) Der Rückerwerbsberechtigte hat dem heutigen Erwerber die von diesem auf den Vertragsgrundbesitz gemachten **Aufwendungen** – hierzu gehört auch die Schuldentilgung – zum Zeitwert im Zeitpunkt der Rückübertragung zu ersetzen, sofern diese Aufwendungen aus **Anfangsvermögen** i.S.d. § 1374 Abs. 1 oder 2 BGB stammen, und zwar Zug um Zug mit der Rückübertragung.

Im Übrigen hat der Rückerwerbsberechtigte keine Gegenleistung zu erbringen.

c) Zug um Zug mit der Rückforderung nach Maßgabe obiger Vereinbarungen findet dann auf der Grundlage der nach Rückforderung, Übernahme von Verbindlichkeiten und Rückerstattung von Aufwendungen bestehenden Vermögenslage der gesetzliche **Zugewinnausgleich** statt. Hierbei sind rückübertragene Vermögensgegenstände sowie ersetzte Aufwendungen so in das Anfangsvermögen des jeweiligen Ehegatten einzustellen, wie sie vor Übertragung und Aufwendung in diese einzustellen gewesen wären.

4. Die Kosten der Rückübertragung und durch die Rückübertragung etwa anfallende Verkehrsteuern hat der Rückerwerbsberechtigte zu tragen.

5. Das Rückerwerbsrecht ist für den Rückerwerbsberechtigten von höchstpersönlicher Natur; es ist weder übertragbar noch vererblich.

6. Zur Sicherung aller Ansprüche des Rückerwerbsberechtigten auf Übertragung des Eigentums aus dem vorvereinbarten Rückerwerbsrecht

bewilligen und **beantragen**

die Vertragsteile die Eintragung einer **(Rückauflassungs-)Vormerkung** gem. § 883 BGB zu Gunsten des Rückerwerbsberechtigten am Vertragsgrundbesitz in das Grundbuch an nächst offener Rangstelle.

7. Der Notar hat darüber belehrt, dass der Zugewinnausgleich eine Rechnung ist, die das gesamte Vermögen erfasst, sofern dieses noch vorhanden oder hinzurechnungspflichtig ist. Es kommt in diesem Zusammenhang nicht immer zu einem vollen Ausgleich.

Alternative 1:

Erhält der zur Rückübergabe Verpflichtete im Zugewinnausgleich, der sich an die Rückforderung anschließt, **nicht die Hälfte** der Geldbeträge zurück, welche die Eheleute in der Ehezeit aus demjenigen Vermögen auf das Grundstück **verwendet** haben, das dem Zugewinnausgleich unterliegt, so ist die Rückforderung nur zulässig, wenn ihm der Rückerwerbsberechtigte den **fehlenden Betrag** Zug um Zug gegen Rückforderung **zahlt**.

Beratungshinweis:

302

Zu beachten ist die **Beweislast** bezüglich der Höhe der auf das Grundstück bzw. auf die Immobilie verwendeten Geldbeträge. Wird ein solcher Vertrag geschlossen, so empfiehlt sich eine exakte Buchführung bezüglich der Verwendungen sowie die Aufbewahrung von Rechnungen und sonstigen Belegen betreffend die Höhe der Verwendungen.

Alternative 2:

Die Rückforderung ist nur **zulässig**, wenn das **Endvermögen** des Rückerwerbsberechtigten nach vollzogener Rückforderung mindestens so hoch ist wie die in der Ehezeit eingetretene **Wertsteigerung** des Gesamtgrundstücks nach Abzug der dem zur Rückgabe Verpflichteten gem. Ziffer 3. b) zu erstattenden Aufwendungen.

303 **Beratungshinweis:**

An Stelle dieser Regelungen kann man auch zusätzliche **Verwendungen** aus zugewinnausgleichspflichtigem Vermögen **zur Hälfte ausgleichen** und dann das Objekt einschließlich der erstatteten Verwendungen aus dem Zugewinn gänzlich herausnehmen.[249]

III. Unbenannte Zuwendung mit Rückforderungsrecht; Zuwendung aus Haftungsgründen

1. Beratung

a) Tatsächliche Ausgangssituation

304 Mit der nachfolgend dargestellten Vereinbarung soll Vermögen aus **Haftungsgründen** auf einen der Ehegatten übertragen werden, um Vollstreckungsmaßnahmen in dieses Vermögen zu vermeiden.

b) Rechtliche Ausgangssituation

aa) Anfechtbarkeit

305 Die Übertragung von Vermögensgütern zur haftungsmäßig günstigen Vermögensverteilung kann der **Absichtsanfechtung** bzw. der Vorsatzanfechtung nach § 3 Abs. 1 S. 1 AnfG unterliegen mit der Folge **10-jähriger Anfechtbarkeit**.[250]

306 Es ist also davon auszugehen, dass man vorhandenen **Gläubigern** durch eine unbenannte Zuwendung aus Haftungsgründen den Zugriff im Wege der Anfechtung **nicht** wird **entziehen** können.[251] Umstritten ist, ob dies nur gilt, wenn bei der Zuwendung bereits Gläubiger vorhanden waren,[252] oder ob dies auch für künftig erst hinzutretende Gläubiger ein Anfechtungsrecht begründet.[253] Gefestigte Rechtsprechung hierzu liegt noch nicht vor.

307 Sofern die Vorsatzanfechtung nicht greift, bleibt die Anfechtung unentgeltlicher Zuwendungen nach § 4 Abs. 1 AnfG, für die eine **4-jährige Frist** gilt, oder bei ausnahmsweise gegebener **Entgeltlichkeit** die Anfechtung nach § 3 Abs. 2 AnfG mit einer Frist von **2 Jahren**.

Darüber hinaus bestehen noch die erweiterten **Anfechtungsmöglichkeiten** nach §§ 129 ff InsO sogar gegen Einzelrechtsnachfolger.[254]

---

249 Münch, a.a.O., Rn 749 zu Teil 3.
250 Lotter, Mitt Bay Not 1998, 422; Münch, a.a.O., Rn 763 zu Teil 3.
251 Vgl. OLG München, NJW-RR 1998, 1144.
252 So Lotter, Mitt Bay Not 1998, 422 ff.
253 Münch, Ehebezogene Rechtsgeschäfte, Rn 764 zu Teil 3.
254 Schilling, Mitt Bay Not 2002, 347 ff. Münch, a.a.O., Rn 764 zu Teil 3.

bb) Pfändbarkeit des Rückerwerbsrechts oder eines Erwerbsrechts

Der BGH[255] unterscheidet zunächst zwischen dem Rückübertragungsanspruch **und** 308
dem Recht, die Rückübertragung zu verlangen.

Er wertet dieses Verlangen als Gestaltungsrecht oder als aufschiebende Bedingung. 309

Demgemäß ist auch die **Pfändbarkeit** getrennt zu beurteilen und somit müssen der 310
Rückübertragungsanspruch und das Recht, die Rückübertragung zu verlangen, jeweils
für sich gepfändet werden. Im entschiedenen Fall hing das Rückforderungsrecht nicht
von bestimmten Umständen ab, sondern es wurde das Recht eingeräumt, „**jederzeit**
Rückübertragung zu verlangen".

Da somit das Rückforderungsrecht **nicht von bestimmten Umständen abhing,** insbeson- 311
dere nicht von einer Scheidung der Ehe, habe das Rückforderungsrecht **Vermögenswert**
und sei nicht durch familiäre Erwägungen eingeschränkt. Es sei einem Wiederkaufsrecht ähnlich und im vollen Umfange **pfändbar.**[256]

Nach der **bisherigen** Rechtsprechung des BGH[257] wurde der **Rückübertragungsanpruch** 312
als **pfändbar** angesehen für den Fall, dass die Rückübertragungsklausel eine automatisch wirkende Verpflichtung zur Rückübertragung vorsieht, die unmittelbar bereits
durch den Rückübertragungsgrund (**z.B. Scheidungsantrag**) ausgelöst wird.[258]

Begründet aber die Rückübertragungsklausel nur ein **Rückforderungsrecht,** dann ent- 313
steht die Rückübertragungspflicht erst mit der Geltendmachung durch den zuwendenden Ehegatten. Als **höchstpersönliches** Recht wäre das Rückforderungsrecht in diesem
Falle **nicht pfändbar.**[259] Pfändbar ist hingegen nach dieser Auffassung der **künftige Anspruch.** Dies schafft dem Gläubiger Schutz vor Zwischenverfügungen, aber keinen unmittelbaren Zugriff, wenn **nicht** der zuwendende Ehegatte sein **Rückforderungsrecht**
ausübt.[260]

Nach dem eingangs zitierten Urteil des BGH sind jedenfalls Klauseln, die ein **freies** 314
Rückforderungsrecht des Zuwendenden begründen, für eine **Haftungsabschirmung
nicht mehr tauglich.**[261]

Aus den Ausführungen in dem genannten Urteil lässt sich die Ansicht des BGH entneh- 315
men, dass jedenfalls das **Gestaltungsrecht,** bei Scheidung der Ehe die Rückforderung
verlangen zu können, **nicht** der **Pfändbarkeit** unterliegen soll, da eine familienrechtliche
Überlagerung vorliegt, welche die analoge Anwendung des § 852 Abs. 2 ZPO rechtfertigt.[262]

255 BGH FamRZ 2003, 858; hierzu C. Münch, ZFE 2003, 269 f.
256 Münch, a.a.O., Rn 776 zu Teil 3.
257 BGHZ 130, 314 ff.
258 Münch, a.a.O., Rn 767 zu Teil 3.
259 Münch, a.a.O., Rn 768 zu Teil 3 m.w.N.
260 Münch, a.a.O., Rn 769 zu Teil 3.
261 Münch, a.a.O., Rn 785 zu Teil 3.
262 Oertel, RNotZ 2003, 393, 395; Münch, a.a.O., Rn 780 zu Teil 3.

316 Nach Ansicht von *Münch*[263] ist auch im Falle der Vereinbarung eines Rückforderungsrechts bei **Veräußerung** oder **Belastung** des Grundbesitzes durch den Empfänger eine Anwendung des § 852 Abs. 2 ZPO zu befürworten, also von Unpfändbarkeit auszugehen.

317 Wie der BGH künftig **Rückforderungsgestaltungsrechte** behandelt, die an eine **Scheidung** der Ehe und den damit verbundenen Wegfall der Geschäftsgrundlage anknüpfen, ist nach dem Urteil vom 20.2.2003[264] **unsicherer** geworden. Der BGH neigt dazu, in diesem Fall, § 852 Abs. 2 ZPO analog anzuwenden.

318 Allerdings wird das Urteil des BGH auch ganz anders verstanden, nämlich so, dass der BGH damit eine analoge Anwendung des § 852 Abs. 2 ZPO verworfen und somit alle Vertragsgestaltungen zur **Vermeidung der Pfändung** zum **Scheitern** verurteilt habe.[265]

319 Die Pfändung im Fall des § 852 Abs. 2 ZPO erlaubt noch nicht, **an Stelle des Schuldners das Rückforderungsverlangen auszusprechen.** Die Pfändung führt daher nicht zu eine erfolgreichen Verwertung des betroffenen Grundbesitzes, es sei denn, später treten die entsprechenden Bedingungen (Vorliegen eines Rückforderungsgrundes und Ausübung des Rückforderungsrechtes) ein. Dem zuwendenden Ehegatten bliebe also die Freiheit, ob er von seiner Rückforderung Gebrauch macht.[266]

320 Allerdings bietet die Pfändung des aufschiebend bedingten Rechtes Schutz vor etwaigen beeinträchtigenden **Zwischenverfügungen**. Gerade dies war der Sinn der Auslegung des BGH. Wenn schon der Gläubiger nicht zu einem sofort wirksamen Pfandrecht kommt, dann soll auch der Schuldner nicht mehr vorab über den Anspruch verfügen können. Damit führt auch die eingeschränkte Pfändung zu einer Beschlagnahmewirkung, **mit der dem zuwenden Ehegatten die Verfügungsmacht über den Rückforderungsanspruch entzogen ist,** mit Ausnahme der Möglichkeit, ihn nicht geltend zu machen.[267] Im Einzelnen ergänzend s. hierzu: *Münch*.[268]

321 **Beratungshinweis:**

Zusammenfassend ist festzuhalten, dass in jedem Fall eine Belehrung über die neue Rechtsprechung des BGH zur Pfändbarkeit von Rückforderungsrechten erfolgen muss. *Münch*, a.a.O. weist auf verschiedene Lösungsmöglichkeiten hin, die jedoch alle umstritten sind, so z.B.

- dass das Rückforderungsrecht unter der auflösenden Bedingung steht, dass es ersatzlos erlischt, wenn es gepfändet wird,
- dass der Zuwendungsempfänger das Recht hat, den Zuwendungsgegenstand an den Zuwendenden oder an die gemeinschaftlichen Kinder zu übertragen,
- an Stelle des vertraglichen Rückforderungsrechts ein unwiderrufliches Angebot des Empfängerehegatten abzugeben.

---

263 Münch, a.a.O., Rn 783 zu Teil 3.
264 BGH FamRZ 2003, 858.
265 Schubert, JR 2004, 23. Münch, a.a.O., Rn 789 zu Teil 3.
266 Münch, a.a.O., Rn 793 zu Teil 3.
267 BGH NJW 1993, 2876 ff.; Kochinke, NJW 1994, 1769, 1771; Münch, a.a.O., Rn 794 zu Teil 3.
268 Münch, a.a.O., Rn 791 ff., Rn 765 ff zu Teil 3.

2. Muster: Rückforderungsklausel im Haftungsfall[269]

322

35

1. Die Überlassung erfolgt als ehebedingte Zuwendung zur Herstellung einer zweckmäßigen ehelichen Vermögensordnung.

2. Der zuwendende Ehegatte

– nachfolgend kurz: Rückerwerbsberechtigter genannt –

hat das Recht, die Rückübertragung des Zuwendungsobjektes zu verlangen, wenn

– der Vertragsgrundbesitz ganz oder teilweise ohne seine Zustimmung **veräußert** oder **belastet** wird oder

– einer der Ehegatten einen Antrag auf **Scheidung** der Ehe stellt oder

– der Erwerber vor dem Veräußerer ohne Hinterlassung von Abkömmlingen verstirbt oder

– über das Vermögen des Erwerbers ein **Insolvenzverfahren** eröffnet wird oder Zwangs-versteigerungs- oder **Zwangsvollstreckungsmaßnahmen** gegen das Vermögen des Erwerbers durchgeführt werden oder sich die **Vermögensverhältnisse** des Erwerbers i.S.d. § 490 Abs. 1 BGB verschlechtern und der Veräußerer innerhalb von 24 Monaten nach Eintritt der genannten Voraussetzungen die Rückforderung durch schriftliche Erklärung gegenüber dem Erwerber oder dessen Rechtsnachfolger im Eigentum des Grundbesitzes verlangt, wobei diese Erklärung nur der Veräußerer abgeben kann, nicht hingegen etwaige Rechtsnachfolger. Es handelt sich somit bei diesem Verlangen um eine Potestativbedingung, ohne deren Eintritt der Anspruch nicht entsteht.

3. Für den Rückerwerb gelten folgende Bestimmungen ▪▪▪ (hierzu s. Teil 2, § 1 Rn 301).

4. Zur Sicherung aller Ansprüche des Rückerwerbsberechtigten auf Übertragung des Eigentums aus dem vorvereinbarten Rückerwerbsrecht

bewilligen und beantragen

die Vertragsteile die Eintragung einer (Rückauflassungs-)Vormerkung gem. § 883 BGB zu Gunsten des Rückerwerbsberechtigten am Vertragsgrundbesitz in das Grundbuch an erster Rangstelle.

Alternative: Rückerwerb mit wahlweiser Übertragung auf die Kinder[270]

1. Die Überlassung erfolgt als ehebedingte Zuwendung zur Herstellung einer zweckmäßigen ehelichen Vermögensordnung.

2. Der zuwendende Ehegatte

– nachfolgend kurz: Rückerwerbsberechtigter genannt –

hat das Recht, das Zuwendungsobjekt dergestalt zurückzufordern, dass die Übertragung nach **Wahl** des Erwerbers entweder an den **Rückforderungsberechtigten** oder an die **gemeinschaftlichen Kinder** zu gleichen Teilen erfolgt, wenn ▪▪▪ (Gründe wie oben; Veräußerung, Belastung u.a.)

und

der Veräußerer innerhalb von 24 Monaten nach Eintritt der genannten Voraussetzung die **Rückforderung** durch schriftliche Erklärung gegenüber dem Erwerber oder dessen Rechtsnachfolger im Eigentum des Grundbesitzes **verlangt**, wobei diese Erklärung nur der Veräußerer abgeben kann, nicht hingegen etwaige Rechtsnachfolger. Es handelt sich somit bei diesem Verlangen um eine Potestativbedingung, ohne deren Eintritt der Anspruch nicht entsteht.

---

269 Münch, Ehebezogene Rechtsgeschäfte, Rn 814 zu Teil 3.
270 Münch, a.a.O., Rn 815 zu Teil 3.

3. Für die Rückforderung gelten folgende Bestimmungen ■■■ (hierzu s. Teil 2, § 1 Rn 301).

4. Zur Sicherung aller Ansprüche des Rückforderungsberechtigten auf Übertragung des Eigentums aus dem vereinbarten Übertragungsrecht auf sich oder die gemeinschaftlichen Kinder bewilligen und **beantragen** die Vertragsteile die Eintragung einer **(Rückauflassungs-)Vormerkung** gem. § 883 BGB zu Gunsten des Rückforderungsberechtigten am Vertragsgrundbesitz in das Grundbuch an nächst offener Rangstelle.

IV. Treuhänderische Übertragung mit Ausgestaltung des Rückübertragungsrechts

1. Beratung

a) Tatsächliche Ausgangssituation

323   Ein Treuhandverhältnis soll auch dann häufig vorliegen, wenn Vermögensgegenstände dem unmittelbaren **Zugriff von Gläubigern** entzogen werden sollen.

324   Zum schwierigen Nachweis eines solchen Treuhandverhältnisses:[271] Zu denken ist hierbei z.B. an den Fall, dass ein Ehegatte dem anderen Ehegatten eine Immobilie überträgt, nicht um sie diesem endgültig zuzuwenden, sondern um sie dem Zugriff der Gläubiger zu entziehen.

b) Rechtliche Ausgangssituation

325   Zu Recht weist *Münch*[272] darauf hin, dass diese Form der **treuhänderischen Übertragung** zur **Haftungsabschirmung denkbar ungeeignet** ist, da der Treugeber aus dem Treuhandverhältnis bzw. soweit im Regelfall ein Auftrag zugrunde liegt, aus § 667 BGB einen **Rückübertragungsanspruch** hat, der **seinerseits gepfändet** werden könnte. Zur Pfändbarkeit von Rückforderungsrechten s. vorstehend Rn 308 ff, sowie *Münch*, BGH FamRZ 2003, 858; hierzu: *Münch*, ZFE 2003, 269 f.

326   Eine lediglich treuhänderische Übertragung von Vermögensgegenständen auf den anderen Ehegatten ist nach der Rechtsprechung des BGH[273] **nicht mehr geeignet**, eine **haftungsabschirmende** Wirkung zu begründen.[274] Sofern im Einzelfall ein echtes Treuhandverhältnis gewünscht ist, empfiehlt sich eine ausdrückliche Treuhandabrede, in welcher auch die Voraussetzungen für den Eintritt des **Rückgewähranspruchs** geregelt werden.

---

271   BGH FamRZ 1988, 482, 484.
272   Münch, a.a.O., Rn 1087 zu Teil 5.
273   So z.B. BGH FamRZ 2003, 858.
274   Münch, Ehebezogene Rechtsgeschäfte, Rn 1089 zu Teil 5.

2. Muster:[275] Treuhänderische Übertragung mit Ausgestaltung des Rückübertragungsrechts

1. Die Überlassung erfolgt **treuhänderisch**. Dem Treuhandverhältnis liegt ein Auftrag zugrunde. Ein Entgelt wird nicht geschuldet, jedoch besteht ein **Anspruch** auf Ersatz von **Aufwendungen**, die in ordnungsgemäßer Erfüllung des Auftrags getätigt werden.

2. Der übernehmende Ehegatte – nachfolgend kurz „Treuhänder" – hält den überlassenen Vertragsgegenstand somit im Auftrag und Interesse des zuwendenden Ehegatten – nachfolgend kurz „Treugeber" – auf dessen Gefahr und dessen Rechnung. Er hat hierbei nur für die Sorgfalt in eigenen Angelegenheiten einzustehen, § 277 BGB.

3. Der Treugeber stellt den Treuhänder von allen Verpflichtungen frei, die für ihn bei pflichtgemäßer Durchführung des Auftrags entstehen.

4. Das Treuhandverhältnis kann von beiden Seiten mit einer Frist von 3 Monaten zum Quartalsende **gekündigt** werden. Die Kündigung hat schriftlich zu erfolgen. Eine fristlose Kündigung durch den Treugeber ist zulässig:

– bei Rechtshängigkeit eines **Scheidungsantrags**, gleich welches Ehegatten,
– wenn der Treuhänder den Vertragsgrundbesitz ohne Zustimmung des Treugebers ganz oder teilweise **veräußert** oder **belastet**,
– im Fall der Insolvenz des Treuhänders oder der Durchführung von Zwangsvollstreckungsmaßnahmen in das Treugut.

5. Im Fall der **Kündigung** des Auftrags ist der Treuhänder verpflichtet, den Vertragsgrundbesitz mit allen Rechten und Pflichten, Bestandteilen und dem gesetzlichen Zubehör unverzüglich auf den Treugeber zu übertragen. Ein Zurückbehaltungsrecht ist ausgeschlossen.

Der Treuhänder erteilt hiermit dem Treugeber unter Befreiung von den Beschränkungen des § 181 BGB **Vollmacht**, den Vertragsgrundbesitz auf sich **zurück zu übertragen**, die Auflassung zu erklären und entgegenzunehmen und alle zur Eigentumsumschreibung erforderlichen Erklärungen abzugeben und entgegen zu nehmen. Die Vollmacht ist unwiderruflich und erlischt nicht mit dem Tod des Treuhänders.

6. Beim **Tod** des Treugebers gehen die Rechte und Pflichten aus dem Treuhandverhältnis auf seine **Erben** über. Beim Tode des Treuhänders endet der Auftrag und es entsteht eine Verpflichtung zur Übertragung entsprechend vorstehender Ziffer 5. Auch hierfür ist die vorstehende Vollmacht erteilt.

7. Eingetragene dingliche Belastungen sind zu übernehmen, wenn ihre Eintragung im Einklang mit diesem Auftrag erfolgte.

8. Zug um Zug mit der Übertragung auf den Treugeber nach Maßgabe obiger Vereinbarungen findet dann im Fall der Scheidung auf der Grundlage der nach Rückübertragung und Ersatz von Aufwendungen bestehenden Vermögenslage der **gesetzliche Zugewinnausgleich** statt. Hierbei sind rückübertragene Vermögensgegenstände so in das Anfangsvermögen des jeweiligen Ehegatten einzustellen, wie sie vor Übertragung und Aufwendung in dieses einzustellen gewesen wären.

9. Die **Kosten** der Rückübertragung und durch die Rückübertragung etwa anfallende Verkehrsteuern hat der Treugeber zu tragen.

---

275 Münch, a.a.O., Rn 1093 zu Teil 5.

> **Alternative:**[276]
>
> (An Stelle der Übertragungsvollmacht kann auch schon im Treuhandvertrag eine **aufschiebend bedingte** Rückübertragung erklärt und dann im Grundbuch vorgemerkt werden.)
>
> **Aufschiebend bedingt** für den Fall der Beendigung des Treuhandvertrages überträgt der Treuhänder bereits heute den Vertragsgrundbesitz mit allen Rechten und Pflichten, Bestandteilen und dem gesetzlichen Zubehör auf den Treugeber. Der Treuhänder erteilt hiermit dem Treugeber unter Befreiung von den Beschränkungen des § 181 BGB **Vollmacht**, die **Auflassung** zu erklären und entgegenzunehmen und alle zur Eigentumsumschreibung erforderlichen Erklärungen abzugeben und entgegenzunehmen. Die Vollmacht ist unwiderruflich und erlischt nicht mit dem Tod des Treuhänders.
>
> Zur Sicherung des Anspruchs des Treugebers auf Übertragung des Eigentums bei Beendigung des Auftrags **bewilligen und beantragen** die Vertragsteile die Eintragung einer **Vormerkung** gem. § 883 BGB zu Gunsten des Treugebers am Vertragsgrundbesitz in das Grundbuch an nächst offener Rangstelle.

V. Bedingte Rückübertragungsverpflichtung

1. Beratung

a) Tatsächliche Ausgangssituation

328   Ein Ehegatte **überträgt** an den anderen Ehegatten **unentgeltlich** einen Miteigentumshälfteanteil oder das gesamte Eigentum an einer ihm gehörenden Immobilie. Um **sicherzustellen**, dass das Anwesen **nicht** während der Ehe **veräußert** wird, behält sich der übertragende Ehegatte das Recht vor, Rückübertragung auf sich zu verlangen bei Veräußerung oder Zwangsvollstreckungsmaßnahmen.

b) Rechtliche Ausgangssituation

329   Hierzu s.o. Rn 282 ff.

330   ### 2. Muster: Bedingte Rückübertragungsverpflichtung

37

> Die Erwerberin **verpflichtet** sich, den Vertragsbesitz zu Lebzeiten des Veräußerers ohne dessen Zustimmung **nicht zu veräußern** (auf die Erwerberin wurde der hälftige Miteigentumsanteil des anderen Ehegatten übertragen). Auf § 137 BGB wurde hingewiesen.
>
> Der Veräußerer behält sich das Recht vor, die **Rückübertragung** des überlassenen Hälfteanteils an dem Grundbesitz auf sich zu verlangen, wenn
>
> – das Vertragsobjekt ohne die vorstehend vereinbarte Zustimmung ganz oder teilweise **veräußert** wird, gleich ob im Wege eines **Rechtsgeschäfts** oder der **Zwangsversteigerung**.
>   – Im Falle der Geltendmachung des Anspruchs aus der vorstehenden Vereinbarung sind die in dieser Urkunde übernommenen und im Rang vor der nachstehend bewilligten Vormerkung dinglich abgesicherten, das Vertragsobjekt be-

---

276   Münch, a.a.O., Rn 1093.

> treffenden **Belastungen** zu übernehmen, Darlehensverbindlichkeiten mit befreiender Wirkung von dem Zeitpunkt der Rückübertragung an zur weiteren Verzinsung und Tilgung.
> - Im Übrigen hat die Rückübertragung unentgeltlich und frei von weiteren Lasten zu erfolgen.
> - Die durch die Rückübertragung anfallenden Kosten und Steuern hat der Rückerwerber zu tragen.
> - Die Ansprüche aus vorstehender Vereinbarung sind nicht vererblich und nicht übertragbar. Zur **Sicherung** des bedingten Anspruchs auf Übertragung des Eigentums aus den vorstehenden Vereinbarungen wird die Eintragung einer **Vormerkung gem. § 883 BGB** im Grundbuch zu Gunsten des Veräußerers bewilligt und beantragt mit dem Vermerk, dass zur Löschung der Nachweis des Ablebens der Berechtigten genügen soll.
> - Zur Auflassung aufgrund **Ausübung** eines **Rückübertragungsanspruchs** s. Teil 3, § 1 Rn 54.

VI. Unbenannte Zuwendungen, keine Rückforderung, Anrechnung

1. Beratung

a) Tatsächliche Ausgangssituation

Die Vermögensübertragung soll **nicht** als **unbenannte Zuwendung** erfolgen, sondern als   331
vorzeitiger Ausgleich des Zugewinns gem. § 1380 BGB, also mit der Folge der **Anrechnung** auf etwaige Zugewinnausgleichsansprüche.

b) Rechtliche Ausgangssituation

- § 1380 BGB gilt nur, wenn der **Zuwendende** ausgleichspflichtig ist, ist er ausgleichsberechtigt, so gilt § 1380 BGB nicht.
- Auf die Zugewinnausgleichsforderung können nach § 1380 BGB **Zuwendungen angerechnet** werden, die ein Ehegatte während der Ehe vom anderen erhalten hat, wobei es keine Rolle spielt, ob es sich um eine Schenkung oder eine sog. ehebezogene Zuwendung handelt.[277]
- Zwar muss der Zuwender bei der Zuwendung **ausdrücklich** die **Anrechnung bestimmen**, jedoch ist nach § 1380 Abs. 1 S. 2 BGB „im Zweifel" anzunehmen, dass Zuwendungen angerechnet werden, wenn der Wert von **Gelegenheitsgeschenken überstiegen** wird.[278]
- Die Anrechnung erfolgt in **4 Rechenschritten:**
  - der Wert der indexierten Zuwendung wird dem Zugewinn des Zuwenders hinzugerechnet, § 1380 Abs. 2 BGB;
  - die indexierte Zuwendung wird vom Zugewinn des Empfängers abgezogen;

---

277 Heiß, Das Mandat im Familienrecht, Rn 204 zu Teil 10; Heiß, in: Kroiß, FormularBibliothek Zivilprozess 2005, Familienrecht, Rn 1528 ff zu § 7; BGH, FamRZ 2001, 413, 414.
278 Heiß, Das Mandat im Familienrecht a.a.O.; BGH, a.a.O.

– es wird die **fiktive** Ausgleichsforderung errechnet;
– von der errechneten Ausgleichsforderung wird der indexierte Wert der Zuwendung abgezogen (zur entsprechenden Berechnung mit Hilfe des Gutdeutsch-Programms s. *Heiß*, Das Mandat im Familienrecht, Rn 621 ff zu Teil 10).

332

2. Muster:[279] Unbenannte Zuwendungen, keine Rückforderung, Anrechnung

Die Überlassung erfolgt als **ehebedingte Zuwendung**, d.h. im Hinblick auf die eheliche Lebensgemeinschaft, zum Ausgleich für geleistete Mitarbeit und als angemessene Beteiligung an den Früchten des ehelichen Zusammenwirkens.

Der Veräußerer behält sich die **Rückforderung** des Vertragsgegenstandes für den Fall der Ehescheidung nach Hinweis durch den Notar **nicht** vor.

Die Zuwendung stellt einen **vorzeitigen Ausgleich** des **Zugewinns** dar, sodass der Erwerber sich die Zuwendung gem. § 1380 BGB auf eine etwaige Zugewinnausgleichsforderung anrechnen lassen muss.

In gleicher Weise hat sich der Erwerber die Zuwendung auf seinen **Pflichtteil** nach dem Veräußerer anrechnen zu lassen, soweit sich die angeordnete güterrechtliche Anrechnung nicht ausgewirkt hat.

Der Notar hat über die Bedeutung vorstehender Vereinbarung belehrt und darauf hingewiesen, dass die konkreten Auswirkungen in der Zugewinnberechnung von der Gesamtvermögenssituation abhängen.

Alternative 1: Keine Anrechnung im Zugewinn[280]

Die heutige Zuwendung ist auf einen Zugewinnausgleichsanspruchs des Empfängers **nicht anzurechnen**. Die Berechnung des Zugewinns ist daher so vorzunehmen, dass ausgehend vom jeweils tatsächlichen Endvermögen die Zuwendung beim Endvermögen des Empfängers abgezogen und auf dieser Basis der Zugewinn berechnet wird.

Alternative 2: Zuwendung aus Anfangsvermögen

Soweit die Zuwendung aus dem **Anfangsvermögen** des Zuwendenden stammt, ist sie zusätzlich vom Anfangsvermögen des Zuwendenden abzuziehen.

333

Beratungshinweis:

Da mit dieser Formulierung nicht nur der Nichtanrechnungsmodus geklärt wird, wenn der Zuwendende einen Ausgleichsanspruch hat, sollte in jedem Fall sicherheitshalber die ehevertragliche Form eingehalten werden.[281]

Alternative 3: Kein Rückforderungsanspruch

Die Beteiligten vereinbaren hiermit ausdrücklich, dass Zuwendungen eines Ehegatten an den anderen bei Scheidung der Ehe **nicht zurückgefordert** werden können, auch nicht wegen Wegfalls der Geschäftsgrundlage. Dies gilt unabhängig vom Verschulden am Scheitern der Ehe. Eine Rückforderung ist nur dann möglich, wenn sie bei der Zuwendung ausdrücklich vorbehalten worden ist.

---

279 Münch, a.a.O., Rn 719 zu Teil 3.
280 Münch, a.a.O., Rn 728 zu Teil 3.
281 Münch, a.a.O., Rn 729 zu Teil 3.

VII. Erwerbsrecht

1. Beratung

a) Tatsächliche Ausgangssituation

Häufig soll der Erwerb durch den anderen Ehegatten die **Haftung** der Immobilie für etwaige Schulden **vermeiden**. Auch **erbrechtliche** Gründe, wie z.B. Vermeidung oder Herabsetzung von Pflichtteilsansprüchen erstehelicher Abkömmlinge sind Anlass für den Erwerb durch den anderen Ehegatten.

334

Um die Gefahr einer **Anfechtung** von Zuwendungen nach dem Anfechtungsgesetz oder der Insolvenzordnung zu vermeiden, ist es unter Umständen ratsam, dass der nicht haftende Ehegatte **direkt** erwirbt. In diesem Fall kann dem haftungsgefährdeten Ehegatten ein **Erwerbsrecht** statt ein Rückforderungsanspruch für den Fall der Scheidung eingeräumt werden.

335

b) Rechtliche Ausgangssituation

Wird eine Immobilie durch einen Ehegatten von einem **Dritten** mit **Mitteln des anderen Ehegatten** erworben, ist ein Rückforderungsrecht nicht möglich, sondern es ist ein **Erwerbsrecht** zu vereinbaren.

336

Zur **Pfändbarkeit** des Erwerbsrechts gelten die Ausführungen oben Rn 308 ff zu der Pfändbarkeit von Rückforderungsansprüchen.

337

2. Muster:[282] Erwerbsrecht

338
39

> Die **Ehefrau** ist **Eigentümerin** des Mehrfamilienhauses ■■■. Das Hausgrundstück wurde aus Mitteln des Ehemannes erworben.
>
> Im Falle der Scheidung soll es in das Alleineigentum des Ehemannes übergehen, der das Hausgrundstück als seine Altersversorgung betrachtet. Es wird vereinbart, dass der Ehemann im Scheidungsfall die **Übereignung** des Grundstücks **auf sich** verlangen kann. Die Kosten und etwaigen Steuern trägt der Ehemann. Etwaige Grundpfanddarlehen hat er zur Alleinschuld zu übernehmen. Zur Sicherung dieses Erwerbsrechts wird die Eintragung einer Vormerkung im Grundbuch bewilligt und beantragt.
>
> **Alternative:**[283]
>
> Die Ehefrau ist Alleineigentümerin des in der Gemarkung ■■■ gelegenen Grundstücks, Flur-Nr. ■■■
>
> Für den Fall, dass einer der Ehegatten Antrag auf Scheidung der Ehe stellt, ist der Ehemann
>
> – nachfolgend kurz: Erwerbsberechtigter genannt –
>
> berechtigt, diesen Grundbesitz mit allen Rechten und Pflichten, Bestandteilen und dem gesetzlichen Zubehör zu erwerben.
>
> Voraussetzung ist, dass der Erwerbsberechtigte innerhalb von 24 Monaten nach Eintritt der genannten Voraussetzung den Erwerb durch **schriftliche Erklärung** gegenüber dem Eigentümer **verlangt**, wobei diese Erklärung nur der Erwerbsberechtigte abgeben kann,

---

282 Langenfeld, Handbuch der Eheverträge und Scheidungsvereinbarungen, Rn 1192 zu Kap. 6.
283 Münch, a.a.O., Rn 818 zu Teil 3.

nicht hingegen etwaige Rechtsnachfolger. Es handelt sich also bei diesem Verlangen um eine Potestativbedingung, ohne deren Eintritt der Anspruch nicht entsteht.

Für den Erwerb gelten folgende Bestimmungen ■■■

(Auflassungsvormerkung, hierzu s.o. Teil 2, § 1 Rn 322)

VIII. Unbenannte Zuwendungen mit Erwerbsrecht der Kinder im Scheidungsfall; Einräumung eines Nießbrauchsrechts

1. Beratung

a) Tatsächliche Ausgangssituation

339 Wird von den Parteien gewünscht, dass der zugewendete Vermögensgegenstand nicht an den zuwendenden Ehegatten zurückfällt, z.B. aus **steuerlichen** Gründen, kommt in Betracht, dass das Erwerbsrecht den gemeinsamen **Kindern** im Scheidungsfall zugesprochen wird mit **Nießbrauchs-** oder **Nutzungsrechten** für den Zuwendungsempfänger.

b) Rechtliche Ausgangssituation

Hierzu s.o. Teil 2, § 1 Rn 305 ff, 274 ff.

340 ### 2. Muster:[284] Unbenannte Zuwendungen mit Erwerbsrecht der Kinder im Scheidungsfall; Einräumung eines Nießbrauchsrechts

Der zuwendende Ehegatte
– nachfolgend kurz: der Rückforderungsberechtigte –
hat das Recht, im Fall der Scheidung der Ehe vom Erwerber die Übertragung des Zuwendungsobjektes an die gemeinsamen ehelichen **Kinder** oder eines von ihnen nach seiner Wahl zu verlangen.

Der Übertragungsanspruch entsteht mit **Rechtshängigkeit** des Scheidungsantrags, gleich welches Ehegatten. Er erlischt, wenn er nicht bis zur Rechtskraft der Scheidung geltend gemacht wurde.

Für diese Übertragung gilt im Einzelnen Folgendes:

1. Der Grundbesitz ist frei von Rechten Dritter zu übertragen. Ausnahmen hiervon bilden etwaige Rechte, die in der vorliegenden Urkunde übernommen wurden und etwaige Rechte, die mit Zustimmung des Rückforderungsberechtigten im Grundbuch eingetragen werden.

Sofern **Grundpfandrechte** eingetragen sind, werden diese zur ferneren dinglichen Haftung übernommen. Die Kinder als Erwerber sind jedoch von jeder **persönlichen Haftung** freizustellen. Die Verzinsung und Tilgung der zugrunde liegenden Verbindlichkeiten erfolgt vielmehr folgendermaßen: ■■■

2. Der Erwerber hat das Recht, sich bei der Übertragung an die Kinder einen **lebenslangen und unentgeltlichen Nießbrauch** am heute zugewendeten Vertragsobjekt vorzubehalten und diesen grundbuchlich an bereitester Rangstelle zu sichern. Er ist in diesem Fall berechtigt und verpflichtet, sämtliche **Nutzungen** aus dem Vertragsobjekt zu ziehen, aber

---

284   Münch, Ehebezogene Rechtsgeschäfte, Rn 756 zu Teil 3.

auch verpflichtet, die auf dem Vertragsobjekt ruhenden privaten und öffentlichen **Lasten** zu tragen. Er ist auch verpflichtet, die nach der gesetzlichen Lastenverteilung den Eigentümer treffenden privaten Lasten zu tragen, insbesondere außergewöhnliche Ausbesserungen und Erneuerungen. Für grundbuchlich abgesicherte Verbindlichkeiten gilt die Regelung nach a). Der Nießbrauch kann **nicht** zur Ausübung einem **Dritten** überlassen werden.

3. Das Zuwendungsobjekt einschließlich seiner Verbindlichkeiten sowie aller Verwendungen, zu denen auch die Schuldentilgung gehört, wird dann im **Zugewinn** der Vertragsteile weder im Anfangs- noch im Endvermögen angesetzt, mit Ausnahme noch von einem Ehegatten zu übernehmender **Verbindlichkeiten**.

4. Die Ehegatten können diese Vereinbarung auch **ohne Zustimmung** der begünstigten **Kinder** aufheben oder ändern.

5. Zur Sicherung aller Ansprüche des Rückforderungsberechtigten auf Übertragung des Eigentums aus dem vorvereinbarten Übertragungsrecht auf die gemeinsamen ehelichen Kinder

bewilligen und beantragen

die Vertragsteile die Eintragung einer **(Rückauflassungs-)Vormerkung** gem. § 883 BGB zu Gunsten des Rückforderungsberechtigten am Vertragsgrundbesitz in das Grundbuch an nächst offener Rangstelle.

Beratungshinweis: 341

Die Vormerkung wird i.d.R. nicht für die **Kinder** als Begünstigte eingetragen, sondern für den **zuwendenden Ehegatten** als Versprechensempfänger. Dies ist zulässig, denn dem Versprechensempfänger steht nach § 335 BGB ein eigenes Recht auf die Leistung zu.[285]

IX. Immobilienübertragung von Eltern an das eigene Kind; Zuwendung des hälftigen Miteigentumsanteils durch den Beschenkten an den Ehegatten

1. Beratung

a) Tatsächliche Ausgangssituation

Im Hinblick auf die **geringen Freibeträge** bezüglich der Schenkungsteuer bei Schenkungen von Eltern an das **Schwiegerkind** empfiehlt sich die Variante, dass zunächst das eigene Kind beschenkt wird und sodann ggf. der Ehegatte ½ der Immobilie als Zuwendung erhält.   342

b) Rechtliche Ausgangssituation

Die gestufte Zuwendung ermöglicht die Ausnutzung der Eltern-Kind- und Ehegattenfreibeträge.[286] Die „**Kettenschenkung**" ist als steuerlich legitime Gestaltungsform anerkannt.[287]   343

---

285 Münch, a.a.O., Rn 756.
286 § 16 Abs. 1, 2 ErbStG.
287 Langenfeld, Handbuch der Eheverträge und Scheidungsvereinbarungen, Rn 1197 zu Kap. 6; BFH BStBl 1962 III, 206.

344　Die **Ausstattung** unterfällt **nicht** der **Pflichtteilsergänzung** nach § 2325 BGB.[288] Da die entsprechenden Schenkungen der Eltern den Zweck haben sollen, die wirtschaftliche Existenz des eigenen Kindes zu sichern, sollte die Vereinbarung eines **Rückforderungsrechts** regelmäßig in Betracht gezogen werden. Regelmäßig wollen selbstverständlich die Eltern nicht, dass im **Scheidungsfalle** der andere Ehegatte dinglich an der Immobilie beteiligt ist.

345　Nicht gewollt ist auch die Folge, dass dem **eigenen Kind** im Zugewinnausgleich **Anfangsvermögen** i.S.v. § 1374 Abs. 2 BGB **nur hälftig** verbleibt, weil es dem Ehegatten eine ehebedingte Zuwendung gemacht hat. Solche Zuwendungen in Form von Immobilienübertragungen oder Überweisung von Geldbeträgen werden **nicht als Schenkung** beurteilt, sondern als **unbenannte Zuwendung**.[289]

- Die **Hälfte** des zugewendeten Vermögens wird bei dem **eigenen** Kind als **privilegierter Erwerb** in dessen **Anfangsvermögen** berücksichtigt.
- Das **Schwiegerkind** kann die Hälfte des zugewendeten Betrags **nicht als privilegierten Erwerb** in seinem **Anfangsvermögen** ansetzen.
- Die **weitere** Hälfte wird bei dem **Schwiegerkind** nur in dessen **Endvermögen** berücksichtigt.
- **Folge:** Wenn das Vermögen im Endvermögen noch vorhanden ist, erfolgt Beteiligung des **eigenen** Kindes über den Zugewinn in Form von einem **Viertel** des zugewendeten Betrages (Zugewinnausgleichsanspruch = ½ bezüglich des an das **Schwiegerkind** zugewendeten Betrages).[290]
- Nur dann, wenn der **Zugewinnausgleich** zu **keiner** angemessenen Begünstigung des **eigenen** Kindes führt (z.B. bei hoher Verschuldung des Schwiegerkindes), besteht ein **Rückforderungsanspruch der Schwiegereltern** gegen das Schwiegerkind.[291]

346　Zur Klarstellung sollte neben der Vereinbarung des **Rückforderungsanspruchs** auch die Verpflichtung zur Rückerstattung verwendeten **Anfangsvermögens** an den Rückforderungsgegner vereinbart werden sowie die Verpflichtung des Rückfordernden zur Übernahme von **Grundpfanddarlehen** und schließlich die Vorsorge für den Fall, dass der Wert des Rückerwerbs im Vermögen des Rückfordernden durch Negativposten neutralisiert wird.

347　Mit der Vereinbarung des Rückforderungsrechts für den **ausstattenden Elternteil** kann sichergestellt werden, dass nur die von dem rückfordernden Elternteil zu erstattenden **Verwendungen** im zugewinnausgleichspflichtigen Vermögen des Kindes bleiben. Um dies sicherzustellen, sollte es dabei bleiben, dass die **Eltern** nur im Verhältnis zu ihrem **Kind** und in **Übereinstimmung mit ihm** zurückfordern können, ihr Rückforderungsrecht also die **vorherige Ausübung** des Rückforderungsrechts des **Kindes** voraussetzt.

348　Aus diesem Grunde sollte auch **keine Vormerkung** zur Sicherung des Rückforderungsrechts der **Eltern** eingetragen werden, die dann auch den an das Schwiegerkind weitergegebenen Miteigentumsanteil belasten würde, sondern lediglich eine **Rückauflassungsvormerkung** für das **Kind** auf dem Miteigentumsanteil des Ehegatten.[292]

288　Haegele, BWNotZ 1976, 29.
289　Heiß, Das Mandat im Familienrecht, Rn 427 zu Teil 10.
290　Heiß, Das Mandat im Familienrecht, Rn 428, 429 zu Teil 10; BGH FamRZ 1995, 1060.
291　Heiß, Das Mandat im Familienrecht, Rn 430 zu Teil 10; BGH FamRZ 1995, 1060, 1062.
292　Langenfeld, a.a.O., Rn 1200 zu Kap. 6.

2. Muster:[293] **Immobilienübertragung von Eltern an das eigene Kind; Zuwendung des hälftigen Miteigentumsanteils durch den Beschenkten an den Ehegatten**

41

A. Ausstattung:

§ 1 Vertragsobjekt:

Herr ■■■ ist Eigentümer des lastenfreien Einfamilienhauses ■■■

§ 2 Ausstattung:

Herr ■■■ übergibt das Vertragsobjekt im Wege der Ausstattung mit Rücksicht auf ihre Verheiratung seiner Tochter ■■■. Einig über den Eigentumsübergang bewilligen und beantragen die Beteiligten den Vollzug im Grundbuch.

§ 3 Rückforderungsrecht:

1. Herr ■■■ kann das Vertragsobjekt zurückfordern, wenn die Ehe seiner Tochter ■■■ geschieden wird und unter der weiteren Voraussetzung, dass die Tochter ihr Rückforderungsrecht gegen ■■■ durchsetzen kann. Er ist verpflichtet, auf Verlangen der ■■■ die von dieser oder ihrem Ehemann getätigten nachgewiesenen Verwendungen auf das Vertragsobjekt zu erstatten und etwa noch bestehende Finanzierungsdarlehen für Verwendungen zur Alleinschuld zu übernehmen.

2. Auf Sicherung des Rückforderungsrechts durch Vormerkung wird verzichtet.

§ 4 Besitzübergang, Gewährleistung:

Der Besitzübergang erfolgt sofort. Jede Gewährleistung für Rechts- und Sachmängel aller Art ist ausgeschlossen.

B. Ehebedingte Zuwendung:

§ 1 Zuwendung:

Wegen der geplanten gemeinsamen Sanierung des Vertragsobjektes wendet Frau ■■■ ihrem Ehemann ■■■ einen Miteigentumsanteil von ½ an dem Vertragsobjekt ehebedingt zu. Einig über den Eigentumsübergang bewilligen und beantragen die Beteiligten den Vollzug im Grundbuch.

§ 2 Rückforderungsrecht:

1. Der zuwendende Ehegatte hat das Recht, im Falle der **Scheidung** der Ehe oder des Versterbens des Ehegatten die Rückforderung des heute überlassenen Miteigentumsanteils verlangen zu können.

2. Hat der Zuwendungsempfänger aus einem vorehelichen Vermögen oder aus einer während der Ehe erworbenen Erbschaft, einem Vermächtnis, einer Schenkung oder Ausstattung **Verwendungen** auf das Grundstück gemacht, so sind ihm diese Zug um Zug gegen Rückforderung zu erstatten.

3. Der Zuwendende hat Zug um Zug gegen Rückforderung etwaige auf das Grundstück verwendete Grundpfanddarlehen zur Alleinschuld zu übernehmen, wobei der Zuwendungsempfänger von den Gläubigern **freizustellen** ist.

4. Die Rückforderung ist nur zulässig, wenn der **Zugewinn** des Zuwendenden mindestens so hoch ist wie die in der Ehezeit eingetretene **Wertsteigerung** des Grundstücks nach **Abzug** der dem Zuwendungsempfänger gemäß obigem Absatz 2 zu erstattenden **Verwendungen**.

5. Zug um Zug mit der Rückforderung nach Maßgabe obiger Vereinbarungen findet dann auf der Grundlage der nach Rückforderung und Rückerstattung von Verwendungen bestehenden Vermögenslage der gesetzliche **Zugewinnausgleich** statt.

---

293   Langenfeld, a.a.O., Rn 1195 zu Kap. 6.

> 6. Zur Sicherung des Rückforderungsrechts ist für Frau ■■■ eine **Rückauflassungsvormerkung** einzutragen, deren Eintragung bewilligt und beantragt wird.
>
> **§ 3 Besitzübergang/Gewährleistung:**
>
> 1. Der Besitzübergang erfolgt sofort. Herr ■■■ bewilligt die Eintragung einer Rückauflassungsvormerkung für seine Ehefrau zum Erwerb des Miteigentumsanteils nach Rückforderung, deren Eintragung beantragt wird.
>
> 2. Jegliche Gewährleistung für Sach- und Rechtsmittel aller Art ist ausgeschlossen.
>
> 3. Anfallende **Steuern** trägt jeder Beteiligte für **seinen Erwerb**. Der Notar hat auf mögliche Schenkungsteuer hingewiesen.

X. Zuwendungen Dritter, vertragliche Rückerwerbsklauseln, vollständige Urkunde

S. auch die Ausführungen Teil 2, § 1 Rn 305 ff, 360 ff.

1. Beratung

a) Tatsächliche Ausgangssituation

350 Wenden die Eltern ihrem Kind z.B. eine Immobilie zu, so wollen die Eltern i.d.R. **Vorsorge** treffen, dass im Falle der Ehescheidung der zugewendete Vermögensgegenstand dem eigenen Kind **ungemindert** verbleibt und dass im Fall des Todes des eigenen Kindes der zugewendete Vermögensgegenstand auf die **Enkelkinder** und nicht auf das Schwiegerkind übergeht. Häufig wird im Rahmen solcher Übergabeverträge ein **Wohnrecht/ Leibgeding/Nießbrauchsrecht** zu Gunsten der Eltern vereinbart, sodass es im Interesse der Eltern liegt, sicherzustellen, dass das Anwesen zu ihren Lebzeiten **nicht ohne ihre Zustimmung veräußert** werden kann.

351 **Zur Unterscheidung von Wohnrecht, Nießbrauch und Reallast**
Bei dem **Wohnrecht** handelt es sich um eine Unterart der beschränkten persönlichen Dienstbarkeit, so z.B. um Überlassung eines Grundstücks zu Wohnzwecken einschließlich **Mitbenutzung**. Bei Vereinbarung eines Wohnrechts besteht ein Benutzungsrecht unter **Ausschluss des Eigentümers** an bestimmten Räumlichkeiten in dem betreffenden Anwesen. Die Unterhaltungskosten trägt i.d.R. der Berechtigte.

352 Das **Nießbrauchsrecht** ist **umfassender** als das Wohnrecht. Während beim Wohnrecht nur die Aufnahme einer beschränkten Anzahl von Personen möglich ist, können beim **Nießbrauchsrecht** gem. § 1093 Abs. 2 BGB mehrere weitere Personen in die Wohnung aufgenommen werden. Auch ist Vermietung ohne Zustimmung des Eigentümers möglich.

353 Bei der Einräumung einer **Reallast** handelt es sich i.d.R. um **Dauerschuldverhältnisse**, z.B. die Einräumung eines Altenteilsrechts. Wird die Zahlung einer **Leibrente** vereinbart, so muss i.d.R. eine Zwangsvollstreckungsunterwerfungsklausel mit aufgenommen werden.

b) Rechtliche Ausgangssituation

Auch aus **steuerlichen** Gründen empfehlen sich Veräußerungsverbote in den Übergabeverträgen, die durch Vormerkung abgesichert werden.[294] 354

Die Veräußerer (die übergebenden Eltern) müssen aufgrund der bestehenden steuerlichen Situation bei der Vermögensübergabe gegen Versorgungsleistungen künftig vor einer **Umschichtung** durch den Übernehmer **geschützt** werden, die bei ihnen ohne ihr Zutun zu einem **Veräußerungsgewinn** führen.[295] 355

Häufig soll nach dem Wunsch der übergebenden Eltern auch das **Schwiegerkind nicht** an etwaigen **Wertsteigerungen** des übergebenen Vermögenswertes teilhaben. Auch die **dingliche Mitberechtigung** des Schwiegerkindes ohne Zustimmung der Eltern wird regelmäßig nicht gewünscht, zumal dann, wenn die Eltern im Anwesen noch wohnen. 356

Räumt das beschenkte Kind seinem Ehepartner als unbenannte Zuwendung einen Anteil am übertragenen Vermögen ein, so kann dies zum (teilweisen) **Verlust** des **Anfangsvermögens** führen[296] (hierzu s.o. Teil 2, § 1 Rn 345). 357

Aus diesem Grund wird häufig die Vereinbarung einer **Rückübertragungsklausel** zu Gunsten der **Eltern** vorgeschlagen.

In der Regel soll diese gelten für 358

- Fälle vorzeitigen **Todes** des Kindes,
- **Insolvenz** oder **Veräußerung** und **Belastung** gegen den Willen der Eltern,
- die Rückübertragung ist durch Eintragung einer Rückauflassungsvormerkung zu sichern.

Zur Pfändbarkeit des Rückübertragungsanspruch siehe Teil 2, § 1 Rn 308 ff.

2. Muster:[297] Zuwendungen Dritter, vertragliche Rückerwerbsklauseln, vollständige Urkunde 359

> ■■■ (Eingang, Grundbuchstand, Überlassung) ■■■
>
> **Rechtsgrund:**
>
> 1. Die vorstehende Überlassung erfolgt im Wege der vorweggenommenen Erbfolge als **Ausstattung**.
>
> 2. Die Gegenleistungen des Erwerbers ergeben sich aus den nachfolgenden Bestimmungen der Ziffer V. Weitere Gegenleistungen, als die in dieser Urkunde aufgeführten, sind nicht zu erbringen.
>
> 3. Soweit der Wert des überlassenen Vertragsobjekts den Wert der Gegenleistungen übersteigt, hat sich der Erwerber diesen Wert auf seinen **Pflichtteil** nach dem Veräußerer anrechnen zu lassen. Eine etwa bestehende Ausgleichspflicht gem. §§ 2050 ff BGB wird erlassen bzw. eine solche wird ausdrücklich nicht angeordnet.
>
> ■■■ (Gegenleistungen, Besitzübergang, Erschließung) ■■■

---

294 Zu den Einzelheiten der steuerlichen Auswirkung bei Veräußerung eines übergebenen Anwesens zu Lasten der übergebenden siehe im Einzelnen: Münch, a.a.O., Rn 828 ff zu Teil 4.
295 Münch, a.a.O., Rn 837 zu Teil 4.
296 Münch, a.a.O., Rn 839 zu Teil 4.
297 Münch, a.a.O., Rn 841 zu Teil 4.

Veräußerungsverbot, Rückerwerbsrecht

1. Der Erwerber verpflichtet sich, gegenüber dem Veräußerer den Vertragsgrundbesitz oder Teile hiervon ohne seine Zustimmung weder zu veräußern noch zu belasten. Auf die Bestimmung des § 137 BGB wurde hingewiesen.

2. Für den Fall der Zuwiderhandlung gegen das vereinbarte Veräußerungs- und Belastungsverbot sind die Erschienenen zu 1.

– nachfolgend kurz: Rückerwerbsberechtigte genannt –

berechtigt, den heutigen Vertragsgrundbesitz mit allen Rechten und Pflichten, Bestandteilen und dem gesetzlichen Zubehör zurückzuerwerben.

3. Das gleiche Recht steht dem Rückerwerbsberechtigten zu, wenn

a) über das Vermögen des Erwerbers ein **Insolvenzverfahren** eröffnet wird oder Zwangsversteigerungs- oder **Zwangsvollstreckungsmaßnahmen** gegen das Vermögen des Erwerbers durchgeführt werden oder eine Verschlechterung der Vermögenslage i.S.d. § 490 Abs. 1 BGB eintritt

oder

b) der Erwerber vor dem Längerlebenden seiner Eltern **verstirbt** und der Vertragsgrundbesitz **nicht** im Wege der Erbfolge oder Vermächtniserfüllung oder durch Übertragung seitens des Erben des Erwerbers auf die **Kinder** oder eines der Kinder des Erwerbers übergeht.

Alternative zu b):

In diesem Fall kann, wenn der heutige Erwerber seinen Ehegatten zum Alleinerben eingesetzt hatte, das Rückerwerbsrecht nur ausgeübt werden, wenn dem Ehegatten des heutigen Erwerbers ein lebenslanges/auf 5 Jahre vom Todestag des Erwerbers an begrenztes/ unentgeltliches **Wohnungsrecht** in der Wohnung ■■■ am Vertragsgrundbesitz eingeräumt wird. Nebenkosten sowie Kosten der Schönheitsreparaturen sind in diesem Fall vom Wohnungsberechtigten zu tragen

oder

c) Der Erwerber oder sein Ehepartner Antrag auf Scheidung der Ehe gestellt hat.

Alternative zu c):

■■■ der Erwerber eine Ehe eingeht und **nicht ehevertraglich** entweder **Gütertrennung** vereinbart oder das Vertragsobjekt samt seiner Wertsteigerungen vom Zugewinn **ausgeschlossen** hat, nachdem er vom Veräußerer hierzu aufgefordert wurde und seit der Aufforderung 3 Monate vergangen sind.[298]

4. Dieses Rückerwerbsrecht ist höchstpersönlich.

Bei mehreren Berechtigten steht das Rückerwerbsrecht nach dem Tode eines Berechtigten dem Überlebenden alleine zu. Ansonsten ist das Rückerwerbsrecht nicht vererblich und nicht übertragbar.

Es ist innerhalb von 24 Monaten nach Kenntnis vom Eintritt der Voraussetzung durch schriftliche Erklärung gegenüber dem Eigentümer bzw. dessen Erben auszuüben. Entscheidend für die Einhaltung der Frist ist die Absendung durch den Erklärenden.

---

298   Zur Vormerkungsfähigkeit in diesem Fall: BayObLG, MittBayNot 2002, 396; dazu, dass diese Klausel vormundschaftsgerichtlich genehmigungsfähig ist: LG München, MittBayNot 2002, 404.

5. Für den **Rückerwerb** gelten folgende Bestimmungen:

a) Der Grundbesitz ist frei von Rechten Dritter zu übertragen.

Ausnahmen hiervon bilden etwaige Rechte, die in der vorliegenden Urkunde übernommen werden und etwaige Rechte, die mit Zustimmung des Rückerwerbsberechtigten im Grundbuch eingetragen werden.

Hinsichtlich eingetragener Grundpfandrechte hat der Rückerwerbsberechtigte auch die zugrunde liegenden Verbindlichkeiten in persönlicher Haftung mit schuldbefreiender Wirkung zu übernehmen, soweit die Darlehensvaluten für Investitionen auf den Vertragsgrundbesitz verwendet wurden; ein Erstattungsbetrag gemäß nachfolgendem Buchstaben b) ist also insoweit nicht zu zahlen.

b) Der Rückerwerbsberechtigte hat dem heutigen Erwerber die von diesem auf den Vertragsgrundbesitz gemachten **Aufwendungen** – hierzu zählen auch Schuldentilgungen – zum Zeitwert im Zeitpunkt der Rückübertragung zu **ersetzen**. Nicht zu ersetzen sind Aufwendungen zur gewöhnlichen Erhaltung oder Arbeitsleistung des Erwerbers.

Alternative 1:

Zu ersetzen sind auch gemäß dieser Urkunde erbrachte **Abfindungsleistungen**.

Alternative 2:

Ein erklärter Pflichtteilsverzicht im Hinblick auf diese Überlassung verliert mit Rückforderung seine Gültigkeit.

Im Übrigen hat der Rückerwerbsberechtigte keine Gegenleistungen zu erbringen.

c) Die Kosten der Rückübertragung und durch die Rückübertragung etwa anfallende Verkehrsteuern hat der Rückerwerbsberechtigte zu tragen.

6. Zur Sicherung aller Ansprüche der Rückerwerbsberechtigten als Gesamtberechtigte auf Übertragung des Eigentums aus dem vorvereinbarten Rückerwerbsrecht **bewilligen und beantragen** die Vertragsteile die Eintragung einer **(Rückauflassungs-)Vormerkung** gem. § 883 BGB zu Gunsten der Rückerwerbsberechtigten als Gesamtberechtigte gem. § 428 BGB am Vertragsgrundbesitz in das Grundbuch an nächst offener Rangstelle.

7. Der Erwerber behält sich das Recht vor, im Range vor sämtlichen in dieser Urkunde bestellten Rechten Grundpfandrechte bis zum Gesamtbetrag von ■■■ Euro zuzüglich Zinsen bis zu 18 % jährlich und zuzüglich einer einmaligen Nebenleistung bis zu 6 % des jeweiligen Grundschuldkapitals zu Gunsten beliebiger Gläubiger eintragen zu lassen. Der Rangvorbehalt darf seinem gesamten Umfang nach nur einmal voll ausgenutzt werden. Verzinsungsbeginn ist der Tag der Beurkundung des den Vorrang ausnutzenden Grundpfandrechts. Die Eintragung dieses Rangvorbehaltes gem. § 881 BGB in das Grundbuch wird **bewilligt und beantragt**.

Vollzugsnachricht wird erbeten.

8. Jeder Veräußerer **bevollmächtigt** den Erwerber und jeden zum Zeitpunkt der Einreichung der Löschungsbewilligung eingetragenen Grundstückseigentümer oder dessen gesetzlichen Vertreter, einzeln unter Vorlage der Sterbeurkunde des betreffenden Veräußerers die Löschung der zu dessen Gunsten im Grundbuch eingetragenen Auflassungsvormerkung zu bewilligen und zu beantragen. Die Vollmacht ist widerruflich. (Die Löschungsvollmacht ist erforderlich, nachdem die Rechtsprechung bei der Auflassungsvormerkung eine sog. Vorlöschensklausel nicht mehr zulässt.[299]

---

[299]   BGH NJW 1996, 59.

XI. Ehebezogene Zuwendungen an Schwiegerkinder

Hierzu s. auch XII., Zuwendungen Dritter/vertragliche Rückerwerbsklausel, Teil 2, § 1 Rn 367 ff.

1. Beratung

a) Tatsächliche Ausgangssituation

Hierzu s.o. Teil 2, § 1 Rn 350 ff.

b) Rechtliche Ausgangssituation

360 Im Hinblick auf die oben (Teil 2, § 1 Rn 343 ff) dargestellte Rechtslage bei Zuwendungen an Schwiegerkinder sollte eine direkte Zuwendung zwischen Schwiegereltern und Schwiegerkind vermieden werden. Aus diesem Grund ist die vorstehend unter Rn 349 ausgeführte Vertragsgestaltung zu wählen, wonach in der 1. Stufe dem **eigenen Kind** eine Ausstattung zugewendet wird oder im Wege der vorweggenommenen Erbfolge Vermögenswerte übertragen werden und sodann das Kind in der **2. Stufe** die Hälfte an den **Ehegatten** weitergibt mit Vereinbarung von Rückforderungsrechten.

361 ### 2. Muster:[300] Geldzuwendung zur Ablösung von Grundpfandrechten

Das im Alleineigentum der Ehefrau stehende Familienheim ■■■ ist mit einer Grundschuld über ■■■ Euro für die ■■■ Bank belastet, die noch mit ■■■ Euro valutiert. Zur Ablösung dieser Belastung wenden die Eheleute hiermit ihrem Sohn ■■■ den Betrag von ■■■ Euro als **Ausstattung** zu. Der Sohn nimmt die Zuwendung an. Er wird diesen Betrag zum ■■■ an die ■■■ Bank zur Rückzahlung des Darlehens der Ehefrau überweisen.

Diese Überweisung erfolgt im Verhältnis der Eheleute als **ehebedingte Zuwendung** des Ehemannes an die Ehefrau. Der Betrag ist mit 4 % Jahreszinsen ab ■■■ an den Ehemann zurückzuzahlen, wenn die Ehe geschieden wird.

Der Betrag von ■■■ Euro ist im Zugewinnausgleich **privilegierter Erwerb** des Ehemannes gem. § 1374 Abs. 2 BGB. Zur Sicherung dieses bedingten Rückzahlungsanspruchs werden die Beteiligten die ■■■ Bank anweisen, die eingetragene **Grundschuld** Zug um Zug gegen Ablösung an den Ehemann abzutreten.

362 #### Beratungshinweis:

Die Vertragsgestaltung hat in der Weise zu erfolgen, dass **zunächst** die **Eltern** dem **Kind** das Geld im Wege der Ausstattung oder vorweggenommenen Erbfolge zuwenden und das Kind dann die Ablösung der das Grundeigentum der Ehegatten betreffenden Kredite als **ehebedingte Zuwendung** mit der **Vereinbarung** der **Rückzahlung** für den Scheidungsfall vornimmt. Als Sicherheit für diesen bedingten Rückzahlungsanspruch können die eingetragenen Grundpfandrechte verwendet werden.[301]

---

300 Langenfeld, a.a.O., Rn 1206 zu Kap. 6.
301 Langenfeld, Handbuch der Eheverträge und Scheidungsvereinbarungen, Rn 1205 zu Kap. 6.

Alternative 1:[302] **Übereignungslösung bei Zuwendung von Geld zum Erwerb des Familienheims**

363

Im Falle der **Scheidung** der Ehe kann der zuwendende Ehegatte die **Übereignung** eines Miteigentumsanteils von ■■■ an dem Grundstück verlangen. Dieser Miteigentumsanteil ist dann mit dem heutigen Wert von ■■■ Euro Anfangsvermögen i.S.v. § 1374 Abs. 2 BGB. Zur Sicherung dieses künftigen Übereignungsanspruchs wird für den zuwendenden Ehegatten die Eintragung einer **Vormerkung** gem. § 883 BGB auf dem vorbezeichneten Grundstück bewilligt und beantragt.

Beratungshinweis:

364

Auch hier ist eine direkte Zuwendung an das Schwiegerkind zu vermeiden.

Eine Lösung besteht darin, dass das eigene Kind soviel Miteigentumsanteile mehr als der Ehegatte erwirbt, wie dies dem zugewendeten Geldbetrag entspricht.[303]

Wird diese Lösung nicht gewünscht, so ist wiederum die zweistufige Zuwendung zu wählen (hierzu s. vorstehend Teil 2, § 1 Rn 349).

Für den Scheidungsfall hat sich dann das Kind gegenüber dem Ehegatten die **Rückzahlung** des **zugewendeten** Geldbetrages vorzubehalten, möglichst ergänzt durch eine Absicherung durch Grundpfandrecht oder ein Erwerbsrecht.

Wollen die Eltern zusätzlich noch den Fall absichern, dass das **Kind** vor ihnen **verstirbt**, so ist das nachfolgende gestufte Erwerbsrecht zu vereinbaren:

Alternative 2: Erwerbsrechtslösung[304]

365

Der der Ehefrau von ihrem Vater im Wege der **Ausstattung** zum Erwerb des vorbezeichneten Hausgrundstücks zugewendete Betrag ist zurückzuzahlen, wenn die Ehefrau vor dem Vater **verstirbt**. In Höhe von ■■■ Euro wird dieser Betrag von der Ehefrau dem Ehemann zum Erwerb eines Miteigentumsanteils von ■■■ an dem Hausgrundstück ehebbedingt zugewendet. Im Falle des Vorversterbens der Ehefrau vor ihrem Vater ist der Ehemann verpflichtet, dem **Vater** diesen **Miteigentumsanteil** zur Rückabwicklung zu übereignen. Zur Sicherung dieses bedingten Erwerbsrechts wird für den Vater die Eintragung einer **Vormerkung** gem. § 883 BGB auf dem vorbezeichneten Grundstück bewilligt und beantragt.

Alternative 3:[305] **Rückforderungsrecht der Eltern bei Grundstückszuwendungen**

Die Übergeber behalten sich als Gesamtgläubiger nach § 428 BGB das Recht vor, auf Kosten des Übernehmers das Übergabeobjekt zurückfordern zu können, wenn der Übernehmer vor dem Letztversterbenden der Übergeber **verstirbt**.

Das Rückforderungsrecht kann nur innerhalb von 6 Monaten nach Eintritt seiner Voraussetzungen ausgeübt werden.

Nachgewiesene **Verwendungen** auf den Grundbesitz werden den Erben des Übernehmers erstattet.

Dieses Rückforderungsrecht kann zu Lebzeiten der Übergeber nur von ihnen gemeinsam ausgeübt werden, wobei die **Rückforderungsquoten** im Belieben der Übergeber stehen. Nach dem Tode des Erstversterbenden der Übergeber steht das Rückforderungsrecht dem Überlebenden allein zu.

---

302 Langenfeld, a.a.O., Rn 1208 zu Kap. 6.
303 Langenfeld, a.a.O., Rn 1207 zu Kap. 6.
304 Langenfeld, a.a.O., Rn 1209 zu Kap. 6.
305 Langenfeld, a.a.O., Rn 1212 zu Kap. 6.

> Dieses Rückforderungsrecht gilt sowohl für den dem Übernehmer verbleibenden Miteigentumsanteil an dem Übergabeobjekt wie für den dem Ehegatten des Übernehmers heute mit ehebedingter Zuwendung übertragenen Miteigentumsanteil an dem Übergabeobjekt.
>
> Bei Vorversterben des Übernehmers vor dem Letztversterbenden der Übergeber besteht also auch gegenüber dem Ehegatten des Übernehmers dieses Rückforderungsrecht. Es sind ihm sämtliche nachgewiesene **Verwendungen** auf das Übergabeobjekt zu erstatten.
>
> Beantragt wird die Eintragung einer **Rückauflassungsvormerkung** obigen Inhalts auf dem Übergabeobjekt für die Übergeber als Gesamtgläubiger, für den Überlebenden von ihnen allein.

366 **Beratungshinweis:**

Auch hier ist die **gestufte** Form der Zuwendung zu wählen (s. vorstehend Teil 2, § 1 Rn 342), so z.B. Zuwendung in vorweggenommener Erbfolge an das Kind mit **Nießbrauchs-** oder **Wohnungsrechtsvorbehalt** und die anschließende Zuwendung als ehebedingte Zuwendung an den Ehegatten. Für den Fall der Ehescheidung hat sich das Kind die **Rückforderung** des zugewendeten Miteigentumsanteils vom Ehegatten **vorzubehalten.**

Wünschen die Eltern hier ein **Rückforderungsrecht** für den Fall des **Vorversterbens** des Kindes, so ist dieses, wie vorstehend vorgeschlagen, zu vereinbaren:

Rückforderungsrechte werden häufig auch für den Fall des **Vermögensverfalls** des Übernehmers und der **Veräußerung** und **Belastung** ohne Zustimmung des Übergebers vereinbart (hierzu s. Teil 2, § 1 Rn 359).

XII. Hausbau vor Eheschließung

1. Beratung

a) Tatsächliche Ausgangssituation

367 Die Partner leben in nichtehelicher Lebensgemeinschaft zusammen, wobei die Eheschließung beabsichtigt ist. Es wird auf einem Grundstück, das im Alleineigentum einer der Partner steht, eine Immobilie errichtet aus **finanziellen Mitteln beider Partner.**

b) Rechtliche Ausgangssituation

368 Ob für die **Zeit eines nichtehelichen Zusammenlebens** Ausgleichsansprüche entstehen, etwa im Rahmen der §§ 730 ff BGB, wenn die **nichteheliche Partnerschaft** nicht auf Dauer angelegt ist, sondern alsbald in eine Ehe übergehen soll, ist derzeit ungeklärt.[306]

---

306 Grziwotz, DNotZ 2000, 486, 490.

Der BGH hat in seiner neuen Rechtsprechung einen solchen Anspruch an schwer nach- 369
weisliche Voraussetzungen geknüpft. Er hat wesentliche Beiträge des einen Partners
zum Vermögen des anderen nicht ausreichen lassen.[307]

Waren die späteren Eheleute **verlobt**, dann sieht der BGH die Interessenlage vergleich- 370
bar mit einer **unbenannten Zuwendung** unter Eheleuten mit **Gütertrennung**. **Geschäftsgrundlage** sei der Bestand der **künftigen Ehe**. Der BGH bejaht in diesen Fällen einen
über den Zugewinnausgleich hinausgehenden Ausgleichsanspruch und bildet daher
einen hypothetischen Zugewinn, als wäre das Objekt ohne die Verwendungen im
Anfangsvermögen vorhanden gewesen.[308]

c) Vertragliche Lösungsmöglichkeiten

aa) Einräumung von Miteigentum

Eine vorherige Einräumung von **Miteigentum** am bereits vorhandenen Grundstück zum 371
Zeitpunkt, zu dem die Parteien noch nicht verheiratet sind, ist **keine** Lösung, weil diese
Eigentumsübertragung **Schenkungsteuer** oder **Grunderwerbsteuer** auslösen würde. Zu-
dem löst dies allein die Frage der späteren Auseinandersetzung nicht.[309]

bb) Darlehenslösung

Hier werden die Zuwendungen des Nichteigentümer-Ehegatten als Darlehen gegeben, 372
die bei Eheschließung aufrechterhalten bleiben, sodass sie im Anfangsvermögen beiderseits einmal als **Aktivposten** und einmal als **Passivposten** zu berücksichtigen sind.

Solche Darlehen haben jedoch nicht nur Auswirkungen auf die Berechnung des An- 373
fangsvermögens, sondern diese Ansprüche sind **vererblich**,[310] sodass eine entsprechende
Regelung getroffen werden muss, wenn später keine **gegenseitige Erbeinsetzung** vorgesehen ist. Ist gegenseitige Erbeinsetzung vorgesehen, so **erlischt** das Darlehen im Erbfall durch Vereinigung von Gläubiger- und Schuldnerstellung.[311] Für die Berechnung
von Pflichtteilen hingegen gilt das Darlehen als nicht erloschen.[312]

Zu berücksichtigen ist des Weiteren, dass die **Finanzämter** bei **Unverzinslichkeit** der 374
Darlehen eine **Schenkung** annehmen, die bei **nicht verheirateten** Partnern sehr schnell
die Freibeträge überschreitet. *Münch*[313] empfiehlt, die Unverzinslichkeit mit dem
Wohnvorteil zu begründen, sodass keine Unentgeltlichkeit gegeben sein dürfte.

---

307 BGH BB 2003, 2139 f; Münch, Ehebezogene Rechtsgeschäfte, Rn 678 zu Teil 3; vgl. auch OLG Naum-
    burg, ZEV 2003, 334, das einen Ausgleich nach Gesellschaftsrecht ablehnt und allenfalls einen Ausgleich
    nach den Grundsätzen der unbenannten Zuwendung gewähren will.
308 BGH NJW 1992, 427; OLG Celle, NJW-RR 2000, 1675; OLG Köln, FamRZ 2002, 1404.
309 Münch, a.a.O., Rn 680 zu Teil 3.
310 Böhm, ZEV 2002, 337 ff.
311 Münch, a.a.O., Rn 681 zu Teil 3.
312 BGH DNotZ 1978, 487, 489.
313 Münch, a.a.O., Rn 682 zu Teil 3.

2. Muster

375

a) Muster: Partnerschaftsvertrag

1. Darlehen

Die Geldmittel in Höhe von ■■■ Euro, welche Herr ■■■

– nachfolgend kurz: „Gläubiger" –

für den Bau des Einfamilienhauses auf dem Grundstück der Frau ■■■

– nachfolgend kurz: „Eigentümer" oder „Schuldner" –

zur Verfügung gestellt hat, sind als Darlehen gewährt.

Für das Darlehen gelten folgende Bestimmungen:

- Das Darlehen ist **nicht** zu **verzinsen**. Es ist jedoch auch nicht unentgeltlich gewährt, sondern mit Blick auf den **Wohnvorteil**, welchen Herr ■■■ durch das gemeinsame Bewohnen des Anwesens genießt.
- Schuldner und Gläubiger können das Darlehen ganz oder teilweise jederzeit mit einer Kündigungsfrist von 6 Monaten kündigen. Es ist sodann in voller Höhe zur Rückzahlung fällig.
- Der Gläubiger ist berechtigt, die sofortige Rückzahlung des Darlehens ohne vorherige Kündigung zu verlangen, wenn
  - die **Zwangsversteigerung** oder die Zwangsverwaltung des verpfändeten Grundbesitzes angeordnet wird,
  - der Schuldner seine **Zahlungen einstellt** oder über das Vermögen des Schuldners das **Insolvenzverfahren** eröffnet wird oder sich die Vermögensverhältnisse des Schuldners i.S.d. § 490 BGB verschlechtern oder
  - der Pfandbesitz **veräußert** wird.

2. Hypothekenbestellung

Zur Sicherung aller Ansprüche des Gläubigers aus der vorstehend bezeichneten Darlehensforderung bestellt der Eigentümer zu Gunsten des Gläubigers an dem in Abschnitt 4 dieser Urkunde bezeichneten Pfandbesitz eine

Hypothek ohne Brief

an nächst offener Rangstelle.

3. Zwangsvollstreckungsunterwerfung

Der Schuldner unterwirft sich wegen der in dieser Urkunde eingegangenen Zahlungsverpflichtung der

sofortigen Zwangsvollstreckung

aus dieser Urkunde in sein gesamtes Vermögen.

Der Eigentümer unterwirft sich darüber hinaus in Ansehung der vorbestellten Hypothek der

sofortigen Zwangsvollstreckung

aus dieser Urkunde in der Weise, dass diese i.S.d. § 800 ZPO gegen den jeweiligen Eigentümer des Pfandbesitzes zulässig ist.

4. ■■■ (Pfandbesitz, Anträge, Bewilligung) ■■■

Beratungshinweis: 376

Sofern eine gegenseitige **Erbeinsetzung nicht erfolgt** ist, weil z.B. die jeweils vorhandenen Kinder erben sollen, **erlischt** das Darlehen im Todesfall **nicht** durch Konfusion. Es kann zusätzlich vorgesehen werden, dass das Darlehen im Todesfall des Gläubigers erlassen wird, da im Übrigen beim Tod des Schuldners die Rückzahlungspflicht ohne weitere Regelung dessen Erben treffen würde, was dann gewollt sein kann, wenn diese auch Eigentümer des Hauses werden.

Bei einem Erlass sind allerdings die **schenkungsteuerlichen Konsequenzen** zu bedenken.[314]

Alternative: Darlehenserlass beim Tod des Gläubigers[315]
Verstirbt der Gläubiger vor dem Schuldner, so wird hiermit das Darlehen auf den Todeszeitpunkt **erlassen**, sofern dieses nicht zuvor bereits gekündigt worden war.

Beratungshinweis: 377

Da die Vertragsparteien kein gesetzliches Erbrecht haben solange sie unverheiratet sind, ist eine erbrechtliche Beratung dringend zu empfehlen, wobei diese entweder gegenseitige Erbeinsetzung betrifft oder die Einräumung von Nießbrauchs- oder Wohnrechtsvermächtnissen.[316]

b) Muster: Zugewinnlösung   378

Alternative 1: Vorverlegung Anfangstermin
(hierzu s.o. Teil 2, § 1 Rn 2 ff)
Alternative 2:[317] **Wertmäßige Festlegung des Anfangsvermögens (s.o. Teil 2, § 1 Rn 62 ff)**
Wir sind uns darüber einig, dass für Zwecke des Zugewinnausgleichs das **Anfangsvermögen** des **Ehemannes** auf 100.000 Euro und das der Ehefrau auf 0 Euro festgelegt wird. Das im Eigentum des Ehemannes stehende **Familienwohnheim** ■■■, das heute einschließlich des Grund und Bodens einen Wert von 500.000 Euro hat, ist in einem etwaigen **Zugewinnausgleich** nur noch im Endvermögen anzusetzen, sodass der Gebäudewert und etwaige Wertsteigerungen in vollem Umfang in den Zugewinn fallen.

Beratungshinweis: 379

Es liegt folgender Sachverhalt zugrunde:
Auf dem Grundstück des Ehemannes (Wert 100.000 Euro) wird noch vor Eheschließung ein Haus gebaut (Wert 400.000 Euro). Die Ehegatten wollen, dass das Grundstück als Anfangsvermögen zählt, das Haus aber dem Zugewinn unterliegt.

---

314 Münch, Ehebezogene Rechtsgeschäfte, Rn 684 f zu Teil 3.
315 Münch, a.a.O., Rn 686 zu Teil 3.
316 Münch, a.a.O., Rn 687 zu Teil 3.
317 Münch, a.a.O., Rn 693 zu Teil 3.

Das Anfangsvermögen kann so festgelegt werden, dass die Werte bei **Beginn** des Hausbaus festgesetzt werden. Hat z.b. der Ehemann das Grundstück und investieren beide Ehegatten in den Hausbau und heiraten dann, so wird bei der vorstehenden Fallgestaltung der obige Formulierungsvorschlag unterbreitet.[318]

Sofern für die Errichtung des Hauses **Darlehensmittel** bei Dritten aufgenommen wurden, sind auch diese Verbindlichkeiten aus dem Anfangsvermögen auszuscheiden und nur im Endvermögen zu berücksichtigen.[319]

XIII. Übergabevertrag der Eltern an das Kind

1. Beratung

a) Tatsächliche Ausgangssituation

380 Im nachfolgenden Vertrag wird eine Immobilie von den Eltern dem eigenen Kind überlassen. Diese Überlassungsverträge erfolgen i.d.R. in Verbindung mit der Vereinbarung einer **Leibrente** sowie eines Nießbrauchsrechts.

b) Rechtliche Ausgangssituation

381 Zu beachten ist, dass nach **bisheriger** Rechtsprechung solche Leibrentenverpflichtungen bei der Ermittlung des Anfangsvermögens bzw. privilegierten Vermögens und bei der Ermittlung des Endvermögens außer Betracht blieben, also neutral behandelt wurden. Dies aufgrund der Rechtsprechung des BGH, wonach die Wertsteigerung, die durch das zunehmende Alter der Berechtigten eintritt, nicht dem Zugewinn unterliegen soll.

382 Nach **neuer Rechtsprechung**[320] gilt Folgendes:
Hat sich der **erwerbende** Ehegatte in den Fällen des § 1374 Abs. 2 BGB im Zusammenhang mit der Zuwendung zur Zahlung einer **Leibrente verpflichtet**, so ist das **Leibrentenversprechen** bei der Ermittlung des **Anfangs-** und, wenn die Leibrentenpflicht fortbesteht, auch beim **Endvermögen** mit seinem jeweiligen Wert **mindernd** zu berücksichtigen. Auf die Frage, ob das Leibrentenversprechen dinglich gesichert ist, kommt es nicht an. Nach nunmehriger Ansicht des BGH ist der **Wertzuwachs**, der durch das **Absinken** der **Belastung** aus der Leibrente entsteht, **zugewinnausgleichspflichtig**. Begründet wurde dies damit, dass eine **geld-** bzw. **geldwerte Leistung** auf Dauer zu erbringen ist. Ist der Schenker bzw. Übergeber **verstorben**, ist die Leibrente im Endvermögen gar **nicht mehr zu berücksichtigen**.

383 Für den **Nießbrauch** hat der BGH[321] **gegenteilig** entschieden: Die Wertsteigerungen, die dadurch eintreten, dass der Nießbrauchswert wegen des höheren Lebensalters des Berechtigten allmählich absinkt, unterliegen **nicht** dem **Zugewinnausgleich**. Hintergrund ist nach BGH die Überlegung, dass es sich hierbei um eine vorweggenommene Erbfolge handelt. Dies gilt auch für den Fall, dass der Nießbraucher vor dem Ende des Güterstandes **verstor-**

---

318 Münch, a.a.O., Rn 692 zu Teil 3.
319 Münch, a.a.O., Rn 694 zu Teil 3.
320 BGH Urteil vom 07.09.2005 FamRB 1/2006, S. 1 f.
321 FamRZ 1990, 603.

ben ist.[322] Die Situation bei der Leibrente sei allerdings eine andere, da hier der Ehegatte aus **eigenem Vermögen** Beträge aufwenden muss, die seinen Zugewinn schmälern.

Ursprünglich hat der BGH die Überlegungen zum Nießbrauchsrecht auch auf Fälle des Leibgedinges (Altenteil) übertragen. Für den Fall des Altenteils hält der BGH ausdrücklich an dieser Ansicht **nicht mehr fest**. Dies gilt v.a. in Fällen, in denen **persönliche Pflegeleistungen** zu erbringen sind. Sie verhindern bei dem Beschenkten nämlich, dass dieser weiteren Zugewinn erwirtschaftet. Gegenüber dem anderen Ehepartner sei dies ungerecht. Oftmals treffen auch diesen faktisch solche Pflegeverpflichtungen. Damit wird er vom anderweitigen Erwerb des Zugewinns abgehalten.

Aus dem Urteil folgt, dass man in Zukunft unterscheiden muss, ob der Beschenkte irgendwelche **geld**- oder **geldwerte** Leistungen aus seinem persönlichen Vermögen oder auch durch seine **Arbeitskraft** zu erbringen hat. Ist dies der Fall, müssen die Leistungen entsprechend kapitalisiert beim Anfangs- und Endvermögen eingestellt werden.

Für den Fall jedoch, dass keinerlei Leistungen von ihm zu erbringen sind, z.B. eine Immobilie sozusagen aus sich selbst heraus nur werthaltiger wird, bleibt es bei der bisherigen Rechtsprechung. Der entsprechende Vermögenszuwachs bleibt „außen vor".[323]

2. Muster: Übergabevertrag der Eltern an das Kind

■■■ Gegenleistung

Für die Überlassung verpflichtet sich der Übernehmer gegenüber dem Übergeber zu folgenden **Gegenleistungen**:

Der Übernehmer hat der Übergeberin anteilsmäßig zusammen mit ihrem Bruder ■■■ solange diese im Anwesen wohnt, **Wart und Pflege** im Alter und bei Krankheit zu gewähren, ihr alle Arbeiten zu verrichten oder verrichten zu lassen, die sie in Folge Alters, Krankheit oder Gebrechlichkeit nicht mehr selbst verrichten kann, sowie alle erforderlichen Fahrten und Dinge zu besorgen, Hilfen zu leisten und ggf. die Mahlzeiten zuzubereiten. Der Wart- und Pflegeanspruch umfasst **nicht** die Leistungen **geschulten Personals**.

Schuldrechtlich wird dazu Folgendes vereinbart:

Soweit der Übergeberin **Pflegegeld** aus der Pflegeversicherung zusteht, tritt sie dieses an den Übernehmer unter der Voraussetzung ab, dass die dem Pflegegeld ihrer Art nach entsprechenden Leistungen vom Übernehmer im vereinbarten Umfang erbracht werden. Soweit Dienst- und/oder Sachleistungen aus der Pflegeversicherung gewährt werden, ruht insoweit der Anspruch gegen den Übernehmer.

Die Übergeberin wünscht ausdrücklich nicht, in einem Alters- oder Pflegeheim untergebracht zu werden, soweit dies medizinisch zu verantworten ist.

Die vorstehend wiederkehrenden Ansprüche der Übergeberin werden als **Reallast** am Vertragsgrundbesitz bestellt und zur Eintragung in das Grundbuch an nächst offener Rangstelle **bewilligt und beantragt**.

Zur Löschung soll der Nachweis des Todes der Berechtigten genügen. Vollzugsmitteilung für die Beteiligten und den Notar an den Notar wird erbeten.

384

385

386

387

46

---

322 OLG Koblenz, FamRZ 1983, 166.
323 Kogl, FamRB 1/2006, S. 1.

XIV. Zuwendungen an die Schwiegereltern

1. Beratung

a) Tatsächliche Ausgangssituation

388 Häufig bauen die Eheleute **mit dem Geld** des **Schwiegerkindes** eine Wohnung im **Haus der Eltern** aus und wohnen mietfrei in dieser Wohnung.

b) Rechtliche Ausgangssituation

389 Es gilt Folgendes:
- Es besteht ein **Leihvertrag**.
- Ansprüche sind erst **dann** vorhanden, wenn **beide Eheleute** das Leihverhältnis beendet haben (im Übrigen bei Auszug nur eines Ehegatten: Fortbestand des Leihverhältnisses und **keine Ansprüche**).
- Wird das Leihverhältnis **beendet**, weil **beide Ehegatten** ausziehen: Bereicherungsanspruch nach § 812 Abs. 1 S. 2 Alternative 1 BGB.
- Die Höhe des Anspruchs besteht gem. § 818 Abs. 2 BGB in der Differenz zwischen der Miete, die **vor dem Umbau** und **nach dem Umbau** zu erzielen ist, und zwar in Form von Zahlung einer Geldrente.[324]
- Ein Anspruch wegen **Wegfalls der Geschäftsgrundlage** (§ 313 BGB) bei Scheitern der Ehe besteht **nicht**.[325]
- Ehebezogene Zuwendungen können nur gegenüber einem **Ehegatten** erbracht werden.[326]

2. Zuwendungen an die Schwiegereltern[327]

390 Im Hinblick auf die vorbezeichnete Rechtslage empfiehlt sich in jedem Fall eine Vereinbarung für den Fall, dass **einer** der beiden Ehegatten auszieht. So könnte z.B. ein **Darlehensvertrag** in Betracht kommen oder ein Vertrag bezüglich der Verpflichtung zur **Rückerstattung** geleisteter **Investitionen**, wobei die Schwierigkeit zur Bestimmung der Höhe darin liegen wird, dass völlig offen ist, wie lange diese ausgebaute Wohnung von den Ehegatten oder einem der Ehegatten tatsächlich bewohnt wird, also die geleisteten Investitionen abgewohnt werden.

---

324 BGH FamRZ 1990, 843; Heiß, Das Mandat im Familienrecht, Rn 444 zu Teil 10.
325 BGH FamRZ 1985, 150, 152.
326 Haußleiter/Schulz, Rn 41 zu Kap. 7; Heiß, Das Mandat im Familienrecht, Rn 444 zu Teil 10.
327 Muster hierzu s. nachfolgend E. Schuldenhaftung, III. Darlehensvertrag Rn 405 ff.

XV. Schenkungsvertrag

1. Beratung

a) Tatsächliche Ausgangssituation

Soll eine Vermögensübertragung **nicht** als ehebedingte Zuwendung vorgenommen werden und auch **kein Rückerwerbsrecht** bestehen, sondern besteht Einigkeit zwischen den Parteien, dass die Zuwendung **unentgeltlich** beim Zuwendungsempfänger verbleibt, so muss dies im Vertrag ausdrücklich klargestellt werden. Des Weiteren ist klarzustellen, ob eine **Anrechnung** auf den Zugewinnausgleichsanspruch gem. § 1380 BGB **erfolgen** soll oder nicht.

391

b) Rechtliche Ausgangssituation

Der Unterschied zwischen **Schenkung** und unbenannter Zuwendung liegt darin, dass die Schenkung gerade **nicht** an die **Erwartung** des **Fortbestands** der Ehe geknüpft ist. Als Widerrufsgründe kommen lediglich die gesetzlichen Regelungen in Betracht, so z.B. Nichtvollziehung einer Auflage, § 527 BGB; **Notbedarf** des Schenkers, § 528 BGB; **Widerruf wegen groben Undanks**, § 530 BGB.

392

Ein Schenkungswiderruf wegen groben Undanks führt nur ausnahmsweise zum Erfolg.[328] Zu werten ist das Gesamtverhalten beider Eheleute. Die Verletzung der ehelichen Treuepflicht kann eine schwere Verfehlung darstellen,[329] ebenso das „Anschwärzen beim Arbeitgeber" und unzutreffende Strafanzeigen.[330]

393

Wird die Schenkung erfolgreich widerrufen, so ist der **Rückerstattungsanspruch** in das **Endvermögen** beim Zugewinn als Aktiv- bzw. Passivposten aufzunehmen. Dies soll allerdings nur gelten, wenn sich die schwere **Verfehlung vor dem Stichtag** der Endvermögensberechnung nach § 1384 BGB zugetragen hat, unabhängig davon, wann die Erklärung des Widerrufs erfolgte.[331]

394

2. Muster:[332] Schenkungsvertrag

395

47

1. Die Überlassung erfolgt unentgeltlich als freigiebige Zuwendung. Eine Gegenleistung ist nicht zu erbringen. Eine Rückforderung wird vertraglich nicht vorbehalten. Es gelten die gesetzlichen Vorschriften des **Schenkungsrechts**, insbesondere auch die Widerrufsgründe.

2. Die Zuwendung ist auf den **Pflichtteil** nach dem Veräußerer anzurechnen. Eine **Anrechnung** auf den **Zugewinnausgleichsanspruch** soll **nicht** erfolgen. Vielmehr sollen die heute geschenkten Vermögensgegenstände bei der Berechnung des Zugewinns vollständig außer Betracht bleiben, also weder beim Anfangs- noch beim Endvermögen eines Ehepartners mitgerechnet werden.

---

328 Wever, FamRZ 2003, 565, 571.
329 BGH FamRZ 1985, 351.
330 BGH FamRZ 1983, 668, 669.
331 Münch, Ehebezogene Rechtsgeschäfte, Rn 824 zu Teil 3.
332 Münch, a.a.O., Rn 821 zu Teil 3.

3. Der Notar hat darüber belehrt, dass diese Zuwendung im Scheidungsfall **nicht zurück-gefordert** werden kann. Er hat ferner darauf hingewiesen, was es bedeutet, wenn die Zuwendung nach vorstehendem Absatz 2. nicht auf den Zugewinn angerechnet werden soll. Schließlich wurden die Vertragsteile über die gesetzlichen Widerrufsgründe des Schenkers belehrt.

E. Schuldenhaftung

Zu Schuldenhaftung und Schuldenübernahme im Einzelnen siehe Teil 3, § 2 Rn 112 ff.

I. Behandlung gemeinsamer Schulden

1. Beratung

a) Tatsächliche Ausgangssituation

396   A hat im Anfangsvermögen ein Grundstück im Wert von 100.000 Euro. Das Grundstück wird während der Ehe von beiden Ehegatten bebaut, wobei hierzu Schulden in Höhe von 200.000 Euro aufgenommen wurden. Bei Beendigung der Ehe hat das Grundstück einen Verkehrswert von 400.000 Euro.

b) Rechtliche Ausgangssituation[333]

397   Der Zugewinn des A beträgt nach Abzug des Anfangsvermögens vom Endvermögen 300.000 Euro. Bezüglich der Schulden wendet die Rechtsprechung unabhängig vom Zugewinnausgleichsrecht für gemeinsame Verbindlichkeiten § 426 Abs. 1 S. 1 BGB im Innenverhältnis an und zwar auch bei **Gütertrennung**.[334]

398   Im Zweifel sind Zins- und Tilgungsleistungen, die ein Ehegatte leistet, sein Beitrag zum Familienunterhalt. **Rückwirkend** findet ein Gesamtschuldenausgleich **nicht** statt.
- Gemäß § 426 Abs. 1 S. 1 BGB besteht die Mithaftung von Gesamtschulden grundsätzlich zu **gleichen** Anteilen, falls nicht ein anderes bestimmt ist.[335]
- Für **Schuldentilgungen** während des **ehelichen Zusammenlebens** gibt es bei einer **Alleinverdiener-Ehe keinen Gesamtschuldnerausgleich**, da die finanziellen Leistungen des Ehemannes und die Haushaltsführung der Ehefrau **gleichwertige Beiträge** zur ehelichen Lebensgemeinschaft darstellen.[336]
- Auch in der **Doppelverdiener-Ehe** besteht **kein Ausgleichsanspruch** für die Zeit des **Zusammenlebens** der Partner, weil davon auszugehen ist, das der die Schulden rückzahlende Ehegatte nicht nur sich selbst, sondern auch den anderen von seiner Schuld befreien will.[337]

333 Zimmermann/Dorsel, Eheverträge, Scheidungs- u. Unterhaltsvereinbarungen, Rn 21 zu § 11.
334 Zimmermann/Dorsel, a.a.O., Rn 21 zu § 11; BGHZ 87, 265; BGH FamRZ 1988, 596, 1031.
335 Heiß, Das Mandat im Familienrecht, Rn 291 ff zu Teil 10.
336 Heiß, a.a.O.; BGH FamRZ 1983, 795.
337 Heiß, a.a.O., Rn 293 zu Teil 10; BGH FamRZ 2002, 1024, 1026; FamRZ 2002, 739, 740.

- Von der **Möglichkeit** einer **anteiligen** Mithaftung wurde allerdings vom BGH bei beiderseitiger Erwerbstätigkeit ausgegangen, jedoch ohne Darlegung, in welchen Fällen ein Ausgleich verlangt werden kann.[338]
- Ein Ausgleichsanspruch bei **Zusammenleben** kann dann bestehen, wenn der andere Ehegatte **keine gleichwertigen** Beiträge zur ehelichen Lebensgemeinschaft geleistet hat.[339]
- Ein **Ausgleichsanspruch** besteht jedoch für Schulden, die **nach Scheitern** der Ehe getilgt wurden, wobei der Ausgleichsanspruch **rückwirkend** geltend gemacht werden kann.[340] Der Ausgleichsanspruch kann nicht allein deshalb abgelehnt werden, weil die Ehefrau über **keine** Einkünfte verfügt.[341]
- Maßgeblicher **Stichtag** ist i.d.R. der Zeitpunkt des Scheiterns der Ehe und damit der **endgültigen Trennung**.[342]
- Von einer **anderweitigen** Bestimmung als der hälftigen Mithaftung ist auszugehen, wenn der **alleinverdienende** Ehegatte das im Miteigentum beider Ehegatten stehende **Haus** nach der Trennung allein **bewohnt** und die hierfür anfallenden Schuldenzahlungen alleine trägt und der andere Ehegatten deshalb von ihm **keine Nutzungsentschädigung** verlangt.[343]
- Bei der **Gestaltung** von **Eheverträgen** ist Folgendes zu berücksichtigen:[344]
  - Soll klargestellt werden, dass Verwendungen des Nichteigentümer-Ehegatten auf das Objekt auf jeden Fall zurück zu gewähren sind, ist eine **Darlehensregelung** angezeigt.
  - Für die Vermögensauseinandersetzung muss vereinbart werden, dass der Nichteigentümer-Ehegatte aus der Schuldhaft entlassen wird und der Eigentümer-Ehegatte nicht dinglich für Verbindlichkeiten des anderen Ehegatten weiter haftet (**Beschränkung der Zweckbestimmungserklärung**, hierzu s.o. Teil 2, § 1 Rn 35 f).
  - Für den Zugewinnausgleich muss festgestellt werden, ob die Darlehensforderung zum **Anfangsvermögen** des Darlehensgebers gehören soll. Im Hinblick auf diese Regelung bedarf die gesamte Vereinbarung der **notariellen Beurkundung**.

2. Muster:[345] Behandlung gemeinsamer Schulden

399

B haftet als **Gesamtschuldner** für die **Baufinanzierung** des Grundbesitzes ███ in ███. Im Innenverhältnis geltend Zins- und Tilgungsleistungen auf dieses Objekt als je zur Hälfte erbracht. Die Beteiligten vereinbaren, dass die auf B entfallenden Tilgungsleistungen, nicht aber die Zinsleistungen, **darlehensweise** gewährt werden. Das **Darlehen** ist erst bei **Beendigung der Ehe** zwischen den Beteiligten **kündbar**. Endet die Ehe der Beteiligten durch **Tod** eines Ehegatten, so erlischt die Darlehensforderung, sofern B nicht über sie

338 BGH FamRZ 1984, 29, 30; FamRZ 1988, 264, 265.
339 Haußleiter/Schulz, Vermögensauseinandersetzung bei Trennung und Scheidung, Rn 31 zu Kap. 6; Heiß, Das Mandat im Familienrecht, Rn 295 zu Teil 10.
340 BGH FamRZ 1995, 216, 217; FamRZ 1983, 759, 796; FuR 2003, 374, 376.
341 Heiß, a.a.O., Rn 296.
342 BGH FamRZ 1995, 216, 218; FamRZ 1997, 487; OLG Brandenburg, FamRZ 2001; Heiß, a.a.O., Rn 297.
343 BGH FamRZ 1993, 676; im Einzelnen hierzu s.: Heiß, Das Mandat im Familienrecht, Rn 299 ff.
344 Zimmermann/Dorsel, Eheverträge, Scheidungs- u. Unterhaltsvereinbarungen, Rn 23 zu § 11.
345 Zimmermann/Dorsel, a.a.O., Rn 24 zu § 11.

ganz oder teilweise von Todes wegen zu Gunsten ihrer Abkömmlinge aus 1. Ehe verfügt hat. Ab Kündbarkeit ist das Darlehen mit 5 % über dem jeweiligen Basiszinssatz zu verzinsen.

Endet die Ehe in anderer Weise als durch Tod, ist B aus der **schuldhaft** für die auf dem Grundbesitz dinglich gesicherten Darlehensverbindlichkeiten zu **entlassen**. Zu Gunsten des A sind **Zweckbestimmungserklärungen** betreffend die Grundpfandrechte dahin einzuschränken, dass diese ab diesem Zeitpunkt nur noch für Verbindlichkeiten des A Sicherheit leisten.

Die Abtretung oder Pfändung von Rechten, die aufgrund dieser Vereinbarung entstehen, wird ausgeschlossen. Für einen eventuellen zukünftigen **Zugewinnausgleich** zwischen den Beteiligten zählt die Darlehensforderung der B zu deren Endvermögen.

II. Schuldenübernahme im Zusammenhang mit Immobilienübertragung

1. Beratung

a) Tatsächliche Ausgangssituation

400 Wird eine Immobilie von einem Ehegatten auf den anderen übertragen und lasten auf dieser Immobilie noch Schulden, so ist in jedem Fall darauf zu achten, dass Schuldenübernahme auch im **Außenverhältnis** durch den übernehmenden Ehegatten erfolgt. Eine Haftungsfreistellung im Innenverhältnis reicht **nicht** aus. In diesem Fall würde der übertragende Ehegatte das **Eigentum** an der **Immobilie verlieren** und andererseits aber im Außenverhältnis bei Nichtzahlung der Schulden durch den anderen Ehegatten nach wie vor mit seinem restlichen Vermögen für Zinszahlung und Tilgung gegenüber der Bank haften.

b) Rechtliche Ausgangssituation

401 Zu den Sicherungsmöglichkeiten s. die ausführliche Darstellung in Teil 1, Rn 288 ff, sowie Teil 3 § 2 Rn 85 ff.

Sicherheit bietet zum einen die Eintragung einer **Sicherungsgrundschuld** zu Gunsten des übertragenden Ehegatten und zum anderen die Vereinbarung dahingehend, dass die notarielle Urkunde zur Eigentumsumschreibung dem **Grundbuchamt erst vorgelegt** werden darf, wenn dem Notar die **Haftungsfreistellungserklärung** durch die Gläubiger **vorliegt**.

402 **Beratungshinweis:**

Zur Abgrenzung von Hypothek und Grundschuld

Die **Sicherungshypothek** ist akzessorisch, d.h. es liegt eine exakt definierte Verbindlichkeit, also eine **bestimmte Zahlungsverpflichtung**, vor, die gesichert werden soll, z.B. Zahlung eines Abfindungsbetrages in **Raten**.

Demgegenüber ist die **Grundschuld unabhängig** von der Höhe der zugrunde liegenden Verbindlichkeit und deshalb gefährlicher, weil eine Abtretung der Grundschuld möglich ist. Grundschulden werden i.d.R. bei noch **nicht genau feststellbaren Verbindlich-**

keiten eingetragen. Die Abtretung kann **ausgeschlossen** werden. Der Abtretungsausschluss kann und sollte in das **Grundbuch eingetragen** werden.
Die Grundschuld kann grundsätzlich später für andere Verbindlichkeiten als die zunächst zu sichernden verwendet werden, so z.B. Bankschulden, da mit der Grundschuld künftig entstehende Schulden abgesichert werden.
Eine Grundschuld **mit Brief** ist i.d.R. nur i.V.m. der **Abtretung** der Grundschuld von Bedeutung. Die Briefgrundschuld kann privatschriftlich abgetreten werden in Form von Aushändigung des Briefes und der Abtretungserklärung und kommt insbesondere dann in Betracht, wenn ein **schnelles Wechseln der Kreditverhältnisse vorliegt.**

Auch die Vereinbarung eines **Rücktrittsrechts** kommt in Betracht. Es sollte darauf bestanden werden, dass notfalls durch **Umschuldung** für Haftungsfreistellung im Außenverhältnis Sorge getragen wird (hierzu s. Teil 3, § 2 Rn 112 ff). Insoweit stellt das nachfolgend von *Münch*, a.a.O. Rn 503 zu Teil 2 vorgeschlagene Muster, wonach lediglich Erfüllungsübernahme vereinbart wurde, **keine ausreichende** Sicherheit dar. Zu den wesentlich sichereren Vereinbarungen i.S.d. obigen Ausführungen s. Teil 3, § 2 Rn 112 ff Notarielle Scheidungsvereinbarungen.

403

2. Muster:[346] Schuldenübernahme im Zusammenhang mit Immobilienübertragung

404
49

Der Ehemann übernimmt das am Vertragsgrundbesitz in Abteilung 3 des Grundbuches eingetragene Grundpfandrecht über ■■■ Euro in dinglicher Haftung.
Entstandene Eigentümerrechte und/oder Rückgewähransprüche werden hiermit entschädigungslos auf den Ehemann mit dessen Zustimmung übertragen, die Eigentumsumschreibung vorausgesetzt.
Die Umschreibung im Grundbuch wird **bewilligt** und beantragt, mit dieser Urkunde jedoch ausdrücklich nicht beantragt, auch nicht vom Notar gem. § 15 GBO.
Die persönliche Haftung hat der Ehemann bereits in der Grundpfandrechtsbestellungsurkunde übernommen.
Des Weiteren übernimmt der Ehemann die dem übernommenen Grundpfandrecht zugrunde liegende Schuldverpflichtung gegenüber dem Gläubiger als künftiger alleiniger Schuldner mit **schuldbefreiender Wirkung.**
Die befreiende Schuldübernahme erfolgt jeweils mit **Wirkung vom heutigen Tage** an mit dem zu diesem Zeitpunkt gegebenen genauen Stand der Schuldverpflichtungen.
Auf das Erfordernis der **Änderung** der **Zweckbestimmungserklärung** wurde hingewiesen, ebenso wie auf die mögliche Anwendung der Bestimmungen über den Verbraucherdarlehensvertrag nach §§ 491 ff BGB und die daraus resultierenden Pflichten. Bei deren Nichteinhaltung soll der Vertrag im Übrigen gültig bleiben.
Nach Hinweis des Notars auf das Erfordernis der Genehmigung der befreienden Schuldübernahme durch den Gläubiger
beauftragen und ermächtigen
die Vertragsteile den Notar oder dessen amtlich bestellten Vertreter, dem **Gläubiger** die befreiende Schuldübernahme durch Übersendung einer Abschrift dieser Urkunde **anzuzeigen.** Die gem. § 415 BGB erforderliche Genehmigung werden die Beteiligten selbst einholen und entgegennehmen.

---

346 Münch, Ehebezogene Rechtsgeschäfte, Rn 503 zu Teil 2.

Sollte die befreiende Schuldübernahme durch den Gläubiger nicht genehmigt werden, gelten vorstehende Vereinbarungen insoweit als **Erfüllungsübernahme** i.S.d. § 329 BGB, sodass der Ehemann der Ehefrau gegenüber verpflichtet ist, die Verbindlichkeiten jeweils fristgerecht zu erfüllen, insbesondere die Zins- und Tilgungsbeträge an den Gläubiger zu zahlen und die Ehefrau im Falle einer Inanspruchnahme durch den Gläubiger unverzüglich freizustellen. Gleiches gilt bis zur Genehmigung sowie bis zum vertragsgemäßen Vollzug der Eigentumsumschreibung.

Etwaige Kosten, Spesen oder Provisionen anlässlich der Genehmigung der Schuldübernahme hat der Ehemann zu tragen.

III. Darlehensverträge

1. Beratung

a) Tatsächliche Ausgangssituation

405   Stellt ein Ehegatte dem anderen Ehegatten Geld zur Verfügung, dessen **Rückzahlung** er sich **vorbehält**, muss hierüber ein Darlehensvertrag abgeschlossen werden.

b) Rechtliche Ausgangssituation

aa) Auswirkungen im Todesfall

406   Wird beim **Tode** des darlehensgebenden Ehegatten der andere nicht Erbe, so können die Erben die Rückzahlung des Darlehens einfordern. Gleichermaßen müssen die Erben des darlehens**nehmenden** Ehegatten für die Rückzahlung aufkommen. Sind diese Folgen nicht gewünscht, so muss ggf. über eine **testamentarische** Verfügung dem Schuldner ein entsprechendes **Vermächtnis** zugewendet werden. Es empfiehlt sich die Form des **Erbvertrages**, wenn der darlehensnehmende Ehegatte eine Bindungswirkung herbeiführen möchte. Denkbar wäre auch ein **auf den Tod aufgeschobener Erlassvertrag**.[347]

407   Eine **unverzinsliche** Hingabe eines Darlehens kann erhebliche **schenkungsteuerliche** Auswirkungen haben. Gleiches gilt für einen späteren Erlass der erneut Schenkungsteuer auslösen kann. Auch einkommensteuerlich kann das Darlehen relevant sein. Zum einen sind die Zinseinnahmen zu versteuern, zum anderen können jedoch die bezahlten Zinsen auch steuerlich geltend gemacht werden, wenn dies für eine steuerliche Einkommensquelle Verwendung findet.[348]

Die steuerliche Anerkennung von Darlehen ist gefährdet, wenn sie aus zuvor **geschenkten** Geldern (zurück-) gewährt werden.[349]

---

347   Münch, a.a.O., Rn 1133 zu Teil 5.
348   Münch, a.a.O., Rn 1135 ff.
349   Münch, a.a.O., Rn 1139 zu Teil 5.

bb) Sicherheiten; Gestellung von Sicherheiten durch einen Ehepartner

Die Anwendung von **Auftragsrecht** wurde von der Rechtsprechung in den Fällen bejaht, **408** in denen ein Ehegatte für **Verbindlichkeiten des anderen Ehegatten** Sicherheiten gestellt hatte.[350] Ist somit bei der Gestellung von Sicherheiten Auftragsrecht anwendbar, so gibt das Scheitern der Ehe dem Auftragnehmer ein Recht zur **Kündigung** des Auftrages aus wichtigem Grund nach § 671 Abs. 3 BGB. Der BGH hat dies bestätigt.[351]

Als Folge der Kündigung kann der Beauftragte Ersatz seiner Aufwendungen verlangen. **409** Hat er für den Auftrag Verbindlichkeiten übernommen, kann er aus Auftragsrecht **Befreiung von den Verbindlichkeiten** verlangen nach § 670 BGB i.V.m. § 257 BGB.[352] Allerdings ist dieser Befreiungsanspruch aufgrund der **Nachwirkungen der Ehe** eingeschränkt.[353] Schon aus § 671 Abs. 2 BGB folgt der Rechtsgedanke, dass der Auftraggeber für die Besorgung des Geschäfts anderweitig Vorsorge treffen können muss. Auch wenn die Trennung ein wichtiger Kündigungsgrund ist, will der BGH aufgrund der Nachwirkungen der Ehe diesen **Schutz des Auftraggebers** eingreifen lassen.[354]

Einem Befreiungsanspruch kann entgegenstehen, dass der Auftraggeber keine Sicher- **410** heiten anbieten kann und kein verwertbares Vermögen hat.[355]
Eine weitere **Einschränkung** für den Sicherungsgeber liegt vor, wenn es sich bei dem Vermögensgut, für das die Ehegatten beide Sicherungen stellen mussten, um das **Familienheim** handelt.[356]

2. Muster:[357] Darlehensverträge

411

Zwischen Herrn ■■■ – nachfolgend kurz „Darlehensgeber" – und seiner Ehefrau ■■■ – nachfolgend kurz „Darlehensnehmer" – wird der nachfolgende Darlehensvertrag geschlossen:

§ 1 Darlehen

(1) Der Darlehensgeber gewährt dem Darlehensnehmer einen Geldbetrag von ■■■ Euro als Darlehen.

(2) Das Darlehen wird zum ■■■ ausgezahlt.

Alternative zu (2):

Das Darlehen **wurde** mit Abschluss dieses Vertrages **ausgezahlt**. Der Darlehensnehmer **bestätigt** den Empfang der Darlehenssumme.

§ 2 Darlehenszins und Tilgung

(1) Das Darlehen ist ab ■■■ mit jährlich 3 % – 3 vom Hundert – zu verzinsen.

Alternative zu (1):

(1) Das Darlehen ist vom Tag der Auszahlung an mit jährlich 3 % zu verzinsen.

(2) Der genannte Zinssatz ist für die gesamte Laufzeit des Darlehens festgeschrieben.

---

350 BGH FamRZ 1989, 835 ff; OLG Hamm, FamRZ 2003, 97 ff; OLG München, FPR 2003, 502.
351 BGH DB 2003, 991.
352 Münch, Ehebezogene Rechtsgeschäfte, Rn 1084 zu Teil 5.
353 Münch, a.a.O., Rn 1085 zu Teil 5.
354 BGH FamRZ 1989, 835, 838.
355 BGH a.a.O.
356 LG Ulm, FamRZ 2003, 1190.
357 Münch, a.a.O., Rn 1140 zu Teil 5.

(3) Das Darlehen ist in gleichen Monatsraten zu ■■■ Euro fällig und jeweils zum 3. Werktag eines jeden Monats zu tilgen.

(4) Zinsen auf den restlichen Darlehensbetrag sind jeweils nachträglich für den abgelaufenen Monat am Tilgungstag zu zahlen. Die geschuldeten Zinsen werden auf der Grundlage von 360 Tagen jährlich in 12 Monaten á 30 Tagen berechnet.

Alternative 1 zu (3):

Zins und Tilgung ist in gleichen monatlichen Beträgen in Höhe von ■■■ Euro zu leisten. Die in diesem Betrag jeweils enthaltenen **Zinsen** werden **monatlich** berechnet.

Alternative 2 zu (3):

Das Darlehen ist am ■■■ in voller Höhe zur Rückzahlung fällig. Die **Zinsen** sind mit der **Hauptsache** zur Zahlung **fällig**, also mit Rückzahlung des Darlehens.

Alternative 3 zu § 2:

Das Darlehen ist dem Darlehensnehmer auf **Lebenszeit** gewährt, längstens jedoch bis zur **Veräußerung** des in § 6 dieses Vertrages genannten Grundbesitzes. Das Darlehen ist unverzinslich.

§ 3 Laufzeit; vorzeitige Rückzahlung

(1) Das Darlehen wird dem Darlehensnehmer mit Rücksicht auf die Tilgung gem. § 2 Abs. 3 dieses Vertrages gewährt bis zum ■■■.

(2) Auf diese Dauer ist das Darlehen vom Darlehensgeber unkündbar, unbeschadet des nachfolgend vereinbarten außerordentlichen Kündigungsrechts.

(3) Der Darlehensnehmer ist berechtigt, das Darlehen ganz oder teilweise vorzeitig ohne Kündigung zurückzuzahlen.

§ 4 Außerordentliches Kündigungsrecht

(1) Das Darlehen kann vom Darlehensgeber jederzeit ohne Einhaltung einer Frist aus wichtigem Grund gekündigt werden.

(2) Als wichtige Gründe gelten insbesondere:

(a) Eröffnung eines **Insolvenzverfahrens** über das Vermögens des Darlehensnehmers.

(b) Durchführung von **Zwangsvollstreckungsmaßnahmen** in den zur Besicherung vorgesehen Grundbesitz des Darlehensnehmers, soweit diese Maßnahmen nicht spätestens nach 2 Monaten wieder aufgehoben worden sind.

(c) Eintritt einer **Vermögensverschlechterung** nach § 490 Abs. 1 BGB.

(d) **Aufhebung** der **Brandversicherung** für die Gebäude auf dem vorgesehenen Pfandgrundbesitz oder Herabsetzung der Versicherungssumme ohne Zustimmung des Darlehensgebers oder Nichtzahlung der Brandversicherungsbeiträge.

(e) **Veräußerung** des zur Besicherung vorgesehenen Grundbesitzes.

(f) **Verzug** mit zwei aufeinander folgenden Zins- oder Tilgungszahlungen.

(g) Rechtshängigkeit eines **Scheidungsantrags**, gleich welchen Vertragsteils.

§ 5 Rückzahlung

Im Fall der Kündigung des Darlehens nach vorstehendem § 4 ist das Darlehen in einer Summe sofort zur Rückzahlung fällig.

Alternative zu § 5:

Beim Tod des Darlehensgebers ist das Darlehen innerhalb von 8 Wochen gerechnet ab dem Todestag zur Rückzahlung fällig.

§ 6 Sicherheiten

Der Darlehensnehmer verpflichtet sich, zu Gunsten des Darlehensgebers eine mit 3 % verzinsliche **Sicherungshypothek** in Höhe des Darlehensbetrages an folgendem Grundbesitz zu nächst offener Rangstelle zu bestellen:

Grundbuch von ▪▪▪ für ▪▪▪ Blatt ▪▪▪ Flur-Nr. ▪▪▪

Alternative zu § 6: Hypothekenbestellung

(I) Zur Sicherung aller Ansprüche des Darlehensgebers aus der vorstehend bezeichneten Darlehensforderung samt Zinsen bestellt der Eigentümer zu Gunsten des Darlehensgebers an dem in Abschnitt ▪▪▪ dieser Urkunde bezeichneten Pfandbesitz eine entsprechend verzinsliche **Hypothek** ohne Brief an nächst offener Rangstelle.

(II) Zwangsvollstreckungsunterwerfung:

Der Darlehensnehmer unterwirft sich wegen der in dieser Urkunde eingegangenen Zahlungsverpflichtung der sofortigen Zwangsvollstreckung aus dieser Urkunde in sein gesamtes Vermögen.

Der Eigentümer unterwirft sich darüber hinaus in Ansehung der vorbestellten Hypothek der **sofortigen Zwangsvollstreckung** aus dieser Urkunde in der Weise, dass diese i.S.d. § 800 ZPO gegen den jeweiligen Eigentümer des Pfandbesitzes zulässig ist.

(III) Eintragungsantrag und -bewilligung:

Der Eigentümer bewilligt und beantragt die Eintragung der vorbestellten Hypothek ohne Brief samt den vereinbarten Zins- und Zahlungsbestimmungen und der dinglichen Zwangsvollstreckungsunterwerfung zu Gunsten des Darlehensgebers in das Grundbuch an nächst offener Rangstelle.

Vollzugsmitteilung an den Notar wird erbeten.

(IV) Pfandbesitz:

Der Pfandbesitz beschreibt sich wie folgt:

Gemarkung ▪▪▪ Flur-Nr. ▪▪▪ vorgetragen im Grundbuch des Amtsgerichts ▪▪▪ für ▪▪▪ Blatt ▪▪▪

(1) Im Übrigen gelten für das Darlehen die gesetzlichen Bestimmungen, insbesondere §§ 488 ff BGB.

(2) Sollte eine Bestimmung dieses Vertrags unwirksam sein oder werden, so bleiben die übrigen Bestimmungen dennoch gültig und die Vertragsteile verpflichten sich, die unwirksame Bestimmung durch eine solche wirksam zu ersetzen, die dem Sinn und Zweck der unwirksamen Bestimmung am nächsten kommt.

(V) Kosten und Abschriften:

Von dieser Urkunde, deren Kosten der Darlehensnehmer trägt, erhalten:

– Der Darlehensgeber sofort eine einfache Ausfertigung und nach grundbuchamtlichen Vollzug eine vollstreckbare Ausfertigung auf Ansuchen.
– Der Darlehensnehmer sofort eine einfache Abschrift.
– Das Grundbuchamt sofort eine beglaubigte Abschrift zum Vollzug.

Der Notar darf die vollstreckbare Ausfertigung ohne weiteren Nachweis erteilen.

412 **Beratungshinweis:**

Zur Abgrenzung von Hypothek und Grundschuld:
Die Sicherungshypothek ist akzessorisch, d.h. es liegt eine exakt definierte Verbindlichkeit, also eine bestimmte Zahlungsverpflichtung vor, die gesichert werden soll, z.B. Zahlung eines Abfindungsbetrages in Raten.

Demgegenüber ist die **Grundschuld unabhängig** von der Höhe der zugrunde liegenden Verbindlichkeit und deshalb gefährlicher, weil eine Abtretung der Grundschuld möglich ist. Grundschulden werden i.d.R. bei noch **nicht genau feststellbaren Verbindlichkeiten** eingetragen. Die Abtretung kann **ausgeschlossen** werden. Der Abtretungsausschluss kann und sollte in das **Grundbuch eingetragen** werden.

Die Grundschuld kann grundsätzlich später für andere Verbindlichkeiten als die zunächst zu sichernden verwendet werden, so z.B. Bankschulden, da mit der Grundschuld künftig entstehende Schulden abgesichert werden.

Eine Grundschuld **mit Brief** ist i.d.R. nur i.V.m. der **Abtretung** der Grundschuld von Bedeutung. Die Briefgrundschuld kann privatschriftlich abgetreten werden in Form von Aushändigung des Briefes und der Abtretungserklärung und kommt insbesondere dann in Betracht, wenn ein **schnelles Wechseln der Kreditverhältnisse** vorliegt.

F. Ehegatten-Innengesellschaft

I. Beratung

1. Tatsächliche Ausgangssituation

413 Der Bereich der Ehegatten-Innengesellschaft ist die Vermögensbildung durch Eheleute **über** die **Verwirklichung der ehelichen Lebensgemeinschaft** hinaus. Liegt der Fall so, dass die Ehegatten den Erwerb der Grundstücke aus **Haftungsgründen** immer zum **Alleineigentum** nur eines Ehegatten vornehmen, so kann entweder bei jedem Grundstückserwerb ein **Erwerbsrecht** des anderen Ehegatten hinsichtlich eines hälftigen Miteigentumsanteils für den Fall der Scheidung vereinbart werden oder es kann ein **ausdrücklicher Vertrag** über eine **Innengesellschaft** bürgerlichen Rechts abgeschlossen werden, in dem die Beteiligungsquoten und ggf. auch die Modalitäten der Auseinandersetzung bei Scheidung geregelt werden.[358]

2. Rechtliche Ausgangssituation

414 Erforderlich ist für die Annahme einer Ehegatten-Innengesellschaft (ohne entsprechende vertragliche Vereinbarung), dass die Eheleute durch ihre beiderseitigen Leistungen einen **über den typischen Rahmen der ehelichen Lebensgemeinschaft hinausgehenden Zweck verfolgen**, indem sie durch Einsatz von Vermögenswerten und Arbeitsleistungen gemeinsam ein Vermögen aufbauen oder berufliche oder gewerbliche Tätigkeiten ausüben.[359]

---

358 Langenfeld, Handbuch der Eheverträge u. Scheidungsvereinbarungen, Rn 1216 zu Kap. 7.
359 Heiß, Das Mandat im Familienrecht, Rn 372 zu Teil 10; BGH FamRZ 1995, 1062; Haußleiter/Schulz, Vermögensauseinandersetzung bei Trennung und Scheidung, Rn 168 zu Kap. 6.

In dem vom BGH[360] entschiedenen Fall lebten die Parteien im Güterstand der Gütertrennung. Die Ehefrau war Hausfrau und hat insgesamt 7 **Immobilien** erworben, die teilweise mit **Einkünften** des **Ehemannes** finanziert wurden. **415**

Dem Mitarbeiter steht ein Anspruch auf eine **Geldzahlung** in Höhe des **Wertes** seiner **Beteiligung** an dem gemeinsam erworbenen **Vermögen** zu.[361]

Der Mitarbeiter hat einen **Abfindungsanspruch** in Höhe des Wertes seiner Beteiligung an dem gemeinsam erworbenen Vermögen (gleiche Regelung wie sie §§ 738 – 740 BGB für den Fall des Ausscheidens eines Gesellschafters vorsehen).[362]

Die **anteilige** Beteiligung richtet sich danach, in welchem **Verhältnis** die Beiträge beider Eheleute zueinander stehen. Ungleiche Beiträge können in **unterschiedlichen Arbeitsleistungen** bestehen, aber auch in verschieden hohem **Kapitaleinsatz**.[363] In **Zweifelsfällen** greift die Regelung des § 722 Abs. 1 BGB ein, nach der jeder Gesellschafter ohne Rücksicht auf die Art und Größe seines Beitrages einen **gleichen** Anteil am Gewinn und Verlust hat.[364] **416**

Diese Ausführungen zur Ermittlung eines Abfindungsanspruchs und zum Vorliegen einer Ehegatten-Innengesellschaft zeigen, dass zur **Klarstellung** in jedem Fall eine **vertragliche Regelung** getroffen werden muss. **417**

Wird bei beruflicher Mitarbeit ein **förmlicher** Arbeitsvertrag mit **festem** Entgelt abgeschlossen, ergeben sich die Rechte und Pflichten streng aus dem Vertrag.[365] **418**

Verstärkt wird in der Rechtsprechung des BGH wieder von der Möglichkeit einer Ehegatten-Innengesellschaft ausgegangen.[366] **419**

Im entschiedenen Fall war erhebliches Immobilienvermögen über lange Jahre hinweg auf den Namen der Ehefrau zu Alleineigentum erworben worden. Der Ehemann behauptete, erhebliche Beiträge geleistet und deshalb einen Ausgleichsanspruch zu haben. Zudem wendete der BGH damit die Grundsätze der Ehegatten-Innengesellschaft auch auf rein **finanzielle Zuwendungen ohne Rücksicht auf Mitarbeit** an, während die bisherige Rechtsprechung eine gesellschaftsrechtliche Lösung nur bei Mitarbeit von Ehegatten greifen lassen wollte.[367]

Die Ehegatten-Innengesellschaft wird zur zentralen Anspruchsgrundlage von Ausgleichsansprüchen außerhalb des Güterrechts, sofern es nicht um das Familienwohnheim geht, weshalb bei der Beratung hierauf ausführlich eingegangen werden muss.[368] **420**

Soll bewusst die Rechtsform der Ehegatten-Innengesellschaft genutzt werden, dann ist der richtige Weg die **ausdrückliche Begründung** einer solchen **Gesellschaft** und die Gestaltung eines entsprechenden Gesellschaftsvertrages. Im Rahmen dieses Vertrages **421**

---

360 FamRZ 1999, 1580.
361 Heiß, a.a.O., Rn 374 zu Teil 10; Haußleiter/Schulz,Rn 178 zu Kap. 6.
362 Heiß, a.a.O., Rn 375 zu Teil 10.
363 Heiß, a.a.O., Rn 376.
364 Haußleiter/Schulz, Vermögensauseinandersetzung bei Trennung und Scheidung, Rn 186 zu Kap. 6.
365 Heiß, Das Mandat im Familienrecht, Rn 370 zu Teil 10; BGH FamRZ 1995, 1062.
366 BGH FamRZ 1999, 1580.
367 Münch, a.a.O., Rn 925 zu Teil 5.
368 Münch, a.a.O., Rn 926 f zu Teil 5.

kann auch erörtert werden, ob der gesellschaftsrechtliche Ausgleich abschließend sein soll oder ob die Ansprüche in den **Zugewinnausgleich** eingestellt werden sollen.[369]

422

II. Muster:[370] Ehegatten-Innengesellschaft

■■■ Vor dem Notar sind erschienen:

Eheleute MA und FA

Die Eheleute leben im Güterstand der Gütertrennung. Für den ehezeitlichen Erwerb von Grundbesitz, der zur Vermögensbildung und zur Altersversorgung erfolgt, vereinbaren sie den folgenden Vertrag einer Ehegattengesellschaft bürgerlichen Rechts. Sie erklären:

Ehegatten-Vermögensgesellschaft bürgerlichen Rechts

§ 1 Rechtsform

1. Die Gesellschaft ist eine Gesellschaft bürgerlichen Rechts.

2. Sie ist eine Innengesellschaft ohne Gesamthandsvermögen.

§ 2 Zweck

Zweck der Gesellschaft ist die **Verteilung des Grundbesitzes** der Ehegatten im Falle der Scheidung.

§ 3 Gesellschafter, Anteile

1. Gesellschafter sind die Eheleute MA und FA.

2. Die Gesellschafter sind zu gleichen Teilen an der Gesellschaft beteiligt (evtl. andere Beteiligungsquote).

§ 4 Einlagen

Einlagen sind nicht zu leisten. Im Innenverhältnis der Gesellschafter-Ehegatten wird sämtlicher gegenwärtiger und künftiger Grundbesitz beider Ehegatten ohne Rücksicht auf die im Grundbuch eingetragenen Eigentumsverhältnisse als im Scheidungsfall der Verteilung unterliegendes Gesellschaftsvermögen behandelt.

§ 5 Auseinandersetzung bei Scheidung

1. Bei Scheidung der Ehe ist im Vorfeld der Scheidung eine einverständliche Auseinandersetzung anzustreben.

2. Kommt eine Einigung nicht zustande, so kann jeder Ehegatte nach Ablauf des Trennungsjahres die Einhaltung des folgenden Verfahrens verlangen.

– Der vorhandene **Grundbesitz** jedes Ehegatten wird durch einen öffentlich bestellten Grundstückschätzer, dessen Person die Industrie- und Handelskammer am letzten gemeinsamen Wohnsitz der Eheleute bestimmt, verbindlich als Schiedsgutachter **geschätzt**.

– Unter Leitung und nach Bestimmung dieses Schiedsgutachters wird durch das Los der Ehegatte bestimmt, der das erste Übernahmerecht hat. Der so bestimmte Ehegatte erklärt, welches Grundstück oder welchen sonstigen Grundbesitz er behalten oder erwerben will. Dann erklärt der andere Ehegatte, welches Grundstück oder welchen sonstigen Grundbesitz er behalten oder erwerben will. Dieses **alternierende Verfahren** wird so lange fortgesetzt, bis der gesamte Grundbesitz verteilt ist. Das Übernahmerecht bezieht sich jeweils auf eine wirtschaftliche Einheit, auch wenn diese, wie etwa bei einem Hausgrundstück mit Nebengrundstücken oder wie bei einer Eigentumswohnung mit Garage aus mehreren Grundstücken

---

369 Zu den entspr. Gesellschaftsverträgen im Einzelnen siehe: Münch, a.a.O., Rn 1100 ff.
370 Langenfeld, a.a.O., Rn 1217 zu Kap. 7.

oder grundstücksgleichen Rechten besteht. Im Streitfall bestimmt der Schiedsgut-achter, was jeweils eine wirtschaftliche Einheit ist. Der dingliche Vollzug erfolgt durch Auflassung an den Ehegatten, der noch nicht Eigentümer des jeweiligen Ob-jekts ist.

– Nach Durchführung dieses alternierenden Verfahrens erfolgt auf der Grundlage des Schätzgutachtens der **wertmäßige Ausgleich** der jeweiligen Erwerbe unter Berück-sichtigung zu übernehmender Verbindlichkeiten des jeweiligen Objekts in der Wei-se, dass ein möglichst geringer in Geld zu zahlender Ausgleich erforderlich wird. Die Einzelheiten bestimmt im Streitfall der Schiedsgutachter.

– Die Kosten der Auseinandersetzung und ihres Vollzugs bei Notar und Grundbuch-amt einschließlich der Kosten des Schiedsgutachters einschließlich der Grund-stücksschätzungen tragen die Gesellschafter entsprechend ihren Beteiligungen.

Beratungshinweis: 423

■ Die Ehegatten-Gesellschaft kann auch als **Außengesellschaft** in Form einer Gesell-schaft bürgerlichen Rechts vereinbart werden. Zur diesbezüglichen Vertragsgestal-tung s. *Langenfeld*, a.a.O., Rn 1218 zu Kap. 7.

■ Auch bei der Ehegatten-Gesellschaft als Außengesellschaft sollten die in § 5 (Aus-einandersetzung bei Scheidung) aufgenommenen Auseinandersetzungsregelungen mit aufgenommen werden.

■ Das in der Vereinbarung enthaltene alternierende Zuteilungsverfahren ist nur dann zweckmäßig, wenn die Gesellschaftsanteile gleich sind oder nur geringfügig differie-ren. Im Übrigen sollte lediglich ein Ausgleich in Geld für den Minderheitsgesell-schafter vereinbart werden.

■ Die Außengesellschaft kann sich empfehlen, wenn zu einem späteren Zeitpunkt die **Kinder** beteiligt werden sollen.[371]

G. Arbeitsverträge und Mietverträge zwischen Ehegatten

I. Ehegatten-Arbeitsvertrag

1. Beratung

a) Tatsächliche Ausgangssituation

Der Vorteil für den Arbeitgeber besteht zum einen darin, dass er die Zahlungen an den 424 Ehegatten in voller Höhe als **Betriebsausgaben** in Abzug bringen kann, zum anderen da-rin, dass der Arbeitslohn den Gewinn und dadurch den **steuerpflichtigen Gewerbeertrag** und somit die **Gewerbeertragsteuer** mindert.[372] Der steuerliche Vorteil für den Arbeit-nehmer-Ehegatten besteht in Form von Krankenversicherungsschutz und Beiträgen zur Altersvorsorge, soweit er sozialversicherungspflichtig tätig ist.

---

371 Langenfeld, Handbuch der Eheverträge u. Scheidungsvereinbarungen, Rn 1220 zu Kap. 7.
372 Merkle, a.a.O., Rn 174 zu Teil 9.

b) Rechtliche Ausgangssituation

aa) Wirksamkeit

425 An die Wirksamkeit von Arbeitsverträgen zwischen nahen Angehörigen werden **besonders strenge Anforderungen** gestellt. Der Arbeitsvertrag muss wirtschaftlich sinnvoll sein[373] und so ernsthaft **eindeutig** vereinbart und auch durchgeführt werden, wie dies zwischen fremden Personen geschieht.[374]

426 Handelt es sich um missbräuchliche Gestaltungen (§ 42 AO) oder um **Scheinverträge** (§ 41 Abs. 1 AO), so fehlt es aus steuerlicher Sicht an einer Einkunftsquelle und als Folge davon an Einkünften i.S.d. § 2 EStG.[375]

427 Werden die Tätigkeiten durch den Ehegatten allein aus **familienrechtlichen Gründen** vorgenommen und gehen sie über den Rahmen unbedeutender Hilfeleistungen nicht hinaus (wie z.B. die Pflege des häuslichen Arbeitszimmers), so sind diese Zahlungen an den anderen Ehegatten steuerlich auch dann **unbeachtlich**, wenn die Ehegatten einen Arbeitsvertrag geschlossen haben.[376]

428 Gehen die Arbeitsleistungen des anderen Ehegatten **über** diesen Rahmen hinaus, so sind die Arbeitsverträge auch dann anzuerkennen, wenn die Mitarbeit nach den Verhältnissen der Ehegatten üblich ist. **Arbeitsverträge** zwischen Ehegatten werden durch gesetzlich normiertes **Eherecht nicht überlagert**.[377]

bb) Schriftform

429 Der Arbeitsvertrag zwischen Ehegatten sollte immer schriftlich **abgeschlossen werden**, obwohl Arbeitsverträge auch mündlich abgeschlossen werden können. Arbeitsverträge, die nicht schriftlich abgeschlossen wurden, werden im Allgemeinen steuerlich nicht anerkannt.[378] Bei **rückwirkend** abgeschlossenen Verträgen wird die Rückwirkung steuerlich nicht anerkannt.[379]

cc) Gütergemeinschaft

430 Gehört der Betrieb zum **Gesamtgut** der Gütergemeinschaft, so können hinsichtlich des gemeinschaftlichen Eigentums (das zwangsläufig aufgrund der bestehenden Gütergemeinschaft vorliegt, falls **keine** anderweitige Regelung getroffen wurde) mit steuerrechtlicher Wirkung keine Verträge **abgeschlossen** werden, da beide Ehegatten **Mitunternehmer** sind, also z.B. weder Miet- noch Pachtverträge oder Arbeitsverträge.[380] Eine Mitunternehmerschaft liegt nur dann **nicht** vor, wenn der zum Gesamtgut gehörende Betrieb

---

373 BFH, BStBl 1977 II, 843.
374 Merkle, a.a.O., Rn 175 zu Teil 9.
375 Merkle, a.a.O., Rn 175 zu Teil 9.
376 BFH, BStBl 1988 II, 80; bei Zahlungen an Kinder: BFH, BStBl 1988 II, 632 = NJW 1989, 319; BStBl 1994 II, 298 = NJW 1994, 3374; Merkle, a.a.O.
377 BVerfG, BStBl 1962 I, 492 = NJW 1962, 437; BStBl 1962 I, 506 = NJW 1962, 442; zu Arbeitsverhältnissen mit Kindern: BFH BStBl 1989 II, 453 = NJW 1989, 2152; Merkle, a.a.O.
378 Merkle, a.a.O., Rn 177 zu Teil 9.
379 BFH, BStBl 1961 III, 209; BStBl 1962 III, 218.
380 BFH, BStBl 1959 III, 263; BStBl 1966 II, 277.

- eine **freie** Berufstätigkeit (z.B. eines Rechtsanwalts) darstellt und der andere Ehegatte diese Tätigkeit nicht ebenfalls durchführt,
- eine **Handelsvertretung** vorliegt, die nicht von beiden Ehegatten betrieben wird,
- nur ein **kleiner Gewerbetrieb** vorhanden ist, in dem kein nennenswertes Kapital (vor allem kein Grundstück ganz oder teilweise) eingesetzt wird.[381]

In der **Landwirtschaft** wird Mitunternehmerschaft auch schon dann bejaht, wenn der Grundbesitz beiden Ehegatten gehört und beide ohne gesonderte Vereinbarung mitarbeiten.[382]   431

Beratungshinweis:[383]   432

Nach der **Gläubigerschutzvorschrift** (§ 850h Abs. 2 ZPO) gilt bei unentgeltlichen Arbeits- oder Dienstleistungen, die nach Art und Umfang üblicherweise vergütet werden, im Verhältnis des Gläubigers zum Arbeitgeber eine angemessene Vergütung als geschuldet. Hier kann es also geschehen, dass bei einem Ehegatten-Arbeitsverhältnis, für das der haftende Arbeitnehmer-Ehegatte eine zu geringe Vergütung erhält, eine **Pfändung durch Gläubiger droht**, die ein **übliches Arbeitsentgelt** geltend machen können.

Steuerlich besteht der Vorteil eines Arbeitsverhältnisses darin, dass Zahlungen an den Ehegatten seitens des Arbeitgebers als Betriebsausgaben abgesetzt werden können. Für den angestellten Ehegatten besteht der Vorteil in einer sozialversicherungspflichtigen Beschäftigung mit Anspruch auf Kranken-, Renten- oder Arbeitslosenversicherung.

dd) Personengesellschaft

- Handelt es sich um eine **Personengesellschaft** und ist der Arbeitgeber-Ehegatte **Mitunternehmer** eines Betriebs, in dem der andere Ehegatte beschäftigt ist, so ist auch dann der Abschluss eines Ehegatten-**Arbeitsverhältnisses möglich**, wenn die Ehegatten **Gütergemeinschaft** vereinbart haben, da der **Mitunternehmeranteil** vom Gesamtgut ausgeschlossen ist (§ 1417 Abs. 2 BGB).[384]

ee) Kapitalgesellschaft

- Handelt es sich um eine **Kapitalgesellschaft** und ist der Ehegatte Gesellschafter, so kann ein zwischen der Gesellschaft vereinbartes Arbeitsverhältnis mit dem anderen Ehegatten **steuerlich anerkannt** werden, wenn es wie mit einem **fremden** Arbeitnehmer tatsächlich durchgeführt wird.[385]
  - Eine **erhöhte Arbeitsvergütung** an den Arbeitnehmer-Ehegatten des Gesellschafters kann als **verdeckte Gewinnausschüttung** beim Gesellschafter zu Einkünften aus Kapitalvermögen nach § 20 Abs. 2 Nr. 1 EStG führen.[386]

---

381 BFH, BStBl 1977 II, 836; Merkle, a.a.O., Rn 178 zu Teil 9.
382 BFH, vom 22.01.2004 – IV R 44/02.
383 Münch, a.a.O., Rn 1144 zu Teil 5.
384 Im Einzelnen hierzu siehe: Merkle, a.a.O., Rn 179 zu Teil 9.
385 Merkle, a.a.O., Rn 180 zu Teil 9.
386 BFH, BStBl 1972 II, 320.

- Auch der beteiligte Ehegatte kann zu der Gesellschaft ein Arbeitsverhältnis haben, z.B. als **Geschäftsführer** der **GmbH**. In diesem Fall werden die Arbeitsverhältnisse beider Ehegatten getrennt behandelt.[387]

ff) Vergütungsregelung

433 Die Arbeitsvergütung muss in einer eindeutigen Vereinbarung **geregelt** sein. Fehlt eine solche, kann das Arbeitsverhältnis keine steuerliche Wirkung erzielen.[388] Die Vergütung muss wie unter Fremden ausbezahlt werden, sodass das Arbeitsverhältnis nicht anerkannt wird, wenn die Vergütung **unregelmäßig**, teilweise oder gar nicht ausbezahlt wird.[389] Gleiches gilt, wenn z.B. die Arbeitsvergütung erst am Ende eines Jahres in einer Summe ausbezahlt wird.[390]

434 Wird das Nettogehalt dem Arbeitgeber-Ehegatten als **Darlehen** zur Verfügung gestellt, ist das Arbeitsverhältnis **steuerlich wirksam**, wenn das Arbeitsentgelt zuvor dem Arbeitnehmer-Ehegatten ausgezahlt oder überwiesen wurde.[391] Voraussetzung ist jedoch, dass bezüglich des Darlehens eine **eindeutige Vereinbarung** getroffen wird, wobei das Darlehen auch zinslos gewährt werden kann.

435 Ebenso ist es unschädlich, wenn der Arbeitnehmer-Ehegatte seinen Arbeitslohn dem Arbeitgeber-Ehegatten **schenkt, wenn** dies in größeren Beträgen und ohne zeitlichen Zusammenhang mit den Lohnzahlungen erfolgt, da der Arbeitnehmer-Ehegatte in der **Verwendung** des zugeflossenen Arbeitslohnes frei ist.[392]

gg) Kontoinhaber

436 Die Arbeitsvergütung muss in den **Vermögensbereich** des Arbeitnehmer-Ehegatten gelangen, d.h. auf ein Konto des Arbeitnehmer-Ehegatten oder auf ein **gemeinsames Konto** der Ehegatten (Oder-Konto) überwiesen werden.[393] Die steuerliche Anerkennung eines Ehegatten-Arbeitsverhältnisses darf nach der Rechtsprechung des Bundesverfassungsgerichts nicht allein deshalb versagt werden, weil die Arbeitsvergütung auf ein **Konto des Arbeitgeber-Ehegatten** oder auf ein **gemeinsames Konto** überwiesen wird, wenn der Arbeitnehmer-Ehegatte über das Konto **allein verfügen kann**.[394]

hh) Höhe der Vergütung

437 Die **Höhe** der Vergütung muss **angemessen** sein, also so bemessen sein wie bei einem **fremden** Arbeitnehmer. Bei einer **überhöhten** Vergütung kann der Mehrbetrag steuerlich **nicht berücksichtigt** werden.[395] Ist die Vergütung **unüblich niedrig**, so steht dies

---

387 Merkle, a.a.O., Rn 181 zu Teil 9.
388 BFH, BStBl 1962 III, 218 = NJW 1962, 2176; zu Tantiemen: BFH, BStBl 1989 II, 281.
389 BFH, BStBl 1962 III, 383 = NJW 1962, 2176; BStBl 1989 II, 655 = NJW 1989, 2712; Merkle, a.a.O., Rn 184 zu Teil 9 m.w.N.
390 BFH, BStBl 1982 II, 119.
391 BFH, BStBl 1972 II, 117; BStBl 1972 II, 533.
392 BFH, BStBl 1987 II, 336; Merkle, a.a.O., Rn 184 zu Teil 9.
393 BFH, BStBl 1986 II, 48; Merkle, a.a.O., Rn 185 zu Teil 9.
394 BVerfG, BStBl 1996 II, 34 = NJW 1996, 834.
395 Merkle, a.a.O., Rn 186 zu Teil 9.

der Anerkennung des Arbeitsverhältnisses nicht entgegen, weil der Arbeitnehmer-Ehegatte auch nur **teilentgeltlich** beschäftigt sein kann.[396]

ii) Sonderzahlungen

Sonderzahlungen, wie Weihnachtsgratifikationen, Jubiläumszuwendungen, Beihilfen, Tantiemen sowie Abfindung anlässlich der Beendigung des Arbeitsverhältnisses, die gegenüber den Arbeitsbezügen nicht unangemessen hoch ist,[397] sind **steuerlich zu berücksichtigen**. Gleiches gilt für die Gewährung von freier Kost.[398]

438

jj) Pensionszusage

Für eine **Pensionszusage** zu Gunsten des mitarbeitenden Ehegatten darf eine **Rückstellung** – auch nach der Ehescheidung –[399] gebildet werden, wenn auch **familienfremde** Arbeitnehmer bei ähnlicher Tätigkeit eine vergleichbare Pensionszusage erhalten haben.[400]

439

Wenn außer dem Ehegatten keine vergleichbaren Arbeitnehmer beschäftigt sind, ist die Pensionszusage steuerlich zu berücksichtigen, soweit eine **Versorgungslücke von 20 – 30 %** der letzten Aktivbezüge geschlossen werden soll und die zugesagten Pensionsleistungen – zusammen mit der zu erwartenden Sozialversicherungsrente – **75 %** der letzten **Aktivbezüge** nicht übersteigen.[401]

440

Eine **Rückstellung** kann **nicht** gebildet werden, wenn die Zusage z.B. bei der **Ehescheidung** oder Aufhebung der ehelichen Lebensgemeinschaft **wegfallen** soll oder gekündigt werden kann oder im Zusammenhang mit dem Verzicht auf Erb- und Pflichtteilsansprüche gegeben wurde, also aus überwiegend **privaten** Gründen.[402]

441

In **Einzelunternehmen** kommt eine Rückstellung nur für eine Zusage auf Alters-, Invaliden- und Waisenrente in Betracht, nicht eine Zusage auf Witwen- oder Witwerversorgung.[403] Bei einer **Personengesellschaft** kann für Witwenrente eine Rückstellung gebildet werden mit der Maßgabe, dass die Witwenversorgung mit der Ehescheidung nicht wegfallen darf, also die Rückstellung auch **nach** der **Ehescheidung fortgesetzt** werden muss.[404]

442

kk) Direktversicherung

Beiträge zur **Direktversicherung** sind steuerlich zu berücksichtigen, wenn sie in einem angemessenen Verhältnis zu den Bezügen stehen.[405] Auch hier gilt als Obergrenze eine Altersversorgung von insgesamt **75 %** der letzten Aktivbezüge.[406]

443

---

396 BFH, BStBl 1983 II, 664; BStBl 1984 II, 60.
397 BFH, BStBl 1985 II, 327.
398 Merkle, a.a.O., Rn 187 zu Teil 9.
399 BFH, BStBl 1985 II, 420; BFH/NV 2003, 318.
400 BFH, BStBl 1982 II, 126.
401 BFH, BStBl 1983 II, 173; BStBl II 1044; Merkle, a.a.O., Rn 189 zu Teil 9.
402 BFH, BStBl 1981 II, 654; BStBl 1985 II, 420.
403 Merkle, a.a.O., Rn 191 zu Teil 9.
404 BFH, BStBl 1981 II, 654; im Einzelnen zu den Voraussetzungen siehe: Merkle, a.a.O., Rn 191 ff.
405 BFH, BStBl 1995 II, 873; BStBl 1987 II, 557; BStBl 1987 II, 205 = NJW 1987, 2607.
406 BFH, BStBl 1983 II, 173.

II) Teilzeitbeschäftigung

444 Die Beschäftigung des Arbeitnehmer-Ehegatten muss **wirtschaftlich sinnvoll** sein. Der Ehegatte muss tatsächlich mitarbeiten und eine **fremde Arbeitskraft ersetzen**. Dabei kann es sich auch um eine Teilzeitbeschäftigung, um eine saison- oder stundenweise Aushilfstätigkeit handeln.[407]

mm) Sozialversicherungspflicht

445 Ein Arbeitsverhältnis zwischen Ehegatten wird dann **nicht** anerkannt, wenn trotz bestehender Sozialversicherungspflicht des Ehegatten-Arbeitnehmers dieser **nicht** zur Sozialversicherung **angemeldet** wurde und die entsprechenden **Beiträge** weder **einbehalten** noch **abgeführt** wurden.[408] Ist ein Arbeitsverhältnis **steuerlich unwirksam**, so sind auch die **einbehaltenen und abgeführten** Sozialversicherungsbeiträge **nicht** als Betriebsausgaben abziehbar.[409]

446 **2. Muster: Ehegatten-Arbeitsvertrag – sozialversicherungspflichtig**[410]

Zwischen der Firma ▪▪▪ mit dem Sitz in ▪▪▪ – nachfolgend kurz „Arbeitgeber" – und Frau ▪▪▪ geboren am ▪▪▪ wohnhaft ▪▪▪ – nachfolgend kurz „Arbeitnehmer" – wird nachfolgender Arbeitsvertrag geschlossen:

447 **Beratungshinweis:**
Der gesamte Vertrag muss vergleichbar gestaltet werden wie die Arbeitsverträge mit anderen Mitarbeitern. Auch wenn die Rechtsprechung zur Entgeltzahlung auf ein **Oder-Konto** dieses nunmehr nicht mehr als schädlich ansieht, wird empfohlen, die Gehaltszahlung auf ein eigenes Konto des Arbeitnehmer-Ehegatten zu erbringen.

§ 1 Beginn des Arbeitsverhältnisses
Das Arbeitsverhältnis beginnt mit dem ▪▪▪
§ 2 Tätigkeitsbereich
Der Arbeitnehmer übernimmt im Betrieb des Arbeitgebers die folgenden Tätigkeitsbereiche:

448 **Beratungshinweis:**
Eine genaue Stellenbeschreibung ist im Rahmen von Ehegattenarbeitsverträgen empfehlenswert, da im Rahmen der tatsächlichen Durchführung des Arbeitsverhältnisses die Ausübung der vereinbarten Tätigkeiten überprüft werden kann.[411]

---

407 Merkle, a.a.O., Rn 197 zu Teil 9.
408 Merkle, a.a.O., Rn 200 zu Teil 9.
409 BFH, BStBl 1983 II, 496.
410 Münch, Ehebezogene Rechtsgeschäfte, Rn 1157 zu Teil 5.
411 Münch, a.a.O.

§ 3 Arbeitszeit

(1) Die regelmäßige Arbeitszeit beträgt 39 Stunden in der Woche.

(2) Beginn und Ende der täglichen Arbeitszeit richten sich nach der Übung des Betriebes.

Beratungshinweis:

Münch weist darauf hin, dass es unschädlich ist, wenn der Arbeitnehmer-Ehegatte seine Arbeitsleistung abweichend von der üblichen Arbeitszeit erbringt, da gewisse Sonderstellungen des Ehegatten sich nicht ausschließen lassen.[412]

(3) Der Arbeitgeber ist im Rahmen des gesetzlich Zulässigen berechtigt, Mehrarbeit anzuordnen, wenn hierfür ein betriebliches Bedürfnis besteht. Der Arbeitnehmer ist verpflichtet, in zumutbarem Umfang solche Mehrarbeit zu leisten.

§ 4 Vergütung

(1) Der Arbeitnehmer erhält eine Vergütung von ■■■ Euro monatlich brutto.

(2) Die Vergütung ist jeweils zum Ende eines Monats fällig.

(3) Zum Ende des Monats November wird ein 13. Monatsgehalt ausgezahlt.

(4) Ferner wird zum Ende des Monats Juni ein Urlaubsgeld in Höhe von einem Viertel des Brutto-Monatslohnes gezahlt.

(**Alternative**: die Zahlung erfolgt ohne Rechtsanspruch für die Zukunft.)

(5) Bei einem Arbeitsverhältnis, das im Laufe eines Kalenderjahres beginnt oder endet, sind die Zahlungen nach § 4 Abs. 3 u. 4 zeitanteilig für jeden Monat zu gewähren, in dem das Arbeitsverhältnis durchgehend bestand.

(6) Mehrarbeit wird pro Stunde mit brutto ■■■ der monatlichen Bruttovergütung bezahlt.

(Alternative: Mehrarbeit wird in Freizeit ausgeglichen.).

(Alternative: Durch die nach § 4 Abs. 1 zu zahlende Bruttovergütung sind bis zu 10 Überstunden monatlich abgegolten.)

(7) Sämtliche Zahlungen an den Arbeitnehmer haben auf dessen Konto bei der ■■■ Bank, Nr. ■■■ BLZ ■■■ zu erfolgen.

§ 5 Urlaub

(1) Dem Arbeitnehmer steht kalenderjährlich ein Erholungsurlaub von 25 Arbeitstagen nach Maßgabe des Bundesurlaubsgesetzes zu.

(2) Mit jedwedem weiteren vollendeten Lebensjahrzehnt erhöht sich der Urlaubsanspruch um einen weiteren Arbeitstag.

§ 6 Entgeltfortzahlung

(1) Ist der Arbeitnehmer ohne eigenes Verschulden wegen Krankheit arbeitsunfähig, so wird seine Vergütung vom 1. Tag an auf die Dauer von 6 Wochen nach den gesetzlichen Bestimmungen fortgezahlt.

(2) Der Arbeitnehmer ist verpflichtet, dem Arbeitgeber jede Arbeitsverhinderung unverzüglich anzuzeigen. Im Fall einer Erkrankung ist spätestens mit Ablauf des 3. Kalendertages nach Beginn der Arbeitsunfähigkeit eine ärztliche Bescheinigung über die Arbeitsunfähigkeit und deren voraussichtliche Dauer einzureichen.

---

412 Münch, a.a.O.

§ 7 Reisekosten

Reisekosten i.S.d. Lohnsteuerrichtlinien werden – auch bei Benutzung des eigenen Pkws – im Rahmen des steuerlich Zulässigen erstattet.

§ 8 Direktversicherung

Für den Arbeitnehmer wird eine Direktversicherung als Lebensversicherung mit unmittelbarem Bezugsrecht abgeschlossen in Höhe von ■■■ Euro.

Der Arbeitgeber führt insoweit die pauschale Lohnsteuer ab.

§ 9 Beendigung

(1) Für die Kündigung des Arbeitsverhältnisses gelten, unbeschadet des bestehenden gesetzlichen Kündigungsschutzes, beiderseits die gesetzlichen Kündigungsfristen. Soweit tarifvertragliche Regelungen zur Kündigung bestehen, gelten diese. Die Kündigungsfrist beträgt somit nach § 622 Abs. 1 BGB 4 Wochen zum 15. oder zum Ende eines Kalendermonats und verlängert sich nach § 622 Abs. 2 BGB.

450   **Beratungshinweis:**

Nach *Münch*, a.a.O. ist bei Ehegatten-Arbeitsverhältnissen zu überlegen, ob der Fall der **Trennung** als **Kündigungsgrund** gelten soll. Nach der Rechtsprechung rechtfertigt die Tatsache, dass die Ehe zerrüttet ist, alleine nicht eine personenbedingte Kündigung. Gleichwohl muss bei der Aufnahme von Kündigungsklauseln, die an eine Ehescheidung anknüpfen, zur Vorsicht geraten werden, denn sie könnten den **Fremdvergleich gefährden**.[413]

(2) Die Kündigung bedarf der Schriftform.

§ 10 Verschwiegenheit

Der Arbeitnehmer verpflichtet sich, über alle Betriebs- und Geschäftsgeheimnisse und über sonstige Informationen des Geschäftsbetriebes während der Dauer seines Arbeitsverhältnisses und nach dessen Ende Stillschweigen zu bewahren.

§ 11 Schlussbestimmungen

(1) Sollte eine Bestimmung dieses Vertrages unwirksam sein oder werden, so bleibt der Vertrag im Übrigen gültig. Die unwirksame Bestimmung wird durch eine solche wirksame ersetzt, die dem wirtschaftlich **Gewollten** am nächsten kommt.

(2) Jeder Vertragsteil erhält ein Exemplar des Vertrages.

---

413   Münch, a.a.O.

II. Ehegatten-Arbeitsvertrag mit geringfügiger Beschäftigung[414]

1. Beratung

Zur tatsächlichen und rechtlichen Ausgangssituation s. Teil 2, § 1 Rn 424 ff.

2. Muster: Ehegatten-Arbeitsvertrag mit geringfügiger Beschäftigung

451
53

Arbeitsvertrag zwischen ■■■ und ■■■

§ 1 Beginn des Arbeitsverhältnisses

■■■

§ 2 Tätigkeitsbereich

(1) ■■■

(2) Es handelt sich somit nicht um eine haushaltsnahe Dienstleistung.

§ 3 Arbeitszeit

(1) Die regelmäßige Arbeitszeit beträgt ■■■ Stunden in der Woche.

(2) Die Einteilung der Arbeitszeit richtet sich in erster Linie nach den betrieblichen Erfordernissen.[415]

§ 4 Vergütung

(1) Der Arbeitnehmer erhält eine Vergütung von ■■■ Euro monatlich brutto (Obergrenze: derzeit 400 Euro).

(2) Die Vergütung ist jeweils am Ende eines Monats fällig.

(3) Sämtliche Zahlungen an den Arbeitnehmer haben auf dessen Konto bei der ■■■ Bank, Nr. ■■■, BLZ ■■■ zu erfolgen.

(4) In dieser Bruttovergütung ist ein Anteil von 1/12 als monatlich anteilige Sonderzahlung enthalten. Damit sind die Ansprüche auf Urlaubs- und Weihnachtsgeld oder sonstige Gratifikationen abgegolten.

Beratungshinweis:

452

Es besteht auch für Teilzeitbeschäftigte ein **Anspruch** auf tarifliche **Sonderzahlungen**, jedoch darf die Höchstgrenze der Vergütung nicht überschritten werden. § 22 Abs. 1 SGB IV macht die Zahlung dieser Einmalentgelte zur Voraussetzung für ihre Einbeziehung. Die Formulierung wird deshalb gewählt, um klarzustellen, dass schon kein weiterer Anspruch besteht.[416]

(5) Das Arbeitsverhältnis ist steuerpflichtig. Die Lohnsteuer wird pauschal erhoben.

§ 5 Urlaub

(1) Dem Arbeitnehmer steht kalenderjährlich ein Erholungsurlaub von ■■■ Arbeitstagen nach Maßgabe des Bundesurlaubsgesetzes zu.

(2) Das entspricht anteilig dem Urlaub eines Vollzeitbeschäftigten.

---

414 Münch, a.a.O., Rn 1158 zu Teil 5.
415 Bei geringfügigen Beschäftigungsverhältnissen kann auch im Rahmen eines Ehegatten-Arbeitsverhältnisses nicht verlangt werden, dass die Arbeitszeit exakt bestimmt wird; Münch, a.a.O.
416 Münch, a.a.O.

§ 6 Entgeltfortzahlung

Ist der Arbeitnehmer ohne eigenes Verschulden wegen Krankheit arbeitsunfähig, so wird seine Vergütung vom ersten Tage an auf die Dauer von 6 Wochen nach den gesetzlichen Bestimmungen fortgezahlt.

§ 7 Weitere Beschäftigungen

(1) Der Arbeitnehmer versichert, derzeit keine weiteren geringfügigen Beschäftigungen auszuüben.

Alternative 1:

Der Arbeitnehmer übt derzeit folgende weitere geringfügige Beschäftigung aus ■■■

Der Arbeitnehmer versichert, dass auch bei Zusammenrechnung beider geringfügiger Beschäftigungen die Entgeltgrenze von 400 Euro nicht überschritten wird.

Alternative 2:

Der Arbeitnehmer übt folgende versicherungspflichtige Hauptbeschäftigung aus: ■■■

(2) Der Arbeitnehmer verpflichtet sich, dem Arbeitgeber die Aufnahme jeder weiteren geringfügigen Beschäftigung anzuzeigen unter Angabe von Arbeitgeber, Entgelt und Arbeitszeit.

(3) Sofern durch die Aufnahme weiterer Tätigkeiten die Geringfügigkeitsgrenze überschritten wird, kann ein sozialversicherungs- und steuerpflichtiges Arbeitsverhältnis entstehen.

453 **Beratungshinweis:**

Die Versicherungspflicht tritt nach der Neuregelung in § 8 Abs. 2 S. 3 SGB IV erst mit Bekanntgabe der Feststellung ein. Angesichts des Ehegatten-Arbeitsverhältnisses wurde hier auf die Begründung von Ersatzpflichten bei Verstoß gegen die Mitteilung verzichtet.[417]

§ 8 Sozialversicherung

Der Arbeitnehmer weiß, dass er auf die Rentenversicherungsfreiheit des Arbeitsverhältnisses verzichten und durch eigene Beitragsleistung Ansprüche erwerben kann.

Der Arbeitnehmer möchte hiervon jedoch derzeit keinen Gebrauch machen.

454 **Beratungshinweis:**

Der Arbeitnehmer muss dann die Differenz zwischen dem Pauschsatz von 12 % und dem gesetzlichen Satz von derzeit 19,5 % selbst entrichten; bei Beschäftigung im Privathaushalt sogar 19,5 %.[418]

§ 9 Beendigung

(1) Für die Kündigung des Arbeitsverhältnisses gelten unbeschadet des bestehenden gesetzlichen Kündigungsschutzes beiderseits die gesetzlichen Kündigungsfristen. Soweit tarifvertragliche Regelungen zur Kündigung bestehen, gelten diese.

(2) Die Kündigung bedarf der Schriftform.

§ 10 Schlussbestimmungen

(1) Sollte eine Bestimmung dieses Vertrages unwirksam sein oder werden, so bleibt der Vertrag im Übrigen gültig. Die unwirksame Bestimmung wird durch eine solche wirksame ersetzt, die dem wirtschaftlich Gewollten am nächsten kommt.

---

417 Münch, a.a.O.
418 Vgl. Seier, ZFE 2003, 134 f; Münch, a.a.O.

(2) Sofern sich die Voraussetzungen für die Versicherungsfreiheit geringfügiger Beschäftigung ändern, verpflichten sich beide Vertragsparteien, eine Anpassung vorzunehmen, sodass dem Arbeitsverhältnis die Versicherungsfreiheit erhalten bleiben kann, soweit dies für jeden Vertragsteil zumutbar ist. Hieraus ergibt sich jedoch kein Anspruch für den Arbeitnehmer, als Vergütung stets die höchst zulässige Vergütung zu erhalten.

(3) Jeder Vertragsteil erhält ein Exemplar dieses Vertrages.

III. Mietverträge unter Ehegatten

Auch bei Miet- oder Pachtverträgen zwischen Ehegatten ist die **steuerliche Anerkennung** des Vertrages von verschiedenen Voraussetzungen abhängig. Der Vertrag muss

- bürgerlich-rechtlich **wirksam** zustande gekommen sein,
- nach Inhalt und Durchführung einem **Fremdvergleich** standhalten,
- nicht als **Gestaltungsmissbrauch** zu werten sein,
- mit einer **Einkünfteerzielungsabsicht** geschlossen worden sein.[419]

455

Nicht jede Abweichung vom Üblichen schließt die steuerliche Anerkennung aus.[420] Ein Mietverhältnis wurde auch akzeptiert, obwohl die **Mietzahlungen nicht regelmäßig** und in bar geleistet wurden.[421] Auch eine **fehlende Nebenkostenabrechnung** führt nicht dazu, dass der Vertrag nicht anerkannt wird.[422] Allerdings wird die steuerliche Anerkennung ausgeschlossen, wenn die Vorauszahlung von Nebenkosten in einem **deutlichen Missverhältnis** zu den tatsächlichen abrechnungsfähigen Kosten stehen.[423]

456

An der tatsächlichen Durchführung mangelt es, wenn der Mieter wirtschaftlich nicht oder nur schwer in der Lage ist, die **Miete aufzubringen**.[424]

457

Werden **Mietverhältnisse** im Zusammenhang mit **Unterhaltsleistungen** vereinbart, ist Folgendes zu beachten:

- Ein Mietverhältnis wurde steuerlich nicht anerkannt, weil der Ehemann freiwillig **Unterhalt an die Kinder** leistete und die geschiedene Ehefrau mit diesem Unterhalt die Mietzahlungen aufbrachte.[425]
- Der Mietvertrag wurde anerkannt, wenn die Miete mit dem geschuldeten Barunterhalt **verrechnet** wird.[426]
- Es wurde von Gestaltungsmissbrauch und mangelnder steuerlicher Anerkennung ausgegangen, wenn der Vermieter-Ehegatte die Anschaffungskosten und die laufenden Aufwendungen nicht aus der Miete und einem eigenen Vermögen decken kann und auf **Zuwendungen** des Mieterehegatten angewiesen ist.[427]

---

419   Münch, Ehebezogene Rechtsgeschäfte, Rn 1159 zu Teil 5; BFH, BStBl 1997 II, S. 196 f; BFH, DStR 2002, 1521.
420   BFH, BStBl 1997, S. 196.
421   OFD Berlin, DB 1997, 1644; OFD Frankfurt, DStR 1997, 2022.
422   BFH, DStR 1998, 761.
423   FG Düsseldorf, DStR Aktuell Heft 26/2000 VI; Münch, a.a.O., Rn 1161 zu Teil 5.
424   BFH, BStBl 1997 II, S. 655.
425   FG Köln, DStR 2001, 130.
426   BFH, DB 1996, 814.
427   BFH, BStBl 1994 II, S. 829; Münch, a.a.O., Rn 1162 zu Teil 5.

- Im Rahmen der Überprüfung der Einkünfteerzielungsabsicht ist zu beachten, dass die Miete nicht wesentlich unterhalb der **marktüblichen Miete** liegt.[428]
- Beträgt die Miete zwischen 50 % und mehr, jedoch weniger als 75 %, so ist die Einkünfteerzielungsabsicht anhand einer Überschussprognose zu prüfen.[429]

IV. Betriebsaufspaltung, „Wiesbadener Modell"

458   Eine Betriebsaufspaltung liegt vor, wenn ein einheitliches Unternehmen zweigeteilt ist in
- ein **Besitzunternehmen** und
- ein **Betriebsunternehmen.**

459   Das Besitzunternehmen vermietet oder verpachtet Anlagevermögen an das Betriebsunternehmen. Die betriebliche Tätigkeit hingegen wird allein durch **Letzteres** wahrgenommen.[430] Besteht in solchen Fällen eine **sachliche** Verflechtung (Überlassung mindestens einer wesentlichen Betriebsgrundlage zur Nutzung) und eine **personelle** Verflechtung (beherrschende Personen der Besitzgesellschaft beherrschen auch das Betriebsunternehmen), liegt eine Betriebsaufspaltung vor.

460   **Rechtsfolge** ist, dass die Vermietung und Verpachtung in der Betriebsaufspaltung zur gewerblichen Tätigkeit wird.[431]

461   Um den Eintritt einer **Betriebsaufspaltung zu vermeiden,** kann das „**Wiesbadener Modell**", das eine Gestaltung des Steuerrechts ist, gewählt werden, sodass das **Besitzunternehmen** nur Einnahmen aus **Vermietung** und **Verpachtung** erzielt. Die Vorteile liegen in einer späteren Veräußerung von Grundbesitz und bei der Gewerbesteuer.

462   Bei dem Wiesbadener Modell sind die Verträge so gestaltet, dass **der eine Ehegatte Inhaber des Betriebsunternehmens ist,** der **andere** hingegen **Inhaber des Besitzunternehmens.** In diesen Fällen liegt nach der ständigen Rechtsprechung des BFH **keine Betriebsaufspaltung** vor.[432]

463   Die Rechtsprechung lehnt eine personelle Verflechtung ab, da jeder Ehegatte in erster Linie die Interessen seines Unternehmens wahren wird.[433] Andererseits nimmt die Rechtsprechung eine Betriebsaufspaltung an, wenn eine sog. **faktische Beherrschung** vorliegt, d.h. wenn der Inhaber des Besitzunternehmens das Betriebsunternehmen tatsächlich beherrscht.[434]

Eine solche faktische Beherrschung soll jedoch nur in Ausnahmefällen vorliegen,[435] so z.B. wenn jemand der Gesellschaft unverzichtbare Betriebsgrundlagen zur Verfügung stellt, die er jederzeit wieder entziehen kann.[436]

---

428 Grundsätze des BFH: Münch, a.a.O., Rn 1164 zu Teil 5: Einkünfteerzielungsabsicht, wenn die Miete nicht weniger als 75 % der ortsüblichen Miete beträgt.
429 Hierzu im Einzelnen s. Münch, a.a.O., Rn 1164 zu Teil 5.
430 Münch, a.a.O., Rn 1166 zu Teil 5.
431 Münch, a.a.O., Rn 1168 zu Teil 5.
432 BFH, BStBl 1986 II, S. 359; BFH, BStBl 1989 II, S. 152.
433 BFH, BStBl 1986 II, S. 359 f.
434 Münch, a.a.O., Rn 1172 zu Teil 5 mit Hinweis auf Märkle, BB 2000, Beilage 7 zu Heft 31, 7 ff.
435 BFH, BStBl 1999 II, S. 445.
436 BMF, BStBl 2002 I, S. 1028.

Beratungshinweis: 464

Zur Vermeidung von erheblichen Haftungsgefahren mangels entsprechender steuerlicher Ausbildung sollte die Partei auf jeden Fall vor Abschluss derartiger Verträge fachkundigen Rat durch eine Steuerkanzlei in Anspruch nehmen.

Für den Fall der **Scheidung** wird häufig eine **Scheidungsklausel** gewünscht werden, wonach das entsprechende Unternehmen oder der Grundbesitz wieder an den zuwendenden Ehegatten zurückfällt (zum Rückerwerbsanspruch s. Teil 2, § 1 Rn 350 ff).

Allerdings wird in der steuerrechtlichen Literatur davor gewarnt, für diesen Fall allzu umfangreiche Regelungen zu treffen, denn bei einer **freien** Widerrufsklausel wird der zugewendete Gegenstand weiterhin dem zuwenden Ehegatten als wirtschaftlichen Eigentümer zugerechnet.[437]

Wird die Rückübertragung hingegen **nur für den Scheidungsfall** vereinbart, so soll die Gestaltung anzuerkennen sein.[438]

Fraglich ist, ob jede weitere Vereinbarung, z.B. die Vereinbarung eines Veräußerungsverbots, schädlich ist.

Münch[439] weist zu Recht darauf hin, dass, sobald z.B. eine Vormerkung eingetragen wird oder weitergehende Regelungen getroffen werden, eine **verbindliche Anfrage bei der Finanzbehörde** ratsam ist.[440]

Eine Scheidungsklausel mit Rückerwerbsrecht des Ehegatten führt dazu, dass das „Wiesbadener Modell" im Rahmen der Scheidung zusammenbricht. Um dies zu vermeiden und auch im Scheidungsfall die personelle Verflechtung zu umgehen, kann die Vereinbarung so gestaltet werden, dass die Kinder das Erwerbsrecht haben, wobei die Formulierung i.d.R. so erfolgt, dass der zuwendende Ehegatte das Recht hat, die Übertragung auf die Kinder zu verlangen.[441] Zum Formular hierzu s.o. Teil 2, § 1 Rn 340

Will man auch **für den Todesfall** das „Wiesbadener Modell" aufrechterhalten und die personelle Verflechtung vermeiden, so muss eine von der gesetzlichen Erbfolge abweichende Anordnung getroffen werden, so z.B. dass der betroffene Grundbesitz bzw. das Unternehmen direkt an die Kinder fällt.[442]

---

437 Münch, a.a.O., Rn 1178 zu Teil 5.
438 Münch, a.a.O., Rn 1178 zu Teil 5.
439 Münch, a.a.O., Rn 1180 zu Teil 5.
440 Münch, a.a.O., Rn 1180 zu Teil 5.
441 Münch, Ehebezogene Rechtsgeschäfte, Rn 1181 zu Teil 5.
442 Münch, a.a.O., Rn 1182 zu Teil 5.

§ 2 Ehegattenunterhalt

Zu den Unterhaltsvereinbarungen, insbesondere betreffend Kindesunterhalt, s. im Einzelnen unter Teil 4 – Prozessvergleiche.

A. Grundsätze zur Unterhaltsvereinbarung

1 Zu Inhalt, Form, Wirksamkeits- und Inhaltskontrolle nach BGH und BVerfG sowie insbesondere auch zur **Anwaltshaftung** bei Vergleichsabschluss s.o. Teil 1 Rn 49 ff, 349 ff. Unterhaltsvereinbarungen können **zu jedem Zeitpunkt** getroffen werden, und zwar sowohl hinsichtlich Trennungsunterhalt als auch hinsichtlich nachehelichen Ehegattenunterhalt, dies gilt auch schon vor Eheschließung mit den Einschränkungen nach der Rechtsprechung des Bundesverfassungsgerichts und des Bundesgerichtshofs (hierzu siehe Teil 1, Rn 49 ff).

2 Verträge über den nachehelichen Unterhalt sind zu jeder Zeit zulässig, § 1585c BGB, und grundsätzlich **formfrei** (zur Unterhaltsrechtsreform s. aber Teil 1, Rn 44). Sie sind nicht formfrei, wenn aus Gründen des **Zusammenhangs** mit **anderen Vereinbarungen** Formbedürftigkeit besteht, z.B.
- im Zusammenhang mit einer Vereinbarung zur einverständlichen Scheidung gem. § 630 Abs. 1 Nr. 3 ZPO i.V.m. § 794 Abs. 1 Nr. 5 ZPO,
- bei Zusammenhang mit formbedürftigen Vereinbarungen, z.B. des Güterrechts oder nach § 1587o BGB,
- wenn eine Leibrente vereinbart wird, § 761 BGB.

3 Wird im Zusammenhang mit einer Scheidungsvereinbarung ein beurkundungsbedürftiger Teil geregelt, wird entsprechend der Rechtsprechung zu § 311b Abs. 1 BGB der Gesamtzusammenhang der Vereinbarungen **beurkundungsbedürftig.** Bei isolierter Vereinbarung, z.B. eines Unterhaltsverzichts, droht **Nichtigkeitsgefahr.**[443]

4 Unterhaltsvereinbarungen bedürfen **keiner** Form und können daher sowohl mündlich als auch in gewillkürter Schriftform (§ 127 BGB) abgeschlossen werden.[444]
- Für **Leibrentenversprechen,** § 761 BGB, ist **Schriftform** gesetzlich vorgeschrieben.
- Für **Schenkungsversprechen,** § 518 BGB, ist **notarielle Form** vorgeschrieben.
- Haben die Parteien **vereinbart,** dass eine Unterhaltsvereinbarung notariell beurkundet werden muss, so ist die Vereinbarung so lange nichtig, bis die vereinbarte Form gewahrt wurde, § 125 S. 2 BGB.[445]
- Zu beachten ist jedoch die neue notarielle Formvorschrift des § 1585 c S. 2 BGB nach dem Unterhaltsreformgesetz

---

443 Zimmermann/Dorsel, Eheverträge, Scheidungs- u. Unterhaltsvereinbarungen, Rn 78 zu § 20.
444 Kilger/Pfeil, in: Göppinger/Börger, Vereinbarungen anlässlich der Ehescheidung, Rn 3 zu Teil 5.
445 OLG Karlsruhe, FamRZ 1995, 998.

Beratungshinweis:[446]

Um Streit über die Wirksamkeit des Zustandekommens der Vereinbarung zu vermeiden, sollte bereits anlässlich der Vertragsverhandlungen klar zum Ausdruck gebracht werden, dass **die bloße Annahme** des Angebots für das Zustandekommen der Vereinbarung **nicht ausreichend** ist, sondern dass die Wirksamkeit der Vereinbarung von einer schriftlichen Ausarbeitung und Unterzeichnung oder sogar von einer Titulierung (notarielle Vereinbarung oder gerichtliche Protokollierung eines Vergleichs) abhängig sein soll.

- Formzwang besteht, wenn die Unterhaltsvereinbarung im **Zusammenhang** mit einer kraft Gesetzes formbedürftigen anderen Regelung, z.B. Zugewinnausgleich, Versorgungsausgleich oder Miteigentumsübertragung bei Immobilien besteht.
  - Diese Vereinbarungen bedürfen der notariellen Beurkundung bzw. gerichtlichen Protokollierung. Wird die Form nicht eingehalten, so ist die Vereinbarung nichtig gem. §§ 139, 125 S. 1 BGB.

B. Versorgungsausgleich und Altersvorsorgeunterhalt

Zweifelhaft ist, ob in einem **Verzicht auf Versorgungsausgleich** auch zugleich ein **Verzicht** auf **Altersvorsorgeunterhalt** liegt. Dafür könnte sprechen, dass dann, wenn die Parteien schon für die Ehezeit die Altersversorgung nicht ausgleichen wollten, sie erst recht nicht nach der Ehezeit für die Altersversorgung des jeweils anderen Ehegatten zuständig sein wollten.[447]

Der BGH hatte diese Fragestellung zu beurteilen, hat sie aber nicht entschieden.[448]

Beratungshinweis:

Es sollte in jedem Fall bei Ausschluss des Versorgungsausgleichs eine Klarstellung erfolgen, ob damit auch auf Altersvorsorgeunterhalt i.S.d. § 1578 Abs. 3 BGB verzichtet werden soll (falls nicht ohnehin durch die Vereinbarung jegliche Unterhaltsansprüche ausgeschlossen werden).

Ist der Versorgungsausgleichsverpflichtete wesentlich älter als der Berechtigte, so kann es sich empfehlen, eine gesetzliche Unterhaltspflicht zu belassen, um eine frühzeitige Kürzung der Versorgung des Verpflichteten zu vermeiden, von der auch der Berechtigte nicht profitieren würde, § 5 VAHRG.

Bezahlt der Ausgleichspflichtige nachehelichen Ehegattenunterhalt, so kann er gem. § 5 VAHRG den **Antrag** stellen, dass seine Rente nicht gekürzt wird, wenn der **Berechtigte** noch **keine Rente** bezieht. Aufgrund des sog. Unterhaltsprivilegs wird die Rente (immer vorausgesetzt, die Berechtigte bezieht keine Rente) nicht gekürzt, wenn die Berechtigte gegen den Ausgleichspflichtigen einen Unterhaltsanspruch **hat** oder ein Unter-

---

446 Kilger/Pfeil, a.a.O., Rn 6 zu Teil 5.
447 Münch, Ehebezogene Rechtsgeschäfte, Rn 1733 zu Teil 7.
448 BGH FamRZ 1992, 1046, 1049.

haltsanspruch an der **fehlenden Leistungsfähigkeit** des Pflichtigen **scheitert**. Auf die **Höhe** des Unterhaltsanspruchs kommt es in diesen Fällen **nicht** an.[449]

Auch **geringfügige** Beträge reichen aus, um die Voraussetzungen des § 5 VAHRG zu bejahen, wobei der Unterhaltsanspruch auch auf einer **Vereinbarung der Parteien** beruhen kann, z.B. einem Vergleich. Allerdings darf die Vereinbarung **nicht willkürlich** erscheinen. Vielmehr muss die Unterhaltszahlung ihre Grundlage in einer **gesetzlichen Verpflichtung** haben.[450]

Auch **Abfindungen** von Unterhaltsansprüchen kommen als Grundlage für einen Härteantrag in Betracht, sofern ohne die Abfindung für den **Zeitraum**, für den die Kürzung der Rente entfallen soll, Unterhalt zu zahlen gewesen wäre.[451]

Der **Härtefall** ist durch **Antrag** an den Versicherungsträger geltend zu machen (§ 9 VAHRG). Der Antrag wirkt erst für die **Zukunft**.[452]

C. Umfassender Unterhaltsverzicht

9   Zur Frage der **Wirksamkeit** und der **Inhaltskontrolle** siehe die ausführlichen Ausführungen oben Teil 1, Rn 49 ff, insbesondere die Ausführungen zu den erlassenen Entscheidungen des BVerfG und des BGH.

I. Beratung

1. Tatsächliche Ausgangssituation

10   Die Praxis zeigt, dass ein umfassender Unterhaltsverzicht häufig von jungen Ehepaaren gewünscht wird, weil beide wirtschaftlich autark sind (**Doppelverdiener-Ehe**) und ein Kinderwunsch nicht besteht.

11   Sind bereits gemeinschaftliche **Kinder** vorhanden oder ist die Ehefrau **schwanger**, so kann nur noch in **extremen Ausnahmefällen** ein umfassender Unterhaltsverzicht vereinbart werden, so z.B. wenn es dem Lebensplan der Ehepartner entspricht, dass das Kind **durch Dritte betreut** wird und eine solche Betreuungsmöglichkeit auch vorhanden ist.

12   Immer aber wird sich bei Vorhandensein von Kindern die Frage stellen, ob die Unterhaltsverzichtsvereinbarung der Wirksamkeitskontrolle und Inhaltskontrolle (hierzu s. Teil 1 Rn 49 ff) Stand hält.

13   Der vollständige Unterhaltsverzicht kommt – wie oben ausgeführt – bei **kinderloser** Ehe in Betracht, wenn beide Ehegatten **erwerbstätig** sind, oder aber auch bei Wiederverheiratung älterer Personen im **Ruhestandsalter**, wenn beide ausreichend versorgt sind.

---

449   Heiß, Das Mandat im Familienrecht, Rn 184 zu Teil 12; BSG, NJW RR 1995, 840.
450   Heiß, Das Mandat im Familienrecht, Rn 185 zu Teil 12.
451   Heiß, a.a.O., Rn 187 zu Teil 12.
452   Heiß, a.a.O., Rn 194.

2. Rechtliche Ausgangssituation

■ Der Verzicht darf **nicht zu Lasten eines Dritten**, insbesondere des Sozialleistungsträgers, gehen.[453]   14
  – Dabei ist Schädigungsabsicht nicht erforderlich, es genügt die objektive Bedarfslage und die Kenntnis eines der Beteiligten hiervon. Ein **Verzicht** ist **unwirksam**, wenn Sozialleistungen bezogen werden oder abzusehen ist, dass die Unterhaltsberechtigte Sozialleistungen beziehen muss.[454]

■ Der Unterhaltsverzicht darf nicht als Gegenleistung zur Übertragung eines **Sorge-** oder **Umgangsrechts** erscheinen.[455]

■ Unwirksamkeit liegt vor bei Ausnutzen einer **Zwangslage** eines Beteiligten, so z.B. im Zusammenhang mit Ausländern und aufenthaltsrechtlicher Problematik.

■ Bei vollständigem Unterhaltsverzicht sollte mit aufgenommen werden, ob und inwieweit eine spätere Abänderung wegen **Wegfalls** der Geschäftsgrundlage ausgeschlossen ist.[456]
  – Die Frage ist insbesondere bei vorsorgenden Vereinbarungen von Bedeutung, wenn sich die gemeinsame Lebensplanung ändert, z.B. Kinder geboren werden. Bei **Scheidungsvereinbarungen** sollte eine Veränderbarkeit generell ausdrücklich **ausgeschlossen** werden, sofern ein Verzicht Gegenstand ist.[457]

Zu den einzelnen Entscheidungen des BGH sowie des BVerfG zur Frage der einseitigen   15
Lastenverteilung und Wirksamkeits- und Inhaltskontrolle s. Teil 1, Rn 148 ff. Es ist nicht erforderlich, bei einem Generalverzicht besondere Unterhaltstatbestände im Einzelnen aufzuführen, insbesondere ist auch nicht erforderlich, aber **klarstellend** und weitgehend praxisüblich, den Unterhaltsverzicht ausdrücklich auch für den Fall der **Not** zu vereinbaren.[458]

II. Muster: Umfassender Unterhaltsverzicht   16

> Die Beteiligten verzichten gegenseitig auf jeglichen nachehelichen Unterhalt. Sie nehmen diesen Verzicht wechselseitig an. Vorstehende Vereinbarung soll auch bei einer Änderung der tatsächlichen und rechtlichen Verhältnisse keinerlei Abänderung unterliegen.[459]

Beratungshinweis: 17

Der generelle Unterhaltsverzicht erstreckt sich auf **alle Arten** des nachehelichen gesetzlichen Unterhalts. Nach wie vor ist üblich in Anlehnung an die frühere Rechtslage, auch auf den **notdürftigen** Unterhalt zu verzichten. Wird aber überhaupt eine

453 BGH FamRZ 1983, 137, 139; NJW 1991, 913.
454 Heiß, Das Mandat im Familienrecht, Rn 772 zu Teil 8; Heiß, in: Kroiß, FormularBibliothek Zivilprozess, 2005, Familienrecht, Rn 797 zu § 5.
455 Zimmermann/Dorsel, Eheverträge, Scheidungs- u. Unterhaltsvereinbarungen, Rn 24 zu § 20.
456 BGH FamRZ 1987, 46.
457 Zimmermann/Dorsel, a.a.O., Rn 26 zu § 20.
458 Langenfeld, Handbuch der Eheverträge und Scheidungsvereinbarungen, Rn 761 zu Kap. 4.
459 Zimmermann/Dorsel, a.a.O., Rn 27 zu § 20.

Einzelaufzählung von Unterhaltsarten vorgenommen, muss sie **vollständig** sein und sich auf alle Unterhaltsarten beziehen, die nach der Rechtsprechung selbständig angeknüpft werden etwa
– den Alters-, Kranken- und Pflegevorsorgeunterhalt gem. § 1578 Abs. 2, 3 BGB,
– den selbständig **wiederauflebenden** Unterhaltsanspruch nach Scheidung einer weiteren Ehe, § 1586a BGB.[460]

Alternative 1: Einzelaufzählung von Unterhaltsansprüchen[461]

Die Beteiligten verzichten gegenseitig auf jeglichen Unterhalt einschließlich des Unterhalts im Falle der Not, des Alters-, Kranken-, und Pflegevorsorgeunterhalts und des Unterhalts im Falle der Wiederverheiratung und anschließenden Scheidung. Sie nehmen diesen Verzicht wechselseitig an.

Eine Abänderung der Vereinbarung ist auch bei Änderung der tatsächlichen oder rechtlichen Verhältnisse ausgeschlossen.

Alternative 2:

Der Verzicht gilt auch für den Fall einer **Änderung** des **Gesetzes** sowie einer Änderung der geltenden **Rechtsprechung**.

Alternative 3: Unterhaltsverzicht/Belehrung durch den Notar

Auf die Tragweite dieses gegenseitigen vollständigen nachehelichen Unterhaltsverzichts, gerade auch für den Fall der Not, wurde vom Notar eingehend hingewiesen. Hierzu erklären die Beteiligten, dass jeder von ihnen in geordneten wirtschaftlichen Verhältnissen lebt und durch entsprechende Vorsorgemaßnahmen ausreichend abgesichert ist, dass für keinen von ihnen konkrete Gefahr der Sozialhilfebedürftigkeit besteht. Vom Notar wurde auch darauf hingewiesen, dass der Unterhaltsverzicht auch ohne Schädigungsabsicht sittenwidrig ist, wenn ein vermögensloser Ehegatte zwangsläufig der **Sozialhilfe** anheim fällt, ferner dass in der Berufung auf den Unterhaltsverzicht auch ein **Verstoß gegen Treu und Glauben** liegen kann, insbesondere wenn dem Verzicht schutzwürdige Interessen gemeinsamer **Kinder** entgegen stehen oder bei noch länger andauernder Ehe nach Abschluss des Unterhaltsverzichts.

Alternative 4:[462]

Die Beteiligten verzichten gegenseitig auf jeglichen nachehelichen Unterhalt, auch für den Fall der Not. Sie nehmen den Verzicht gegenseitig an.

Bei diesem Verzicht gehen die Beteiligten von ihrer gegenwärtigen jeweils voll existenzsichernden beruflichen und vermögensmäßigen Situation und davon aus, dass **Kinder nicht gewünscht** sind. Eine etwaige Scheidung soll nicht zu Unterhaltsansprüchen eines geschiedenen Ehegatten, gleich welcher Art, gegen den anderen Ehegatten führen. Dies gilt auch für den Fall einer Änderung des Gesetzes oder der Rechtsprechung.

Der Notar hat mit den Beteiligten die Auswirkungen des Unterhaltsverzichts, insbesondere auch im Fall der Not, erörtert und auf die Rechtsprechung zur Inhaltskontrolle ehevertraglicher Unterhaltsvereinbarungen hingewiesen. Insbesondere hat er darüber belehrt, dass bei wesentlicher Veränderung der Verhältnisse und dadurch herbeigeführter Unzumutbarkeit der ehevertraglichen Regelung für einen Vertragsteil eine richterliche Ausübungskontrolle nach den Grundsätzen von Treu und Glauben stattfinden kann.

---

460 Zimmermann/Dorsel, a.a.O., Rn 28 zu § 20.
461 Zimmermann/Dorsel, a.a.O., Rn 29 zu § 20.
462 Langenfeld, a.a.O., Rn 760 zu Kap. 4.

Beratungshinweis: 18

Zu beachten ist bei der Aufnahme von Präambeln, dass diese, je konkreter die Ausgangssituation dargestellt wird, umso eher dazu führen können, dass gerade hierauf aufgrund einer nachträglichen Änderung die Inhalts- und Wirksamkeitskontrolle gestützt werden kann!

D. Unterhaltsverzicht mit Betreuungsvereinbarung

I. Beratung

1. Tatsächliche Ausgangssituation

Beide Ehegatten sind erwerbstätig und gehen davon aus, dass aus ihrer Ehe Kinder her-   19
vorgehen, die jedoch durch **Dritte** betreut werden sollen.

2. Rechtliche Ausgangssituation

Auf der Grundlage der Möglichkeit, dass nach BGH-Rechtsprechung ein Verzicht auf   20
Kindesbetreuungsunterhalt bei Vereinbarung eines abweichenden Betreuungsmodells möglich ist, kommt folgende Vereinbarung in Betracht:

II. Muster:[463] Unterhaltsverzicht mit Betreuungsvereinbarung   21

55

Die Verlobten sind beide voll berufstätig und wollen dies auch in der Ehe bleiben. Auch bei Geburt oder Adoption gemeinsamer Kinder soll kein Ehegatte zur Kindesbetreuung seine Berufstätigkeit aufgeben oder einschränken müssen. Vielmehr erfolgt dann die **Betreuung der Kinder durch bezahlte Hilfspersonen**. Im Hinblick hierauf verzichten die Ehegatten gegenseitig auf jeglichen nachehelichen Unterhalt, einschließlich des Kindesbetreuungsunterhalts. Sollte aufgrund künftig veränderter Umstände die Betreuung des oder der Kinder durch Hilfspersonen nicht möglich sein und deshalb die Betreuung durch einen Elternteil erfolgen, so kann sich der andere Ehegatte auf den Verzicht auf Kindesbetreuungsunterhalt nach den Grundsätzen von Treu und Glauben solange nicht berufen, wie dessen Voraussetzungen vorliegen. Es ist dann der jeweils gesetzlich geschuldete Kindesbetreuungsunterhalt zu leisten.

E. Unterhaltsverzicht mit Ausnahme des Falles der Not

I. Beratung

1. Tatsächliche Ausgangssituation

Um der Wirksamkeits- und Inhaltskontrolle Stand zu halten, ist die Vereinbarung eines   22
eingeschränkten Unterhaltsverzichts eine empfehlenswerte Lösung.

---

463 Langenfeld, a.a.O., Rn 775 zu Kap. 4.

2. Rechtliche Ausgangssituation

23 Vom Unterhaltsverzicht ausgenommen werden kann der Fall der Not, wobei dieser Begriff vertraglich definiert werden muss. So kann z.b. auf den **notwendigen Eigenbedarf** zurückgegriffen werden.

24 ## II. Muster: Unterhaltsverzicht, mit Ausnahme der Not[464]

> Wir verzichten gegenseitig auf nacheheelichen Unterhalt und nehmen den Verzicht gegenseitig an. Von diesem Verzicht ausgenommen ist der Fall, dass bei einem Ehegatten im Zeitpunkt der Ehescheidung ein Notbedarf besteht. Der Fall des Notbedarfs liegt vor, wenn ein Ehegatte aus eigenem Einkommen für sich den notwendigen Eigenbedarf für Nichterwerbstätige nach der Düsseldorfer Tabelle in ihrer jeweiligen Fassung nicht decken kann. Es wird dann, soweit die sonstigen gesetzlichen Voraussetzungen vorliegen, nacheheelicher Unterhalt bis zur Höhe dieses **notwendigen Eigenbedarfs** geschuldet. Im Übrigen verbleibt es beim Unterhaltsverzicht.

F. Unterhaltsverzicht, mit Ausnahme Kindesbetreuungsunterhalt

I. Beratung

1. Tatsächliche Ausgangssituation

Zur Wirksamkeits- und Inhaltskontrolle s.o. Teil 1, Rn 49 ff.

25 In der nachfolgenden Vereinbarung ist zwar der an erster Rangstelle stehende Anspruch auf Betreuungsunterhalt ausgenommen, jedoch wird bei Wirksamkeits- und Inhaltskontrolle immer der Gesamtinhalt der Vereinbarung maßgeblich sein für die Frage, ob die Vereinbarung wirksam ist oder möglicherweise angepasst werden muss.

2. Rechtliche Ausgangssituation

26 Für den Fall, dass nicht ausgeschlossen ist, dass bei einem Ehegatten die Voraussetzungen des Kindesbetreuungsunterhalts nach § 1570 BGB eintreten können, ist der **Kindesbetreuungsunterhalt** vom Unterhaltsverzicht **auszunehmen**.

27 **Beratungshinweis:**

Es ist weiter zu bestimmen, dass **Anschlusstatbestände** nicht zum Tragen kommen.[465]

28 Unterhaltsverzicht trotz Kinderbetreuung ist möglich bei einem von den Ehegatten vereinbarten abweichenden **Betreuungsmodell**.

29 Gleiches gilt bei erheblich **überdurchschnittlichen Einkommens-** und **Vermögensverhältnissen** bezüglich der höhenmäßigen Begrenzung, wenn diese sowohl dem Ehegatten wie den Kindern zumutbar ist.[466]

---

464 Langenfeld, a.a.O., Rn 763 zu Kap. 4.
465 Langenfeld, Handbuch der Eheverträge und Scheidungsvereinbarungen, Rn 764 zu Kap. 4.
466 Langenfeld, a.a.O., Rn 765 zu Kap. 4.

Der BGH[467] sieht beim Unterhaltsanspruch wegen Kindesbetreuung den Kindesbetreu- 30
ungsunterhalt als durch die **Höhe des Mehreinkommens begrenzt**, das der berechtigte
Ehegatte durch **Vollerwerbstätigkeit** erreichen könnte. Reicht dieser Unterhalt zusammen mit dem Erwerbseinkommen nicht zum vollen Unterhalt nach den ehelichen Lebensverhältnissen i.S.v. § 1578 BGB aus, so handelt es sich bei dem restlichen Unterhaltsanspruch um **Aufstockungsunterhalt**, der nach der Rechtsprechung des BGH am
weitestgehenden ausgeschlossen werden kann.[468]

II. Muster:[469] Unterhaltsverzicht, mit Ausnahme Kindesbetreuungsunterhalt   31

57

> Die künftigen Ehegatten verzichten gegenseitig auf nachehelichen Unterhalt einschließ-
> lich des Falles der Not und nehmen den Verzicht gegenseitig an.
> Der Verzicht erstreckt sich jedoch **nicht** auf den **Kindesbetreuungsunterhalt** nach §§ 1570,
> 1573 Abs. 2 BGB. Liegen die Voraussetzungen dieses Unterhaltsanspruchs nicht mehr vor,
> so tritt der Verzicht in Kraft. Gesetzliche **Anschlusstatbestände** kommen nicht zum Tra-
> gen. Auf diese wird ausdrücklich **verzichtet**.

G. Unterhaltsverzicht gegen Abfindungszahlung

I. Beratung

1. Tatsächliche Ausgangssituation

Ist Vermögen vorhanden, so z.B. Immobilien oder Barvermögen, so bietet sich häufig 32
die Verzichtsvereinbarung gegen eine **Abfindungszahlung** an, vor allem dann, wenn
die ehevertragliche Vereinbarung nicht bereits bei Eheschließung, sondern erst nach
längerer Dauer der Ehe abgeschlossen wird und die Entwicklung der Einkommens-
und Vermögensverhältnisse absehbar sind. Im Einzelnen hierzu s. Teil 2 Notarielle
Scheidungsvereinbarungen und Teil 3 Prozessvergleiche.

2. Rechtliche Ausgangssituation

a) Teilabfindung

Eine Abfindung kann auch in der Weise erfolgen, dass die Ehegatten für die Dauer eines 33
bestimmten Zeitraums nach der Scheidung die Zahlung einer laufenden monatlichen
Geldrente mit anschließender Abfindung (Teilabfindung) vereinbaren.[470]

---

467 BGH FamRZ 1990, 492.
468 BGH FamRZ 2004, 601.
469 Langenfeld, a.a.O., Rn 767 zu Kap. 4.
470 Kilger/Pfeil, in: Göppinger/Börger, Vereinbarungen anlässlich der Ehescheidung, Rn 230 zu Teil 5.

b) Grundlagen[471]

■ Die Voraussetzungen des § 1585 Abs. 2 BGB für das Verlangen auf Kapitalabfindung brauchen nicht vorzuliegen.[472]

■ Die Endgültigkeit der Abfindung ist, wenn die Auslegung nichts anderes ergibt im Zweifel **Vertragsinhalt**, nicht nur Geschäftsgrundlage der Vereinbarung.[473]

■ Zur **Anfechtbarkeit** nach § 123 BGB wegen Täuschung über eine bevorstehende **Wiederheirat**: Eine solche Anfechtbarkeit kommt in erster Linie bei Vereinbarungen im Zusammenhang mit der Scheidung in Betracht, und zwar dann, wenn im **unmittelbaren** zeitlichen Zusammenhang mit der Zahlung einer **Kapitalabfindung** gegen Unterhaltsverzicht eine neue Ehe geschlossen wird. In diesem Fall kann möglicherweise die Kapitalabfindung **zurückgefordert** werden mit der Begründung, dass der Unterhaltsverpflichtete bei Abschluss der Vereinbarung **getäuscht** wurde, weil bereits bei Abschluss der Vereinbarung **feststand**, dass und wann die Berechtigte ihren neuen Lebensgefährten heiraten möchte.[474]

■ Für **Leistungsstörungen** geltend die allgemeinen Vorschriften. Unabhängig davon kann die Aufnahme eines **Rücktrittsrechts** in die Vereinbarung für den Fall der Nichtleistung der Abfindung sinnvoll sein.[475]

■ Bei vertraglicher Vereinbarung einer Kapitalabfindung **erlischt** der Unterhaltsanspruch mit **Wirksamwerden** der Vereinbarung, nicht erst mit der (vollständigen) Leistung der Abfindung. Der Berechtigte trägt damit das Erfüllungsrisiko. Andererseits sind noch offene Raten, trotz einer Wiederverheiratung des Berechtigten, weiterzuzahlen.[476]

   – Demzufolge sollte ausdrücklich die **Rechtswirkung** der Verfügung des Berechtigten über seinen nachehelichen Unterhaltsanspruch von der **vollständigen Leistung der Abfindung** – als aufschiebende Bedingung – **abhängig** gemacht werden.[477]

■ Ist der Abfindungsanspruch beim **Tode** des Unterhaltsberechtigten noch nicht erfüllt, so ist er, soweit er die Abfindung künftiger Unterhaltsansprüche betrifft, **erloschen** und daher nicht vererblich.[478]

■ Die Abfindungszahlung kann ausdrücklich **vererblich** vereinbart werden, falls nicht – wie vorstehend ausgeführt – vereinbart wird, dass der gesetzliche Unterhaltsanspruch erst nach vollständiger Bezahlung der Abfindungssumme erlischt.

34 **Beratungshinweis:**

Da der Anspruch auf nachehelichen Unterhalt nach §§ 1570 ff BGB und der Unterhaltsanspruch nach einer – z.B. durch Scheidung oder Tod des neuen Ehegatten – aufgelösten **weiteren** Ehe gem. § 1586a Abs. 1 BGB jeweils besondere Ansprüche sind, zwischen

---

471 I.A. Kilger/Pfeil, a.a.O., Rn 231 ff.
472 Johannsen/Henrich/Büttner, § 1585 Rn 10.
473 Kilger/Pfeil, a.a.O., Rn 231 mit Hinweis auf Wendl/Pauling, Rn 6/614.
474 Heiß, Das Mandat im Familienrecht, Rn 771 zu Teil 8; Heiß, in: Kroiß, FormularBibliothek Zivilprozess, 2005, Familienrecht, Rn 796 zu § 5.
475 Langenfeld, Rn 818; Kilger/Pfeil, a.a.O., Rn 231 zu Teil 5.
476 Schwab/Borth, IV Rn 1208; Kilger/Pfeil, a.a.O., Rn 232 zu Teil 5.
477 Schwab/Borth, IV Rn 1207; Kilger/Pfeil, a.a.O. Rn 232 zu Teil 5.
478 Str. OLG Hamburg, FamRZ 2002, 434; a.A. Wendl/Pauling Rn 6/614).

denen keine Identität besteht, bringt ein Abfindungsvertrag nicht ohne weiteres auch den Anspruch nach § 1586a Abs. 1 BGB zum Erlöschen.[479]
In Fällen der nachehelichen **Betreuung gemeinschaftlicher Kinder** ist insoweit eine Klarstellung im Abfindungsvertrag dringend anzuraten.[480]

■ Die Unterhaltsverzichtsvereinbarung gegen Zahlung einer Abfindung sollte in jedem Fall beinhalten, dass die Parteien **gegenseitig** auf nachehelichen Ehegattenunterhalt verzichten und diesen Verzicht wechselseitig annehmen.
  – Damit ist klargestellt, dass es sich um eine **abschließende** Regelung handelt.
■ Wird mit der Zahlung des Abfindungsbetrages auch **Zugewinn** oder werden sonstige vermögensrechtlichen Ansprüche oder Versorgungsausgleich mit abgegolten, so muss sowohl aus **steuerlichen Gründen** als auch für den Fall einer **Teilnichtigkeit** festgelegt werden, welcher **Betrag** auf die **Abfindung** für Unterhalt entfällt.
■ Die Zahlung der Abfindung kann entweder durch **Zahlung** eines Geldbetrages oder durch **Übertragung** von Vermögensgegenständen vereinbart werden.
■ Grundlage für die Bemessung der **Höhe** der Abfindung wird i.d.R. zunächst der derzeit geschuldete Unterhalt sein sowie **Laufzeit** der Unterhaltsrente und **Kapitalisierung**.
  – Im Einzelnen hierzu: s. *Heiß*, Das Mandat im Familienrecht, Rn 738 u. 739, insbesondere zur Berücksichtigung jeglicher **künftiger Entwicklungen**, soweit diese abschätzbar sind, wie z.B. Zeitpunkt des Eintretens der Ganztagserwerbsobliegenheit; voraussichtliche Wiederheirat; voraussichtliche Dauer der Erwerbstätigkeit des Unterhaltsverpflichteten u.a.

Beratungshinweis: 35

■ Bei Beamten ist zu berücksichtigen, dass der Familienzuschlag der Stufe 1 wegfällt, wenn keine Ehegattenunterhaltszahlungen mehr erbracht werden, da in diesem Fall der Ehegatte nicht mehr i.S.v. § 40 Abs. 1 Nr. 3 BBesG „aus der Ehe zum Unterhalt verpflichtet ist";[481] Vergleichbares gilt für Angestellte des öffentlichen Dienstes (§ 29 B Abs. 2 Nr. 3 BAT).[482]
■ Zu beachten ist § 5 Abs. 1 VAHRG, wonach der aus dem Versorgungsausgleich Verpflichtete einen Anspruch auf ungekürzte Versorgung hat, wenn Unterhaltszahlungen erfolgen, sei es auch, dass diese Unterhaltszahlungen unter dem Betrag liegen, der den im Wege des Versorgungsausgleichs zu übertragenen Anwartschaft entspricht (im Einzelnen hierzu s. vorstehend Teil 2, § 2 Rn 6 ff).
  – Dies gilt grundsätzlich auch bei Zahlung von Kapitalabfindungen, jedoch nur solange wie der Verpflichtete dem Berechtigten zum Unterhalt verpflichtet ist; endet die Unterhaltspflicht, fällt der Anspruch auf ungekürzte Versorgung weg.[483] Im Abfindungsvertrag muss daher die Dauer des Zeitraumes angegeben werden, für den – ohne die Abfindung – die gesetzliche Unterhaltspflicht gegeben wäre.

---

479 MünchKomm/Maurer, § 1586a Rn 10; Kilger/Pfeil, a.a.O., Rn 234 zu Teil 5.
480 Kilger/Pfeil, a.a.O.
481 BVerwG, NJW 2003, 1986; Kilger/Pfeil, a.a.O., Rn 239 zu Teil 5.
482 Ausführlich hierzu s. Meyer/Götz, ZFE 2002, 307, 309.
483 BGH NJW 1994, 2481; BVerwG, NJW-RR 2000, 145; Schwab/Hahne, VI Rn 186.

- Über das begrenzte Realsplitting können Unterhaltsabfindungszahlungen bis zu einer Höhe von jährlich 13.805 Euro als Sonderausgaben in Abzug gebracht werden. Handelt es sich bei dem Abfindungsbetrag um einen höheren Betrag, so sollte dieser ggf. auf mehrere Jahre verteilt werden. Maßgeblich ist das Jahr der tatsächlichen Zahlung.[484]

- Die vollstreckungsrechtlichen Vorschriften über den Pfändungsschutz (§ 850 b ZPO) und das Pfändungsvorrecht (§ 850d ZPO) sind (entgegen dem Gesetzeswortlaut) entsprechend anwendbar.[485]

- In der Insolvenz des Unterhaltsberechtigten ist der Abfindungsanspruch des Berechtigten Insolvenzmasse (§ 35 InsO), in der Insolvenz des Unterhaltspflichtigen ist er Insolvenzforderung (§ 38 InsO), soweit er im Zeitpunkt der Insolvenzeröffnung bereits fällig war.[486]

- In jedem Fall sind die Grenzen der Inhaltskontrolle und Wirksamkeitskontrolle nach der Rechtsprechung des Bundesgerichtshofs und Bundesverfassungsgericht zu berücksichtigen (hierzu siehe Teil 1, Rn 49 ff).

36 II. Muster: Unterhaltsverzicht gegen Abfindungszahlung

58

- Wir verzichten hiermit gegenseitig auf nachehelichen Unterhalt aus jedwedem Rechtsgrund, auch für den **Fall der Not**, und nehmen den Verzicht gegenseitig an.
  - Der Verzicht soll auch im Fall einer **Änderung** der gesetzlichen Vorschriften oder der **Rechtsprechung** wirksam bleiben.
- **Präambel!** (Erklärungen zu den wirtschaftlichen Verhältnissen und den Motiven der Vereinbarung!)
- Der Ehemann verpflichtet sich, an die Ehefrau als Gegenleistung für diesen Unterhaltsverzicht eine **Abfindungssumme** in Höhe von 50.000 Euro zu bezahlen; dieser Betrag ist fällig einen Monat nach dem Eintritt der Rechtskraft der Scheidung und ab Fälligkeit mit 5 %Punkten über dem gesetzlichen Basiszinssatz zu verzinsen (evtl. Vereinbarung eines höheren Zinssatzes bei bestehenden Darlehensverbindlichkeiten und tatsächlicher Zahlung höherer Zinsen).
- Für die **Rechtzeitigkeit** der Zahlung ist der Eingang des Geldbetrages auf dem Konto Nr. ■■■ bei der ■■■ Bank maßgeblich.
- Der gegenseitige Verzicht auf nachehelichen Unterhalt wird **erst wirksam** mit **vollständiger Bezahlung** der vereinbarten Abfindungssumme. Für den Fall der nicht fristgemäßen vollständigen Zahlung der Abfindungssumme hat die Ehefrau unabhängig davon das Recht, ohne weitere Voraussetzungen von diesem Vertrag **zurückzutreten**. Der Rücktritt vom Vertrag kann nur schriftlich mit eingeschriebenem Brief gegenüber dem Ehemann erklärt werden.[487]

---

484 Zum Realsplitting im Einzelnen s. Heiß, Das Mandat im Familienrecht, Rn 410 zu Teil 8.
485 BGH NJW 1997, 1441; BGH FPR 2002, 559, 560; Kilger/Pfeil, in: Göppinger/Börger, Vereinbarungen anlässlich der Ehescheidung, Rn 241 zu Teil 5.
486 MünchKomm/Maurer, § 1585 Rn 16 sowie vor § 1569 Rn 41, 42; Kilger/Pfeil, a.a.O., Rn 241 zu Teil 5.
487 Kilger/Pfeil, a.a.O., Rn 242 zu Teil 5.

Beratungshinweis:

Jeder Unterhaltsverzicht gegen Zahlung einer Abfindungssumme sollte unter der **Bedingung** der tatsächlichen fristgemäßen Zahlung der Abfindungssumme vereinbart werden. Eine weitere Möglichkeit ist die Einräumung eines **Rücktrittsrechts** für den Fall der nicht fristgemäßen vollständigen Zahlung der Abfindungssumme. Die Tatsache, dass in einem solchen Fall der Unterhaltsanspruch weiterhin besteht, ist für den Unterhaltspflichtigen i.d.R. eine größere Belastung als die Möglichkeit einer etwaigen Zwangsvollstreckung bezüglich des Abfindungsbetrages.

– Zwangsvollstreckungsunterwerfungsklausel.

37

H. Auflösende Bedingung; Rücktrittsrecht

I. Beratung

1. Tatsächliche Ausgangssituation

Die Parteien wollen sich die Möglichkeit offen halten, im Falle des Vorhandenseins eines oder mehrerer Kinder Ansprüche auf Betreuungsunterhalt geltend zu machen. Abgesehen von der vorstehenden Vereinbarung Teil 2, § 2 Rn 31, wonach für diesen Fall der Unterhaltsverzicht nicht gilt, kommt auch in Betracht, ein Rücktrittsrecht vom Globalverzicht für diesen Fall zu vereinbaren.

38

2. Rechtliche Ausgangssituation

Auflösende Bedingung, z.B. für den Fall, dass aus der Ehe ein Kind hervorgeht, ist bei einem Unterhaltsverzicht möglich, ebenso die Vereinbarung eines **Rücktrittsrechts**.

39

II. Muster:[488] Auflösende Bedingung; Rücktrittsrecht

40

59

Wird jedoch ein gemeinsames Kind geboren oder angenommen und gibt ein Ehegatte zur Betreuung dieses Kindes seine Berufstätigkeit ganz oder teilweise auf, so steht ihm das Recht zum Rücktritt von diesem Unterhaltsverzicht zu.

Der **Rücktritt** ist zur **Urkunde** eines **Notars** zu erklären und dem anderen Vertragsteil **zuzustellen**. Er muss binnen eines Jahres nach der Geburt oder Annahme des ersten gemeinschaftlichen Kindes zugestellt sein, sonst erlischt das Rücktrittsrecht. Im Fall des Rücktritts erlischt auch der Verzicht des anderen Vertragsteils, es gilt also fortan das gesetzliche Recht des nachehelichen Unterhalts. Durch den Wegfall des Unterhaltsverzichts werden die übrigen Vereinbarungen dieses Vertrages nicht berührt.

Alternative 1: Auflösend bedingter Unterhaltsverzicht

Der Verzicht entfällt, wenn aus der Ehe der Beteiligten Kinder hervorgehen mit der Geburt des ersten Kindes.

---

488 Langenfeld, Handbuch der Eheverträge und Scheidungsvereinbarungen, Rn 773 zu Kap. 4.

Alternative 2:

Der Verzicht entfällt, wenn aus der Ehe der Beteiligten Kinder hervorgehen und die Ehefrau deshalb ihre Berufstätigkeit aufgibt oder auf weniger als die Hälfte der branchenüblichen Arbeitszeit reduziert.

Alternative 3:

Der Verzicht entfällt, wenn und solange einer der Ehepartner zu mehr als 50 % vermindert erwerbsfähig ist.

Alternative 4:

Der Verzicht entfällt, wenn ein Ehegatte sich um die Pflege der Eltern bzw. Schwiegereltern kümmert und deshalb seine Berufstätigkeit aufgibt oder auf weniger als die Hälfte der branchenüblichen Arbeitszeit reduziert.[489]

Alternative 5:

Die Ehefrau behält sich den Rücktritt von dieser Vereinbarung vor, wenn aus der Ehe der Beteiligten ein Kind bzw. mehrere Kinder hervorgehen. Der Rücktritt bedarf der Schriftform. Das Rücktrittsrecht erlischt mit Vollendung des 6. Lebensjahres des jüngsten Kindes.[490]

41 **Beratungshinweis:**

Es stellt sich die Frage, ob ein **automatischer Bedingungseintritt** vereinbart werden soll oder einer der Beteiligten sich den **Rücktritt vorbehält**. Praktikabler wird der automatische Bedingungseintritt sein, weil in diesem Fall nicht – ggf. bei intakter Ehe – eine Rücktrittserklärung gegenüber dem anderen Ehegatten abgegeben werden muss.

I. Beschränkung des Unterhaltsanspruchs auf bestimmte Anspruchsgrundlagen, Herabsetzung des Unterhaltsmaßstabs, Höchstbetrag

I. Beratung

1. Tatsächliche Ausgangssituation

42 Im Hinblick auf die Rechtsprechung des BGH (hierzu s.o. Teil 1, Rn 49 ff), wonach der Kernbereich des Unterhaltsrechts nur eingeschränkt der Vertragsfreiheit unterliegt, wird man i.d.R. den unterhaltsrechtlichen **Kernbereich nicht abbedingen**. Hierzu zählen neben dem Betreuungsunterhalt der Unterhalt wegen Alters oder Krankheit sowie der Versorgungsunterhalt. Nicht zum Kernbereich des Unterhaltsrechts gehört der Aufstockungsunterhalt.[491]

---

489 Zimmermann/Dorsel, Eheverträge, Scheidungs- u. Unterhaltsvereinbarungen, Rn 36 zu § 20.
490 Zimmermann/Dorsel, a.a.O., Rn 37 zu § 20.
491 BGH NJW 2004, 930 ff.

2. Rechtliche Ausgangssituation

Bei weitgehender **wirtschaftlicher Unabhängigkeit** des unterhaltsberechtigten Ehegatten und atypischen Vermögensverhältnissen wird ein Verzicht auch auf Unterhaltsansprüche, die grundsätzlich zum Kernbereich der gesetzlichen Scheidungsfolgenregelung zu zählen sind, als zulässig zu erachten sein.[492]   43

II. Muster: Beschränkung des Unterhaltsanspruchs auf bestimmte Anspruchsgrundlagen, Herabsetzung des Unterhaltsmaßstabs, Höchstbetrag   44

60

Alternative 1:
Gesetzliche Unterhaltsansprüche werden auf den Kindesbetreuungsunterhalt sowie den Unterhalt wegen Alters oder Krankheit (§§ 1570 – 1572 BGB) beschränkt. Insbesondere der Anspruch auf Aufstockungsunterhalt (§ 1573 Abs. 2 BGB) wird ausgeschlossen.

Alternative 2:
Gesetzliche Unterhaltsansprüche werden auf den Unterhalt wegen Alters gem. § 1571 BGB beschränkt, der ab Vollendung des 60. Lebensjahres verlangt werden kann.

Alternative 3:
Ein Unterhaltsanspruch wegen Arbeitslosigkeit gem. § 1573 BGB ist ausgeschlossen.

Alternative 4:
Ausgeschlossen werden der Anspruch auf Altersvorsorgeunterhalt gem. § 1578 Abs. 3 BGB sowie Unterhaltsansprüche wegen Sonderbedarfs angesichts der Vermögensverhältnisse beider Ehegatten.

Alternative 5:
Ein Aufstockungsunterhalt ist ausgeschlossen, sofern die bereinigten Einkünfte des Berechtigten den Betrag von ■■■ Euro überschreiten. Im Übrigen findet eine Aufstockung nur bis zu diesem Betrag statt.

Alternative 6:
Der Unterhaltsanspruch gem. § 1586 a BGB nach Auflösung einer späteren Ehe besteht nur, soweit der spätere Ehegatte auch unter Berücksichtigung des Billigkeitsunterhalts gem. § 1581 BGB sowie bei Verwertung seines Vermögens außerstande wäre, angemessenen Unterhalt zu gewähren.

Alternative 7:[493] **Herabsetzung des Unterhaltsmaßstabs**
Für den nachehelichen Unterhalt soll es grundsätzlich bei der gesetzlichen Regelung verbleiben. Jedoch soll sich das Maß des Unterhalts nicht nach den ehelichen Lebensverhältnissen, sondern nach dem erlernten bzw. dem mit höherem Einkommen verbundenen ausgeübten Beruf des unterhaltsberechtigten Ehegatten bestimmen. Der Aufstockungsanspruch des § 1573 Abs. 2 BGB (und der Kapitalisierungsanspruch des § 1582 Abs. 2 BGB) werden ausgeschlossen.

Alternative 8:[494] **Begrenzung auf Höchstbetrag**
Bei der gesetzlichen Regelung des nachehelichen Unterhalts soll es grundsätzlich verbleiben. Jedoch werden die Unterhaltsansprüche der Ehefrau, die anlässlich der Verheiratung ihre Berufstätigkeit aufgibt, auf einen **Höchstbetrag** von ■■■ Euro **begrenzt**. Dieser Höchstbetrag wurde unter Berücksichtigung des gegenwärtigen Arbeitseinkommens

---

492   Zimmermann/Dorsel, a.a.O., Rn 56 zu § 20.
493   Langenfeld, Handbuch der Eheverträge und Scheidungsvereinbarungen, Rn 777 zu Kap. 4.
494   Langenfeld, a.a.O., Rn 779 zu Kap. 4.

der Ehefrau und seiner voraussehbaren künftigen Entwicklung festgesetzt. Zur Berücksichtigung der **Geldwertentwicklung** wird vereinbart, dass sich der Höchstbetrag nach oben oder unten im gleichen prozentualen Verhältnis verändert, wie sich der Verbraucherpreisindex für Deutschland ab heute nach oben oder unten verändert. Die erste Anpassung erfolgt bei Rechtskraft der Ehescheidung, weitere Anpassungen dann in Abständen von jeweils 3 Jahren.

Es wird klargestellt, dass sich die Unterhaltsansprüche der Ehefrau zunächst nach dem Gesetz bestimmen und lediglich dann gekappt werden, wenn der Höchstbetrag überschritten wird.

J. Zeitliche Befristung des Unterhaltsanspruchs

I. Beratung

1. Tatsächliche Ausgangssituation

45   Gerade im Hinblick auf die geplante Gesetzesänderung, wonach eine zeitliche Befristung des Unterhaltsanspruchs wesentlich häufiger in Betracht kommt als nach derzeit geltenden Rechtlage, werden Vereinbarungen zur zeitlichen Befristung des Unterhaltsanspruchs häufiger als bisher zu empfehlen sein.

2. Rechtliche Ausgangssituation

46   Die zeitliche Begrenzung des Unterhaltsanspruchs ist jedenfalls – soweit es sich nicht um Kindesbetreuungsunterhalt handelt – **zulässig**.

47   ### II. Muster: Zeitliche Befristung des Unterhaltsanspruchs

Hat die **Ehe** vom Zeitpunkt der Eheschließung bis zum Zeitpunkt der Rechtshängigkeit der Scheidung nicht länger als ■■■ **gedauert**, so wird die zeitliche Höchstdauer des nachehelichen Ehegattenunterhalts auf ■■■ Jahre ab Rechtskraft der Scheidung begrenzt, soweit sich nicht nach der gesetzlichen Regelung eine kürzere Dauer ergibt. Hat die Ehe i. d. S. länger als ■■■ Jahre, aber nicht länger als ■■■ Jahre, gedauert, so beträgt die Höchstdauer der Unterhaltsverpflichtung ■■■ Jahre.

Soweit und solange **Kindesbetreuungsunterhalt** nach § 1570 BGB geschuldet wird, treten die zeitlichen Begrenzungen **nicht in Kraft** oder werden ausgesetzt. Nach Wegfall der Voraussetzungen des Kindesbetreuungsunterhalts erhält der Ehegatte, soweit die gesetzlichen Voraussetzungen im Übrigen vorliegen, noch höchstens für die Dauer von ■■■ Jahren Unterhalt, es sei denn, aus den vereinbarten Fristen ohne Kindesbetreuung würde sich angesichts der Ehedauer eine längere Unterhaltsberechtigung ergeben, wobei für die Berechnung dieser etwaigen längeren Unterhaltsberechtigung vom Zeitpunkt der **Rechtskraft** der **Scheidung** auszugehen ist.

K. Ausschluss des Wiederauflebens der Unterhaltspflicht nach § 1586 a BGB

I. Beratung

1. Tatsächliche Ausgangssituation

Nach § 1586 a BGB kann ein geschiedener Ehegatte, wenn er erneut geheiratet hat und **48** diese Ehe wieder aufgelöst wird, von dem früheren Ehegatten Unterhalt nach § 1570 BGB verlangen, wenn er ein Kind aus der früheren Ehe zu pflegen oder zu erziehen hat. Ist die Pflege oder Erziehung beendet, so kann er Unterhalt nach den §§ 1571 – 1573, 1575 BGB verlangen.

2. Rechtliche Ausgangssituation

Die Vorschrift wird für insgesamt **abdingbar** gehalten.[495] Zu Recht weist *Langenfeld*[496] **49** darauf hin, dass dies angesichts der Bedeutung des § 1570 BGB in der Kernbereichs-lehre des BGH **zweifelhaft** ist. Empfohlen wird, eine Vereinbarung zu treffen, wonach man sich auf den Ausschluss des § 1586a Abs. 1 S. 2 BGB beschränkt. Dies bedeutet, dass lediglich auf Unterhaltsansprüche **nach Beendigung** der Pflege oder Erziehung der Kinder verzichtet wird, nicht aber auf Kinderbetreuungsunterhalt.

II. Muster:[497] Ausschluss des Wiederauflebens der Unterhaltspflicht nach § 1586 a BGB

50

Zum Wiederaufleben des Unterhaltsanspruchs nach § 1586 a BGB wird vereinbart, dass es bei der Regelung des § 1586 a Abs. 1 S. 1 BGB verbleibt, während auf die Ansprüche nach § 1586 a Abs. 1 S. 2 BGB verzichtet wird.

62

L. Ausschluss des Übergangs der Unterhaltspflicht auf den Erben

I. Beratung

1. Tatsächliche Ausgangssituation

Nur selten wird bedacht, dass gem. § 1586 b BGB Unterhaltsansprüche auf den **Erben** **51** **übergehen**. Dies ist häufig nicht gewünscht, zumal es sich i.d.R. bei den Erben um ehe-gemeinschaftliche **Kinder** handelt.

2. Rechtliche Ausgangssituation

Gemäß § 1586 b BGB geht mit dem Tode des Verpflichteten die Unterhaltspflicht auf **52** den Erben als **Nachlassverbindlichkeit** über, wobei die Ansprüche auf den fiktiven

---

495 Langenfeld, a.a.O., Rn 787 zu Kap. 4.; Münch, Rn 1599.
496 Langenfeld, a.a.O.
497 Langenfeld, a.a.O., Rn 787 zu Kap. 4.

Pflichtteil beschränkt sind. Die Beschränkung erfolgt auf den fiktiven Pflichtteil des Unterhalts**berechtigten**. Der geschiedene Ehegatte soll nicht mehr erhalten, als er gehabt hätte, wenn seine Ehe statt durch Scheidung durch Tod des Verpflichteten aufgelöst worden wäre. Maßgebend ist der **kleine** Pflichtteil gem. § 1931 Abs. 1, Abs. 2 BGB.

53 Die **Berechnung** erfolgt in der Weise, dass der Fortbestand der geschiedenen Ehe bis zum Tod des Verpflichteten fingiert wird. Auszugehen ist somit vom **Gesamtnachlass, nicht** etwa von dem Vermögen, das der Unterhaltsschuldner zur Zeit der **Ehescheidung** besessen hat (im Einzelnen zur Berechnung s. Palandt/*Brudermüller*, Rn 7 zu § 1586 b BGB).

Hierauf kann verzichtet werden.[498]

54 **II. Muster: Ausschluss des § 1586 b BGB[499]**

> Wir schließen hiermit das Übergehen der Unterhaltspflicht auf den Erben gem. § 1586 b BGB aus, verzichten also insoweit gegenseitig auf Unterhaltsansprüche gegen den Erben und nehmen den Verzicht gegenseitig an.

M. Vereinbarungen zur Abänderbarkeit von Unterhaltsregelungen

Im Einzelnen s.o. Teil 1 Rn 242 ff.

I. Beratung

1. Tatsächliche Ausgangssituation

55 Vereinbarte Unterhaltsleistungen sind abänderbar aufgrund
- **wesentlicher** Änderung der Verhältnisse, § 323 ZPO,
- Wegfalls der **Geschäftsgrundlage**,
- grober **Unbilligkeit** gem. § 1579 BGB,
- vertraglicher **Änderungsvereinbarungen**, insbesondere Wertsicherungsklauseln.[500]

2. Rechtliche Ausgangssituation

56 Grundsätzlich sollte jede Vereinbarung klarstellen, inwieweit Abänderung möglich ist. Vereinbart werden kann auch
- ein völliger **Abänderungsausschluss**.

57 **Beratungshinweis:**

Ein vollständiger Ausschluss der Abänderung wird die absolute Ausnahme sein und nur bei auf kurze Zeiträume befristeten Vereinbarungen in Betracht kommen. Zu groß ist im Übrigen die Gefahr, dass wesentliche Änderungen eintreten, die möglicherweise zu einem Wegfall des Unterhaltsanspruchs führen, wie z.B. Erwerbsunfähigkeit des Un-

---

498 Langenfeld, Handbuch der Eheverträge und Scheidungsvereinbarungen, Rn 788 zu Kap. 4.
499 Langenfeld, a.a.O.
500 Zimmermann/Dorsel, Eheverträge, Scheidungs- u. Unterhaltsvereinbarungen, Rn 79 zu § 20.

terhaltsverpflichteten, dauerhaftes Zusammenleben der Unterhaltsberechtigten mit einem neuen Partner, erhebliche Einkommenserhöhung seitens der Unterhaltsberechtigten u.a.

- die Einschränkung oder sonstige **Modifizierung** der gesetzlichen Abänderungsmöglichkeiten,
- eine vollkommen **selbständige Abänderungsregelung** und der Ausschluss gesetzlicher Abänderungsmöglichkeiten.

Unklarheiten können entstehen bei Abgrenzung der Abänderungsmöglichkeit vom **Wegfall** der Geschäftsgrundlage (s.o. Teil 1 Rn 242 ff) sowie im Falle einer schuldumschaffenden Vereinbarung (Novation) bei der Frage, ob § 323 ZPO überhaupt Anwendung findet.[501]   **58**

Zu beachten ist, dass sich bei **vollstreckbaren Urkunden** die Abänderungsmöglichkeit nach § 323 ZPO materiell nach § 242 BGB bemisst[502] und dass **weder** eine **Präklusionswirkung** nach § 323 Abs. 2 ZPO besteht **noch** § 323 **Abs. 3 ZPO** eingreift, demzufolge eine Abänderung erst mit Wirkung ab **Rechtshängigkeit** möglich wäre.[503] (Im Einzelnen hierzu s.o. Teil 1 Rn 242 ff).   **59**

Die **Abänderungsmöglichkeit** nach § 323 ZPO kann in Folge der Vertragsfreiheit sowohl **ganz** oder **teilweise ausgeschlossen** als auch einschränkend oder erweiternd modifiziert werden. Ein **Ausschluss** jeglicher Abänderungsmöglichkeit ist bei konkreter Unterhaltsberechnung die Ausnahme, es sei denn, es handelt sich um eine Vereinbarung mit kurzer Laufzeit.[504]   **60**

II. Muster: Vereinbarungen zur Abänderbarkeit von Unterhaltsregelungen   **61**

64

Vorstehende Unterhaltsvereinbarung unterliegt **keinerlei Abänderung**, gleich auf welcher rechtlichen Grundlage.

Alternative 1:
Vorstehende Unterhaltsvereinbarung unterliegt keinerlei Abänderung, soweit es den ausgewiesenen **Altersvorsorgeunterhalt** betrifft.

Alternative 2:
Die Abänderung der Unterhaltsleistungen gem. § 323 ZPO ist nur für den **Zeitraum**, ab dem auf die Rechtshängigkeit einer entsprechenden Klage folgenden Monatsersten zulässig (alternativ: ab dem Abänderungsbegehren).

Beratungshinweis: **62**
Nach der Rechtsprechung des BGH[505] ist eine Abänderung gem. § 323 ZPO auch für die **Vergangenheit** denkbar. Dies ist in vielen Fällen nicht sachgerecht und sollte ggf. ausgeschlossen werden.

---

501 Zimmermann/Dorsel, a.a.O., Rn 79 zu § 20.
502 BGH FamRZ 1986, 790; FamRZ 1992, 538.
503 BGH FamRZ 1983, 21; FamRZ 1983, 997; Zimmermann/Dorsel, a.a.O., Rn 80 zu § 20.
504 Zimmermann/Dorsel, a.a.O., Rn 82 zu § 20.
505 FamRZ 1983, 22.

Alternative 3:

Eine Abänderung gem. § 323 ZPO wegen einer **Änderung** der **wirtschaftlichen** Verhältnisse des Unterhaltspflichtigen ist ausgeschlossen.

63 **Beratungshinweis:**

Die Gefahr einer solchen Vereinbarung besteht darin, dass eine Abänderung ggf. auch dann ausgeschlossen wäre, wenn Erwerbsunfähigkeit seitens des Unterhaltspflichtigen eintritt. In einem solchen Fall bliebe nur der Weg über die Geltendmachung des Wegfalls der Geschäftsgrundlage und damit i.d.R. eine mit Unsicherheiten verbundene Lösung.

Alternative 4:

Eine Abänderung gem. § 323 ZPO wegen einer Änderung der wirtschaftlichen Verhältnisse des Unterhaltspflichtigen ist nur zulässig, wenn der ihm gemäß vorstehender Berechnung verbleibende **Selbstbehalt** 1.500 Euro monatlich **unterschreitet**.

Alternative 5:

Eine Abänderung gem. § 323 ZPO wegen einer Änderung der wirtschaftlichen Verhältnisse des Unterhaltspflichtigen ist **frühestens zulässig** nach Ablauf von 5 Jahren ab Rechtskraft der Scheidung der Ehe.

Alternative 6:

Eine Abänderung vorstehender Unterhaltsleistungen gem. § 323 ZPO wegen Veränderung der wirtschaftlichen Verhältnisse des Unterhaltsberechtigten ist (auf die Dauer von 5 Jahren ab Rechtskraft der Scheidung) ausgeschlossen, es sei denn, dass der Unterhaltsberechtigte eine **neue Ehe** eingeht.

64 **Beratungshinweis:**

Ein absoluter Ausschluss der Abänderungsmöglichkeit wird lediglich bei auf kurze Zeit befristeten Unterhaltsvereinbarung in Betracht kommen. Zu bedenken sind sowohl die Fälle der absoluten Erwerbsunfähigkeit des Unterhaltsverpflichteten oder krankheitsbedingter Einkommenseinbußen mangels entsprechender Erwerbsmöglichkeiten bzw. dauerhaftes Zusammenleben der Unterhaltsberechtigten mit einem anderen Partner bzw. Wiederheirat.

65 **Beratungshinweis:**

Ist im Gegensatz zu den vorstehenden Mustern betreffend den Ausschluss des § 323 ZPO eine **erleichterte Anpassung** nach § 323 ZPO gewünscht, so ist dies ausdrücklich in die Vereinbarung mit aufzunehmen. Empfohlen wird folgende Formulierung:

„Die Parteien sind sich dahingehend einig, dass für die Abänderung der Vereinbarung **§ 323 ZPO Anwendung findet** und sich die Abänderungsmöglichkeit nach § 323 ZPO richten."[506] (Zu den Abänderungsmöglichkeiten s.o. Teil 1 Rn 242 ff)

Im Übrigen kommen folgende **Abänderungsgründe** in Betracht:

---

[506] Heiß, Das Mandat im Familienrecht, Rn 776 zu Teil 8; Heiß, in: Kroiß, FormularBibliothek Zivilprozess, 2005, Familienrecht, Rn 802 zu § 5.

- Veränderung der **tatsächlichen Verhältnisse,**
- Veränderung der **Rechtslage,**
- Veränderung einer **gefestigten höchstrichterlichen Rechtsprechung,**[507]
- **Einkommens-** und/oder **Bedarfsänderungen,**
- **Wegfall von Verbindlichkeiten,**
- **neue Unterhaltsverpflichtungen.**

Grundsätzlich müssen in einem Vergleich alle **Vergleichsgrundlagen** angegeben werden, insbesondere das beiderseitige Einkommen, Wohnwert, Kindergeldbezug, Schuldenabzug u.a. Geschieht dies nicht, so besteht bei einem etwaigen erforderlichen späteren **Abänderungsverfahren** das Problem, dass **Beweisschwierigkeiten** bezüglich des Eintretens einer **nachträglichen Änderung** zu Lasten der beweispflichtigen Partei gehen.[508]

- **Im Rahmen eines Unterhaltsvergleichs muss in jedem Fall Ehegatten- und Kindesunterhalt gesondert ausgewiesen werden wegen späterer Abänderungsmöglichkeiten.**[509]

Häufig werden jedoch gerade bei Vereinbarungen bzw. Vergleichen **Pauschalregelungen** getroffen, bei der beide Ehegatten Abstriche bezüglich Einkommen und Abzugsposten machen, sodass eine exakte Aufnahme der Vergleichsgrundlagen nicht möglich ist. In diesem Fall empfiehlt sich ggf. eine Vereinbarung dahingehend, dass nach Ablauf einer Befristung eine völlige **Unterhaltsneuberechnung** erfolgt ohne Bindungswirkung an den abgeschlossenen Vergleich.

N. Leibrente und andere Gegenleistungen anstelle von Unterhalt

I. Beratung

1. Tatsächliche Ausgangssituation

Bei allen inhaltlich gestalteten Unterhaltsvereinbarungen stellt sich die Frage, ob der gesetzliche Unterhaltstatbestand nur ausgestaltet oder die Leistungspflicht hiervon unabhängig rechtlich neu gestaltet werden soll, also der **Schuldgrund noviert** wird.   66

2. Rechtliche Ausgangssituation

Handelt es sich nicht lediglich um eine Ausgestaltung des gesetzlichen Unterhalts, sondern um **neu geschaffene Leistungspflichten,** führt dies zu folgenden Unterschieden:[510]   67

- Die Vorschriften für gesetzliche Unterhaltsansprüche haben allenfalls Bedeutung für die Vertragsauslegung.
- Es handelt sich verfahrensrechtlich **nicht** um eine **Familiensache,** sodass z.B. ein Rechtsstreit bei Anhängigwerden eines Scheidungsantrages nicht an das ausschließlich zuständige Familiengericht abgegeben werden muss.

---

507 BGH FamRZ 1995, 665 ff; FamRZ 2001, 1687, 1690.
508 Heiß, a.a.O., Rn 764 zu Teil 8; Heiß, in: Kroiß, FormularBibliothek Zivilprozess, 2005, Familienrecht, Rn 803 zu § 5.
509 Heiß, a.a.O.
510 Zimmermann/Dorsel, Eheverträge, Scheidungs- u. Unterhaltsvereinbarungen, Rn 73 zu § 20.

- **Pfändungsschutz** und Pfändungsvorrecht nach §§ 850, 850 d ZPO gelten **nicht**.
- § 323 ZPO gilt nur, wenn die Gegenleistung ausdrücklich als regelmäßig wiederkehrende künftige Leistung, z.B. Leibrente, vereinbart ist.
- **Steuerlich** ist eine von den Unterhaltsleistungen abweichende Behandlung möglich.[511]

68 Soll eine solche Schuldumschaffung erfolgen, so muss dies in der Vereinbarung klar geregelt werden. Insbesondere sollte im Hinblick auf die zu Unterhaltsvereinbarungen bestehenden Vorschriften, so z.B. § 1586b BGB, ausdrücklich ein **Ausschluss** erklärt werden.

69 Als Gegenleistungen kommen alle geldwerten Leistungen in Betracht, insbesondere
- Leibrenten,
- Darlehen,
- Übertragung von Vermögensgegenständen,
- Einräumung des Nießbrauchs oder eines Nutzungsrechts bzw. Gebrauchsüberlassung.

70 Bei Vereinbarung künftiger Leistungen ist auch im Falle einer Schuldumschaffung (Novation) stets zu prüfen, ob die Leistungspflicht enden soll bei
- Tod des Berechtigten, vgl. § 1586 BGB,
- Tod des Verpflichteten, vgl. § 1586b BGB,
- Eintritt eines sonstigen Ereignisses, z.B. Wiederverheiratung, §§ 1586, 1586 a BGB.

71 **II. Muster:[512] Leibrente und andere Gegenleistungen anstelle von Unterhalt**

Die Beteiligten **verzichten** gegenseitig auf alle gesetzlichen **Unterhaltsansprüche** einschließlich des Unterhalts im Fall der Not, des Kranken-, Pflege-, und Altersvorsorgeunterhalts und des Unterhalts im Falle der Wiederverheiratung und anschließenden Scheidung. Sie nehmen diesen Verzicht wechselseitig an.

Die Ehefrau erhält stattdessen auf die Dauer von 10 Jahren, erstmals zum ■■■ zum Ersten eines Monats im Voraus, längstens jedoch auf ihre Lebzeit eine **Leibrente** von 400 Euro monatlich. Auf diese Leibrente sind die gesetzlichen Bestimmungen für Unterhaltsleistungen und Unterhaltsvereinbarungen auch nicht entsprechend anwendbar (evtl. Wertsicherung und Vollstreckungsunterwerfung). Diese Vereinbarung soll auch bei Änderung der tatsächlichen oder rechtlichen Verhältnisse nicht abänderbar sein; § 323 ZPO ist ausgeschlossen.

511 Zimmermann/Dorsel, a.a.O.
512 Zimmermann/Dorsel, a.a.O., Rn 74 zu § 20.

§ 3 Hausrat und Vermögenszuordnung

A. Beratung

I. Tatsächliche Ausgangssituation

Betroffen sind insbesondere Fälle, in denen ein Ehegatte **Schulden** hat oder einen risiko- **1** reichen Beruf ausübt. In diesen Fällen soll der andere Ehegatte davor geschützt werden, dass der von ihm eingebrachte **Hausrat** von den **Gläubigern** zur Deckung der Schulden des anderen Ehegatten verwendet werden kann.

II. Rechtliche Ausgangssituation

Zu Gunsten der Gläubiger wird **vermutet**, dass die sich im Besitz eines Ehegatten oder **2** beider Ehegatten befindlichen beweglichen Sachen dem **Schuldner** gehören, § 1362 BGB. Die Vermutung gilt **nicht**, wenn die Ehegatten **getrennt** leben und sich die Gegenstände im Besitz des nicht schuldenden Ehegatten befinden.[513]

Handelt es sich um Gegenstände, die ausschließlich zum **persönlichen Gebrauch** eines **3** Ehegatten bestimmt sind, so gilt die Vermutung, dass sie demjenigen Ehegatten gehören, für dessen Gebrauch sie bestimmt sind. § 739 ZPO ergänzt § 1362 BGB für die Zwangsvollstreckung.[514]

Die Vermutung des § 1006 BGB nach der zu Gunsten des **Besitzers** einer beweglichen **4** Sache vermutet wird, dass er deren Eigentümer sei, wird durch § 1362 BGB ausgeschaltet. Die Vermutung des § 1362 BGB ist **widerlegbar**, § 292 ZPO.[515] Die Widerlegung erfolgt dadurch, dass der nicht schuldende Ehegatte sein Allein- oder Miteigentum an der Sache beweisen kann.

Nach der Rechtsprechung des BGH genügt es, den alleinigen **Eigentumserwerb** eines **5** Ehegatten zu beweisen, während der **Fortbestand** des einmal erworbenen Eigentums **vermutet** wird.[516]

Ein **privatschriftliches** Vermögensverzeichnis hat wegen der Gefahr rückdatierter nach- **6** träglicher Anfertigung zwecks Gläubigertäuschung nur **geringen Beweiswert**.[517] Es ist deshalb zu empfehlen, ein mit **notarieller Unterschriftsbeglaubigung** versehenes, besser noch **beurkundetes** Vermögensverzeichnis aufzunehmen und dieses in gleicher Form von Zeit zu Zeit fortzuführen.[518]

Ein derartiges Vermögensverzeichnis bezüglich Hausrat bzw. Haushaltsgegenstände **7** begründet über die dingliche Surrogation des § 1370 BGB auch das künftige Eigentum des betreffenden Ehegatten an **Ersatzgegenständen**. Insofern kann also über § 1370 BGB die Eigentumsvermutung des § 1362 BGB widerlegt werden.[519] Es kann sowohl

513 Langenfeld, Handbuch der Eheverträge und Scheidungsvereinbarungen, Rn 186 zu Kap. 2.
514 Langenfeld, a.a.O.
515 Langenfeld, a.a.O., Rn 187 zu Kap. 2.
516 Langenfeld, a.a.O., Rn 188 zu Kap. 2.
517 Langenfeld, a.a.O., Rn 180 zu Kap. 2.
518 Langenfeld, a.a.O., Rn 190 zu Kap. 2.
519 Langenfeld, a.a.O., Rn 190 zu Kap. 2.

vereinbart werden, dass der gesamte Hausrat im Eigentum eines Ehegatten steht, als auch dass der **künftige Erwerb** von Hausratsgegenständen in das **Alleineigentum** eines Ehegatten übergeht.

8 **B. Muster:[520] Vermögenszuordnung**

> Die Eheleute stellen fest, dass der gesamte vorhandene Hausrat und der Pkw ■■■ im alleinigen Eigentum der Ehefrau steht. Sie verweisen hierzu auf das anliegende, verlesene Verzeichnis, das einen Bestandteil dieser Urkunde bildet.
>
> **Zukünftiger Erwerb** von Hausratsgegenständen soll mangels abweichender Vereinbarung im Einzelfall ebenfalls in das **Alleineigentum** der Ehefrau fallen. Die Eheleute verpflichten sich, bei jedem zukünftigen Erwerb möglichst unter Mitwirkung des Veräußerers einen **Beleg** über den Eigentumserwerb zu erstellen und aufzubewahren.

---

520 Langenfeld, a.a.O., Rn 195 zu Kap. 2.

§ 4 Versorgungsausgleich

Zum Versorgungsausgleich, den ausgleichspflichtigen Anrechten u.a. s. *Heiß*, Das Mandat im Familienrecht Teil 12.

A. Ausschluss des Versorgungsausgleichs gem. §§ 1408 Abs. 2, 1587 o BGB

I. Tatsächliche Ausgangssituation

Ehegatten können den Versorgungsausgleich durch Ehevertrag **ausschließen**, § 1408 Abs. 2 S. 1 BGB und folglich auch **modifizieren**. **1**

Daneben ermöglicht es § 1587o BGB, Vereinbarungen über den Versorgungsausgleich zu treffen, die unter dem **Vorbehalt** der **familiengerichtlichen Genehmigung** stehen.[521] **2**

Beratungshinweis:[522] **3**

Wenn ein Ausschluss des Versorgungsausgleichs nach § 1408 BGB vorliegt, dessen **Wirksamkeit** durch Stellung des Scheidungsantrags durch den Ausschlussbegünstigten (zunächst) beseitigt worden ist, sollte der Bevollmächtigte des durch den Verzicht **benachteiligten** Ehegatten einen **eigenen Scheidungsantrag** stellen. Damit wird verhindert, dass der durch den Verzicht begünstigte Ehegatte durch **Rücknahme des Scheidungsantrages** und Beendigung des Scheidungsverfahrens erreicht, dass der Ausschluss des Versorgungsausgleichs weiterhin wirksam ist.

II. Rechtliche Ausgangssituation

1. Jahresfrist, § 1408 Abs. 2 BGB

Durch die Jahresfrist des § 1408 Abs. 2 BGB, innerhalb derer Scheidungsvereinbarungen genehmigungsbedürftig sind, sollte eine **Schutzfrist** zur Vermeidung von Missbrauchsfällen eingeführt werden. Damit sollte verhindert werden, dass in der Drucksituation der Scheidung das besondere Anliegen, dem Ausgleichsberechtigten eine eigenständige Alterssicherung zu verschaffen, zu leicht zur Disposition der Beteiligten steht und es soll vermieden werden, dass **Manipulationen** zu Lasten der Sozialversicherung vereinbart werden (vgl. § 1587o Abs. 1 S. 2 BGB).[523] **4**

Zweck des § 1587o Abs. 1 S. 2 BGB ist die **Vermeidung von Manipulationen zu Lasten der Sozialversicherung**. Insbesondere sollen dem Sozialversicherungsträger nicht durch Vereinbarung schlechtere Risiken aufgebürdet werden können (Beispielsfalls: Ausgleichsberechtigt ist die jüngere Ehefrau, die früher rentenberechtigt wird und eine längere Bezugserwartung hat).[524] **5**

---

521 Zimmermann/Dorsel, Eheverträge, Scheidungs- u. Unterhaltsvereinbarungen, Rn 1 zu § 14.
522 Hauptmann, in: Göppinger/Börger, Vereinbarungen anlässlich der Ehescheidung, Rn 11 zu Teil 3.
523 Zimmermann/Dorsel, a.a.O., Rn 2 zu § 14.
524 Zimmermann/Dorsel, a.a.O., Rn 30 zu § 14.

6   Scheidungsantragstellung i.S.d. § 1408 Abs. 2 S. 2 BGB ist die Erhebung des Scheidungsantrags durch **Zustellung** der Antragsschrift an den Antragsgegner.[525] Ein **prozessual mangelhafter** Antrag äußert die Wirkung des § 1408 Abs. 2 S. 2 BGB nicht,[526] soweit nicht Heilung möglich ist und eintritt.[527]

7   Der vereinbarte **Ausschluss** des Versorgungsausgleichs **bleibt wirksam**, wenn der innerhalb eines Jahres nach Vertragsschluss gestellte **Scheidungsantrag zurückgenommen** wird.[528] Begründet wird dies mit § 269 Abs. 3 ZPO, wonach ein Rechtsstreit als nicht anhängig geworden anzusehen ist, wenn die Klage zurückgenommen wird.

8   **Beratungshinweis:**

    Die **Rücknahme** des Scheidungsantrags kann damit auch dazu dienen, die vom Gericht als nach § 1587o BGB als **nicht genehmigungsfähig** angesehene Vereinbarung über den Versorgungsausgleich noch zu retten.[529]

2. Form der Vereinbarung

9   Die **notarielle Form** für Versorgungsausgleichsvereinbarungen gem. § 1410 BGB bzw. § 1587o Abs. 2 S. 1 BGB dient der Sicherung der angemessenen Beratung und Belehrung der Beteiligten angesichts der Gefahr der Nichtigkeit der Vereinbarung. Es liegt ein ähnlicher Regelungszweck vor wie bei § 311b BGB. Es kann deshalb davon ausgegangen werden, dass die Formbedürftigkeit sich auf **alle Teile der Gesamtvereinbarung** erstreckt, die in einem **rechtlichen Zusammenhang** stehen.[530] Ob das Formerfordernis des § 1587o **BGB nach rechtskräftigem Abschluss** des Scheidungsverbundverfahrens einschließlich des Versorgungsausgleichs endet, erscheint zweifelhaft.[531]

3. Wirksamkeit von Versorgungsausgleichsvereinbarungen

10   Hierzu s. zunächst oben Teil 1 Rn 49 ff. Zur Wirksamkeits- und Inhaltskontrolle nach der Rechtsprechung des BGH und des BVerfG. Grundsätzlich können die Parteien über ihre **öffentlich-rechtlichen** Rentenanwartschaften nicht unmittelbar verfügen. **Unzulässig** ist daher die Vereinbarung eines zusätzlichen Splittings, Quasi-Splittings, erweiterten Quasi-Splittings oder Super-Splittings, durch das **zu Gunsten des Berechtigten mehr** Rentenanwartschaften übertragen oder begründet werden, als ihm nach der gesetzlichen Regelung des Versorgungsausgleichs zustehen.[532]

---

525   BGH FamRZ 1985, 45.
526   BGH FamRZ 1987, 365.
527   BGH FamRZ 1984, 368/369 f.
528   BGH FamRZ 1986, 788.
529   Langenfeld, a.a.O., Rn 651 zu Kap. 4.
530   Zimmermann/Dorsel, a.a.O., Rn 41 zu § 17.
531   Göppinger/Börger, Vereinbarungen anlässlich der Ehescheidung, § 3 Rn 101.
532   Heiß, Das Mandat im Familienrecht, Rn 24 zu Teil 12; BGH, FamRZ 2001, 1444, 1445; OLG Karlsruhe, FamRZ 2000, 1155.

Auch eine Vereinbarung, wonach auf Seiten des **Berechtigten** betriebliche Anwartschaf- 11
ten, Kindererziehungszeiten oder ungeklärte Zeiten **unberücksichtigt** bleiben, kann
nicht getroffen werden, weil sich dadurch der Ausgleichsbetrag erhöhen oder die Ausgleichspflicht **umkehren** kann.[533]

Nicht vom Verbot des § 1587 o Abs. 1 S. 2 BGB erfasst ist die Möglichkeit, eine **Bei-** 12
tragszahlung zur gesetzlichen Rentenversicherung zu vereinbaren, soweit nicht der
Höchstbetrag überschritten wird. Möglich sind immer Vereinbarungen, durch die
sich der **öffentlich-rechtlich auszugleichende Ausgleichsbetrag verringert.**

Insbesondere kann der Versorgungsausgleich auch **zeitlich beschränkt** werden, z.B. die 13
Trennungszeit aus dem Versorgungsausgleich herausgenommen werden. **Nicht** disponibel ist dabei der **Endstichtag** gem. § 1587 Abs. 2 BGB, nach welchem die auszugleichenden Anwartschaften **bewertet** werden.[534] Diese Einschränkung betrifft jedoch nur
die Frage der **Bewertung** der im Rahmen des Versorgungsausgleichs einzubeziehenden
Anrechte.

Genehmigungspflichtig sind auch Vereinbarungen im Rahmen des Scheidungsverfah- 14
rens, in denen **statt** des öffentlich-rechtlichen Versorgungsausgleichs der **schuldrecht-**
liche Versorgungsausgleich durchgeführt werden soll.[535]

Im Übrigen unterliegen Vereinbarungen über den schuldrechtlichen Versorgungsaus- 15
gleich nicht der Genehmigungspflicht.[536]

4. Verhältnis von § 1408 Abs. 2 BGB zu § 1587 o BGB

§ 1587 o BGB erfasst Vereinbarungen, die **im Zusammenhang mit der Scheidung** ge- 16
troffen werden. Sie können in Form eines **gerichtlichen Vergleiches** (§ 127 a BGB)
oder in Form eines **notariellen Vertrages** getroffen werden. Sie unterliegen dem Erfordernis der **Genehmigung durch das Familiengericht**, anders als Vereinbarungen gem.
§ 1408 BGB.

Vereinbarungen gem. § 1408 Abs. 2 S. 1 BGB können **nicht** mehr wirksam geschlossen 17
werden, sobald der Scheidungsantrag **rechtshängig** geworden ist. Andernfalls könnte
der gerichtliche Genehmigungsvorbehalt umgangen werden. **Nach Rechtshängigkeit**
des Scheidungsantrags können nur noch Vereinbarungen gem. § 1587 o BGB getroffen
werden.[537]

Vereinbarungen gem. § 1408 Abs. 2 S. 1 BGB sind **unwirksam**, wenn **innerhalb eines** 18
Jahres nach Vertragsschluss **Antrag auf Scheidung** der Ehe gestellt wird.
Im Hinblick auf die Prüfung der Wirksamkeit einer Vereinbarung nach § 1408 Abs. 2
S. 2 BGB sind anzugeben:[538]

---

533 Heiß, a.a.O., Rn 26 zu Teil 12; BGH FamRZ 2001, 1444, 1445.
534 Heiß, a.a.O., Rn 28 zu Teil 12; BGH FamRZ 2001, 1444, 1445; OLG Brandenburg, FamRZ 2002, 754;
OLG Celle, FamRZ 2002, 823.
535 OLG Karlsruhe, FamRZ 2000, 962.
536 Heiß, Das Mandat im Familienrecht, Rn 29 zu Teil 12.
537 Zimmermann/Dorsel, Eheverträge, Scheidungs- u. Unterhaltsvereinbarungen, Rn 2 zu § 14.
538 Zimmermann/Dorsel, a.a.O., Rn 8 zu § 14.

- Alle Tatsachen, auf die sich die Vereinbarung der Beteiligten stützt, insbesondere die bisher der angewachsenen Versorgung zugrunde liegenden **Zeiten der Erwerbstätigkeit**.
- Die **Gründe**, die die Beteiligten bewegen, die getroffene Vereinbarung als ausgewogen und nicht einseitig nachteilig zu erachten.
- Die auch in § 1587 o Abs. 2 S. 4 BGB erwähnten Kriterien der **Gesamtauseinandersetzung** in vermögensrechtlicher, unterhaltsrechtlicher und versorgungsausgleichsrechtlicher Hinsicht.

19   Eine Vereinbarung nach § 1408 BGB kann nicht ohne Zustimmung der Ehegatten in eine solche nach § 1587 o umgedeutet werden.[539]

5. Die Schranken des § 1587 o Abs. 1 S. 2 BGB

- Es besteht der Grundsatz, dass **keine Verträge zu Lasten Dritter** geschlossen werden dürfen. Dies ergibt sich aus § 1587 o Abs. 1 S. 2 BGB, wonach durch Vereinbarung keine Anwartschaftsrechte nach § 1587 b Abs. 1 oder 2 **begründet** oder **übertragen** werden dürfen. Jede Übertragung dieser Art ist stets ein Eingriff in die Leistungspflicht des Versorgungsträgers.
- Die Einschränkung des § 1578 o Abs. 1 S. 2 BGB gilt auch für Eheverträge nach § 1408 Abs. 2 BGB.[540] Sie gilt ferner für die Ausgleichsformen der §§ 1 Abs. 2, 3 und 3 b VAHRG.[541]
- Es soll überhaupt **unzulässig** sein, Änderungen des **gesetzlichen** Versorgungsausgleichs vorzunehmen.[542]
- Insbesondere sollen Vereinbarungen unzulässig sein,
  - durch die mittelbar **mehr** Versorgungsanrechte, als gesetzlich nach § 1587 b Abs. 1 und 2 BGB vorgesehen, übertragen werden sollen,[543]
  - durch die die gesetzlichen **Teilungsquoten** (§ 1587 a Abs. 1 BGB) geändert werden,
  - durch die **vor-** oder **nacheheliche Versicherungszeiten** einbezogen werden,
  - durch die Anrechte bei der Ausgleichsform Splitting oder Quasi-Splitting berücksichtigt werden, für die das Gesetz eine andere Ausgleichsform vorsieht;
  - die auf eine **Änderung** der rentenversicherungsrechtlichen **Berechnungsfaktoren** zielen;
  - wenn ein Teilausschluss von Anrechten außerhalb der gesetzlichen Rentenversicherung dazu führen würde, dass **zu hohe Anrechte** in der gesetzlichen Rentenversicherung übertragen würden.[544]
- Bei der Prüfung, ob ein Verstoß gegen § 1587 o Abs. 1 S. 2 BGB vorliegt, ist zunächst festzustellen, welche Übertragungen und Begründungen von Rentenanwartschaften gem. §§ 1587 b Abs. 1 und 2 BGB **ohne Berücksichtigung** der vertraglichen Vereinbarung vorzunehmen wären. Anschließend ist die entsprechende Feststellung unter

---

539   BGH FamRZ 1983, 459.
540   BGH FamRZ 1990, 273.
541   Zimmermann/Dorsel, a.a.O., Rn 19 zu § 14.
542   Zimmermann/Dorsel, a.a.O., Rn 20 zu § 14.
543   BGH FamRZ 1981, 1051.
544   BGH FamRZ 1988, 153; Zimmermann/Dorsel, a.a.O., Rn 20 zu § 14.

Berücksichtigung der vertraglichen Vereinbarung vorzunehmen. Soweit im letzteren Fall **mehr Rentenanwartschaften** übertragen oder begründet werden als im ersten Fall, liegt ein **Verstoß** gegen § 1587 o Abs. 1 S. 2 BGB vor.[545]

Muster:[546] **Versorgungsausgleichsausschluss**

20

Die Beteiligten schließen den Versorgungsausgleich nach §§ 1587 ff BGB aus. Sie nehmen diesen Verzicht wechselseitig an.

Die Beteiligten gehen davon aus, dass der vorstehende Ausschluss des Versorgungsausgleichs im Hinblick auf die **Gesamtauseinandersetzung** der Eheleute in dieser Vereinbarung **angemessen** ist. Durch die Übertragung des Grundbesitzes auf die Ehefrau mit der Folge, dass ihr nach heutigem Stand monatliche Mieteinnahmen von ■■■ Euro zufließen, wurde ihr eine eigenständige Einkunftsquelle und Sicherung für den Altersfall geschaffen. Die beiderseitigen Versorgungsanwartschaften aus der Ehezeit differieren nach den Berechnungen des Rentensachverständigen ■■■ lediglich um ■■■ Euro zu Gunsten des Ehemannes. Angesichts der übertragenen Vermögenswerte und der Versorgungssituation der Beteiligten wird die Absicherung der Ehefrau für den Alters- und Invaliditätsfall für geeignet und angemessen erachtet.

Der Notar hat darauf hingewiesen, dass vorstehende Ausschlussvereinbarung **unwirksam** wird, wenn innerhalb eines Jahres Antrag auf Scheidung der Ehe gestellt wird. Mit Rücksicht darauf vereinbaren die Beteiligten, dass es für den Fall der Stellung eines Scheidungsantrags innerhalb der Jahresfrist bei der Vereinbarung bleibt und dieselbe lediglich der Genehmigung des Familiengerichts bedarf. Die Beteiligten werden ggf. diese Genehmigung selbst herbeiführen.

Alternative 1:

Die Beteiligten vereinbaren, dass für den Fall der Stellung des Scheidungsantrages innerhalb der Jahresfrist vorstehende **Vereinbarung** als solche gem. **§ 1587 o BGB** fortgelten soll.

Dies soll jedoch nur der Fall sein, wenn der Scheidungsantrag mit **Zustimmung** des anderen Ehegatten gem. § 1566 Abs. 1 BGB gestellt wird.

Alternative 2:

Die Anwendbarkeit vorstehender Regelung ist derart beschränkt, dass in keinem Fall mehr Anwartschaften übertragen oder begründet werden sollen, als gem. § 1587 o Abs. 1 S. 2 BGB übertragen werden könnten.[547]

Alternative 3:

Soweit unter Verstoß gegen § 1587 o Abs. 1 S. 2 BGB durch die Nichtberücksichtigung der vorstehend bestimmten Rentenanwartschaften eine Ausgleichspflicht eines Ehepartners entsteht oder sich eine bestehende Ausgleichspflicht erhöht, schließen die Beteiligten den Versorgungsausgleich gem. § 1587 b Abs. 1 und 2 BGB aus. Sie vereinbaren bezüglich der entstehenden bzw. sich erhöhenden Ausgleichspflicht, dass diese durch schuldrechtlichen Versorgungsausgleich/Abschluss einer Lebensversicherung erfüllt werden soll.[548]

---

545 Zimmermann/Dorsel, a.a.O., Rn 21 zu § 14.
546 Zimmermann/Dorsel, a.a.O., Rn 12 zu § 14.
547 Zimmermann/Dorsel, a.a.O., Rn 25 zu § 14.
548 Zimmermann/Dorsel, a.a.O., Rn 26 zu § 14.

21 **Beratungshinweis:**

Eine vertragliche **Reduzierung** der auf den **Ausgleichsberechtigten** zu übertragenden Anwartschaften i. S. des § 1587 b Abs. 1 und 2 BGB ist **immer möglich.**[549]
Auch können die Eheleute vereinbaren, dass der Versorgungsausgleich statt durch Splitting oder Quasi-Splitting durch Entrichtung von Beiträgen erfolgen soll.

6. Eintritt der Gütertrennung durch Ausschluss des Versorgungsausgleichs, § 1414 S. 2 BGB

22 **Beratungshinweis:**

In der Praxis häufig übersehen wird die Vorschrift des § 1414 S. 2 BGB, wonach bei Ausschluss des Versorgungsausgleichs Gütertrennung eintritt. Der Versorgungsausgleich muss **für beide Ehegatten vollständig** ausgeschlossen sein.[550] Ausdrücklich ist im Vertrag zu regeln, ob diese Rechtsfolge gewünscht wird sowie welche Rechtsfolgen eintreten sollen, wenn die Vereinbarung über den Versorgungsausgleich durch Stellung des Scheidungsantrags innerhalb der Jahresfrist des § 1408 Abs. 2 S. 2 BGB wegfällt.

In Betracht kommen folgende Regelungen:[551]

23 **Muster: Eintritt der Gütertrennung durch Ausschluss des Versorgungsausgleichs, § 1414 S. 2 BGB**

68

Sollte die Vereinbarung über den Versorgungsausgleich durch Stellung des Scheidungsantrags innerhalb Jahresfrist entfallen, so verbleibt es trotzdem bei der vereinbarten Gütertrennung.

Alternative 1:

Ist die Vereinbarung über den Versorgungsausgleich durch Stellung des Scheidungsantrags innerhalb Jahresfrist unwirksam geworden, so entfällt auch rückwirkend die Gütertrennung und gilt rückwirkend wieder der gesetzliche Güterstand. Für den Zeitraum zwischen dem Abschluss der Vereinbarung und deren Wegfall durch Stellung des Scheidungsantrags wird jedoch der Ausschluss der Verfügungsbeschränkungen der §§ 1365 Abs. 1, 1369 BGB vereinbart.

24 **Beratungshinweis:**

Wird eine Vereinbarung über den Versorgungsausgleich unwirksam, so stellt sich die Frage, ob die übrigen Vereinbarungen, z.B. Güterstand, Unterhalt u.a. wirksam bleiben sollen. Hier ist eine eindeutige Klarstellung im Vertrag erforderlich.

Alternative 2:

Sollte sich eine der Vereinbarungen dieser Urkunden als unwirksam erweisen, so bleiben die übrigen Vereinbarungen gleichwohl wirksam.

Dies gilt insbesondere für den Fall der Scheidungsantragseinreichung vor Ablauf der Jahresfrist und für den Fall, dass der Versorgungsausgleich durchgeführt wird.

---

549 BGH FamRZ 1986, 890, 892.
550 Palandt/Brudermüller, Rn 1 zu § 1414 BGB.
551 Langenfeld, Handbuch der Eheverträge und Scheidungsvereinbarungen, Rn 655 ff zu Kap. 4.

Beratungshinweis: 25

Wünschen die Parteien, dass in jedem Fall die Versorgungsausgleichsvereinbarung wirksam bleiben soll – wobei dies allerdings nur bei Genehmigung durch das Familiengericht möglich ist –, so können gleichzeitig zwei Vereinbarungen abgeschlossen werden und zwar einmal nach § 1408 Abs. 2 BGB sowie nach § 1587 o BGB.

Alternative 3:

Sollte diese Vereinbarung durch Einreichung des Scheidungsantrags innerhalb eines Jahres gem. § 1408 Abs. 2 S. 2 BGB unwirksam sein, so soll sie dennoch als Vereinbarung gem. § 1587 o BGB Bestand behalten. Die Ehegatten betrachten die Vereinbarung als ausgewogene Regelung auch im Sinne letzterer Vorschrift. Sie wurden vom Notar darauf hingewiesen, dass in letzterem Fall die Vereinbarung der Genehmigung des Familiengerichts bedarf. Beide Parteien verpflichten sich, entsprechende familiengerichtliche Genehmigung zu beantragen.

Beratungshinweis: 26

Als **Begründung** für die Ausgewogenheit der Regelung kann in Betracht kommen: Kurze Ehedauer, beiderseitige Erwerbstätigkeit, die Tatsache, dass die Ehefrau ausgleichspflichtig wäre, da der Ehemann keine Anwartschaften in der gesetzlichen Rentenversicherung erworben hat, z.B. aufgrund selbständiger Tätigkeit, oder die Tatsache, dass die Vereinbarung im Rahmen einer Gesamtregelung von Unterhalt und Vermögensauseinandersetzung/Schuldenübernahme ausgewogen ist, weil Gegenleistungen für den Versorgungsausgleichsverzicht erbracht wurden.

B. Versorgungsausgleichsverzicht, kein Eintritt der Gütertrennung, Rücktrittsrecht

I. Beratung

Zur tatsächlichen und rechtlichen Ausgangssituation s. vorstehend Rn 1 ff.

Gemäß § 1414 S. 2 BGB tritt Gütertrennung ein, wenn der Versorgungsausgleich aus- 27 geschlossen wird.

II. Muster: Versorgungsausgleichsverzicht, kein Eintritt der Gütertrennung 28

69

Gemäß § 1408 Abs. 2 Ziff. 1 BGB **schließen** wir hiermit gegenseitig den **Versorgungsausgleich** völlig **aus**. Auf die Folgen des Ausschlusses des Versorgungsausgleiches für die wirtschaftliche und soziale Sicherung im Scheidungsfalle wurden wir ausdrücklich hingewiesen. Der Notar hat uns über die Bedeutung des Ausschlusses des Versorgungsausgleichs belehrt, insbesondere darüber, dass ein Ausgleich der in der Ehezeit erworbenen Anwartschaften oder Aussichten auf eine Versorgung wegen Alters- oder Berufs- oder Erwerbsunfähigkeit, gleich aus welchem Grund, nach Scheidung unserer Ehe nicht stattfindet.

> Wir sind ferner darüber unterrichtet, dass der Ausschluss des Versorgungsausgleichs unwirksam ist, wenn innerhalb eines Jahres ab heute Antrag auf Scheidung der Ehe gestellt wird.
>
> Durch den vorstehend vereinbarten Ausschluss des Versorgungsausgleiches soll **nicht** gem. § 1414 S. 2 BGB der Güterstand der **Gütertrennung** eintreten; es verbleibt vielmehr bei dem gesetzlichen Güterstand der **Zugewinngemeinschaft**.
>
> **Alternative:**[552] **Rücktrittsrecht**
>
> Für den Fall, dass ■■■ behält sich die Ehefrau den Rücktritt von vorstehender Vereinbarung vor. Im Falle des Rücktritts entfällt der Versorgungsausgleichsausschluss rückwirkend. Der Rücktritt ist binnen 2 Jahren ab Eintritt des zum Rücktritt berechtigenden Ereignisses möglich. Er ist notariell zu beurkunden. Für die Fristwahrung genügt die Aufnahme der notariellen Niederschrift über den Rücktritt. Der Rücktritt wird wirksam mit Zustellung einer Ausfertigung an den anderen Ehegatten.

C. Versorgungsausgleichsausschluss, Scheidungsantragsrücknahme nach notariellem Versorgungsausgleichsverzicht

I. Beratung

1. Tatsächliche Ausgangssituation

Hierzu s. Teil 2, § 4 Rn 1 ff.

2. Rechtliche Ausgangssituation

29   Im Hinblick darauf, dass die Vereinbarung über den Versorgungsausgleich (§ 1408 Abs. 2 BGB) unwirksam wird, wenn innerhalb Jahresfrist nach Vertragsschluss Antrag auf Scheidung der Ehe gestellt wird, ist zu regeln, ob eine **Gesamtvereinbarung** trotz einer etwaigen Unwirksamkeit des Versorgungsausgleichsausschlusses **wirksam bleiben** soll.

30   Nach OLG Stuttgart[553] besteht bei Scheidungsvereinbarungen in aller Regel ein Wirksamkeitszusammenhang mit der Folge der **Gesamtnichtigkeit**. Wenn allerdings eine **erhebliche Gegenleistung** für den Verzicht vereinbart wird, müsste klargestellt werden, dass die Vereinbarung bei Unwirksamkeit des Versorgungsausgleichs auch **insgesamt** unwirksam sein soll.

31   Zu regeln ist grundsätzlich auch die Frage, ob bei **Rücknahme** eines binnen Jahresfrist gestellten Scheidungsantrags die ursprüngliche Vereinbarung wieder aufleben soll, was im Zweifel anzunehmen ist.[554] Die Rücknahme kann auch die Umgehung einer familiengerichtlichen Genehmigung zum Ziel haben. Ausdrücklich festgehalten werden muss zumindest, ob die Vereinbarung **ex nunc** oder **ex tunc** wieder auflebt.[555]

---

552   Zimmermann/Dorsel, a.a.O., Rn 10 zu § 15.
553   FamRZ 1984, 806.
554   BGH FamRZ 1986, 788.
555   Zimmermann/Dorsel, a.a.O., Rn 79 zu § 15.

II. Muster: Versorgungsausgleichsausschluss, Scheidungsantragsrücknahme nach notariellem Versorgungsausgleichsverzicht

32

70

> Wird der die Wirksamkeit der Vereinbarung berührende Scheidungsantrag wieder zurückgenommen, so lebt vorstehende Regelung mit Wirkung vom heutigen Tage wieder auf (eventuell: Gleiches gilt für die mit dieser Vereinbarung eingetretene Gütertrennung).

D. Ausschluss des Versorgungsausgleichs gegen private Lebensversicherung

I. Beratung

1. Tatsächliche Ausgangssituation

Im Hinblick auf die **derzeitige unsichere Rentensituation** werden vermehrt Vereinbarungen in Betracht kommen, wonach an Stelle des Ausgleichs über die gesetzlichen Renten ein Ausgleich durch Abschluss von **privaten** Lebensversicherungen/Rentenversicherungen gewählt wird.

33

2. Rechtliche Ausgangssituation

Die Vereinbarung sollte Bestimmungen enthalten, was mit dem Vertrag bei Scheidung geschieht. Die Ehefrau sollte als **Versicherungsnehmer** eingetragen werden zur **Sicherstellung**, dass die **Auszahlung** bei Vorliegen der Voraussetzungen an sie selbst und nicht an den Ehemann erfolgt. Zweckmäßig ist es auch, für den Fall der Scheidung zu bestimmen, dass die **Beiträge** weiterhin vom Ehemann im Rahmen des nachehelichen Unterhalts und nach Maßgabe der Verpflichtung hierzu geschuldet werden (Altersvorsorgeunterhalt).[556]

34

II. Muster:[557] Ausschluss des Versorgungsausgleichs gegen private Lebensversicherung

35

71

> Wir schließen den Versorgungsausgleich gegenseitig völlig aus. Der Ausschluss des Versorgungsausgleichs steht jedoch unter der **Bedingung**, dass der Ehemann der Ehefrau die laufenden **Beiträge** zu einer für die Ehefrau abzuschließenden privaten Rentenversicherung regelmäßig und pünktlich vorschießt. Für die Ehefrau wird beginnend mit dem nächsten Monatsersten eine **dynamische Rentenversicherung** abgeschlossen, bei der die Rente mit dem 60. Lebensjahr der Berechtigten beginnt. Die Monatsrente soll zunächst 1.000 Euro betragen. Zur Anpassung an die Lebenshaltungskosten erhöhen sich die Beiträge jährlich im gleichen Prozentsatz wie die Höchstbeiträge der gesetzlichen Rentenversicherung. Nach Scheidung der Ehe gehören die Beiträge zum Unterhalt der Ehefrau. Ob und in welchem Umfang der Ehemann sie dann zu tragen hat, richtet sich nach den gesetzlichen Vorschriften über den Unterhalt nach der Scheidung.

---

556 Langenfeld, a.a.O., Rn 711 zu Kap. 4.
557 Langenfeld, a.a.O., Rn 712 zu Kap. 4.

> Die **auflösende Bedingung** tritt zu dem Zeitpunkt ein, in dem der Ehegatte mit zwei Monatsraten in **Verzug** gerät. Der Versorgungsausgleich findet dann für die gesamte Ehezeit gegenseitig statt.

E. Einseitiger Ausschluss des Versorgungsausgleichs

I. Beratung

1. Tatsächliche Ausgangssituation

36   Es handelt sich um Fälle, in denen z.B. ein Ehegatte aufgrund erheblicher Vermögenswerte **ausreichend altersmäßig abgesichert** ist, z.B. auch durch Lebensversicherungen, die nicht dem Versorgungsausgleich unterliegen oder etwa Fälle, in denen die Ehefrau im Betrieb ihres Ehemannes mitarbeitet, dort Rentenanwartschaften erwirbt, wohingegen der Ehemann keine Einzahlungen in die Rentenversicherung vornimmt.

2. Rechtliche Ausgangssituation

37   Der **einseitige Ausschluss** des Versorgungsausgleichs, wonach ein Ehegatte dem anderen etwaige Versorgungsausgleichsansprüche erlässt, ist **zulässig.**[558] Eine Super-Splitting-Wirkung tritt nicht ein.

38   Eine Vereinbarung dahingehend, dass nur eigene Versorgungsanwartschaften auszugleichen sind, begegnet jedoch Bedenken und zwar deshalb, weil in dem Fall, in dem beide Ehegatten Versorgungsanwartschaften erworben haben, die Nichtberücksichtigung aller Versorgungsanwartschaften eines Ehegatten Super-Splitting-Wirkung hat, da dem **anderen** Ehegatten **mehr** Anwartschaften zu übertragen sind als ihm nach dem Gesetz zustehen.

39   Aus diesem Grund empfiehlt sich ein einseitiger Ausschluss des Versorgungsausgleichs in Form des **Erlasses.**[559]

40   II. Muster:[560] Einseitiger Ausschluss des Versorgungsausgleichs

> Für den Fall, dass bei Durchführung des gesetzlichen Versorgungsausgleichs im Scheidungsfall der **Ehemann Ausgleichsberechtigter** sein sollte, **verzichtet** er hiermit auf die Geltendmachung von Ausgleichsansprüchen und **erlässt** der Ehefrau ihre Erfüllung. Die Ehefrau nimmt den Verzicht und den Erlass hiermit an. Der gesetzliche Versorgungsausgleich **findet statt**, wenn die **Ehefrau** Ausgleichsberechtigte ist.

---

558 Langenfeld, Handbuch der Eheverträge und Scheidungsvereinbarungen, Rn 725 zu Kap. 4.
559 Langenfeld, a.a.O., Rn 726 zu Kap. 4.
560 Langenfeld, a.a.O., Rn 725 zu Kap. 4.

F. Aufhebung einer notariellen Vereinbarung betreffend Ausschluss des Versorgungsausgleichs

Es ist umstritten, ob ein **Ehevertrag**, mit dem die Ehegatten den Versorgungsausgleich   41
ausgeschlossen hatten, **formfrei** wieder **aufgehoben** werden kann. Das OLG Karlsruhe[561] hält dies für möglich unter Berufung auf den allgemeinen Grundsatz, dass die
Aufhebung eines Rechtsgeschäfts nicht der Form seines Abschlusses bedürfe. Demgegenüber ist das OLG Frankfurt[562] der Ansicht, dass die **Aufhebung** des Ausschlusses
des Versorgungsausgleichs nach § 1410 **formbedürftig** ist, da mit ihr zugleich der
Wechsel des Güterstandes nach § 1414 BGB verbunden sei, der aber nur in Ehevertrags-
form herbeigeführt werden könne.[563]
Aus diesem Grunde sollte in jedem Fall die Aufhebung des Ausschlusses des Versorgungsausgleichs durch **Ehevertrag** erfolgen.

G. Versorgungsausgleichsregelung unter Bedingung, Befristung, Rücktrittsvorbehalt

I. Beratung

1. Tatsächliche Ausgangssituation

Hierzu s.o. Teil 2, § 4 Rn 1 ff.

2. Rechtliche Ausgangssituation

Bedingung, Befristung, Zeitbestimmung und Rücktrittsvorbehalt sind uneingeschränkt   42
möglich.[564]

II. Muster: Auflösende Bedingung des Versorgungsausgleichsausschlusses[565]   43

> Sollte aus der Ehe ein **Kind** hervorgehen und gibt die Ehefrau zur Betreuung des Kindes   **73**
> ihren Beruf auf, so entfällt der Ausschluss des Versorgungsausgleichs für die gesamte
> Ehezeit endgültig, auch wenn die Ehefrau später eine Berufstätigkeit wieder aufnimmt.
> **Alternative 1: Befristung**
> Sollte innerhalb von ■■■ Jahren nach Eingehung der Ehe Antrag auf Scheidung der Ehe
> gestellt werden, so entfällt der Versorgungsausgleich gegenseitig und vollständig.
> **Alternative 2: Ausschluss des Versorgungsausgleichs mit Rücktrittsvorbehalt[566]**
> Der Versorgungsausgleich wird gegenseitig völlig ausgeschlossen. Der Ehemann ver-
> pflichtet sich, die Ehefrau in seinem **Betrieb** als Buchhalterin mit einem monatlichen Ein-
> kommen zu **beschäftigen**, das ihr jeweils einen persönlichen vom Hundertsatz von ■■■
> Prozent in der gesetzlichen Rentenversicherung sichert. Wird das Arbeitsverhältnis aus

---

561 OLG Karlsruhe, FamRZ 1995, 361 ff.
562 OLG Frankfurt, FamRZ 2001, 1523 f.
563 Münch, Ehebezogene Rechtsgeschäfte, Rn 1904 zu Teil 7.
564 Langenfeld, a.a.O., Rn 727 zu Kap. 4.
565 Langenfeld, a.a.O., Rn 733 zu Kap. 4.
566 Langenfeld, a.a.O., Rn 738 zu Kap. 4.

Gründen aufgelöst, die die Ehefrau nicht zu vertreten hat, so ist diese zum **Rücktritt** vom Ausschluss des Versorgungsausgleichs berechtigt. Der Versorgungsausgleich findet in diesem Fall des Rücktritts ab dem der Wirksamkeit des Rücktritts folgenden Monatsersten statt. Der Rücktritt ist zur Urkunde eines **Notars** zu erklären und wird mit **Zustellung** der Rücktrittsurkunden an den anderen Ehegatten wirksam.

H. Vereinbarung des schuldrechtlichen Versorgungsausgleichs

I. Beratung

1. Tatsächliche Ausgangssituation

44 In der Praxis sind solche Vereinbarungen dann üblich, wenn der Versorgungsausgleich in der Weise durchzuführen ist, dass die **Zahlung** von **Beiträgen** zur Begründung von Anwartschaften in der gesetzlichen Rentenversicherung durchgeführt wird. Dies ist insbesondere bei **hohen Betriebsrenten** eines Ehegatten der Fall, wenn –wie dies dem Regelfall entspricht – Realteilung nicht vorgesehen ist.

2. Rechtliche Ausgangssituation

45 Gemäß § 1587 f Nr. 5 BGB können die Ehegatten nach § 1587 o BGB an Stelle des Wertausgleichs den schuldrechtlichen Versorgungsausgleich vereinbaren. Nach allgemeiner Ansicht gilt dies auch für eine vorsorgende Vereinbarung nach § 1408 Abs. 2 BGB.[567] Der Vorteil liegt darin, dass den verpflichteten Ehegatten eine Zahlungsverpflichtung erst dann trifft, wenn **beide Ehegatten** Versorgung zu beanspruchen haben.

46 Auch Veränderungen der beiderseitigen Versorgungsanwartschaften zwischen der Scheidung und dem Eintritt des beiderseitigen Versorgungsfalles können für den Ausgleichspflichtigen oder Ausgleichsberechtigten günstig sein (zum schuldrechtlichen Versorgungsausgleich s. *Heiß*, Das Mandat im Familienrecht, Rn 144 ff zu Teil 12.)

47 Andererseits gewährt der schuldrechtliche Versorgungsausgleich auch **nicht annähernd** die **Sicherheit** einer **eigenen Altersversorgung**.

Im Wesentlichen besagt der schuldrechtliche Versorgungsausgleich Folgendes:

- Der Berechtigte erhält keine eigenständigen Anwartschaften.
- Der Ausgleichs**pflichtige** hat vielmehr an den anderen Ehegatten eine **Geldrente** in Höhe des halben Unterschiedsbetrages zwischen den beiderseitigen in der Ehezeit erworbenen Anwartschaften **zu zahlen**.[568]
- Diese Rente kann erst dann verlangt werden, wenn **beide** Ehegatten **versorgungsberechtigt sind** (§ 1587 g BGB).

---

567 Langenfeld, a.a.O., Rn 739 zu Kap. 4.
568 Heiß, Das Mandat im Familienrecht, Rn 76 zu Teil 12.

- Da nur ein Anspruch gegen den Ex-Partner besteht, hat der Berechtigte eine deutlich **schlechtere** Position als beim öffentlich-rechtlichen Versorgungsausgleich. **Stirbt** der **ausgleichspflichtige** Ehegatte, hat der Berechtigte **keine** Ansprüche mehr.
  - Dieser Nachteil wurde durch den Gesetzgeber in § 3 a VAHRG teilweise beseitigt: Der Rentenanspruch des ausgleichs**berechtigten** Ehegatten erlischt nicht mehr mit dem Tod des Ausgleichspflichtigen, **wenn** der Träger der **auszugleichenden** Versorgung eine **Hinterbliebenenversorgung** gewährt. In diesem Fall ist er verpflichtet, dem Ausgleichsberechtigten eine Art **Geschiedenen-Hinterbliebenenrente** zu bezahlen (sog. **verlängerter schuldrechtlicher Versorgungsausgleich**).[569]

II. Muster: Ausschluss der Barzahlungspflicht[570]

48

> Bei Scheidung soll der Versorgungsausgleich stattfinden. Jedoch wird der Versorgungsausgleich **insoweit ausgeschlossen**, als er in der Form der Zahlung von **Beiträgen** zur Begründung von Anrechten auf eine bestimmte Rente in einer gesetzlichen Rentenversicherung durchzuführen wäre, derzeit § 3 b Abs. 1 Ziff. 2 des Gesetzes zur Regelung von Härten im Versorgungsausgleich.
>
> Im Übrigen soll der Versorgungsausgleich in jeder **vom Gesetz vorgesehenen Form** stattfinden, also etwa durch Splitting, Realteilung und schuldrechtlichen Versorgungsausgleich. Es soll also lediglich kein Ehegatte durch den Versorgungsausgleich zur Einzahlung von Beiträgen verpflichtet werden können.

I. Herabsetzung der Ausgleichsquote, höhenmäßige Begrenzung

I. Beratung

1. Tatsächliche Ausgangssituation

Die Parteien wünschen statt der hälftigen Beteiligung an der Differenz der während der Ehezeit erworbenen Renteanwartschaften eine **andere Ausgleichsquote.**   49

2. Rechtliche Ausgangssituation

Abweichungen von der gesetzlichen Regel des § 1587 a Abs. 1 S. 2 BGB, wonach dem berechtigten Ehegatten als Ausgleich die Hälfte des Wertunterschiedes zusteht, sind **zulässig.** Die Ausgleichsquote kann **herabgesetzt** werden.[571] **Zulässig** ist auch eine höhenmäßige Begrenzung.   50

Die **höhenmäßige** Begrenzung des Versorgungsausgleichs bei Beibehaltung der Halbteilungsquote ist zulässig.[572]   51

569 Heiß, a.a.O., Rn 76 zu Teil 12.
570 Langenfeld, a.a.O., Rn 743 zu Kap. 4.
571 BGH FamRZ 1986, 890.
572 Langenfeld, Handbuch der Eheverträge und Scheidungsvereinbarungen, Rn 720 zu Kap. 4.

II. Muster: Herabsetzung der Ausgleichsquote[573]

> Bei Scheidung der Ehe soll der Versorgungsausgleich entsprechend den gesetzlichen Vorschriften stattfinden. Abweichend von § 1587 a Abs. 1 S. 2 BGB steht dem berechtigten Ehegatten als Ausgleich jedoch **nicht die Hälfte** des Wertunterschiedes, sondern lediglich **ein Viertel** des Wertunterschiedes zu.
>
> **Alternative:**[574]
>
> Bei Scheidung der Ehe soll der Versorgungsausgleich stattfinden. Jedoch sollen auf den ausgleichsberechtigten Ehegatten Versorgungsanwartschaften in Höhe von höchstens **20 vH der gesamten Versorgungsbezüge** des Ausgleichsverpflichteten einschließlich seiner außerhalb der Ehezeit erworbenen Versorgungsanrechte übertragen werden, höchstens jedoch die Hälfte des Wertunterschiedes der ehezeitlichen Anrechte.

J. Ausschluss von Betriebsrenten und Zusatzversorgungen

I. Beratung

1. Tatsächliche Ausgangssituation

53 Gewünscht ist eine Regelung, wonach eine oder aber auch beide Parteien bezüglich Zusatzversorgungen/Betriebsrenten **nicht ausgleichspflichtig** sein soll, diese also ungeschmälert einem Ehepartner zu belassen sind.

2. Rechtliche Ausgangssituation

54 Der Ausschluss von Versorgungen, wie einer Betriebsrente, Anwartschaften aus Lebensversicherungen und die Beschränkung des Versorgungsausgleichs auf die gesetzliche Rentenversicherung oder Beamtenversorgung ist unbedenklich **zulässig.**[575]

55 Die Vereinbarung kann allerdings dann Super-Splitting-Wirkung haben (hierzu s.o. Teil 2, § 4 Rn 19), wenn der **ausgleichsberechtigte** Ehegatte **Randversorgungen** erworben hat. Dies steht einer solchen Vereinbarung aber nur entgegen, wenn die Super-Splitting-Wirkung nach Sachlage **sicher** eintritt, nicht aber dann, wenn dies nur möglich, aber ungewiss ist.[576]

---

573 Langenfeld, a.a.O., Rn 719 zu Kap. 4.
574 Langenfeld, a.a.O., Rn 723 zu Kap. 4.
575 Langenfeld, a.a.O., Rn 724 zu Kap. 4.
576 Langenfeld, a.a.O., Rn 724 zu Kap. 4.

II. Muster:[577] Ausschluss von Betriebsrenten und Zusatzversorgungen

76

> Bei einer etwaigen Ehescheidung soll der Versorgungsausgleich stattfinden. Jedoch sollen auf Seiten beider Ehegatten etwaige Versorgungsanwartschaften außerhalb der gesetzlichen Rentenversicherung bzw. der Altersversorgung im öffentlichen Dienst nach § 1587 b Abs. 2 BGB außer Ansatz bleiben. Hinsichtlich dieser sonstigen Altersversorgungen soll also ein Versorgungsausgleich nicht stattfinden.

K. Herausnahme einzelner Versorgungen aus dem Versorgungsausgleich, zeitliche Begrenzung

I. Beratung

1. Tatsächliche Ausgangssituation

Eine zeitliche Begrenzung, z.B. in der Weise, dass der Versorgungsausgleich nur für die **57** Zeit bis zum **Getrenntleben** der Parteien durchgeführt werden soll, kommt in erster Linie in Betracht, wenn die Parteien längere Zeit, häufig sogar mehrere Jahre, getrennt leben, ohne dass ein Scheidungsverfahren beabsichtigt ist.

2. Rechtliche Ausgangssituation

Zu beachten ist die Gefahr eines Verstoßes gegen § 1587 o Abs. 1 S. 2 BGB. **58**

Die Herausnahme einzelner Versorgungen führt zu einer Veränderung des Ausgleichs- **59** saldos. Wenn derjenige, dessen Versorgung aus dem Versorgungsausgleich herausgenommen wird, ausgleichs**berechtigt** ist, würde ggf. ein Verstoß gegen § 1587 o Abs. 1 S. 2 BGB vorliegen.

Eine solche Herausnahme kommt z.B. in Betracht, wenn **60**

- ein Anwesen auf der Basis einer **lebenslangen Rente** veräußert wird. Diese Veräußerungsrente unterliegt dem Versorgungsausgleich, wenn sie in der Ehezeit begründet wurde und eine lebenslange Altersversorgung bezweckt.[578]
- Gleiches gilt für **Lebensversicherungen**, die dann, wenn ein **Rentenstammrecht** begründet wird, in den Versorgungsausgleich fallen, nicht aber wenn es sich um eine Kapitallebensversicherung handelt (zum Ausgleich von Anrechten aus einer Lebensversicherung mit **Kapitalwahlrecht**, wenn der Berechtigte das Wahlrecht erst nach Rechtshängigkeit des Scheidungsantrags ausübt, s. *Heiß*, Das Mandant im Familienrecht, Rn 132 ff zu Teil 12).
- Der Versorgungsausgleich kann **zeitlich begrenzt** werden.

---

577 Langenfeld, a.a.O., Rn 724 zu Kap. 4.
578 Johannsen/Henrich-Hahne, § 1587 BGB Rn 17.

61

II. Muster: Herausnahme einzelner Versorgungen aus dem Versorgungsausgleich, zeitliche Begrenzung

77

Wir schließen den Versorgungsausgleich mit der Maßgabe aus, dass Ehezeit i. S. des § 1587 Abs. 2 BGB lediglich die Zeit bis zum ■■■ sein soll (z.B. Zeitpunkt des Getrenntlebens). Vorstehende Vereinbarung greift nur ein, wenn und soweit durch sie nicht über das gesetzliche zulässige Maß hinaus, mehr Anwartschaftsrechte in einer gesetzlichen Rentenversicherung nach § 1587 b Abs. 1 oder 2 BGB oder nach § 1 Abs. 3 VAHRG begründet oder übertragen werden.[579]

62 **Beratungshinweis:**

Bei Eingriffen in die Einzelberechnung von Versorgungsanwartschaften ist stets auf das Verbot des Super-Splitting gem. § 1587 o Abs. 1 S. 2 BGB zu achten (hierzu s.o. Teil 2, § 4 Rn 19).

L. Abänderung von Vereinbarungen

I. Beratung

1. Tatsächliche Ausgangssituation

63 Die Ehegatten wünschen eine abschließende Regelung, wonach eine **spätere Abänderung** der getroffenen Vereinbarung über den Versorgungsausgleich **nicht mehr möglich** sein soll. Da eine solche Abänderung im Gesetz vorgesehen ist, bedarf es einer ausdrücklichen Regelung, falls diese Rechtsfolge der Abänderbarkeit nicht gewünscht wird.

2. Rechtliche Ausgangssituation

64 Nach § 10 a Abs. 9 VAHRG sind Vereinbarungen über den Versorgungsausgleich **gerichtlich** abänderbar, wenn die Ehegatten die Abänderung nicht ausgeschlossen haben. Im Hinblick auf den abschließenden Vergleichscharakter wird sich vielfach empfehlen, die Abänderbarkeit ausdrücklich auszuschließen.[580]

II. Muster: Abänderung von Vereinbarungen

65

78

Vorstehende Vereinbarung über den Versorgungsausgleich soll auch bei wesentlicher Änderung der Verhältnisse nicht gerichtlich abänderbar sein.

---

579 Zimmermann/Dorsel, Eheverträge, Scheidungs- u. Unterhaltsvereinbarungen, Rn 39 zu § 15.
580 Zimmermann/Dorsel, a.a.O., Rn 6 zu § 16.

M. Verzicht auf Geltendmachung von Härtegründen

I. Beratung

1. Tatsächliche Ausgangssituation

Voraussetzungen für einen Ausschluss des Versorgungsausgleichs sind nach der allgemeinen Härteklausel des § 1587 c Nr. 1 BGB: 66

- **grobe Unbilligkeit** des Ausgleichs,
- Würdigung der beiderseitigen **wirtschaftlichen Verhältnisse** und des Erwerbs während der Ehe,
- berücksichtigt wurde als Ausschlussgrund das **Unterschieben** eines Kindes durch die Ehefrau, wobei jedoch ein **fahrlässiges** Verhalten der Ehefrau **nicht** genügt.[581]

§ 1587 h BGB regelt die Ausschlussmöglichkeiten bezüglich des **schuldrechtlichen** Versorgungsausgleichs.

2. Rechtliche Ausgangssituation

Die Ehegatten können im Rahmen einer Scheidungsvereinbarung auf die Geltendmachung von Härtegründen nach den §§ 1587 c und 1587 h BGB verzichten. Dieser Verzicht unterfällt **nicht** dem **Genehmigungsvorbehalt** des § 1587 o Abs. 2 S. 3 BGB.[582] Der **Verzichtsvertrag** ist für das Gericht als gemeinsame Billigkeitswertung der Ehegatten **verbindlich**.[583]   67

II. Muster:[584] Versorgungsausgleich unter Verzicht auf §§ 1587c und 1587 h BGB   68

79

> 1. Wir vereinbaren hiermit nach § 1587o BGB, dass der Versorgungsausgleich durchgeführt werden soll und verzichten gegenseitig darauf, Anträge auf Ausschluss oder Herabsetzung des Versorgungsausgleichs nach den Härteregelungen der §§ 1587 c und 1587 h BGB zu stellen.
>
> 2. Diesen Verzicht nehmen wir hiermit gegenseitig an ■■■ (weitere Regelungen zum Versorgungsausgleich) ■■■

---

581 Gutdeutsch, in: FA-FamR, Rn 168 zu Kap. 7 unter Hinweis auf BGH, FamRZ 1985, 267, 269; FamRZ 1987, 362, 364; OLG Brandenburg, FamRZ 1999, 932; im Einzelnen hierzu und zu den Ausschlussgründen s.a. Heiß, Das Mandat im Familienrecht, Rn 163 zu Teil 12.
582 BGH FamRZ 2001, 1447, 1448; Münch, a.a.O., Rn 2033 zu Teil 7.
583 BGH FamRZ 2001, 1447, 1449.
584 Münch, Ehebezogene Rechtsgeschäfte, Rn 2034 zu Teil 7.

§ 5 Erbrechtliche Regelungen

Zu den erbrechtlichen Regelungsmöglichkeiten siehe Teil 3, § 7 Rn 1 ff.

A. Pflichtteils- und Erbverzicht, Erbrechtliche Verfügungen und Nießbrauchseinräumung[585]

I. Beratung

1. Tatsächliche Ausgangssituation

1   Die Parteien vereinbaren – ggf. zu Gunsten gemeinsamer Kinder und deren Erbrecht – einen Erb- und Pflichtteilsverzicht. Im Gegenzug hierzu wird im Wege eines Vermächtnisses zu Gunsten der Ehefrau ein Nießbrauchsrecht begründet. Die Immobilie selbst soll also auf den/die Erben übergehen, allerdings mit der Einschränkung, dass die Nutzung der Ehefrau zusteht.

2   **Beratungshinweis:**
Zur Unterscheidung von Wohnrecht, Nießbrauch und Reallast:
Bei dem **Wohnrecht** handelt es sich um eine Unterart der beschränkten persönlichen Dienstbarkeit, so z.B. um Überlassung eines Grundstücks zu Wohnzwecken einschließlich **Mitbenutzung**. Bei Vereinbarung eines Wohnrechts besteht ein Benutzungsrecht unter **Ausschluss des Eigentümers** an bestimmten Räumlichkeiten in dem betreffenden Anwesen. Die Unterhaltungskosten trägt i.d.R. der Berechtigte.
Das **Nießbrauchsrecht** ist **umfassender** als das Wohnrecht. Während beim Wohnrecht nur die Aufnahme einer beschränkten Anzahl von Personen möglich ist, können beim **Nießbrauchsrecht** gem. § 1093 Abs. 2 BGB mehrere weitere Personen in die Wohnung aufgenommen werden. Auch ist Vermietung ohne Zustimmung des Eigentümers möglich.
Bei der Einräumung einer **Reallast** handelt es sich i.d.R. um **Dauerschuldverhältnisse**, z.B. die Einräumung eines Altenteilsrechts. Wird die Zahlung einer **Leibrente** vereinbart, so muss i.d.R. eine Zwangsvollstreckungsunterwerfungsklausel mit aufgenommen werden.

2. Rechtliche Ausgangssituation

3   **Beratungshinweis:**
Soweit ein Erbvertrag abgeschlossen werden soll, ist zu berücksichtigen, dass die **gleichzeitige Anwesenheit beider Parteien** notwendig ist, §§ 1410, 2276 BGB.
Der Vergleich muss durch die **Parteien persönlich** und deren Prozessbevollmächtigte abgeschlossen werden (hierzu im Einzelnen s.o. Teil 1, Rn 14).

---

585   Münch, a.a.O., Rn 2419 zu Teil 9.

II. Muster: Pflichtteils- und Erbverzicht, Erbrechtliche Verfügungen und Nießbrauchseinräumung

4

80

(I.)

Wir **verzichten** hiermit gegenseitig auf unser gesetzliches Erb- und Pflichtteilsrecht und nehmen den Verzicht wechselseitig an.

(II.)

Etwaige widerrufliche Verfügungen von Todes wegen aus früherer Zeit **widerrufen** wir hiermit nur insoweit, als sie den nachfolgenden Verfügungen entgegenstehen. Ansonsten bleiben sie ausdrücklich aufrechterhalten.

In erbvertraglicher, also einseitig nicht widerruflicher Weise, vereinbaren wir sodann Folgendes:

(1) Wir nehmen unseren gemeinsamen Wohnsitz im Haus des Erschienen zu 1. in ■■■ in der ■■■ Straße. Daher ordne ich, Erschienener zu 1. (für den Fall, dass ich der Erstversterbende von uns beiden bin) folgendes Vermächtnis an, ohne hierfür Ersatzvermächtnisnehmer zu bestimmen:

Frau ■■■ (Erschienene zu 2) erhält den unentgeltlichen **Nießbrauch** auf Lebensdauer an meinem vorgenannten Anwesen. Der Grundbesitz ist eingetragen im Grundbuch des Amtsgerichts ■■■ für ■■■ Blatt ■■■

Danach ist Frau ■■■ berechtigt, sämtliche Nutzungen aus dem betroffenen Grundbesitz zu ziehen und verpflichtet, sämtliche auf dem Grundbesitz ruhenden privaten und öffentlichen Lasten einschließlich der außerordentlichen **Lasten zu tragen**. Der Nießbraucher hat auch die nach der gesetzlichen Lastenverteilungsregelung dem Eigentümer obliegenden privaten Lasten zu tragen, insbesondere die außergewöhnlichen Ausbesserungen und Erneuerungen.

Im Übrigen gelten für das Nießbrauchsrecht die gesetzlichen Bestimmungen.

Der Nießbrauch ist auf Kosten der Erben **dinglich zu sichern, und zwar an erster Rangstelle. Eingetragene Belastungen sind derzeit nicht valutiert.**

In gleicher Weise erhält Frau ■■■ den unentgeltlichen Nießbrauch auf Lebensdauer an allen **beweglichen Gegenständen** (ggf. Beschränkung auf Inventar oder auf die zur Haushaltsführung benötigten Gegenstände) im Hausanwesen ■■■ in ■■■

(2) Ferner beschwere ich (Erschienener zu 1) meine Erben mit folgendem weiteren Vermächtnis für den Fall, dass ich der Erstversterbende von uns beiden bin:

Frau ■■■ (Erschienene zu 2) erhält das Guthaben auf dem Konto ■■■ bei der ■■■ Bank.

(3) Etwaige **Kosten** und **Steuern** der Vermächtniserfüllung sollen die Erben tragen. Die Vermächtnisse fallen mit meinem Tod an. Ersatzvermächtnisnehmer bestimme ich nicht.

(4) Diese erbrechtlichen Verfügungen nehme ich, ■■■ (Erschienene zu 2), hiermit ausdrücklich an.

(III.)

Wir bestimmen ausdrücklich, dass unsere vorstehenden Verfügungen auch dann Bestand haben sollen, wenn bei unserem Tod nicht bedachte Pflichtteilsberechtigte vorhanden sein sollen. Wir **verzichten** auf ein **Anfechtungsrecht** nach § 2079 BGB.

(IV.)

Über die Tragweite unserer vorstehenden erbrechtlichen Erklärungen wurden wir vom Notar eingehend belehrt, insbesondere wurden wir hingewiesen auf

– das Pflichtteilsrecht
– die erbvertragliche Bindungswirkung

- das freie Verfügungsrecht unter Lebenden und seine Grenzen
- das Anfechtungsrecht
- die Bestimmungen des Erbschaftsteuer- und Schenkungsteuergesetzes.

B. Pflichtteilsverzicht, Erbrechtliche Verfügungen und Einräumung eines Wohnungsrechts[586]

I. Beratung

5 Die Ausgangssituation ist vergleichbar jener unter Rn 1 ff. Die Immobilien sollen im Wege der Erbfolge auf die **Kinder** übergehen, jedoch soll vermächtnisweise ein lebenslanges und unentgeltliches **Wohnungsrecht** zu Gunsten des Ehemannes im Anwesen begründet werden.

6 **Beratungshinweis:**

Zur Unterscheidung von Wohnrecht, Nießbrauch und Reallast:
Bei dem **Wohnrecht** handelt es sich um eine Unterart der beschränkten persönlichen Dienstbarkeit, so z.B. um Überlassung eines Grundstücks zu Wohnzwecken einschließlich **Mitbenutzung**. Bei Vereinbarung eines Wohnrechts besteht ein Benutzungsrecht unter **Ausschluss des Eigentümers** an bestimmten Räumlichkeiten in dem betreffenden Anwesen. Die Unterhaltungskosten trägt i.d.R. der Berechtigte.
Das **Nießbrauchsrecht** ist **umfassender** als das Wohnrecht. Während beim Wohnrecht nur die Aufnahme einer beschränkten Anzahl von Personen möglich ist, können beim **Nießbrauchsrecht** gem. § 1093 Abs. 2 BGB mehrere weitere Personen in die Wohnung aufgenommen werden. Auch ist Vermietung ohne Zustimmung des Eigentümers möglich.
Bei der Einräumung einer **Reallast** handelt es sich i.d.R. um **Dauerschuldverhältnisse**, z.B. die Einräumung eines Altenteilsrechts. Wird die Zahlung einer **Leibrente** vereinbart, so muss i.d.R. eine Zwangsvollstreckungsunterwerfungsklausel mit aufgenommen werden.

7 **II. Muster: Pflichtteilsverzicht, Erbrechtliche Verfügungen und Einräumung eines Wohnungsrechts**

(I.)
Der Erschienene zu 1 **verzichtet** hiermit gegenüber der Erschienenen zu 2 auf sein gesetzliches Pflichtteilsrecht. Diese nimmt den Verzicht hiermit an.
(II.)
(1) Ich, der Erschienene zu 2, habe mit Testament des Notars ■■■ in ■■■ meine Kinder zu je gleichen Teilen zu Erben eingesetzt. Dieses **Testament** soll ausdrücklich **aufrechterhalten** bleiben, soweit es nachstehend nicht eingeschränkt wird.

---

586 Münch, a.a.O., Rn 2443 zu Teil 9.

(2) In erbvertraglicher, also einseitig nicht widerruflicher Weise, vereinbaren wir sodann Folgendes:

Wir nehmen unseren gemeinsamen Wohnsitz im Haus der Erschienenen zu 2 in ■■■ in der ■■■ Straße. Daher ordne ich, Erschienene zu 2, für den Fall, dass ich die Erstversterbende von uns beiden bin, folgendes **Vermächtnis** an, ohne hierfür Ersatzvermächtnisnehmer zu bestimmen:

- Der Erschienene zu 1 – nachfolgend kurz: „der Berechtigte" – erhält vermächtnisweise das **lebenslange** und **unentgeltliche Wohnungsrecht** gem. § 1093 BGB in dem genannten Hausanwesen, bestehend in dem Recht, die abgeschlossene Wohnung im Erdgeschoss unter Ausschluss des Eigentümers als Wohnung zu benutzen. Der Berechtigte darf die zum gemeinsamen Gebrauch der Hausbewohner bestimmten Räume, Anlagen und Einrichtungen mitbenutzen, insbesondere Garage, Hof und Garten. Er darf sich im gesamten Hausanwesen unter Ausschluss der persönlichen Räume des Eigentümers frei bewegen. Die **Kosten** der Beheizung, Beleuchtung, für Strom- und Wasserbezug sowie die auf den Berechtigten entfallenden Kanal- und Müllabfuhrgebühren hat ebenso wie die **Schönheitsreparaturen** innerhalb der zum Wohnungsrecht gehörenden Räume der Berechtigte zu tragen. An sonstigen Haus- und Grundstückskosten, wie beispielsweise Grundsteuer, Beiträgen zur Brandversicherung, Erschließungs- und Anliegerkosten, ist der Berechtigte nicht beteiligt. Im Übrigen hat der Eigentümer die dem Wohnungs- und Mitbenutzungsrecht unterliegenden Räume auf eigene Kosten in gutem und beheizbaren Zustand zu **erhalten** und notwendige Reparaturen auf eigene Kosten durchzuführen. Der Berechtigte ist nicht befugt, die Ausübung des Wohnungsrechts ganz oder teilweise entgeltlich oder unentgeltlich **Dritten** zu überlassen. Entgegen § 1093 Abs. 2 BGB ist der Berechtigte nicht befugt, andere Personen in die Wohnung aufzunehmen. Der Vermächtnisnehmer kann nach dem Tod des Erblassers jederzeit eine dingliche Sicherung des Wohnungsrechts durch Grundbucheintragung auf Kosten der Erben verlangen.
- In gleicher Weise erhält der Erschienene zu 1 ein unentgeltliches Nießbrauchsrecht auf Lebensdauer an allen **beweglichen Gegenständen** (ggf. Beschränkung auf Inventar oder zur Haushaltsführung benötigter Gegenstände) in der vorgenannten Wohnung.
- Etwaige Kosten und Steuern der Vermächtniserfüllung sollen die Erben tragen. Die Vermächtnisse fallen mit meinem Tod an.

(III.)

Wir bestimmen ausdrücklich, dass unsere vorstehenden Verfügungen auch dann Bestand haben sollen.

(IV.)

Über die Tragweite unserer erbrechtlichen Erklärungen wurden wir vom Notar eingehend belehrt, insbesondere ■■■

C. Vermächtnis mit Untervermächtnis

I. Beratung

8   Es verbleibt bei der gesetzlichen Erbfolge, jedoch wird im Wege eines Vermächtnisses ein **Anwesen** auf den Vermächtnisnehmer **übertragen**, der im Wege eines Untervermächtnisses die Verpflichtung zu übernehmen hat, an andere Verwandte des Erblassers **Auszahlungen** vorzunehmen.

9   Seitens der Ehefrau wird das Anwesen auf die Mutter der Ehefrau übertragen und im Wege eines Untervermächtnisses bestimmt, dass der Ehemann die **Einräumung eines Nießbrauchs** verlangen **kann**.

10   II. Muster: Vermächtnis mit Untervermächtnis

82

(1) Für den Fall der Eheschließung vereinbaren wir für den Todesfall durch diese letztwilligen Verfügungen was folgt:

Eine Erbeinsetzung will heute ausdrücklich keiner von uns treffen. Vielmehr soll es bei der gesetzlichen Erbfolge bleiben.

Ich, Herr ■■■, ordne jedoch für den Fall, dass aus der Ehe mit Frau ■■■ kein gemeinschaftliches Kind hervorgegangen ist, zu Lasten meiner Erben folgendes, insoweit **aufschiebend bedingtes** Vermächtnis an:

Mein Neffe ■■■ soll das Anwesen ■■■ in ■■■ erhalten. Die beim Erbfall bestehenden dinglich gesicherten **Verbindlichkeiten** sind vom Vermächtnisnehmer zu übernehmen.

Der Vermächtnisnehmer ■■■ wird seinerseits mit folgendem **Untervermächtnis** beschwert:

Er hat an meine 3 Nichten ■■■ und ■■■ und ■■■ jeweils einen **Geldbetrag** in Höhe von ■■■ % des Verkehrswertes des Anwesens ■■■ in ■■■ abzüglich etwaiger auf dem Haus lastender Schulden zu **zahlen**. Verkehrswert und Schulden sind hierbei nach dem Zeitpunkt des Erbfalles zu bemessen.

Ersatzvermächtnisnehmer möchte ich heute nicht bestimmen.

Ich, Frau ■■■ ordne zu Lasten meiner Erben die folgenden Vermächtnisse an:

Mein Ehemann ■■■ soll meinen gesamten bei meinem Tode in meinem Anwesen ■■■ vorhandenen Hausrat erhalten.

Meine Mutter ■■■ soll mein Anwesen ■■■ zum Alleineigentum erhalten. Die beim Erbfall bestehenden dinglich gesicherten Verbindlichkeiten sind vom Vermächtnisnehmer zu übernehmen.

Zum Ersatzvermächtnisnehmer bestimme ich insoweit meinen Vater ■■■

Der Vermächtnisnehmer wird seinerseits mit folgendem Untervermächtnis beschwert:

Mein Ehemann ■■■ kann an dem gesamten Anwesen ■■■ die **Einräumung** eines **Nießbrauchs** auf die Dauer von 5 Jahren ab Eintritt des Erbfalls verlangen. Neben dieser zum dinglichen Inhalt des Nießbrauchs gehörenden Verpflichtung, die gewöhnlichen Unterhaltungskosten zu tragen, soll den Berechtigten auch die rein schuldrechtliche Verpflichtung treffen, die außergewöhnlichen Lasten des Grundstücks zu tragen.

(2) Pflichtteilsverzicht:

Wir verzichten hiermit wechselseitig auf das dem einen von uns gegenüber dem anderen jeweils zustehende gesetzliche Pflichtteilsrecht und nehmen diesen Verzicht wechselseitig an.

D. Rücktrittsrecht von erbrechtlichen Regelungen

Literatur
Münch, Ehebezogene Rechtsgeschäfte, Rn 2453 zu Teil 9.

I. Beratung

1. Tatsächliche Ausgangssituation

Die Eheleute wollen sich die **Möglichkeit** offen lassen, vom Erbvertrag **zurückzutreten**.   11

2. Rechtliche Ausgangssituation

Gemäß § 2293 BGB kann der Erblasser von dem Erbvertrag **zurücktreten**, wenn er sich   12
den Rücktritt im Vertrag **vorbehalten** hat. Ohne Rücktrittsvorbehalt stehen dem Erblasser unter den jeweiligen Voraussetzungen nur die **Anfechtung** (§§ 2281 ff BGB) oder die **gesetzlichen Rücktrittsrechte** (§§ 2294, 2295 BGB) zur Verfügung.[587]

Der Rücktritt hat gem. § 2296 durch Erklärung gegenüber dem anderen Vertragschlie-   13
ßenden zu erfolgen, wobei die Erklärung der **notariellen Beurkundung** bedarf, § 2296 Abs. 2 BGB.

II. Muster: Rücktrittsrecht von erbrechtlichen Regelungen   14

> Wir sind nicht durch Erbvertrag oder gemeinschaftliches Testament Dritten gegenüber gebunden. Jeder von uns behält sich jedoch das **bedingungslose Rücktrittsrecht** vom erbrechtlichen Teil dieses Vertrages vor. Dieses Rücktrittsrecht erlischt mit dem Tod des anderen Vertragsschließenden oder mit unserer Eheschließung. Auf die Formvorschriften des Rücktritts nach § 2296 BGB wurde hingewiesen. Für den Rücktritt und seine Folgen verbleibt es bei den gesetzlichen Bestimmungen. Danach wird durch den Rücktritt eines Teils der gesamte Erbvertrag aufgehoben.

E. Erbrechtliche Folgen bei Ausschluss des Zugewinnausgleichs unter Lebenden

I. Beratung

1. Tatsächliche Ausgangssituation

Die Ehegatten wollen den Zugewinnausgleich nur für den Scheidungsfall ausschließen,   15
nicht aber für den **Todesfall**. Die gesetzliche **Erbteilserhöhung** der Erbschaft um ein **Viertel** gem. § 1371 Abs. 1 BGB soll aufrecht erhalten bleiben.

2. Rechtliche Ausgangssituation

Der **Zugewinnausgleich** nach den §§ 1373 ff BGB findet statt im **Todesfall**, § 1371   16
BGB, und bei Beendigung des Güterstandes auf andere Weise als durch den Tod eines

---

587   Palandt/Edenhofer, Rn 1 zu § 2293.

Ehegatten, § 1372 BGB, also z.b. bei Scheidung der Ehe, Aufhebung der Ehe und ehevertraglicher Aufhebung des Güterstandes.

17 Im **Todesfall** erfolgt nach § 1371 Abs. 1 BGB der Ausgleich des Zugewinns dadurch, dass sich der **gesetzliche Erbteil** des überlebenden Ehegatten um **ein Viertel** der Erbschaft erhöht. Der gesetzliche Erbteil ergibt sich aus § 1931 BGB, er beträgt neben Abkömmlingen ¼. Nach dem erhöhten Erbteil von ½ bestimmen sich die **Pflichtteilsrechte** der Abkömmlinge. Bei **Gütertrennung** beträgt der Erbteil des Ehegatten nach § 1931 Abs. 4 BGB neben **einem** Kind die Hälfte, neben zwei Kindern ein Drittel und neben drei oder mehr Kindern ¼. **Ab dem zweiten Kind** sind also bei **Gütertrennung** die **Pflichtteile** der Kinder **höher** als im gesetzlichen Güterstand.[588]

18 An Stelle der Erbteilserhöhung nach § 1371 Abs. 1 BGB sieht § 1371 Abs. 2 BGB unter bestimmten Voraussetzungen den **rechtsgeschäftlichen** Zugewinnausgleich nach den Vorschriften der §§ 1373 ff BGB vor. Den Betrag, den der überlebende Ehegatte nach Maßgabe des § 1371 Abs. 2 BGB geltend machen könnte, stellt § 5 Abs. 1 ErbStG von der **Erbschaftsteuer frei**. Der überlebende Ehegatte erhält damit den sich aus dem rechtsgeschäftlichen Zugewinnausgleich ergebenden Ausgleichsanspruch **unabhängig von seiner Höhe erbschaftsteuerfrei**, dies neben den sonstigen Ehegattenfreibeträgen. Hier liegt steuerlich ein wesentlicher **Vorteil** der Zugewinngemeinschaft gegenüber der **Gütertrennung**.[589]

19 In allen Fällen, in denen der überlebende **Ehegatte** grundsätzlich den **Kindern vorgehen** soll, ist die modifizierte Zugewinngemeinschaft die **bessere Form der Gütertrennung**.[590]

20 Wird der Zugewinnausgleich unter Lebenden ausgeschlossen, so gelten bei Scheidung der Ehe die Grundsätze der Gütertrennung und damit auch die Grundsätze der Rückforderung **ehebedingter Zuwendungen**.
Langenfeld[591] empfiehlt, im Ehevertrag diese Möglichkeit der Korrektur aufgrund ehebedingter Zuwendungen nur bei **ausdrücklicher** mindestens schriftlicher **Vereinbarung** zuzulassen, sie aber im Übrigen als nicht gewollt **auszuschließen**.
Des Weiteren empfiehlt er den Ausschluss der Verfügungsbeschränkungen der §§ 1365 und 1369 BGB im Zusammenhang mit dem Ausschluss des Zugewinnausgleichs unter Lebenden.

21 **Stirbt** der potentiell ausgleichspflichtige Ehegatte vor Rechtskraft der anhängigen Scheidung, so findet nach dem Wortlaut der Vereinbarung der Zugewinnausgleich statt, weil die Ehe durch den Tod beendet wird. Das Gericht kann diesem nicht gewollten Ergebnis über die analoge Anwendung der §§ 1933, 2077 BGB abhelfen. Besser ist jedoch die **ausdrückliche Regelung,** dass ein Zugewinnausgleich nicht stattfindet, wenn beim Tod eines Ehegatten das **Scheidungsverfahren anhängig** ist.[592]

---

588 Langenfeld, Handbuch der Eheverträge und Scheidungsvereinbarungen, Rn 428 zu Kap. 4.
589 Langenfeld, a.a.O., Rn 429 zu Kap. 4.
590 Langenfeld, a.a.O., Rn 432 zu Kap. 4.
591 Langenfeld, a.a.O., Rn 434 zu Kap. 4.
592 Langenfeld, a.a.O., Rn 436 zu Kap. 4.

II. Muster:[593] Ausschluss von Zugewinnausgleich unter Lebenden; Rückforderung und Verfügungsbeschränkungen

22

Für den Fall der Beendigung des Güterstandes durch den **Tod** eines Ehegatten soll es beim **Zugewinnausgleich** durch Erbteilserhöhung oder güterrechtliche Lösung **verbleiben**. Wird jedoch der Güterstand auf andere Weise als durch den Tod eines Ehegatten beendet, so findet ein Zugewinnausgleich nicht statt. Insofern wird auf den Zugewinnausgleich gegenseitig verzichtet. Dies gilt auch für den vorzeitigen Zugewinnausgleich bei Getrenntleben.

Ein **Zugewinnausgleich** findet **nicht** statt, wenn der Güterstand durch den Tod eines Ehegatten beendet wird, aber ein **Scheidungsverfahren anhängig** ist.

Eine **Korrektur** der bei Scheidung der Ehe bestehenden Vermögenszuordnung oder ein Ausgleich für Zuwendungen von Vermögen oder Arbeitskraft an den anderen Ehegatten ist auf jeder einschlägigen Rechtsgrundlage **ausgeschlossen**, insbesondere auf der Grundlage der Rückforderung oder des geldlichen Ausgleichs **ehebedingter Zuwendungen**, des Ausgleichs für eheliche Kooperation und des Ausgleichs nach den Grundsätzen der Ehegatten-Innengesellschaft. Eine Rückforderung oder ein Ausgleich findet nur statt, wenn in der erforderlichen Form, mindestens aber privatschriftlich, ausdrücklich Ehegatten-Innengesellschaft, Rückforderungsrechte, Arbeitsverhältnisse oder Darlehen vereinbart wurden und sich hieraus entsprechende Ansprüche ergeben.

Die Verfügungsbeschränkungen der §§ 1365, 1369 BGB werden ausgeschlossen.

§ 6 Steuern

Zu den steuerlichen Folgen im Einzelnen s.a. die betreffenden Anmerkungen zu den einzelnen Vertragsmustern.

I. Schenkung- und erbschaftsteuerliche Folgen des Güterstandswechsels

- Nach § 7 Abs. 1 Nr. 4 ErbStG gilt als **Schenkung** unter Lebenden die Bereicherung, die ein Ehegatte bei Vereinbarung der **Gütergemeinschaft** nach § 1415 BGB erfährt.

  1

- Zur Zugewinnausgleichsforderung nach § 5 ErbStG und der Erbschaftsteuerfreiheit s. die vorstehend Teil 2, § 5 Rn 16 ff.

- Der **Ausschluss** von Zugewinnausgleichsansprüchen für die Vergangenheit ist regelmäßig **keine Schenkung**. Dies folgt einmal aus dem Rechtsgedanken des § 517 BGB, wonach der Verzicht auf ein noch nicht endgültig erworbenes Recht keine Schenkung darstellt.[594] Darüber hinaus ist bei intakter Ehe der Übergang von einem Güterstand zum anderen ein familienrechtliches Geschäft eigener Art zum Zwecke der Herstellung einer von den Eheleuten als gerecht angesehenen ehelichen Vermögensordnung, was **Bereicherungswillen ausschließt**.[595] Dies gilt erst recht, wenn der Übergang zur Gütertrennung zur Vorbereitung der Vermögensauseinandersetzung anlässlich der Scheidung erfolgt.[596]

593 Langenfeld, a.a.O., Rn 439 zu Kap. 4.
594 Meincke, DStR 1986, 135/139.
595 Voss, DB 1988, 1084/1086.
596 Langenfeld, Handbuch der Eheverträge und Scheidungsvereinbarungen, Rn 848 zu Kap. 4.

- Wird der Güterstand der Zugewinngemeinschaft durch Ehevertrag beendet, etwa durch Vereinbarung von Gütertrennung, so bleibt die dann nach § 1378 Abs. 3 S. 1 BGB entstehende Zugewinnausgleichsforderung nach **§ 5 Abs. 2 ErbStG schenkungsteuerfrei.** Durch diese Vorschrift wird klargestellt, dass dann, wenn auf den Zugewinn ein Rechtsanspruch nach Familienrecht besteht, keine freigiebige Zuwendung i.S.d. §§ 3, 7 ErbStG vorliegt.[597]
- **Ehebedingte** unbenannte **Zuwendungen** werden vom BFH[598] als **unentgeltlich** angesehen mit der Folge, dass grundsätzlich **Schenkungsteuer** anfällt, mit Ausnahme der Zuwendungen, die das Familienheim betreffen, § 13 Abs. 1 Nr. 4 a ErbStG. Im Zugewinnausgleich werden ehebedingte unbenannte Zuwendungen nach § 1380 BGB behandelt[599] mit der Folge, dass die Zuwendung als entgeltlich betrachtet wird, nämlich als Leistung an Erfüllung Statt auf die Zugewinnausgleichsforderung.[600] Damit fällt die Schenkungsteuer nach § 29 Abs. 1 Nr. 3 ErbStG mit Wirkung für die Vergangenheit weg.[601]
- Die **Rückkehr** zum **gesetzlichen Güterstand** (nach Vereinbarung eines anderen Güterstandes) durch einen zweiten Ehevertrag ist schenkungsteuerlich anzuerkennen, gefährdet also die Wirkung des ersten Ehevertrages nach § 5 Abs. 2 ErbStG nicht.[602]
- Wird Zugewinn ausgeglichen, **ohne** dass der Güterstand des Zugewinnausgleichs **beendet** wird, so erfolgt der Ausgleich des Zugewinns freigiebig und stellt einen steuerpflichtigen Schenkungstatbestand dar.[603]

II. Schenkung unter Lebenden; Erwerb von Todes wegen

2 Bei Schenkungserwerb unter Lebenden oder bei Erwerb von Todes wegen vom anderen Ehegatten hat der erwerbende Ehegatte nach § 16 Abs. 1 Nr. 1 ErbStG einen **Steuerfreibetrag** von derzeit 307.000 Euro.[604]

3 Im gesetzlichen Güterstand der **Zugewinngemeinschaft** stellt § 5 ErbStG unter bestimmten Voraussetzungen den Zugewinn von der Erbschaftsteuer bzw. Schenkungsteuer frei. § 5 Abs. 1 ErbStG stellt im **Todesfall**, wenn der Zugewinn über das **erbrechtliche Viertel** des § 1371 Abs. 1 BGB ausgeglichen wird, eine **fiktive** Zugewinnausgleichsforderung, wie sie sich nach § 1371 Abs. 2 BGB errechnet, steuerfrei. Der Kaufkraftschwund wird aus dem Zugewinn herausgerechnet. Ehevertragliche **Modifizierungen** der Zugewinnausgleichsforderung werden **nicht berücksichtigt**. Der Zugewinn muss konkret nachgewiesen werden, also insbesondere auch das Anfangsvermögen.[605]

---

597 Langenfeld, a.a.O., Rn 849 zu Kap. 4.
598 BFH, BStBl 1985 II, 159.
599 Langenfeld, a.a.O., Rn 853 zu Kap. 4.
600 MünchKomm/Koch, § 1380 Rn 5.
601 Langenfeld, a.a.O., Rn 853 zu Kap. 4.
602 Langenfeld, a.a.O., Rn 857 zu Kap. 4.
603 Langenfeld, a.a.O., Rn 858 zu Kap. 4.
604 Langenfeld, a.a.O., Rn 215 d zu Kap. 2.
605 Langenfeld, a.a.O., Rn 215 e zu Kap. 2.

Die Privilegierung des § 5 Abs. 1 ErbStG ist für die **Ehevertragsgestaltung** wichtig. Sie   4
hat zur Entwicklung des Ehevertragstyps „**modifizierte Zugewinngemeinschaft**" geführt, bei der es beim **gesetzlichen** Güterstand und beim Zugewinnausgleich im **Todesfall** verbleibt, aber der Zugewinnausgleich bei **Scheidung abbedungen** wird.[606]

§ 7 Generalabgeltungsklausel und Salvatorische Klausel

Im Einzelnen s.a. o. Teil 1, Rn 126 ff.

I. Generalabgeltungsklausel

Wird eine Generalabgeltungsklausel vereinbart, so muss zuvor im Detail mit den Par-   1
teien abgeklärt werden, welche etwaigen **anderweitigen Ansprüche**, z.B. schuldrechtliche oder sachenrechtliche Ansprüche, neben den familienrechtlichen Ansprüchen
noch **bestehen**.[607]

Das OLG Koblenz[608] **versagte** die **Anfechtung** wegen arglistiger **Täuschung**, bei der die   2
getäuschte Partei vermutet hatte, dass der andere Ehepartner erhebliche Vermögenswerte **verschwiegen** hatte, mit der Begründung, dass der Vertrag mit Abgeltungsklausel
geschlossen wurde. Das OLG Hamm versagte im Gegensatz dazu bei einer Abgeltungsklausel, die sich auf „alle Ansprüche aus der Ehe" bezog, die Anerkennung der
Abgeltungsklausel für im notariellen Vertrag nicht erörtete **gesellschafts- und gemein-
schaftsrechtliche** Ansprüche, auch wenn die Parteien eine umfassende Gesamtauseinandersetzung gewollt haben. *Münch*[609] weist allerdings darauf hin, dass das Urteil nicht
überzeugt, jedoch zeigt, wie wichtig die korrekte Formulierung der Abgeltungsklausel
ist und dass eine Abgeltungsklausel nicht auf familienrechtliche Ansprüche eingeengt
werden sollte.

> **Muster:**[610] **Generalabgeltungsklausel**   3
>
> Wir sind uns darüber einig, dass mit Abschluss und Durchführung dieses Vertrages **kei-
> nerlei Ansprüche** der Vertragsbeteiligten gegeneinander mehr bestehen, **gleich aus wel-
> chem Rechtsgrund** sie hergeleitet werden mögen. Dies gilt **unabhängig** davon, ob sie bei
> Abschluss dieses Vertrages **bekannt** sind oder nicht.

85

II. Salvatorische Klausel

■ In der Regel sollen verschiedene ehevertragliche Vereinbarungen miteinander stehen
und fallen. Im Gesamtvertrag ist häufig ein Nachgeben in einem Punkt mit einem

---

606 Langenfeld, a.a.O., Rn 215 f zu Kap. 2.
607 Münch, a.a.O., Rn 348 zu Teil 2.
608 OLG-Report KSZ 2001, 39.
609 A.a.O., Rn 350 zu Teil 2.
610 Münch, Ehebezogene Rechtsgeschäfte, Rn 352 zu Teil 2.

Gewinn in einem anderen Punkt verbunden. In diesem Fall entspricht die Salvatorische Klausel gerade **nicht dem Willen der Vertragsparteien.**[611]

- Der BGH hatte bereits bisher darauf hingewiesen, dass die Aufrechterhaltung des Gesamtvertrages unter Umständen nicht mehr vom Parteiwillen gedeckt ist, wenn Bestimmungen von grundlegender Bedeutung nichtig sind.[612]

■ Im Hinblick auf die Rechtsprechung zur **Inhaltskontrolle** hat der BGH nunmehr unter Aufgabe seiner früheren Ansicht[613] entschieden, dass die standardmäßig verwendete Salvatorische Klausel nicht von der nach § 139 BGB vorzunehmenden Prüfung entbindet, ob die Parteien das teilnichtige Geschäft als Ganzes verworfen hätten oder aber den Rest hätten gelten lassen. Bedeutsam ist die **Salvatorische Klausel** damit **nur noch** für die von § 139 BGB abweichende Zuweisung der **Darlegungs- und Beweislast;** diese trifft **denjenigen,** der entgegen der Salvatorische Klausel den Vertrag als Ganzes für **unwirksam** hält.[614]

■ Somit hat der Vertragsgestalter den wirklichen Willen der Parteien im Hinblick auf eine Teilnichtigkeit ausdrücklich zu erforschen und sollte diesen bei Verwendung einer Salvatorische Klausel im Ehevertrag auch in der Urkunde festhalten. Die **reine Standardklausel** hat sonst nur eine **verringerte Wirkung.**[615]

- Schon bisher wurde die Anordnung der im Zweifel vorliegenden Gesamtnichtigkeit nach § 139 BGB dann eingeschränkt, wenn eine Vertragsklausel deshalb nichtig war, weil sie gegen ein Gesetz verstieß, das dem **Schutz einer Vertragspartei** diente. Der Zweck der Verbotsnorm bedingt hier die Aufrechterhaltung des Vertrages im Übrigen.[616]

■ Außerdem wird man künftig gerade im ehevertraglichen Bereich davon ausgehen müssen, dass sogar die **Salvatorische Klausel** einer **Inhaltskontrolle** unterliegen kann,[617] sodass man keineswegs von einer Art geltungserhaltenden Reduktion auf den Rest des Vertragsinhalts ausgehen kann. Dies gebietet es, ggf. **gesonderte Regelungen** für den **Fall** der **Unwirksamkeit** einzelner Klauseln zu finden.[618]

- Sofern ein Ehevertrag im Rahmen einer **Wirksamkeitskontrolle** als **sittenwidrig** i.S.d. § 138 BGB eingestuft wird, ist er – so die Methodik des BGH[619] – nach seinem **gesamten Inhalt** im Rahmen einer Abwägung **überprüft** worden. Die Sittenwidrigkeit betrifft in einem solchen Fall die **Gesamtvereinbarung.**

■ Möglicherweise ist dann für eine **Teilunwirksamkeit** aufgrund Salvatorischer Klausel gar **kein Raum mehr.**[620]

- Offengelassen wurde vom BGH bisher, ob es, wenn die Wirksamkeitskontrolle nach § 138 BGB begründet ist, eine **Teilunwirksamkeit** geben kann. Die Frage ist zu **verneinen** und zwar deshalb, weil die Wirksamkeitskontrolle aufgrund einer

---

611 Münch, a.a.O., Rn 341 zu Teil 2.
612 BGH NJW 1996, 773, 774.
613 BGH NJW 1994, 1651.
614 Münch, a.a.O., Rn 342 zu Teil 2; BGH, DNotl-Report 2003, 37.
615 Münch, a.a.O., Rn 342 zu Teil 2.
616 BGH NJW 1977, 1058 f; Palandt/Brudermüller, § 139 Rn 18; Münch, a.a.O., Rn 343 zu Teil 2.
617 Schubert, FamRZ 2001, 733, 737.
618 Münch, a.a.O., Rn 344 zu Teil 2.
619 BGH NJW 2004, 930 f.
620 Münch, Ehebezogene Rechtsgeschäfte, Rn 345 zu Teil 2.

Gesamtschau aller Vereinbarungen stattfindet. Ergibt die Gesamtschau die Unwirksamkeit bzw. Sittenwidrigkeit, so betrifft dies die **gesamte** Vereinbarung.[621]

– Im Übrigen mögliche Einzelvereinbarungen, wie z.B. die Vereinbarung der **Gütertrennung**, werden insofern „**infiziert**"[622] und sind ebenfalls unwirksam.

– **Zweifelhaft** ist, ob eine **Salvatorische Klausel** etwas an dieser Gesamtnichtigkeit ändern kann. Die Bedeutung Salvatorischer Klauseln[623] wurde durch eine neuere Rechtsprechung des BGH relativiert.[624]

– Nach der Rechtsprechung des BGH findet **trotz** Salvatorischer Klausel eine **Prüfung** nach § **139 BGB** statt, allerdings unter Umständen unter **Umkehr** der **Darlegungs- und Beweislast**.

– Eine dem Ehevertrag angefügte **allgemeine** Salvatorische Klausel hilft angesichts dessen nichts.[625]

– Denkbar ist eine **spezielle** Salvatorische Klausel etwa des Inhalts, dass bei Wegfall der **übrigen** einseitig belastenden Vertragsbestimmungen die **Gütertrennung bestehen bleibt**.

– Allerdings ist zweifelhaft, ob die Gerichte eine solche Lösung akzeptieren, da die Salvatorische Klausel **nicht** zu einer **Änderung** des **Gesamtcharakters** des Vertrages führen kann.[626]

Muster:[627] **Salvatorische Klausel**

Sollten einzelne Bestimmungen dieses Vertrages unwirksam sein oder werden oder sollte sich im Vertrag eine Regelungslücke zeigen, so wird die **Wirksamkeit** der übrigen Bestimmungen hierdurch **nicht berührt**. Gleiches gilt bei nicht beurkundeten **Nebenabreden**.

Die Beteiligten sind dann verpflichtet, eine ersetzende Bestimmung zu vereinbaren, die dem wirtschaftlichen Sinn der unwirksamen Bestimmung im Gesamtzusammenhang der getroffenen Regelung in rechtlich zulässiger Weise am nächsten kommt oder eine neue Bestimmung zu treffen, welche die Regelungslücke des Vertrages so schließt, als hätten sie diesen Punkt von vornherein bedacht.

Der Notar hat die Beteiligten über die Auswirkung der Klausel eingehend belehrt und darauf hingewiesen, dass die Klausel nur zu einer Beweislastveränderung führt. Er hat die Vertragsteile befragt, ob Vertragsbestimmungen für sie so miteinander verbunden sind, dass die Unwirksamkeit der einen auch die der anderen zur Folge haben soll.

Alternative 1:

Wir wünschen keine von der Salvatorischen Klausel abweichende Festlegung für bestimmte Vertragsklauseln.

---

621 Langenfeld, a.a.O., Rn 62 zu Kap. 1.
622 Münch, a.a.O., S. 127.
623 Hierzu Langenfeld, Vertragsgestaltung Rn 343 ff.
624 BGH NJW 2003, 347; Langenfeld, Handbuch der Eheverträge und Scheidungsvereinbarungen, Rn 63 zu Kap. 1.
625 Langenfeld, a.a.O., Rn 63 zu Kap. 1.
626 Langenfeld, a.a.O.
627 Münch, a.a.O., Rn 347 zu Teil 2.

Alternative 2:

Hierauf erklären die Vertragsteile: Sollte die Modifikation des Zugewinnausgleichs in § ■■■ dieses Vertrages unwirksam sein oder werden, so wird entgegen vorstehender Vereinbarung, die jedoch im Übrigen gültig bleibt, auch die Verpflichtung zur Übertragung der Eigentumswohnung gem. § 5 dieses Vertrages unwirksam.

§ 8 Die allgemeinen Ehewirkungen

Literatur
Langenfeld, Handbuch der Eheverträge und Scheidungsvereinbarungen, 5. Auflage 2005; *Palandt*, Bürgerliches Gesetzbuch, 65. Auflage 2006; *Waldner*, Eheverträge, Scheidungs- und Partnerschaftsvereinbarungen, 2. Auflage 2004; *Zimmermann/Dorsel*, Eheverträge, Scheidungs- und Unterhaltsvereinbarungen, 4. Auflage 2005; *Heiß*, Das Mandat im Familienrecht, 2005.

I. Grundsätze

Wirkungen der Ehe im Allgemeinen; Das BGB enthält in den §§ 1353 – 1362 BGB Vorgaben für die **Wirkungen der Ehe im Allgemeinen,** unabhängig vom Güterstand. Demnach gilt das **Lebenszeitprinzip,** sowie die Verpflichtung der Ehegatten zur ehelichen **Lebensgemeinschaft** und zum gegenseitigen **Beistand.** In § 1355 BGB ist das **Ehenamensrecht** normiert, in § 1356 BGB die **Haushaltsführung und die Erwerbstätigkeit.** § 1356 BGB regelt die Ermächtigung eines Ehegatten, **Geschäfte zur angemessenen Deckung des Lebensbedarfs** der Familie mit Wirkung auch für den anderen Ehegatten zu besorgen. Nach § 1359 BGB haben die Ehegatten bei Erfüllung der sich aus den ehelichen Lebensverhältnissen ergebenden Verpflichtungen einander nur für die Sorgfalt einzustehen, welche sie in eigenen Angelegenheiten anzuwenden pflegen. §§ 1360 bis 1360b BGB enthalten die Verpflichtung zum **Familienunterhalt** beizutragen. In den §§ 1361 bis 1361b ist die Frage der **Unterhaltsverpflichtung,** der **Hausratsverteilung** und Nutzung der **Ehewohnung** während des Getrenntlebens geregelt. Abschließend enthält § 1362 BGB eine **Gläubigerschutzvermutung,** wonach zunächst vermutet wird, dass die im Besitz eines oder beider Ehegatten befindlichen beweglichen Sachen dem Schuldner gehören. Auf einzelne Punkte wird im Folgenden detailliert eingegangen, wobei sich die Relevanz dieser Regelungsbereiche in Eheverträgen gering halten wird. **1**

II. Beratung

1. Tatsächliche Ausgangssituation

Persönliche Ehewirkungen: Um ihr eheliches Zusammenleben auszugestalten, können Ehegatten Vereinbarungen über die allgemeinen und persönlichen Ehewirkungen schließen. Die praktische Bedeutung solcher Regelungen ist jedoch gering, da allenfalls Absichtserklärungen abgegeben werden können,[628] denn die **Bindungswirkung** und die **Durchsetzbarkeit** von Regelungen über diese persönlichen Ehewirkungen ist weitestgehend ungeklärt und strittig. Auch die Sanktionierung einer Abrede über eine persönliche Verhaltenspflicht mit einer Vertragsstrafe ist nach § 138 BGB nichtig. **2**

Die Entscheidung über eine **rein persönliche Angelegenheit,** wie z.B. das religiöse Bekenntnis, die politische Einstellung, das Rauchen, oder körperliche Äußerlichkeiten, (z.B. die Haartracht) kann zweifelsohne nicht vertraglich festgelegt werden. **3**

---

628 Waldner, Eheverträge, Scheidungs- und Partnerschaftsvereinbarungen, Rn 21.

2. Rechtliche Ausgangssituation

a) Lebenszeitprinzip

4 Das Prinzip der **Lebenszeitehe** schließt Abreden über die Ehedauer, oder die Verpflichtung eines Ehegatten, dem Scheidungswunsch des anderen jederzeit zuzustimmen, aus. Ausgeschlossen ist auch die Schaffung zusätzlicher Scheidungsgründe. Dagegen kann ein Ehegatte auf einen bereits entstandenen Scheidungsgrund verzichten.[629] Ausgeschlossen ist aber auch ein Verzicht auf das Recht die Scheidung zu beantragen, sei es für eine bestimmte Dauer, oder für immer oder nur aus einem bestimmten Grund. Folgerichtig ist deshalb auch eine Vereinbarung auf Zahlung einer Abfindungssumme bzw. eine Zahlungsverpflichtung zur Sanktionierung eines Scheidungsantrages sittenwidrig.[630]

b) Der Ehe- und Familienname

5 Ehegatten sind in der Wahl des **Familiennamens** frei. Die Erklärung hierüber wird **formlos** beim Standesbeamten abgegeben. Zum Ehenamen können die Ehegatten den Geburtsnamen des Ehemannes, den Geburtsnamen der Ehefrau, oder den durch vorherige Eheschließung erworbenen und geführten Namen eines Ehegatten wählen.[631] Wird eine entsprechende Erklärung nicht gegenüber dem Standesbeamten abgegeben, so ist sie öffentlich zu erklären.[632]

6 Entsprechende Verpflichtungserklärungen in Eheverträgen und Scheidungsvereinbarungen sind zulässig, obwohl das Namensrecht im Persönlichkeitsrecht wurzelt.[633] Sie sind jedoch bis zur wirksamen Eheschließung widerruflich. Es ist aber wohl ausgeschlossen, auf die Abgabe der Erklärung gegenüber dem Standesbeamten aus einer Vereinbarung über den Ehenamen zu klagen.[634]

7 Die **Namenserteilungskompetenz** der Eltern besteht, da sie abhängig ist vom Sorgerecht, nur während der Minderjährigkeit der Kinder.[635] Können sich Eltern nicht über den Namen des Kindes einigen, ist es möglich beim Familiengericht zu beantragen, dass einem Elternteil die Entscheidungskompetenz übertragen wird.

8 Ein Ehegatte, dessen Name nicht Ehename wird, kann durch Erklärung gegenüber dem Standesbeamten dem Ehenamen seinen Geburtsnamen oder den zur Zeit der Erklärung geführten Namen voranstellen, § 1355 Abs. 4 S. 1 BGB. Dieser sogenannte **Begleitname** darf mit dem gewählten Ehenamen nicht identisch sein, sodass der Name nicht z.B. „Müller-Müller" lauten darf.[636] Ein Doppelname darf nicht gewählt werden. Besteht der Name aus mehreren Namen, so kann nur ein Name hinzugefügt werden.[637]

---

629 BGH NJW 1986, 2046.
630 OLG Oldenburg, FamRZ 1994, 1454, 1455.
631 BVerfG, FamRZ 2004, S 515.
632 Langenfeld, Handbuch der Eheverträge und Scheidungsvereinbarungen, § 3 Rn 144.
633 Palandt/Brudermüller, § 1355 Rn 4.
634 Waldner, Eheverträge, Scheidungs- und Partnerschaftsvereinbarungen, Rn 22.
635 BayObLG, FamRZ 2004, 1227, 1229.
636 Palandt/Brudermüller, § 1355 Rn 6.
637 Langenfeld, Handbuch der Eheverträge und Scheidungsvereinbarungen, § 3 Rn 145.

Der verwitwete oder **geschiedene Ehegatte** behält grundsätzlich den Ehenamen, § 1355 **9** Abs. 5 BGB. Er kann aber auch seinen Geburtsnamen wieder annehmen oder den Namen, den er bis zur Eheschließung geführt hat, und einen Begleitnamen wählen. Es besteht aber kein Anspruch eines Ehegatten, dass der andere den Ehenamen ablegt und seinen Geburtsnamen wieder annimmt. Nur in besonderen Einzelfällen, unter dem Gesichtspunkt des **Rechtsmissbrauchs**, ist eine Möglichkeit denkbar, dem anderen Ehegatten die Fortführung des Ehenamens zu untersagen.[638]

Im Hinblick darauf, dass der Ehename auch nach Scheidung von beiden Ehegatten wei- **10** tergeführt werden kann, sind **Vereinbarungen** denkbar, die gerade dies versagen, und verlangen den **Ehenamen wieder abzulegen**. So kann z.B. in einer Vereinbarung festgelegt werden, dass der bei Eheschließung seinen Namen aufgebende Ehegatte mit einer Scheidung seinen Geburtsnamen wieder annimmt. Wie eine solche Vereinbarung zu **vollstrecken** ist, ist strittig, dürfte aber wohl nach § 894 ZPO erfolgen.

Muster: Vereinbarung des gemeinsamen Ehenamens **11**

87

Wir vereinbaren, dass der Geburtsname der Frau unser Ehename werden soll. Bei einer Scheidung verpflichtet sich der Ehemann unwiderruflich, den Ehenamen abzulegen und einen nach den gesetzlichen Vorgaben zulässigen Namen zu wählen, in dem der Ehename keinen Bestandteil findet.

---

c) Schlüsselgewalt, Familienunterhalt und Rollenverteilung

Jeder Ehegatte ist berechtigt Geschäfte zur angemessenen Deckung des Lebensbedarfs **12** der Familie mit Wirkung auch für den anderen Ehegatten zu besorgen, sogenannte **Schlüsselgewalt**. Beide Ehegatten werden durch ein solches Geschäft berechtigt und verpflichtet. Ein ehevertraglicher Ausschluss dieser Schlüsselgewalt ist wohl nur unter der Voraussetzung des § 1357 Abs. 2 BGB möglich. Der Ausschluss muss gegenüber dem anderen Ehegatten erklärt werden und gilt gegenüber Dritten nur bei Eintragung ins Güterrechtsregister. Ist kein ausreichender Grund vorhanden, hebt das Vormundschaftsgericht auf Antrag den Ausschluss auf.

Muster: Ausschluss des Geschäftsbesorgungsrechts **13**

Amtsgericht

88

– Güterrechtsregister –

Ich schließe hiermit die Befugnis meiner Ehefrau Geschäfte gem. § 1357 BGB mit Wirkung für mich zu besorgen aus. Auch ich, die Ehefrau, schließe die Befugnis meines Ehemannes, Geschäfte gem. § 1357 BGB mit Wirkung für mich zu besorgen aus. Wir beantragen die Eintragung im Güterrechtsregister.

Ehegatten sollen die **Haushaltsführung** im gegenseitigen Einvernehmen regeln. Der Ge- **14** setzgeber gibt kein gesetzliches Leitbild vor. Kaum sinnvoll sind aber ehevertragliche

---

638 BGH FamRZ 2005, 1659.

Regelungen, worin festgelegt ist, dass ein Ehegatte seine Erwerbstätigkeit aufgibt, den Haushalt führt und der andere Ehegatte allein erwerbstätig ist, oder eine Regelung worin festgehalten ist, dass beide Eheleute erwerbstätig sind und sich den Haushalt hälftig teilen.[639] Zu schnell können sich die Lebensumstände ändern, sodass jede noch so gut strukturierte Regelung unanwendbar wird.

d) Familienunterhalt, Haushalt und Taschengeld

15 An die Rollenverteilung geknüpft, ist die Verpflichtung der Ehegatten zum **Familienunterhalt** beizutragen, denn die Beiträge richten sich nach dem Einvernehmen über die Haushaltsführung. Der Ehegatte, dem die Haushaltsführung überlassen ist, leistet hierdurch seinen Beitrag zum Familienunterhalt. Bei gemeinsamer Haushaltsführung besteht die gemeinsame Verpflichtung durch Haushaltstätigkeit und Erwerbstätigkeit zum Familienunterhalt beizutragen. Eheverträgliche Abreden hierüber sind weder möglich, noch nötig.[640] Dies würde nämlich einen zumindest teilweisen **Verzicht** auf Familienunterhalt für die Zukunft bedeuten, der jedenfalls unwirksam ist, §§ 1360 a Abs. 3, 1614 BGB.[641] Der haushaltsführende Ehegatte jedenfalls hat einen Anspruch auf **Haushalts- und Taschengeld**. Eine Vereinbarung über die Höhe, soweit diese angemessen ist, und keinen Verzicht bedeutet, ist wirksam.

e) Lebens- und Geschlechtsgemeinschaft, Kinder und Wohnsitz

16 Den Ehegatten ist es verwehrt, rechtswirksame Vereinbarungen über **Kernbereiche** der ehelichen Lebensgemeinschaft zu treffen.[642] Der Umfang dieses Kernbereichs ist jedoch nicht eindeutig.

17 Nach überwiegender Ansicht sind Vereinbarungen über die **eheliche Treuepflicht** unzulässig. Da aber auch eingetragene Lebenspartner ihre geschlechtliche Beziehung „offen" gestalten können, muss dies auch für Ehegatten gelten.[643] Deshalb lässt sich in einer Vereinbarung durchaus festhalten, dass jeder Ehegatte außereheliche sexuelle Kontakte haben kann, allerdings wird sich hieraus kein vertragliches Recht auf einen Seitensprung herleiten lassen.[644] Nach dem traditionellen Eheverständnis besteht die Verpflichtung zur Geschlechtsgemeinschaft. Dieses Gebiet ist äußerst strittig.

18 Abreden über die **Familienplanung**, wie z.B. Kinderlosigkeit, entfalten nach überwiegender Meinung keine Bindungswirkung.[645] Ein Ehegatte kann sich demnach weder vertraglich zur Einnahme empfängnisverhütender Mittel verpflichten noch umgekehrt dazu, diese nicht anzuwenden.

---

639 Waldner, Eheverträge, Scheidungs- und Partnerschaftsvereinbarungen, Rn 26.
640 Waldner, Eheverträge, Scheidungs- und Partnerschaftsvereinbarungen, Rn 28.
641 OLG Köln, FamRZ 2000, 609, 610, mit Anmerkungen Bergschneider: Im Einzelfall stellen sich jedoch entgegen § 134 BGB die Nichtigkeitsfolgen deshalb nicht ein, weil nach dem Grundsatz von Treu und Glauben nach § 242 BGB eine Korrektur vorzunehmen ist.
642 Reinhart, JZ 1983, 184ff.
643 Grziwotz, MDR 1998, 1075, 1078.
644 Grziwotz, FamRZ 2002, 1154, 1155.
645 Palandt/Brudermüller, § 1353, Rn 7.

Die Ehegatten sind verpflichtet, sich die Benutzung der **Ehewohnung**, die gemeinsam   19
gewählt wird, und die Benutzung des gesamten Hausrates gegenseitig zu gestatten.
Aus dem Gebot der ehelichen Lebensgemeinschaft folgt die häusliche Gemeinschaft.
Abreden im gegenseitigen Einvernehmen sind hierüber möglich.

f) Eigentumsverhältnisse

Nach § 1362 BGB wird zugunsten des Gläubigers eines Ehegatten vermutet, dass die in   20
seinem bzw. ehelichen gemeinsamen Besitz befindlichen beweglichen Sachen dem
Schuldner gehören. Diese Vermutung gilt nicht, wenn die Eheleute getrennt leben
oder es sich um Sachen handelt, die ausschließlich zum persönlichen Gebrauch des anderen Ehegatten bestimmt sind. Die Vermutung ist widerlegbar, z.B. durch den Nachweis von Miteigentum. Greift aber die Vermutung, gilt für die Zwangsvollstreckung
zwingend die Gewahrsamsfiktion des § 739 BGB. Dem anderen Ehegatten bleibt als
Eigentümer nur die Drittwiderspruchsklage.[646] Wichtig ist, dass § 1362 BGB auch
bei Gütertrennung gilt, und nicht durch die Vereinbarung des Güterstandes der Gütertrennung leer läuft.

Die Ehegatten können jedoch die Eigentumsverhältnisse an beweglichen Sachen in einer   21
notariellen Urkunde festlegen. Dabei kann ein **Verzeichnis** erstellt werden, in dem das
Eigentum bestimmter einzelner Gegenstände oder Sachgesamtheiten (z.B. Hausrat)
festgelegt wird. Für erst künftig anzuschaffende Gegenstände des Hausrates[647] kann
z.B. vereinbart werden, dass diese komplett in das Eigentum eines Ehegatten fallen sollen. Erst mit der **notariellen Beurkundung** entsteht der notwendige und gewünschte Beweiswert zum Schutz vor dem Zugriff des Gläubigers eines verschuldeten Ehegatten.
Ein derartiges Vermögensverzeichnis kann zwar die Vermutung des § 1362 BGB nicht
widerlegen, durch die Erstellung des Vermögensverzeichnisses wird aber die Einigkeit
der Ehegatten über die Eigentumslage dokumentiert. Wird das Verzeichnis bereits bei
Eheschließung erstellt, ist § 1362 BGB widerlegt, wenn sich die Gegenstände bereits
im Besitz des als im Verzeichnis genannten Eigentümers befanden. Auch mit einem
nach Eheschließung erstelltem Verzeichnis kann auf einen Ehegatten wirksam Eigentum übertragen werden, was sogar bei Insolvenz des Schuldners nach einem Ablauf
von 4 Jahren nicht mehr angefochten werden kann, § 4 AnfG, § 134 InsO.

Muster: Eigentumsverhältnisse an beweglichen Sachen   22

Wir, ■■■ stellen fest, dass sich die Eigentumsverhältnisse an unserem ehelichen Hausrat
aus dem in der Anlage beigefügten Vermögensverzeichnis ergeben. Gegenstände, die
dort nicht genannt sind, stehen im Zweifel in unserem hälftigen Miteigentum. Gegenstände, die zum Ersatz nicht mehr vorhandener oder wertlos gewordener Gegenstände
angeschafft werden, fallen in das Alleineigentum des Ehegatten, in dessen Eigentum
der ersetzte Gegenstand fiel. Im Übrigen angeschaffte Gegenstände werden Eigentum
desjenigen Ehegatten, der den Gegenstand erworben hat oder auf dessen Namen die
Rechnung ausgestellt ist.

---

646   Zimmermann/Dorsel, Eheverträge, Scheidungs- und Unterhaltsvereinbarungen, § 4 Rn 5.
647   Vgl. im Übrigen zum Hausrat: Heiß, Das Mandat im Familienrecht, Teil 15.

23 Dieses Vermögensverzeichnis ist nicht nur auf Hausratsgegenstände zu beschränken, sondern kann auch zum persönlichen Gebrauch eines Ehegatten bestimmte Gegenstände umfassen. Denn der Ehegatte, der sich auf § 1362 Abs. 2 BGB beruft, muss beweisen, dass die Sache zu seinem ausschließlichen Gebrauch bestimmt ist.[648] Dies ist sogar bei Schmuck nicht unbedingt klar, insbesondere, wenn dieser besonders wertvoll ist. Auch hier gilt, dass denjenigen die Beweislast trifft, der das Eigentum für sich in Anspruch nimmt.[649]

---

648 Palandt/Brudermüller, § 1362 Rn 8.
649 OLG Nürnberg, FamRZ 2000, 1220.

§ 9   Nichteheliche Lebensgemeinschaften

Literatur

Grziwotz, Nichteheliche Lebensgemeinschaft, 4. Auflage 2004; *Tzschaschel*, Vereinbarungen bei nichtehelichen Lebensgemeinschaften, 4. Auflage 2005; *Burhoff*, Handbuch der nichtehelichen Lebensgemeinschaften, 2. Auflage 1998; *Waldner*, Eheverträge, Scheidungs- und Partnerschaftsvereinbarungen, 2. Auflage 2004; *Heiß*, Das Mandat im Familienrecht, 2005; *Gerhard/Heintschel-Heinegg/Klein*, Handbuch des Fachanwalts Familienrecht, 5. Auflage 2005.

I. Beratung

1. Tatsächliche Ausgangssituation

a) Die nichteheliche Lebensgemeinschaft

Eine ausdrückliche gesetzliche Normierung einer **nichtehelichen Lebensgemeinschaft** 1 existiert nicht. Die Rechtsprechung des Bundesverfassungsgerichtes geht von einer auf **Dauer** angelegten Verbindung **zwischen einem Mann und einer Frau** aus, die daneben keine Lebensgemeinschaft gleicher Art zulässt und über die Beziehungen in einer reinen Haushalts- und Wirtschaftsgemeinschaft hinausgeht.[650] Nichteheliche Lebensgefährten stehen füreinander ein, können sich jedoch jederzeit willkürlich wieder voneinander trennen.[651] Wollen Lebensgefährten einer nichtehelichen Lebensgemeinschaft aus bestimmten Gründen keine Ehe schließen, dennoch aber eine Partnerschaftsvereinbarung erstellen, so ist für die Beratung auf den individuellen Hintergrund der Lebensgefährten besonderes Augenmerk zu legen. Der Beratung sollte eine Checkliste zu Grunde gelegt werden, anhand derer der jeweilige Regelungsbedarf herauszukristallisieren ist. Es sind die Zielvorstellungen und die Lebensumstände der Lebenspartner genauso abzufragen wie die jeweilige Vermögens- und Erwerbssituation.[652]

b) Partnerschaftsverträge zwischen Lebensgefährten

Partnerschaftsverträge sind Vereinbarungen zwischen zwei Personen zur Regelung ih- 2 rer auf Dauer angelegten Lebensgemeinschaft, ohne dass diese eingetragene Lebenspartner sind.[653] Partnerschaftsvereinbarungen sind in der Praxis selten. Dies hat seinen Grund wohl auch in der grundsätzlichen Abneigung nichtehelicher Partner eine vertragliche Abrede zu schließen. Lebensgefährten wollen gerade nicht regeln, was in einem Ehevertrag geregelt ist und erstaunlicherweise häufig auch keine andere vertragliche Regelung treffen.[654] Bei der Anschaffung größerer Vermögensgegenstände kommen rechtliche Vereinbarungen indes häufiger vor, z.B. bei Erwerb von Grundbesitz. Aber

---

650   BVerfG, FamRZ 1993, 164.
651   Tzschaschel, Vereinbarungen bei nichtehelichen Lebensgemeinschaften, A. 2. S 3.
652   Vgl. hierzu im Detail Büchting/Heussen, Beck'sches Rechtsanwaltshandbuch, Messerle/Weingart, Kap. C 18 Rn 101.
653   Waldner, Eheverträge, Scheidungs- und Partnerschaftsvereinbarungen, Rn 125.
654   Waldner, Eheverträge, Scheidungs- und Partnerschaftsvereinbarungen, Rn 127.

diese Vereinbarungen sind eben gerade keine Partnerschaftsvereinbarungen, sie könnten in gleicher Weise von bloßen Geschäftspartnern geschlossen werden.[655]

3 Bei Auflösung der nichtehelichen Lebensgemeinschaft kann **kein** Partner vom anderen einen **Ausgleich** dafür verlangen, dass er dem anderen während des Bestehens der Lebensgemeinschaft Zuwendungen gemacht hat, Leistungen erbracht hat, oder einen Wertzuwachs von Vermögensgegenständen des Partners ermöglicht hat.[656] Ausnahmen werden nur in eng begrenzten Ausnahmefällen zugelassen, z.B. bei einem gemeinsam erbauten Haus auf dem Anwesen eines Partners.

c) Einteilung nach Typen

4 Die auch propagierte Ansicht, dass Partnerschaftsverträge nach **bestimmten Typen** einzuteilen seien, wie z.B. ob eine Ehe angestrebt sei oder gänzlich ausgeschlossen werde,[657] muss Bedenken begegnen. Die Typeneinteilung bietet allenfalls Anhaltspunkte für die **jeweilige Interessenslage** und konkretisiert somit die Schwerpunkte der Beratung. Eine fallgerechte Vertragslösung ist damit aber keineswegs garantiert, da der eigentliche Regelungsbedarf bei einer späteren Heirat und des **dann** abzuschließenden Ehevertrages gegeben sein dürfte.[658] Der Vertragsgestaltung müssen ausführliche Gespräche mit den Lebensgefährten über ihre Lebenssituation und die von ihnen gewünschten Regelungen in bestimmten Lebenssituationen und deren Notwendigkeit vorausgehen.

2. Rechtliche Ausgangssituation

5 Nichteheliche Lebensgefährten bewegen sich **nicht** im rechtsfreien Raum. Es finden die allgemeinen Normen des Zivilrechts Anwendung, wie z.B. über Verträge, Eigentum und Besitz, Gesellschaften, Geschäftsführung ohne Auftrag, ungerechtfertigte Bereicherung, Dienst- und Werkvertrag etc.[659] Jedoch ist die direkte oder entsprechende Anwendung der eherechtlichen Normen oder der des Verlöbnisrechtes auf die nichteheliche Lebensgemeinschaft nicht möglich, da hierdurch die besonders geschützte Stellung der Ehe unterlaufen würde.[660]

a) Regelungsbereiche

6 Aufgrund der Vielschichtigkeit der Lebenssituationen nichtehelicher Lebensgefährten werden im Folgenden Vorschläge der zu thematisierenden Regelungsbereiche gemacht, die für sich nicht in Anspruch nehmen abschließend zu sein. Ein einheitlicher Typus der nichtehelichen Lebensgemeinschaft existiert nicht. Jedenfalls ist aber zu unterscheiden zwischen Verträgen, die eine bestehende **Lebensgemeinschaft ausgestalten** sollen und solchen, die der Regelung der **Auseinandersetzung** der Lebensgemeinschaft dienen.

---

655 Waldner, Eheverträge, Scheidungs- und Partnerschaftsvereinbarungen, Rn 127.
656 OLG Schleswig, FamRZ 2002, 96; BGH, NZG 2003, 1015.
657 So Grziwotz, Nichteheliche Lebensgemeinschaft, 1. Teil, § 2 Rn 12.
658 Steinert, NJW 1986, 683, 684.
659 Tzschaschel, Vereinbarungen bei nichtehelichen Lebensgemeinschaften, A. 4. S 5.
660 Büchting/Heussen, Beck`sches Rechtsanwaltshandbuch, Messerle/Weingart, C 18, Rn 3.

aa) Wohnung/Eigenheim

Haben **beide Lebensgefährten** den **Mietvertrag** der gemeinsam bewohnten Wohnung   7
unterschrieben, so sind beide als Gesamtschuldner berechtigt und verpflichtet,
§§ 421, 426 BGB. Zieht ein Partner aus, bleibt dieser nach wie vor Schuldner des Mietzinses als Gesamtschuldner, solange bis die Wohnung wirksam gekündigt ist oder das
zu Grunde liegende Vertragsverhältnis entsprechend umgestaltet ist. Der verbleibende
Mieter hat gegenüber dem Ausziehenden einen **Ausgleichsanspruch**, wenn er vom Vermieter nicht aus dem Vertrag entlassen wird und auch keinen Nachmieter findet.[661] Für
das Vorliegen besonderer Umstände, wonach sich ein von § 426 I S. 1 BGB abweichender Verteilungsmaßstab ergeben soll, ist derjenige **beweispflichtig**, der auf Ausgleich in
Anspruch genommen wurde. Die Kündigung kann nur von beiden oder gegenüber beiden Mietern erfolgen. Der verbleibende Partner hat jedoch gegenüber dem ausziehenden Partner ein **Recht auf Zustimmung** zur ordentlichen **Kündigung des Mietvertrages**.[662] Gegebenenfalls ist er auf **Abgabe der Kündigungserklärung zu verklagen**.
Verstirbt ein Partner wird das Mietverhältnis automatisch mit dem überlebenden Partner gem. § 563 a Abs. 1 BGB fortgesetzt.

Ist nur **ein Partner Mieter** der Wohnung, ermächtigt ihn das eigentumskräftige Recht,   8
im Rahmen des vertragsgemäßen Gebrauchs, über die Art und Weise der Nutzung
der Wohnung zu bestimmen, ebenso zur **Aufnahme seines Lebenspartners** in die Wohnung.[663] **Vertragliche Abreden** hinsichtlich der Bezahlung des **Mietzinses** einschließlich
der Nebenkosten sind möglich und zulässig. Abreden über die Fortführung des Mietverhältnisses nach Trennung durch einen der Partner sind möglich, wobei jedoch gegebenenfalls die Zustimmung des Vermieters einzuholen ist, um das Vertragsverhältnis mit
diesem entsprechend umgestalten zu können.

Steht die Wohnung **im Eigentum eines Lebensgefährten** und hat der Eigentümer mit sei-   9
nem Lebensgefährten einen Mietvertrag abgeschlossen, gelten die allgemeinen mietrechtlichen Regeln. Allein die Beendigung der Lebensgemeinschaft lässt das Mietverhältnis unberührt.[664]

Der gemeinsame **Erwerb eines Eigenheims** führt nicht automatisch zum Entstehen einer   10
BGB-Gesellschaft.[665] Die §§ 730 ff BGB finden analoge Anwendung, wenn die Partner
über die Verwirklichung der Lebensgemeinschaft hinaus eine gemeinschaftliche Wert-
schöpfung von erheblichem Umfang bezweckt haben.[666] Hier sind alle Umstände des
Einzelfalles zu berücksichtigen. Vereinbarungen betreffend des gemeinsamen Erwerbs
sollten sorgfältig formuliert werden.

---

661 OLG Dresden, FamRZ 2003, 158.
662 OLG Köln, WuM 1999, 521 ff.
663 BverfG, FamRZ 2000, 1356, 1357.
664 Haußleiter/Schulz, Vermögensauseinandersetzung bei Trennung und Scheidung, Kap. 9 Rn 55.
665 OLG Naumburg, NJW 2003 S. 1819.
666 Grziwotz, FamRZ 2006, 1069 ff.

bb) Hausrat

11 Im Fall der Trennung nichtehelicher Partner gibt es kein gerichtliches Verfahren entsprechend der HausratsVO zur Hausratsauseinandersetzung. Jeder kann die in seinem **Eigentum** stehenden Sachen für sich beanspruchen, § 985 BGB. Denjenigen trifft die **Beweislast** für sein Eigentum, der die Sachen für sich beansprucht. Stehen Sachen im Miteigentum, so sind sie nach den Vorschriften der Gemeinschaft auseinander zu setzen. Sollte die Teilung in Natur nicht möglich sein, so finden die Vorschriften des **Pfandverkaufs** Anwendung, sodass die Sachen versteigert werden müssen, §§ 753 Abs. 1, 1235 Abs. 1, 383 Abs. 2 BGB. Ein Miteigentümer ist nicht berechtigt, von dem anderen Herausgabe zu verlangen. Verweigert ein Miteigentümer seine Mitwirkung zur Auseinandersetzung, ist Klage zu erheben auf Duldung des Verkaufs nach den Vorschriften des Pfandverkaufs, Herausgabe an den Gerichtsvollzieher und Einwilligung in die Aufteilung des Erlöses.

12 Häufig ist bei lange Jahre dauernden nichtehelichen Lebensgemeinschaften die Feststellung schwierig, in wessen Eigentum bestimmte Gegenstände stehen. Jeder kann zunächst für sich beanspruchen, was er mitgebracht hat. Für **Ersatzbeschaffungen** gilt, dass das Eigentum an der neu angeschafften Sache nicht an den Eigentümer der ersetzten Sache fällt. § 1370 BGB findet keine Anwendung. Die Eigentumsverhältnisse an Gegenständen, die **während des Zusammenlebens** der Lebensgefährten angeschafft wurden, richten sich nach den allgemeinen Vorschriften der §§ 929 ff BGB. Es kommt also auf das **Verhalten beim Kauf** an. Unabhängig von den geleisteten Anteilen am Kaufpreis werden Partner einer nichtehelichen Lebensgemeinschaft zu gleichen Teilen Miteigentümer an einem gekauften Gegenstand, wenn beide **als Miteigentümer auftreten**.[667] Grundsätzlich wird also aus Verpflichtungsgeschäften zur Anschaffung von Hausrat nur derjenige verpflichtet, der das Geschäft abschließt, wenn er nicht dem Verkäufer gegenüber klar zum Ausdruck bringt, auch für den Lebensgefährten handeln zu wollen.

13 **Beratungshinweis:**

Für den Fall, dass die Lebensgefährten einen Vertrag schließen wollen, sollte der Hausrat Thema sein. Angeregt werden sollte die Erstellung einer **Inventarliste**, aus welcher die Eigentumsverhältnisse an einzelnen Gegenständen hervorgehen. Zu regeln ist dann insbesondere, wie sich die Eigentumsverhältnisse an künftig zu erwerbenden Gegenständen gestalten sollen.[668] Diese Liste sollte regelmäßig auf den neuesten Stand gebracht werden.

cc) Vertretung/Vollmachten

14 Für die Gestaltung des nichtehelichen Zusammenlebens sollte einzelfallabhängig überprüft werden, ob und in welchem Rahmen die Erteilung von gegenseitigen Vollmachten sinnvoll ist. Grundsätzlich erscheint eine generelle Bevollmächtigung, insbesondere die

---

667 OLG Hamm, FamRZ 2003, 529.
668 Schwab, Familienrecht, § 93 Rn 850.

Erteilung einer **Generalvollmacht** für den Partner, entbehrlich.[669] Die Erteilung von Vollmachten empfiehlt sich jedoch für die Bereiche, in denen der Lebensgefährte für und mit Wirkung für den anderen **handeln soll**, z.B. bei Geschäften zur Deckung des Lebensbedarfs und die Bereiche, in denen der Lebensgefährte wie ein Fremder behandelt wird, z.B. im Fall der Krankheit des Partners.[670] Besonders für **Notfälle** sollte eine Vorsorgevollmacht errichtet werden, gerade für den Fall, dass ein Partner nicht mehr in der Lage sein sollte seine Angelegenheiten selbst zu regeln. Es mag jedoch auch Fallgestaltungen geben, in denen die Erteilung einer Generalvollmacht angebracht ist, die Lebensgefährten müssen sich jedoch bei Abschluss über die weit reichenden Konsequenzen im Klaren sein. Gegebenenfalls sollte die Generalvollmacht auf einen bestimmten Wirkungskreis oder eine bestimmte Zeitdauer beschränkt werden.

> **Muster: Generalvollmacht**[671]   15
>
>
> Ich, ▪▪▪ bevollmächtige hiermit unter Genehmigung alles bereits für mich Gehandelten Herrn/Frau ▪▪▪, geboren am ▪▪▪, wohnhaft in ▪▪▪, mich in allen Angelegenheiten, bei denen eine Stellvertretung gesetzlich zulässig ist, zu vertreten, insbesondere gegenüber Behörden und Gerichten. Die Vollmacht betrifft insbesondere, ohne dass mit dieser Nennung einzelner Rechtsgeschäfte eine Beschränkung des Umfangs der Vollmacht verbunden wäre ▪▪▪ ▪▪▪.
>
> Herr/Frau ▪▪▪ ist von der Beschränkung des § 181 BGB befreit, also berechtigt, mit sich selbst im eigenen Namen und als Vertreter eines Dritten Rechtsgeschäfte abzuschließen. Er ist berechtigt, Untervollmacht zu erteilen.
>
> Mir ist bekannt, dass ich beim Widerruf das Original der Vollmacht vernichten oder für kraftlos erklären lassen muss, da ansonsten die Vollmacht gegenüber Dritten, die von dem Widerruf keine Kenntnis haben, als fortbestehend gilt.

Beratungshinweis: 16

Eine Vollmacht ist nach den allgemeinen Regeln des § 167 BGB zu erteilen. Vollmachten, beschränkt auf bestimmte Regelungsbereiche, erleichtern den Lebensgefährten in der Regel das tägliche Leben, so kommen hier z.B. in Betracht **Bank- und Kontovollmachten, Zustellungsbevollmächtigungen, Vollmachtserteilung für medizinische Notfälle, aber auch Alters- und Betreuungsvollmachten.**

> **Muster: Vollmacht zur Entgegennahme von Post**   17
>
>
> Wir bevollmächtigen uns gegenseitig, alle an den jeweils anderen adressierte Postsendungen entgegenzunehmen. Diese Vollmacht erstreckt sich insbesondere auch auf den Empfang von Einschreibesendungen.

---

669   Grziwotz, Nichteheliche Lebensgemeinschaft, § 18 Rn 61.
670   Grziwotz, Nichteheliche Lebensgemeinschaft, § 18 Rn 61.
671   Nach Grziwotz, Nichteheliche Lebensgemeinschaft, § 18 Rn 66.

18 **Beratungshinweis:**

Die Vollmacht bleibt auch nach Beendigung der nichtehelichen Lebensgemeinschaft bestehen und hat gegenüber gutgläubigen Dritten volle Wirkung, solange sich der Bevollmächtigte im **Besitz** der Vollmachtsurkunde befindet. Die Vollmacht ist wirksam, solange sie nicht an den Vollmachtgeber zurückgegeben wurde oder ausdrücklich für kraftlos erklärt wurde. Es ist aber auch möglich, die Wirksamkeit der Vollmacht auf die Dauer des Bestehens der nichtehelichen Lebensgemeinschaft zu beschränken.

dd) Eigentumsverhältnisse

19 Falls keine anders lautende Vereinbarung getroffen wurde, findet im Fall der Auflösung einer nichtehelichen Lebensgemeinschaft grundsätzlich **kein Vermögensausgleich** statt. Je nach der wirtschaftlichen Situation der Partner und unter Berücksichtigung eventuell geplanter Anschaffungen, wie z.B. eines Eigenheims, ist eine vertragliche Regelung zu empfehlen.

20 Die Lebensgefährten sollten zunächst zur Klärung der Eigentumsverhältnisse an einzelnen Gegenständen eine **Inventarliste** erstellen, die in regelmäßigen Abständen zu aktualisieren ist. Bei Trennung behält nämlich zunächst jeder das, was ihm gehört. Dies ist insbesondere auch wichtig im Hinblick auf die möglichen Folgen eines Todesfalles. Verstirbt ein Partner, kann sich der andere Auskunfts- und Ausgleichsansprüchen der Erben ausgesetzt sehen. Sind die Eigentumsverhältnisse dann nicht eindeutig, kann es zu erheblichen Schwierigkeiten kommen.[672]

21 Grundsätzlich nimmt die Rechtsprechung bei **gemeinsam angeschafften Gegenständen** Miteigentum an, unabhängig von den jeweiligen Beiträgen zum Kaufpreis.[673] Deshalb sollte gegebenenfalls mittels vertraglicher Abrede Klarheit geschaffen werden. Lebensgefährten, welche die Absicht verfolgen **gemeinsames Vermögen zu bilden**, das ihnen aber, aus welchem Grund auch immer, nicht gemeinsam gehören kann oder soll, ist dringend anzuraten einen Partnerschaftsvertrag zu schließen, in dem die vermögensrechtliche Lage geregelt ist. Lebensgefährten, die gemeinschaftliches Vermögen bilden, können eine **Gesellschaft** gründen. Bei Trennung finden dann gesellschaftsrechtliche Regeln zumindest analoge Anwendung. Ist kein ausdrücklicher Vertrag geschlossen worden, sind die Voraussetzungen dafür zu überprüfen, ob ein Vertrag durch konkludentes Handeln zu Stande gekommen ist. In der Rechtsprechung wird die Anwendung von Gesellschaftsrecht zur Auseinandersetzung nach Trennung der Partner zurückhaltend gebraucht. Sie wird nur dann herangezogen, wenn wesentliche Beiträge des Lebensgefährten zur Anschaffung des Vermögenswertes erheblicher wirtschaftlicher Bedeutung vorliegen.[674] Auch aus diesem Grund sollten die Partner einer nichtehelichen Lebensgemeinschaft bei der Anschaffung von Vermögenswerten die Eigentumsverhältnisse klar mittels eines Vertrages regeln. Bei der **Anschaffung von Immobilien** wird die ausdrückliche Regelung regelmäßig in dem Erwerbsvertrag enthalten sein.[675] Sind da-

---

672   Büchting/Heussen, Beck'sches Rechtsanwaltshandbuch, Messerle/Weingart, Kap. C 18 Rn 87.
673   Grziwotz, FamRZ 2006 S. 1069 ff.
674   BGH NJW 1996, 2727.
675   Waldner, Eheverträge, Scheidungs- und Partnerschaftsvereinbarungen, Rn 143.

rüber hinausgehende Abreden gewünscht, sind sie in eine Vereinbarung zu fassen. Vereinbarungen im Rahmen des gemeinsamen Erwerbs können auch bei einem Scheitern der Lebensgemeinschaft Bestand haben, wenn die Lebensgefährten wegen der **Zweckbestimmung** der Immobilie eine Auseinandersetzung bei Trennung ausschließen wollen.[676]

ee) Zuwendungen/Leistungen

Haben die Lebensgefährten nichts anderes bestimmt, besteht im Fall ihrer Trennung grundsätzlich ein **Abrechnungs- und Verrechnungsverbot**, das aus der *Unverbindlichkeit* der nichtehelichen Lebensgemeinschaft abgeleitet wird. Es besteht weder in persönlicher, noch in wirtschaftlicher Hinsicht eine Rechtsgemeinschaft, aus der Ansprüche abgeleitet werden könnten. Somit hat ein Partner für **Leistungen**, die er während der nichtehelichen Lebensgemeinschaft erbracht hat, grundsätzlich keinen Ausgleichsanspruch.[677] Dies gilt insbesondere für Leistungen im gemeinsamen Haushalt, Pflegeleistungen, und auch dann, wenn ein Partner das Zusammenleben mit der Aufnahme eines Kredites finanziert hat.[678] Es handelt sich hierbei regelmäßig um sogenannte **unbenannte Zuwendungen**, die nicht ausgleichspflichtig sind. Das gilt auch bei **Mitarbeit im Geschäftsbetrieb** des anderen Partners. Ein Ausgleichsanspruch setzt einen übereinstimmenden Willen auf Vergütung voraus. Einseitige Vorstellungen sind nicht ausreichend, gerade weil die nichteheliche Lebensgemeinschaft vom Ansatz her eine Verbindung ohne Rechtsbindungswillen ist.[679] In **Ausnahmefällen** können **Ausgleichsansprüche** im Raum stehen, wenn die erbrachten Leistungen weit über das übliche Maß hinausgehen. Als Anspruchsgrundlagen kommen **Gesellschaftsrecht, Bereicherungsrecht, Dienstvertrags-** oder **Auftragsrecht** in Betracht, sowie der Ausgleich nach den **Grundsätzen des Wegfalls der Geschäftsgrundlage**.[680]

22

Hat ein Lebensgefährte dem anderen eine unentgeltliche Leistung zugewendet, kann eine **Schenkung** vorliegen, auf die das Schenkungsrecht der §§ 516 ff BGB anwendbar ist. Diente die **Zuwendung der Ausgestaltung des gemeinsamen Leben**, ist zu prüfen, ob es sich um eine unbenannte Zuwendung oder um eine Schenkung handelt. Die Schenkung könnte z.B. unter den Voraussetzungen des § 528 BGB wegen Verarmung des Schenkers zurückgefordert werden oder sie kann wegen groben Undanks im Sinn des § 530 BGB widerrufen werden. Grober Undank liegt aber nicht schon bei Auflösung der nichtehelichen Lebensgemeinschaft vor. Die Verfehlung muss sich objektiv gegen den Schenker richten und eine auf Undank deutende Gesinnung offenbaren, wie z.B. Bedrohung des Lebens, körperliche Misshandlung oder eine grundlose Strafanzeige.[681]

23

---

676 BGH FamRZ 2003 S. 1542; Grziwotz, FamRZ 2006 S. 1069 f; BHG, FamRZ 2006, S. 607, 608.
677 FA-FamR, Weinreich, Kap. 11 Rn 84.
678 FA-FamR, Weinreich, Kap. 11 Rn 126.
679 LAG Köln, MDR 1999, 1331.
680 Burhoff, Handbuch der nichtehelichen Lebensgemeinschaft, Rn 164; Heiß, Das Mandat im Familienrecht, Herrmann, Kap. 19 Rn 30, 31.
681 Palandt/Weidenkaff, § 530 Rn 5/6.

24 **Beratungshinweis:**[682]

Zuwendungen der Lebensgefährten untereinander sind, soweit nicht ausdrücklich etwas anderes vereinbart wird, nicht zurückzuerstatten. Der Fortbestand der Lebensgemeinschaft ist nicht die Geschäftsgrundlage für solche Zuwendung.

ff) Unterhalt

25 Das bloße Zusammenleben in einer nichtehelichen Lebensgemeinschaft begründet grundsätzlich keine gegenseitigen Unterhaltsansprüche. Sind gemeinsame Kinder vorhanden, kann der Elternteil, der die Betreuung und Erziehung der Kinder nach der Trennung übernommen hat, neben dem Barunterhalt für die Kinder Betreuungsunterhalt für sich beanspruchen. Dieser Unterhaltsanspruch nach § 1615 l BGB ist **zeitlich begrenzt** auf drei Jahre.[683] Gerade diese zeitliche Begrenzung kann jedoch bei langjährigen Partnerschaften zu Problemen führen, wenn ein Lebensgefährte seine Erwerbstätigkeit aufgegeben hat, um sich der Kindererziehung zu widmen. In diesem Fall sollten Lebensgefährten vorab einen Vertrag schließen, in welchem der haushaltsführende und damit schwächer gestellte Partner eine Absicherung erhält. Diese kann in Form einer **Abfindungszahlung** für den Fall der Trennung vereinbart werden, oder in der klaren Regelung eines **Unterhaltsanspruchs.**

26
92
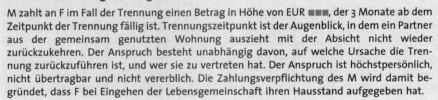

Muster: Abfindungszahlung[684]

M zahlt an F im Fall der Trennung einen Betrag in Höhe von EUR ■■■, der 3 Monate ab dem Zeitpunkt der Trennung fällig ist. Trennungszeitpunkt ist der Augenblick, in dem ein Partner aus der gemeinsam genutzten Wohnung auszieht mit der Absicht nicht wieder zurückzukehren. Der Anspruch besteht unabhängig davon, auf welche Ursache die Trennung zurückzuführen ist, und wer sie zu vertreten hat. Der Anspruch ist höchstpersönlich, nicht übertragbar und nicht vererblich. Die Zahlungsverpflichtung des M wird damit begründet, dass F bei Eingehen der Lebensgemeinschaft ihren Hausstand aufgegeben hat.

27 Möglich ist es, auch dem Partner Sicherheit durch Abschluss – zusätzlich oder alternativ – einer Lebens- bzw. Rentenversicherung zu geben.

28 **Beratungshinweis:**

Es ist dringend darauf zu achten, dass die Formulierung der Abfindungsregelung bzw. der Unterhaltsverpflichtung im Fall der Trennung keinen Strafcharakter hat.[685] Auch ist darauf zu achten, dass keine vertraglichen Unterhaltspflichten begründet werden, die zu Lasten anderer gesetzlich Unterhaltsberechtigter gehen.

29 Für den **ALG II**-Bezug gilt, dass die Beziehung nichtehelicher Paare wie eine Ehe behandelt wird, wenn sich Partner einer Gemeinschaft so sehr füreinander verantwortlich fühlen, dass sie zunächst den gemeinsamen Lebensunterhalt sicherstellen, bevor sie

---

682 Waldner, Eheverträge, Scheidungs- und Partnerschaftsvereinbarungen, Rn 145.
683 Vgl. hierzu Heiß, Das Mandat im Familienrecht, Herrmann, Teil 17.
684 Waldner, Eheverträge, Scheidungs- und Partnerschaftsvereinbarungen, Rn 141.
685 OLG Hamm, FamRZ 1988, 618.

ihr persönliches Einkommen zur Befriedigung persönlicher Bedürfnisse verwenden.[686] Paare, die seit weniger als einem Jahr zusammen leben, sind nach einem Beschluss des Landessozialgerichts Berlin-Brandenburg i.d.R. keine Bedarfsgemeinschaft i.S. von Hartz IV. Damit dürfe das Einkommen beider Partner beim Arbeitslosengeld (ALG II) nicht zusammengerechnet werden. Einem Kläger wurde deshalb einstweiliger Rechtschutz gewährt. (Az.: L 5 B 1362/05 AS ER) Von einer „Einstands- und Verantwortungsgemeinschaft", die allein die Einkommensanrechnung rechtfertige, könne nicht die Rede sein.

gg) Kinder in der nichtehelichen Lebensgemeinschaft

Lebenspartner können Vereinbarungen über das **Sorgerecht** für gemeinsame Kinder treffen, sollten sie bereits geboren, aber auch erst geplant sein. Die gemeinsame elterliche Sorge tritt bei Lebensgefährten nicht automatisch ein, wie bei Ehegatten für ein in der Ehe geborenes Kind. Grundsätzlich steht der nichtverheirateten Mutter das Sorgerecht allein zu, § 1626 a Abs. 2 BGB. Der Gesetzgeber hat es zunächst ihrer Willkür überlassen, ob sie alleinige Sorgerechtsinhaberin bleiben will oder ob sie der gemeinsamen elterlichen Sorge zustimmt.   30

Beide Eltern können eine gemeinsame, öffentlich beurkundete **Sorgeerklärung** abgeben, sodass gemeinsames Sorgerecht besteht. Bei einer Trennung verbleibt es dann bei der gemeinsamen elterlichen Sorge. Die Aufhebung der gemeinsamen elterlichen Sorge oder Übertragung eines Teils der elterlichen Sorge auf einen Elternteil ist an strenge Voraussetzungen gebunden. Abgesehen von Missbrauchsfällen geht dies nur im Fall der Trennung. Das **Kindeswohl** ist hier oberstes Gebot. Die Eltern sollten sich **vor** Abgabe einer Sorgeerklärung dringend fachlich beraten lassen, denn sie können ihre Entscheidung und Einigung über die elterliche Sorge, auch wenn diese Teil einer umfassenden Partnerschaftsvereinbarung ist, **frei widerrufen,**[687] jedenfalls bis eine öffentlich beurkundete Sorgeerklärung abgegeben wurde oder eine gerichtliche Entscheidung herbeigeführt wurde.   31

Muster: Sorgeerklärung für zukünftige Kinder   32

Für den Fall, dass aus unserer Lebensgemeinschaft gemeinsame Kinder hervorgehen, verpflichten wir uns eine gemeinsame Sorgeerklärung abzugeben, um die gemeinsame elterliche Sorge zu übernehmen. Diese Vereinbarung gilt nur bis zur Beendigung unserer Lebensgemeinschaft.

93

Sorgeerklärungen können gemäß § 1626b Abs. 2 BGB bereits vor der Geburt des Kindes abgegeben werden. Ist das Kind bereits geboren, so kommt folgende Formulierung in Betracht: 33

---

686   BVerfG v. 17.12.1992, Az.: 1 BvL 8/87.
687   OLG München, FamRZ 1991, 1343, 1344.

34

94

Muster: Sorgeerklärung für gemeinsame Kinder

Wir erklären hiermit, dass wir für unser am ▪▪▪. geborenes Kind ▪▪▪ (Name), die gemeinsame elterliche Sorge übernehmen wollen. Der Kindesvater hat beim zuständigen Amt für Kinder Jugend und Familie ▪▪▪ (Ort) bereits die Vaterschaft anerkannt, ▪▪▪ (Az.). Diesem wird Mitteilung über die Sorgeerklärung gemacht.

35 Die Sorgeerklärungen sind **öffentlich zu beurkunden,** und zwar entweder bei einem Notar oder bei dem zuständigen Amt für Kinder, Jugend und Familie.

36 Hinsichtlich des **Umgangsrechts** sind eheliche und nichteheliche Kinder gleichgestellt. Dem Recht des Kindes auf Umgang mit jedem Elternteil korrespondiert ein Recht der Eltern auf Umgang mit dem Kind. Zum Umgangsrecht mit dem gemeinsame Kind vergleiche das ausführliche Kapitel **Umgangsrecht** und die dortigen Ausführungen zu möglichen Vereinbarungen. Auch dem Partner einer nichtehelichen Lebensgemeinschaft kann ein Umgangsrecht mit seinem früheren „**Stiefkind**" zustehen, wenn dies dem Kindeswohl nicht widerspricht.[688] Die Voraussetzungen legt § 1685 Abs. 2 BGB fest. Der Umgangbegehrende muss eine **enge Bezugsperson** des Kindes sein, und es ist Voraussetzung, dass eine **sozial-familiäre Beziehung** besteht.

37

95

Muster: Umgangsrecht mit früherem Lebensgefährten, der nicht Vater ist

Wir haben für einen Zeitraum von ▪▪▪ Jahren in einer nichtehelichen Lebensgemeinschaft zusammengelebt. Die Frau hat eine Tochter ▪▪▪, geboren am ▪▪▪, mit in die Beziehung gebracht. Zwischen dem Mann und der Tochter hat sich eine Vater-Tochter-Beziehung entwickelt. Wir vereinbaren, dass dem Mann auch nach der Trennung ein geregelter Umgang mit dem Kind ▪▪▪ zustehen soll, was auch dem Willen des Kindes entspricht. Der Umgang soll wie folgt ausgestaltet werden:

1. Der Mann hat das Recht und die Pflicht, das Kind ▪▪▪, geb. ▪▪▪ an jedem zweiten Wochenende jeweils von Samstag 9.00 Uhr bis Sonntags 17.00 Uhr zu sich zu nehmen.

2. Fällt der unter Ziffer 1. vereinbarte Umgang wegen Erkrankung des Kindes oder aus einem sonstigen triftigen Grund aus, ist der Mann berechtigt, den Umgang mit dem Kind am darauf folgenden bzw. am nächstmöglichen Wochenende nachzuholen. Der Turnus verschiebt sich dadurch nicht.

3. Schulferien von mehr als einer Woche Dauer verbringt das Kind jeweils hälftig beim Mann.

4. Der Mann holt das Kind bei der Mutter ab und bringt sie auch wieder zurück.

(vgl. die Ausführungen im Kapitel Umgangsrecht zu Ort, Zeit, Dauer, etc ▪▪▪)

Für den Fall, dass die Eltern die **gerichtliche Genehmigung** der Vereinbarung beantragen wollen:

Die Frau wird einen entsprechenden Antrag zur Regelung des Umgangs beim Familiengericht stellen. Der Kindesvater stimmt dieser Regelung bereits jetzt zu. Die Eltern werden die richterliche Billigung dieser Vereinbarung beantragen.

---

688   Grziwotz, FamRZ 2006, S. 1069, 1071; Heiß, Das Mandat im Familienrecht, Teil 19, Rn 24.

Besteht gemeinsames Sorgerecht, bestimmen die Eltern den **Namen des Kindes** gemeinsam entweder den Namen der Mutter oder den Namen des Vaters. Besteht Alleinsorge eines Elternteils, so bestimmt auch dieser den Namen des Kindes. Eine vertragliche Regelung über das Namensgebungsrecht scheidet aus.

38

hh) Steuern

Partner einer nichtehelichen Lebensgemeinschaft werden in allen Steuerarten wie Unverheiratete behandelt. Dies bedeutet für jeden Partner, dass er eine eigene Steuererklärung abzugeben hat. Steuerliche Vergünstigungen sind lediglich in eng begrenzten Teilbereichen gegeben, wie z.B. die Berücksichtigung von **Unterhaltsleistungen** in der nichtehelichen Lebensgemeinschaft als außergewöhnliche Belastungen.[689] Voraussetzung für die Abzugsfähigkeit ist aber, dass die Unterhaltsleistungen aufgrund einer gesetzlichen Verpflichtung erbracht werden oder wenn aufgrund der Unterhaltsleistungen öffentliche Leistungen gekürzt werden.[690]

39

Durch Verträge zwischen den Lebenspartnern können bestimmte steuerliche Folgen nur in gewissen Fällen herbeigeführt werden. So wird ein **Mietvertrag** zwischen Lebenspartnern für die gemeinsam genutzte Wohnung steuerlich nicht anerkannt, mit dem Hinweis, dass es sich um einen Beitrag der gemeinsamen Haushaltsführung handele.[691]

40

Im Übrigen haben die Partnern einer nichtehelichen Lebensgemeinschaft jedoch **Gestaltungsmöglichkeiten**, steuerliche Folgen herbeizuführen, die Ehegatten regelmäßig verwehrt sind, weil deren Verträge dem Fremdvergleich standhalten müssen. Hierbei handelt es sich um die Bereiche der Dienst- und Arbeitsverträge oder z.B. des Gesellschaftsrechts.[692] Die steuerlichen Vor- und Nachteile der Ehe gegenüber dem „freien" Zusammenleben müssen in jedem Einzelfall geprüft werden.[693]

41

Ein Werbungskostenabzug für **doppelte Haushaltsführung** ist möglich, wenn eine Wohnung vorhanden ist, die den Mittelpunkt der Lebensinteressen der Lebenspartner darstellt[694] und nicht lediglich zu Besuchszwecken aufgesucht wird. Sowohl der **Kinderfreibetrag** als auch andere kindbedingte Steuerentlastungen werden den Eltern, die in einer nichtehelichen Lebensgemeinschaft zusammen leben, jeweils hälftig gewährt.[695]

42

Im Fall der Trennung sollte steuerpflichtige Schenkungen vermieden werden. So empfiehlt es sich bei Zuwendungen während bestehender Lebensgemeinschaft für den Fall der Rückübertragung, den Wegfall der Geschäftsgrundlage durch die Trennung übereinstimmend festzustellen.[696] Dann fehlt der Schenkungscharakter.

43

689   Büchting/Heussen, Beck'sches Rechtsanwaltshandbuch, Messerle/Weingart, Kap. C 18, Rn 71.
690   Tzschaschel, Vereinbarungen bei nichtehelichen Lebensgemeinschaften, D. 1., S. 41.
691   BFH, NWB 1996, 357.
692   Grziwotz, Nichteheliche Lebensgemeinschaft, Teil 7, § 19, Rn 107.
693   Grziwotz, FamRZ 2006, S. 1069 f.
694   Tzschaschel, Vereinbarungen bei nichtehelichen Lebensgemeinschaften, D. 1., S. 41.
695   Tzschaschel, Vereinbarungen bei nichtehelichen Lebensgemeinschaften, D. 1., S. 41.
696   Tzschaschel, Vereinbarungen bei nichtehelichen Lebensgemeinschaften, D. 2. ,S. 42.

44

Beratungshinweis:

Insbesondere in erbschafts- und schenkungsteuerrechtlichen Fragen sollten die Lebensgefährten einen Steuerberater aufzusuchen, der ihnen die jeweiligen Möglichkeiten der vertraglichen Regelungen und deren jeweiligen Folgen aufzeigt, da hier erhebliche Nachteile entstehen können.

ii) Erbrecht

45 Für Lebensgefährten einer nichtehelichen Lebensgemeinschaft existiert **kein gesetzliches** Erbrecht. Den Lebensgefährten steht es jedoch offen, durch Errichtung eines **Testaments**, §§ 2064 ff, 2253 BGB, sich als Erben einzusetzen oder mit einem **Vermächtnis** zu bedenken, §§ 1939 ff BGB. Sie können aber auch einen notariell beglaubigten **Erbvertrag** abschließen, §§ 2274 ff BGB. Der Abschluss eines gemeinschaftlichen Testaments nach §§ 2265 BGB ist Ehegatten vorbehalten. Haben Lebensgefährten ein solches gemeinschaftliches Testament errichtet, ist die Umdeutung in jeweilige Einzeltestamente bei Einhaltung der Formvorschriften durchaus möglich.[697]

46 **Beratungshinweis:**

Testamente behalten auch nach der Trennung der Partner ihre Wirkung. Sie sind gegebenenfalls ausdrücklich zu widerrufen. In einen Erbvertrag sollte ein Rücktrittsvorbehalt für den Fall der Trennung aufgenommen werden.

47 Wurde in einen Erbvertrag kein **Rücktrittsvorbehalt** mit aufgenommen, hat der Lebensgefährte so gut wie keine Möglichkeit sich einseitig vom Vertrag zu trennen, auch nicht unter Berufung auf die irrige Erwartung des Fortbestandes der Lebensgemeinschaft.[698]

48

96

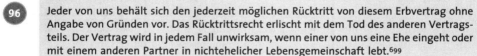

Muster: Rücktritt

Jeder von uns behält sich den jederzeit möglichen Rücktritt von diesem Erbvertrag ohne Angabe von Gründen vor. Das Rücktrittsrecht erlischt mit dem Tod des anderen Vertragsteils. Der Vertrag wird in jedem Fall unwirksam, wenn einer von uns eine Ehe eingeht oder mit einem anderen Partner in nichtehelicher Lebensgemeinschaft lebt.[699]

49 Mit der Erbeinsetzung des Lebensgefährten oder der Zuwendung eines Vermächtnisses an diesen werden die Rechte der gesetzlichen Erben beschnitten. Es sollte also darauf geachtet werden, dass die **Grenze der Sittenwidrigkeit** hier nicht überschritten wird. Diese ist einzelfallabhängig anzunehmen, dürfte aber dann vorliegen, wenn andere Erben **erheblich wirtschaftlich getroffen** werden.[700]

---

697 LG Bonn, FamRZ 2004, 405.
698 Grziwotz, FamRZ 2006, 1069, 1072.
699 Nach Grziwotz, Nichteheliche Lebensgemeinschaft, 11. Teil, § 30 Rn 144.
700 Tzschaschel, Vereinbarungen bei nichtehelichen Lebensgemeinschaften, S 25 III. a).

jj) Sonstiges

Ein Partner kann sich vertraglich weder zur Kinderlosigkeit durch Anwendung emp- 50
fängnisverhütender Mittel noch umgekehrt zur Nichtanwendung solcher Mittel verpflichten oder dazu, eine medizinische Sterilisation vornehmen zu lassen oder nicht.[701]
Auch sonstige **höchstpersönliche Entscheidungen** können nicht in einem Vertrag wirksam geregelt werden. Fraglich ist bereits, ob es sinnvoll ist, Vereinbarungen über die
Rollenverteilung in der Partnerschaft zu treffen, da sich dies von selbst ergibt, und
die Partner so oder so hierüber im Einvernehmen handeln müssen.

b) Formvorschriften

Partnerschaftsverträge können grundsätzlich **formfrei** geschlossen werden. Das heißt, 51
auch mündlich geschlossene Verträge sind wirksam. Zu Beweiszwecken sollte ein Partnerschaftsvertrag aber regelmäßig **schriftlich** abgefasst werden und von beiden Vertragsteilen gegengezeichnet werden. Dies gilt auch für Vereinbarungen bei Auflösung
der Partnerschaft.[702] Enthält eine Vereinbarung Regelungen, die nach den allgemeinen
Vorschriften einer bestimmten Form, der notariellen Beurkundung, unterliegen, so
sollte der gesamte Vertrag notariell beurkundet werden. Dies gilt insbesondere bei
Grundstücksübertragung, Unterwerfung unter die sofortige Zwangsvollstreckung
oder auch bei Vereinbarungen von Regelungen für eine zukünftige Ehe.[703]

c) Zwangsvollstreckung

Es ist gerade bei Vereinbarungen über Unterhaltspflichten oder Forderungen empfeh- 52
lenswert, mit in die Vereinbarung selbst auf zunehmen, dass sich der Schuldner hinsichtlich der geregelten Punkte unter die sofortige Zwangsvollstreckung in sein gesamtes Vermögen unterwirft. Es gelten die allgemeinen Regeln. Die Unterwerfung unter die
Zwangsvollstreckung ist nicht möglich bei Vereinbarungen über die elterliche Sorge
oder das Umgangsrecht, da hier grundsätzlich Kindeswohlgesichtspunkte im Vordergrund stehen.

II. Muster für Partnerschaftsvereinbarungen

Bei der Anwendung der Vertragsmuster ist darauf zu achten, dass diese nicht generell
für eine nichteheliche Lebensgemeinschaft übernommen werden können. Sie sind aufgrund der Vielschichtigkeit der Lebenssituationen auf die besonderen Verhältnisse und
Lebensumstände der jeweiligen Lebensgefährten umzuformulieren und anzupassen.
Hierbei ist darauf zu achten, dass auch nur tatsächlich notwendige Regelungen getroffen werden. Im Folgenden werden Musterentwürfe für Partnerschaftsverträge auf-
gezeigt die beispielhaft zeigen, wie bestimmte Regelungsbereiche in vertragliche Form
gefasst werden können. Gegebenenfalls ist eine Kombination möglich.

---

701 BGH NJW 1986, 2043.
702 Tzschaschel, Vereinbarungen bei nichtehelichen Lebensgemeinschaften, S. 8 Pkt.8.
703 Waldner, Eheverträge, Scheidungs- und Partnerschaftsvereinbarungen, Rn 129.

53 1. Muster: Gestaltungsvertrag für eine nichteheliche Lebensgemeinschaft[704]

Vorbemerkung

Wir leben seit Februar 2006 in einer nichtehelichen Lebensgemeinschaft zusammen. Wir sind nicht verlobt, eine Heirat ist nicht geplant. Zur Ausgestaltung unseres Zusammenlebens schließen wir folgende Vereinbarung:

§ 1 Wohnung

M ist alleiniger Mieter der Wohnung ▪▪▪ in 83278 Traunstein. F ist in diese Wohnung eingezogen. M verpflichtet sich weiterhin, die gesamte Miete und Nebenkosten voll zu bezahlen. M stellt F insoweit von etwaigen Ansprüchen des Vermieters oder anderer Vertragspartner frei.

Wir sind uns dahingehend einig, dass F im Fall der Trennung zum Auszug aus der Wohnung verpflichtet ist. Die Räumungsfrist beträgt drei Monate. Die Frist beginnt mit dem Zugang der schriftlichen Aufforderung durch M. Die Aufnahme Dritter in die Wohnung bedarf der Zustimmung beider Partner. Im Fall der Trennung ist F berechtigt das ▪▪▪ Zimmer bis zu ihrem Auszug alleine zu nutzen. Sie hat im Übrigen ein Mitbenutzungsrecht an der Küche, dem Bad, dem Flur sowie den Kellerräumen.

alternativ:

Wir sind beide Mieter der Wohnung ▪▪▪ in 83278 Traunstein. Wir haben aus diesem Mietvertrag beide die gleichen Rechte und Pflichten. Wird die nichteheliche Lebensgemeinschaft von einem Partner aufgegeben, so hat der andere Partner das Recht die Wohnung alleine zu übernehmen. Wird infolge der Trennung die gemeinsame Wohnung aufgegeben, so haben sich die Partner die Kosten der Auflösung zu teilen. Auch der Kautionsrückzahlungsanspruch wird hälftig geteilt.

§ 2 Unterhalt

M ist während der Dauer der Lebensgemeinschaft verpflichtet, die Kosten der Wohnung, Miete einschließlich Mietnebenkosten, allein zu tragen. Die Lebenshaltungskosten werden im Übrigen gemeinsam, zu gleichen Teilen, getragen.

Im Fall der Trennung steht keinem Partner ein Unterhaltsanspruch gegenüber dem anderen zu, außer es tritt der gesetzliche Fall des § 1615l BGB, Betreuungsunterhalt für ein gemeinsames minderjähriges Kind, ein.

Nach der Trennung werden auch die Kosten der Wohnung von beiden Partnern hälftig getragen, mindestens jedoch für einen Zeitraum von zwei Monaten nach Trennung.

§ 3 Lebenshaltungskosten

Der Haushalt wird gemeinsam geführt. Beiträge zur gemeinsamen Haushaltsführung werden nicht erstattet. Auch nach einer Trennung findet ein Ausgleich der während der Dauer der Partnerschaft erbrachten Leistungen für den gemeinsamen Haushalt nicht statt.

Die Partner richten bei der B-Bank ein gemeinsames Konto in der Form des Oder-Kontos ein, über das sämtliche die nichteheliche Lebensgemeinschaft betreffende Zahlungen abgewickelt werden. Auf dieses Konto zahlt jeder Partner einen monatlichen Betrag in Höhe von EUR ▪▪▪ ein. Bei Auflösung der Partnerschaft sind gegebenenfalls noch nicht erbrachte Monatszahlungen noch zu erbringen. Weißt das Konto bei Auflösung der Partnerschaft ein Guthaben auf, wird dieses nach Abzug der Kosten bei der B-Bank mit Kontoauflösung hälftig geteilt. Weist das Konto ein Soll aus, so ist dies von de Partnern zu gleichen Teilen auszugleichen.

---

704 Burhoff, Handbuch der nichtehelichen Lebensgemeinschaft, Rn 701.

§ 4 Vertretung

Es tritt grundsätzlich jeder Partner – mit den sich aus dem nachfolgenden ergebenden Einschränkungen – für sich allein auf. Der andere Partner wird durch ihn weder berechtigt noch verpflichtet.

oder

Im Rahmen der Haushaltsführung sind wir berechtigt Geschäfte zur Deckung des angemessenen Lebensbedarfs mit Wirkung auch für und gegen den anderen zu besorgen. Im Übrigen ist keiner berechtigt, ohne ausdrückliche weitergehende Vollmacht den anderen Partner zu vertreten.

oder

Wir sind berechtigt und bevollmächtigen uns gegenseitig, Geschäfte des täglichen Lebens auch mit Wirkung für und gegen den anderen Partner abzuschließen.

(Gegebenenfalls sollte eine Höchstbetragsgrenze EUR ■■■ eingefügt werden.)

Für den Fall einer **ärztlichen Behandlung** bevollmächtigen wir uns gegenseitig wie folgt:

Wir bevollmächtigen uns gegenseitig, Einwilligungen zu ärztlichen Heilbehandlungen des jeweils anderen zu erklären und uns über den Gesundheitszustand des jeweils anderen umfassend zu informieren. Wir entbinden die uns behandelnden Ärzte und das Pflegepersonal – auch über unseren Tod hinaus – von der ärztlichen Schweigepflicht. Der jeweils andere Partner ist außerdem zu Besuchen am Krankenbett berechtigt.

(Vgl. ausführlich das Kapitel Vorsorgevollmachten und Betreuungsverfügungen.)

§ 5 Hausrat/Eigentum

Die Eigentumsverhältnisse an von den Partnern eingebrachten oder während der Dauer der Partnerschaft angeschafften Sachen regeln wir wie folgt:

Jeder Partner bleibt grundsätzlich Eigentümer der von ihm in die Partnerschaft eingebrachten Sachen. Beide Partner haben jeweils ein Vermögensverzeichnis erstellt, welche dieser Vereinbarung anliegen. Die Vermögensverzeichnisse werden im halbjährlichen Abstand von beiden Partnern aktualisiert.

An den während der Lebensgemeinschaft erworbenen Haushaltsgegenständen erhält jeder Partner Miteigentum. Soll einer der Partner Alleineigentum erhalten, werden die Partner dies ausdrücklich vereinbaren.

§ 6 Geschenke/Vermögen

Nach Auflösung der Partnerschaft können weder Geschenke noch sonstige Zuwendungen, welche die Partner einander gemacht haben zurückgefordert werden. Bei größeren Vermögenswerten, die nur durch finanziellen Einsatz beider Partner angeschafft werden konnten, werden die Partner im Einzelfall in einer gesonderten Vereinbarung regeln, in welcher Form ein Ausgleich stattzufinden hat. Haben die Partner eine solche Vereinbarung nicht getroffen, sind die beiderseitigen Leistungen gegeneinander aufzurechnen. Ergibt sich für einen Partner ein Guthaben, ist dies zwischen den Partnern zu teilen. Der ausgleichsberechtigte Partner kann nur Zahlung eines Geldbetrages verlangen. Der Anspruch ist drei Monate nach Zugang der Zahlungsaufforderung fällig, und ab diesem Zeitpunkt mit 5 % p.a. zu verzinsen. Die Zahlungsaufforderung bedarf der Schriftform.

§ 7 Mitarbeit

Soweit ein Partner im Betrieb des anderen mitarbeitet, ist ein schriftlicher Arbeitsvertrag abzuschließen. Haben die Partner einen Arbeitsvertrag nicht abgeschlossen, werden geleistete Dienste weder während des Bestehens, noch nach der Trennung der Partner erstattet.

> **§ 8 Haftung**
> Wir haften einander für Schäden, die auf einer Handlung beruhen, die im Rahmen unseres Zusammenlebens erfolgt nur für die Sorgfalt, die wir in eigenen Angelegenheiten anzuwenden pflegen.
> **§ 9 Salvatorische Klausel**
> Für den Fall, dass eine der vorstehenden Bestimmungen unwirksam ist, sollen die übrigen Bestimmungen wirksam bleiben.
> Datum/Unterschriften
> Anlagen: 2 Verzeichnisse

54 **2. Muster: Auseinandersetzungsvertrag**[705]

> **Vorbemerkungen**
> Namen, Anschriften
> [Eventuell kurze Vorgeschichte, Dauer der Lebensgemeinschaft, Trennungszeitpunkt, Kinder, ■■■]
> **§ 1 Wohnung**
> M ist alleiniger Mieter der Wohnung ■■■, 83278 Traunstein, Parterre.
> M ist am ■■■ aus dieser Wohnung ausgezogen.
> Wir sind uns dahingehend einig, dass F mit dem gemeinsamen minderjährigen Kind ■■■, geboren am ■■■ in dieser Wohnung verbleibt.
> Wir verpflichten uns mit dem Vermieter der Wohnung, ■■■, über eine Aufhebung des bestehenden Mietvertrages zu verhandeln, sowie über den Eintritt von F in das Mietverhältnis allein. Auf Verlangen des Vermieters wird sich M bereit erklären als Mithaftender den Mietvertrag zu unterzeichnen, ohne jedoch eigene Rechte als Mieter hieraus ziehen zu können.
> Bis zur Umschreibung des Mietvertrages verpflichtet sich F, die Miete nebst den Mietnebenkosten in voller Höhe allein zu übernehmen und M von jeglicher Haftung im Innen- und Außenverhältnis freizustellen.
> **§ 2 Hausrat**
> Wir sind uns dahingehend einig, dass sämtliche in den gemeinsamen Haushalt eingebrachten und während des Bestehens der nichtehelichen Lebensgemeinschaft erworbenen Hausratsgegenstände im Alleineigentum der F stehen.
> **§ 3 Eigentumsverhältnisse**
> Wir stellen einverständlich fest, dass die übrigen Vermögensgegenstände im Alleineigentum desjenigen verbleiben, der sie erworben hat. Wir haben seit Beginn unserer Lebensgemeinschaft Vermögensverzeichnisse geführt und auf dem aktuellen Stand gehalten, sie liegen dieser Urkunde an.
> **§ 4 Geschenke**
> Wir verzichten wechselseitig auf die Rückforderung von Zuwendungen und Geschenken und nehmen diesen Verzicht wechselseitig an.

---

705 Tzschaschel, Vereinbarungen bei nichtehelichen Lebensgemeinschaften, S. 22 ff.

§ 5 Kindesunterhalt

M verpflichtet sich an die F für die gemeinsame Tochter ■■■, geboren am ■■■, ab 1.12.2006 einen monatlichen, voraus zahlbaren Kindesunterhalt in Höhe von 135% des jeweiligen Regelbetrages der Düsseldorfer Tabelle nach der jeweiligen Altersstufe (derzeit Altersstufe 2) unter Berücksichtigung des nach § 1612b Abs. 5 BGB anzurechnenden Kindergeldes zu bezahlen, somit derzeit Zahlbetrag in Höhe von monatlich EUR 257,–.

Wir gehen davon aus, dass die gemeinsame Tochter ■■■ im Haushalt der F lebt, und von dieser versorgt und betreut wird, und, dass das staatliche Kindergeld von dieser bezogen wird. Grundlage der Berechnung ist ein Einkommen des M in Höhe von monatsdurchschnittlich EUR ■■■, abzüglich pauschal berufsbedingter Aufwendungen in Höhe von 5 % sowie der folgender Belastungen: ■■■

M verpflichtet sich zusätzlich für die Tochter eine Zusatzkrankenversicherung sowie eine Ausbildungsversicherung abzuschließen.

§ 6 Umgangsrecht

M hat das Recht und die Pflicht die gemeinsame Tochter ■■■, geb. ■■■ an jedem zweiten Wochenende jeweils von Freitags 18.00 Uhr bis Sonntags 17.00 Uhr zu sich zu nehmen.

Fällt der vereinbarte Umgang wegen Erkrankung des Kindes oder aus einem sonstigen triftigen Grund aus, ist M berechtigt, den Umgang mit dem Kind am darauffolgenden bzw. am nächstmöglichen Wochenende nachzuholen. Der Turnus verschiebt sich dadurch nicht.

Schulferien von mehr als einer Woche Dauer verbringt das Kind jeweils hälftig bei M.

§ 7 Unterhalt

M verpflichtet sich an F einen monatlichen Unterhalt in Höhe von EUR ■■■ zu bezahlen. Der Unterhalt ist monatlich im voraus, jeweils zum ersten des Monats zu bezahlen. Der Unterhaltsanspruch der F erlischt, falls diese heiratet oder mit einem anderen Mann länger als ein Jahr in einer Haushalts- und Wirtschaftsgemeinschaft lebt, sowie ab dem Zeitpunkt in welchem die gemeinsame Tochter ■■■ das 15. Lebensjahr vollendet hat.

Grundlage der Unterhaltsverpflichtung ist ein monatliches Einkommen des M in Höhe von EUR ■■■ abzüglich pauschal berufsbedingter Aufwendungen in Höhe von ÉUR ■■■, sowie folgende Belastungen ■■■.

§ 8 Altersversorgung

M hat für F als unwiderruflich Bezugsberechtigte bei der ■■■ Versicherungsgesellschaft eine Kapitallebensversicherung mit Rentenwahlrecht abgeschlossen. M verpflichtet sich, die Beiträge für die Versicherung monatlich laufend weiterhin, bis zum 15. Lebensjahr der gemeinsamen Tochter ■■■ zu entrichten.

§ 9 Darlehen

F hat M einen Betrag in Höhe von EUR ■■■ als Darlehen überlassen. Das Darlehen ist ab dem 1.12.2006 mit 5 Prozent zu verzinsen und zur Rückzahlung fällig am 31.12.2010.

M beantragt und bewilligt zur Sicherung des vorstehenden Anspruchs nebst Zinsen eine Sicherungshypothek zu Lasten des Grundstücks Flur Nr. ■■■, Mozartstr. 7 in Traunstein, eingetragen im Grundbuch von Traunstein, Band ■■■, zugunsten von F einzutragen.

§ 10 Zwangsvollstreckung

M unterwirft sich hinsichtlich seiner Verpflichtungen aus dieser Urkunde der sofortigen Zwangsvollstreckung in sein gesamtes Vermögen.

> **§ 11 Sonstiges**
>
> Wir sind uns dahingehend einig, dass vorstehende Vereinbarung abschließend ist, und alle bisher etwa entstandenen vermögensrechtlichen Ansprüche, aus welchem Rechtsgrund auch immer, abgegolten sind. Wir verzichten vorsorglich auf weitergehende Ansprüche und nehmen diesen Verzicht wechselseitig an.
>
> M trägt die Kosten dieser Urkunde, einschließlich der Anwalts- und Notarkosten, sowie eventueller Steuern.
>
> Das Grundbuchamt Traunstein erhält eine Ausfertigung zum Vollzug gegen Anzeige.
>
> Notarieller Urkundenabschluss, Datum und Unterschriften
>
> 2 Anlagen

III. Grenzen der Vertragsfreiheit

55 **Sittenwidrig** sind nur solche Rechtsgeschäfte, die gröblich die in der Rechtsgemeinschaft ganz überwiegend anerkannte Sozialmoral verletzen.[706] Partnerschaftsvereinbarungen zwischen Lebensgefährten, von denen mindestens einer (noch) verheiratet ist, sind regelmäßig wirksam. Nur wenn durch den Abschluss der Vereinbarung Ehegatten oder sonstige nahe Familienangehörige **erheblich wirtschaftlich getroffen** werden, ist ein Verstoß gegen die guten Sitten gem. § 138 BGB überhaupt in Betracht zu ziehen.

IV. Gebühren

56 Für die Erstellung eines Partnerschaftsvertrages bestimmen sich die Gebühren nach dem Gegenstandswert. Dieser ist nach billigem Ermessen zu ermitteln, gem. § 23 Abs. 3 S. 2 1. Alt RVG, und richtet sich nach dem jeweils geregelten Rechtsverhältnis. Einzelne Vereinbarungen sind jeweils getrennt zu bewerten. Ihre Geschäftswerte sind jedoch zusammenzurechnen.[707]

57 Der Rahmen der Geschäftgebühr beträgt gemäß Nr. 2400 VV RVG 0,5 bis 2,5. Die Mittelgebühr liegt hier bei 1,3. Eine darüber hinausgehende Gebühr kann nur bei umfangreicher und schwieriger Tätigkeit angenommen werden. Für die Erstellung eines Partnerschaftsvertrages sollte ein Anwalt auf die Möglichkeit des § 4 RVG zurückgreifen und eine Gebührenvereinbarung abschließen. Ist eine Rechtsanwalt lediglich **beratend** tätig, ohne einen Vertrag zu entwerfen oder hieran mitzuarbeiten, wird es seit 1.7.2006 notwendig, eine Vergütungsvereinbarung abzuschließen. Ansonsten erhält der Anwalt lediglich die Erstberatungsgebühr.

---

706 OLG Hamm, FamRZ 2000, 95 f.
707 § 44 Abs. 1 und 2 KostO.

§ 10 Lebenspartnerschaften

Literatur

Gerhardt/von Heintschel-Heinegg/Klein, Handbuch des Fachanwalts Familienrecht, 5. Auflage 2005; *Waldner*, Eheverträge, Scheidungs- und Partnerschaftsvereinbarungen, 2. Auflage 2004; *Heiß*, Das Mandat im Familienrecht, 2005; *Büchting/Heussen*, Beck`sches Rechtsanwaltshandbuch, 8. Auflage 2004; *Haußleiter/Schulz*, Vermögensauseinandersetzung bei Trennung und Scheidung, 4. Auflage 2004; *Palandt*, Bürgerliches Gesetzbuch, 65. Auflage 2006; *Wendl/Staudigl*, Das Unterhaltsrecht in der familienrichterlichen Praxis, 6. Auflage 2004.

I. Beratungssituation

1. Ausgangssituation

a) Begründung der Lebenspartnerschaft

Durch das Lebenspartnerschaftsgesetzes haben auch gleichgeschlechtliche Partner die Möglichkeit erhalten, ihre Beziehung, zumindest in gewissem Umfang, zu formalisieren. Die Begründung einer eingetragenen Lebenspartnerschaft setzt voraus, dass zwei Personen des **gleichen Geschlechts** die gegenseitige, persönlich und bei gleichzeitiger Anwesenheit erfolgte unbedingte und unbefristete **Erklärung** abgeben, miteinander eine Partnerschaft auf Lebenszeit begründen zu wollen, § 1 Abs. 1 S. 1 und 2 LPartG. Die Erklärungen sind vor der „**zuständigen Behörde**" abzugeben, § 1 Abs. 1 S. 3 LPartG. Die zuständige Behörde wird durch das Landesrecht bestimmt. Durch sie wird die Partnerschaft in ein Register eingetragen. Weitere Wirksamkeitsvoraussetzung für die Begründung der Lebenspartnerschaft ist, dass die Partner eine Erklärung über ihren **Vermögensstand** abgeben. Die Partner haben die Wahl, ob sie den Vermögensstand der Ausgleichsgemeinschaft wählen, die in etwa der Zugewinngemeinschaft unter Eheleuten entspricht oder einen **Lebenspartnerschaftsvertrag** zur anderweitigen Regelung abschließen, § 6 LPartG. Die Lebenspartner können den Geburtsamen eines Partners durch Erklärung vor der zuständigen Behörde als gemeinsamen Lebenspartnerschaftsnamen bestimmen, § 3 I LPartG. **1**

Das Lebenspartnerschaftsgesetz eröffnet den eingetragenen Lebenspartnern bestimmte Rechtsfolgen, die in diversen Bereichen an die zivilrechtliche Ehe angenähert sind.[708] Abweichende vertragliche Regelungen sind jedoch möglich. Um die Partner möglichst umfassend und problemorientiert zu beraten und um das Für und Wider eines Partnerschaftsvertrages abwägen zu können, sollte anhand einer Checkliste vorgegangen werden. **2**

b) Checkliste[709]

Begründung einer Partnerschaft **3**

- Wirksamkeitsvoraussetzung
- Zuständigkeit
- Verfahren

---

708 Büchting/Heussen, Beck'sches Rechtsanwaltshandbuch, Messerle/Weingart, Kap. C 18 Rn 102.
709 Vgl. hierzu in: Büchting/Heussen, Beckᵉsches Rechtsanwaltshandbuch, Messerle/Weingart, Kap. C 18 Rn 131.

- Hinweis auf Namenswahlrecht
- Hinweis auf Verpflichtung zur Wahl des Vermögenstandes inklusive Beratung aber die jeweiligen Rechtsfolgen bei Beendigung der Partnerschaft
- Ggf. Abschluss eines Partnerschaftsvertrages

4 Kinder

- Bringt ein Partner Kinder mit oder sind Kinder in der Partnerschaft geplant, dann Hinweis auf sorgerechtliche Regelung und Umgangsrecht
- Unterhalt

5 Lebensumstände

- Unterhaltsverpflichtungen gegenüber anderen Verwandten
- Erläuterung wechselseitiger Unterhaltsverpflichtung
- Einkommensverhältnisse der Partner (Einkommen/Arbeitslosengeld II-Bezug)
- Bestehen von Versicherungsverträgen, in welche der andere Partner mit aufgenommen werde könnte bzw. als Bezugsberechtigter eingesetzt werden kann

6 Vermögensverhältnisse

- Wer bringt was mit in die Partnerschaft
- Einbeziehung etwaigen gemeinsamen Vermögenserwerbs vor Begründung der Lebenspartnerschaft in die Beratung und ggf. Vertragsgestaltung
- Ist gemeinsame Vermögensanschaffung geplant; bei größeren Anschaffungen ist vertragliche Regelung der Eigentumsverhältnisse zur Absicherung der Lebenspartner angezeigt
- Regelung des Vermögensstandes; Ausgleichsgemeinschaft oder Lebenspartnerschaftsvertrag
- Thema Bürgschaftsübernahme

7 Erbrechtliche und steuerrechtliche Beratung

- Gesetzliches Erbrecht
- Verfügung von Todes wegen
- Sinn einer teilweisen Eigentumsübertragung zu Lebzeiten in steuerlicher Hinsicht oder im Hinblick auf einen künftigen Erbfall

c) Beendigung der Partnerschaft

8 Das LPartG enthält keine Regeln über Willensmängel bei Begründung der Partnerschaft. Hieraus folgt, dass insbesondere für die Erklärungen, mit denen die Partnerschaft begründet werden soll, die allgemeinen Regeln über Willenserklärungen Anwendung finden. Die **Anfechtung** wegen Irrtums oder wegen arglistiger Täuschung ist möglich und führt zur Nichtigkeit der Erklärung und damit zur Nichtigkeit der Partnerschaftsbegründung insgesamt.

9 Die **Aufhebung** der Lebenspartnerschaft ist rechtlich an geringere Voraussetzungen gebunden als die Scheidung einer Ehe.[710] Eine **wirksam begründete Lebenspartnerschaft** wird gem. § 15 Abs. 1 LPartG auf Antrag eines oder beider Partner durch gerichtliches **Urteil** aufgehoben. Voraussetzung ist gem. § 15 Abs. 2 Nr. 2 i.V.m. Abs. 4 LPartG, dass

---

710 Kaiser, FamRZ 2002, 866, 869.

ein Partner erklärt, die Lebenspartnerschaft nicht fortsetzen zu wollen und seit der Zustellung dieser Erklärung an den anderen Lebenspartner 36 Monate vergangen sind. Erklären beide Partner die Lebenspartnerschaft nicht fortsetzen zu wollen und sind seit dieser Erklärung 12 Monate vergangen, sind die Voraussetzungen für die Aufhebung erfüllt. Ohne Fristeinhaltung ist die Lebenspartnerschaft aufzuheben, wenn die Fortsetzung der Partnerschaft für den Antragsteller aus Gründen, die in der Person des anderen Partners liegen, eine unzumutbare Härte darstellen würde.

2. Rechtliche Ausgangssituation

a) Was kann und was sollte geregelt werden

Die Gründung der Lebenspartnerschaft erfolgt durch Vertrag. Nach § 7 Abs. 1 LPartG   **10**
können Lebenspartner ihre vermögensrechtlichen Verhältnisse durch Vertrag (Lebenspartnerschaftsvertrag) regeln. Aufgrund der Annäherung der Regelungen im Lebenspartnerschaftsgesetzes an die Regelungen einer Ehe hat ein Lebenspartnerschaftsvertrag mehr Ähnlichkeit mit einem Ehevertrag als mit einer Partnerschaftsvereinbarung.[711] Lebenspartnerschaftsverträge unterliegen wie Eheverträge auch der **richterlichen Inhaltskontrolle**. Es folgt eine Zusammenstellung im Einzelfall regelungsbedürftiger und regelungsfähiger Bereiche, die nicht für sich in Anspruch nimmt abschließend zu sein.

aa) Lebenspartnerschaftsname

Die Lebenspartner können einen gemeinsamen Namen (Lebenspartnerschaftsname) be-   **11**
stimmen, § 3 LPartG. Die Erklärung über die Bestimmung des Lebenspartnerschaftsnamens soll bei Gründung der Partnerschaft gegenüber der zuständigen Behörde erfolgen. Erfolgt die Erklärung später, so ist sie öffentlich zu beglaubigen.[712]

bb) Vermögensstand

Vor Eingehung der Lebenspartnerschaft haben die Partner eine Erklärung über ihren   **12**
Vermögensstand abzugeben. Sie haben die Wahl zwischen der so genannten **Ausgleichsgemeinschaft** und dem Abschluss einer **notariellen Vereinbarung**, welche eine Regelung über die Vermögensverhältnisse enthält, insbesondere für den Fall der Trennung.[713]

Zur Vereinbarung der Ausgleichsgemeinschaft genügt die formlose Erklärung gegen-   **13**
über der zuständigen Behörde. Beim Vermögensstand der Ausgleichsgemeinschaft wird Vermögen, das die Partner zu Beginn der Lebenspartnerschaft haben oder während der Lebenspartnerschaft erwerben, nicht gemeinschaftliches Vermögen. Jeder Partner verwaltet sein Vermögen selbst. Bei Beendigung des Vermögensstandes wird der Überschuss, den die Lebenspartner während der Dauer des Vermögensstandes erzielt haben, ausgeglichen, § 6 Abs. 2 LPartG. Hierzu ist das jeweilige Anfangs- und Endvermögen zu ermitteln und miteinander zu vergleichen. **Modifizierungen des Vermögensstandes** der Ausgleichsgemeinschaft können vereinbart werden, ähnlich wie

---

711 Waldner, Eheverträge, Scheidungs- und Partnerschaftsvereinbarungen, Rn 149.
712 Vgl. zum Namenswahlrecht ausführlich Muscheler, FamRZ 2004, 762, 763.
713 Heiß, Das Mandat im Familienrecht, Teil 19 Rn 72.

auch bei der Zugewinngemeinschaft, sodass z.B. einzelne Vermögensgegenstände herausgenommen werden können. Es kann aber auch vereinbart werden, dass die Ausgleichsgemeinschaft nur für den Fall der Beendigung der Partnerschaft durch Tod, aber nicht bei Aufhebung gilt.[714]

14 Alternativ zur Ausgleichsgemeinschaft, bei welcher aufgrund der beinahe vollständigen Verweisung auf die Vorschriften der ehelichen Zugewinngemeinschaft die Ausgleichsmechanismen der Ausgleichsgemeinschaft praktisch kaum von denen der Zugewinngemeinschaft abweichen,[715] können die Partner auch den Vermögensstand der **Vermögenstrennung** wählen. Die von der Ausgleichsgemeinschaft abweichende Vereinbarung über den Vermögensstand bedarf der notariellen Form, § 7 Abs. 1 LPartG. Eine Eintragung der Vermögenstrennung in das Güterrechtsregister ist ausgeschlossen.[716]

15 **Beratungshinweis:**

Vereinbaren die Partner die Ausgleichsgemeinschaft, besteht bei Tod eines Partners für den Überschussausgleich Erbschaftsteuerfreiheit. Diese steuerliche Vergünstigung ist im Fall der Vermögenstrennung nicht gegeben. Daher sollte gegebenenfalls einer Modifizierung der Ausgleichsgemeinschaft der Vorzug gegeben werden vor einer Vereinbarung über Vermögenstrennung.

16 Gemäß § 6 Abs. 3 LPartG besteht für den Fall, dass die Vereinbarung der Ausgleichsgemeinschaft oder der Lebenspartnerschaftsvertrag unwirksam ist, Vermögenstrennung. Dem kann durch Formulierung einer vorrangigen Auffangregelung entgegengewirkt werden,[717] durch z.B. folgende Formulierung:

17 **Muster: Vorrangige Auffangregelung bei Unwirksamkeit nach § 6 Abs. 3 LPartG**

Sollte der Lebenspartnerschaftsvertrag nach § 6 Abs. 3 LPartG unwirksam sein, so bestimmen wir, dass für die Dauer unserer Lebenspartnerschaft die Ausgleichsgemeinschaft bestehen soll, und nicht die gesetzliche Folge der Vermögenstrennung eintreten soll.

18 Im Lebenspartnerschaftsgesetz fehlt eine Verweisung auf Vorschriften der **Gütergemeinschaft**. Ob diese dennoch im Rahmen eines Lebenspartnerschaftsvertrages vereinbart werden kann, ist fraglich und umstritten.[718] Während einer bestehenden Lebenspartnerschaft ist auch ein Wechsel des Vermögensstandes möglich.[719]

cc) Unterhalt

19 **In der Partnerschaft** sind die Lebenspartner einander zu angemessenem Unterhalt verpflichtet, § 5 LPartG. Im Fall der **Trennung** kann ein Partner von dem anderen nach den Lebens-, Erwerbs- und Vermögensverhältnissen während der Lebenspartnerschaft an-

---

714 Vgl. hierzu Grziwotz, in: Beck'sches Notar-Handbuch, 3. Auflage 2000, Rn 56 ff.
715 Rieger, FamRZ 2001, 1497, 1502.
716 KG v. 17.12.2002, FamRB 2003, 154.
717 Grziwotz, DNotZ 2001, 280, 288.
718 Bejahend: Rieger, FamRZ 2001, 1497, 1506; verneinend: Grziwotz, DNotZ 2001, 280, 290.
719 Waldner, Eheverträge , Scheidungs- und Partnerschaftsvereinbarungen, Rn 150.

gemessenen Unterhalt verlangen, § 12 LPartG. Kann von einem Partner nicht verlangt werden nach **Aufhebung** der Partnerschaft für seinen Unterhalt selbst zu sorgen, so kann dieser von dem anderen Partner einen angemessenen Unterhalt verlangen, § 16 LPartG, soweit und so lange von ihm eine Erwerbstätigkeit aufgrund Alter, Krankheit oder anderer Gebrechen nicht verlangt werden kann.[720]

Ist ein gemeinsames Kind zu betreuen, sei es bereits in die Partnerschaft mitgebracht, während der Partnerschaft geboren oder ist es während der Partnerschaft adoptiert worden, so steht der **Unterhaltsanspruch bei Betreuung eines Kindes** im Raum. In diesem Fall kann eine Formulierung im Partnerschaftsvertrag gewählt werden, die den **Betreuungsunterhalt** entsprechend dem Unterhalt bei Ehegatten regelt. Zwar schließt die Formulierung des § 16 LPartG einen Unterhaltsanspruch wegen Betreuung von Kindern nicht aus, maßgeblich ist aber, ob sich der Partner auf einen Vertrauenstatbestand berufen kann, der von dem anderen Partner mit geschaffen wurde, wie z.B. die Adoption eines gemeinsam gewollten Kindes.[721]   20

Der Unterhaltsanspruch des berechtigten Partners **erlischt jedenfalls**, wenn dieser nach Aufhebung der Partnerschaft eine Ehe eingeht oder eine neue Lebenspartnerschaft begründet. Wird diese Rechtsbeziehung aufgehoben, ist strittig, ob der Unterhaltsanspruch aus der ursprünglichen Partnerschaft wieder auflebt, da § 16 Abs. 2 LPartG nicht direkt auf § 1586 a BGB verweist. So sollte an einen **Verzicht** auf **nachpartnerschaftlichen Unterhalt** gedacht werden.   21

Zu einem **Ausschluss auf Getrenntlebensunterhalt** kann es bereits bei einfacher **Unbilligkeit** kommen. Der Anspruch auf nachpartnerschaftlichen Unterhalt ist erst bei **grober Unbilligkeit** ausgeschlossen, § 1579 BGB.   22

Der nachpartnerschaftliche Unterhalt unterliegt im Grunde, wie der nacheheliche Ehegattenunterhalt, der Privatautonomie, ist also **verzichtbar**.[722] Auf Trennungsunterhalt kann auch unter Lebenspartnern nicht verzichtet werden, er ist also unverzichtbar.   23

dd) Versorgungsanwartschaften

Für die eingetragene Lebenspartnerschaft ist die Durchführung eines Versorgungsausgleiches, d.h. Ausgleich der während des Bestehens der Lebenspartnerschaft erworbenen Versorgungsanwartschaften und -rechte, ausdrücklich **nicht** vorgesehen.   24

ee) Verfügungsbeschränkungen

Die Verfügungsbeschränkungen der § 8 Abs. 2 LPartG i.V.m. §§ 1365, 1369 BGB, die bei eingetragener Lebenspartnerschaft **unabhängig vom Vermögensstand** gelten, können durch Vertrag abbedungen werden.[723] Haben die Lebenspartner Vermögenstrennung vereinbart, so sollten sie, gegebenenfalls nach Einholung fachkundigen Rates,   25

---

720 Vgl. im Einzelnen Heiß, Das Mandat im Familienrecht, Rn 92 ff., sowie zum Unterhalt in der Lebenspartnerschaft ausführlich Wendl/Staudigl, Das Unterhaltsrecht in der familienrichterlichen Praxis, § 6 Rn 780 ff.
721 Heiß, Das Mandat in Familiensachen, Teil 19 Rn 98.
722 Schwab, FamRZ 2001, 385, 393.
723 Schwab, FamRZ 2001, 385, 393.

die §§ 1365, 1369 BGB zusätzlich ausschließen. Denn anders als bei zwischen Ehegatten vereinbarter Gütertrennung führt die zwischen Lebenspartnern vereinbarte Vermögenstrennung nicht automatisch zum Ausschluss der §§ 1365 und 1369 BGB.

26

100

> **Muster: Ausschluss der Verfügungsbeschränkungen**
> Wir schließen die Anwendung der § 8 Abs. 2 LPartG i.V.m. §§ 1365 und 1369 BGB aus.

27 Auch die Surrogationsregel des § 1370 BGB, die sich auf Haushaltsgegenstände bezieht, kann ausgeschlossen werden,

ff) Schlüsselgewalt

28 Durch § 8 Abs. 2 LPartG, der auf § 1357 BGB verweist, wird die sogenannte Schlüsselgewalt geregelt. Danach werden beide Lebenspartner berechtigt, **Geschäfte zur Deckung des angemessenen Lebensbedarfs** auch mit Wirkung für den anderen Lebenspartner zu schließen. Strittig ist, ob die Schlüsselgewalt allein durch gegenseitige Erklärungen ausgeschlossen werden kann, zumal die Eintragung ins Güterrechtsregister den Lebenspartnern verwehrt ist. Wirkung im Außenverhältnis wird der Ausschluss nur dann entfalten können, wenn der Dritte/Vertragspartner von diesem Ausschluss Kenntnis hat.

gg) Kinder in der Partnerschaft

29 Lebenspartner können ein minderjähriges Kind nicht gemeinsam **adoptieren**, dies ist nur einem Lebenspartner als Einzelperson möglich.[724]

30 Nach dem Lebenspartnerschaftsgesetz existiert das sogenannte **kleine Sorgerecht**, wonach der Lebenspartner eines allein sorgeberechtigten Elternteils im Einvernehmen mit diesem die Befugnis zur Mitentscheidung in Angelegenheiten des täglichen Lebens hat, § 9 Abs. 1 LPartG. In § 9 Abs. 2 LPartG ist das Sogenannte **Notvertretungsrecht** geregelt, wonach der Lebenspartner dazu berechtigt ist, bei Gefahr in Verzug alle Rechtshandlungen vorzunehmen, die zum Wohl des Kindes notwendig sind. Leben die Partner jedoch nicht nur vorübergehend getrennt, endet die Befugnis zur Mitentscheidung.

31 Nach der Trennung steht dem Lebenspartner gemäß § 1685 Abs. 2 BGB ein Recht auf **Umgang** mit dem Kind, mit dem es längere Zeit in häuslicher Gemeinschaft gelebt hat, zu, wenn der Umgang dem Wohl des Kindes dient.

32 Alle Entscheidungen und Regelungen im Hinblick auf das Kind sind an dessen Wohl zu orientieren. Ein gemeinsames Sorgerecht von eingetragenen Lebenspartnern gibt es nicht. Hinsichtlich des Umgangsrechtes können für den Fall der Trennung lediglich Absichtserklärungen zu Papier gegeben werden.

hh) Steuerrecht

33 Partner einer eingetragenen Lebenspartnerschaft werden steuerrechtlich, also im Einkommensteuerrecht und auch im Schenkung- und Erbschaftsteuerrecht, wie Unverhei-

---

724 Büchting/Heussen, Beck'sches Rechtsanwaltshandbuch, Messerle/Weingart, Kap. C 18 Rn 123.

ratete behandelt.[725] Sie wurden den Ehegatten bislang nicht gleichgestellt, sodass der Splittingtarif nicht anwendbar ist. Lebenspartnern wird lediglich zugestanden, dass bei Tod eines Partners der Ausgleich entsprechend dem Zugewinn steuerfrei ist.

ii) Erbrecht

Das in § 10 LPartG geregelte Erbrecht der Lebenspartner ist dem der Ehegatten weitest- **34** gehend gleichgestellt.[726] Das gesetzliche Erbrecht ist im Fall der Trennung bzw. Aufhebung der Partnerschaft ausgeschlossen, § 10 Abs. 3 LPartG. Lebenspartner können gemäß § 10 Abs. 4 LPartG auch ein gemeinschaftliches Testament errichten. Da der überlebende Partner in der Regel, zumindest bei Vorhandensein von Geschwistern, nicht Alleinerbe wird und in der Familie des verstorbenen Partners häufig die Akzeptanz fehlt, ist eine **erbrechtliche Regelung** zwischen Partnern bzw. die **Errichtung einer Verfügung von Todes wegen** dringend zu empfehlen.

b) Formvorschriften

Ein Partnerschaftsvertrag unterliegt dem Formerfordernis der § 7 Abs. 1 LPartG i.V.m. **35** § 1410 BGB, wonach der Vertrag bei gleichzeitiger Anwesenheit beider Teile zur Niederschrift eines Notars geschlossen werden muss. Die notarielle Beurkundung soll zum Schutz des schwächeren Vertragspartners vor Übervorteilung und sowie der Sicherung der fachkundigen Beratung dienen.[727] Eine Ausnahme von diesem Formerfordernis besteht, wenn die Lebenspartner anlässlich der Begründung ihrer Partnerschaft die Ausgleichsgemeinschaft i.S.d. § 6 Abs. 2 LPartG vereinbaren. Ausreichend ist somit auch eine mündliche Vereinbarung zwischen den Partnern. Nur wenn die Partner von dieser Regelung abweichen wollen, besteht das Bedürfnis der notariellen Beurkundung. Gerade aber auch aus Beweiszwecken sollte auf eine notarielle Beurkundung nicht verzichtet werden.

c) Zwangsvollstreckung

Zu Gunsten der Gläubiger wird, wie bei Ehegatten, im Rahmen der Zwangsvollstreckung **36** gegen einen Lebenspartner vermutet, dass die in seinem Besitz befindlichen Sachen auch diesem als Schuldner gehören, § 8 Abs. 1 LPartG, § 739 Abs. 1 und 2 ZPO. Dem Partner, der nicht Schuldner ist, ist es unbenommen Drittwiderspruchsklage gem. § 771 ZPO zu erheben. Die Vermutung nach § 8 Abs. 1 S. 2 LPartG i.V.m. § 1362 Abs. 1 S. 2 BGB gilt jedoch nicht mehr, wenn die Partner getrennt leben und die Sachen sich im Besitz des Partners befinden, der nicht Schuldner ist.[728] Jedoch wird vermutet, dass diejenigen Sachen, die ausschließlich dem persönlichen Gebrauch des Partners dienen auch diesem gehören, §§ 8 Abs. 1 LPartG, 1362 Abs. 2 BGB, 739 ZPO.

Vollstreckung aus dem Partnerschaftsvertrag ist insoweit möglich, als sich die Partner **37** der sofortigen Vollstreckung unterworfen haben und die Regelungen jeweils vollstre-

---

725 Waldner, Eheverträge, Scheidungs- und Partnerschaftsvereinbarungen, Rn 155.
726 FA-FamR, Weinreich, Kap. 11 Rn 279.
727 Rieger, FamRZ 2001, 1497, 1499.
728 Haußleiter/Schulz, Vermögensauseinandersetzung bei Trennung und Scheidung, Kap. 8 Rn 15.

ckungsfähigen Charakter haben. Gegebenenfalls ist auch die Klage aus dem Partnerschaftsvertrag direkt vorzunehmen, falls keine Vollstreckungsunterwerfung erfolgte.

II. Der Vertrag

38

101

Muster: Partnerschaftsvertrag

1. Lebenspartnerschaftsname

Wir wählen keinen gemeinsamen Lebenspartnerschaftsnamen. Jeder von uns wird seinen Namen in der Lebenspartnerschaft behalten.

oder

Als unseren gemeinsamen Lebenspartnerschaftsnamen bestimmen wir ■■■. Dieser Name wird von uns beiden geführt werden.

oder

■■■ wird seinen Geburtsnamen dem Lebenspartnerschaftsnamen voranstellen und zukünftig den Namen ■■■ führen.

2. Vermögensstand

Wir wählen für unsere Lebenspartnerschaft den Vermögensstand der Ausgleichsgemeinschaft.

oder

Wir wählen wir unsere Lebenspartnerschaft den Vermögensstand der Vermögenstrennung. Wir sind uns darüber einig, dass die nachfolgend aufgeführten Gegenstände wie folgt zugeordnet werden:

Alleineigentum ■■■

Alleineigentum ■■■

3. Unterhalt

Wir verzichten wechselseitig auf die Verpflichtung zur Gewährung nachpartnerschaftlichen Unterhalts, auch für den Fall der Not. Jeder Vertragsteil nimmt diesen Verzicht des anderen Vertragsteiles an. Wir erklären hierzu, dass wir aus jetziger Sicht jeweils in der Lage sind, für den eigenen Lebensunterhalt selbst aufzukommen und jede Partei eigene Versorgungsanwartschafen für die Versorgung im Alter erworben hat.

oder

Wir vereinbaren im Hinblick auf den trennungs- und nachpartnerschaftlichen Unterhalt, dass ■■■ einen Anspruch auf Unterhalt gemäß den gesetzlichen Vorgaben in § 1570 BGB sowie §§ 1571 Nr. 2 und 1572 Nr. 2 BGB hat, soweit und solange eine Erwerbstätigkeit wegen Betreuung des Kindes ■■■ geboren ■■■ nicht erwartet werden kann.

4. Ausschluss der § 8 Abs. 2 LPartG i.V.m. §§ 1365 bis 1370 BGB

Wir schließen die Anwendung der § 8 Abs. 2 LPartG i.V.m. §§ 1365 bis 1370 BGB ausdrücklich aus. Jeder Partner soll seine gesamte Verfügungsgewalt über ihm gehörendes Vermögen und Hausratsgegenstände behalten.

5. Schlüsselgewalt

Wir schließen die Bestimmung des § 8 Abs. 2 LPartG i.V.m. § 1357 BGB aus, wonach die gesetzliche Vermutung gilt, dass die im Besitz eines oder beider Lebenspartner befindlichen Sachen dem Schuldner gehören. Uns ist bekannt, dass dieser Ausschluss ohne Kenntnis des Dritten/Vertragspartners keine Außenwirkung besitzt.

6. Vorsorge

Uns ist bekannt, dass das Lebenspartnerschaftsgesetz einen Versorgungsausgleich nicht vorsieht. Im Hinblick auf unsere wesentlich unterschiedlichen Altersversorgungsanwartschaften vereinbaren wir, dass der Lebenspartner ■■■ eine Kapitallebensversicherung für den Lebenspartner ■■■, als unwiderruflichen Bezugsberechtigten abschließt, in welche er sich verpflichtet ■■■ einzubezahlen.

Beratungshinweis: 39

Zu Punkt 4.: Empfehlenswert ist es hier, eine Auflistung der Gegenstände, die im Alleineigentum eines Partners stehen, aufzusetzen und gegebenenfalls als Anhang der Partnerschaftsvereinbarung anzufügen. Diese Liste ist sodann in regelmäßigen Abständen zu aktualisieren.

III. Grenzen der Vertragsfreiheit

Der Gesetzgeber hat den Lebenspartner mit dem Wahlrecht zwischen der Ausgleichs- 40 gemeinschaft und einem anderen Vermögensstand die Möglichkeit gegeben die Partnerschaft nach den individuellen und wirtschaftlichen Verhältnissen selbst zu regeln. Die Grenzen sind weit, jedoch können sich auch Lebenspartner bei ihrer Vertragsgestaltung nicht über die Grenzen hinwegsetzen, die ihnen das bürgerliche Recht vor allem im Hinblick auf dingliche Zuordnung und Gläubigerschutz setzt.[729] So greifen die §§ 138 und 134 BGB genauso, wie § 242 BGB.

IV. Gebühren

Auch für die Erstellung eines Partnerschaftsvertrages bestimmen sich die Gebühren 41 nach dem **Gegenstandswert**. Dieser ist nach billigem Ermessen zu ermitteln, gem. § 23 Abs. 3 S. 2 1. Alt RVG, und richtet sich nach dem jeweils geregelten Bereich bzw. dem Rechtsverhältnis. Einzelne Vereinbarungen sind jeweils getrennt zu bewerten. Ihre Geschäftswerte sind jedoch zusammenzurechnen.[730]

Der Rahmen der Geschäftgebühr beträgt gemäß Nr. 2400 VV RVG 0,5 bis 2,5. Die 42 Mittelgebühr liegt hier bei 1,3. Eine darüber hinausgehende Gebühr kann nur bei umfangreicher und schwieriger Tätigkeit angenommen werden. Für die Erstellung eines Partnerschaftsvertrages sollte ein Anwalt auf die Möglichkeit des § 4 RVG zurückgreifen und eine **Gebührenvereinbarung** abschließen.

Ist eine Rechtsanwalt lediglich **beratend tätig**, ohne einen Vertrag zu entwerfen oder 43 hieran mitzuarbeiten, wird es seit 1.7.2006 notwendig eine Vergütungsvereinbarung abzuschließen. Ansonsten erhält der Anwalt nur Gebühren nach den Vorschriften des Bürgerlichen Rechts, bei Erstberatung derzeit 190,– Euro. Die bis dahin geltende Regelung, dass automatisch das Rechtsanwaltsvergütungsgesetz gilt, entfällt. Kommt es aber zu einer Vertretung nach außen, wird aus dem Beratungsmandat ein Vertretungs-

---

729 Rieger, FamRZ 2001, 1497, 1501.
730 § 44 Abs. 1 und 2 KostO.

mandat. Die Gebühren können nach dem RVG ermittelt und erhoben werden. Ein Anwalt wird die Partner regelmäßig beraten und den Partnerschaftsvertrag gegebenenfalls auch entwerfen, die Beglaubigung nimmt der Notar vor.

§ 11 Vorsorgevollmachten und Betreuungsverfügungen

Literatur

Broschüre des Bayerischen Staatsministeriums der Justiz, Vorsorge für Unfall, Krankheit und Alter, Stand: September. 2005; *Langenfeld*, Handbuch der Eheverträge und Scheidungsvereinbarungen, 5. Auflage 2005; *Enzensberger/Maulbetsch*, Vorsorgegestaltung, Haufe, 2006; *Palandt*, BGB, 65. Auflage 2006; *Grziwotz*, Nichteheliche Lebensgemeinschaft, 4. Auflage 2006; *Büchting/Heussen*, Beck'sches Rechtsanwaltshandbuch, 8. Auflage 2004.

I. Warum Vollmachten und Verfügungen?

Jedermann sollte, unabhängig von seinem Alter, für den Fall, dass er infolge eines Unfalls, einer schweren Erkrankung oder schwindender geistiger Kräfte entweder dauerhaft oder auch nur vorübergehend nicht mehr in der Lage ist, seine Angelegenheiten selbständig zu regeln, Vorsorge treffen.[731] Es ist ein Irrglaube vieler, dass der Ehepartner oder nahe Angehörige ohne weiteres die notwendigen Entscheidungen treffen können, wenn man selbst dazu nicht mehr in der Lage ist. Ist keine Vorsorge getroffen worden, hat das **Vormundschaftsgericht** von Amts wegen, oder auf Antrag, einen Betreuer zu bestellen. | 1

II. Beratungssituation

1. Ausgangssituation

Ist keine Vorsorge getroffen worden für den Fall, dass eigenverantwortliches Handeln nicht mehr möglich ist, oder zumindest vorübergehende Unfähigkeit besteht seine Angelegenheiten selbst zu regeln und mit der entsprechenden Einsichtsfähigkeit zu handeln, s.o. wird von dem zuständigen Vormundschaftsgericht ein Betreuer oder eine Betreuerin zur gesetzlichen Vertretung bestellt. Vom Vormundschaftsgericht kann durchaus auch eine fremde Person als Betreuer eingesetzt werden. Dies lässt sich vermeiden durch schriftliche Niederlegung eines **Wunsches** hinsichtlich eines Betreuers oder einer Betreuerin oder durch **Bevollmächtigung** einer Vertrauensperson. Liegt eine wirksame Vollmacht vor, s.o. darf das Vormundschaftsgericht für diesen Regelungsbereich keinen Betreuer bestellen. Vorsorge ist unbedingt auch zu treffen für den Fall der Notwendigkeit ärztlicher Eingriffe, damit auch im Bereich der **Gesundheitsfürsorge** Wünsche und Vorstellungen Berücksichtigung finden können. Ein behandelnder Arzt ist gehalten sich an dem Patientenwillen zu orientieren. Ist ihm eine Absprache mit dem Betroffenen nicht möglich, da sich dieser vorübergehend oder dauerhaft nicht in der Verfassung befindet, einer Behandlung zuzustimmen oder eine solche abzulehnen, ist er gehalten, das Vormundschaftsgericht anzurufen. In diesem Zusammenhang sollte man sich auch Gedanken über die Möglichkeit einer **Organspende** machen. Hierunter versteht man die erlaubte Entnahme von Organen unter der Voraussetzung der Erlaubnis des Spenders und des Eintritts des Gehirntodes.[732] | 2

---

731 Bayerisches Staatsministerium der Justiz, Vorsorge für Unfall, Krankheit, Alter, aus dem Vorwort.
732 Enzensberger/Maulbetsch, Vorsorgegestaltung, Enzensberger, S. 223, Rn 265.

2. Die Vorsorgevollmacht

a) Begriff

3 Mit einer Vorsorgevollmacht wird eine Person ermächtigt, im Bedarfsfall für den Vollmachtgeber zu handeln. Die Vollmacht begründet für den Bevollmächtigten **Vertretungsmacht**, sodass für den Vollmachtgeber bindende Entscheidungen getroffen werden können, § 167 BGB.

4 Bei der **Vollmacht in Vermögensangelegenheiten** (Generalvollmacht/Allgemeine Vollmacht) wird dem Bevollmächtigten die rechtlich **umfassende** Vertretung des Vollmachtgebers auch bei Gebrechlichkeit bis hin zur Geschäftsunfähigkeit und insbesondere über den Tod hinaus ermöglicht.[733]

5 Mit der **Vollmacht in persönlichen Angelegenheiten** wird die Vertretung in Gesundheitsangelegenheiten und hinsichtlich des Aufenthaltsbestimmungsrechtes ermöglicht. Erstreckt sich die Bevollmächtigung auf den Bereich der persönlichen Angelegenheiten und auf die Vermögensangelegenheiten, ist die Bestellung eines Betreuers durch das Vormundschaftsgericht nicht erforderlich, denn gemäß § 1896 Abs. 2 BGB ist eine Betreuung nicht erforderlich, soweit die Angelegenheiten eines Volljährigen durch einen Bevollmächtigten, durch andere Hilfen, bei denen kein Vertreter bestellt wird, oder durch einen Betreuer besorgt werden können. Wer ein Schriftstück besitzt, in dem jemand für den Fall seiner Betreuung Vorschläge zur Auswahl des Betreuers oder Wünsche zur Wahrnehmung der Betreuung geäußert hat, hat es unverzüglich an das Vormundschaftsgericht abzuliefern nachdem er von der Einleitung eines Verfahrens über die Bestellung eines Betreuers Kenntnis erlangt hat, § 1901 a Abs. 1 S. 2 BGB.

b) Form

6 Grundsätzlich ist die schriftliche Abfassung einer Vollmacht zu empfehlen. Betrifft die Vollmacht den **vermögensrechtlichen Bereich**, ist die Erstellung einer Vollmacht grundsätzlich formfrei möglich, § 167 BGB. Soll es dem Bevollmächtigten ermöglicht werden, Grundstücksgeschäfte zu tätigen oder Darlehensgeschäfte, so ist die notarielle Beurkundung notwendig. Im Bereich der Regelung **persönlicher Angelegenheiten** besteht gemäß §§ 1904 Abs. 2, 1906 Abs. 5 BGB das Schriftformerfordernis. Die einzelnen Bereiche der Bevollmächtigung sollten soweit wie möglich detailliert beschrieben werden.[734] Zu empfehlen ist dies aber auch für den vermögensrechtlichen Bereich.

c) Hinterlegung

7 Ein Bevollmächtigter kann nur dann wirksam für den Vollmachtgeber handeln, wenn er die Vollmacht im Original vorweisen kann. Deshalb sollte die Vollmacht an einem dem Bevollmächtigten bekannten Ort aufbewahrt werden bzw. die Vollmacht direkt an den Bevollmächtigten ausgehändigt werdn. Letzteres ist grundsätzlich unproblema-

---

733 Langenfeldt, Handbuch der Eheverträge und Scheidungsvereinbarungen, § 2, Rn 1222.
734 Enzenzberger/Maulbetsch, Vorsorgegestaltung, Maulbetsch, S. 99, Rn 117.

tisch, da eine Vollmacht ohnehin nur an eine Vertrauernsperson erteilt wird. Sollte diese unerwartet unberechtigten Gebrauch von der Vollmacht machen, kann diese jederzeit widerrufen werden.

Vorsorgevollmachten können in einigen Bundesländern in Kopie beim **Vormund-** **8** **schaftsgericht** hinterlegt werden. Vorsorgevollmachten können auch bei dem **zentralen** **Vorsorgeregister** der Bundesnotarkammer registriert werden. Diese Registrierung ist gebührenpflichtig. Einzelheiten hierzu finden sich unter: www.vorsorgeregister.de.

d) Missbrauch

Mit einer Vorsorgevollmacht erhält der Bevollmächtigte sehr weit reichende Befugnis- **9** se. Grundvoraussetzung für die Vollmachtserteilung ist deshalb ein bestehendes **Vertrauensverhältnis** zwischen Vollmachtgeber und Bevollmächtigten. Der **Widerruf** einer erteilten Vollmacht ist jederzeit möglich, hierzu ist jedoch Geschäftsfähigkeit erforderlich. Der Vollmachtgeber sollte sich bei einem Widerruf unbedingt das Vollmachtsformular wieder aushändigen lassen. Die Bevollmächtigung einer nach § 1897 Abs. 3 BGB ohnehin ausgeschlossenen Person (Anstalts- und Heimpersonal) ist nach dem Schutzzweck der Norm nichtig.[735] Für **verschiedene Aufgabenbereiche** können **unterschiedliche Bevollmächtigte** benannt werden. Möglich ist es auch, für ein und denselben Aufgabenbereich mehrere Bevollmächtigte zu benennen, was bei Meinungsverschiedenheiten zwischen den Bevollmächtigten zu Schwierigkeiten führen kann.

3. Patientenverfügung

a) Was ist eine Patientenverfügung?

In einer Patientenverfügung können für den Fall der eigenen Entscheidungsunfähigkeit **10** eigene Wertvorstellungen sowie spezielle Wünsche für eine bestimmte Art und Weise der ärztlichen Behandlung in typischen Situationen festgehalten werden. Zugleich sollte eine Person des Vertrauens als Betreuer für diese Situationen benannt werden. Ein behandelnder Arzt hat den in einer Patientenverfügung niedergelegten Willen zu beachten, andernfalls droht ihm strafrechtliche Verfolgung. Ist weder ein Betreuer noch ein Bevollmächtigter eingesetzt, so muss ein behandelnder Arzt in **Eilfällen**, wenn der Patient sich selbst nicht mehr äußern kann, nach dem mutmaßlichen Willen des Patienten handeln. Auch wenn ein Betreuer oder Bevollmächtigter benannt ist, haben diese sich an dem **mutmaßlichen Willen** des Patienten zu orientieren.

Ist ein Patient einwilligungsunfähig und hat sein Grundleiden einen irreversiblen tödli- **11** chen Verlauf angenommen, so müssen lebenserhaltende oder -verlängernde Maßnahmen unterbleiben, wenn dies seinem zuvor – etwa in Form einer so genannten **Patientenverfügung** – geäußerten Willen entspricht. Dies folgt aus der Würde des Menschen, die es gebietet sein in einwilligungsfähigem Zustand ausgeübtes **Selbstbestimmungsrecht** auch dann noch zu respektieren, wenn er zu eigenverantwortlichen Entscheidungen nicht mehr in der Lage ist. Nur wenn ein solcher erklärter Wille des Patienten nicht

---

735 Palandt/Diederichsen, Einf. vor § 1896, Rn 7.

festgestellt werden kann, beurteilt sich die Zulässigkeit solcher Maßnahmen nach dem **mutmaßlichen Willen** des Patienten, der dann individuell, also aus dessen Lebensentscheidungen, Wertvorstellungen und Überzeugungen zu ermitteln ist.

12 Ist für einen Patienten ein **Betreuer** bestellt, so hat dieser den Patientenwillen gegenüber Arzt und Pflegepersonal in eigener rechtlicher Verantwortung und nach Maßgabe des § 1901 BGB Ausdruck und Geltung zu verschaffen. Seine **Einwilligung** in eine ärztlicherseits angebotene lebenserhaltende oder -verlängernde Behandlung kann der Betreuer jedoch **nur mit Zustimmung des Vormundschaftsgerichts** wirksam verweigern. Für eine Einwilligung des Betreuers und eine Zustimmung des Vormundschaftsgerichts ist kein Raum, wenn ärztlicherseits eine solche Behandlung oder Weiterbehandlung nicht angeboten wird, es sei, dass sie von vornherein medizinisch nicht indiziert, nicht mehr sinnvoll oder aus sonstigen Gründen nicht möglich ist. Die Entscheidungszuständigkeit des Vormundschaftsgerichts ergibt sich nicht aus einer analogen Anwendung des § 1904 BGB, sondern aus einem unabweisbaren Bedürfnis des Betreuungsrechts.[736]

13 Hieraus folgt: Verlangt ein Betreuer lebenserhaltende Maßnahmen einzustellen, so ist dies nur zulässig, wenn das Leiden des Betroffenen einen irreversiblen Verlauf angenommen hat. Die in der Patientenverfügung geäußerte Ablehnung lebenserhaltender Maßnahmen wirkt auch für den Eintritt der Einwilligungsunfähigkeit des Patienten fort, und bindet den Betreuer und schließlich auch das Vormundschaftsgericht. Nach oben zitierter BGH-Entscheidung ist eine Einwilligung des Betreuers jedoch nur erforderlich, wenn von dem behandelnden Arzt überhaupt eine lebenserhaltende- oder verlängernde Behandlung angeboten wurde.

14 Das **Vormundschaftsgericht** hat das Verhalten des Betreuers auf seine **Rechtmäßigkeit** hin zu überprüfen. Es trifft also **keine eigene Entscheidung** für oder gegen lebensverlängernde Maßnahmen.[737]

b) Welche Fragen sind zu stellen?

15 Eine Patientenverfügung sollte in jedem Fall erst nach sorgfältiger und reifer Überlegung der eigenen Wertvorstellungen, Wünsche und Behandlungsvorstellungen aufgesetzt werden.

16 Für den Fall der fehlenden Einsichts- und Entscheidungsfähigkeit kann ein Dritter als Betreuer bestellt werden, oder diesem Vollmacht erteilt werden. **Wer soll dieser Dritte sein?** Es sollte möglichst jemand aus dem näheren Umfeld des Betroffenen sein, mit dem die Wünsche und Vorstellungen ausgetauscht werden können. Hierdurch können eventuelle Auslegungsschwierigkeiten hinsichtlich unklarer Formulierungen, die möglichst zu vermeiden sind, umgangen werden. Mit diesem Dritten sollte zuvor auch abgeklärt werden, ob er überhaupt bereit ist, diese Aufgabe zu übernehmen. Unklare Formulierungen lassen sich auch dann vermeiden, wenn vor Erstellung einer Patientenverfügung Rücksprache mit dem behandelnden Arzt oder Hausarzt getroffen wird.

---

736 BGH NJW 2003, 1588ff.
737 Langenfeld, Handbuch der Eheverträge und Scheidungsvereinbarungen, Kap. 7 Rn 1233.

Sollen **lebensverlängernde Maßnahmen** unbedingt und **in jedem Fall** durchgeführt wer- 17
den? Soll auf medizinische Behandlung ganz verzichtet werden? Hierbei sollten verschiedene Krankheitsbilder und Behandlungsmethoden berücksichtigt werden, deren
Verlauf und der eigene Umgang damit gedanklich durchdacht werden. Ist eine künstliche Ernährung gewollt, sind im Fall eines Herz- und Kreislaufstillstandes Widerbele-
bungsversuche gewünscht, was ist im Fall eines Wachkomas? Was ist mit unbekannten
Folgen einer Erkrankung? Auch hier sollte zur Erläuterung und Absicherung ein Arzt
hinzugezogen werden. Konkrete Regelungen können in eine Patientenverfügung aufgenommen werden zu:[738]

- Behandlungs- und Ernährungsabbruch
- Behandlung bei Dauerkoma
- Behandlung bei Demenz
- Passive Sterbehilfe
- Indirekte Sterbehilfe
- Dauerhafter Verlust der Einsichts- und Kommunikationsfähigkeit

Wie wichtig ist der Glaube? Ist **religiöser Bestand** gewünscht? Vor diesem Hintergrund 18
sollten die ganz persönlichen Vorstellungen und Wünsche überdacht und sodann
schriftlich fixiert werden.

Es existiert eine Vielzahl vorformulierter Patientenverfügungen. Größtenteils sind diese 19
Beispiele mit medizinischen Fachausdrücken und Fremdwörtern durchzogen, s.o. dass
jede Formulierung genau durchgelesen werden sollte und geprüft werden sollte, ob sie
ausreichend klar verständlich ist, andernfalls empfiehlt sich eine Änderung und insbesondere Anpassung an die Gegebenheiten des besonderen einzelnen Falles.

c) Abänderbarkeit

Eine Patientenverfügung ist jederzeit **abänderbar**. Einer in regelmäßig wiederkehrenden 20
Abständen vorzunehmenden Bestätigung bedarf es zu ihrer Gültigkeit nicht. Gibt es
konkrete Anhaltspunkte für den Fall der Willensänderung des Betroffenen, hat dieser
aber das Patiententestament nicht geändert, s.o. ist der wahre und wirkliche Wille zu
erforschen und dementsprechend vorzugehen. Deshalb empfiehlt es sich, persönliche
Notizen mit in eine Patientenverfügung aufzunehmen, wie z.B. warum man eine Patientenverfügung erstellt, warum man gerade jetzt ein solches Patiententestament aufsetzt
und mit diesem Inhalt, wie man zum Leben steht, etc. Ist ein späteres Vorgehen, mit un-
terstellter Änderung der niedergelegten Wünsche aufgrund verschiedener Anhaltspunkte durch Arzt und Betreuer nicht gewollt, sollte dies ausdrücklich mit in die Patientenverfügung aufgenommen werden.

> **Muster: Ausdrückliches Festhalten ohne wiederkehrende Bestätigung:** 21
>
> Diese Patientenverfügung behält ihre Gültigkeit bis ich diese ausdrücklich schriftlich wi-
> derrufe. Einer wiederkehrenden Bestätigung dieser Patientenverfügung bedarf es nicht,
> da ich ausdrücklich an deren Inhalt festhalte.

---

738 Enzensberger/Maulbetsch, Vorsorgegestaltung, Enzensberger S. 172, Rn 199.

22 Es empfiehlt sich jedenfalls, eine Patientenverfügung mit einer **Vorsorgevollmacht** oder zumindest einer **Betreuungsverfügung** zu **kombinieren**. Denn dann kann der Bevollmächtigte oder Betreuer den in der Patientenverfügung niedergelegten Willen auch tatsächlich zur Geltung bringen.[739]

d) Aufbewahrung

23 Eine Patientenverfügung sollte an einem Ort aufbewahrt werden, wo diese gegebenenfalls sofort zugänglich ist. Im Gegensatz zu der Möglichkeit, Betreuungsverfügungen beim Vormundschaftsgericht zu hinterlegen, besteht diese Möglichkeit für Patientenverfügungen nicht. Patientenverfügungen können bei einem Notar, einem Anwalt oder auch einer privaten Organisation (z.B. Deutsche Hospizstiftung) hinterlegt werden.[740] Um sicher zu stellen, dass im Fall des Falles von der Patientenverfügung Kenntnis genommen wird, sollte der als Bevollmächtigte oder Betreuer Bestimmte über die Existenz der Verfügung in Kenntnis gesetzt werden, der behandelnde Arzt informiert werden, und der Betroffene selbst sollte eine Notiz bei sich tragen, in welcher er auf die Existenz der Patientenverfügung hinweist.

e) Sterbehilfe

24 Zu unterscheiden sind verschiedene Formen der Sterbehilfe. Die **aktive Sterbehilfe**, der aktive Eingriff zu Lebensverkürzung, ist nach §§ 211, 212, 216, 223c StGB strafbar. Ist nicht auszuschließen, dass die ärztlich gebotene schmerzlindernde Medikation bei einem unheilbar Kranken mit unbeabsichtigter Lebensverkürzung verbunden ist, s.o. liegt straflose **indirekte Sterbehilfe** vor, unter der Voraussetzung der zumindest vorhandenen mutmaßlichen Einwilligung des Patienten. Straflose **passive Sterbehilfe** ist anzunehmen, wenn bei einem Patienten, dessen Grundleiden bei infauster Prognose einen irreversiblen Verlauf angenommen hat, dessen Tod in kurzer Zeit eintreten wird, wobei auf lebensverlängernde Maßnahmen verzichtet wird bzw. diese beendet werden.[741]

4. Betreuungsverfügung

a) Was ist eine Betreuungsverfügung?

25 In einem gerichtlichen Betreuungsverfahren hört das **Vormundschaftsgericht** den Betroffenen zur Frage, wer als **Betreuer** eingesetzt werden soll, an. Ist der Betroffene nicht mehr in der Lage, seinen Willen bezüglich der Person des Betreuers zu äußern, kann das Vormundschaftsgericht auch eine Person als Betreuer bestellen, die der Betroffenen gar nicht kennt oder die er selbst abgelehnt hätte. Um dies zu vermeiden sollte eine Betreuungsverfügung aufgesetzt werden. In einer solchen Verfügung können Wünsche hinsichtlich der zum Betreuer zu bestellenden Person geäußert werden und auch ausdrücklich bestimmte Personen als Betreuer abgelehnt werden. Diese Vorgaben sind für das

---

739 Bayerisches Staatsministerium der Justiz, Vorsorge für Unfall, Krankheit, Alter, S. 13. Nr. 22.
740 Enzensberger/Maulbetsch, Vorsorgegestaltung, Enzensberger S. 169, Rn 194.
741 BGH NJW 2003, 1588.

Vormundschaftsgericht verbindlich. Ist die in der Betreuungsverfügung namentlich genannte Person, die als Betreuer genannt ist, ungeeignet diese Aufgabe wahrzunehmen, sei es aus gesundheitlichen oder anderen Gründen, nur dann bestimmt das Vormundschaftsgericht eine andere, als die vorgeschlagene Person.

Hat der Betroffene eine **Vorsorgevollmacht** errichtet, wird kein Betreuungsverfahren   26
eingeleitet.[742] Ein Bevollmächtigter wird in seinen Handlungen nicht durch das Vormundschaftsgericht kontrolliert. Besteht zu einer dritten Person **kein** derartiges Vertrauensverhältnis, dass der Betroffene eine Vollmacht erteilen mag, s.o. sollte jedenfalls von der Möglichkeit Gebrauch gemacht werden, in einer **Betreuungsverfügung** für den Fall der Notwendigkeit der Bestellung eines Betreuers eine Person zu bezeichnen, die diese Aufgabe wahrnehmen soll.

b) Inhalt

In einer Betreuungsverfügung sollte die Person des Betreuers, ein eventueller Ersatz-   27
betreuer und gegebenenfalls auch die Person benannt werden, die auf keinen Fall als Betreuer gewünscht ist. In einer Betreuungsverfügung können auch Wünsche und Vorstellungen niedergelegt werden, wie der Betreuer seine Aufgabe wahrzunehmen hat. Diese hat der Betreuer zu beachten hat. Geregelt werden können z.B. Vermögensangelegenheiten, persönliche Angelegenheiten und auch Wohnungsangelegenheiten bzw. Heimaufenthalte.

c) Form

Im Gegensatz zu einer Vorsorgevollmacht kann eine Betreuungsverfügung auch von ei-   28
nem Geschäftsunfähigen errichtet werden.[743] Die Erstellung einer Betreuungsverfügung ist **formlos** möglich. Zu ihrer Wirksamkeit ist demnach die mündliche Erklärung zwar ausreichend, eine Betreuungsverfügung sollte jedoch in jedem Fall **schriftlich** abgefasst werden und mit Ort, Datum und Unterschrift versehen sein. Dies vermeidet Unsicherheiten und Beweisschwierigkeiten. Gemäß § 6 Abs. 2 BtBG können Betreuungsbehörden Betreuungsverfügungen **beglaubigen**. Eine solche öffentliche Beglaubigung steht einer Beglaubigung durch einen Notar gemäß § 129 Abs. 1 BGB gleich. Zwingend notwendig ist eine solche Beglaubigung nicht.

In einigen Bundesländern können Betreuungsverfügungen bei dem zuständigen Vor-   29
mundschaftsgericht **hinterlegt** werden. Muster für eine Betreuungsverfügung können auch angefordert werden über: **www.bmj.bund.de**.

5. Organspendeverfügung

Eine **postmortale** Organentnahme setzt, sofern der Spender zu Lebzeiten keine diesbe-   30
zügliche schriftliche Erklärung abgegeben hat, die Zustimmung der nächsten Angehörigen voraus. Hierzu gehören nach § 4 TPG der Ehegatte, der Lebenspartner, die Kinder, Eltern, volljährige Geschwister und Großeltern, unter der Voraussetzung, dass in

---

742 Enzensberger/Maulbetsch, Vorsorgeverfügung, Enzensberger, S. 217, Rn 255.
743 Enzensberger/Maulbetsch, Vorsorgeverfügung, Enzensberger, S. 218, Rn 257.

den vorangegangenen zwei Jahren Kontakt zum Spender bestand.[744] Jugendliche selbst können bereits ab dem 16. Lebensjahr ihre Zustimmung zu einer Organspende erteilen. Ab dem 14. Lebensjahr kann bereits generell eine Ablehnung ausgesprochen werden.[745]

31 Mit einer **Organspendeverfügung** kann eine generelle oder beschränkte Zustimmung zur Entnahme von Organen, Geweben oder Zellen zu Transplantationszwecken erteilt werden, jegliche Entnahme von Organen und Geweben sowie Zellen untersagt werden oder die Entscheidung auf einen Dritten übertragen werden.

32 Ein Organspendeausweis oder eine Organspendeverfügung sollte man immer bei sich tragen, da **keine** zentrale Stelle existiert, wo ein solcher Ausweis hinterlegt werden könnte. Gegebenenfalls ist eine solche Verfügung bei nahen Angehörigen oder Freunden zu hinterlegen. **Vordrucke** für Organspendeausweise sind erhältlich unter: **http://www.organspende-kampagne.de/**. Wer eine Organspendeverfügung erstellt hat sollte hierüber mit nahen Verwandten und Freunden sprechen, sodass diese für den Fall des Falles entsprechend reagieren können. Hierdurch wird für alle Beteiligten Klarheit geschaffen.

III. Muster zu Vorsorgevollmachten und Betreuungsverfügungen

33 1. Muster: Allgemeine Vorsorgevollmacht[746]

Nach eingehender Besprechung und Beratung über die Möglichkeiten der rechtlichen Vorsorge für ein selbstbestimmtes Leben s.o. nach eingehender Belehrung über die mit der Erteilung einer Vorsorgevollmacht verbundenen Risiken und Gefahren

bevollmächtige ich

Frau/Herrn ■■■, geboren am ■■■, wohnhaft in ■■■

-Vollmachtgeber-

in Kenntnis der Tragweite meiner Anordnung gemäß § 1896 Abs. 2, S. 2, 185, 164 ff BGB und im Vollbesitz meiner geistigen Kräfte

Frau/Herrn ■■■, geboren am ■■■, wohnhaft in ■■■

– Bevollmächtigter –

mich in allen meinen vermögensrechtlichen und persönlichen Angelegenheiten, soweit eine Stellvertretung grundsätzlich zulässig ist, gerichtlich und außergerichtlich zu vertreten und meine Rechte zu wahren. Seine Rechtshandlungen sollen dieselbe Wirksamkeit und Gültigkeit haben, wie wenn ich sie selbst ausführen würde.

Die Vollmacht dient ausdrücklich auch der Vermeidung einer rechtlichen Betreuung. Sie gilt nach außen uneingeschränkt.

Das Innenverhältnis dieser Vollmacht ist in gesonderten Verträgen geregelt. Diese Verträge liegen dieser Vollmacht zu Grunde. Nach den dort niedergeschriebenen Anweisungen ist diese Vollmacht von meinem Bevollmächtigten zu verwenden.

Diese Vollmacht, durch die ich meinem Bevollmächtigten umfassende und weitgehende Befugnisse einräume, autorisiert diesen, ohne dass der nachfolgende, nur beispielhafte Katalog eine Begrenzung bewirkt, insbesondere bei:

---

744 Grziwotz, Nichteheliche Lebensgemeinschaft, § 18, Rn 86.
745 Enzensberger/Maulbetsch, Vorsorgeverfügung, Enzensberger, S. 225, Rn 267.
746 Aus Enzensberger/Maulbetsch, Vorsorgegestaltung, S. 139.

Vermögensangelegenheiten:

- zur Verwaltung meines gesamten unbeweglichen und beweglichen Vermögens;
- zur Geltendmachung von Rechten und Ansprüchen jeder Art, zum Rechts- und Vermögenserwerb sowie Inkasso;
- zur Verfügung über Vermögen und Rechte jeder Art, über meine Konten, Depots Schließfächer bei Banken und Sparkassen, zum Eingehen von Verbindlichkeiten in beliebiger Höhe, einschließlich einer Zwangsvollstreckungsunterwerfung;
- dingliche Rechte jeder Art an Grundstücken, (Hypotheken, Grundschulden, Reallasten usw) sowie an anderen Gegenständen zu bestellen, zu kündigen, aufzugeben bzw. auf diese zu verzichten;
- Verträge jeglicher Art unter beliebigen Bedingungen abzuschließen, Vergleiche einzugehen, Schenkungen in dem von § 1804 BGB genannten und erlaubten Rahmen vorzunehmen;
- Vereinbarungen mit Kliniken, Alters- und/oder Pflegeheimen abzuschließen und zum Zweck dafür auch Sicherungshypotheken auch auf den Sozialhilfeträger zu bestellen;
- Erklärungen jeglicher Art (Austritte, Widerrufe, Einwilligungen, Anfechtungen, Kündigungen, Rücktritte, Verzichte, etc.) entgegenzunehmen und abzugeben;
- zur Vertretung in Renten-, Versorgungs-, Beihilfe-, Steuer-, Pflegeversicherungs-, Versicherungs- und sonstigen Angelegenheiten und zur Beantragung von Leistungen jeder Art wie Renten, Versorgungsbezüge, Pflegeversicherungsleistungen, Grundsicherung oder Sozialhilfe;
- letztwillige Verfügungen von Todes wegen anzufechten, oder anzuerkennen, Erbschaften anzunehmen oder auszuschlagen, mich als Erben oder Pflichtteilsberechtigten, Vermächtnisnehmern, Beschenkten oder Schenker in jeder Weise, auch bei Vermögens- oder Gemeinschaftsauseinandersetzungen zu vertreten und Erklärungen für mich abzugeben und alles zu tun, was zur vollständigen Regelung von Nachlässen und zu deren Teilung notwendig ist;
- zu geschäftlichen Handlungen (Fristsetzungen, Mahnungen, Anträgen, Mitteilungen, etc.) und zu allen benötigten und erforderlichen Verfahrenshandlungen;
- Rechtsstreitigkeiten für mich als Kläger oder Beklagter durch alle Rechtszüge zu führen und hierbei die Rechte eines Prozessbevollmächtigten im vollen Umfang des § 81 ZPO auszuüben, Bevollmächtigte zu bestellen, Vergleiche abzuschließen, Verzichte zu erklären und Ansprüche anzuerkennen, Wiedereinsetzung in den vorigen Stand, einstweilige Verfügungen und Arreste zu erwirken, und mich in allen gerichtlichen und außergerichtlichen Verfahren als Gläubiger oder Schuldner, Kläger oder Beklagter oder in jeder sonst wie in Frage kommenden Eigenschaft zu vertreten.

Diese Vollmacht erstreckt sich auch auf meine Vertretung gegenüber Behörden, öffentlichen Registern und Amtspersonen, Gerichten, Banken sowie gegenüber allen natürlichen und juristischen Personen.

Von der Vollmacht ausdrücklich **ausgenommen und nicht** umfasst ist das Recht, über mein Vermögen im Ganzen zu verfügen, mich zu einer solchen Verfügung zu verpflichten bzw. in meinem Namen über meinen Grundbesitz zu verfügen oder Bürgschaften einzugehen. Das Gleiche gilt bez. der Ausübung von Gesellschaftsrechten, insbesondere zur Teilnahme an Veranstaltungen und zur Stimmrechtsausübung.

Persönliche Angelegenheiten:

- Die Vollmacht umfasst das Recht, meinen Umgang auch mit Wirkung für und gegen Dritte zu bestimmen.
- Die Vollmacht umfasst das Recht, die Herausgabe meiner Person von jedem zu verlangen, der mich meinem Bevollmächtigten gegenüber widerrechtliche vorenthält.
- Die Vollmacht berechtigt zur Entegegennahme, zum Anhalten und Öffnen meiner Post, zur Entgegennahme von Wahlunterlagen und über meinen Fernmeldeverkehr zu entscheiden,
- Die Vollmacht berechtigt zu meiner Totensorge und über Art und Umfang meiner Beerdigung zu entscheiden.

Aufenthalt, Wohnungsangelegenheiten und Heimaufnahme

Die Vollmacht berechtigt zur Aufhebung und Begründung meines Wohnsitzes, zur Bestimmung meines Aufenthaltsortes und zur Auflösung meines Haushaltes bzw. zur Verfügung über das Inventar.

Gesundheits- und Behandlungsvorsorge

- Mein Bevollmächtigter darf in eine Analyse meines Gesundheitszustandes, einen medizinischen Eingriff oder eine medizinische Behandlung, auch mit risikoreichen oder neuen, noch nicht zugelassenen Medikamenten und Behandlungsmethoden einwilligen, auch wenn diese beträchtliche unerwünschte Nebenwirkungen haben oder haben können oder diese Einwilligung verweigern, auch wenn die Gefahr besteht, dass ich dabei sterbe oder einen schweren, länger dauernden gesundheitlichen Schade erleide. Mein Bevollmächtigter darf darüber hinaus auch über Beginn oder Beendigung von lebenserhaltenden oder lebensverlängernden Maßnahmen entscheiden.
- Soweit ich insoweit selbst schriftlich, mündlich oder sonst irgendwie eine Erklärung abgegeben bzw. meinen eigenen Willen kundgetan habe, hat einzig und allein mein Wille maßgeblich zu sein.
- Bei der Zustimmung oder Verweigerung zu einer Untersuchung meines Gesundheitszustandes, zu einer medizinischen Behandlung oder zu einem medizinischen Eingriff verfüge ich, dass von meinem Bevollmächtigten alle Maßnahmen mit Ärzten intensiv beraten werden, möglichst unter Beiziehung meines Hausarztes, und dass diese nur unter Maßgabe meiner gesondert niedergeschriebenen Patientenverfügung vorgenommen werden.
- Mein Bevollmächtigter hat zu kontrollieren und durchzusetzen, dass mein in meiner Patientenverfügung niedergelegter Wille berücksichtigt wird.
- Mein Bevollmächtigter nimmt meine Patientenrechte wahr. Mein Bevollmächtigter darf meine Krankenunterlagen einsehen und in deren Herausgabe an Dritte einwilligen.

Freiheitsentziehende Maßnahmen, Unterbringung

Mein Bevollmächtigter kann über Maßnahmen, z.B. mechanische Vorrichtungen, Medikamente, etc., die meine Bewegungsfreiheit aufheben oder einschränken (u.a. Anbringen von Bettgittern, Bauchgurten oder anderen Fixierungsmitteln, Verabreichen von Psychopharmaka, Verschließen der Zimmer- und/oder der Wohnungstür) und wenn es zu meinem Wohle notwendig ist, weil aufgrund einer psychischen Krankheit oder geistigen oder seelischen Behinderung die Gefahr besteht, dass ich mich selbst töte oder mir selbst erheblichen gesundheitlichen Schaden zufüge, oder eine Untersuchung meines Gesundheitszustandes, eine Heilbehandlung, ein ärztlicher Eingriff notwendig ist, ohne meine

Unterbringung nicht durchgeführt werden kann, weil ich aufgrund einer psychischen Krankheit oder geistigen oder seelischen Behinderung die Notwendigkeit der Unterbringung nicht erkennen und nicht nach dieser Einsicht handeln kann, über eine Unterbringung in ein Pflegeheim, einer geschlossenen Anstalt oder einem Krankenhaus, die mit Freiheitsentziehung verbunden ist, entscheiden.

Vormundschaftliche Genehmigung in persönlichen Angelegenheiten

Ich bin mir bewusst und es ist mir bekannt, dass für Maßnahmen und Handlungen nach Maßgabe des § 1906 Abs. 1 und 4 BGB eine Genehmigung des Vormundschaftsgerichts gemäß § 1906 Abs. 2 S. 1 BGB erforderlich ist, sei es vorab oder bei Gefahr in Verzug unverzüglich danach.

Mir ist ebenso nach ausdrücklicher Belehrung bekannt, dass die Einwilligung des Bevollmächtigten in ärztliche Maßnahmen gemäß § 1904 Abs. 2 S. 1 BGB der Genehmigung des Vormundschaftsgerichts bedarf, wenn die begründete Gefahr besteht, dass ich aufgrund der Maßnahme sterbe oder einen schweren und länger andauernden gesundheitlichen Schaden erleide.

Entbindung von Schweigepflichten

Ich entbinde hiermit alle Stellen und Personen, die einer Schweigepflicht unterliegen (Ärzte, Krankenkasse, Rechtsanwälte, Steuerberater usw) gegenüber meinem Bevollmächtigten von ihrer Schweigepflicht und bitte diese Stellen und Personen, meinen Bevollmächtigten bei seiner Arbeit zu unterstützen.

Handhabung der Vollmacht

Die Vollmacht wird im Zeitpunkt der Unterzeichung dieser Urkunde wirksam. Sie gilt im In- und Ausland und berechtigt meinen Bevollmächtigten zum sofortigen Handeln.

Im Außenverhältnis ist die Vollmacht uneingeschränkt wirksam. Damit ist ein Nachweis gegenüber Dritten nicht erforderlich, dass ich aufgrund einer psychischen Krankheit oder einer körperlichen, geistigen, oder seelischen Behinderung meine Angelegenheiten ganz oder teilweise nicht mehr besorgen kann oder dass ich geschäftsunfähig bin oder dass Zweifel an meiner Geschäftsfähigkeit bestehen.

Im Innenverhältnis sind meine Bevollmächtigten jedoch angewiesen, die Vollmacht nur nach meinen vorherigen und niedergelegten Anweisungen zu gebrauchen.

Die Vollmacht ist nur wirksam, solange sie im Original vorgelegt werden kann.

Untervollmacht darf im Rahmen der meinem Bevollmächtigten zuteil gewordenen Vertretungsmacht erteilt werden.

Die Vollmacht ist für den Vollmachtgeber jederzeit einseitig frei widerruflich.

Die Vollmacht und der ihr zu Grunde liegende Geschäftsbesorgungsvertrag bleiben in Kraft, auch wenn ich geschäftsunfähig werde oder sterbe. Mein Bevollmächtigter ist berechtigt, meinen Nachlass bis zur amtlichen Feststellung meiner Erben in Besitz zu nehmen, zu sichern und zu verwalten.

Betreuungsverfügung

Sollte trotz meiner Vorsorgevollmacht die Einrichtung einer rechtlichen Betreuung einmal zwingend erforderlich werden, so soll dies diese Vollmacht nicht berühren. Die Betreuung ist auf das unbedingt erforderliche Maß zu beschränken und sobald als möglich wieder aufzuheben. Zu meinem Betreuer ist in diesem Fall nach Möglichkeit mein oben genannter Bevollmächtigter bzw. der Ersatzbevollmächtigte in dieser Reihenfolge zu bestellen. Im Fall der Bestellung des oben vorgeschlagenen Betreuers oder Kontrollbetreuers seitens des Vormundschaftsgerichtes gelten alle Anweisungen in dieser Vollmacht gleichzeitig auch für diesen.

Es erfolgt hier nochmals der ausdrückliche Hinweis, dass diese Vorsorgevollmacht der Vermeidung einer amtlichen Betreuung dient.

Salvatorische Klausel

Sollten einzelne Bestimmungen dieser Vorsorgevollmacht unwirksam sein oder werden, so soll das nicht die Wirksamkeit meiner Vorsorgevollmacht im Übrigen berühren. Unwirksame Bestimmungen sollen entsprechend ihrem Sollen ausgelegt und durch wirksame ersetzt werden.

Erklärung der Bevollmächtigten

Wir haben die vorstehende Vorsorgevollmacht zur Kenntnis genommen, gelesen und erklären uns zur Übernahme der Bevollmächtigung bereit. Uns ist die übernommene Verantwortung bewusst.

■■■

(Ort, Datum)

■■■

(Unterschriften)

34 **2. Muster: Patientenverfügung**[747]

Beispiele auch unter: www.medizinethik-bochum.de

Für den Fall, dass ich: ■■■

geboren am: ■■■

wohnhaft in: ■■■

meinen Willen nicht mehr bilden oder verständlich äußern kann, bestimme ich Folgendes:

1. **Situationen, für die diese Verfügung gilt:**

– Wenn ich mich aller Wahrscheinlichkeit nach unabwendbar im unmittelbaren Sterbeprozess befinde,

– wenn ich mich im Endstadium einer unheilbaren, tödlich verlaufenden Krankheit befinde, selbst wenn der Todeszeitpunkt noch nicht absehbar ist,

– wenn infolge einer Gehirnschädigung meine Fähigkeit Einsichten zu gewinnen, Entscheidungen zu treffen und mit anderen Menschen in Kontakt zu treten, nach Einschätzung zweier erfahrener Ärzte aller Wahrscheinlichkeit nach unwiederbringlich erloschen ist, selbst, wenn der Todeszeitpunkt noch nicht absehbar ist. Dies gilt für direkte Gehirnschädigung z.B. durch Unfall, Schlaganfall, Entzündung ebenso wie für indirekte Gehirnschädigung z.B. nach Wiederbelebung, Schock oder Lungenversagen. Es ist mir bewusst, dass in solchen Situationen die Fähigkeit zu Empfinden erhalten sein kann, und dass ein Aufwachen aus diesem Zustand nicht ganz sicher auszuschließen, aber äußerst unwahrscheinlich ist,

– wenn ich infolge eines sehr weit fortgeschrittenen Hirnabbauprozesses (z.B. bei Demenzerkrankung) auch mit ausdauernder Hilfestellung nicht mehr in der Lage bin, Nahrung und Flüssigkeit auf natürliche Weise zu mir zu nehmen,

---

747 Aus der Broschüre des Bayerischen Staatsministeriums der Justiz, Vorsorge für Unfall, Krankheit, Alter, Anhang S. 1 ff.

– wenn ich ■■■

(hier hat die eigene Beschreibung einer der oben nicht ausdrücklich erwähnten Krankheitszustände Raum, die mit Einwilligungsunfähigkeit verbunden sein könnte.)

2. In allen unter Nummer 1 beschriebenen Situationen verlange ich:

– lindernde pflegerische Maßnahmen, insbesondere Mundpflege zur Vermeidung des Durstgefühls sowie lindernde ärztliche Maßnahmen, im Speziellen Medikamente zur wirksame Bekämpfung von Schmerz, Luftnot, Angst, Unruhe, Erbrechen und anderer Krankheitserscheinungen. Die Möglichkeit einer Verkürzung meiner Lebenszeit durch diese Maßnahmen nehme ich in Kauf.

3. Unter den in Nummer 1 beschriebenen Situationen wünsche ich:

– die Unterlassung lebenserhaltender Maßnahmen, die nur den Todeseintritt verzögern und dadurch unnötiges Leiden unnötig verlängern würden,

– keine Wiederbelebungsmaßnahmen.

4. In den unter Nummer 1 beschriebenen Situationen, in denen der Tod nicht unmittelbar bevorsteht wünsche ich sterben zu dürfen, und verlange:

– keine künstliche Ernährung (weder durch eine Magensonde durch den Mund, die Nase oder die Bauchdecke, noch über die Vene)

– verminderte Flüssigkeitsgabe nach ärztlichem Ermessen.

Die Befolgung dieser Wünsche ist nach geltendem Recht keine aktive Sterbehilfe.

Ich wünsche eine Begleitung

– durch: ■■■

– durch Seelsorge ■■■

– durch Hospizdienst ■■■

Ich habe zusätzlich zur Patientenverfügung eine Vorsorgevollmacht erteilt und den Inhalt dieser Patientenverfügung mit der von mir bevollmächtigten Person besprochen.

Bevollmächtigter: ■■■

Name: ■■■

Anschrift: ■■■

Telefon: ■■■

oder

Ich habe anstelle einer Vollmacht ausschließlich eine Betreuungsverfügung erstellt.

Sofern diese Patientenverfügung Erläuterungen zu meinen Wertvorstellungen, u.a. meiner Bereitschaft zur Organspende („Organspendeausweis"), meinen Vorstellungen zur Widerbelebung (z.B. bei akutem Herzstillstand) oder Angaben zu bestehenden Krankheiten beigefügt sind, sollen sie als erklärender Bestandteil dieser Verfügung angesehen werden.

Ich habe diese Verfügung nach sorgfältiger Überlegung erstellt. Sie ist Ausdruck meines Selbstbestimmungsrechts. Darum wünsche ich nicht, dass mir in der konkreten Situation der Nichtentscheidungsfähigkeit eine Änderung meines Willens unterstellt wird, solange ich diesen nicht ausdrücklich (schriftlich oder nachweislich mündlich) widerrufen habe.

Ich weiß, dass ich die Patientenverfügung jederzeit abändern oder insgesamt widerrufen kann.

■■■

Ort, Datum, Unterschrift

Beratungshinweis:

Es wird empfohlen diese Verfügung regelmäßig (z.B. alle 2 bis 3 Jahr) durch Unterschrift zu bestätigen. Eine erneute Unterschrift bzw. Überarbeitung ist insbesondere sinnvoll, wenn eine Änderung der persönlichen Lebensumstände eintritt. Vor Erstellung einer Patientenverfügung, und auch bei Eintritt neuer Lebensumstände ist eine ärztliche Beratung dringend zu empfehlen, auch wenn sie keine Voraussetzung für die rechtliche Wirksamkeit ist.

■■■

Name , Anschrift und Unterschrift des Arztes
Bei der Festlegung meiner Patientenverfügung habe ich mich beraten lassen von:
■■■

Beratungshinweis:

Je zeitnaher eine Patientenverfügung verfasst wurde, und je konkreter ihr Inhalt ist, umso leichter ist es den Patientenwillen zu entnehmen und diesem gerecht zu werden. Zwar ist vom Gesetz keine Aktualisierung vorgeschrieben, jedoch sollte diese in regelmäßigen Abständen vorgenommen werden.

Ergänzung zur Patientenverfügung im Fall schwerer Krankheit
Personalien: ■■■
Krankheitsgeschichte und Diagnose: ■■■
(Sollte vom behandelnden Arzt ausgefüllt werden)
Was mir jetzt wichtig ist:
Ich weiß, dass meine Erkrankung nicht mehr geheilt werden kann. Sollte ich nicht mehr in der Lage sein, Entscheidungen über meine Behandlung zu treffen, s.o. wünsche ich ausdrücklich ■■■
Darüber hinaus ist mir besonders wichtig:
Diagnostische Maßnahmen oder eine Einweisung in ein Krankenhaus sollen nur dann erfolgen, wenn sie einer besseren Beschwerdelinderung dienen und ambulant nicht durchgeführt werden können.
Mein Wunsch ist es, zu Hause zu bleiben. Sollte das nicht gehen, möchte ich nach Möglichkeit in die Pflegeeinrichtung/Krankenhaus, Station ■■■ (Name/Anschrift/Telefon) eingeliefert werden.
Ich wünsche den Beistand meiner Kirche/Glaubensgemeinschaft: ■■■
Ich wünsche die Unterstützung durch einen Hospiz- oder Palliativdienst ■■■
Momentane Medikation
Die aktuelle Medikation, Indikation und Dosierung bereitliegender Notfallmedikamente sollten auf einem gesonderten Blatt beigefügt sein.
Zuletzt geändert ■■■
■■■

(Name und Anschrift des behandelnden Arztes/Palliativfachkraft)
■■■

(Unterschrift des behandelnden Arztes/Palliativkraft)

Notfallplan

Mögliche Komplikationen: ■■■

Vom Patienten gewünschte Behandlung: ■■■

(Dieser Punkt ist gemeinsam mit dem behandelnden Arzt oder einer Palliativpflegekraft auszufüllen)

■■■

(Name und Anschrift des behandelnden Arztes, der Palliativfachkraft und Unterschrift)

■■■

(Ort/Datum und Unterschrift des Patienten)

Aktuelle Medikation

(Medikament/Uhrzeit/Zweck)

■■■

(Name und Anschrift des behandelnden Arztes, der Palliativfachkraft und Unterschrift)

ggf ergänzen um persönliche Notizen

■■■

Beratungshinweis:

Die Unterschrift eines **Zeugen** ist für die Wirksamkeit einer Patientenverfügung nicht vorgeschrieben. Um die zum Zeitpunkt der Erstellung der Patientenverfügung bestehende Einsichts- und Entscheidungsfähigkeit im Streitfall nachweisen zu können, ist es jedoch regelmäßig zu empfehlen, eine Patientenverfügung von einem möglichst vertrauten Dritte, einem beauftragten Anwalt oder Notar oder auch des behandelnden Arztes mit unterzeichnen zu lassen.

3. Muster: Betreuungsverfügung[748]

35

105

Für den Fall, dass ich,

■■■

(Name, Vorname, Geburtsdatum)

■■■

(Adresse, Telefon)

infolge Krankheit, Behinderung oder Unfall meine Angelegenheiten teilweise oder vollständig nicht mehr selbst besorgen kann und deshalb ein Betreuer für mich als gesetzlicher Vertreter bestellt werden muss, schlage ich als Person, die mich betreuen soll vor:

Name: ■■■

Geburtsdatum: ■■■

Straße: ■■■

Wohnort: ■■■

Oder falls diese Person nicht zum Betreuer bestellt werden kann:

Name: ■■■

---

748 Muster aus: Vorsorge für Unfall, Alter und Krankheit, Bayerisches Staatsministerium der Justiz, S. 23 und Enzensberger/Maulbetsch, Vorsorgegestaltung, S. 139.

Geburtsdatum: ■■■

Straße: ■■■

Wohnort: ■■■

Auf keinen Fall zur Betreuerin, zum Betreuer bestellt werden soll:

Name: ■■■

Geburtsdatum: ■■■

Straße: ■■■

Wohnort: ■■■

Zur Wahrnehmung meiner Angelegenheiten durch den Betreuer habe ich folgende Wünsche: ■■■

ich habe meine Einstellung zur Krankheit und Sterben in der anliegenden Patientenverfügung niedergelegt. Diese soll der Betreuer beachten.

■■■

Datum, Unterschrift

36   ## 4. Muster: Organspendeverfügung

(Ein Organspendeausweis nach § 2 Transplantationsgesetz ist auch erhältlich über die Bundeszentrale für gesundheitliche Aufklärung, gebührenfreie Rufnummer: 0800/9040400)

Für den Fall, dass nach meinem Ableben eine Spende von Organen/Geweben zur Transplantation in Frage kommt, erkläre ich mich ausdrücklich damit einverstanden, dass nach ärztlicher Feststellung meines Todes meinem Körper Organe, Gewebe, Zellen zu Transplantationszwecken entnommen werden dürfen.

Oder

Ich gestatte dies, mit Ausnahme folgender Organe: ■■■

Oder

Ich widerspreche ausdrücklich jedweder Entnahme von Geweben oder Zellen nach meinem Tod.

Oder

Über die Frage, ob nach der ärztlichen Feststellung meines Todes meinem Körper Organe, Gewebe oder Zellen entnommen werden dürfen soll entscheiden:

■■■

Name/Vorname

■■■

Anschrift

■■■

Datum/Unterschrift

IV. Gebühren

Auch für die Erstellung einer **Vorsorgevollmacht** bestimmen sich die Gebühren nach 37
dem Gegenstandswert. Dieser ist nach billigem Ermessen zu ermitteln, gem. § 23
Abs. 3 S. 2 1. Alt RVG. Bei einer Generalvollmacht für den **vermögensrechtlichen Bereich** ist dies das Gesamtvermögen, ohne Abzug von Verbindlichkeiten.[749]

Für die Vollmacht im **persönlichen Bereich** beträgt der Gegenstandswert 4.000,– Euro, 38
§ 23 Abs. 3, S. 2, 2. Alt RVG.

Der Rahmen der Geschäftgebühr beträgt gemäß Nr. 2400 VV RVG 0,5 bis 2,5. Die 39
Mittelgebühr liegt auch hier bei 1,3. Eine darüber hinausgehende Gebühr kann nur
bei umfangreicher und schwieriger Tätigkeit angenommen werden.

Für die Erstellung von Vollmachten und Verfügungen sollte ein Anwalt auf die Möglichkeit des § 4 RVG zurückgreifen und eine Gebührenvereinbarung abschließen. 40

Bei der Ermittlung des Gegenstandswertes für die Erstellung einer **Patientenverfügung** 41
ist nicht auf die Vermögensverhältnisse des Betroffenen abzustellen. Es sollen in der Zukunft gegebenenfalls notwendige Maßnahmen geregelt werden. Der Wert wird mit dem
Regelwert in Höhe von 3000,- Euro anzunehmen sein.[750]

Ist ein Rechtsanwalt lediglich beratend tätig, wird es seit 1.7.2006 notwendig, eine Vergütungsvereinbarung abzuschließen. Die bis dahin geltende Regelung, dass automatisch das Rechtsanwaltsvergütungsgesetz gilt, entfällt. Kommt es jedoch zu einer 42
Vertretung nach außen, wird aus dem „Beratungsmandat" ein „Vertretungsmandat",
s.o. dass die Gebühren nach dem RVG ermittelt und erhoben werden können.

---

749 Enzensberger/Maulbetsch, Vorsorgegestaltung, Maulbetsch, S. 136, Rn 170.
750 Enzensberger/Maulbetsch, Vorsorgegestaltung, Enzensberger, S. 200, Rn 250.

Teil 3: Notarielle Scheidungsvereinbarungen

Siehe auch Teil 4, Prozessvergleiche, sowie Teil 2, Notarielle Eheverträge.

§ 1 Grundsätze und Form

Im Einzelnen zu Formvorschriften, Sicherung der vertraglichen Ansprüche, Verjährung, Vollstreckung, Vertragsauflösung, Abänderung und Anwaltshaftung s. Teil 1, Rn 2 ff. **1**

I. Regelungsinhalt

Im Rahmen einer Gesamtvereinbarung sollten alle Streitpunkte zwischen den Parteien **2** geklärt werden, insbesondere solche, für die nicht das Familiengericht, sondern das Zivilgericht im Streitfall zuständig ist, so z.B. Schuldenhaftung, Nutzungsentschädigung, Rückforderung ehebedingter Zuwendungen, Herausgabe persönlicher Gegenstände.

- Der Güterstand ist zu regeln, bei Gütergemeinschaft durch Vereinbarung der Gütertrennung und Auseinandersetzung des Gesamtguts,
- bei Zugewinnausgleich Regelung der Zahlung der Ausgleichsforderung,
- sind gemeinsame Immobilien vorhanden, so sind diese unter Einbeziehung der Ausgleichsansprüche auseinanderzusetzen,
- Ehegattenzuwendungen und deren Rechtsfolgen sollten festgestellt und geregelt werden,
- Gleiches gilt für den Gesamtschuldnerausgleich,
- gegebenenfalls soll das Recht auf Auseinandersetzung der Miteigentümergemeinschaft durch Zwangsversteigerung ausgeschlossen werden und diese Vereinbarung ggf. nach § 1010 BGB im Grundbuch eingetragen werden; dies i.d.R. jedoch in Form eines befristeten Ausschlusses (zur entsprechenden Vereinbarung s. Teil 3, § 2 Rn 169 ff).

Beratungshinweis: **3**

Regelungen, wonach ein Ehegatte das bisherige Familienheim, das im Miteigentum beider Parteien steht, künftig alleine nutzt und der Ausschluss der Miteigentümergemeinschaft für einen bestimmten Zeitraum vereinbart wird, kommen z.B. in Betracht, wenn auf dem Anwesen noch hohe Darlehensverbindlichkeiten mit langfristiger Zinsbindung lasten mit der Folge, dass bei einer Schuldenrückführung, sei es durch Verkauf oder durch Zwangsversteigerung, eine ganz erhebliche **Vorfälligkeitsentschädigung** anfällt. Gleiches gilt, wenn z.B. Bausparverträge erst in Kürze zuteilungsreif werden und damit die Schulden abgedeckt werden können.

- Übernimmt ein Ehegatte die Immobilie zu Alleineigentum, so ist die Frage der Schuldenhaftung, und zwar vor allem im **Außenverhältnis**, zu regeln (hierzu siehe Teil 3, § 2 Rn 112 ff, 142 ff). Die **Inaussichtstellung** der Haftungsfreistellung und Schuldentlassung muss aus Sicherheitsgründen **vor** Abschluss der notariellen Vereinbarung betreffend Miteigentumsanteilsübertragung vorgelegt werden, da andernfalls nur die Möglichkeit bleibt, ggf. vom Übertragungsvertrag zurückzutreten, wenn die Bank im Außenverhältnis keine Haftungsfreistellung vornimmt (hierzu siehe Teil 3, § 2 Rn 140 f).

■ Ist die Frage der Freistellung nicht geklärt (wie dies häufig im Rahmen von Prozessvergleichen der Fall ist), so muss zumindest eine Verpflichtung aufgenommen werden, wonach der übernehmende Ehegatte die **Haftungsfreistellung** im Außenverhältnis notfalls durch **Umschuldung** zu bewirken hat.

■ Die **Zweckbestimmungserklärung** muss gegenüber der Bank eingeschränkt werden und zwar dahingehend, dass Grundpfandrechte weiterhin nicht mehr zur Absicherung künftiger Schulden des übertragenden Ehegatten verwendet werden können.[1]

4

Muster: Einschränkung der Zweckbestimmung[2]

Die Eheleute beantragen bei der ■■■ Bank, die Zweckerklärung so einzuschränken, dass in Zukunft die Grundpfandrechte nur noch der Sicherung von Forderungen gegen den Ehemann dienen. Der Ehemann hat der Ehefrau die Schuldentlassungserklärung der Bank und die Erklärung über die Einschränkung der Zweckbestimmung bis zum ■■■ vorzulegen.

■ Im Zusammenhang mit der Übernahme einer Immobilie ist die **Abtretung** von Eigentümerrechten an den eingetragenen **Grundpfandrechten** zu regeln.

5

Muster: Abtretung Grundschulden

Ab dem Zeitpunkt der Schuldentlassung im Außenverhältnis tritt die Ehefrau dem Ehemann hiermit sämtliche Eigentümerrechte an den eingetragenen Grundschulden mit Verfügungsvollmacht ab.[3]

6 **Beratungshinweis:**

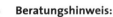

Ratsam ist es, bereits während der Trennung – soweit möglich – eine Gesamtvereinbarung betreffend Zugewinnausgleich, Versorgungsausgleich, Hausrat, Unterhalt und Hausrat zu treffen. Häufig wird von den Parteien gewünscht, dass bereits bei längerer Trennung die für den Versorgungsausgleich maßgebliche Ehezeit beendet wird und weiterhin erwirtschaftetes Vermögen nicht mehr dem Zugewinnausgleich unterliegt.

Zu beachten ist in diesem Zusammenhang Folgendes:

■ In Verbindung mit der Beendigung des Güterstandes der Zugewinngemeinschaft ist **Gütertrennung** zu vereinbaren und das Vermögen auseinanderzusetzen.

■ **Hausrat** und persönliche Gebrauchsgegenstände sind zu teilen.

■ Soll vereinbart werden, dass die für den **Versorgungsausgleich** maßgebliche Ehezeit beendet wird, so kann man bei Belassung des Versorgungsausgleichs als Endstichtag einen anderen Zeitpunkt, z.B. den der Trennung, vereinbaren, wobei diese Vereinbarung problematisch werden kann wegen einer möglichen **Super-Splitting-Wirkung** (hierzu s. Teil 2, § 4 Rn 19).

1 Langenfeld, Handbuch der Eheverträge und Scheidungsvereinbarungen, Rn 901 zu Kap. 5.
2 Langenfeld, a.a.O., Rn 902 zu Kap. 5.
3 Langenfeld, a.a.O., Rn 903 zu Kap. 5.

- Ein Verzicht auf Getrenntlebensunterhalt ist nach §§ 1360 a, 1614 BGB nicht möglich. Eine entsprechende Vereinbarung ist deshalb nichtig, soweit sie deutlich die Grenze der Angemessenheit nach § 1361 Abs. 1 S. 1 BGB unterschreitet. Dies ist der Fall, wenn der vereinbarte Unterhalt weniger als vier Fünftel des gesetzlich geschuldeten Unterhalts beträgt, weshalb in der Vereinbarung der Anspruch nach § 1361 Abs. 1 S. 1 BGB konkretisiert werden soll.[4]
- Ein Verzicht ist auch nicht gegen Abfindung möglich. Auch eine Vereinbarung über die Nichtgeltendmachung des Trennungsunterhalts mit der Sanktion, dass die vereinbarte Gegenleistung für die **Nichtgeltendmachung** entfällt, wenn dennoch der gesetzliche Trennungsunterhalt verlangt wird, dürfte gegen § 1614 BGB verstoßen.[5] Die Unwirksamkeit ist ferner unabhängig davon, ob der Verzicht (als sog. Abfindung) entgeltlich oder unentgeltlich erfolgt und ob der Unterhaltsanspruch vollständig oder nur teilweise beseitigt werden soll. Für die **Vergangenheit** ist – auch formlos – ein **Verzicht möglich**.[6]
- Eine Kürzung von 20 % wird für zulässig gehalten.[7]
- Eine Unzulässigkeit des Verzichts wird angenommen bei einer Unterschreitung um ein Drittel.[8]
- **Zulässig** sind Vereinbarungen über eine Nichtgeltendmachung von Trennungsunterhalt aufgrund fehlender Leistungsfähigkeit, Bedürftigkeit oder aus Verwirkungsgründen nach § 1579 BGB.[9]
- Bei Doppelverdiener-Ehen, bei denen beide Ehegatten in etwa gleich hohe Einkünfte erzielen, kann festgestellt werden, dass derzeit gegenseitig **kein** Unterhalt **geschuldet** wird.
- Während des Getrenntlebens kann der nicht erwerbstätige Ehegatte oder der Ehegatte mit geringfügigen, nicht versicherungspflichtigen Einkünften nach § 10 Abs. 1 SGB V ohne Zahlung eigener Beiträge beim anderen **mitversichert** bleiben. Hierbei ist zu beachten, dass bei Zustimmung zum begrenzten **Realsplitting** die Unterhaltsleistungen dem Einkommen hinzugerechnet werden und zum Gesamteinkommen nach § 10 Abs. 1 Nr. 5 SBG V gehören.
- Bei Vereinbarungen betreffend den **Ausschluss** des **Versorgungsausgleichs** ist zu berücksichtigen, dass hier im Rahmen einer notariellen Scheidungsvereinbarung ausdrücklich vereinbart wird, dass eine Vereinbarung nach § 1408 Abs. 2 BGB als Vereinbarung nach § 1587o BGB abgeschlossen wird (hierzu s.o. Teil 2, § 4 Rn 1 ff), um soweit als möglich sicherzustellen, dass auch bei Einreichung eines Scheidungsantrags vor Ablauf der Jahresfrist die Vereinbarung Gültigkeit hat, vorbehaltlich der Genehmigung durch das Familiengericht.

---

4 Langenfeld, a.a.O., Rn 869 zu Kap. 5.
5 Langenfeld, a.a.O., Rn 870 zu Kap. 5.
6 Born in Heiß/Born Rn 99 zu Kap. 10.
7 OLG Düsseldorf FamRZ 2001, 1148.
8 Born a.a.O. Rn 101 zu Kap. 10; OLG Hamm OLGR 2000, 70.
9 BGH FamRZ 1997, 487; Born a.a.O. Rn 102 zu Teil 10.

II. Formerfordernisse und Standesangaben

7 Im Einzelnen hierzu s.o. Teil 1, Rn 2 ff – Grundsätze/Eheverträge.

8 **Beratungshinweis:**

Ist die Scheidung **rechtskräftig** geworden oder haben die Ehegatten die Zugewinngemeinschaft durch einen notariellen Vertrag (§ 1408 Abs. 1 BGB) aufgehoben, können sie über die Ausgleichsforderung **formlos** verfügen.

9 Bereits bei Auftragserteilung an den Notar sollten diesem die nachfolgenden Daten mitgeteilt werden:
- Angabe von Name/Anschrift/Güterstand/Geburtsdatum/Geburtsort/Eltern/Angabe des Geburtsnamens der Mutter

10 Angaben zu den **persönlichen Verhältnissen:**
- Datum und Ort der Eheschließung
- Staatsangehörigkeit
- Angabe von Kindern (auch nicht aus der Ehe hervorgegangene Kinder)
- Falls bereits eine **notarielle Vereinbarung** vorliegt, z.B. Vertrag betreffend Gütergemeinschaft, ist diese mit der Urkundenrollnummer und dem Vertragsinhalt (z.B.: zur Urkunde des Notars ... vom ... UR-Nr. ... haben wir einen Ehe- und Erbvertrag abgeschlossen und für unsere künftige Ehe den Güterstand der Gütergemeinschaft vereinbart) in den Vertrag aufzunehmen und klarzustellen, dass diese Vereinbarung aufgehoben wird oder ggf. welche Teile der Vereinbarung noch Gültigkeit haben sollen.
- Auch eventuelle **Nachträge** zum Ehevertrag sind anzugeben und beizufügen.
- Angaben zum Trennungszeitpunkt
- Angabe, ob ein Scheidungsverfahren anhängig ist, bei welchem Gericht und unter welchem Az.

11 **Muster: Eingangsformulierung**

Beide sind nach meiner in den Gesprächen mit ihnen gewonnenen Überzeugung unbeschränkt geschäftsfähig. Die Zuziehung von Zeugen wünschen sie nicht; sie ist auch aus keinem Grunde erforderlich.

Alternative 1:

Auf ihr Ersuchen beurkunde ich ihre Erklärungen wie folgt: ■■■

Das Scheidungsverfahren ist anhängig beim ■■■ (Gericht). Für den Fall der Auflösung der Ehe treffen wir die nachfolgenden Bestimmungen, die gelten sollen, gleich wann diese Auflösung erfolgt.

Alternative 2:

Die nachstehenden Vereinbarungen werden jedoch von den Beteiligten **unabhängig** von der bevorstehenden **Scheidung** ihrer Ehe getroffen, soweit diese Vereinbarungen nicht ausdrücklich von der Ehescheidung abhängig gemacht sind.

Alternative 3:

Es wird ausdrücklich vereinbart, dass sämtliche vorstehenden Vereinbarungen **auch gültig** bleiben sollen, wenn ein Scheidungsantrag zunächst nicht gestellt oder später **zurückgenommen** wird oder die Scheidung der Ehe aus sonstigen Gründen unterbleibt.

III. Muster: Nutzungsübergang

12

110

Der Besitz, die Nutzungen, alle privaten und öffentlichen Lasten, die Gefahr des zufälligen Untergangs und der zufälligen Verschlechterung sowie die Verkehrssicherungspflicht samt einer delegierten Räum- und Streupflicht gehen auf den Erwerber mit Wirkung ab heute über.

IV. Generalabgeltungsklausel

Vor Vereinbarung einer Generalabgeltungsklausel muss mit der Partei eingehend über **sämtliche** etwaigen noch aus der Ehe entstehenden bzw. erst später bekannt werdenden **Forderungen** gesprochen werden, wie z.B. Steuernachforderungen oder **Steuererstattungen** aus Zeiten gemeinsamer Veranlagung, Berücksichtigung sämtlicher **Schulden** u.a.

13

Wird eine Generalabgeltungsklausel aufgenommen, so ist grundsätzlich später jegliche Geltendmachung weiterer Ansprüche ausgeschlossen. In diesem Zusammenhang ist auch daran zu denken, ob noch **gemeinsame** Vermögenswerte vorhanden sind, die von den Parteien übersehen wurden.

14

Der **Irrtum** eines Ehegatten bei Abschluss eines Globalvergleichs mit Erledigungsklausel dahingehend, dass keine Ausgleichsansprüche mehr bestehen, ist ein **unbeachtlicher Motivirrtum**[10] Es kommt allenfalls die Anwendung der Grundsätze über den **Wegfall der Geschäftsgrundlage** wegen eines **gemeinschaftlichen** Motivirrtums in Betracht, wenn die Parteien sich gemeinsam über einen für ihre Willensbildung wesentlichen Umstand geirrt haben.[11]

15

Im Einzelfall können auch die Voraussetzungen des § 779 Abs. 1 BGB vorliegen, wobei es sich hier um einen **beiderseitigen** Irrtum über den dem Vergleich zugrundegelegten Sachverhalt handeln muss, der sich zudem auf einen streitausschließenden Umstand bezieht.[12]

16

---

10 Börger, in Göppinger/Börger, Vereinbarungen anlässlich der Ehescheidung, Rn 78 Teil 6.
11 OLG Celle, NJW 1971, 145; Palandt/Heinrichs, § 119 Rn 29/30 m.w.N.
12 Palandt/Sprau, § 779 Rn 17 ff; Börger, a.a.O., Rn 78 zu Teil 6.

17

Muster: Generalabgeltungsklausel

Auf alle bisher eventuell bereits entstandenen oder durch die vorstehende Vereinbarung der Gütertrennung entstehenden Zugewinnausgleichsansprüche und alle sonstigen etwaig be- bzw. entstehenden, das **gegenseitige Vermögen** im weitesten Sinne betreffenden (v.a. Herausgabe-, Ausgleichs-, Rückforderungs-, Erstattungs- oder Schadensersatz-)Ansprüche – gleich welcher Art und welchen Rechtsgrundes – verzichten die Ehegatten vorbehaltlich der Regelungen in dieser Urkunde insbesondere in der im nachfolgenden Absatz ■■■ hiermit gegenseitig und nehmen den **Verzicht** jeweils an.

Die Ehegatten sind sich darüber einig, dass mit vollständigem Vollzug dieser Urkunde und der vollständigen Erfüllung aller darin begründeten/übernommenen Verpflichtungen zwischen den Ehegatten hinüber wie herüber keinerlei (insbesondere vermögensrechtlichen) Ansprüche und Rechte mehr bestehen, die ihren tatsächlichen oder rechtlichen **Grund in dem ehelichen Güterstand**, dessen (vollständiger) Auseinandersetzung/Ausgleich, der gemeinsamen Lebens- und Haushaltsführung oder der Verwaltung bzw. Abgrenzung des jeweiligen Vermögens im weitesten Sinne haben. Sofern und soweit dies einen Verzicht auf bereits bestehende Ansprüche und Rechte bedeutet, wird dieser Verzicht hiermit ausdrücklich wechselseitig vereinbart und angenommen.

Die vorstehende Abfindungsklausel gilt ausdrücklich auch für mögliche Ausgleichsansprüche aus **Mitarbeit** im Geschäft des anderen Ehegatten sowie für mögliche Ausgleichsansprüche im Zusammenhang mit **Zuwendungen**, Schenkungen von Ehegatten, Schwiegereltern usw.

Alternative:

Im Übrigen sind Zugewinnausgleichsansprüche und sonstige Ausgleichsansprüche für die bisherige Ehezeit durch diesen Vertrag endgültig abgegolten und erledigt, sodass auch alle etwaigen Ermittlungen über bisher entstandenen Zugewinn entfallen. Etwaige Zuwendungen von Vermögen oder sonstige Zuwendungen, die ein Ehegatte während der Ehe dem anderen Ehegatten zur Verwirklichung der ehelichen Lebensgemeinschaft oder aus anderen Gründen gemacht hat, sind bei einer Scheidung der Ehe nicht auszugleichen. Es bleibt auch eine Rückforderung oder ein Ausgleichsanspruch wegen Wegfall der Geschäftsgrundlage sowie aus jeglichem sonstigen Rechtsgrund ausgeschlossen.

Vorsorglich verzichten die Ehegatten ■■■ auf jeden Anspruch auf Zugewinnausgleich und nehmen den Verzicht wechselseitig an, unbeschadet der Ansprüche auf Erfüllung der in dieser Urkunde enthaltenen Verpflichtungen.

18

V. Muster: Rechtsanwendung, Vorsorgliche Rechtswahl

Die Ehegatten ■■■ hatten bei ihrer Eheschließung und während ihres Zusammenlebens nach der Eheschließung ihren gewöhnlichen Aufenthalt in der Bundesrepublik Deutschland. Sie gehen deshalb davon aus, dass für die güterrechtlichen Wirkungen ihrer Ehe das Recht der Bundesrepublik Deutschland maßgebend ist. Rein vorsorglich wählen sie hiermit gem. Art. 15 Abs. 2 EGBGB für die güterrechtlichen Wirkungen ihrer Ehe mit Wirkung ab sofort das Recht der Bundesrepublik Deutschland.

VI. Muster: Belehrung durch den Notar

19

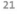

Die Vertragsteile wurden vom Notar auch darauf hingewiesen, dass sie sich über die **steuerlichen** Folgen der Vereinbarung vor Beurkundung dieses Vertrages bei einem Fachmann des Steuerrechts vergewissern sollten. Der Notar übernahm diesbezüglich keine Betreuungs- und Beratungsaufträge. Auf die Einkommensteuerpflicht aus privaten und betrieblichen Veräußerungsgeschäften sowie gewerblichem Grundstückshandel wurde hingewiesen.

Des Weiteren wurden die Beteiligten darauf hingewiesen, dass bei einer wesentlichen Veränderung der tatsächlichen Verhältnisse der Richter die Vereinbarung der Vertragsteile bezüglich des Hausrates ändern kann (§ 17 HausratsVO).

Sie wurden auch darauf hingewiesen, dass die gesetzlichen **Unterhaltsansprüche** der gemeinschaftlichen **Kinder** nicht beschränkt werden können, wozu auch eine Erschwerung der Abänderbarkeit zählt und dass dasselbe für die Trennungsunterhaltsansprüche der Ehegatten gilt.

VII. Salvatorische Klausel[13]

Die Salvatorische Klausel beinhaltet die Vereinbarung, dass in Abweichung von § 139 BGB die einzelnen Bestandteile einer **Gesamtvereinbarung** auch dann **wirksam** bleiben sollen, wenn **eine** oder **mehrere nichtig** sein sollten.

20

Muster: Salvatorische Klausel 1

21

Sollte eine dieser Vereinbarungen unwirksam sein oder werden, sollen die restlichen Vereinbarungen hiervon unabhängig wirksam bleiben.

Der BGH misst der Salvatorischen Klausel in seiner neueren Rechtsprechung nur noch eine vertragliche **Beweislastregelung** zu. Wer sich wegen der Unwirksamkeit einer Klausel auf die Unwirksamkeit des gesamten Vertrages berufen will, trägt die Beweislast dafür, dass die Parteien den Vertrag nicht ohne den nichtigen Teil gewollt hätten.[14]

22

Es empfiehlt sich, **konkret** aufzuführen die **Nichtigkeit welcher** Bestandteile (z.B. der Vereinbarungen zum Unterhalt, Versorgungsausgleich und Zugewinn) keinen Einfluss auf die Wirksamkeit der restlichen Vereinbarung haben soll.[15] Salvatorische Klauseln werden häufig durch sog. **Ersetzungsklauseln**[16] ergänzt.

23

Muster: Salvatorische Klausel 2

24

Sollte eine Bestimmung dieser Vereinbarung unwirksam sein, ist sie durch eine wirksame zu **ersetzen**, die dem angestrebten Zweck wirtschaftlich am nächsten kommt.

13 Im Einzelnen s. Teil 2, § 7 Rn 3 f, Teil 1, Rn 125 ff.
14 BGH, NJW 2003, 347; Sarres, FF 2004, 241; Grziwotz, FF 2004, 275.
15 Sarres, FF 2004, 251 f; Bergschneider, FamRZ 2004, 1757, 1764.
16 Grziwotz, FF 2004, 275 f.

25 Da aufgrund der neuen Rechtsprechung des BGH zu der Wirksamkeit von Eheverträgen offenbar auch eine **Teilnichtigkeit** in Betracht kommen soll,[17] andererseits sittenwidrige Rechtsgeschäfte für den Gläubiger nicht das Risiko völliger Unwirksamkeit verlieren dürfen,[18] sind die Wirksamkeit und Reichweite solcher Klauseln derzeit zumindest **unsicher**.[19] Zur Wirksamkeits- und Inhaltskontrolle von Eheverträgen und Scheidungsvereinbarungen s. Teil 1, Rn 49 ff.

26 **Beratungshinweis:**

Gerade dann, wenn durch eine notarielle Vereinbarung der **Versorgungsausgleich** ausgeschlossen wird, muss ausdrücklich klargestellt werden, ob die übrigen Vereinbarungen auch dann Gültigkeit haben sollen, wenn vorzeitig Scheidungsantrag eingereicht wird, also vor Ablauf eines Jahres nach notarieller Beurkundung, und damit die Versorgungsausgleichsverzichtsvereinbarung keine Gültigkeit mehr hat. Wünschen die Parteien sodann eine entsprechende Vereinbarung zu Protokoll des Gerichts, so muss diese familiengerichtlich genehmigt werden (s. Teil 2, § 4 Rn 1 ff).

Die Vereinbarung muss eine Regelung enthalten für den Fall, dass das Familiengericht den Versorgungsausgleichsausschluss **nicht genehmigt**.

---

17 BGH, FamRZ 2004, 601, 606.
18 BGH, NJW 2001, 815 ff; BGH NJW 2000, 1182.
19 Vgl. hierzu: Sanders, FF 2004, 249 f; Sarres, FF 2004, 251 f.

§ 2 Immobilienvermögen, Grundstücksübertragung

A. Immobilienübertragung

I. Aufhebung der Miteigentümergemeinschaft an einer Immobilie

1. Beratung

a) Tatsächliche Ausgangssituation

Typische Fälle im Bereich des Familieneigenheims sind:[20] 1

- Schlüsselfertiger Erwerb des Familienheims oder seine Errichtung auf erworbenem Bauplatz zu je hälftigem Miteigentum aus Mitteln, die der allein verdienende Ehegatte während der Ehe erarbeitet hat.
- Erwerb oder Errichtung des Familienheims zu je hälftigem Miteigentum aus Anfangsvermögen eines Ehegatten nach § 1374 Abs. 1 BGB oder privilegiertem Erwerb eines Ehegatten nach § 1374 Abs. 2 BGB.
- Die Weitergabe eines hälftigen Miteigentumsanteils seitens des Ehegatten, der das Haus ererbt oder im Wege vorweggenommener Erbfolge erworben hat, an den anderen Ehegatten, weil dieser sich an Umbau, Ausbau, Renovierung und Unterhalt des Familienheims beteiligen soll.
- Verwendung von Geld auf das im Alleineigentum des anderen Ehegatten stehende Familienheim.
- Erwerb des Familienheims zum Alleineigentum des betrieblich nicht haftenden Ehegatten oder Übertragung des Eigenheims oder Miteigentumsanteils des betrieblich haftenden Ehegatten auf den betrieblich nicht haftenden Ehegatten zur Vermeidung eines etwaige Gläubigerzugriffs.
- Erwerb des Familienheims durch einen Ehegatten allein zu dessen Altersversorgung, insbesondere wenn der andere Ehegatte wesentlich älter ist und Kinder aus vorangegangener Ehe hat.
- Erwerb des auch freiberuflich oder betrieblich genutzten Hausgrundstücks durch den Ehegatten des Freiberuflers oder Betriebsinhabers zur Erzielung eines steuersparenden Verpachtungsmodells (hierzu s. Teil 2, § 1 Rn 458 ff).

Die nachfolgende Regelung betrifft den Fall, dass eine **schuldrechtliche** Vereinbarung 2
zu Protokoll des Familiengerichts abgegeben wurde, die nunmehr durch notarielle Urkunde realisiert wird.

Zu regeln ist: 3
- Eigentumsübertragung,
- ggf. Auflassungsvormerkung,
- Besitzübergang,
- ggf. Wohnrecht und Auszugsverpflichtung unter Verzicht auf Räumungsschutzfristen,
- Verlängerung des Wohnrechts für den Fall der nicht fristgemäßen Zahlung des Abfindungsbetrages,

---

20 Langenfeld, Handbuch der Eheverträge und Scheidungsvereinbarungen, Rn 259 zu Kap. 3.

- Gewährleistung,
- Kostenregelung,
- Gegenleistung,
- Sicherung der Abfindungszahlung durch Eintragung einer Grundschuld,
- Zwangsvollstreckungsunterwerfung,
- Abtretung von Gewährleistungsansprüchen.

4 Beratungshinweis:

Zur Unterscheidung von Wohnrecht, Nießbrauch und Reallast:
Bei dem **Wohnrecht** handelt es sich um eine Unterart der beschränkten persönlichen Dienstbarkeit, so z.b. um Überlassung eines Grundstücks zu Wohnzwecken einschließlich **Mitbenutzung**. Bei Vereinbarung eines Wohnrechts besteht ein Benutzungsrecht unter **Ausschluss des Eigentümers** an bestimmten Räumlichkeiten in dem betreffenden Anwesen. Die Unterhaltungskosten trägt i.d.R. der Berechtigte.

Das **Nießbrauchsrecht** ist **umfassender** als das Wohnrecht. Während beim Wohnrecht nur die Aufnahme einer beschränkten Anzahl von Personen möglich ist, können beim **Nießbrauchsrecht** gem. § 1093 Abs. 2 BGB mehrere weitere Personen in die Wohnung aufgenommen werden. Auch ist Vermietung ohne Zustimmung des Eigentümers möglich.

Bei der Einräumung einer **Reallast** handelt es sich i.d.R. um **Dauerschuldverhältnisse**, z.B. die Einräumung eines Altenteilsrechts. Wird die Zahlung einer **Leibrente** vereinbart, so muss i.d.R. eine Zwangsvollstreckungsunterwerfungsklausel mit aufgenommen werden.

Zur Abgrenzung von Hypothek und Grundschuld:
Die **Sicherungshypothek** ist akzessorisch, d.h. es liegt eine exakt definierte Verbindlichkeit, also eine **bestimmte Zahlungsverpflichtung**, vor, die gesichert werden soll, z.B. Zahlung eines Abfindungsbetrages in **Raten**.

Demgegenüber ist die **Grundschuld unabhängig** von der Höhe der zugrundeliegenden Verbindlichkeit und deshalb gefährlicher, weil eine Abtretung der Grundschuld möglich ist. Grundschulden werden i.d.R. bei noch **nicht genau feststellbaren Verbindlichkeiten** eingetragen. Die Abtretung kann **ausgeschlossen** werden. Der Abtretungsausschluss kann und sollte in das **Grundbuch eingetragen** werden.

Die Grundschuld kann grundsätzlich später für andere Verbindlichkeiten als die zunächst zu sichernden verwendet werden, so z.B. Bankschulden, da mit der Grundschuld künftig entstehende Schulden abgesichert werden.

Eine Grundschuld **mit Brief** ist i.d.R. nur i.V.m. der **Abtretung** der Grundschuld von Bedeutung. Die Briefgrundschuld kann privatschriftlich abgetreten werden in Form von Aushändigung des Briefes und der Abtretungserklärung und kommt insbesondere dann in Betracht, wenn ein **schnelles Wechseln der Kreditverhältnisse** vorliegt.

b) Rechtliche Ausgangssituation

5 Steht das Familieneigentum im Miteigentum beider Ehegatten, so kann anlässlich der Scheidung jeder Ehegatte die Auseinandersetzung der nach §§ 741 ff BGB bestehenden Miteigentümergemeinschaft durch **Teilungsversteigerung** verlangen, § 749 Abs. 1 BGB.

War die Aufhebung durch Vereinbarung für immer oder auf Zeit ausgeschlossen, so bildet die **Ehescheidung** einen **wichtigen Grund** für die Aufkündigung dieser Vereinbarung, der **vertraglich nicht ausgeschlossen werden kann,** § 749 Abs. 2, 3 BGB.[21] **Möglich** ist aber eine **zeitliche Beschränkung** des Kündigungsrechts.[22] Zur Teilungsversteigerung im Einzelnen s. *Heiß*, Das Mandat im Familienrecht, Rn 1 ff zu Teil 11, Heiß in Kroiß, FormularBibliothek Zivilprozess 2005, Familienrecht, Rn 1780 ff zu § 8.

§ 749 Abs. 2, 3 BGB **verbietet** die Ausschlussvereinbarung bei Vorliegen eines **wichtigen Grundes.** Ein derartiger wichtiger Grund dürfte beim Familieneigenheim generell im Wegfall der ehelichen Lebensgemeinschaft zu sehen sein. Bei intakter Ehe besteht hier kein Regelungsbedarf, da die eheliche Lebensgemeinschaft dem Aufhebungsanspruch des § 749 BGB entgegensteht.[23] **6**

Ob dann, wenn der Miteigentumsanteil am Familienheim das **gesamte** Vermögen eines Ehegatten darstellt, dieser Ehegatte auch noch **nach Scheidung** durch die entsprechende Anwendung von **§ 1365 BGB** zu schützen ist, er also die Teilungsversteigerung einseitig verhindern kann, ist streitig. § 1365 BGB gilt nur bis zur Scheidung.[24] **7**

Richtig dürfte es jedoch sein, den Schutz des § 1365 BGB bei Scheidung zu **beenden,** da sonst die allgemeine Entscheidungsfreiheit unzulässig eingeschränkt würde, was auch nicht durch die Berufung auf eine fortdauernde eheliche Solidarität zu rechtfertigen ist.[25] **8**

2. Muster: Übertragung eines Miteigentumshälfteanteils an einem Grundstück im Rahmen der Vermögensauseinandersetzung nach der Scheidung **9**

116

1. Grundbuch und Sachstand

Im Grundbuch des Amtsgerichts ■■■ von ■■■ Band ■■■ Blatt ■■■ ist der folgende Grundbesitz der Gemarkung ■■■ eingetragen:

Fl.St.-Nr. ■■■

Bezeichnung ■■■

Gebäude und Freifläche zu ■■■ ha.

Als Miteigentümer **je zur Hälfte** sind Herr ■■■ und Frau ■■■ eingetragen.

An dem vorgenannten Grundstück sind im Grundbuch folgende Belastungen eingetragen:

Abteilung II des Grundbuchs: keine Rechte

Abteilung III des Grundbuchs: Euro ■■■ Buchgrundschuld für die ■■■ Bank

Die Ehe von Herrn ■■■ und Frau ■■■, die nach Angabe im gesetzlichen Güterstand der Zugewinngemeinschaft verheiratet waren, ist mit Urteil des Amtsgerichts ■■■ vom ■■■ Az. ■■■ **geschieden** worden. Das Scheidungsurteil ist am gleichen Tage rechtskräftig geworden.

---

21 Langenfeld, a.a.O. Rn 309 zu Kap. 3.
22 Palandt/Sprau, Rn 7 zu § 723 BGB.
23 Langenfeld, Rn 176 zu Kap. 2.
24 Langenfeld, a.a.O. Rn 312 zu Kap. 3; für die Anwendung des § 1365 BGB: OLG Düsseldorf, FamRZ 1985, 309; BayObLG FamRZ 1996, 1013; OLG Frankfurt, FamRZ 1999, 524.
25 Langenfeld, a.a.O., Rn 312 zu Kap. 3 MünchKomm/Koch, § 1365 BGB, Rn 58.

Die Beteiligten, also Herr ■■■ und Frau ■■■ haben im Zusammenhang mit dem Scheidungsverfahren zu **Protokoll** des Amtsgerichts ■■■ vom ■■■ eine Vereinbarung geschlossen, die dieser Urkunde als Anlage beigefügt ist. Diese Anlage wurde mitverlesen. Zu der Anlage wird festgestellt, dass es sich bei der „Antragstellerin" um Frau ■■■ und dem „Antragsgegner" um Herrn ■■■ handelt.

In Erfüllung der in der erwähnten gerichtlichen Vereinbarung enthaltenen Regelungen bezüglich des in Ziffer ■■■ genannten Grundbesitzes werden die nachfolgenden Vereinbarungen getroffen.

Soweit nicht in der gegenwärtigen Urkunde ausdrücklich abweichende Regelungen getroffen werden, verbleibt es bei den Bestimmungen der erwähnten gerichtlichen Vereinbarung, die hiermit von den Beteiligten ausdrücklich wiederholt und bestätigt werden.

2. Übertragung

Frau ■■■ – nachstehend „Veräußerer" genannt – **überträgt** hiermit – zum Zwecke der Vermögensauseinandersetzung – nach der Scheidung der Beteiligten – ihren ½ Miteigentumsanteil an dem in Abschnitt ■■■ näher beschriebenen Grundbesitz mit allen gesetzlichen Bestandteilen und Rechten

an

ihren geschiedenen Ehemann, Herrn ■■■ – nachstehend „Erwerber" genannt – zu dessen Alleineigentum. Nach grundbuchamtlichen Vollzug dieser Urkunde ist Herr ■■■ somit Alleineigentümer des in Abschnitt ■■■ genannten Grundbesitzes.

Auflassung, Vormerkung:

Die Vertragsteile sind über den vereinbarten Eigentumsübergang einig. Sie bewilligen und beantragen die Eintragung der Rechtsänderung im Grundbuch.

Zur Sicherung des Anspruchs des Erwerbers auf Übertragung des Eigentums an dem vertragsgegenständlichen Miteigentumsanteil bewilligt der Veräußerer zu Gunsten des Erwerbers die Eintragung einer

Auflassungsvormerkung

an dem erwähnten Miteigentumsanteil des in Abschnitt ■■■ genannten Grundbesitzes im Range nach den dort genannten Belastungen, notfalls, wenn der Notar dies beantragt, an nächst offener Rangstelle im Grundbuch.

Diese Vormerkung wird Zug um Zug mit Eintragung der Auflassung im Grundbuch wieder zur Löschung bewilligt, vorausgesetzt, dass in der Zwischenzeit keinerlei Belastungen ohne Mitwirkung des Erwerbers eingetragen worden sind.

Der Erwerber stellt den Antrag auf Eintragung der Vormerkung und deren späterer Löschung nach Belehrung derzeit nicht.

Die Beteiligten wurden darauf hingewiesen, dass der vertragsgegenständliche Miteigentumsanteil nicht schon mit dem Abschluss dieses Vertrages, sondern erst mit der Eintragung der Rechtsänderung im Grundbuch auf den Erwerber übergeht. Dies kann erst erfolgen, wenn die Unbedenklichkeitsbescheinigung des Finanzamtes – Grunderwerbsteuerstelle – zu diesem Vertrag vorliegt.

3. Besitz, Nutzungen, Lasten

Besitz, Nutzungen und Gefahren gehen hinsichtlich des vertragsgegenständlichen Miteigentumshälfteanteils auf den Erwerber über, sobald der Veräußerer das in Abschnitt ■■■ genannte Anwesen geräumt hat und aus diesem **ausgezogen** ist.

Steuern, öffentliche Lasten und Abgaben aller Art übernimmt der Erwerber insoweit ab sofort.

Während der Bewohnung des Vertragsobjekts durch den Veräußerer sind von diesem, wie die Beteiligten klarstellen, die laufenden **Nebenkosten** – Kosten für Strom, Wasser und Abwasser, Heizung, Kaminkehrer und Müllabfuhr – zu tragen.

Für die Begleichung von Bescheiden für Erschließungsbeiträge, Anschlusskosten aller Art und Beiträge nach dem Kommunalabgabengesetz, die ab heute für den in Abschnitt ■■■ genannten Grundbesitz zugestellt werden, hat allein der Erwerber aufzukommen.

Dies gilt unabhängig davon, wem entsprechende Bescheide zugestellt werden und welche Maßnahmen davon betroffen sind.

Miet- oder Pachtverhältnisse bestehen nach Angabe der Beteiligten bezüglich des in Abschnitt ■■■ genannten Grundbesitzes nicht.

Das dort genannte Anwesen wird derzeit vom **Veräußerer** und den gemeinsamen **Kindern** der Beteiligten **bewohnt**.

Entsprechend Ziffer ■■■ der in Abschnitt ■■■ genannten gerichtlichen Vereinbarung ist der **Veräußerer berechtigt**, bis einschließlich ■■■ unentgeltlich in dem in Abschnitt ■■■ genannten Anwesen zu **wohnen**. Er verpflichtet sich gegenüber dem Erwerber, unter **Verzicht** auf jegliche **Räumungsschutzfristen** bis spätestens ■■■ aus dem erwähnten Anwesen auszuziehen und dieses geräumt an den Erwerber zu übergeben.

Entsprechend Ziffer ■■■ des erwähnten gerichtlichen Vergleiches **verschiebt** sich die vorstehend vereinbarte **Frist** für die **Räumung**, den Auszug und die Beendigung des unentgeltlichen Wohnungsrechts, falls der in Abschnitt ■■■ genannte **Gegenleistungsbetrag nicht termingerecht**, also bis zum ■■■, auf dem Konto des Veräußerer eingegangen sein sollte. Sollte der Veräußerer den erwähnten Betrag ganz oder teilweise später erhalten, verlängert sich die vorstehend vereinbarte Frist zum Auszug, zur Räumung und für die Beendigung des unentgeltlichen Wohnungsrechts entsprechend, somit um die gleiche Zeit.

Solange der Veräußerer aufgrund der vorstehenden Vereinbarung zur Bewohnung des in Abschnitt ■■■ genannten Anwesens befugt ist, verzichtet der Erwerber auf eine Mitbenutzung und Mitbewohnung dieses Anwesens.

Der Veräußerer verpflichtet sich, gegenüber dem Erwerber das in Abschnitt ■■■ genannte Anwesen beim Auszug in einem ordentlichen und sauberen Zustand an den Erwerber zu übergeben.

4. Gewährleistung

Der Veräußerer haftet für ungehinderten Besitz und Eigentumsübergang und für die Freiheit von Grundbuchbelastungen, soweit diese nicht ausdrücklich vom Erwerber übernommen werden.

Eine weitere Gewähr wird vom Veräußerer nicht geleistet, soweit in dieser Urkunde nicht ausdrücklich etwas anderes vereinbart ist.

Die Vertragsteile stimmen allen der vertragsgemäßen Lastenfreistellung dienenden Erklärungen mit dem Antrag auf Vollzug im Grundbuch zu.

Sämtliche an dem in Abschnitt ■■■ genannten Grundbesitz eingetragenen, dort näher bezeichneten Grundpfandrechte sind nach Angabe der Beteiligten nicht mehr valutiert; sie werden hiermit insgesamt zur Löschung beantragt.

5. Vollzugsauftrag

Der Notar wird beauftragt und ermächtigt, die zu diesem Vertrag und seinem Vollzug erforderlichen Erklärungen einzuholen und für die Beteiligten entgegenzunehmen. Alle zu diesem Vertrag erforderlichen Erklärungen und Genehmigungen sollen mit ihrem Eingang beim Notariat ■■■ allen Beteiligten als zugegangen gelten und rechtswirksam sein.

6. Kosten, Abschriften

Die Kosten dieser Beurkundung und des grundbuchamtlichen Vollzuges tragen die Vertragsteile je zur **Hälfte**. Die Kosten der **nachträglichen Genehmigung** des Veräußerers zu diesem Vertrag sind jedoch allein vom **Erwerber** zu tragen. Sofern von dem Erwerber noch ein Antrag auf Eintragung einer Auflassungsvormerkung zu seinen Gunsten gestellt werden sollte, hat der Erwerber allein für die Kosten der Eintragung dieser Auflassungsvormerkung und deren spätere Löschung aufzukommen.

Für eventuell anfallende Verkehrsteuern kommt der Erwerber auf.

Da die Veräußerung des Vertragsobjektes der Vermögensauseinandersetzung nach der Scheidung der Beteiligten dient, wird gem. § 3 Ziff. 5 des Grunderwerbsteuergesetzes für den in dieser Urkunde niedergelegten Erwerbsvorgang Freistellung von der Grunderwerbsteuer beantragt.

Von dieser Urkunde erhalten: beglaubigte Abschriften ▪▪▪ (s. Teil 3, § 2 Rn 54 ff)

Weitere Hinweise ▪▪▪ (s. Teil 3, § 2 Rn 54 ff)

7. Gegenleistungen

Entsprechend Ziffer ▪▪▪ der in Abschnitt ▪▪▪ genannten gerichtlichen Vereinbarung verpflichtet sich der Erwerber zur Abgeltung sämtlicher vermögensrechtlicher Ansprüche und auch aller Ansprüche auf nacheheliche Unterhalt und Unterhaltsrückstände betreffend den Ehegattenunterhalt an den Veräußerer einen **Betrag** in Höhe von Euro ▪▪▪ **zu bezahlen**.

Der vorgenannte Betrag in Höhe von Euro ▪▪▪ ist – entsprechend Ziffer ▪▪▪ der erwähnten gerichtlichen Vereinbarung – bis spätestens ▪▪▪ zu bezahlen. Bis zu seiner Fälligkeit ist der vorgenannte Betrag nicht zu verzinsen.

Im Falle eines Zahlungsverzugs sind die jeweiligen gesetzlichen Verzugszinsen zu bezahlen.

Der Erwerber **unterwirft** sich wegen der vorstehend von ihm eingegangenen Zahlungsverpflichtung der sofortigen **Zwangsvollstreckung** aus dieser Urkunde in sein gesamtes Vermögen und zwar mit der Maßgabe, dass eine vollstreckbare Ausfertigung erteilt werden kann, ohne dass es des Nachweises der die Fälligkeit begründenden Tatsachen bedarf. Die Beweislast bleibt unverändert.

Zur Sicherung des Anspruchs des Veräußerers auf Zahlung des in Ziffer ▪▪▪ genannten Betrages von Euro ▪▪▪ bestimmt der Erwerber zu Gunsten des Veräußerers an dem in Abschnitt ▪▪▪ genannten Grundbesitz eine **Grundschuld** ohne Brief in Höhe von Euro ▪▪▪

Die Grundschuld ist unverzinslich. Die Grundschuld ist fällig.

Wegen des Grundschuldkapitals unterwirft der Erwerber den in Abschnitt ▪▪▪ genannten Grundbesitz der sofortigen Zwangsvollstreckung aus dieser Urkunde in der Weise, dass die Zwangsvollstreckung gegen den jeweiligen Eigentümer des mit der Grundschuld belasteten Grundbesitzes zulässig sein soll.

Die Abtretbarkeit der vorstehend bestellten Grundschuld ist – wie die Beteiligten vereinbaren – ausgeschlossen.

Der Erwerber bewilligt und die Beteiligten beantragen, die vorstehend bestellte Grundschuld ohne Brief samt Zahlungsbestimmungen und dem vereinbarten

Abtretungsausschluss sowie die dingliche

Zwangsvollstreckungsunterwerfung in das Grundbuch einzutragen.

Die Grundschuld hat an dem in Abschnitt ▪▪▪ genannten Grundbesitz erste Rangstelle, notfalls, wenn der Notar dies beantragt, nächst offene Rangstelle zu erhalten.

Nach vollständiger Bezahlung des in Ziffer ■■■ genannten Betrages ist der Veräußerer verpflichtet, die vorstehend bestellte Grundschuld wieder in grundbuchmäßiger Form zur **Löschung** zu bewilligen; für die **Kosten**, die im Zusammenhang mit dieser Löschung anfallen, kommen die Vertragsteile je zur Hälfte auf.

Alternative 1: Gewährleistung

Der Veräußerer haftet für ungehinderten Besitz und Eigentumsübergang und für die Freiheit von Grundbuchbelastungen, soweit diese nicht ausdrücklich vom Erwerber übernommen werden.

Eine weitere Gewähr wird vom Veräußerer nicht geleistet. Die Vertragsteile stimmen allen der vertragsgemäßen Lastenfreistellung dienenden Erklärungen mit dem Antrag auf Vollzug im Grundbuch zu.

Die in Abschnitt ■■■ genannte Dienstbarkeit wird vom Erwerber zur weiteren Duldung übernommen.

Wegen der Übernahme der eingetragenen Grundschuld durch den Erwerber wird auf Abschnitt ■■■ verwiesen.

Alternative 2: Abtretung Gewährleistungsansprüche

Soweit bezüglich des in Abschnitt ■■■ genannten Wohnungseigentums noch **Gewährleistungsansprüche** gegenüber dem Bauträger, von dem die Vertragsteile das erwähnte Wohnungseigentum erworben haben und den übrigen an der Errichtung des Bauwerkes beteiligten Firmen, Handwerkern und sonstigen Personen bestehen, werden diese Ansprüche hiermit an den Erwerber zu dessen Alleinberechtigung **abgetreten**.

Alternative 3: Genehmigung nach Grundstücksverkehrsgesetz

Der Veräußerer versichert, innerhalb der letzten 3 Jahre, gerechnet von heute ab, keinen land- oder forstwirtschaftlich genutzten Grundbesitz, die heutige Vertragsfläche miteingerechnet, über 2 ha Gesamtfläche veräußert zu haben, sodass eine Genehmigung nach dem Grundstücksverkehrsgesetz nicht erforderlich ist.

Ein Negativattest wollen die Beteiligten nicht beantragen.

Alternative 4: Freistellung Grunderwerbsteuer

Da der in dieser Urkunde niedergelegte Erwerbsvorgang im Rahmen der Vermögensauseinandersetzung nach der Scheidung erfolgt, wird gem. § 3 Ziff. 5 des Grunderwerbsteuergesetzes Freistellung von der Grunderwerbsteuer beantragt.

II. Angabe des Rechtsgrundes der Überlassung

1. Beratung

S. vorstehend Teil 3, § 2 Rn 1 ff.

2. Muster: Rechtsgrund der Überlassung

10

Die Überlassung erfolgt zum Zwecke der **Auseinandersetzung** des **Vermögens** der Ehegatten ■■■ sowie im Hinblick auf die weiteren in dieser Urkunde getroffenen Vereinbarungen.

Frau ■■■ verpflichtet sich zu folgenden Gegenleistungen:

> Die Ehefrau übernimmt jeweils schuldbefreiend gegenüber dem Ehemann folgende Verbindlichkeiten zur alleinigen persönlichen und dinglichen Haftung ■■■ (Einzelaufführung der übernommenen Verbindlichkeiten)
>
> **11** **Beratungshinweis:**
> Die Aufführung von Gegenleistungen ist aus **steuerlichen** Gründen zu empfehlen im Hinblick darauf, dass klargestellt wird, dass die Veräußerung nicht unentgeltlich (Schenkung) ist, sondern gegen Übernahme von Gegenleistungen erfolgt.
>
> ■■■ Die näheren Bedingungen der Schuldübernahme sind in Abschnitt ■■■ dieser Urkunde niedergelegt ■■■
> Der Ehemann verpflichtet sich, über die vorgenannten Konten keine weiteren Verfügungen zu treffen. Dies betrifft insbesondere die Girokonten bei der ■■■ Bank.
> Der Ehemann verpflichtet sich, gegenüber der ■■■ Bank die eventuell noch erforderlichen Erklärungen in der von der jeweiligen Gläubigerin geforderten Form abzugeben, damit die Ehefrau alleinige Kontoinhaberin und Verfügungsberechtigte dieser Konten wird.

III. Übergabeverpflichtung für den Fall einer Scheidung

1. Beratung

a) Tatsächliche Ausgangssituation

12 Übergabeverpflichtungen für den Fall einer Scheidung kommen z.B. dann in Betracht, wenn aus **Haftungsgründen** (hierzu s.o. Teil 2, § 1 Rn 304 ff) die Immobilie im Eigentum des anderen Ehegatten steht, obwohl sie voll umfänglich von dem **Nicht-Eigentümer-Ehegatten finanziert** wurde.

b) Rechtliche Ausgangssituation

13 **Beratungshinweis:**
Zu **beachten** ist, dass einerseits der Rückübertragungsanspruch bei bestehender Zugewinngemeinschaft im Aktiv-Vermögen des einen Ehegatten zu berücksichtigen ist und die Rückübertragungs**verpflichtung** in das passive Endvermögen des Übertragungspflichtigen einzusetzen ist.

14 Mit der nachfolgenden Vereinbarung wird also lediglich die **dingliche** Vermögenslage korrigiert. Es bleiben bei bestehender Zugewinngemeinschaft die Ausgleichsansprüche des Rückübertragungspflichtigen bezüglich des während der Ehe erwirtschafteten Vermögens in Form dieser Immobilie und der etwaigen sonstigen vorhandenen Vermögenswerte.

2. Muster: Übergabeverpflichtung für den Fall einer Scheidung

15

Frau ▪▪▪ **verpflichtet** sich, unverzüglich nach Rechtskraft der Scheidung das Hausgrundstück ▪▪▪ ohne weitere Gegenleistungen an Herrn ▪▪▪ **zu übereignen**. Eventuelle **Belastungen** und die zugrundeliegenden Darlehensverbindlichkeiten hat Herr ▪▪▪ in voller Höhe allein zu **übernehmen**.

Diese Verpflichtung erfolgt im Hinblick darauf, dass das genannte Hausgrundstück von Herrn ▪▪▪ finanziert worden ist.

Weiterhin verpflichtet sich Frau ▪▪▪ folgende **Vermögensgegenstände**, die derzeit beiden Ehegatten gemeinschaftlich zustehen, unverzüglich nach Rechtskraft der Scheidung Herrn ▪▪▪ zum Alleineigentum zu **übereignen**: ▪▪▪

Ein Verzeichnis der im Eigentum der Ehegatten stehenden Vermögensgegenstände ist dieser Urkunde als Anlage beigefügt. Die Anlage ist wesentlicher Bestandteil dieser Urkunde; sie wurde mit vorgelesen.

IV. Immobilienübertragung mit Löschung Leibgeding und beschränkter persönlicher Dienstbarkeit

1. Beratung

a) Tatsächliche Ausgangssituation

Im Rahmen des Scheidungsverfahrens überträgt der Ehemann auf die Ehefrau ein Anwesen, das mit einer **Reallast** zu Gunsten der **Mutter** des Ehemannes belastet ist. Das Wohnungs- und Mitbenutzungsrecht der Mutter wird im Rahmen der Übertragung von der **Ehefrau übernommen**.

16

Beratungshinweis:

17

Zur Unterscheidung von Wohnrecht, Nießbrauch und Reallast:

Bei dem **Wohnrecht** handelt es sich um eine Unterart der beschränkten persönlichen Dienstbarkeit, so z.B. um Überlassung eines Grundstücks zu Wohnzwecken einschließlich **Mitbenutzung**. Bei Vereinbarung eines Wohnrechts besteht ein Benutzungsrecht unter **Ausschluss des Eigentümers** an bestimmten Räumlichkeiten in dem betreffenden Anwesen. Die Unterhaltungskosten trägt i.d.R. der Berechtigte.

Das **Nießbrauchsrecht** ist **umfassender** als das Wohnrecht. Während beim Wohnrecht nur die Aufnahme einer beschränkten Anzahl von Personen möglich ist, können beim **Nießbrauchsrecht** gem. § 1093 Abs. 2 BGB mehrere weitere Personen in die Wohnung aufgenommen werden. Auch ist Vermietung ohne Zustimmung des Eigentümers möglich.

Bei der Einräumung einer **Reallast** handelt es sich i.d.R. um **Dauerschuldverhältnisse**, z.B. die Einräumung eines Altenteilsrechts. Wird die Zahlung einer **Leibrente** vereinbart, so muss i.d.R. eine Zwangsvollstreckungsunterwerfungsklausel mit aufgenommen werden.

b) Rechtliche Ausgangssituation

18 Im ursprünglichen Übergabevertrag zwischen der Mutter des Ehemannes und dessen Sohn wurde das Wohnungs- und Mitbenutzungsrecht auf Lebensdauer eingeräumt.

19 Da mit der vorgenannten Vereinbarung Abänderungen dieses Übergabevertrages sowohl bezüglich Reallast als auch Wart- und Pflegeverpflichtung u.a. vereinbart werden, muss in einem **gesonderten** Vertrag zwischen dem Ehemann und dessen Mutter ein **Nachtrag** zum Übergabevertrag vereinbart werden.

20 **2. Muster: Immobilienübertragung mit Löschung Leibgeding und beschränkter persönlicher Dienstbarkeit**

119

1. Dieser Grundbesitz ist im Grundbuch wie folgt belastet:

In Abteilung II des Grundbuches:

Leibgeding für die Ehegatten ▪▪▪

2. Die für Frau ▪▪▪ eingetragene, durch das in Ziffer (1) genannte Leibgedingsrecht mit abgesicherte **Reallast** wurde mit anderer Urkunde des amtierenden Notars vom heutigen Tage im Grundbuch zur **Löschung** bewilligt und beantragt. Mit grundbuchamtlichem Vollzug der vorgenannten Urkunde ist an dem in Ziffer (1) genannten Grundbesitz für Frau ▪▪▪ nur noch eine **beschränkte persönliche Dienstbarkeit** zur Sicherung eines Wohnungs- und Mitbenutzungsrechts eingetragen. Der Inhalt dieses Rechts ist den Beteiligten bekannt.

Das für Herrn ▪▪▪ eingetragene Leibgeding ist in der vorgenannten Urkunde wegen dessen **Ablebens** im Grundbuch zur **Löschung** beantragt worden.

3. Die in Abschnitt ▪▪▪ aufgeführte beschränkte persönliche Dienstbarkeit zur Sicherung des Wohnungs- und Mitbenutzungsrechtes von Frau ▪▪▪ wird vom Erwerber zur weiteren Duldung übernommen.

4. **Gegenleistungen** für die Überlassung des Vertragsobjektes sind vom Erwerber **nicht** zu erbringen. Die Überlassung erfolgt im Rahmen der Vermögensauseinandersetzung der Beteiligten zum Zwecke der Erfüllung von Zugewinnausgleichsansprüchen sowie – neben den in Abschnitt ▪▪▪ niedergelegten Vereinbarungen – zur Abgeltung von nachehelichen Unterhaltsansprüchen.

5. Sodann ist in einer **gesonderten** notariellen Vereinbarung als **Nachtrag** zum **Übergabevertrag** Folgendes zwischen dem Ehemann und der leibgedingsberechtigten Mutter des Ehemannes zu vereinbaren im Hinblick auf die Übergabe des Anwesens an die **Schwiegertochter:**

Nachtrag zum Übergabevertrag:

Zwischen ▪▪▪ (Mutter des Ehemannes) und deren Sohn ▪▪▪ (Ehemann)

a) Grundbuch und Sachstand ▪▪▪

Dieser Grundbesitz ist im Grundbuch wie folgt belastet:

In Abteilung II des Grundbuches Leibgeding für die Ehegatten ▪▪▪ (Eltern).

b) Der in Ziffer ▪▪▪ genannte Grundbesitz wurde mit dem eingangs genannten Übergabevertrag vom ▪▪▪ zu UR-Nr. ▪▪▪ des Notars ▪▪▪ – nachstehend Vorurkunde genannt – von den Ehegatten ▪▪▪ an ihren Sohn ▪▪▪ übergeben.

Die den Beteiligten bekannte Vorurkunde lag bei der gegenwärtigen Beurkundung im Original vor; auf sie wird hiermit verwiesen; auf erneutes Verlesen und Beifügen der Vorurkunde zu der gegenwärtigen Urkunde wurde nach Belehrung über die Bedeutung des Verweisens allseits verzichtet.

In Abschnitt ■■■ der **Vorurkunde** hat Herr ■■■ als Übernehmer seinen Eltern, den Ehegatten ■■■, ein **Wohnungs-** und **Mitbenutzungsrecht** an dem in Ziffer ■■■ genannten Grundbesitz auf Lebensdauer eingeräumt und sich diesen gegenüber außerdem auf deren Lebensdauer zur sorgsamen Wart und Pflege im Alter und bei Krankheit verpflichtet. Zur Sicherung der vorgenannten Rechte ist das in Ziffer ■■■ erwähnte Leibgedingsrecht im Grundbuch eingeräumt worden.

c) Nachtrag

Im Wege eines Nachtrages zu der Vorurkunde treffen die Beteiligten folgende Vereinbarungen:

– Das für Herrn ■■■ eingetragene Leibgeding wird wegen dessen Ablebens im Grundbuch zur Löschung beantragt.

– Das für Frau ■■■ in der Vorurkunde eingeräumte Wohnungs- und Mitbenutzungsrecht bleibt in dem in der Vorurkunde bezeichneten Umfang unverändert bestehen. Herr ■■■ (Ehemann/Sohn) hat auch weiterhin – entsprechend Abschnitt ■■■ der Vorurkunde – während des Bestehens des erwähnten Wohnungs- und Mitbenutzungsrechts für Nebenkosten und Schönheitsreparaturen aufzukommen, die in den von Frau ■■■ (Mutter) ausschließlich bewohnten Räumen anfallen.

– Soweit die vorstehenden Verpflichtungen bisher Inhalt der in Abschnitt ■■■ der Vorurkunde bestellten Reallast waren, wird auf diese grundbuchmäßige Absicherung hiermit von Frau ■■■ verzichtet.

– Die in Abschnitt ■■■ der Vorurkunde getroffenen Vereinbarungen (Wart- und Pflegeverpflichtung) werden hiermit von den Vertragsteilen mit sofortiger Wirkung ersatzlos aufgehoben.

– Die für Frau ■■■ in Abschnitt ■■■ der Vorurkunde bestellte, von dem in Abschnitt ■■■ aufgeführten Leibgedingsrecht mitumfasste Reallast wird im Grundbuch zur Löschung bewilligt und beantragt. Im Grundbuch eingetragen bleibt jedoch die in Abschnitt ■■■ der Vorurkunde zur Sicherung des Wohnungs- und Mitbenutzungsrechtes bestellte beschränkte persönliche Dienstbarkeit für Frau ■■■

Die Beteiligten stellen klar, dass die in Abschnitt ■■■ der Vorurkunde begründeten, nicht durch das eingetragene Leibgedingsrecht mit abgesicherten Verpflichtungen des Übernehmers, Herrn ■■■ (Sohn/Ehemann) unverändert bestehen bleiben. Auch im Übrigen verbleibt es bei den Bestimmungen der Vorurkunde.

V. Aufteilung von Immobilien, die über Heizungsanlage, Strom- und Wasserzuleitungen miteinander verbunden sind

1. Beratung

a) Tatsächliche Ausgangssituation

21 Nicht selten sind – gerade im ländlichen Gebiet – zwei Immobilien über die gemeinsame Nutzung von Heizung, Strom und Wasser miteinander verbunden, z.B. dann, wenn es sich um **landwirtschaftliche** Betriebe handelt, bei welchen das **Hauptwohngebäude** mit einem **Nebengebäude** verbunden ist.

b) Rechtliche Ausgangssituation

22 Zu regeln ist sowohl die **Nutzung** von Versorgungseinrichtungen, als auch die **Betretung** der entsprechenden Anlagen sowie das Recht zum **Bezug** von Heizwärme sowie die Kosten bezüglich Instandhaltung und Reparaturen und die Höhe von monatlichen Abschlagszahlungen auf verbrauchsabhängige Kosten für Heizung, Strom und Wasser.

23 Zur **Sicherung** dieser Ansprüche – insbesondere für den Fall eines etwaigen Verkaufs einer der Immobilien – ist in jedem Fall eine **Grunddienstbarkeit** einzutragen.

24 **2. Muster: Aufteilung von Immobilien, die über Versorgungseinrichtungen verbunden sind**

120

In dem Anwesen ■■■ befindet sich die gemeinsame Heizungsanlage für die beiden Anwesen ■■■ und ■■■ Außerdem erfolgt die Stromzufuhr und die Wasserzuleitung für die beiden vorgenannten Häuser über das Anwesen ■■■ in dem sich auch entsprechende Zählereinrichtungen befinden.

Das Abwasser von dem Anwesen ■■■ wird über einen Abwasserkanal abgeleitet, der von Flurstück-Nr. ■■■ auf der Südseite des Anwesens ■■■ verläuft. In dem letztgenannten Grundstück schließt die erwähnte Abwasserleitung an die Abwasserleitung für das Anwesen ■■■ an; außerdem befindet sich ein gemeinsamer Abwasserkontrollschacht auf Flurstück-Nr. ■■■ Schließlich wird das Dachwasser vom Anwesen ■■■ über Flurstück-Nr. ■■■ abgeleitet.

Die Beteiligten treffen zu Vorstehendem folgende Vereinbarungen:

a) Dem jeweiligen Eigentümer des Grundstücks ■■■ steht das zeitlich unbefristete **Recht** zu, die vorgenannten **Versorgungseinrichtungen**, die sich auf Flurstück-Nr. ■■■ befinden, und auch der Versorgung des Anwesens ■■■ dienen, also Heizungsanlage nebst Anschlussrohren, Strom- und Wasserzuleitung sowie die entsprechenden Zählereinrichtungen als solche dort zu belassen und **mitzubenutzen** und das Anwesen ■■■ in angemessenen Abständen nach Voranmeldung zu **betreten**, um die Funktionsfähigkeit der gemeinsam genutzten Anlagen zu überprüfen und Zählerstände abzulesen und außerdem das Dachabwasser vom Anwesen ■■■ in der bisherigen Weise über das Grundstück Flurstück-Nr. ■■■ abzuleiten. Zur Sicherung der vorstehend eingeräumten Rechte bewilligen und beantragen die Beteiligten die Eintragung einer **Grunddienstbarkeit** an Flurstück-Nr. ■■■ zu Gunsten des jeweiligen Eigentümers von Flurstück-Nr. ■■■ im Grundbuch. Schuldrechtlich wird vereinbart, dass die Rechte aus der vorstehenden Grunddienstbarkeit nur dem **jeweiligen**

Eigentümer der Teilfläche von Flurstück-Nr. ■■■ zustehen sollen, die in dem dieser Urkunde als Anlage beigefügten Lageplan grün umrandet eingezeichnet ist.

b) Dem jeweiligen Eigentümer des Grundstücks ■■■ wird hiermit das zeitlich unbefristete Recht eingeräumt, aus der auf Flurstück-Nr. ■■■ im Anwesen ■■■ befindlichen Heizungsanlage die zur Beheizung des Anwesens ■■■ erforderliche **Heizwärmezu beziehen**; der jeweilige Eigentümer von Flurstück-Nr. ■■■ ist also verpflichtet, die entsprechende Heizwärme aus der Heizungsanlage zu liefern. Zur Sicherung des vorstehend eingeräumten Rechts bewilligen und beantragen die Beteiligten die Eintragung einer **Reallast** an dem Grundstück Flurstück-Nr. ■■■ zu Gunsten des jeweiligen Eigentümers von Flurstück-Nr. ■■■ im Grundbuch. Schuldrechtlich vereinbaren die Beteiligten, dass die Rechte aus der vorstehenden Reallast nur dem jeweiligen Eigentümer der Teilfläche des Grundstücks ■■■ zustehen sollen, die in dem in Buchstabe a) erwähnten Lageplan grün umrandet eingezeichnet ist.

c) Dem jeweiligen Eigentümer des Grundstücks ■■■ Flurstück-Nr. ■■■ wird das zeitlich unbefristete Recht eingeräumt, die von Flurstück-Nr. ■■■ über Flurstück-Nr. ■■■ verlaufende **Abwasserkanalleitung** dort zu belassen und diese bis zum Anschluss an die Abwasserleitung vom Anwesen ■■■ als solche allein zu **benutzen** und ab diesem Anschluss die entsprechende Abwasserleitung und den Kontrollschacht als solche mitzubenutzen und zum Zwecke erforderlicher Reparatur- und Instandhaltungsarbeiten an diesen Anlagen das Grundstück Flurstück-Nr. ■■■ zu **betreten** oder durch Dritte betreten zu lassen und zum Zwecke der genannten Maßnahmen erforderlichenfalls aufzugraben oder durch Dritte aufgraben zu lassen, wobei entstandene Flurschäden wieder unverzüglich zu beseitigen sind. Zur Sicherung der vorstehend eingeräumten Rechte bewilligen und beantragen die Beteiligten die Eintragung einer Grunddienstbarkeit an dem Grundstück Flurstück-Nr. ■■■ zu Gunsten des jeweiligen Eigentümers des Grundstücks ■■■ Flurstück-Nr. ■■■ im Grundbuch.

d) Die vorstehenden Rechtseinräumungen erfolgen jeweils – soweit nachstehend nicht ausdrücklich anders geregelt – **unentgeltlich**. Soweit **Instandhaltungs- und Reparaturkosten** bezüglich gemeinsam genutzter Versorgungseinrichtungen anfallen, haben hierfür jeweils der jeweilige Eigentümer des jeweils herrschenden und der jeweilige Eigentümer des jeweils dienenden Grundstücks **je zur Hälfte** aufzukommen. Dies gilt insbesondere auch für die gemeinsam genutzte Heizanlage, somit unabhängig davon, wie viele Wohnraumflächen jeweils beheizt werden. Soweit vorstehend erwähnte Versorgungseinrichtungen nur von dem jeweiligen Eigentümer eines Grundstücks genutzt werden, hat dieser für Instandhaltungs- und Reparaturkosten allein aufzukommen. Die Kosten für **Heizöl** und **Wasser** sind zwischen den jeweiligen Eigentümern der Anwesen ■■■ und ■■■ nach dem **tatsächlichen Verbrauch** aufzuteilen und zwar entsprechend dem jeweiligen Zählerstand. Das Heizöl wird – soweit die Beteiligten sich nicht anderweitig einigen – vom jeweiligen Eigentümer des Anwesens ■■■ beschafft. Der jeweilige Eigentümer des Anwesens ■■■ hat auf die Kosten, die für seinen Heizölverbrauch voraussichtlich anfallen, monatliche **Abschlagszahlungen** in angemessener Höhe an den jeweiligen Eigentümer des Anwesens ■■■ zu leisten. Bis auf weiteres sind, wie die Beteiligten vereinbaren, monatliche Abschlagszahlungen in Höhe von ■■■ Euro zu erbringen; die Höhe dieser Abschlagszahlungen ist jedoch an evtl. eintretende Veränderungen im Verbrauch oder der Höhe der Heizölkosten anzupassen. Die Verbrauchskosten sind am Ende jeden Kalenderjahres zwischen den Beteiligten abzurechnen. Die Beteiligten verpflichten sich, die vorstehenden Vereinbarungen eventuellen Rechtsnachfolgern im Eigentum des betroffenen Grundbesitzes mit Weiterübertragungspflicht auf eventuelle weitere Rechtsnachfolger aufzuerlegen.

e) Soweit in Buchstabe a) – c) bestellte Rechte am gleichen Grundstück zur Eintragung kommen, erhalten sie unter sich Gleichrang. Sämtliche in Buchstabe a) – c) bestellten Rechte sollen möglichst Rang vor den eingetragenen Grundschulden erhalten. Die Beteiligten stimmen entsprechenden Rangrücktrittserklärungen mit dem Antrag auf Vollzug zu. Der Notar wird beauftragt und ermächtigt, diese Rangrücktrittserklärungen zu erholen und entgegenzunehmen. Notfalls sind die genannten Rechte an nächst offener Rangstelle einzutragen.

VI. Übertragung einer vermieteten Immobilie

1. Beratung

a) Tatsächliche Ausgangssituation

25   Zu regeln sind

- Ansprüche gegen den Mieter (Miete, Kaution),
- Freistellung von Ansprüchen des Mieters,
- Benachrichtigung des Mieters,
- Übernahme von Rechten und Pflichten aus der Teilungserklärung samt Gemeinschaftsordnung,
- Regelung betreffend bisherige Nutzziehung und Lastentragung,
- Ansprüche betreffend Wohngeldzahlungen,
- Regelung bezüglich Instandhaltungsrücklage.

b) Rechtliche Ausgangssituation

26   Zu beachten ist, dass bei Übertragung von Eigentumswohnungen häufig die **Verwalterzustimmung** zur Veräußerung vorliegen muss. Ausnahmsweise kann eine solche Verwalterzustimmung **entbehrlich** sein bei Übertragungen zwischen Ehegatten. Vorsorglich sollte jedoch eine Regelung mitaufgenommen werden, wonach sich die Parteien verpflichten, die Verwalterzustimmung beizubringen bzw. durch den Notar erholen zu lassen.

27   Diese Verwalterzustimmung muss in **notarieller** Form abgegeben werden, soweit sie erforderlich ist. Zu regeln ist auch, wer die **Kosten** der Beibringung der Verwalterzustimmung übernimmt.

28   **Beratungshinweis:**

Wenn die Verwalterzustimmung zur Übertragung einer Eigentumswohnung erforderlich sein soll, so muss dies im Grundbuch eingetragen werden. Das Zustimmungserfordernis ergibt sich damit aus dem Grundbuch. Die Verwalterzustimmung muss nach § 26 WEG notariell beglaubigt werden und kann nur aus wichtigem Grund abgelehnt werden, z.B. wenn der Käufer seinen Zahlungsverpflichtungen gegenüber der WEG nicht nachkommt.

2. Muster: Übertragung einer vermieteten Immobilie

Das Vertragsobjekt ist vermietet. Der Inhalt des Mietvertrages ist dem Erwerber bekannt. Der Notar hat darauf hingewiesen, dass der bestehende Mietvertrag bei einer Veräußerung weiter gilt.

– Sämtliche Ansprüche gegen den Mieter, insbesondere Mietzahlungsansprüche, die ab Übergabetermin entstehen, werden an den Erwerber **abgetreten**; dieser nimmt die Abtretung an.
Bezahlte **Kautionen** einschließlich Zinsen sind dem Erwerber zu übergeben.
Der Erwerber verpflichtet sich, ab Übergabetermin den Veräußerer von allen ab diesem Zeitpunkt entstehenden Ansprüchen des Mieters aus dem Mietverhältnis **freizustellen**.
Die Beteiligten verpflichten sich, den Mieter von den vorstehenden Vereinbarungen gemeinsam zu **benachrichtigen**.
Der Erwerber **tritt** in alle Rechte und Verpflichtungen aus der zugrundeliegenden Teilungserklärung samt Gemeinschaftsordnung, UR-Nr. ■■■ des Notars ■■■ **ein**, auch soweit sie nur schuldrechtlich wirken.

– Pflichten des Erwerbers können sich auch aus **Beschlüssen** der Eigentümerversammlung und Rechtshandlungen des Verwalters ergeben.
Er verpflichtet sich, an Stelle des Veräußerers in den **Verwaltervertrag** einzutreten und dem Verwalter die erforderliche Vollmacht zu erteilen.
Der Veräußerer tritt an den Erwerber alle Ansprüche ab, die ihm aus einer **Instandhaltungsrücklage** und sonstigen Gemeinschaftskonten zum Zeitpunkt des Besitzüberganges zustehen. Der Erwerber nimmt die Abtretung an.
Soweit Verbrauchskosten durch Messung festgestellt werden, erfolgt die Abrechnung zwischen den Vertragsparteien nach Verbrauch; andere Kosten und Lasten – auch aufgrund einer Jahresabrechnung – sind **zeitanteilig** von ihnen zu tragen.
Der Notar hat auf die gesetzlichen Haftungsbestimmungen für das „**Wohngeld**" hingewiesen.

Alternative 1: Eintritt in die Verpflichtungen

Der Erwerber tritt in alle Rechte und Verpflichtungen aus der zugrundeliegenden Teilungserklärung samt Gemeinschaftsordnung ein, auch soweit sie nur schuldrechtlich wirken. Pflichten des Erwerbers können sich auch aus Beschlüssen der Eigentümerversammlung und Rechtshandlungen des Verwalters ergeben. Er verpflichtet sich, an Stelle des Veräußerers in den Verwaltervertrag einzutreten und dem Verwalter die erforderliche Vollmacht zu erteilen. Der Veräußerer tritt an den Erwerber alle Ansprüche ab, die ihm aus einer Instandhaltungsrücklage und sonstigen Gemeinschaftskonten zum Zeitpunkt des Besitzübergangs zustehen. Der Erwerber nimmt die Abtretung an. Das **Wohngeld** wurde bisher bereits vom Erwerber bezahlt. Die nächste **Jahresabrechnung** findet deshalb mit dem **Erwerber** statt.

Alternative 2: Übernahme von Rechten und Pflichten

Soweit **Verbrauchskosten** durch Messung festgestellt werden, erfolgt die Abrechnung zwischen den Vertragsparteien nach Verbrauch; andere Kosten und Lasten – auch aufgrund einer Jahresabrechnung – sind zeitanteilig von ihnen zu tragen. Der Notar hat auf die gesetzlichen Haftungsbestimmungen für das „Wohngeld" hingewiesen.

> **Alternative 3: Verwalterzustimmung bei Eigentumswohnung**
>
> Beide Parteien verpflichten sich, die **Verwalterzustimmung** beizubringen. Die dadurch entstehenden Kosten tragen die Parteien zu je ½.
>
> (Alternativ: Der Notar wird beauftragt und ermächtigt, die Verwalterzustimmung beizubringen.)
>
> **Alternative 4: Anspruchsübertragung**
>
> Der Veräußerer überträgt seinen bei Besitzübergange bestehenden Anteil an der Instandhaltungsrücklage und den Anteil des Wohngeldkontos bezüglich des erwähnten Miteigentums unentgeltlich an den Erwerber.
>
> **Alternative 5: Übernahme, Rechte und Pflichten**
>
> Für die Wohngeldzahlungen für die in Abschnitt ■■■ genannte Eigentumswohnung hat der Erwerber ab Besitzübergang allein aufzukommen. Der Veräußerer überträgt alle seine Rechte am gemeinsamen Vermögen der Eigentümergemeinschaft, insbesondere auch seine Beteiligung an der Instandhaltungsrücklage bezüglich des Vertragsobjekts auf den Erwerber.
>
> Die Beteiligten sind sich darüber einig, dass die Abrechnung mit der Eigentümergemeinschaft für die in Abschnitt ■■■ genannte Eigentumswohnung für das **laufende Wirtschaftsjahr insgesamt** vom **Erwerber** übernommen wird.
>
> **Alternative 6: Übernahme von Mietverträgen**
>
> Diese Mietverträge, welche dem Erwerber bekannt sind, werden von diesem mit sofortiger Wirkung für eigene Rechnung übernommen. In alle Rechte und Verpflichtungen tritt der Erwerber ein. Die Mieterträge gebühren ab sofort dem Erwerber. Geleistete Kautionen sind dem Erwerber zu Alleineigentum zu übertragen.
>
> Die Beteiligten vereinbaren in diesem Zusammenhang, dass gegenseitig **keinerlei Ausgleichsansprüche** bestehen, was die bisherige **Nutzung** und **Lastentragung** hinsichtlich des Grundbesitzes betrifft.

VII. Mietverhältnis bezüglich einer Immobilie (Vermietung Ehemann an Ehefrau)

30 Zu Mietverträgen s. auch Teil 2, § 1 Rn 455 ff.

1. Beratung

a) Tatsächliche Ausgangssituation

31 Im Hinblick auf die derzeitige Immobiliensituation, wonach der erzielbare Verkaufserlös erheblich gesunken ist, kommt in Betracht, statt einer sofortigen Veräußerung ein Mietverhältnis zwischen den Eheleuten zu vereinbaren. Häufig lasten auf der Immobilie noch Schulden mit **langfristiger Zinsbindung**, sodass bei einem Verkauf und einer vorzeitigen Schuldentilgung erhebliche **Vorfälligkeitsentschädigungen** anfallen. Auch dies kann Grund dafür sein, z.B. mit dem Verkauf der Immobilie abzuwarten, bis die Zinsbindungsfrist abgelaufen ist.

32 Sind gemeinsame minderjährige **Kinder** vorhanden, so liegt es oft im Interesse der Elternteile, den Kindern das bisherige **Zuhause zu erhalten**, jedenfalls bis zu einem gewissen Alter der Kinder.

b) Rechtliche Ausgangssituation

Soll ein langfristiger Mietvertrag vereinbart werden, so empfiehlt es sich, einen umfassenden Mietvertrag – wie bei **Fremdvermietung** – abzuschließen, insbesondere auch bezüglich der Kündigungsmöglichkeiten. In dem nachfolgenden Vertragsmuster **erlischt** z.b. der Mietvertrag, wenn das Vertragsobjekt vom Ehemann **verkauft** wird oder für den Fall der **Wiederheirat** der Ehefrau oder der Begründung einer außerehelichen Lebensgemeinschaft. Hieraus wird deutlich, dass die Zielsetzung bei einer Vermietung unter Ehegatten i.d.R. eine andere ist als bei Fremdvermietung, da Grund für den Abschluss des Mietvertrages im nachfolgenden Fall ist, dass die Ehefrau – ggf. mit den gemeinsamen Kindern – das Anwesen noch nutzen kann. Die Formulierung, wonach der Ehemann weiterhin „bemüht" sein wird, das Anwesen für die Familie zu erhalten, ist eine bloße **Absichtserklärung** und schützt nicht vor einem – jederzeit möglichen – Verkauf des Hauses.

33

2. Muster: Mietverhältnis bezüglich einer Immobilie

34

122

Der Ehemann vermietet hiermit das Anwesen ■■■ in ■■■ ab ■■■ an seine Ehefrau. Gegenstand des Mietvertrages ist das gesamte Anwesen einschließlich Garten, Garage, Schuppen und Zubehör.

Der monatliche Mietzins beträgt Euro ■■■ ohne Nebenkosten; alle Nebenkosten gem. der zweiten Berechnungsverordnung trägt die Ehefrau.

Das Mietverhältnis wird auf unbestimmte Zeit begründet, eine Kündigungsmöglichkeit soll nicht bestehen. Es wird jedoch vereinbart, dass der Mietvertrag **erlischt**, wenn das Vertragsobjekt vom Ehemann **verkauft** wird. Der Ehemann wird weiterhin bemüht sein, das Anwesen für die Familie zu erhalten. Das Mietverhältnis endet auch für den Fall der **Wiederheirat** der Ehefrau oder der Begründung einer **außerehelichen Lebensgemeinschaft** im Anwesen.

Es wird vereinbart, dass für Schönheitsreparaturen, Renovierungen innerhalb des Hauses und die Gartenpflege die Ehefrau aufzukommen hat. Untervermietungen sind nur mit Zustimmung des Ehemannes gestattet, evtl. gegen entsprechende Anpassung des Mietzinses.

VIII. Übertragung von Ansprüchen aus Auflassungsvormerkung

1. Beratung

a) Tatsächliche Ausgangssituation

Es ist bezüglich einer ehegemeinschaftlichen Immobilie lediglich eine **Auflassungsvormerkung** eingetragen, eine Eigentumsumschreibung ist noch nicht erfolgt.

35

b) Rechtliche Ausgangssituation

Mangels Eigentumseintragung im Grundbuch kann **Eigentum noch nicht übertragen** werden, sondern lediglich eine **Zustimmung** dahingehend erklärt werden, dass die Auf-

36

lassungsvormerkung nur zu Gunsten des anderen Ehegatten eingetragen werden soll und dass auf die **Ansprüche** aus dem zugrundeliegenden Kaufvertrag, aus dem sich die **Auflassungsvormerkung** ergibt, verzichtet wird.

37 **2. Muster: Übertragung von Ansprüchen aus Auflassungsvormerkung**

> Zu Gunsten der Parteien ist im Grundbuch von ▪▪▪, Band ▪▪▪, Blatt ▪▪▪ bezüglich der Eigentumswohnung ▪▪▪ eine Auflassungsvormerkung zu je ½ eingetragen am ▪▪▪
> Als Eigentümer der vorbezeichneten Wohnung ist ▪▪▪ eingetragen.
> Die Parteien sind sich dahingehend einig, dass Herr ▪▪▪ Alleineigentümer dieser Eigentumswohnung werden soll.
> Insofern erklärt Frau ▪▪▪, dass sie auf **sämtliche Ansprüche** aus dem notariellen Vertrag des Notars ▪▪▪ (**Kaufvertrag** über die Eigentumswohnung) vom ▪▪▪, UR-Nr. ▪▪▪ **verzichtet**.
> Frau ▪▪▪ stimmt insoweit zu, dass die Auflassungsvormerkung sodann nach Vorliegen der Voraussetzungen unmittelbar nur zu Gunsten von Herrn ▪▪▪ eingetragen wird.

IX. Übertragung eines Miterbbaurechtsanteiles

1. Beratung

a) Tatsächliche Ausgangssituation

38 Die Ehegatten sind Mitberechtigte je zu ½ bezüglich eines **Erbbaurechts** an einer Immobilie.

b) Rechtliche Ausgangssituation

39 Da kein Eigentum vorliegt, kann lediglich das Erbbaurecht übertragen werden sowie die **Übernahme** des Erbbauzinses und der **Eintritt** in den **Erbbaurechtsvertrag** geregelt werden.

40 Es ist zu beachten, dass die **Zustimmung** des **Grundstückseigentümers** zur Veräußerung des Erbbaurechts **erforderlich** ist sowie – falls ein Vorkaufsrecht eingetragen ist – die Erklärung des Grundstückseigentümers, wonach das **Vorkaufsrecht nicht ausgeübt** wird.

41 **2. Muster: Übertragung eines Miterbbaurechtsanteiles**

> Im Grundbuch ▪▪▪ sind die Ehegatten ▪▪▪ als **Mitberechtigte je zur Hälfte** des folgenden dort vorgetragenen Erbbaurechts der Gemarkung ▪▪▪ eingetragen.
> Erbbaurecht an dem Grundstück ▪▪▪
> Das **Erbbaurecht** ist bestellt bis zum ▪▪▪

An dem vorgenannten Erbbaurecht sind im Grundbuch folgende Belastungen eingetragen:

In Abteilung II des Grundbuches:

Reallast:

- Erbbauzins von Euro ■■■ jährlich
- für den jeweiligen Eigentümer des Grundstücks Fl.St.Nr. ■■■ vorgemerkt nach § 883 BGB:
  - Anspruch auf Einräumung einer Reallast (Erbbauzinserhöhung) für den jeweiligen Eigentümer des Grundstücks Fl.St.Nr. ■■■
  - Vorkaufsrecht für alle Verkaufsfälle für den jeweiligen Eigentümer des Grundstücks Fl.St.Nr. ■■■

Die Vertragsteile sind sich über den vereinbarten Rechtsübergang einig. Sie bewilligen und beantragen die Eintragung dieser Rechtsänderung im Grundbuch.

Zur Sicherung des Anspruchs des Erwerbers auf Übertragung des vertragsgegenständlichen Anteils an dem in Abschnitt ■■■ genannten Erbbaurecht bewilligt der Veräußerer zu Gunsten des Erwerbers die Eintragung einer

Erbbaurechtsübertragungsvormerkung

an dem vertragsgegenständlichen Miterbbaurechtsanteil im Grundbuch.

Diese Vormerkung wird bereits jetzt Zug um Zug mit der Eintragung der Einigung im Grundbuch wieder zur Löschung bewilligt, vorausgesetzt, dass in der Zwischenzeit keinerlei Belastungen ohne Mitwirkung des Erwerbers eingetragen worden sind. Der Erwerber stellt den Antrag auf Eintragung der Vormerkung und deren späteren Löschung jedoch nach Belehrung derzeit nicht.

Gewährleistung:

- Sämtliche in Abschnitt ■■■ erwähnten Belastungen werden vom Erwerber bei Umschreibung des vertragsgegenständlichen Miterbbaurechtsanteils übernommen. Der Erwerber tritt bezüglich des vertragsgegenständlichen Miterbbaurechtsanteils an Stelle des Veräußerers in diejenigen Verpflichtungen gegenüber der Grundstückseigentümerin ein, die in dem Erbbaurechtsvertrag niedergelegt sind, aufgrund dessen das in Abschnitt ■■■ genannte Erbbaurecht im Grundbuch eingetragen worden ist. Der Erwerber übernimmt insbesondere auch die Verpflichtung zur Zahlung des gesamten Erbbauzinses, für das in Abschnitt ■■■ genannte Erbbaurecht für die Zukunft; die Höhe des derzeit maßgebenden Erbbauzinses ist dem Erwerber bekannt. Die Erbbauzinszahlungen sind vom Erwerber ab der nächsten Fälligkeit allein zu erbringen.

Genehmigungen:

- Zu diesem Vertrag ist die Zustimmung der Grundstückseigentümerin ■■■ erforderlich.

Vollzugsauftrag:

- Der Notar wird beauftragt und ermächtigt, die zu diesem Vertrag und seinem grundbuchamtlichen Vollzug erforderlichen Erklärungen zu erholen und für die Beteiligten entgegenzunehmen, für den Vollzug dieser Urkunde im Grundbuch zu sorgen und sämtliche in diesem Zusammenhang erforderlichen oder zweckdienlichen Erklärungen abzugeben. Alle zu diesem Vertrag erforderlichen Erklärungen und Genehmigungen sollen mit ihrem Eingang beim Notariat ■■■ als zugegangen gelten. Dies betrifft insbesondere die Zustimmung der Grundstückseigentümerin ■■■

Alternative 1: Übernahme von Belastungen in Abteilung II des Erbbaugrundbuchs

Der Erwerber übernimmt hiermit die beim Vertragsbesitz in Abteilung II unter laufender Nr. ■■■ eingetragenen, in Ziffer ■■■ dieser Urkunde näher bezeichneten Belastungen mit allen Rechten und Pflichten zur ferneren Duldung, Gestattung und Erfüllung.

Ferner übernimmt der Erwerber sämtliche schuldrechtlichen Verpflichtungen aus dem Erbbaurechtsvertrag vom ■■■ UR-Nr. ■■■ des Notars ■■■ in ■■■ mit der Verpflichtung, diese Verpflichtung den etwaigen **Rechtsnachfolgern** aufzuerlegen und diese wiederum in gleicher Weise zu verpflichten und zu binden.

Der Erwerber übernimmt hiermit den in Ziffer ■■■ dieser Urkunde näher bezeichneten Erbbauzins in der derzeitigen Höhe für den jeweiligen Eigentümer des vereinigten Grundstücks, Fl.St.Nr. ■■■ und ■■■ der Gemarkung ■■■ ab dem ■■■ sowie alle sich aus dem zugrundeliegenden Erbbaurechtsvertrag vom ■■■ UR-Nr. ■■■ des Notars ■■■ ergebenden Verpflichtungen an Stelle des Veräußerer, gleichgültig ob diese Verpflichtungen **dingliche** oder **schuldrechtliche** Wirkung haben.

Der Veräußerer erklärt, dass der Erbbauzins für das Jahr ■■■ bereits vollständig bezahlt ist.

Die auf dem Erbbaurecht in Abteilung II lastende **Vormerkung** und deren zugrundeliegende **Verpflichtung** des Erbbauberechtigten auf **Zustimmung** zur **Erhöhung des Erbbauzinses** (Wertsicherung) übernimmt der Erwerber an Stelle des Veräußerers im Wege der befreienden Schuldübernahme.

Der beurkundende Notar wird hiermit beauftragt, die **Genehmigung** zu dieser befreienden Schuldübernahme durch den **Grundstückseigentümer** einzuholen.

Für den Fall, dass der vereinbarte Erbbauzins **herabgesetzt** wird, tritt hiermit der Veräußerer seine Ansprüche hieraus an den Erwerber ab. Der Erwerber nimmt diese Abtretung hiermit an.

Ein etwa **rückständiger** Erbbauzins wird vom Erwerber ausdrücklich **nicht** übernommen.

Der Erbbauzins (§ ■■■ des Erbbaurechtsvertrages) beträgt derzeit jährlich Euro ■■■

Genehmigungen:

Es ist die **Zustimmung** des **Grundstückseigentümers** zur Veräußerung des vertragsgegenständlichen Erbbaurechts sowie eine Erklärung über die Nichtausübung des dem Grundstückseigentümer zustehenden **Vorkaufsrechts** bezüglich des verkauften Erbbaurechts samt Genehmigung hierzu erforderlich.

Der amtierende Notar wird hiermit beauftragt und ermächtigt, diese Zustimmungserklärungen für die Beteiligten einzuholen und entgegen zu nehmen.

Alternative 2: Gewährleistung

Der Veräußerer haftet für ungehinderten Besitz und Erbbaurechtsübergang und für die Freiheit des Vertragsobjektes von Grundbuchbelastungen, soweit diese nicht ausdrücklich vom Erwerber übernommen werden.

Soweit dem Veräußerer noch **Gewährleistungsansprüche** gegenüber den am Bau des auf dem Erbbaugrundbesitzes errichten Wohnhauses **Beteiligten** zustehen, werden diese hiermit an den dies annehmenden Erwerber zur Alleinberechtigung **abgetreten**.

X. Vereinbarung eines Auszahlungsbetrages bei Verkauf eines bereits im Rahmen der Scheidungsvereinbarung übertragenen Grundbesitzes

1. Beratung

a) Tatsächliche Ausgangssituation

Im vorliegenden Fall wurde zwischen den Parteien ein **Auszahlungsbetrag** für die Immobilienübertragung und Abgeltung von Ansprüchen aus Auseinandersetzung einer Gütergemeinschaft vereinbart. 42

Die Grundlage dieses Auszahlungsbetrages ist ein von den Parteien übereinstimmend angenommenen **Verkehrswertes** der gemeinsamen Immobilie. 43

Der Ehemann, der die Auszahlung erhalten hat, will sich die Geltendmachung **höherer Ausgleichsansprüche** vorbehalten für den Fall, dass das Anwesen zu einem höheren Preis **verkauft** wird. 44

b) Rechtliche Ausgangssituation

Zu regeln ist in diesem Fall auch ein etwaiger **Teilverkauf**. Im nachfolgenden Vertrag soll ein Abzug **wertverbessernder Verwendungen** vom Verkaufserlös nicht erfolgen. Solche Verwendungen gehen also voll umfänglich zu Lasten der Ehefrau, auf die die Immobilie ursprünglich übertragen wurde. 45

Von wesentlicher Bedeutung ist auch die Erstreckung der Zahlungsverpflichtung auf eine etwaige **unentgeltliche** Veräußerung. 46

2. Muster: Vereinbarung eines Auszahlungsbetrages bei Verkauf eines bereits im Rahmen der Scheidungsvereinbarung übertragenen Grundbesitzes 47

Sollte der Erwerber den heute zu seinem Alleineigentum übertragenen Grundbesitz innerhalb der nächsten 10 Jahre, von heute an gerechnet, zu einem Kaufpreis von mehr als 300.000 Euro veräußern, so ist er verpflichtet, an Herrn ▦▦▦ 50 % des diesen Betrag übersteigenden Erlöses ohne Abzug etwaiger am Grundbesitz abgesicherter Verbindlichkeiten des Erwerbers und ohne Abzug **wertverbessernder Verwendungen** des Erwerbers für den veräußerten Grundbesitz zu bezahlen.

Bei einer **teilweisen Veräußerung** des erwähnten Grundbesitzes tritt an die Stelle des Betrages von 300.000 Euro der anteilig auf den veräußerten Teil entfallende Betrag hiervon. Ein bindendes Angebot steht einer Veräußerung gleich. Der Betrag ist innerhalb von 2 Monaten nach einer entsprechenden Veräußerung zur Zahlung fällig.

Bei unentgeltlichen oder teilweise **unentgeltlichen Veräußerungen** tritt an die Stelle des Veräußerungserlöses der **Verkehrswert** zum Zeitpunkt der Veräußerung. Sollten sich die Beteiligten über die Höhe des Verkehrswertes nicht einigen, so ist auf Kosten von Herrn ▦▦▦ ein Schätzgutachten zu erholen. Der Hinauszahlungsbetrag ist bei unentgeltlichen oder teilweise unentgeltlichen Veräußerungen unverzüglich zu bezahlen, sobald der Verkehrswert aufgrund Einigung der Beteiligten oder Vorliegen eines Schätzgutachtens feststeht.

Grundbuchmäßige Absicherung der vorstehenden Verpflichtungen wird nicht gewünscht.

Alternative: Zahlungsvereinbarungen betreffend einen etwaigen späteren Verkauf einer Immobilie

Für den Fall einer **Veräußerung** des in Abschnitt ■■■ genannten Anwesens wird jedoch Folgendes vereinbart:

Sollte der erwähnte Grundbesitz zu notarieller Urkunde bis zum Ablauf des Jahres ■■■ verkauft werden und der Kaufpreis mindestens Euro ■■■ betragen, so erhält der heutige Veräußerer, Herr ■■■ **von dem Kaufpreis** einen Betrag in Höhe von Euro ■■■; außerdem steht ihm dann die Hälfte des über einen Betrag von Euro ■■■ (obig genannter Mindestbetrag des Kaufpreises) hinausgehenden Kaufpreises zu. Liegt der Verkaufspreis unter Euro ■■■ (obig genannter Mindestkaufpreis), so steht Herrn ■■■ keinerlei Zahlungsanspruch zu.

Sollte der erwähnte Grundbesitz in der Zeit zwischen (2 Jahre später) und dem Ablauf des Jahres ■■■ zu notarieller Urkunde verkauft werden und der Kaufpreis über Euro ■■■ (obig genannter Mindestkaufpreis) liegen, so erhält Herr ■■■ von demjenigen Teil des Kaufpreises, der über Euro ■■■ liegt, die Hälfte.

Sollte der erwähnte Grundbesitz nach dem Ablauf des Jahres (später als die vorgenannten 2 Jahre) zu notarieller Urkunde verkauft werden, so bestehen keinerlei Ansprüche von Herrn ■■■ auf Beteiligung an dem Kaufpreis. Dies gilt unabhängig davon, zu welchen Konditionen dann ein Verkauf erfolgt.

Zu a) und b) vereinbaren die Beteiligten, dass ein bindendes Verkaufsangebot zu notarieller Urkunde einem Verkauf gleichsteht, sofern das entsprechende Verkaufsangebot später angenommen wird.

Frau ■■■ verpflichtet sich, gegenüber Herrn ■■■, bei einer Veräußerung des Anwesens bis zum Ablauf des Jahres ■■■ (das letzte Jahr, in welchem der Ehemann an dem Verkaufserlös bei einem Verkauf beteiligt ist) um die Erzielung **möglichst günstiger Verkaufskonditionen** zu bemühen und nach Abschluss eines entsprechenden Kaufvertrages Herrn ■■■ unverzüglich eine Abschrift des entsprechenden Kaufvertrages zuzuleiten. Sie verpflichtet sich ferner, gegenüber Herrn ■■■ bis zu dem genannten Zeitpunkt **keine teilweise Veräußerung** des Anwesens vorzunehmen.

Klargestellt wird, dass die Ablösung von **Darlehen**, die an dem erwähnten Grundbesitz grundbuchmäßig abgesichert sind, von dem Kaufpreis **nicht** rechnerisch **in Abzug zu bringen** sind. Eventuell von Frau ■■■ auf das Anwesen getätigte **Investitionen** sind bei den vorstehend vereinbarten Beträgen **nicht** zu **berücksichtigen**.

In den in Buchstaben ■■■ vorstehend genannten Fällen hat die entsprechende Auszahlung an Herrn ■■■ unverzüglich zu erfolgen, sobald der entsprechende Kaufpreis bezahlt worden ist. Wird der Kaufpreis in mehreren Raten fällig gestellt, so ist die Auszahlung aus dem **ersten Betrag** vorzunehmen, der **nicht** zur **Ablösung** von am Vertragsanwesen abgesicherten **Darlehensverbindlichkeiten erforderlich** ist.

Grundbuchmäßige Absicherung des bedingten Zahlungsanspruches von Herrn ■■■ wird nicht gewünscht.

XI. Immobilienübertragung bezüglich ausländischer Immobilien

1. Beratung

a) Tatsächliche Ausgangssituation

Sind die Ehegatten Eigentümer bezüglich einer Immobilie im **Ausland,** so ist schon die   48
Ermittlung des **Verkehrswerts** mit erheblichen Unsicherheiten verbunden und somit
auch die Frage, zu welchem Ablösungswert eine gemeinsame Immobilie auf einen Ehepartner übertragen werden soll.

b) Rechtliche Ausgangssituation

Beratungshinweis: 49

Der Anwalt – und auch der Notar – tut gut daran, sich schriftlich gegen etwaige Haf-
tungsansprüche abzusichern und ausdrücklich darauf hinzuweisen, dass mangels
Kenntnis der maßgeblichen ausländischen Rechtsvorschriften eine konkrete Übertragungsverpflichtung nicht vereinbart werden kann, sondern nur eine Verpflichtung
des Inhalts, **sämtliche** nach ausländischem Recht **erforderlichen Erklärungen** abzugeben.

Steht die Übertragung im Zusammenhang mit einer umfassenden Vermögensauseinandersetzung, Unterhaltsregelung, Regelung bezüglich Versorgungsausgleich u.a., so
empfiehlt es sich, ausdrücklich zu vereinbaren, dass die Erlangung des vollen alleinigen
Eigentums durch einen der Ehepartner bezüglich dieser Immobilie **Geschäftsgrundlage**
der gesamten Vereinbarung ist.

2. Muster: Immobilienübertragung bezüglich ausländischer Immobilien   50

126

> Frau ▪▪▪ überträgt ihren ½ Miteigentumsanteil an dem Hausgrundstück in ▪▪▪ auf
> Herrn ▪▪▪, sodass dieser Alleineigentümer der Immobilie wird.
>
> Frau ▪▪▪ verpflichtet sich dazu, unverzüglich nach Aufforderung alle nach Inhalt und
> Form entsprechend dem ▪▪▪ Recht notwendigen Erklärungen zur Erreichung dieses
> Rechtszieles abzugeben.
>
> Die Erlangung des vollen alleinigen Eigentums an der genannten Immobilie in ▪▪▪ ist **Ge-
> schäftsgrundlage** dieser Vereinbarung.
>
> Soweit es um den dinglichen grundbuchmäßigen Vollzug bezüglich des Anwesens in ▪▪▪
> geht, gilt ▪▪▪ Recht mit der entsprechenden Gerichts- und Behördenzuständigkeit.
>
> Dies gilt auch für die Eintragung eines **Sicherungsrechtes** – nach deutschem Recht einer
> Vormerkung –, welche Herr ▪▪▪ jederzeit zur Sicherung seines Anspruches auf Übertra-
> gung des hälftigen Miteigentumsanteils von Frau ▪▪▪ an der in ▪▪▪ gelegenen Immobi-
> lie fordern kann und die Frau ▪▪▪ unverzüglich nach Eingang dieser Forderung nach den
> dem ▪▪▪ Recht entsprechenden Regeln und Formen zu gewähren hat.

XII. Ausübung eines Rückübertragungsanspruchs

1. Beratung

a) Tatsächliche Ausgangssituation

51 Auf die Ehefrau wurde während der Ehe ein hälftiger Miteigentumsanteil an einer Immobilie übertragen, wobei sich der Ehemann ein **Rückübertragungsrecht** vorbehalten hat für den Fall, dass die Parteien länger als ein halbes Jahr **getrennt leben**.

52 Die Rückübertragung soll gegen Auszahlung des **hälftigen Verkehrswerts** nach **Abzug** der **Schulden** erfolgen.

b) Rechtliche Ausgangssituation

53 Zu beachten sind die **Bedingungen**, zu denen die Rückübertragung erfolgen soll, insbesondere bezüglich der Höhe des Auszahlungsbetrages sowie die **Kostenregelung** für die Rückübertragung (Grundbuch- und Notarkosten). Zu prüfen ist auch, ob sich in der Vereinbarung der Rückübertragungsverpflichtung eine Regelung bezüglich etwa anfallender **Steuern** befindet. Darüber hinaus ist der exakte Stand der **Verbindlichkeiten**, die vom Verkehrswert in Abzug zu bringen sind, zu ermitteln.

54 **2. Muster: Ausübung eines Rückübertragungsanspruchs**

> **1. Grundbuchbeschrieb**
>
> Die Parteien sind Miteigentümer zu gleichen Anteilen.
>
> Dieser Grundbesitz ist im Grundbuch wie folgt belastet: ▪▪▪
>
> In Abteilung II des Grundbuchs:
>
> Am Anteil Abteilung I Nr. ▪▪▪ (Frau ▪▪▪): **Rückauflassungsvormerkung** (Anspruch bedingt) für Herrn ▪▪▪
>
> Frau ▪▪▪ – nachstehend „Wiederveräußerer" genannt – hat einen ideellen ½ Miteigentumsanteil aus dem in Ziffer ▪▪▪ näher bezeichneten Grundbesitz mit Überlassung diesamtlicher Urkunde vom ▪▪▪ UR-Nr. ▪▪▪ von ihrem Ehemann, Herrn ▪▪▪ – nachstehend „Wiedererwerber" genannt – überlassen bekommen.
>
> Im Rahmen dieser Überlassung hat sich der Wiedererwerber unter anderem das **Rückübertragungsrecht** für den Fall vorbehalten, dass die Vertragsteile der Vorurkunde mindestens ein halbes Jahr lang voneinander **getrennt leben** sollten.
>
> Die Vertragsteile erklären hierzu übereinstimmend, dass sie seit mehr als einem halben Jahr voneinander getrennt leben.
>
> Aus diesem Grunde hat der Wiedererwerber gegenüber dem Wiederveräußerer seinen Anspruch ausgeübt und die Rückübertragung des ideellen ½ Miteigentumsanteils an dem in Ziffer ▪▪▪ genannten Grundbesitz verlangt.
>
> **2. Rückübertragung/Auflassung**
>
> Frau ▪▪▪ überträgt das Eigentum an ihrem ideellen ½ Miteigentumsanteil an dem in Abschnitt ▪▪▪ bezeichneten Grundbesitz mit allen gesetzlichen Bestandteilen und Rechten an ▪▪▪ zu dessen Alleineigentum zurück.
>
> Die Vertragsteile sind über den Eigentumsübergang einig und bewilligen und beantragen die Eintragung der Auflassung im Grundbuch.

3. Abfindung

Für die Rückübertragung des Miteigentumsanteils hat Herr ■■■ Frau ■■■ entsprechend den Vereinbarungen gem. der Vorurkunde eine Abfindung in Höhe des **Verkehrswerts** des **Miteigentumsanteils** zu zahlen, wobei noch bestehende, durch die eingetragene Grundschuld abgesicherte **Verbindlichkeiten** zu **berücksichtigen** sind. Die Vertragsteile vereinbaren daher als Abfindung einen Betrag in Höhe von Euro ■■■ der wie folgt zur Zahlung fällig ist ■■■

4. Zwangsvollstreckungsunterwerfung

s. nachfolgende Alternative.

5. Weitere Hinweise

s. nachfolgende Alternative.

(6) Ich, Herr ■■■ **bewillige und beantrage** hiermit **Löschung** der Rückauflassungsvormerkung gleichzeitig mit Eintragung der Auflassung, vorausgesetzt, dass in der Zwischenzeit keine Belastungen ohne Mitwirkung des Wiedererwerbers eingetragen wurden.

(7) Die Kosten dieser Urkunde und ihres grundbuchamtlichen Vollzuges einschließlich Lastenfreistellungskosten trägt der Wiedererwerber.

Beratungshinweis:

Achtung: Häufig bzw. in der Regel befindet sich hierzu bereits in der Vorurkunde eine Regelung, wer die Kosten bei Rückübertragung für welchen Fall der Rückübertragung zu tragen hat. In der Regel bei Rückübertragung aufgrund Getrenntlebens: Der Wiedererwerber.

In jedem Fall ist auch zu prüfen, ob sich in dem Ursprungsvertrag eine Regelung bezüglich der Übernahme etwaiger anfallender Steuern befindet.

Alternative: Ratenzahlung betreffend Abfindung

Abfindung:

Für die Rückübertragung des Miteigentumsanteils hat Herr ■■■ an seine Ehefrau ■■■ entsprechend den Vereinbarungen gem. der Vorurkunde eine Abfindung in Höhe des Verkehrswerts des Miteigentumsanteils zu zahlen, wobei noch bestehende, durch die eingetragene Grundschuld abgesicherte Verbindlichkeiten zu berücksichtigen sind. Die Vertragsteile vereinbaren daher als Abfindung einen Betrag in Höhe von ■■■ Euro.

Ein Teilbetrag dieses Abfindungsbetrages in Höhe von ■■■ Euro ist innerhalb von 10 Tagen, gerechnet ab heute, zu bezahlen.

Der Restbetrag in Höhe von ■■■ Euro ist am ■■■ zu bezahlen.

Maßgebend für die Rechtzeitigkeit einer Abfindungszahlung ist der Zahlungseingang beim Zahlungsempfänger.

Mit Fälligkeit tritt ohne Mahnung Verzug ein.

Die Zahlungen haben auf das Konto von Frau ■■■ bei der ■■■ Bank, Kto-Nr. ■■■ zu erfolgen.

Herr ■■■ unterwirft sich wegen der Verpflichtung zur Zahlung des in Ziffer 1. ausgewiesenen Abfindungsbetrages der **sofortigen Zwangsvollstreckung** aus dieser Urkunde in sein gesamtes Vermögen.

Vollstreckbare Ausfertigung dieser Urkunde kann ab dem ■■■ ohne weitere Nachweise der die Fälligkeit begründenden Tatsachen erteilt werden. Die Beweislast bleibt unverändert.

Besitz, Nutzungen, Lasten:

Besitz, Nutzungen, Lasten und Gefahren aller Art gehen hinsichtlich des vertragsgegenständlichen Miteigentumsanteils mit Wirkung ab heute auf den Wiedererwerber über, ebenso die Verkehrssicherungspflicht.

Steuern, öffentliche Lasten und Abgaben aller Art übernimmt der Wiedererwerber vom nächsten Fälligkeitstermin an.

Für die Begleichung von Bescheiden für Erschließungsbeiträge, Anschlusskosten aller Art und Beiträge nach dem Kommunalabgabengesetz, die ab heute zugestellt werden, hat der Wiedererwerber aufzukommen. Dies gilt unabhängig davon, wem entsprechende Bescheide zugestellt werden und welche Maßnahmen davon betroffen sind.

Mängelhaftung:

Der Vertragsgegenstand wird in der Beschaffenheit veräußert, die er heute aufweist.

Ansprüche und Rechte des Wiedererwerbers wegen Sachmängeln (z.B. im Hinblick auf Flächenmaße, Beschaffenheit und Verwertbarkeit) werden hiermit ausgeschlossen. Dieser Ausschluss gilt jedoch nicht, wenn und soweit der Wiederveräußerer eine Pflicht vorsätzlich verletzt.

Der Wiedererwerber kennt den Vertragsgegenstand.

Der Wiederveräußerer versichert, dass ihm verborgene Mängel, insbesondere umweltschädliche Verunreinigungen und Abstandsflächenübernahmen nicht bekannt sind.

Der Wiederveräußerer schuldet ungehinderten Besitz und lastenfreien Eigentumsübergang, soweit in dieser Urkunde nichts anderes bestimmt ist.

Die Vertragsteile stimmen allen der vertragsgemäßen Lastenfreistellung dienenden Erklärungen mit dem Antrag auf Vollzug im Grundbuch zu.

Herr ■■■ bewilligt und **beantragt** hiermit die **Löschung** der **Rückauflassungsvormerkung** gleichzeitig mit der Eintragung der Auflassung, vorausgesetzt, dass in der Zwischenzeit keine Belastungen ohne Mitwirkung des Wiedererwerbers eingetragen wurden. Hinsichtlich des eingetragenen Grundpfandrechts vgl. Abschnitt X. dieser Urkunde.

Notarermächtigung:

Der Notar wird beauftragt und ermächtigt, die zu diesem Vertrag und seinem Vollzug erforderlichen Erklärungen und Genehmigungen zu erholen und in Empfang zu nehmen, alle Anträge aus dieser Urkunde auch einzeln oder beschränkt zu stellen und zurückzunehmen, sie in tatsächlicher und rechtlicher Hinsicht näher zu begründen und Rangbestimmungen zu treffen, überhaupt alles zu tun, was zum grundbuchamtlichen Vollzug erforderlich oder zweckdienlich ist. Alle zu diesem Vertrag erforderlichen Erklärungen sollen mit ihrem Eingang beim Notariat ■■■ den Vertragsteilen als zugegangen gelten und wirksam sein.

Kosten, Abschriften:

Die Kosten dieser Urkunde und ihres grundbuchamtlichen Vollzuges einschließlich Lastenfreistellungskosten trägt der Wiedererwerber.

Von dieser Urkunde erhalten beglaubigte Abschriften:

- der Wiederveräußerer – sofort,
- der Wiedererwerber – nach grundbuchamtlichem Vollzug,
- das Grundbuchamt,
- eine einfache Abschrift:
- das Finanzamt – Grunderwerbsteuerstelle,
- das Finanzamt – Schenkungsteuerstelle,
- der Wiedererwerber – sofort.

Hinweise:

Die Beteiligten wurden hingewiesen:

- Auf den Zeitpunkt des Eigentumsübergangs und die Voraussetzungen hierzu;
- auf das Erfordernis der vollständigen Beurkundung aller getroffenen Vereinbarungen;
- auf die gemeinsame Haftung für Kosten und Steuern und die Haftung des Grundbesitzes für Rückstände an öffentlichen Lasten und Abgaben;
- darauf, dass Vorleistungen ohne entsprechende Absicherung Vertrauenssache sind;
- Sicherungsmittel wurden vorgeschlagen.

Anweisung:

Die Vertragsteile weisen den Notar unter Verzicht auf ihr eigenes Antragsrecht an, diese **Urkunde** dem **Grundbuchamt** zum **Vollzug** der Eigentumsumschreibung **erst vorzulegen**, wenn entweder dem **Notar** die **Bezahlung** des in Abschnitt III. Ziffer 1. ausgewiesenen Abfindungsbetrages **nachgewiesen** ist, oder der Wiederveräußerer, der hierzu gegenüber dem Wiedererwerber nach Zahlung des geschuldeten Abfindungsbetrages verpflichtet ist, dem Notar schriftlich sein Einverständnis mit einer entsprechenden Grundbuchvorlage erklärt hat.

Vorher sind Ausfertigungen oder beglaubigte Abschriften, die die Auflassung enthalten, nur dem Wiederveräußerer zu erteilen.

Freistellungsverpflichtung:

Das in Abschnitt I. näher bezeichnete **Grundpfandrecht** zu Gunsten der ■■■ Bank wird vom Wiedererwerber insoweit zur weiteren **dinglichen Haftung** übernommen.

Alle bis zur Eigentumsumschreibung entstandenen Eigentümerrechte und Rückgewähransprüche werden unter der **aufschiebenden Bedingung** der Eigentumsumschreibung hiermit an den Wiedererwerber **abgetreten**. Die entsprechende Umschreibung im Grundbuch wird hiermit bereits bewilligt, vorerst jedoch nicht beantragt.

Nach Angabe der Vertragsteile ist das übernommene Grundpfandrecht derzeit mit ca. ■■■ Euro valutiert. Herr ■■■ ist bisher allein für die Tilgung und Verzinsung des entsprechenden Darlehens aufgekommen.

Der Wiedererwerber verpflichtet sich, dem Wiederveräußerer gegenüber, diesen von allen durch die vorstehend in Ziffer 1. näher bezeichneten Grundpfandrechte gesicherten **(Darlehens-)Verbindlichkeiten** und allen mit diesen zusammenhängenden, dem Wiedererwerber bekannten Verpflichtungen mit Wirkung ab dem Besitzübergang mit dem dann gegebenen Stand der Verbindlichkeiten in einer Weise freizustellen, dass jegliche Haftung des Wiederveräußerers für diese Verbindlichkeiten und Verpflichtungen auch im Verhältnis zum (jeweiligen) Gläubiger erloschen ist und der Wiederveräußerer diesbezüglich **aus jeder persönlichen Haftung** für diese Verbindlichkeiten und Verpflichtungen **entlassen** ist.

Dem Wiedererwerber steht es frei, dies zu bewirken, indem er mit dem Gläubiger eine **befreiende Schuldübernahme** vereinbart oder eine **neue Darlehensvereinbarung** mit diesem oder einen **anderen Gläubiger (Umschuldung)** abschließt und die Verbindlichkeiten tilgt.

- Der Wiederveräußerer ist ab sofort zur Vereinbarung einer weiteren **Valutierung** der übernommenen Grundpfandrechte **nicht mehr befugt**.
- Der Wiederveräußerer weiß, dass er ggf. gegenüber dem jeweiligen Gläubiger unabhängig von der vorstehenden Freistellungsvereinbarung weiter haftet, bis er von dem betroffenen Gläubiger aus der persönlichen Haftung entlassen wurde. Der amtierende **Notar** wird **beauftragt und ermächtigt**, beim Gläubiger eine **Haftungsentlassungserklärung** einzuholen, wonach der Wiederveräußerer aus der per-

sönlichen Haftung für die durch die übernommenen Grundpfandrechte abgesicherten Verbindlichkeiten und Verpflichtungen entlassen ist und somit diese Grundpfandrechte künftig ausschließlich Verbindlichkeiten des Wiedererwerbers sichern; diese Erklärung darf allenfalls von der Eigentumsumschreibung auf den Wiedererwerber abhängig gemacht werden. Die Eigentumsumschreibung soll vom Vorliegen dieser Haftungserklärung nicht abhängig sein.

56 **Beratungshinweis:**

Diese Formulierung ist für den Wiederveräußerer mit erheblichen Gefahren der Weiterhaftung nach Eigentumsumschreibung verbunden. Aus diesem Grunde sollte die Vereinbarung (s.o. Rn 55) gewählt werden, wonach die Urkunde zur Grundbuchumschreibung erst vorgelegt werden darf, wenn die Haftungsentlassungserklärung vorliegt.

Häufig berufen sich die Banken darauf, eine Haftungsentlassungserklärung nicht abgeben zu können, solange nicht der notarielle Vertrag in unterzeichneter Form vorliegt.

In diesen Fällen muss darauf gedrängt werden, eine **Inaussichtstellung** der Haftungsentlassung in schriftlicher Form von der Bank zu erhalten unter Vorlage des notariellen Vertrags*entwurfs*.

– Beide Vertragsteile sind verpflichtet, alle Erklärungen abzugeben und Handlungen vorzunehmen, die der jeweilige Grundpfandrechtsgläubiger für die Abgabe der vorstehenden Haftungsentlassungserklärung berechtigterweise verlangt; in diesem Zusammenhang anfallende Kosten trägt der Wiedererwerber.

– Die Freigabe etwaiger weiterer vom Veräußerer oder Dritten gestellter Sicherheiten werden die Vertragsteile zu gegebener Zeit selbst betreiben; der Notar soll in diesem Zusammenhang nicht tätig werden.

– Über die Bestimmungen der §§ 491 ff BGB hat der Notar belehrt. Beide Vertragsteile erklären hierzu, dass ihnen die derzeitigen Zins- und Zahlungsbestimmungen der betroffenen Darlehen sowie deren momentaner Stand bekannt seien.

– Der Wiedererwerber haftet bereits für die durch die übernommenen Grundpfandrechte abgesicherten Verbindlichkeiten.

Solange und soweit eine Haftungsentlassungserklärung im vorstehenden Sinne **nicht vorliegt**,

– leistet der Wiedererwerber seine Zahlungen an den jeweiligen Gläubiger lediglich zur Erfüllung einer **eigenen Verbindlichkeit**;

– entfalten diesem Gläubiger gegenüber die vorstehend in diesem Abschnitt getroffenen Vereinbarungen keine Wirksamkeit;

– ist und bleibt der Wiedererwerber (lediglich) im Innenverhältnis dem Wiederveräußerer gegenüber **verpflichtet**, diesen von allen vorstehend näher bezeichneten Verbindlichkeiten und Verpflichtungen unverzüglich **freizustellen**; eine Verletzung dieser dann lediglich im Innenverhältnis wirksamen Freistellungsverpflichtung gilt als erheblich i.S.d. Leistungsstörungsrechts des BGB.

57

Beratungshinweis:

Eine Haftungsfreistellung lediglich im Innenverhältnis setzt zumindest voraus, dass

– z.B. eine **Sicherungsgrundschuld** am Vertragsgegenstand eingeräumt wird und

– eine Zwangsvollstreckungsunterwerfung seitens des Wiedererwerbers erklärt wird.

– Die beste Sicherheit bietet aber, wie oben ausgeführt, die Vorlage einer **Inaussichtstellung** der Haftenlassung durch die Bank sowie die Vorgehensweise, wonach die **Urkunde** dem **Grundbuchamt** erst zum Vollzug **vorgelegt** werden darf, wenn **Haftungsfreistellung** erfolgt ist.

XIII. Übernahme eines Vorkaufsrechts

1. Beratung

a) Tatsächliche Ausgangssituation

Es besteht zu Gunsten der **Gemeinde** sowohl ein **Rückübertragungsanspruch** als auch ein **Vorkaufsrecht** an der Immobilie. **58**

b) Rechtliche Ausgangssituation

Das Vorkaufsrecht muss übernommen werden bzw. (s. Alternative) ist eine Regelung zu treffen für den Fall, dass der Vorkaufsberechtigte von seinem **Vorkaufsrecht Gebrauch macht**. Dies betrifft insbesondere die Kosten der Beurkundung sowie des grundbuchamtlichen Vollzugs und der Löschung einer eventuell eingetragenen Auflassungsvormerkung. **59**

2. Muster: Übernahme Vorkaufsrecht **60** **128**

Der Erwerber **übernimmt** folgende dingliche Belastungen:

– Vormerkung zur Sicherung eines bedingten Rückübertragungsanspruchs für die Gemeinde ▪▪▪ (laufende Nr. ▪▪▪),

– Vorkaufsrecht auf die Dauer von 10 Jahren für die Gemeinde ▪▪▪ unter Eintritt in alle Verpflichtungen aus der Bestellungsurkunde (laufende Nr. ▪▪▪).

Alternative:

Die Beteiligten wurden auf das im Grundbuch eingetragene Vorkaufsrecht hingewiesen. Der Notar wird beauftragt, dem **Vorkaufsberechtigten** eine Ausfertigung dieser Urkunde durch die Post per Postzustellungsurkunde zu übersenden, sobald dieser Vertrag rechtswirksam ist. **Sollte** das Vorkaufsrecht **ausgeübt** werden, so ist der **Veräußerer** verpflichtet, dem Erwerber alle **Kosten** der Beurkundung und des bisherigen **grundbuchamtlichen Vollzuges** einschl. der Kosten für die **Löschung** der für den Erwerber aufgrund dieses Vertrages zur Eintragung gelangenden **Auflassungsvormerkung** zu erstatten. Auf alle darüberhinausgehenden Schadensersatzansprüche gegenüber dem Veräußerer verzichtet der Erwerber ausdrücklich. Wird das Vorkaufsrecht ausgeübt, so ist der Erwerber verpflichtet, die für ihn eingetragene Vormerkung zur Löschung zu bewilligen, Zug um Zug gegen Erstattung der vorstehend bezeichneten Kosten. Der Veräußerer wurde über den Umfang der Kostentragungspflicht des Vorkaufsberechtigten belehrt.

XIV. Einräumung eines Vorkaufsrechts

1. Beratung

a) Tatsächliche Ausgangssituation

61 Abgesehen von den Fällen, in denen sich die **Gemeinde** ein Vorkaufsrecht einräumen lässt, um die Möglichkeit zu sichern, gemeindliche Grundstücke wieder zurückzuerwerben, kommt die Einräumung eines Vorkaufsrechts in Betracht bei während der Ehe geschaffenen Immobilien, die anlässlich der **Scheidung** übertragen werden, bezüglich deren jedoch ein **persönliches Interesse** an einem etwaigen Erwerb besteht.

b) Rechtliche Ausgangssituation

62 Das Vorkaufsrecht wird für den **ersten** Verkaufsfall vereinbart und zwar als höchstpersönliches Recht des Vorkaufsberechtigten. Eintragung im Grundbuch ist zur Sicherheit erforderlich.

63 **Beratungshinweis:**

Das Vorkaufsrecht ist regelmäßig nur ein **schwaches** Recht aufgrund der Gefahr von Pseudo-Verkaufsverträgen. Das Vorkaufsrecht kann entweder nur für eine **bestimmte Person** vereinbart werden oder aber auch dinglich für den **jeweiligen Eigentümer**.

64 **2. Muster: Einräumung eines Vorkaufsrechts**

Frau ■■■ – nachstehend insoweit „Eigentümer" genannt – bestellt hiermit zu Gunsten Herrn ■■■ – nachstehend „Berechtigter" genannt – an dem in Abschnitt ■■■ näher bezeichneten Grundstück ein dingliches **Vorkaufsrecht**, für das die folgenden Bestimmungen gelten:

Das Vorkaufsrecht gilt für den **ersten** echten **Verkaufsfall**, also für die erste Veräußerung, bei der das Vorkaufsrecht ausgeübt werden kann.

Das Vorkaufsrecht ist weder veräußerlich noch vererblich; es steht somit dem Berechtigten nur **höchstpersönlich** zu.

Im Übrigen gelten die gesetzlichen Bestimmungen.

Der Eigentümer bewilligt und die Vertragsteile beantragen die **Eintragung** des vorstehend eingeräumten **Vorkaufsrechts** in das Grundbuch mit dem Vermerk, dass zur Löschung des Rechts der Nachweis des Ablebens des Berechtigten genügt.

Das Vorkaufsrecht ist an nächst offener Rangstelle in das Grundbuch einzutragen, dabei im Range nach den übrigen, aufgrund der gegenwärtigen Urkunde an dem belasteten Grundstück zum Eintrag kommenden Rechten.

Die Einräumung des Vorkaufsrechts erfolgt unentgeltlich.

XV. Übertragung einer Immobilie mit Wiederkaufsrecht

1. Beratung

a) Tatsächliche Ausgangssituation

Vom Ehemann wird eine Wohnung übernommen, bezüglich derer zu Gunsten der 65
Wohnungsbaugesellschaft ein Wiederkaufsrecht eingetragen ist.

b) Rechtliche Ausgangssituation

Zu regeln ist Folgendes: 66
- Zur Sicherung des Wiederkaufsrechts ist eine Vormerkung eingetragen.
- Das Wiederkaufsrecht wird nicht ausgelöst, wenn eine Veräußerung unter Ehegatten erfolgt und der Erwerber in sämtliche Verpflichtungen aus dem Kaufvertrag eintritt und der Wohnungsbaugesellschaft ein gleiches Wiederkaufsrecht für die restliche Dauer der gesetzten Frist einräumt.
- Eintritt des Ehemannes in sämtliche Verpflichtungen aus dem Kaufvertrag. 67
- Einräumung des Wiederkaufsrechts zu Gunsten der Wohnungsbaugesellschaft für die restliche Dauer der gesetzten Frist.
- Übernahme der eingetragenen Grundschulden in dinglicher und persönlicher Haftung.
- Haftungsübernahme im Außenverhältnis, notfalls durch Umschuldung.

2. Muster: Übertragung einer Immobilie mit Wiederkaufsrecht 68

130

Im Grundbuch ist folgende **Belastung** vorgetragen:

In Abteilung II:

Vormerkung zur Sicherung eines bedingten, befristeten **Wiederkaufsrechts** für die gemeinnützige Wohnungsbaugesellschaft ■■■ gemäß Bewilligung vom ■■■, eingetragen am ■■■

Ausweislich des Kaufvertrages vom ■■■, Ziffer ■■■ löst eine Veräußerung an **Ehegatten** das Wiederkaufsrecht dann nicht aus, wenn der Erwerber in sämtliche **Verpflichtungen** aus dem Kaufvertrag **eintritt** und der gemeinnützigen Wohnungsbaugesellschaft ■■■ ein **gleiches Wiederkaufsrecht** für die restliche Dauer der gesetzten Frist **einräumt**.

Übertragung, Auflassung ■■■

Herr ■■■ tritt künftig als Alleinverpflichteter in sämtliche Verpflichtungen aus dem Kaufvertrag vom ■■■, UR-Nr. ■■■ ein und räumt der gemeinnützigen Wohnungsbaugesellschaft ■■■ das Wiederkaufsrecht gem. Ziffer ■■■ des Kaufvertrages für die restliche Dauer der gesetzten Frist ein.

Herr ■■■ übernimmt die alleinige Zinszahlung und Tilgung für Vergangenheit, Gegenwart und Zukunft bezüglich der durch die eingetragenen Grundschulden gesicherten Darlehensverbindlichkeiten gegenüber der ■■■ Bank und stellt Frau ■■■ von jeglicher Haftung für Vergangenheit, Gegenwart und Zukunft frei.

Die Haftungsfreistellung erfolgt sowohl im Innenverhältnis als auch im Außenverhältnis. Die Eheleute ■■■ sind sich dahingehend einig, dass **Geschäftsgrundlage** für die vorstehende Vereinbarung die Haftungsentlassungserklärung der Frau ■■■ bezüglich der auf dem Anwesen lastenden Schulden durch die Gläubigerbank ist.

> Herr ▪▪▪ verpflichtet sich, für Haftungsfreistellung im Außenverhältnis bis spätestens ▪▪▪, notfalls durch **Umschuldung**, Sorge zu tragen und Frau ▪▪▪ eine schriftliche Haftungsentlassungserklärung der Bank vorzulegen.
> Die Vertragsparteien **verzichten** höchst vorsorglich auf etwaige darüber hinausgehende **Zugewinnausgleichsansprüche** und nehmen diesen Verzicht wechselseitig an. Die Parteien sind sich dahingehend einig, dass die Immobilienübertragung zur **Abgeltung** sämtlicher Zugewinnausgleichsansprüche erfolgt.

Beratungshinweis:

Die Klarstellung, dass die Immobilienübertragung mit Gegenleistung erfolgt, ist aus steuerlichen Gründen erforderlich (hierzu s. Teil 2, § 6 Rn 1 ff).

XVI. Nachgenehmigung, falls nicht beide Parteien bei der Beurkundung mit anwesend sind

Achtung: Die Kosten der Nachgenehmigung muss der Betroffene bezahlen.

1. Beratung

a) Tatsächliche Ausgangssituation

69 Besteht zwischen den **Wohnorten** der Parteien eine erhebliche **Entfernung** oder wünscht eine Partei aus persönlichen Gründen keine Konfrontation mit dem Ehepartner anlässlich der notariellen Beurkundung, so kommt **Nachgenehmigung** in Betracht. Es wird zunächst der notarielle Vertrag von einer der Parteien unterzeichnet und sodann vor einem anderweitigen Notar am Wohnort des anderen Ehegatten nachgenehmigt.

b) Rechtliche Ausgangssituation

70 Im Einzelnen zu den formellen Voraussetzungen bei Abschluss eines notariellen Vertrages s.o. Teil 1, Rn 2 ff. Zu berücksichtigen ist, dass eine **Kostenregelung** bezüglich der Kosten der Nachbeurkundung getroffen wird. Die Nachgenehmigung muss **notariell beurkundet** werden.

71 ### 2. Muster: Genehmigung – Vollmachtsbestätigung

> Der Inhalt der Urkunde des Notars ▪▪▪ vom ▪▪▪ UR-Nr. ▪▪▪ wird vorbehaltlos und unwiderruflich genehmigt. Eine etwa zum Abschluss der Urkunde erteilte **Vollmacht** wird bestätigt. Von dem Inhalt der Urkunde wurde Kenntnis genommen. Soweit die genehmigte Urkunde Vollmachten enthält, werden diese erteilt.
>
> ▪▪▪
>
> (Unterschrift)
> Die Nachgenehmigung muss notariell beurkundet werden wie folgt:
> UR-Nr. ▪▪▪

Ich beglaubige die Echtheit der umstehenden von mir geleisteten Unterschriften von Frau ∎∎∎, geboren am ∎∎∎, wohnhaft ∎∎∎

ausgewiesen durch Vorlage ihres Bundespersonalausweises.

∎∎∎

(Unterschrift des Notars)

XVII. Notarielle Vollmachtserteilung Mandant an Prozessbevollmächtigten

1. Beratung

a) Tatsächliche Ausgangssituation

Eine Vollmachtserteilung zur **Immobilienübertragung** kommt in erster Linie in Betracht, wenn der Mandant z.B. durch **Krankheit** verhindert ist, persönlich beim Notar zu erscheinen.

72

b) Rechtliche Ausgangssituation

Zu regeln sind in der Vollmacht alle grundlegenden Erklärungen, so

73

- die Verfügung über den Grundbesitz,
- die Tatsache, auf wen in welchem Eigentumsverhältnis der Grundbesitz übertragen werden soll,
- die Abgabe der Auflassungserklärung,
- die Festlegung der Gegenleistung,
- die Durchführung der Lastenfreistellung u.a.

2. Muster: Notarielle Vollmachtserteilung Mandant an Prozessbevollmächtigten

74

132

Vollmacht

Heute ∎∎∎ erscheint vor Notar ∎∎∎

Frau ∎∎∎ ausgewiesen durch Vorlage ihres amtlichen Lichtbildausweises.

Auf Ansuchen der Erschienenen beurkunde ich deren vor mir abgegebenen Erklärungen gemäß wie folgt:

Im Grundbuch des ∎∎∎ sind als Eigentümer eingetragen: Frau ∎∎∎ zu ½ und Herr ∎∎∎ (Ehemann) zu ½.

Frau ∎∎∎ – nachfolgend kurz „Vollmachtgeber" genannt – erteilt hiermit

Frau Rechtsanwältin ∎∎∎

– im Folgenden kurz „Bevollmächtigter" genannt – folgende

Vollmacht:

Der Bevollmächtigte ist befugt,

über den vorgenannten **Grundbesitz** umfassend zu **verfügen**,

für mich sämtliche Erklärungen abzugeben und entgegen zu nehmen, die zum **Erwerb** des ½ Miteigentumsanteils von **Herrn** ∎∎∎ (Ehemann) am vorgenannten Grundbesitz erforderlich oder zweckdienlich sind, gleich in welchem Verfahren.

Der Bevollmächtigte ist insbesondere berechtigt, die **Auflassung** zu erklären und entgegenzunehmen, die **Gegenleistung** festzulegen und beliebige Zahlungsbedingungen zu vereinbaren, Zahlungen für mich entgegenzunehmen und zu quittieren, die **Lastenfreistellung** durchzuführen und hierzu Löschungsbewilligungen und Eigentümeranträge und -zustimmungen abzugeben, Grundschulden und sonstige Belastungen zu übernehmen sowie sämtliche Erklärungen und Anträge gegenüber Privaten, Behörden und Gerichten abzugeben und entgegenzunehmen, die zum grundbuchamtlichen Vollzug und zur Durchführung des Erwerbes erforderlich oder zweckdienlich sind, ohne Einschränkung auf die aufgeführten Handlungen.

Der Bevollmächtigte ist ferner befugt, **Grundpfandrechte** am Grundbesitz zu bestellen und den Grundbesitz der sofortigen Zwangsvollstreckung gegen den jeweiligen Eigentümer zu unterwerfen.

Ebenso ist der Bevollmächtigte befugt, **Verbindlichkeiten**, welche durch Grundpfandrechte am vorbezeichneten Grundbesitz gesichert werden, in meinem Namen zu regeln, insbesondere dahingehend, dass ich sie zur Alleinschuld übernehme und mit Grundpfandrechten samt den dazugehörigen abstrakten Schuldanerkenntnissen und Rückgewähransprüche und sonstigen Nebenansprüchen für mich nach seinem Belieben zu verfahren.

Der Bevollmächtigte ist von den gesetzlichen Beschränkungen des § 181 BGB befreit.

Untervollmacht kann der Bevollmächtigte im selben Umfang erteilen wie ihm Vollmacht erteilt wurde. Vorstehende Vollmacht erlischt durch den Tod des Vollmachtgebers nicht.

Die Kosten der Vollmacht trägt der Vollmachtgeber.

Der Bevollmächtigte erhält eine Ausfertigung. Der Vollmachtgeber erhält eine beglaubigte Abschrift.

Der Notar hat auf die Widerrufsmöglichkeiten der Vollmacht hingewiesen und auf den Vertrauenscharakter.

XVIII. Schuldrechtliche Vereinbarung zu Protokoll des Gerichts, nachträgliche Beurkundung

1. Beratung

a) Tatsächliche Ausgangssituation

75 Im Rahmen eines **Verhandlungstermins** wird durch **Vergleich** z.B. die Auseinandersetzung der Zugewinngemeinschaft oder die Auseinandersetzung einer Gütergemeinschaft geregelt sowie weitere Vereinbarungen getroffen bezüglich Unterhalt, Versorgungsausgleich, Hausrat u.a. Gegenstand der Vereinbarung ist auch die **Übertragung** einer oder mehrerer **Immobilien**, sodass notarielle Beurkundung zu erfolgen hat, falls die Immobilienübertragung lediglich schuldrechtlich vereinbart wird.

76 **Beratungshinweis:**

Bestehen bezüglich Immobilien **Rückerwerbsrechte** der Gemeinde oder **Vorkaufsrechte** u.a. oder handelt es sich um eine Eigentumswohnung, bei welcher unklar ist, ob **Verwalterzustimmung** erforderlich ist oder nicht, sollte eine Übertragungsvereinbarung nur in **schuldrechtlicher Weise** abgeschlossen werden, um Haftungsgefahren des Anwalts zu vermeiden.

b) Rechtliche Ausgangssituation

Beratungshinweis:

Zu empfehlen ist in jedem Fall eine übereinstimmende Erklärung beider Parteien dahingehend, dass alle weiteren **Details** der Vereinbarung anlässlich der Erstellung der notariellen Urkunde noch **ausgehandelt** werden, da bei Vergleichsabschluss, z.B. nach einer mehrstündigen Verhandlung, kaum davon ausgegangen werden kann, dass alle offenen Fragen, wie z.B. Kostenübernahme für Notar und Grundbuchamt, Verzicht auf Ansprüche betreffend bisherige Nutzziehung und Lastentragung betreffend die Immobilie, Grundschuldeintragungen, Finanzierungszusage, Haftungsentlassungserklärung u.a., mitgeregelt werden können.

In jedem Fall sollte das Protokoll der **notariellen Urkunde beigefügt** werden mit folgender Formulierung:

Die Beteiligten haben zu Protokoll des ... Gerichts vom ... Az. ... eine Vereinbarung getroffen, deren Inhalt den Beteiligten bekannt ist und deren Text der gegenwärtigen Urkunde zur Information als **Anlage** beigefügt ist.

Die nachstehend in der gegenwärtigen Urkunde niedergelegten Vereinbarungen erfolgen in Erfüllung der vorgenannten Vereinbarung, wobei – wie die Beteiligten feststellen und vereinbaren – die in der gegenwärtigen Urkunde getroffenen Vereinbarungen maßgebend sind, soweit diese von den Bestimmungen der genannten Vereinbarung abweichen oder diese ergänzen.

Es ist darauf zu achten, dass die Vereinbarungen, so wie sie zu Protokoll gegeben wurden, auch in der notariellen Urkunde übernommen wurden.

Wird in der protokollierten Vereinbarung ein **Zeitpunkt** aufgenommen, bis zu welchem die Vereinbarung notariell beurkundet werden soll – was regelmäßig zu empfehlen ist, um die Verzögerung der Beurkundung zu vermeiden – so sollte, um spätere Streitigkeiten zu vermeiden, mit aufgenommen werden, dass die genannte Vereinbarung auch dann **gelten** soll, falls diese **Frist** zur Beurkundung **nicht eingehalten** werden kann. Wird eine derartige Vereinbarung nicht getroffen, so könnte durchaus Streit dahingehend entstehen, ob die Fristvereinbarung nicht Geschäftsgrundlage der Vereinbarung war.

2. Muster: Schuldrechtliche Vereinbarung zu Protokoll des Gerichts, Nachträgliche Beurkundung

Hierzu s. Teil 3, § 2 Rn 9; Teil 4, § 2 Rn 25 ff.

XIX. Übertragung einer Eigentumswohnung mit Übertragungsverpflichtung auf den ehegemeinschaftlichen Sohn

1. Beratung

a) Tatsächliche Ausgangssituation

Die Parteien sind Miteigentümer zu je ½ bezüglich einer – noch mit erheblichen Schulden belasteten – Eigentumswohnung. Die Eigentumswohnung soll auf den Ehemann übertragen werden. Die Schulden werden durch den Ehemann übernommen. Die Ehefrau wünscht eine Absicherung, dass im Falle einer Veräußerung der Wohnung der ehegemeinschaftliche **Sohn** den **Nettoerlös** aus der Veräußerung erhält.

b) Rechtliche Ausgangssituation

79 **Beratungshinweis:**

Es ist zu beachten, dass bei Abschluss einer solchen Vereinbarung auch eine Regelung getroffen wird betreffend die **unentgeltliche** Überlassung der Wohnung. Darüber hinaus ist zu regeln, dass **sämtliche Veräußerungskosten** sowie die darauf lastenden Schulden, die im Zusammenhang mit einer Veräußerung anfallen, in Abzug gebracht werden vor Bestimmung des Auszahlungsbetrages an den Sohn im Falle einer Veräußerung der Wohnung.

80 **2. Muster: Übertragung einer Eigentumswohnung mit Übertragungsverpflichtung auf den ehegemeinschaftlichen Sohn**

Herr ■■■ verpflichtet sich, für sich und seine Erben im Wege eines Vertrages zu Gunsten Dritter das in Ziffer ■■■ dieses Abschnittes bezeichnete Wohnungseigentum an den gemeinsamen Sohn ■■■ geboren ■■■ zu übertragen. Den Zeitpunkt der Übertragung bestimmt Herr ■■■. Die Übertragung hat spätestens mit dem Ableben von Herrn ■■■ zu erfolgen.

Den Ehegatten ■■■ und ■■■ bleibt das Recht vorbehalten, den Übertragungsanspruch ohne Zustimmung des Berechtigten im gemeinsamen Zusammenwirken aufzuheben oder abzuändern.

Für den Fall, dass Herr ■■■ das Wohnungseigentum entgegen der vorstehenden Vereinbarung an einen Dritten veräußert oder (unentgeltlich) überlässt, verpflichtet er sich, an den Sohn ■■■ einen Abfindungsbetrag in Höhe des erzielten Veräußerungserlöses bzw. Verkehrswertes zum Zeitpunkt der Überlassung nach Abzug der dann noch vorhandenen Restschulden sowie etwaiger Veräußerungskosten (Maklerkosten, Notarkosten) zu bezahlen. Der Abfindungsbetrag ist fällig innerhalb 4 Wochen ab Veräußerung.

(Eventuell: Dingliche Sicherung der vorstehenden Ansprüche durch Eintragung einer Vormerkung gem. § 883 BGB.)

XX. Miteigentümervereinbarungen, Verkaufsverpflichtung, Nießbrauchsrecht und Ausschluss der Aufhebung der Miteigentümergemeinschaft

1. Beratung

a) Tatsächliche Ausgangssituation

81 Die Ehegatten **bleiben** weiterhin **Miteigentümer** gemeinschaftlicher Immobilien. Geregelt werden soll die Verpflichtung zu einem späteren Verkauf. Zu Gunsten eines Ehegatten wird ein Nießbrauchsrecht vereinbart.

Beratungshinweis: 82

Zur Unterscheidung von Wohnrecht, Nießbrauch und Reallast:

Bei dem **Wohnrecht** handelt es sich um eine Unterart der beschränkten persönlichen Dienstbarkeit, so z.B. um Überlassung eines Grundstücks zu Wohnzwecken einschließlich **Mitbenutzung**. Bei Vereinbarung eines Wohnrechts besteht ein Benutzungsrecht unter **Ausschluss des Eigentümers** an bestimmten Räumlichkeiten in dem betreffenden Anwesen. Die Unterhaltungskosten trägt i.d.R. der Berechtigte.

Das **Nießbrauchsrecht** ist **umfassender** als das Wohnrecht. Während beim Wohnrecht nur die Aufnahme einer beschränkten Anzahl von Personen möglich ist, können beim **Nießbrauchsrecht** gem. § 1093 Abs. 2 BGB mehrere weitere Personen in die Wohnung aufgenommen werden. Auch ist Vermietung ohne Zustimmung des Eigentümers möglich.

Bei der Einräumung einer **Reallast** handelt es sich i.d.R. um **Dauerschuldverhältnisse**, z.B. die Einräumung eines Altenteilsrechts. Wird die Zahlung einer **Leibrente** vereinbart, so muss i.d.R. eine Zwangsvollstreckungsunterwerfungsklausel mit aufgenommen werden.

b) Rechtliche Ausgangssituation

Hierzu s. Teil 3, § 2 Rn 5 ff, 16 ff.

2. Muster: Miteigentümervereinbarungen, Verkaufsverpflichtung, Nießbrauchsrecht und Ausschluss der Aufhebung der Miteigentümergemeinschaft 83

134

1. Die Vertragsteile bleiben auch weiterhin Miteigentümer des vorbezeichneten Grundbesitzes. Hierzu treffen sie folgende Regelung:

2. Einerseits ist der in Abschnitt ■■■ genannte Grundbesitz und andererseits der in Abschnitt ■■■ aufgeführte Grundbesitz jeweils **auf Verlangen** eines Vertragsteiles zu verkaufen. Hierzu vereinbaren die Beteiligten Folgendes:

   Verlangt ein Vertragsteil schriftlich gegenüber dem anderen Vertragsteil den Verkauf eines der vorgenannten Objekte unter gleichzeitiger Benennung des vorgesehenen Käufers und des mit diesem vereinbarten Kaufpreises, ist der andere Vertragsteil verpflichtet, beim Abschluss eines entsprechenden Kaufvertrages mit dem entsprechenden Käufer mitzuwirken, es sei denn, der andere Vertragsteil benennt innerhalb eines Monats, nachdem er das Schreiben mit dem entsprechenden Verkaufsverlangen erhalten hat, dem das Verkaufsverlangen stellenden Vertragsteil gegenüber schriftlich einen **anderen Käufer** für das entsprechende Vertragsobjekt, der hierfür einen **höheren** Kaufpreis zu bezahlen bereit ist. Im letzteren Fall ist der entsprechende Kaufvertrag mit dem von dem anderen Vertragsteil benannten, einen höheren Kaufpreis bietenden Käufer abzuschließen.

   Die Beteiligten verpflichten sich gegenseitig, bei Eintritt der vorgenannten Voraussetzungen, unter denen ein Verkauf des entsprechenden Objektes zu erfolgen hat, unverzüglich mit dem entsprechenden Käufer einen Kaufvertrag zu notarieller Urkunde zu schließen und sämtliche in diesem Zusammenhang erforderlichen oder zweckdienlichen Erklärungen abzugeben.

Unabhängig von den vorstehenden Vereinbarungen besteht zwischen den Beteiligten Einigkeit, dass sie sich bemühen werden, die genannten Objekte im Falle eines Verkaufsverlangens eines Vertragsteils bestmöglich zu verkaufen.

Zwischen den Beteiligten besteht ferner Einigkeit, dass mit Hilfe eines entsprechenden Kauferlöses zunächst diejenigen Verbindlichkeiten getilgt werden sollen, die wirtschaftlich im Zusammenhang mit dem entsprechenden Objekt stehen. Hierzu stellen die Beteiligten fest, dass die in Abschnitt ■■■ aufgeführte Grundschuld ohne Brief zu ■■■ Euro für die ■■■ Bank zur Absicherung eines Darlehens bestellt worden ist, das von den Beteiligten zur Finanzierung des Erwerbs der in Abschnitt ■■■ genannten Immobilie aufgenommen worden ist. Ein nach Ablösung entsprechender Darlehensverbindlichkeiten verbleibender Restkaufpreis aus einem entsprechenden Verkauf steht, wie die Beteiligten klarstellen, den Vertragsteilen je zur Hälfte zu.

3. Hinsichtlich des in Abschnitt ■■■ genannten Grundbesitzes, und zwar bezüglich jedes dort aufgeführten Grundstücks gesondert, vereinbaren die Vertragsteile, dass die **Aufhebung der Miteigentümergemeinschaft** bis zum Ableben des Letztversterbenden der Berechtigten des dort eingetragenen **Wohnungsrechts**, der Ehegatten ■■■ (Eltern eines der Ehepartner) ausgeschlossen ist.

Die Eintragung dieser Vereinbarung im Grundbuch am jeweiligen Miteigentumsanteil jedes betroffenen Grundstücks zu Gunsten des jeweiligen anderen Miteigentümers dieses Grundstücks im Grundbuch wird bewilligt und **beantragt**.

4. Frau ■■■ räumt hiermit Herrn ■■■ an ihren Miteigentumsanteilen des in Abschnitt ■■■ genannten Grundbesitzes das **Nießbrauchsrecht** ein. Dieses Nießbrauchsrecht besteht, wie die Beteiligten feststellen, seit Rechtskraft der Scheidung der Ehe der Beteiligten und endet, wie die Beteiligten vereinbaren, bezüglich des entsprechenden Objekts, sobald die derzeit insoweit noch bestehenden **Darlehensverbindlichkeiten** vollständig **getilgt** sind.

In diesem Zusammenhang verpflichtet sich Herr ■■■ gegenüber Frau ■■■ aufgrund der in Abschnitt ■■■ niedergelegten Verpflichtung, für eine regelmäßige Tilgung und Verzinsung der entsprechenden Darlehensverbindlichkeiten zu sorgen. Für das Nießbrauchsrecht gelten grundsätzlich die gesetzlichen Bestimmungen. Für Wohngeldzahlungen – einschließlich eventueller Sonderumlagen – hat jedoch während des Bestehens des entsprechenden Nießbrauchsrechtes allein der Nießbrauchsberechtigte, Herr ■■■ aufzukommen; außerdem hat er während des Bestehens des entsprechenden Nießbrauchsrechtes nicht nur für die Zinszahlungen, sondern auch für die regelmäßigen Tilgungen aus den Darlehensverbindlichkeiten, die das betreffende Objekt betreffen, aufzukommen. Klargestellt wird, dass dem Nießbrauchsberechtigten während des Bestehens des Nießbrauchsrechtes die Mieteinnahmen aus einer Vermietung des betreffenden Objektes zustehen.

Eine Eintragung des Nießbrauchsrechts in das Grundbuch wird nicht gewünscht. Klargestellt wird, dass das Nießbrauchsrecht im Falle eines **Verkaufs** des betroffenen Objekts **endet** und bei der **Kaufpreisverteilung** zwischen den Vertragsteilen **nicht zu berücksichtigen** ist.

Beratungshinweis:

84

Zur Abgrenzung von Hypothek und Grundschuld:

Die **Sicherungshypothek** ist akzessorisch, d.h. es liegt eine exakt definierte Verbindlichkeit, also eine **bestimmte Zahlungsverpflichtung**, vor, die gesichert werden soll, z.B. Zahlung eines Abfindungsbetrages in **Raten.**

Demgegenüber ist die **Grundschuld unabhängig** von der Höhe der zugrundeliegenden Verbindlichkeit und deshalb gefährlicher, weil eine Abtretung der Grundschuld möglich ist. Grundschulden werden i.d.R. bei noch **nicht genau feststellbaren Verbindlichkeiten** eingetragen. Die Abtretung kann **ausgeschlossen** werden. Der Abtretungsausschluss kann und sollte in das **Grundbuch eingetragen** werden.

Die Grundschuld kann grundsätzlich später für andere Verbindlichkeiten als die zunächst zu sichernden verwendet werden, so z.B. Bankschulden, da mit der Grundschuld künftig entstehende Schulden abgesichert werden.

Eine Grundschuld **mit Brief** ist i.d.R. nur i.V.m. der **Abtretung** der Grundschuld von Bedeutung. Die Briefgrundschuld kann privatschriftlich abgetreten werden in Form von Aushändigung des Briefes und der Abtretungserklärung und kommt insbesondere dann in Betracht, wenn ein **schnelles Wechseln der Kreditverhältnisse** vorliegt.

B. Sicherung, Hypothek und Rücktrittsrecht

I. Hinterlegung des Abfindungsbetrags für die Übertragung einer Immobilie auf Notaranderkonto

1. Beratung

a) Tatsächliche Ausgangssituation

Absolute Sicherheit bietet die Überweisung des Abfindungsbetrages auf ein **Notaranderkonto**, und zwar **vor** notarieller Beurkundung.

85

b) Rechtliche Ausgangssituation

In der Vereinbarung hatte die Bank – was **nicht** der **Regelfall** ist – eine Überweisung auf das Anderkonto des Notars bereits vorgenommen, obwohl noch **keine Grundschuld** bestellt war. Üblich ist, dass Zahlung durch die Bank erst nach Eintragung einer Grundschuld erfolgt. Im Hinblick darauf, dass sich der Abfindungsbetrag bereits auf dem Notaranderkonto befand, konnte auf eine **Zwangsvollstreckungsunterwerfungsklausel verzichtet** werden.

86

2. Muster: Hinterlegung Abfindungsbetrag für Übertragung einer Immobilie auf Notaranderkonto

87

Die Vertragsteile sind über den vorvereinbarten Miteigentumsübergang gem. Ziffer ■■■ einig. Diese unbedingte Auflassung enthält ausdrücklich weder Eintragungsbewilligung noch Antrag. Die Vertragsteile erteilen für sich und etwaige Rechtsnachfolger dem beur-

135

kundenden **Notar**, seinem Vertreter oder Amtsnachfolger Vollmacht und Anweisung, die **Eintragung** des Miteigentumswechsels im Grundbuch auf den Ehemann zu bewilligen und zu beantragen, **sobald** der **Hinterlegungsbetrag** von ■■■ Euro von nachbezeichnetem **Treuhandkonto** an Frau ■■■ auf deren Konto bei der ■■■ Bank überwiesen ist.

Der Betrag in Höhe von ■■■ ist **bereits** auf das **Anderkonto** des beurkundenden **Notars** bei der ■■■ Bank, Kto-Nr. ■■■ BLZ ■■■ gutgeschrieben. Es wird auf den hier in Fotokopie beigefügten Bankauszug Bezug genommen. Der hinterlegte Betrag wird nach Abschluss des heutigen Vertrages und **Bestellung** einer **Grundschuld** über ■■■ an Frau ■■■ auf deren vorbezeichnetes Konto überwiesen werden.

Nach der Treuhandanweisung der ■■■ Bank ist es **nicht erforderlich**, dass die vorbezeichnete Grundschuld im **Grundbuch** an dem betroffenen Grundbesitz an erster Rangstelle **eingetragen** ist. Der beurkundende Notar hat auf die Risiken dieser Abwicklung hingewiesen.

Trotzdem wurde auf Beurkundung und Abwicklung des Treuhandkontos – wie vorstehend näher bezeichnet – bestanden.

88   **Beratungshinweis:**

Bei dieser Abwicklung handelt es sich um einen Ausnahmefall. Regelfall ist, dass die Bank zunächst Grundschuldeintragung wünscht und erst sodann Zahlung leistet.

Auf eine **Zwangsvollstreckungsunterwerfung** hinsichtlich der Verpflichtung zur Zahlung eines Abfindungsbetrages in Höhe von ■■■ wird **verzichtet**, da dieser bereits auf dem **Anderkonto gutgeschrieben** ist.

Der Abfindungsbetrag in Höhe von ■■■ ist ab dem ■■■ (Wertstellung) mit 5 % über dem Basiszinssatz der Europäischen Zentralbank zu verzinsen.

Etwaige Zinsen werden nicht über das Anderkonto, sondern zwischen den Vertragsteilen abgewickelt.

II. Sicherung durch Finanzierungszusage

1. Beratung

a) Tatsächliche Ausgangssituation

89   Bei Abschluss der Vereinbarung lag noch **keine Finanzierungszusage** der Bank vor.

b) Rechtliche Ausgangssituation

90   Wird eine Immobilienübertragung vorgenommen und liegt keine Finanzierungszusage vor, so muss zum einen die Vorlage der Finanzierungszusage als **Geschäftsgrundlage** für die Vereinbarung erklärt werden und zum anderen jene Vereinbarung aufgenommen werden, wonach der **Notar** die Urkunde dem **Grundbuchamt** zur Umschreibung **erst vorlegen** darf, wenn die Finanzierungszusage vorliegt.

2. Muster: Sicherung durch Finanzierungszusage

91

136

Frau ▪▪▪ verpflichtet sich, an Herrn ▪▪▪ für die Übertragung der Miteigentumshälfte und unter Verrechnung des ihr zustehenden Zugewinnausgleichs folgende Zahlungen zu leisten:

- Einen Teilbetrag von Euro ▪▪▪ sofort.
- Ein weiterer Teilbetrag in Höhe von Euro ▪▪▪ ist fällig spätestens 3 Wochen nach Eintragung der Eigentumsänderung im Grundbuch.

Frau ▪▪▪ verpflichtet sich, bis spätestens ▪▪▪ Herrn eine verbindliche Finanzierungszusage der Bank über den zu zahlenden Betrag von Euro ▪▪▪ zu übersenden.

Die Parteien sind sich dahingehend einig, dass die Vorlage der Finanzierungszusage **Geschäftsgrundlage** für die Vereinbarung ist.

III. Sicherung durch Hypothek

1. Beratung

a) Tatsächliche Ausgangssituation

Ein Auszahlungsbetrag bzw. eine Unterhaltsabfindung oder sonstige Zahlungsverpflichtung betreffend eine Einmalzahlung wird durch eine Hypothek gesichert, die auf der Immobilie des Zahlungspflichtigen eingetragen wird.   **92**

Beratungshinweis: **93**

Zur Abgrenzung von Hypothek und Grundschuld:

Die **Sicherungshypothek** ist akzessorisch, d.h. es liegt eine exakt definierte Verbindlichkeit, also eine **bestimmte Zahlungsverpflichtung**, vor, die gesichert werden soll, z.B. Zahlung eines Abfindungsbetrages in **Raten**.

Demgegenüber ist die **Grundschuld unabhängig** von der Höhe der zugrunde liegenden Verbindlichkeit und deshalb gefährlicher, weil eine Abtretung der Grundschuld möglich ist. Grundschulden werden i.d.R. bei noch **nicht genau feststellbaren Verbindlichkeiten** eingetragen. Die Abtretung kann **ausgeschlossen** werden. Der Abtretungsausschluss kann und sollte in das **Grundbuch eingetragen** werden.

Die Grundschuld kann grundsätzlich später für andere Verbindlichkeiten als die zunächst zu sichernden verwendet werden, so z.B. Bankschulden, da mit der Grundschuld künftig entstehende Schulden abgesichert werden.

Eine Grundschuld **mit Brief** ist i.d.R. nur i.V.m. der **Abtretung** der Grundschuld von Bedeutung. Die Briefgrundschuld kann privatschriftlich abgetreten werden in Form von Aushändigung des Briefes und der Abtretungserklärung und kommt insbesondere dann in Betracht, wenn ein **schnelles Wechseln der Kreditverhältnisse** vorliegt.

b) Rechtliche Ausgangssituation

Die Eintragung einer Hypothek stellt als **dingliche** Belastung eine Möglichkeit zur **Zwangsvollstreckung** im Falle der Nichtzahlung in der Weise dar, dass unmittelbar   **94** in die Immobilie vollstreckt werden kann. Einzutragen ist auch ein etwaiger vereinbarter **Zinssatz** sowie die Verpflichtung zur **Löschung** der Hypothek, sobald der Abfindungsbetrag bezahlt wurde.

95 **2. Muster: Sicherung durch Hypothek**

Zur Sicherung des Auszahlungsbetrages in Höhe von Euro ■■■ an Herrn ■■■ bestellt der Erwerber am Vertragsobjekt eine **Hypothek** ohne Brief zu Euro ■■■

Der Erwerber unterwirft sich als Alleinschuldner wegen der vorstehenden Zahlungsverpflichtung samt Zinsen der sofortigen **Zwangsvollstreckung** aus dieser Urkunde in das Vertragsobjekt wie in Ziffer ■■■ bezeichnet in Ansehung der Hypothek in der Weise, dass die Zwangsvollstreckung aus dieser Urkunde gegen den jeweiligen Grundstückseigentümer zulässig ist.

Der Erwerber **bewilligt** und **beantragt** die Eintragung der vorbestellten Buchhypothek zu Euro ■■■ samt den in dieser Urkunden niedergelegten Zins- und Zahlungsbestimmungen mit einem **Zinssatz** von ■■■ jährlich und der dinglichen Vollstreckungsklausel am Vertragsobjekt in das Grundbuch im Rang nach den in Ziffer ■■■ näher bezeichneten Belastungen und in Abteilung III im Rang nach der Buchgrundschuld über ■■■ für die ■■■ Bank Zug um Zug mit Vollzug der Auflassung.

Dem Veräußerer ist auf Antrag jederzeit eine vollstreckbare Ausfertigung dieser Urkunde zu erteilen, wobei es nicht des Nachweises der Tatsachen von deren Eintritt die Fälligkeit abhängt, bedarf.

Alternative 1:

Herr ■■■ bestellt an Fl.St.Nr. ■■■ zu ■■■ ha zur Sicherung der Zahlungsverpflichtung gem. Ziffer ■■■ zu Gunsten von Frau ■■■ eine

Hypothek

ohne Brief in Höhe von Euro ■■■ zuzüglich 10 % Jahreszinsen hieraus ab dem Zeitpunkt der Eintragung dieser Hypothek im Grundbuch und unterwirft den Pfandbesitz der sofortigen Zwangsvollstreckung aus dieser Hypothek samt Zinsen in der Weise, dass die Zwangsvollstreckung gegen den jeweiligen Eigentümer des Pfandbesitzes zulässig ist.

Herr ■■■

bewilligt und beantragt

die Eintragung dieser Hypothek samt Zinsen und der dinglichen Zwangsvollstreckungsunterwerfung mit Wirkung gegen den jeweiligen Eigentümer im Grundbuch, im Rang nach den in Abschnitt ■■■ aufgeführten Belastungen.

Frau ■■■ verpflichtet sich, die Hypothek zur **Löschung zu bewilligen**, sobald sie den vereinbarten Betrag von Euro ■■■ zuzüglich etwa angefallener Zinsen erhalten hat.

Die Kosten der Eintragung und der Löschung der Hypothek trägt Herr ■■■

Alternative 2:

Zur Sicherung des Anspruchs des Veräußerers auf Zahlung des Restbetrages von Euro ■■■ bestellt die Erwerberin dem Veräußerer eine Sicherungshypothek in Höhe von Euro ■■■ an dem Grundstück ■■■ der Gemarkung ■■■

Die Vertragsteile

bewilligen und beantragen

die Eintragung dieser Sicherungshypothek Zug um Zug mit Umschreibung des Eigentums auf die Erwerberin im Rang ausschließlich nach den in Abschnitt ■■■ aufgeführten Verbindlichkeiten.

Die Umschreibung des Eigentums soll nur Zug um Zug gegen ranggerechte Eintragung der Sicherungshypothek erfolgen.

Alternative 3:

Zur Sicherung des gestundeten Betrages in Höhe von Euro ■■■ sowie zur Sicherung des Gesamtbetrages der geschuldeten Unterhaltsabfindung in Höhe von Euro ■■■ bestellt Herr ■■■ an dem Vertragsgrundstück Fl.St.Nr. ■■■ zu Gunsten von Frau ■■■ eine Hypothek ohne Brief zu Euro ■■■ und unterwirft sich der sofortigen Zwangsvollstreckung aus dieser Vereinbarung in der Weise, dass diese gegen den jeweiligen Eigentümer des Pfandgrundstückes zulässig sein soll.

Die Eintragung der bestellten Buchhypothek samt Zins- und Zahlungsbestimmungen und der dinglichen Unterwerfungsklausel im Grundbuch wird von Herrn ■■■ bewilligt und beantragt.

IV. Sicherungsgrundschulden, Änderung des Sicherungsvertrages

1. Beratung

a) Tatsächliche Ausgangssituation

Auf der Immobilie sind Sicherungsgrundschulden eingetragen, die bisher der Sicherung von Verbindlichkeiten **beider Eheleute** dienten.   96

b) Rechtliche Ausgangssituation

Mit Übertragung der Immobilie muss sichergestellt werden, dass die Sicherungsgrundschulden nur noch als Sicherheiten für die **Verbindlichkeiten des Erwerbers** dienen und jede **persönliche Haftung** des Veräußerers aus einer Grundschuld-Bestellungsurkunde **erlischt.**   97

Für diese Regelung ist die **Zustimmung** der **Gläubiger** erforderlich. Die Vereinbarung muss klarstellen, welche Rechtsfolgen eintreten sollen, falls die Gläubiger die Zustimmung nicht erteilen. Dies geschieht im vorliegenden Fall dadurch, dass alle Vereinbarungen rückwirkend ihre **Wirksamkeit verlieren** und der Erwerber **verpflichtet** ist, die übernommenen **Verbindlichkeiten** unverzüglich vollständig **zu tilgen.**   98

2. Muster: Sicherungsgrundschulden, Änderung des Sicherungsvertrages   99

  138

Was die Sicherungsgrundschulden angeht, vereinbaren die Beteiligten schon jetzt mit Wirkung ab dem vorgenannten Stichtag im eigenen Namen und namens des Grundschuldgläubigers vorbehaltlich dessen Genehmigung folgendes:

Der Veräußerer scheidet aus dem Sicherungsvertrag aus.

Der **Sicherungsvertrag** wird dahingehend **geändert,** dass die Grundschuld nur noch die übernommenen **Verbindlichkeiten des Erwerbers** sowie sonstige gegenwärtige und künftige – auch bedingte oder befristete – Verbindlichkeiten wie bisher sichert, aber **keine** Verbindlichkeiten des **Veräußerers** oder von ihm benannter Schuldner. Jede **persönliche Haftung des Veräußerers** aus einer Grundschuldbestellungsurkunde **erlischt.**

Der Notar hat darauf hingewiesen, dass zu diesen Vereinbarungen die Zustimmung des Gläubigers erforderlich ist und dass der Veräußerer weiter haftet bis diese erteilt ist. Die Beteiligten ersuchen und bevollmächtigen den Notar

– den **Gläubiger** um seine **Zustimmung** zu den in dieser Anlage enthaltenen Vereinbarungen zu bitten und die Zustimmung dieser Urkunde beizuheften,

– zu diesem Zweck dem Gläubiger eine beglaubigte Abschrift dieser Urkunde zu übersenden.

Soweit und solange die Zustimmung aussteht, gelten die in dieser Anlage enthaltenen Vereinbarungen jedenfalls zwischen den Beteiligten. Bis dahin leistet der Erwerber seine Zahlungen zur Erfüllung einer eigenen Verbindlichkeit. Ist die **Zustimmung nicht zu erlangen**, so **verlieren** die Vereinbarungen in dieser Anlage rückwirkend ihre **Wirksamkeit**; der Erwerber ist dann verpflichtet, die übernommenen **Verbindlichkeiten unverzüglich** vollständig **zu tilgen**. Etwaige Kosten der Durchführung vorstehender Vereinbarungen trägt der Erwerber.

V. Sicherung durch Bankbürgschaft

1. Beratung

a) Tatsächliche Ausgangssituation

100 Es wurde bei Abschluss einer **schuldrechtlichen Vereinbarung** zu **Protokoll** des Gerichts eine Verpflichtungserklärung aufgenommen, wonach bis zur notariellen Beurkundung eine selbstschuldnerische, nicht bedingte und nicht widerrufliche **Bankbürgschaft** vorgelegt werden sollte. Diese **lag** zum Zeitpunkt der notariellen Beurkundung **nicht vor**. Die Beurkundung ist dennoch erfolgt.

b) Rechtliche Ausgangssituation

101 Die Vorlage einer selbstschuldnerischen, nicht bedingten und nicht widerruflichen Bankbürgschaft stellt die **absolute Sicherheit** bezüglich der Zahlung eines Abfindungsanspruchs dar, da Schuldner in diesem Fall – aus der Bürgschaft – die Bank ist. Dennoch bildet die Vorlage einer Bankbürgschaft in der Praxis die Ausnahme, da diese mit nicht unerheblichen **Kosten** verbunden ist.

102 Wird die Bankbürgschaft entgegen der schuldrechtlich getroffenen Vereinbarung nicht bis zum Termin der notariellen Beurkundung vorgelegt, so sollte – wie nachfolgend geschehen – ein **Rücktrittsrecht** des Ausgleichsberechtigten vereinbart werden mit der Folge, dass die Ausgleichsverpflichtete die durch die Rückabwicklung anfallenden Kosten, wie z.B. Kosten der Löschung der Auflassungsvormerkung sowie Kosten der Beurkundung, zu tragen hat.

103 Zu regeln ist des Weiteren, dass die Bürgschaftsurkunde **zurückgegeben** wird, sobald der Abfindungsbetrag bezahlt wurde.

2. Muster: Sicherung durch Bankbürgschaft

104

(139)

> Die Antragstellerin verpflichtet sich, eine **selbstschuldnerische, nicht bedingte** und **nicht widerrufliche** Bankbürgschaft hinsichtlich des Betrages von Euro ▪▪▪ bei Abschluss des notariellen Vertrages gem. Ziffer ▪▪▪ zur Verfügung zu stellen.
>
> **Sachverhalt:**
>
> Eine solche **Bankbürgschaft** wurde bei notarieller Beurkundung **nicht vorgelegt.** Eine selbstschuldnerische, nicht bedingte und nicht widerrufliche Bankbürgschaft über den Betrag in Höhe von Euro ▪▪▪, die gem. Abschnitt ▪▪▪ des erwähnten Vergleiches bei Abschluss des notariellen Vertrages von Frau ▪▪▪ Herrn ▪▪▪ zur Verfügung zu stellen wäre, liegt heute nicht vor.
>
> Herr ▪▪▪ erklärt sich jedoch damit einverstanden, dass die Beurkundung des notariellen Vertrages dennoch mit der gegenwärtigen Urkunde erfolgt.
>
> Frau ▪▪▪ verpflichtet sich jedoch, gegenüber Herrn ▪▪▪ unverzüglich dafür zu sorgen, dass Herr ▪▪▪ die erwähnte Bankbürgschaft erhält.
>
> Sollte Herr ▪▪▪ eine entsprechende Bankbürgschaft nicht innerhalb von 2 Wochen, von heute an gerechnet, erhalten haben, so ist er berechtigt, durch einseitige, per Einschreiben zu sendende Erklärung gegenüber Frau ▪▪▪, vom schuldrechtlichen Teil dieses Vertrages **zurückzutreten** (Sachverhalt: Auszahlung eines Betragen von Euro ▪▪▪ durch die Ehefrau zur Abgeltung aller vermögensrechtlicher Ansprüche an den Ehemann).
>
> Der Rücktritt kann nicht mehr ausgeübt werden, wenn Herr ▪▪▪ die erwähnte Bankbürgschaft oder den Abfindungsbetrag erhalten hat.
>
> Im Falle eines entsprechenden Rücktritts vom Vertrag sind sämtliche im Zusammenhang mit der Rückabwicklung anfallenden **Kosten** von Frau ▪▪▪ zu tragen; insbesondere hat sie dann auf eigene Kosten für die **Löschung** der zu ihren Gunsten eingetragenen Auflassungsvormerkung zu sorgen.
>
> Außerdem hat Frau ▪▪▪ in dem erwähnten Fall Herrn ▪▪▪ die **Kosten** zu ersetzen, die diesem im Zusammenhang mit der heutigen **Beurkundung** entstanden sind. Wenn Herr ▪▪▪ die entsprechende **Bürgschaftsurkunde** erhalten hat, ist er verpflichtet, diese unverzüglich nach Zahlung des erwähnten Abfindungsbetrages von Euro ▪▪▪ wieder an Frau ▪▪▪ **zurückzugeben.**

VI. Sicherung bei Ratenzahlung

1. Beratung

a) Tatsächliche Ausgangssituation

Bezüglich eines Zahlungsbetrages wurde **Ratenzahlung** vereinbart.

105

b) Rechtliche Ausgangssituation

Ähnlich einer Verfallklausel soll der gesamte Betrag sofort zur Zahlung fällig sein, wenn der Schuldner in **Insolvenz** gerät, seine **Zahlungen einstellt** oder ein Vergleichsverfahren eingeleitet oder die Einleitung eines solchen mangels Masse abgelehnt wird. Dies gibt der Gläubigerin die Möglichkeit, statt Zwangsvollstreckung bezüglich der **Teilbeträge** den **gesamten Betrag** sofort vom Schuldner zu **verlangen.**

106

107 **2. Muster: Sicherung bei Ratenzahlung**

Frau ■■■ kann auch vor dem ■■■ die **sofortige Fälligkeit** des gesamten Betrages bzw. des auf die Gesamtverpflichtung noch ausstehenden Restbetrages geltend machen, wenn Herr ■■■ in **Insolvenz** gerät, seine **Zahlungen einstellt** oder ein gerichtliches oder außergerichtliches **Vergleichsverfahren** eingeleitet oder die Einleitung eines solchen Verfahrens mangels Masse abgelehnt wird.

VII. Fälligkeit bei Räumung der Immobilie

1. Beratung

108 Die Räumung eines von der **Gläubigerin** einer **Abfindungszahlung** bewohnten Anwesens kann als **Fälligkeitsvoraussetzung** für die Abfindungszahlung – nebst Verzinsung ab Fälligkeit – vereinbart werden. Diese Vereinbarung erspart dem Ausgleichspflichtigen möglicherweise, die Räumung im Wege der Zwangsvollstreckung zu betreiben, da seitens der Ausgleichsberechtigten ein Interesse an der Zahlung der Abfindungssumme besteht.

109 **2. Muster: Fälligkeit bei Räumung der Immobilie**

Weitere Fälligkeitsvoraussetzung, die nicht vom Notar zu bestätigen ist, ist die **vollständige Räumung** des Vertragsobjekts durch Frau ■■■

Bis zur Fälligkeit ist die Auszahlungssumme nicht zu **verzinsen**. Ab Fälligkeit ist sie mit jährlich ■■■ % zu verzinsen. Unberührt bleiben alle gesetzlichen Rechte im Verzugsfall.

Die Übergabe erfolgt zum ■■■

Frau ■■■ verpflichtet sich, die Wohnung bis spätestens zum ■■■ vollständig zu räumen (Datum der Übergabe).

VIII. Ratenzahlung, Verfallklausel

S. auch oben, Rn 105 ff.

1. Beratung

110 Bei Vereinbarung einer Ratenzahlung ist zur Sicherheit des Ausgleichsberechtigten eine **Verfallklausel** aufzunehmen, wonach die Ratenzahlung **entfällt** im Falle einer **Veräußerung**, **Zwangsversteigerung** oder **Zahlungsverzug**.

111 **2. Muster: Ratenzahlung, Verfallklausel**

Wird das Grundstück ■■■ der Gemarkung ■■■ mit dem aufstehenden Wohnhaus ■■■ während der Zeit der monatlichen Ratenzahlung **veräußert** oder **zwangsversteigert** oder kommt Herr ■■■ mit 3 Monatsraten oder mehr in **Rückstand**, so ist der jeweilige Restbetrag sofort zur Zahlung fällig.

C. Schuldenübernahme bei Immobilienübertragung

I. Schuldenübernahme im Zusammenhang mit Immobilienübertragung

1. Beratung

a) Tatsächliche Ausgangssituation

Im Zusammenhang mit einer Immobilienübertragung werden die im Grundbuch einge- **112**
tragenen **Grundpfandrechte** übernommen. Die Haftungsfreistellung im Außenverhältnis wird **nicht** geregelt.

b) Rechtliche Ausgangssituation

Zwar übernimmt der Erwerber der Immobilie zum einen die Grundpfandrechte in **ding-** **113**
licher Haftung und die Schuldverpflichtung mit **schuldbefreiender Wirkung**, jedoch sollen die Beteiligten die **Genehmigung** der Gläubiger zur befreienden Schuldübernahme
selbst einholen und entgegennehmen. Bei Nichtgenehmigung soll die Vereinbarung
als **Erfüllungsübernahme** gelten. Zu denken ist auch daran, wer die **Kosten** einer Genehmigung der Schuldübernahme zu tragen hat.

Beratungshinweis:
114
Die Verpflichtung zur Haftungsfreistellung im Außenverhältnis – notfalls durch Umschuldung – ist der nachfolgenden Formulierung vorzuziehen, ebenso die **vorherige** Erholung einer **Inaussichtstellung** der **Haftungsentlassung** und Vorlage der Urkunde zur
Eigentumsumschreibung erst nach Haftungsentlassung.

2. Muster:[26] Schuldenübernahme bei Immobilienübertragung
115

⟨143⟩

Der Ehemann übernimmt das am Vertragsgrundbesitz in Abteilung 3 des Grundbuches
eingetragene **Grundpfandrecht** über ▓▓▓ Euro in **dinglicher** Haftung.
Entstandene Eigentümerrechte und/oder Rückgewähransprüche werden hiermit ent-
schädigungslos auf den Ehemann mit dessen Zustimmung übertragen, die Eigentumsumschreibung vorausgesetzt.
Die Umschreibung im Grundbuch wird **bewilligt** und beantragt.
Die persönliche Haftung hat der Ehemann bereits in der Grundpfandrechtsbestellungsurkunde übernommen.
Des Weiteren übernimmt der Ehemann die dem übernommenen Grundpfandrecht **zu-**
grundeliegende Schuldverpflichtung gegenüber dem Gläubiger als künftiger alleiniger
Schuldner mit **schuldbefreiender Wirkung**.
Die befreiende Schuldübernahme erfolgt jeweils mit **Wirkung vom heutigen Tage** an mit
dem zu diesem Zeitpunkt gegebenen genauen Stand der Schuldverpflichtungen.
Auf das Erfordernis der **Änderung** der **Zweckbestimmungserklärung** wurde hingewiesen,
ebenso auf die mögliche Anwendung der Bestimmungen über den Verbraucherdarlehensvertrag nach §§ 491 ff BGB und die daraus resultierenden Pflichten. Bei deren Nichteinhaltung soll der Vertrag im Übrigen gültig bleiben.

---

26 Münch, Ehebezogene Rechtsgeschäfte, Rn 503 zu Teil 2.

> Nach Hinweis des Notars auf das **Erfordernis** der **Genehmigung** der befreienden Schuldübernahme durch den **Gläubiger**
>
> **beauftragen und ermächtigen**
>
> die Vertragsteile den Notar oder dessen amtlich bestellten Vertreter, dem Gläubiger die befreiende Schuldübernahme durch Übersendung einer Abschrift dieser Urkunde anzuzeigen. Die gem. § 415 BGB erforderliche **Genehmigung** werden die **Beteiligten selbst** einholen und entgegen nehmen.
>
> Sollte die befreiende Schuldübernahme durch den Gläubiger nicht genehmigt werden, gelten vorstehende Vereinbarungen insoweit als **Erfüllungsübernahme** i.S.d. § 329 BGB, sodass der Ehemann der Ehefrau gegenüber verpflichtet ist, die Verbindlichkeiten jeweils fristgerecht zu erfüllen, insbesondere die Zins- und Tilgungsbeträge an den Gläubiger zu zahlen und die Ehefrau im Falle einer Inanspruchnahme durch den Gläubiger unverzüglich freizustellen; Gleiches gilt bis zur Genehmigung sowie bis zum vertragsgemäßen Vollzug der Eigentumsumschreibung.
>
> Etwaige **Kosten**, Spesen oder Provisionen anlässlich der **Genehmigung** der Schuldübernahme hat der Ehemann zu tragen.

II. Finanzierungsvollmacht und Ergänzung betreffend Neuvalutierung eines Darlehens, das nicht zur Finanzierung des Auszahlungsbetrages dient

116   Im Einzelnen zur Finanzierungsvollmacht s. Teil 3, § 2 Rn 231.

1. Beratung

117   Grundsätzlich werden Zustimmungserklärungen zur Neuvalutierung eingetragener Grundpfandrechte im Rahmen einer Grundstücksübertragung nur zweckgebunden für den Fall abgegeben, dass der Betrag zur **Finanzierung** des **Auszahlungsbetrages** dient. Im vorliegenden Fall wird die Zustimmungserklärung dahingehend **erweitert,** dass seitens der Ausgleichspflichtigen ein **höherer Betrag** als der Ausgleichsbetrag an den Ehepartner als Darlehen aufgenommen und auf der Immobilie durch Grundpfandrechte abgesichert werden darf.

118   ### 2. Muster: Finanzierungsvollmacht, Ergänzung betreffend Neuvalutierung eines Darlehens, das nicht zur Finanzierung des Auszahlungsbetrages dient

> Der Veräußerer erteilt dem Erwerber ferner **Vollmacht** zur **Neuvalutierung** der gem. Abschnitt ■■■ übernommenen Grundpfandrechte **vor Umschreibung des Eigentums** auf den Erwerber. Auch insoweit übernimmt Herr ■■■ keine (weitere) persönliche Haftung oder Zahlungsverpflichtung für die durch solche Grundpfandrechte gesicherten Forderungen und die anfallenden Kosten. Die Vereinbarungen in vorstehender Ziffer ■■■ gelten insoweit entsprechend, wobei jedoch Frau ■■■ berechtigt ist, **auch vor Bezahlung** des in Abschnitt ■■■ Ziffer ■■■ ausgewiesenen Gegenleistungsbetrages eine **Neuvalutierung** bezüglich eines **Darlehens** über ■■■ Euro vorzunehmen, das **nicht** der **Begleichung** des erwähnten **Gegenleistungsbetrages** dient.

III. Übernahme von Grundpfandrechten

1. Beratung

Bei Übernahme von Grundpfandrechten muss die **Zweckerklärung** dahingehend geän-   119
dert werden, dass die Grundschuld künftig nur vom **Erwerber** valutiert werden darf.

2. Muster: Übernahme von Grundpfandrechten   120

Die in ■■■ genannte Grundschuld laufende Nr. ■■■ für die ■■■ Bank bleibt bestehen
und wird vom Erwerber in **dinglicher Haftung übernommen**. Die **Zweckerklärung** wird dahin geändert, dass die Grundschuld künftig nur vom **Erwerber** valutiert werden darf.
Soweit aus der übernommenen Grundschuld bisher Rechte auf den Eigentümer übergangen sind, werden diese auf den Erwerber übertragen und die Umschreibung im Grundbuch bewilligt. Frau ■■■ (Erwerberin) wird ermächtigt, über die entstandenen und bis
zur Eintragung der Auflassung im Grundbuch entstehenden Eigentümerrechte im eigenen Namen zu verfügen. Der Veräußerer tritt weiter seinen Anspruch auf Rückgabe der
übernommenen Grundschuld ab. Die Abtretung wird angenommen. Die **Grundschuld**
ist nach Angabe **nicht valutiert**.

IV. Schuldenübernahme und Haftungsfreistellung im Außenverhältnis nicht möglich

1. Beratung

a) Tatsächliche Ausgangssituation

Eine Haftungsentlassungserklärung bezüglich der auf dem Haus lastenden Darlehen ist   121
nicht möglich **mangels Zustimmung** durch die **Gläubiger**. Falls in solchen Fällen überhaupt eine Übertragung einer Immobilie oder eines Miteigentumsanteils an einer Immobilie in Betracht kommt, sollte zumindest eine **Sicherungshypothek** zu Gunsten
des Veräußerers eingetragen werden.

b) Rechtliche Ausgangssituation

Gemäß der nachfolgenden Vereinbarung verpflichtet sich der Erwerber, lediglich „da-   122
für zu sorgen", dass der Veräußerer aus der persönlichen Mithaftung **nicht in Anspruch
genommen** wird. Für den Fall einer Inanspruchnahme verpflichtet sich der Erwerber gegenüber dem Veräußerer, diesem den entsprechenden Betrag unverzüglich **zu erstatten**
bzw. „dafür zu sorgen", dass bei einem Verkauf des Anwesens der Veräußerer den Erstattungsbetrag aus dem Kaufpreis unmittelbar erhält.

Beratungshinweis: 123

Zur Sicherheit sollte sich der Erwerber zusätzlich verpflichten, den Anspruch auf Zahlung eines Kaufpreises bei Veräußerung des Anwesens in Höhe des Erstattungsbetrages
bzw. Abfindungsbetrages an den Veräußerer abzutreten, sodass unmittelbare Zahlung
durch einen etwaigen Käufer an den Erstattungsberechtigten sichergestellt ist.

124 Darüber hinaus verpflichtet er sich, den **Darlehensvertrag** zu einem Zeitpunkt zu **kündigen,** zu welchem **keine Vorfälligkeitsentschädigung** mehr anfällt, sodass der Veräußerer durch die Vertragskündigung aus der Haftung entlassen wird.

125 **2. Muster: Keine Haftungsfreistellung, Erstattungsanspruch**

Bezüglich der Darlehensverbindlichkeiten bei der ■■■ Lebensversicherung AG ist eine **Entlassung** des Veräußerers aus der persönlichen **Mithaft** nach Angabe der Beteiligten **nicht zu erreichen.** Der Erwerber verpflichtet sich, gegenüber dem Veräußerer das entsprechende Darlehen ordnungsgemäß zu bedienen und – wie bereits vorstehend vereinbart – **dafür zu sorgen,** dass der Veräußerer aus der persönlichen Mithaft für diese Darlehensverbindlichkeiten **nicht in Anspruch genommen** wird; sollte der **Veräußerer** dennoch aus den erwähnten Darlehensverbindlichkeiten in Anspruch genommen werden, so ist der Erwerber gegenüber dem Veräußerer verpflichtet, diesem den entsprechenden **Betrag unverzüglich zu erstatten.** Sofern ein entsprechender Erstattungsbetrag bei einem **Verkauf** des in Abschnitt ■■■ genannten Anwesens noch offen steht, hat der Erwerber dafür zu sorgen, dass der Veräußerer diesen Erstattungsbetrag aus dem **Kaufpreis unmittelbar** von dem entsprechenden Käufer erhält.

Der Darlehensvertrag bei der ■■■ Lebensversicherung AG ist nach Angabe der Beteiligten – **ohne** dass eine **Vorfälligkeitsentschädigung** anfällt – erstmals zum ■■■ des Jahres ■■■ kündbar. Der Erwerber verpflichtet sich, den vorgenannten **Darlehensvertrag** zum ■■■ zu **kündigen** und dafür zu sorgen, dass der Veräußerer aufgrund dieser Vertragskündigung aus den entsprechenden Verbindlichkeiten **entlassen** wird.

V. Bürgschaftsfreistellung

1. Beratung

126 Die Ehefrau hat für den Ehemann für dessen **Unternehmen** eine Bürgschaft übernommen. Der Ehemann verpflichtet sich, dafür zu sorgen, dass die Ehefrau aus der **Bürgschaft entlassen** wird.

127 Eine Erklärung der Bank, wonach die Entlassung aus der Bürgschaft bereits **in Aussicht gestellt** wurde, liegt vor. Im Übrigen wird ein **Rücktrittsrecht** für den Fall vereinbart, dass eine endgültige Bürgschaftsentlassung nicht fristgemäß vorgelegt wird.

128 **2. Muster: Bürgschaftsfreistellung**

■■■ Weiter sind bei der ■■■ Bank dinglich nicht gesicherte Darlehensverbindlichkeiten vorhanden, nämlich:

Schulden für das von Herrn ■■■ betriebene Unternehmen in Höhe von Euro ■■■

Frau ■■■ hat für diese Schulden über einen Betrag in Höhe von Euro ■■■ eine Bürgschaft übernommen.

Herr ■■■ verpflichtet sich, seine im Zusammenhang mit seinem Betrieb bestehenden, vorstehend näher bezeichneten Verbindlichkeiten weiterhin ordnungsgemäß zu verzinsen und zu tilgen. Er hat umgehend auf seine Kosten dafür zu sorgen, dass seine Ehefrau **aus der Bürgschaft entlassen** wird.

Der beurkundende Notar ist beauftragt, eine entsprechende Entlassungserklärung zu erholen. Festgestellt wird, dass die ■■■ Bank im Rahmen der dieser Urkunde als Anlage ■■■ beigefügten Erklärung die Entlassung der Ehefrau aus der **Bürgschaft bereits in Aussicht gestellt** hat.

■■■ Rücktrittsrecht

Sollte die oben bezeichnete verbindliche Erklärung der ■■■ Bank nicht innerhalb von 2 Monaten, gerechnet ab dem heutigen Tag, dem beurkundenden Notar vorliegen, ist jeder Vertragsteil berechtigt, durch einseitige schriftliche Erklärung gegenüber dem anderen von dem heutigen Vertrag zurückzutreten. Bei einer Erklärung eines Rücktritts sind **sämtliche Vereinbarungen** in diesem Vertrag **hinfällig**.

VI. Schuldentilgung durch Lebensversicherungen, die noch nicht ausbezahlt wurden

1. Beratung

a) Tatsächliche Ausgangssituation

Der Ehemann übernimmt die Immobilie und die darauf lastenden Schulden. Eine Haftungsentlassungserklärung kann nicht beigebracht werden. Stattdessen soll die Haftungsentlassungserklärung dadurch herbeigeführt werden, dass die **Schulden** über **Lebensversicherungen** des Ehemannes **getilgt** werden und auf diese Weise Haftungsentlassung erfolgt. | 129

b) Rechtliche Ausgangssituation

Zu Recht wird in dem nachfolgenden Muster darauf hingewiesen, dass die darin enthaltenen Vereinbarungen **Vertrauenssache** sind, zumal die Vereinbarung eine Regelung enthält, wonach sich der Ehemann verpflichtet, die **Beiträge** für die Lebensversicherung bis zu deren Fälligkeit pünktlich **zu entrichten**. | 130

Hier sollte ergänzend zumindest noch aufgenommen werden, dass sich der Ehemann verpflichtet, die laufenden Beitragszahlungen jeweils zum Jahresende durch Vorlage einer entsprechenden **Bestätigung** der Lebensversicherungsgesellschaft **nachzuweisen**. | 131

Im Übrigen verpflichtet sich der Ehemann zu Folgendem: | 132
- Abtretung der Lebensversicherungen an die Bank,
- Abtretungsanzeige an den Versicherer,
- Abschluss einer Vereinbarung mit der Bank, dass die Lebensversicherungen zur Schuldentilgung zu verwenden sind,
- die Bank zu verpflichten, Abtretungs- und Tilgungsvereinbarung nur mit Zustimmung der Ehefrau abzuändern oder aufzuheben.

2. Muster: Schuldentilgung durch Lebensversicherungen, die noch nicht ausbezahlt wurden

1. Die in Ziffer ■■■ genannten Lebensversicherungen sollen zur Tilgung der Verbindlichkeiten bei der ■■■ Bank verwendet werden, welche durch deren ■■■ genannten Grundschulden gesichert sind.
   Ich, Herr ■■■ (Versicherungsnehmer) verpflichte mich, binnen eines Monats, gerechnet ab heute,
   - meine Ansprüche aus den beiden vorgenannten Lebensversicherungen, insbesondere solche auf Auszahlung der Versicherungssumme und etwaiger sonstiger Guthaben an die ■■■ Bank abzutreten,
   - die Abtretung den Versicherern anzuzeigen,
   - mit der ■■■ Bank zu vereinbaren, dass diese zur Schuldentilgung wie vor zu verwenden sind,
   - die ■■■ Bank zu verpflichten, Abtretungs- und Tilgungsvereinbarung nur mit Zustimmung meiner Ehefrau abzuändern oder aufzuheben.
2. Ich, Herr ■■■, verpflichte mich, die **Beiträge** für die in Ziffer ■■■ genannte Lebensversicherung bis zu deren Fälligkeit pünktlich zu **entrichten**.
3. Hinsichtlich vorstehender Vereinbarung werden Sicherheiten weder gewährt noch verlangt. Wir wissen, dass diese Vereinbarungen daher **Vertrauenssache** zwischen uns sind.
4. Auf eventuelle weitere **Zugewinnausgleichsansprüche verzichten** wir hiermit jeweils unter Annahme der Verzichtserklärung des anderen gegenseitig. Das gilt auch für solche Ansprüche, die uns heute nicht bekannt sind.

Beratungshinweis:

Der Verzicht auf Zugewinnausgleichsansprüche sollte **bedingt** abgegeben werden für den Fall, dass die Ehefrau aus der Haftung für die Schulden entlassen wird, sodass zumindest das mögliche Wiederaufleben von Zugewinnausgleichsansprüchen Anlass dafür gibt, dass tatsächlich die Beiträge zur Lebensversicherung entrichtet werden und die Vereinbarung entsprechend den getroffenen Regelungen tatsächlich durchgeführt wird.

5. Wir erklären uns mit Erfüllung der in dieser Urkunde getroffenen Vereinbarung für vollkommen befriedigt und endgültig abgefunden hinsichtlich sämtlicher Ansprüche, die einer von uns aus unserer Ehe gegen den anderen haben kann. Mit umfasst sind auch solche Ansprüche, die uns heute nicht bekannt sind. Vorstehendes gilt nicht nur für alle familienrechtlichen, sondern auch für alle sonstigen Ansprüche, wie etwa aus Schenkung und aus Überlassungen oder Verauslagung von Geld. Ausgenommen sind nur in dieser Urkunde aufrechterhaltene oder neu begründete Ansprüche.
6. Bestandsklausel
   Sollten Bestimmungen dieser Urkunde oder eine künftige in ihr aufgenommene Bestimmung ganz oder teilweise **nicht rechtswirksam** oder nicht durchführbar sein oder ihre Rechtswirksamkeit oder Durchführbarkeit später verlieren, so soll hierdurch die Gültigkeit der **übrigen Bestimmungen** der Urkunde **nicht berührt** werden. Das gleiche gilt, soweit sich herausstellen sollte, dass diese Urkunde eine Regelungslücke enthält. **Anstelle** der unwirksamen oder undurchführbaren Bestimmungen oder zur Aus-

füllung der Lücke soll eine **angemessene Regelung** gelten, die, soweit rechtlich möglich, dem am nächsten kommt, was wir gewollt haben würden, sofern wir bei Errichtung dieser Urkunde oder bei der späteren Aufnahme einer Bestimmung den Punkt bedacht hätten. Dies gilt auch, wenn die Unwirksamkeit einer Bestimmung etwa auf einem in dieser Urkunde vorgeschriebenen Maß der Leistung oder Zeit – Frist oder Termin – beruht; es soll dann ein dem Gewollten möglichst nahekommendes rechtlich zulässiges Maß der Leistung oder Zeit – Frist oder Termin – als vereinbart gelten.

7. Hinweise

Der Notar hat uns insbesondere über Folgendes belehrt:

Alle Vereinbarungen müssen vollständig und richtig beurkundet sein. Alle nicht beurkundeten Vereinbarungen sind nichtig und können den ganzen Vertrag ungültig machen.

Jeder von uns haftet für die Zahlung der Kosten bei Gericht und Notar sowie eine eventuelle Erwerbsteuer.

VII. Verwendung des Erlöses aus dem Immobilienverkauf zur Schuldentilgung

1. Beratung

a) Tatsächliche Ausgangssituation

Die Parteien sind Miteigentümer zu je ½ bezüglich einer Eigentumswohnung, wobei **nicht abzusehen** ist, ob bei einem etwaigen Verkauf die Schulden **vollständig getilgt** werden können.   135

b) Rechtliche Ausgangssituation

Bei einer Vereinbarung, wonach eine gemeinsame Immobilie veräußert wird, sollte immer ein **Zeitpunkt** festgelegt werden, wonach die Immobilie bis spätestens zum ... an **den bis dahin vorhandenen meistbietenden Käufer** veräußert wird. Im vorliegenden Fall wird davon ausgegangen, dass in Kürze Veräußerung zu erfolgen hat. Aus diesem Grund wurde Haftungsfreistellung nur im Innenverhältnis vereinbart. Beide Parteien sind an einer baldmöglichsten Veräußerung der Wohnung interessiert. Zu regeln ist, wer bis zum Verkauf die monatlichen **Schuldenraten übernimmt**, bzw. wem – bei Vermietung – die **Mietzahlungen** zustehen sowie wer die **Betriebskosten** zu tragen hat.   136

2. Muster: Verwendung Verkaufserlös zur Schuldentilgung   137

Die Parteien sind sich dahingehend einig, dass die Wohnung in ■■■ veräußert wird.

Der **Verkaufserlös** wird vorrangig zur **Abdeckung** der eingegangenen **Darlehen** verwendet. Sollte der Darlehensbetrag durch den Verkaufserlös nicht gedeckt sein, wird dieser von beiden Parteien zu **je ½** getragen, ebenso sämtliche Unkosten, die in Verbindung mit der Veräußerung dieser Wohnung entstehen, wie z.B. Maklerkosten, Notarkosten und Grundbuchkosten.

Bis zum Zeitpunkt des Verkaufs übernimmt Herr ■■■ die **Schulden** bei der ■■■ Bank wie bisher zur alleinigen Haftung für Zinszahlung und Tilgung **ohne Ausgleichspflicht**.

Die **Miete** steht Herrn ■■■ alleine zu.

> Ein etwaiger **Überschuss** zwischen Verkaufserlös und Darlehen wird zwischen den Eheleuten ■■■ hälftig geteilt.
>
> Die Parteien sind sich dahingehend einig, dass die **Betriebskosten** für die Wohnung in ■■■ weiterhin von Herrn ■■■ getragen werden.

VIII. Gemeinsame Schuldenhaftung

1. Beratung

138 Die Parteien bleiben Miteigentümer einer gemeinsamen Immobilie oder haben sonstige, zu Konsumzwecken gemeinsam aufgenommene Darlehen und haften für diese Darlehen weiterhin je zu ½. Zu Recht erfolgt hier die Anregung durch den Notar, die **Zweckbestimmungserklärung** zumindest dahingehend zu ändern, dass **keine neuen Schulden** mehr aufgenommen werden können.

139 ### 2. Muster: Gemeinsame Schuldenhaftung

> Die in Ziffer ■■■ genannten Grundschulden sichern gemeinsame Darlehen bei der ■■■ Bank in Höhe von Euro ■■■
>
> Die Vertragsparteien haften für diese Verbindlichkeiten **gesamtschuldnerisch** und im Innenverhältnis zu gleichen Teilen. Dabei soll es **bleiben**. Sie werden auch weiterhin die genannten Verbindlichkeiten zu gleichen Teilen verzinsen und tilgen. Dies geschieht derzeit durch eine monatliche Zahlung von Euro ■■■ eines jeden von ihnen.
>
> Der Notar hat über die Folgen und gegenseitigen Risiken hieraus belehrt und insbesondere angeregt, diese durch eine **Änderung der Zweckbestimmungserklärungen** zu den in Ziffer ■■■ genannten Grundschulden etwa in Form einer sog. „**Nicht-mehr-Valutierungserklärung**" einzuschränken.

IX. Rücktrittsrecht, falls keine Haftungsentlassung erfolgt

1. Beratung

140 Zur Sicherheit des Ehegatten, der sein Miteigentum an der Immobilie auf den anderen Ehegatten überträgt, wird bezüglich der **persönlichen Schuldentlassung** ein **Rücktrittsrecht** vereinbart. Die **Kosten**, die im Falle eines Rücktritts anfallen, hat der Ehemann zu tragen.

141 ### 2. Muster: Rücktrittsrecht, falls keine Haftungsentlassung erfolgt

> Frau ■■■ ist berechtigt, durch schriftliche Erklärung gegenüber Herrn ■■■ vom gegenwärtigen Vertrag insgesamt **zurückzutreten**, falls die Genehmigung der Schuldübernahme und die Entlassung der Frau ■■■ aus der persönlichen Haftung für die Darlehen bei der ■■■ Bank nicht bis spätestens ■■■ vorliegen sollte.
>
> Im Falle dieses Rücktritts trägt Herr ■■■ allein die bis dahin angefallenen Notar- und Grundbuch**kosten**.

X. Haftungsfreistellungserklärungen

1. Beratung

a) Tatsächliche Ausgangssituation

Die nachfolgenden Muster betreffen   142
- dingliche Mithaftung aufgrund Miteigentums an einer Immobilie,
- Haftungsfreistellung aus gemeinsamen Bankverbindlichkeiten,
- Haftungsfreistellung aus Privatdarlehen,
- Haftungsfreistellung von Ansprüchen der Eltern gegen den anderen Ehegatten,
- Bestätigung Haftungsentlassung durch die Bank.

b) Rechtliche Ausgangssituation

Die **dingliche** Haftung für auf der Immobilie lastende Schulden wird bereits durch die   143
Eigentumsumschreibung auf den anderen Ehegatten beseitigt. **Zusätzlich** ist bei gemeinsamer Unterzeichnung von Darlehensverträgen noch eine **persönliche** Haftungsentlassungserklärung erforderlich.

Häufig ist nicht absehbar, ob **Schwiegereltern** Ansprüche aufgrund geleisteter Investi-   144
tionen, unbenannter Zuwendungen, Hingabe von Geldern zum Hausbau u.a. haben
und solche Ansprüche auch noch gegen das Schwiegerkind geltend machen (zu Ansprüchen von Schwiegereltern gegen das Schwiegerkind s.o., Teil 2, § 1 Rn 342 ff, sowie
Heiß, Das Mandat im Familienrecht, Rn 426 ff zu Teil 10).

2. Muster: Haftungsfreistellungserklärungen   145

152

Alternative 1:
Wir teilen mit, dass Frau ▪▪▪ für die Verbindlichkeiten von Herrn ▪▪▪ keine persönliche
Haftung übernommen hat.
Die zur Zeit noch bestehende **dingliche Haftung** aufgrund der eingetragenen Grundschul-
den wird durch die **Eigentumsumschreibung** des im Grundbuch von ▪▪▪ Blatt ▪▪▪
vorgetragenen Grundbesitzes auf Herrn ▪▪▪ als alleinigen Eigentümer ebenfalls **aufgehoben**. Insoweit geben wir unsere ausdrückliche Zustimmung zu dieser Eigentums-
umschreibung.
Sollte die notarielle Beurkundung der Scheidungsvereinbarung/Vermögensauseinander-
setzung und/oder der Eigentumsumschreibung nicht zustandekommen, so ist dieses
Schreiben als gegenstandslos zu betrachten.
Alternative 2:
Wir **bestätigen** Ihnen hiermit, dass wir **keine Rechte** gegen Frau ▪▪▪ aus bestehenden
oder bestandenen Darlehensverbindlichkeiten, die wir Ihnen gewähren oder gewährt haben, **geltend machen**.
Alternative 3: Privatdarlehen gewährt an Ehemann von dessen Lebensgefährtin
Hiermit erkläre ich, ▪▪▪, dass ich Frau ▪▪▪ (Ehefrau) von **jeder Haftung** aus dem von mir
an Herrn ▪▪▪ (Ehemann) gewährten Darlehen über Euro ▪▪▪ **freistelle**.

> **Alternative 4:**
>
> In dem vorgenannten Zusammenhang verpflichtet sich **Frau** ▬▬▬ ausdrücklich, Herrn ▬▬▬ von sämtlichen **Ansprüchen ihrer Mutter** ▬▬▬ freizustellen, die ihren Rechtsgrund in der Hingabe von Geldbeträgen oder sonstigen Zuwendungen während der Ehe der Vertragsteile haben.
>
> **Alternative 5:**
>
> ▬▬▬ Hiermit **bestätigen** wir Ihnen, dass Sie aus der Haftung für die Darlehen Nr. ▬▬▬ (Kreditvertrag über Euro ▬▬▬ vom ▬▬▬) und Darlehen Nr. ▬▬▬ (Kreditvertrag über Euro ▬▬▬ vom ▬▬▬) **entlassen wurden.**

XI. Inaussichtstellung der Haftungsentlassung

1. Beratung

146 Vor dem endgültigen Vertragsabschluss ist in den seltensten Fällen eine endgültige Haftungsentlassungserklärung der Bank zu erreichen. Vielmehr ist der Bank der **beabsichtigte Vertrag** mit den darin enthaltenen Zahlungsverpflichtungen **vorzulegen.** Sodann kann eine Inaussichtstellung der Haftungsentlassung angefordert werden.

147 **Beratungshinweis:**

In der Praxis zu beachten ist, dass die Banken – nicht zuletzt im Hinblick auf die zahlreichen Privatinsolvenzen – nahezu ausschließlich auf die Liquidität abstellen und nur sekundär auf den Wert des vorhandenen Immobilienvermögens.

Aus diesem Grund setzt eine Inaussichtstellung der Haftungsentlassung voraus, dass die Bank über etwaige laufende monatliche Unterhaltszahlungsverpflichtungen informiert ist.

148 **2. Muster: Inaussichtstellung der Haftungsentlassung**

> Wir teilen Ihnen mit, dass wir nach einer Prüfung der **wirtschaftlichen Verhältnisse** und **Bonität** sowie **vorbehaltlich** der endgültigen **Genehmigung** einer gegenseitigen persönlichen Haftungsfreistellung zustimmen.

D. Nutzungsrechte am Grundstück

I. Grunddienstbarkeiten

1. Beratung

a) Tatsächliche Ausgangssituation

149 Die zwischen den Parteien aufzuteilenden Grundstücke liegen nahe beieinander und das eine Grundstück kann nur über den **Zufahrtsweg** des anderen **erreicht** werden.

b) Rechtliche Ausgangssituation

Die Rechtsausübung ist zu bestimmen   150

- – i.d.R. am eindeutigsten – durch Verweisung auf einen beigefügten Lageplan,
- es ist eine Kostenregelung zu treffen bezüglich Unterhaltung und Instandhaltung,
- Verkehrssicherungspflichten sind zu regeln,
- zur Sicherung ist eine Grunddienstbarkeit im Grundbuch einzutragen.

2. Muster: Grunddienstbarkeit   151   **154**

Herr ■■■ als künftiger Eigentümer des Grundstücks ■■■ – nachfolgend „dienendes Grundstück" genannt – räumt hiermit dem jeweiligen Eigentümer des Grundstücks ■■■ – nachfolgend „herrschendes Grundstück" genannt – das zeitlich unbefristete und unentgeltliche Recht ein, über das dienende Grundstück zu gehen und mit Fahrzeugen aller Art zu fahren.

Die **Ausübung** dieses Rechts ist dabei **begrenzt** auf den in der Natur bereits bestehenden Zufahrtsweg, der eine Breite von ca. 3 m aufweist; dieser Weg ist in dem dieser Urkunde als Anlage beigefügten, heute vorliegenden und von den Beteiligten genehmigten Lageplan mit roter Farbe gekennzeichnet.

Die **Kosten** der **Unterhaltung** und **Instandhaltung** des von dem vorstehend bestellten Geh- und Fahrtrecht betroffenen Grundstückstreifens trägt der jeweilige Eigentümer des dienenden Grundstücks alleine. **Verkehrssicherungspflichten** sind vom jeweiligen Eigentümer des dienenden Grundstücks nicht zu übernehmen. Dieser ist auch nicht zu einer Schneeräumung verpflichtet.

Ferner wird klargestellt, dass der Berechtigte nicht befugt ist, auf der vom Ausübungsbereich des Geh- und Fahrtrechts betroffenen Fläche mit Fahrzeugen zu **parken**.

Zur Sicherung des vorstehenden Geh- und Fahrtrechts bewilligen und beantragen die Vertragsteile an dem dienenden Grundstück die Eintragung einer entsprechenden **Grunddienstbarkeit** zu Gunsten des jeweiligen Eigentümers des herrschenden Grundstücks im Grundbuch.

II. Einräumung eines Nießbrauchsrechts und Ausschluss der Aufhebung der Miteigentümergemeinschaft

1. Beratung

a) Tatsächliche Ausgangssituation

Die Ehegatten sind Miteigentümer zu je ½ bezüglich einer Eigentumswohnung. An die-   152
ser Eigentumswohnung erhält die Ehefrau das **Nießbrauchsrecht** auf die gesamte **Lebensdauer**. Zur Sicherung vor etwaigen Teilungsversteigerungsmaßnahmen wird der **Ausschluss** der Aufhebung der **Miteigentümergemeinschaft** vereinbart.

Beratungshinweis: 153

Zur Unterscheidung von Wohnrecht, Nießbrauch und Reallast:

Bei dem **Wohnrecht** handelt es sich um eine Unterart der beschränkten persönlichen Dienstbarkeit, so z.B. um Überlassung eines Grundstücks zu Wohnzwecken einschließlich **Mitbenutzung**. Bei Vereinbarung eines Wohnrechts besteht ein Benutzungsrecht unter **Ausschluss des Eigentümers** an bestimmten Räumlichkeiten in dem betreffenden Anwesen. Die Unterhaltungskosten trägt i.d.R. der Berechtigte.

Das **Nießbrauchsrecht** ist **umfassender** als das Wohnrecht. Während beim Wohnrecht nur die Aufnahme einer beschränkten Anzahl von Personen möglich ist, können beim **Nießbrauchsrecht** gem. § 1093 Abs. 2 BGB mehrere weitere Personen in die Wohnung aufgenommen werden. Auch ist Vermietung ohne Zustimmung des Eigentümers möglich.

Bei der Einräumung einer **Reallast** handelt es sich i.d.R. um **Dauerschuldverhältnisse**, z.B. die Einräumung eines Altenteilsrechts. Wird die Zahlung einer **Leibrente** vereinbart, so muss i.d.R. eine Zwangsvollstreckungsunterwerfungsklausel mit aufgenommen werden.

b) Rechtliche Ausgangssituation

154 Zu regeln ist:
- die Tragung der außerordentlichen öffentlichen Lasten, Erschließungskosten und Kosten für Ausbesserungen und Erneuerungen,
- Wohngeldzahlungen (für die gegenüber der Eigentümergemeinschaft beide Eigentümer haften),
- Eintragung des Nießbrauchsrechts im Grundbuch,
- Regelung betreffend bisherige Nutzziehung und Lastentragung,
- Vollmachtserteilung zur Stimmrechtsausübung bei Eigentümerversammlungen,
- Eintragung des Ausschlusses des Rechts auf Aufhebung der Miteigentümergemeinschaft im Grundbuch.

155 3. Muster: Einräumung eines Nießbrauchsrechts und Ausschluss der Aufhebung der Miteigentümervereinbarung

Grundbesitz:

Im Grundbuch des Amtsgerichts ■■■ für ■■■ Band ■■■ Blatt ■■■ sind die Ehegatten ■■■ als Miteigentümer je zur Hälfte des folgenden dort vorgetragenen Grundbesitzes der Gemarkung ■■■ eingetragen:

■■■ /1000 Miteigentumsanteil an dem Grundstück ■■■ Fl.St.Nr. ■■■

Bezeichnung ■■■

zu ■■■ ha

verbunden mit dem Sondereigentum an der Wohnung Nr. ■■■ laut Aufteilungsplan.

Die vorgenannte **Eigentumswohnung** ist im Grundbuch lastenfrei vorgetragen.

Nießbrauchsrechtseinräumung:

Zwischen den Vertragsteilen besteht Einigkeit, dass sie auch **weiterhin Miteigentümer** je zur Hälfte der in Abschnitt ■■■ genannten Eigentumswohnung bleiben. **Frau** ■■■ soll jedoch auf **Lebensdauer** – auch nach einer eventuellen Scheidung der Ehe der Beteiligten – das **Nießbrauchsrecht** an dem ½ **Miteigentumsanteil** von **Herrn** ■■■ zustehen.

Dementsprechend räumt hiermit Herr ▪▪▪ an seinem ½ Miteigentumsanteil der in Abschnitt ▪▪▪ genannten Eigentumswohnung Frau ▪▪▪ auf deren Lebensdauer das Nießbrauchsrecht ein.

Abweichend von den Bestimmungen der §§ 1047 und 1041 S. 2 BGB hat die Nießbrauchsberechtigte während des Bestehens des Nießbrauchsrechtes auch die **außerordentlichen öffentlichen Lasten**, insbesondere auch anfallende **Erschließungskosten**, zu tragen und für die Kosten außergewöhnlicher **Ausbesserungen** und **Erneuerungen** aufzukommen.

Das gesamte **Wohngeld** einschließlich der Instandhaltungsrücklage und der Kosten der Verwaltung ist, solange das Nießbrauchsrecht besteht, von der Nießbrauchs**berechtigten** zu tragen. Den Beteiligten ist jedoch bekannt, dass der **Eigentümergemeinschaft** gegenüber auch der **Eigentümer** für diese Kosten haftet.

Herr ▪▪▪ **bewilligt** und die Beteiligten **beantragen** die **Eintragung** des **Nießbrauchsrechts** für die Berechtigte, Frau ▪▪▪ an dem vorgenannten ½ Miteigentumsanteil des in Abschnitt ▪▪▪ genannten Grundbesitzes im Grundbuch mit dem Zusatz, dass zur Löschung des Rechts der Nachweis des Ablebens der Berechtigten genügt.

Schuldrechtlich vereinbaren die Beteiligten hierzu noch Folgendes:

Frau ▪▪▪ ist mit Wirkung ab sofort zur Ausübung des Nießbrauchsrechtes berechtigt. Die **Wohngeldzahlungen** für die in Abschnitt ▪▪▪ genannte Eigentumswohnung sind von Frau ▪▪▪ von der nächsten Fälligkeit an **allein** vorzunehmen. Zwischen den Beteiligten besteht Einigkeit, dass keinerlei gegenseitige Ausgleichsverpflichtung besteht, was die **bisherige Nutzziehung** und **Lastentragung** bezüglich der in Abschnitt ▪▪▪ erwähnten Eigentumswohnung betrifft.

Beratungshinweis:

Erfolgt eine solche Klarstellung nicht, so kann es unter Umständen zu Rechtsstreitigkeiten führen, wenn die Nutzung der Wohnung durch einen Ehegatten erfolgte und Ansprüche auf Nutzungsentschädigung bestehen oder andererseits die Schulden von einem Ehegatten alleine zurückgeführt wurden und Ansprüche auf Gesamtschuldenausgleich geltend gemacht werden.

Herr ▪▪▪ wird Frau ▪▪▪ mit gesonderter Erklärung **Vollmacht** zur alleinigen Vertretung und Stimmrechtsausübung in **Eigentümerversammlungen** der betroffenen Wohnanlage erteilen.

Gemeinschaftsaufhebungsausschluss:

Die Beteiligten vereinbaren hiermit hinsichtlich des in Abschnitt ▪▪▪ genannten Grundbesitzes, dass die **Aufhebung der Miteigentümergemeinschaft** bezüglich dieses Grundbesitzes **für immer ausgeschlossen** ist.

Die Beteiligten bewilligen und beantragen, diese Vereinbarung jeweils als Belastung ihres Miteigentumsanteils an dem in Abschnitt ▪▪▪ genannten Grundbesitz zu Gunsten des jeweiligen anderen Miteigentümers dieses Grundbesitzes in das Grundbuch **einzutragen**.

An dem ½ Miteigentumsanteil von Herrn ▪▪▪ erhält diese Vereinbarung Rang vor dem in Abschnitt ▪▪▪ zur Eintragung bewilligten und beantragten **Nießbrauchsrecht**.

III. Wohnrecht

1. Beratung

a) Tatsächliche Ausgangssituation

156 Der Ehemann ist Eigentümer einer Immobilie. Statt Zahlung von Ehegattenunterhalt wird der Ehefrau ein **unentgeltliches Wohnrecht** an der Immobilie eingeräumt. Bei Auszug der Ehefrau besteht eine **Auszahlungsverpflichtung**. Das Wohnrecht ist befristet. Sollte der Ehemann nach Ablauf der Frist das Anwesen verkaufen wollen, ist die Ehefrau verpflichtet, das Anwesen zu räumen und an den Ehemann herauszugeben (Zur Unterscheidung von Wohnrecht, Nießbrauchsrecht u.a. s. vorstehende Rn 153).

b) Rechtliche Ausgangssituation

157 Zu regeln sind:
- unentgeltliche Einräumung eines Wohnrechts,
- Übernahmeverpflichtung betreffend Schönheitsreparaturen,
- Auszugsverpflichtung,
- Mietzahlung, falls entgegen der Räumungsverpflichtung kein Auszug aus der Immobilie erfolgt,
- Höhe der Auszahlungsverpflichtung bei Fristablauf und Räumungsverpflichtung der Ehefrau,
- Unterhaltsverzicht gegen die Gewährung des Wohnrechts als Sachleistung,
- Realsplitting, also die Möglichkeit des Sonderausgabenabzugs durch den Unterhaltspflichtigen. Die Unterhaltsleistungen in Form von Naturalunterhalt beruhen in dem mietfreien Wohnen sowie in der Schuldenrückzahlung bis zum Ablauf der Wohnberechtigung. Zur Vermeidung von Unklarheiten erfolgt eine Bewertung der Leistungen mit einem bestimmten Betrag, bezüglich dessen die Ehefrau – an Stelle von Barunterhaltsleistungen – die Zustimmung zum Realsplitting erklärt. Im Gegenzug hierzu sind ihr sämtliche finanziellen Nachteile, die ihr durch Abgabe der Zustimmungserklärung entstehen, zu ersetzen, insbesondere etwa anfallende Steuern, zusätzliche Kosten für Krankenversicherung u.a.[27]

158 ### 2. Muster: Wohnrecht

Frau ■■■ hat das Recht, auf die Dauer von ■■■ Jahren das Anwesen **unentgeltlich** zu bewohnen. Die nach geltendem Mietrecht erforderlichen **Schönheitsreparaturen** werden von Frau ■■■ übernommen.

Frau ■■■ verpflichtet sich, am ■■■ aus dem Anwesen **auszuziehen**.

Sollte Frau ■■■ dieser Räumungsverpflichtung nicht nachkommen, so verpflichtet sie sich bereits jetzt, eine monatliche **Miete** in Höhe von Euro ■■■ zu bezahlen, wobei sie jedoch berechtigt ist, mit dieser Mietzahlung gegen die nachfolgend vereinbarte Auszahlungsverpflichtung **aufzurechnen**.

---

27 Im Einzelnen hierzu s. Heiß, Das Mandat im Familienrecht, Rn 410 zu Teil 8.

Auszahlungsverpflichtung:

Herr ■■■ verpflichtet sich, an Frau ■■■ innerhalb eines halben Jahres nach Auszug von Frau ■■■ aus dem vorbezeichneten Anwesen einen Betrag in Höhe von Euro ■■■ zu bezahlen ■■■ Verzinsung ■■■ Zwangsvollstreckungsunterwerfung.

Räumungspflicht:

Sollte Herr ■■■ nach Ablauf der ■■■ Jahre das Anwesen **verkaufen wollen**, so verpflichtet sich Frau ■■■, alles zum Verkauf des Anwesens Erforderliche beizutragen, sofern sie zu diesem Zeitpunkt das Anwesen noch bewohnt, also insbesondere das Anwesen zu **räumen** und geräumt an Herrn ■■■ **herauszugeben** sowie etwaige Besichtigungstermine mit Kaufinteressenten zu ermöglichen.

Unterhaltsverzicht bezüglich nachehelichen Ehegattenunterhalts:

159

■■■

Realsplitting:

Die Parteien sind sich dahingehend einig, dass Herr ■■■ an Frau ■■■ durch **Sachleistung**, nämlich in Form von **mietfreiem Wohnen** und **Schuldenrückzahlung** für die Zeit bis zum Ablauf der Wohnberechtigung an Frau ■■■ **Naturalunterhalt** leistet. Auf darüber hinausgehende Unterhaltsansprüche wird ausdrücklich verzichtet.

Die Ehegatten ■■■ **bewerten** die Leistung in Form von mietfreiem Wohnen und Schuldenrückzahlung mit einem **Betrag** in Höhe von Euro ■■■ Frau ■■■ verpflichtet sich, dem begrenzten **Realsplitting** insofern zuzustimmen und die Anlage U zu unterzeichnen. Herr ■■■ verpflichtet sich, im Gegenzug hierzu Frau ■■■ sämtliche **finanziellen Nachteile**, die dieser durch Unterzeichnung der Anlage U entstehen, **zu ersetzen.**

IV. Einräumung eines Nießbrauchsrechts mit Ablösung des Nießbrauchs bei Verzicht

1. Beratung

Zu Gunsten der Ehefrau wird ein Nießbrauchsrecht bestellt. Diese soll jedoch die Möglichkeit haben, auf das Nießbrauchsrecht zu verzichten gegen Ablösung (Zur Unterscheidung von Wohnrecht, Nießbrauchsrecht u.a. s. vorstehende Rn 153).

160

2. Muster: Einräumung eines Nießbrauchsrechts mit Ablösung des Nießbrauchs bei Verzicht

161

Herr ■■■ überlässt an Frau ■■■ zur alleinigen Berechtigung den unentgeltlichen Nießbrauch an dem in ■■■ bezeichneten Sondereigentum an der Wohnung Nr. ■■■ verbundenen Miteigentumsanteil zu ■■■

Hierzu vereinbaren die Beteiligten, dass für den Nießbrauch grundsätzlich die gesetzlichen Bestimmungen gelten. Der Nießbraucher hat danach die Sache in ihrem wirtschaftlichen Bestand zu erhalten und Versicherungen, wiederkehrende öffentliche Lasten und sämtliche private Lasten zu tragen. Ausbesserungen und Erneuerungen hat er nur im Rahmen der gewöhnlichen Unterhaltung der Sache vorzunehmen. Abweichend davon hat der Eigentümer für die gesamte Dauer des Nießbrauchs die Zinslasten für bestehende Grundpfandrechte zu tragen.

157

Die Vertragsteile sind über die Bestellung des in ■■■ vereinbarten befristeten Nieß-brauchsrechts einig.

Die Eintragung dieses Nießbrauchs im Grundbuch zu Gunsten der Erwerberin im Rang nach den in ■■■ genannten Belastungen wird **bewilligt und beantragt** mit der hiermit vereinbarten Bestimmung, dass zur Löschung des Nießbrauchs der Nachweis des Todes der Berechtigten genügt.

Besitzübergang:

■■■

Erschließungskosten:

■■■

Ablösung des Nießbrauchs:

Die Ehefrau ist jederzeit berechtigt, auf den in dieser Urkunde eingeräumten Nießbrauch zu verzichten.

In diesem Fall ist der Ehemann verpflichtet, der Aufhebung des Nießbrauchs zuzustim-men und der Ehefrau den **kapitalisierten Wert** des Nießbrauchs zum Zeitpunkt der Auf-hebung **auszuzahlen**. Die Zahlung ist 3 Monate nach Mitteilung des Verzichts gegenüber dem Ehemann und Zug um Zug gegen die Erteilung einer Löschungsbewilligung in grund-buchreifer Form fällig.

Können sich die Parteien über den kapitalisierten Wert des Nießbrauchs nicht einigen, so kann jede Partei verlangen, dass als Schiedsgutachter gem. § 317 BGB ein öffentlich be-stellter und gerichtlich vereidigter Sachverständiger entscheidet, den die örtlich zustän-dige Industrie- und Handelskammer bestellt. Die Kosten des Sachverständigen tragen die Beteiligten je zur Hälfte.

V. Leibrentenvereinbarung, Sicherung durch Eintragung einer Reallast

1. Beratung

Zur Leibrentenvereinbarung s.o. Teil 2, § 2 Rn 66 ff.

162

2. Muster: Leibrentenvereinbarung, Sicherung durch Eintragung einer Reallast[28]

Wegen der Zahlung des Ausgangsbetrages von monatlich ■■■ Euro und, soweit zulässig, auch wegen künftiger indexbedingter Erhöhungen, unterwirft sich der Ehemann hiermit der sofortigen **Zwangsvollstreckung** in sein gesamtes Vermögen.

Zur Sicherung dieser veränderlichen Leibrentenverpflichtung ist auf dem vorbezeichneten Grundstück zu Gunsten der Ehefrau an rangbereiter Stelle eine **Reallast** einzutragen, de-ren Eintragung hiermit bewilligt und beantragt wird.

---

28   Zur ausführlichen Vereinbarung betreffend einer Leibrentenvereinbarung s. Teil 1.

VI. Nutzungsregelung der Ehewohnung bei Miteigentum, vorläufige Regelung bei Trennung,[29] Ausschluss der Aufhebung der Miteigentümergemeinschaft

1. Beratung

a) Tatsächliche Ausgangssituation

Die ehegemeinschaftliche Immobilie soll im Miteigentum beider Parteien bleiben. Jedenfalls bis zur Scheidung soll die Immobilie von der Ehefrau und den Kindern bewohnt werden bzw. alternativ von beiden Ehegatten, wobei die **Wohnräume getrennt** werden. Eine derartige umfassende Regelung bezüglich der Nutzung bis zur Scheidung wird wohl nur bei mehrjährigem Getrenntleben in Betracht kommen.   163

b) Rechtliche Ausgangssituation

Zu regeln sind: 164
- Wohnrecht,
- ggf. Verpflichtung zur Räumung des Anwesens,
- Zwangsvollstreckungsunterwerfungsklausel bezüglich der Räumung,
- Benutzungsregelung, wenn beide Ehegatten das Anwesen nutzen,
- Eintragung der Benutzungsregelung im Grundbuch,
- Übernahme von Schönheitsreparaturen, Betriebskosten, Gartenpflege, öffentlichen Lasten, Verkehrssicherungspflicht,
- Kostenregelung bezüglich Instandhaltung und Instandsetzung,
- Schuldenregelung/Berücksichtigung der Schuldenzahlung bei der Unterhaltsberechnung/Nutzungsentschädigung,
- Ausschluss des Rechts auf Aufhebung der Miteigentümergemeinschaft bis (z.B.) zur Rechtskraft der Scheidung,
- Eintragung dieser Ausschlussvereinbarung in das Grundbuch.

2. Muster: Nutzungsregelung der Ehewohnung bei Miteigentum, vorläufige Regelung bei Trennung, Ausschluss der Aufhebung der Miteigentümergemeinschaft   165

> Die Ehegatten sind **Miteigentümer** je zur Hälfte des Anwesens ▪▪▪ eingetragen im Grundbuch des Amtsgerichts ▪▪▪ für ▪▪▪ Blatt ▪▪▪
> Dieser Grundbesitz ist belastet wie folgt ▪▪▪
> Die Verbindlichkeiten zur Hausfinanzierung, für welche die Ehegatten als Gesamtschuldner haften, belaufen sich zum Stichtag ▪▪▪ auf ▪▪▪ Euro.
> Wir leben seit dem ▪▪▪ getrennt. Die Ehegatten sind sich einig, dass das Hausanwesen nach Ziffer 1., welches die Ehewohnung darstellt, nach der Trennung der Ehegatten von der **Ehefrau** und den gemeinsamen **Kindern bewohnt** wird. Der Ehemann ist aus dem Anwesen ausgezogen.

---

29 Münch, Ehebezogene Rechtsgeschäfte, Rn 2044 zu Teil 8.

Alternative 1:

Der Ehemann **verpflichtet** sich zur **Räumung** des Anwesens bis spätestens zum ■■■

Alternative 2:

Wegen dieser Räumungsverpflichtung unterwirft sich der Ehemann der Ehefrau gegenüber der sofortigen **Zwangsvollstreckung**.[30] Er weist den Notar an, der Ehefrau ohne weitere Nachweise auf einseitigen Antrag insoweit eine vollstreckbare Ausfertigung dieser Urkunde zu erteilen.

Alternative 3:

Die Ehegatten sind sich darüber einig, dass das Familienwohnheim weiterhin von **beiden Ehegatten** bewohnt wird, obwohl diese getrennt leben. Es benutzen jeweils allein und ausschließlich

– der Ehemann die Wohnung 1. Obergeschoß
– die Ehefrau die Wohnung im Erdgeschoß.

In dem Bereich des ihnen zur ausschließlichen Nutzung zugewiesenen Teils des Grundstücks steht den jeweiligen Miteigentümern auch das **Recht** der **Gestaltung** des Grundstücks allein zu.

Jeder Miteigentümer bewilligt und **beantragt** die vorstehende Benutzungsregelung in das **Grundbuch** zu Lasten seines Anteils an dem in Ziffer 1. genannten Grundstück zu Gunsten des jeweiligen Eigentümers des anderen Miteigentumsanteils einzutragen an nächst offener Rangstelle im Gleichrang mit dem nachfolgend bewilligten Teilungsausschluss.

Die Ehefrau ist als Nutzungsberechtigte von heute an alleine zur Tragung der **Betriebskosten** verpflichtet. Gleiches gilt für **Schönheitsreparaturen und Gartenpflege**. Die Ehefrau hat alle öffentlichen **Lasten** und **Abgaben**, ebenso wie die **Versicherungen** zu tragen. Ihr obliegen allein die **Reinigung** und die **Verkehrssicherungspflicht**.

Die Kosten der **Instandhaltung** und **Instandsetzung** des Anwesens treffen beide Miteigentümer je zur **Hälfte**.

Die eingetragenen **Grundpfandrechte** bleiben bestehen.

Die Schuldverpflichtung, für die beide Ehegatten gesamtschuldnerisch haften, übernimmt der Ehemann zunächst im **Innenverhältnis** zur ferneren alleinigen Verzinsung und Tilgung im bisherigen Umfang. Der Ehemann ist daher gegenüber der Ehefrau verpflichtet, die Verbindlichkeiten jeweils fristgerecht zu erfüllen, insbesondere die Zins- und Tilgungsbeträge an den Gläubiger zu zahlen und die Ehefrau im Falle einer Inanspruchnahme durch den Gläubiger unverzüglich **freizustellen**. Diese Verpflichtung gilt zunächst bis zur Rechtskraft der Scheidung. Im Zuge des Scheidungsverfahrens soll eine endgültige Lösung gefunden werden. Ein **Gesamtschuldenausgleich** bleibt insoweit **vorbehalten**. Ein solcher **scheidet** aber **aus**, sofern von der nachstehend genannten Möglichkeit Gebrauch gemacht wurde, die **Zins- und Tilgungsleistungen** bei der **Unterhaltsberechnung** bei der Ermittlung des unterhaltsrechtlich relevanten Einkommens abzuziehen.

Eine **Nutzungsentschädigung** wird **nicht geschuldet**, insbesondere mit Rücksicht darauf, dass die gemeinsamen Kinder das Anwesen mitnutzen.

---

30 Eine Zwangsvollstreckungsunterwerfung nach § 794 Abs. 1 Nr. 5 ZPO sollte zulässig sein, da es – ebenso wie bei der Veräußerung durch den Eigentümer – nicht um Ansprüche geht, die den Bestand eines Mietverhältnisses betreffen. Münch, Ehebezogene Rechtsgeschäfte, Rn 244 zu Teil 8.

Alternative: Nutzungsentschädigung

Für die Nutzungsüberlassung des halben Miteigentumsanteils hat die Ehefrau eine **Nutzungsentschädigung** in Höhe von ■■■ Euro monatlich zu **entrichten**. Diese kann mit dem noch festzulegenden **Ehegattenunterhalt verrechnet werden**.

Beratungshinweis:

166

Wird Nutzungsentschädigung durch die in der Immobilie wohnende Ehefrau bezahlt, so ist einerseits seitens der Unterhaltsberechtigten **kein Wohnwert** zu berücksichtigen und andererseits die Nutzungsentschädigung beim Unterhalts*pflichtigen* als **Einkommen** zu berücksichtigen.

Die **Zins- und Tilgungsleistungen** des Ehemannes kann dieser für die **Unterhaltsberechnung** vorab vom unterhaltsrechtlich relevanten Einkommen **abziehen**.

Um die Nutzung und die **Beibehaltung der Eigentumsverhältnisse** während der Trennungszeit zu sichern, vereinbaren wir Folgendes:

Das Recht jeden Miteigentümers, die Aufhebung der Gemeinschaft zu verlangen, **wird bis zur Rechtskraft** einer **Ehescheidung** (eventuell auch anderer Zeitpunkt) ausgeschlossen. Wir vereinbaren dies gerade angesichts der vorliegenden Trennungssituation, sodass die **Trennung keinen wichtigen Grund** i.S.d. § 749 Abs. 2 S. 1 BGB darstellt.[31]

Jeder Miteigentümer bewilligt und **beantragt**, in das **Grundbuch** zu Lasten seines Anteils an dem in Ziffer 1. genannten Grundstück zu Gunsten des jeweiligen Eigentümers des anderen Miteigentumsanteils an nächst offener Rangstelle, den Ausschluss des Rechts die Aufhebung der Gemeinschaft zu verlangen gem. Abschnitt 6 einzutragen.

VII. Nutzung des Familienwohnheims durch Abschluss eines Mietvertrages

Auch durch den Abschluss eines **Mietvertrages** kann die Nutzung des Familienwohnheims sichergestellt werden.

167

Der Mietvertrag, der einen **Ausschluss der ordentlichen Kündigungsmöglichkeiten für einen gewissen Zeitraum** enthalten müsste, würde sogar eine Teilungsversteigerung überstehen. Denn bei der Teilungsversteigerung müsste der Ersteher nach § 57 ZVG i.V.m. § 566 BGB in das Mietverhältnis eintreten. Das **Sonderkündigungsrecht** des § 57a ZVG muss der Mieter in der **Teilungsversteigerung nicht** befürchten, § 183 ZVG.[32] Allerdings gilt zu bedenken, dass ein solcher Mietvertrag bei einer Versteigerung dazu führen würde, dass nur ein wesentlich **geringerer Erlös** zu erzielen wäre.[33]

168

---

31   Hierzu siehe: BGH DStR 2004, 50; Zum Vorliegen eines wichtigen Grundes bei gemeinsamer Nutzung mit ständiger Konfrontation: OLG Bamberg MDR 2004, 24.
32   Münch, Ehebezogene Rechtsgeschäfte, Rn 2050 zu Teil 8.
33   Münch, Ehebezogene Rechtsgeschäfte, Rn 2051 zu Teil 8.

E. Ausschluss der Aufhebung der Miteigentümergemeinschaft

I. Beratung

1. Tatsächliche Ausgangssituation

169 Die nachfolgende Vereinbarung kommt in Betracht, wenn beide Ehegatten das Anwesen z.B. für die **Kinder** erhalten wollen oder im Hinblick auf die derzeitige Immobiliensituation die gemeinsame Immobilie erst zu einem späteren Zeitpunkt veräußern wollen.

2. Rechtliche Ausgangssituation[34]

170 Ist die Aufhebung der Gemeinschaft nach § 749 Abs. 2 BGB bereits durch Vereinbarung **ausgeschlossen**, wirkt dieser Ausschluss nicht bei Vorliegen eines wichtigen Grundes für die Auseinandersetzung. Ein solcher wichtiger Grund liegt aber bei der **Trennung der Ehegatten** regelmäßig vor.[35]

171 Allerdings kann **auch nach einer Trennung** ein solcher Ausschluss der Aufhebung der Gemeinschaft vereinbart werden, was nicht selten im Interesse der Parteien liegt, so z.B. wenn bei Veräußerung eines Anwesens eine hohe **Vorfälligkeitsentschädigung** zu zahlen wäre oder wenn ein **Familienheim** für die **Kinder** erhalten bleiben soll. Durch die nachfolgende Vereinbarung soll insbesondere das Recht zur **Teilungsversteigerung** ausgeschlossen werden.[36]

172 Die Zwangsversteigerung ist i.d.R. die **wirtschaftlich ungünstigste** Lösung, und zwar im Interesse **beider** Ehegatten. In der Regel liegt der bei einer Versteigerung zu erzielende **Erlös** weit unter dem tatsächlichen Verkehrswert, der zu erzielen wäre bei einem freihändigen Verkauf.

173 In der nachfolgenden Vereinbarung wurde jedem der Ehegatten ein **Erwerbsrecht** eingeräumt für den Fall, dass das **Eigentum** an dem Anwesen **gefährdet** ist durch Eröffnung eines Insolvenzverfahrens oder dessen Ablehnung mangels Masse, durch **Zwangsvollstreckung** in den Miteigentumsanteil des anderen Ehegatten, **Veräußerung** oder **Belastung** ohne Zustimmung des anderen Ehegatten.

174 Zu regeln sind:

- Zeitpunkt, bis zu welchem die Aufhebung der Gemeinschaft ausgeschlossen ist,
- Übernahme von Lasten und Kosten sowie Benutzungskosten und Betriebs- und Nebenkosten,
- Erwerbsrecht,
- keine Übernahme von Belastungen bei Ausübung des Erwerbsrechts,
- Kosten der Übertragung bei Ausübung des Erwerbsrechts,
- Ersatz von Verwendungen bei Ausübung des Erwerbsrechts,
- Eintragung des Ausschlusses der Aufhebung in das Grundbuch,

---

34   Hierzu im Einzelnen s. Teil 2, § 1 Rn 455 ff.
35   Münch a.a.O. Rn 1051 zu Teil 5.
36   Zur Teilungsversteigerung s. Heiß, Das Mandat im Familienrecht, Rn 1 ff zu Teil 11.

- Sicherung des bedingten und befristeten Übertragungsanspruchs durch Eintragung einer Vormerkung,
- Klarstellung, dass in der Trennung kein wichtiger Grund für die Aufhebung des Ausschlusses der Aufhebung der Gemeinschaft liegt.

II. Muster: Ausschluss der Aufhebung der Miteigentümergemeinschaft

175

160

Vereinbarung nach §§ 1010, 748, 749 BGB:

Die Miteigentümer des vorstehend in Abschnitt ■■■ näher bezeichneten Grundbesitzes vereinbaren hiermit – mit sofortiger Wirkung – gem. §§ 748 f, 1010 BGB:

1. Das Recht, die Aufhebung der Gemeinschaft zu verlangen, ist bis zum Ablauf des Tages der Vollendung des 21. Lebensjahres der gemeinsamen Tochter ■■■ somit bis ■■■ ausgeschlossen; d.h. jeder Miteigentümer kann erst ab dem ■■■ (ab dann jederzeit) die Aufhebung der Gemeinschaft verlangen.

2. Bis zum Ablauf des ■■■ gebührt die Nutzung des gesamten Grundbesitzes allein der Ehefrau, solange diese zusammen mit zumindest einem gemeinsamen Kind das Anwesen bewohnt, im Übrigen den Ehegatten zu je ½.

Beratungshinweis:

176

Da der Ausschluss der Aufhebung der Miteigentümergemeinschaft und insbesondere die Einräumung der Nutzungsmöglichkeit gegenüber der Ehefrau i.d.R. deshalb erfolgt, weil die Ehefrau ein ehegemeinschaftliches Kind oder mehrere betreut, sollte sowohl der Ausschluss der Miteigentümergemeinschaft als auch die Einräumung des Nutzungsrechts davon abhängig gemacht werden, dass die Ehefrau noch mit mindestens einem Kind das Anwesen bewohnt.

3. Bis zum Ablauf des ■■■ haben die Ehegatten ■■■ sämtliche **Lasten** des Grundbesitzes sowie die **Kosten der Erhaltung** gemeinsam zu gleichen Anteilen zu tragen, soweit in dieser Urkunde nicht ausdrücklich etwas anderes bestimmt ist.

4. Die Kosten der **Benutzung**, insbesondere alle laufenden **Betriebs**- bzw. **Nebenkosten**, wie Kosten der Beheizung, der Ver- und Entsorgung (mit Wasser, Strom, Gas usw.), der Müllabfuhr, etwaige Kosten des Medienkonsums und der Telekommunikation (Telefonkabelanschluss, Internetanschluss und -nutzung) hat Frau ■■■ für die Dauer ihres alleinigen Nutzungsrechts gem. vorstehender Ziff. 2) allein zu tragen.

Erwerbsrecht:

Jeder Ehegatte (hier auch „der Berechtigte" genannt) ist berechtigt, vom jeweils anderen Ehegatten (hier auch „der Verpflichtete" genannt) die **unentgeltliche Übertragung/Übereignung** von dessen Miteigentumsanteil an dem in Abschnitt ■■■ näher bezeichneten Grundbesitz auf sich oder einen anderen seiner Abkömmlinge zu verlangen, **wenn vor dem ■■■ (Tag der Vollendung des 21. Lebensjahres** des gemeinsamen Kindes)

– der Verpflichtete Antrag auf Eröffnung des Insolvenzverfahrens über sein Vermögen stellt, wenn das Insolvenzverfahren über sein Vermögen eröffnet oder der Eröffnungsantrag mangels Masse abgewiesen wird oder wenn die Zwangsvollstreckung in seinen Miteigentumsanteil betrieben und nicht wieder aufgehoben wird, bevor es zu Verwertungshandlungen kommt;

- der Verpflichtete über seinen Miteigentumsanteil ohne Zustimmung des Berechtigten verfügt, insbesondere den Miteigentumsanteil veräußert und/oder belastet; oder
- der Verpflichtete vor dem Berechtigten verstirbt, ohne dass sein Miteigentumsanteil binnen 6 Monaten ausschließlich auf einen oder mehrere Abkömmlinge der Ehegatten übergeht.

Für das Übertragungsrecht gelten die folgenden Bedingungen:

1. Die Ausübung hat schriftlich per Einschreiben gegenüber dem Übertragungsverpflichteten zu erfolgen;
2. Das Übertragungsrecht kann nur innerhalb einer Frist von 6 Monaten von dem Zeitpunkt an ausgeübt werden, in dem der Berechtigte Kenntnis von den tatsächlichen Umständen hat, die zur Ausübung des Übertragungsrechts berechtigen.
3. Die Kosten der Übertragung sowie sämtliche mit der Übertragung anfallenden Steuern, Abgaben und Gebühren hat der Übertragungsverpflichtete zu tragen.
4. Jede Haftung für Sachmängel ist ausgeschlossen, sofern und soweit nicht Vorsatz zur Last fällt. Der Anteil ist frei von heute nicht eingetragenen Belastungen, deren Eintragung der Verpflichtete nicht zugestimmt hat, zu übereignen. Etwaig durch danach zu übernehmende Grundschulden abgesicherte Verbindlichkeiten sind schuldbefreiend nur für den Fall zu übernehmen, dass der Verpflichtete vor dem Berechtigten verstirbt und dann auch nur insoweit, als er der Valutierung zugestimmt oder an ihr mitgewirkt hat.
5. Verwendungen des Übertragungsverpflichteten sind ebenfalls nur im Falle, dass der Verpflichtete vor dem Berechtigen verstirbt und dann auch nur entsprechend § 994 BGB zu erstatten; im Übrigen ist eine Entschädigung nicht geschuldet.
6. Vom Rückforderungsverpflichteten bis zum Zugang der Ausübungserklärung gezogene Nutzungen sind für diesen nicht zu erstatten.

Das Übertragungsrecht ist bis zu seiner wirksamen Ausübung nach vorstehenden Regelungen weder übertragbar noch vererblich.

Grundbucherklärungen:

Jeder Miteigentümer des vorstehend in Abschnitt ■■■ näher bezeichneten Grundbesitzes **bewilligt und beantragt** in das Grundbuch zu Lasten seines Anteils und zu Gunsten des jeweiligen Eigentümers des/der anderen Miteigentumsanteils/e jeweils einzutragen:

- die befristete Verwaltungs- und Benutzungsregelung,
- der befristete Ausschluss des Rechts, die Aufhebung der Gemeinschaft zu verlangen,
- zur Sicherung des bedingten und befristeten Übertragungsanspruchs eine Vormerkung gem. § 883 BGB.

Um Vollzugsmitteilung für den Notar und die Beteiligten an den Notar wird ersucht.

Alternative: Ausschluss der Aufhebung der Gemeinschaft[37]

Das Recht eines jeden Miteigentümers, die Aufhebung der Gemeinschaft zu verlangen, wird für 15 Jahre von heute an ■■■

---

37 Münch, Ehebezogene Rechtsgeschäfte, Rn 1053 zu Teil 5.

Alternative 1:

■■■ bis unsere jüngste Tochter das 20. Lebensjahr beendet hat ■■■

Alternative 2:

■■■ für immer ■■■

Alternative 3:

■■■ solange wie noch ein heute beteiligter Miteigentümer lebt ■■■ ausgeschlossen. Jeder Miteigentümer bewilligt und beantragt die Eintragung des Teilungsausschlusses in das Grundbuch zu Lasten seines Anteils am oben genannten Grundstück und zu Gunsten des jeweiligen Eigentümers des anderen Miteigentumsanteils vor sämtlichen Rechten in Abteilung III des Grundbuchs. Der Rangbeschaffung wird mit Vollzugsantrag zugestimmt. Der Notar hat darauf hingewiesen, dass nach § 749 Abs. 2 BGB die Aufhebung gleichwohl verlangt werden kann, wenn ein wichtiger Grund vorliegt.

Wir leben getrennt und vereinbaren den Ausschluss der Aufhebung der Gemeinschaft gerade für diese Lebensphase, sodass in der **Trennung** selbst **kein wichtiger Grund** für die **Aufhebung** liegt.

F. Regelungen zu Gunsten der Kinder

I. Überlassungsverpflichtung, Nießbrauch und Wohnungsrecht, Ausschluss der Aufhebung der Miteigentümergemeinschaft

1. Beratung

a) Tatsächliche Ausgangssituation

Beteiligt sind **zwei minderjährige Kinder,** die später das Anwesen erhalten sollen. Die tatsächliche **Nutzung** durch die **Eltern** wurde sichergestellt durch die Einräumung eines **Nießbrauchsrechts** von dem zuerst versterbenden Ehegatten gegenüber dem Überlebenden, und zwar auf dessen Lebenszeit. Dem **Sohn** wurde das **Recht** eingeräumt, beginnend mit dem Ableben des länger lebenden Ehegatten jederzeit das Wohnungs- und Mitbenutzungsrecht auf Lebensdauer an bestimmten Räumlichkeiten zu **verlangen.** Zur weiteren Sicherung des Erhalts der Immobilie für die Kinder wurde eine Verpflichtung vereinbart, wonach der jeweilige **überlebende Ehegatte** durch Vertrag unter Lebenden bei **Ableben** eines der Elternteile das hälftige **Miteigentum** an dem Anwesen an die Kinder zu **überlassen** verpflichtet ist. Sowohl die Überlassungsverpflichtung als auch das Wohnungsrecht sollte also erst nach dem Ableben des zuerst versterbenden Ehegatten zur Geltung kommen.

177

Beratungshinweis:

Zur Unterscheidung von Wohnrecht, Nießbrauch und Reallast:

Bei dem **Wohnrecht** handelt es sich um eine Unterart der beschränkten persönlichen Dienstbarkeit, so z.B. um Überlassung eines Grundstücks zu Wohnzwecken einschließlich **Mitbenutzung.** Bei Vereinbarung eines Wohnrechts besteht ein Benutzungsrecht

178

unter **Ausschluss des Eigentümers** an bestimmten Räumlichkeiten in dem betreffenden Anwesen. Die Unterhaltungskosten trägt i.d.R. der Berechtigte.

Das **Nießbrauchsrecht** ist **umfassender** als das Wohnrecht. Während beim Wohnrecht nur die Aufnahme einer beschränkten Anzahl von Personen möglich ist, können beim **Nießbrauchsrecht** gem. § 1093 Abs. 2 BGB mehrere weitere Personen in die Wohnung aufgenommen werden. Auch ist Vermietung ohne Zustimmung des Eigentümers möglich.

Bei der Einräumung einer **Reallast** handelt es sich i.d.R. um **Dauerschuldverhältnisse**, z.B. die Einräumung eines Altenteilsrechts. Wird die Zahlung einer **Leibrente** vereinbart, so muss i.d.R. eine Zwangsvollstreckungsunterwerfungsklausel mit aufgenommen werden.

b) Rechtliche Ausgangssituation

179 Im Hinblick auf die Beteiligung von minderjährigen Kindern ist die Bestellung eines **Ergänzungsbetreuers** und die **familiengerichtliche Genehmigung** erforderlich.

180 Inhalt der Regelung:
- Ausschluss der Aufhebung der Miteigentümergemeinschaft für immer,
- Nießbrauchseinräumung beginnend mit dem Ableben des zuerst Versterbenden der Ehegatten,
- Regelung, ob die Ausübung des Nießbrauchs Dritten überlassen werden kann,
- Übernahme von Kosten, Lasten, Zinsen und Tilgungen (hier: durch den Nießbrauchsberechtigten),
- Wohnungsrecht auf Verlangen nach Ableben des Erstversterbenden,
- Regelung von Nebenkosten und Schönheitsreparaturen bei Ausübung des Wohnungsrechts,
- Erlöschen des Wohnungsrechts bei endgültigem Auszug,
- Auferlegung der Verpflichtung zur Einräumung des Wohnungsrechts an einen etwaigen Rechtsnachfolger (keine Eintragung im Grundbuch),
- Überlassungsverpflichtung gegenüber den Kindern bei Ableben des Erstversterbenden,
- Überlassungsbedingungen,
- Regelung für den Fall des Vorversterbens des Erwerbers,
- Recht, bis zum Zeitpunkt des Versterbens eines Ehegatten, sämtliche eingeräumten Rechte beliebig wiederaufzuheben.

181 **2. Muster: Überlassungsverpflichtung, Nießbrauch, Wohnungsrecht, Beteiligung minderjähriger Kinder, Ergänzungsbetreuer, familiengerichtliche Genehmigung**

Überlassungsverpflichtung:
Erscheinen vor mir ■■■ Herr ■■■ und Frau ■■■, bei dieser Beurkundung handelnd im eigenen Namen sowie
für den noch aufzustellenden **Ergänzungsbetreuer** für ihre minderjährigen Kinder ■■■ und ■■■
vorbehaltlich dessen Genehmigung und der **Genehmigung** des **Familiengerichts**.

Vereinbarungen der Miteigentümer:

Die Ehegatten ▪▪▪ und ▪▪▪ vereinbaren zunächst, dass die **Aufhebung** der **Gemeinschaft** bezüglich des in Abschnitt ▪▪▪ bezeichneten Grundbesitzes für immer **ausgeschlossen** sein soll.

Die **Eintragung** im **Grundbuch** am jeweiligen Miteigentumsanteil zu Gunsten des jeweiligen anderen Miteigentümers dieses Grundbesitzes wird bewilligt und **beantragt.**

Weitere Miteigentümervereinbarungen wollen die Vertragsteile derzeit nicht treffen.

1. Nießbrauch:

Der zuerst versterbende der Ehegatten ▪▪▪ und ▪▪▪ räumt hiermit dem Überlebenden von diesen beiden auf dessen Lebenszeit, und zwar beginnend mit dem Ableben des Zuerstversterbenden, den unentgeltlichen und eingeschränkten

Nießbrauch

an seinem Miteigentumshälfteanteil des in Abschnitt ▪▪▪ bezeichneten Grundbesitzes ein.

Die Ausübung des Nießbrauchs kann Dritten überlassen werden.

Für das Nießbrauchsrecht gelten – soweit nachfolgend nicht anders geregelt – die gesetzlichen Bestimmungen, die mit den Beteiligten besprochen wurden.

Abweichend von den Bestimmungen der §§ 1047 und 1041 S. 2 BGB hat der Nießbrauchsberechtigte während des Bestehens des Nießbrauchsrechtes auch die außerordentlichen öffentlichen Lasten, insbesondere auch anfallende Erschließungskosten zu tragen, für die Kosten außergewöhnlicher Ausbesserungen und Erneuerungen aufzukommen und außer den Zinsen auch die regelmäßigen Tilgungen aus den vom Erwerber mit dieser Urkunde übernommenen Grundpfandrechten zugrundeliegenden Verbindlichkeiten zu leisten, soweit die Valutierung durch die Nießbrauchsberechtigte bzw. die Ehegatten ▪▪▪ erfolgt ist.

Nach Beendigung des Nießbrauchsrechts hat der Erwerber für entsprechende Kosten und Zins- und Tilgungsleistungen aufzukommen.

Das Nießbrauchsrecht steht dem Berechtigten alleine zu.

Die Vertragsteile bewilligen die Eintragung des Nießbrauchsrechts für den Berechtigten im vorstehend angegebenen Berechtigungsverhältnis an dem Miteigentumsanteil desjenigen der Ehegatten ▪▪▪ der zuerst verstirbt, im Grundbuch mit dem Zusatz, dass zur Löschung des Rechts der Nachweis des Ablebens des Berechtigten genügt.

Die Eintragung wird beantragt Zug um Zug mit Vollzug der Auflassung des Miteigentumsanteils des zuerst versterbenden der Ehegatten ▪▪▪ aufgrund der nachfolgenden Überlassungsverpflichtung.

2. Wohnungsrecht:

Die Ehegatten ▪▪▪ räumen hiermit beginnend mit dem Ableben des länger lebenden von diesen ihrem Sohn ▪▪▪ nachstehend „Berechtigter" genannt, auf dessen jederzeitiges Verlangen an dem in Abschnitt ▪▪▪ genannten Grundbesitz das unentgeltliche Wohnungs- und Mitbenutzungsrecht auf dessen Lebensdauer (also auch für den Fall einer Verehelichung) mit folgendem Inhalt ein:

Hiernach ist der Berechtigte zur alleinigen und ausschließlichen Bewohnung und Benützung der gesamten Wohnung im Dachgeschoss des in Abschnitt ▪▪▪ genannten Anwesens befugt, ferner zum Recht auf Mitbenutzung sämtlicher dem gemeinschaftlichen Gebrauch der Bewohner dieses Anwesens dienenden Einrichtungen und Anlagen.

Für die Aufnahme dritter Personen in die Wohnung gelten die gesetzlichen Bestimmungen.

Darüber hinaus darf die Ausübung des Wohnungsrechtes dritten Personen nicht überlassen werden.

Für Nebenkosten betreffend die vom Berechtigten ausschließlich bewohnten Räume, hat dieser selbst aufzukommen; dies gilt auch für Schönheitsreparaturen.

Das Recht erlischt ersatzlos, wenn der Berechtigte für immer aus dem Vertragsobjekt ausziehen sollte.

Auf grundbuchmäßige Absicherung wird verzichtet; diese kann jedoch vom Berechtigten auf dessen Kosten jederzeit verlangt werden.

Die vorstehende Verpflichtung ist jedoch einem etwaigen Rechtsnachfolger aufzuerlegen und dieser in gleicher Weise zu binden.

Auf die Gefahren einer mangelnder Absicherung des Rechts im Grundbuch, insbesondere für den Fall einer Zwangsversteigerung oder der Weiterveräußerung ohne Beachtung der Weitergabeverpflichtung hat der Notar hingewiesen.

3. Überlassungsverpflichtung:

a. Überlassung

Herr ■■■ und Frau ■■■ – nachstehend gemeinsam „Veräußerer" genannt – verpflichten sich hiermit, jeweils einzeln mit Wirkung für sich und ihre Erben durch Vertrag unter Lebenden gegenüber ihren Kindern ■■■ und ■■■ – nachstehend gemeinsam „Erwerber" genannt – zum Miteigentum je zur Hälfte jeweils im Zeitpunkt des Ablebens eines Veräußererteiles den jeweiligen ½ Miteigentumsanteil an dem in Abschnitt ■■■ näher beschriebenen Grundbesitz mit allen gesetzlichen Bestandteilen und Rechten an den Erwerber zu überlassen.

b. Überlassungsbedingungen

Die in Abschnitt ■■■ erwähnte Überlassung ist zu folgenden Bedingungen vorzunehmen:

– Besitz und Nutzungen gehen hinsichtlich des Vertragsbesitzes jeweils mit Wirkung von dem in Abschnitt ■■■ genannten Zeitpunkt des Ablebens des jeweiligen Veräußererteils auf den Erwerber über, soweit sich aus dem in Abschnitt ■■■ eingeräumten Nießbrauch nichts anderes ergibt.

– Steuern, öffentliche Lasten und Abgaben aller Art übernimmt der Erwerber vom darauffolgenden nächsten Fälligkeitstermin an, wiederum soweit sich aus dem in Abschnitt ■■■ eingeräumten Nießbrauch nichts anderes ergibt.

– Soweit derzeit am Vertragsbesitz eingetragene Rechte im Zeitpunkt des Besitzüberganges noch eingetragen sind, sind sie vom Erwerber in dinglicher Haftung zur weiteren Duldung zu übernehmen, ebenso die in Abschnitt ■■■ dieser Urkunde bestellten Rechte.

– Soweit von dem genannten Zeitpunkt an noch Zins- und Tilgungsleistungen für Darlehen zu erbringen sind, zu deren Absicherung derzeit Grundpfandrechte am Vertragsbesitz eingetragen sind, hat von dem erwähnten Zeitpunkt an hierfür der Erwerber aufzukommen (soweit sich aus dem in Abschnitt ■■■ eingeräumten Nießbrauch nichts anderes ergibt).

– Im Übrigen ist der Vertragsbesitz frei von Belastungen auf den Erwerber zu übertragen, es sei denn, der Erwerber hat der Übernahme oder der Eintragung entsprechender Belastungen zugestimmt.

- Die Ehegatten ▪▪▪ und ▪▪▪ **verpflichten** sich, die **eingetragenen Grundpfandrechte nicht mehr neu zu valutieren**. Nach Hinweis des Notars auf die den Grundpfandrechten zugrundeliegenden **Zweckbestimmungen** erklären die Ehegatten ▪▪▪, dass sie deren etwa notwendige **Änderung selbst herbeiführen** werden, wozu sie sich gegenseitig ermächtigen.

c. Vorversterben des Erwerbers

Der vorstehende Überlassungsanspruch ist **nicht vererblich**.

Für den Fall des Vorversterbens eines der Erwerber vor einem der Veräußerer steht der Überlassunganspruch dem verbleibenden Erwerber alleine zu. Insoweit ist der zugewendete Anspruch aufschiebend bzw. auflösend bedingt. Der Anspruch ist zu Lebzeiten des jeweiligen Veräußerers nicht übertragbar.

d. Annahme, Rechte Dritter

- Die vorstehende Überlassungsverpflichtung wird von den Ehegatten ▪▪▪ und ▪▪▪ ausdrücklich angenommen.
- Den Erwerbern steht ein eigener Rechtsanspruch auf Erfüllung der vorstehenden Überlassungsverpflichtungen erst nach dem Ableben des zuerst versterbenden der Ehegatten ▪▪▪ und ▪▪▪ zu; Entsprechendes gilt für die Berechtigung des Sohnes ▪▪▪ aus dem in Abschnitt ▪▪▪ eingeräumten Wohnungsrecht.

  Bis zu diesem Zeitpunkt können die Ehegatten ▪▪▪ und ▪▪▪ diese aber nur gemeinsam, sämtliche in dieser Urkunde eingeräumten **Rechte beliebig wieder aufheben** oder abändern sowie gemeinsam Löschungsbewilligung für die zur Eintragung kommende Auflassungsvormerkung erteilen.

  Dem **Überlebenden der Ehegatten** ▪▪▪ und ▪▪▪ steht ferner das Recht zu, bezüglich des ihm gehörenden **Miteigentumshälfteanteils** an dem in Abschnitt ▪▪▪ genannten Grundbesitz durch einseitige Erklärung gegenüber den Erwerbern oder auch durch letztwillige Verfügung zu bestimmen, dass der Miteigentumsanteil den Erwerbern in einem **anderen Rechtsverhältnis** als angegeben oder auch **nur einem der Erwerber alleine zustehen** soll; insoweit ist die Rechtseinräumung auflösend bedingt.

e. Auflassungsvormerkung

S. Teil 3, § 2 Rn 9.

f. Vollmacht

Jeder Veräußerer erteilt hiermit mit Wirkung für sich und seine Erben den Erwerbern unter Befreiung von den Beschränkungen des § 181 BGB

Vollmacht

nach seinem Ableben auch im Namen dessen Erben sämtliche Erklärungen und Anträge abzugeben, die zur Erfüllung der in dieser Urkunde enthaltenen Überlassungsverpflichtung erforderlich sind, insbesondere auch die Auflassung hinsichtlich des Vertragsgrundbesitzes – bei dem Miteigentumsanteil des zuerst Versterbenden Zug um Zug mit Eintragung des in Abschnitt ▪▪▪ eingeräumten Nießbrauchsrechts zu erklären.

Die Erteilung von Untervollmacht ist zulässig.

Von der Vollmacht kann unter Vorlage eines entsprechenden Sterbenachweises Gebrauch gemacht werden.

g. Familiengerichtliche Genehmigung

Zu diesem Vertrag ist die Genehmigung durch das Amtsgericht – Familiengericht – ▪▪▪ erforderlich.

> Die Beteiligten beauftragen und ermächtigen den Notar, diese Genehmigung für sie einzuholen und entgegenzunehmen und von dieser Kenntnis zu geben und zu nehmen. Dies alles soll mit Beiheftung des Genehmigungsbeschlusses an diese Urkunde als geschehen gelten.

II. Vereinbarung zum Erhalt des Immobilienvermögens für die Kinder, Erwerbsrecht, bedingter Rückübertragungsanspruch

1. Beratung

a) Tatsächliche Ausgangssituation

182 Aus der Ehe sind **zwei Kinder** hervorgegangen, denen zum einen das **Recht** eingeräumt wird, den hälftigen **Miteigentumsanteil** einer der Ehegatten zu erwerben, jedoch frühestens mit Vollendung des 25. Lebensjahres des jüngsten Kindes. Darüber hinaus wird den Kindern ein **Ankaufsrecht** eingeräumt, wonach sie jeweils von dem anderen Kind das Anwesen gegen eine der Höhe nach bestimmte **Auszahlungsverpflichtung** übernehmen können. Diese Bestimmung wurde von den Eltern getroffen, um die Möglichkeit offenzulassen, dass eines der Kinder das Anwesen gegen Auszahlung übernimmt.

183 Bis zum 25. Lebensjahr des jüngsten Kindes hat der Ehemann das Wohnrecht im Anwesen und ein **Benutzungsrecht** bezüglich eines Teils des Anwesens (Pferdestall). Zu Gunsten der Eltern wird ein **bedingter Rückübertragungsanspruch** vereinbart.

b) Rechtliche Ausgangssituation

184 Zu regeln ist:
- Miteigentümergemeinschaft der Ehegatten zu je ½,
- Angebot gegenüber jedem der beiden Kinder, wonach ab Vollendung des 25. Lebensjahres des jüngsten Kindes jedes Kind berechtigt ist, einen hälftigen Miteigentumsanteil des Anwesens durch Annahme des Angebots zu erwerben.
- Das Angebot kann nur von beiden Kindern gemeinsam angenommen werden.
- Zur Sicherung des Anspruchs auf Eigentumsverschaffung wird eine Auflassungsvormerkung eingetragen.
- Zu Gunsten des Ehemannes wird als persönliche beschränkte Dienstbarkeit ein Wohnungsrecht am gesamten Anwesen eingetragen mit der Verpflichtung der Kostenübernahme.

185 Das Wohnungsrecht endet
- mit Annahme des Angebots zum Eigentumserwerb durch die Kinder,
- spätestens mit Vollendung des 25. Lebensjahres der Tochter,
- spätestens jedoch mit dem Tod des Berechtigten.

186 Einräumung eines Benutzungsrechts an einem weiteren Gebäude (Pferdestall) zu Gunsten des Ehemannes, das ebenfalls in den vorgenannten Fällen endet.

187 Sowohl das Wohnungsrecht als auch das Benutzungsrecht werden in das Grundbuch eingetragen.

Bedingter Rückübertragungsanspruch zu Gunsten der Eltern für folgende Fälle: 188
- Verfügungen ohne Zustimmung der Eltern,
- Zwangsvollstreckung oder Insolvenzverfahren,
- Vorversterben des Übernehmers vor dem länger Lebenden der Berechtigten,
- Für den Fall der Rückübertragung entfällt das **Ankaufsrecht**.

Bedingungen der Rückübertragung: 189
- Zur Sicherung des Rückübertragungsanspruchs: Eintragung einer Auflassungsvormerkung.
- Ankaufsrecht zu Gunsten jedes der beiden Kinder gegenüber Übernahme einer Auszahlungsverpflichtung in bestimmter Höhe.

2. Muster: Vereinbarung zum Erhalt des Immobilienvermögens für die Kinder, Erwerbsrecht, Ankaufsrecht/bedingter Rückübertragungsanspruch der Eltern   190

162

1. Gütertrennung:

■■■

2. Auseinandersetzung:

Die Ehegatten setzen sich hinsichtlich des vorstehend in Abschnitt ■■■ näher beschriebenen Grundbesitzes (bisher: Miteigentümergemeinschaft) dahingehend auseinander, dass jeder Ehegatte je einen Miteigentumshälfteanteil an dem vorstehend in Abschnitt ■■■ näher bezeichneten Grundbesitz mit allen Rechten und Pflichten Bestandteilen und dem gesetzlichen Zubehör, mit den vorhandenen Bauwerken zur jeweiligen Alleinberechtigung erhält. (Hinweis: Bisher Miteigentumsverteilung 2/3/1/3).

Die Vertragsteile sind über den Eigentumsübergang einig (Auflassung) und

bewilligen und beantragen,

die Ehegatten als Miteigentümer zu je ½ des Grundbesitzes in das Grundbuch einzutragen.

3. Angebot:

Herr ■■■ und Frau ■■■ (hier auch je: „Anbietender" und/oder „Veräußerer" genannt) als Miteigentümer zu je ½ geben hiermit jeweils gegenüber jedem ihrer beiden Kinder ■■■ (hier auch je: „Angebotsempfänger" und/oder „Erwerber" genannt) das folgende Angebot ab, sodass jeder Ehegatte jedem Kind jeweils ein rechtlich selbständiges Angebot mit jeweils folgendem Inhalt macht:

1. Angeboten wird jeweils der **Vertrag** über den **Erwerb** („Erwerbsvertrag") je eines **Miteigentumsanteils** an dem vorstehend näher bezeichneten Grundbesitz.
2. Das Angebot ist jeweils in der Weise **befristet**, dass es erst mit Vollendung des **25. Lebensjahres** des jüngsten Angebotsempfängers innerhalb eines Jahres gegenüber dem Anbietenden nur zusammen durch beide Angebotsempfänger angenommen werden kann, wobei maßgeblich für die Fristwahrung nicht der Zugang beim Anbietenden, sondern der Tag der Beurkundung der Annahme sein soll.
3. Das Angebot kann **nur insgesamt**, d.h. nur in der Weise angenommen werden, dass sämtliche Angebote der beiden Ehegatten nur **von beiden Angebotsempfängern** zusammen und insgesamt in einer Urkunde angenommen werden können.

4. Das/die jeweilige/n **Angebot**/e eines jeweiligen Ehegatten ist/sind je in der Weise für diesen **bindend**, dass er/sie **nur mit Zustimmung des jeweils anderen Ehegatten** vor der Annahme **geändert** oder widerrufen werden kann/können; einer Zustimmung des jeweiligen Angebotsempfängers bedarf es somit vor der Annahme ausdrücklich nicht.

5. Das Recht des Angebotsempfängers auf Annahme ist nicht abtretbar, jedoch vererblich.

Durch die wirksame Annahme gem. vorstehendem Abschnitt ■■■ kommt zwischen den Anbietenden und den Angebotsempfängern bzw. Annehmenden ein **Erwerbsvertrag** mit dem folgenden Inhalt gem. der hier beigefügten Anlage ■■■ zustande, auf die hiermit nach Verlesen durch den Notar ■■■ verwiesen wird.

Der Veräußerer erteilt hiermit dem jeweiligen Erwerber (je einzeln) unter Befreiung von den Beschränkungen des § 181 BGB Vollmacht, bei Annahme des Vertragsangebots gem. vorstehendem Abschnitt ■■■ die Auflassung hinsichtlich des in Abschnitt bezeichneten Grundbesitzes zu erklären und entgegenzunehmen und alle Erklärungen abzugeben, die zur Eintragung der Auflassung im Grundbuch erforderlich und/oder zweckdienlich sind. Von der Vollmacht kann nur innerhalb der vorstehend in Abschnitt ■■■ bestimmten Frist Gebrauch gemacht werden.

Zur Sicherung des künftigen, durch die Annahme des vorstehenden Angebots entstehenden **Anspruchs** auf **Eigentumsverschaffung** wird bereits hiermit die **Eintragung** einer **Auflassungsvormerkung** zu Gunsten der Angebotsempfänger in dem angegebenen Erwerbsverhältnis an dem in ■■■ näher bezeichneten Grundbesitz im Rang nach den übrigen in dieser Anlage aufgeführten Wohnungs- und Benutzungsrechten, im Übrigen an nächst offener Rangstelle

bewilligt und beantragt.

Soweit vorstehend ein Ehegatten Erklärungen gegenüber einem seiner Kinder abgibt, nimmt der jeweils andere diese Erklärungen für dieses Kind als dessen gesetzlicher Vertreter entgegen bzw. in Empfang, sodass diese Erklärungen bereits mit Abschluss der vorliegenden Urkunde als zugegangen gelten.

Jeder Ehegatte erteilt bereits hiermit zu der vorstehend in Abschnitt ■■■ vereinbarten bzw. angebotenen Veräußerung unter allen in Frage kommenden rechtlichen Gesichtspunkten seine Zustimmung.

4. Wohnungsrecht:

Die Ehegatten ■■■ (in diesem Abschnitt auch „Eigentümer" genannt) bestellen hiermit als Eigentümer des Grundbesitzes zu Gunsten des Herrn ■■■ zu dessen Alleinberechtigung ein Wohnungsrecht als persönliche beschränkte Dienstbarkeit mit dem nachfolgenden Inhalt:

1. Das Wohnungsrecht besteht in dem Recht der ausschließlichen Bewohnung und Benutzung des **gesamten Wohnanwesens** auf dem Grundbesitz. Ferner ist der Berechtigte zur Mitbenutzung sämtlicher dem gemeinschaftlichen Gebrauch der Bewohner des Anwesens dienenden Einrichtungen und Anlagen befugt, insbesondere des Gartens.

2. Für die Aufnahme dritter Personen gelten die gesetzlichen Bestimmungen zum Wohnungsrecht i. S. des § 1093 BGB. Darüber hinaus darf die Ausübung des Wohnungsrechts dritten Personen nicht überlassen werden.

3. Der Berechtigte hat sämtliche **Neben- und Betriebskosten** für das gesamte Objekt sowie sämtliche Kosten der Unterhaltung, Instandsetzung/-haltung und Moderni-

sierung des Grundbesitzes alleine zu tragen. Das gleiche gilt für alle Kosten und Lasten, auch für solche, die nach den gesetzlichen Bestimmungen der Eigentümer zu tragen hat.

4. Im Übrigen gelten die gesetzlichen Bestimmungen zum Wohnungsrecht.

5. Das **Wohnungsrecht endet** (alternativ):

mit Annahme des vorstehend in Abschnitt ■■■ gemachten Angebots,

spätestens jedoch mit Vollendung des 25. Lebensjahres der Tochter ■■■, d.h. am ■■■

oder

spätestens jedoch mit dem Tod des Berechtigten.

5. Benutzungsrecht:

Der Eigentümer bestellt des Weiteren hiermit zu Gunsten des Berechtigten zu dessen Alleinberechtigung ein **Benutzungsrecht** als beschränkte persönliche Dienstbarkeit am Grundbesitz mit folgendem Inhalt:

Der Berechtigte ist berechtigt, den auf dem Grundbesitz befindlichen **Pferdestall ■■■** unentgeltlich und auf Dauer zu nutzen. Die **Kosten** und **Unterhaltung**, Instandsetzung/-haltung und Erneuerung sowie die Verkehrssicherungspflicht hat der Berechtigte entsprechend dem Maß bzw. dem **Anteil seiner Nutzung** einer der vorstehenden Anlagen selbst zu tragen. Der Eigentümer ist zur Mitbenutzung neben dem Berechtigten berechtigt.

Das vorstehende Benutzungsrecht endet (alternativ):

mit Ablauf des ■■■ (Vollendung des 25. Lebensjahres der Tochter), sofern und soweit nicht zuvor das in Abschnitt ■■■ gemachte Angebot wirksam angenommen wurde,

spätestens jedoch mit dem Tod des Berechtigten.

6. Grundbucherklärungen:

Der Eigentümer bewilligt und beantragt hiermit die Eintragung des vorstehend bestellten Wohnungsrechts und der vorstehend beschränkten persönlichen Dienstbarkeit (Benutzungsrecht) je zu Gunsten des Berechtigten an dem Grundbesitz, untereinander im Gleichrang, jedoch im Rang vor der Vormerkung gem. Abschnitt ■■■, im Übrigen an nächst offener Rangstelle und zwar, soweit zulässig, mit dem Vermerk, dass zur Löschung der Nachweis des Ablebens des Berechtigten bzw. ein etwaiger Fristablauf genügt.

(Es folgt sodann als Anlage zu diesem Vertrag der Angebotsvertrag betreffend der Übergabe und zwar an beide Kinder zu je ½ mit einem bedingten Rückübertragungsanspruch.)

7. Bedingter Rückübertragungsanspruch:

Dem Übergeber, den Ehegatten ■■■ – nachstehend „Berechtigter" genannt – steht als Gesamtberechtigte gem. § 428 BGB auf Lebenszeit des Berechtigten das Recht zu, in den folgenden Fällen die Rückübertragung des übergebenen Vertragsgrundbesitzes an sich zu verlangen:

– Verfügungen (insbesondere Veräußerung und Belastung) über den Vertragsgrundbesitz oder von Teilen hiervon ohne Zustimmung des Berechtigten, mit Ausnahme einer Ausübung des Ankaufsrechts gem. nachfolgendem Abschnitt ■■■ oder

– Zwangsvollstreckung in den vorgenannten Vertragsgrundbesitz, Eröffnung des Insolvenzverfahrens über das Vermögen des jeweiligen Eigentümers des Vertragsbesitzes, soweit dieses Verfahren nicht innerhalb von 3 Monaten wieder aufgehoben wird oder

– Vorversterben des Übernehmers vor dem Längerlebenden der Berechtigten, sofern und soweit nicht der gesamte Vertragsgrundbesitz zur alleinigen Berechtigung und vorbehaltlos auf einen oder mehrere gemeinsame Abkömmlinge der Berechtigten bis spätestens innerhalb von 6 Monaten nach dem Erbfall übergeht.

Sofern und soweit eine der vorgenannten Bedingungen nur in der **Person eines Übernehmers** eintritt, bezieht sich das entsprechende bedingte Rückübertragungsrecht nur auf den **diesem** Übernehmer **zugewandten Miteigentumsanteil.** Im Falle der Rückübertragung nur eines der beiden heute zugewandten Miteigentumsanteile **entfällt** das **Ankaufsrecht** gem. nachfolgendem Absatz ■■■ und ist auf entsprechendes Verlangen des Berechtigten der nachfolgend in Abschnitt ■■■ vereinbarte und befristete Aufhebungsausschluss selbst wieder (vorzeitig) aufzuheben.

– Das Rückübertragungsrecht bezieht sich auf den ganzen Übergabegegenstand. Die Rückübertragung hat unentgeltlich zu erfolgen. Insbesondere werden auch Tilgungsleistungen, aufgewendete Zinsen und etwaige Verwendungen auf den Vertragsbesitz nicht erstattet.

– Zu übernehmen sind solche Belastungen mit zugrundeliegenden Verbindlichkeiten, deren Eintragung vom Berechtigten ausdrücklich zugestimmt worden ist.

– Mit der Rückübertragung entfallen jedoch für die Zukunft die Verpflichtungen des Übernehmers, die er in dieser Urkunde übernommen hat.

– An Kosten und Steuern, die im Zusammenhang mit der Rückübertragung anfallen, muss sich der Berechtigte in den Fällen ■■■ nicht beteiligen. Im Fall ■■■ hat er hierfür jedoch aufzukommen.

– Der Anspruch auf Rückübertragung steht dem Berechtigten nur höchstpersönlich zu, ist also weder abtretbar noch vererblich.

– Der bedingte Rückübertragungsanspruch steht nach dem Ableben eines Berechtigten dem Überlebenden alleine zu. Vorsorglich wird deshalb der gemeinsame Rückübertragungsanspruch hiermit im Voraus ab dem Ableben des zuerst versterbenden berechtigten Teils an den Überlebenden zu dessen Alleinberechtigung abgetreten; insoweit gilt der vorstehende Ausschluss der Abtretbarkeit nicht.

– Für den Fall des Vorversterbens des Übernehmers wird dem Berechtigten – bei mehreren jedem Einzelnen – hiermit unter Befreiung von den Beschränkungen des § 181 BGB unwiderruflich Vollmacht zur Vornahme aller zur Rückübertragung erforderlichen Rechtshandlungen erteilt.

– Zur Sicherung des vorstehend dem Berechtigten eingeräumt bedingten Rückübertragungsanspruches bewilligt der Übernehmer und beantragen die Beteiligten die Eintragung einer

Auflassungsvormerkung

zu Gunsten des Berechtigten als Berechtigten gem. § 428 BGB am Vertragsgrundbesitz im Grundbuch.

Die Auflassungsvormerkung erhält Rang nach den aufgrund dieses Vertrages zu übernehmenden Belastungen im Übrigen an nächst offene Rangstelle. Der Berechtigte erteilt dem jeweiligen Eigentümer des mit der Vormerkung belasteten Grundbesitzes – bei mehreren jedem einzeln – befreit von den Beschränkungen des § 181 BGB unwiderruflich Vollmacht, nach seinem Ableben unter Vorlage einer Sterbeurkunde die Löschung der zur Eintragung kommenden Auflassungsvormerkung zu bewilligen und zu beantragen.

8. Ankaufsrecht:

Jeder Übernehmer hat das Recht, nach wirksamer Annahme des vorliegenden Angebots vom jeweils anderen Miteigentümer bzw. Übernehmer die Übertragung von dessen Miteigentumsanteil am heutigen Vertragsgegenstand auf ihn zu verlangen gegen Übernahme einer Auszahlungsverpflichtung in Höhe von insgesamt Euro ■■■ zu Gunsten des weichenden, d.h. nicht übernehmenden Übernehmers. Stellen dieses Verlangen beide Übernehmer, so entscheidet das Los.

Für den Ankauf gelten, soweit nicht ausdrücklich etwas anderes bestimmt ist, die Bestimmungen dieser Anlage entsprechend, jedoch mit der Maßgabe, dass die Eigentumsumschreibung im Grundbuch erst zu veranlassen ist, wenn die Zahlung des Auszahlungsbetrages nachgewiesen ist (Vorlagesperre). Das Ankaufsrecht erlischt i.S. einer Ausschlussfrist mit Ablauf des ■■■ (Vollendung des 25. Lebensjahres der Tochter), wenn es zuvor schriftlich geltend gemacht wurde.

Auf eine dingliche Absicherung oder Wertsicherung des vorstehend bestimmten Auszahlungsbetrages bzw. des Ankaufsrechts wird auch nach Belehrung ausdrücklich verzichtet.

III. Bestellung eines Wohnungsrechts, Vertrag zu Gunsten Dritter (Kinder)

1. Beratung

a) Tatsächliche Ausgangssituation

Die Ehefrau ist Alleineigentümerin eines Anwesens. Zu Gunsten des Ehemannes wird – an Stelle einer Zugewinnausgleichszahlung – ein **Wohnungsrecht** bestellt. Der Ehemann verpflichtet sich zur **Übernahme** der auf dem Haus lastenden **Schulden** zu Gunsten seiner 4 Kinder, um diesen zu ermöglichen, das Anwesen zu erwerben. | 191

Im Wege eines **Vertrages zu Gunsten Dritter,** der von den Ehegatten nicht mehr abgeändert werden kann, wird den 4 Kindern das Recht eingeräumt, die **Übertragung** des **Miteigentums** auf sich nach gleichen Anteilen zu **verlangen**, sobald der jüngste Berechtigte das **21. Lebensjahr** vollendet hat. Das **Wohnrecht** ist von den Kindern zu **übernehmen.** (Zur Unterscheidung Wohnrecht, Nießbrauchsrecht u.a. s. vorstehende Rn 178) | 192

b) Rechtliche Ausgangssituation

Zu regeln ist Folgendes: | 193
- Einräumung eines lebenslänglichen, unentgeltlichen Wohnungsrechts zu Gunsten des Ehemannes und im Gegenzug hierzu Verzicht auf Zugewinnausgleich,
- Schuldenübernahme durch den Ehemann zu Gunsten der 4 Kinder,
- Eintragung des Wohnrechts und der Mitbenutzungsrechte als beschränkte persönliche Dienstbarkeit in das Grundbuch,
- Abschluss eines Vertrages zu Gunsten Dritter (zu Gunsten der 4 Kinder), wonach diese die Übertragung des Miteigentums nach gleichen Anteilen von der Ehefrau verlangen können, sobald das jüngste Kind das 21. Lebensjahr vollendet hat.
- Zur Sicherung: Eintragung einer Vormerkung bezüglich dieses Anspruchs auf Eigentumsübertragung der Kinder.
- Verpflichtung der Kinder, das zu Gunsten des Vaters eingetragene Wohnrecht zu übernehmen.
- Verpflichtung der Mutter, die Grundpfandrechte nicht mehr neu zu valutieren.

194   **2. Muster: Bestellung eines Wohnungsrechts, Vertrag zu Gunsten Dritter (Kinder)**

Grundbuchstand ■■■

1. Sachstand:

Es wird klargestellt, dass das nachbestellte **Wohnungsrecht** zu Gunsten von Herrn ■■■ als abschließender **Zugewinnausgleich** vereinbart wird. Die Vertragsteile sind insoweit darüber einig, dass mit Vollzug der heutigen Urkunde im Grundbuch der gegenseitige Zugewinnausgleich abgeschlossen ist, demgemäß keine diesbezüglichen Ansprüche mehr bestehen.

Die nachfolgende **Schuldübernahme** von Herrn ■■■ erfolgt wirtschaftlich **zu Gunsten** seiner **4 Kinder**, um deren Erwerbsmöglichkeit für das Grundstück zu sichern.

2. Wohnungsrecht:

Frau ■■■ räumt hiermit ihrem Ehemann ■■■ an dem Grundstück ■■■ Gemarkung ■■■ **das lebenslängliche unentgeltliche Wohnrecht** ein, bestehend in dem Recht, allein und unter Ausschluss des jeweiligen Grundstückseigentümers das gesamte aufstehende Haus und alle Nebengebäude **alleine zu nutzen** sowie den vorhandenen Hausgarten mitzubenutzen.

Der Berechtigte hat freien Zugang zum Anwesen, **Besuch** kann er in den seiner Benutzung oder Mitbenutzung unterliegenden Räumen jederzeit **erhalten.**

Die dem Wohnrecht unterliegenden Gebäude und Räume sind von dem jeweiligen Berechtigten auf **eigene Kosten** gut bewohnbar und beheizbar zu erhalten; erforderliche **Schönheitsreparaturen** sind ebenfalls von dem Berechtigten auf seine Kosten durchzuführen.

Die Gemeinkosten des Hauses, insbesondere auch die Kosten für Strom, Heizung, Wasser, Kanalisation, Müllabfuhr, Kaminkehrer und dergleichen hat ebenfalls der Berechtigte selbst zu tragen.

Frau ■■■ bestellt hiermit dieses Wohnrecht samt den Mitbenutzungsrechten Herrn ■■■ als

beschränkte persönliche Dienstbarkeit

gem. § 1093 BGB an dem genannten Grundstück.

Frau ■■■ bewilligt und Herr ■■■ beantragt die **Eintragung** dieses Wohnungsrechts im **Grundbuch** und zwar im Range nach den in Abschnitt I ■■■ aufgeführten Belastungen.

3. Vertrag zu Gunsten Dritter:

Die Ehegatten ■■■ haben aus ihrer Ehe 4 Kinder, nämlich ■■■

Frau ■■■ und Herr ■■■ vereinbaren hiermit im Wege des echten Vertrages zu Gunsten Dritter, der von den heutigen Vertragsteilen nicht mehr abgeändert werden kann, dass die vorgenannten 4 Kinder von Frau ■■■ verlangen können, dass diese ihnen ihr vorbezeichnetes Grundstück ■■■ Gemarkung ■■■ zum Miteigentum nach gleichen Anteilen überträgt, sobald der jüngste Berechtigte das 21. Lebensjahr vollendet hat.

Die Berechtigten haben das vorbestellte Wohnrecht und die vorbezeichneten Grundschulden samt den jeweils zugrundeliegenden Forderungen dinglich und persönlich zu übernehmen. Sie haben die Kosten der Übertragung zu tragen.

Frau ■■■ verpflichtet sich hiermit, die vorbezeichneten Grundpfandrechte nicht mehr neu zu valutieren.

Für das Berechtigungsverhältnis der berechtigten Kinder gilt § 461 BGB entsprechend. (Anmerkung: Ausübung des Rechts ist nur gemeinschaftlich möglich).

Das Verlangen der Berechtigten kann bis längstens 2 Monate nach Vollendung des 21. Lebensjahres des jüngsten Berechtigten bei der Verpflichteten schriftlich gestellt werden.

Die Verpflichtung von Frau ■■■ geht auf ihre Erben über. Das Recht der Berechtigten erlischt jeweils mit ihrem Tode.

Der Vertragsbesitz geht im seinerzeitigen Sachzustand auf die Berechtigten über. Die Verpflichtete übernimmt keine Sachgewährleistung. Im Übrigen gelten die gesetzlichen Bestimmungen.

Zur Sicherung des bedingten Anspruchs der Berechtigten ■■■ (Kinder)

bewilligt Frau ■■■ und

beantragt Herr ■■■

die Eintragung einer **Vormerkung** im **Grundbuch** an nächst offener Rangstelle und zwar als Berechtigte entsprechend § 461 BGB.

Soweit ein Berechtigter seinen Anspruch nicht geltend machen sollte, ist er verpflichtet, diese zu seinen Gunsten einzutragende Auflassungsvormerkung auf seine Kosten im Grundbuch unverzüglich nach Auslaufen der gesetzten Frist löschen zu lassen.

Schuldübernahme durch Herrn ■■■

(siehe Teil 3, § 2 Rn 115)

IV. Wohnungsübertragung an die gemeinsame Tochter, Bildung von Wohnungseigentum

1. Beratung

a) Tatsächliche Ausgangssituation

Die Tochter der Parteien hat im Anwesen ihrer Eltern eine Wohnung ausgebaut. Diese   195
Eigentumswohnung soll nach Ablauf der noch bestehenden Abschreibungen nach § 10 e EStG **unentgeltlich** auf die Tochter **übertragen** werden. Es muss Wohnungseigentum gebildet werden. Auf dem Anwesen ist ein Wohnrecht eingetragen. Das Recht zur Aufhebung der Miteigentümergemeinschaft wird auf Dauer ausgeschlossen.

b) Rechtliche Ausgangssituation

Zu regeln ist Folgendes: 196

- Verpflichtung zur Begründung von Wohnungseigentum und Bildung einer Eigentumswohnung,
- Verpflichtung zur Übertragung dieser Wohnung auf die Tochter,
- Einschränkung des Wohnungs- und Mitbenutzungsrechts für den Ehemann und Einräumung eines Mitbenutzungsrechts für die Tochter,
- Verpflichtung der Tochter, die Wohnung nur mit Zustimmung ihrer Eltern bzw. des länger lebenden Elternteils zu veräußern,
- Einräumung eines eigenen Rechts der Tochter, die entsprechende Übertragung zu verlangen,

■ Ausschluss des Rechts der Aufhebung der Miteigentümergemeinschaft und Eintragung dieses Ausschlusses im Grundbuch,

■ Verpflichtung der Parteien, ihre jeweiligen Miteigentumsanteile nur im gegenseitigen Einvernehmen zu verkaufen oder zu belasten.

197 **2. Muster: Wohnungsübertragung an die gemeinsame Tochter, Bildung von Wohnungseigentum**

Im ersten Stock des in Abschnitt ■■■ genannten Anwesens ist durch eine **Ausbaumaßnahme** eine Wohnung errichtet worden, in der die **gemeinsame Tochter ■■■ wohnt**. Die Beteiligten verpflichten sich gegenseitig, nach Ablauf der noch bestehenden Abschreibung nach § 10 e EStG für die genannte Wohnung an dem in Abschnitt ■■■ genannten Grundbesitz **Wohnungseigentum** zu **begründen**, dabei für die genannte Wohnung eine **Eigentumswohnung** zu bilden und diese an die gemeinsame **Tochter ■■■ unentgeltlich** zu deren Alleineigentum zu **übertragen**; dabei ist das in Abschnitt ■■■ **für Herrn ■■■ begründete Wohnungs- und Benutzungsrecht** dahingehend **einzuschränken**, dass dem jeweiligen Eigentümer der an die **Tochter ■■■** zu übertragenden Eigentumswohnung im Rahmen der Eigentümergemeinschaft ein **Mitbenutzungsrecht** an Garten und Hof zusteht. In dem entsprechenden Übertragungsvertrag ist – soweit die Vertragsteile nicht einvernehmlich davon absehen – eine Regelung dahingehend aufzunehmen, dass diese Eigentumswohnung von der Tochter ■■■ nur mit **Zustimmung** ihrer **Eltern** bzw. des länger lebenden Elternteils **veräußert** werden darf. Die im Zusammenhang mit der Begründung des Wohnungseigentums und der Übertragung anfallenden Kosten sind von der Tochter ■■■ zu übernehmen.

Aufgrund der vorstehenden Vereinbarung wird der Tochter ■■■ unmittelbar das **Recht eingeräumt**, die entsprechende **Übertragung zu verlangen**, wobei ihr dieses Recht allerdings nur höchst persönlich zusteht; dieses Recht ist also nicht übertragbar und nicht vererblich.

Miteigentümervereinbarungen:

Die Beteiligten vereinbaren hiermit, dass das **Recht**, die **Aufhebung** der **Miteigentümergemeinschaft** bezüglich des in Abschnitt ■■■ genannten Grundbesitzes zu verlangen, **für immer ausgeschlossen** ist.

Die Beteiligten bewilligen und beantragen die Eintragung dieser Vereinbarung an ihren Miteigentumsanteilen an dem in Abschnitt ■■■ genannten Grundbesitz im **Grundbuch** und zwar als Belastung des jeweiligen Miteigentumsanteils zu Gunsten des jeweiligen Eigentümers des anderen Miteigentumsanteils an dem erwähnten Grundbesitz. Diese Miteigentümervereinbarung erhält an den Miteigentumsanteilen Rang nach der in Abschnitt ■■■ zu Gunsten von Herrn ■■■ zur Eintragung bewilligten und beantragten beschränkten persönlichen **Dienstbarkeit** (Wohnungsrecht des Ehemannes).

Bei der Übertragung der Eigentumswohnung gem. Abschnitt ■■■ ist diese von der vorgenannten Regelung **freizustellen**.

Die Beteiligten verpflichten sich gegenseitig, ihre jeweiligen Miteigentumsanteile an dem in Abschnitt ■■■ genannten Grundbesitz zu Lebzeiten beider Vertragsteile nur im gegenseitigen **Einvernehmen** zu **verkaufen** oder zu **belasten**, es sei denn, ein entsprechender Verkauf oder eine entsprechende Belastung durch einen Vertragsteil ist aus wirtschaftlichen Gründen **unumgänglich notwendig**. Eine grundbuchmäßige Absicherung dieser Vereinbarung wird ausdrücklich nicht gewünscht.

G. Zugewinnausgleich

I. Ausschluss

1. Beratung

Der Zugewinnausgleich unter **Lebenden** wird ausgeschlossen. Zur Frage der Wirksamkeit solcher Vereinbarungen s. Teil 2, § 1 Rn 44 ff, Teil 1; Rn 75, 157. 198

Zu den **steuerlichen Vorteilen** bei Ausschluss des Zugewinnausgleichs unter **Lebenden** im Gegensatz zum Zugewinnausgleichsausschluss auch für den Fall des Todes s. Teil 2, § 1 Rn 166 ff. 199

2. Muster: Ausschluss des Zugewinnausgleichs

200

> Die Ehegatten ■■■ vereinbaren, dass für ihre Ehe grundsätzlich auch weiterhin der gesetzliche Güterstand der Zugewinngemeinschaft maßgebend sein soll. Sie treffen jedoch folgende hiervon abweichende Vereinbarungen:
>
> Sollte die Ehe der Vertragsparteien **auf andere Weise als durch den Tod beendet werden**, also insbesondere die Ehe geschieden werden, so findet **kein Zugewinnausgleich** statt.
>
> Dies gilt hinsichtlich jeden Vermögenszuwachses, den einer der Vertragsteile vom Beginn der Ehe an bereits erzielt hat oder künftig bis zu der erwähnten Beendigung der Ehe noch erzielen wird.
>
> Der vorstehend vereinbarte Ausschluss des Zugewinnausgleiches gilt auch für den **vorzeitigen Zugewinnausgleich** bei Getrenntleben.
>
> **Beratungshinweis:**
>
> Wünschen die Parteien den Ausschluss des Zugewinnausgleichs, so muss dieser in jedem Fall auch für den vorzeitigen Zugewinnausgleich vereinbart werden. Klage auf vorzeitigen Zugewinnausgleich, also **vor Einreichung des Scheidungsantrags**, kann erhoben werden
>
> – wenn die Ehegatten seit mindestens 3 Jahren getrennt leben (§ 1385 BGB),[38]
> – wenn ein Ehegatte seine wirtschaftlichen Verpflichtungen aus dem ehelichen Verhältnis schuldhaft nicht erfüllt (§ 1386 Abs. 1 BGB),
> – wenn ein Ehegatte sein Vermögen durch **illoyale Handlungen** i.S.v. § 1375 Abs. 2 BGB vermindert hat und eine erhebliche Gefährdung der künftigen Ausgleichsforderung zu besorgen ist, § 1386 Abs. 2 Nr. 2 BGB,
> – wenn ein Ehegatte sich ohne ausreichenden Grund beharrlich **weigert**, den Bestand seines Vermögens mitzuteilen, § 1386 Abs. 3 BGB (zu den prozessrechtlichen Voraussetzungen, insbesondere der Klageerhebung in Form einer Gestaltungsklage s. *Heiß*, Das Mandat im Familienrecht, Rn 214 zu Teil 10 sowie Rn 469 ff zu Teil 10; *Heiß* in Kroiß, FormularBibliothek Zivilprozess 2005, Familienrecht, Rn 1575 ff zu § 7).
>
> Mit den in dieser Urkunde getroffenen Vereinbarungen sind sämtliche eventuellen Ansprüche auf Zugewinnausgleich abgegolten.

201

---

38 Heiß, Das Mandat im Familienrecht, Rn 213 zu Teil 10.

> Auf die Bedeutung und rechtliche Wirkung des vorstehend vereinbarten Zugewinnausgleichsausschlusses wurde vom Notar hingewiesen.[39]

II. Bestätigung des Erhalts einer Ausgleichszahlung

1. Beratung

202 Die Parteien haben sich außergerichtlich über die Höhe des Zugewinnausgleichs einschließlich sonstiger vermögensrechtlicher Ansprüche geeinigt. Die **Ausgleichszahlung** ist bereits **erfolgt**.

203 ### 2. Muster: Bestätigung des Erhalts einer Ausgleichszahlung

> Zum Ausgleich möglicher Zugewinnausgleichsansprüche und zur Abgeltung aller sonstigen vermögensrechtlichen Ansprüche, gleich welcher Art, einschließlich etwaiger Ansprüche aus geleisteten Investitionen, seien diese in Geld- oder Sachleistungen oder auch durch Arbeitskraft erbracht worden, hat Frau ■■■ von Herrn ■■■ einen Betrag von Euro ■■■ erhalten, dessen **Empfang** sie **bestätigt**. Höchstvorsorglich verzichten die Parteien auf etwaige darüber hinausgehende Zugewinnausgleichsansprüche sowie sämtliche vorstehend genannten etwaigen vermögensrechtlichen Ansprüche und nehmen diesen Verzicht wechselseitig an.

III. Stundung eines Zugewinnausgleichsbetrages für mehrere Jahre

1. Tatsächliche Ausgangssituation

204 Der Ehefrau steht ein Anspruch auf Zahlung von Zugewinnausgleich zu, auf dessen Höhe sich die Parteien geeinigt haben. Dieser Betrag soll in **Raten** bezahlt werden. Zur **Sicherung** des Anspruchs wird eine **Hypothek** eingetragen.

205 **Beratungshinweis:**

Wird ein Zugewinnausgleichsbetrag oder ein sonstiger Abfindungsbetrag für vermögensrechtliche und/oder unterhaltsrechtliche Ansprüche in Raten bezahlt oder bis zu einem späteren Zeitpunkt gestundet, so ist es Aufgabe des Anwalts/Notars, im Rahmen der Vereinbarung höchstmögliche Sicherheit zu vereinbaren, um zu gewährleisten, dass der Zugewinnausgleichsbetrag bzw. die Abfindungszahlung notfalls im Wege der Vollstreckung beigetrieben werden kann. So kann z.B. als **Bedingung** für die gesamte vertragliche Regelung vereinbart werden, dass tatsächlich Zahlung erfolgt. Im Übrigen muss darauf geachtet werden, dass in jedem Fall eine Verfallklausel (Fälligkeit des gesamten Restbetrages) vereinbart wird, soweit der Schuldner in Verzug gerät oder Insolvenz oder Zwangsversteigerung droht. Soweit eine Immobilie vorhanden ist, muss die Forderung durch Eintragung einer **Hypothek** sowie durch Zwangsvollstreckungsunterwerfungsklausel **gesichert** werden.

---

39 Im Einzelnen siehe auch Teil 2, § 1 Rn 163 ff.

2. Rechtliche Ausgangssituation

Zu regeln ist Folgendes: 206
- Verzinsung,
- Wertsicherungsklausel (im Einzelnen hierzu s. Teil 4, § 4 Rn 131 ff, 268 ff),
- Fälligkeit des gesamten Restbetrages bei
  - Verzug
  - Insolvenz
  - Zwangsversteigerung
  - Verletzung der Verpflichtung zum Nachweis, dass das mit der Hypothek belastete Gebäude ausreichend gegen **Brandschaden** versichert ist,
- ggf. Gewährung eines Teilbetrages als Darlehen,
- Kündigungsfrist für Darlehen,
- Berechtigung des Darlehensnehmers, das Darlehen vor Fälligkeit zurückzuzahlen,
- Sicherung des Zahlungsanspruchs durch Eintragung einer Hypothek,
- Zwangsvollstreckungsunterwerfungsklausel,
- Verpflichtung zur Löschung der Hypothek nach Erfüllung.

IV. Muster: Stundung eines Zugewinnausgleichsbetrages für mehrere Jahre 207

1. Ein Teilbetrag von Euro ▪▪▪ ist ab ▪▪▪ in gleich bleibend aufeinander folgenden **Monatsraten** von je ▪▪▪ zu bezahlen.
   Die einzelnen Raten sind bis zu ihrer jeweiligen Fälligkeit **nicht zu verzinsen**.
   Die Vereinbarung einer **Wertsicherungsklausel** für die Ratenzahlung wird nicht gewünscht.
2. Abweichend von der vorstehenden Vereinbarung ist der ganze noch offene Restbetrag aus der Rate von Euro ▪▪▪ **sofort** zur Zahlung **fällig**:
   - wenn Herr ▪▪▪ mit Ratenzahlungen ganz oder teilweise mit mehr als 3 Monate in Verzug gerät,
   - im Falle der Insolvenz oder der Zahlungseinstellung eines Grundstückeigentümers des mit der nachstehend bestellten Hypothek belasteten Grundbesitzes oder eines persönlichen Schuldners,
   - bei Einleitung der Zwangsversteigerung oder der Zwangsverwaltung in den mit der nachstehend in Ziffer ▪▪▪ bestellten Hypothek belasteten Grundbesitz,
   - wenn Frau ▪▪▪ auf Verlangen nicht unverzüglich nachgewiesen wird, dass die Gebäude der hiermit übernommenen Verpflichtung entsprechend bei einer sicheren Anstalt ausreichend gegen Brandschaden versichert sind.
3. Der Restbetrag in Höhe von Euro ▪▪▪ wird Herrn ▪▪▪ als Darlehen gewährt. Das Darlehen ist am ▪▪▪ zur Zahlung fällig, sofern es nicht – wie in Ziffer ▪▪▪ ausgeführt – vorher gekündigt worden ist. Das Darlehen ist teilweise wie folgt zu verzinsen:
   - Bis ▪▪▪ wird das Darlehen zinslos gewährt.
   - Für die Zeit von ▪▪▪ bis ▪▪▪ ist das Darlehen mit jährlich 4 % zu verzinsen.
4. Im Falle des Zahlungsverzuges gelten die gesetzlichen Bestimmungen.

5. Frau ▪▪▪ ist berechtigt, das in Ziffer ▪▪▪ bezeichneten **Darlehen** unter Einhaltung einer **Kündigungsfrist** von ▪▪▪ **zur sofortigen vorzeitigen Zahlung zu kündigen**. In diesem Fall ist die Hauptsumme einschließlich der bis zur Bezahlung angelaufenen – noch nicht bezahlten – Zinsen nach Ablauf der Kündigungsfrist sofort zur Zahlung fällig.

Das Darlehen samt bis dahin aufgelaufener noch nicht bezahlter Zinsen ist sofort fällig, wenn einer der in vorstehender Ziffer ▪▪▪ genannten Gründe vorliegt (Insolvenz/Zwangsversteigerung/nicht ausreichende Brandversicherung). Herr ▪▪▪ ist jederzeit **berechtigt**, das Darlehen samt Zinsen ganz oder teilweise **vor Fälligkeit** zurückzuzahlen.

6. Zur **Sicherung** des Zahlungsanspruchs von Frau ▪▪▪ über noch insgesamt Euro ▪▪▪ samt Zinsen bestellt Herr ▪▪▪ zu Gunsten von Frau ▪▪▪ eine

Hypothek ohne Brief

zu Euro ▪▪▪, deren Eintragung nebst Zins- und Zahlungsbestimmungen an dem in Abschnitt ▪▪▪ bezeichneten Grundbesitz samt der nachstehenden dinglichen Vollstreckungsunterwerfung an nächst offener Rangstelle bewilligt und beantragt wird.

Die Hypothek soll bereits mit Eintragung an einem der Pfandgrundstücke als Einzelhypothek entstehen. Ein Hypothekenbrief soll nicht erteilt werden.

7. Herr ▪▪▪ unterwirft sich wegen seiner in diesem Abschnitt eingegangenen Zahlungsverpflichtungen der **sofortigen Zwangsvollstreckung** aus dieser Urkunde in sein gesamtes Vermögen und in Ansehung der vorstehend bestellten Hypothek auch in der Weise, dass die Zwangsvollstreckung aus dieser Urkunde gegen den jeweiligen Eigentümer des Pfandgrundbesitzes zulässig sein soll.

8. Frau ▪▪▪ ist berechtigt, sich jederzeit eine vollstreckbare Ausfertigung wegen Hauptsache und Zinsen erteilen zu lassen, ohne dass es des Nachweises der die Fälligkeit begründenden Tatsachen bedarf.

9. Die Beweislast bleibt unverändert.

10. Nach vollständiger **Erfüllung** der vorgenannten Zahlungsverpflichtungen durch Herrn ▪▪▪ ist Frau ▪▪▪ verpflichtet, die vorgenannte **Hypothek** wieder zur **Löschung** zu bewilligen. Die im Zusammenhang mit der Löschung anfallenden Kosten sind von den Vertragsteilen je zur Hälfte zu tragen.

V. Übernahme von Vermögensgegenständen in Anrechnung auf die Zugewinnausgleichsforderung

1. Beratung

208   Die Parteien haben sich auf die Höhe der Zugewinnausgleichsforderung der Ehefrau geeinigt. Die Begleichung der Forderung soll teilweise durch **Übertragung** von **Vermögenswerten**, z.B. Pkw/Aktiendepot, beglichen werden, wobei die Ehefrau die Schulden für den Pkw übernimmt. Sollte Haftenlassung bezüglich der Pkw-Schulden im **Außenverhältnis** nicht möglich sein, ist der Ehemann berechtigt – falls er bezüglich der Kreditraten in Anspruch genommen wird – diese von seinen **Unterhaltszahlungen** in **Abzug** zu bringen. Als Alternative hierzu bietet sich an, dass die Ehefrau notfalls durch **Umschuldung** für Haftungsentlassung Sorge tragen muss.

Bezüglich der Anrechnung des Aktiendepots ist der **Zeitpunkt** des **Wertes** zu bestim-   209
men, sinnvollerweise zum Zeitpunkt der Gutschrift auf dem Konto der Ehefrau.

Die Ehefrau hat das Recht, die Abgeltung durch Übertragung der Aktien abzulehnen,   210
falls das Aktiendepot nicht bis zu einem bestimmten Zeitpunkt auf sie übertragen wird.
Die **Höhe** der Werte, mit denen die Vermögenswerte auf den Zugewinnausgleichsanspruch angerechnet werden sollen, muss festgelegt werden.

2. Muster:[40] Übernahme von Vermögensgegenständen in Anrechnung auf die   211
Zugewinnausgleichsforderung

Die Parteien sind sich dahingehend einig, dass der Ehefrau gegen den Ehemann eine Zugewinnausgleichsforderung in Höhe von 75.000 Euro zusteht. Die Forderung ist fällig mit
Rechtskraft der Ehescheidung und ab diesem Zeitpunkt mit 5 % über dem Basiszinssatz zu
verzinsen.

In **Anrechnung** auf die **Zugewinnausgleichsforderung** gem. Ziffer 1. überträgt der Ehemann der Ehefrau das Alleineigentum an der sich bereits in ihrem Besitz befindlichen,
aus dem Nachlass seines Vaters stammenden Barockkommode ■■■. Das **Alleineigentum**
hieran geht mit **Vertragsunterzeichnung** auf die Ehefrau über. Die Parteien sind sich darüber einig, dass die **Anrechnung** auf die Zugewinnausgleichsforderung gem. Ziffer 1. mit
10.000 Euro erfolgt.

Die Ehefrau übernimmt **weiter** in Anrechnung auf die Zugewinnausgleichsforderung das
Alleineigentum an dem bereits in ihrem Besitz befindlichen **Pkw**, Marke ■■■, amtl. KZ:
■■■.

Der Ehemann verpflichtet sich, die **Umschreibung** auf die Ehefrau zu veranlassen und ihr
den **Kfz-Schein** am Tage nach der Rechtskraft der Ehescheidung auszuhändigen. Die Ehefrau übernimmt zur vollständigen Entlassung des Ehemannes im **Innenverhältnis** alleine
die Rückführung des zur Anschaffung des Fahrzeuges aufgenommenen **Kredits** bei der
■■■ Bank, Darlehens-Nr. ■■■.

Die noch offenen Restschulden betragen derzeit ■■■ Euro. Die Ehefrau hat die fälligen
Raten ab Rechtskraft der Ehescheidung zu übernehmen. Die Parteien verpflichten sich
wechselseitig, sich um **Haftungsentlassung** des Ehemannes durch die ■■■ Bank im **Außenverhältnis zu bemühen**. Sollte die Bank zur Entlassung des Ehemannes aus dem Kreditvertrag nicht bereit sein, ist der Ehemann berechtigt, im Falle des Zahlungs**verzuges**
der Ehefrau die **Kreditraten** unmittelbar an die Bank zu zahlen und sie von seinen **Unterhaltszahlungen** in **Abzug** zu bringen (hier evtl. alternativ: notfalls muss Umschuldung
zum Zwecke der Haftungsentlassung erfolgen).

Die Anrechnung auf die Zugewinnausgleichsverpflichtung gem. Ziffer 1. erfolgt unter **Berücksichtigung** der übernommenen **Kreditverpflichtung** mit 5.000 Euro.

Der Ehemann verpflichtet sich gegenüber der Ehefrau zur Zahlung des Restbetrages von
60.000 Euro. Er ist aber berechtigt, zur weiteren Abgeltung der Zugewinnausgleichsforderung der Ehefrau **sein Aktiendepot** bei der ■■■ Bank, geführt unter Konto-Nr. ■■■, zu
übertragen.

Die Anrechnung auf die Zugewinnausgleichsforderung gem. Ziffer 1. erfolgt mit dem **Tageswert** am Tage der **Gutschrift** auf dem Konto der Ehefrau. Die Ehefrau ist berechtigt, die

---

40   Börger in Göppinger/Börger, Vereinbarungen anlässlich der Ehescheidung, Rn 16 zu Teil 6.

> Abgeltung durch die Übertragung von Aktien **abzulehnen** und die restliche Barzahlung in
> Höhe von 60.000 Euro zuzüglich Zinsen zu verlangen, sofern die Übertragung des Aktien-
> depots **nicht bis zum ▪▪▪ erfolgt** ist.

212 **Beratungshinweis:**

Wenn – wie im vorliegenden Fall – der Ehefrau die Möglichkeit eingeräumt wird, Barzahlung zu verlangen, sofern die Vermögensübertragung nicht bis zu einem bestimmten
Zeitpunkt erfolgt ist, so stellt dies für die Ehefrau eine größere Sicherheit dar als
Zwangsvollstreckungsmaßnahmen zum Zwecke der vereinbarten Vornahme von Vermögensübertragungen. Die Vollstreckung eines **Zahlungsanspruchs** stellt sicherlich die
einfachere Vorgehensweise dar.

H. Gütergemeinschaft

I. Aufhebung und Auseinandersetzung der Gütergemeinschaft

1. Beratung

a) Tatsächliche Ausgangssituation

213 Die Aufhebung der Gütergemeinschaft erfolgt i.d.R. im Rahmen eines Scheidungsverfahrens. Die Aufhebung der Gütergemeinschaft hat sinnvoller Weise im Rahmen einer
Vereinbarung zu erfolgen. Zur Klage auf Zustimmung zum Auseinandersetzungsplan
s. Teil nachfolgende Rn 216 ff sowie *Heiß*, Das Mandat im Familienrecht, Rn 531 ff,
538 ff zu Teil 10.

214 **Beratungshinweis:**

Es sollte **vermieden** werden, bezüglich der Auseinandersetzung der Gütergemeinschaft
ein gerichtliches Verfahren durchzuführen, und zwar aus folgenden Gründen:
Für die Auseinandersetzung der Gütergemeinschaft im **Verbundverfahren** gibt es keinen
gesetzlich geregelten Stichtag, da der Güterstand erst mit Rechtskraft der Scheidung endet. Somit ist maßgeblich im Streitfall der Tag der **letzten mündlichen Verhandlung** mit
der Folge, dass – soweit Immobilien vorhanden sind – z.B. darauf bestanden werden
kann, dass **weitere** aktuelle **Gutachten** erholt werden, wenn aufgrund langer Verfah-
rensdauer die Werte der Immobilien nicht mehr den aktuellen Werten entsprechen.
Da vorab bei Auseinandersetzung der Gütergemeinschaft die **Schulden** zu bereinigen
sind, was in der Praxis **nahezu unmöglich** ist ohne Durchführung von Zwangsversteigerung u.a., ist es praktisch unmöglich, eine den **gesetzlichen Anforderungen** entsprechende **Klage** auf Auseinandersetzung der Gütergemeinschaft zu formulieren.[41]
Eine etwaige Klage ist gerichtet auf **Zustimmung** zu einem **Auseinandersetzungsplan**,
wobei mit Rechtskraft des Urteils gem. § 894 ZPO ein entsprechender Auseinandersetzungsvertrag zustande kommt[42] (zum Klageantrag s. *Heiß*, Das Mandat im Familienrecht, Rn 588 ff zu Teil 10).

---

41 Heiß, Das Mandat im Familienrecht, Rn 531 zu Teil 10.
42 BGH FamRZ 1986, 776, 777.

Das Gericht hat **keine Gestaltungsfreiheit.** Es kann nur der Klage stattgeben oder die Klage abweisen.[43]
Bei Streit um Übernahmerechte empfehlen sich **Hilfsanträge.**
Wird die Gütergemeinschaft durch Vereinbarung aufgehoben und soll an Stelle der Gütergemeinschaft **nicht** die **Gütertrennung,** sondern der **gesetzliche Güterstand** gelten, so ist dies im Aufhebungsvertrag **ausdrücklich zu erklären,** § 1414 S. 2 BGB.

b) Rechtliche Ausgangssituation

Zur Auseinandersetzung der Gütergemeinschaft bei Scheidung im Einzelnen s. *Heiß,* Das Mandat im Familienrecht, Rn 244 ff zu Teil 10.   215

aa) Gerichtliche Geltendmachung

Falls keine Vereinbarung zustande kommt: streitige Auseinandersetzung nach den §§ 1475 ff BGB, ggf. im Verbund mit der Ehesache, §§ 621 Abs. 1 Nr. 8, 623 Abs. 1 ZPO.   216

bb) Reihenfolge bei der Auseinandersetzung

- Berichtigung der Gesamtgutsverbindlichkeiten nach §§ 1475 ff BGB, ggf. durch Umsetzung des Gesamtgutes in Geld, § 1475 Abs. 3 BGB,
- hälftige Teilung des Überschusses, § 1476 Abs. 1 BGB,
- Teilungsreife nur, wenn Schuldenregelung vorgenommen wurde,
- Berücksichtigung von Ersatz- und Übernahmeansprüchen, §§ 1476 Abs. 2, 1477 Abs. 2 BGB sowie Wertersatz nach § 1478 BGB bezüglich eingebrachter Vermögensgegenstände.

cc) Anrechnung von Ersatzansprüchen

Auf den einem Partner zustehenden Anteil am Überschuss nach § 1476 Abs. 1 BGB muss sich jeder Ehegatte zunächst das anrechnen lassen, was er zum Gesamtgut zu **ersetzen** hat, insbesondere nach Maßgabe der §§ 1435 S. 3, 1445, 1476 BGB. Der Wert einer solchen Verpflichtung ist rechnerisch der **Teilungsmasse hinzuzurechnen.**   217

dd) Teilung in Natur

Die Teilung hat zunächst in **Natur,** hilfsweise durch **Verkauf** bzw. durch **Versteigerung** zu erfolgen.   218

ee) Übernahmerecht

Es besteht ein Übernahmerecht nach § 1477 Abs. 2 BGB (aber keine Übernahmepflicht) in Form eines **Gestaltungsrechts,** das durch **einseitige** empfangsbedürftige Willenserklärung gegenüber dem anderen Ehegatten ausgeübt wird. Für die dingliche Rechtsänderung ist ein gesonderter Übertragungsakt erforderlich.   219

---

43   BGH FamRZ 1988, 813, 814; Heiß, Das Mandat im Familienrecht, Rn 539 zu Teil 10.

ff) Klageart

220 Klage auf **Zustimmung** zum Abschluss eines **Auseinandersetzungsvertrages** nach einem vom Kläger vorzulegenden Auseinandersetzungsplan (**keine Gestaltungsfreiheit des Gerichts**),[44] ggf. Hilfsanträge.

gg) Persönliche Gegenstände

221 **Übernahmerecht** bezüglich persönlicher Gegenstände oder eingebrachter Gegenstände (Erbe, Schenkung oder Ausstattung).

hh) Kein ausreichendes Gesamtgut

222 **Reicht** das **Gesamtgut** zur Erfüllung der Erstattungsansprüche **nicht aus**, ist der fehlende Betrag nach dem Verhältnis des Wertes der von **beiden Ehegatten** eingebrachten Vermögenswerte zu tragen, § 1478 Abs. 1, 2. Halbs. BGB.

ii) Kein Widerruf bei Ausübung des Übernahmerechts

223 Das Übernahmerecht ist Gestaltungsrecht, das durch einseitige empfangsbedürftige Willenserklärung ausgeübt wird. Einmal wirksam geworden, ist **es nicht mehr einseitig widerruflich**.[45]

jj) Eingebrachte Rechte

224 Eingebracht sind auch **Rechte**, die mit dem Tod eines Ehegatten erlöschen oder deren Erwerb durch den Tod eines Ehegatten bedingt ist, § 1478 Abs. 2 Ziff. 3 BGB. Dies sind insbesondere **Leibrenten**, sonstige auf Lebenszeit begrenzte Ansprüche, sofern sie nicht wegen Nichtübertragbarkeit zum Sondergut gehören und Rechte aus einer **Lebensversicherung**, sofern das **Bezugsrecht** nicht durch die **unwiderrufliche** Begünstigung eines Dritten bereits dem Gesamtgut **entzogen** worden ist.[46]

kk) Zurückbehaltungsrecht

225 Gegenüber einem Übernahmeanspruch kann der andere Ehegatte ein **Zurückbehaltungsrecht** wegen des **Wertersatzanspruches** geltend machen, was i.d.R. zu einer Zug-Um-Zug-Verurteilung führt, sofern nicht nach § 273 Abs. 3 BGB zur Abwendung Sicherheit geleistet wird.[47]

ll) Hausrat

226 Nicht anwendbar sind die Vorschriften der §§ 1475 ff BGB für den ehelichen **Hausrat**, weil auch insoweit der **Vorrang** der **Sondervorschriften** der Hausratsverordnung gilt.[48]

---

44 BGH FamRZ 1988, 813.
45 MünchKomm/Kanzleiter § 1478 Rn 11 u. 12.
46 Börger in Göppinger/Börger, Vereinbarungen anlässlich der Ehescheidung, Rn 22 zu Teil 6; Palandt/Brudermüller § 1478 Rn 4.
47 OLG München FamRZ 1996, 170.
48 MünchKomm/Kanzleiter, vor § 1471 Rn 2.

Beratungshinweis:

227

Soweit eine **Ablösung** der Verbindlichkeiten zwischen den Parteien nicht in Frage kommt, z.B. weil Vermögenswerte nicht veräußert werden sollen, sondern von einer der Parteien übernommen werden sollen, müssen die Schulden in der Weise aufgeteilt werden, dass jeweils eine der Parteien ausschließlich für die bestehenden Schulden haftet und diese sowohl im Innen- als auch im Außenverhältnis zur alleinigen Haftung für Zinszahlung und Tilgung für die Zukunft übernimmt.

Allein das **Angebot**, die Verbindlichkeiten Zug um Zug gegen die Übertragung des betreffenden Gegenstandes zu übernehmen, ist **unzureichend**.[49]

Vielmehr wird die tatsächliche Tilgung der Schulden nur durch die bereits abgeschlossene **Entlassung aus der Mithaftung** ersetzt.[50]

Zu beachten ist, dass auch ein etwaiger **Zugewinnausgleichsanspruch**, der zum Zeitpunkt der Vereinbarung der Gütergemeinschaft bestand, als **eingebrachtes Vermögen** des zugewinnausgleichsberechtigten Ehegatten gilt. Dies kommt insbesondere dann in Betracht, wenn die Gütergemeinschaft erst nach einem längeren Verlauf der Ehe vereinbart wird und bis zu diesem Zeitpunkt der Güterstand der Zugewinngemeinschaft bestand.

mm) Überschuldung

Ist das **Gesamtgut überschuldet**, kann die Auseinandersetzung nur so vorgenommen werden, dass alle Gegenstände des Gesamtguts **veräußert** werden und festgelegt wird, in welchem **Prozentsatz** die Ehegatten für die verbleibenden **Verbindlichkeiten** aufzukommen haben. Nach § 1480 BGB entsteht eine gesamtschuldnerische Haftung der Ehegatten.

228

Beratungshinweis:

229

Zu beachten ist, dass bei Auseinandersetzung der Gütergemeinschaft **sämtliche zum Gesamtgut gehörenden Vermögenswerte** auseinandergesetzt und einem der Ehegatten eigentumsmäßig zugeordnet werden müssen, da bei bestehender Gütergemeinschaft unabhängig davon, auf welchen Namen z.B. eine Lebensversicherung abgeschlossen wurde, diese zum Gesamtgut gehört, ebenso wie etwaige Bankkonten u.a.

In der Regel wird eine **Finanzierungsvollmacht** benötigt, also eine Vollmacht, das noch im gemeinsamen Eigentum der Parteien stehende Anwesen zu belasten, und zwar **zweckgebunden** zur Finanzierung der Ausgleichszahlung an den anderen Ehepartner. Aus diesem Grunde werden in der nachfolgenden Finanzierungsvollmacht die Ansprüche auf Auszahlung des Darlehens bis zur Höhe der Ausgleichszahlung an die Ehefrau abgetreten und klargestellt, dass das zur Finanzierung eingetragene Grundpfandrecht ausschließlich als Sicherheit für jenen Darlehensbetrag dient, der zur Entrichtung der Ausgleichszahlung an die Ehefrau erforderlich ist.

---

49 Heiß, Das Mandat im Familienrecht, Rn 250 zu Teil 10; BGH FamRZ 1988, 813.
50 BGH FamRZ 1988, 813.

230 Zu regeln ist Folgendes:
- Aufhebung der Gütergemeinschaft,
- Auseinandersetzung der Gütergemeinschaft,
- Überlassung von Immobilienvermögen,
- etwaige Löschung von Wohnungsrechten und Leibgedingsrechten, wenn die Löschungsvoraussetzungen gegeben sind,
- Übernahme eingetragener Wohnungsrechte,
- Schuldübernahme und Haftungsfreistellung,
- bei Privatdarlehen Vorlage einer Haftungsfreistellung des Gläubigers,
- Aufteilung von Lebensversicherungen,
- Aufteilung von Fahrzeugen,
- Hausratsaufteilung und Aufteilung von Bankkonten,
- Regelung bezüglich der Rechte und Pflichten, wenn ein Ehegatte einem Dritten ein Darlehen gewährt hat,
- Ausgleichszahlung, Fälligkeit, Sicherung,
- Finanzierungsvollmacht.

231 **2. Muster: Aufhebung und Auseinandersetzung der Gütergemeinschaft**

1. Aufhebung der Gütergemeinschaft

Wir ▪▪▪ **heben** hiermit den vereinbarten Güterstand der Gütergemeinschaft ab sofort **auf**. Damit tritt gem. § 1414 BGB für unsere Ehe der Güterstand der

Gütertrennung

ein.

Dies ist von uns ausdrücklich so gewollt.

Eine Eintragung des Güterstandes in das **Güterrechtsregister** wünschen wir **nicht**. Wir wurden vom Notar darauf hingewiesen, dass jeder von uns unter Vorlage einer beglaubigten Abschrift dieser Urkunde den Antrag auf Eintragung in das Güterrechtsregister stellen kann.

Der beurkundende Notar hat uns über die Unterschiede zwischen dem gesetzlichen Güterstand der Zugewinngemeinschaft, dem Güterstand der Gütergemeinschaft und dem Güterstand der Gütertrennung unterrichtet.

Insbesondere wurde darauf hingewiesen, dass im Güterstand der Gütertrennung **keine Verfügungsbeschränkung** eines Ehegatten besteht, dass der beiderseitige Zugewinn im Falle einer Ehescheidung nicht ausgeglichen wird und in welcher Weise sich die Vereinbarung der Gütertrennung auf das gesetzliche **Erb- und Pflichtteilsrecht** auswirkt.

2. Auseinandersetzung der Gütergemeinschaft

Wir ▪▪▪ setzen uns im Hinblick auf die aufgelöste Gütergemeinschaft hinsichtlich des noch nicht verteilten Gesamtgutes wie folgt auseinander:

Im Grundbuch des Amtsgerichts ▪▪▪ ist der Grundbesitz ▪▪▪

der Gemarkung ▪▪▪

Flurstück-Nr. ▪▪▪

Bezeichnung ▪▪▪ zu ▪▪▪ (Größe)

im Gesamtgutseigentum der Ehegatten ▪▪▪ vorgetragen.

Dieser Grundbesitz ist belastet wie folgt:

Abteilung II:

- Leibgeding für ■■■ geboren ■■■
- Wohnungsrecht für ■■■ geboren ■■■

Abteilung III:

- Euro ■■■ Grundschuld ohne Brief für die ■■■ Bank (laufende Nr. ■■■)

3. Überlassungen

Herr ■■■ und Frau ■■■

– nachstehend auch „Veräußerer" genannt –

überlassen den unter Ziffer ■■■ dieser Urkunde bezeichneten Grundbesitz, Flurstück-Nr. ■■■ Gemarkung ■■■, ferner das gesamte beim Anwesen ■■■ noch vorhandene landwirtschaftliche Inventar und Mobiliar sowie

■■■/1000 Miteigentumsanteil am vereinigten Grundstück, Flurstück-Nr. ■■■ verbunden mit dem Sondereigentum an Wohnung Nr. ■■■ laut Aufteilungsplan, samt Sondernutzungsrecht am Pkw-Stellplatz Nr. ■■■

jeweils mit allen Rechten, Pflichten, den gesetzlichen Bestandteilen und dem Zubehör an Herrn ■■■ zum **Alleineigentum**.

Der Erwerber nimmt die Überlassung hiermit an.

Fl.St.Nr. ■■■ befindet sich bereits im Alleineigentum von Herrn ■■■ aufgrund entsprechender Anordnung im Erbvertrag vom ■■■ (Vorbehaltsgut). Die Beteiligten sind darüber einig, dass dieses Flurstück Nr. ■■■ im Alleineigentum von Herrn ■■■ verbleibt.

4. Auflassung, Auflassungsvormerkung

Die Vertragsteile verzichten trotz Belehrung durch den Notar auf die Eintragung einer Auflassungsvormerkung ■■■

5. Besitzübergang

Besitz, Nutzungen, öffentliche Lasten und Abgaben aller Art sowie die Gefahr eines zufälligen Untergangs oder einer zufälligen Verschlechterung des Vertragsbesitzes gehen mit Wirkung vom heutigen Tage an auf den Erwerber über.

Der Veräußerer erklärt, dass die Grundstücke teilweise **verpachtet** sind. Der Erwerber erklärt, dass ihm der Inhalt des Pachtvertrages bekannt ist. Er **tritt** in alle sich aus diesem Pachtvertrag ergebenden Rechte und Pflichten vom Tage des Besitzübergangs an, an Stelle des Veräußerers **ein**.

Der Veräußerer erklärt ferner, dass die Wohnung in ■■■ **vermietet** ist. Der Erwerber erklärt, dass ihm der Inhalt des Mietvertrages bekannt ist. Er **tritt** in alle sich aus diesem Mietvertrag ergebenden Rechte und Pflichten vom Tage des Besitzübergangs an, an Stelle des Veräußerers **ein**.

Die bisherigen Pacht- und Mietzahlungen verbleiben bei Herrn ■■■

Herrn ■■■ stehen alle bisher fällig gewordenen und künftig fällig werdenden Pacht- und Mietzahlungen allein zu.

Alle **Steuern** aus der Vermietung und Verpachtung für Vergangenheit, Gegenwart und Zukunft trägt allein Herr ■■■

Etwaige Verpflichtungen aus den Miet- und Pachtverhältnissen und etwaige Forderungen hieraus erfüllt allein Herr ■■■ schuldbefreiend gegenüber Frau ■■■

6. Gewährleistung

Der Veräußerer haftet für ungehinderten besitz- und lastenfreien Eigentumsübergang, soweit der Erwerber Belastungen nicht ausdrücklich in dieser Urkunde übernimmt oder in bestehende Rechtsverhältnisse eintritt.

Der Erwerber Herr ■■■ übernimmt folgende **dingliche Belastungen**:

Grundbuch für ■■■ Band ■■■

Abteilung II:

– **Wohnungsrecht**, bedingt für ■■■ geboren am ■■■

Die Beteiligten

beantragen

die Löschung des **Leibgedings** für ■■■ wegen **Ablebens** der Berechtigten und die Löschung des Wohnungsrechtes für ■■■ wegen Verehelichung der Berechtigten im Grundbuch.

Dagegen haftet der Veräußerer nicht für Freiheit von altrechtlichen Dienstbarkeiten, die zur ihrer Wirksamkeit keiner Eintragung in das Grundbuch bedürfen. Er versichert jedoch, dass ihm solche altrechtlichen Dienstbarkeiten nicht bekannt sind.

Die Beteiligten stimmen dem Vollzug aller zur Lastenfreistellung in Vorlage gebrachten Pfandfreigabe- oder Löschungsbewilligungen zu.

Für Sachmängel aller Art übernimmt der Veräußerer, soweit nicht zwingende Rechtsvorschriften entgegenstehen, keine Haftung. So insbesondere nicht für den Bauzustand der mitveräußerten Gebäude, für Flächenmaß, Grenzverlauf, Bodenbeschaffenheit und Ausnutzbarkeit für die Zwecke des Erwerbers, Bebaubarkeit, soweit beabsichtigt, sowie die Mängelfreiheit des mitveräußerten landwirtschaftlichen Inventars und Mobiliars.

Der Erwerber kennt den Vertragsgegenstand; dieser wird im gegenwärtigen dem Erwerber bekannten Zustand veräußert, in tatsächlicher wie rechtlicher Hinsicht.

7. Erschließungskosten

Sämtliche Erschließungskosten im weitesten Sinne, d.h. Erschließungsbeiträge i.S.d. Baugesetzbuches sowie Anlieger- und Erschließungskosten, die nach kommunalen Abgabesatzungen abgerechnet werden, hat im Verhältnis der Vertragsteile der Erwerber zu tragen, soweit nicht bereits Zahlungsbescheide dem Veräußerer zugestellt wurden.

Der Veräußerer versichert, dass sämtliche Erschließungskosten in obigem Sinne, soweit ihm Bescheide bereits zugegangen sind, bezahlt sind.

8. Übernahme von Belastungen

Der Erwerber übernimmt die in Abteilung II des Grundbuches für ■■■ Blatt ■■■ derzeit eingetragenen **Belastungen** zur weiteren **Duldung und Erfüllung** und den Eintritt in alle sich aus der Eintragungsbewilligung ergebenden Rechte und Pflichten.

Der Erwerber übernimmt insbesondere das **Wohnungsrecht** für ■■■ und sämtliche damit verbundenen persönlichen Verpflichtungen, je zur alleinigen Haftung und Erfüllung, schuldbefreiend gegenüber seiner Ehefrau ■■■

9. Schuldübernahme

Der Erwerber übernimmt im Wege der **befreienden Schuldübernahme** die in Abteilung III des Grundbuches für ■■■ Band ■■■ Blatt ■■■ eingetragenen **Grundschulden** ohne Brief in Höhe von ■■■ je zu Gunsten der ■■■ Bank mit den zugrundeliegenden Forderungen mit Wirkung vom heutigen Tage an zur alleinigen persönlichen und dinglichen Haftung, zur Verzinsung mit den laufenden und etwa rückständigen Zinsen und zur vertragsmäßig vereinbarten Zahlung. Sämtliche bisher entstandenen und bis zur Eigentumsumschreibung noch entstehenden Eigentümerrechte an diesen Grundpfandrechten werden hiermit auf den Erwerber ohne weitere Gegenleistung übertragen. Die Vertragsteile bewilligen die Umschreibung im Grundbuch.

Nach Angabe bestehen derzeit folgende Darlehensverbindlichkeiten:

– Bei der ■■■ Bank, Darlehens-Nr. ■■■, Darlehensstand ca. ■■■

Herr ■■■ übernimmt sämtliche voraufgeführten Verbindlichkeiten schuldbefreiend gegenüber Frau ■■■ zur **alleinigen persönlichen Haftung** und zur vertragsgemäßen Verzinsung und Tilgung.

Er stellt Frau ■■■ diesbezüglich und hinsichtlich aller etwaigen weiteren Verbindlichkeiten der Gütergemeinschaft und/oder des Herrn ■■■, für welche Frau ■■■ haftet oder mithaftet, von jeglicher **persönlichen Haftung** frei.

Auf die bei Schuldübernahme geltenden gesetzlichen Bestimmungen – §§ 414 ff BGB – insbesondere das Erfordernis der Genehmigung der **Schuldübernahme** durch den Gläubiger, wurde vom Notar hingewiesen.

Herr ■■■ übergibt heute an den Notar Erklärungen der ■■■ Bank.

Diese Erklärungen werden der gegenwärtigen Urkunde als Anlage zu Beweiszwecken beigefügt.

In diesen **Erklärungen bestätigen** die **Gläubiger** jeweils, dass Frau ■■■ für etwaige Darlehen bei diesen Instituten nicht oder **nicht mehr haftet**.

Nach Angabe besteht ein **Privatdarlehen** in Höhe von ■■■, welches Frau ■■■ (jetzige Lebensgefährtin des Herrn ■■■) diesem gewährt hat. Herr ■■■ **stellt** seine Ehefrau ■■■ aus allen Verpflichtungen aus diesem Darlehen **frei** und übergibt heute an den Notar eine **Haftungsfreistellung** der Frau ■■■ (Lebensgefährtin der Ehemannes). Diese Haftungsfreistellung wird dieser Urkunde ebenfalls als weitere Anlage zu Beweiszwecken beigefügt.

10. Lebensversicherungen

Herr ■■■ hat bei der ■■■ Lebensversicherungs AG Lebensversicherungen abgeschlossen.

Die Vertragsteile sind darüber einig, dass diese Lebensversicherungen und alle **Rechte** und Ansprüche hieraus allein **Herrn** ■■■ **zustehen**.

Herr ■■■ ist berechtigt, beliebige bezugsberechtigte Personen für diese Lebensversicherung zu benennen.

11. Fahrzeuge

Die Ehegatten ■■■ sind darüber einig, dass der Pkw ■■■ in das **Alleineigentum** des Ehemannes ■■■ und der Pkw ■■■ in das Alleineigentum der Ehefrau übergehen.

Der Besitzübergang ist jeweils bereits erfolgt; die Pkws sind bereits auf den Namen des jeweiligen Alleineigentümers zugelassen.

12. Hausrat und Konten

Der Hausrat ist **geteilt**. Die Vertragsteile sind über die bereits durchgeführte und bestehende Hausratsteilung einig.

Ebenso sind sämtliche **Bankkonten** geteilt und getrennt.

Jedem Ehegatten stehen die Konten, welche jeweils unter seinem Namen geführt werden und alle Rechte und Ansprüche hieraus allein zu.

Auf Einzelaufführung der Konten wird verzichtet.

13. Genossenschaftsanteile

Es bestehen nach Angabe folgende Beteiligungen an Genossenschaften:

Beteiligungen der Frau ■■■:

Genossenschaftsanteils-Nr. ■■■ Euro ■■■

Geschäftsanteil an der ■■■ Bank

Beteiligungen des Herrn ■■■:

Die Beteiligten sind darüber einig, dass die jeweiligen Genossenschaftsanteile der jeweils aufgeführten Person zum Alleineigentum und alleinigen Berechtigung zustehen.

14. Darlehen

Herr ■■■ hat Herrn ■■■ ein Darlehen in Höhe von Euro ■■■ gewährt.

Die Ehegatten ■■■ sind darüber einig, dass sämtliche **Gläubigerrechte** und **Ansprüche** und alle sonstigen Rechte aus diesem Darlehen alleine Herrn ■■■ zustehen.

Ebenso verbleiben sämtliche **Verpflichtungen** aus diesem Darlehen, einschließlich etwaiger angefallener oder anfallender **Steuern** aus diesem Darlehen oder im Zusammenhang mit diesem Darlehen bei Herrn ■■■

Herr ■■■ **stellt** vorsorglich Frau ■■■ aus allen diesbezüglichen Verpflichtungen **frei**.

Vorsorglich tritt Frau ■■■ alle Ansprüche auf Rückzahlung und Verzinsung des Darlehens an Herrn ■■■ ab. (Anmerkung: Im vorliegenden Fall wurde vom Ehemann einem **Dritten** ein Darlehen gewährt.)

15. Ausgleichszahlung

Die Überlassung und die weiteren Vereinbarungen in dieser Urkunde erfolgen zum Zwecke der **Vermögensauseinandersetzung** zwischen den Ehegatten ■■■

Der Ehemann ■■■ verpflichtet sich, im Hinblick auf die Vereinbarungen in dieser Urkunde und im Rahmen der gesetzlichen Bestimmungen zur Auseinandersetzung der Gütergemeinschaft an die Ehefrau ■■■ einen **Ausgleichsbetrag** in Höhe von Euro ■■■ zu bezahlen.

Dieser Betrag ist binnen 4 Wochen ab heute zur Zahlung fällig und bis dahin nicht zu verzinsen.

Die Zahlung hat zu erfolgen auf das Konto der Frau ■■■ bei der ■■■ Bank, Konto-Nr. ■■■

Wegen vorstehender Zahlungsverpflichtung von Euro ■■■ an die Ehefrau ■■■ unterwirft sich Herr ■■■ der **sofortigen Zwangsvollstreckung** aus dieser Urkunde in sein gesamtes Vermögen mit der Maßgabe, dass jederzeit eine vollstreckbare Ausfertigung dieser Urkunde erteilt werden kann.

Die Vertragsteile weisen den beurkundenden Notar übereinstimmend und einseitig unwiderruflich an, die **Eigentumsumschreibung** auf Herrn ■■■ aufgrund der Überlassungen in dieser Urkunde **erst dann** beim Grundbuchamt zu **beantragen**, wenn ihm Frau ■■■ schriftlich **bestätigt** hat, dass die **Ausgleichszahlung** von Euro ■■■ in voller Höhe an sie **bezahlt** ist oder dem Notar die Leistung dieser Ausgleichszahlung anderweitig nachgewiesen wurde.

Bis dahin sind beglaubigte Abschriften oder Ausfertigungen nur auszugsweise, ohne die Auflassung, zu erteilen.

Herr ■■■ verpflichtet sich, etwaige Steuern für den auseinandergesetzten Grundbesitz für die Vergangenheit und aus der Auflösung der Gütergemeinschaft allein zu bezahlen. (Zur steuerlichen Auswirkung bei Gütergemeinschaftsauseinandersetzung s. Teil 2, § 6 Rn 1)

16. Hinweise

Die Vertragsteile wurden vom Notar auf Folgendes hingewiesen:

– Das Eigentum am Vertragsgrundbesitz geht nicht schon mit Errichtung der Urkunde vor dem Notar, sondern erst mit Eintragung des Eigentumsübergangs in das Grundbuch auf den Erwerber über.

– Voraussetzung für diese Eintragung ist, dass etwa erforderliche Genehmigungen oder Zeugnisse über die Genehmigungsfreiheit und die grunderwerbsteuerliche Unbedenklichkeitsbescheinigung des Finanzamts vorliegen, sowie alle Kosten bei Gericht und Notar bezahlt sind.

– Sämtliche Vertragsbeteiligte haften unabhängig von den in dieser Urkunde wirksam getroffenen Vereinbarungen über die Kostentragungspflicht für etwa anfallende Grunderwerbsteuer sowie die Notariats- und Grundbuchkosten gesamtschuldnerisch. Der Vertragsgrundbesitz haftet für Rückstände an öffentlichen Lasten und Abgaben, insbesondere für einen etwaigen Erschließungsbeitrag.

– Etwa bestehende Miet- und Pachtverhältnisse werden durch diesen Vertragsschluss nicht berührt.

– Alle Vereinbarungen müssen gem. § 313 BGB richtig und vollständig beurkundet sein; alle nicht beurkundeten Abreden sind nichtig und stellen die Wirksamkeit der gesamten Urkunde infrage.

– Die Übereignung des Vertragsgrundbesitzes (Erklärung der Auflassung) vor Sicherstellung der Gegenleistungen kann für den Veräußerer, Vornahme von Verwendungen in den Vertragsbesitz und Erbringung von Gegenleistungen vor Vollzugssicherheit des Vertrages kann für den Erwerber mit Risiken verbunden sein.

– Die Leistung der Ausgleichszahlung sowie Verwendungen auf den Vertragsgrundbesitz vor Eintragung einer Auflassungsvormerkung, Erteilung etwa erforderlicher Genehmigungen, Lastenfreistellung, kann für Herrn ■■■ mit Gefahren verbunden sein. Der Notar hat auf mögliche Sicherungsmaßnahmen, insbesondere auf die Möglichkeit der amtlichen Hinterlegung der Ausgleichszahlung hingewiesen.

– Zu diesem Vertrag ist die behördliche Genehmigung nach § 2 GrdstVG erforderlich.

– Die Beteiligten beauftragen und bevollmächtigen den Notar und seinen jeweiligen Vertreter im Amt, für sie sämtliche zum Vollzug dieser Urkunde erforderlichen Erklärungen, insbesondere **Genehmigungen** oder **Negativbescheinigungen** einzuholen und alle ohne Auflagen und Bedingungen erteilte Genehmigungen oder Negativbescheinigungen für sie entgegenzunehmen.

– Für den Fall der Erteilung auflagefreier und bedingungsloser Genehmigungen wird auf Einzelzustellung und Einlegung von Rechtsbehelfen verzichtet.

– Alle Genehmigungen und Erklärungen, einschließlich etwaiger Genehmigungen von Beteiligten sollen mit Einlauf in der Notarsstelle und Kenntnisnahme durch den Notar als allen Vertragsteilen zugegangen gelten und somit rechtswirksam sein.

– Der Notar wird ferner allseits ermächtigt, unbeschadet bereits bestehender Ermächtigungen Genehmigungs- und Eintragungsanträge zu stellen, zu ergänzen und zurückzunehmen, Rechtsmittel einzulegen und beim Grundbuchamt Teilvollzug dieser Urkunde in jeder Richtung zu beantragen.

17. Finanzierungsvollmacht

Frau ■■■ **bevollmächtigt** hiermit Herrn ■■■, den gesamten Vertragsbesitz gemäß Abschnitt ■■■ dieser Urkunde sofort mit einem **Grundpfandrecht** in Höhe von Euro ■■■ zuzüglich 5 % Nebenleistung hieraus und zuzüglich 18 % Jahreszinsen aus der Grundschuld zu **belasten** und alle hierzu erforderlichen Erklärungen abzugeben und Anträge zu stellen, insbesondere die dingliche Zwangsvollstreckungsunterwerfung zu erklären.

Die Übernahme einer **persönlichen Haftung** durch Frau ■■■ ist jedoch **ausgeschlossen**.

Dieses Grundpfandrecht samt Nebenrechten dient **bis zur vollständigen Leistung** der Ausgleichszahlung ausschließlich als **Sicherheit** für die zur Entrichtung dieser **Ausgleichszahlung** an Frau ■■■ tatsächlich ausbezahlten Darlehensbeträge.

Bei Nichtdurchführung des Auseinandersetzungsvertrages hat daher jeder Gläubiger ohne weitere Auflagen nur gegen Rückerstattung der tatsächlich an Frau ■■■ ausbezahlten Darelehensbeträge eine Löschungsbewilllligung für das Grundpfandrecht mit Zinsen und Nebenleistungen abzugeben.

Herr ■■■ **tritt bereits heute bis zur Höhe** der **Ausgleichszahlung** von Euro ■■■ seine **Ansprüche** auf **Auszahlungder Darlehen** an Frau ■■■ ab.

Bei **Fälligkeit** der Ausgleichszahlung sind daher die **Darlehen unmittelbar** an Frau ■■■ auf das in Abschnitt ■■■ genannte Konto zu überweisen.

Herr ■■■ übernimmt die **Grundschuld** zur weiteren **dinglichen** Haftung.

Die Eigentümerrechte und Rückgewährsansprüche hinsichtlich der Grundschuld werden an Herrn ■■■ aufschiebend bedingt durch die Leistung der Ausgleichszahlung übertragen.

18. Weitere Vereinbarungen

a. Teilunwirksamkeit

Sollten einzelne oder mehrere Vereinbarungen in dieser Urkunde unwirksam sein oder werden, so berührt dies die Wirksamkeit der übrigen Vereinbarungen in dieser Urkunde nicht.

b. Abgeltungsklausel

Die Vertragsteile sind darüber einig, dass mit der gegenwärtigen Urkunde und deren Durchführung und Erfüllung alle gegenseitigen Ansprüche und Pflichten der Ehegatten ■■■ abgegolten sind. (Zur ausführlichen Generalabgeltungsklausel s. Teil 2, § 7 Rn 1 ff; Teil 1, Rn 125 ff)

Die Durchführung des **Versorgungsausgleichs** bleibt vorbehalten.

c. Kosten, Steuern

Die Kosten dieser Urkunde und ihres Vollzugs, der hierzu erforderlichen Genehmigungen, Negativbescheinigungen und sonstigen Erklärungen sowie die Katasterfortführungsgebühren trägt Herr ■■■

Die Kosten von Löschungen und Lastenfreistellungen trägt ebenfalls Herr ■■■

Die Kosten der jeweiligen anwaltlichen Vertreter trägt jeder Vertragsteil selbst.

Etwaige Schenkungsteuer trägt jeder Erwerber für seinen Erwerb.

Von dieser Urkunde erhalten Ausfertigungen:

- das Grundbuchamt
- die Vertragsteile
- das Finanzamt, Grunderwerbsteuerstelle
- das Finanzamt, Schenkungsteuerstelle
- das Landratsamt als Genehmigungsbehörde nach dem Grundstücksverkehrsgesetz
- Rechtsanwältin ■■■
- die ■■■ Bank

II. Vereinbarung Gütertrennung, Übertragung Miteigentumsanteil an einer vermieteten Wohnung

1. Beratung

a) Tatsächliche Ausgangssituation

Die Ehegatten sind Miteigentümer zu je ½ bezüglich einer vermieteten Eigentumswohnung.   232

Beratungshinweis: 233

Zur Verwalterzustimmung bei Übertragung einer Eigentumswohnung:
Wenn die Verwalterzustimmung zur Übertragung erforderlich sein soll, so muss dies im Grundbuch eingetragen werden. Das Zustimmungserfordernis ergibt sich damit aus dem Grundbuch. Die Verwalterzustimmung muss nach § 26 WEG notariell beglaubigt werden und kann nur aus wichtigem Grund abgelehnt werden, z.B. wenn der Käufer seinen Zahlungsverpflichtungen gegenüber der WEG nicht nachkommt.

Die Eigentumswohnung wurde auf den Ehemann übertragen. Gleiches gilt für die auf der Eigentumswohnung lastenden Schulden.   234

Die Ehefrau hat eine Zugewinnausgleichszahlung erhalten. Es wird **Gütertrennung** vereinbart.   235

b) Rechtliche Ausgangssituation

Zur regeln ist Folgendes: 236
- Besitzübergang,
- Wohngeldzahlungen,
- Instandhaltungsrücklage,
- Mietzinsen,
- etwaige Gewährleistungsansprüche gegenüber Firmen, Handwerkern u.a.,
- Haftungsfreistellung im Innenverhältnis und Außenverhältnis,
- Feststellung, dass keine weiteren ehegemeinschaftlichen Schulden vorhanden sind,
- Aufhebung des Güterstandes der Zugewinngemeinschaft und Vereinbarung der Gütertrennung,
- Klarstellung, dass auf etwaige bisher entstandene Zugewinnausgleichsansprüche und sonstige vermögensrechtliche Ansprüche verzichtet wird,
- Verzinsung bei verspäteter Zahlung,
- Vorlage der Vereinbarung an das Grundbuchamt erst bei Nachweis der Zahlungen.

2. Muster: Vereinbarung Gütertrennung, Übertragung Miteigentumsanteil an einer vermieteten Wohnung   237

■■■ ist folgender Grundbesitz eingetragen:
■■■/1000 Miteigentumsanteil an dem Grundstück Fl.St.Nr. ■■■ (Bezeichnung) verbunden mit dem **Sondereigentum** an der im Aufteilungsplan mit Nr. ■■■ bezeichneten Woh-

nung im ▬▬▬ im Obergeschoss des Hauses Nr. ▬▬▬, dem Abstellraum im Speicher Nr. ▬▬▬ und dem Sondereigentum, an dem mit Nr. ▬▬▬ bezeichneten Stellplatz im ▬▬▬ Kellergeschoss der Tiefgarage.

Als **Miteigentümer je zur Hälfte** der vorgenannten Sondereigentumseinheit sind die Ehegatten ▬▬▬ im Grundbuch eingetragen.

Bei der vorgenannten Sondereigentumseinheit ist im Grundbuch vermerkt, dass die Veräußerung grundsätzlich der **Zustimmung des Verwalters** der Wohnanlage bedarf; es bestehen jedoch **Ausnahmen**, wie z.B. bei der Veräußerung an den **Ehegatten**.

1. Besitz, Nutzungen, Lasten

Besitz, Nutzungen und Gefahren sind hinsichtlich des vertragsgegenständlichen Miteigentumsanteils mit Wirkung ab ▬▬▬ auf den Erwerber **übergegangen**.

Steuern, öffentliche Lasten und Abgaben aller Art übernimmt der Erwerber insoweit vom gleichen Zeitpunkt an.

Die **Wohngeldzahlungen** für die in Abschnitt ▬▬▬ genannten Objekte sind von dem genannten Zeitpunkt an allein vom Erwerber zu übernehmen.

Sämtliche Rechte, die bezüglich der in Abschnitt ▬▬▬ genannten Objekte gegenüber den betroffenen Eigentümergemeinschaften bestehen, insbesondere auch die Beteiligung an der entsprechenden **Instandhaltungsrücklage**, werden an den Erwerber zu dessen Alleinberechtigung abgetreten.

Das in Abschnitt ▬▬▬ genannte Objekt ist vermietet. Die **Mietzinsen** stehen ab Besitzübergang allein dem Erwerber zu. Vorsorglich wird der Anspruch auf entsprechende Mietzinszahlungen jeweils ab der nächsten Fälligkeit vom Veräußerer an den Erwerber zu dessen Alleinberechtigung abgetreten; erforderlichenfalls werden die Beteiligten die **Mieter** selbst von dieser **Abtretung** in **Kenntnis** setzen.

Zwischen den Beteiligten besteht jedoch Einigkeit, dass gegenseitig keinerlei Ausgleichsverpflichtungen bestehen, was die bisherige **Nutzziehung** und **Lastentragung** bezüglich der in Abschnitt ▬▬▬ genannten Objekte betrifft.

2. Gewährleistung

Soweit bezüglich des in Abschnitt ▬▬▬ genannten Objekts noch **Gewährleistungsansprüche** gegenüber dem Verkäufer dieses Objekts und den an der Errichtung des Bauwerks beteiligten **Firmen**, **Handwerkern** oder sonstigen Personen bestehen, werden diese hiermit an den Erwerber zu dessen Alleinberechtigung **abgetreten**; der Erwerber nimmt diese Abtretung hiermit an.

Die Vertragsteile stimmen allen der vertragsgemäßen Lastenfreistellung dienenden Erklärungen mit dem Antrag auf Vollzug im Grundbuch zu.

3. Gegenleistungen

Der Erwerber, Herr ▬▬▬ übernimmt die in Abschnitt ▬▬▬ aufgeführten **Grundpfandrechte** der ▬▬▬ Bank hinsichtlich des vertragsgegenständlichen Miteigentumsanteils jeweils in **dinglicher** Haftung zur weiteren Duldung. Soweit insoweit bis zur Eigentumsumschreibung Eigentümerrechte entstanden sind, werden diese an den Erwerber abgetreten. Die entsprechende Umschreibung auf den Erwerber im Grundbuch wird bewilligt.

Die den Grundpfandrechten derzeit zugrundeliegenden **Verbindlichkeiten**, für die die Vertragsteile bisher gesamtschuldnerisch haften und die laut einem vorliegenden Schreiben der ▬▬▬ Bank Euro ▬▬▬ betragen, werden bereits bisher – im Innenverhältnis zwischen den Beteiligten – alleine von Herrn ▬▬▬ getilgt und verzinst. Herr ▬▬▬ **übernimmt** diese Verbindlichkeiten als zukünftiger alleiniger Schuldner und verpflichtet sich hiermit, gegenüber Frau ■■■, auch zukünftig allein für Tilgung und Verzinsung dieser Verbindlichkeiten zu sorgen und Frau ■■■ aus jeder Inanspruchnahme aus diesen Verbindlichkeiten **freizustellen.**

Frau ■■■ soll aus der **persönlichen Haftung** für die den erwähnten Grundpfandrechten zugrundeliegenden Verbindlichkeiten entlassen werden.

Der **Notar** wird **beauftragt** und **ermächtigt**, entsprechende **Haftungsentlassungserklärungen** zu **erholen** und entgegenzunehmen.

In diesem Zusammenhang stellen die Beteiligten fest, dass ein **Schreiben** der ■■■ **Bank** vom ■■■ vorliegt, mit dem die genannte Bank **bestätigt**, dass sie keine Einwendungen hat, Frau ■■■ aus der persönlichen Darlehensmithaftung für die erwähnten Verbindlichkeiten **zu entlassen, nachdem** die entsprechende **Immobilie** – wie aufgrund der gegenwärtigen Urkunde geschehen – auf Herrn ■■■ allein **übertragen wird.**

Soweit **Kosten** im Zusammenhang mit den **Haftungsentlassungserklärungen** anfallen, kommt hierfür Herr ■■■ auf.

Klargestellt wird, dass keinerlei gegenseitige Ausgleichsverpflichtungen bestehen, was die **bisherige** Tilgung und Verzinsung der erwähnten Darlehensverbindlichkeiten betrifft.

In diesem Zusammenhang erklären die Beteiligten übereinstimmend, dass **keine weiteren ehegemeinschaftlichen Schulden** als die vorstehend aufgeführten vorhanden sind.

Weitere **Gegenleistungen** als die vorstehend genannten sind vom Erwerber für die **Übertragung des vertragsgegenständlichen Miteigentumsanteils** nicht zu erbringen.

4. Anweisung/Vollzugsauftrag/Hinweise

■■■

5. Gütertrennung/Zugewinnausgleich

Die Ehegatten ■■■ und ■■■ **heben** hiermit den bisher für ihre Ehe geltenden gesetzlichen Güterstand der **Zugewinngemeinschaft auf** und vereinbaren für die künftige Dauer ihrer Ehe den Güterstand der

Gütertrennung

Die Beteiligten sind darüber unterrichtet, dass damit jeder Ehegatte frei über sein Vermögen verfügen kann und dass im Falle einer Ehescheidung der während der Ehe entstandene Zugewinn nicht ausgeglichen wird.

In diesem Zusammenhang **verzichten die Beteiligten hiermit ausdrücklich auf sämtliche bisher entstandenen Zugewinnausgleichsansprüche und Ansprüche aus ehebedingten Zuwendungen,** soweit sich aus dem nachstehenden Abschnitt ■■■ nicht etwas anderes ergibt.

Sämtliche derartigen Ansprüche sind mit den in dieser Urkunde enthaltenen Vereinbarungen vollständig abgegolten.

Eine Eintragung der Gütertrennung in das **Güterrechtsregister** wird von den Beteiligten derzeit **nicht** gewünscht. Jeder Vertragsteil wird jedoch ermächtigt, diese Eintragung auch im Namen des anderen Vertragsteiles zu beantragen.

Zur **Abgeltung** sämtlicher Zugewinnausgleichsansprüche von Frau ■■■ verpflichtet sich Herr ■■■ an Frau ■■■ einen Betrag in Höhe von Euro ■■■ zu **bezahlen.**

Der vorgenannte Betrag ist **sofort** zur Zahlung **fällig** und auf das folgende Konto von Frau ■■■ einzuzahlen.

Herr ■■■ unterwirft sich wegen der vorstehend von ihm eingegangenen Zahlungsverpflichtung der **sofortigen Zwangsvollstreckung** aus dieser Urkunde in sein gesamtes Vermögen und zwar mit der Maßgabe, dass vollstreckbare Ausfertigung erteilt werden kann, ohne dass es des Nachweises der die Fälligkeit begründenden Tatsachen bedarf.

Wird der vorgenannte Betrag bei Fälligkeit ganz oder teilweise nicht bezahlt, so ist der noch offene Betrag mit **10 % Jahreszinsen** zu verzinsen, wobei die Zinsen sofort fällig sind. Der Notar wird angewiesen, dem Grundbuchamt die Urkunde zur Eigentumsumschreibung **erst vorzulegen**, nachdem ihm die **Zahlung** des Abfindungsbetrages **nachgewiesen** wurde.

III. Wohnrechtsvereinbarung, Übernahme Leibrente, Gütertrennung

1. Beratung

a) Tatsächliche Ausgangssituation

238 Die Ehegatten sind **Miteigentümer zu je ½** bezüglich eines gemeinsamen Anwesens. Der Zugewinnausgleich wird ausgeschlossen und **Gütertrennung** vereinbart. Zu Gunsten des Ehemannes wird ein **Wohnrecht** eingeräumt. In dem Anwesen wohnt ein Ehepaar, von dem das Anwesen auf **Leibrentenbasis** erworben wurde. Die Verpflichtung zur Zahlung der Leibrente wird vom Ehemann übernommen. Die Ehefrau hat das Recht, einen Raum unentgeltlich bis an ihr Lebensende weiter zu nutzen.

239 **Beratungshinweis:**

Zur Unterscheidung von Wohnrecht, Nießbrauch und Reallast:

Bei dem **Wohnrecht** handelt es sich um eine Unterart der beschränkten persönlichen Dienstbarkeit, so z.B. um Überlassung eines Grundstücks zu Wohnzwecken einschließlich **Mitbenutzung**. Bei Vereinbarung eines Wohnrechts besteht ein Benutzungsrecht unter **Ausschluss des Eigentümers** an bestimmten Räumlichkeiten in dem betreffenden Anwesen. Die Unterhaltungskosten trägt i.d.R. der Berechtigte.

Das **Nießbrauchsrecht** ist **umfassender** als das Wohnrecht. Während beim Wohnrecht nur die Aufnahme einer beschränkten Anzahl von Personen möglich ist, können beim **Nießbrauchsrecht** gem. § 1093 Abs. 2 BGB mehrere weitere Personen in die Wohnung aufgenommen werden. Auch ist Vermietung ohne Zustimmung des Eigentümers möglich.

Bei der Einräumung einer **Reallast** handelt es sich i.d.R. um **Dauerschuldverhältnisse**, z.B. die Einräumung eines Altenteilsrechts. Wird die Zahlung einer **Leibrente** vereinbart, so muss i.d.R. eine Zwangsvollstreckungsunterwerfungsklausel mit aufgenommen werden.

240 Darüber hinaus hat die Ehefrau das Recht, im Falle des **Todes** der beiden **Leibgedingsberechtigten** deren Wohnung unentgeltlich zu bewohnen. Macht sie innerhalb einer genannten Frist von diesem Wohnrecht keinen Gebrauch, so ist der Ehemann zur Nutzung des gesamten Anwesens berechtigt gegen Zahlung einer **Nutzungsentschädigung**.

b) Rechtliche Ausgangssituation

241 Zu regeln ist Folgendes:
- Vereinbarung der Gütertrennung,
- Ausschluss von Zugewinnausgleichsansprüchen für die Vergangenheit,
- Belehrung bezüglich Erbteilserhöhung, § 1371 BGB (hierzu s. Teil 2, § 1 Rn 169 f),

- Wohnrechtseinräumung für Ehemann und Ehefrau,
- Übernahme der Verpflichtung zur Zahlung der Leibrente,
- Einräumung des Rechts für die Ehefrau zur alleinigen Nutzung der Wohnung der Leibgedingsberechtigten nach deren Ableben,
- Übernahme von Verbrauchsgebühren und Lasten,
- für den Fall der Nichtausübung des Nutzungsrechts durch die Ehefrau: Zahlung von Nutzungsentschädigung in Höhe des ortsüblichen Mietzinses.

2. Muster: Wohnrechtsvereinbarung, Übernahme Leibrente, Gütertrennung

242

171

Wir vereinbaren hiermit ehevertraglich für die weitere Dauer unserer Ehe ab sofort den Güterstand der

Gütertrennung

nach den Bestimmungen des Bürgerlichen Gesetzbuchs.

Die Eintragung der Gütertrennung in das Güterrechtsregister wünschen wir vorerst nicht, jedoch ist jeder von uns berechtigt, den Antrag auf Eintragung im Güterrechtsregister jederzeit zu stellen.

Den Ausgleich des Zugewinns für die **Vergangenheit schließen** wir hiermit **aus**, gleichgültig wem von uns ein Zugewinnausgleichsanspruch zustehen sollte und auf welchen Betrag sich ein solcher Anspruch bezöge. Diesen gegenseitigen Verzicht auf Ausgleich eines etwaigen Zugewinns für die Vergangenheit nehmen wir hiermit gegenseitig an.

Über die gesetzlichen Regeln des Zugewinnausgleichs wurden wir vom Notar belehrt. Wir wissen, dass der Notar mangels umfassender Kenntnis unserer Vermögensverhältnisse nicht beurteilen kann, ob und ggf. für wen die zwischen uns getroffenen Vereinbarungen im Vergleich zur Durchführung des gesetzlichen Zugewinnausgleichs nachteilig sind.

Zum Zwecke der Streitvermeidung nimmt jeder von uns einen eventuellen Nachteil hin. Eine weitere Sachaufklärung durch den Notar wünschen wir nicht.

Wir wurden vom Notar auf die Bedeutung des Güterstandes der Gütertrennung hingewiesen, insbesondere darauf, dass aufgrund dieses Vertrages jeder von uns über sein Vermögen ohne Zustimmung des anderen Ehegatten frei verfügen kann,

ein Zugewinnausgleich nach Maßgabe der §§ 1372 ff BGB nicht stattfindet,

eine **Erhöhung des gesetzlichen Erbteils des überlebenden Ehegatten** gem. § 1371 BGB **ausgeschlossen** ist, sich die Gütertrennung auf das gesetzliche **Erb- und Pflichtteilsrecht** auswirken kann, die Gütertrennung **keinen Einfluss** auf die **Haftung für Verbindlichkeiten** eines Ehegatten hat.

Beratungshinweis:

243

Dieser Hinweis des Notars ist unbedingt erforderlich. Die Praxis zeigt, dass die Mandanten i.d.R. davon ausgehen, dass bei bestehender Gütertrennung – und zwar unabhängig davon, ob die Schulden gemeinsam unterzeichnet wurden oder nicht – gleichzeitig eine Entlassung aus Schulden, die z.B. für Zwecke des anderen aufgenommen wurden, erfolgt.

Wohnrecht

Die Beteiligten sind sich darüber einig, dass Herr ■■■ bis an sein **Lebensende allein** in dem Haus **wohnen** darf (die Parteien sind Miteigentümer bezüglich des Anwesens). Er ist auch befugt, andere Personen zum Wohnen in das Haus aufzunehmen.

Auf **dingliche Sicherung** dieses Wohnungsrechts wird **verzichtet**.

Dafür hat Herr ■■■ die gesamte an das Ehepaar ■■■ geschuldete **Leibrente**, die aufgrund des Kaufvertrages vom ■■■ zu diesamtlicher Urkunde geschuldet wird, im **Innenverhältnis allein** zu tragen und Frau ■■■ von allen Verpflichtungen hieraus freizustellen. Der Notar hat die Beteiligten darauf hingewiesen, dass eine befreiende Schuldübernahme der **Zustimmung** der **Gläubiger** bedarf.

Herr ■■■ hat die Grundsteuer sowie sämtliche Verbrauchsgebühren sowie alle gewöhnlichen und außergewöhnlichen **Reparaturen** und **Lasten** sowie **Schönheitsreparaturen** in vollem Umfang für das gesamte Haus zu tragen.

Frau ■■■ ist hingegen befugt, ohne Zahlung einer Gegenleistung den im Erdgeschoss befindlichen ■■■ Raum weiterhin **unentgeltlich** bis an ihr Lebensende **selbst zu nutzen**.

Auch diesbezüglich wird trotz Erörterung mit dem Notar auf dingliche Absicherung verzichtet. Auf die Bedeutung schuldrechtlicher Vereinbarungen wurde hingewiesen.

In der **Erdgeschosswohnung**, bestehend aus 2 Zimmern, Küche, Bad/WC, wohnen derzeit die **Ehegatten** ■■■ in Ausübung ihres am Grundstück eingetragenen **Leibgedings**. Ebenfalls durch das Leibgeding gesichert ist das Recht der Benutzung der unmittelbar am Haus angrenzenden Garage ■■■. Für die Zeit **nach dem Tode der beiden Leibgedingsberechtigten**, womit die Rechte der Ehegatten erlöschen, wird Folgendes vereinbart:

■■■ (**Ehefrau**) ist ab diesem Zeitpunkt berechtigt, in der vorbezeichneten Wohnung **unentgeltlich zu wohnen**, unentgeltlich die unmittelbar am Haus angrenzende Garage zu nutzen und unentgeltlich die derzeit den **Leibgedingsberechtigten** zustehenden **Mitbenutzungsrechte** auszuüben. Sie ist befugt, auch andere Personen zum Wohnen in die vorbezeichneten Räume mit aufzunehmen.

Macht Frau ■■■ von diesem **Nutzungsrecht Gebrauch**, hat sie entsprechend ihrem Miteigentumsanteil am Grundbesitz alle öffentlichen **Lasten** und Abgaben des Grundbesitzes, alle **Verbrauchsgebühren**, soweit diese auf die Eigentümer umgelegt werden, sowie die Kosten aller gewöhnlichen und außergewöhnlichen **Reparaturen, Lasten** und Schönheitsreparaturen neben dem anderen Miteigentümer zu tragen.

Die Vereinbarung einer entsprechenden **Verwaltungs- und Benutzungsregelung** gem. § 1010 BGB und deren Eintragung im Grundbuch kann in diesem Fall von jedem der Vertragsteile vom anderen Vertragsteil verlangt werden.

Nach dem **Tode beider Ehegatten** (Leibgedingsberechtigte) ■■■ hat sich Frau ■■■ (Ehefrau) binnen einer Frist von 3 Monaten gegenüber dem anderen Miteigentümer schriftlich darüber zu erklären, ob sie die vorstehend beschriebene Eigennutzung wünscht oder nicht.

Für den Fall, dass Frau ■■■ die vorstehend beschriebene Eigennutzung durch sie ablehnt, ist Herr ■■■ (**Ehemann**) zur **Nutzung** des **gesamten Haus-** und **Grundbesitzes berechtigt** und verpflichtet, wobei es ihm freigestellt ist, die vorstehend beschriebene Wohnung selbst zu nutzen oder durch Dritte, auch im Wege einer Vermietung nutzen zu lassen; in jedem Fall hat er jedoch, falls Frau ■■■ (Ehefrau) ihre Eigennutzung ablehnt, ihr für die vorstehend beschriebene Wohnung samt Garage eine monatliche **Nutzungsentschädigung** in Höhe des **ortsüblichen Mietzinses** zu bezahlen.

Eine dingliche Sicherung dieser Zahlungsverpflichtung wird ausdrücklich nicht gewünscht.

IV. Notarielle Beurkundung einer schuldrechtlichen Vereinbarung, Auseinandersetzung einer Gütergemeinschaft

1. Beratung

a) Tatsächliche Ausgangssituation

Die Ehegatten haben anlässlich eines **gerichtlichen Termins** eine **Vereinbarung** zu **Protokoll** gegeben, die lediglich **schuldrechtlich** abgeschlossen wurde, mit der Maßgabe, dass innerhalb einer bestimmten Frist notarielle Beurkundung erfolgen muss.

Beratungshinweis:

Zur Klarstellung sollte hier bereits in der protokollierten Vereinbarung aufgenommen werden, dass die **Nichteinhaltung** der **Frist** zur Beurkundung ausdrücklich die Wirksamkeit der abgeschlossenen Vereinbarung nicht berührt! Andernfalls könnte Streit darüber entstehen, ob die Frist **Geschäftsgrundlage** für die gesamte Vereinbarung war. Darüber hinaus ist immer in solchen Fällen aufzunehmen, dass die **nähere Ausgestaltung** der Vereinbarung anlässlich der notariellen **Beurkundung** erfolgt. Werden Streitpunkte der Parteien übersehen, wie z.B. eine Regelung bezüglich der bisherigen Nutzziehung und Lastentragung einer Immobilie, Kostenregelungen, Grundpfandrechte, die Frage der Eintragung einer Auflassungsvormerkung, die Vorlage einer **Finanzierungszusage** u.a., kann unter Umständen eingewandt werden, dass die zu Protokoll gegebene Vereinbarung **abschließend** sei und weitere Vereinbarungen nicht mehr getroffen werden.

b) Rechtliche Ausgangssituation

Zu regeln ist Folgendes:

- Keine Auswirkung auf die Wirksamkeit der Vereinbarung nach Ablauf der vereinbarten Frist zur notariellen Beurkundung.
- In nachfolgender Urkunde wurde auf Verlesen und Beifügen der gerichtlichen Vereinbarung verzichtet. Die Beifügung der Vereinbarung ist jedoch unter Umständen sinnvoll zur Vermeidung von Widersprüchen.
- Aufhebung eines bestehenden Ehe- und Erbvertrages.

Beratungshinweis:

Die Aufhebung eines bestehenden Ehe- u. Erbvertrages ist erforderlich, insbesondere für den Fall, dass in einem bestehenden Erbvertrag Regelungen zu Gunsten der Kinder, wie z.B. Übergabeverpflichtung bezüglich eines Anwesens u.a. getroffen wurden (im Einzelnen zu erbvertraglichen Regelungen s. Teil 2, § 5 Rn 1 ff).

- Auseinandersetzung der Gütergemeinschaft und Zuteilung der vorhandenen Vermögenswerte,
- Übernahme von Schulden/Beibringung der Haftungsentlassungserklärung durch den Notar,

244

245

246

247

- Klarstellung, dass keine weiteren Schulden seitens beider Parteien vorhanden sind,
- Gegenleistung: Zahlungsbetrag,
- Zwangsvollstreckungsunterwerfungsklausel,
- Finanzierungsvollmacht (hierzu s. im Einzelnen nachfolgend Rn 250; Teil 3, § 2 Rn 231),
- Abtretung der Ansprüche bezüglich des Auszahlungsbetrages und Mitteilung der Abtretung an die Gläubiger,
- im Hinblick darauf, dass die Vermögensauseinandersetzung erst nach der Scheidung erfolgte: Freistellungsantrag betreffend Grunderwerbsteuer gem. § 3 Ziff. 5 Grunderwerbsteuergesetz.

248 **2. Muster: Notarielle Beurkundung einer schuldrechtlichen Vereinbarung, die zu Protokoll des Gerichts gegeben wurde, zur Auseinandersetzung einer Gütergemeinschaft**

■■■ im Rahmen des Scheidungsverfahrens haben die Beteiligten **zu Protokoll** des Amtsgerichts ■■■ vom ■■■ Az ■■■ eine Vereinbarung getroffen und sich in Ziffer ■■■ dieser Vereinbarung **verpflichtet**, dass die entsprechende Vereinbarung bis spätestens ■■■ **notariell beurkundet** wird.

Die Beteiligten erklären sich ausdrücklich damit einverstanden, dass diese Beurkundung **erst heute** mit der gegenwärtigen Urkunde erfolgt (Hinweis: Nach Ablauf der vereinbarten Frist).

Der Inhalt der vorgenannten zu Protokoll des Gerichts geschlossenen Vereinbarung ist den Beteiligten bekannt. Auf Verlesen und Beifügen der gerichtlichen Vereinbarung zur gegenwärtigen Urkunde wird allseits verzichtet.

In Erfüllung der vorstehenden Verpflichtung werden von den Beteiligten die nachstehenden Vereinbarungen getroffen. Sofern die in der gegenwärtigen Urkunde niedergelegten Vereinbarungen und von der erwähnten zu Protokoll des Gerichts geschlossenen Vereinbarung **abweichen** oder diese **ergänzen**, sind die in der **gegenwärtigen Urkunde** niedergelegten Vereinbarungen **maßgebend**.

1. Ehe- und Erbvertrag

Die Beteiligten haben zur Urkunde ■■■ einen Ehe- und Erbvertrag geschlossen, in dem sie für ihre Ehe den Güterstand der Gütergemeinschaft vereinbart haben und verschiedene erbrechtliche Regelungen getroffen haben, insbesondere enthält der vorgenannte Vertrag eine Übergabeverpflichtung bezüglich des Anwesens ■■■ an ein gemeinsames Kind.

Grundbesitz ■■■

2. Auseinandersetzung

- Herr ■■■ erhält und übernimmt zum Alleineigentum bzw. zur Alleinberechtigung
- die in ■■■ näher beschriebenen Grundstücke ■■■
- den Pkw, Marke ■■■ mit dem amtlichen Kennzeichen ■■■
- die Lebensversicherung bei der ■■■ Versicherungsnummer ■■■
- Alles übrige gütergemeinschaftliche Vermögen, das vorstehend nicht zugeteilt worden ist, steht demjenigen Vertragsteil entschädigungslos zum Alleineigentum zu, in dessen Besitz sich die betreffenden Vermögensgegenstände derzeit befinden. Dies gilt insbesondere auch für die jeweiligen Hausratsgegenstände und die jeweiligen Bankkonten, die nach Angabe der Beteiligten bereits vollständig getrennt sind.

- Die Beteiligten verpflichten sich gegenseitig, unverzüglich alle Rechtshandlungen vorzunehmen und Maßnahmen zu treffen, die zur Erfüllung der Vermögenszuteilung gem. Ziffer ■■■ eventuell noch erforderlich sind. In diesem Zusammenhang etwa anfallende Kosten sind von Herrn ■■■ zu tragen.

3. Auflassung, Vormerkung

■■■

4. Besitz, Nutzungen, Lasten

■■■

5. Mängelhaftung, Verbindlichkeiten

- Der Erwerber übernimmt sämtliche an dem Vertragsgrundbesitz eingetragenen, in Ziffer ■■■ näher bezeichneten Belastungen bei Eigentumsumschreibung zur weiteren Duldung und verpflichtet sich, Frau ■■■ aus jeder Inanspruchnahme aus den diesen Belastungen zugrundeliegenden Verpflichtungen freizustellen.
  Sämtliche bei Eigentumsumschreibung bezüglich der im Vertragsgrundbesitz eingetragenen Grundschulden bestehenden Eigentümerrechte werden an den Erwerber zu dessen Alleinberechtigung abgetreten; die entsprechende Umschreibung auf den Erwerber im Grundbuch wird bewilligt.
  Nach Angaben der Beteiligten bestehen derzeit folgende Verbindlichkeiten, für die die Beteiligten bisher gemeinsam haften und die durch die aufgeführten Grundschulden abgesichert sind: ■■■
  Diese Belastungen werden von Herrn ■■■ zur alleinigen Tilgung und Verzinsung übernommen.
- Herr ■■■ verpflichtet sich, gegenüber Frau ■■■ unverzüglich dafür Sorge zu tragen, dass Frau ■■■ von den vorgenannten Gläubigern von Verbindlichkeiten aus der persönlichen Mithaftung für diese Verbindlichkeiten – soweit sie derzeit noch bestehen – entlassen wird. In diesem Zusammenhang anfallende Kosten trägt Herr ■■■.
- Der Notar wird beauftragt, für die den eingetragenen Grundpfandrechten zugrundeliegenden Verbindlichkeiten entsprechende Haftungsentlassungserklärungen zu erholen und entgegenzunehmen.
- Die Parteien versichern, dass sie keinerlei Schulden haben, mit Ausnahme jener, die von den Vertragsteilen gemeinsam eingegangen worden sind.

Beratungshinweis:

249

Diese Klarstellung ist bei bestehender **Gütergemeinschaft** immer erforderlich, da Schulden, die während des Bestehens der Gütergemeinschaft aufgenommen wurden – unabhängig davon, ob die Darlehensverträge von einem Ehegatten oder beiden Ehegatten unterzeichnet wurden – **Gesamtschulden** sind. Zwar bestehen möglicherweise wechselseitige Erstattungsansprüche betreffend solcher allein aufgenommener Schulden, die nicht gemeinsamen Zwecken dienen, jedoch haftet gegenüber der Bank zunächst das Gesamtgut und damit beide Ehegatten!

6. Gegenleistungen

Herr ■■■ verpflichtet sich, als Gegenleistung für die in dieser Urkunde niedergelegte Vermögenszuteilung einen Betrag in Höhe von Euro ■■■ an Frau ■■■ zu bezahlen, der am ■■■ zur Zahlung fällig ist.

Bis zu seiner Fälligkeit ist der vorgenannte Betrag nicht zu verzinsen. Ab Fälligkeit ist er mit 5 % über dem Basiszinssatz zu verzinsen.

■■■ Zwangsvollstreckungsunterwerfung

Sonstige Ausgleichszahlungen für die in dieser Urkunde enthaltenen Vermögenszuteilungen haben durch die Beteiligten nicht zu erfolgen. Mit den in dieser Urkunde enthaltenen Vereinbarungen sind alle gegenseitigen Ansprüche, die das Vermögen der Beteiligten betreffen, abgegolten.

7. Anweisung

Die Vertragsteile weisen den Notar unter Verzicht auf ihr eigenes Antragsrecht an, diese Urkunde den Grundbuchämtern zum Vollzug der Eigentumsumschreibung auf Herrn ■■■ erst vorzulegen, wenn

– die in Abschnitt ■■■ genannten Haftungsentlassungserklärungen von eingetragenen Grundpfandrechtsgläubigern vorliegen oder die entsprechenden Grundpfandrechtsgläubiger zumindest schriftlich bestätigt haben, dass eine Haftungsentlassung von Frau ■■■ nach Eigentumsumschreibung auf Herrn ■■■ erfolgen wird und

Frau ■■■ die Bezahlung des in Abschnitt ■■■ genannten Betrages schriftlich bestätigt hat oder Herr ■■■ einen entsprechenden Zahlungsnachweis erbracht hat.

Vorher sind Ausfertigungen oder beglaubigte Abschriften dieser Urkunde, die die Auflassung enthalten, nur Frau ■■■ zu erteilen.

250 **Beratungshinweis:**

Die Vereinbarung, wonach die Urkunde **dem Grundbuchamt erst vorgelegt** werden darf, wenn die Haftungsentlassungserklärungen betreffend die ehegemeinschaftlichen Schulden vorliegen sowie der Abfindungsbetrag bezahlt wurde, bietet nahezu höchstmögliche Sicherheit für die Ausgleichsberechtigte, da der Ausgleichspflichtige ohne Erfüllung dieser wesentlichen Bedingungen für die Vereinbarung nicht Eigentümer der zu übertragenden Immobilie werden kann!

8. Finanzierungsvollmacht

– Zum Zwecke der Finanzierung des in Abschnitt ■■■ genannten Betrages erteilt Frau ■■■ Herrn ■■■ unter Befreiung von den Beschränkungen des § 181 BGB Vollmacht, an dem derzeit noch im Gesamtgut der – nicht auseinandergesetzten – Gütergemeinschaft befindlichen, mit dieser Urkunde Herrn ■■■ zugeteilten Grundbesitz noch vor Umschreibung des Eigentums auf Herrn ■■■ die Eintragung von Grundpfandrechten zu bewilligen und zu beantragen.

– Herr ■■■ ist berechtigt, diese Grundpfandrechte für einen oder mehrere Gläubiger mit dinglicher Zwangsvollstreckung in unbeschränkter Höhe zu bestellen und alle zur Rangbeschaffung erforderlichen Erklärungen abzugeben.

– Frau ■■■ übernimmt jedoch keinerlei persönliche Haftung oder Zahlungsverpflichtung für die durch solche Grundpfandrechte gesicherten Forderungen und die anfallenden Kosten. Von vorstehender Vollmacht darf nur vor einem Notar mit dem Amtssitz in ■■■ (Ort der Beurkundung) Gebrauch gemacht werden.

– Herr ■■■ tritt bereits jetzt seine Ansprüche auf erstmalige Valutierung dieser Grundpfandrechte und auf Auszahlung der durch solche Grundpfandrechte gesicherten Darlehen – bei Bausparverträgen auch die Ansprüche auf Auszahlung der

Ansparsumme – entsprechend der Fälligkeit des in Abschnitt ▪▪▪ genannten Betrages bis zu dessen Höhe erfüllungshalber an Frau ▪▪▪ ab; diese nimmt die Abtretung an.
- Herr ▪▪▪ versichert, dass er über diese Ansprüche noch nicht anderweitig verfügt hat.
- Die Vertragsteile **weisen** die Darlehensgeber unwiderruflich an, die abgetretenen Beträge ausschließlich **an Frau** ▪▪▪ auszuzahlen.
- Die **Gläubiger** erhalten als **Mitteilung dieser Abtretung** eine Abschrift dieser Urkunde.
- Die Abtretung wird gegenstandslos, wenn der in Abschnitt ▪▪▪ genannte Betrag bezahlt ist.
- Aufgrund vorstehender Finanzierungsvollmacht bestellte Grundpfandrechte werden vom Erwerber bei Eigentumsumschreibung zur weiteren Duldung übernommen.
- Die – aufgrund der vorstehenden Finanzierungsvollmacht – bestellten Grundpfandrechte sowie die bei Eigentumsumschreibung auf Herrn ▪▪▪ bestehenden Eigentümerrechte werden an Herrn ▪▪▪ abgetreten.

Beratungshinweis: 251

Sind beide Ehegatten noch Miteigentümer bezüglich einer Immobilie, sei es im Güterstand der Zugewinngemeinschaft oder im Güterstand der Gütertrennung, und wird eine Ausgleichszahlung gegen Eigentumsübertragung vereinbart, so ist i.d.R. erforderlich, die Finanzierung des Auszahlungsbetrages über eine dingliche Absicherung der ehegemeinschaftlichen Immobilie vorzunehmen.

Eine solche dingliche Absicherung ist jedoch nur möglich mit Zustimmung des übertragenden Ehegatten. Zu diesem Zweck wird eine Finanzierungsvollmacht erteilt, jedoch mit der Maßgabe, dass der zu finanzierende Betrag ausschließlich zum Zwecke der Auszahlung des Abfindungsbetrages an die Ausgleichsberechtigte verwendet werden darf. Aus diesem Grunde erfolgt die vorstehende Abtretung sowie die Mitteilung der Abtretung an die Gläubiger durch Übersendung einer Abschrift der Urkunde.

9. Aufhebung des Erbvertrages

Der mit der in Ziffer ▪▪▪ genannten Urkunde geschlossene Erbvertrag ist, wie die Beteiligten feststellen, gem. § 2077 Abs. 1 BGB aufgrund des rechtskräftigen Scheidungsurteils unwirksam geworden. Vorsorglich heben die Vertragsteile diesen Erbvertrag hiermit vollumfänglich auf.

Beratungshinweis: 252

Auch bei Anhängigkeit eines Scheidungsverfahrens muss ein bestehender Erbvertrag aufgehoben werden. Dies dient zum einen der Klarstellung, zum anderen ist die Aufhebung jedoch erforderlich, wenn, was häufig der Fall ist, in dem Erbvertrag die Kinder bereits unmittelbar z.B. mit Vermächtnissen bedacht werden. In diesen Fällen könnte die Auslegung ergeben, dass die Regelungen zu Gunsten der Kinder, trotz Anhängigkeit des Scheidungsverfahrens, wirksam bleiben sollen (im Einzelnen zu Erbverträgen s. Teil 2, § 5 Rn 1).

10. Salvatorische Klausel

■■■

11. Vollzugsauftrag

■■■

12. Weitere Hinweise

■■■

13. Kosten, Abschriften

Die durch diesen Vertrag entstehenden Kosten tragen die Vertragsteile je zur Hälfte. Für die Kosten des grundbuchamtlichen Vollzugs und eventuell für seinen Erwerb anfallende Verkehrsteuern hat allein der Erwerber aufzukommen.

Da der Erwerb des Vertragsgrundbesitzes durch den Erwerber im Rahmen der Vermögensauseinandersetzung **nach der Scheidung** der Beteiligten erfolgt, wird für diesen Erwerb **Freistellung** von der Grunderwerbsteuer gem. **§ 3 Ziff. 5 des Grunderwerbsteuergesetzes beantragt**.

I. Ehebedingte Zuwendungen

I. Unbenannte Zuwendung

1. Beratung

a) Tatsächliche Ausgangssituation

253 Der Ehefrau wird eine Immobilie übertragen. Eine **Rückforderung** soll für den Fall der Scheidung **ausgeschlossen** sein. Soll dem anderen Ehegatten im Falle der Scheidung eine ehebedingte unbenannte Zuwendung verbleiben und keine Rückforderung erfolgen, empfiehlt sich nachfolgendes Muster.

b) Rechtliche Ausgangssituation

254 Da unbenannte Zuwendungen im Güterstand der Gütertrennung (eingeschränkt auch im Güterstand des Zugewinnausgleichs) bei Scheidung der Ehe der Rückabwicklung nach den Grundsätzen des Wegfalls der **Geschäftsgrundlage** unterliegen,[51] muss eine **ausdrückliche** vertragliche **Regelung** bezüglich der Rückabwicklungsfrage aufgenommen werden (im Einzelnen zu den Möglichkeiten von Vereinbarungen zu unbenannten Zuwendungen während der Ehe s. Teil 2, § 1 Rn 272 ff).

255 Zur Auswirkung ehebenannter Zuwendungen und Rückgewähransprüchen für den Fall, dass eine Vereinbarung nicht getroffen wird, s. *Heiß*, Das Mandat im Familienrecht, Rn 334 ff zu Teil 10.

---

51 BGH NJW 1982, 2236.

2. Muster:[52] Ehebedingte unbenannte Zuwendung

> **1. Vertragsobjekt**
>
> Der Ehemann ist Alleineigentümer des Wohnungseigentums (Beschrieb nach Grundbuch).
>
> Das Wohnungseigentum ist lastenfrei. Seine Veräußerung an den Ehegatten ist nach der Teilungserklärung vom Erfordernis der Verwaltergenehmigung ausgenommen.
>
> **2. Ehebedingte Zuwendung**
>
> Der Ehemann wendet der Ehefrau hiermit im Wege der ehebedingten Zuwendung zum freiwilligen **Zugewinnausgleich** das Vertragsobjekt zu.
>
> Die heutige Zuwendung soll dem Empfänger auch dann endgültig verbleiben, wenn die Ehe geschieden wird. Die Rückforderung ist auf jeder Anspruchsgrundlage ausgeschlossen. Auf das Verschulden am Scheitern der Ehe kommt es nicht an. Die Scheidung führt nicht zum Wegfall der Geschäftsgrundlage der Zuwendung.

II. Zuwendung aus Haftungsgründen[53]

1. Beratung

a) Tatsächliche Ausgangssituation

Eine ehebedingte Zuwendung aus Haftungsgründen kommt entweder in Betracht, wenn der übertragende Ehegatte bereits erhebliche **Schulden** hat oder aufgrund seiner beruflichen Tätigkeit – z.B. selbständiger Unternehmer – besonderen **Haftungsgefahren** ausgesetzt ist. Im Hinblick auf die streitige **Pfändbarkeit** (hierzu s. nachfolgend Ziffer 2 und o. Teil 2, § 1 Rn 308 ff) von **Rückforderungsansprüchen**, wie sie im vorliegenden Fall für den Fall der Scheidung vereinbart werden, empfiehlt *Langenfeld*,[54] das **Rückforderungsrecht** auf den **Fall der Scheidung** zu begrenzen. Zu regeln ist, ob bei Rückforderungen ein **Verwendungsersatz** zu Gunsten des Rückübertragungspflichtigen vereinbart wird.

b) Rechtliche Ausgangssituation

Die Absicherung im Grundbuch durch Eintragung einer **Vormerkung verhindert** die **Vereitelung** des **Rückforderungsrechts** durch Veräußerung an einen gutgläubigen Dritten. Der Fall des Vorversterbens ist in das Rückforderungsrecht einbezogen, um die **Eingliederung** in den **Nachlass** der Ehefrau zu vermeiden.

258

Streitig ist, ob das Rückforderungsrecht für den Scheidungsfall **pfändbar** ist. Diese Frage ist höchstrichterlich noch nicht entschieden. Ein Urteil des BGH[55] zur Pfändung eines uneingeschränkten Rückforderungsrechts zwischen Ehegatten gibt aber eine Richtung vor. Die Pfändung wurde vom BGH als wirksam betrachtet, wobei der BGH **unterscheidet** das Recht, die Rückübertragung zu **verlangen**, das er als Gestal-

---

259

52 Langenfeld, Handbuch der Eheverträge und Scheidungsvereinbarungen, Rn 1164 zu Kap. 6.
53 Im Einzelnen zu den Vertragsgestaltungen s.o. Teil 2, § 1 Rn 304 ff.
54 Langenfeld a.a.O. Rn 1186 zu Kap. 6.
55 BGH FamRZ 2003, 858.

tungsrecht ansieht, von dem durch Ausübung dieses Rechts entstehenden **Rückübertragungsanspruch**.[56] Sowohl das Gestaltungsrecht wie der Rückübertragungsanspruch müssten gepfändet werden, es sei also eine „**Doppelpfändung**" erforderlich.

260   Die Unpfändbarkeit der reinen Scheidungsklausel erstreckt sich nach den Ausführungen des BGH[57] wohl nicht auf den Fall, dass die Rückforderung **auch bei Vollstreckungsmaßnahmen gegen den übernehmenden Ehegatten** verlangt werden kann. Würde man hier das Rückforderungsrecht durch Unpfändbarkeit schützen, so würde eine **unpfändbare** Sache geschaffen. Hieraus folgt, dass man das **Rückforderungsrecht auf den Fall der Scheidung begrenzen sollte**.[58]

261   In der Literatur werden Lösungen diskutiert zur Vermeidung der Pfändung des Rückübertragungsanspruchs, die jedoch sämtlich nicht überzeugen können,[59] so z.B. statt des Rückforderungsrechts lediglich ein **Angebot** des empfangenden Ehegatten auf Rückübertragung zu beurkunden, das den **zuwendenden Ehegatten** unwiderruflich zur **Annahme** ermächtigt, wenn die Ehe **geschieden** wird. Wenn man dieses Angebot als familienbezogen und damit unpfändbar ansehen würde, würde man das Pfändungsproblem vermeiden.[60]

262   **2. Muster:**[61] **Ehebedingte unbenannte Zuwendung aus Haftungsgründen**

> ■■■ Vertragsobjekt ■■■
>
> **Ehebedingte Zuwendung:**
>
> Der Ehemann wendet der Ehefrau hiermit seine Miteigentumshälfte an dem Vertragsobjekt im Wege der **ehebedingten Zuwendung** zur Herstellung einer zweckmäßigen ehelichen Vermögensordnung zu. Einig über den Eigentumsübergang bewilligen und beantragen die Beteiligten den Vollzug im Grundbuch.
>
> Der Ehemann hat das Recht, im Fall der **Scheidung** oder bei Auflösung der Ehe durch den Tod der Ehefrau den heute zugewendeten Miteigentumsanteil zurückzufordern. Hat die Ehefrau auf den Miteigentumsanteil aus ihrem Vermögen **Verwendungen** gemacht, so sind ihr oder ihren Erben diese zu erstatten. Die Kosten der Rückforderung trägt der Ehemann.
>
> Zur Sicherung des Rückforderungsrechts ist eine **Eigentumsvormerkung** zum Rückerwerb des hälftigen Miteigentums für den Ehemann einzutragen, deren Eintragung hiermit bewilligt und beantragt wird.

56   Langenfeld a.a.O. Rn 1181 zu Kap. 6.
57   BGH FamRZ 2003, 858.
58   Langenfeld a.a.O. Rn 1186 zu Kap. 6.
59   Langenfeld a.a.O. Rn 1188 zu Kap. 6.
60   Langenfeld a.a.O. Rn 1191 zu Kap. 6.
61   Langenfeld a.a.O. Rn 1168 zu Kap. 6.

III. Rückforderungsrecht bei unbenannten Zuwendungen und Auswirkung auf Zugewinnausgleich

1. Beratung

a) Tatsächliche Ausgangssituation

Bei bestehender **Zugewinngemeinschaft** wirkt sich der Wert des Rückforderungs- 263 objekts beim **Rückforderungsberechtigten** in der Weise aus, dass sein Zugewinn sich **vermehrt** um die Differenz zwischen dem Wert des Objekts bei Übertragung und bei Rückforderung. Wird diese Vermögensmehrung neutralisiert aufgrund sonstiger vorhandener Negativposten, so empfiehlt sich die nachfolgende Vereinbarung, wonach der Rückforderungs**verpflichtete** die **Hälfte** der Wertsteigerung bezüglich des Rückforderungsobjekts zu **zahlen** hat.

In der nachfolgend aufgeführten Vereinbarung sind dem Zuwendungsempfänger, der 264 sodann die Immobilie zurückzuübertragen hat, **Verwendungen** zu erstatten, soweit sie aus **Anfangsvermögen** bzw. **privilegiertem** Vermögen erfolgt sind. Die Zulässigkeit der Rückforderung wird davon abhängig gemacht, dass der **Zugewinn** des Zuwendenden mindestens so **hoch** ist wie die während der Ehe eingetretene **Wertsteigerung** des Grundstücks nach Abzug der Verwendungen.

b) Rechtliche Ausgangssituation

Neben der Begründung des Rückforderungsanspruchs hat die Vereinbarung die Ver- 265 pflichtung zur **Rückerstattung** verwendeten **Anfangsvermögens** an den Rückforderungsgegner zu enthalten, ferner die Verpflichtung des Rückfordernden zur **Übernahme von Grundpfanddarlehen** und schließlich die Vorsorge für den Fall, dass der Wert des Rückerwerbs im Vermögen des Rückfordernden **durch Negativposten neutralisiert wird.** Dies deshalb, weil auf der Grundlage der nach Rückforderung gegebenen Vermögensverteilung der **Zugewinnausgleich** stattfindet. Das ausgleichspflichtige Vermögen des Rückfordernden **vermehrt** sich also um den **Wert** des **Rückforderungsobjekts**, sein Zugewinn damit um die Differenz zwischen dem Wert des Objekts bei Erhalt und dem Wert bei Rückforderung. Von dieser ausgleichspflichtigen Wertsteigerung, die etwa durch Verwendungen aus Familieneinkommen herbeigeführt sein kann, erhält der Rückforderungs**verpflichtete die Hälfte** im Zugewinnausgleich in Geld zurück. Dieser Mechanismus ist gestört, wenn der Rückerwerb nicht zu einer entsprechenden Vermögensmehrung beim Rückfordernden führt, weil er durch sonstige Negativposten neutralisiert wird.[62]

---

62 Langenfeld a.a.O. Rn 1175 zu Kap. 6.

266

2. Muster: Zahlung der hälftigen Wertsteigerung[63]

> **Erhält** der Rückforderungsverpflichtete **nicht die Hälfte** der von den Eheleuten in der Ehezeit durch Verwendungen aus Zugewinn **herbeigeführten Wertsteigerung** im Zugewinnausgleich zurück, so ist die **Rückforderung nur zulässig**, wenn ihm der **Rückforderungsberechtigte** diesen **Betrag** Zug um Zug gegen Rückübertragung **zahlt**.
>
> **Alternative: Scheidungsklausel**[64]
>
> Der zuwendende Ehegatte hat das Recht, im Falle der Scheidung der Ehe die Rückforderung des heute überlassenen Grundstücks verlangen zu können.
>
> Hat der Zuwendungs*empfänger* aus einem **vorehelichen Vermögen** oder aus einer während der Ehe erworbenen **Erbschaft**, einem **Vermächtnis**, einer **Schenkung** oder Ausstattung **Verwendungen** auf das Grundstück gemacht, so sind ihm diese Zug um Zug gegen Rückforderung zu erstatten.
>
> Der Zuwendende hat Zug um Zug gegen Rückforderung etwaige auf das Grundstück verwendete **Grundpfanddarlehen** zur Alleinschuld zu übernehmen, wobei der Zuwendungsempfänger von den Gläubigern freizustellen ist.
>
> Die **Rückforderung** ist **nur zulässig**, wenn der **Zugewinn** des Zuwendenden mindestens so hoch ist wie die in der Ehezeit eingetretene **Wertsteigerung** des Grundstücks nach Abzug der dem Zuwendungsempfänger gemäß den oben aufgeführten zu erstattenden **Verwendungen**.
>
> Zug um Zug mit der Rückforderung nach Maßgabe obiger Vereinbarungen findet dann auf der Grundlage der nach Rückforderung und Rückerstattung von Verwendungen bestehenden Vermögenslage der gesetzliche Zugewinnausgleich statt.
>
> Zur Sicherung des Rückforderungsrechts ist für den zuwendenden Ehegatten auf dem Grundstück eine **Rückauflassungsvormerkung** einzutragen, deren Eintragung bewilligt und beantragt wird.

IV. Rückabwicklung aufgrund Rückübertragungsanspruch[65]

1. Beratung

a) Tatsächliche Ausgangssituation

267 Die Ehefrau ist alleinige Eigentümerin eines Anwesens, das ihr während der Ehe vom Ehemann übertragen wurde, belastet mit einem **Rückübertragungsanspruch** für den Fall der Rechtshängigkeit des Scheidungsantrags. Im Rahmen der Rückübertragung sollten gemäß dem Vorvertrag Belastungen, die mit Zustimmung des Ehemannes eingetragen wurden, von diesem übernommen werden. Für **Aufwendungen** der Ehefrau in den Grundbesitz sollte eine **Ersatzpflicht** bestehen. Die Vereinbarung beinhaltet die Berücksichtigung des Rückforderungsobjekts bzw. Aufwendungsersatzes im Rahmen des Zugewinnausgleichs.

---

63 Langenfeld a.a.O. Rn 1176 zu Kap. 6.
64 Langenfeld a.a.O. Rn 1178 zu Kap. 6.
65 Münch, Ehebezogene Rechtsgeschäfte, Rn 2179 zu Teil 8.

b) Rechtliche Ausgangssituation

Zu regeln ist Folgendes: 268

■ Geltendmachung des Rückforderungsanspruchs,

■ Festlegung des Betrages, den die Ehefrau (aus ihrem Anfangsvermögen) in das vertragsgegenständliche Anwesen investiert hat,

■ Übertragung des Eigentums an dem Anwesen,

■ Vorlage der Urkunde zur Eigentumsumschreibung erst nach Nachweis
  – der befreienden Schuldübernahme sowie
  – der Zahlung des Aufwendungsersatzes,
  – Übernahme der Schuldverpflichtung mit schuldbefreiender Wirkung,
  – Änderung der Zweckbestimmungserklärung.

Im nachfolgenden Muster haben sich die Parteien verpflichtet, die Genehmigung zur 269
befreienden Schuldübernahme selbst einzuholen.

■ Zwangsvollstreckungsunterwerfungsklausel.

■ Der Grundbesitz sowie die Verpflichtung zur Erstattung des Aufwendungsersatzes sind im Endvermögen des Ehemannes beim Zugewinnausgleich zu berücksichtigen.

■ Der Anspruch auf Aufwendungsersatz ist bei der Ehefrau sowohl im Anfangs- wie auch im Endvermögen zu berücksichtigen.

2. Muster: Rückabwicklung ehebezogener Zuwendungen 270

176

1. Grundbesitz

Die Ehefrau ist **alleinige Eigentümerin** des Anwesens ■■■. Der Grundbesitz ist belastet wie folgt: ■■■

Die grundstücksbezogenen Verbindlichkeiten, zu deren Absicherung die vorgenannten Grundpfandrechte eingetragen sind, belaufen sich zum Stichtag ■■■ auf ■■■ Euro. Für diese Verbindlichkeiten **haftet** die **Ehefrau** den Gläubigern gegenüber als Darlehensnehmerin. Der Ehemann hat zur Absicherung eine **Bürgschaft** gegenüber dem Gläubiger abgegeben.

2. Übertragung

Der vorgenannte Grundbesitz war der Ehefrau im Rahmen einer ehebezogenen Zuwendung mit Urkunde des Notars ■■■ in ■■■ vom ■■■ UR-Nr. ■■■ übertragen worden.

Dabei hatten die Vertragsteile vereinbart, dass der zuwendende Ehemann das Recht haben soll, im Fall der **Scheidung** der Ehe die **Rückübertragung** des Zuwendungsobjekts zu verlangen. Der Rückforderungsanspruch solle mit der **Rechtshängigkeit** des **Scheidungsantrags**, gleich welches Ehegatten, entstehen und mit Rechtskraft der Scheidung erlöschen, sofern er bis dahin nicht geltend gemacht wurde.

In diesem Zusammenhang hatte sich der Ehemann verpflichtet, bei der Rückübertragung diejenigen **Belastungen** und die zugrundeliegenden grundstücksbezogenen Verbindlichkeiten zu übernehmen, die mit seiner **Zustimmung** eingetragen worden sind.

Für sonstige **Aufwendungen** der Ehefrau in den Grundbesitz sollte eine **Ersatzpflicht** bestehen.

Auf der Grundlage der nach Rückforderung, Übernahme von Verbindlichkeiten und Rückforderung von Aufwendungen bestehenden Vermögenslage sollte dann der gesetzliche **Zugewinnausgleich** stattfinden.

3. Scheidungssituation

Da die vorliegende Vereinbarung der einvernehmlichen Vorbereitung einer Ehescheidung dient, nachdem der Ehemann Antrag auf Scheidung der Ehe gestellt hat, soll die ehebezogene Zuwendung bereits in diesem Rahmen wieder rückgängig gemacht werden. Der Ehemann macht daher sein **Rückforderungsrecht** für den Scheidungsfall **hiermit geltend**. Hierzu stellen die Vertragsteile Folgendes fest:

Die in Ziffer 1. genannten Grundpfandrechte und die zugrundeliegenden Verbindlichkeiten sind mit Einverständnis des Ehemannes eingetragen bzw. aufgenommen worden.

Die **Ehefrau** hat aus ihrem eigenen **Anfangsvermögen** einen **Betrag** in Höhe von 30.000 Euro in das vertragsgegenständliche Anwesen **investiert**.

4. Übertragung

Hiermit überträgt die Ehefrau – nachstehend kurz: „Veräußerer" – den vorbezeichneten Grundbesitz mit allen Rechten, Pflichten, Bestandteilen und dem Zubehör an den Ehemann – nachstehend kurz: „Erwerber" – zum Alleineigentum zurück.

Bewegliche Gegenstände sind nicht Gegenstand dieser Vereinbarung.

5. Auflassung

Wir sind uns darüber **einig**, dass das Eigentum am überlassenen Grundbesitz gem. Ziffer 1. vom Veräußerer auf den Erwerber zum Alleineigentum übergeht. Der Veräußerer bewilligt und der Erwerber **beantragt** die Eintragung der Auflassung im Grundbuch.

Um Vollzugsmitteilung an den amtierenden Notar wird gebeten.

Auf die Bestellung und Eintragung einer Auflassungsvormerkung verzichten wir nach Belehrung durch den Notar.

Die Vertragsteile **weisen** den Notar unter Verzicht auf ihr eigenes Antragsrecht unwiderruflich an, den **Antrag** auf Eintragung der **Eigentumsumschreibung** beim Grundbuchamt erst dann zu stellen, wenn der Veräußerer dem Notar schriftlich bestätigt hat, dass ihm die **befreiende Schuldübernahme** gemäß nachfolgender Ziffer IV. durch die Gläubiger **nachgewiesen** wurde und der **Aufwendungsersatz** gemäß nachfolgender Ziffer V. **gezahlt** wurde oder der Erwerber dies bankbestätigt nachweist.

Die entsprechende Bestätigung wird der Veräußerer dem Notar zu gegebener Zeit unaufgefordert übersenden.

Vor Nachweis der Schuldentlassung und der Erstattung der Aufwendungen werden von dieser Urkunde nur Ausfertigungen und beglaubigte Abschriften ohne die Auflassung erteilt.

6. Schuldübernahme

Der Erwerber übernimmt das am Vertragsgrundbesitz in Abteilung 3 des Grundbuchs eingetragene **Grundpfandrechte** über ■■■ Euro in dinglicher Haftung.

Entstandene Eigentümerrechte und/oder Rückgewähransprüche werden hiermit entschädigungslos auf den Erwerber mit dessen Zustimmung übertragen, die Eigentumsumschreibung vorausgesetzt.

Die Umschreibung im Grundbuch wird bewilligt, mit dieser Urkunde jedoch ausdrücklich nicht beantragt, auch nicht vom Notar gem. § 15 GBO.

Da eine persönliche Haftung mit Zwangsvollstreckungsunterwerfung bisher nur vom Veräußerer abgegeben worden war, erklärt der Erwerber Folgendes:

Der Erwerber übernimmt für den Eingang des **Grundschuldbetrages** oben genannter Grundschuld samt den im Grundbuch eingetragenen Zinsen und sonstigen Nebenleistungen gegenüber der eingetragenen Gläubigerin die **persönliche Haftung** in der im Grundbuch eingetragenen Höhe und unterwirft sich wegen dieser Zahlungsverpflichtung der **sofortigen Zwangsvollstreckung** aus dieser Urkunde in sein gesamtes Vermögen. Die Gläubigerin ist berechtigt, sich jederzeit eine vollstreckbare Ausfertigung dieser Urkunde erteilen zu lassen, ohne dass es des Nachweises der die Vollstreckbarkeit begründenden Tatsachen bedarf.

Ferner übernimmt der Erwerber die dem übernommenen Grundpfandrecht zugrundeliegende **Schuldverpflichtung** der Ehefrau gegenüber dem Gläubiger als künftiger alleiniger Schuldner mit **schuldbefreiender Wirkung**. Die befreiende Schuldübernahme erfolgt jeweils mit Wirkung vom heutigen Tag an mit dem zu diesem Zeitpunkt gegebenen genauen Stand der Schuldverpflichtungen.

Auf das Erfordernis der **Änderung** der **Zweckbestimmungserklärung** wurde hingewiesen.

Nach Hinweis des Notars auf das Erfordernis der Genehmigung der befreienden Schuldübernahme durch den Gläubiger **beauftragen und ermächtigen** die Vertragsteile den Notar und dessen amtlich bestellten Vertreter, dem Gläubiger die befreiende Schuldübernahme durch Übersendung einer Abschrift dieser Urkunde anzuzeigen. Die gem. § 415 BGB erforderliche **Genehmigung** werden die Vertragsteile **selbst einholen**.

Sollte die befreiende Schuldübernahme durch den Gläubiger nicht genehmigt werden, gelten vorstehende Vereinbarungen insoweit als **Erfüllungsübernahme** i.S.d. § 329 BGB, sodass der Erwerber dem Veräußerer gegenüber verpflichtet ist, die Verbindlichkeiten jeweils fristgerecht zu erfüllen, insbesondere die Zins- und Tilgungsbeträge an den Gläubiger zu zahlen und den Veräußerer im Fall einer Inanspruchnahme durch den Gläubiger **unverzüglich freizustellen**. Gleiches gilt bis zur Genehmigung sowie bis zum vertragsgemäßen Vollzug der Eigentumsumschreibung.

Etwaige Kosten, Spesen oder Provisionen anlässlich der Genehmigung der Schuldübernahme hat der Erwerber zu tragen.

Der Notar hat darauf hingewiesen, dass eine Schuldübernahme den Vorschriften des Verbraucherdarlehens unterliegen kann. Die Einhaltung der daraus folgenden Pflichten des Kreditinstituts hat auf die übrigen Bestimmungen dieses Vertrages keine Auswirkung.

7. Aufwendungsersatz

Die **Ehefrau** hat aus ihrem **Anfangsvermögen Aufwendungen** in Höhe von 30.000 Euro für das Vertragsanwesen **erbracht**. Der Ehemann verpflichtet sich hiermit, diese Aufwendungen an die Ehefrau zu **erstatten** und zwar binnen 4 Wochen von heute an.

Wegen der vorgenannten Verpflichtung zur Zahlung des Aufwendungsersatzes unterwerfe ich, der Ehemann, mich der **sofortigen Zwangsvollstreckung** aus dieser Urkunde in mein Vermögen.

Der Veräußerer ist berechtigt, sich jederzeit auf einseitigen Antrag auf schuldnerische Kosten eine vollstreckbare Ausfertigung dieser Urkunde erteilen zu lassen, ohne dass es hierzu des Nachweises der Fälligkeit oder sonstiger die Vollstreckbarkeit begründender Tatsachen bedarf.

■■■ (Besitz, Nutzen, Lasten usw., ggf. Finanzierungsvollmacht) ■■■

8. Zugewinnausgleich

Hinsichtlich des gemäß diesem Vertrag an den Ehemann zurückzuübertragenden Grundbesitzes gilt Folgendes:

Der **Grundbesitz** und die grundstücksbezogenen Verbindlichkeiten sind nach den Regelungen der Übertragung ebenso wie der Verpflichtung zur Erstattung des **Aufwendungsersatzes** im **Endvermögen** des **Ehemannes** zu berücksichtigen.

> Der **Aufwendungsersatz** bzw. der entsprechende Anspruch sind bei der **Ehefrau** sowohl im **Anfangs**- wie auch im **Endvermögen** zu berücksichtigen.
>
> ▪▪▪ (ggf. weitere scheidungsbezogene Regelungen)

J. Investitionen in das Haus der Schwiegereltern

I. Darlehensverbindlichkeiten

1. Tatsächliche Ausgangssituation

271 Die Eheleute haben im Haus der **Schwiegereltern** eine **Wohnung** errichtet und für die entsprechenden Ausbau- und Umbaumaßnahmen ein **Darlehen** aufgenommen.

272 Durch die nachfolgende Vereinbarung soll einerseits die **Ehefrau** die **Darlehensverbindlichkeiten** übernehmen und zum anderen der **Ehemann** im Gegenzug hierzu auf jegliche **Ausgleichsansprüche** bezüglich der von ihm erbrachten Investitionen **verzichten**.

2. Rechtliche Ausgangssituation

273 Bauen die Eheleute mit dem Geld des **Schwiegerkindes** eine Wohnung im **Haus der Eltern** aus und wohnen mietfrei in dieser Wohnung, so gilt Folgendes:[66]
Es besteht ein Leihvertrag.

▪ Ansprüche sind erst dann vorhanden, wenn beide Eheleute das Leihverhältnis beendet haben (im Übrigen bei Auszug nur eines Ehegatten: Fortbestand des Leihverhältnisses und keine Ansprüche).

▪ Wird das Leihverhältnis beendet, weil beide Ehegatten ausziehen: Bereicherungsanspruch nach § 812 Abs. 1 S. 2 Alt. 1 BGB.

▪ Höhe des Anspruchs: Gemäß § 818 Abs. 2 BGB besteht Anspruch auf die Differenz zwischen der Miete, die vor dem Umbau und nach dem Umbau zu erzielen ist, und zwar in Form von Zahlung einer Geldrente.[67]

▪ Ein Anspruch wegen Wegfalls der Geschäftsgrundlage (§ 313 BGB) bei Scheitern der Ehe besteht nicht.[68]

▪ Ehebezogene Zuwendungen können nur gegenüber einem Ehegatten erbracht werden.[69]

---

66 Heiß, Das Mandat im Familienrecht, Rn 444.
67 BGH FamRZ 1990, 843.
68 BGH FamRZ 1985, 150, 152.
69 Heiß a.a.O.; Haußleiter/Schulz, Vermögensauseinandersetzung bei Trennung und Scheidung, Rn 41 zu Kap. 7.

II. Muster: Regelung der Übernahme von Darlehensverbindlichkeiten bei Investitionen in das Haus der Schwiegereltern

274

Die Beteiligten haben in dem Haus des Vaters von Frau ■■■ eine **Wohnung errichtet**. Aufgrund dieser Baumaßnahme bestehen Darlehensverbindlichkeiten bei der ■■■ Bank in Höhe von derzeit Euro ■■■

Frau ■■■ übernimmt diese **Darlehensverbindlichkeiten** mit sofortiger Wirkung zur zukünftigen alleinigen Verzinsung und Tilgung und verpflichtet sich, Herrn ■■■ von jeder Inanspruchnahme aus diesen Verbindlichkeiten freizustellen.

Festgestellt wird, dass Herr ■■■ bereits im **Außenverhältnis** durch die ■■■ Bank aus der **persönlichen Mithaft** für diese Verbindlichkeiten **entlassen** worden ist. Eine entsprechende Bestätigung der genannten Bank vom ■■■ liegt in Kopie vor; sie ist dieser Urkunde zur Kenntnisnahme beigefügt.

Zwischen den Beteiligten besteht Einigkeit, dass gegenseitig keinerlei Ausgleichsverpflichtung besteht, was die bisherige Tilgung und Verzinsung der erwähnten Verbindlichkeiten betrifft.

Die Beteiligten stellen übereinstimmend fest, dass – abgesehen von den in Ziffer ■■■ genannten Verbindlichkeiten – keine gemeinsamen Schulden bestehen.

Herr ■■■ **verzichtet** hiermit auf jegliche **Ausgleichsansprüche** bezüglich von ihm **erbrachter Investitionen** in die in Abschnitt ■■■ genannte – früher gemeinsame – Ehewohnung. Diese Verzichtserklärung wird sowohl gegenüber Frau ■■■ wie auch gegenüber dem Eigentümer des betroffenen Grundbesitzes abgegeben. Diese Verzichtserklärung wird von Frau ■■■ ausdrücklich angenommen.

K. Verkauf der gemeinsamen Immobilie

I. Veräußerungsabrede[70]

1. Beratung

a) Tatsächliche Ausgangssituation

Die Ehegatten sind **Miteigentümer** einer Immobilie, die von der Ehefrau bewohnt wird. Es besteht Einigkeit, das Anwesen zu veräußern. Nach Abzug von Verbindlichkeiten und Kosten soll der Verkaufserlös **hälftig geteilt** werden und jeweils mit dem **hälftigen** Erlös im Endvermögen bei der **Zugewinnausgleichsberechnung** berücksichtigt werden. Ist die Höhe der Zugewinnausgleichsforderung noch streitig, so empfiehlt sich die **Hinterlegung** des Verkaufserlöses auf einem **Notaranderkonto** bis zur endgültigen Einigung.

---

70 Münch, Ehebezogene Rechtsgeschäfte, Rn 2049 zu Teil 8.

b) Rechtliche Ausgangssituation

276 **Beratungshinweis:**

Von dem zu verteilenden Verkaufserlös muss auch eine evtl. anfallende **Vorfälligkeitsentschädigung** in Abzug gebracht werden. Diese fällt dann an, wenn vor Ablauf der Zinsbindungsfrist die Schulden aufgrund des erfolgten Verkaufs zurückgeführt werden. Erfolgt die Veräußerung vor der Rechtshängigkeit des Scheidungsverfahrens, also vor dem Stichtag, empfiehlt sich die Regelung, dass der Nettoerlös eines jeden Ehegatten seinem Endvermögen zugerechnet wird. Andernfalls könnte es dann zu ungerechten Ergebnissen führen, wenn eine Partei den Verkaufserlös teilweise zur Deckung von Lebenshaltungskosten verwendet hat, während der andere Ehegatte aufgrund sparsamer Lebensführung noch im Besitz des vollen Anteils am Verkaufserlös ist. Besteht insgesamt noch Streit über die Höhe der Zugewinnausgleichsforderung, so sollte von der Möglichkeit Gebrauch gemacht werden, den Betrag auf ein Anderkonto des Notars, der mit dem Verkauf beauftragt ist, zu hinterlegen. Eine solche Hinterlegung ist häufig Anlass dafür, dass sich die Ehegatten über die Zugewinnausgleichsregelung einigen, während nach einer erfolgten hälftigen Auszahlung des Erlöses jedenfalls der Ausgleichspflichtige an einer solchen Einigung wenig Interesse haben dürfte.

277 Zu regeln ist Folgendes:

- Einigung der Ehegatten über die Veräußerung,
- Räumungsverpflichtung der im Anwesen wohnenden Ehefrau,
- Zwangsvollstreckungsunterwerfung bezüglich der Räumung,
- Regelung betreffend Übernahme von Betriebskosten, Lasten und Abgaben u.a.,
- Verpflichtungserklärung der Ehefrau, Kaufinteressenten den Zutritt zum Anwesen zu gewähren,
- Kostenregelung bezüglich Instandhaltung und Instandsetzung des Anwesens (je ½),
- Klarstellung, ob Nutzungsentschädigung geschuldet ist,
- Festlegung der Höhe des Kaufpreises, bei welchem die Verpflichtung zur Mitwirkung an der Veräußerung besteht,
- Vereinbarung betreffend die Zulässigkeit einer Teilungsversteigerung nach Ablauf einer bestimmten Frist für den Fall, dass kein Verkauf erfolgt.

278 **Beratungshinweis:**

Diese Vereinbarung ist deshalb von Bedeutung, weil die Teilungsversteigerung für **unzulässig** erklärt werden kann, wenn es sich bei dem Miteigentumsanteil des Antragstellers, der die Teilungsversteigerung beantragt, um dessen **gesamtes** Vermögen handelt und der andere Ehegatte – wie dies i.d.R. der Fall ist – mit der Teilungsversteigerung nicht einverstanden ist. Gemäß § 1365 Abs. 1 BGB sind Verfügungen zustimmungsbedürftig, wenn die Parteien im gesetzlichen Güterstand leben und die Verfügung das Vermögen im Ganzen betrifft. Die Verfügungsbeschränkung des § 1365 BGB kann mit der Drittwiderspruchsklage als Einwendung erhoben werden.

Keine Vermögensverfügung im Ganzen liegt vor, wenn bei einem **kleineren Vermögen** ein **Restvermögen** von 15 % und einem **größeren** Vermögen ein **Restvermögen** von 10 % verbleibt.[71]

Eine Festlegung der Grenze zwischen kleinem und großem Vermögen wurde vom BGH nicht vorgenommen. In der zitierten Entscheidung handelt es sich bei dem kleineren Vermögen um 22.000 Euro und bei dem größeren Vermögen um 250.000 Euro.[72]

Bei einer Veräußerung von Immobilien ist der Wert des Grundstücks um die tatsächlich valutierten Belastungen, die auf dem Grundstück eingetragen sind, zu vermindern.[73]

- Ausschluss des Rechts zur Aufhebung der Miteigentümergemeinschaft für einen bestimmten Zeitraum (bis zum geplanten Verkauf),
- Abzug von Verbindlichkeiten, Kosten und Vorfälligkeitsentschädigung vom Verkaufserlös,
- Regelung betreffend die Aufteilung des Verkaufserlöses,
- Vereinbarung der Berücksichtigung des Nettoerlöses im jeweiligen Endvermögen,
- bei streitiger Zugewinnausgleichsforderung: Hinterlegung des Erlöses auf einem Notaranderkonto.

2. Muster: Veräußerungsabrede bezüglich einer gemeinsamen Immobilie

279

Vorbemerkung:

Grundbesitz/Familienwohnheim:

Die Ehegatten sind Miteigentümer je zur Hälfte ■■■. Die Verbindlichkeiten zur Hausfinanzierung ■■■

1. Trennung/Räumung

Die Ehegatten ■■■ leben seit dem ■■■ getrennt. Die Ehegatten sind sich **einig**, dass das Haus, welches die Ehewohnung darstellt, **veräußert** werden soll. Der Ehemann ist bereits aus dem Anwesen ausgezogen. Die Ehefrau verpflichtet sich gegenüber ihrem Ehemann, das Anwesen bis zum Ablauf von 6 Monaten von heute an zu **räumen**.

Wegen dieser Räumungsverpflichtung unterwirft sich die Ehefrau dem Ehemann gegenüber der sofortigen **Zwangsvollstreckung**. Sie weist den Notar an, dem Ehemann ohne weiteren Nachweis auf einseitigen Antrag insoweit eine vollstreckbare Ausfertigung dieser Urkunde zu erteilen.

Die Ehefrau ist als Nutzungsberechtigte von heute an bis zur Räumung alleine zur Tragung der **Betriebskosten** verpflichtet. Gleiches gilt für **Schönheitsreparaturen** und Gartenpflege. Die Ehefrau hat alle öffentlichen **Lasten und Abgaben**, ebenso wie die Versicherungen zu tragen. Ihr obliegen allein die Reinigung und die Verkehrssicherungspflicht.

Die Ehefrau hat **Kaufinteressenten** nach kurzfristiger vorheriger Anmeldung, **Zutritt** zum Anwesen zu gewähren und die Verkaufsbemühungen zu unterstützen, außer zur Unzeit.

Die Kosten der **Instandhaltung** und **Instandsetzung** des Anwesens treffen bis zur Veräußerung beide Miteigentümer je zur **Hälfte**.

---

71 Heiß, Das Mandat im Familienrecht, Rn 91 ff 96 zu Teil 11; BGH FamRZ 1980, 765, 767; 1991, 669, 670.
72 Heiß a.a.O. Rn 96 zu Teil 11.
73 Heiß a.a.O. Rn 95; BGH FamRZ 1996, 792, 794.

Eine **Nutzungsentschädigung** wird **nicht geschuldet**, da die Nutzung durch die Ehefrau allein nur vorübergehend ist.

Die **Zins**- und **Tilgungsleistungen** werden – wie bisher – von beiden Ehegatten gemeinschaftlich erbracht.

2. Verkaufsverpflichtung

Beide Ehegatten sind sich darüber einig, dass das in Ziffer ■■■ genannte Hausanwesen verkauft werden soll und **verpflichten** sich hiermit, an einer solchen **Veräußerung mitzuwirken.**

Die Veräußerung soll so bewirkt werden, dass binnen der nächsten beiden Monate von heute an jeder der Ehegatten Kaufinteressenten benennen kann. Ist einer dieser Kaufinteressenten bereit, **80 %** des **Verkehrswertes** zu zahlen, so ist der andere Ehegatte **verpflichtet**, am Verkauf **mitzuwirken**, es sei denn, der Kaufinteressent ist mit dem benennenden Ehegatten in gerader Linie oder bis zum 2. Grad der Seitenlinie **verwandt**.

Der Verkehrswert ist, sofern sich die Ehegatten auf diesen nicht einigen können, durch einen vom Präsidenten der örtlich zuständigen IHK zu benennenden Sachverständigen für die Vertragsteile verbindlich zu schätzen.

Alternative 1:

Ist einer dieser Kaufinteressenten bereit, **mindestens eine Summe von** ■■■ **Euro** zu zahlen, so ist der andere Ehegatte verpflichtet, ■■■

Ist binnen dieser Frist ein Kaufvertrag nicht zustandegekommen, so vereinbaren die Ehegatten bereits heute, den **Makler** ■■■ durch Alleinauftrag mit dem Verkauf des Anwesens zu betrauen.

3. Teilungsversteigerung

Kommt bis zum Ablauf von 6 Monaten von heute an der Abschluss eines notariellen Kaufvertrages nicht zustande, so kann **jeder Ehegatte** die Teilungsversteigerung des Anwesens **betreiben**.

4. Ausschluss Aufhebung der Miteigentümergemeinschaft

Bis zu diesem Zeitpunkt vereinbaren wir Folgendes:

Das **Recht** eines jeden Miteigentümers, die **Aufhebung** der Gemeinschaft zu **verlangen**, **wird bis zum Ablauf von 6 Monaten** von heute an **ausgeschlossen**. Wir vereinbaren dies gerade angesichts der vorliegenden Trennungssituation, sodass die Trennung keinen wichtigen Grund i.S.d. § 749 Abs. 2 S. 1 BGB darstellt (im Einzelnen hierzu siehe Teil 3, § 2 Rn 5 ff).

Eine Grundbucheintragung soll mit Rücksicht auf die anstehende Veräußerung des Anwesens nicht erfolgen.

5. Erlösverteilung

Von dem Veräußerungserlös werden zunächst die **Verbindlichkeiten**, welche auf dem Anwesen lasten, beglichen. Sodann sind davon die **Kosten** der **Veräußerung** zu bestreiten sowie eine etwaige **Vorfälligkeitsentschädigung**.

Der restliche Erlös ist je zur **Hälfte** unter den Ehegatten aufzuteilen.

Für den Fall, dass die Veräußerung vor der Rechtshängigkeit eines Scheidungsantrags erfolgt, wird der **Nettoerlös** eines jeden Ehegatten seinem **Endvermögen zugerechnet**, unabhängig davon, ob dieser Erlös am Stichtag zur Berechnung des Endvermögens noch vorhanden ist.

Allerdings werden im Gegenzug etwa vom Erlös angeschaffte **Surrogate** in **Höhe der Erlösverwendung unberücksichtigt** gelassen.

> **Alternative 2:**
> Der restliche **Erlös** ist auf einem **Anderkonto** des den Kaufvertrag beurkundenden **Notars** zu hinterlegen, bis die Ehegatten diesem übereinstimmend die Anweisung zur Auszahlung erteilen oder die Auszahlung gerichtlich angeordnet ist (diese Variante ist zu wählen, wenn noch **Streit** über den **Zugewinnausgleich** besteht).
> Für dieses Anderkonto gelten folgende Bestimmungen ■■■

II. Vereinbarungen über Verwendung des Verkaufserlöses

1. Beratung

a) Tatsächliche Ausgangssituation

Die Ehegatten sind **Miteigentümer** einer Immobilie zu je ½. Es besteht Einigkeit, dass das Anwesen verkauft werden soll. Der auf den Ehemann entfallende Kaufpreisanteil soll zur **Abgeltung** von **Unterhaltsansprüchen** verwendet und mit diesen **verrechnet** werden.   280

b) Rechtliche Ausgangssituation

Die Ehegatten sind Miteigentümer einer gemeinschaftlichen Immobilie zu je ½ und es besteht Einigkeit über den Verkauf.   281

Zu regeln ist Folgendes: 282

- Höhe des Kaufpreises, wahlweise Regelung dahingehend, dass an den bis zum ■■■ meistbietenden Käufer verkauft werden soll.
- Verwendung der ersten Kaufpreisrate zur Schuldentilgung,
- Auszugsverpflichtung der Ehefrau und Kostenregelung,
- Besitzübergabe an den Erwerber nach vollständiger Bezahlung, jedoch nicht vor Auszug der Ehefrau,
- Rücktrittsrecht von der Vereinbarung für den Fall, dass der Abschluss des Kaufvertrages nicht innerhalb der vereinbarten Frist erfolgt,
- Regelung zur Verwendung der zweiten Kaufpreisrate zur Bestreitung der Unterhaltsansprüche von Ehefrau und Kindern,
- Regelung betreffend etwa noch verbleibenden Kaufpreisrest,
- Abgeltungsklausel betreffend Zugewinnausgleichsansprüche,
- Höhe des Ehegatten- und Kindesunterhalts,
- Ehegattenunterhaltsverzicht der Ehefrau ab einem bestimmten Zeitpunkt,
- Unterhaltsverzicht des Ehemannes bereits derzeit betreffend jeglichen nachehelichen Ehegattenunterhalt,
- Abtretung des Anspruchs auf Kaufpreis an die Ehefrau zum Zwecke der Verrechnung mit Unterhalt,
- Zahlungsverpflichtung betreffend Unterhalt, falls der Kauferlös nicht zur Befriedigung der Unterhaltsansprüche ausreicht,

- Abzug von Verbindlichkeiten, Kosten und Vorfälligkeitsentschädigung vom Verkaufserlös vor Verrechnung,
- Regelung betreffend Schuldenrückzahlung bis zum Verkauf.

283 **2. Muster: Vereinbarungen über Verwendung des Verkaufserlöses**

1. Inhalt des beabsichtigten Kaufvertrages

Die Ehegatten ▪▪▪ beabsichtigen, unverzüglich ihren im Miteigentum je zur Hälfte befindlichen im Grundbuch des Amtsgerichts ▪▪▪ für ▪▪▪ Band ▪▪▪ Blatt ▪▪▪ vorgetragenen Grundbesitz zu verkaufen.

Die Ehegatten ▪▪▪ gehen dabei davon aus, dass in dem abzuschließenden Kaufvertrag zwischen den Ehegatten als Veräußerern und dem Erwerber unter anderem folgende Vereinbarungen getroffen werden:

- Der Kaufpreis beträgt Euro ▪▪▪ und ist zu bezahlen wie folgt:
  Die erste Rate in Höhe von Euro ▪▪▪ ist zur Zahlung fällig innerhalb einer Woche, nachdem der Erwerber vom Notar die Mitteilung erhalten hat, dass die Auflassungsvormerkung für den Erwerber eingetragen und die Lastenfreistellung gesichert ist. Die zweite Rate in Höhe von Euro ▪▪▪ ist am ▪▪▪ zur Zahlung fällig.
- Frau ▪▪▪, die das Vertragsobjekt derzeit bewohnt, verpflichtet sich, spätestens am ▪▪▪ aus dem Vertragsobjekt auszuziehen und für den Zeitraum der Bewohnung weiterhin für die Nebenkosten allein aufzukommen.
  In diesem Zusammenhang vereinbaren die Ehegatten ▪▪▪, dass gegenseitig keinerlei Ausgleichsverpflichtung besteht, was die bisherige Nutzziehung und Lastentragung hinsichtlich des Vertragsobjektes betrifft.
  Die **Besitzübergabe** an den Erwerber erfolgt ab vollständiger **Bezahlung** des Kaufpreises in Höhe von Euro ▪▪▪ **nicht jedoch vor Auszug** von Frau ▪▪▪ aus dem Vertragsobjekt.

Die Verwendung des Kaufpreises ergibt sich aus nachfolgender Scheidungsvereinbarung.

2. Inhalt der Scheidungsvereinbarung

Der in Abschnitt ▪▪▪ bezeichnete ehegemeinschaftliche Grundbesitz wird von den Vertragsteilen – wie ausgeführt – verkauft. Die nachfolgend niedergelegten Vereinbarungen werden unter der Voraussetzung getroffen, dass der beabsichtigte **Kaufvertrag** mit dem in Abschnitt ▪▪▪ aufgeführten wesentlichen Inhalt **innerhalb von 2 Wochen** ab heute zu **notarieller Urkunde** geschlossen wird. Erfolgt der Abschluss eines entsprechenden Kaufvertrages innerhalb der vorgenannten **Frist nicht**, ist jeder Vertragsteil **berechtigt**, von diesem Vertrag durch einseitige Erklärung gegenüber dem anderen Vertragsteil **zurückzutreten**.

Mit Hilfe des Kaufpreises in Höhe von Euro ▪▪▪ aus dem beabsichtigen Kaufvertrag sind zunächst die **Verbindlichkeiten** wegzufertigen, die grundbuchmäßig an dem in Abschnitt ▪▪▪ genannten Grundbesitz abgesichert sind.

Derzeit bestehen nach Erklärung der Beteiligten entsprechend einer Rückfrage bei der ▪▪▪ Bank folgende Verbindlichkeiten ▪▪▪

Die erste Kaufpreisrate in Höhe von Euro ▪▪▪ ist vollständig zur Ablösung der in Ziffer ▪▪▪ genannten Verbindlichkeiten zu verwenden.

Die **zweite Kaufpreisrate** zu Euro ▪▪▪ ist in der dann noch erforderlichen Höhe zur restlichen Tilgung der genannten Verbindlichkeiten zu verwenden. Der verbleibende Kaufpreisrestbetrag, der anteilig unter Berücksichtigung der Tatsache, dass Herr ▪▪▪ für die Verbindlichkeiten bei der ███ über Euro ███ im Innenverhältnis zwischen den Beteiligten allein aufzukommen hat, **Herrn** ███ **zustehen würde**, dient gem. der nachfolgenden **Unterhaltsregelung** zweckgebunden ausschließlich der **Bestreitung** der **Unterhaltsansprüche** von **Frau** ███ und der **Kinder** ███ gegen Herrn ███ und ist dementsprechend zu verwenden.

Herr ███ wird seinen vorgenannten Zahlungsanspruch im Rahmen des abzuschließenden Kaufvertrages an Frau ███ zu dem vorgenannten Zweck **abtreten**.

Beratungshinweis:

Immer dann, wenn der Verkauf einer Immobilie erfolgen soll, bietet die Abtretung der Kaufpreiszahlung an die Berechtigte die Möglichkeit des unmittelbaren Zugriffs auf den Abfindungs- bzw. Zahlungsanspruch und ist daher in jedem Fall zu empfehlen. Klargestellt wird, dass auch der dann noch **verbleibende Kaufpreisrest** aus der genannten Veräußerung **Frau** ███ zusteht.

284

3. Zugewinnausgleichsansprüche

Mit den in dieser Urkunde getroffenen Vereinbarungen sind sämtliche **Zugewinnausgleichsansprüche** der Ehegatten ███ **gegenseitig abgegolten**. Vorsorglich **verzichten** die Vertragsteile auf die Geltendmachung etwaiger darüber hinausgehender Zugewinnausgleichsansprüche und nehmen diesen Verzicht gegenseitig an.

4. Ehegattenunterhalt

Frau ███ ist derzeit arbeitslos und erhält das Arbeitslosengeld voraussichtlich noch bis ███

Vor ihrer Arbeitslosigkeit hatte Frau ███ ein monatliches Nettoeinkommen in Höhe von ca. Euro ███

Herr ███ verpflichtet sich hiermit, an Frau ███ beginnend ab dem Monat ███ bis einschließlich ███ als **Trennungsunterhalt** bzw. **nachehelichen Ehegattenunterhalt** monatlich, fällig jeweils am Ersten des betreffenden Monats einen Betrag zu bezahlen, der der **Differenz** zwischen dem **Arbeitslosengeld**, das Frau ███ bezieht und dem Betrag von monatlich ███ (**vor** Arbeitslosigkeit erzieltes **Nettoeinkommen**) entspricht.

Entsprechendes gilt für den Fall, dass Frau ███ in dieser Zeit wieder **Arbeitseinkommen** beziehen sollte, der Nettoverdienst aber unter einem monatlichen Betrag von Euro ███ (Nettoeinkommen vor Arbeitslosigkeit) liegen sollte.

Über den Monat ███ des Jahres ███ hinaus besteht seitens von Frau ███ **kein nachehelicher Unterhaltsanspruch** mehr.

Für die **Zeit nach dem** ███ verzichtet Frau ███ gegenüber Herrn ███ auf jeglichen nachehelichen Ehegattenunterhalt und zwar auch für den Fall der Not; dies gilt jedoch nicht für Fälle, in denen dieser Verzicht nach der einschlägigen Rechtsprechung wegen Vorliegens besonderer Umstände unwirksam ist (zur ausführlichen Formulierung sowie zur Frage der Wirksamkeit eines Unterhaltsverzichts s. Teil 2, § 2 Rn 1 ff). **Herr** ███ **verzichtet** gegenüber Frau ███ **generell auf jeglichen nachehelichen Ehegattenunterhalt** und zwar auch für den Fall der Not. Die Beteiligten nehmen die vorstehenden Verzichtserklärungen gegenseitig an.

5. Kindesunterhalt

Die Beteiligten haben 2 gemeinsame Kinder, nämlich ███ die beide bei der Mutter leben.

Für die Unterhaltsansprüche der Kinder gelten die gesetzlichen Bestimmungen. In Ausgestaltung dieser gesetzlichen Bestimmungen treffen die Vertragsteile folgende Vereinbarungen ███ (s. Teil 4, Kindesunterhalt).

6. Verrechnung

Die Unterhaltsansprüche gem. Ziffern ▪▪▪ werden in ihrer jeweiligen Höhe **verrechnet** mit dem **Zahlungsanspruch**, der anteilig aus der Veräußerung gem. Abschnitt ▪▪▪ **Herrn** ▪▪▪ **zustehen** würde und der entsprechend der dort getroffenen Vereinbarung an Frau ▪▪▪ **abzutreten** ist.

Soweit der **Verrechnungsbetrag nicht** zur Befriedung der Unterhaltsansprüche **ausreicht**, verpflichtet sich Herr ▪▪▪ insoweit zur **Bezahlung** des jeweiligen Unterhalts.

285 **Beratungshinweis:**

Da die Höhe des Verkaufserlöses noch nicht feststeht, kann noch nicht errechnet werden, ob der anteilige Netto-Verkaufserlös zur Abgeltung der Unterhaltsansprüche für den vereinbarten Zeitraum ausreicht. Aus diesem Grunde muss in jedem Fall eine Zahlungsverpflichtung aufgenommen werden für den Fall, dass der Verkaufserlös zur Befriedigung der Unterhaltsansprüche nicht ausreicht.

Alternative:

Die Parteien sind Miteigentümer zu je ½ bezüglich des Anwesens ▪▪▪

Die Parteien sind sich dahingehend einig, das Haus bis spätestens ▪▪▪ an den bis dahin vorhandenen **meistbietenden Käufer** verkauft werden soll.

Der Verkaufserlös wird nach Abzug der im Zusammenhang mit dem Verkauf anfallenden **Kosten, Vorfälligkeitsentschädigung** sowie nach Abzug der auf dem Haus lastenden **Schulden** hälftig aufgeteilt.

Der Antragsgegner übernimmt die laufenden **Kosten** sowie **Hausschulden** für die Dauer, für die er das Anwesen bewohnt, alleine. Im Falle seines **Auszuges** werden diese Kosten von den Parteien zu **je** ½ übernommen.

III. Zahlung des Kaufpreisbetrages auf ein Sperrkonto

1. Beratung

286 Zur tatsächlichen und rechtlichen Ausgangssituation s. vorstehende Muster 1 und 2. Steht zum Zeitpunkt der Vertragsunterzeichnung nicht fest, ob möglicherweise durch eine Veräußerung **Steuern** anfallen, da eine **Entnahme** aus einem **Betriebsvermögen** vorliegt, so empfiehlt es sich, zumindest einen Teilbetrag von dem Kaufpreis auf ein **Sperrkonto** einzubezahlen und die Aufteilung des Kaufpreises erst dann vorzunehmen, wenn feststeht, ob Steuern anfallen oder nicht.

287 **2. Muster: Zahlung des Kaufpreisbetrages auf ein Sperrkonto wegen noch offener Forderungen Dritter (Steuern)**

Von dem danach verbleibenden Kaufpreisbetrag soll ein Teilbetrag in Höhe von ▪▪▪ Euro auf ein von den Vertragsparteien noch einzurichtendes **Sperrkonto** einbezahlt werden, über das die Vertragsteile nur **gemeinsam verfügungsberechtigt** sind. Der hinterlegte Betrag dient zur Begleichung von **Steuern**, die anfallen würden, falls die Veräußerung eine **Entnahme** des betroffenen Grundstücks aus einem **Betriebsvermögen** darstellen würde, derartige Steuern sind nach deren Anfall aus dem hinterlegten Betrag zu begleichen;

der **verbleibende Rest** – einschließlich angefallener Zinsen und abzüglich Bankspesen – steht ■■■ zu. Die vorstehende Einzahlung auf ein Sperrkonto **entfällt** jedoch, wenn **definitiv** – aufgrund einer entsprechenden Bestätigung des Finanzamts – feststeht, dass – wegen Nichtzugehörigkeit des erwähnten Grundstücks zu einem Betriebsvermögen – entsprechende **Steuern nicht anfallen.** Liegt die entsprechende Bestätigung des Finanzamts nach Einzahlung des erwähnten Betrages auf das Sperrkonto vor, sind die Beteiligten verpflichtet, unverzüglich für eine Auszahlung des auf dem Sperrkonto befindlichen Betrages an Frau ■■■ zu sorgen.

IV. Kaufpreiszahlung auf ein gemeinsames „Und-Konto"

1. Beratung

Besteht noch Streit über etwaige Zugewinnausgleichsansprüche, sollte zumindest ein **Teilbetrag** auf ein gemeinsames **Und-Konto** überwiesen werden und erst dann zwischen den Parteien aufgeteilt werden, wenn eine abschließende Zugewinnausgleichsregelung vorliegt.

288

Beratungshinweis:

289

Bei Streitigkeiten um den Zugewinnausgleich, die zum Zeitpunkt des Verkaufs noch nicht abgeschlossen sind, empfiehlt sich, den Kaufpreis entweder auf ein Anderkonto des Notars oder auf ein gemeinsames Konto der Parteien möglichst zinsgünstig anzulegen, wobei über das Konto nur gemeinsam verfügt werden kann mit dem ausdrücklichen Hinweis, dass eine Aufteilung des Verkaufserlöses zwischen den Parteien erst dann erfolgt, wenn feststeht, wie der Zugewinnausgleich geregelt wurde.

2. Muster: Kaufpreiszahlung auf ein gemeinsames „Und-Konto"

290

Der Kaufpreis, soweit er nicht zur Lastenfreistellung erforderlich ist, ist nach Maßgabe der obigen Fälligkeitsbestimmungen wie folgt zu bezahlen:

Aus dem nach Begleichung der Verbindlichkeiten verbleibenden **Kaufpreisrest** ist ein **Betrag** in Höhe von Euro ■■■ auf ein **gemeinsames „Und-Konto"** der Ehegatten ■■■ und ■■■ bei der ■■■ Bank zu bezahlen.

Die Ehegatten ■■■ **verpflichten** sich, dieses gemeinsame Konto baldmöglichst gemeinsam **einzurichten** und die Kontonummer dem Notar mitzuteilen.

1. Der dann noch verbleibende **Kaufpreisrest** ist **zur Hälfte** an Herrn ■■■ auf dessen Konto bei der ■■■ Bank zu bezahlen.
2. Der Kaufpreisrest ist zur **weiteren Hälfte** an Frau ■■■ auf deren Konto ■■■ bei der ■■■ Bank zu bezahlen.

V. Einbehalt der Zahlung bis zur Räumung

1. Beratung

291 Wird das Anwesen noch von einem Ehegatten oder beiden Ehegatten **bewohnt,** sollte der Kaufpreis zumindest in Höhe eines Teilbetrages erst dann zur Auszahlung gelangen, wenn das Anwesen von den Ehegatten **geräumt** wird. Auf diese Weise lässt sich unter Umständen ein langwieriges Räumungsverfahren vermeiden, da die verkaufenden Ehegatten ein Interesse an dem Erhalt der Kaufpreiszahlung haben.

292 **2. Muster: Einbehalt der Zahlung bis zur Räumung**

> Der Verkäufer verpflichtet sich, den Vertragsbesitz bis zum ▮▮▮ vollständig **zu räumen** und geräumt und besenrein an den Käufer zu übergeben.
>
> Die Käufer sind berechtigt, die **Kaufpreisrate** gem. Abschnitt ▮▮▮ in Höhe von Euro ▮▮▮ **einzubehalten**, bis der Vertragsbesitz **geräumt** worden ist.

§ 3 Sonstige Vermögenswerte

A. Lebensversicherungen

I. Übertragung einer Lebensversicherung

1. Beratung

a) Tatsächliche Ausgangssituation

Der Ehemann überträgt der Ehefrau eine Lebensversicherung, bezüglich derer er **Versicherungsnehmer** ist.   1

b) Rechtliche Ausgangssituation

Zu regeln ist: 2
- die Weiterzahlung der Prämien,
- in jedem Fall: die Abtretung der Ansprüche aus der Lebensversicherung an die Ehefrau.
- Die Abtretungserklärung muss der Lebensversicherung vorgelegt werden mit der Anweisung, dass diese bei Fälligkeit an die Ehefrau zur Auszahlung gelangt. Es muss eine Rückbestätigung der Lebensversicherungsgesellschaft angefordert werden, wonach diese sich verpflichtet, gemäß der erfolgten Abtretung die Auszahlung an die Ehefrau vorzunehmen.

Beratungshinweis: 3

Nur durch Abtretung, Vorlage der Abtretungserklärung an die Lebensversicherung und vor allem Rückbestätigung der Lebensversicherungsgesellschaft ist weitgehend sichergestellt, dass die Auszahlung tatsächlich an die Ehefrau und nicht versehentlich an den früheren Versicherungsnehmer erfolgt. Wird diese Sicherungsmöglichkeit bezüglich der Auszahlung vom Anwalt übersehen, so dürfte darin der klassische Haftungsfall liegen.

2. Muster: Übertragung der Lebensversicherung   4

Zusätzlich erhält Frau ■■■ die **Lebensversicherung** bei der ■■■ Versicherung Nr. ■■■ mit Ablaufleistung per ■■■ in Höhe von Euro ■■■. Herr ■■■ **verpflichtet** sich, die **Prämien** bis einschließlich ■■■ **zu bezahlen**.

Herr ■■■ **tritt** seine **Ansprüche** aus dieser Lebensversicherung an Frau ■■■ **ab**.

Beide Parteien verpflichten sich, die **Abtretungserklärung** der ■■■ **Lebensversicherung vorzulegen** mit der **Anweisung**, dass die Lebensversicherung bei Fälligkeit zur **Auszahlung** gelangt an **Frau** ■■■ auf deren Konto bei der ■■■ Bank, Konto-Nr. ■■■

Beide Parteien verpflichten sich, für den Erhalt einer **Rückbestätigung** der Lebensversicherungsgesellschaft Sorge zu tragen, wonach diese die Auszahlung entsprechend obiger Anweisung an die Ehefrau vornehmen wird.

II. Bezugsrechtsvereinbarung

1. Beratung

a) Tatsächliche Ausgangssituation

5   Der Ehemann ist **Versicherungsnehmer** einer Lebensversicherung, bezüglich derer bisher das Bezugsrecht im **Erlebensfall** dem **Ehemann** und im Todesfall der Ehefrau zusteht. Durch die Vereinbarung soll eine Abänderung dahingehend erfolgen, dass auch im **Erlebensfall** die Ansprüche aus dieser Lebensversicherung der **Ehefrau** zustehen. Die **Beiträge** zur dieser Lebensversicherung sind bereits voll umfänglich **einbezahlt**.

b) Rechtliche Ausgangssituation

6   **Beratungshinweis:**

Wird der Ehegatte als **Bezugsberechtigter gestrichen**, so ist zu berücksichtigen, dass, falls kein neuer Bezugsberechtigter benannt wird, die Lebensversicherung beim **Tod** des **Versicherungsnehmers** mit der **Versicherungssumme** in dessen Nachlass fällt.

7   Zu regeln ist Folgendes:
- Verpflichtung, das Bezugsrecht für den Todesfall zu Gunsten der Ehefrau aufrechtzuerhalten.
- Vereinbarung, dass auch im Erlebensfall die Ansprüche aus der Lebensversicherung der Ehefrau zustehen.
- Änderung des Bezugsrechts für den Erlebensfall gegenüber der Lebensversicherungsgesellschaft.
- Verpflichtung zur Vorlage eines Nachweises über das geänderte Bezugsrecht.
- Rückbestätigung der Lebensversicherungsgesellschaft bezüglich der Bezugsrechtsänderung.
- Verpflichtung zur Aufrechterhaltung des geänderten Bezugsrecht (unwiderrufliche Bezugsrechtsbestimmung).

8   **2. Muster: Bezugsrechtsvereinbarung**

Herr ■■■ hat bei der ■■■ Lebensversicherung unter der Vers.Schein.Nr. ■■■ eine Rentenversicherung mit einem Kapitalabfindungswahlrecht geschlossen. Die Höhe dieser Rentenversicherung und deren Konditionen sind den Beteiligten bekannt. **Versicherungsnehmer** und versicherte Person aus dieser Rentenversicherung ist **Herr ■■■** Das **Bezugsrecht** aus dieser Rentenversicherung steht im **Erlebensfall** dem Versicherungsnehmer Herrn ■■■ zu, im **Todesfall** Frau ■■■

Herr ■■■ **verpflichtet** sich, gegenüber Frau ■■■ deren **Bezugrecht** für den Todesfall während des Bestehens der vorgenannten Rentenversicherung **aufrechtzuerhalten**. Die **Beiträge** zu dieser Lebensversicherung sind bereits vollumfänglich **eingezahlt**.

Die Beteiligten vereinbaren ferner, dass alle Ansprüche aus dieser Lebensversicherung auch im **Erlebensfall** zukünftig nicht mehr Herrn ■■■ sondern **Frau ■■■** zustehen sollen. Dies gilt insbesondere auch für die Ansprüche auf Ausübung des Kapitalabfindungswahlrechts und der dann daraus resultierenden Ansprüche auf Zahlung der Kapitalabfindung. Herr ■■■ verpflichtet sich, gegenüber Frau ■■■ bei der vorgenannten Lebensversicherungsgesellschaft **unverzüglich eine entsprechende unwiderrufliche Änderung des Bezugsrechts für den Erlebensfall** zu veranlassen, hierüber Frau ■■■ einen entsprechenden **Nachweis** zukommen zu lassen und dieses **geändertes Bezugsrecht** während der Laufzeit der Rentenversicherung **aufrechtzuerhalten**.

Herr ■■■ verpflichtet sich des Weiteren, bis spätestens ■■■ eine **Rückbestätigung** der Lebensversicherungsgesellschaft vorzulegen, woraus sich die unwiderrufliche Bezugsrechtsregelung zu Gunsten der Ehefrau ergibt.

III. Übernahme der Lebensversicherung durch Versicherungsnehmer

1. Beratung

Die Parteien sind jeweils Versicherungsnehmer einer oder mehrerer Lebensversicherungen. Durch die Vereinbarung soll klargestellt werden, dass **jeder** Ehegatte **Versicherungsnehmer** der auf ihn laufenden Versicherungen **bleibt**.   9

2. Muster: Übernahme der Lebensversicherung durch Versicherungsnehmer   10

Alle (insbesondere **Lebens)Versicherungen** werden jeweils mit sofortiger Wirkung von **demjenigen** mit allen Rechten und Pflichten **übernommen**, der laut dem entsprechenden Versicherungsvertrag der jeweilige **Versicherungsnehmer** ist.

Soweit ein Ehegatte **Verträge zu Gunsten Dritter** auf den Todesfall (z.B. im Rahmen eines Lebensversicherungsvertrages oder bei einem Sparkonto) abgeschlossen hat, wird er **selbst überprüfen**, ob eine **Änderung** einer eventuelle **Ablebensbegünstigung** veranlasst ist.

Soweit zu der vorstehend vereinbarten Zuteilung von Vermögensgegenständen und Verträgen zu einem Ehegatten die **Zustimmung** des anderen Ehegatten erforderlich ist, wird diese hiermit **erteilt**. Jeder Ehegatten bevollmächtigt hiermit den anderen Ehegatten, unter Befreiung von den Beschränkungen des § 181 BGB, alle Erklärungen abzugeben und Handlungen vorzunehmen, die erforderlich und/oder zweckdienlich sind, um die in den vorstehenden Absätzen näher bezeichneten Vermögensgegenstände und Verträge gemäß den dort getroffenen Bestimmungen einem Ehegatten zuzuteilen.

Beratungshinweis: 11

Mit der vorstehenden Regelung werden bereits im Rahmen der Vereinbarung alle Zustimmungserklärungen abgegeben. Diese Regelung ist derjenigen vorzuziehen, wonach sich ein Ehegatte lediglich **verpflichtet**, die Erklärungen abzugeben, da die Vorlage der Urkunde, mit der die Erklärungen bereits abgegeben wurden, zur etwaigen Umschreibung wohl ausreichen wird.

Soweit vorstehend Vermögensgegenstände einem Ehegatten zugeteilt wurden, hat dieser auch spätestens ab heute alle mit diesem Vermögensgegenstand zusammenhängenden **Lasten** und **Kosten** allein zu tragen, soweit nicht vorstehend ausdrücklich etwas anderes vereinbart wurde; ein Ausgleich für bis heute erbrachte Verwendungen auf diese Vermögensgegenstände sowie gezogene Nutzungen findet wechselseitig nicht statt.

3 § 3 Sonstige Vermögenswerte

IV. Aufteilung der Lebensversicherung

1. Beratung

a) Tatsächliche Ausgangssituation

12 Es besteht eine Lebensversicherung, bezüglich derer der Ehemann Versicherungsnehmer ist.

13 Diese Lebensversicherung soll mit dem **hälftigen Wert** gemäß der Rechtsprechung des BGH zur Berücksichtigung von Lebensversicherungen im Zugewinn an die Ehefrau zur Auszahlung gelangen, wobei sich der Ehemann verpflichtet, zur **Erfüllung** des Anspruchs notfalls den Lebensversicherungsvertrag **aufzulösen**.

b) Rechtliche Ausgangssituation

14 Besteht eine Lebensversicherung mit **Wahlrecht**, ob Kapitalauszahlung oder Rentenauszahlung gewünscht wird, so unterliegt diese Lebensversicherung dem **Zugewinn**, wenn von dem Rentenwahlrecht noch **kein Gebrauch** gemacht wurde.[74]

15 Wenn die Versicherung **aufgelöst** werden muss, um den Zugewinnausgleichsanspruch zu befriedigen, so gilt folgende **Bewertung:**
   ■ Rückkaufswert abzüglich Stornoabschläge, abzüglich Kapitalertragsteuer.[75]

16 Wird die Lebensversicherung **fortgeführt**, so gilt folgende **Bewertung:**
   ■ Rückkaufswert ohne Stornoabschläge = **Deckungskapital** + gutgeschriebene **Gewinnanteile** + **Anwartschaftsbarwert** auf Schlussgewinnanteile.[76]

17 Im nachfolgenden Fall soll die Hälfte des **Fortführungswertes** an die Ehefrau zur Auszahlung gelangen, obwohl die Lebensversicherung notfalls aufgelöst werden muss.

18 2. Muster: Aufteilung der Lebensversicherung

Es bestehen folgende Lebensversicherungen, deren **Versicherungsnehmer** jeweils **Herr** ■■■ ist: ■■■

Frau ■■■ erhält von Herrn ■■■ einen **Betrag**, der der **Hälfte** des **Rückkaufswertes** ohne Stornoabschläge zuzüglich gutgeschriebenem Gewinnanteil zuzüglich **Anwartschaftsbarwert** auf **Schlussgewinnanteile** entspricht.
Dieser Betrag ist innerhalb von 8 Wochen ab heute zur Zahlung fällig.
Zum Zwecke der **Erfüllung** dieses Anspruchs verpflichtet sich Herr ■■■ unverzüglich entweder den unter ■■■ oder den unter ■■■ genannten **Lebensversicherungsvertrag aufzulösen**, um hieraus den vorgenannten Zahlungsanspruch von Frau ■■■ zu erfüllen. Herr ■■■ verpflichtet sich, dafür zu sorgen, dass der Frau ■■■ aufgrund vorstehender Vereinbarung zustehende Betrag von der Lebensversicherungsgesellschaft, deren Vertrag aufgelöst wird, termingerecht unmittelbar an Frau ■■■ ausgezahlt wird. Herr ■■■ tritt hiermit seinen entsprechenden **Rückzahlungsanspruch** in dieser Höhe **an Frau** ■■■ **ab**

---

74 Heiß, Das Mandat im Familienrecht, Rn 138 zu Teil 10.
75 Heiß, Das Mandat im Familienrecht, Rn 138 zu Teil 10.
76 BGH FamRZ 1995, 1270.

538

und verpflichtet sich, die **Abtretungserklärung** der **Lebensversicherungsgesellschaft vorzulegen** sowie die Annahme der **Abtretungserklärungseitens der Lebensversicherungsgesellschaft** bis spätestens ■■■ Frau ■■■ vorzulegen.

V. Vereinbarung zur Aufteilung des Auszahlungsbetrages

1. Beratung

a) Tatsächliche Ausgangssituation

Der Ehemann ist Versicherungsnehmer bezüglich einer **Aussteuerversicherung** sowie einer **Lebensversicherung**. Die Aussteuerversicherung wurde für die Versorgung der gemeinsamen **Kinder** abgeschlossen, die **Lebensversicherung** dient der Tilgung gemeinsamer Verbindlichkeiten der Ehegatten. 19

Durch die Vereinbarung soll sichergestellt werden, dass die Aussteuerversicherung hälftig an beide Kinder ausbezahlt wird. Die Lebensversicherung soll **zweckgebunden** ausschließlich zur **Tilgung** der gemeinsamen Verbindlichkeiten verwendet werden. 20

b) Rechtliche Ausgangssituation

Zu regeln ist Folgendes: 21
- Der Ehemann verpflichtet sich, die Versicherungsprämien weiter zu bezahlen.
- Einseitig unwiderruflich (im Wege eines echten Vertrages zu Gunsten Dritter) wird vereinbart, dass die Auszahlung der Aussteuerversicherung an die Kinder erfolgt.
- Ist ein Kind bei Auszahlung der Versicherungssumme noch nicht volljährig, so erfolgt die Auszahlung auf ein Sperrkonto (Und-Konto zusammen mit der Ehefrau), über das beide nur gemeinsam verfügungsberechtigt sind.
- Bezüglich der Auszahlung der Lebensversicherung verpflichtet sich der Ehemann, einseitig unwiderruflich den Auszahlungsbetrag auf ein Sperrkonto einzuzahlen, über das wiederum nur beide Ehegatten gemeinsam verfügungsberechtigt sind.
- Die Versicherungsgesellschaft wird in einseitig unwiderruflicher Weise angewiesen, die Versicherungssumme auf das angegebene Konto auszuzahlen.
- Es ist eine Rückbestätigung der Lebensversicherungsgesellschaft bezüglich dieser Auszahlung auf das Sperrkonto zu erholen und vorzulegen.
- Die Ehegatten verpflichten sich, umgehend nach Auszahlung die Verbindlichkeiten zu begleichen.
- Sowohl ein etwaiger Überschuss nach Verrechnung mit den Verbindlichkeiten als auch ein etwaiges Defizit werden von den Ehegatten hälftig übernommen.
- Die Beitragszahlungen bezüglich beider Versicherungen wurden im Rahmen der Unterhaltsberechnung einkommensmindernd berücksichtigt, sodass ein Gesamtschuldenausgleich nicht durchzuführen ist.

22 **Beratungshinweis:**

Soweit eine Gesamtschuld als Abzugsposten bei der Unterhaltsberechnung berücksichtigt wurde, besteht **kein Ausgleichsanspruch** nach § 426 Abs. 2 BGB.[77]

23 **2. Muster: Vereinbarung zur Aufteilung des Auszahlungsbetrages**

187

> Hinsichtlich der zu Gunsten des Ehemannes als vertraglichen Versicherungsnehmer bestehenden **Aussteuerversicherung** ■■■ und **Lebensversicherung** ■■■ je bei der ■■■ Versicherungsgesellschaft vereinbaren die Vertragteile Folgendes:
>
> **Versicherungsnehmer** ist der **Ehemann**; die **Aussteuerversicherung** wurde für die Versorgung der gemeinsamen **Kinder** abgeschlossen, die **Lebensversicherung** dient der **Tilgung gemeinsamer Verbindlichkeiten** der Ehegatten.
>
> Der Ehemann bleibt weiterhin, d.h. bis zur Auszahlung der jeweiligen Versicherungssumme allein zur Zahlung der Versicherungs**prämien verpflichtet**.
>
> Der Ehemann verpflichtet sich, hinsichtlich der vorgenannten Aussteuerversicherung **einseitig unwiderruflich** gegenüber der Ehefrau und (im Wege eines echten **Vertrages zu Gunsten Dritter**) auch **gegenüber** den beiden gemeinsamen **Kindern** (diese untereinander als Gesamtberechtigte gem. § 428 BGB), bei Auszahlung der Aussteuerversicherung den Auszahlungsbetrag umgehend **hälftig** an beide Kinder (■■■) auszuzahlen. Die Auszahlung ist jedoch für jedes Kind nur dann vorzunehmen, wenn dieses bei Auszahlung der Versicherungssumme bereits **volljährig** ist und ein eigenes auf seinen Namen lautendes Konto bei einer deutschen Kreditanstalt führt, im Übrigen hat die Auszahlung für das **nicht volljährige Kind** auf ein **Sperrkonto** ("**Und-Konto**" zusammen mit der **Ehefrau**) mit möglichst günstigem Zinssatz zu erfolgen, über das nur beide Ehegatten **gemeinsam verfügungsberechtigt** sind.
>
> Bei (der vertraglich für den ■■■ vorgesehenen) **Auszahlung** der vorgenannten **Lebensversicherung** verpflichtet sich der Ehemann hiermit, für ihn **einseitig unwiderruflich** gegenüber seiner Ehefrau, den Auszahlungsbetrag umgehend auf ein gesondertes **Sperrkonto** mit möglichst günstigem Zinssatz einzuzahlen, über das nur beide Ehegatten **gemeinsam** verfügungsberechtigt sind.
>
> Die Ehegatten verpflichten sich gegenseitig die vorstehenden Auszahlungsvereinbarungen der **Versicherungsgesellschaft unverzüglich anzuzeigen** bzw. **vorzulegen** und dafür Sorge zu tragen, dass die vorstehenden Vereinbarungen auch seitens der Versicherungsgesellschaft, insbesondere im Rahmen der **Auszahlung der Versicherungssumme beachtet** bzw. berücksichtigt werden; hierzu verpflichten sich die Vertragteile insbesondere, unverzüglich bzw. spätestens ■■■ (rechtzeitig vor der Auszahlung der Versicherungssumme) der Versicherungsgesellschaft die erforderlichen Kontodaten mitzuteilen bzw. bei einem deutschen Kreditinstitut ein "**Und-Konto**", lautend auf beide Vertragteile zu eröffnen.
>
> Die Versicherungsgesellschaft ist in **einseitig unwiderruflicher Weise anzuweisen**, die **Versicherungssumme** ausschließlich und unmittelbar auf das angegebene Konto auszuzahlen. Der Ehemann verpflichtet sich, bis spätestens ■■■ eine Rückbestätigung der Versicherungsgesellschaft vorzulegen, woraus sich ergibt, dass diese die Auszahlung entsprechend der vorgelegten Vereinbarung vornehmen wird.
>
> Die Vertragteile sind sich darüber einig, dass der **Auszahlungsbetrag** aus der vorbeschriebenen Lebensversicherung **zweckgebunden** zur **Tilgung** gemeinsamer **Verbindlichkeiten**

---

77 Heiß, Das Mandat im Familienrecht, Rn 302 zu Teil 8; BGH FamRZ 1988, 264.

bei der ▆▆▆ Bausparkasse verwendet wird, die durch eine im Grundbuch eingetragene Grundschuld gesichert sind. Die Ehegatten ▆▆▆ **verpflichten** sich hiermit gegenseitig, unmittelbar nach Auszahlung der Versicherungssumme der vorgenannten Lebensversicherung die offenen **Verbindlichkeiten** bei der ▆▆▆ Bausparkasse mit dem Auszahlungsbetrag **zu begleichen**. Sollte der Auszahlungsbetrag die Summe der Verbindlichkeiten der ▆▆▆ Bausparkasse übersteigen, so ist der **Überschuss hälftig** unter den Ehegatten zu teilen; sollte der Auszahlungsbetrag die Summe der Verbindlichkeiten bei der ▆▆▆ Bausparkasse unterschreiten, so ist auch das entsprechende **Defizit hälftig** unter den Ehegatten zu teilen.

Alle **Beitragszahlungen** sowohl für die Aussteuerversicherung als auch für die Lebensversicherung hat bis zum Zeitpunkt der Auszahlung der jeweiligen Versicherungssumme allein der **Ehemann** zu erbringen, wozu er sich hiermit **gegenüber** seiner **Ehefrau** bzw. hinsichtlich der Aussteuerversicherung auch gegenüber seinen **Kindern** verpflichtet; dies wurde bei der **Unterhaltsberechnung** einkommensmindernd **berücksichtigt**, sodass ein **Gesamtschuldenausgleich** bezüglich der Verbindlichkeiten **nicht** durchzuführen ist.

Soweit zu der vorstehend vereinbarten Zuteilung von Vermögensgegenständen und Verträgen zu einem Ehegatten die **Zustimmung** des anderen Ehegatten erforderlich ist, wird diese hiermit **erteilt**. Jeder Ehegatte bevollmächtigt hiermit den anderen Ehegatten unter Befreiung von den Beschränkungen des § 181 BGB, alle Erklärungen abzugeben und Handlungen vorzunehmen, die erforderlich und/oder zweckdienlich sind und die in den vorstehenden Absätzen näher bezeichneten Vermögensgegenstände um Verträge gemäß den dort getroffenen Bestimmungen einem Ehegatten zuzuteilen.

VI. Vereinbarung zu Gunsten der Kinder hinsichtlich der Lebensversicherung

1. Beratung

a) Tatsächliche Ausgangssituation

Die Ehegatten haben eine Lebensversicherung **auf Gegenseitigkeit** abgeschlossen. Geregelt wird die Bezugsberechtigung im Fall des Todes, insbesondere auch für den Fall des Todes durch Unfall, da in diesem Fall nach Angabe der Eheleute die doppelte Summe zur Auszahlung gelangt. 24

b) Rechtliche Ausgangssituation

Zu regeln ist Folgendes: 25
- Übernahme der Beitragszahlungen,
- Bezugsberechtigung im Fall des Todes des Ehemannes: Ehefrau,
- bei Tod durch Unfall des Ehemannes soll die Versicherungssumme zu ½ der Ehefrau und zu je einem Viertel den gemeinsamen Kindern zustehen.
- Im Falle des Todes der Ehefrau soll die Auszahlungssumme zu je ½ an beide Kinder bezahlt werden.
- Bei Unfalltod der Ehefrau: je ein Viertel zu Gunsten der Kinder. Bezüglich der weiteren Hälfte der Versicherungssumme erfolgt keine Regelung der Bezugsberechtigung in dieser Vereinbarung.

- Ist eines der Kinder vor Eintritt des Versicherungsfalles verstorben, so steht die auf das verstorbene Kind entfallende Versicherungssumme dem anderen Kind alleine zu.
- Vorlage der Bezugsrechtsänderung an die Lebensversicherungsgesellschaft und Rückbestätigung durch die Versicherungsgesellschaft.

26 **2. Muster: Vereinbarung zu Gunsten der Kinder**

Die Beteiligten haben bei der ▪▪▪ Versicherung eine Lebensversicherung **auf Gegenseitigkeit** abgeschlossen.

Die **Beitragszahlungen** zu dieser Lebensversicherung werden auch zukünftig von Herrn ▪▪▪ vorgenommen; hierzu verpflichtet sich Herr ▪▪▪ gegenüber Frau ▪▪▪ Die Beteiligten treffen bezüglich dieser Lebensversicherung folgende Vereinbarungen:

Im Falle des Todes von **Herrn** ▪▪▪ soll grundsätzlich **Frau** ▪▪▪ allein **bezugsberechtigt** für die Auszahlungssumme sein. Sollte der Tod des Ehemannes auf einen **Unfall** zurückzuführen sein – in diesem Falle kommt nach Angabe der Beteiligten die **doppelte Summe zur Auszahlung** –, so soll die Versicherungssumme **Frau** ▪▪▪ zur Hälfte und den **gemeinsamen Kindern** ▪▪▪ und ▪▪▪ **je** zu einem **Viertel** zustehen.

Im Falle des Todes von **Frau** ▪▪▪ sollen die Auszahlungssumme grundsätzlich die **beiden Kinder** ▪▪▪ und ▪▪▪ **je zur Hälfte** erhalten. Sollte bei einem **Unfalltod** von Frau ▪▪▪ die doppelte Versicherungssumme zur Auszahlung gelangen, so soll diese Summe den beiden gemeinsamen Kindern ▪▪▪ und ▪▪▪ **je zu einem Viertel** zustehen; für die für diesen Fall verbleibende **andere Hälfte** der Versicherungssumme wird Frau ▪▪▪ wie die Beteiligten hiermit vereinbaren, die **Bezugsberechtigung** nach ihrem freien **Ermessen** festlegen.

Falls **eines** der gemeinsamen **Kinder** vor Eintritt des Versicherungsfalles **verstorben** sein sollte, steht diejenige Versicherungssumme, die aufgrund der vorstehenden Vereinbarungen den Kindern zu unter sich gleichen Teilen zufallen sollte, dem **anderen Kind alleine zu**.

Die Beteiligten verpflichten sich gegenseitig, eine entsprechende **Änderung** der **Begünstigungsregelung** bei der ▪▪▪ Versicherung **herbeizuführen** und die in diesem Zusammenhang erforderlichen Erklärungen abzugeben. Sie verpflichten sich des Weiteren, eine Rückbestätigung der Lebensversicherungsgesellschaft vorzulegen, wonach die Auszahlung gemäß obiger Vereinbarung die der Versicherungsgesellschaft vorzulegen ist, erfolgt.

Sollte der Versicherungsfall während der Laufzeit der Lebensversicherung nicht eingetreten sein, so steht, wie die Beteiligten hiermit vereinbaren, nach Ablauf der Laufzeit die **Auszahlungssumme** insgesamt Frau ▪▪▪ zu.

VII. Unwiderrufliches Bezugsrecht

1. Beratung

27 Die Eheleute haben verschiedene Lebensversicherungen, bei denen teilweise ein **unwiderrufliches Bezugsrecht** zu Gunsten des **anderen** Ehegatten vereinbart ist. Diese unwiderruflichen Bezugsrechte sollen aufgehoben werden.

28 Grundlage einer solchen Vereinbarung ist i.d.R., dass entweder die ehegemeinschaftlichen **Kinder** oder ein Lebensgefährte oder **neuer Ehegatte** als Bezugsberechtigter eingetragen werden soll.

2. Muster: Unwiderrufliches Bezugsrecht

29

Auf Seiten der Beteiligten bestehen **verschiedene Lebensversicherungen**, bei denen teilweise ein **unwiderrufliches Bezugsrecht** zu Gunsten des **anderen** Ehegatten vereinbart ist. Soweit entsprechende unwiderrufliche Bezugsberechtigungen vereinbart worden sind, sind diese **aufzuheben**. Jeder Vertragsteil **stimmt** bereits jetzt **unwiderruflich** einer **Änderung der Bezugsberechtigung** bei den Lebensversicherungen des anderen Vertragsteils **zu** und bevollmächtigt diesen, sämtliche in diesem Zusammenhang erforderlichen oder zweckdienlichen Erklärungen auch in seinem Namen abzugeben. Die Beteiligten verpflichten sich, auf Verlangen entsprechende Zustimmungserklärungen auch in der von dem entsprechenden Versicherungsunternehmen verlangten Form abzugeben.

Beide Parteien verpflichten sich, eine **Rückbestätigung** der Lebensversicherungsgesellschaft beizubringen, wonach die Änderung der Bezugsberechtigung und Aufhebung des unwiderruflichen Bezugsrechts zu Gunsten des anderen Ehegatten durchgeführt wurde.

VIII. Beliehene Lebensversicherung, Bezugsberechtigung zur Sicherung einer Abfindungszahlung

1. Beratung

a) Tatsächliche Ausgangssituation

Der Ehemann ist Versicherungsnehmer einer Lebensversicherung, bezüglich derer die 30
Ehefrau **nicht** als Begünstigte eingetragen ist. Die Lebensversicherung ist **beliehen**. Aufgrund anderweitiger vertraglicher Regelung erhält die Ehefrau eine Abfindungszahlung für Unterhalt, die in Raten erfolgt.

Bis zur **Bezahlung** der vollständigen **Abfindungszahlung** wird die Ehefrau **unwiderruf-** 31
lich als **Begünstigte** bezüglich dieser Lebensversicherung eingesetzt. Das **Darlehen** ist **umzuschulden**.

b) Rechtliche Ausgangssituation

Zu regeln ist Folgendes: 32
- Die Ehefrau wird als unwiderruflich Begünstigte eingesetzt.
- Für den Zeitpunkt ab Erhalt der gesamten Abfindungszahlung stimmt die Ehefrau dem Widerruf dieser Bezugsberechtigung (die der Sicherheit der Ehefrau bezüglich des Erhalts der Abfindungszahlung dient) zu.
- Der Nachweis über die unwiderrufliche Bezugsberechtigung ist vorzulegen.
- Das Darlehen, mit welchem die Lebensversicherung beliehen ist, ist umzuschulden und der entsprechende Nachweis hierüber vorzulegen.
- Zur Sicherstellung, dass die Lebensversicherung tatsächlich in voller Höhe zur Auszahlung gelangt, ist eine Verpflichtungserklärung aufzunehmen, wonach keinerlei weitere Beleihung der Lebensversicherung mehr vorgenommen wird.

33

2. Muster: Sicherung einer Abfindungszahlung

Zu Gunsten von Herrn ■■■ besteht bei der ■■■ Versicherung eine Lebensversicherung mit der Nr. ■■■, die **beliehen** ist mit einem Betrag in Höhe von ca. Euro ■■■. Bezüglich dieser Lebensversicherung ist **Frau** ■■■ **nicht** als **Begünstigte** eingetragen.

Herr ■■■ verpflichtet sich, **Frau** ■■■ als **unwiderruflich Begünstigte** bezüglich dieser Lebensversicherung **einzusetzen** und zwar befristet solange, bis die Zahlungen gem. Ziffer ■■■ dieser Vereinbarung an Frau ■■■ erfolgt sind (es handelt sich bei den Zahlungsverpflichtungen um eine Abfindungszahlung für Unterhalt, die in Raten erfolgt).

Frau ■■■ stimmt dem **Widerruf** für den **Zeitpunkt** ab **Erhalt** der vorstehenden **Zahlungen** zu.

Herr ■■■ verpflichtet sich, Frau ■■■ den **Nachweis** über die unwiderrufliche **Bezugsberechtigung** bis **spätestens** innerhalb von 3 Wochen nach Abschluss der Vereinbarung vorzulegen. Herr ■■■ verpflichtet sich des Weiteren, die laufenden Lebensversicherungsbeiträge weiterzubezahlen und das **Darlehen** in Höhe von Euro ■■■ mit dem die Lebensversicherung **beliehen** ist, **umzuschulden** und den **Nachweis** hierüber ebenfalls innerhalb von 3 Wochen nach Abschluss der Vereinbarung **vorzulegen**. Herr ■■■ verpflichtet sich des Weiteren, **keinerlei weitere Beleihung** der Lebensversicherung mehr vorzunehmen.

Beide Parteien verpflichten sich, diese Vereinbarung der **Lebensversicherung vorzulegen** und eine **Bestätigung** der Lebensversicherung beizubringen, aus der sich ergibt, dass **keine weitere Beleihung** der Versicherung mehr erfolgt und die Bezugsberechtigung gemäß obiger Vereinbarung geändert wurde.

IX. Risikolebensversicherung

1. Beratung

34 Der Ehemann hat eine **Risikolebensversicherung** abgeschlossen, die für den Fall des Todes zur Abdeckung der auf dem ehegemeinschaftlichen Anwesen lastenden **Verbindlichkeiten** dient. Der Ehemann verpflichtet sich, diese Risikolebensversicherung fortzuführen und mit der **Bank** eine **Vereinbarung** zu treffen, wonach eine etwaige Auszahlungssumme zur Abdeckung der Verbindlichkeiten dient.

35

2. Muster: Risikolebensversicherung

Herr ■■■ hat in Verbindung mit dem Hauskauf eine **Risikolebensversicherung** abgeschlossen. Diese **wird** von ihm **fortgeführt**. Versichert ist in diesem Vertrag das Leben des Herrn ■■■. Eine etwaige **Auszahlungssumme** soll **unmittelbar** an die **Bank fließen** zur Abgeltung der dort bestehenden Schulden. Herr ■■■ verpflichtet sich, soweit nicht bereits eine dahingehende Vereinbarung besteht, eine solche mit der Bank abzuschließen und in Zukunft nicht ohne Zustimmung seiner Ehefrau abzuändern sowie eine unwiderrufliche Erklärung, deren Erhalt von der Bank bestätigt wurde, vorzulegen bis spätestens ■■■.

X. Verwendung einer Lebensversicherung zur Ausgleichszahlung

1. Beratung

Der Ehemann ist Versicherungsnehmer einer Lebensversicherung. Bezüglich einer **Ab-** | 36
findungszahlung (Unterhalt und Vermögen) ist noch ein Restbetrag offen. Zum **Fälligkeitstermin** bezüglich der Zahlung des Restbetrages aus der Abfindung kommt eine Lebensversicherung zur **Auszahlung**.

Durch nachstehende Vereinbarung soll sichergestellt werden, dass die Ehefrau die Ab- | 37
findungszahlung **unmittelbar** aus dem Auszahlungsbetrag der Lebensversicherung erhält.

2. Muster: Verwendung einer Lebensversicherung zur Ausgleichszahlung   38
192

> Zum Zeitpunkt der **Fälligkeit** des vorgenannten **Restbetrages** in Höhe von Euro ███
> kommt nach Angabe der Beteiligten eine von der Firma ███ als Versicherungsnehmer
> zu Gunsten von Herrn ███ als versicherte Person abgeschlossene **Lebensversicherung**
> bei der ███ Lebensversicherungsgesellschaft, Vers.Nr. ███ **zur Auszahlung**.
>
> Die **Begleichung** des vorgenannten Restbetrages von Euro ███ soll unmittelbar **aus der**
> entsprechenden **Auszahlungssumme** der Lebensversicherung erfolgen.
>
> Die Beteiligten verpflichten sich gegenseitig, mit der vorgenannten Lebensversicherungs-
> gesellschaft – erforderlichenfalls unter **Einbeziehung** des **Versicherungsnehmers** – eine
> **Vereinbarung** dahingehend zu treffen, dass der Anspruch auf Auszahlung der Lebensver-
> sicherungssumme in Höhe eines Teilbetrages von Euro ███ **an Frau** ███ **abgetreten** wird
> und dadurch sichergestellt wird, dass die entsprechende Auszahlung – zur **Erfüllung** der
> erwähnten **Restzahlungsverpflichtung** – unmittelbar durch die Lebensversicherungs-
> gesellschaft an Frau ███ erfolgt.
>
> Beide Parteien verpflichten sich, die Vereinbarung der Lebensversicherungsgesellschaft
> vorzulegen und eine Rückbestätigung der Versicherungsgesellschaft beizubringen, wo-
> nach die Auszahlungssumme aus der Lebensversicherung unmittelbar an Frau ███ auf
> deren Konto ███ bei der ███ Bank fließt.

Beratungshinweis: 39

Es handelt sich um eine **Direktversicherung**, bezüglich derer Versicherungsnehmer der
Arbeitgeber des Ehemannes ist, sodass in jedem Fall wohl die **Zustimmung** des **Arbeitgebers** für den Abschluss der vorgenannten Vereinbarung erforderlich ist.

XI. Schuldentilgung durch Lebensversicherung, Auszahlung auf
gemeinschaftliches Festgeldkonto

1. Beratung

Mit der Auszahlungssumme einer Lebensversicherung soll die **Schuldentilgung** gemein- | 40
samer Schulden erfolgen. Eine Schuldentilgung – ohne Anfall der Vorfälligkeitsentschädigung – ist derzeit nicht möglich, sondern erst zu einem **späteren** Zeitpunkt.

41 Aus diesem Grund soll der Auszahlungsbetrag zunächst auf einem gemeinschaftlichen **Festgeldkonto** angelegt werden und erst nach Ablauf der Zinsbindungsfrist zur Tilgung der Verbindlichkeiten verwendet werden.

42 **2. Muster: Schuldentilgung durch Lebensversicherung, Auszahlung auf gemeinschaftliches Festgeldkonto**

Wir **verpflichten** uns, den Auszahlungsbetrag, der in Ziffer ■■■ genannten Lebensversicherung ausschließlich zur **Tilgung** der **Verbindlichkeiten** bei der Bayerischen Hypo-Vereinsbank AG zu verwenden, welche durch die in ■■■ genannten Grundschulden abgesichert sind. Eine solche Tilgung **ist erst zum** ■■■ **möglich.** Daher haben wir bei der ■■■ Bank für die Zeit **zwischen** der **Auszahlung** und dem ■■■ ein **gemeinschaftliches Festgeldkonto** angelegt, über welches wir nur **gemeinschaftlich verfügen** können.

B. Bausparverträge-Übertragung

I. Beratung

Hierzu s. Teil 4, § 3 Rn 32 ff.

43 **II. Muster: Übertragung eines Bausparvertrages**

Die Ehegatten ■■■ vereinbaren, dass der Bausparvertrag bei der Bausparkasse ■■■ mit der Nr. ■■■ mit dem angesparten Guthaben in Höhe von ca Euro ■■■ auf Herrn ■■■ **übertragen** und auf ihn **umgeschrieben** wird.

Frau ■■■ erteilt hiermit Herrn ■■■ unter Befreiung von den Beschränkungen des § 181 BGB uneingeschränkte **Vollmacht**, alle zur Umschreibung und Übertragung des Bausparvertrages auf Herrn ■■■ erforderlichen **Erklärungen** und **Bewilligungen** abzugeben.

C. Bankkonten

I. Haftungsregelung

1. Beratung

a) Tatsächliche Ausgangssituation

44 Die Parteien sind Inhaber von Konten, die bereits auf ihren Namen laufen. Alternative: Gemeinschaftliche Konten werden aufgeteilt.

b) Rechtliche Ausgangssituation

Eröffnet ein Ehegatte ein Einzelkonto, sei es ein Girokonto oder Wertpapierkonto auf seinen Namen, so ist er **alleiniger** Gläubiger der Guthabensforderung gegen die Bank, aber auch im **Innenverhältnis** zum anderen Ehegatten grundsätzlich **allein berechtigt**.[78] 45

Allein die Tatsache, dass auch der andere Ehegatte hierauf Einzahlungen tätigt oder dass dem anderen Ehegatten über das Konto **Vollmacht** erteilt wurde, ändert hieran nichts.[79] 46

Eine **Ausnahme** von diesem Grundsatz ist jedoch dann gerechtfertigt, wenn durch eine von den Ehegatten **gemeinsam festgelegte Zweckbindung** des Kontos das Guthaben ersichtlich für einen **gemeinsamen** Zweck, etwa die Anschaffung eines Familienwohnheims, angespart wurde. 47

Für diesen Fall hat der BGH[80] entschieden, dass die Ehegatten stillschweigend hinsichtlich der angesparten Summe eine **Bruchteilsgemeinschaft** vereinbart hatten. Gleiches galt nach BGH[81] für den Fall, dass die kompletten Ersparnisse des Ehemannes während der gesamten Ehezeit auf Konten der Ehefrau eingezahlt wurden. Hier wurde vom BGH angenommen, dass das Verhalten der Eheleute der **Vorsorge für den Fall des Alters oder der Erkrankung** diente. 48

Es wurde Bruchteilsgemeinschaft angenommen.[82] Den Anspruch auf Aufteilung aus Bruchteilsgemeinschaft sah der BGH dann auch **vorrangig** vor dem **Zugewinnausgleich** als gegeben an, da im Zugewinn gerade der Ausgleichsanspruch aus Bruchteilsgemeinschaft eingestellt werden müsse und daher aus dem streitgegenständlichen Konto kein Zugewinn resultiere.[83] 49

Lautet ein Konto auf den **Namen des Ehemannes** und ist die **Ehefrau verfügungsberechtigt, erlischt** diese Bevollmächtigung im Innenverhältnis, sobald die Eheleute getrennt leben.[84] 50

Mit dem **Scheitern** der Ehe entfällt die Geschäftsgrundlage für die Bevollmächtigung.[85] Besteht ein Einzelkonto mit Kontovollmacht des anderen Ehegatten, so ist **alleiniger** Gläubiger und Schuldner der **Kontoinhaber**, der auch für Kontoüberziehungen, die durch den anderen Ehegatten veranlasst wurden, gegenüber der **Bank mithaftet**.[86] 51

Ein **Gemeinschaftskonto** kann entweder in Form eines **Und-Kontos** oder in Form eines **Oder-Kontos** geführt werden, wobei in der Praxis regelmäßig Oder-Konten bevorzugt werden, da über Und-Konten nur **beide Ehegatte gemeinsam** verfügungsberechtigt sind.[87] 52

78 OLG Karlsruhe FamRZ 2003, 607.
79 OLG Karlsruhe FamRZ 2003, 607, 608.
80 BGH FamRZ 1966, 442; BGH FamRZ 2000, 948.
81 BGH FamRZ 2002, 1696.
82 Münch, Ehebezogene Rechtsgeschäfte, Rn 1060 zu Teil 5.
83 Münch a.a.O. Rn 1061 zu Teil 5.
84 Heiß, Das Mandat im Familienrecht, Rn 384 zu Teil 10.
85 Heiß a.a.O.; BGH FamRZ 1988, 476, 478.
86 Heiß a.a.O. Rn 385 zu Teil 10; Haußleiter/Schulz, Vermögensauseinandersetzung bei Trennung und Scheidung, Rn 226 zu Kap. 6.
87 Heiß, Das Mandat im Familienrecht, Rn 395 zu Teil 10.

53 Bei **Oder-Konten** sind die Ehegatten **Gesamtgläubiger** i.S.v. § 428 BGB mit der Folge, dass **grundsätzlich** eine **Ausgleichspflicht** nach § 430 BGB besteht, soweit einer der Ehegatten **mehr als die Hälfte** des Guthabens abgehoben und für sich verwendet hat.[88]

54 Für **Gemeinschaftskonten** ist anerkannt, dass bei ihnen i.d.R. nach §§ 430, 742 BGB **im Innenverhältnis hälftiges Miteigentum** vorliegt.[89] Dies gilt auch dann, wenn die Mittel auf dem Gemeinschaftskonto ausschließlich vom allein verdienenden Ehegatten eingezahlt werden. Die Rechtsprechung hat eine solche Teilung sowohl für Konten angenommen, die der Lebensführung dienten, wie auch für Sparkonten. Für gemeinschaftliche Wertpapierdepots soll dies nicht ohne weiteres gelten.

55 Die Rechtsprechung geht davon aus, dass die Anlage eines **Oder-Depots** noch keine Aussage über das Eigentum erlaube. Sie könne auch lediglich zur Einräumung einer Verfügungsbefugnis geschehen sein. Somit will die Rechtsprechung bei Oder-Depots die **Beweislast** dem anspruchstellenden Teil aufbürden.[90] Abzustellen ist auf die Mittelherkunft, den Verwendungszweck und den sonstigen Umgang der Ehegatten mit ihrem Vermögen.[91]

56 **Beratungshinweis:**

Zu empfehlen ist in jedem Fall bei **allen Anlageformen** eine Regelung im Innenverhältnis.

Zu beachten ist auch, dass **Einzahlungen** auf ein Gemeinschaftskonto durch einen Ehegatten schenkungsteuerlich i.d.R. als **Schenkung** qualifiziert werden, sofern es sich nicht lediglich um kleinere Beträge im Rahmen der ehelichen Erwerbs- und Wirtschaftsgemeinschaft handelt und soweit die **Freibeträge überschritten** sind.[92]

57 **2. Muster: Haftungsregelung Bankkonto**

Gemeinschaftliche Konten **bestehen nicht mehr**. Jeder Ehegatte bleibt **Alleininhaber** (ohne Ausgleichspflicht) derjenigen Konten, die auf seinen **Namen** lauten.

Alternative:

Die Parteien sind sich dahingehend einig, dass das gemeinsame Konto ▆▆▆ mit Wirkung ab ▆▆▆ dem Ehemann zur **Alleinberechtigung** und **Verpflichtung** übertragen wird. Die Parteien verpflichten sich, sämtliche für die Übertragung erforderlichen Erklärungen gegenüber der ▆▆▆ Bank abzugeben. Die Parteien stellen übereinstimmend fest, dass auf diesem Konto derzeit ein Guthaben in Höhe von ca. ▆▆▆ Euro besteht.

Frau ▆▆▆ verpflichtet sich, beginnend ab sofort **keinerlei Abhebungen** mehr von diesem Konto zu tätigen.

---

88 BGH FamRZ 1990, 370, 371; FamRZ 1993, 413; 1999, 948, 949; Heiß, Das Mandat im Familienrecht, Rn 396 zu Teil 10.
89 BGH FamRZ 1990, 370, 371; OLG Köln WM 2000, 2485 ff.
90 OLG Köln WM 2000, 2485, 2487.
91 Münch, Ehebezogene Rechtsgeschäfte, Rn 1065 zu Teil 5.
92 Vgl. Götz/Jorde, StR 2002, 1462 ff.

II. Girokonto, Schulden, Gütergemeinschaft

1. Beratung

Bei bestehender Gütergemeinschaft ist klarzustellen, welcher Ehegatte für welches   58
Konto allein einzustehen hat und dass der andere Ehegatte hierfür nicht mehr haftet,
da bei Gütergemeinschaft ohne jegliche Übertragungsakte sämtliche Bankkonten **gemeinschaftliche** Konten sind, soweit sie in das Gesamtgut falllen.

Darüber hinaus ist jeweils klarzustellen, dass **weitere** Gesamtgutsverbindlichkeiten   59
nicht mehr vorhanden sind, also insbesondere Verbindlichkeiten, die von einem Ehegatten alleine aufgenommen wurden und von denen der andere keine Kenntnis hat.

2. Muster: Aufteilung von Bankkonten   60

> Die Ehegatten ■■■ sind sich darüber einig, dass jeder von ihnen für ein etwaiges **Saldo**
> auf seinem **Girokonto allein einzustehen** hat und der **andere** hierfür **nicht haftet**. Sonstige
> **Gesamtgutsverbindlichkeiten** sind **nicht mehr vorhanden**.
>
> Bezüglich **gemeinschaftlicher Konten** hat eine Auseinandersetzung zu erfolgen. Bestehen
> Konten, betreffend derer zwar Alleininhaber ein Ehegatte ist, der andere jedoch **Voll-
> macht** hat, so ist diese dem anderen Ehegatten gegenüber zu widerrufen und der entspre-
> chende **Widerruf** dem Geldinstitut gegenüber zu erklären.

D. Unternehmen/Betrieb

I. Auseinandersetzung von Gesellschaftsvermögen

1. Beratung

a) Tatsächliche Ausgangssituation

Die Ehegatten sind beide an einer Gesellschaft beteiligt. Es wird eine Verpflichtungs-   61
erklärung abgegeben, wonach in einem **gesonderten Übertragungsvertrag** der Anteil
der Ehefrau auf den Ehemann übertragen wird. Bereits mit dieser Vereinbarung wird
jedoch die Ehefrau von allen Forderungen der Gesellschaft **freigestellt** und klargestellt,
dass die **Gewinne** dem **Ehemann** allein zustehen.

b) Rechtliche Ausgangssituation

Sind die Ehegatten Partner einer **BGB-Gesellschaft** (z.B. Arzt- oder Anwaltsgemein-   62
schaft) oder einer OHG (Betrieb einer gemeinsamen Handelsfirma), kann eine Auseinandersetzung durch **Übertragung des Gesellschaftsanteils** eines Ehegatten auf den anderen nur erfolgen, wenn der **Gesellschaftsvertrag** dies ausdrücklich **vorsieht** oder alle
Gesellschafter, also auch Außenstehende, einer solchen Regelung zustimmen.

63 Die **gesetzlichen** Regelungen der §§ 717, 723 ff BGB gehen davon aus, dass das Gesellschaftsverhältnis den Wegfall eines Gesellschafters nicht überdauert und einen **Gesellschafterwechsel nicht zulässt.** Andere Vereinbarungen im Gesellschaftsvertrag sind selbstverständlich zulässig.[93]

64 Die **Rechtsfolge** der Übertragung der Gesellschafterstellung richtet sich danach, ob der **übernehmende** Ehegatte bereits Gesellschafter **ist** oder durch die Übertragung neu in die Gesellschaft aufgenommen wird. Wird er durch Übertragung erst neu aufgenommen, handelt es sich um einen **Aufnahmevertrag,** verbunden mit dem Ausscheiden des veräußernden Gesellschafters mit der Folge des Anwachsens des Anteils des veräußernden Gesellschafters bei dem Übernehmer mit den **Haftungsfolgen** des § 130 HGB.[94]

65 Ist der übernehmende Ehegatte bereits seinerseits Gesellschafter, hat die Übertragung nur die Folge einer **Änderung** der **Gewinn-** und ggf. der **Verlustverteilung.**[95]

66 Soweit eine Gesellschaft auf **unbestimmte Zeit** eingegangen ist, ist sie, wenn nichts anderes vereinbart ist, jederzeit kündbar, § 723 Abs. 1 BGB, § 132 HGB (zum Schluss eines Geschäftsjahres mit Kündigungsfrist von mindestens 6 Monaten). Ist die Gesellschaft auf **bestimmte Zeit** eingegangen oder ist die **Kündigung** gesellschaftsvertraglich **beschränkt,** berechtigt nur ein **wichtiger Grund** zur Kündigung, z.B. wenn dem Kündigenden nach Treu und Glauben die Fortsetzung, z.B. wegen eines Vollmachtsmissbrauchs,[96] wegen gesellschaftsschädigenden Verhaltens bzw. nachhaltiger Zerstörung des gesellschaftlichen Vertrauensverhältnisses[97] nicht mehr zumutbar ist, wobei Verschulden des Mitgesellschafters nicht unbedingt vorausgesetzt ist.[98]

67 Die Übertragung des Gesellschaftsanteils auf den anderen Ehegatten ist mangels entgegenstehender gesellschaftsvertraglicher Vereinbarung bei **BGB**-Gesellschaft, **OHG**-Anteil und **KG**-Anteil formfrei möglich. Die Übertragung eines **GmbH**-Anteils bedarf demgegenüber der **notariellen Beurkundung,** § 15 Abs. 3 GmbHG.[99]

68 **Beratungshinweis:**

Da bei Übertragungen von Geschäftsanteilen zum einen der Gesellschaftsvertrag berücksichtigt werden muss und zum anderen die Rechte etwaiger außenstehender Mitgesellschafter, empfiehlt es sich häufig, den Vertrag **außerhalb** der Scheidungsfolgenvereinbarung abzuschließen. Zur Vermeidung von Haftungsgefahren sollten diese Teilvereinbarungen auch jeweils von einem auf Gesellschaftsrecht spezialisierten Anwalt entworfen werden. Die Praxis zeigt, dass die Mandanten es durchweg positiv aufnehmen, wenn sie aufgrund der Spezialisierung eines Familienrechtsanwalts zu einem anderweitigen Spezialisten bezüglich der gesellschaftsrechtlichen Auseinandersetzung verwiesen werden.

---

93 Börger in Göppinger/Börger, Vereinbarungen anlässlich der Ehescheidung, Rn 54 zu Teil 6.
94 Göppinger/Börger a.a.O. Rn 54 zu Teil 6.
95 Börger O. a. O. a.a.O. Rn 54 zu Teil 6 mit Hinweis auf Westermann, Handbuch der Personengesellschaften, § 35 Rn 1001 ff, 1032 ff.
96 BGH WM 1985, 997.
97 BGH WM 1966, 29, 31; BGH NJW 2000, 3491.
98 BGH WM 1975, 329; Börger a.a.O. Rn 55 zu Teil 6.
99 Börger a.a.O. Rn 56 zu Teil 6.

Unabhängig davon sollte für das **Innenverhältnis** klargestellt werden, in welchem Umfang Forderungen der Gesellschaft und der Gläubiger der Gesellschaft von dem übernehmenden Ehegatten unter Freistellung des anderen Ehegatten übernommen werden und zu welchem Stichtag die Übernahme von Rechten und Pflichten aus der Beteiligung erfolgt.[100]

Soweit die Übertragung von Gesellschaftsanteilen zur **Erfüllung** von **Zugewinnausgleichsansprüchen**, zur Abgeltung von Versorgungsausgleichsansprüchen, zur Abfindung von Unterhaltsansprüchen oder zur Abgeltung sonstiger Ansprüche des übernehmenden Ehegatten erfolgt, kann hierin eine **steuerrechtlich relevante** Aufdeckung **stiller Reserven** bzw. **verdeckte Gewinnausschüttung** liegen (zu den steuerlichen Folgen siehe Teil 2, § 1 Rn 113 ff).[101]   69

2. Muster:[102] Auseinandersetzung von Gesellschaftsvermögen   70

Die Parteien sind an der ■■■ Gesellschaft beteiligt und zwar mit folgenden **Anteilen:** ■■■

Sie sind sich darüber einig, dass die Ehefrau ihren **Anteil** auf den Ehemann in einem **gesonderten Übertragungsvertrag überträgt.**

Im **Innenverhältnis** stellt der Ehemann schon jetzt seine Ehefrau von allen Forderungen der Gesellschaft und der Gläubiger der Gesellschaft **frei** und zwar für die **Vergangenheit** und für die **Zukunft. Gewinne** aus dem Unternehmen stehen dem **Ehemann** im Innenverhältnis mit Wirkung vom ■■■ **alleine zu** (evtl. noch Verpflichtungserklärung bezüglich Haftungsfreistellung im Außenverhältnis).

II. Überlassung eines Gesellschaftsanteils

1. Beratung

a) Tatsächliche Ausgangssituation

Die Ehegatten sind zu gleichen Anteilen an einer Gesellschaft Bürgerlichen Rechts beteiligt. Die Ehefrau überträgt ihren Gesellschaftsanteil auf den Ehemann.   71

b) Rechtliche Ausgangsituation

Zu regeln ist Folgendes: 72
■ Anteilsübertragung durch Abtretung,
■ Abklärung, ob weitere Zustimmungen, insbesondere seitens anderer Gesellschafter usw. erforderlich sind,
■ Übernahme von Darlehen und Haftungsfreistellung im Innen- und Außenverhältnis,
■ Festlegung des Übertragungszeitpunkts,

---

100 Börger in Göppinger/Börger, Vereinbarungen anlässlich der Ehescheidung, Rn 57 zu Teil 6.
101 Börger a.a.O. Rn 59 zu Teil 6.
102 Börger a.a.O. Rn 58 zu Teil 6.

- Regelung der Gewinnverteilung für das laufende Geschäftsjahr,
- Antrag auf Grundbuchberichtigung durch Eintragung der Anteilsübertragung (im vorliegenden Fall handelte es sich um einen Immobilienfonds).

73 **2. Muster: Überlassung eines Gesellschaftsanteils**

Erschienen Herr ■■■ und Frau ■■■

Herr ■■■ und Frau ■■■ halten zu **gleichen Teilen** an der **Gesellschaft Bürgerlichen Rechts** ■■■ einen Gesellschaftsanteil von ■■■ (Eigenkapitalanteil) gem. Beitrittserklärung vom ■■■

(1) Frau ■■■ – nachstehend insoweit „Veräußerer" genannt – **überträgt ihren Anteil** am vorgenannten Gesellschaftsanteil zu nominal Euro ■■■ (als anteilige Euro ■■■) an Herrn ■■■ – nachstehend insoweit „Erwerber" genannt – mit allen Rechten und Pflichten zur alleinigen Berechtigung und **tritt ihn** mit sofortiger Wirkung an den **Erwerber ab**. Der Erwerber nimmt diese Abtretung an.

Der Notar hat darüber belehrt, dass diese Übertragung unter Umständen nur mit **weiteren Zustimmungen** – sei es aller anderer Gesellschafter, des Geschäftsführers, der geschäftsführenden Gesellschaft etc. – rechtswirksam ist. Der Notar konnte vor der heutigen Beurkundung nicht das gesamte Vertragswerk einsehen und deshalb auch über diese Frage nicht genauer belehren. Die Beurkundung wird aufgrund der bestehenden Verpflichtungen dennoch gewünscht.

Der Notar wird auch **nicht beauftragt**, den **Vollzug** dieser Urkunden und die Herbeiführung etwa erforderlicher **Genehmigungen** zu **betreiben**.

Zu diesem Zweck soll der Notar eine beglaubigte Abschrift dieser Urkunde an Frau Rechtsanwältin ■■■ übersenden. Diese wird im Namen von Herrn ■■■ dann den Vollzug betreiben.

(2) Weiter übernimmt Herr ■■■ das im **Zuge obiger Beteiligung** gemeinsam aufgenommene **Darlehen** bei der ■■■ Bank zur alleinigen weiteren **Haftung**. Er stellt die Veräußerin im Innenverhältnis von jeglicher Inanspruchnahme frei.

Die Veräußerin ist auch im **Außenverhältnis** aus jeglicher **persönlicher Haftung** im Zusammenhang mit der GbR zu entlassen, also nicht nur aus dem oben genannten Darlehensvertrag, sondern auch von jedem anderen etwa vorhandenen **Gesellschaftsgläubiger**, dem gegenüber persönlich gehaftet wird.

Der Notar hat darauf hingewiesen, dass hierzu die **Zustimmung** des jeweiligen **Gläubigers** erforderlich ist und dass Herr ■■■ mit seinem gesamten Vermögen haftet, wenn die Freistellung nicht erreichbar wäre. Nach Erklärung von Herrn ■■■ ist die Freistellung durch die ■■■ **Bank bereits beantragt**; Probleme hierwegen und anderweitige Verbindlichkeiten im Zusammenhang mit obiger Beteiligung bestünden nicht.

(3) Die **Übertragung** des Gesellschaftsanteils erfolgt mit schuldrechtlicher Wirkung zum **heutigen Tag**.

Der **Gewinn** für das **laufende Geschäftsjahr**, der auf den veräußerten Geschäftsanteil entfällt, steht den Vertragsparteien **zeitanteilig** zu.

Der Veräußerer leistet Gewähr dafür, dass ihm der (anteilige) Gesellschaftsanteil zusteht und dass dieser nicht mit Rechten Dritter belastet ist, sonst jedoch für nichts, insbesondere nicht für Güte und Ertragskraft.

(4) Die Vertragsteile bewilligen und beantragen die **Berichtigung** des **Grundbuchs** durch **Eintragung** der **Anteilsübertragung** im Grundbuch des ■■■ für ■■■

(Hinweis: Es handelte sich um eine Beteiligung an einem Immobilienfonds)

Der Notar konnte vor Beurkundung das Grundbuch nicht einsehen; die Grundbuchstelle wurde von der ■■■ GmbH mitgeteilt. Der übrige Inhalt des Grundbuchs ist dem Notar nicht bekannt. Auf mögliche Gefahren hat der Notar hingewiesen.

III. Geschäftsanteilsabtretung

1. Beratung

a) Tatsächliche Ausgangssituation

Die Ehegatten sind an einer Gesellschaft beteiligt. Die Ehefrau hatte schenkungsweise   74
Geschäftsanteile vom Ehemann während der Ehezeit erhalten. Die Vereinbarung dient der Rückübertragung dieser Geschäftsanteile. Es handelt sich um **Geschäftsanteile** an einer **GmbH**.

b) Rechtliche Ausgangssituation

Zu regeln ist Folgendes: 75
- Feststellung, dass die Gesellschaft keinen Grundbesitz hält,
- Überlassung des Geschäftsanteils,
- Regelung des Gewinnbezugsrechts hinsichtlich des Gewinns für das laufende und vergangene Wirtschaftsjahr,
- Abtretung des Geschäftsanteils,
- Freistellung von Verbindlichkeiten,
- Prüfung von Zustimmungserfordernissen,
- Prüfung von Genehmigungserfordernissen.

2. Muster: Geschäftsanteilsabtretung   76

199

■■■ gleichzeitig anwesend.

Frau ■■■ (Ehefrau)

Herr ■■■ (Ehemann) hier handelnd

im eigenen Namen und

für die Firma ■■■ mit dem Sitz in ■■■ als deren Einzelvertretungsberechtigter und von den Beschränkungen des § 181 BGB befreiter Geschäftsführer.

Auf Antrag der Anwesenden beurkunde ich ihren Erklärungen gemäß, was folgt:

1. Vertragsgegenstand

Vom Stammkapital zu ■■■ Euro der Firma ■■■ mit dem Sitz in ■■■ besitzt nach Erklärung der Beteiligten Frau ■■■ einen **Geschäftsanteil** in Höhe von nominal ■■■ Euro.

Alle Beteiligten geben an, dass die dem Geschäftsanteil zu ■■■ Euro zugrundeliegende Stammeinlage **vollständig einbezahlt** ist.

Die Gesellschaft **hält weder** eigenen **Grundbesitz** noch mittelbare oder unmittelbare **Beteiligungen** an anderen Gesellschaften, in deren Vermögen sich Grundbesitz befindet.

Frau ■■■ hat mit Urkunde des Notars ■■■ in ■■■ UR-Nr. ■■■ **Geschäftsanteile** über einen Nennwert in Höhe von insgesamt ■■■ von Herrn ■■■ (Ehemann) **schenkungsweise**

erworben. Aufgrund zwischenzeitlicher Aufstockung des Geschäftsanteils ist der vertragsgegenständliche Geschäftsanteil zu ■■■ entstanden. Die heutige Urkunde dient der **Rückübertragung dieses Geschäftsanteils**.

2. Überlassung

Frau ■■■ (Ehefrau) – nachstehend: „Veräußerer" genannt – **überlässt** den in Abschnitt I. bezeichneten **Geschäftsanteil** zu ■■■ Euro mit allen Rechten und Pflichten ab dem heutigen Tage, insbesondere mit dem **Gewinnbezugsrecht** hinsichtlich des Gewinns für das **laufende** und die **vergangenen Wirtschaftsjahre**, soweit bis heute noch kein Jahresabschluss festgestellt und Gewinnverwendungsbeschluss gefasst wurde, **an ihren Ehemann** ■■■ – nachstehend: „Erwerber" genannt.

3. Abtretung

Demgemäß **tritt** der Veräußerer den in Abschnitt I. bezeichneten **Geschäftsanteil** mit dinglicher Wirkung an den Erwerber **ab**, der diese Abtretung hiermit annimmt.

Haftung

Der Veräußerer haftet lediglich für den Bestand des Geschäftsanteils und für den ungehinderten Rechtsübergang. Eine weitergehende Haftung, insbesondere für die Güte des Unternehmens der Gesellschaft, ist ausgeschlossen. Der Veräußerer übernimmt keine Haftung für die Einbezahlung des Stammkapitals und für alle etwaigen Mängel, die bereits bei Erwerb der Geschäftsanteile im Jahr ■■■ bestanden.

Gegenleistungen

Die Veräußerung erfolgt im Wege einer **Vermögensauseinandersetzung** zwischen Ehegatten. Eine **Gegenleistung ist daher nicht geschuldet**.

Vorsorglich verpflichtet sich der Erwerber, den Veräußerer von allen etwaigen **Verbindlichkeiten**, die im Zusammenhang mit der Gesellschafterstellung entstanden sind, gegenüber Dritten und der Gesellschaft sowie weiteren Gesellschaftern **freizustellen**. Der Notar hat auf die Notwendigkeit einer **Zustimmung** etwaiger **Gläubiger** für eine Haftungsbefreiung im Außenverhältnis hingewiesen. Nach Angaben der Beteiligten sind derartige **Verbindlichkeiten jedoch nicht bekannt**.

4. Genehmigungen

Auf mögliche **Genehmigungserfordernisse** für die vorstehende Geschäftsanteilsübertragung wurde hingewiesen.

Herr ■■■ (Ehemann) als Geschäftsführer der Gesellschaft stimmt namens der Gesellschaft der Geschäftsanteilsübertragung zu und nimmt namens der Gesellschaft die Anmeldung des Erwerbs des vertragsgegenständlichen Geschäftsanteils durch den vorbezeichneten Erwerber gem. § 16 Abs. 2 GmbHG entgegen.

5. Kosten, Abschriften

Die Kosten der Errichtung dieser Urkunde trägt der Erwerber.

Eine beglaubigte Abschrift dieser Urkunde erhalten

- die Beteiligten
- die Gesellschaft an ihre Anschrift ■■■ zur Anzeige nach § 16 GmbHG
- das für die Gesellschaft zuständige Finanzamt
- das zuständige Registergericht im Auszug – ohne die Gegenleistungen gem. Abschnitt V. – als Anzeige des Notars gem. § 40 GmbHG.

Eine Abschrift erhält Frau Rechtsanwältin ■■■

6. Hinweise

Der Notar hat den Geschäftsführer über die Verpflichtung belehrt, unverzüglich die Veränderung in den Personen der Gesellschafter und/oder des Umfangs ihrer Beteiligung durch eine von der Geschäftsführung unterschriebene Liste der Gesellschafter, aus welcher Name, Vorname, Geburtsdatum und Wohnort der Letzteren sowie ihr Stammeinlagen zu entnehmen sind, zum Handelregister einzureichen.

Der Notar hat auf § 16 GmbHG (Erfordernis der Anmeldung des Erwerbers bei der Gesellschaft), auf den Eintritt des Erwerbers in die Stammeinlageverbindlichkeiten sowie auf § 24 GmbHG (Haftung der Gesellschaft für Ausfälle an Stammeinlagen untereinander) hingewiesen.

Dem Erwerber ist bekannt, dass das Vertrauen in die Gesellschafterstellung des Veräußerers nicht gesetzlich geschützt ist. Ein gutgläubiger Erwerb ist nicht möglich. Dem Notar lagen vollständige Unterlagen über die Übertragung, Bildung, Teilung oder Vereinigung von Geschäftsanteilen in der Vergangenheit nicht vor. Trotz Hinweis auf die bestehenden Risiken bestanden die Beteiligten auf eine sofortige Beurkundung.

IV. Übernahme einer Apotheke

1. Beratung

a) Tatsächliche Ausgangssituation

Der **Ehemann** ist Inhaber einer **Apotheke**, die er zur Abgeltung aller **Zugewinnausgleichsansprüche** auf die Ehefrau überträgt. Im Gegenzug hierzu wird Zugewinnausgleichsverzicht vereinbart.   77

b) Rechtliche Ausgangssituation

Beratungshinweis: 78

Keinesfalls kann empfohlen werden, dass ein auf Familienrecht spezialisierter Anwalt einen Vertrag betreffend die Übernahme einer Apotheke erstellt. Vielmehr ist die Beiziehung eines absoluten Spezialisten erforderlich, um Haftungsfälle zu vermeiden.[103]

Zu regeln ist Folgendes: 79

- Zugewinnausgleichsverzicht, wobei Geschäftsgrundlage der Abschluss des Apothekenüberlassungsvertrages ist,
- Berechtigung bezüglich Einkommensteuererstattungen aus vorangegangenen Jahren,
- Erteilung der Betriebserlaubnis,
- Überlassung der Apotheke mit allen Aktiva und Passiva per Stichtag . . .,
- Freistellung von Forderungen Dritter,
- Eintritt in den Mietvertrag und Umschreibung des Mietvertrages,
- Festlegung des Stichtags für die Übergabe,
- Eintritt in die bestehenden Arbeitsverträge,
- Regelung betreffend vorhandener Verbindlichkeiten gegenüber den Arbeitnehmern,
- Übernahme Warenlager,
- ggf. Vertragsstrafe bei Verzug.

---

103   Im Übrigen s. zu Zugewinnregelungen betreffend Unternehmen Teil 2, § 1 Rn 113 ff.

2. Muster: Übernahme einer Apotheke

Die Parteien sind sich dahingehend einig, dass **Zugewinnausgleichsansprüche** im Hinblick auf die nachfolgende Vereinbarung nicht bestehen. Sie **verzichten** wechselseitig auf etwaige Zugewinnausgleichsansprüche und nehmen den Verzicht gegenseitig an.

Die Parteien sind sich darüber einig, dass sämtliche Zugewinnausgleichsansprüche von Frau ▆▆▆ durch die **Übertragung** der von Herrn ▆▆▆ betriebenen ▆▆▆ Apotheke in ▆▆▆ **abgegolten** sind. Vorsorglich verzichtet Frau ▆▆▆ auf darüber hinausgehende Zugewinnausgleichsansprüche und nimmt diesen Verzicht an.

Herr ▆▆▆ verpflichtet sich, gegenüber Frau ▆▆▆, die im Innenverhältnis auf Herrn ▆▆▆ entfallende **Einkommensteuer** aus der gemeinsamen Veranlagung für die Jahre ▆▆▆ und ▆▆▆ zu **erstatten**.

(1) Die Parteien sind sich dahingehend einig, dass **Geschäftsgrundlage** für die Erklärungen zum **Zugewinn** der **Abschluss** des beigefügten **Apothekenüberlassungsvertrages** ist.

Dies bedeutet, dass bei Nichtunterzeichnung dieses Vertrages diese Vereinbarung keine Wirksamkeit hat.

(2) Apothekenüberlassungsvertrag:

zwischen ▆▆▆ und ▆▆▆

a) Vorbemerkung

Die Parteien dieser Vereinbarung sind Eheleute und leben derzeit getrennt. Das Scheidungsverfahren ist eingeleitet. Der **Übergeber** hat während der Ehezeit die ▆▆▆ Apotheke in ▆▆▆ **übernommen** und mit erheblichem Kostenaufwand **ausgebaut**. Zu den nachfolgend näher beschriebenen Bestimmungen **überlässt** der Übergeber die ▆▆▆ Apotheke zum Stichtag mit allen **Aktiva** und **Passiva** der Übernehmerin. Die Übergabe der Apotheke soll der Übernehmerin zum Aufbau einer Existenzgrundlage nach der Scheidung dienen. Sämtliche güterrechtlichen Zugewinnausgleichsansprüche sind mit der Übergabe ebenso abgegolten wie sonstige finanzielle Forderungen der Übernehmerin gegen den Übergeber. Für die **Erteilung** der **Betriebserlaubnis** wird die Übernehmerin selbst sorgen.

b) Vertragsgegenstand

Gegenstand des Überlassungsvertrages ist die ▆▆▆ Apotheke in ▆▆▆, einschließlich der Einrichtung der Apothekenbetriebsräume sowie der wissenschaftlichen und sonstigen Hilfsmittel gem. § 5 ApBetriebsO sowie der Geräte und Mittel nach Anlage 1 zu § 4 Abs. 8 ApBetriebsO und Anlage 3 zu § 15 Abs. 1 S. 1 ApBetriebsO.

c) Zusicherungen

Der Übergeber versichert, dass die veräußerten Wirtschaftsgüter in seinem alleinigen Eigentum stehen und frei von Rechten Dritter sind.

Die Übernehmerin versichert, dass alle nach der ApBetriebsO vorgeschriebenen Einrichtungsgegenstände einschließlich der wissenschaftlichen und sonstigen Hilfsmittel nach § 5 ApBetriebsO sowie Herstellungsprüfgeräte und Prüfmittel nach Anlage 1 zu § 4 Abs. 8 ApBetriebsO betriebsfertig vorhanden sind.

Die Übernehmerin bestätigt, über die wirtschaftliche Situation der Apotheke, insbesondere über deren Umsatz, die Umsatzstruktur sowie die Ertragslage einschließlich der eingegangenen Verbindlichkeiten umfassend informiert zu sein. Die zur Prüfung der wirtschaftlichen Situation notwendigen Unterlagen liegen der Übergeberin vor.

Beide Vertragsparteien haben sich gegenseitig umfassend über alle Faktoren, die für den Abschluss des Vertrages und dessen wirtschaftliche Tragweite von Bedeutung sind, informiert.

– Die Übernehmerin verpflichtet sich, den Übergeber von sämtlichen Forderungen Dritter, die auf den Betrieb der Apotheke gründen, oder die vom Übergeber in den Auf- und Ausbau der Apotheke investiert wurden, freizustellen. Soweit noch nicht geschehen, wird die Übernehmerin unverzüglich mit der finanzierenden Bank, Kontakt aufnehmen und die Übernahme der dortigen Verbindlichkeiten zum Stichtag erwirken.

– Die Übernehmerin verpflichtet sich ferner, den Übergeber von Verpflichtungen aus dem bestehenden Mietvertrag über die Räumlichkeiten der Apotheke freizustellen. Sie wird mit dem Vermieter unverzüglich Kontakt aufnehmen und eine Umschreibung des Mietvertrages zum Stichtag auf ihre Person veranlassen.

Mit der Übertragung der Apotheke sind Zugewinnausgleichsansprüche der Übernehmerin abgegolten.

d) Übernahme

Stichtag für die Übergabe ist der ■■■

Zum Stichtag sind die wissenschaftlichen und sonstigen Hilfsmittel i. S. von § 5 ApBetriebsO sowie die weiteren Unterlagen, die nach der ApBetriebsO nach dem Betäubungsmittelrecht und nach giftrechtlichen Vorschriften zum Betrieb der Apotheke erforderlich sind, von dem Übergeber an die Übernehmerin herausgegeben. Das Gleiche gilt für das Arbeitsmaterial gemäß Anlage zu diesem Vertrag.

Die Übernehmerin übernimmt die Apotheke mit allen Aktiva und Passiva so wie sie steht und liegt.

e) Mitarbeiter

– Mit Übernahme der Apotheke tritt die Übernehmerin an Stelle des Übergebers gem. § 613a BGB in sämtliche bestehenden Arbeitsverträge mit Angestellten ein. Der Übergeber ist verpflichtet, dem Übernehmer auf Anfrage über den Inhalt aller abgeschlossenen Arbeits- und Ausbildungsverträge rechtzeitig vor Abgabe der Apotheke zu unterrichten.

Der Übergeber wird seine Arbeitnehmer rechtzeitig über die Übergabe der Apotheke unterrichten und zu einer Erklärung darüber auffordern, ob sie das Arbeitsverhältnis mit der Übernehmerin fortsetzen wollen. Über das Ergebnis wird der Übergeber auf Anfrage der Übernehmerin Auskunft erteilen.

– Der Übergeber hat unbeschadet der Haftungsregelung des § 613 Abs. 2 BGB die bis zum Beginn der Apothekenübernahme gegenüber den Arbeitnehmern entstandenen Verbindlichkeiten zu tragen.

f) Gewährleistung

Die Übergabe der Apotheke erfolgt im Übrigen unter Ausschluss jeder Gewährleistung. Der Übernehmerin sind die übergebenen Wirtschaftsgüter nach Art und Güte bekannt.

g) Warenlager

Das bei der Übergabe der Apotheke vorhandene **Warenlager** wird von der Übernehmerin **übernommen**. Eine gesonderte **Inventur erfolgt nicht**.

h) Vertragsstrafe

Für den Fall, dass der Übergeber oder die Übernehmerin mit der Übergabe oder Übernahme des Vertragsgegenstandes in **Verzug** geraten, verpflichten sich beide wechselseitig zur **Zahlung** einer einmaligen **Vertragsstrafe** in Höhe von Euro ■■■ Davon unberührt kann der Übergeber oder die Übernehmerin Erfüllung verlangen und einen weitergehenden Schaden geltend machen.

i) Nebenabreden
Mündliche Nebenabreden wurden nicht getroffen.

j) Hinweise
Ergänzungen dieses Vertrages bedürfen der Schriftform. Die Schriftstücke sind diesem Vertrag als Anlagen beizuheften.

Soweit dieser Vertrag keine ausdrücklichen Bestimmungen enthält, gelten die allgemeinen gesetzlichen Vorschriften, insbesondere die Vorschriften des Apothekenrechts und des BGB.

Sollten einzelne Bestimmungen dieses Vertrages, gleich aus welchem Grunde, ganz oder teilweise rechtsunwirksam sein oder werden, wird dadurch die Gültigkeit der Vertragsbestimmungen nicht berührt, soweit nicht § 12 ApG etwas anderes bestimmt.

Die rechtsunwirksame Bestimmung ist durch eine rechtsgültige Bestimmung zu ersetzen, die dem von den Vertragspartnern verfolgten Zweck wirtschaftlich am nächsten kommt.

§ 4   Unterhalt

A. Vereinbarungsmöglichkeiten, Formerfordernisse und Sicherung des Zahlungsanspruchs

Im Einzelnen s. hierzu die umfangreichen Vereinbarungsmuster unter Teil 2, § 2 Rn 1 ff.

I. Vereinbarungsmöglichkeiten

1. In Betracht kommende Vereinbarungen

- Umfassender Unterhaltsverzicht.   1
- Unterhaltsverzicht gegen Zahlung einer Abfindung.
- Verpflichtung zur Zahlung von Unterhalt auf der Grundlage einer beigefügten Berechnung.
- Verzicht, mit Ausnahme des Falles der Not.
- Verzicht, mit Ausnahme Kindesbetreuung.
- Verzicht auf einzelne Unterhaltstatbestände (z.B. Aufstockungsunterhalt).
- Verzicht unter Bedingungen und Befristungen.
- Verzicht mit Rücktrittsrecht.
- Verzicht abhängig von der Ehedauer.
- Vereinbarungen zur Frist nach § 1579 BGB.
- Vereinbarung einer Höchstdauer der Unterhaltspflicht.
- Kein Erlöschen des Unterhalts bei Wiederheirat.
- Kein Wiederaufleben des Unterhalts.
- Erlöschen des Unterhaltsanspruchs mit dem Tod des Pflichtigen.
- Unterhaltsverzicht mit Einschränkung/§ 5 VAHRG.
- Wertgesicherte Höchstgrenze des Unterhalts.
- Höchstbeträge gestaffelt nach Einkommen.
- Höchstbeträge gestaffelt nach Ehedauer.
- Vereinbarungen zur Abänderbarkeit.
- Vereinbarungen zum Maß des Unterhalts.
- Ausklammerung verschiedener Einkommensarten.
- Sicherung der Verwendung von Vorsorgeunterhalt.
- Vereinbarungen zur Anwendung von Differenz- und Anrechnungsmethode.
- Verpflichtung zur Zahlung nachehelichen Unterhalts und Wohnungsgewährung als Sachleistung.
- Vereinbarungen zum Realsplitting.
- Vereinbarungen zur Berücksichtigung freiwilliger Leistungen Dritter.

2. Inhalt der Vereinbarungen

Unterhaltsansprüche können auf einzelne Unterhalts*tatbestände* **beschränkt** werden   2
(z.B. Kindesbetreuungsunterhalt). Im Übrigen kann auf weitergehende Unterhaltsansprüche nach anderen **Unterhaltstatbeständen** verzichtet werden. Auch das **Maß**

des Unterhalts kann **definiert** werden, indem z.B. auf die berufliche Stellung des Unterhaltsberechtigten abgestellt wird (Arzt/Krankenschwester-Ehe).

3 Zu beachten ist die **zeitliche Begrenzung**, die ggf. in eine Vereinbarung aufgenommen werden muss, weil sie zu einem späteren Zeitpunkt aufgrund der Präklusionswirkung nicht mehr nachgeholt werden kann[104] (Im Einzelnen s.o. Teil 1, Rn 45).

4 Es kann auch ein **gestaffelter** Unterhalt vereinbart werden dahingehend, dass sich der Unterhalt ab Vollendung eines bestimmten Lebensjahres des Kindes oder der Kinder ermäßigt und nach Vollendung des 15. Lebensjahres völlig in Wegfall kommt.

5 Auch der **Zeitpunkt** des Eintretens einer Halbtags- bzw. **Ganztagserwerbsobliegenheit** kann vereinbart werden. Des Weiteren können **Einkommenssteigerungen,** die auf Seiten des verpflichteten Ehegatten eintreten, insbesondere bei nicht prägenden Einkünften in Folge eines sog. „Karrieresprungs" von der Unterhaltsberechnung **ausgenommen** werden.

6 Da grundsätzlich **Altersvorsorgeunterhalt** zweckbestimmend zu verwenden ist, empfiehlt sich die gesonderte Ausweisung in der Vereinbarung. Der Unterhaltsberechtigte kann **frei** wählen, in welcher Form er sich versichern will, insbesondere ob er in einer **privaten** Versicherung oder in der Rentenversicherung für sein Alter vorsorgen will.[105]

7 **Beratungshinweis:**

Altersvorsorgeunterhalt ist geschuldet ab dem Zeitpunkt der Zustellung des Scheidungsantrags, da dieser Zeitpunkt gleichzeitig den Endzeitpunkt darstellt für die Berechnung des Versorgungsausgleichs, also für die Beteiligung an den während der Ehezeit erworbenen Rentenanwartschaften.

8 Wird der Vorsorgeunterhalt **zweckwidrig verwendet,** so liegen bei Geltendmachung von Ehegattenunterhalt die Voraussetzungen des § 1579 Nr. 3 BGB (**mutwillige Herbeiführung** der Bedürftigkeit) vor. Darüber hinaus kann die zweckwidrige Verwendung dazu führen, dass künftig **unmittelbar** an den Versorgungsträger gezahlt werden kann.[106] So kann z.B. vereinbart werden, dass der Altersvorsorgeunterhalt direkt an eine Versicherungsgesellschaft in Form von Versicherungsbeiträgen der Ehefrau bezahlt wird.

9 Auch die **Auskunftspflichten** können vertraglich geregelt werden, was im Hinblick auf die verschärfte Informationspflicht bei vertraglichen Regelungen zu empfehlen ist. Auskunftspflicht besteht i.d.R. im Abstand von **2 Jahren.** Im Hinblick darauf, dass umstritten ist, ob sich die unaufgeforderte Informationspflicht auch auf das **Zusammenleben mit** einem neuen **Partner** bezieht, ist zu empfehlen, dies in einer Regelung der Auskunftspflichten mit aufzunehmen.

10 Eine **Obliegenheit** des Bedürftigen, Beziehungen zu einem **neuen Partner** zu offenbaren, besteht **nicht,** es sei denn, es ginge um die **Sicherstellung** der **Versorgung** des **Bedürftigen** durch den Partner.[107] Zum entsprechenden Muster siehe Teil 3, § 4 Rn 66 ff.

---

104 BGH FamRZ 2000, 1499; FamRZ 2001, 905; Brudermüller FamRZ 1998, 649.
105 Heiß, Das Mandat im Familienrecht, Rn 135 zu Teil 8; BGH FamRZ 1983, 152, 153.
106 Heiß, Das Mandat im Familienrecht a.a.O.; Heiß/Heiß, Die Höhe des Unterhalts von A-Z, S. 19.
107 Heiß, Das Mandat im Familienrecht, Rn 502 zu Teil 8; BGH FamRZ 1986, 1082.

II. Formerfordernisse[108]

Verträge über den nachehelichen Unterhalt sind zu jeder Zeit zulässig, § 1585 c BGB, **11**
und grundsätzlich **formfrei** (s. aber zur Neuregelung des § 1585 c BGB: Teil 1,
Rn 48). Sie sind nicht formfrei, wenn aus Gründen des **Zusammenhangs** mit **anderen
Vereinbarungen** Formbedürftigkeit besteht, z.B.
- im Zusammenhang mit einer Vereinbarung zur einverständlichen Scheidung gem.
  § 630 Abs. 1 Nr. 3 ZPO i.V.m. § 794 Abs. 1 Nr. 5 ZPO,
- im Zusammenhang mit formbedürftigen Vereinbarungen, z.B. des Güterrechts,
  oder nach § 1587 o BGB,
- wenn eine Leibrente vereinbart wird, § 761 BGB.

Wird im Zusammenhang mit einer Scheidungsvereinbarung ein beurkundungsbedürfti- **12**
ger Teil geregelt, wird entsprechend der Rechtsprechung zu § 311b Abs. 1 BGB der **Gesamtzusammenhang** der Vereinbarungen **beurkundungsbedürftig**. Bei isolierter Vereinbarung, z.B. eines Unterhaltsverzichts, droht Nichtigkeitsgefahr.[109]

Unterhaltsvereinbarungen können **zu jedem Zeitpunkt** getroffen werden und zwar so- **13**
wohl hinsichtlich Trennungsunterhalts als auch hinsichtlich nachehelichen Ehegattenunterhalts und zwar auch schon **vor Eheschließung** mit den Einschränkungen nach
der Rechtsprechung des Bundesverfassungsgerichts und des Bundesgerichtshofs (hierzu
s. Teil 1, Rn 49 ff).

Unterhaltsvereinbarungen bedürfen **keiner** Form (s. aber die zur Neuregelung Teil 1, **14**
Rn 48) und können daher sowohl mündlich als auch in gewillkürter Schriftform
(§ 127 BGB) abgeschlossen werden.[110]
- Für Leibrentenversprechen, § 761 BGB, ist Schriftform gesetzlich vorgeschrieben.
- Für Schenkungsversprechen, § 518 BGB, ist notarielle Form vorgeschrieben.
- Haben die Parteien vereinbart, dass eine Unterhaltsvereinbarung notariell beurkun-
  det werden muss, so ist die Vereinbarung so lange nichtig, bis die vereinbarte Form
  gewahrt wurde, § 125 S. 2 BGB.[111]

Beratungshinweis:[112] **15**

Um Streit über die Wirksamkeit des Zustandekommens der Vereinbarung zu vermeiden, sollte bereits anlässlich der Vertragsverhandlungen klar zum Ausdruck gebracht
werden, dass **die bloße Annahme** des Angebots für das Zustandekommen der Vereinbarung **nicht ausreichend** ist, sondern dass die Wirksamkeit der Vereinbarung von einer
schriftlichen Ausarbeitung und Unterzeichnung oder sogar von einer Titulierung (notarielle Vereinbarung oder gerichtliche Protokollierung eines Vergleichs) abhängig sein
soll.

Zu beachten ist, dass der Trennungsunterhalt und der nacheheliche Unterhalt **nicht
identisch** sind, dass also ein Unterhaltstitel betreffend Trennungsunterhalt für die
Zeit nach Rechtskraft der Scheidung nicht mehr weiter wirkt.

---

108 Im Einzelnen hierzu s. Teil 1.
109 Zimmermann/Dorsel, Eheverträge, Scheidungs- u. Unterhaltsvereinbarungen, Rn 78 zu § 20.
110 Kilger/Pfeil in Göppinger/Börger Rn 3 zu Teil 5.
111 OLG Karlsruhe FamRZ 1995, 998.
112 Kilger/Pfeil a.a.O. Rn 6 zu Teil 5.

Liegt eine einstweiligen Anordnung nach § 620 S. 1 Nr. 6 ZPO vor, so bleibt diese über den Zeitpunkt der Rechtskraft der Scheidung hinaus in Kraft (§ 620f Abs. 1 S. 1 ZPO). Gleiches gilt, wenn im einstweiligen Anordnungsverfahren ein Vergleich geschlossen wurde und die Parteien diese Regelung nicht ausdrücklich nur für den Zeitraum der Trennung getroffen haben.

In jedem Fall muss dazu geraten werden – sei es Trennungsunterhalt oder sei es nachehelicher Ehegattenunterhalt –, dass eine entsprechende **Titulierung** erfolgt. Wird eine Vereinbarung abgeschlossen, aber nicht zu Protokoll des Gerichts gegeben, muss im Streitfall **aus dieser Vereinbarung Klage** erhoben werden, wohingegen bei Protokollierung ein Vollstreckungstitel vorliegt mit der Möglichkeit, die Zwangsvollstreckung aus der Vereinbarung zu betreiben.

Trotz freiwilliger, regelmäßiger und pünktlicher Unterhaltszahlungen des Unterhaltsverpflichteten hat der Unterhaltsberechtigte einen **Anspruch auf die Errichtung eines Unterhaltstitels**; einer entsprechenden Unterhaltsklage fehlt das Rechtsschutzbedürfnis nicht.

Umstritten ist, ob der Unterhaltsschuldner auch die Titulierung schuldet[113] oder ob er auch für die Titulierungskosten aufkommen muss, z.B. OLG Düsseldorf.[114]

Soll im einstweiligen Anordnungsverfahren nach § 644 ZPO oder § 620 Nr. 6 ZPO durch Vergleich auch das Hauptsacheverfahren erledigt werden, ist dies klarzustellen.[115]

III. Sicherung der Zahlungsverpflichtung[116]

16 In erster Linie kommt die Belastung von Immobilien in Betracht, z.B. in Form einer **Reallast** oder einer in geeigneter Höhe bestellter **Grundschuld**. (Zur Grundschuldeintragung und Einräumung einer Reallast s.o. Teil 2) Des Weiteren kann die Sicherung auch durch **Abtretung** von Lohn- und Gehaltsforderungen erfolgen, soweit diese nicht im Einzelfall durch Betriebsvereinbarung ausgeschlossen sind, weshalb sich in jedem Fall empfiehlt, vor dem Abschluss der Vereinbarung die Möglichkeiten und Modalitäten der Abtretung mit der auszahlenden Stelle zu klären.[117]

17 Auch **Bürgschaften** stellen geeignete Sicherungsmittel dar sowie in jedem Fall die **Unterwerfung** des Unterhaltsverpflichteten unter die **sofortige Zwangsvollstreckung** (bei notariellen Scheidungsvereinbarungen); bei Protokollierung einer Vereinbarung im Rahmen des Scheidungsverfahrens stellt ohne Zwangsvollstreckungsunterwerfungsklausel die vollstreckbare Ausfertigung des **Protokolls** den **Vollstreckungstitel** dar.

18 In jedem Fall sind die Unterhaltsansprüche betreffend Ehegattenunterhalt und Kindesunterhalt getrennt zu beziffern und **getrennt** zu titulieren. Mangels getrennter Titulierung dringt die Vollstreckungsabwehrklage durch.[118]

---

113 OLG Stuttgart FamRZ 2001, 1381; OLG Frankfurt FamRZ 1998, 445; OLG Köln FamRZ 1997, 823.
114 FamRZ 1994, 1484.
115 Kilger/Pfeil a.a.O. Rn 16 zu Teil 5.
116 Im Einzelnen Teil 1.
117 Langenfeld, Handbuch der Eheverträge und Scheidungsvereinbarungen, Rn 1021 zu Kap. 5.
118 Langenfeld a.a.O. Rn 1022 zu Kap. 5.

Beratungshinweis:

Zu beachten ist, dass der Trennungsunterhalt und der nacheheliche Unterhalt **nicht identisch** sind, dass also ein Unterhaltstitel betreffend Trennungsunterhalt für die Zeit nach Rechtskraft der Scheidung nicht mehr weiter wirkt.

Liegt eine einstweiligen Anordnung nach § 620 S. 1 Nr. 6 ZPO vor, so bleibt diese über den Zeitpunkt der Rechtskraft der Scheidung hinaus in Kraft (§ 620f Abs. 1 S. 1 ZPO). Trotz der Nichtidentität von Trennungs- und nachehelichem Unterhalt[119] erstreckt sich der Regelungsbereich einer einstweiligen Anordnung über Unterhalt über die Rechtskraft des Scheidungsurteils hinaus.[120] Diese Zahlungspflicht besteht bis zum Wirksamwerden einer anderweitigen Regelung.[121]

Gleiches gilt, wenn im einstweiligen Anordnungsverfahren ein Vergleich geschlossen wurde, wenn nicht ausdrücklich der Vergleich als Trennungsunterhaltsvereinbarung bezeichnet wurde.

In jedem Fall muss dazu geraten werden – sei es Trennungsunterhalt oder sei es nachehelicher Ehegattenunterhalt –, dass eine entsprechende **Titulierung** erfolgt. Wird eine Vereinbarung abgeschlossen, aber nicht zu Protokoll des Gerichts gegeben, muss im Streitfall **aus dieser Vereinbarung Klage** erhoben werden, wohingegen bei Protokollierung ein Vollstreckungstitel vorliegt mit der Möglichkeit, die Zwangsvollstreckung aus der Vereinbarung zu betreiben.

Soll im Rahmen einer einverständlichen Scheidung nach § 630 ZPO eine **Unterhaltsregelung** zwischen den Parteien getroffen werden, so müssen **beide** Parteien anwaltlich vertreten sein.[122]

Keine Anwaltspflicht besteht, wenn im Rahmen eines Scheidungsverfahrens lediglich ein **nachehelicher Ehegattenunterhaltsverzicht** vereinbart wird. Der Vergleich ist zwar dann als **Prozessvergleich** unwirksam. Er bleibt aber als **materielles Rechtsgeschäft wirksam**.[123] Aufgrund der Rechtsprechung zur Wirksamkeits- und Inhaltskontrolle ist jedoch die Abgabe eines Ehegattenunterhaltsverzichts ohne anwaltliche Vertretung und entsprechende ausreichende Belehrung äußerst bedenklich.

Trotz freiwilliger, regelmäßiger und pünktlicher Unterhaltszahlungen des Unterhaltsverpflichteten hat der Unterhaltsberechtigte einen **Anspruch auf die Errichtung eines Unterhaltstitels**; einer entsprechenden Unterhaltsklage fehlt das Rechtsschutzbedürfnis nicht.

Umstritten ist, ob der Unterhaltsschuldner nur die Titulierung schuldet[124] oder ob er auch für die Titulierungskosten aufkommen muss (z.B. OLG Düsseldorf).[125]

Soll im einstweiligen Anordnungsverfahren nach § 644 ZPO oder § 620 Nr. 6 ZPO durch Vergleich auch das Hauptsacheverfahren erledigt werden, ist dies klarzustellen.[126]

---

119 BGH FamRZ 1981, 242.
120 BGH FamRZ 1983, 355.
121 Born in Heiß/Born, Unterhaltsrecht – Ein Handbuch für die Praxis, Rn 135 zu Kap. 25.
122 Heiß, Das Mandat im Familienrecht, Rn 751 zu Teil 8; BGH FamRZ 1991, 679, 680.
123 Heiß, Das Mandat im Familienrecht, Rn 752 zu Teil 8; Gerhardt FAFamR Rn 475 zu Kap. 6.
124 OLG Stuttgart FamRZ 2001, 1381; OLG Frankfurt FamRZ 1998, 445; OLG Köln FamRZ 1997, 823.
125 FamRZ 1994, 1484.
126 Kilger/Pfeil a.a.O. Rn 16 zu Teil 5.

Es ist Aufgabe des Anwalts, dafür Sorge zu tragen, dass der Unterhalt, und zwar sowohl Ehegatten- als auch Kindesunterhalt, entweder durch notarielle Scheidungsvereinbarungen oder spätestens im Rahmen des Scheidungsverfahrens durch Vergleich oder notfalls durch Urteil geregelt wird.

Zu beachten ist, dass eine einstweilige Anordnung **keine rechtskräftige** Entscheidung über den Unterhaltsanspruch darstellt und vom Schuldner **jederzeit**, auch **rückwirkend**, mit einer negativen Feststellungsklage angegriffen werden kann.[127]

Dies bedeutet, dass in jedem Fall auch der **nacheheliche Ehegattenunterhalt geregelt** werden **muss**.

Geschieht dies nicht, so ist – ggf. nach Abschluss des Scheidungsverfahrens – der Unterhalt durch gesonderte Klage geltend zu machen. Dies ist mit nicht unerheblichen Kosten verbunden im Hinblick darauf, dass Streitwert der Jahresbetrag ist und eine Zusammenrechnung von Streitwert für Scheidung und Unterhalt nicht erfolgt.

Abgesehen davon ist zu berücksichtigen, dass – falls nur Ehegattenunterhalt geltend gemacht wird – dieser am Wohnsitzgericht des Beklagten zu erheben ist.

Die Zuständigkeit des § 642 Abs. 1 ZPO (**Wohnsitz des Kindes** oder des Elternteils, der das Kind vertritt) gilt nur, wenn im Zusammenhang mit Ehegattenunterhalt auch Kindesunterhalt geltend gemacht wird.

Ist ein Verfahren betreffend Kindesunterhalt bezüglich eines minderjährigen Kindes anhängig, so kann bei dem **gleichen** Gericht auch eine Klage auf **Ehegattenunterhalt** eingereicht werden, § 642 Abs. 3 ZPO.[128]

B. Zahlungsvereinbarungen

I. Zahlungsverpflichtung bis zum Renteneintritt

1. Beratung

a) Tatsächliche Ausgangssituation

20 Es handelt sich um Ehegatten, die in absehbarer Zeit **Renten** beziehen werden, wobei aufgrund des durchgeführten **Versorgungsausgleichs** möglicherweise nur ein geringer Unterhaltsanspruch besteht.

b) Rechtliche Ausgangssituation

21 Bezieht der im Rahmen des Versorgungsausgleichs Ausgleichspflichtige die Rente erst **nach Rechtskraft der Scheidung** und ist er verpflichtet, **Ehegattenunterhalt** zu zahlen, so kann gem. § 5 VAHRG ein Antrag dahingehend gestellt werden, dass der Versor-

---

127 Heiß, Das Mandat im Familienrecht, Rn 817 zu Teil 8; Heiß in Kroiß, FormularBibliothek Zivilprozess 2005, Familienrecht, Rn 863 zu § 5; BGH FamRZ 1983, 355; BGH FamRZ 1989, 850.
128 Heiß, Das Mandat im Familienrecht, Rn 749 zu Teil 8; Heiß in Kroiß, FormularBibliothek Zivilprozess 2005, Familienrecht, Rn 765 zu § 5.

gungsausgleich wegen des sog. **Unterhaltsprivilegs**, also aufgrund der Tatsache, dass der Ausgleichspflichtige Unterhalt bezahlen muss, **nicht gekürzt** wird, wobei es hier auf die **Höhe des Unterhaltsanspruchs nicht ankommt.**[129]

Nach § 5 VAHRG wird die Versorgung des Ausgleichspflichtigen aufgrund des sog. Unterhaltsprivilegs auch dann nicht gekürzt, wenn der **Berechtigte keine** Rente aus dem Versorgungsausgleich bezieht und deshalb gegen den Ausgleichspflichtigen einen Unterhaltsanspruch hat oder ein Unterhaltsanspruch an der **fehlenden Leistungsfähigkeit** des Pflichtigen scheitert. Auch **geringfügige Unterhaltsbeträge** reichen aus, um die Voraussetzungen des § 5 VAHRG zu bejahen.[130] Auch **Abfindungen** von Unterhaltsansprüchen kommen als Grundlage für einen Härteantrag in Betracht, sofern ohne die Abfindung für den Zeitraum, für den die Kürzung der Rente entfallen soll, Unterhalt zu zahlen gewesen wäre.[131]

22

Zu regeln ist Folgendes:

23

- Zahlungsverpflichtung bezüglich nachehelichen Ehegattenunterhalts,
- Ende der Zahlungspflicht/Zeitpunkt,
- Bestehenbleiben des Unterhaltsanspruchs, wenn die Berechtigte aus dem Versorgungsausgleich keine Leistungen bezieht,
- Regelung für den Fall, dass sich Gesetzgebung und Rechtsprechung zu § 5 VAHRG ändert,
- Zwangsvollstreckungsunterwerfung,
- Regelung für den Fall des Zusammenlebens mit einem neuen Partner,
- Übergang der Unterhaltspflicht beim Tod des Zahlungspflichtigen auf die Erben.

2. Muster: Zahlungsverpflichtung bis zum Renteneintritt

24

201

Ich, Frau ■■■ habe derzeit zwar Einkünfte aus einer angemessenen Erwerbstätigkeit. Diese reichen aber zum vollen Unterhalt nicht aus. Ich bin daher derzeit unterhaltsberechtigt.

Ich, Herr ■■■ verpflichte mich, an meine Ehefrau ■■■ als Ehegattenunterhalt monatlich im Voraus einen Betrag von Euro ■■■ zu bezahlen.

Die Zahlungspflicht endet, wenn ich, **Frau** ■■■ **Rente** wegen Alters in **voller Höhe** (Vollrente) erhalte.

Eine Wertsicherung soll nicht erfolgen.

Jeder von uns verzichtet hiermit ab dem Zeitpunkt, ab welchem er Rente wegen Alters in voller Höhe (Vollrente) in Anspruch nimmt, vollständig auf Unterhaltsleistungen nach der Ehescheidung, auch in Fällen der Not. Wir nehmen diesen Verzicht gegenseitig an.

Der Notar hat uns über die Bedeutung dieses Unterhaltsverzichtes belehrt und dabei unter anderem hingewiesen, dass der Verzicht sittenwidrig und deshalb unwirksam sein kann, wenn einer von uns öffentliche Mittel (z.B. Sozialgeld, Arbeitslosengeld II) in Anspruch nehmen muss, auch wenn solches heute nicht erkennbar oder gar bezweckt ist.

---

129 Heiß, Das Mandat im Familienrecht, Rn 1 zu Teil 12, Rn 184 ff zu Teil 12.
130 Heiß a.a.O. Rn 184 zu Teil 12.
131 Heiß a.a.O. Rn 187 zu Teil 12.

Alternative:

Ich, Frau ▪▪▪ werde **Berechtigte** aus dem **Versorgungsausgleich** werden. **Solange** ich aus den im **Versorgungsausgleich** erworbenen Anrechten **keine** Leistung erhalten kann, **bleibt mein Unterhaltsanspruch** entgegen vorstehender Ziffer ▪▪▪ bestehen, jedoch der Höhe nach beschränkt auf den in dieser Urkunde vereinbarten Betrag.

Bei dieser Regelung gehen wir davon aus, dass ich, Herr ▪▪▪ trotz des durchgeführten Versorgungsausgleiches für die Zeit, in der ich, Frau ▪▪▪ Unterhalt bekomme, **Altersrente** so beziehen kann, als wäre der **Versorgungsausgleich nicht durchgeführt worden.** Wenn und soweit das aufgrund einer Änderung in Gesetzgebung oder Rechtsprechung nicht mehr der Fall sein sollte, **verringert** sich der Unterhaltsanspruch von mir, Frau ▪▪▪ **und den Betrag, um den sich deswegen** die **Rente** von mir, Herr ▪▪▪ **verringert**; das kann auch zu einem Erlöschen des Unterhaltsanspruchs führen.

Ich, Herr ▪▪▪ unterwerfe mich wegen meiner Verpflichtung zur Zahlung des gem. Ziffer ▪▪▪ zu entrichtenden Betrages (und: bei Vereinbarung einer Wertsicherungsklausel der Veränderungen gem. der Wertsicherungsklausel) der **sofortigen Zwangsvollstreckung** aus dieser Urkunde in mein gesamtes Vermögen.

Vollstreckbare Ausfertigung darf auf meine Kosten jederzeit ohne Nachweis der die Vollstreckbarkeit begründenden Tatsachen erteilt werden.

Lebe ich, Frau ▪▪▪ mit einem **neuen Partner** zusammen, gelten die von der Rechtsprechung hierzu entwickelten Grundsätze zu § 1579 Nr. 7 BGB, wonach eine Unterhaltsgemeinschaft anzunehmen ist, **nicht**, sodass **trotz** des **Zusammenlebens** der Unterhalt **weiter zu zahlen** ist.

Beim **Tode des** Zahlungspflichtigen geht die Unterhaltspflicht auf die **Erben** als Nachlassverbindlichkeit über; es gelten die jeweiligen gesetzlichen Bestimmungen.

II. Aufnahme der Vergleichsgrundlagen, Anrechnungsfreier Verdienst und Abtretung von Pensionsansprüchen

1. Beratung

a) Tatsächliche Ausgangssituation

25 Die Eheleute vereinbaren einen Ehegattenunterhalt sowohl für die Zeit der Trennung als auch für die Zeit nach einer etwaigen Scheidung. Dabei soll jeder Ehegatte **anrechnungsfrei** einen bestimmten Betrag **hinzuverdienen** können, ohne dass deshalb Abänderung verlangt werden kann. Der Ehemann befindet sich bereits in Pension und **tritt** seine **Pensionsansprüche** zur Sicherung an die Ehefrau **ab**. Im Hinblick auf die künftige Abänderbarkeit der Vereinbarung werden die **Vergleichsgrundlagen** im Einzelnen aufgeführt.

26 **Beratungshinweis:**

Die Vereinbarung eines anrechnungsfreien Betrages, den beide Ehegatten hinzuverdienen können, führt in der Praxis dazu, dass seitens der Eheleute keine ständige wechselseitige Überprüfung dahingehend zu erfolgen hat, ob zwischenzeitlich erhöhte Einkünfte bezogen werden.

Zu beachten ist jedoch, dass – wenn ein Mangelfall vorliegt und die Unterhaltsberechtigte aus diesem Grund nicht den vollen Unterhalt erhält – sich häufig eine Einkommenserhöhung auf Seiten der Unterhaltsberechtigten gar nicht auf die Höhe des Unterhalts auswirken würde.[132]

Sinnvollerweise sollte man die Anrechnungsfreiheit auf Einkünfte aus **Erwerbstätigkeit** beschränken. In der Regel nicht gewollt ist eine Anrechnungsfreiheit bezüglich fiktiver Einkünfte aus dem Zusammenleben mit einem neuen Partner.

Bei Haushaltsführung durch eine nicht erwerbstätige Ehefrau kann i.d.R. ein Betrag in Höhe von (nach den Süddeutschen Leitlinien) 200 Euro bis 550 Euro als Einkommen berücksichtigt werden.[133]

b) Rechtliche Ausgangssituation

Zu regeln ist Folgendes: 27

- Höhe des monatlichen Unterhaltsbetrages,
- ausdrückliche Erklärung, dass es sich sowohl um Trennungsunterhalt als auch nachehelichen Ehegattenunterhalt handelt,
- Bestimmung des anrechnungsfreien, aus Erwerbstätigkeit erzielbaren Betrages,
- insoweit: Ausschluss der Anwendung des § 323 ZPO,
- Klarstellung, dass im Übrigen Abänderungsmöglichkeit gem. § 323 ZPO besteht,
- Zwangsvollstreckungsunterwerfung,
- Abtretung der Pensionsansprüche des Ehemannes an die Ehefrau und Annahme dieser Abtretung durch die Ehefrau,
- Abtretungsanzeige gegenüber dem Arbeitgeber,
- Verpflichtung, bei Änderung des Unterhaltsbetrages die Abtretung entsprechend zu ändern und dem Arbeitgeber die Änderungen mitzuteilen,
- Aufnahme der Vergleichsgrundlagen.

2. Muster: Vereinbarung mit Aufnahme der Vergleichsgrundlagen 28

1. Zahlungsverpflichtung

In Ausgestaltung der gesetzlichen Unterhaltspflicht verpflichtet sich Herr ■■■, an seine Ehefrau ■■■ – zeitlich unbegrenzt – einen **monatlichen Unterhaltsbetrag** in Höhe von Euro ■■■ zu bezahlen.

Der vorgenannte Betrag ist jeweils im Voraus am 1. eines jeden Monats zur Zahlung **fällig**, erstmals an dem auf die Beurkundung folgenden Monatsersten.

Der vorgenannte Betrag ist bis zu einer eventuellen Scheidung der Beteiligten als **Getrenntlebensunterhalt** und nach einer Scheidung als **nachehelicher** Unterhalt zu bezahlen.

---

132 Zur Mangelfallberechnung s. Heiß, Das Mandat im Familienrecht, Rn 612 zu Teil 8.
133 Im Einzelnen hierzu s. Heiß, Das Mandat im Familienrecht, Rn 259 f zu Teil 8.

2. Abänderung

Jeder Vertragsteil kann **anrechnungsfrei** aus **Erwerbstätigkeit** bis zu einem Betrag in Höhe von Euro ▪▪▪ monatlich zu seinem derzeitigen Einkommen hinzuverdienen, ohne dass eine Abänderung der vorstehenden Unterhaltszahlungsvereinbarung möglich ist. **Insoweit** wird die Anwendung des **§ 323 ZPO ausgeschlossen.**

Die nach der vorstehenden Vereinbarung maßgeblichen Beträge – Einkommen der Beteiligten sowie anrechnungsfreier Betrag in Höhe von monatlich Euro ▪▪▪ – werden auf der Grundlage der heutigen Kaufkraft vereinbart. Tritt eine Änderung der Kaufkraft gegenüber der heutigen Lage ein, so sind die maßgeblichen Beträge entsprechend zu ändern. Dabei sind in erster Linie die Veränderungen, die sich bei dem vom statistischen Bundesamt festgestellten Preisindex für die Lebenshaltung aller privaten Haushalte in der Bundesrepublik Deutschland gegenüber seinem derzeitigen Stand ergeben, heranzuziehen.

29 **Beratungshinweis:**

Günstiger ist die Vereinbarung einer **Wertsicherungsklausel.**[134]

Im Übrigen, insbesondere z.B. bei **Wegfall des Kindesunterhalts** für den gemeinsamen Sohn ▪▪▪ **verbleibt es** bei den **gesetzlichen Bestimmungen,** also bei einer **Abänderbarkeit** gem. § 323 ZPO bei wesentlichen Änderungen der persönlichen oder wirtschaftlichen Verhältnisse.

3. Zwangsvollstreckungsunterwerfung/Abtretung

Herr ▪▪▪ befindet sich im **Ruhestand.** Er bezieht von seinem früheren Arbeitgeber, der Sparkasse ▪▪▪ eine monatliche **Pension.**

Herr ▪▪▪ **tritt** hiermit seinen ihm gegenüber der Sparkasse ▪▪▪ zustehenden **Anspruch auf Zahlung der monatlichen Pension** in Höhe des in Ziffer ▪▪▪ vereinbarten monatlichen Unterhaltsbetrages an **Frau** ▪▪▪ **ab,** die diese **Abtretung hiermit annimmt.**

Der Notar wird beauftragt und ermächtigt, diese **Abtretung** der **Sparkasse** ▪▪▪ durch Übersendung einer beglaubigten Abschrift dieser Urkunden **anzuzeigen.**

Sollte sich der monatliche Unterhaltsanspruch von Frau ▪▪▪ aufgrund der in Ziffer ▪▪▪ getroffenen Vereinbarungen **ändern,** so verpflichten sich die Beteiligten, die vorstehende **Abtretung** von Pensionsansprüchen entsprechend **zu ändern** und dies der **Sparkasse** ▪▪▪ **mitzuteilen.**

4. Vergleichsgrundlagen[135]

– Durchschnittliches monatliches Einkommen von Herrn ▪▪▪ aus Pension in Höhe von Euro ▪▪▪
– Einkommen von Frau ▪▪▪ aus Erwerbstätigkeit in Höhe von monatlich Euro ▪▪▪
– Zahlung von Kindesunterhalt an den volljährigen Sohn ▪▪▪ durch Herrn ▪▪▪ in Höhe von monatlich Euro ▪▪▪
– Kindergeldbezug für den Sohn ▪▪▪ durch Herrn ▪▪▪
– Wohnwert auf Seiten von Herrn ▪▪▪ in Höhe von monatlich Euro ▪▪▪
– Laufende Abzahlungen von Schulden durch Herrn ▪▪▪ für die von diesem bewohnte Eigentumswohnung in Höhe von monatlich Euro ▪▪▪
– Krankenversicherungszahlung durch Herrn ▪▪▪ in Höhe von monatlich Euro ▪▪▪

---

134   Hierzu s. Teil 3, § 4 Rn 40.
135   Zu den Vor- und Nachteilen der Aufnahme von Vergleichsgrundlagen s. Teil 4, § 4, Rn 13 ff.

III. Unterhaltsermäßigung wegen Immobilienübertragung

1. Beratung

Die Ehefrau hat die ehegemeinschaftliche **Immobilie übernommen** und musste hierfür **keine Ausgleichszahlung** an den Ehemann leisten. Aus diesem Grunde wurde der monatlich zu zahlende **Ehegattenunterhalt geringer** festgesetzt als es dem gesetzlich geschuldeten Unterhalt entsprechen würde. **30**

Beratungshinweis: **31**

Eine solche Klarstellung empfiehlt sich zum einen in jedem Fall beim Trennungsunterhalt, da auf diesen nicht verzichtet werden kann, zum anderen aber auch unter Berücksichtigung der Rechtsprechung zur Wirksamkeits- und Inhaltskontrolle bei Regelungen zum nachehelichen Ehegattenunterhalt.

2. Muster: Unterhaltsermäßigung wegen Immobilienübertragung **32**

Die Tatsache, dass der Ehegattenunterhalt **geringer** festgesetzt wurde als der **gesetzlich** geschuldete Unterhalt, beruht darauf, dass Frau ■■■ an Herrn ■■■ **keine Ausgleichszahlung** für die Übertragung des hälftigen **Miteigentumsanteils** an dem Wohnhaus ■■■ zu erbringen hat.

IV. Wertgesicherte Höchstgrenze des Unterhalts

1. Beratung

a) Tatsächliche Ausgangssituation

Der Ehemann hat **hohe Einkünfte**. Hinzu kommt, dass evtl. die Einkünfte nicht vollumfänglich zur Deckung der Lebenshaltungskosten verwendet wurden, sondern teilweise zur **Vermögensbildung**. Es wird ein **Höchstbetrag** des zu zahlenden Unterhalts vereinbart, wobei dieser lediglich als Kappungsgrenze zu verstehen ist und nicht als Verpflichtung zur Zahlung dieses Betrages bei etwaigen eintretenden Änderungen. **33**

b) Rechtliche Ausgangssituation

Eine solche Vereinbarung kommt insbesondere bei **sehr hohen Einkünften** in Betracht im Hinblick darauf, dass der BGH eine „**Sättigungsgrenze**" abgelehnt hat. Nach der Rechtsprechung des BGH gibt es **keine Sättigungsgrenze**, also keine Begrenzung nach oben, jedoch kann eingewendet werden, dass das Einkommen die ehelichen Lebensverhältnisse **nicht geprägt** hat, da es zur **Vermögensbildung** verwendet wurde.[136] **34**

Bei **hohen** oder **schwer feststellbaren Einkünften** kann der Unterhalt **allein** nach dem **konkreten** Bedarf ermittelt werden.[137] Vom OLG Düsseldorf[138] wurde ab einem Ein- **35**

---

136 Heiß, Das Mandat im Familienrecht, Rn 128 zu Teil 8; BGH FamRZ 1987, 36, 39; 1989, 1160, 1163.
137 Heiß a.a.O.; BGH FamRZ 1987, 691, 693; FamRZ 1990, 280, 281; OLG Düsseldorf FamRZ 1996, 1418.
138 NJW 1982, 831.

kommen von monatlich ca. 10.000 Euro der Bedarf konkret und nicht mehr nach Quoten ermittelt.[139]

36   Als **Maßstab** für die Höhe, auf den der Unterhalt begrenzt wird, kann jener Betrag gelten, der dem **Einkommen** des **Berechtigten** entspricht, das dieser vor der Ehe erzielt hat bzw. bei **Ganztagstätigkeit** erzielen könnte.

37   Für den Unterhaltsverpflichteten hat eine solche Vereinbarung den Vorteil, dass er bei künftigen Einkommenserhöhungen nicht jeweils im Abstand von 2 Jahren oder bei nachgewiesener tatsächlicher Einkommenserhöhung **Auskunft** erteilen muss. Wenn eine solche Höchstgrenze vereinbart wird, so sollte eine **Wertsicherung** vereinbart werden im Hinblick auf die **Dauer** der Gültigkeit der **Vereinbarung**.[140]

38   Die nachfolgende Wertsicherungsklausel ist für die Vollstreckbarkeit hinreichend bestimmt.[141] Sofern ein **begrenztes Realsplitting** durchgeführt wird, ist sicherzustellen, dass die Höchstgrenze ein **Nettobetrag** ist. Ein **Nachteilsausgleich**, also die Erstattung der vom Berechtigten zu zahlenden Steuern, ist **nicht** auf die **Höchstgrenze anzurechnen**.

39   Zu regeln ist also Folgendes:
- Festlegung des Höchstbetrags,
- Wertsicherungsklausel bezüglich des Höchstbetrags,
  Klarstellung, dass es sich lediglich um eine Obergrenze, nicht aber um einen unabänderbaren Zahlungsanspruch handelt,
- keine Anrechnung des Nachteilsausgleichs bei Realsplitting,
  Bestimmung der Berechnungsmethode betreffend Unterhalt,
- Verzicht auf darüber hinausgehende Unterhaltsansprüche.

40   **2. Muster:[142] Wertgesicherte Höchstgrenze des Unterhalts**

> Es gelten grundsätzlich die gesetzlichen Vorschriften zum Recht des nachehelichen Unterhalts. Allerdings vereinbaren wir, dass die **Höhe** des gesetzlichen nachehelichen Unterhalts (**Gesamtunterhalt einschl. Vorsorgeunterhalt und Sonderbedarf**) auf den **Betrag** von ■■■ Euro – i.W. ■■■ Euro – monatlich **begrenzt** wird.
>
> 1. Dieser Höchstbetrag soll **wertbeständig** sein. Er erhöht oder vermindert sich in demselben prozentualen Verhältnis, in dem sich der vom Statistischen Bundesamt in Wiesbaden für jeden Monat festgestellte und veröffentlichte Verbraucherindex für Deutschland gegenüber dem für den Monat, in welchem dieser Vertrag geschlossen wird, festgestellten Index erhöht oder vermindert (Basis 2000 = 100).
>
> 2. Eine Erhöhung oder Verminderung des Höchstbetrages wird erstmals bei Rechtskraft der Scheidung festgelegt und dann jeweils wieder, wenn die Indexveränderung zu einer Erhöhung oder Verminderung des jeweils maßgeblichen Betrages um **mindestens 10 %** – 10 vom Hundert – gegenüber dem zuletzt festgesetzten Be-

---

139   Zur konkreten Bedarfsberechnung und zur Rechtsprechung, wann eine solche erforderlich ist, siehe Heiß, Das Mandat im Familienrecht, Rn 434 zu Teil 8.
140   Münch, Ehebezogene Rechtsgeschäfte, Rn 1607 zu Teil 6.
141   BGH DNotI-Report 2004, 63.
142   Münch a.a.O. Rn 1610 zu Teil 6.

trag geführt hat. Der erhöhte Betrag ist **erstmals zahlbar** in dem Monat, der dem auf die **Veröffentlichung** des die oben genannte Grenze überschreitenden **Preisindexes** folgt.

3. Nach Hinweis auf das mögliche **Erfordernis** einer **Genehmigung** der vorstehenden Wertsicherungsklausel nach § 2 Preisangaben- u. Preisklauselgesetz wird der beurkundende Notar beauftragt, ein **Negativzeugnis** – für den Fall der Genehmigungsbedürftigkeit, die entsprechende **Genehmigung** einzuholen – vom Bundesamt für Wirtschaft, Frankfurter Str. 29 – 31, 65760 Eschborn/Ts.

4. Klargestellt wird, dass sich die Höhe des nachehelichen Unterhalts nach den gesetzlichen Vorschriften errechnet, die vorstehende Regelung also **keinen Anspruch** auf **Zahlung** in dieser Höhe gewährt. Es handelt sich **lediglich** um eine **Kappungsgrenze**, wenn sich nach dem Gesetz ein höherer Betrag ergäbe.

5. Ein **Nachteilsausgleich** bei Durchführung des begrenzten Realsplittings ist auf den Betrag der **Höchstgrenze nicht anzurechnen**, sodass es sich um einen Nettobetrag handelt.

6. **Eigenes Einkommen** des Unterhaltsberechtigten wird im Wege der **Differenzmethode** berücksichtigt, sofern es **eheprägend** war, ansonsten im Wege der Anrechnungsmethode.

Alternative 1:

■■■, allerdings mit der **Maßgabe**, dass eine **Anrechnung** eigener Einkünfte des Berechtigten nur zu **50 %** erfolgt (ausgenommen etwaige fiktive Einkünfte aufgrund nichtehelicher Lebensgemeinschaft).

Wir **verzichten** hiermit auf **weitergehenden Unterhalt**, auch für den Fall der Not, und nehmen diesen Verzicht wechselseitig an.

Der Verzicht gilt auch im Falle einer Änderung der einschlägigen gesetzlichen Vorschriften oder der Rechtsprechung weiterhin.

Wir wurden vom Notar ■■■ belehrt ■■■

Alternative 2:

Nachehelicher Unterhalt – gleich welcher Art und/oder Zweckwidmung – wird auf einen monatlichen **Betrag beschränkt**, der ¾ des **Einkommens** entspricht, das der Berechtigte erzielen würde bei Vollzeittätigkeit in seinem im Zeitpunkt der Scheidung oder zuletzt davor ausgeübten Beruf.[143]

Beratungshinweis:

41

Bei einer derartigen Regelung bleibt den Beteiligten jedoch das Risiko des Streits über die Höhe des zugrundezulegenden Einkommens. Ein derartiger Streit kann durch die Vereinbarung eines Höchstbetrages für den nachehelichen Unterhalt – wie vorstehend formuliert – ausgeschlossen werden.

---

143   Zimmermann/Dorsel, Eheverträge, Scheidungs- u. Unterhaltsvereinbarungen, Rn 72 zu § 20.

V. Vereinbarung eines Höchstbetrages, Anpassung des Höchstbetrages nach Anzahl der betreuten Kinder

1. Beratung

a) Tatsächliche Ausgangssituation

42 Die Ehefrau betreut 3 minderjährige Kinder. Der Ehemann bezahlt **Gesamtunterhalt für Ehefrau und die 3 Kinder** von monatlich 1.800 Euro. Auf darüber hinausgehende Unterhaltsansprüche wird verzichtet. Der Gesamtunterhalt **ermäßigt** sich bei Wegfall des Kindesunterhalts für eines oder mehrere der Kinder.

b) Rechtliche Ausgangssituation

43 Zu regeln ist Folgendes:
- Höchstbetrag für Ehegatten- und Kindesunterhalt,
- folgegemäß führt der Anstieg des Kindesunterhalts zu einer Verringerung des nachehelichen Ehegattenunterhalts,
- Verringerung des Gesamtbetrages für den Fall, dass nur noch 2 unterhaltsberechtigte Kinder bei der Mutter wohnen, um ein Drittel,
- wenn nur 1 unterhaltsberechtigtes Kind im Haushalt der Mutter lebt: Verringerung des Höchstbetrages um zwei Drittel,
- lebt kein unterhaltsberechtigtes Kind mehr bei der Mutter: Erlöschen des Anspruchs auf nacheheliches Ehegattenunterhalt,
- Keine Anrechnung des Nachteilsausgleichs bei Realsplitting auf die Höchstgrenze,
- Verzicht der Ehefrau auf darüber hinausgehende Unterhaltsansprüche, auch für den Fall der Not.

44 ### 2. Muster: Höchstbetrag für Ehegattenunterhalt

1. Es gelten grundsätzlich die gesetzlichen Vorschriften zum Recht des nachehelichen Unterhalts, allerdings vereinbaren wir, dass die Höhe des gesetzlichen nachehelichen Unterhalts (Gesamtunterhalt einschl. Vorsorgeunterhalt und Sonderbedarf) wie **folgt begrenzt** wird:

2. Der Ehemann ■■■ zahlt für die 3 Kinder aus dieser Ehe ■■■ jeweils den gesetzlich geschuldeten Unterhalt.

Der an Frau ■■■ maximal zu zahlende nacheheliche Unterhalt bemisst sich aus der **Differenz** zwischen **1.800 Euro** und dem **jeweils gültigen Kindesunterhalt**.

Somit führt ein **Anstieg** des **Kindesunterhalts** automatisch zu einer **Verringerung** des maximal zu zahlenden **nachehelichen Unterhalts**. Bei einem gesetzlichen Unterhalt von z.B. 600 Euro pro Kind wäre somit kein nacheheliches Ehegattenunterhalt von Herrn ■■■ an Frau ■■■ zu bezahlen.

3. Für den Fall, **dass nur 2 unterhaltsberechtigte Kinder** im Haushalt der Mutter leben, verringert sich der vorstehend vereinbarte **Unterhaltshöchstbetrag um ein Drittel**.

Wenn **nur 1** unterhaltsberechtigtes **Kind** im Haushalt der Mutter lebt, **verringert** sich der vorstehend vereinbarte Höchstbetrag **um insgesamt zwei Drittel**.

Wenn keine unterhaltsberechtigten Kinder mehr im Haushalt der Mutter leben, erlischt der Anspruch auf nacheheliche Unterhalt.

4. Der Höchstbetrag von 1.800 Euro soll **wertbeständig** sein.

■■■ Lebenshaltungskostenindexklausel (hierzu siehe vorstehende Rn 40).

5. Der vorstehende Unterhaltshöchstbetrag von 1.800 Euro ist im Falle einer wesentlichen Änderung der Verhältnisse **abänderbar** nach § 323 ZPO.

Ein **Nachteilsausgleich** bei Durchführung des begrenzten **Realsplittings** ist auf den Betrag der Höchstgrenze **nicht anzurechnen**, sodass Frau ■■■ solche Beträge zusätzlich zustehen.

Frau ■■■ **verzichtet** hiermit auf einen über vorstehende Vereinbarung **hinausgehenden Unterhalt**, und zwar auch für den **Fall der Not**.

Herr ■■■ verzichtet auf nacheheliche Unterhaltsansprüche und zwar auch für den Fall der Not. Dies gilt insbesondere **auch dann**, wenn Herr ■■■ die **Kinderbetreuung ganz oder teilweise übernimmt**.

Beratungshinweis: 45

Im Hinblick auf den erklärten Unterhaltsverzicht ist eine ausführliche Belehrung über die Rechtsprechung des BGH und des BVerfG zur Wirksamkeits- und Inhaltskontrolle erforderlich.[144]

VI. Einschränkungen des Unterhaltsmaßes

1. Beratung

Die Höhe des Unterhaltsanspruchs richtet sich nach den ehelichen Lebensverhältnissen. 46
Der Berechtigte muss **alle** Einkünfte – egal ob **prägendes** oder **nicht prägendes** Einkommen zur Deckung seines Unterhalts heranziehen.[145]

Die Frage, ob Einkommen die ehelichen Lebensverhältnisse **geprägt** hat oder nicht, ist 47
wegen der anzuwendenden Berechnungsmethode wichtig. Bei **prägenden** Einkünften ist die Differenzmethode anzuwenden, die zum einen dann gilt, wenn **beide** Eheleute während der Ehezeit **erwerbstätig** waren, aber nach der geänderten Rechtsprechung des BGH **auch dann**, wenn die **Berechtigte** eine Erwerbstätigkeit erst **nach** der Scheidung bzw. nach der Trennung aufnimmt.[146]

Die **Anrechnungsmethode** ist anzuwenden, wenn der Bedürftige **nicht** prägende Ein- 48
künfte z.B. aus einer **nach** der Trennung erhaltenen **Erbschaft**, aus einem **Lottogewinn** oder aus einer **Zugewinnausgleichszahlung** hat.[147]

Mit den nachfolgenden Alternativen kann das Maß des Unterhalts z.B. auf die ehe- 49
lichen Lebensverhältnisse bei **Trennung** beschränkt werden oder es können Einkommensarten für die Unterhaltsbemessung außer Betracht gelassen werden.

---

144   Hierzu s. Teil 4, § 4 Rn 346.
145   Heiß, Das Mandat im Familienrecht, Rn 119 zu Teil 8; BGH FamRZ 1989, 487, 488.
146   BGH FamRZ 2001, 986.
147   Zu den prägenden und nicht prägenden Einkünften siehe Heiß a.a.O. Rn 121 zu Teil 8; Heiß a.a.O. Rn 126 f.

50 **2. Muster: Einschränkungen des Unterhaltsmaßes**

Für die Bemessung des nachehelichen Unterhalts gelten für die Festlegung des Unterhaltsmaßes als Maß die ehelichen Lebensverhältnissen, die zum Zeitpunkt der **Trennung** der Ehegatten i. S. des § 1361 BGB bestanden haben.

Alternative 1:

Für die Bemessung des nachehelichen Unterhalts gelten zur Festlegung des Unterhaltsmaßes auf Seiten des Berechtigten die Verhältnisse, die dem im Zeitpunkt der Scheidung oder dem zuletzt davor von diesem **ausgeübten Beruf** entsprechen.

Alternative 2:

Bei Festlegung des Maßes des nachehelichen Unterhalts werden auf Seiten des Unterhaltspflichtigen **Einkünfte**, die **nicht** auf seiner Beschäftigung als **Angestellter** bei der ■■■ oder einer an die Stelle dieser Beschäftigung tretenden hauptberuflichen Tätigkeit beruhen, **nicht berücksichtigt**.

Alternative 3:

Für die Bemessung des nachehelichen Unterhalts sind die **Mieterträge** oder Verluste aus der Vermietung des Hausanwesens ■■■ in ■■■ außer Ansatz zu lassen, ebenso die hieraus erwachsenden steuerlichen **Abschreibungen**.

51 **Beratungshinweis:**

Verluste aus Vermietung und Verpachtung sind unterhaltsrechtlich **nicht** zu berücksichtigen, da sie der Vermögensbildung dienen, jedoch ist dem Unterhalts**pflichtigen** der daraus resultierende **Steuervorteil** zu belassen, sodass insoweit eine **fiktive Steuerberechnung** durchzuführen ist.[148]

Alternative 4:

Für die Bemessung des nachehelichen Unterhalts sind auf Seiten des Unterhaltsberechtigten Einkünfte aus nicht selbständiger Tätigkeit, die dieser **nach Trennung** i. S. des § 1361 BGB **aufgenommen** hat, nicht zu berücksichtigen.

Alternative 5:

Für die Bemessung des nachehelichen Unterhalts scheidet ein **Aufstockungsunterhalt** auf Seiten des Unterhaltsberechtigten aus, wenn seine Einkünfte aus nichtselbständiger Tätigkeit brutto ■■■ Euro **übersteigen**.

Alternative 6:

Für die Bemessung des nachehelichen Unterhalts sind die Einkünfte des Unterhaltsberechtigten aus **Kapitalerträgen** und **Vermietung** und **Verpachtung** weder als positive noch als negative/nur als positive Einkünfte zu berücksichtigen.

Alternative 7:

Bei der Bemessung des Unterhalts ist sowohl der Abfindungsbetrag für Zugewinnausgleichsansprüche in Höhe von Euro ■■■ als auch/oder der Verkaufserlös aus dem Hausverkauf in Höhe von ■■■ außer Betracht zu lassen. Dies gilt sowohl auf Seiten des Unterhaltsberechtigten als auch auf Seiten des Unterhaltspflichtigen.

---

148 Heiß, Das Mandat im Familienrecht, Rn 533 zu Teil 8; BGH FamRZ 1987, 36 f.

Beratungshinweis:

Fließen einem Ehegatten nach der Scheidung in Folge des Zugewinnausgleichs **Vermögenseinkünfte** zu, so sind diese (nach der **Substraktionsmethode**), also als **nicht prägende** Einkünfte zu berücksichtigen.[149]

Ratenzahlungen, die der Unterhaltspflichtige für einen zur **Finanzierung** des Zugewinnausgleichs aufgenommenen Kredit aufbringen muss, sind im Rahmen der **Bedarfsberechnung** ohne Bedeutung, können jedoch bei der Bestimmung der Leistungsfähigkeit eine Rolle spielen.[150]

Ganz überwiegend werden in der Rechtsprechung die Verbindlichkeiten, die auf den Zugewinnausgleich zurückzuführen sind, **nicht berücksichtigt.**[151]

Alternative 8:

Für die Bemessung des nachehelichen Unterhalts sind auf Seiten des Unterhaltsberechtigten **Zins- und Tilgungsverbindlichkeiten** betreffend das Hausobjekt ■■■ nicht zu berücksichtigen/Tilgungsleistungen nicht zu berücksichtigen/Zinsleistungen nur zu berücksichtigen, soweit sie ■■■ Prozent jährlich übersteigen.

Alternative 9:

Bei der Bemessung des nachehelichen Unterhalts werden Zahlungen aufgrund gesetzlicher Unterhaltspflichten gegenüber **unterhaltsberechtigten Abkömmlingen – gleich welchen Alters** – vorweg abgezogen.

Beratungshinweis:

Kindesunterhalt für **nachrangige volljährige Kinder** darf bei der Ermittlung des Ehegattenunterhalts nur dann vorweg abgezogen werden, wenn der **angemessene Bedarf** (= angemessener Selbstbehalt) des Ehegatten gesichert ist.[152]

VII. Beschränkung des Unterhaltsanspruchs auf bestimmte Anspruchsgrundlagen

1. Beratung

a) Tatsächliche Ausgangssituation

Die Ehegatten wünschen die Vereinbarung eines Ausschlusses **bestimmter Unterhaltsansprüche**, so z.B. Aufstockungsunterhalt, Altersvorsorgeunterhalt, Unterhalt wegen Arbeitslosigkeit oder Aufstockungsunterhalt ab einer bestimmten **Höhe** des eigenen Einkommens.

---

149 Heiß, Das Mandat im Familienrecht, Rn 593 zu Teil 8.
150 Heiß a.a.O. Rn 594 zu Teil 8; OLG Hamm FamRZ 1995, 1152.
151 Heiß a.a.O. Rn 594 zu Teil 8; a.A. OLG Hamm FamRZ 1985, 483 f; BGH FamRZ 1986, 439.
152 Heiß, Das Mandat im Familienrecht, Rn 343 zu Teil 8; OLG München FamRZ 2001, 1618.

b) Rechtliche Ausgangssituation

55 Im Hinblick auf die Rechtsprechung des BGH, wonach der Kernbereich des Unterhaltsrechts nur eingeschränkt der Vertragsfreiheit unterliegt, wird man i.d.R. den unterhaltsrechtlichen Kernbereich nicht abbedingen. Hierzu zählen neben dem **Betreuungsunterhalt** der Unterhalt wegen **Alters** oder **Krankheit** sowie der **Versorgungsunterhalt**. Nicht zum **Kernbereich** des Unterhaltsrechts gehört der **Aufstockungsunterhalt**.[153]

56 Bei weitgehender **wirtschaftlicher Unabhängigkeit** des unterhaltsberechtigten Ehegatten und atypischen Vermögensverhältnissen wird ein Verzicht auch auf Unterhaltsansprüche, die grundsätzlich zum Kernbereich der gesetzlichen Scheidungsfolgenregelung zu zählen sind, als zulässig zu erachten sein.[154] Hierzu s. ausführlich zur Rechtsprechung des BGH und des BVerfG oben Teil 1 Rn 49 ff.

57 **2. Muster: Beschränkung des Unterhaltsanspruchs auf bestimmte Anspruchsgrundlagen**

Gesetzliche Unterhaltsansprüche werden auf den Kindesbetreuungsunterhalt sowie den Unterhalt wegen Alters oder Krankheit (§§ 1570 – 1572 BGB) beschränkt. Insbesondere der Anspruch auf **Aufstockungsunterhalt** (§ 1573 Abs. 2 BGB) wird **ausgeschlossen**.

Alternative 1:

Gesetzliche Unterhaltsansprüche werden auf den Unterhalt wegen **Alters** gem. § 1571 BGB **beschränkt**, der ab Vollendung des 60. Lebensjahres verlangt werden kann.

Alternative 2:

Ein Unterhaltsanspruch wegen **Arbeitslosigkeit** gem. § 1573 BGB ist ausgeschlossen.

Alternative 3:

Ausgeschlossen werden der Anspruch auf **Altersvorsorgeunterhalt** gem. § 1578 Abs. 3 BGB sowie Unterhaltsansprüche wegen **Sonderbedarfs** angesichts der Vermögensverhältnisse beider Ehegatten.

Alternative 4:

Ein Aufstockungsunterhalt ist ausgeschlossen, sofern die bereinigten **Einkünfte** des Berechtigten den Betrag von ■■■ Euro **überschreiten**. Im Übrigen findet eine **Aufstockung** nur **bis zu diesem Betrag** statt.

Alternative 5:

Der Unterhaltsanspruch gem. § 1586a BGB **nach Auflösung einer späteren Ehe** besteht nur, soweit der spätere Ehegatte auch unter Berücksichtigung des Billigkeitsunterhalts gem. § 1581 BGB sowie bei Verwertung seines Vermögens außer Stande wäre, angemessenen Unterhalt zu gewähren.

---

153 BGH NJW 2004, 930 ff.
154 Zimmermann/Dorsel, Eheverträge, Scheidungs- u. Unterhaltsvereinbarungen, Rn 56 zu § 20.

VIII. Festlegung des Bedarfs

1. Beratung

a) Tatsächliche Ausgangssituation

Die Ehepartner vereinbaren einen **Gesamtbetrag**, der der Ehefrau als Einkommen zur   58
Verfügung stehen muss, also einen Gesamtbetrag aus eigenen **Einkünften** und dem zu
zahlenden **Unterhalt**. Für die Zeit ab Auswirkung des **Versorgungsausgleichs** soll auf
Unterhalt **verzichtet** werden.

b) Rechtliche Ausgangssituation

Beratungshinweis: 59
Es ist zu beachten, dass der Unterhaltsbedarf der Ehefrau im Wege der **Differenzmethode** ermittelt wird, da andernfalls die Formulierung, wonach Einkünfte **anzurechnen** sind, zu einem falschen Ergebnis führen würde.
Im Zusammenhang mit dem Verzicht auf Unterhalt für die Zeit ab Eintritt in den Ruhestand ist vor Abschluss der Vereinbarung anhand der Versorgungsausgleichsauskünfte
im Scheidungsverfahren zu überprüfen, ob für diesen Zeitraum noch ein Unterhaltsanspruch gegeben ist, und falls ja, in welcher Höhe.
Zu berücksichtigen ist in diesem Zusammenhang, dass im Rahmen des Versorgungsausgleichs lediglich die **während der Ehezeit** erworbenen Rentenanwartschaften ausgeglichen werden.
War z.B. der Ehemann bereits viele Jahre vor Eheschließung rentenversicherungspflichtig erwerbstätig, so kann sich – trotz Durchführung des Versorgungsausgleichsverfahrens – insbesondere dann noch ein nicht unerheblicher Unterhaltsanspruch der Ehefrau
ergeben, wenn diese keine oder nur geringfügige voreheliche Beitragszeiten in der Rentenversicherung erworben hat.

Zu regeln ist Folgendes: 60
- Festlegung des Unterhaltsbedarfs,
- Bestimmung, welche Einkünfte hierauf in welcher Höhe anzurechnen sind,
- Geltungsdauer der Vereinbarung,
- Unterhaltsverzicht ab Eintritt (beider Parteien) in den Ruhestand.

2. Muster: Festlegung des Bedarfs   61

208

> Wir sind uns darüber einig, dass der Ehefrau Unterhaltsansprüche zustehen, die bisher
> vom Ehemann auch bereits erfüllt worden sind.
> Wir gehen davon aus, dass der **Unterhaltsbedarf** der Ehefrau monatlich ■■■ beträgt.
> Auf diesen Unterhaltsbedarf, der im Wege der **Differenzmethode** ermittelt wurde, hat
> sich die Ehefrau eigene **Einkünfte anrechnen** zu lassen, zur Zeit ein monatlich bezogenes
> **Krankengeld** in Höhe von Euro ■■■ ferner den **Nutzungswert** des ■■■ Anwesens.
> Ohne Rücksicht auf Unterhaltsbedarfsberechnungen vereinbaren wir hiermit, dass der
> Ehefrau unter Berücksichtigung ihres eigenen **Einkommens** bzw. einer etwaigen **Rente**

monatlich ▪▪▪ als **Gesamteinkommen zur Verfügung stehen müssen**, wobei der Ehemann jeweils bis zu diesem Betrag das Einkommen der Ehefrau zu ergänzen hat.

Diese Vereinbarung gilt **längstens** ▪▪▪ **Jahre** ab ▪▪▪

Ab **Eintritt** in den **Ruhestand erlöschen** nacheheliche Unterhaltsansprüche. Vorsorglich **verzichten** die Parteien gegenseitig ab diesem Zeitpunkt auf jeglichen nachehelichen Ehegattenunterhalt, auch für den Fall der Not, und nehmen den Verzicht wechselseitig an.

An die Stelle der Unterhaltsansprüche tritt dann der Versorgungsausgleich.

IX. Regelung, wenn die Kinder sich beim Ehemann aufhalten, jedoch noch von der Ehefrau betreut und verpflegt werden

1. Beratung

a) Tatsächliche Ausgangssituation

62 Die Kinder befinden sich beim Ehemann und werden noch von der Ehefrau betreut und verpflegt.

b) Rechtliche Ausgangssituation

63 Zu regeln ist Folgendes:
- Von der Ehefrau wird kein Anspruch auf Trennungsunterhalt geltend gemacht mit der ausdrücklichen Klarstellung, dass damit kein Verzicht auf Ehegattenunterhalt verbunden ist.
- Der Ehemann verpflichtet sich, für die Betreuung und Verpflegung der Kinder einen festen Betrag an die Ehefrau zu bezahlen.
- Wertsicherungsklausel.
- Zwangsvollstreckungsunterwerfungsklausel.
- Verpflichtung zur Anpassung an künftige Änderungen.

64 **2. Muster: Regelung, wenn die Kinder sich beim Ehemann aufhalten, jedoch noch von der Ehefrau betreut und verpflegt werden**

Die in Abschnitt ▪▪▪ genannten **3 Kinder** der Beteiligten wohnen derzeit bei **Herrn** ▪▪▪ in dem in Abschnitt ▪▪▪ genannten Anwesen.

Sie werden jedoch derzeit dort von **Frau** ▪▪▪ (Ehefrau) **betreut** und **verpflegt**.

1. Auf der Grundlage des vorstehend genannten Sachverhalts treffen die Beteiligten folgende Feststellungen und Vereinbarungen:

   a) Von Frau ▪▪▪ wird, wie die Beteiligten feststellen, derzeit **kein Getrenntlebensunterhalt geltend gemacht**. Mit dieser Feststellung ist jedoch **kein Verzicht** auf Getrenntlebensunterhalt oder nachehelichen Unterhalt verbunden.

   b) Herr ▪▪▪ verpflichtet sich, an Frau ▪▪▪ **für die Betreuung und Verpflegung** der gemeinsamen **Kinder** durch Frau ▪▪▪ im Anwesen von Herrn ▪▪▪ monatlich einen **Betrag** in Höhe von Euro ▪▪▪ zu zahlen, der jeweils am 1. des betreffenden Monats im Voraus zur Zahlung fällig ist. Bei eingetretenen **Änderungen der**

Kaufkraft verpflichten sich die Beteiligten, diese Vereinbarung **entsprechend anzupassen**.

Beratungshinweis:

Besser ist die Aufnahme einer vollständigen Wertsicherungsklausel, (hierzu s.o. Rn 40) statt einer bloßen Verpflichtungserklärung zur Anpassung, da die Wertsicherungsklausel einen Titel für die angepassten Zahlungsverpflichtungen darstellt.

   c) Die Beteiligten verpflichten sich, auf dieser Grundlage am Beginn jedes Kalenderjahres, erstmals am Beginn des Jahres ■■■ eine entsprechende Anpassungsfeststellung zu treffen.

   d) Zwangsvollstreckungsunterwerfungsklausel.

2. Die vorstehend niedergelegten Feststellungen und Vereinbarungen werden auf der Grundlage des in Ziffer ■■■ genannten Sachverhalts getroffen. Wenn sich insoweit **künftige Änderungen** ergeben sollten, verpflichten sich die Beteiligten gegenseitig, die in Ziffer ■■■ enthaltenen Regelungen entsprechend diesen Änderungen **wirtschaftlich anzupassen**. Die übrigen in dieser Urkunde niedergelegten Vereinbarungen bleiben jedoch auch in diesem Fall unverändert.

X. Regelung für den Fall des Zusammenlebens der Unterhaltsberechtigten mit einem neuen Partner

1. Beratung

a) Tatsächliche Ausgangssituation

Vereinbart wird ein **Gesamtunterhaltsbetrag** (Ehegatten- und Kindesunterhalt). Für den Fall des **Zusammenlebens** der Berechtigten mit einem **neuen Partner** soll dieser Gesamtunterhaltsbetrag um einen bestimmten Betrag **verringert** werden. Nach Ablauf von 2 ½ Jahren soll der Ehemann das **Wahlrecht** der vollständigen Neuberechnung des Unterhalts haben oder das Recht zu einer erneuten Verringerung um einen bestimmten Betrag.

b) Rechtliche Ausgangssituation

Zu regeln ist:
- Der derzeitige Gesamtunterhaltsbetrag,
- der Betrag, um den sich der Ehegattenunterhalt verringert bei Zusammenleben mit einem neuen Partner,
- nach Ablauf von 2 ½ Jahren Einräumung des Wahlrechts zu Gunsten des Ehemannes, ob dieser vollständige Neuberechnung wünscht oder eine Verringerung des Ehegattenunterhalts um einen weiteren Betrag,
- Klarstellung, dass von dieser Vereinbarung des Gesamtunterhaltsbetrages die Ansprüche auf Kindesunterhalt nicht berührt werden und die Vereinbarung nur zur Verringerung des Ehegattenunterhaltsanteils getroffen wird,
- Definition des eheähnlichen Zusammenlebens i.S.d. geltenden Rechtsprechung.

68 **2. Muster: Regelung für den Fall des Zusammenlebens der Unterhaltsberechtigten mit einem neuen Partner**

Sollte Frau ■■■ mit einem neuen Partner **zusammenleben, ohne** mit diesem **verheiratet** zu sein, so **verringert** sich der monatliche **Gesamtunterhaltsbetrag** i. S. der vorstehenden Ziffer ■■■ auf Euro ■■■ monatlich.

Diese Reduzierung gilt für die Dauer des Zusammenlebens mit dem neuen Partner zunächst **längstens** jedoch für die Dauer von **2 ½ Jahren**.

Nach Ablauf dieses Zeitraums von 2 ½ Jahren hat Herr ■■■ das **Wahlrecht**, ob er unabhängig von der Unterhaltsfestschreibung gem. vorstehendem Abschnitt ■■■ eine **vollständige Neuberechnung** des Ehegatten- und des Kindesunterhalts wünscht, oder ob ab diesem Zeitpunkt bis zum Ende der vorstehend vereinbarten Unterhaltsfestschreibung sich ein monatlicher Gesamtunterhaltsbetrag i. S. der vorstehenden Ziffer ■■■ **nochmals** auf insgesamt monatlich Euro ■■■ **verringert**.

Klargestellt wird, dass die vorstehend vereinbarte **Verringerung/Deckelung** des monatlichen Gesamtunterhaltsbetrages den **gesetzlich geschuldeten Kindesunterhalt** auch im Rahmen der vorstehenden vertraglichen Unterhaltsvereinbarung **unberührt lässt**; die Verringerung des monatlichen Gesamtunterhaltsbetrages führt folglich nur zu einer Verringerung des vereinbarten **Ehegattenunterhaltsanteils** (ggf. bis zu dessen vollständigem Ausschluss), nicht jedoch zu einer Verringerung des gesetzlich geschuldeten Kindesunterhalts, der selbstverständlich **auch dann in gesetzlicher Höhe** geschuldet bleibt, wenn er **über dem jeweiligen vorstehend vereinbarten reduzierten Gesamtunterhaltsbetrag liegen sollte**.

Zusammenleben i.S.d. Vereinbarung liegt vor, wenn eine **eheähnliche Lebensgemeinschaft** nach der geltenden Rechtsprechung bejaht wird.[155]

XI. Notarielles Schuldanerkenntnis

1. Beratung

69 Ist der Unterhaltspflichtige bereit, einen bestimmten Unterhaltsbetrag (Ehegattenunterhalt) zu bezahlen, so empfiehlt es sich, zur Vermeidung erheblicher Kosten eines Klageverfahrens ein **notarielles Schuldanerkenntnis** über den anerkannten Betrag abzugeben, da in diesem Fall nur noch über die „Spitzenbeträge", also über den **Differenzbetrag** zwischen dem geforderten Unterhalt und dem anerkannten Unterhalt, gestritten werden muss. Entsprechend ermäßigt sich der Streitwert.

70 **2. Muster: Notarielles Schuldanerkenntnis**

Verpflichtung zu Unterhaltszahlungen:

Erschienen ist Herr ■■■

(1) Sachverhalt

Herr ■■■ ist verheiratet mit Frau ■■■. Beim Amtsgericht ■■■ ist ein Verfahren betreffend Scheidung der Ehe anhängig.

---

155 Hierzu s. Teil 4, § 4, Rn 359.

(2) Unterhaltszahlung

Herr ■■■ **verpflichtet** sich, an seine Ehefrau ■■■ folgenden **Unterhalt** zu bezahlen:

Ab jenem Monat, der auf die Rechtskraft des im Scheidungsverfahren vor dem Amtsgericht ■■■ ergehenden Scheidungsurteils folgt,

a) einen monatlichen **Elementarunterhalt** in Höhe von Euro ■■■

b) einen monatlichen **Krankheitsvorsorgeunterhalt** einschließlich **Pflegevorsorgeunterhalt** in Höhe von Euro ■■■

Die jeweilige Unterhaltszahlung ist jeweils zum 1. eines jeden Monats im Voraus zur Zahlung fällig.

(3) Zwangsvollstreckungsunterwerfung

Herr ■■■

unterwirft sich hiermit wegen der vorgenannten Beträge in Höhe von

Euro ■■■ und

Euro ■■■

jeweils der sofortigen Zwangsvollstreckung

aus dieser Urkunde in sein gesamtes Vermögen mit der Maßgabe, dass Frau ■■■ jederzeit eine vollstreckbare Ausfertigung dieser Urkunde erteilt werden kann, ohne dass es des Nachweises der die Vollstreckbarkeit begründenden Tatsachen bedarf.

(4) Weitere Bestimmungen

Die **Kosten** dieser Urkunde und der Ausfertigungen **trägt Herr** ■■■

Von dieser Urkunde erhalten Herr ■■■ und Frau ■■■ jeweils eine Ausfertigung.

Frau ■■■ erhält auf ihren einseitigen Antrag hin eine **vollstreckbare Ausfertigung**.

C. Befristung

I. Befristung, Festschreibung und Realsplitting

1. Beratung

a) Tatsächliche Ausgangssituation

Die Ehepartner wünschen eine **befristete Unterhaltsvereinbarung**. Nach Ablauf der Frist soll der Unterhalt völlig **neu berechnet** werden. Die Vereinbarung soll **unabänderbar** sein mit den nachfolgend genannten **Ausnahmen**. Bei **Wegfall** der im Rahmen der Unterhaltsberechnung berücksichtigten **Schuldentilgung** soll sich der Unterhaltsanspruch entsprechend um 45 % der Höhe des weggefallenen Tilgungsbetrages erhöhen. 71

b) Rechtliche Ausgangssituation

Zu regeln ist Folgendes: 72

■ Zeitpunkt der Befristung,

■ Ausschluss der Anwendung des § 323 ZPO,

- Einzelaufzählung der Ausnahmen, z.B. geringeres oder kein Einkommen mehr seitens des Unterhaltspflichtigen oder Wiederheirat bzw. eheähnliche Lebensgemeinschaft seitens der Unterhaltsberechtigten,
- Wertsicherung bei mehrjähriger Befristung,
- Zwangsvollstreckungsunterwerfungsklausel,
- Zustimmung zum begrenzten Realsplitting gegen Nachteilsausgleich,
- Erhöhung des Unterhaltsbetrages um 45 % der Schuldenrückzahlungsraten bei deren Wegfall,
- Klarstellung, dass in der monatlichen Unterhaltszahlung auch Alters- und Krankenvorsorgeunterhalt in Höhe von ... Euro berücksichtigt ist,
- Vereinbarung der völligen Neuberechnung des Unterhalts nach Ablauf der Befristung.

73   **2. Muster: Befristung, Festschreibung und Realsplitting**

1. Diese Verpflichtung zur Zahlung von nachehelichem Unterhalt ist in der Weise **befristet**, dass sie **letztmals** für den Monat ▪▪▪ zu zahlen ist.

2. Dieser Barunterhalt wird für die Dauer seiner Gültigkeit **festgeschrieben**; die Anwendung von **§ 323 ZPO** wird **ausgeschlossen**, mit Ausnahme des Falles, dass Herr ▪▪▪ unter Zugrundelegung der entsprechenden unterhaltsrechtlichen Bestimmungen **nur ein geringeres** bzw. **kein Einkommen** mehr erzielen kann sowie bei **Wiederheirat** der Berechtigten oder **Zusammenleben** in eheähnlicher Lebensgemeinschaft.

3. Eine **Wertsicherung** des vorstehenden Barunterhaltsbetrages wird auch nach Belehrung **nicht** gewünscht.

4. Der monatliche Unterhaltsbetrag ist am 5. eines jeden Monats für den laufenden Monat zur Zahlung fällig und muss bis zu diesem Tag auf dem Konto von Frau ▪▪▪ Kto-Nr. ▪▪▪ bei der ▪▪▪ Bank gutgeschrieben sein; soweit er nicht fristgerecht in der vorstehend vereinbarten Weise geleistet wurde, tritt **ohne** weitere Frist oder **Mahnung Verzug** ein.

5. Herr ▪▪▪ unterwirft sich gegenüber Frau ▪▪▪ wegen der vorstehend vereinbarten Verpflichtung zur Zahlung eines monatlichen Barunterhalts in Höhe von ▪▪▪ für die Zeit ab ▪▪▪ bis ▪▪▪ der sofortigen **Zwangsvollstreckung aus dieser Urkunde** in sein gesamtes Vermögen in der Weise, dass eine vollstreckbare Ausfertigung ohne Nachweise erteilt werden kann; eine Beweislastumkehr ist hiermit nicht verbunden.

6. Der Unterhalts**berechtigte verpflichtet** sich, für die Dauer der Unterhaltsleistungen jeweils im Januar für das Vorjahr die nach § 10 Abs. 1 Nr. 1 EStG erforderliche **Zustimmung zum begrenzten Realsplitting** zu erteilen bzw. erteilt diese **Zustimmung hiermit** bereits für alle Veranlagungszeiträume von ▪▪▪ bis ▪▪▪. Die hierdurch der Unterhaltsberechtigten entstehenden finanziellen, insbesondere steuerlichen **Nachteile** sind unverzüglich durch den **Unterhaltsschuldner** entsprechend den gesetzlichen Bestimmungen **auszugleichen**.

7. Die Vertragsteile erklären, dass bei Berechnung des Ehegattenunterhalts berücksichtigt wurde, dass der Ehemann derzeit und künftig **allein** für die **Tilgung der Verbindlichkeiten** nebst Zinsen sowie für die Zahlung der **Versicherungsbeiträge** für die vorgenannten Versicherungen aufkommt.

8. Sofern und soweit daher Verbindlichkeiten, deren Tilgung (und ggf. Verzinsung) nach den in dieser Urkunde getroffenen Vereinbarungen allein der Ehemann zu tragen hat, **zurückgeführt werden** und die **Zahlungsverpflichtungen des Ehemannes hieraus** dadurch

erlöschen, **erhöht** sich ab dem Monat der vollständigen und/oder teilweisen Rückzahlung dieser Verbindlichkeiten und dem dadurch bedingten **Wegfall/Ermäßigung** der monatlichen Schuldentilgung (Tilgung und Zinsen) der bis dahin gezahlte monatliche Unterhaltsbetrag (derzeit in Höhe von Euro ■■■) **um 45 % des** Betrages, den der Ehemann **monatlich weniger** zur **Schuldentilgung** (Darlehensrückzahlung mit Zinsen) **aufwenden muss.**

9. Maßgebend für die **Unterhaltsberechnung** ist unter anderem die Einkommens- und Unterhaltsberechnung, die dieser **Urkunde** als Anlage 2 **beigefügt** ist. Auf diese Anlage 2 wird hiermit nach Verlesen durch den Notar ■■■ verwiesen. Die Berechnung erfolgte bereits unter Berücksichtigung eines **Alters-** und **Krankenvorsorgeunterhalts** in Höhe von Euro ■■■ monatlich.

10. Nach Ablauf des ■■■ wird der Unterhalt **völlig neu berechnet unter** Berücksichtigung der dann gegebenen Verhältnisse. Die jetzige Unterhaltsvereinbarung hat **kein Präjudiz** für die dann vorzunehmende **Unterhaltsberechnung**.

Beratungshinweis: 74

Im Hinblick auf die vereinbarte völlige Neuberechnung des Unterhalts nach Fristablauf sowie die Festschreibung des Unterhalts mit den aufgeführten Ausnahmen ist die Aufnahme von **Vergleichsgrundlagen nicht** erforderlich.

II. Befristung bis zur Änderung der tatsächlichen und wirtschaftlichen Verhältnisse

1. Beratung

Gewünscht ist eine **völlige Unterhaltsneuberechnung,** sobald die Ehefrau aus dem Familienheim **auszieht** oder ihre derzeit tatsächlich ausgeübte **Erwerbstätigkeit ändert.** 75

2. Muster: Befristung bis zur Änderung der tatsächlichen und wirtschaftlichen Verhältnisse

76

Die vorstehend getroffene Vereinbarung ist gültig bis zu dem **Zeitpunkt**, zu welchem
- die Ehefrau aus dem Familienanwesen auszieht oder
- die Ehefrau ihre derzeitig tatsächliche ausgeübte Erwerbstätigkeit ändert, und zwar unabhängig davon,
  - ob sie diese Erwerbstätigkeit **erweitert, einschränkt, einstellt** oder hinsichtlich der Art der Tätigkeit ändert oder die Stelle wechselt und
  - ob sie daran ein Verschulden trifft oder nicht.
In jedem der vorstehenden Fälle erfolgt eine **vollständige Neuberechnung** des Kindesunterhalts und des Ehegattenunterhalts.

D. Festbetrag, Festschreibung und Abänderungsvereinbarung

I. Vereinbarung eines Festbetrages (Ehegattenunterhalt einschließlich Kindesunterhalt)

1. Beratung

a) Tatsächliche Ausgangssituation

77 Es soll ein **Gesamtunterhalt** (**Ehegatten-** und **Kindesunterhalt**) vereinbart werden befristet für die Zeit bis zur Vollendung des 15. Lebensjahres des Kindes.

b) Rechtliche Ausgangssituation

78 Zu regeln ist Folgendes:

- Festlegung des Gesamtbetrages für Ehegatten- und Kindesunterhalt,
- Klarstellung, dass die Vereinbarung sowohl Trennungs- als auch nachehelichen Ehegattenunterhalt betrifft,
- Vereinbarung, dass der Gesamtbetrag unverändert bleibt, wenn sich der Kindesunterhalt erhöht bzw. ermäßigt; in diesem Fall reduziert bzw. erhöht sich der Ehegattenunterhalt entsprechend,
- Verzicht auf Abänderung der Vereinbarung bis zur Vollendung des 15. Lebensjahres des Sohnes; Ausschluss der Anwendung des § 323 ZPO,
- Ausnahme: Erlöschen des nachehelichen Ehegattenunterhalts bei Wiederverehelichung oder dauerhaftem Zusammenleben mit einem neuen Partner, soweit nach Gesetz und Rechtsprechung von Verwirkung auszugehen ist.

79 ### 2. Muster: Vereinbarung eines Festbetrages

In Ausgestaltung der gesetzlichen Unterhaltspflicht verpflichtet sich Herr ███ an Frau ███ während des Bestehens der Ehe der Beteiligten als **Getrenntlebensunterhalt** und nach einer Scheidung der Ehe der Beteiligten als **nachehelichen Unterhalt** monatlich einen Betrag in Höhe von Euro ███ zu bezahlen, sodass die monatliche Zahlungsverpflichtung von Herrn ███ an Frau ███ **einschließlich** des vorstehend vereinbarten **Kindesunterhalts** Euro ███ beträgt.

Sofern sich der **Kindesunterhalt** gem. Abschnitt ███ **erhöht, reduziert** sich der von Herrn ███ an Frau ███ zu zahlenden **Getrenntlebensunterhalt** bzw. **nacheheliche Unterhalt** entsprechend, sodass der **Gesamtzahlungsbetrag** von Euro ███ **unverändert** bleibt.

Die vorstehende Unterhaltsvereinbarung wird zwischen den Beteiligten für die Zeit bis einschließlich des Monats, in dem der Sohn ███ das **15. Lebensjahr** vollendet, getroffen.

Die **Beteiligten verzichten** auf eventuelle **Ansprüche auf Änderung** des nachehelichen Unterhalts für die **Zeit bis** zur Vollendung des **15. Lebensjahres** des Sohnes ███. Dieser Verzicht wird gegenseitig angenommen. Die Anwendung des § 323 ZPO wird insoweit ausgeschlossen.

Der Anspruch von Frau ■■■ auf nachehelichen Unterhalt **erlischt** jedoch, wie die Beteiligten vereinbaren, vorzeitig im Falle einer Wiederverehelichung von Frau ■■■ oder dann, wenn Frau ■■■ mit einem neuen Partner dauerhaft zusammen leben sollte (soweit nach geltendem Gesetz und geltender Rechtsprechung in diesem Fall von Verwirkung auszugehen ist).

II. Wertsicherungsklauseln

1. Beratung

Es ist Frage des Einzelfalles, ob und inwieweit bezüglich der Abänderungsmöglichkeiten auf die **Geldwertentwicklung** Rücksicht genommen werden soll. Die **Abänderungsmöglichkeit** nach § 323 ZPO einerseits sowie die Vereinbarung einer Wertsicherungsklausel **schließen sich nicht** grundsätzlich **aus.** 80

Bei schuldumschaffenden Vereinbarungen (z.B. **Leibrente** statt Unterhalt) bedarf es einer ausdrücklichen Wertsicherungsvereinbarung, da § **323 ZPO nicht gilt.** In der Regel werden Wertsicherungsklauseln in der Praxis nur bei **langfristig fest vereinbarten** Unterhaltsbeträgen mit in die Vereinbarung aufgenommen. 81

2. Muster: Wertsicherungsklauseln   82

Vorstehende Unterhaltsvereinbarung unterliegt der Abänderung gem. § 323 ZPO, sofern sich der vom statistischen Bundesamt festgestellte monatliche Verbraucherpreisindex für Deutschland (Basis 2000 = 100) im Vergleich zur für den Monat ■■■ festgestellten Indexzahl um **mehr als 5 % geändert** hat. Ist eine Neufestsetzung gem. § 323 ZPO erfolgt, gilt vorstehende Regelung für eine spätere Neufestsetzung mit der Maßgabe, dass als Ausgangszahl die für den Monat der **Rechtskraft** der **Abänderungsentscheidung** festgestellte Indexzahl gilt.[156]

Alternative 1:

Eine Abänderung der vorstehenden Unterhaltsvereinbarung gem. § 323 ZPO ist nur möglich, wenn sich die auf der Seite des Unterhaltspflichtigen zugrundezulegenden Einkünfte von der Entwicklung des vom statistischen Bundesamt festgestellten monatlichen Verbraucherpreisindex für Deutschland (Basis 2000 = 100) **erheblich abweichend entwickeln.** Eine erhebliche Abweichung liegt vor, wenn der Prozentsatz der Änderung der Einkünfte von der prozentualen Änderung des Indexes um mehr als 10 % abweicht.[157]

---

156 Zimmermann/Dorsel, Eheverträge, Scheidungs- u. Unterhaltsvereinbarungen, Rn 91 zu § 20.
157 Zimmermann/Dorsel a.a.O. Rn 91 zu § 20.

83 **Beratungshinweis:**

Derartige Vereinbarungen sind keine Wertsicherungsklauseln und deshalb auch nicht genehmigungspflichtig. Bei echten Wertsicherungsklauseln kommt eine **Genehmigung** nach § 3 Preisklauselverordnung in Betracht, soweit eine Unterhaltsvereinbarung vom gesetzlichen Unterhaltsanspruch abweicht. Ein entsprechendes **Attest** des Bundesamtes für Wirtschaft sollte deshalb grundsätzlich **eingeholt werden**.[158]

Alternative 2:

Die Beteiligten vereinbaren, dass sich die vorstehend festgesetzten Unterhaltsleistungen um denselben Prozentsatz erhöhen oder ermäßigen, um den der vom statistischen Bundesamt festgestellte monatliche Verbraucherpreisindex für Deutschland (Basis 2000 = 100) von dem gleichen Index für den Monat ■■■ abweicht.

Eine Abänderung findet jedoch nicht statt, wenn sich der Zahlbetrag nicht um **mindestens 5 %** verändert. Ist eine Änderung erfolgt, erfolgt eine **weitere Änderung ebenfalls erst**, wenn die Erhöhung oder Ermäßigung des Zahlbetrages mindestens 5 % ausmachen würde.

Die Unterhaltsleistung in der neu festgesetzten Höhe ist erstmals fällig zum Ersten des auf den Monat, in dem die erforderliche Abweichung erstmals festgestellt wurde, folgenden dritten Monats.

Zu vorstehender Vereinbarung ist die **Genehmigung** gem. § 3 Preisklauselverordnung erforderlich, mit deren Einholung der amtierende Notar beauftragt wird. Sollte die vorstehende Vereinbarung nicht genehmigungsfähig sein, tritt an ihre Stelle die Verpflichtung der Beteiligten, auf der Grundlage vorstehender Vereinbarung zum betreffenden Zeitpunkt über eine Neufestsetzung des Unterhalts eine Vereinbarung herbeizuführen.

Jegliche Abänderung vorstehender Vereinbarung auf anderer rechtlicher Grundlage, insbesondere § 323 ZPO, ist **ausgeschlossen**.[159]

84 **Beratungshinweis:**

Nicht genehmigungspflichtig ist eine **Spannungsklausel**, d.h. eine Anpassungsvereinbarung, die als Bezugsgröße für die Anpassung einen gleichartigen Wertmesser vorsieht, z.B. die Entwicklung eines bestimmten Beamtengehaltes oder eines Durchschnittsgehaltes einer bestimmten Angestelltengruppe.[160]

III. Teilweiser Ausschluss der Abänderung nach § 323 ZPO

1. Beratung

a) Tatsächliche Ausgangssituation

85 Die Ehegatten vereinbaren für einen längeren Zeitraum einen Anspruch auf Ehegattenunterhalt, der abänderbar ist,

■ bei Einkommensverminderungen und

■ Erlöschen bei Wiederverheiratung.

---

158 Zimmermann/Dorsel a.a.O. Rn 92 zu § 20.
159 Zimmermann/Dorsel a.a.O. Rn 93 zu § 20.
160 Zimmermann/Dorsel a.a.O. Rn 94 zu § 20.

Zur Sicherung verpflichtet sich der Ehemann, eine **Risikolebensversicherung** abzu-   86
schließen, die die Zahlung des Unterhalts auf die vereinbarte Dauer sichert.

b) Rechtliche Ausgangssituation

Zu regeln ist Folgendes: 87

■ Klarstellung, dass in dem laufenden monatlichen Unterhalt auch Kranken- und Altersvorsorgeunterhalt mit enthalten ist,

■ Vereinbarung der Dauer der Laufzeit der Unterhaltsvereinbarung,

■ Ermäßigung des Unterhalts bei niedrigerem Nettoeinkommen,

■ Erlöschen des Anspruchs im Fall der Wiederverheiratung,

■ Klarstellung, ob Wertsicherung gewünscht wird (im Hinblick auf die lange Dauer
der Vereinbarung),

■ im Übrigen Ausschluss der Anwendung des § 323 ZPO, also unter anderem auch
Fortdauer des Anspruchs bei eigenen Einkünften der Ehefrau.

Beratungshinweis:

Nach der nachfolgenden Vereinbarung ist der vereinbarte Unterhaltsbetrag auch dann
zu zahlen, wenn die Ehefrau auf Dauer mit einem neuen Partner zusammenlebt.

■ Verpflichtung des Ehemannes zum Abschluss einer Risikolebensversicherung, die
die laufenden monatlichen Unterhaltszahlungen sichert.

■ Im Übrigen: Verzicht auf darüber hinausgehende Unterhaltsansprüche.

2. Muster: Teilweiser Ausschluss der Abänderung nach § 323 ZPO   88

216

1. Für den Fall der Scheidung der Ehe erhält Frau ■■■ ab dem auf Rechtskraft der Scheidung folgenden Monat einen monatlichen Unterhalt in Höhe von Euro ■■■. Dieser Betrag
schließt den **Kranken- und Altersvorsorgeunterhalt** mit ein. Der vorgenannte Betrag ist
jeweils am 15. eines jeden Monats zur Zahlung fällig.

Der Anspruch auf die vorstehende Unterhaltsleistung **endet** nach Ablauf von **13 Jahren
nach Rechtskraft** der Scheidung.

Die vorstehende Unterhaltsvereinbarung **beruht** auf der **Erwartung**, dass Herr ■■■ ein
monatliches **Nettoeinkommen** in Höhe von Euro ■■■ **oder mehr** erzielt. Erzielt Herr
■■■ ein **geringeres Monatseinkommen**, so **mindert** sich der vorvereinbarte Unterhalt entsprechend.

Der Anspruch **erlischt** sofort im Falle der **Wiederverheiratung**.

Eine **Wertsicherung** wird nach Belehrung durch den Notar **nicht** vereinbart.

Im Übrigen wird die Anwendung des § 323 ZPO ausgeschlossen.

Die vorstehenden Rechte stehen Frau ■■■ unabhängig davon zu, ob und in welcher Höhe
sie ein **eigenes Einkommen** erzielt (Hinweis: In diesem Fall auch keine Abänderung möglich bei längerem eheähnlichen Zusammenleben).

2. Weiterhin verpflichtet sich Herr ■■■ für den Fall der Scheidung, zu Gunsten von Frau
■■■ eine **Risikolebensversicherung** abzuschließen, **die die Zahlung** des monatlichen Unterhalts in Höhe von Euro ■■■ **auf die Dauer von 13 Jahren** ab Rechtskraft der Scheidung
bzw. die Zahlung eines gleichwertigen Ersatzbarbetrages **sichert**.

> 3. Abgesehen von den vorstehenden Vereinbarungen **verzichten** die Vertragsparteien gegenseitig auf die Gewährung **nachehelichen Unterhalts**, auch für den Fall der Not, und nehmen diesen Verzicht wechselseitig an ∎∎∎.[161]

IV. Vereinbarungen zur Abänderbarkeit von Unterhaltsregelungen

1. Beratung

a) Tatsächliche Ausgangssituation

89   Unterhaltsvereinbarungen sind grundsätzlich **jederzeit abänderbar** bei Änderung der tatsächlichen oder wirtschaftlichen Verhältnisse. Bei jeder Unterhaltsvereinbarung muss in Erwägung gezogen werden, ob es für die eigene Partei günstiger ist, diese Abänderungsmöglichkeit ganz oder teilweise auszuschließen. Ein **gänzlicher** Ausschluss der Abänderungsmöglichkeit wird nur in **Ausnahmefällen** in Betracht kommen, so z.B. bei auf **kurze Zeit** befristeten Unterhaltsvereinbarungen.

90   **Beratungshinweis:**

Im Übrigen müssen folgende Varianten bedacht und ggf. als Ausnahmen von dem Ausschluss vereinbart werden:

- **Wiederverheiratung** der Berechtigten,
- dauerhaftes eheähnliches **Zusammenleben** der Berechtigten mit einem neuen Partner,
- **Erwerbsunfähigkeit** oder erhebliche Einkommensverminderung seitens des Unterhaltspflichtigen,
- **erhebliche Einkommenserhöhung** seitens des Unterhaltsberechtigten,
- im Falle, dass die Berechtigte einer Erwerbstätigkeit nachgeht, trotz Kinderbetreuung: Eintritt einer **Erkrankung eines Kindes** mit der Folge, dass dieses der ganztägigen Betreuung bedarf und somit eine Erwerbstätigkeit seitens der Berechtigten nicht mehr möglich ist,
- **Änderung der Kinderbetreuung** (Wechsel der Kinder von der Unterhaltsberechtigten zum Unterhaltspflichtigen).

b) Rechtliche Ausgangssituation[162]

aa) Abänderungsgründe

91   Vereinbarte Unterhaltsleistungen sind **abänderbar** aufgrund
- wesentlicher Änderung der Verhältnisse, § 323 ZPO,
- Wegfalls der Geschäftsgrundlage,
- grober Unbilligkeit gem. § 1579 BGB,
- vertraglicher Änderungsvereinbarungen, insbesondere Wertsicherungsklauseln.[163]

---

161 Ausführliche Begründung des Unterhaltsverzichts s. Teil 4, § 4 Rn 346, sowie Teil § 1 Rn 49.
162 Zur Abänderung s. auch o. Teil 1, Rn 242 ff.
163 Zimmermann/Dorsel, Eheverträge, Scheidungs- u. Unterhaltsvereinbarungen, Rn 79 zu § 20.

Beratungshinweis: 92

Grundsätzlich sollte **jede Vereinbarung klarstellen**, inwieweit Abänderung möglich ist. Vereinbart werden kann auch

- ein völliger Abänderungsausschluss,
- die Einschränkung oder sonstige Modifizierung der gesetzlichen Abänderungsmöglichkeiten,
- eine vollkommen selbständige Abänderungsregelung und der Ausschluss gesetzlicher Abänderungsmöglichkeiten.

Unklarheiten können entstehen bei **Abgrenzung** der Abänderungsmöglichkeit vom 93
Wegfall der Geschäftsgrundlage (s.o. Teil 1, Rn 251 ff) sowie im Falle einer schuldumschaffenden Vereinbarung (**Novation**) bei der Frage, ob § 323 ZPO überhaupt Anwendung findet[164] (s.u. Teil 2, § 2 Rn 66 ff).

Zu beachten ist, dass sich bei **vollstreckbaren Urkunden** die Abänderungsmöglichkeit 94
nach § 323 ZPO **materiell** nach § 242 BGB bemisst[165] und dass **weder** eine **Präklusionswirkung** nach § 323 Abs. 2 ZPO besteht noch § 323 Abs. 3 ZPO eingreift, demzufolge eine Abänderung erst mit Wirkung ab **Rechtshängigkeit** möglich wäre.[166]

bb) Vertragliche Regelungen von Abänderungsgründen

Künftige Änderungsgründe können **vertraglich geregelt** werden, so z.B. dass eine Abän- 95
derung erst dann möglich ist, wenn sich die **Einkünfte** des Berechtigten oder Verpflichteten um einen bestimmten Prozentsatz **erhöhen** oder **vermindern,** oder welche Auswirkungen eine **Wiederverheiratung** oder Begründung einer **außerehelichen festen Beziehung** des Berechtigten auf den geschuldeten Unterhalt haben soll. Auch eine **Wesentlichkeitsgrenze** in Form eines bestimmten Prozentsatzes kann vereinbart werden.[167]

Wird die Unterhaltsrente nur für einen bestimmten Zeitraum (z.B. Getrenntlebens- 96
unterhalt) oder für die Dauer einer Ausbildung u.a. vereinbart, so kann auf **jede Abänderung verzichtet** werden und die Anwendung des § 323 ZPO ausgeschlossen werden.

Beratungshinweis: 97

Wird bei Trennungsunterhalt die Anwendung des § 323 ZPO ausgeschlossen, so ist zu beachten, dass unter Umständen durch Einreichung von Klagen betreffend Zugewinnausgleich, nachehelichen Ehegattenunterhalt u.a. eine lange Zeitdauer von dieser Unterhaltsvereinbarung betroffen sein kann.

In diesen Fällen ist es ratsam, die Unterhaltsvereinbarung möglicherweise zeitlich zu begrenzen in der Form, dass diese Vereinbarung nur bis zu einem bestimmten Zeitpunkt gilt und nach Ablauf der Befristung Neuberechnung zu erfolgen hat.

Da Abänderungen gerichtlicher Vergleiche und notarieller Urkunden auch **für die Ver- 98
gangenheit**, also auch für die Zeit **vor Erhebung der Abänderungsklage**, verlangt wer-

---

164 Zimmermann/Dorsel a.a.O. Rn 79 zu § 20.
165 BGH FamRZ 1986, 790; 1992, 538.
166 BGH FamRZ 1983, 21; 1983, 997; Zimmermann/Dorsel a.a.O. Rn 80 zu § 20.
167 S.o. Teil 1, Rn 242.

den können (s.o. Teil 1, Rn 242 ff),[168] ist daran zu denken, dass die Parteien auch **vereinbaren** können, dass eine Abänderung erst **ab Zugang** eines bezifferten **Abänderungsverlangens** oder ab Klageerhebung entsprechend § 323 Abs. 3 ZPO möglich ist.

99 Maßgeblich für die Abänderung von Unterhaltsvergleichen ist immer der geäußerte oder durch Auslegung zu ermittelnde **Parteiwille**. Ist dieser **nicht feststellbar**, so ist der Unterhalt im Abänderungsverfahren nach den **gesetzlichen Vorschriften** zu bestimmen[169] (im Einzelnen s.o. Teil 1, Rn 242 ff).

100 Die Abänderungsmöglichkeit nach § 323 ZPO kann in Folge der Vertragsfreiheit sowohl ganz oder teilweise ausgeschlossen als auch einschränkend oder erweiternd modifiziert werden. Ein **Ausschluss** jeglicher Abänderungsmöglichkeit ist bei konkreter Unterhaltsberechnung die Ausnahme, es sei denn, es handelt sich um eine Vereinbarung mit kurzer Laufzeit.[170]

101 ### 2. Muster: Vereinbarungen zur Abänderbarkeit von Unterhaltsregelungen

Vorstehende Unterhaltsvereinbarung unterliegt **keinerlei** Abänderung, gleich auf welcher rechtlichen Grundlage.

Alternative 1:

Vorstehende Unterhaltsvereinbarung unterliegt keinerlei Abänderung, soweit es den ausgewiesenen **Altersvorsorgeunterhalt** betrifft.

Alternative 2:

Die Abänderung der Unterhaltsleistungen gem. § 323 ZPO ist nur für den Zeitraum, ab dem auf die **Rechtshängigkeit** einer entsprechenden **Klage** folgenden Monatsersten zulässig (alternativ: ab dem **Abänderungsbegehren**).

102 **Beratungshinweis:**

Nach der Rechtsprechung des BGH[171] ist eine Abänderung gem. § 323 ZPO auch für die Vergangenheit denkbar. Dies ist in vielen Fällen nicht sachgerecht und sollte ggf. ausgeschlossen werden.

Alternative 3:

Eine Abänderung gem. § 323 ZPO wegen einer Änderung der **wirtschaftlichen** Verhältnisse des Unterhaltspflichtigen ist **ausgeschlossen**.

103 **Beratungshinweis:**

Diese Vereinbarung birgt die Gefahr in sich, dass der Unterhaltsschuldner an die Unterhaltsvereinbarung gebunden ist, auch im Falle etwa eintretender absoluter Erwerbsunfähigkeit. Fraglich ist, ob in solchen Fällen der ausdrücklichen Vereinbarung der Unabänderbarkeit Abänderung wegen Wegfalls der Geschäftsgrundlage möglich ist.

---

168 BGH FamRZ 1983, 22.
169 BGH FamRZ 1983, 569.
170 Zimmermann/Dorsel a.a.O. Rn 82 zu § 20.
171 FamRZ 1983, 22.

Bereits bei einem Unterhaltsvergleich, bei welchem Abänderung möglich ist, sind maßgebend alleine die aus §§ 242, 313 BGB abgeleiteten Grundsätze über die Veränderung der Geschäftsgrundlage. Ob eine Störung der Geschäftsgrundlage eingetreten ist, bestimmt sich nach dem der Einigung zugrunde gelegten Parteiwillen. Eine wesentliche Abweichung von der Geschäftsgrundlage des Vergleichs **genügt nicht,** um den vereinbarten Unterhalt abzuändern. Erforderlich ist darüber hinaus die Prüfung, ob unter Abwägung der beiderseitigen Interessen dem Gegner ein Abweichen von dem Vereinbarten **zumutbar ist.**[172]

Betreffend einen Vergleich, der eine **einstweilige Anordnung** ersetzt, findet eine **Abänderungsklage nicht** statt; für einen Prozessvergleich, durch den nichts anderes erreicht werden soll, als eine der beantragten einstweiligen Anordnung entsprechende Regelung, gilt, dass ihm **keine weitergehende Wirkung** beigemessen werden kann, als die einstweilige Anordnung gehabt hätte. Die nur vorläufige Regelung bildet keine geeignete Grundlage für eine Abänderungsklage.[173] Allerdings ist die Abänderungsklage die statthafte Klageart, wenn die Abänderung eines im einstweiligen Anordnungsverfahren geschlossenen Unterhaltsvergleichs, der eine **endgültige** und nicht bloß vorläufige Regelung zum Unterhalt betrifft, begehrt wird.[174]

Alternative 4:

Eine Abänderung gem. § 323 ZPO wegen einer Änderung der wirtschaftlichen Verhältnisse des Unterhaltpflichtigen ist nur zulässig, wenn der gemäß vorstehender Berechnung ihm verbleibende **Selbstbehalt 1.500 Euro** monatlich **unterschreitet.**

Alternative 5:

Eine Abänderung gem. § 323 ZPO wegen einer Änderung der wirtschaftlichen Verhältnisse des Unterhaltpflichtigen ist **frühestens** zulässig nach **Ablauf von 5 Jahren** ab Rechtskraft der Scheidung der Ehe.

Alternative 6:

Eine Abänderung vorstehender Unterhaltsleistungen gem. § 323 ZPO wegen Veränderung der wirtschaftlichen Verhältnisse des Unterhaltsberechtigten ist (auf die **Dauer von 5 Jahren** ab Rechtskraft der Scheidung) ausgeschlossen, **es sei denn**, dass der **Unterhaltsberechtigte eine neue Ehe eingeht.**

Alternative 7:

■■■ wird für die Zeit bis zur **Vollendung** des ■■■ Jahres des jüngsten **Kindes** (Erwerbsobliegenheit) ausgeschlossen.

Alternative 8:

Eine Abänderung der Vereinbarung nach § 323 ZPO findet nur dann statt, wenn die wesentliche Änderung der tatsächlichen Verhältnisse zu einer Erhöhung oder Verminderung des zu zahlenden Unterhaltsbetrages **um mehr als 20 %** führt.

---

172 BGH FamRZ 2001, 1687; Heiß/Heiß in Heiß/Born Rn 685 zu Kap. 3.
173 BGH FamRZ 1991, 1175; Heiß/Heiß in Heiß/Born Rn 685 zu Kap. 3.
174 Heiß/Heiß a.a.O.

> **Alternative 9: Spätere Neufestsetzung**
> 1. Eine Abänderung dieser Vereinbarung nach § 323 ZPO wird für die Dauer von ■■■ Jahren ab Rechtskraft der Scheidung ausdrücklich ausgeschlossen.
> 2. Nach Ablauf der Befristung erfolgt **vollständige Neuberechnung** nach den gesetzlichen Vorschriften ohne Bindungswirkung an diesen Vergleich.

E. Erb- und Pflichtteilsverzicht und Unterhaltsverzicht[175]

I. Beratung

1. Tatsächliche Ausgangssituation

104 Wird vertraglich zwischen den Parteien auf das Pflichtteilsrecht durch **Erb-** oder **Pflicht-**teilsverzichtsvertrag verzichtet, so **verliert** der Ehegatte den **Unterhaltsanspruch** gegen die Erben.[176]

2. Rechtliche Ausgangssituation

105 Das gesetzliche Erbrecht des überlebenden Ehegatten **erlischt** nach **Einreichung** des Scheidungsantrags, wenn zur Zeit des Todes des anderen Ehegatten die **Voraussetzungen** für die **Scheidung** der Ehe gegeben waren **und der Erblasser** die Scheidung **beantragt** oder ihr durch Prozesshandlung gegenüber dem Familiengericht **zugestimmt hat,** § 1933 BGB.

106 **Beratungshinweis:**

Im Rahmen jedes Scheidungsverfahrens muss mit dem Mandanten geklärt werden, ob dem Scheidungsantrag zugestimmt wird bzw. eigener Scheidungsantrag gestellt wird, um die erbrechtlichen Folgen des § 1933 BGB (Erlöschen des Erbrechts) herbeizuführen.

107 In diesem Fall hat der überlebende Ehegatte gegen die **Erben** des verstorbenen Ehegatten **Anspruch** auf Unterhalt gem. § 1586 b BGB.

108 Bei Verbindung des Erb- oder Pflichtteilsverzichts mit einem Unterhaltsverzicht empfiehlt sich eine ausdrückliche **Klarstellung.**

---

175 Hierzu im Einzelnen s.a. Teil 1, Rn 15 ff.
176 Langenfeld, Handbuch der Eheverträge und Scheidungsvereinbarungen, Rn 1068 zu Kap. 5. m. zahlreichen w. N.; Dieckmann NJW 1980, 2077; NJW 1992, 633; MünchKomm/Maurer § 1586b Rn 2; MünchKomm/Leipold § 1933 Rn 16; Palandt/Brudermüller § 1586b Rn 8.

II. Muster: Zu § 1586b BGB[177]

> Durch diesen **Pflichtteilsverzicht** sollen etwaige Unterhaltsansprüche des verzichtenden Ehegatten gegen die Erben des anderen Ehegatten nach § 1586 b und § 1933 S. 3 BGB **nicht beeinträchtigt** oder **ausgeschlossen** werden. Der Überlebende soll vielmehr insoweit so gestellt sein, als ob der Pflichtteilsverzicht nicht erklärt worden wäre.

F. Unterhalt und Auskunftsanspruch

I. Beratung

1. Tatsächliche Ausgangssituation

Im Hinblick darauf, dass jede Unterhaltsvereinbarung – falls nicht Abänderung ausgeschlossen wurde – an die veränderten persönlichen und wirtschaftlichen Verhältnisse **anzupassen** und entsprechend **abzuändern** ist, muss durch vorherige **Auskunftserteilung** geklärt werden, ob und ggf. welche **Änderungen** in den Einkommensverhältnissen oder auch in den persönlichen Verhältnissen des Unterhaltspflichtigen und der Unterhaltsberechtigten eingetreten sind. Im Übrigen kann als Ausprägung des Grundsatzes von **Treu und Glauben** sowohl der Unterhalts**berechtigte** als auch der Pflichtige die Pflicht haben, **ungefragt** Auskunft zu erteilen, und zwar dann, wenn eine **Veränderung der Verhältnisse** i.S.d. § 323 ZPO eingetreten ist und das **Schweigen** über eine grundlegende Änderung der Verhältnisse **evident unredlich** erscheint.[178] **Evident unredlich** ist die Nichtoffenbarung, wenn der andere Beteiligte aufgrund vorangegangenen Tuns **keinen Anlass** hatte, sich einer Änderung der unterhaltsrechtlichen Umstände durch eine Auskunft zu vergewissern.[179]

110

2. Rechtliche Ausgangssituation

Gemäß §§ 1580, 1605 BGB besteht ein Auskunftsanspruch, der genauer geregelt werden kann. Die **Auskunftspflicht** ergibt sich

- für Getrenntlebensunterhalt aus § 1361 Abs. 4 i.V.m. § 1605 Abs. 1 BGB und
- für nachehehlichen Ehegattenunterhalt aus § 1580 BGB.

Der **unselbständig** tätige Unterhaltspflichtige hat i.d.R. Auskunft über seine Einkommensverhältnisse für die Zeit des **abgelaufenen Kalenderjahres** (12 Monate) zu erteilen, wenn sich das laufende Einkommen nicht mit Sicherheit wesentlich und nachhaltig geändert hat.[180]

---

177 Langenfeld a.a.O. Rn 1070 zu Kap. 5.
178 Heiß, Das Mandat im Familienrecht, Rn 502 zu Teil 8; BGH FamRZ 1988, 270; FamRZ 2000, 150; OLG Bremen FamRZ 2000, 256.
179 Heiß a.a.O.; BGH FamRZ 1986, 450, 794; 1988, 270; OLG Bremen FamRZ 2000, 256.
180 Heiß, Das Mandat im Familienrecht, Rn 624 zu Teil 8; OLG München FamRZ 1984, 173.

113 **Beratungshinweis:**

In der Praxis wird der Unterhalt **zeitnah** gerechnet, also nicht mit dem abgelaufenen Kalenderjahr, sondern mit den **abgelaufenen 12 Kalendermonaten.**

Es sind Verdienstabrechnungen vorzulegen und auf Verlangen eine Bescheinigung des Arbeitgebers.[181]

Es sind ferner anzugeben sämtliche Einkünfte aus **Kapitalvermögen, Vermietung und Verpachtung, Nebentätigkeiten sowie Steuerrückerstattungen.**[182]

Der **selbständig** Tätige muss seine Einnahmen und Aufwendungen im Einzelnen so darstellen, dass die **allein steuerlich beachtlichen Aufwendungen** von solchen, die **unterhaltsrechtlich** von Bedeutung sind, abgegrenzt werden können.[183]

Grundsätzlich sind Gewinnermittlungen, Steuerbescheide und Steuererklärungen nebst Anlagen für die **abgelaufenen 3 Kalenderjahre** vorzulegen, wobei die Vorlage dieser Unterlagen allein keine ausreichende Auskunft darstellt. Zur Auskunftspflicht bei Selbständigen im Einzelnen siehe.[184]

114 **II. Muster: Verpflichtung zur Auskunftserteilung**

Der Unterhaltspflichtige ist verpflichtet, bis **spätestens 01.03.** eines **jeden Jahres** über seine Einkünfte und den Stand und die Entwicklung seines Vermögens Auskunft zu erteilen. Er bevollmächtigt hiermit unwiderruflich den Unterhaltsberechtigten, bei allen Stellen, insbesondere Arbeitgebern und Finanzämtern die erforderlichen **Auskünfte selbst einzuholen** und alle **Unterlagen einzusehen.**

115 **Beratungshinweis:**

Eine solche Vereinbarung wird in der Praxis wohl Seltenheitswert haben im Hinblick auf die Bevollmächtigung zur Erholung der Auskünfte bei Arbeitgebern, Finanzämtern sowie Vollmacht zur Einsicht in Unterlagen.

Alternative 1:

Der Auskunftsanspruch des Unterhaltsberechtigten gem. §§ 1580, 1605 BGB wird insoweit **beschränkt**, als lediglich die **Vorlage von Steuerbescheiden** verlangt werden kann. Liegt ein entsprechender Bescheid für das abgelaufene Kalenderjahr bis zum 01.03. des Folgejahres nicht vor, genügt zunächst eine von einem Angehörigen der rechts- und steuerberatenden Berufe ausgestellte Bescheinigung über die voraussichtliche Veranlagung und das voraussichtliche Einkommen.

116 **Beratungshinweis:**

Auch eine solche Vereinbarung wird in der Praxis die Ausnahme sein, da sich z.B. aus dem Steuerbescheid weder etwaige steuerfreie Einkünfte ergeben, die unterhaltsrechtlich jedoch zu berücksichtigen sind und z.B. wenn Einkünfte aus Vermietung und Verpachtung vorliegen, aus den Steuerbescheiden lediglich die Einkünfte bzw.

---

181 Heiß/Heiß in Heiß/Born, Unterhaltsrecht, Ein Handbuch für die Praxis, Rn 44 zu Kap. 6.
182 Heiß, Das Mandat im Familienrecht, Rn 626 zu Teil 8; OLG Düsseldorf FamRZ 1991, 1315.
183 Heiß a.a.O. Rn 627 zu Teil 8; BGH FamRZ 1980, 770; BGH FamRZ 1985, 357, 359; Heiß/Heiß in Heiß/ Born, Rn 48 zu Kap. 6.
184 Heiß, Das Mandat im Familienrecht, Rn 630 ff zu Teil 8.

Verluste aus Vermietung und Verpachtung ersichtlich sind, nicht aber z.B. in welcher Höhe solche Verluste auf **Gebäudeabschreibungen** beruhen, die unterhaltsrechtlich i.d.R. **nicht** als **Abzugsposten** zu berücksichtigen sind. Im Übrigen ist das Einkommen Selbständiger anhand der Gewinn- und Verlustrechnungen/Bilanzen zu ermitteln. Das steuerliche Einkommen unterscheidet sich erheblich von dem unterhaltsrechtlichen Einkommen!

Alternative 2:
Der Unterhaltsberechtigte kann vom Unterhaltspflichtigen nur Auskünfte über Einkommen aus **nichtselbständiger Arbeit** verlangen. Weitergehende Auskunftsansprüche werden ausgeschlossen.

Beratungshinweis: 117
Diese Vereinbarung wird nur dann in Betracht kommen, wenn sich die Ehegatten z.B. dahingehend geeinigt haben, dass Einkünfte aus selbständiger Tätigkeit unterhaltsrechtlich nicht berücksichtigt werden sollen.

G. Unterhalt und Steuern

Im Einzelnen s. auch Teil 2, § 6 Rn 1 ff.

I. Beratung

1. Tatsächliche Ausgangssituation

Ehegattenunterhaltsleistungen können als Sonderausgaben steuerlich geltend gemacht 118 werden, wobei unterhaltsrechtlich eine **Obliegenheit** besteht, diesen Steuervorteil wahrzunehmen und entsprechende **Freibeträge** in der Lohnsteuerkarte einzutragen, wobei der Eintrag eines Freibetrages nur in **Höhe** des **titulierten** oder **unstreitig** zu zahlenden Unterhalts verlangt werden kann und nicht in Höhe der bestrittenen Unterhaltspflicht.[185] Voraussetzung für die Geltendmachung als Sonderausgabe ist die **Zustimmung** des Unterhaltsberechtigten (Unterzeichnung der Anlage U).

Werden Unterhaltszahlungen im Rahmen einer **Schuldumschaffung**, z.B. in Form einer 119 **Rente** oder als **dauernde** Last bezahlt, so ist zu berücksichtigen, dass eine Rente nur mit ihrem **Ertragsanteil** abziehbar und auf der Gegenseite zu versteuern ist. Eine **dauernde Last** ist **voll** abziehbar und voll zu versteuern. Hierzu s.u. nachfolgende Rn 127.

Die **unentgeltliche Überlassung einer Wohnung** und die Übernahme verbrauchsunab- 120 hängiger Nebenkosten aufgrund einer Unterhaltsvereinbarung können Unterhaltsleistungen darstellen, die im Wege des Realsplittings als Sonderausgaben geltend gemacht werden können.[186]

---

185 Heiß/Heiß in Heiß/Born, Rn 439 zu Teil 3; BGH FamRZ 2003, 434.
186 Heiß/Heiß a.a.O., Rn 439 zu Kap. 3; BFH FamRZ 2000, 1360.

121 Von einer **Sicherheitsleistung** kann der Unterhaltsberechtigte seine Zustimmung nur abhängig machen, wenn zu besorgen ist, dass der Unterhaltspflichtige seine Verpflichtung zum Ausgleich der finanziellen Nachteile nicht oder nicht **rechtzeitig erfüllen wird.**

122 Von einer Verpflichtung zum Ausgleich **sonstiger Nachteile** kann der Unterhaltsberechtigte seine Zustimmung nur abhängig machen, wenn er diese Nachteile im Einzelfall **substantiiert darlegt.**[187] Solche Nachteile können daraus erwachsen, dass dem Unterhaltsberechtigten **öffentliche Leistungen** gekürzt oder entzogen werden, weil ihre Gewährung von einer bestimmten Höhe des **zu versteuernden Einkommens** abhängt und diese Einkommensgrenze als Folge des begrenzten Realsplittings überschritten wird. Voraussetzung ist jedoch, dass der Berechtigte substantiiert die öffentlichen Leistungen – nach der Höhe und den Grundlagen der Berechnung – angibt, die er bezieht und die durch die steuerrechtliche Erhöhung seiner Einkünfte als Folge des begrenzten Realsplittings voraussichtlich beeinflusst werden.[188] (Im Einzelnen s. auch Teil 4, § 4 Rn 391 ff, 399 insbesondere zur eventuellen Verpflichtung, aufgrund der Unterzeichnung der Anlage U, eine private Krankenversicherung abzuschließen.)

2. Rechtliche Ausgangssituation

123 Nachehelicher Ehegatten- und Trennungsunterhalt ist einkommensteuerrechtlich aufgrund des sog. **Realsplittings** gem. § 10 Abs. 1 Nr. 1 EStG als **Sonderausgabe** abzugsfähig, sofern der Empfänger der Versteuerung als Einkünfte **zustimmt.**

124 Zur Frage, unter welchen Voraussetzungen ein Ehegatte verpflichtet ist, dem Antrag des anderen auf **gemeinsame** Veranlagung zur Einkommensteuer zuzustimmen, wenn in dem betreffenden Veranlagungszeitraum die eheliche Lebensgemeinschaft noch bestand, siehe BGH NJW 2002, 2319.

125 Der Unterhaltsberechtigte ist für ein Kalenderjahr, in dem noch **teilweise** Zusammenleben **erfolgte,** zur Zustimmung zur Zusammenveranlagung **verpflichtet,** insbesondere wenn der Trennungsunterhalt für dieses Jahr auf der Grundlage der zu Beginn des Jahres gewählten Steuerklasse bemessen wurde. Dabei entstehende **Nachteile** sind allerdings auszugleichen. **Zustimmung** kann nur gegen Nachteilsausgleich oder eine entsprechende Zusage verlangt werden.[189] Die Zustimmung kann auch gleich für **mehrere Jahre** erteilt werden.

126 Voraussetzung für eine Verpflichtung zur Zustimmung ist, dass der Unterhaltsverpflichtete den Berechtigten von **steuerlichen Nachteilen** sowie im Einzelfall **substantiiert vorgetragenen sonstigen Nachteilen** freistellt und ihm bei begründeter Besorgnis eine entsprechende Sicherheit geleistet wird. Im Übrigen ist eine Berücksichtigung als außergewöhnliche Belastung im Rahmen des § 33a Abs. 1 EStG zu prüfen.

127 Handelt es sich bei der Vereinbarung nicht um eine Ausgestaltung der gesetzlichen Unterhaltspflicht, sondern um eine **Schuldumschaffung** mit Abfindungscharakter, bei welcher der Eingehung der Zahlungsverpflichtung eine Gegenleistung gegenübersteht, die auch

---

187 Heiß/Heiß a.a.O., Rn 441 zu Kap. 3.
188 Heiß/Heiß a.a.O.
189 Im Einzelnen hierzu s. Heiß/Heiß in Heiß/Born, Unterhaltsrecht – Ein Handbuch für die Praxis, Rn 768 zu Kap. 3.

zwischen Fremden hätte vereinbart werden können, so gelten die **allgemeinen** steuerlichen Grundsätze. Insbesondere bei **Rentenzahlungsverpflichtungen** ist dann zu beurteilen, ob für die Beteiligten die Behandlung als **Rente** gem. § 22 Abs. 1 EStG oder als **dauernde Last** gem. § 10 Abs. 1 Nr. 1 EStG **günstiger** ist. Eine Rente ist nur mit ihrem **Ertragsanteil abziehbar** und auf der Gegenseite zu **versteuern**. Sie muss mindestens 10 Jahre Laufzeit aufweisen und kann wertgesichert sein. Eine **dauernde Last** ist im Rahmen des § 10 EStG **voll abziehbar** und auf der Gegenseite **voll** zu **versteuern**. Maßgebliches Unterscheidungskriterium ist, dass bei einer dauernden Last die **Abhängigkeit** der Zahlungspflicht von der Unterhaltsbedürftigkeit des Berechtigten und der Leistungsfähigkeit des Verpflichteten erhalten bleiben muss, insbesondere die Abänderbarkeit nach § 323 ZPO.[190]

II. Muster

Muster: Zustimmung zum Realsplitting   128 220

Die Beteiligte zu 2) verpflichtet sich in Ansehung sämtlicher vorstehend vereinbarter Zahlungsverpflichtungen für die **Dauer der Unterhaltsleistung** auf Verlangen des Pflichtigen im Januar eines Jahres für das Vorjahr die nach § 10 Abs. 1 Nr. 1 EStG erforderliche Zustimmung zum begrenzten Realsplitting zu erteilen. Der Beteiligte zu 1) verpflichtet sich, die Ehefrau von ihr entstehenden **Steuernachteilen** sowie sonst **konkret nachgewiesenen Nachteilen** in Folge der Zustimmung **freizustellen**. Steuervorteile stehen dem Beteiligten zu 1) zu. Der Ausgleichsbetrag ist an die Beteiligte zu 2) (oder nach Vorlage der Steuerbescheide unmittelbar an das **Finanzamt**) binnen 2 Wochen ab Vorliegen ihres Steuerbescheides zu zahlen.

Auf Verlangen hat der Beteiligte zu 1) in Höhe des für jedes Jahr zu erwartenden Nachteils zum Jahresbeginn **Sicherheit zu leisten**, was die Beteiligte zu 2) zur Voraussetzung für die Zustimmungserklärung machen kann.[191]

Muster: Unterhalt und dauernde Last   129 221

Als Gegenleistung für die vorstehende Übertragung des Miteigentumsanteils verpflichtet sich der Beteiligte zu 2), einen monatlichen Unterhalt von ■■■ Euro zu zahlen, zahlbar ab dem Ersten des folgenden Monats zum Ersten eines Monats im Voraus. Die Leistungen sollen steuerlich als **dauernde Last** berücksichtigt werden können und unterliegen deshalb bei wesentlicher Änderung der Verhältnisse der **Abänderbarkeit** gem. § 323 ZPO. Sollte diese steuerliche Behandlung von den Finanzbehörden nicht anerkannt werden, verpflichten sich die Beteiligten, zur Änderung der Vereinbarung in der Weise, dass der angestrebte wirtschaftliche Zweck bestmöglich erreicht wird.[192]

---

190 Zimmermann/Dorsel, Eheverträge, Scheidungs- u. Unterhaltsvereinbarungen, Rn 2 zu § 22.
191 Zimmermann/Dorsel, Eheverträge, Scheidungs- u. Unterhaltsvereinbarungen Rn 3 zu § 22.
192 Zimmermann/Dorsel a.a.O. Rn 4 zu § 22.

H. Vereinbarung einer Leibrente – Novierende Unterhaltsvereinbarung

Im Einzelnen s.a. Teil 2, § 2 Rn 66 ff.

I. Beratung

1. Tatsächliche Ausgangssituation

130 Bei der Vereinbarung eines Leibrentenstammrechts (§§ 759 ff BGB) handelt es sich um eine **selbständige**, novierende Vereinbarung **unabhängig** von **Bedürftigkeit** und **Leistungsfähigkeit** der Parteien.

2. Rechtliche Ausgangssituation

131 In der Regel wird die Leibrente vereinbart in Form von regelmäßig wiederkehrenden Leistungen in **Geld** oder – ausnahmsweise – in anderen **vertretbaren Sachen** (z.B. Versorgung mit Lebensmitteln oder Brennstoff u.a.).[193] Das Leibrenten**versprechen** (**nicht** auch dessen **Annahme**) bedarf der **Schriftform**, § 761 BGB.

132 Zur Vermeidung, dass zusätzlich Ansprüche auf Ehegattenunterhalt bestehen, muss in jedem Fall klargestellt werden, dass wechselseitig auf **Unterhalt verzichtet** wird. **Voraussetzung** für die Annahme einer novierenden Vereinbarung ist regelmäßig der **Verzicht** auf **gesetzliche Unterhaltsansprüche**.[194]

133 Die Rente ist im Zweifel für die **Lebensdauer** des Gläubigers zu entrichten (§ 759 Abs.1 BGB: Leibrente = Lebensrente); die Leibrentenverpflichtung geht als **Nachlassverbindlichkeit** auf den Erben des Schuldners über (§ 1967 BGB).

134 Soll die Leibrente abweichend hiervon z.B. im Falle der Wiederheirat des Gläubigers[195] oder bei Begründung einer eingetragenen Lebenspartnerschaft durch den Gläubiger oder im Falle des **Todes** des Schuldners oder zu einem anderen Zeitpunkt[196] **erlöschen**, **muss dies gesondert vereinbart werden.**

135 Wird der Leibrentenvertrag für den Fall der Wiederheirat des Gläubigers **zeitlich begrenzt**, wird **nicht automatisch** auch der Anspruch nach § 1586a Abs. 1 BGB (Wiederaufleben des Unterhaltsanspruchs nach Auflösung der zweiten Ehe) ausgeschlossen. Insoweit ist eine Klarstellung im Vertrag **dringend anzuraten**.[197] Eine **Abänderbarkeit** wird üblicherweise durch Vereinbarung einer **Wertsicherungsklausel** ermöglicht.

136 Im Übrigen kommt – wenn auch nur unter erheblich engeren Voraussetzungen als beim gesetzlichen Unterhalt – eine Anpassung wegen **Wegfalls der Geschäftsgrundlage** in Betracht, wobei auf die Entstehung der Verpflichtung und auf ihren Zweck abzustellen ist.[198]

---

193 Kilger/Pfeil in Göppinger/Börger, Vereinbarungen anlässlich der Ehescheidung, Rn 243 zu Teil 5.
194 Langenfeld in Heiß/Born, Unterhaltsrecht, Ein Handbuch für die Praxis, Rn 57 zu Kap.15.
195 Vgl. OLG Koblenz FamRZ 2002, 1040.
196 Schwab/Borth IV Rn 1302.
197 Kilger/Pfeil a.a.O. Rn 246 zu Teil 5.
198 Langenfeld in Heiß/Born, Rn 58 zu Kap.15; OLG Koblenz FamRZ 2002, 1040; OLG Schleswig FamRZ 1991, 1203.

Auch ein ausdrücklich erklärter **Verzicht** auf eine spätere **Anpassung** (etwa nach § 323 ZPO) bezieht sich stets nur auf eine **voraussehbare** und in die Vertragsgestaltung einbezogene Änderung der Umstände.[199] Insbesondere der Gesichtspunkt der **Existenzschonung** des Verpflichteten kann deshalb zur Abänderbarkeit führen.[200] Soll eine Anpassung des Vertrages an veränderte Umstände oberhalb der „Existenzschwelle" nach dem Willen der Eheleute ausgeschlossen werden, sollte vorsorglich eine entsprechende Regelung in den Vertrag aufgenommen werden.[201] **137**

Beratungshinweis: **138**

In der Praxis ist wohl i.d.R. eine Unterhaltsvereinbarung mit den damit verbundenen Anpassungsmöglichkeiten an geänderte Verhältnisse einer Leibrentenvereinbarung vorzuziehen im Hinblick auf die Ungewissheit künftiger Entwicklungen, wie z.B. Erwerbsunfähigkeit des Verpflichteten u.a.

Eine **zeitliche Befristung** ist abweichend vom Tode des Berechtigten möglich, etwa das Erlöschen bei **Wiederverheiratung** des Berechtigten oder beim Tod des Verpflichteten. Ist die Leibrente **auf Lebenszeit des Berechtigten** bestellt, so geht die Leibrentenverpflichtung auf die **Erben** über (Erben des **Verpflichteten**).[202]

II. Muster:[203] Vereinbarung einer Leibrente **139**

222

1. Unterhaltsverzicht:

Die Eheleute ■■■ **verzichten** wechselseitig auf jeglichen Unterhalt, auch für den Fall der Not, und nehmen diese Verzichtserklärung wechselseitig an (evtl.: dieser Verzicht umfasst auch Ansprüche nach **§ 1586a Abs. 1 BGB**).

2. Gegenleistung:

Als Abfindung für den Unterhaltsverzicht der Ehefrau bestellt der Ehemann der Ehefrau **anstelle** jedes gesetzlichen nachehelichen **Unterhalts** (evtl.: einschließlich des Unterhalts nach § 1586a BGB) nachfolgende **Leibrente**:

Die Leibrente ist eine Geldrente und beträgt ■■■ Euro monatlich; sie ist jeweils monatlich im Voraus durch Zahlung auf das Bankkonto ■■■ der Ehefrau bis zum 3. eines jeden Monats zu zahlen, erstmals für den Monat nach dem Eintritt der Rechtskraft der Scheidung der Eheleute. Als Zahlungstag gilt der Tag der Wertstellung auf dem genannten Bankkonto.

Die Leibrente wird für die **Lebensdauer** der Ehefrau bestellt; sie **erlischt** aber vorher im Falle der **Wiederheirat** der Ehefrau mit Ablauf des Monats, in dem die Ehefrau die neue Ehe eingeht und im Falle des **Todes des Ehemannes** mit Ablauf des Monats, in dem der Tod eintritt. Dasselbe gilt, wenn die Ehefrau eine (eingetragene) **Lebenspartnerschaft** begründet (evtl.: wird im Fall der Wiederheirat der Ehefrau diese Ehe wiederum aufgelöst, lebt die Leibrente nicht wieder auf – evtl.: jedoch wird für den Fall, dass gemeinsame Kinder der Vertragsparteien von der Ehefrau betreut werden, vereinbart: ■■■).

---

199 MünchKomm/Habersack § 769 Rn 32; Kilger/Pfeil a.a.O. Rn 247 zu Teil 5.
200 Kilger/Pfeil a.a.O. Rn 247 zu Teil 5.
201 Kilger/Pfeil a.a.O.
202 Langenfeld, Handbuch der Eheverträge und Scheidungsvereinbarungen, Rn 1010 zu Kap. 5.
203 Kilger/Pfeil in Göppinger/Börger, Vereinbarungen anlässlich der Ehescheidung, Rn 248 zu Teil 5.

Auf die Leibrente sind die gesetzlichen Vorschriften über den nachehelichen Unterhalt weder ergänzend noch entsprechend anwendbar, ebenso wenig die Grundsätze über den Wegfall der Geschäftsgrundlage. Die Leibrente ist auch bei einer zukünftigen Veränderung der tatsächlichen und rechtlichen Verhältnisse **nicht abänderbar**; eine Anwendung von § 323 ZPO ist ausgeschlossen.

Die Beteiligten vereinbaren vorsorglich, dass das sog. Stammrecht der Leibrente erst 30 Jahre nach dem gesetzlichen Beginn bzw. Neubeginn der Verjährung verjährt. Für die Einzelleistung bleibt es bei der gesetzlichen Verjährung.

3. Wertsicherung – Wertsicherungsklausel:

(hierzu s.o. Teil 3, § 4 Rn 40)

4. Sicherung des Anspruchs:

Zur Sicherung dieser Leibrente wird bewilligt und beantragt, auf dem im Eigentum des Ehemannes stehenden Grundstück zu Gunsten der Ehefrau eine Reallast für die vorbezeichnete veränderliche Leibrente einzutragen.

5. Zwangsvollstreckungsunterwerfung:

Der Ehemann unterwirft sich wegen der Verpflichtung zur Zahlung der vorbezeichneten wertgesicherten Rente der sofortigen Zwangsvollstreckung in sein gesamtes Vermögen.

Alternative:[204]

Die Ehegatten verzichten gegenseitig auf alle gesetzlichen Ansprüche auf Unterhalt nach der Scheidung, auch für den Fall der Not.

Als Abfindung für den Verzicht erhält die Ehefrau die folgende Leibrente. Für diese Leibrente wird die entsprechende oder ergänzende Anwendung der gesetzlichen Vorschriften über den nachehelichen Unterhalt ausdrücklich ausgeschlossen.

Die Leibrente ist monatlich im Voraus zu zahlen und beträgt monatlich ■■■ Euro.

Die Leibrente erlischt mit dem Tod der Berechtigten. Sie erlischt auch bei Wiederverheiratung der Berechtigten, in diesem Fall jedoch frühestens nach Ablauf von 10 Jahren seit Rechtskraft der Scheidung.

Verändert sich der vom statistischen Bundesamt festgestellte **Verbraucherpreisindex** für Deutschland (■■■ = 100, gegenwärtig = ■■■), so erhöht oder ermäßigt sich der Betrag der Rente entsprechend. Eine Anpassung findet jedoch nur statt, wenn sich eine Veränderung des Index von mehr als 5 % eingestellt hat, wobei jeweils von der der letzten Anpassung zugrundeliegenden Indexzahl auszugehen ist. Die Rente erhöht oder ermäßigt sich ab dem der Anpassung folgenden Monatsersten. Rückwirkende Anpassung kann nicht verlangt werden.

Weitergehende Anpassung findet nicht statt. Insbesondere wird die **Abänderungsklage** nach § 323 ZPO ausdrücklich **ausgeschlossen**.

---

204   Langenfeld a.a.O. Rn 1013 zu Kap. 5.

I. Unterhaltsverzicht

I. Umfassender Unterhaltsverzicht

1. Beratung

a) Tatsächliche Ausgangssituation

Die Abgabe eines Unterhaltsverzichts – trotz Vorhandensein von minderjährigen **Kin-** 140
dern – kommt anlässlich einer Scheidungsvereinbarung v.a. dann in Betracht, wenn
als Gegenleistung für den Verzicht eine **Abfindungssumme** bezahlt wird oder der Verzicht über die vermögensrechtliche Auseinandersetzung in der Weise berücksichtigt
wird, dass an Stelle eines errechneten Ausgleichsanspruchs eine höhere Abfindungssumme bezahlt wird oder **Immobilien** übertragen werden. Auch bei Verzichtsvereinbarungen anlässlich der **Scheidung** ist jedoch die BGH- und BVerfG-Rechtsprechung
zu berücksichtigen (hierzu s. Teil 1, Rn 49).

Häufig haben beide Parteien ein Interesse an einer abschließenden Abfindungsregelung. 141
Seitens des Berechtigten ist dies häufig dann der Fall, wenn die Aufnahme einer **eheähn-**
lichen Lebensgemeinschaft vorliegt oder geplant ist. Gleiches gilt, wenn der Unterhaltspflichtige Einkünfte aus **selbständiger Erwerbstätigkeit** erzielt und fraglich ist, wie sich
die betriebliche Entwicklung in Zukunft darstellt.

Seitens des Unterhaltspflichtigen besteht das Interesse an einer Abfindungsverein- 142
barung darin, in der künftigen Lebensgestaltung frei zu sein, z.B. eine **neue Partner-**
schaft oder Ehe einzugehen und die Unwägbarkeiten eines unter Umständen lange dauernden Ehegattenunterhaltsanspruchs zu vermeiden.

Wird z.B. die geschiedene Ehefrau während der Zeiten der Kinderbetreuung krank, so 143
können sich **Anschlussunterhaltsansprüche** nach Abschluss der Kinderbetreuung wegen
Krankheit, Alter u.a. ergeben, die ein Ende der Unterhaltszahlungsverpflichtung unab-
sehbar machen.

b) Rechtliche Ausgangssituation

Es wird auf die ausführlichen Ausführungen zur Wirksamkeits- und Inhaltskontrolle 144
nach der neuen Rechtsprechung des BGH und des BVerfG verwiesen (oben Teil 1
Rn 49 ff).

aa) Dauer der Unterhaltpflicht

Die nacheheliche Unterhaltspflicht beginnt mit der **Rechtskraft** der Scheidung. Sie **endet** 145
spätestens mit **Wiederheirat** oder Tod des Berechtigten, § 1586 BGB, bzw. mit Eingehung einer Lebenspartnerschaft. Ein **Wiederaufleben** der Unterhaltspflicht nach der
Scheidung einer weiteren Ehe ist nur unter den strengen Voraussetzungen des § 1586
a BGB möglich. Bei Tod des Verpflichteten erlischt die Unterhaltspflicht nicht; sie
geht vielmehr auf den **Erben** als Nachlassverbindlichkeit über, § 1586 BGB.

Der Anspruch auf Unterhalt kann gem. § 1579 BGB unter Billigkeitsgesichtspunkten zu 146
versagen, herabzusetzen oder zeitlich zu **begrenzen** sein.

bb) Kein Vertrag zu Lasten des Sozialleistungsträgers

147 Abgesehen von den strengen Grundsätzen zur Wirksamkeits- und Inhaltskontrolle (s.o. Teil 1, Rn 49 ff) unterliegt ein Unterhaltsverzicht folgenden **Einschränkungen:** Der Verzicht darf **nicht zu Lasten** eines Dritten, insbesondere des Sozialleistungsträgers, gehen.[205] Dabei ist Schädigungsabsicht nicht erforderlich, es genügt die objektive Bedarfslage und die Kenntnis eines der Beteiligten hiervon.

cc) Kein Verzicht als Gegenleistung zur Sorgerechtsübertragung

148 Der Unterhaltsverzicht darf **nicht** als **Gegenleistung** zur Übertragung eines **Sorge-** oder **Umgangsrechts** erscheinen.[206] Wird z.B. zwischen den Ehegatten eine **Freistellungsvereinbarung** hinsichtlich Kindesunterhalt vereinbart, so ist diese nur dann als **sittenwidrig** i.S.d. § 138 Abs. 1 BGB zu werten, wenn die Kombination einer solchen Freistellungsvereinbarung mit der gleichzeitigen **Zustimmung** zur Übertragung des Sorgerechts auf den verzichtenden Elternteil anzusehen ist, **jedoch nur dann**, wenn das **Wohl des Kindes** zur Erlangung wirtschaftlicher Vorteile **übergangen** wird.[207]

dd) Kein Verzicht bei Zwangslage

149 Unwirksamkeit bei Ausnutzen einer **Zwangslage** eines Beteiligten, so z.B. im Zusammenhang mit Ausländern und aufenthaltsrechtlicher Problematik.

ee) Kein Verzicht auf Kindesbetreuungsunterhalt

150 Verstoß gegen Treu und Glauben möglicherweise, wenn der **Verzicht** auch den **Kindesbetreuungsunterhalt** gem. § 1570 BGB mitumfasst und sich dies nachteilig auf die Kinderbetreuung auswirken würde. In diesem Fall ist keine Berufung auf den Unterhaltsverzicht möglich bzw. unterliegt eine entsprechende Vereinbarung vollumfänglich der Wirksamkeits- und Inhaltskontrolle (s.o. Teil 1, Rn 49 ff).

ff) Kein Verzicht in Verbindung mit Versorgungsausgleichsverzicht

151 Unwirksamkeit evtl. bei gleichzeitigem Verzicht auf **Versorgungsausgleich** und Unterhalt (§ 1587o Abs. 2 S. 4 BGB) (s.o. Teil 1, Rn 49 ff zur Wirksamkeits- und Inhaltskontrolle)

gg) Ausschluss der Abänderung wegen Wegfalls der Geschäftsgrundlage

152 Bei vollständigem Unterhaltsverzicht sollte mit aufgenommen werden, ob und inwieweit eine spätere Abänderung wegen **Wegfalls** der Geschäftsgrundlage ausgeschlossen ist.[208] Die Frage ist insbesondere bei vorsorgenden Vereinbarungen von Bedeutung, wenn sich die gemeinsame Lebensplanung ändert, z.B. Kinder geboren werden. Bei

---

205 BGH FamRZ 1983, 137, 139; NJW 1991, 913.
206 Zimmermann/Dorsel, Eheverträge, Scheidungs- u. Unterhaltsvereinbarungen, Rn 24 zu § 20.
207 Heiß, Das Mandat im Familienrecht, Rn 745 zu Teil 8; OLG Hamm FamRZ 1999, 163.
208 BGH FamRZ 1987, 46.

Scheidungsvereinbarungen sollte eine Veränderbarkeit generell ausdrücklich **ausgeschlossen** werden, sofern ein Verzicht Gegenstand ist.[209]

2. Muster: Umfassender Unterhaltsverzicht

153

Die Beteiligten verzichten wechselseitig auf jeglichen nachehelichen Unterhalt. Sie nehmen diesen Verzicht wechselseitig an. Vorstehende Vereinbarung soll auch bei einer Änderung der tatsächlichen und rechtlichen Verhältnisse keinerlei Abänderung unterliegen.[210]

Beratungshinweis:

154

Der **generelle** Unterhaltsverzicht erstreckt sich auf **alle Arten** des nachehelichen gesetzlichen Unterhalts. Nach wie vor ist üblich in Anlehnung an die frühere Rechtslage, auch auf den **notdürftigen** Unterhalt zu verzichten. Wird aber überhaupt eine Einzelaufzählung von Unterhaltsarten vorgenommen, muss sie vollständig sein und sich auf alle Unterhaltsarten beziehen, die nach der Rechtsprechung selbständig angeknüpft werden etwa
– den Alters-, Kranken- und Pflegevorsorgeunterhalt gem. § 1578 Abs. 2, 3 BGB,
– den selbständig wiederauflebenden Unterhaltsanspruch nach Scheidung einer weiteren Ehe, § 1586a BGB.[211]

Alternative 1:[212]

(1) Die Beteiligten verzichten wechselseitig auf jeglichen Unterhalt einschließlich des Unterhalts **im Falle der Not, des Alters-, Kranken-, und Pflegevorsorgeunterhalts** und des Unterhalts **im Falle der Wiederverheiratung** und anschließenden Scheidung. Sie nehmen diesen Verzicht wechselseitig an.

Eine **Abänderung** der Vereinbarung ist auch bei Änderung der tatsächlichen oder rechtlichen Verhältnisse **ausgeschlossen**.

(2) Diesen Verzicht nehmen wir hiermit gegenseitig an.

(3) Der Verzicht gilt auch im Fall einer Änderung der einschlägigen gesetzlichen Vorschriften oder der Rechtsprechung weiterhin.

(4) Wir wurden vom Notar über das Wesen des nachehelichen Unterhalts und die Auswirkungen des Verzichts eingehend belehrt. Wir wissen somit, dass jeder von uns für seinen eigenen Unterhalt sorgen muss.

(5) Der Notar hat auf die Rechtsprechung des BVerfG und des BGH zur Inhaltskontrolle von Eheverträgen hingewiesen und erläutert, dass ehevertragliche Regelungen bei einer besonders einseitigen Aufbürdung von vertraglichen Lasten und einer erheblich ungleichen Verhandlungsposition unwirksam oder unanwendbar sein können.

Die Vertragsteile erklären, dass sie nach einer Vorbesprechung und dem Erhalt eines Vertragsentwurfs die rechtlichen Regelungen dieses Vertrages umfassend erörtert haben und diese Regelungen ihrem gemeinsamen Wunsch entsprechen.

---

209 Zimmermann/Dorsel, Eheverträge, Scheidungs- u. Unterhaltsvereinbarungen Rn 26 zu § 20.
210 Zimmermann/Dorsel a.a.O. Rn 27 zu § 20.
211 Zimmermann/Dorsel a.a.O. Rn 28 zu § 20.
212 Zimmermann/Dorsel a.a.O. Rn 29 zu 20.

Alternative 2:

(1) Die Ehegatten ■■■ verzichten hiermit gegenseitig für den Fall der Scheidung ihrer Ehe auf jeglichen Unterhalt für die Zeit nach Rechtskraft der Scheidung und zwar auch für den Fall der Not. Die Ehegatten ■■■ nehmen diesen Unterhaltsverzicht gegenseitig ausdrücklich an. Im Zusammenhang mit der vorstehenden Regelung erklären die Vertragsteile – **ohne dass dies Geschäftsgrundlage für den vorstehenden Verzicht ist** – jeweils, dass jeder von ihnen aus heutiger Sicht in der Lage ist, für seinen **Lebensunterhalt allein aufzukommen.**

■■■ Belehrung s.o. Alternative 1

(2) **Getrenntlebensunterhalt:**

Die Ehegatten ■■■ erklären – ohne insoweit eine rechtliche Verpflichtung einzugehen – ferner, dass sie auch während des Getrenntlebens gegenseitig **keine** Ehegattenunterhaltsansprüche **geltend machen werden** (hierzu s. die nachfolgende Variante Rn 158).

II. Verzicht auf Trennungsunterhalt

1. Beratung

a) Tatsächliche Ausgangssituation

155   Häufig wird während der Dauer des Getrenntlebens Ehegattenunterhalt **nicht geltendgemacht**, weil z.B. die Ehefrau zusammen mit den gemeinsamen Kindern noch im Haus wohnt, während der Ehemann die laufenden monatlichen Zins- und Tilgungsraten für das Haus bezahlt oder auch unter Umständen tatsächliche verbrauchsabhängige Nebenkosten für Ehefrau und Kinder noch übernimmt.

b) Rechtliche Ausgangssituation

156   Unterhaltsansprüche sind bei **Getrenntleben** nur begrenzt regelbar, weil das **Verbot des Unterhaltsverzichts** gem. §§ 1361 Abs. 4, 1360 a Abs. 3, 1614 BGB gilt. Ungeachtet des Verbots des Unterhaltsverzichts kann auf **rückständigen** Trennungsunterhalt verzichtet werden. Es kann ein **höherer** als der geschuldete Trennungsunterhalt vereinbart werden.

157   **Beratungshinweis:**

Wohnen die Parteien innerhalb eines Hauses getrennt, so kann die Berücksichtigung des mietfreien Wohnens entweder im Wege der **Wohnwertanrechnung** erfolgen oder aber eine Vereinbarung über monatliche Mietzahlungen/Nutzungsentschädigung getroffen werden. Wenn Unterhaltsansprüche bestehen, so ist im Ergebnis i.d.R. bedeutungslos, ob entweder einerseits Wohnwert angerechnet wird oder andererseits Miete bezahlt wird, da die Mieteinkünfte beim Verpflichteten sich entsprechend einkommenserhöhend auswirken und beim Berechtigten bei Mietzahlungen kein Wohnwert angerechnet wird. Trennungsunterhalt und nachehelicher Ehegattenunterhalt sind nicht identisch.[213]

---

213   BGH FamRZ 1982, 465.

Soll die Unterhaltsregelung über die eventuelle Scheidung hinaus als nacheheliche Ehe-gattenunterhaltsregelung andauern, muss dies **ausdrücklich vereinbart** werden.

2. Muster: Verzicht auf Trennungsunterhalt

158

Klargestellt wird, dass der vorstehend vereinbarte umfassende wechselseitige Unter-haltsverzicht auch jeglichen **bis heute entstandenen** und fällig gewordenen Anspruch auf (insbesondere Getrenntlebens-)**Unterhalt** umfasst.

Die Ehegatten erklären jeweils, auch bis zur Rechtskraft der Scheidung **keinen** ab heute entstehenden bzw. fällig werdenden (Getrenntlebens-)Unterhalt **geltend zu machen**.

Für die Dauer des Getrenntlebens wurden die Ehegatten vom Notar darüber eingehend belehrt, dass jegliche Unterhaltsvereinbarung, die gegen das gesetzliche Verbot des gan-zen oder teilweisen Verzichts auf Unterhalt für die Zukunft bis zur Auflösung der Ehe (der-zeit § 1614 BGB) verstoßen würde, zur Nichtigkeit einer Unterhaltsregelung führen würde. Die Ehegatten sind sich daher bewusst, dass, nachdem das Getrenntleben zwischen ihnen eingetreten ist, sich die beiderseitigen Unterhaltspflichten nach der gesetzlichen Rege-lung (derzeit: § 1361 ff BGB) richten. In Kenntnis dieser gesetzlichen Regelung und in Kenntnis der beiderseitigen gegenwärtigen Einkommensverhältnisse versprechen sich die Ehegatten hiermit, bei Erfüllung der in diesem Vertrage vorgenommenen Regelungen keine wechselseitigen Ansprüche auf Zahlung eines laufenden Ehegattenunterhalts für die Dauer des Getrenntlebens zu stellen.

Alternative 1:

Die Parteien sind sich darüber einig, dass Getrenntlebensunterhaltsansprüche nicht mehr bestehen und dass weder **Unterhaltsrückstände** noch etwaige Ansprüche auf **Rückzah-lung** von **zuviel** geleistetem Unterhalt bestehen.

Alternative 2: Verrechnungsklausel[214]

Sollte Frau ■■■ – entgegen der in Abschnitt ■■■ enthaltenen Absichtserklärung – gegen-über Herrn ■■■ Trennungsunterhalt **geltend machen**, so sind von Herrn ■■■ geleistete **Unterhaltszahlungen** von dem vorgenannten Gesamtbetrag (**Abfindungszahlung**) von Euro ■■■ **abzuziehen** und zwar von den jeweils zunächst fälligen Raten (bei Ratenzah-lungsverpflichtung bezüglich Abfindungszahlung). Die vorgenannte Ratenzahlungsver-pflichtung beginnt in diesem Fall also erst dann, wenn keine Verrechnung mehr mit ge-leistetem Trennungsunterhalt erfolgen kann.

III. Unterhaltsverzicht gegen Abfindungszahlung

1. Beratung

a) Tatsächliche Ausgangssituation

Hierzu s.o. Teil 3, § 4 Rn 140 ff.

159

---

214   Hierzu s.a. Teil 4 § 4, Rn 349 f.

b) Rechtliche Ausgangssituation

Grundlagen:[215]

- Die Voraussetzungen des § 1585 Abs. 2 BGB für das Verlangen auf Kapitalabfindung brauchen nicht vorzuliegen.[216]
- Die Endgültigkeit der Abfindung ist, wenn die Auslegung nichts anderes ergibt, im Zweifel Vertragsinhalt, nicht nur Geschäftsgrundlage der Vereinbarung.[217]
- Für Leistungsstörungen geltend die allgemeinen Vorschriften. Unabhängig davon kann die Aufnahme eines Rücktrittsrechts in die Vereinbarung für den Fall der Nichtleistung der Abfindung sinnvoll sein.[218]
- Bei vertraglicher Vereinbarung einer Kapitalabfindung erlischt der Unterhaltsanspruch mit Wirksamwerden der Vereinbarung, nicht erst mit der (vollständigen) Leistung der Abfindung. Der Berechtigte trägt damit das Erfüllungsrisiko. Andererseits sind noch offene Raten, trotz einer Wiederverheiratung des Berechtigten, weiterzuzahlen.[219]
  Demzufolge sollte ausdrücklich die **Rechtswirkung** der Verfügung des Berechtigten über seinen nachehelichen Unterhaltsanspruch von der **vollständigen Leistung der Abfindung** – als **aufschiebende Bedingung** – **abhängig** gemacht werden.[220]
- Ist der Abfindungsanspruch beim Tode des Unterhaltsberechtigten noch nicht erfüllt, so ist er, soweit er die Abfindung künftiger Unterhaltsansprüche betrifft, erloschen und daher nicht vererblich.[221]
- Die Abfindungszahlung kann ausdrücklich erblich vereinbart werden, falls nicht – wie vorstehend ausgeführt – vereinbart wird, dass der gesetzliche Unterhaltsanspruch erst nach vollständiger Bezahlung der Abfindungssumme erlischt.
- Eine Abfindung kann auch in der Weise erfolgen, dass die Ehegatten für die Dauer eines bestimmten Zeitraums nach der Scheidung die Zahlung einer laufenden monatlichen Geldrente mit anschließender Abfindung (Teilabfindung) vereinbaren.[222]

160 **Beratungshinweis:**

Da der Anspruch auf nachehelichen Unterhalt nach §§ 1570 ff BGB und der Unterhaltsanspruch nach einer – z.B. durch Scheidung oder Tod des neuen Ehegatten – aufgelösten **weiteren** Ehe gem. § 1586 a Abs. 1 BGB jeweils besondere Ansprüche sind, zwischen denen keine Identität besteht, bringt ein Abfindungsvertrag nicht ohne Weiteres auch den Anspruch nach § 1586a Abs. 1 BGB zum Erlöschen.[223]

In Fällen der nachehelichen **Betreuung gemeinschaftlicher Kinder** ist insoweit eine Klarstellung im Abfindungsvertrag dringend anzuraten.[224]

---

215 I.A. Kilger/Pfeil in Göppinger/Börger, Vereinbarungen anlässlich der Ehescheidung, Rn 231 ff.
216 Johannsen/Henrich/Büttner, § 1585 Rn 10.
217 Kilger/Pfeil in Göppinger/Börger, Vereinbarungen anlässlich der Ehescheidung, Rn 231 mit Hinweis auf Wendl/Pauling Rn 6/614.
218 Langenfeld Rn 818; Kilger/Pfeil a.a.O. Rn 231 zu Teil 5.
219 Schwab/Borth IV Rn 1208; Kilger/Pfeil a.a.O. Rn 232 zu Teil 5.
220 Schwab/Borth IV Rn 1207; Kilger/Pfeil a.a.O. Rn 232 zu Teil 5.
221 Str. OLG Hamburg FamRZ 2002, 434; a.A. Wendl/Pauling Rn 6/614.
222 Kilger/Pfeil a.a.O. Rn 231 ff.
223 MünchKomm/Maurer, § 1586a Rn 10; Kilger/Pfeil a.a.O. Rn 234 zu Teil 5.
224 Kilger/Pfeil in Göppinger/Börger, Vereinbarungen anlässlich der Ehescheidung.

- Die Unterhaltsverzichtsvereinbarung gegen Zahlung einer Abfindung sollte in jedem Fall beinhalten, dass die Parteien gegenseitig auf nachehelichen Ehegattenunterhalt verzichten und diesen Verzicht wechselseitig annehmen. Damit ist klargestellt, dass es sich um eine **abschließende** Regelung handelt.
- Wird mit der Zahlung des Abfindungsbetrages auch Zugewinn oder werden sonstige vermögensrechtlichen Ansprüche oder Versorgungsausgleich mit abgegolten, so muss sowohl aus steuerlichen Gründen als auch für den Fall einer Teilnichtigkeit festgelegt werden, welcher Betrag auf die Abfindung für Unterhalt entfällt.
- Die Zahlung der Abfindung kann entweder durch Zahlung eines Geldbetrages oder durch Übertragung von Vermögensgegenständen vereinbart werden.
- Grundlage für die Bemessung der Höhe der Abfindung wird i.d.R. zunächst der derzeit geschuldete Unterhalt sein sowie Laufzeit der Unterhaltsrente und Kapitalisierung.
- Im Einzelnen hierzu: siehe *Heiß*, Das Mandat im Familienrecht, Rn 738 u. 739 zu Teil 8, insbesondere zur Berücksichtigung jeglicher **künftiger Entwicklungen**, soweit diese abschätzbar sind, wie z.B. Zeitpunkt des Eintretens der Ganztagserwerbsobliegenheit; voraussichtliche Wiederheirat; voraussichtliche Dauer der Erwerbstätigkeit des Unterhaltsverpflichteten u.a.

Beratungshinweis: 161

- Bei **Beamten** ist zu berücksichtigen, dass der **Familienzuschlag** der Stufe 1 wegfällt, wenn keine Ehegattenunterhaltszahlungen mehr erbracht werden, da in diesem Fall der Ehegatte nicht mehr i.S.v. § 40 Abs. 1 Nr. 3 BBesG „aus der Ehe zum Unterhalt verpflichtet ist".[225] Vergleichbares gilt für **Angestellte des öffentlichen Dienstes** (§ 29 Abschn. B Abs. 2 Nr. 3 BAT).[226]
- Zu beachten ist § 5 Abs. 1 VAHRG, wonach der aus dem **Versorgungsausgleich** Verpflichtete einen Anspruch auf **ungekürzte Versorgung** hat, wenn Unterhaltszahlungen erfolgen, sei es auch, dass diese Unterhaltszahlungen unter dem Betrag liegen, der der im Wege des Versorgungsausgleichs zu übertragenen Anwartschaft entspricht.
  Dies gilt grundsätzlich auch bei Zahlung von Kapitalabfindungen, jedoch nur solange wie der Verpflichtete dem Berechtigten zum Unterhalt verpflichtet ist; endet die Unterhaltspflicht, fällt der Anspruch auf ungekürzte Versorgung weg.[227] Im Abfindungsvertrag muss daher die Dauer des Zeitraumes angegeben werden, für den – ohne die Abfindung – die gesetzliche Unterhaltspflicht gegeben wäre.
- Über das begrenzte Realsplitting können Unterhaltsabfindungszahlungen bis zu einer Höhe von jährlich 13.805 Euro als Sonderausgaben in Abzug gebracht werden. Handelt es sich bei dem Abfindungsbetrag um einen höheren Betrag, so sollte dieser ggf. auf mehrere Jahre verteilt werden. Maßgeblich ist das Jahr der tatsächlichen Zahlung.

---

225 BVerwG NJW 2003, 1986; Kilger/Pfeil a.a.O. Rn 239 zu Teil 5.
226 Ausführlich hierzu siehe: Meyer/Götz ZFE 2002, 307, 309.
227 BGH NJW 1994, 2481; BVerwG NJW-RR 2000, 145; Schwab/Hahne VI Rn 186.

■ Die **vollstreckungsrechtlichen** Vorschriften über den Pfändungsschutz (§ 850 b ZPO) und das Pfändungsvorrecht (§ 850d ZPO) sind (entgegen dem Gesetzeswortlaut) entsprechend anwendbar.[228]

■ In der **Insolvenz** des Unterhaltsberechtigten ist der Abfindungsanspruch des Berechtigten **Insolvenzmasse** (§ 35 InsO), in der Insolvenz des Unterhalts**pflichtigen** ist er Insolvenz**forderung** (§ 38 InsO), soweit er zum Zeitpunkt der Insolvenzeröffnung bereits fällig ist.[229]

■ In jedem Fall sind die Grenzen der **Inhaltskontrolle** und **Wirksamkeitskontrolle** nach der Rechtsprechung des Bundesgerichtshofs und Bundesverfassungsgerichts zu berücksichtigen (hierzu siehe Teil 1, Rn 49 ff).

162
225
2. Muster: Unterhaltsverzicht gegen Abfindungszahlung

– Wir verzichten hiermit gegenseitig auf nachehelichen Unterhalt aus jedwedem Rechtsgrund, auch für den Fall der Not, und nehmen den Verzicht wechselseitig an. Der Verzicht soll auch im Fall einer Änderung der gesetzlichen Vorschriften oder der Rechtsprechung wirksam bleiben.
Präambel: ■■■

163
Beratungshinweis:

In die Präambel sollten die wirtschaftlichen Verhältnisse und die Motive der Vereinbarung mit aufgenommen werden, so z.B. dass die Parteien vollumfänglich in der Lage sind, für ihren eigenen Lebensunterhalt aufzukommen, sowie dass beide Parteien davon ausgehen, dass keine einseitige Lastenverteilung i.S.d. der BGH- und BVerfG-Rechtsprechung vorliegt, insbesondere im Hinblick auf die Höhe der Abfindungszahlung.

– Der Ehemann verpflichtet sich, an die Ehefrau als Gegenleistung für diesen Unterhaltsverzicht eine Abfindungssumme in Höhe von 50.000 Euro zu bezahlen; dieser Betrag ist fällig einen Monat nach dem Eintritt der Rechtskraft der Scheidung und ab Fälligkeit mit 5 % Punkten über dem gesetzlichen Basiszinssatz zu verzinsen (evtl. Vereinbarung eines höheren Zinssatzes bei bestehenden Darlehensverbindlichkeiten und tatsächlicher Zahlung höherer Zinsen).
Für die Rechtzeitigkeit der Zahlung ist der Eingang des Geldbetrages auf dem Konto Nr. ■■■ bei der ■■■ Bank maßgeblich.

– Der gegenseitige Verzicht auf nachehelichen Unterhalt wird erst wirksam mit vollständiger Bezahlung der vereinbarten Abfindungssumme. Für den Fall der nicht fristgemäßen vollständigen Zahlung der Abfindungssumme hat die Ehefrau unabhängig davon das Recht, ohne weitere Voraussetzungen von diesem Vertrag zurückzutreten. Der Rücktritt vom Vertrag kann nur schriftlich mit eingeschriebenem Brief gegenüber dem Ehemann erklärt werden.[230]
(Zwangsvollstreckungsunterwerfungsklausel)

---

228 BGH NJW 1997, 1441; BGH FPR 2002, 559, 560; Kilger/Pfeil a.a.O. Rn 241 zu Teil 5.
229 MünchKomm/Maurer, § 1585 Rn 16 sowie vor § 1569 Rn 41, 42; Kilger/Pfeil a.a.O. Rn 241 zu Teil 5.
230 Kilger/Pfeil a.a.O. Rn 242 zu Teil 5.

Alternative 1:

Zur Abfindung sämtlicher Ansprüche auf Ehegattenunterhalt verpflichtet sich Herr ■■■, an seine Ehefrau als Unterhalt einen Betrag in Höhe von ■■■ zu bezahlen, fällig am ■■■. Eine Verzinsung bis zur Fälligkeit wird nicht vereinbart.

Im Übrigen verzichten hiermit Herr ■■■ und Frau ■■■ gegenseitig auf jeglichen nachehelichen Unterhalt, auch für den Fall der Not, soweit er über die vorstehend genannten Verpflichtungen hinausgeht.

Herr ■■■ und Frau ■■■ nehmen hiermit diesen gegenseitigen Unterhaltsverzicht, auch für den Fall der Not, gegenseitig an.

Auf die Tragweite dieses gegenseitig nachehelichen Unterhaltsverzichts, gerade auch für den Fall der Not, wurde vom Notar eingehend hingewiesen.

Der Verzicht umfasst auch den Anspruch nach § 1586a Abs. 1 BGB.

– Uns ist bekannt, dass durch diesen Unterhaltsverzicht der Kernbereich der gesetzlichen Scheidungsfolgen berührt ist, also einer richterlichen Inhaltskontrolle in Form einer Wirksamkeits- oder Ausübungskontrolle unterliegen kann. Auf die hierzu ergangene Rechtsprechung wurden wir hingewiesen. Es ist uns insbesondere bekannt, dass ein Unterhaltsverzicht insbesondere dann ungültig sein kann, wenn hierdurch ein bedürftiger Ehegatte der Sozialhilfe anheimfallen würde oder die Voraussetzungen für den Bezug anderer Sozialleistungen, etwa Arbeitslosengeld II oder Grundsicherung vorliegen. Wir gehen jedoch übereinstimmend davon aus, dass Gründe für eine solche Bedürftigkeit derzeit nicht gegeben sind. Wir sind beide berufstätig und wollen dies auch bleiben; auch hat jeder von uns bereits Renten- bzw. Versorgungsanwartschaften erworben. Unsere derzeitige und künftige Versorgung, auch im Falle der Not, erachten wir als gesichert. Wir halten diese Vereinbarung für ausgewogen und mit unserer bisherigen ehelichen Lebensgestaltung vereinbar.

Beratungshinweis: 164

Auch Scheidungsvereinbarungen unterliegen dem Risiko, im Rahmen einer Inhaltskontrolle abgeändert oder aufgehoben zu werden.

Dies, obwohl sie zu einem Zeitpunkt abgeschlossen werden, zu welchem bereits feststeht, dass die Ehe geschieden wird.

Häufig wird in der Praxis bei Vorhandensein von minderjährigen Kindern der Fall von einem Unterhaltsverzicht ausgenommen, dass ein Kind aufgrund unvorhersehbarer schwerwiegender Erkrankung oder z.B. Unfall der ganztägigen Betreuung bedarf und somit eine Erwerbstätigkeit des betreuenden Elternteils nicht möglich ist. Oft wird auch generell der Unterhaltstatbestand der Kindesbetreuung ausgenommen.

Es kann auch umgekehrt ein Unterhaltsverzicht erklärt werden bezüglich einzelner Unterhaltstatbestände.

Soll eine eingeschränkte Verzichtserklärung abgegeben werden, so müssen die Einschränkungen exakt aufgeführt werden, um spätere Auslegungsstreitigkeiten zu vermeiden.

Im Hinblick auf Inhalts- und Wirksamkeitskontrolle wird häufig ein Unterhaltsverzicht vereinbart mit Ausnahme des Falles des Betreuungsunterhalts. Dies deshalb, weil es sich hierbei um den absolut geschützten Kernbereich handelt (siehe Teil 1, Rn 49 ff). Ob auch der auf § 1573 Abs. 2 BGB beruhende Teilunterhalt zum besonders geschützten Kernbereich des gesetzlichen Scheidungsfolgenrechts gehört, ist derzeit ungeklärt.

Hat der kinderbetreuende Ehegatte nach Beendigung der Kindererziehung Erwerbs-nachteile, kann sich auch der Verzicht auf Anschlussunterhalts wegen Alters, § 1571 BGB, oder wegen Krankheit, § 1572 BGB, als problematisch erweisen (s. hierzu die Rechtsprechung des BGH und des BVerfG Teil 1, Rn 49 ff).

In jedem Fall ist vor Abgabe eines Unterhaltsverzichts zu prüfen, ob nicht lediglich ver-einbart werden soll, dass Unterhalt auf der Grundlage der derzeitigen Verhältnisse nicht geltend gemacht wird. Selbst eine längerfristige Nichtgeltendmachung von Unterhalt kann allein nicht als Ausdruck eines Verzichtswillens des Berechtigten angesehen wer-den.[231]

Ein Verzicht erfordert einen vertraglichen Erlass i.S.v. § 397 BGB.[232]

Eine Einigung der Parteien für den Fall der Scheidung, „sich selbst zu unterhalten", be-inhaltet keinen Unterhaltsverzicht.[233]

Der Verzicht kann befristet oder aufschiebend oder auflösend bedingt und mit einem Rücktrittsvorbehalt verbunden werden.[234]

3. Unterhalt und Versorgungsausgleich

165 Besteht zwischen den Eheleuten ein erheblicher **Altersunterschied** mit der Folge, dass der Unterhalts**verpflichtete** mit einer **Kürzung** aufgrund des durchgeführten Versor-gungsausgleichs rechnen muss und der **Berechtigte** andererseits aus dem im Versor-gungsausgleich erworbenen Anrecht in absehbarer Zeit **keine Rente bezieht**, so kann vereinbart werden, dass ein etwaiger **Unterhaltsverzicht** erst mit dem **Eintritt des Ren-ten-** oder **Versorgungsfalles** des Unterhaltspflichtigen **wirksam** wird und der Verpflich-tete z.B. bis zu diesem Zeitpunkt Unterhalt zu zahlen hat und zwar in etwa in Höhe des Betrages, um den die Rente oder Versorgung des Unterhaltspflichtigen andernfalls ge-kürzt würde. Voraussetzung ist jedoch, dass ein **gesetzlicher** nachehelicher Unterhalts-anspruch des Berechtigten **besteht**.

166 **Beratungshinweis:**

Die **Nichtgeltendmachung** eines bestehenden gesetzlichen nachehelichen Unterhalts-anspruchs durch den Berechtigten steht der Anwendung des § 5 Abs. 1 VAHRG dem-gegenüber **nicht entgegen**, da es auf eine **tatsächliche Unterhaltszahlung** durch den Ver-pflichteten **nicht ankommt**.[235]

§ 5 Abs. 1 VAHRG ist **unabhängig von der Höhe** des Unterhalts anwendbar.[236]

167 Verstirbt ein Ehegatte aufgrund eines **Arbeitsunfalles**, erhält der geschiedene Ehegatte nur dann eine Rente nach § 66 SGB VIII, wenn der Verstorbene **während des letzten**

231 BGH FamRZ 1981, 763 (zum Kindesunterhalt); Kilger/Pfeil a.a.O. Rn 250 zu Teil 5.
232 BGH NJW 1985, 1835, 1836 = FamRZ 1985, 787; OLG Düsseldorf FamRZ 1996, 734, 735.
233 OLG Schleswig FamRZ 1993, 72 f; OLG Brandenburg NJOZ 2004, 2555.
234 Kilger/Pfeil a.a.O. Rn 251 zu Teil 5.
235 BSG NJW-RR 1996, 899, 900; VGH Baden-Württemberg FamRZ 2001, 1149; MünchKomm/Gräper, § 5 VAHRG Rn 31; Palandt/Brudermüller, § 5 VAHRG Rn 3; Kilger/Pfeil a.a.O. Rn 253 zu Teil 5.
236 BSG NJW-RR 1996, 899, 900; BVerwG NJW-RR 1994, 1219; OVG Münster FamRZ 2002, 827, 828; Schwab/Hahne VI Rn 186; Palandt/Brudermüller, § 5 VAHRG Rn 3.

Jahres vor seinem Tod **Unterhalt geleistet** hat oder dem geschiedenen Ehegatten ein Anspruch auf Unterhalt zustand.

4. Wiederauflebender Anspruch auf Witwenrente

Zum **wiederauflebenden** Anspruch auf Witwen(Witwer-)rente aus der gesetzlichen Rentenversicherung nach § 46 Abs. 3 i.V.m. Abs. 1 u. Abs. 2 SGB VI nach dem **vorletzten** – während Bestehen der Ehe verstorbenen – Ehegatten: Ein Unterhaltsverzicht wird im Rahmen von § 90 Abs. 1 SGB VI und der dazu erlassenen Rechtsprechung nur dann **unschädlich** sein, wenn der Verzicht zum Zeitpunkt seiner Erklärung unter Berücksichtigung der schutzwürdigen Interessen auf einem verständigen Grund – wirtschaftliche Lage der Eheleute, Regelung vermögensrechtlicher Fragen mit Vorteilen zu Gunsten des auf Unterhalt verzichtenden Ehegatten – beruht.[237]

168

Wiederauflebender Anspruch auf Witwen(Witwer-)geld nach § 61 Abs. 3 S. 1 Halbs. 1 BeamtVG: ein zu Gunsten der Witwe (dem Witwer) eines während Bestehen der Ehe verstorbenen **Beamten** (Beamtin) in Folge Scheidung der weiteren Ehe bestehender **Unterhaltsanspruch** ist auf das Witwen(Witwer-)geld **anzurechnen**. Die Auswirkung eines Unterhaltsverzichts auf das Wiederaufleben des Witwen(Witwer-)geldes wird in der Rechtsprechung uneinheitlich beurteilt.[238]

169

Beratungshinweis:

170

Auswirkungen auf die Anwendung von § 1586a BGB:
Bei einem Verzicht auf nachehelichen Unterhalt anlässlich der Scheidung einer Ehe bei **geschiedener Vorehe** kann der durch den Verzichtenden wegen Betreuung eines Kindes aus der geschiedenen Vorehe nach § 1586a Abs. 1 BGB in Anspruch genommene Ehegatte dem Unterhaltsbegehren möglicherweise mit Erfolg entgegenhalten, der Verzichtende habe seine Bedürftigkeit mutwillig herbeigeführt (§ 1579 Nr. 3 BGB).[239]
Umfang eines vollständigen Verzichts:
Ein vollständiger Unterhaltsverzicht umfasst sämtliche Ehegattenunterhaltsansprüche – jedoch nicht einen nach **Auflösung** einer weiteren Ehe des Verzichtenden **neu entstehenden** Anspruch nach § 1586a Abs. 1 BGB.[240]
Eine Einzelaufführung der nachehelichen Unterhaltstatbestände ist nicht erforderlich, jedoch sollte vorsorglich in jedem Fall auch der Verzicht für den Fall der Not mit aufgenommen werden.

Muster: Wechselseitiger – teils eingeschränkter, teils völliger – Verzicht[241]

171

226

Die Ehegatten verzichten hiermit gegenseitig auf nachehelichen Unterhalt, auch für den Fall der Not, und nehmen diesen Verzicht wechselseitig an. Ausgenommen von diesem

---

237 BSG FamRZ 1983, 583, 584; Heilemann FamRZ 1991, 1254, 1257.
238 Verzicht unschädlich: BVerwG FamRZ 1969, 277, 278 ff; a.A. VG Darmstadt FamRZ 1994, 1558, 1559; Kilger/Pfeil a.a.O. Rn 256 zu Teil 5.
239 Kilger/Pfeil in Göppinger/Börger, Vereinbarungen anlässlich der Ehescheidung, Rn 257 zu Teil 5; BGH FamRZ 1988, 46, 47.
240 BGH NJW 1988, 557 f.
241 Kilger/Pfeil a.a.O. Rn 265 zu Teil 5.

Verzicht ist jedoch der Unterhalt nach § 1570 BGB (wegen Kinderbetreuung) sowie der Unterhalt, welcher dem Ehegatten, der die Betreuung des gemeinsamen Kindes übernommen hat, im Zeitpunkt des Wegfalls der Voraussetzungen des Betreuungsunterhalts nach § 1571 BGB (Unterhalt wegen Alters), nach § 1572 BGB (Unterhalt wegen Krankheit oder Gebrechen) oder nach § 1586a Abs. 1 S. 1 BGB (Unterhalt nach Auflösung einer neuen Ehe oder Lebenspartnerschaft wegen Betreuung eines gemeinschaftlichen Kindes) nebst Anschlussunterhalt nach § 1571 oder § 1572 BGB zustehen könnte; in diesem Fall steht diesem Ehegatten der **eheangemessene** Unterhalt oder – falls niedriger – der **notwendige** Unterhalt nach den Bedarfssätzen der DT zu.

IV. Unterhaltsverzicht/Erbfall

1. Beratung

172 Soll ausgeschlossen werden, dass Unterhaltsansprüche auf die **Erben** übergehen, so muss dies – wie o. Teil 2, § 2 Rn 51 ff im Einzelnen ausgeführt – vertraglich geregelt werden.

173 Bei Tod des Unterhaltspflichtigen geht die Verpflichtung zur Unterhaltszahlung auf seine Erben über, § 1586b BGB (anders: § 1615 Abs. 1 BGB für den Fall des Familienunterhalts). Diese Bestimmung kann abbedungen werden.[242] Zur Reichweite der Erbenhaftung für den Geschiedenenunterhalt siehe *Dressler*.[243]

2. Muster: Unterhaltsverzicht, Erbfall
174

Die Erschienenen verzichten gegenseitig auf nachehelichen Unterhalt und nehmen den Verzicht wechselseitig an; dieser Verzicht umfasst auch die Rechte aus § 1586b BGB, falls zum Zeitpunkt des Ablebens des Verpflichteten trotz des vorstehenden Verzichts ein gesetzlicher Unterhaltsanspruch bestehen sollte.

Alternative 1:
Für den nachehelichen Unterhalt geltend die gesetzlichen Bestimmungen, mit Ausnahme von § 1586b BGB, der keine Anwendung finden soll.

Alternative 2:
1. Es gelten grundsätzlich die gesetzlichen Vorschriften zum Recht des nachehelichen Unterhalts. Allerdings vereinbaren wir, dass entgegen § 1586b BGB mit dem **Tod** des Unterhalts**pflichtigen** der **Unterhaltsanspruch erlischt**.
2. Wir verzichten hiermit auf weitergehenden Unterhalt, auch für den Fall der Not, und nehmen diesen Verzicht wechselseitig an.
3. Der Verzicht gilt auch im Falle einer Änderung der einschlägigen gesetzlichen Vorschriften oder der Rechtsprechung weiterhin.
4. Wir wurden vom Notar ■■■ belehrt.

---

242 Zimmermann/Dorsel, Eheverträge, Scheidungs- u. Unterhaltsvereinbarungen Rn 52 zu § 20.
243 NJW 2003, 2430.

V. Verzicht mit Ausnahme des Falles der Not

1. Beratung

a) Tatsächliche Ausgangssituation

Der **Notbedarf** soll vom Unterhaltsverzicht **ausgenommen** werden, was künftig im Hinblick auf die BGH- und BVerfG-Rechtsprechung im Hinblick auf Wirksamkeit und Inhaltskontrolle in der Praxis wohl häufiger vereinbart wird als bisher.

175

b) Rechtliche Ausgangssituation

Wird ein Unterhaltsverzicht erklärt „mit Ausnahme des Falles der Not" oder „mit Ausnahme des Notbedarfs", so ist der Verzicht zunächst wirksam, **verliert die Wirksamkeit** jedoch bei **Eintritt der Notlage**, da der Verzicht als durch dieses Ereignis **auflösend bedingt** anzusehen ist.[244] Mit dem **Wegfall der Notlage** wird der Verzicht wieder voll **wirksam.**[245]

176

Die **Definition** der Notlage ergibt sich aus einem Vergleich der (späteren) **Einkünfte** des Verzichtenden mit dem **Notbedarf.** Ein Fall der Not ist gegeben, wenn die Einkünfte unter dem Notbedarf liegen. Wegen der Abgrenzungsschwierigkeiten ist es wenig empfehlenswert, den Notunterhalt auf **unverschuldete** Bedarfslagen zu beschränken.[246]

177

Zur **Höhe:** Der Notbedarf umfasst einerseits nicht den eheangemessenen Unterhalt i.S.v. § 1578 Abs. 1 S. 1 BGB. Andererseits handelt es sich auch nicht um den notdürftigen Unterhalt i.S.v. § 65 Abs. 1 EheG a.F.[247] Der Notbedarf soll vielmehr den **zwischen** dem eheangemessenen und dem **notdürftigen** Unterhalt liegenden – notwendigen Unterhalt sicherstellen und kann mit dem notwendigen **Bedarf** nach der **Düsseldorfer Tabelle** angenommen werden.[248]

178

Beratungshinweis:

179

Zur Vermeidung späterer Streitigkeiten über die Höhe des Notbedarfs sollte dieser zumindest in der Weise festgelegt werden, dass es sich hierbei um den notwendigen Bedarf (Selbstbehalt) nach der Düsseldorfer Tabelle handelt.

In jedem Fall zu berücksichtigen ist der jeweilige **Einsatzzeitpunkt,** also die Frage, ob ein **Anschlussunterhalt** wegen eines eingetretenen Notfalles besteht. So genügt z.B. für den Unterhaltsanspruch wegen Krankheit nicht jede schicksalsbedingte Krankheit, die ein Ehegatte **nach** der Scheidung bekommt, um einen Unterhaltsanspruch nach § 1572 BGB auszulösen. Vielmehr entfällt ein Unterhaltsanspruch nach § 1572 (wegen Krankheit), sobald ein unmittelbarer zeitlicher Zusammenhang mit der Ehe nicht mehr gegeben ist.[249]

---

244 MünchKomm/Maurer § 1585c Rn 22.
245 MünchKomm/Maurer § 1585c Rn 23.
246 Kilger/Pfeil in Göppinger/Börger, Vereinbarungen anlässlich der Ehescheidung, Rn 267 zu Teil 5.
247 Kilger/Pfeil a.a.O. Rn 268 zu Teil 5.
248 BGH NJW 1981, 51, 52 f; OLG Karlsruhe FamRZ 1985, 1050; MünchKomm/Maurer § 1585c Rn 23; Palandt/Brudermüller § 1585c Rn 7.
249 Heiß/Heiß in Heiß/Born, Unterhaltsrecht, Ein Handbuch für die Praxis, Rn 57 zu Kap. 1.

Jedoch hat der BGH[250] darauf hingewiesen, dass in Fällen krankheitsbedingter Erwerbsunfähigkeit, in denen der Unterhaltsanspruch am Einsatzzeitpunkt scheitert, die Voraussetzungen des § 1576 BGB zu prüfen seien, wenn zusätzlich die Voraussetzung der **groben Unbilligkeit** erfüllt ist. § 1576 BGB **sieht Einsatzzeitpunkte nicht vor.**
Im Übrigen ist Einsatzzeitpunkt für den Unterhaltsanspruch wegen Krankheit der Zeitpunkt der Scheidung bzw. die in den Nummern 2 – 4 der Vorschrift angeführten Einsatzzeitpunkte.[251]
Ein zum Zeitpunkt der Scheidung bereits endgültig gegebener Tatbestand (§ 1571 BGB: vorgerücktes Alter; § 1572 BGB: Krankheit) ist als tatbestandliche Grundlage eines Anspruchs wegen Notbedarfs geeignet.[252]

180   **2. Muster:[253] Verzicht mit Ausnahme des Falles der Not**

> Die Ehegatten verzichten wechselseitig auf jeglichen nachehelichen Unterhalt – mit Ausnahme des Falles der Not – und nehmen diese Verzichtserklärungen wechselseitig an.
>
> – Ein Fall der Not liegt vor, wenn dem geschiedenen Ehegatten der notwendige Eigenbedarf (Existenzminimum) eines unterhaltsberechtigten Ehegatten gem. den Richtsätzen der DT nicht zur Verfügung steht. In diesem Falle wird die Differenz zwischen dem Betrag des notwendigen Eigenbedarfs und den Einkünften des geschiedenen Ehegatten als Unterhalt geschuldet.
> – Voraussetzung für den Unterhaltsanspruch für den Fall der Not ist jedoch, dass der geschiedene Ehegatte zum Zeitpunkt der Notlage Unterhalt nach den gesetzlichen Vorschriften verlangen könnte; insbesondere müssen die sog. „Einsatzzeitpunkte" erfüllt sein. Der Unterhaltsanspruch wird ausdrücklich nicht vertraglich begründet.

VI. Unterhaltsverzicht mit Ausnahme Kindesbetreuung

1. Beratung

a) Tatsächliche Ausgangssituation

181   Unterhaltsverzichtserklärungen mit **Ausnahme** eines Verzichts auf Kinderbetreuungsunterhalt werden im Hinblick auf Wirksamkeits- und Inhaltskontrolle künftig häufiger als bisher vereinbart werden (müssen).

b) Rechtliche Ausgangssituation

■ Der Unterhaltstatbestand des § 1570 BGB kann vollständig von dem Verzicht ausgenommen werden, sodass bei Kinderbetreuung in voller Höhe Unterhalt geschuldet wird.
■ Es kann eine Höchstbetragsbegrenzung vereinbart werden.

---

250 FamRZ 2003, 1734.
251 Heiß/Heiß a.a.O. Rn 57 zu Teil 1.
252 Kilger/Pfeil in Göppinger/Börger, Vereinbarungen anlässlich der Ehescheidung, Rn 269 zu Teil 5; Schwab/ Borth IV Rn 1306.
253 Kilger/Pfeil a.a.O. Rn 270 zu Teil 5.

■ Es kann die Geburt eines gemeinsamen Kindes als auflösende Bedingung des Verzichts oder als Rücktrittsgrund vereinbart werden, sodass bei Ausübung dieser Rechte der Unterhaltsverzicht insgesamt entfällt.

■ Zu beachten ist, dass sich der Unterhaltsanspruch wegen Kindesbetreuung eines nur teilweise erwerbstätigen Ehegatten nach der Rechtsprechung des BGH[254] aus zwei Komponenten zusammensetzt:

  – Er kann nach § 1570 BGB Unterhalt nur bis zur Höhe des Mehreinkommens verlangen, das er durch **Vollerwerbstätigkeit** erreichen könnte.

  – Reicht dieser **Unterhalt** zusammen mit dem **Erwerbseinkommen** nicht zum vollen Unterhalt nach dem ehelichen Lebensbedarf (§ 1578 BGB) aus, so resultiert der **restliche** Unterhalt aus § 1573 Abs. 2 BGB (**Aufstockungsunterhalt**).[255]

  – Geht ein betreuender Ehegatte wegen der Kinderbetreuung überhaupt **keiner Erwerbstätigkeit** nach und besteht auch keine Erwerbsobliegenheit im Hinblick auf das Alter der Kinder, so hat er in **voller Höhe** Anspruch auf Betreuungsunterhalt nach § 1570 BGB. Damit stellt sich ein teilweise erwerbstätiger Ehegatte wesentlich schlechter als ein Ehegatte, der keiner Erwerbstätigkeit nachgeht. Aus diesem Grunde ist es wichtig, genau zu formulieren, welcher Unterhalt vorbehalten bleibt.[256]

2. Muster: Unterhaltsverzicht mit Ausnahme der Kinderbetreuung[257]

182

229

Für die Zeit nach einer etwaigen Scheidung unserer Ehe verzichten wir gegenseitig auf Unterhalt, auch für den Fall des Notbedarfs, gleichgültig, ob ein Unterhaltsanspruch gegenwärtig bereits erkennbar hervorgetreten ist oder nicht, jedoch mit **Ausnahme** des Unterhalts wegen **Betreuung** eines **Kindes** nach § 1570 oder § 1573 Abs. 2 BGB.

Alternative 1:

■■■ jedoch mit Ausnahme des Unterhalts wegen Betreuung eines Kindes nach §§ 1570 und 1573 Abs. 2 BGB und wegen **Alters** nach § 1571 BGB.[258]

– Unterhalt nach §§ 1570 und 1573 Abs. 2 BGB kann somit derjenige Ehegatte von uns verlangen, solange und soweit von ihm wegen der Pflege oder der Erziehung eines gemeinschaftlichen Kindes eine Erwerbstätigkeit nicht erwartet werden kann.
Dies gilt solange, bis das jüngste gemeinschaftliche Kind das **15. Lebensjahr** vollendet hat.

– Im Anschluss an die Kinderbetreuung kann Unterhalt aus anderen gesetzlichen Gründen nicht verlangt werden.

---

254 BGH FamRZ 1990, 492 ff.
255 Münch, Ehebezogene Rechtsgeschäfte, Rn 1578 zu Teil 6.
256 Münch a.a.O. Rn 1579 zu Teil 6.
257 Münch a.a.O. Rn 1580 zu Teil 6.
258 Auch der Unterhalt wegen Alters wird wohl bei Vereinbarungen öfters ausgenommen bleiben, nachdem der BGH auch diesen Unterhaltsanspruch zum Kernbereich rechnet, wenn auch nur auf 2. Stufe, BGH NJW 2004, 930 f.

183 **Beratungshinweis:**

Lautet die Formulierung dahingehend, dass der **Kindesbetreuungsunterhalt** vom Unterhaltsverzicht ausgenommen sein soll, so legt dies der BGH[259] so aus, dass **sowohl** der Kinderbetreuungsunterhalt wie der mit ihm **verbundene** Aufstockungsunterhalt geschuldet wird, also der Aufstockungsunterhalt, wenn dem betreuenden Elternteil wegen des Alters des Kindes eine Teilzeitberufstätigkeit zuzumuten ist. Aus diesem Grund empfiehlt sich die Klarstellung, dass auf **Aufstockungsunterhalt** ausdrücklich verzichtet wird.

Alternative 2:

Im **Anschluss** an die Kindesbetreuung kann Unterhalt nach §§ 1571, 1572 oder 1573 Abs. 1 u. 3 BGB verlangt werden, sofern die entsprechenden **Voraussetzungen** zu diesem Zeitpunkt vorliegen.

Alternative 3:

Im Anschluss an die Kindesbetreuung kann Unterhalt verlangt werden, wenn der Kinder betreuende Ehegatte zu diesem Zeitpunkt das **48. Lebensjahr** vollendet hat.

VII. Befristeter Unterhaltsverzicht

1. Beratung

184 Der BGH spricht die Möglichkeit einer Befristung des Unterhalts insbesondere für Fälle an, die erst unter Anwendung seiner Rechtsprechung zur **Differenzmethode** in Abweichung zur Anrechnungsmethode zu Unterhaltsansprüchen führen.[260] Bei **prägenden** Einkünften ist die **Differenzmethode** anzuwenden, die zum einen dann gilt, wenn **beide** Eheleute während der Ehezeit **erwerbstätig** waren, aber nach der geänderten Rechtsprechung des BGH **auch** dann, wenn die **Berechtigte** eine Erwerbstätigkeit **erst nach** der Ehescheidung bzw. nach der Trennung aufnimmt.[261]

185 Die **Anrechnungsmethode** ist anzuwenden, wenn der Bedürftige **nicht** prägende Einkünfte, z.B. aus einer **nach der Trennung** erhaltenen **Erbschaft**, aus einem **Lottogewinn** oder aus einer **Zugewinnausgleichszahlung** hat.[262]

186 Der Unterschied der beiden Berechnungsmethoden liegt darin, dass bei der **Differenzmethode** der Unterhaltsanspruch sich aus einer **Quote** der Differenz der **beiderseitigen** Einkünfte ergibt, während bei der **Anrechnungsmethode** der Unterhaltsanspruch zunächst aus dem **prägenden** Einkommen (evtl. nur Erwerbseinkommen des Pflichtigen) ermittelt wird und sodann **von diesem Unterhaltsanspruch** die **nicht prägenden** Einkünfte in **Abzug** gebracht werden. Die Anrechnungsmethode führt also zu einer Verringerung des Unterhaltsanspruchs.[263] (Zu den prägenden Einkünften und deren Berech-

---

259 BGH FamRZ 2004, 601.
260 BGH FamRZ 2001, 986, 991.
261 Heiß, Das Mandat im Familienrecht, Rn 120 zu Teil 8; BGH FamRZ 2001, 986.
262 Heiß a.a.O. Rn 121 zu Teil 8.
263 Heiß, Das Mandat im Familienrecht, Rn 122 zu Teil 8.

nung s. die Checkliste in *Heiß*, Das Mandat im Familienrecht, Rn 126 zu Teil 8 sowie zur Berechnung Rn 976 ff zu Teil 8.)

2. Muster: Befristeter Unterhaltsverzicht

187

> Nacheheliche Unterhaltsansprüche können nur für einen Zeitraum geltend gemacht werden, der der Dauer der geschiedenen Ehe entspricht.[264]
>
> **Alternative 1:**
> Ein Unterhaltsanspruch wegen Kindesbetreuung gem. § 1570 BGB besteht nur für den Zeitraum bis zur Vollendung des 6. Lebensjahres des jüngsten Kindes.
>
> **Beratungshinweis:**
>
> Ist eine Drittbetreuung des Kindes (z.B. durch Familienangehörige) nicht gesichert, so sind solche Vereinbarungen betreffend Kindesbetreuungsunterhalt unter Umständen unwirksam bzw. unterliegen der Inhaltskontrolle (s.o. Teil 1, Rn 49 ff).
>
> **Alternative 2: (Ausschluss bestimmter Anspruchsgrundlagen)**
> Unterhaltsansprüche aufgrund anderer Anspruchsgrundlagen werden ausgeschlossen.
>
> **Alternative 3:**
> Im Anschluss an die Kindesbetreuung besteht ein Unterhaltsanspruch gem. §§ 1573, 1575 BGB, längstens jedoch auf die Dauer von 3 Jahren.
>
> **Alternative 4:**
> Vorstehende Unterhaltsvereinbarung entfällt mit Vollendung des 65. Lebensjahres durch den Unterhaltspflichtigen.[265]

188

VIII. Unterhaltsverzicht bei behindertem gemeinsamem Kind

1. Beratung

Geht aus der Ehe ein behindertes Kind hervor, erscheinen Einschränkungen des gesetzlichen Unterhaltsanspruchs unangemessen. In diesem Fall besteht besonderer Anlass, den Ehepartner abzusichern, der sich um das gemeinsame Kind kümmert. Dem entsprechend sollten etwaige Einschränkungen der Unterhaltspflicht in diesem Fall gegenstandslos sein.[266]

189

2. Muster: Unterhaltsverzicht bei behindertem gemeinsamem Kind

190

> Sollte aus unserer Ehe ein Kind hervorgehen, das über das 6. Lebensjahr hinaus aufgrund schwerer Behinderung oder ähnlicher Gründe außergewöhnlicher Pflege bedarf, gelten die vorstehenden Regelungen nicht, vielmehr bleibt es bei den gesetzlichen Unterhaltsregelungen insgesamt.

---

264 Zimmermann/Dorsel, Eheverträge, Scheidungs- u. Unterhaltsvereinbarungen, Rn 48 zu § 20. Zur kurzen Ehedauer i.S.d. § 1579 Nr. 1 BGB und der daraus kraft Gesetzes bzw. Rechtsprechung bestehenden zeitlichen Begrenzung von Unterhaltsansprüchen s. Heiß, Das Mandat im Familienrecht, Rn 691 zu Teil 8.
265 Zimmermann/Dorsel a.a.O. Rn 51 zu § 20.
266 Zimmermann/Dorsel a.a.O. Rn 54 zu § 20.

IX. Ausschluss des Wiederauflebens des Unterhalts[267]

1. Beratung

191 Gemäß § 1586a BGB gilt Folgendes: Geht ein **geschiedener** Ehegatte eine **neue Ehe** ein und wird diese **wieder aufgelöst**, so kann er von dem **früheren** Ehegatten Unterhalt nach § 1570 BGB verlangen, wenn er ein **Kind** aus der früheren Ehe zu pflegen oder zu erziehen hat. Ist die Pflege oder Erziehung beendet, so kann er Unterhalt nach den §§ 1571 – 1573, 1575 BGB verlangen.

192 **2. Muster: Ausschluss des Wiederauflebens des Unterhalts**

> 1. Es gelten grundsätzlich die gesetzlichen Vorschriften zum Recht des nachehelichen Unterhalts. Allerdings vereinbaren wir, dass entgegen § 1586a BGB **nach** einer **Wiederheirat** des unterhaltsberechtigten Vertragsteils der Unterhaltsanspruch **nicht wieder auflebt**, wenn auch die neue Ehe **aufgelöst** wird.
> 2. Wir **verzichten** hiermit auf weitergehenden Unterhalt, auch für den Fall der Not, und nehmen diesen Verzicht wechselseitig an.
> 3. Der Verzicht gilt auch im Falle einer Änderung der einschlägigen gesetzlichen Vorschriften oder Rechtsprechung weiterhin.
> 4. Wir wurden vom Notar ■■■ belehrt.

X. Unterhaltsverzicht bei Zusammenleben mit neuem Partner

1. Beratung

a) Tatsächliche Ausgangssituation

193 Lebt die Unterhaltsberechtigte mit einem neuen Partner zusammen und erbringt sie dem neuen Partner tatsächlich **Versorgungsleistungen**, so ist der Nachweis in der Praxis nur schwer zu erbringen und es stellt sich die Frage, inwieweit Vereinbarungen getroffen werden können, die eine **Beweiserleichterung** für den Unterhaltspflichtigen darstellen.

b) Rechtliche Ausgangssituation

194 Führt die Unterhaltsberechtigte einem **leistungsfähigen** Dritten den Haushalt, so ist hierfür ein Einkommen anzusetzen; bei Haushaltsführung durch einen **Nichterwerbstätigen** i.d.R. ein Betrag von (nach Süddeutschen Leitlinien) 200 – 550 Euro.[268] Maßgebend ist, dass nicht nur eine reine Wohngemeinschaft, sondern eine **Wirtschaftsgemeinschaft** vorliegt, wobei der **Bedürftige** darlegungs- und beweispflichtig ist, dass nur eine **Wohngemeinschaft** gegeben ist.[269]

---

267 Münch, Ehebezogene Rechtsgeschäfte, Rn 1600 zu Teil 6.
268 Heiß, Das Mandat im Familienrecht, Rn 259 zu Teil 8; SL Ziff. 1.6.
269 Heiß a.a.O.

Darüber hinaus kommt die Erfüllung des Tatbestands der Verwirkung in Betracht, 195
wenn sich die neue Beziehung so **verfestigt** hat, dass ein nichteheliches Zusammenleben
von **mindestens 2 – 3 Jahren** an die Stelle der Ehe getreten ist.[270]

2. Muster: Unterhaltsverzicht bei Zusammenleben mit neuem Partner 196

Die Unterhaltspflicht endet, wenn der Unterhaltsberechtigte mit einem Dritten eheähnlich zusammen lebt. Ein eheähnliches Zusammenleben wird vermutet, wenn der Unterhaltsberechtigte mit einem Dritten eine gemeinsame Wohnung bewohnt.

Beratungshinweis: 197
Diese Einschränkung auf das gemeinsame Wohnen ist an sich für den Unterhaltspflichtigen ungünstig. Hier sollte eher die Formulierung gewählt werden, „wenn i. S. der geltenden Gesetze und der geltenden Rechtsprechung von einem Zusammenleben bzw.
von einer eheähnlichen Lebensgemeinschaft/sozioökonomischen Gemeinschaft auszugehen ist".

XI. Unterhaltsverzicht und Fortbestand bei Rücknahme des Scheidungsantrags

1. Beratung

Der Unterhaltsverzicht im Rahmen einer Scheidungsvereinbarung folgt den für das 198
konkrete Scheidungsverfahren getroffenen Vereinbarungen. **Unklarheiten** ergeben
sich bei **Rücknahme** des **Scheidungsantrages**. Hier ist zu klären, ob die getroffenen Vereinbarungen auch nach Rücknahme der Scheidung Gültigkeit behalten sollen.[271]

2. Muster: Unterhaltsverzicht und Fortbestand bei Rücknahme des 199
Scheidungsantrags

Die vorstehende Verzichtsvereinbarung gilt für jeglichen nachehelichen Unterhalt, unab-
hängig davon, ob der zur Zeit anhängige Scheidungsantrag zur Scheidung der Ehe führt.
Alternative:
Die Vereinbarung gilt nur für den Fall der einverständlichen Scheidung gem. § 1566 Abs. 1
BGB aufgrund des derzeit anhängigen Scheidungsantrages.[272]

---

270 Heiß, Das Mandat im Familienrecht, Rn 707 zu Teil 8; BGH FamRZ 1989, 487, 489; 1995, 540, 542;
    Heiß/Heiß in Heiß/Born, Rn 284 ff zu Kap. 9, insbesondere Rn 295 zu Kap. 9.
271 Zimmermann/Dorsel a.a.O. Rn 32 zu § 20.
272 Zimmermann/Dorsel a.a.O. Rn 33 zu § 20.

XII. Unterhaltsverzicht mit Einschränkung, § 5 VAHRG

1. Beratung[273]

200 Nach § 5 VAHRG wird die Versorgung des zum Versorgungsausgleich **verpflichteten** Ehegatten **nicht gekürzt**, solange der **Berechtigte** noch keine **Rentenansprüche** hat und andererseits ein **Unterhaltsanspruch** gegen den Verpflichteten **besteht**.

201 Bei Ehen mit großem Altersunterschied sollte aus diesem Grund ggf. nicht auf Unterhalt komplett verzichtet werden, sondern es sollte hier bis zum beiderseitigen Renteneintritt ein gesetzlicher **Mindestunterhalt** vereinbart werden. (Zur Frage der Höhe sowie zur Frage der Auswirkung von Abfindungszahlungen s.o. Teil 3, § 4 Rn 161)

202 **2. Muster:[274] Unterhaltsverzicht mit Einschränkung, § 5 VAHRG**

1. Für die Zeit nach einer etwaigen Scheidung unserer Ehe **verzichten** wir gegenseitig auf Unterhalt, auch für den Fall des Notbedarfs, gleichgültig ob ein Unterhaltsanspruch gegenwärtig bereits erkennbar hervorgetreten ist oder nicht.
Allerdings gilt der vorstehende Unterhaltsverzicht des aus dem Versorgungsausgleich **berechtigten** Vertragsteils solange nicht, wie dieser Vertragsteil noch **keine Rentenzahlungen** erhält.
Somit besteht ein gesetzlicher Unterhaltsanspruch mit folgender Einschränkung:
Er **besteht nur** für die Zeit, in welcher der Unterhaltpflichtige noch aufgrund **§ 5 VAHRG ungekürzte Bezüge** erhält.
Er beschränkt sich in der **Höhe** auf einen Betrag, der demjenigen entspricht, um den die Bezüge des Unterhaltspflichtigen ohne Anwendung des § 5 VAHRG gekürzt worden wären (oder Vereinbarung geringerer Beträge).
Nachzahlungen nach § 6 VAHRG stehen ausschließlich dem Unterhaltspflichtigen zu. Dies gilt jedenfalls im Innenverhältnis.
2. Diesen Verzicht nehmen wir hiermit gegenseitig an.
3. Der Verzicht gilt auch für im Fall einer Änderung der einschlägigen gesetzlichen Vorschriften oder der Rechtsprechung weiterhin.
Wir wurden vom Notar ■■■ belehrt.

---

273 Im Einzelnen s.a. o. Teil 3, § 4 Rn 161, 200 ff; Teil 4 Rn 323 ff.
274 Münch, Ehebezogene Rechtsgeschäfte, Rn 1604 zu Teil 6.

§ 5 Hausrat, Hausratsteilung

I. Beratung

In der Praxis scheitert die Geltendmachung von Ansprüchen auf Hausratsgegenstände häufig daran, dass vom Gegner das Vorhandensein des **Hausratsgegenstandes bestritten** wird oder aber, dass behauptet wird, der betreffende Gegenstand sei **beschädigt** bzw. nicht mehr funktionstauglich. **1**

Ein gerichtliches Hausratsteilungsverfahren ist schon aus den oben genannten Beweisgründen zu vermeiden, jedoch auch deshalb, weil die Darlegung der Werte, Eigentumsverhältnisse, Anschaffungspreise u.a. mit erheblichen Schwierigkeiten verbunden ist und die Kosten einer eventuellen Erholung eines Sachverständigengutachtens in keinem Verhältnis stehen zu dem Wert der zu verteilenden Gegenstände. **2**

II. Muster: Hausratsteilung **3**

236

Der ehemals gemeinsame Hausrat ist **bereits geteilt**. Jeder von uns erhält diejenigen Gegenstände zu Alleineigentum, die er derzeit bereits in Besitz hat. Ein Wertausgleich erfolgt nicht. Über den Eigentumsübergang sind wir einig. Auf **Einzelaufführung** der Hausratsgegenstände wird **verzichtet**.

Alternative 1:

Der in der in Abschnitt ■■■ genannten Eigentumswohnung vorhandene Hausrat steht, wie die Beteiligten hiermit vereinbaren, ohne Ausgleichsansprüche der Ehefrau ■■■ zu.

Die Beteiligten sind sich vorsorglich darüber einig, dass dieser Hausrat in das **Alleineigentum** der Ehefrau **übergeht**.

Alternative 2:

■■■ **überlässt** hiermit **zum Alleineigentum** ihren Hälfteanteil und dem in Abschnitt ■■■ der Urkunde näher beschriebenen Wohnungseigentum mit allen Rechten, wesentliche Bestandteilen und dem gesetzlichen Zubehör.

Nicht mit zu übergeben ist die Einbauküche, die mit dem übrigen Hausrat einvernehmlich der Ehefrau zugeordnet werden soll.

Alternative 3:

Der Ehemann ist **Alleineigentümer** der in der Anlage aufgeführten beweglichen Gegenstände. Die Anlage wurde mit vorgelesen. Der Ehemann verpflichtet sich, diese Gegenstände auf seine Kosten bis zum ■■■ abzuholen.

Im Übrigen ist der Hausrat **geteilt**. Jeder Ehegatte bleibt Alleineigentümer der Gegenstände, die sich derzeit in seinem Besitz befinden.

Alternative 4:

Die Teilung des Hausrats wird auf einen **späteren Zeitpunkt** verschoben. Wir **verpflichten** uns gegenseitig, über keinerlei bewegliche Gegenstände, die sich derzeit im Anwesen befinden, ohne Zustimmung des anderen Ehegatten zu **verfügen**. Jedem von uns ist genau bekannt, was sich im Anwesen derzeit befindet, die Aufstellung einer Liste ist deshalb nicht erforderlich.

Alle zum persönlichen Gebrauch bestimmten Gegenstände, wie Kleidung, Wäsche, Schmuck und dergleichen befinden sich im Eigentum und im Besitz des jeweiligen Ehepartners. Insoweit ist Trennung erfolgt.

(Hinweis: Im vorliegenden Fall wurde das ehegemeinschaftliche Anwesen noch weiterhin von einem der Ehepartner bewohnt.)

§ 6 Versorgungsausgleich

A. Grundsätze zu Versorgungsausgleichsvereinbarungen

I. Tatsächliche Ausgangssituation

In der Praxis kommt eine Vereinbarung über den Versorgungsausgleich in folgenden Fällen in Betracht:[275]

- Kein Ausgleich für Versorgungsanwartschaften, die in einer bestimmten Zeit (meist Trennungszeit) erworben worden sind;
- keine Durchführung des Versorgungsausgleichs bezüglich des Ausgleichs der Betriebsrente oder einer laufenden Berufsunfähigkeitsrente; dafür soll eine anderweitige Absicherung – meist lebenslange Leibrente – in der privaten Rentenversicherung begründet werden;
- keine Stellung des Antrags nach § 10a VAHRG, damit beide Parteien Rechtssicherheit haben;
- keine Anwendung des § 1587h BGB (Beschränkung oder Wegfall des Ausgleichsanspruchs) bei Durchführung des schuldrechtlichen Versorgungsausgleichs;
- kein Antrag des Verpflichteten, seine Betriebsrente abfinden bzw. kapitalisieren zu lassen (dies hätte zur Folge, dass der Berechtigte keinen Anspruch mehr auf die Ausgleichsrente hat).[276]

Beratungshinweis:

Ein Ausschluss des Versorgungsausgleichs kommt i.d.R. in Betracht entweder bei kurzer Ehedauer und beiderseitiger Berufstätigkeit, wobei jedoch zu beachten ist, dass die ausgleichsberechtigte Partei die sog. **kleine Wartezeit** (60 Monate Beitragszahlung) erfüllt hat. Die kleine Wartezeit ist die Voraussetzung für die Gewährung der **Erwerbsunfähigkeitsrente**. Ist diese Wartezeit aufgrund eigener Beitragszeiten **nicht erfüllt** und wäre sie erfüllt aufgrund der im Versorgungsausgleich zu übertragenden Rentenanwartschaften, so kann aus **Haftungsgründen** in verantwortungsvoller Weise ein Versorgungsausgleichsverzicht nicht erklärt werden.[277]

Im Übrigen werden Verzichtsvereinbarungen häufig abgeschlossen i.V.m. der Übertragung von Vermögenswerten, die eine Gegenleistung für den Verzicht darstellen.

II. Rechtliche Ausgangssituation

1. Form

Die Vereinbarung nach § 1408 Abs. 2 BGB sowie die Scheidungsvereinbarung nach § 1587o BGB müssen **notariell** beurkundet werden. Die Scheidungsvereinbarung nach § 1587o BGB kann auch **gerichtlich protokolliert** werden bei **beiderseitiger anwaltlicher Vertretung**, §§ 1587o Abs. 2 S. 1, 127a BGB.

---

275 Hauptmann in Göppinger/Börger, Vereinbarungen anlässlich der Ehescheidung, Rn 40 zu Teil 3.
276 BGH FamRZ 2003, 644, 923.
277 Heiß, Das Mandat im Familienrecht, Rn 1 zu Teil 12.

4   Die Beurkundungspflicht der Versorgungsausgleichsvereinbarung führt auch zur Beurkundungspflicht der **übrigen Vereinbarungen**, etwa betreffend nachehelichen Unterhalt und Vermögensauseinandersetzung, § 125 BGB.[278]

5   Die **notarielle Form** für Versorgungsausgleichsvereinbarungen gem. § 1410 BGB bzw. § 1587 o Abs. 2 S. 1 BGB dient der Sicherung der angemessenen Beratung und Belehrung der Beteiligten angesichts der Gefahr der Nichtigkeit der Vereinbarung. Es liegt ein ähnlicher Regelungszweck vor wie bei § 311b BGB. Es kann deshalb davon ausgegangen werden, dass die Formbedürftigkeit sich auf **alle Teile der Gesamtvereinbarung** erstreckt, die in einem **rechtlichen Zusammenhang** stehen.[279] Ob das Formerfordernis des § 1587o BGB **nach rechtskräftigem Abschluss** des Scheidungsverbundverfahrens einschließlich des Versorgungsausgleichs endet, erscheint **zweifelhaft**.[280]

6   **Beratungshinweis:**[281]

Wenn ein Ausschluss des Versorgungsausgleichs nach § 1408 BGB vorliegt, dessen **Wirksamkeit** durch Stellung des Scheidungsantrags durch den Ausschlussbegünstigten (zunächst) beseitigt worden ist, sollte der Bevollmächtigte des durch den Verzicht **benachteiligten** Ehegatten einen **eigenen Scheidungsantrag** stellen. Damit wird verhindert, dass der durch den Verzicht begünstigte Ehegatte durch **Rücknahme des Scheidungsantrages** und Beendigung des Scheidungsverfahrens erreicht, dass der Ausschluss des Versorgungsausgleichs weiterhin wirksam ist.

2. Verbot des Super-Splittings

7   Die Versorgungsausgleichsvereinbarung darf **keine Manipulation** zu Lasten der Versorgungsträger darstellen, § 1587o Abs. 1 S. 2 BGB. Es gilt das **Verbot** des **Super-Splittings**. Super-Splitting bedeutet die Vereinbarung einer **höheren** als der **hälftigen** Ausgleichsquote, die **Höherbewertung** von Anwartschaften des Verpflichteten als in § 1587 a BGB vorgesehen und die **Nichtberücksichtigung ausgleichspflichtiger** Anwartschaften des **Berechtigten**. Das Gericht darf dem Berechtigten **nicht mehr** Anwartschaften in der **gesetzlichen** Rentenversicherung übertragen als dies ohne die Vereinbarung geschähe.[282] Gleiches gilt beim „**Super-Quasi-Splitting**" von Beamten und Richtern.[283]

8   Ein unzulässiges Super-Splitting kann auch dann vorliegen, wenn geringfügige **Randversorgungen** des Ausgleichsberechtigten vom Versorgungsausgleich **ausgenommen** werden oder wenn z.B. eine **Verkürzung** der ausgleichpflichtigen **Ehezeit** vereinbart wird, wenn als Folge hiervon der Ausgleichs*berechtigte* mehr Anwartschaften in der gesetzlichen Rentenversicherung übertragen erhält als dies nach Gesetz der Fall wäre. Bei einer Verkürzung der Ehezeit ist dies dann der Fall, wenn der Ausgleichs*berechtigte* in der vom Versorgungsausgleich ausgenommenen Zeit **mehr Anwartschaften erworben** **hat** als der Ausgleichs*pflichtige*.

---

278 Langenfeld DNotZ 1983, 146.
279 Zimmermann/Dorsel, Eheverträge, Scheidungs- u. Unterhaltsvereinbarungen, Rn 41 zu § 17.
280 Göppinger/Börger, Vereinbarungen anlässlich der Ehescheidung, § 3 Rn 101.
281 Hauptmann in Göppinger/Börger a.a.O. Rn 11 zu Teil 3.
282 Langenfeld, Handbuch der Eheverträge und Scheidungsvereinbarungen, Rn 931 zu Kap. 5.
283 Zimmermann/Becker FamRZ 1983, 1, 3.

3. Gerichtliche Genehmigung

Die Versorgungsausgleichsvereinbarung nach § 1587o BGB muss **gerichtlich genehmigt** 9
werden, § 1587o Abs. 2 S. 3 u. 4 BGB. Im Rahmen der Prüfung der Genehmigungsfähigkeit ist eine **Gesamtbewertung** des wirtschaftlichen Ergebnisses der
Vermögensauseinandersetzung, Unterhaltsregelung und Regelung des Versorgungsausgleichs vorzunehmen.[284]

Streitig ist, ob das Familiengericht vor Genehmigung einer Vereinbarung die **Auskunft** 10
der Versorgungsträger erholen muss. In der neueren Literatur wird im Anschluss an die
Betonung des Vereinbarungsspielraums der Eheleute und des Verhältnismäßigkeitsgebots durch das BVerfG[285] wieder von einem freien Beurteilungsspielraum des Gerichts gesprochen,[286] der auch eine **Schätzung** der **Versorgungsanwartschaften** erlaube.[287]

Der **Notar** kann die Beurkundung nur verweigern, wenn **konkrete** Anhaltspunkte für 11
die **erhebliche Benachteiligung** eines unerfahrenen oder uneinsichtigen Ehegatten bestehen. Er hat die Beteiligten auf die möglichen rechtlichen Gefahren der Vereinbarung,
insbesondere im Hinblick auf die Wartezeiten hinzuweisen (hierzu s.o. Rn 2). Solange
er dies tut, kann im Rahmen des § 17 BeurkG für ihn keine Haftung entstehen.[288]

Bei familiengerichtlichen Genehmigungen ist nicht zu prüfen, ob die Gegenleistung an- 12
gemessen ist, sondern ob sie **offensichtlich unangemessen** ist.[289] Die Genehmigung darf
nur **versagt** werden, wenn ein **auffälliges Missverhältnis** zwischen dem Wert der bei
Durchführung des Versorgungsausgleichs erlangten Versorgungsanrechte und der vereinbarten Gegenleistung besteht.[290]

Liegt eine **Doppelverdienerehe** mit unterschiedlich hohen Rentenanwartschaften vor, 13
so müsste zumindest dann die Genehmigung erfolgen können, wenn der ausgleichsberechtigte Ehegatte die **Wartezeiten** in der gesetzlichen Rentenversicherung bereits erfüllt hat und **keinem Ehegatten ehebedingte Nachteile** in seinen Versorgungsanwartschaften entstanden sind.[291]

Waren beide Ehegatten **selbständige Unternehmer** und erfolgte die Altersvorsorge in 14
Form der Vermögensbildung durch Stärkung des Unternehmens, wurde der Versorgungsausgleichsausschluss vom BGH[292] gebilligt.

Besteht in diesen Fällen eine ausgleichspflichtige Randversorgung, z.B. wegen teilweiser 15
Pflichtversicherung oder wegen Kindererziehungszeiten, so kann deren Ausgleich ausgeschlossen werden. Auch bei Ehen von **sehr kurzer Dauer** ist nicht grundsätzlich
von einer Genehmigungsfähigkeit des Ausschlusses des Versorgungsausgleichs auszugehen.[293]

---

284 BGH FamRZ 1982, 473; BGH NJW 1987, 1768; BGH NJW 1987, 1770.
285 FamRZ 1982, 769.
286 Johannsen/Henrich/Hahne § 1587o Rn 22.
287 Langenfeld a.a.O. Rn 941 zu Kap. 5.
288 Langenfeld a.a.O. Rn 947 zu Kap. 5.
289 OLG Düsseldorf FamRZ 1984, 1115; Johannsen/Henrich/Hahne § 1587o Rn 22.
290 MünchKomm/Strobel § 1587o Rn 34.
291 OLG Koblenz FamRZ 1983, 406, 508.
292 Langenfeld a.a.O. Rn 978 zu Kap. 5; DNotZ 1994, 261.
293 BGH FamRZ 1981, 944; OLG Köln FamRZ 1988, 849.

16   Das Vorliegen eines **Härtefalles** nach § 1587c BGB führt zur **Genehmigungsfähigkeit** eines auf dieser Härte beruhenden vereinbarten Versorgungsausgleichsausschlusses.[294] Härtefälle nach § 1587c BGB liegen vor,

- wenn die Ehefrau das sicher oder wahrscheinlich von einem anderen Mann stammende Kind dem Ehemann als eheliches Kind untergeschoben hatte,[295]
- wenn dem ausgleichspflichtigen Ehegatten bei Durchführung des Versorgungsausgleichs nicht mehr der notwendige Eigenbedarf verblieben wäre, er die Minderung seiner Versorgungsanwartschaften aus Altersgründen auch nicht mehr hätte ausgleichen können und andererseits die berechtigte Ehefrau sich selbst über Vermögensbildung eine ausreichende Versorgung verschafft hatte oder sie sich noch verschaffen konnte,[296]
- wenn die an sich ausgleichsberechtigte Ehefrau während der Ehe ein Studium absolviert hat, das der Ehemann während der Ehe und nach Rechtskraft der Ehescheidung bis zu dem erfolgreichen Abschluss überwiegend finanziert hatte.[297]
- Genehmigungsfähig ist auch eine Vereinbarung dahingehend, dass die Ehefrau auf Versorgungsausgleich verzichtet mit der Begründung, sie werde durch eine beabsichtigte Heirat ausreichend abgesichert.[298]
- Ein entschädigungsloser Verzicht auf Versorgungsausgleich kommt auch dann in Betracht, wenn beide Ehegatten in der Ehezeit etwa gleich hohe Rentenanwartschaften erworben haben.[299]

17   **Beratungshinweis:**

Allerdings ist zu prüfen, ob seitens der Berechtigten die Voraussetzungen für die vorzeitige Erwerbsunfähigkeitsrente bereits erfüllt sind, also die kleine **Wartezeit** von 60 Monaten, und ob diese erfüllt wäre nach Durchführung des Versorgungsausgleichs, auch wenn nur geringe Ansprüche übertragen werden.[300]

- Versorgungsausgleichsausgleichsansprüche können durch alle denkbaren vermögenswerten Leistungen ausgeglichen werden,[301]
- So z.B. durch Zahlung von Geldbeträgen, Übertragung von **Immobilien** oder sonstigen Sachwerten oder Unterhaltsleistungen.

4. Abänderung von Vereinbarungen

18   Eine **Abänderung** von Vereinbarungen über den Versorgungsausgleich ist gem. § 10a VAHRG **möglich**, wenn die Abänderung durch die Vereinbarung nicht ausgeschlossen wurde.

---

294   BGH FamRZ 1982, 473.
295   BGH FamRZ 1983, 32; FamRZ 1985, 267.
296   OLG München FamRZ 1985, 79.
297   OLG Hamm FamRZ 1976, 72.
298   BGH FamRZ 1982, 471.
299   Johannsen/Henrich/Hahne § 1587o Rn 29; Langenfeld aaO Rn 982 zu Kap. 5.
300   Johannsen/Henrich/Hahne § 1587o Rn 29.
301   Johannsen/Henrich/Hahne § 1587o Rn 27.

Beratungshinweis: 19

Abänderung nach § 10a Abs. 1, Abs. 2, Abs. 5 VAHRG kann nur verlangt werden, wenn **eine** der Parteien das Alter von **55 Jahren** erreicht hat **oder** ein **Rentenfall** eintritt, auf welchen der Versorgungsausgleich Einfluss hat.

Abänderung ist möglich, wenn der zugrundegelegte Wertunterschied der beiderseitigen Anrechte sich nachträglich als **unrichtig** erweist, so z.B. wegen **fehlerhafter** Entscheidung oder **nachträglicher** Änderungen. So kann z.B. ein Änderungsgrund dann vorliegen, wenn eine bisher **verfallbare** Betriebsrente sodann unverfallbar wird und sich dadurch der Wertausgleich verändert.[302]

Es ist die **Wesentlichkeitsgrenze** gem. § 10a Abs. 2 VAHRG zu beachten sowie der **Wirksamkeitszeitpunkt** nach § 10a Abs. 7 VAHRG, wonach die Abänderung zum Beginn des **Monats** der Antragstellung **wirksam** wird. Im Einzelnen hierzu s.[303]

5. Vereinbarungen vor Rechtshängigkeit des Scheidungsantrags

Vor Rechtshängigkeit des Scheidungsantrags sind sowohl Vereinbarungen nach § 1408 20 Abs. 2 BGB sowie nach § 1587o BGB möglich. **Nach** Rechtshängigkeit des Scheidungsantrags sind Vereinbarungen **nur** nach § **1587o BGB** möglich, da eine vorsorgende Vereinbarung nach § 1408 BGB unwirksam wäre, § 1408 Abs. 2 S. 2 BGB. Zur alternativen Vereinbarung nach § 1408 Abs. 2 BGB und § 1587o BGB s. Teil 3, § 6 Rn 41.

Vereinbarungen nach § 1408 Abs. 2 BGB (vor Einreichung des Scheidungsantrags) sind 21 **nicht** genehmigungsbedürftig. Zur **Inhaltskontrolle** entsprechender Eheverträge s. nachfolgende f) Richterliche Inhaltskontrolle sowie o. Teil 1, Rn 49 ff.

Wird **vor Ablauf der Sperrfrist** von einem Jahr Scheidungsantrag eingereicht, so ist eine 22 **Umdeutung** der dann unwirksam gewordenen Vereinbarung nach § 1408 Abs. 2 BGB in eine Vereinbarung nach § 1587o BGB **nicht möglich**,[304] weshalb in der notariellen Vereinbarung ausdrücklich geregelt werden muss, dass eine Vereinbarung nach § 1408 Abs. 2 BGB im Falle der Einreichung des Scheidungsantrags innerhalb der Jahresfrist **hilfsweise** als **Vereinbarung** nach § 1587o gelten soll.[305]

6. Richterliche Inhaltskontrolle

Zu berücksichtigen ist die Rechtsprechung des BGH und BVerfG zur richterlichen In- 23 haltskontrolle. Es ist zu beachten, dass der Versorgungsausgleich einen sehr **hohen Rang** innerhalb des Kernbereichs der Scheidungsfolgesachen einnimmt, nämlich den **zweiten Rang**, gleich nach dem Kindesbetreuungsunterhalt. Für einen **Verzicht** auf Versorgungsausgleich gilt deshalb das gleiche wie für einen Verzicht auf einen hochrangigen Unterhalt.[306]

---

302 Heiß, Das Mandat im Familienrecht, Rn 154 ff zu Teil 12.
303 Heiß a.a.O. Rn 157 ff zu Teil 12.
304 BGH FamRZ 1983, 459.
305 Langenfeld DNotZ 1983, 141 (zur Vereinbarung siehe Teil 2, § 4 Rn 20).
306 Heiß, Das Mandat im Familienrecht, Rn 8 zu Teil 12; im Einzelnen: BGH FamRZ 2004, 601 ff.

24 Die strengen Voraussetzungen werden allerdings in erster Linie nur für einen **vollständigen** Verzicht auf Versorgungsausgleich gelten und nicht für einen Teilverzicht, z.b. in Form einer betragsmäßigen Beschränkung oder in Form eines Verzichts auf ausgleichspflichtige Teile der Betriebsrenten.[307]

25 Zwar wird ein Unterschied, ob der Ausschluss des Versorgungsausgleichs in einem **Ehevertrag** oder in einer **Scheidungsvereinbarung** erfolgt, nicht zu machen sein. Allerdings wird i.d.R. ein Verzicht auf Durchführung des Versorgungsausgleichs dann wirksam sein, wenn z.b. eine **Gegenleistung** in Form einer erhöhten Zugewinnausgleichszahlung oder Ausgleichszahlung für Vermögensauseinandersetzung erfolgt. Im Einzelnen zur richterlichen Inhaltskontrolle und der diesbezüglichen Rechtsprechung s.o. Teil 1, Rn 49 ff.

26 Eine Vereinbarung nach § 1587 o BGB ist auch möglich **vor Einreichung des Scheidungsantrags**. Eine solche Vereinbarung kommt in Betracht, wenn bereits bei Abschluss der Vereinbarung bekannt ist, dass vor Ablauf der Sperrfrist von einem Jahr Scheidungsantrag eingereicht werden soll. In diesem Fall bedarf die Vereinbarung jedoch, wie ausgeführt, der gerichtlichen Genehmigung.

7. Abänderung nach gerichtlicher Entscheidung

27 **Nach wirksamer gerichtlicher Entscheidung** ist eine Vereinbarung über den Versorgungsausgleich insoweit **nicht mehr möglich**, als dieser durch Splitting, Quasi-Splitting, Realteilung nach § 1 Abs. 2 VAHRG, analoges Quasi-Splitting nach § 1 Abs. 3 VAHRG oder gem. § 3b Abs. 1 VAHRG in diesen Formen **bereits vollzogen** ist. Der Versorgungsausgleich ist der Disposition der Parteien insoweit entzogen.[308]

28 **Abänderungsvereinbarungen** über den **schuldrechtlichen** Versorgungsausgleich, wie z.b. **Änderung** oder **Erlass** der Ausgleichsrente, sind, **auch** wenn sie **rechtskräftig** festgestellte, aber noch nicht erfüllte Ansprüche auf Beitragszahlungen oder Renten aus dem schuldrechtlichen Versorgungsausgleich betreffen, **möglich**,[309] da mit rechtskräftiger Entscheidung über den Versorgungsausgleich der Schutzzweck des § 1587 o BGB entfallen ist. Derartige Vereinbarungen sind **form- und genehmigungsfrei** möglich.[310]

8. Schuldrechtlicher Versorgungsausgleich

29 Beim **schuldrechtlichen Versorgungsausgleich** handelt es sich um eine vom Gesetz vorgesehene Ausgleichsform, deren Vereinbarung an Stelle des Wertausgleichs grundsätzlich **zulässig ist**.[311]

30 Der schuldrechtliche Versorgungsausgleich wird i.d.R. dann vereinbart, wenn der Wertausgleich zu **unwirtschaftlichen Ergebnissen** führen würde, was z.b. dann der Fall ist, wenn der Ausgleichsberechtigte **Beamter** ist und die ihm zu übertragenden Ren-

---

307 Heiß a.a.O. Rn 9 zu Teil 12.
308 BGH FamRZ 2002, 1553.
309 Langenfeld, Handbuch der Eheverträge und Scheidungsvereinbarungen, Rn 929 zu Kap. 5.
310 MünchKomm/Strobel § 1587o Rn 7 m.w.N.
311 MünchKomm/Strobel § 1587o Rn 30.

tenanwartschaften die Mindestwartezeit von **60 Monaten** für eine Rente wegen Erwerbs- und Berufsunfähigkeit **nicht erfüllen**.[312] In diesem Fall würden die übertragenen Anwartschaften verloren gehen.

Gleiches gilt für den Fall, dass **beide Ehegatten** Beamte sind, da in diesem Fall der Versorgungsausgleich durch Begründung von Anwartschaften in der **gesetzlichen Rentenversicherung** durchzuführen ist. Hier ist zu prüfen, ob der gesetzliche **Mindestbetrag** erfüllt ist, sodass der Ausgleichsberechtigte auch tatsächlich in den Genuss der Rentenanwartschaften gelangt. 31

Zum schuldrechtlichen Versorgungsausgleich, insbesondere auch zum verlängerten schuldrechtlichen Versorgungsausgleich (nach Ableben des Ausgleichspflichtigen) s.[313] 32

9. Steuerliche Auswirkungen

Grundsätzlich hat die Durchführung des Versorgungsausgleichs **keine steuerlichen Auswirkungen**, mit Ausnahme der Tatsache, dass die Geldrente aus schuldrechtlichem Versorgungsausgleich als dauernde Last beim **Verpflichteten** in voller Höhe als **Sonderausgabe** abziehbar und beim **Berechtigten** in voller Höhe nach § 22 Nr. 1 b EStG zu versteuern ist[314] (hierzu s.a. Teil 3, § 10 Rn 24). 33

10. Gütertrennung

Durch den **Ausschluss** des Versorgungsausgleichs tritt nach § 1414 S. 2 BGB **Gütertrennung** ein. Bei jedem Ausschluss des Versorgungsausgleichs sollte eine Regelung getroffen werden dahingehend, ob damit Gütertrennung eintritt oder nicht. Die Auslegungsregel des § 1414 Abs. 2 BGB greift jedoch **nur** dann ein, wenn ein **Totalausschluss** des Versorgungsausgleichs für beide Ehegatten vereinbart wurde.[315] 34

Soll die Gütertrennung **vermieden** werden, so muss dies **ausdrücklich** angeordnet sein. Soll **Gütertrennung eintreten**, so sollte aber **auch** dies **ausdrücklich** angeordnet werden, da sonst die Gefahr besteht, dass bei Unwirksamkeit des Ausschlusses des Versorgungsausgleichs bei Eheverträgen etwa nach § 1408 Abs. 2 S. 2 BGB (Scheidungsantrag innerhalb Jahresfrist) auch die Gütertrennung nach § 139 BGB nicht wirksam vereinbart wäre.[316] 35

Diese würde nach herrschender Auffassung **rückwirkend entfallen**, und zwar auch mit der Konsequenz, dass die Verfügungsbeschränkungen der §§ 1365 ff BGB rückwirkend gelten. Ein Gut-Glaubens-Schutz Dritter wird sogar bei Eintragung der Gütertrennung in das Güterrechtsregister abgelehnt.[317] 36

Die Vereinbarung der **Gütertrennung** hat jedoch **nicht** umgekehrt den **Ausschluss des Versorgungsausgleichs** zur Folge, kann jedoch z.B. dann, wenn der Ehemann Unternehmer ist und nicht in die gesetzliche oder private Rentenversicherung einbezahlt hat, zu einem erheblichen Ungleichgewicht zu Gunsten des anderen Ehegatten führen. 37

---

312 MünchKomm/Strobel § 1587o Rn 10.
313 Heiß, Das Mandat im Familienrecht, Rn 76 ff sowie Rn 119 ff.
314 BMF FamRZ 1982, 104.
315 Palandt/Brudermüller § 1414 Rn 1; Münch a.a.O. Rn 1721 zu Teil 7.
316 MünchKomm/Kanzleiter, § 1414 Rn 7.
317 Münch, Ehebezogene Rechtsgeschäfte, Rn 1723 zu Teil 7; MünchKomm/Kanzleiter a.a.O.

B. Versorgungsausgleich nach Gesetz

I. Beratung

38 Zur **Klarstellung**, dass es bezüglich des Versorgungsausgleichs bei der gesetzlichen Regelung verbleibt, empfiehlt sich nachfolgendes Muster.

39 **II. Muster: Versorgungsausgleich nach Gesetz**

Vereinbarungen zum Versorgungsausgleich sollen in dieser Urkunde nicht getroffen werden.
Der Versorgungsausgleich wird im Rahmen des Scheidungsverfahrens **durchgeführt werden**.

C. Verzicht

I. Beratung

40 Zur Zulässigkeit von Verzichtsvereinbarungen, Genehmigungsfähigkeit und Wirksamkeit s.o.

41 **II. Muster: Verzicht**

1. Sollte diese Vereinbarung durch Einreichung des **Scheidungsantrags** innerhalb eines Jahres gem. § 1408 Abs. 2 S. 2 BGB **unwirksam** werden, so soll sie dennoch als **Vereinbarung** gem. **§ 1587o BGB** Bestand haben.
Wir wurden vom Notar darauf hingewiesen, dass in diesem Fall die Vereinbarung der **Genehmigung** des **Familiengerichts** bedarf.
Wir betrachten die Vereinbarung als **ausgewogene Regelung** i.S. des § 1587o BGB. Wir möchten hierzu erklären, dass nach unserer Auffassung die Ehefrau unter Anrechnung der **Kindererziehungszeiten** während der Ehezeit geringfügig höhere Versorgungsanwartschaften erworben hat. Der Ehemann hat lediglich die **Mindestbeiträge** zur gesetzlichen Rentenversicherung eingezahlt. Die Ehefrau hat zunächst Mindestbeiträge eingezahlt, dann folgte die Kindererziehungszeit. Ab ■■■ hat sie aufgrund Teilzeitbeschäftigung geringe Beiträge einbezahlt, höhere Beiträge sodann ab ■■■ als sie eine ganztägige Erwerbstätigkeit aufgenommen hat.
Wir erklären außerdem, dass unsere Altersversorgung auch ohne Durchführung des Versorgungsausgleichs **ausreichend gesichert** ist.
2. Der Notar hat über die Grundzüge des Versorgungsausgleichs belehrt. Der Notar kann nicht beurteilen, wie sich die Durchführung des Versorgungsausgleichs im vorliegenden Fall auswirken würde, da er den Versicherungsverlauf nicht genau kennt. Er kann daher trotz der vorstehenden Erklärungen der Ehegatten nicht beurteilen, für welchen der Ehegatten sich der Ausschluss nachteilig auswirkt. Er hat auf die Möglichkeit hingewiesen, Auskünfte von den Rentenversicherungsträgern einzuholen.

Alternative 1:

Die Ehegatten ▬▬▬ schließen hiermit gem. § 1408 Abs. 2 Ziff. 1 BGB den Versorgungsausgleich gegenseitig aus.

Sollte die vorstehende Vereinbarung durch Einreichung eines Scheidungsantrages innerhalb eines Jahres gem. § 1408 Abs. 2 Ziff. 2 BGB unwirksam sein, so soll sie dennoch als Vereinbarung gem. § 1587o BGB Bestand behalten. Auf einen entsprechenden Versorgungsausgleich wird also auch in dem vorgenannten Fall gegenseitig verzichtet. Die Beteiligten betrachten die vorstehende Vereinbarung – auch im Hinblick auf die übrigen in dieser Urkunde niedergelegten Regelungen – als ausgewogen i. S. der vorgenannten Bestimmung und stellen hierzu fest, dass – ohne den vorstehenden Verzicht – **Versorgungsausgleichsansprüche voraussichtlich zu Gunsten des Ehemannes** bestehen würden, da dieser während der Ehezeit bis zum Jahr ▬▬▬ ein **Studium** absolviert hat und danach 2 Jahre als Referendar tätig war, während die **Ehefrau** während der gesamten Ehezeit rentenversicherungspflichtig **erwerbstätig** war und bei ihr außerdem **Kindererziehungszeiten** zu berücksichtigen sind.

Den Beteiligten ist bekannt, dass die vorstehende Vereinbarung im letzteren Fall, also im Fall des § 1587o BGB, der **Genehmigung** durch das Familiengericht bedarf. Die Beteiligten **stellen** für den genannten Fall **bereits jetzt** übereinstimmend gegenüber dem Familiengericht einen entsprechenden **Antrag auf Genehmigung**.

Auf die rechtliche und wirtschaftliche Bedeutung des vorstehend vereinbarten Ausschlusses des Versorgungsausgleichs wurde vom Notar hingewiesen.

Alternative 2:

1. Die Ehegatten ▬▬▬ schließen hiermit durch Vereinbarung gem. § 1587o BGB den Versorgungsausgleich gegenseitig vollständig aus. Die Beteiligten betrachten diese Regelung – auch im Hinblick auf die übrigen in dieser Urkunde getroffenen **Vereinbarungen** – als **ausgewogen**. In dem vorgenannten Zusammenhang erklären die Beteiligten, dass sie **beide berufstätig** sind und jeweils **selbst** für eine ausreichende Altersversorgung sorgen. Die Beteiligten wurden darauf hingewiesen, dass die vorstehende Vereinbarung der Genehmigung durch das Familiengericht bedarf. Die **Erteilung** dieser **Genehmigung** wird von den Beteiligten **beantragt**.

2. **Salvatorische Klausel**

   Sollten einzelne in dieser Urkunde enthaltene Regelungen unwirksam sein oder werden, so bleiben die übrigen Bestimmungen davon unberührt und aufrecht erhalten.

   Dies gilt **insbesondere** auch für den Fall, dass die in Abschnitt ▬▬▬ getroffene Vereinbarung über den **Ausschluss des Versorgungsausgleichs** mangels Genehmigung durch das Familiengericht **nicht wirksam** werden sollte.

Alternative 3:

Durch Vereinbarung in der heutigen Urkunde gem. § 1587o BGB schließen wir auch den Versorgungsausgleich vollständig aus. Der Notar hat darauf hingewiesen, dass der Ausschluss des Versorgungsausgleichs dazu führt, dass jeder Ehegatte selbst für seine Alters- und Invaliditätsversorgung aufkommen muss und nach einer Scheidung nicht an Anwartschaften oder Aussichten auf eine Versorgung wegen Alters- oder Berufs- oder Erwerbsunfähigkeit, die vom anderen Ehegatten begründet oder aufrecht erhalten worden sind, teilnimmt.

Wir wurden vom Notar darauf hingewiesen, dass diese Vereinbarung über den Ausschluss des Versorgungsausgleichs der Genehmigung des Familiengerichts bedarf, die wir hiermit beantragen.

Wir erklären hierzu, dass wir **annähernd gleiche Versorgungsanwartschaften** erworben haben und beide **ausreichend für das Alter versorgt** sind.

Der Notar kann nicht beurteilen, wie sich die Durchführung des Versorgungsausgleichs im vorliegenden Fall auswirken würde, da er den Versicherungsverlauf nicht kennt. Er hat auf die Möglichkeit hingewiesen, Auskünfte von den Rentenversicherungsträgern einzuholen.

Alternative 4:

Die Beteiligten halten die vorstehende Regelung als angemessen i. S. der vorgenannten Bestimmung. Sie stellen hierzu fest, dass Herr ■■■ in den Jahren ■■■ Angestellter mit einem Bruttogehalt von ca. monatlich Euro ■■■ war, seit dem Jahr ■■■ **selbständig** ist und seither keine freiwilligen Beiträge zur Rentenversicherung einbezahlt hat. **Frau** ■■■ war während der gesamten bisherigen Ehezeit **erwerbstätig** mit einem Bruttoeinkommen in Höhe von ca. Euro ■■■ monatlich.

Alternative 5:

Wir sind dahingehend einig, dass durch die Vereinbarung dieser Urkunde insbesondere die **Übernahme des Anwesens** durch die Ehefrau deren Versorgung ausreichend gesichert ist.

Alternative 6: Salvatorische Klausel

Sollten einzelne in dieser Urkunde enthaltene Regelungen unwirksam sein oder werden, so bleiben die übrigen Bestimmungen davon unberührt und aufrechterhalten. Dies gilt grundsätzlich auch für den Fall, dass der in Abschnitt ■■■ vereinbarte Ausschluss des Versorgungsausgleichs **mangels Genehmigung** durch das Familiengericht **unwirksam** sein sollte. Im letzteren Fall **reduziert** sich jedoch der in Abschnitt ■■■ vereinbarte **Abfindungsbetrag** um den **wirtschaftlichen Wert**, der in diesem Fall durch Herrn ■■■ **auszugleichenden Anwartschaften**; diesen wirtschaftlichen Wert werden die Beteiligten in dem erwähnten Fall einvernehmlich – soweit ein Einvernehmen nicht zu erzielen ist unter Beiziehung eines Sachverständigen, für dessen die Kosten die Vertragsteile dann je zur Hälfte aufkommen – feststellen; der sich ergebende Betrag ist dann von dem in Abschnitt ■■■ vereinbarten Abfindungsbetrag in **Abzug zu bringen** und zwar in der Weise, dass sich die dort vereinbarte Ratenzahlung entsprechend verkürzt.

D. Verbot des Super-Splittings

I. Beratung

42   Gemäß § 1587o Abs. 1 S. 2 BGB sind Vereinbarungen **unwirksam**, die dazu führen, dass **dem Berechtigten mehr** Anwartschaften in der **gesetzlichen Rentenversicherung** übertragen werden, als dies bei der Durchführung des Versorgungsausgleichs aufgrund der gesetzlichen Vorschriften ohne Berücksichtigung der Vereinbarung geschehen würde. Dies kann z.B. dann der Fall sein, wenn die Parteien bestimmte Anrechtsarten ausschließen, wenn der ausgleichs**berechtigte** Ehegatte hier die **höheren Anrechte** erworben hat (im Einzelnen s.o., Teil 3, § 6 Rn 7).

II. Muster: Auffangklausel Super-Splitting[318]

43

239

Wir schließen hiermit gem. § 1408 Abs. 2 S. 1 BGB gegenseitig den Versorgungsausgleich nach den Bestimmungen der §§ 1587 ff BGB insoweit aus, als ▪▪▪.

Sofern diese Vereinbarung im Scheidungsfall entgegen der Bestimmung des § 1587 o Abs. 1 S. 2 BGB zu einem **Super-Splitting** führt, soll sie insoweit **keine Wirkung zeigen**, als sie **gegen** dieses **Verbot verstößt**. Im Übrigen aber bleibt sie wirksam. Wir verpflichten uns, in diesem Fall eine dementsprechende Wirkung durch einen ergänzenden **schuldrechtlichen** Versorgungsausgleich herzustellen.

E. Einseitiger Verzicht auf Versorgungsausgleich

Literatur
Münch, Ehebezogene Rechtsgeschäfte, Rn 1951 zu Teil 7.

I. Beratung

Im nachfolgenden Fall ist **nicht bekannt**, ob ggf. der **Ehemann ausgleichsberechtigt** ist. Im Rahmen des Scheidungsverfahrens werden die Versorgungsausgleichsauskünfte eingeholt. Sollte sich herausstellen, dass der Ehemann ausgleichsberechtigt ist, verzichtet dieser auf Ausgleichsansprüche.

44

II. Muster: Einseitiger Verzicht auf Versorgungsausgleich

45

240

1. Wir schließen hiermit den Versorgungsausgleich nach § 1587 ff BGB für den Fall aus, dass ich, der **Ehemann**, **ausgleichsberechtigt** bin. Insoweit **verzichte** ich, der Ehemann, auf einen **Ausgleich**.
2. Diesen Verzicht nehme ich, die Ehefrau, hiermit an.

F. Vereinbarung zum schuldrechtlichen Versorgungsausgleich – beide Parteien beziehen bereits Rente

I. Beratung

1. Tatsächliche Ausgangssituation

Die Ehefrau hat – gegen Vermögensübertragung – zunächst zu Protokoll des Gerichts auf einen **Anteil** bezüglich des Ausgleichs der **Betriebsrente** durch den Ehemann **verzichtet**. Beide Ehegatten befinden sich bereits in Rente. Durch die Vereinbarung soll sichergestellt werden, dass aufgrund der **Abtretung** die Ehefrau die Betriebsrentenzahlungen unmittelbar durch den **Arbeitgeber** des Ehemannes ausbezahlt erhält.

46

---

318 Münch a.a.O. Rn 1919 zu Teil 7.

2. Rechtliche Ausgangssituation

47 Folgen des **schuldrechtlichen Versorgungsausgleichs**:
- Der Berechtigte erhält keine eigenständigen Anwartschaften.
- Der Ausgleichpflichtige hat vielmehr an den anderen Ehegatten eine Geldrente in Höhe des halben Unterschiedsbetrages zwischen den beiderseitigen in der Ehezeit erworbenen Anwartschaften zu zahlen.
- Diese Rente kann erst dann verlangt werden, wenn beide Ehegatten versorgungsberechtigt sind (§ 1587g BGB).
- Da nur ein Anspruch gegen den Ex-Partner besteht, hat der Berechtigte eine deutlich schlechtere Position als beim öffentlich-rechtlichen Versorgungsausgleich.
- Stirbt der ausgleichspflichtige Ehegatte, hat der Berechtigte keine Ansprüche mehr. Dieser Nachteil wurde durch den Gesetzgeber in § 3a VAHRG teilweise beseitigt: Der Rentenanspruch des ausgleichs**berechtigten** Ehegatten erlischt nicht mehr mit dem Tode des Ausgleichspflichtigen, **wenn** der Träger der **auszugleichenden** Versorgung eine **Hinterbliebenenversorgung** gewährt. In diesem Fall ist er verpflichtet, dem Ausgleichsberechtigten eine Art **Geschiedenen-Hinterbliebenenrente** zu bezahlen (sog. **verlängerter schuldrechtlicher Versorgungsausgleich**).[319]

48 Zu regeln ist im Rahmen der nachfolgenden Vereinbarung Folgendes:
- Feststellung, dass das Familiengericht die Versorgungsausgleichsvereinbarung genehmigt hat.
- Verpflichtung des Ehemannes zur Abtretung der Betriebsrentenansprüche an die Ehefrau.
- Verpflichtung des Ehemannes zur Vorlage der Annahmeerklärung bezüglich der Abtretung der Ansprüche durch den Versorgungsträger.
- Feststellung, dass die Ehefrau den an sie abgetretenen Teil der Betriebsrente selbst versteuert.
- Sicherung des Anspruchs durch abstraktes Schuldanerkenntnis des Ehemannes, wonach dieser sich verpflichtet, an die Ehefrau auf deren Lebensdauer den Anteil bezüglich der Betriebsrente zu bezahlen.
- Zwangsvollstreckungsunterwerfung.

49 **II. Muster: Vereinbarung zum schuldrechtlichen Versorgungsausgleich**

Der Versorgungsausgleich wird in der Weise durchgeführt, dass Frau ■■■ eine monatliche Rentenanwartschaft von Herrn ■■■ erhält in Höhe von insgesamt ■■■ Euro, wovon gem. der Versorgungsausgleichsberechung des Gerichts ein **Teilbetrag** in Höhe von ■■■ Euro im Wege des **öffentlich-rechtlichen Versorgungsausgleichs** vom Versicherungskonto des Herrn ■■■ auf das Versicherungskonto der Frau ■■■ umgebucht wird und im Übrigen bezüglich des **Teilbetrages** in Höhe von ■■■ (Anteil **Betriebsrente**) sich Herr ■■■ verpflichtet, diesen Betrag als monatlichen **schuldrechtlichen** Ausgleichsbetrag an Frau ■■■ **zu zahlen** (vorangegangen war eine Vereinbarung anlässlich des Scheidungstermins zu Protokoll, die nachträglich nochmals in einer Gesamturkunde im Zusammenhang mit der Übertragung einer Immobilie beurkundet wurde).

---

319 Heiß, Das Mandat im Familienrecht, Rn 76 zu Teil 12.

Festgestellt wird, dass durch Beschluss des **Familiengerichts** ausweislich des Protokolls vom ■■■ die Vereinbarungen bezüglich des Versorgungsausgleichs bereits **genehmigt** sind.

Herr ■■■ verpflichtet sich, die Versorgungansprüche in Höhe von ■■■ an Frau ■■■ **abzutreten** und zwar gegenüber dem ■■■ (Versorgungsträger).

Herr ■■■ verpflichtet sich, bis spätestens zum ■■■ eine Erklärung des ■■■ (Versorgungsträger) vorzulegen, mit welcher die **Abtretung** der Ansprüche des Herrn ■■■ in Höhe von monatlich ■■■ an Frau ■■■ **angenommen** wurden.

Die Vertragsteile sind sich darüber einig, dass **Frau** ■■■ den an sie abgetretenen Teil der Betriebsrente selbst **versteuert**.

In diesem Zusammenhang wird festgestellt, dass Frau ■■■ die Frage der Besteuerung der Betriebsrente durch Rücksprache mit ihrem Steuerberater ■■■ selbst geklärt hat.

Beratungshinweis:

Die Frage, in welcher Höhe durch den Erhalt der Betriebsrente Steuern seitens der Ausgleichsberechtigten anfallen, ist in jedem Fall durch einen **Steuerberater** zu klären. Insoweit muss die Partei darauf hingewiesen werden, dass die Frage der Höhe der anfallenden Steuern durch den Anwalt nicht verbindlich beantwortet werden kann, insbesondere dann, wenn verschiedene Einkunftsarten seitens der Ausgleichsberechtigten vorliegen.

50

Als Sicherheit für die Zahlung des jeweiligen vorstehend genannten abgetretenen Betrages von ■■■ Euro an Frau ■■■ erklärt Herr ■■■ ein **abstraktes Schuldanerkenntnis** dahingehend, dass er verpflichtet ist, jeweils monatlich Frau ■■■ auf deren **Lebensdauer** den Betrag von ■■■ zu zahlen. Er **unterwirft** sich wegen dieser Zahlungsverpflichtung der sofortigen **Zwangsvollstreckung** aus dieser Urkunde in sein gesamtes Vermögen. Frau ■■■ ist jederzeit ohne Nachweis auf ihren einseitigen Antrag hin eine vollstreckbare Ausfertigung der heutigen Urkunde zu erteilen.

G. Herausnahme von Lebensversicherungen aus dem Versorgungsausgleich

I. Beratung

1. Tatsächliche Ausgangssituation

Beide Parteien haben Lebensversicherungen, die – möglicherweise – als Kapitallebensversicherungen mit **Rentenwahlrecht** oder auch als **Rentenversicherung** geführt werden.

51

Diese Lebensversicherungen sollen aus dem Versorgungsausgleich herausgenommen werden.

52

2. Rechtliche Ausgangssituation

Zu beachten ist hier wiederum das Verbot des Super-Splittings (hierzu s.o. Teil 3, § 6 Rn 7), wonach dem **Berechtigten** nicht **mehr** Anwartschaften in der gesetzlichen Rentenversicherung übertragen werden dürfen, als dies ohne die Vereinbarung geschähe.

53

54 Handelt es sich um **Leibrentenversicherungen,** so unterliegen diese grundsätzlich dem Versorgungsausgleich.[320] Ein Anrecht aus einer Kapitallebensversicherung mit Rentenwahlrecht unterliegt dem **Versorgungsausgleich,** wenn das Wahlrecht bis zum Eintritt der Rechtshängigkeit des Scheidungsantrags ausgeübt und das Anrecht aus dem Versicherungsvertrag damit vor diesem **Stichtag** zu einem **Rentenanrecht** wird.[321]

55 Umgekehrt bleibt ein solches Anrecht dem **Zugewinnausgleich** unterworfen, wenn der Berechtigte erst **nach** dem genannten **Stichtag** von seinem Wahlrecht Gebrauch macht. Fraglich ist, ob sich dieser Satz **umkehren** lässt, also ein Anrecht aus einer **Rentenlebensversicherung** mit Kapitalwahlrecht nicht dem Zugewinn, sondern weiterhin dem **Versorgungsausgleich** unterliegt, wenn das Kapitalwahlrecht erst **nach** Rechtshängigkeit des Scheidungsantrags ausgeübt wird.

56 In dem vom BGH[322] entschiedenen Fall wurde das Wahlrecht **nach** Rechtshängigkeit des Scheidungsantrags ausgeübt. Der Senat folgte der Auffassung, **gegen die fortdauernde Einbeziehung** mit folgender Begründung:

57 Es können nur **im Zeitpunkt** der Entscheidung über den Versorgungsausgleich noch **vorhandene** Anrechte in den Versorgungsausgleich einbezogen werden.[323]

58 Wenn eine abschließende vertragliche Regelung des **Zugewinns** erfolgt, der Versorgungsausgleich aber **vorbehalten** wird, so sollte nachgefragt werden, ob eine **Rentenlebensversicherung mit Kapitalwahlrecht** besteht und ggf. eine Regelung aufgenommen werden, dass für den Fall, dass das Kapitalwahlrecht **noch ausgeübt** wird, das Kapital im **Zugewinnausgleich** zusätzlich zu berücksichtigen ist.[324]

59 ## II. Muster: Herausnahme von Lebensversicherungen aus dem Versorgungsausgleich

Hinsichtlich des Versorgungsausgleichs soll es bei den **gesetzlichen** Bestimmungen verbleiben.

Abweichend hiervon vereinbaren die Vertragsteile jedoch, dass sämtliche von ihnen abgeschlossenen **privaten Lebensversicherungsverträge** auch dann **nicht** dem **Versorgungsausgleich** unterfallen, wenn sie gem. der gesetzlichen Regelung auszugleichen wären; also insbesondere Lebensversicherungen, die Anrechte auf **Rentenbasis** gewähren oder Kapitallebensversicherungen mit **Rentenwahlrecht,** sofern dieses Wahlrecht bereits ausgeübt wurde oder ein solches bis zur Rechtshängigkeit des Scheidungsantrages noch ausgeübt wird. Soweit dies einen (teilweisen) **Verzicht** auf die Durchführung des Versorgungsausgleichs bedeutet, wird dieser hiermit wechselseitig erklärt und **angenommen.**

Für den Fall, dass innerhalb **eines Jahres** ab heute **Antrag auf Scheidung** gestellt wird, vereinbaren die Ehegatten, dass ein Ausgleich von Anwartschaften und Anrechten auf eine Versorgung wegen Alters oder Berufs- oder Erwerbsunfähigkeit in dem vorbezeichneten Umfang (Lebensversicherungen) wechselseitig ausgeschlossen sein soll gem. **§ 1587o BGB.** Der Verzicht wird jeweils angenommen. Die dann erforderliche Genehmigung des Familiengerichts werden die Beteiligten selbst zu gegebener Zeit beantragen.

---

320 Heiß, Das Mandat im Familienrecht, Rn 133 zu Teil 12.
321 Heiß, Das Mandat im Familienrecht, Rn 136 zu Teil 12.
322 FamRZ 203, S. 664 ff.
323 Heiß, Das Mandat im Familienrecht, Rn 137 ff zu Teil 12.
324 Münch, Ehebezogene Rechtsgeschäfte, Rn 1728 zu Teil 7.

Die Ehegatten sind übereinstimmend der Auffassung, dass diese Vereinbarung, auch unter **Einbeziehung** der **Unterhaltsregelung** und der **Vermögensauseinandersetzung**, zu einem angemessenen Ausgleich unter den Ehegatten führt und eine dem grundsätzlichen Ziel des Versorgungsausgleichs entsprechende Alterssicherung bereits aufgrund der jeweils bestehenden Absicherung und aufgrund des Ausgleichs von Anwartschaften der **gesetzlichen Rentenversicherung ausreichend gewährleistet ist.**

Eine gerichtliche Abänderung dieser Vereinbarung soll ausgeschlossen sein.

Sollte das **Familiengericht** den gegenseitigen Ausschluss des Versorgungsausgleichs **nicht genehmigen** oder sollte dieser aus anderen Gründen ganz oder teilweise nicht zum Tragen kommen, wird ausdrücklich bestimmt, dass hierdurch **nicht** auch die **übrigen** in dieser Urkunde getroffenen **Bestimmungen** und Vereinbarungen **unwirksam** werden, sondern unberührt bestehen bleiben sollen.

Alternative:

Der Versorgungsausgleich wird im Falle der Scheidung durchgeführt.

Einigkeit besteht darüber, dass die Ansprüche des Herrn ▪▪▪ gegen die ▪▪▪ **Lebensversicherung** und die ▪▪▪ **Rentenversicherung** in der **Abfindungssumme** gem. Ziffer ▪▪▪ enthalten sind und nicht unter den später etwa durchzuführenden Versorgungsausgleich fallen.

Frau ▪▪▪ verzichtet auf den Einbezug der Ansprüche des Herrn ▪▪▪ gegen diese beiden Versicherungsgesellschaften, die in den schuldrechtlichen – sowie teilweise öffentlich-rechtlichen – Versorgungsausgleich fallen.

Dies ist unabhängig davon vereinbart, ob ein Scheidungsverfahren bereits beantragt ist oder innerhalb eines Jahres beantragt wird.

Vom Notar wurde darauf hingewiesen, dass diese Vereinbarung eventuell gem. § 1587 o BGB der Genehmigung des Familiengerichts bedarf.

Die Vertragsteile werden diese **Genehmigung** im Rahmen des Scheidungsverfahrens **beantragen.**

H. Vereinbarung zum Endstichtag für die Versorgungsausgleichsberechnung

I. Beratung

1. Tatsächliche Ausgangssituation

Eine Vereinbarung zum Endstichtag für die Versorgungsausgleichsberechnung kommt i.d.R. in Betracht, wenn die Parteien beabsichtigten, **längere Zeit getrennt zu leben** und Scheidungsantrag nicht eingereicht werden soll, sodass offen ist, wann der Endstichtag für die Versorgungsausgleichsberechnung vorliegt.

60

2. Rechtliche Ausgangssituation[325]

61 Dem **Berechtigten** dürfen **nicht mehr** Anwartschaften in der gesetzlichen Rentenversicherung übertragen werden, als ohne Abschluss der Vereinbarung. Dies wäre z.B. dann der Fall, wenn der Berechtigte in dem Zeitraum, der von der Berechnung für den Versorgungsausgleich ausgeschlossen sein soll, **höhere** Rentenanwartschaften erwirbt als der Ausgleichspflichtige.

62 Der Versorgungsausgleich kann grundsätzlich zeitlich beschränkt werden, so z.B. die Trennungszeit aus dem Versorgungsausgleich herausgenommen werden, mit obiger Einschränkung.[326] **Nicht disponibel** ist dabei der **Endstichtag** gem. § 1587 Abs. 2 BGB, nach welchem die auszugleichenden Anwartschaften **bewertet** werden.[327]

63 Diese Einschränkung betrifft jedoch nur die Frage der **Bewertung** der im Rahmen des Versorgungsausgleichs einzubeziehenden Anrechte.[328]

64 ## II. Muster: Vereinbarung zum Endstichtag für die Versorgungsausgleichsberechnung

> Den gegenseitigen Versorgungsausgleich gem. §§ 1587 ff BGB schließen wir nicht aus, vereinbaren jedoch, dass bei der Berechnung von Versorgungsausgleichsansprüche als **Endstichtag** der ▪▪▪ gilt. Für die Zeit danach entstehen keine gegenseitigen Versorgungsausgleichsansprüche mehr.
>
> Die Vereinbarung, dass für die Zeit nach dem ▪▪▪ keine Versorgungsausgleichsansprüche mehr entstehen sollen, könnte dann **unwirksam** werden, wenn innerhalb eines Jahres seit Abschluss des heutigen Vertrages einer der Vertragsteile **Scheidungsantrag** stellt. Für diesen Fall vereinbaren wir, dass die Vereinbarung gem. § 1587 o BGB bestehen bleibt und die **Genehmigung** des Familiengerichts hierfür **beantragt** wird.
>
> Die Vereinbarung gilt ausdrücklich auch bei Nichtgenehmigung der Versorgungsausgleichsregelung durch das Familiengericht.
>
> Zur Vereinbarung Auffangklausel Super-Splitting s.o., Rn 43.

I. Verzicht auf Betriebsrenten

I. Beratung

65 Die Ehefrau hat im Rahmen einer Gesamtvereinbarung mit Übertragung von anderweitigen Vermögenswerten auf den Ausgleich der Betriebsrenten im Rahmen des Versorgungsausgleichs verzichtet. Die Verzichtserklärung wurde u.a. auch abgegeben im Hinblick auf die Tatsache, dass die Ehefrau durch eine eigene Lebensversicherung abgesichert war.

---

325 Zum Verbot des Super-Splittings s.o. Teil 3, § 6 Rn 7 ff.
326 Heiß, Das Mandat im Familienrecht, Rn 27 zu Teil 12.
327 Heiß a.a.O. Rn 28 zu Teil 12; BGH FamRZ 2001, 1444, 1445; OLG Brandenburg FamRZ 2002, 754; OLG Celle FamRZ 2002, 823.
328 Heiß a.a.O.

II. Muster: Verzicht auf Betriebsrenten

66

Der Versorgungsausgleich ist grundsätzlich nach den gesetzlichen Bestimmungen durchzuführen.

Jedoch **verzichtet** Frau ■■■ gegenüber Herrn ■■■ im Wege einer Vereinbarung gem. § 1587 o BGB bezüglich der beiden, Herrn ■■■ bei der Firma ■■■ zustehenden **Betriebsrenten** auf die Durchführung des Versorgungsausgleichs. Dieser Verzicht wird von Herrn ■■■ hiermit angenommen.

Zu der vorstehenden Vereinbarung ist die **Genehmigung** durch das **Familiengericht** erforderlich. Die Erteilung dieser Genehmigung wird von den Beteiligten hiermit **beantragt**.

Die Beteiligten stellen in diesem Zusammenhang fest und erklären, dass sie die vorstehende Vereinbarung im Hinblick auf die übrigen in dieser Urkunde getroffenen Regelungen, insbesondere die in Abschnitt ■■■ niedergelegte **Übertragung** für angemessen halten. Festgestellt wird in diesem Zusammenhang von den Beteiligten außerdem, dass Frau ■■■ eine **Lebensversicherung** mit einer Versicherungsleistung per ■■■ in Höhe von Euro ■■■ abgeschlossen hat.

J. Verzicht auf Geltendmachung von Härtegründen

I. Beratung

Die Ehegatten können im Rahmen einer Scheidungsvereinbarung auf die Geltendmachung von Härtegründen nach den §§ 1587 c und 1587 h BGB verzichten. Dieser Verzicht unterfällt **nicht** dem **Genehmigungsvorbehalt** des § 1587 o Abs. 2 S. 3 BGB.[329] Der **Verzichtsvertrag** ist für das Gericht als gemeinsame Billigkeitswertung der Ehegatten verbindlich.[330]

67

II. Muster:[331] Versorgungsausgleich unter Verzicht auf §§ 1587 c und 1587 h BGB

68

1. Wir vereinbaren hiermit nach § 1587o BGB, dass der Versorgungsausgleich durchgeführt werden soll und verzichten gegenseitig darauf, **Anträge** auf **Ausschluss** oder **Herabsetzung** des Versorgungsausgleichs nach den Härteregelungen der §§ 1587c und 1587 h BGB zu stellen.

2. Diesen Verzicht nehmen wir hiermit gegenseitig an ■■■ (weitere Regelungen zum Versorgungsausgleich) ■■■

---

329 BGH FamRZ 2001, 1447, 1448; Münch, Ehebezogene Rechtsgeschäfte, Rn 2033 zu Teil 7.
330 BGH FamRZ 2001, 1447, 1449.
331 Münch a.a.O. Rn 2034 zu Teil 7.

K. Abänderungsverfahren nach § 10a Abs. 3 VAHRG

Zum Abänderungsverfahren nach § 10a Abs. 3 VAHRG s.o., Teil 3, § 6 Rn 18 f.

69 Die Möglichkeit der Abänderung gilt nach § 10a Abs. 9 VAHRG auch für **Abänderung vertraglicher Vereinbarungen** zum Versorgungsausgleich, sofern sie dort nicht ausdrücklich ausgeschlossen wurde. Soll eine Veränderung der Vereinbarungen **nicht möglich** sein, so muss ein ausdrücklicher **Ausschluss** erfolgen.[332]

L. Auszahlungsverpflichtung betreffend Witwenrente

I. Beratung

1. Tatsächliche Ausgangssituation

70 Die Ehegatten leben getrennt. Ein **Scheidungsverfahren** ist **nicht** beabsichtigt. Beide Ehegatten beziehen bereits Rente. Der Ehemann lebt mit einer neuen **Lebensgefährtin** zusammen. Diese Lebensgefährtin soll einen Anteil der Witwenrente im Falle des Ablebens des Ehemannes erhalten.

2. Rechtliche Ausgangssituation

71 Zu regeln ist Folgendes:
- Verpflichtung der Ehefrau zur Auszahlung eines Teilbetrages der Witwenrente an die Lebensgefährtin,
- Zustimmungserklärung der Ehefrau zur Anweisung an den Arbeitgeber, den anteiligen Betrag der Witwenrente an die Lebensgefährtin auszuzahlen,
- Rücktrittsrecht zu Gunsten des Ehemannes.

72 ### II. Muster: Auszahlungsverpflichtung betreffend Witwenrente

> 1. Hinsichtlich des Versorgungsausgleichs, der im Falle einer Scheidung der Ehe der Beteiligten erfolgt, verbleibt es bei den gesetzlichen Bestimmungen, die in Grundzügen vom Notar erläutert wurden.
> 2. Der Ehemann ■■■ befindet sich in Ruhestand und bezieht von der Firma ■■■ eine Betriebsrente.
> 3. Für den Fall, dass die Ehefrau ■■■ nach dem Ableben des Ehemannes **Witwenrente** aus dieser Betriebsrente erhalten sollte, **verpflichtet** sie sich hiermit, gegenüber ihrem Ehemann, für die Dauer des Bezugs dieser Witwenrente, jeweils die **Hälfte** des entsprechenden Rentenbetrages unverzüglich an die Lebensgefährtin des Ehemannes ■■■ **abzuführen**.
>
> Der Anspruch auf Zahlung des jeweiligen entsprechenden Betrages steht Frau ■■■ (Lebensgefährtin) **höchstpersönlich** zu, ist also nicht abtretbar und **nicht vererblich**.
>
> Die Ehefrau erteilt ausdrücklich ihre **Zustimmung** dazu, dass der Ehemann seinen früheren **Arbeitgeber** bereits jetzt – soweit rechtlich möglich – **anweist**, den jeweiligen hälfti-

---

332 Münch a.a.O. Rn 1875 f zu Teil 7.

gen Betrag der Witwenrente nach seinem Ableben unmittelbar an seine vorgenannte **Lebensgefährtin** auszubezahlen. Die Ehefrau verpflichtet sich, gegenüber dem Ehemann hierzu eventuell von ihrer Seite aus noch erforderliche Erklärungen auf Verlangen des Ehemannes unverzüglich abzugeben.

Aufgrund der vorstehenden Vereinbarung wird Frau ■■■ (Lebensgefährtin) im Wege eines Vertrages zu Gunsten Dritter unmittelbar das Recht eingeräumt, nach dem Ableben des Ehemannes die Zahlung der entsprechenden anteiligen Witwenrente zu verlangen, sofern nicht aufgrund des nachfolgend vereinbarten Rücktrittsrechts durch den Ehemann ein Rücktritt von der vorstehenden Vereinbarung rechtswirksam erklärt worden ist. Der Ehemann ist berechtigt, von der vorstehenden in Ziffer ■■■ niedergelegten Vereinbarung zu seinen Lebzeiten – ohne Angabe von Gründen – auch ohne Zustimmung von ■■■ (Lebensgefährtin) durch einseitige Erklärung gegenüber der Ehefrau **zurückzutreten**. Ein entsprechender Rücktritt ist per Einschreiben an die Ehefrau zu erklären und soll dem vorgenannten früheren Arbeitgeber des Ehemannes in Abschrift angezeigt werden.

Die Beteiligten sind sich – ohne insoweit eine rechtliche Verpflichtung einzugehen – darüber einig, dass sie keinen Antrag auf Scheidung ihrer Ehe stellen werden. Sollte dennoch eine Scheidung dieser Ehe erfolgen, so berührt dies die übrigen in dieser Urkunde niedergelegten Vereinbarungen nicht.

§ 7 Erbrechtliche Regelungen

Zu erbrechtlichen Verträgen s. Teil 2, § 5 Rn 1 ff.

A. Abschluss eines Erbvertrages

I. Beratung

1. Tatsächliche Ausgangssituation

1 Häufig ist die Regelung in einem Erbvertrag deshalb sinnvoll, weil den Parteien daran gelegen ist, langfristig Vermögen den **gemeinschaftlichen Kindern** zu erhalten und zuzuwenden.

2. Rechtliche Ausgangssituation

2 Inhalt einer Vereinbarung anlässlich der Ehescheidung kann auch ein **Erbvertrag** zwischen den Ehegatten sein. Diese können auch außerhalb der Regelungen des § 2280 BGB für den Ehegattenerbvertrag einen **sonstigen Erbvertrag** wie Unverheiratete miteinander abschließen.

3 Das **gesetzliche Ehegattenerbrecht** einschließlich des Pflichtteilsrechts und des Rechts auf den sog. **Voraus entfällt** grundsätzlich mit der **Ehescheidung** bzw. nach § 1933 S. 1 BGB schon dann, wenn zur Zeit des Todes des Erblassers die **Voraussetzungen** für die Scheidung der Ehe gegeben waren und der **Erblasser** die Scheidung **beantragt** oder ihr **zugestimmt** hatte. Das Gleiche gilt, wenn der Erblasser auf Aufhebung der Ehe zu klagen berechtigt war und die Klage erhoben hatte.[333] Ein aufgrund der Ehescheidung unwirksames **Testament** lebt auch **nicht** „automatisch" mit **Wiederverheiratung** derselben Eheleute auf.[334]

4 **Beratungshinweis:**

Soweit ein Erbvertrag abgeschlossen werden soll, ist zu berücksichtigen, dass die **gleichzeitige Anwesenheit beider Parteien** notwendig ist, §§ 1410, 2276 BGB.
Die Vereinbarung muss durch die **Parteien persönlich** und deren Prozessbevollmächtigte abgeschlossen werden.
Der Erb- und Pflichtteilsverzicht bedarf nach § 2348 BGB der **notariellen** Beurkundung. Hierbei muss der Erblasser **persönlich** handeln, § 2347 Abs. 2 S. 1 BGB. **Es kann also kein Ehegatte einen solchen Vertrag nachgenehmigen.**
Eine Gestaltung als **Annahme** und **Angebot** ist – im Gegensatz zu § 1410 BGB – hingegen möglich, da eine gleichzeitige Anwesenheit nicht vorgeschrieben ist.[335]
Auf diese Vorschriften ist insbesondere dann zu achten, wenn Erb- und Pflichtteilsverzichte in Verbindung mit einer Scheidungsvereinbarung abgegeben werden.

---

333 Göppinger/Börger, Vereinbarungen anlässlich der Ehescheidung, Rn 29 zu Teil 1.
334 BayObLG FamRZ 1996, 123 ff,.
335 Münch a.a.O. Rn 2118 zu Teil 8; Palandt/Edenhofer, § 2348 Rn 1.

Zu regeln ist Folgendes: 5

■ Wechselseitige Erbeinsetzung – Erbeinsetzung der Kinder – Regelung im Falle gleichzeitigen Versterbens.

■ Annahme der erbrechtlichen Verfügungen (erbvertragsmäßige Bindung).

■ Abänderungsmöglichkeit bezüglich der Erbeinsetzung von einem oder mehreren Kindern/Quoten.

■ Regelung, ob der Erbvertrag im Falle des Scheiterns der Ehe unwirksam sein soll.

■ Hinweis, dass Auslandsvermögen unter Umständen nicht vom Erbvertrag erfasst wird.

■ Eventuell amtliche Verwahrung beim Amtsgericht.

■ Vermächtniseinsetzung.

■ Ersatzvermächtnisnehmer.

■ Auflösende Bedingung bezüglich des Vermächtnisses bei einem zu bestimmenden Alter des Kindes.

■ Vermächtnisgegenstand.

■ Ersatzloser Wegfall des Vermächtnisses, falls der Vermächtnisgegenstand zum Zeitpunkt des Erbfalls nicht mehr im Nachlass vorhanden ist.

■ Erbvertragliche Bindungswirkung bezüglich des Vermächtnisses/Entfallen der erbvertraglichen Bindungswirkung.

■ Höchst vorsorglich Widerruf aller bisherigen Verfügungen von Todes wegen.

■ Regelung der Wirksamkeit bei rechtskräftiger Scheidung.

■ Pflichtteilsverzicht (ohne Erbverzicht).

■ Eventuell: Erlöschen des Erbrechts erst mit der Scheidung.

■ Übernahme von Belastungen durch den Vermächtnisnehmer.

■ Übernahme von Kosten und Steuern des Vermächtnisses.

II. Muster: Erbvertrag

6

1. Wir setzen uns hiermit gegenseitig zum **Alleinerben** ein.

Der **Überlebende** von uns setzt zu seinen Erben die aus unserer Ehe hervorgegangenen **Kinder**, mehrere zu gleichen Teilen, nach Stämmen ein.

2. Für den Fall, dass eines der Kinder nicht Erbe sein kann oder will, bestimmt der Überlebende von uns die ehelichen Abkömmlinge des Betreffenden nach Maßgabe der gesetzlichen Erbfolge zu Ersatzerben.

3. Für den Fall, dass wir **gleichzeitig versterben**, trifft jeder von uns die in der vorstehenden Ziffer enthaltenen Bestimmungen für sich allein.

4. Wir **nehmen** hiermit gegenseitig die in den vorstehenden Ziffern ■■■ enthaltenen Verfügungen **an**. Sie sind somit erbvertragsmäßig bindend und einseitig **nicht widerrufbar**.

5. Der Überlebende von uns ist jedoch berechtigt, die in Ziffer ■■■ enthaltenen Bestimmungen dahingehend **abzuändern**, dass nur **eines** oder mehrere unserer Abkömmlinge Erben werden zu den von ihm bestimmten **Quoten**.

6. Ferner können für Abkömmlinge von uns Vermächtnisse angeordnet werden.

7. Über das Pflichtteilsrecht wurden wir vom beurkundenden Notar eingehend belehrt.

8. Die Bestimmungen dieser Urkunde werden unabhängig davon getroffen, ob und wie viele pflichtteilsberechtigte Personen jeweils vorhanden sind. Im Falle des **Scheiterns** unserer Ehe soll der Erbvertrag **unwirksam** sein.

9. Wir wurden weiter darauf hingewiesen, dass unter Umständen Grundbesitz im **Ausland**, Verträge zu Gunsten Dritter, wie z.B. Lebensversicherungen und Gesellschaftsbeteiligungen von der Wirkung dieser Verfügung von Todes wegen **nicht erfasst** werden.

10. Für den Fall, dass eine der vorstehenden Vereinbarungen unwirksam sein soll, soll davon die Geltung der übrigen Bestimmungen nicht berührt sein.

11. Diese Verfügungen von Todes wegen sind in die besondere **amtliche Verwahrung** des **Amtsgerichts** zu bringen.

Alternative 1: Vermächtnis

1. In erbvertraglich bindender Weise verfügt **jeder** Ehegatte jeweils für seinen Erbfall von Todes wegen unabhängig davon, ob er der Erstversterbende oder der Längerlebende von beiden ist, dass sein Erbe mit folgendem **Vermächtnis** beschwert ist: Vermächtnisnehmer sind (im rechtlichen Sinne eines sog. gemeinschaftlichen Vermächtnisses) die **gemeinsamen Kinder** der Ehegatten ■■■ untereinander zu je gleichen Stammesanteilen. **Ersatzvermächtnisnehmer** sind jeweils deren Abkömmlinge (untereinander entsprechend der gesetzlichen Erbfolgeordnung); sind solche nicht vorhanden, tritt Anwachsung unter den verbleibenden Vermächtnisnehmern ein. Im Übrigen wird ein Ersatzvermächtnisnehmer ausdrücklich nicht bestimmt, sodass das Vermächtnis ersatzlos entfällt, wenn die vorstehend bestimmten (Ersatz) Vermächtnisnehmer vorher wegfallen.

2. Das Vermächtnis ist in der Weise **auflösend bedingt**, dass es ersatzlos entfällt, sobald die gemeinsame Tochter ■■■ das **21. Lebensjahr** vollendet hat.

3. **Vermächtnisgegenstand** ist der dem Erblasser gehörende (Mit-)Eigentumsanteil an dem in Abschnitt ■■■ der diesem Vertrag anliegenden Anlage ■■■ näher bezeichneten Grundbesitz.

4. Klargestellt wird, dass es sich um kein Verschaffungsvermächtnis handelt, sodass das Vermächtnis **ersatzlos entfällt**, wenn und soweit sich der **Vermächtnisgegenstand nicht** (mehr) zum Zeitpunkt des **Erbfalls im Nachlass befindet**.

5. Die Ehegatten nehmen die vorstehenden Verfügungen von Todes wegen als vertragsmäßig gegenseitig in der Weise an, dass die dadurch entstehende **erbvertragliche Bindungswirkung** mit Vollendung des 21. Lebensjahres der Tochter ohne weiteres Zutun entfällt.

Die Verfügungen von Todes wegen gelten ohne Rücksicht auf etwaige gegenwärtige oder künftige Pflichtteilsberechtigte. Jeder Ehegatte **widerruft** vorsorglich alle etwa bisher errichteten **Verfügungen von Todes wegen** insoweit, als diese Verfügungen mit den vorstehenden Verfügungen in Widerspruch stehen.

Weitere Verfügungen von Todes wegen sollen in dieser Urkunde nicht getroffen werden. Die Wirkungen des § 2077 BGB werden hiermit ausgeschlossen, die vorstehende Verfügung von Todes wegen soll also auch **voll inhaltlich wirksam bleiben**, wenn die Ehe der Ehegatten ■■■ rechtskräftig geschieden ist.

Alternative 2:

1. Erbrechtliche Bestimmungen:

Beide Ehegatten ■■■ **verzichten** hiermit auf ihr gesetzliches **Pflichtteilsrecht** am Nachlass des jeweils anderen Ehegatten. Jeder der Ehegatten nimmt den vorstehenden Pflichtteilsverzicht des anderen Ehegatten hiermit an. Ein **Verzicht** auf das gesetzliche **Erbrecht** wird ausdrücklich **nicht** erklärt. Der Notar hat darauf hingewiesen, dass das Erbrecht des anderen Ehegatten durch eine Verfügung von Todes wegen (Testament, Erbvertrag) beseitigt werden kann. Hierzu bedarf es keines Verzichts auf das gesetzliche Erbrecht. Über die Rechtswirkungen des vorstehenden Pflichtteilsverzichts, insbesondere über dessen einseitige Unwiderruflichkeit, wurde vom Notar belehrt.

Der Notar hat darauf hingewiesen, dass das gesetzliche Erbrecht für den jeweiligen Ehegatten frühestens **erlischt**, wenn er die **Scheidung beantragt** oder ihr **zustimmt** und die Voraussetzungen für die Scheidung der Ehe gegeben sind. Ist eine dieser Voraussetzungen nicht gegeben, **erlischt das Erbrecht erst mit der Scheidung**. Die erbrechtliche Rechtslage nach der Scheidung der Ehe der Beteiligten wurde mit ihnen erörtert.

2. Erbvertrag:

Mit vorstehendem Ehevertrag verbinden wir einen Erbvertrag, wozu wir unter gegenseitiger vertragsmäßiger Annahme unserer Erklärungen und ohne Rücksicht darauf, ob, welche und wie viele Pflichtteilsberechtigte jeder von uns hinterlässt, erbvertragsmäßig, also einseitig unwiderruflich, ohne irgendwelche Vorbehalte, die der Notar mit uns erörtert hat, vereinbaren:

a) Eine **Erbeinsetzung** wollen wir heute **nicht** treffen.

b) Unsere beiden gemeinschaftlichen Kinder erhalten **vermächtnisweise** nach dem Tode von jedem von uns den jeweiligen **Miteigentumsanteil** an dem bereits oben grundbuchmäßig beschriebenen **Grundbesitz** zu unter sich gleichen Teilen.

Das ausgesetzte Vermächtnis hinsichtlich der beiden Miteigentumsanteile ist unverzüglich nach dem jeweiligen Tod eines von uns beiden, nicht jedoch vor Festsetzung und Sicherstellung der darauf entfallenden Erbschaftsteuer zu erfüllen.

Etwaige auf dem Vermächtnisgegenstand befindliche **Belastungen** sind vom **Vermächtnisnehmer** zu übernehmen, Grundschulden samt den durch sie gesicherten Verbindlichkeiten im Wege der befreienden Schuldübernahme. Der Vermächtnisnehmer hat auch die **Kosten** der Vermächtniserfüllung und die auf das Vermächtnis entfallende **Erbschaftsteuer** zu tragen.

Sämtliche Rückgewähransprüche und Eigentümerrechte hinsichtlich der Grundpfandrechte stehen ebenfalls dem Vermächtnisnehmer zu.

Das Vermächtnis ist nicht zu erfüllen, bevor der Vermächtnisnehmer den oder die Erben von der Inanspruchnahme aus den auf dem Grundbesitz abgesicherten Verbindlichkeiten, die durch Grundschulden abgesichert sind, freigestellt bzw. gesichert hat.

Sofern ein Vermächtnisnehmer das Vermächtnis nicht erwirbt, werden von einem jeden von uns als **Ersatzvermächtnisnehmer** die Abkömmlinge des weggefallenen nach den Regeln der gesetzlichen Erbfolge, wiederum ersatzweise der jeweils andere Vermächtnisnehmer allein bestimmt.

3. Rücktrittsvorbehalte oder Änderungsbefugnisse wollen wir nicht vereinbaren. Diese Regelung soll in jedem Fall für uns beide verbindlich sein und **über die Dauer unserer Ehe** hinaus **Bestand** haben.

4. Wir wurden vom Notar belehrt über

- die Bestimmungen der gesetzlichen Erbfolge und des Pflichtteilsrechts,
- die Bedeutung eines Erbvertrages und dessen Bindungswirkung,
- das Bestehen eines gesetzlichen Rücktrittsrechts nur im Falle einer Verfehlung des Bedachten, das unter den gleichen Voraussetzungen besteht, die zum Pflichtteilsentzug berechtigen und die mit uns erörtert wurden,

– die Möglichkeiten der Aufhebung und und Abänderung des Erbvertrages, insbesondere auch darüber, dass im Fall des Todes des Erblassers auch ein aufgehobener Erbvertrag vom Notar dem Nachlassgericht abzuliefern ist und von diesem eröffnet wird,
– die Tatsache, dass Leistungen aus Lebensversicherungsverträgen nicht an die im Erbvertrag eingesetzten Personen, sondern an die im Lebensversicherungsvertrag bestimmten Bezugsberechtigten ausgezahlt werden.

Alternative 3: Angebot zum Abschluss eines Vertrages, mit dem der Ehemann auf Pflichtteilsansprüche verzichtet

1. Rechtlich unabhängig von den übrigen in dieser Urkunde niedergelegten Vereinbarungen bietet der Ehemann, Herr ■■■ der Ehefrau ■■■ den Abschluss eines Pflichtteilsverzichtsvertrages mit dem folgenden Inhalt an:
Der Ehemann ■■■ verzichtet hiermit gegenüber der Ehefrau ■■■ auf seine gesetzlichen Pflichtteilsansprüche einschließlich etwaiger Pflichtteilsergänzungsansprüche an deren künftigem Nachlass. Die Ehefrau ■■■ nimmt den vorstehenden Verzicht an.
2. Das vorstehende Angebot kann von der Angebotsempfängerin, Frau ■■■ wirksam nur angenommen werden, wenn sie alle in dem angebotenen Vertrag enthaltenen Erklärungen abgibt.
3. An das vorgenannte Angebot hält sich der Ehemann bis zum Ablauf des Monats ■■■ gebunden.
Zur Wirksamkeit der Annahme ist es nur erforderlich, dass die Annahmeerklärung vor Ablauf der Annahmefrist vor einem Notar abgegeben wird; der Zeitpunkt des Zugangs der Annahmeerklärung an den Ehemann ist nicht maßgebend.
4. Die Kosten dieser Urkunde einschließlich der **Kosten** einer nachträglichen Genehmigung der Ehefrau und der **Annahme** des in Abschnitt ■■■ niedergelegten Angebots trägt der Ehemann ■■■.

B. Verzicht auf Pflichtteil

I. Beratung

7 Die Ehegatten verzichten lediglich wechselseitig auf ihr Pflichtteilsrecht, nicht aber auf das Erbrecht.

8 ### II. Muster: Verzicht auf Pflichtteil

1. Bindende Verfügungen von Todes wegen haben wir zusammen nicht errichtet, insbesondere nicht ein gemeinschaftliches Testament oder einen Erbvertrag.
2. Wir verzichten hiermit gegenseitig auf unser Pflichtteilsrecht als Ehegatten und nehmen jeweils die Verzichtserklärung des anderen an. Der Notar hat uns über die Wirkungen dieses Pflichtteilsverzichts belehrt. Einen **gegenseitigen Erbverzicht** wünschen wir **nicht**.

C. Erbverzicht

I. Beratung

Die Ehegatten verzichten auf Erb- und Pflichtteilsansprüche. Eine solche Regelung **9** kommt in der Praxis immer dann in Betracht, wenn die **Vermögensauseinandersetzung** zwischen den Parteien bereits **endgültig** durch eine Vereinbarung abgeschlossen wurde und die Ehegatten bezüglich der Erbeinsetzung von Kindern oder anderen Personen frei verfügen wollen.

II. Muster: Erbverzicht **10**

> Die Beteiligten **verzichten** hiermit gegenseitig auf die gesetzlichen Erb- und **Pflichtteils-** **249** **ansprüche** am Nachlass des Erstversterbenden von ihnen. Sie nehmen diesen Verzicht hiermit gegenseitig an.
> Auf die Bedeutung und Wirkung des Erbverzichts, insbesondere das Ausscheiden aus der gesetzlichen Erbfolge, wurden die Beteiligten hingewiesen.

D. Aufhebung eines Erbvertrages, Erbverzicht und erbvertragliche Vereinbarungen, Vermächtnis

I. Beratung

1. Tatsächliche Ausgangssituation

Die Ehegatten sind Miteigentümer bezüglich einer Eigentumswohnung zu je ½. Sie ver- **11** zichten wechselseitig auf Erb- und Pflichtteilsansprüche. Ein zuvor bereits geschlossener Erbvertrag wird aufgehoben. Beide Ehegatten vereinbaren mit erbvertraglicher Bindungswirkung (ausdrücklich auch im Falle der Scheidung), dass der jeweilige hälftige **Miteigentumsanteil** an der Wohnung auf den **Sohn** zu **Alleineigentum** übergeht.

2. Rechtliche Ausgangssituation

Zu regeln ist Folgendes: **12**
- Aufhebung Erbvertrag.
- Erbverzicht.
- Pflichtteilsverzicht.
- Klarstellung bezüglich der erbvertraglichen Bindungswirkung für den Fall der Scheidung.
- Vermächtnis zu Gunsten des Sohnes bezüglich der Miteigentumshälfte an der Wohnung.
- Annahme der Verfügungen in erbvertragsmäßig bindender Weise.

13 II. Muster: Aufhebung eines Erbvertrages und Erbverzicht

250

1. Aufhebung eines Erbvertrages:

Die Beteiligten haben zur Urkunde des Notars ███ vom ███ UR-Nr. ███ einen Erbvertrag geschlossen.

Dieser Erbvertrag wird hiermit von den Beteiligten mit sämtlichen darin enthaltenen Verfügungen von Todes wegen voll inhaltlich aufgehoben.

2. Erbverzicht:

Die Beteiligten verzichten hiermit gegenseitig auf die gesetzlichen Erb- und Pflichtteilsansprüche am Nachlass des erstversterbenden Eheteils von ihnen.

Dieser Erbverzicht wird von den Vertragsteilen gegenseitig angenommen.

Auf die rechtlichen Folgen dieses Erbverzichts, insbesondere auf das Ausscheiden aus der gesetzlichen Erbfolge, wurde vom Notar hingewiesen.

3. Erbvertragliche Vereinbarung:

a) Erbvertragsmäßig gegenseitig bindend, also in einseitig unwiderruflicher Weise, treffen die Vertragsteile hiermit die folgenden Verfügungen von Todes wegen, wobei diese Verfügungen auch **ausdrücklich im Falle einer Scheidung** der Vertragsteile bestehen und rechtswirksam bleiben und auch die **erbvertragliche Bindungswirkung** für diesen Fall bestehen bleibt:

  – Ich, Herr ███ bestimme hiermit, dass im Falle meines Ablebens mein Sohn ███ meinen ½ Miteigentumsanteil an der in Abschnitt ███ genannten Eigentumswohnung zum Alleineigentum erhält. Sollte mein vorgenannter Sohn mein Miterbe werden, so erhält er den vorgenannten Vermächtnisgegenstand als Vorausvermächtnis. An den Kosten der Vermächtniserfüllung muss sich mein Sohn nicht beteiligen. Sollte mein vorgenannter Sohn vor mir – sei es mit oder ohne Hinterlassung von Abkömmlingen – verstorben sein, so entfällt die vorstehende Vermächtnisanordnung ersatzlos.

  – Ich, Frau ███, bestimme hiermit, dass im Falle meines Ablebens mein Sohn ███ meinen ½ Miteigentumsanteil an der in Abschnitt ███ genannten Eigentumswohnung zum Alleineigentum erhält. Sollte mein vorgenannter Sohn mein Miterbe werden, so erhält er den vorgenannten Vermächtnisgegenstand als Vorausvermächtnis. An den Kosten der Vermächtniserfüllung muss sich mein Sohn nicht beteiligen. Sollte mein vorgenannter Sohn vor mir – sei es mit oder ohne Hinterlassung von Abkömmlingen – verstorben sein, so entfällt die vorstehende Vermächtnisanordnung ersatzlos.

b) Die in Lit. a) von uns, den Vertragsteilen, bestimmten Vermächtnisanordnungen werden von uns jeweils unabhängig davon getroffen, welche pflichtteilsberechtigte Personen im Zeitpunkt unseres jeweiligen Ablebens vorhanden sind, und unabhängig davon, ob und inwieweit sich der Stand unseres jeweiligen Vermögens zukünftig verändert.

c) Wir, die Vertragsteile, **nehmen** die in Lit. a) niedergelegten Verfügungen jeweils als **erbvertragsmäßig** getroffen ausdrücklich gegenseitig **an**.

d) Auf die erbvertragliche Bindungswirkung und die gesetzlichen Pflichtteilsrechtsbestimmungen wurde vom Notar ausdrücklich hingewiesen.

E. Erbverzicht/Unterhaltsverzicht im Erbfall

I. Beratung

Im Hinblick auf die obigen Ausführungen (s. Teil 2, § 2 Rn 51 ff) ist ausdrücklich klar- **14**
zustellen, ob auf die Rechte aus § 1586 b BGB verzichtet wird, also eine **Unterhaltspflicht nicht auf die Erben übergehen soll.**

Zu regeln ist Folgendes: **15**

- Erb- und Pflichtteilsverzicht.
- Verzicht auf die Rechte aus § 1586 b BGB.
- Alternativ: Kein Verzicht auf die Rechte aus § 1586 b BGB mit Klarstellung, dass der
  Pflichtteil so zu ermitteln ist, wie wenn der Erbverzicht nicht erklärt worden wäre.

II. Muster: Erbverzicht/Unterhaltsverzicht im Erbfall **16**

251

> Die Beteiligten verzichten hiermit gegenseitig für den ersten bei ihnen eintretenden To-
> desfall auf die gesetzlichen **Erb- und Pflichtteilsansprüche** am Nachlass des Erstverster-
> benden von ihnen.
>
> Die Beteiligten nehmen diesen Verzicht hiermit gegenseitig an.
>
> Auf die Bedeutung und Wirkung des Erbverzichts, insbesondere das Ausscheiden aus der
> gesetzlichen Erbfolge wurden die Beteiligten hingewiesen.
>
> Die Beteiligten vereinbaren ferner, dass sie mit dem vorstehenden Erb- und Pflichtteils-
> verzicht auf die **Rechte** aus **§ 1586 b BGB verzichten,** somit also eine etwa beim Ableben
> des Verpflichteten bestehende **Unterhaltspflicht nicht** auf dessen **Erben übergeht,** son-
> dern vielmehr mit dem Ableben des Verpflichteten endet.
>
> **Alternative: Kein Verzicht auf Unterhalt gegen Erben**
>
> Die Beteiligten verzichten hiermit gegenseitig auf die gesetzlichen Erb- und Pflichtteils-
> ansprüche am Nachlass des Erstversterbenden von ihnen. Sie nehmen diesen Verzicht
> hiermit gegenseitig an. Auf die Bedeutung und Wirkung des Erbverzichts, insbesondere
> das Ausscheiden aus der gesetzlichen Erbfolge wurden die Beteiligten hingewiesen.
> Durch den vorstehend erklärten **Erbverzicht** sollen eventuell beim Ableben eines Ver-
> tragsteils noch bestehende **nacheheliche Unterhaltsansprüche** des anderen Vertragsteils
> **nicht beeinträchtigt** werden. Der **Pflichtteil** i.S.d. § 1586 b Abs. 1 S. 3 BGB ist deshalb, wie
> die Beteiligten vereinbaren, so zu **ermitteln,** wie wenn der **Erbverzicht nicht erklärt wor-
> den wäre.**

F. Vermächtniseinsetzung

I. Beratung

1. Tatsächliche Ausgangssituation

Die Ehegatten haben die Vermögensauseinandersetzung in Form von Aufteilung vor- **17**
handener Immobilien vorgenommen. Gewünscht ist beiderseits, dass die aufgeteilten
Immobilien im Eigentum der Familie verbleiben.

18 Sollen im Falle der Erbeinsetzung oder der Vermächtnisanordnung die **gesetzlichen Folgen** bei **Beeinträchtigung** des Vertragserben oder Beeinträchtigung des Vermächtnisnehmers gem. §§ 2287, 2288 BGB **beseitigt** werden, so ist dies ausdrücklich zu regeln. Darüber hinaus muss klargestellt werden, ob das Vermächtnis – falls der Vermächtnisnehmer zugleich Erbe ist – als **Vorausvermächtnis zusätzlich zum Erbteil** und ohne Anrechnung beim Vermächtnisnehmer verbleiben soll.

19 Sind **mehrere Kinder** vorhanden, die als Vermächtnisnehmer (oder Erben) eingesetzt werden, so wird üblicherweise die Möglichkeit eingeräumt, ggf. das Vermächtnis noch in der Weise **abzuändern**, dass die Verteilung durch die Vermächtnisanordnung in anderer Weise erfolgt als ursprünglich vorgesehen; dies jedoch immer mit der Einschränkung, dass der Vermächtnisgegenstand nur **Abkömmlingen** zugewendet werden darf.

20 Dieser Vorbehalt einer anderweitigen Verteilung hat in erster Linie den Sinn, die Vermächtnisanordnung insoweit anzupassen, als möglicherweise ein Kind nicht an der Übernahme des Vermächtnisgegenstandes interessiert ist oder dies aufgrund der Entwicklung des Eltern-Kind-Verhältnisses nicht mehr gewünscht ist.

2. Rechtliche Ausgangssituation

21 Zu regeln ist Folgendes:
- Beschwerung des Erben mit dem Vermächtnis.
- Regelung, ob das Vermächtnis als Vorausvermächtnis gewährt wird, das der Erbe zusätzlich zu seinem Erbteil ohne Anrechnung erhält.
- Regelung, ob die Vermächtniseinsetzung auch für den Fall der Scheidung der Ehe gilt.
- Einräumung des Rechts bezüglich der Aufteilung des Vermächtnisses zwischen den Kindern (jedoch nur zu Gunsten gemeinsamer Abkömmlinge) anderweitig zu verfügen.
- Verzicht auf das Recht der Anfechtung für den Fall der Wiederverehelichung, §§ 2281, 2079 BGB.
- Bezeichnung des Vermächtnisgegenstandes.
- Bezeichnung des Vermächtnisnehmers.
- Fälligkeit des Vermächtnisses.
- Übernahme von Kosten und Belastungen des Vermächtnisses.
- Wichtig: Regelung für den Fall, dass der Vermächtnisgegenstand zum Zeitpunkt des Ablebens nicht mehr vorhanden ist: Ersatzloses Entfallen des Vermächtnisses; Klarstellung, dass kein Geldbetrag als Surrogat an die Stelle des Vermächtnisgegenstandes tritt (§ 2288 BGB).
- Vereinbarung, dass über den Vermächtnisgegenstand zu Lebzeiten beliebig verfügt, insbesondere der Vermächtnisgegenstand veräußert werden kann.

II. Muster: Vermächtniseinsetzung

Erbvertrag/Vermächtniseinsetzung:

Sodann vereinbaren wir erbvertraglich, also in einseitig unwiderruflicher Weise unter gegenseitiger Annahme aller Erklärungen durch diesen Erbvertrag was folgt:

1. Ich, Frau ■■■ bestimme, dass **mein Erbe** zu Gunsten von Herrn ■■■ (Ehemann) mit einem **Vermächtnis** folgenden Inhalts beschwert wird:

   Herr ■■■ hat das Anwesen in ■■■ zum Alleineigentum zu erhalten. Eventuelle Belastungen und die zugrundeliegenden Verbindlichkeiten hat Herr ■■■ in voller Höhe allein zu übernehmen.

   Alle **Kosten**, die anlässlich der Durchführung des Vermächtnisses entstehen, hat der Vermächtnisnehmer zu tragen. Das Vermächtnis ist sofort nach dem Tode **fällig**.

   Weitere Verfügungen, insbesondere eine Erbeinsetzung, wollen wir heute nicht treffen.

2. Vom Notar wurde auf das gesetzliche Erb- und Pflichtteilsrecht sowie auf die Bindungswirkung des Erbvertrages hingewiesen.

Alternative 1:

■■■ treffen Herr ■■■ und Frau ■■■ im Wege eines hiermit geschlossenen **Erbvertrages** unter gegenseitiger vertragsmäßiger Annahme ihrer in diesem Abschnitt enthaltenen Erklärungen – jedoch mit dem unten vereinbarten Vorbehalt – folgende Bestimmungen:

1. Vermächtniseinsetzung s. Teil 3, § 7 Rn 6.

2. Soweit die beiden **Kinder** oder eines von ihnen auch als **Erbe** oder Miterbe nach mir zum Zuge kommt, stellt das vorbezeichneten Vermächtnis ein **Vorausvermächtnis** dar, das der betreffende Erbe **zusätzlich** zu seinem **Erbteil** und **ohne Anrechnung** auf diesen erhält.

3. Diese Vermächtniseinsetzung wird **unabhängig** davon getroffen, ob und wann unsere Ehe **geschieden** wird.

4. Mir, Herrn ■■■ bleibt das **Recht** vorbehalten, dieses Vermächtnis bezüglich des Haus- und Grundbesitzes ■■■ ganz oder teilweise abzuändern oder aufzuheben und insoweit **neu** von Todes wegen zu **verfügen**, immer jedoch **nur** zu Gunsten gemeinsamer **Abkömmlinge** (Kinder, Enkel) von uns.

5. Ich, Frau ■■■ **nehme** die vorstehende Vermächtnisanordnung mit dem genannten Vorbehalt **vertragsmäßig** an.

6. Ich, Herr ■■■ **verzichte** bereits heute für den Fall einer Wiederverehelichung auf das **Recht** der **Anfechtung** gem. §§ 2281, 2079 BGB.

7. Belehrungen:

   Die Beteiligten wurden vom Notar belehrt über

   – die Bestimmungen der gesetzlichen Erbfolge und des Pflichtteilsrechts,

   – die Bedeutung eines Erbvertrages und dessen Bindungswirkung,

   – das Bestehen eines gesetzlichen **Rücktrittsrechts** nur im Falle einer Verfehlung des Bedachten, das unter den gleichen Voraussetzungen besteht, die zum Pflichtteilsentzug berechtigen und die mit den Beteiligten erörtert wurden,

   – die Möglichkeit der Aufhebung und Abänderung des Erbvertrages, insbesondere auch darüber, dass im Fall des Todes des Erblassers auch ein aufgehobener Erbvertrag vom Notar dem Nachlassgericht abzuliefern ist und von diesem eröffnet wird,

– das **Recht** des **Erblassers**, über den Gegenstand des Vermächtnisses durch Rechtsgeschäft unter Lebenden zu **verfügen**, welches nach § 2286 BGB **nicht beschränkt** wird und dass unter den Voraussetzungen des § 2287 BGB **Bereicherungsansprüche** gegen einen möglichen Beschenkten bestehen können.

Alternative 2:

1. Erbvertragsmäßig bindend gegenüber Herrn ■■■, also in einseitig unwiderruflicher Weise, soweit nachfolgend nicht ausdrücklich etwas abweichendes bestimmt ist, trifft Frau ■■■ hiermit folgende Verfügungen von Todes wegen, wobei diese Verfügungen **auch** ausdrücklich im Falle der **Scheidung** der Ehegatten ■■■ bestehen und rechtswirksam bleiben und auch die erbvertragliche Bindungswirkung für diesen Fall bestehen bleibt:

a) Ich, Frau ■■■ beschwere meine/n Erben und zwar unabhängig davon, welche Erbfolge nach mir eintritt, mit folgendem Vermächtnis:
   – Vermächtnisgegenstand ist das in Abschnitt ■■■ genannte Grundstück.
   – Vermächtnisnehmer sind meine in Abschnitt ■■■ genannten Kinder zu unter sich gleichen Teilen.

   Sollte einer der vorgenannten Vermächtnisnehmer vor mir verstorben sein, so treten an dessen Stelle dessen im Zeitpunkt meines Ablebens vorhandene Abkömmlinge zu unter sich gleichen Stammanteilen. Sollte ein vorgesehener Vermächtnisnehmer ohne Hinterlassung von Abkömmlingen vor mir verstorben sein, so erhalten die anderen vorgenannten Vermächtnisnehmer – ersatzweise für einen weggefallenen Vermächtnisnehmer – dessen im Zeitpunkt meines Ablebens vorhandenen Abkömmlinge zu unter sich gleichen Stammanteilen den dem verstorbenen Vermächtnisnehmer zugedachten Anteil zusätzlich.
   – Das Vermächtnis ist 3 Monate nach dem Erbfall zur Erfüllung fällig.
   – Die Kosten der Vermächtniserfüllung haben die Vermächtnisnehmer unter sich im Verhältnis ihres Erwerbs zu tragen.
   – An dem Vermächtnisgegenstand eingetragene Belastungen sind mit zugrundeliegenden Verbindlichkeiten von den Vermächtnisnehmern zu übernehmen, soweit diese Verbindlichkeiten dem Vermächtnisgegenstand wirtschaftlich zuzuordnen sind.
   – Sofern Vermächtnisnehmer meine Erben/Miterben werden, erhalten sie den Vermächtnisgegenstand als Vorausvermächtnis, also ohne Anrechnung auf den Erbteil.
   – Sofern sich der Vermächtnisgegenstand im Zeitpunkt meines Ablebens nicht mehr in meinem Eigentum befindet, entfällt das Vermächtnis ersatzlos. Es tritt dann also auch kein Geldbetrag als Surrogat an die Stelle des Vermächtnisgegenstandes.

b) Ich, Frau ■■■ bin jedoch noch berechtigt, den Vermächtnisgegenstand durch einseitige Verfügung von Todes wegen **abweichend** von der vorstehenden Vermächtnisanordnung unter unseren gemeinsamen **Abkömmlingen** (Kinder und deren Nachkommen) **zu verteilen** oder den Vermächtnisgegenstand auch nur einem der erwähnten Abkömmlinge zuzuwenden. Anderen Personen als gemeinsamen Abkömmlingen (Kinder und deren Nachkommen) von uns darf der Vermächtnisgegenstand jedoch nicht durch Verfügung von Todes wegen zugewendet werden.

2. Ich, Herr ■■■ nehme die in Abschnitt (1) enthaltenen Verfügungen als mir gegen-über erbvertragsmäßig getroffen ausdrücklich an.

3. Auf die gesetzlichen Pflichtteilsbestimmungen und die erbvertragliche Bindungs-wirkung wurde vom Notar ausdrücklich hingewiesen.
Die Beteiligten stellen in diesem Zusammenhang klar, dass Frau ■■■ zu ihren **Leb-zeiten** zu beliebigen rechtsgeschäftlichen **Verfügungen** über den Vermächtnis-gegenstand **berechtigt** ist, insbesondere diesen auch zu beliebigen Bedingungen zu **veräußern.**

Alternative 3:

1. **Erbvertragsmäßig bindend** gegenüber Frau ■■■ also in einseitig unwiderruflicher Weise, soweit nachfolgend nicht ausdrücklich etwas Abweichendes bestimmt ist, trifft Herr ■■■ hiermit die folgenden Verfügungen von Todes wegen, wobei diese Verfügungen auch ausdrücklich im Falle einer **Scheidung** der Ehegatten ■■■ beste-hen und rechtswirksam bleiben und auch die erbvertragliche Bindungswirkung für diesen Fall bestehen bleibt:
Ich, Herr ■■■ bestimme hiermit im Wege einer **Vermächtnisanordnung**, dass im Falle meines Ablebens meinen in Abschnitt ■■■ genannten Grundbesitz samt da-rauf befindlichen Gebäulichkeiten, meine in Abschnitt ■■■ genannten **3 Kinder**, also ■■■ und ■■■ und ■■■ zu unter sich gleichen Teilen, also **je** zu einem **Drittel** erhalten.
Sollte eines meiner vorgenannten Kinder – sei es mit oder ohne Hinterlassung von Abkömmlingen – vor mir verstorben sein, so erhalten die übrigen vorgenannten Kin-dern den erwähnten Vermächtnisgegenstand zu unter sich gleichen Teilen; ist nur noch eines der vorgenannten Kinder bei meinem Ableben am Leben, so erhält dieses den Vermächtnisgegenstand allein.
Sofern das vorgenannte Anwesen von mir **veräußert** worden sein sollte, so tritt an diese Stelle ein **von mir sodann erworbenes Ersatzobjekt.**
Die **Kosten** der Vermächtniserfüllung sind von den Vermächtnisnehmern zu tragen. Ich, Herr ■■■ bin jedoch noch berechtigt, den genannten Vermächtnisgegenstand **abweichend** von der in Buchstabe ■■■ enthaltenen Regelung unter gemeinsamen **Abkömmlingen** aus meiner Ehe mit Frau ■■■ (Kinder und deren Nachkommen) zu **verteilen**, den Vermächtnisgegenstand auch nur einem der genannten Abkömm-linge zuzuwenden und Testamentsvollstreckungen und Teilungsanordnungen be-züglich des Vermächtnisgegenstandes zu bestimmen.
Andere Personen als gemeinsame Abkömmlingen aus meiner Ehe mit Frau ■■■ (Kinder und deren Nachkommen) dürfen den Vermächtnisgegenstand hingegen weder ganz noch teilweise erhalten; dies gilt auch für den Fall einer eventuellen Wiederverehelichung von mir.
Die vorstehenden Verfügungen von Todes wegen werden von mir, Herrn ■■■ unab-hängig davon getroffen, welche pflichtteilsberechtigte Personen im Zeitpunkt mei-nes Ablebens vorhanden sind und unabhängig davon, ob und inwieweit sich der Stand meines Vermögens zukünftig verändert.

2. Ich, Frau ■■■ **nehme** die in Ziffer ■■■ enthaltenen Verfügungen als mir gegenüber erbvertragsmäßig getroffen ausdrücklich **an.**

3. Auf die erbvertragliche Bindungswirkung und die gesetzlichen Pflichtteilsrechts-bestimmungen wurde vom Notar ausdrücklich hingewiesen.

Alternative 4:

1. Ich, Herr ■■■ **beschwere** meine/n **Erben** und zwar unabhängig davon, welche Erbfolge nach mir eintritt, mit folgenden **Vermächtnissen** und zwar in der Weise, dass hinsichtlich eines jeden Vermächtnisgegenstandes ein rechtlich selbständiges Vermächtnis besteht:
   a) Vermächtnis**gegenstände** sind: (Bezeichnung der Grundstücke.)
   b) Vermächtnisnehmer sind je unsere gemeinsamen Söhne zu untereinander gleichen Teilen. Sollte einer der vorgesehenen Vermächtnisnehmer vor mir verstorben sein, treten an dessen Stelle dessen im Zeitpunkt meines Ablebens vorhandene Abkömmlinge zu unter sich gleichen Stammanteilen. Sollte ein vorgesehener Vermächtnisnehmer ohne Hinterlassung von Abkömmlingen vor mir verstorben sein, so erhält der andere vorgenannte Vermächtnisnehmer – ersatzweise dessen im Zeitpunkt meines Ablebens vorhandenen Abkömmlinge zu unter sich gleichen Stammanteilen, die Vermächtnisgegenstände allein.
   c) Das Vermächtnis ist 3 Monate nach dem Erbfall zur Erfüllung fällig.
   d) Die Kosten der Vermächtniserfüllung und -durchführung – einschl. etwaiger Vermessungskosten – hat der Vermächtnisnehmer zu tragen.
   e) An dem jeweiligen Vermächtnisgegenstand eingetragene Belastungen sind mit zugrundeliegenden Verbindlichkeiten vom Vermächtnisnehmer zu übernehmen, soweit diese Verbindlichkeiten dem entsprechenden Vermächtnisgegenstand wirtschaftlich zuzuordnen sind.
   f) Sofern sich ein Vermächtnisgegenstand im Zeitpunkt meines Ablebens nicht mehr in meinem Eigentum befindet, entfällt das entsprechende Vermächtnis ersatzlos. Es tritt dann also auch kein Geldbetrag als Surrogat an die Stelle des entsprechenden Vermächtnisgegenstandes.
2. Ich, Frau ■■■ beschwere meine/n Erben, und zwar unabhängig davon, welche Erbfolge nach mir eintritt, mit folgendem Vermächtnis:
   Vermächtnisgegenstand
   Vermächtnisnehmer u. a./ ■■■ (Formulierung wie vorstehend unter Ziffer 1.)

G. Übertragungsverpflichtung bei Todesfall

I. Beratung

1. Tatsächliche Ausgangssituation

23   Die Parteien sind Miteigentümer zu je ½ bezüglich einer noch mit Schulden belasteten Eigentumswohnung. Die Eigentumswohnung wird vom Ehemann nebst der darauf lastenden Schulden übernommen. Es soll sichergestellt werden, dass der gemeinsame Sohn spätestens bei Ableben die Wohnung erhält. Bei einem vorherigen Verkauf der Wohnung oder einer unentgeltlichen Veräußerung soll der Sohn den Verkaufserlös nach Abzug der Belastungen erhalten.

2. Rechtliche Ausgangssituation

Zu regeln ist Folgendes: 24
1. Wohnungsübertragung auf den Ehemann,
2. Vertrag zu Gunsten Dritter mit Übertragungsverpflichtung,
3. Zeitpunkt der Übertragung,
4. Verpflichtung zur Auszahlung des Verkaufserlöses an den Sohn bei entgeltlicher
   oder unentgeltlicher Veräußerung.

II. Muster: Übertragungsverpflichtung bei Todesfall   25

> ■■■ Eigentumsübertragung
>
> Herr ■■■ verpflichtet sich, für sich und seine Erben im Wege eines Vertrages zu Gunsten
> Dritter das in Ziffer ■■■ dieses Abschnitts bezeichnete Wohnungseigentum an den ge-
> meinsamen Sohn ■■■ zu übertragen.
>
> Den Zeitpunkt der Übertragung bestimmt Herr ■■■. Die Übertragung hat spätestens mit
> dem **Ableben** von Herrn ■■■ zu erfolgen.
>
> Den Ehegatten ■■■ bleibt das Recht vorbehalten, den Übertragungsanspruch ohne Zu-
> stimmung des Berechtigten im gemeinsamen Zusammenwirken aufzuheben oder abzu-
> ändern.
>
> Für den Fall, dass Herr ■■■ das Wohnungseigentum entgegen der vorstehenden Verein-
> barung – entgeltlich oder unentgeltlich – an einen **Dritten veräußert**, verpflichtet er sich,
> an den Sohn ■■■ einen Abfindungsbetrag in Höhe des erzielten Veräußerungserlöses
> bzw. Verkehrswertes zum Zeitpunkt der Überlassung nach Abzug der noch vorhandenen
> Restschulden bei der ■■■ Bank sowie etwaiger Veräußerungskosten (Maklerkosten, No-
> tarkosten) zu bezahlen. Der Abfindungsbetrag ist fällig innerhalb von 4 Wochen ab Ver-
> äußerung.
>
> Auf dingliche Sicherung der vorstehenden Ansprüche durch Eintragung einer Vormerkung
> gem. § 883 BGB bzw. Sicherungshypothek wird verzichtet.

253

H. Erbvertragliche Regelung für den Übergangszeitraum bis zur Übertragung eines Vermögenswertes

I. Beratung

Die Ehegatten haben einen Überlassungsvertrag zur Vermögensauseinandersetzung ge-   26
schlossen, wonach die Ehefrau die Apotheke zu Alleineigentum erhält. **Zeitpunkt** der
Übergabe ist **nicht sofort**. Es wird eine erbrechtliche Regelung getroffen für den Fall
des Ablebens des Ehemannes vor dem Zeitpunkt der Übergabe der Apotheke an die
Ehefrau.

27 **II. Muster: Erbvertragliche Regelung für den Übergangszeitraum bis zur Übertragung eines Vermögenswertes**

Die Parteien treffen ferner die **erbvertragliche** Vereinbarung, dass für den Fall des **Ablebens** des Herrn ■■■ **vor** dem ■■■ (**Zeitpunkt der Übergabe**) die von ihm betriebene ■■■ Apotheke in ■■■ einschließlich der Einrichtung der Apothekenbetriebsräume sowie der wissenschaftlichen und sonstigen Hilfsmittel gem. § 5 ApBetriebsO sowie der Geräte und Mittel nach Anlage 1 zu § 4 Abs. 8 ApBetriebsO und Anlage 3 zu § 15 Abs. 1 S. 1 ApBetriebsO der Antragsgegnerin zufällt. Herr ■■■ setzt Frau ■■■ insoweit als Erbin ein. Frau ■■■ verpflichtet sich zur Erfüllung der von ihr gem. anliegendem Apotheken-Überlassungsvertrag vom ■■■ übernommenen Pflichten.

I. Anordnung der Testamentsvollstreckung

I. Beratung

1. Tatsächliche Ausgangssituation

28 Es wurden die beiden ehegemeinschaftlichen Kinder als Vermächtnisnehmer bezüglich einer Immobilie eingesetzt. Die Kinder sind minderjährig. Es soll sichergestellt werden, dass das Vermächtnis erfüllt wird.

2. Rechtliche Ausgangssituation

29 Zu regeln ist Folgendes:
1. Aufgabe des Testamentvollstreckers: Erfüllung des Vermächtnisses (insbesondere Eigentumsumschreibung).
2. Ende der Testamentsvollstreckung (Frist).
3. Regelung, falls der Testamentsvollstrecker das Amt nicht annimmt oder niederlegt: Ersatzloser Entfall.

30 **II. Muster: Anordnung der Testamentsvollstreckung**

1. Zum Zwecke der Erfüllung des vorstehenden Vermächtnisses ordnet jeder von uns **Testamentsvollstreckung** an.
Diese Anordnung steht jedoch unter der aufschiebenden Bedingung des Vermächtnisanfalles; d.h. diese Testamentsvollstreckungsanordnung wird nur und erst wirksam, **sobald** und **soweit** das **Vermächtnis anfällt**. Zum Testamentsvollstrecker ernennen wir jeweils den vorstehend bestimmten Vermächtnisnehmer gemeinsam bzw. ersatzweise die dort bestimmten Ersatzvermächtnisnehmer gemeinsam; der Testamentsvollstrecker ist von den Beschränkungen des § 181 BGB befreit. **Einzige Aufgabe** des Testamentsvollstreckers ist die vollständige **Erfüllung** des vorstehenden **Vermächtnisses**, insbesondere durch **Eigentumsumschreibung** im Grundbuch. Die Testamentsvollstreckung **endet** spätestens 15 Jahre nach dem Vermächtnisanfall.

Die vorstehende Anordnung der Testamentsvollstreckung **entfällt ersatzlos**, sofern und soweit der vorstehend ernannten Testamentsvollstrecker das Amt **nicht annehmen** oder das Amt nach Annahme **niederlegen** sollte. Klargestellt wird, dass die Anordnung der Testamentsvollstreckung erbvertragsmäßig bindend getroffen ist.

2. Wir nehmen hiermit die vorstehend vertragsmäßig getroffenen Verfügungen ausdrücklich gegenseitig an. Auf die erbvertragliche Bindungswirkung und die gesetzlichen Pflichtteilsrechtsbestimmungen sind wir hingewiesen worden.

Die in dieser Urkunden enthaltenen Verfügungen werden unabhängig davon getroffen, ob und welche pflichtteilsberechtigten Personen wir hinterlassen werden.

Die vorstehend in Absatz 1 getroffenen erbvertraglichen Verfügungen sollen ausdrücklich auch für den Fall wirksam bleiben, dass unsere Ehe vor dem Tod des Erstversterbenden von uns aufgelöst bzw. rechtskräftig **geschieden** wird. (Die Bestimmung des § 2077 Abs. 1 BGB – Unwirksamkeit letztwilliger Verfügungen bei Anhängigkeit des Scheidungsverfahrens – findet für die vorstehende Vermächtnisverfügung ausdrücklich keine Anwendung.)

Weitere letztwillige Verfügungen wollen wir nicht treffen, insbesondere wollen wir keine Erbeinsetzung vornehmen.

§ 8 Eidesstattliche Versicherung

A. Beratung

I. Tatsächliche Ausgangssituation

1 Liegen **Schenkungen** der Eltern an das eigene Kind vor, die folgegemäß im Rahmen der Zugewinnausgleichsberechnung als **privilegiertes Vermögen** zu berücksichtigen sind, so trägt der Beschenkte voll umfänglich die **Beweislast** für Zeitpunkt und Höhe der Schenkungen.

2 Insbesondere bei Vorliegen gesundheitlicher Beeinträchtigungen oder hohem Alter der Eltern ist eine notariell beglaubigte eidesstattliche Versicherung als **Beweismittel** zu empfehlen zum Zwecke der Sicherung der Beweismöglichkeit. Absolute Sicherheit bezüglich der Beweiswürdigung kann zwar nie gewährleistet werden, jedoch kann eine eidesstattliche Versicherung, die notariell beglaubigt wurde, zur Beweisführung ausreichend sein.

II. Rechtliche Ausgangssituation

3 Zu regeln ist Folgendes:
1. Möglichst exakte Angabe, welche Beträge zu Gunsten des Kindes wo angelegt wurden.
2. Wann wurden die Beträge dem Kind überlassen und für welchen Zweck?
3. In welcher Form erfolgte die Überlassung (Überweisung, Barzahlung u.a.)?
4. Ggf sollten selbstverständlich Belege, soweit vorhanden, beigefügt und hierauf Bezug genommen werden.
5. Häufig wurden auch bei Vorhandensein mehrerer Kinder gleichzeitig an die anderen Kinder gleiche Beträge geschenkt; dies sollte ggf. ebenfalls mit in die eidesstattliche Versicherung aufgenommen werden.

4 ## B. Muster: Eidesstattliche Versicherung, die notariell beglaubigt wurde

Ich benötige zur Vorlage bei Gericht in einer Scheidungsangelegenheit eine eidesstattliche Versicherung.

Demgemäß erkläre ich:

Hiermit gebe ich ■■■, nachdem ich eindringlich und ausführlich über die Strafbarkeit einer falschen eidesstattlichen Versicherung belehrt worden bin, zum Zwecke der Glaubhaftmachung folgende eigene Darstellung des Sachverhalts:

Zur Person ■■■

Zur Sache ■■■

Ich hatte für meine **Tochter** ■■■ 3 Sparbücher bei der ■■■ Bank angelegt. Diese Sparbücher waren **zum** ■■■ noch mit den von mir angesparten Beträgen **vorhanden**.

Die **Summe** belief sich auf Euro ■■■.

Mir ist bekannt, dass meine Tochter diese Summe verwendet hat für den Kauf zweier **Pkws** sowie für die **Wohnungseinrichtung** und zum **Bau des Hauses** in ■■■.

Des Weiteren habe ich im **Jahr** ■■■ auf meine **Tochter** einen **Bausparvertrag** bei der ■■■ Bausparkasse übertragen mit **Kontostand** bei **Übertragung** Euro ■■■.

Ich habe in diesen Bausparvertrag des Weiteren dann im ■■■ (Datum) einen Betrag **einbezahlt** in **Höhe** von Euro ■■■ zu Gunsten meiner Tochter. Diese Einzahlung wurde von mir gemacht, damit der Bausparvertrag zuteilungsreif wird.

Ich versichere die Richtigkeit und Vollständigkeit meiner hier gemachten Angaben an Eides Statt.

§ 9 Gebühren, Gegenstandswert, Kostenregelung

A. Kosten, Gegenstandswert

1 Zu den anfallenden Anwaltskosten bei Abschluss einer Vereinbarung s. Teil 1, Rn 312 ff.

Auch die Gebühren der **Notare** richten sich nach der **Kostenordnung**, wobei neben den Vorschriften des 1. Teils die Spezialbestimungen des 2. Teils, §§ 140 – 157 KostO, gelten, § 141 KostO.

I. Gebührentatbestände

2 1. Für die Höhe der Gebühren gilt § 32 KostO bzw. die dem Gesetz beigefügte Tabelle. Vereinbarungen über die Höhe der Kosten sind unwirksam, § 140 S. 2 KostO, sodass dem Notar nicht nur – wie dem Anwalt im Regelfall, § 49b Abs. 1 S. 1 BRAO – eine Unterschreitung der gesetzlichen Gebühren, sondern auch eine Überschreitung im Wege einer Vereinbarung untersagt ist.[336]

2. Der Notar erhält
   – für die Beurkundung **einseitiger Erklärungen** eine volle Gebühr, § 36 Abs. 1 KostO,
   – für die Beurkundung eines **Vertragsangebots** 1,5 volle Gebühren, § 37 KostO und
   – für die Beurkundung von Verträgen 2 volle Gebühren, § 36 Abs. 2 KostO,
   – eine halbe Gebühr für die Beurkundung von **Zustimmungserklärung** zu bereits beurkundeten Erklärungen und für die Beurkundung einer **Annahme** eines anderweitig beurkundeten Vertragsantrages, § 38 Abs. 2 Ziff. 1 u. 2 KostO,
   – nur eine volle Gebühr für die Beurkundung eines **Grundstücksübertragungsvertrages**, wenn sich der andere Teil bereits **vorher** in einem beurkundeten Vertrag zur **Übertragung** oder zum Erwerb des Eigentums verpflichtet hatte, § 38 Abs. 1 S. 1 KostO.[337]

Die Unterwerfung unter die sofortige **Zwangsvollstreckung** löst **keine** gesonderte Gebühr aus, wenn sie mit der Unterhaltsvereinbarung gleichzeitig beurkundet wird, § 44 Abs. 1 KostO.[338]

Sicherungsgeschäfte für den Unterhaltsanspruch sind nicht gesondert zu bewerten, § 44 Abs. 1 KostO.

Für Vereinbarungen über den **Versorgungsausgleich** gilt grundsätzlich nach § 24 Abs. 6 S. 3 KostO die allgemeine Vorschrift des § 30 Abs. 1 KostO, allerdings i.V.m. § 24 Abs. 3 KostO (**5-facher Jahreswert**).

Für den **Vollzug** einer Vereinbarung (z.B. Grundstücksübertragung) entstehen weitere Vollzugsgebühren nach §§ 146, 147 KostO.

Der Notar hat Anspruch auf Ersatz von Auslagen und Umsatzsteuer nach §§ 151 a, 152, 153 KostO.[339]

---

336 Göppinger/Börger, Vereinbarungen anlässlich der Ehescheidung, Rn 212 zu Teil 1.
337 Göppinger/Börger a.a.O.
338 Göppinger/Börger, Vereinbarungen anlässlich der Ehescheidung, Rn 213 zu Teil 1.
339 Göppinger/Börger a.a.O. Rn 214 zu Teil 1.

II. Geschäftswert

1. Der Geschäftswert richtet sich nach § 39 KostO und wird für Eheverträge nach Abs. 3 der Vorschrift nach dem zusammengerechneten Wert des gegenwärtigen Vermögens beider Ehegatten ermittelt. Schulden sind bei der Ermittlung des Vermögens abzuziehen. Betrifft der Ehevertrag nur bestimmte Gegenstände, so ist nur deren Wert maßgebend.[340]

2. Im Übrigen gelten die allgemeinen Bewertungsvorschriften des § 39 Abs. 1 u. Abs. 2 KostO.

3. Die Sondervorschrift des § 39 Abs. 3 KostO ist auch anzuwenden bei vertraglichem Ausschluss oder Modifizierung der Zugewinngemeinschaft, Ausschluss des Versorgungsausgleichs, wechselseitigem Verzicht auf Zugewinn oder sonstige erhebliche Änderungen des gesetzlichen Güterstandes.[341]

4. Wird nur ein Entwurf erstellt, fällt die für die Beurkundung bestimmte Gebühr an; die Hälfte der für die Beurkundung der gesamten Erklärung bestimmten Gebühr fällt an, wenn der Notar einen ihm vorgelegten Entwurf einer Urkunde überprüft, mindestens jedoch ¼ der vollen Gebühr, § 145 Abs. 1 S. 2 KostO.[342]

5. Die Entwurfsgebühren werden allerdings auf nachfolgende Beurkundungen angerechnet, § 145 Abs. 1 S. 3 KostO.

6. Weitere Bestimmungen für die Festsetzung des Geschäftswertes enthalten die §§ 18 ff KostO, die auch auf die Berechnung der Notare anwendbar sind, § 141 KostO.

7. Für die Bewertung von Unterhaltsregelungen gilt § 24 Abs. 3 KostO, wonach für Unterhaltsansprüche höchstens der 5-fache Jahreswert in Ansatz zu bringen ist. Der Beginn des Bezugsrechts ist maßgebend, § 24 Abs. 6 KostO, wobei Rückstände besonders zu bewerten sind.[343]

8. Ist eine Wertermittlung weder nach den Sondervorschriften der §§ 39 – 41 noch nach den allgemeinen Vorschriften der §§ 18 – 29 KostO möglich, gilt § 30 KostO, wonach die Bestimmung des Wertes nach freiem Ermessen (bis maximal 500.000 Euro) zu erfolgen hat, als Regelwert aber 3.000 Euro anzusetzen sind.[344]

9. Wird auf den Versorgungsausgleich gegen eine Gegenleistung verzichtet (z.B. Abfindung), liegt ein Austauschvertrag i.S.d. § 39 Abs. 2 KostO vor, sodass der höhere Wert der beiderseitigen Leistungen in Ansatz zu bringen ist. Gleiches gilt für Austauschverträge, wie z.B. Zahlung einer Unterhaltsabfindung oder Vereinbarung einer Schenkung gegen Übernahme von Unterhaltsverpflichtungen.[345]

10. Zusammenzurechnen sind die Werte, wenn es sich um mehrere Erklärungen handelt, die einen verschiedenen Gegenstand haben und unterschiedlichen Gebührensätzen unterliegen, § 44 Abs. 2 KostO.[346]

---

340 Göppinger/Börger a.a.O. Rn 215 zu Teil 1.
341 Göppinger/Börger a.a.O. Rn 215 zu Teil 1.
342 Göppinger/Börger a.a.O.
343 Göppinger/Börger a.a.O. Rn 216 zu Teil 1.
344 Göppinger/Börger a.a.O.
345 Göppinger/Börger a.a.O. Rn 217 zu Teil 1.
346 Göppinger/Börger a.a.O.

11. Gesellschaftsrechtliche Vereinbarungen:
    Bei Ausscheiden eines Gesellschafters bestimmt sich der Geschäftswert nach dem **Wert des Anteils des Ausscheidenden**, sofern die ihm gewährte Abfindung nicht höher ist.[347]

12. Für eine Hausratsregelung ist der Wert des Hausrats maßgebend, § 19 Abs. 1 KostO. Wenn eine Ausgleichszahlung vereinbart wurde und diese höher ist, ist deren Wert maßgebend, § 39 Abs. 2 KostO.

13. Für Regelungen betreffend die Ehesache selbst kann nach § 30 KostO ein Ansatz geboten sein, im Zweifel also ein Bruchteil des Regelwertes von 3.000 Euro, so z.b. wenn das gemeinsame Scheidungsbegehren beurkundet wird.[348]

B. Scheidungsvereinbarung, Kostenregelungen

I. Beratung

4   **Beratungshinweis:**

In der Scheidungsvereinbarung sollten in jedem Fall Regelungen bezüglich der Kosten der Vereinbarung sowie der Kosten des Scheidungsverfahrens enthalten sein; so z.B. Kostenaufhebung bei beiderseitiger anwaltlicher Beteiligung für das Scheidungsverfahren und Regelung hälftiger Kostenübernahme des notariellen Vertrages und der Kosten für Grundbuchumschreibung, Eintragung einer Auflassungsvormerkung, Löschungskosten u.a.

Zu regeln ist auch, dass jeder Ehegatte die durch seinen Erwerb etwaigen entstehenden **Steuern** selbst trägt. Dies betrifft insbesondere den Fall der Herausnahme von Betriebsvermögen oder etwa anfallende Spekulationsteuer.

Bestehen Zweifel, ob Steuern anfallen, ist die Partei vor Abschluss einer Vereinbarung an einen Steuerberater zu verweisen. Aus Haftungsgründen muss in die Vereinbarung aufgenommen werden, dass der Anwalt ausdrücklich **keine steuerliche Beratung** übernommen hat.

5   **II. Muster: Scheidungsvereinbarung, Kostenregelungen**

Die Kosten dieser **Beurkundung** und die Kosten der anwaltlichen Vertretung im Zusammenhang mit dem **Abschluss** dieses **Vertrages** werden von den Beteiligten je zur Hälfte getragen.

Die Kosten des **Scheidungsverfahrens** (Anwalts- und Gerichtskosten) übernehmen die Parteien je zur **Hälfte** unter der **Voraussetzung**, dass lediglich **ein Anwalt** mit der Durchführung des Scheidungsverfahrens beauftragt wird.

Kosten der Grundbuchumschreibung ■■■

Kosten für Löschungserklärungen ■■■

Kosten für Eintragung einer Auflassungsvormerkung ■■■

---

347 Göppinger/Börger a.a.O. Rn 218 zu Teil 1.
348 Göppinger/Börger a.a.O. Rn 220 zu Teil 1.

Alternative 1:

Die Kosten dieser Urkunde und der Eintragung der in Abschnitt ▪▪▪ bestellten **Hypothek** in das Grundbuch tragen die Vertragsteile je zur Hälfte.

Alternative 2:

Die Kosten dieser Beurkundung tragen die Vertragsteile je zur Hälfte. Die Kosten des **grundbuchamtlichen Vollzuges** von Teil ▪▪▪ dieser Urkunde (Grundstücksübertragung) sowie aufgrund der Übertragung etwa anfallende **Verkehrsteuern** trägt Frau ▪▪▪ allein.

Soweit ein **Vertragsteil** im Zusammenhang mit diesem Vertrag anwaltliche Hilfe in Anspruch genommen hat, trägt er die hierfür anfallenden **Anwaltskosten selbst**.

Alternative 3:

Die Kosten des Vollzuges dieser Anlage (Eigentumsumschreibung) sowie die Kosten etwaig hierfür erforderlicher behördlicher **Genehmigungen** tragen die Vertragsteile je zur Hälfte.

Eine **etwa anfallende Schenkung-/Grunderwerbsteuer** oder sonstige Steuern trägt jeder Beschenkte/Erwerber für seinen Erwerb.

Alternative 4:

Die Vertragsteile sind sich darüber einig, dass sowohl die **Anwaltskosten**, die im Zusammenhang mit der **Erstellung** dieses notariellen **Vertrages** anfallen, als auch die Kosten der **notariellen Beurkundung**, sowie der **Eigentumsumschreibung** und sämtliche durch diesen Vertrag entstehenden Kosten von den Vertragsteilen **je zur Hälfte** zu tragen sind.

Alternative 5:

Die Kosten dieser Urkunde und ihres Vollzugs der hierzu erforderlichen **Genehmigungen**, **Negativbescheinigungen** und sonstigen Erklärungen, die **Katasterfortführungsgebühren** trägt Frau ▪▪▪.

Jeder Vertragsteil trägt die auf seiner Seite anfallenden Anwaltskosten für Vorbereitung und Abschluss dieses Vertrages selbst.

Alternative 6:

Die Kosten der Vereinbarung werden gegeneinander aufgehoben.

Die Kosten des grundbuchamtlichen Vollzugs tragen die Parteien zu je ½. Soweit in Verbindung mit der **Freigabe der Zweckbestimmungserklärung** Kosten anfallen, trägt diese Herr ▪▪▪.

Alternative 7:

Die Kosten dieser **Urkunde** und ihres **grundbuchamtlichen Vollzuges** sowie eventuell anfallende Verkehrsteuern trägt der **Erwerber**.

Die Kosten des Scheidungsverfahrens sowie die Anwaltskosten tragen die Parteien – soweit nur **ein Anwalt** beauftragt wird – je zur **Hälfte**; wenn jeder der Beteiligten durch einen **eigenen** Anwalt vertreten wird, so hat jeder für die Kosten seines Anwalts selbst aufzukommen.

Alternative 8:

Die Kosten dieser Beurkundung und des grundbuchamtlichen Vollzuges sowie eventuell anfallende Verkehrsteuern tragen die Vertragsteile zur Hälfte; für die Kosten der Löschung des **Leibgedings** für den verstorbenen ▪▪▪ kommt jedoch allein der Erwerber auf.

Alternative 9:

Die Kosten dieser Urkunde, der hierzu erforderlichen Genehmigungen, Negativbescheinigungen und sonstigen Erklärungen tragen die Vertragsteile je zur Hälfte.

Die Kosten des Vollzugs im Grundbuch und die Katasterfortführungsgebühren trägt Herr ■■■, ebenso eine etwaige Grunderwerbsteuer. Eine etwaige Schenkungsteuer trägt jeder Erwerber für seinen Erwerb.

Herr ■■■ **beantragt Befreiung** von der **Grunderwerbsteuer**, da das gegenwärtige Geschäft zum Zwecke der **Auseinandersetzung** des **Vermögens** zwischen den früheren Ehegatten ■■■ abgeschlossen wird.

C. Kostenregelung bei Verkauf einer Immobilie

I. Beratung

6   Die Ehegatten verkaufen eine gemeinschaftliche Immobilie. Der **Netto-Verkaufserlös** nach Abzug sämtlicher Unkosten soll zwischen den Parteien hälftig geteilt werden.

7   ### II. Muster: Kostenregelung bei Verkauf einer Immobilie

Die **Maklerkosten** sowie **sonstige Kosten**, so z.B. Kosten für die **Freistellung** von eingetragenen Grundschulden sowie Kosten einer vorzeitigen Darlehensrückzahlung **(Vorfälligkeitsentschädigung)** bei den Banken sowie **Notarkosten**, **Grundbuchkosten** und etwaige Kosten für die **Trennung** der **Bausparverträge** werden zunächst aus dem **Verkaufserlös** beglichen. Sodann wird der Verkaufserlös zwischen den Ehegatten ■■■ hälftig geteilt.

§ 10 Steuern

Zu Steuern im Einzelnen s.a. Teil 4, § 13 Rn 1 ff.

A. Steuerliche Vereinbarung

I. Beratung

Das nachfolgende Muster betrifft den Zeitraum, für den noch **Zusammenveranlagung** 1
gewählt werden kann, also jenes Jahr, in dem die Trennung der Parteien erfolgte (falls
nicht im darauffolgenden Jahr eine Versöhnung stattfand). Der Unterhaltsberechtigte
ist für ein Kalenderjahr, in dem noch **teilweise** ein Zusammenleben erfolgte, zur Zusammenveranlagung **verpflichtet**. Dabei entstehende Nachteile sind allerdings auszugleichen. Zustimmung kann nur **gegen Nachteilsausgleich** verlangt werden. Der Nachteil
für den Unterhaltsberechtigten besteht aber **nicht** in **Höhe** der dem Unterhalts**berechtigten** aufgrund der **getrennten** Veranlagung **erstatteten Steuer**, welche er bei einer Zusammenveranlagung an das Finanzamt zurückzahlen muss, sondern **nur in Höhe** einer über
die Vorauszahlungen im Wege des Lohnabzugs **steuerlichen Mehrbelastung** durch die
Zusammenveranlagung.[349]

Zu regeln ist Folgendes: 2
1. Einigkeit betreffend gemeinsame Veranlagung.
2. Regelung der Aufteilung der Steuerrückerstattung.
3. Verpflichtung zur Ermittlung des anteilig zustehenden Steuerrückerstattungsbetrages durch einen Steuerberater.
4. Eventuell Einigung betreffend der getrennten steuerlichen Veranlagung für das
   Folgejahr.

II. Muster: Steuerliche Vereinbarung 3

Zwischen den Beteiligten besteht Einigkeit, dass sie für das Kalenderjahr ■■■ steuerlich
gemeinsam veranlagt werden. Sie vereinbaren hierzu, dass Frau ■■■ von einer **Steuerrückerstattung** für das Kalenderjahr ■■■ (Jahr der gemeinsamen Veranlagung) denjenigen **Betrag** in vollem Umfang erhält, der sich im **Zusammenhang** mit dem in Abschnitt
■■■ genannten **Anwesen** sowie der von Frau ■■■ darin betriebenen **Praxis** ergibt; dies
betrifft sämtliche steuerlichen Vergünstigungen, wie z.B. Abschreibungen sowie Geltendmachung von Zins- und Tilgungszahlungen.

Eventuelle **Steuerrückerstattungen** für das Kalenderjahr (Jahr der Zusammenveranlagung), die sich nicht auf das genannte Anwesen sowie die erwähnten Praxis beziehen,
stehen hingegen Herrn ■■■ zu.

Die Beteiligten werden die ihnen aufgrund der vorstehenden Vereinbarung **anteilig zustehenden Steuerrückerstattungsbeträge** nach Vorliegen des Einkommensteuerbescheides
für das Jahr ■■■ (Jahr der gemeinsamen Veranlagung) von ihrem **Steuerberater ermitteln
lassen.**

---

349 Heiß, Das Mandat im Familienrecht, Rn 601 zu Teil 8.

Die vorstehende Vereinbarung bezieht sich nur auf Steuerrückerstattungsbeträge und dabei auch nur auf das Kalenderjahr ■■■ (Jahr der **Zusammenveranlagung**); im Übrigen sind von den Beteiligten für **bereits bezahlte** Steuern keine gegenseitigen **Ausgleichsleistungen** zu erbringen.

Alternative:

Die Beteiligten stellen übereinstimmend fest, dass sie für das Jahr ■■■ steuerlich **getrennt veranlagt** werden.

B. Schenkung unter Lebenden, Erwerb von Todes wegen

I. Steuerfreie Rechtsgeschäfte

4   Bei **Schenkungserwerb** unter **Lebenden** oder bei Erwerb von **Todes wegen** vom anderen Ehegatten hat der erwerbende Ehegatte nach § 16 Abs. 1 Nr. 1 ErbStG einen **Steuerfreibetrag** von derzeit EUR 307.000,–.[350]

5   Im gesetzlichen Güterstand der **Zugewinngemeinschaft** stellt § 5 ErbStG unter bestimmten Voraussetzungen den Zugewinn von der Erbschaftsteuer bzw. Schenkungsteuer frei. § 5 Abs. 1 ErbStG stellt im **Todesfall**, wenn der Zugewinn über das **erbrechtliche Viertel** des § 1371 Abs. 1 BGB ausgeglichen wird, eine **fiktive** Zugewinnausgleichsforderung, wie sie sich nach § 1371 Abs. 2 BGB errechnet, **steuerfrei**. Der Kaufkraftschwund wird aus dem Zugewinn herausgerechnet. Ehevertragliche **Modifizierungen** der Zugewinnausgleichsforderung werden **nicht** berücksichtigt. Der Zugewinn muss **konkret nachgewiesen** werden, also insbesondere auch das Anfangsvermögen.[351]

6   Die Privilegierung des § 5 Abs. 1 ErbStG ist für die **Ehevertragsgestaltung** wichtig. Sie hat zur Entwicklung des Ehevertragstyps „**modifizierte Zugewinngemeinschaft**" geführt, bei der es beim **gesetzlichen** Güterstand und beim Zugewinnausgleich im **Todesfall** verbleibt, aber der Zugewinnausgleich bei **Scheidung abbedungen** wird.[352]

II. Steuerpflichtige Rechtsgeschäfte

7   Während bis zum 31.12.1998 nur diejenigen entgeltlichen Grundstücksveräußerungen als „**Spekulationsgeschäfte**" erfasst wurden, bei denen der Zeitraum zwischen Anschaffung und Veräußerung nicht mehr als **2 Jahre** betrug, wurde durch das Steuerentlastungsgesetz § 23 EStG zu einem **völlig neuen Steuertatbestand** umgestaltet.

8   **Alle privaten Veräußerungsgeschäfte**, also auch vorweggenommene Erbfolge, Ausstattung, Erbauseinandersetzung und Scheidungsvereinbarungen können, soweit sie **entgeltlich** oder **teilentgeltlich** sind, zu einem steuerpflichtigen Einkommen des Veräußerers führen, wobei die Erfassungsfrist **10 Jahre** beträgt. Für die Fristberechnung ist

---

350   Langenfeld, Handbuch der Eheverträge und Scheidungsvereinbarungen, Rn 215 d zu Kap. 2.
351   Langenfeld a.a.O. Rn 215 e zu Kap. 2.
352   Langenfeld a.a.O. Rn 215 f zu Kap. 2.

grundsätzlich das schuldrechtliche Rechtsgeschäft maßgeblich, also z.b. der Tag der Beurkundung der Grundstücksveräußerung. Die Neufassung gilt rückwirkend.[353] Mitumfasst sind von § 23 Abs. 1 Nr. 1 EStG auch die Herstellungen von **Gebäuden** und **Außenanlagen**, wobei für die **Fristberechnung** der 10-Jahresfrist stets auf die **Anschaffung** von **Grund** und **Boden** abzustellen ist und die Herstellung des Gebäudes keine neue Frist in Gang setzt. 9

Als private Veräußerungsgewinne sind weiterhin erstmals auch **Eigenleistungen** des Steuerpflichtigen, **Nachbarschaftshilfe** und **Schwarzarbeit** zu versteuern.[354] 10

Ausgenommen von der Besteuerung sind Wirtschaftsgüter, die im Zeitraum zwischen Anschaffung oder Fertigstellung und Veräußerung ausschließlich **zu eigenen Wohnzwecken oder** die wenigstens im **Jahr** der **Veräußerung** und in den **beiden vorangegangenen Jahren** zu eigenen Wohnzwecken genutzt wurden.[355] 11

Die Rechtsprechung des Bundesfinanzhofs[356] und die Steuerverwaltung[357] sehen den **Erwerb von Grundstücken im Zusammenhang mit der Scheidung** einkommensteuerlich als **entgeltlich** an. Soweit es sich bei dem übertragenen Grundstück **nicht** um das **selbstgenutzte** Eigenheim handelt, sind steuerpflichtige Gewinne i.S.v. § 23 EStG möglich.[358] 12

Im Einzelnen zu den steuerlichen Auswirkungen von Immobilienübertragungen zur Abgeltung von Zugewinnausgleichsansprüchen, Tauschgeschäften bezüglich Immobilien u.a. siehe Langenfeld.[359] 13

Beratungshinweis: 14

In jedem Fall ist dem Mandanten – am besten **schriftlich** – zu empfehlen, sich vor einer entsprechenden Vereinbarung mit seiner Steuerkanzlei in Verbindung zu setzen und sich entsprechend beraten zu lassen. Das entsprechende Belehrungsschreiben ist in einem gesonderten Ordner betreffend Belehrungsschreiben aufzubewahren, damit auch nach Aktenauflösung noch der Beweis über die Belehrung geführt werden kann.

C. Betriebsvermögen, Übertragung von Privatvermögen

I. Auseinandersetzung von Betriebsvermögen

Gehört zum ehelichen Vermögen **Betriebsvermögen**, so ist die Auseinandersetzung der **Zugewinngemeinschaft** – **anders** als die Auseinandersetzung einer **Gütergemeinschaft**[360] – nicht steuerneutral.[361] 15

---

353 Langenfeld a.a.O. Rn 1071 zu Kap. 5.
354 Langenfeld a.a.O. Rn 1072 f zu Kap. 5.
355 Langenfeld a.a.O. Rn 1074 zu Kap. 5.
356 BFH BStBl 2002 II, S. 519.
357 OFD München Betrieb 2001, 1533; OFD Frankfurt FinanzR 2001, 322.
358 Langenfeld a.a.O. Rn 1075 zu Kap. 5.
359 Langenfeld a.a.O. Rn 1076 f.
360 Zimmermann/Dorsel, Eheverträge, Scheidungs- u. Unterhaltsvereinbarungen, Rn 1 zu § 8 i.A. an FG München FR 1993, 812 in Anlehnung an die Besteuerung der Realteilung bei Erbengemeinschaften.
361 Zimmermann/Dorsel Rn 1 zu § 8 i.A. an BFH BStBl 2002 II, 519 ff; BFH BStBl 1993 II, 434.

16 Vielmehr wird die Auseinandersetzung über Betriebsvermögen im Rahmen von Scheidungsfolgenvereinbarungen als **Entnahme** bzw. **Veräußerung** mit den entsprechenden steuerlichen Folgen bewertet. Im Ergebnis führt dies dazu, dass **beide** Ehegatten für die Besteuerung **stiller Reserven** verantwortlich sind.[362] (*Zimmermann/Dorsel*, a.a.O., mit Hinweis darauf, dass § 16 Abs. 3 EStG die Möglichkeit einer **steuerneutralen** Realteilung von Betriebsvermögen schafft und zwar für die Fälle, in denen die Besteuerung stiller Reserven beim Erwerber sichergestellt ist. Das ist der Fall, wenn der übertragene Vermögenswert auch beim **Erwerber Betriebsvermögen** darstellt.)

II. Entgeltliche Übertragung von Privatvermögen und § 23 EStG

17 Auch die **Realteilung** von **privatem** Vermögen kann steuerliche Folgen haben. Dies ist dann der Fall, wenn die Vermögensauseinandersetzung als **entgeltlich** i. S. des § 23 EStG anzusehen ist. Dies ist nach Ansicht des BFH auch bei Verträgen der Fall, die die **Übertragung** oder den Austausch von **Vermögensgütern** als **Abgeltung** von **Zugewinnausgleichsansprüchen** vorsehen.[363]

18 Argument der Rechtsprechung ist, dass der Anspruch auf Zugewinnausgleich auf die Zahlung eines **Geldbetrages** gerichtet ist; dieser Anspruch ergibt sich aus dem Gesetz und ist daher **unentgeltlich**. Die Übertragung von Vermögensgütern **anderer Art** ist aber nicht gesetzlich vorgegeben und soll daher **nicht unentgeltlich** sein. Daran soll sich nichts ändern, wenn die Vermögensübertragung **an Stelle der Geldzahlung** erfolgt.[364]

19 Des Weiteren droht eine Besteuerung von Veräußerungsgewinnen in folgendem Fall: Überträgt beispielsweise ein Ehegatte dem anderen in Anrechnung auf den **Zugewinnausgleichsanspruch** eine vermietete Immobilie, die vor weniger als **10 Jahren** erworben wurde, und **übersteigt** der Zugewinnausgleichsanspruch die **Anschaffungskosten,** so liegt ein gem. § 23 Abs. 1 EStG zu besteuerndes Veräußerungsgeschäft vor, selbst wenn die Übertragung zur Abgeltung des Zugewinnausgleichsanspruchs und an Erfüllung Statt an die Stelle des Zahlungsanspruchs auf Zugewinnausgleich tritt.[365]

20 Ein zu versteuernder Veräußerungsgewinn kann auch anfallen, wenn die Übertragung nur **teilentgeltlich** ist. Dies kann dazu führen, dass eine Steuerschuld selbst dann anfällt, wenn der durch die Übertragung von Grundbesitz abgegoltene Zugewinnausgleichsanspruch der Höhe der Anschaffungskosten entspricht, der **tatsächliche** Wert der Immobilie aber **über** der Höhe dieses Anspruchs liegt. Sind tatsächlicher Wert der Immobilie und Zugewinnausgleichsanspruch **gleich hoch**, kann ein Veräußerungsgewinn anzunehmen sein, wenn in vorangegangenen Jahren **Absetzungen** für **Abnutzung** steuerlich geltend gemacht worden sind.[366]

---

362 Zimmermann/Dorsel a.a.O.
363 Zimmermann/Dorsel a.a.O. Rn 2 zu § 8 i.A. an BFH BStBl 2002 II, 519 sowie BFH BStBl 1977 II, 389.
364 Zimmermann/Dorsel a.a.O.; kritisch hierzu: Münch, Ehebezogene Rechtsgeschäfte Rn 2259 f.
365 Zimmermann/Dorsel Rn 3 zu § 8 i.A. an OFD München DB 2001, 1533.
366 Zimmermann/Dorsel a.a.O.

Beratungshinweis: 21

Droht im **Rahmen** der **Auseinandersetzung** des **Zugewinns** der Anfall von **Spekulation-steuer**, stellt sich die Frage, ob diese bei der **Berechnung** des **Zugewinns** vermögensmindernd zu **berücksichtigen** ist. Diese Frage wurde bisher noch nicht entschieden.[367]
Bei einem Verkauf von Unternehmen werden im Rahmen der Verkehrswertberechnung die **latenten Ertragsteuern** abgezogen. Dies sind die Steuern, die bei einem Verkauf anfallen würden. Möglicherweise könnten diese Grundsätze auch auf die Wertberechnung von Immobilien analog anzuwenden sein, zumal hier möglicherweise Steuern bereits im **Rahmen** der **Auseinandersetzung** des **Zugewinns** anfallen.

Die Zugewinnausgleichs**forderung** kann **nicht** als **außergewöhnliche Belastung** abgezogen   22
werden, auch nicht mit ihr verbundene Finanzierungszinsen. Die Zugewinnausgleichs**schuld** ist auch dann **keine betriebliche** Schuld, wenn der auszugleichende Zugewinn im Bereich des Betriebsvermögens entstanden ist.[368] Die Abfindung mit Gegenständen des **Betriebsvermögens** kann aber zu steuerpflichtigen Entnahmen führen.[369]

Der **Verzicht** auf den Zugewinnausgleich kann eine zu versteuernde **Schenkung** an den   23
verpflichteten Ehegatten sein. **Grundstücksübertragungen** anlässlich der Scheidung sind nach § 3 Nr. 5 GrEStG von der **Grunderwerbsteuer befreit.**

D. Versorgungsausgleich, Steuern

Die einkommensteuerliche Behandlung des Versorgungsausgleichs ergibt sich aus dem   24
BMF-Schreiben vom 20.7.1981.[370] Danach hat der Versorgungsausgleich grundsätzlich keine einkommensteuerlichen Auswirkungen. Zahlungen im Bereich des **schuldrechtlichen Versorgungsausgleichs** sind als **dauernde Last** abziehbar und vom **Empfänger** als wiederkehrende Bezüge zu **versteuern.** Gleiches gilt bei Scheidungsvereinbarungen, in denen als Gegenleistung für den Verzicht auf Zugewinnausgleich oder Versorgungsausgleich **dauernde Lasten** vereinbart werden.[371]

---

367 Zimmermann/Dorsel a.a.O. Rn 4 zu § 8.
368 BFHE 170, 134 = BStBl II 1993, 434.
369 Langenfeld, Handbuch der Eheverträge und Scheidungsvereinbarungen, Rn 418 zu Kap. 3.
370 BStBl I 1981, 567.
371 Langenfeld a.a.O. Rn 418 zu Kap. 3.

Teil 4: Prozessvergleiche

Bei den nachfolgenden Vereinbarungen handelt es sich um Vorschläge zur Formulie- 1
rung von Vereinbarungen, die sich anlässlich eines Verhandlungstermins ergeben. Im
Übrigen wird verwiesen auf Teil 3 Notarielle Scheidungsvereinbarungen sowie Teil 1
Eheverträge.

§ 1 Grundsätze

I. Ehescheidungsfolgenvergleich

Da für das Scheidungsverfahren selbst und die Verfahren über die Scheidungsfolgen **An-** 2
waltszwang besteht, § 78 Abs. 2 ZPO, unterliegt auch der Abschluss eines Vergleiches,
der das Verfahren bezüglich der Scheidungsfolgen beenden oder entbehrlich machen
soll, dem **Anwaltszwang**.[1]

Weil der Vergleich „der Beilegung des Rechtsstreits im Betreff eines Teils des Streit- 3
gegenstandes" dienen soll, § 794 Abs. 1 Nr. 1 ZPO, erfordert der Abschluss des Vergleiches **Prozesshandlungen** der Parteien und damit **Vertretung** durch ihre anwaltlichen
Bevollmächtigten.[2]

Nach den Änderungen der Vorschriften zum Anwaltszwang, zur lokalisierten Postula- 4
tionsfähigkeit, § 78 ZPO, und zur Singularzulassung (§ 25 BRAO) kann jeder bei einem
Amts-/Landgericht zugelassene Anwalt **bundesweit** bei **allen** Amts- und Landgerichten,
jeder (auch) bei einem Oberlandesgericht zugelassene Anwalt bei allen Oberlandes-
gerichten auftreten.[3]

Vor einem mit der Durchführung einer **Beweisaufnahme** beauftragten **auswärtigen** Fa- 5
milienrichter ist die Protokollierung **ohne anwaltliche Vertretung** möglich, § 78 Abs. 5
i.V.m. § 362 ZPO.[4]

II. Vergleich in abgetrennten Folgesachen

Der Anwaltszwang bleibt auch erhalten, wenn eine **Folgesache** nach § 628 Abs. 1 S. 1 6
ZPO **abgetrennt** wird, auch wenn die Folgesache ihrerseits den Verfahrensvorschriften
der freiwilligen Gerichtsbarkeit unterliegt.[5] Der Anwaltszwang erstreckt sich auch auf
die dem Familiengericht als Prozessgericht zugewiesenen **Zwangsvollstreckungsverfah-**
ren der §§ 887 ff ZPO.[6]

Bezüglich Sorgerechts- und Umgangsrechtsverfahren gilt Folgendes: Nach Trennung 7
eingeleitete Verfahren sind isolierte FGG-Verfahren **ohne Anwaltszwang**, in denen
also auch eine weitergehende Vereinbarung der Ehegatten zu Scheidungsfolgen **ohne**

---

1 BGH FamRZ 1991, 679, 680; FamRZ 1986, 458 f; Göppinger/Börger, Vereinbarung anlässlich der Ehescheidung, Rn 113 zu Teil 1.
2 Göppinger/Börger a.a.O. Rn 113 zu Teil 1.
3 Göppinger/Börger a.a.O. Rn 113 zu Teil 1 mit Hinweis auf Henssler/Kilian NJW 2002, 2817 ff.
4 Göppinger/Börger a.a.O. Rn 113 zu Teil 1.
5 Göppinger/Börger a.a.O. Rn 114 zu Teil 1.
6 OLG Köln FamRZ 1995, 312 f m.w.N.

anwaltliche Vertretung wirksam protokolliert werden kann.[7] Mit **Rechtshängigkeit** der Ehesache tritt jedoch nach §§ 621 Abs. 3, 623 Abs. 2 S. 1 ZPO **Verbund** mit der Ehesache – und damit **Anwaltszwang** – ein.[8]

8 Um eine Entscheidung schon während des laufenden Scheidungsverfahrens zu ermöglichen, hat das Gericht auf Antrag eines Ehegatten – ohne eigenen Ermessensspielraum – Verfahren nach § 621 Abs. 2 S. 1 – 3 ZPO (Sorge-, Umgangsrecht, Herausgabe des Kindes) **abzutrennen**, § 623 Abs. 2 S. 2 ZPO.[9] Mit einem Antrag auf Abtrennung des Sorgerechtsverfahrens kann ein Antrag auf Abtrennung von Verbundverfahren zum **Ehegatten**- und zum Kindesunterhalt verbunden werden, § 623 Abs. 2 S. 3 ZPO. Auch einem solchen Antrag muss das Gericht auch gegen den Widerstand eines Ehegatten Folge leisten.[10]

9 **Für den Antrag auf Abtrennung** nach § 623 Abs. 2 S. 2 ZPO wird man **nicht** die **anwaltliche Vertretung** des bisher zulässigerweise ohne Anwalt handelnden Antragstellers verlangen können. Anders als nach Abtrennung nach §§ 627 Abs. 1, 628 S. 1 ZPO verlieren diese Verfahren durch Abtrennung den Charakter als Folgesache und werden als **selbständige Familiensachen** fortgeführt, § 623 Abs. 2 S. 4 ZPO. Damit entfällt auch der Anwaltszwang.[11]

III. Prozesskostenhilfeverfahren

10 Im Prozesskostenhilfeprüfungsverfahren ist die Protokollierung eines vollstreckbaren Vergleichs **ohne anwaltliche Vertretung** möglich, § 118 Abs. 1 S. 3 i.V.m. § 794 Abs. 1 Ziff. 1 ZPO, wobei sich der Vergleich auch auf Punkte erstrecken darf, die weder im Prozesskostenhilfebewilligungsverfahren noch in einer gleichzeitig eingereichten Klageschrift oder im bereits rechtshängigen Hauptprozess angesprochen sind.[12]

IV. Vereinbarungen nach § 630 ZPO

11 Soweit unter anderem unter Hinweis auf §§ 118 Abs. 1, 794 Abs. 1 ZPO die Auffassung vertreten wird, auch eine von den Parteien **ohne** beiderseitige **anwaltliche Vertretung** zu Protokoll des Gerichts erklärte Einigung über den **Unterhalt** sei ein Vollstreckungstitel i.S.d. § 630 Abs. 3 ZPO,[13] **widerspricht** dies dem eindeutigen **Gesetzeswortlaut**.[14]

12 Zwar können die Parteien die Erklärungen gem. § 630 Abs. 2 ZPO (**Zustimmung** zur Ehescheidung) ohne anwaltliche Vertretung wirksam zu Protokoll erklären. Gleiches betrifft Erklärungen zum Sorgerecht, Umgangsrecht, Hausratsteilung und auch Unterhalt, soweit sie **keinen vollstreckbaren Inhalt** haben. § 630 Abs. 3 ZPO verlangt aber

---

7 Göppinger/Börger a.a.O. Rn 115 zu Teil 1.
8 Büttner FamRZ 1998, 585, 591; Schüller FamRZ 1998, 1287 ff; OLG Brandenburg FamRZ 2003, 387.
9 Göppinger/Börger, Vereinbarungen anlässlich der Ehescheidung, Rn 115 zu Teil 1.
10 Göppinger/Börger a.a.O. Rn 115 zu Teil 1.
11 Göppinger/Börger a.a.O. Rn 115 zu Teil 1 unter Hinweis auf Berger/Furth, Anwaltszwang, Rn 23 a.
12 Göppinger/Börger a.a.O. Rn 116 zu Teil 1 unter Hinweis auf Baumbach/Hartmann, § 118 Rn 17; OLG Schleswig SchlHA 84, 116.
13 Göppinger/Börger a.a.O. Rn 117 zu Teil 1; OLGMünchen AnwBl 1988, 124.
14 BGH FamRZ 1991, 679 f.

eindeutig die Schaffung eines **vollstreckbaren Titels**, sofern die Einigung der Eheleute einen vollstreckbaren Inhalt hat.[15]

Der erforderliche Vollstreckungstitel kann jedoch auch anders als durch beiderseitige 13 anwaltliche Vertretung geschaffen werden, nämlich durch eine **notarielle Urkunde** mit **Zwangsvollstreckungsunterwerfung** oder – hinsichtlich des Kindesunterhalts – durch eine Jugendamtsurkunde nach §§ 59 Abs. 1 Nr. 3, 60 SGB VIII.[16]

V. Vergleich im einstweiligen Anordnungsverfahren nach §§ 620 ff ZPO

Das Verfahren ist unstreitig Teil des Verfahrens in der Ehesache.[17] Unstreitig ist, dass 14 die Eheleute in einer mündlichen Verhandlung, die das Gericht vor seiner Entscheidung abhalten kann bzw. im Falle des § 620b Abs. 2 ZPO abhalten muss, **nicht postulationsfähig** sind. Ein in diesen Verfahren zu protokollierender Vergleich erfordert also **beiderseitige anwaltliche Vertretung**.[18]

Ohne anwaltliche Vertretung kann ein Vergleich jedoch protokolliert werden, wenn 15 sich **sowohl** das **Ehescheidungsverfahren** selbst als auch das Verfahren der **einstweiligen Anordnung** noch im Stadium des **Prozesskostenhilfeprüfungsverfahrens** befinden.[19]

Beratungshinweis: 16

Betreffend einen Vergleich, der eine **einstweilige Anordnung** ersetzt, findet eine **Abänderungsklage nicht** statt; für einen Prozessvergleich, durch den nichts anderes erreicht werden soll, als eine der beantragten einstweiligen Anordnung entsprechende Regelung, gilt, dass ihm **keine weitergehende Wirkung** beigemessen werden kann, als die einstweilige Anordnung gehabt hätte. Die nur vorläufige Regelung bildet keine geeignete Grundlage für eine Abänderungsklage.[20] Allerdings ist die Abänderungsklage die statthafte Klageart, wenn die Abänderung eines im einstweiligen Anordnungsverfahren geschlossenen Unterhaltsvergleichs, der eine **endgültige** und nicht bloß vorläufige Regelung zum Unterhalt betrifft, begehrt wird.[21]

VI. Form der Vereinbarung

Unterhaltsvereinbarungen können **zu jedem Zeitpunkt** getroffen werden und zwar so- 17 wohl hinsichtlich Trennungsunterhalt als auch hinsichtlich nachehelichen Ehegattenunterhalt und zwar auch schon vor Eheschließung mit den Einschränkungen nach der Rechtsprechung des Bundesverfassungsgerichts und des Bundesgerichtshofs (hierzu siehe Teil 1, Rn 49 ff).

---

15 Göppinger/Börger a.a.O. Rn 117 zu Teil 1; Thomas Putzo, § 630 Rn 18.
16 Göppinger/Börger a.a.O. Rn 117 zu Teil 1.
17 Göppinger/Börger, Vereinbarungen anlässlich der Ehescheidung, Rn 118 zu Teil 1 mit Hinweis auf Münch-Komm/Finger, § 620 ZPO Rn 9 m.w.N.
18 Göppinger/Börger a.a.O. Rn 118 zu Teil 1.
19 Göppinger/Börger a.a.O. Rn 118 zu Teil 1; Schwab/Maurer, I, Rn 127.
20 BGH FamRZ 1991, 1175; Heiß/Heiß in Heiß/Born Rn 685 zu Kap. 3.
21 Heiß/Heiß a.a.O.

18 Unterhaltsvereinbarungen bedürfen **keiner** Form und können daher sowohl mündlich als auch in gewillkürter Schriftform (§ 127 BGB) abgeschlossen werden.[22]

- Für **Leibrentenversprechen**, § 761 BGB, ist Schriftform gesetzlich vorgeschrieben.
- Für **Schenkungsversprechen**, § 518 BGB, ist notarielle Form vorgeschrieben.
- Haben die Parteien **vereinbart**, dass eine Unterhaltsvereinbarung notariell beurkundet werden muss, so ist die Vereinbarung so lange nichtig, bis die vereinbarte Form gewahrt wurde, § 125 S. 2 BGB.[23]
- Verträge über den nachehelichen Unterhalt sind zu jeder Zeit zulässig, § 1585c BGB, und grundsätzlich formfrei. Zur Neuregelung nach der Unterhaltsreform s. aber Teil 1, Rn 44. Sie sind nicht formfrei, wenn aus Gründen des **Zusammenhangs** mit anderen Vereinbarungen Formbedürftigkeit besteht, z.B.
  - im Zusammenhang mit einer Vereinbarung zur einverständlichen Scheidung gem. § 630 Abs. 1 Nr. 3 ZPO i.V.m. § 794 Abs. 1 Nr. 5 ZPO,
  - bei Zusammenhang mit formbedürftigen Vereinbarungen, z.B. des Güterrechts oder nach § 1587o BGB,
  - wenn eine Leibrente vereinbart wird, § 761 BGB.

19 Wird im Zusammenhang mit einer Scheidungsvereinbarung ein beurkundungsbedürftiger Teil geregelt, wird entsprechend der Rechtsprechung zu § 311b Abs. 1 BGB der Gesamtzusammenhang der Vereinbarungen beurkundungsbedürftig. Bei isolierter Vereinbarung, z.B. eines Unterhaltsverzichts, droht Nichtigkeitsgefahr.[24]

20 **Beratungshinweis:**[25]

Um Streit über die Wirksamkeit des Zustandekommens der Vereinbarung zu vermeiden, sollte bereits anlässlich der Vertragsverhandlungen klar zum Ausdruck gebracht werden, dass **die bloße Annahme** des Angebots für das Zustandekommen der Vereinbarung **nicht ausreichend** ist, sondern dass die Wirksamkeit der Vereinbarung von einer schriftlichen Ausarbeitung und Unterzeichnung oder sogar von einer Titulierung (notarielle Vereinbarung oder gerichtliche Protokollierung eines Vergleichs) abhängig sein soll.

21 Formzwang besteht, wenn die Unterhaltsvereinbarung im **Zusammenhang** mit einer kraft Gesetzes formbedürftigen anderen Regelung, z.B. **Zugewinnausgleich**, Versorgungsausgleich oder Miteigentumsübertragung bei Immobilien besteht.

22 Diese Vereinbarungen bedürfen der notariellen Beurkundung bzw. gerichtlichen Protokollierung. Wird die Form nicht eingehalten, so ist die Vereinbarung **nichtig** gem. §§ 139, 125 S. 1 BGB.

23 **Beratungshinweis:**

Zu beachten ist, dass der Trennungsunterhalt und der nacheheliche Unterhalt **nicht identisch** sind, dass also ein Unterhaltstitel betreffend Trennungsunterhalt für die Zeit nach Rechtskraft der Scheidung nicht mehr weiter wirkt.

---

22 Kilger/Pfeil in Göppinger/Börger Rn 3 zu Teil 5.
23 OLG Karlsruhe FamRZ 1995, 998.
24 Zimmermann/Dorsel, Eheverträge Scheidungs- u. Unterhaltsvereinbarungen, Rn 78 zu § 20.
25 Kilger/Pfeil in Göppinger/Börger, Vereinbarungen anlässlich der Ehescheidung, Rn 6 zu Teil 5.

Liegt eine einstweilige Anordnung nach § 620 S. 1 Nr. 6 ZPO vor, so bleibt diese über den Zeitpunkt der Rechtskraft der Scheidung hinaus in Kraft (§ 620 f Abs. 1 S. 1 ZPO). **24**

Gleiches gilt, wenn im einstweiligen Anordnungsverfahren ein Vergleich geschlossen wurde **und** die Parteien vereinbart haben, dass die Regelung über den Zeitpunkt der Rechtskraft der Scheidung hinaus gelten soll. **25**

In jedem Fall muss dazu geraten werden – sei es betreffend Trennungsunterhalt oder sei es betreffend nachehelichen Ehegattenunterhalt –, dass eine entsprechende **Titulierung** erfolgt. Wird eine Vereinbarung abgeschlossen, aber nicht zu Protokoll des Gerichts gegeben, muss im Streitfall **aus dieser** Vereinbarung Klage erhoben werden, wohingegen bei Protokollierung ein Vollstreckungstitel vorliegt mit der Möglichkeit, die Zwangsvollstreckung aus der Vereinbarung zu betreiben. **26**

Trotz freiwilliger, regelmäßiger und pünktlicher Unterhaltszahlungen des Unterhaltsverpflichteten hat der Unterhaltsberechtigte einen **Anspruch auf die Errichtung eines Unterhaltstitels**; einer entsprechenden Unterhaltsklage fehlt das Rechtsschutzbedürfnis nicht. Umstritten ist, ob der Unterhaltsschuldner auch die Titulierung schuldet[26] oder ob er auch für die Titulierungskosten aufkommen muss.[27] **27**

Soll im einstweiligen Anordnungsverfahren nach § 644 ZPO oder § 620 Nr. 6 ZPO durch Vergleich auch das **Hauptsacheverfahren erledigt** werden, ist dies klarzustellen.[28] **28**

VII. Prozessvollmacht

Erforderlich ist für die Vertretung im Ehescheidungsverfahren sowie für den Abschluss eines Ehescheidungsfolgenvergleichs nach § 609 ZPO eine **besondere** auf das Verfahren gerichtete Vollmacht, wofür eine Generalvollmacht **nicht ausreicht**, ebenso wenig die **Vollmacht** eines Bevollmächtigten.[29] **29**

Die Prozessvollmacht für die Ehesache umfasst nach § 82 ZPO auch die Verfahren der **einstweiligen Anordnung** nach den §§ 620 ff ZPO und erstreckt sich auch auf die **Folgesachen**, § 624 Abs. 1 ZPO.[30] **30**

Nicht unumstritten ist, ob **von Amts wegen** das Vorliegen einer schriftlichen Vollmacht zu **überprüfen** ist, wenn ein Rechtsanwalt als Bevollmächtigter auftritt. In der Praxis verlangen daher die Familiengerichte die Vorlage der **schriftlichen Vollmacht**.[31] **31**

VIII. Gerichtliche Protokollierung eines Vergleichs

Das Gericht hat die Vorschriften der §§ 159 – 164 ZPO zu beachten. **32**

- Soll eine Vereinbarung zu Protokoll gegeben werden, die vorher außergerichtlich ausgehandelt worden ist, so kann diese als **Anlage** dem Protokoll beigefügt werden, § 160 Abs. 5 ZPO.

---

26 OLG Stuttgart FamRZ 2001, 1381; OLG Frankfurt FamRZ 1998, 445; OLG Köln FamRZ 1997, 823.
27 Z.B. OLG Düsseldorf FamRZ 1994, 1484.
28 Kilger/Pfeil in Göppinger/Börger, Vereinbarungen anlässlich der Ehescheidung Rn 16 zu Teil 5.
29 Göppinger/Börger, Vereinbarungen anlässlich der Ehescheidung, Rn 119 zu Teil 1; Zöller/Philippi § 609 Rn 1.
30 Göppinger/Börger a.a.O. Rn 119 zu Teil 1.
31 Göppinger/Börger a.a.O. Rn 119 zu Teil 1 m.w.N.

- Das Protokoll, ggf. mit der Anlage, muss stets **vorgelesen** oder zur **Durchsicht** vorgelegt werden, § 162 Abs. 1 S. 1 ZPO.
- Die Verlesung und die Genehmigung muss im Protokoll **vermerkt** werden, § 162 Abs. 1 S. 3 ZPO.[32]

33

260

> **Muster:**[33] **Gerichtliche Protokollierung eines Vergleichs**
>
> Die Parteien schließen den aus der Anlage des Protokolls ersichtlichen Vergleich, der aus der Anlage vorgelesen und von ihnen genehmigt wurde.
>
> **Alternative:**
>
> ■■■ der ihnen zur Durchsicht vorgelegt wurde und von ihnen genehmigt wurde.

- Wird der Vergleich mit **Tonaufnahmegerät** aufgezeichnet, § 160 a Abs. 1 ZPO, ist diese Aufzeichnung **vorzuspielen**, § 162 Abs. 1 S. 2, 3 ZPO.
- Nach der Sitzung ist **unverzüglich** das Protokoll herzustellen, § 160 a Abs. 2 u. 3 ZPO.
- Ist der Vergleich ordnungsgemäß beurkundet worden, **ersetzt** er wirksam jede für das Rechtsgeschäft sonst vorgeschriebene **Beurkundungsform**, § 127 a BGB. Er ersetzt also insbesondere die notarielle Beurkundung, wenn der Vergleich unter anderem auf Grundbucheintragungen gerichtet ist (§§ 311 b, 873, 925 BGB, 29 GBO) oder wenn zugleich erbvertragliche Regelungen beurkundet werden sollen (§ 2276 BGB).[34]

34 **Beratungshinweis:**

Auflassungserklärungen sind **bedingungsfeindlich**, § 925 Abs. 2 BGB, sodass diese nicht in einen Vergleich wirksam aufgenommen werden können, der „für den Fall der Scheidung" abgeschlossen wird.

Klargestellt werden muss, dass diese Auflassungserklärung unabhängig davon, ob die Ehe geschieden wird oder nicht, abgegeben wird, also ob der Vergleich „**für den Fall der Scheidung**" geschlossen wird oder ob der Vergleich (bzw. notarielle Vereinbarung) unabhängig davon geschlossen wird, ob und wann die Ehe geschieden wird.

35 Wird der Vergleich für den Fall der Scheidung geschlossen, so wird er nicht bereits mit dem Abschluss bzw. der Protokollierung wirksam, sondern erst mit der formellen **Rechtskraft** der Ehescheidung. Der Eintritt der Wirksamkeit und damit der Vollstreckbarkeit etwaiger in dem Vergleich geregelter vollstreckungsfähiger Ansprüche ist also nur von dem Eintritt der **formellen** Rechtskraft des Scheidungsurteils abhängig.[35]

36 Ist ein Prozessvergleich wegen **Formmangels** unwirksam, kann er als außergerichtlicher materiell-rechtlicher Vergleich Bestand haben, wenn dies dem mutmaßlichen Parteiwillen entspricht.[36]

---

32 Göppinger/Börger a.a.O. Rn 122 zu Teil 1.
33 Göppinger/Börger a.a.O. Rn 123 zu Teil 1.
34 Göppinger/Börger a.a.O. Rn 125 zu Teil 1.
35 Göppinger/Börger a.a.O. Rn 38 zu Teil 1.
36 BGH FamRZ 1985, 166 ff.

Grundsätzlich sollte in einem gerichtlichen Vergleich, der i.d.R. anlässlich des Scheidungstermins zu Protokoll gegeben wird, eine umfassende Regelung getroffen werden, die **alle** Scheidungsfolgesachen bzw. Verfahren bezüglich Trennung (Unterhalt/Hausrat u.a.) mit umfasst. 37

Die vergleichsweise Regelung **aller** noch offener Streitpunkte erfordert seitens des Anwalts eine intensive und umfassende Terminsvorbereitung bzw., falls bereits aufgrund außergerichtlicher Korrespondenz Einigung erzielt wurde, die Vorbereitung eines Vergleichstextes, der dem Gericht zur Protokollierung vorgelegt wird. Um **Haftungsgefahren** zu vermeiden, muss mit der Partei insbesondere abgeklärt werden, ob und welche gemeinsamen Vermögenswerte noch vorhanden sind und wie diese zwischen den Parteien aufzuteilen sind.[37] 38

Wie die Praxis zeigt, scheitert häufig ein Vergleichsabschluss im Termin an mangelnder Terminsvorbereitung seitens des Anwalts oder aber daran, dass der Mandant nicht in ausreichender Weise über die Risiken des Prozesses aufgeklärt wurde und insbesondere dem Mandanten nicht – was für eine ordnungsgemäße Beratung unabdingbar ist – sowohl eine „best-case-Berechnung" als auch eine „worst-case-Berechnung" vorgelegt wurde. 39

Wird der Mandant ausreichend auf die „Schwachpunkte" des eigenen Sachvortrages hingewiesen, so ist er einem Vergleichsabschluss zugänglich. Häufig werden Vergleichsabschlüsse durch die Anwälte auch deshalb abgelehnt, weil einerseits die Angst vor der Haftungsgefahr besteht und andererseits befürchtet wird, dass nach Vergleichsabschluss der Mandant möglicherweise mit dem Inhalt des Vergleiches nicht zufrieden ist. (Zur Anwaltshaftung s. Teil 1, Rn 349 ff.) 40

Wird statt Abschluss eines Vergleiches auf einer **gerichtlichen Entscheidung** bestanden, so kann jedoch gerade deshalb die Gefahr der Anwaltshaftung forciert werden, so z.B. dann, wenn der vom Gericht vorgeschlagene Vergleichsabschluss für den Mandanten günstiger gewesen wäre als das Urteil und durch die sodann ggf. erforderliche Berufungseinlegung weitere Kosten zu Lasten des Mandanten entstehen. 41

Das Familienrecht, insbesondere das Unterhaltsrecht, enthält in weiten Teilbereichen umfangreichen **Ermessensspielraum**, der eine vergleichsweise Regelung zahlreicher Streitigkeiten geradezu **nahelegt**. Findet man eine den Interessen beider Parteien gerecht werdende Lösung durch einen Vergleich, so ist dies dem **Obsiegen** und **Unterliegen** der einen und der anderen Partei in jedem Fall vorzuziehen. 42

Soweit sich ein Anwalt darauf beruft, seine **Partei** würde einen Vergleichsabschluss ablehnen, ist darauf hinzuweisen, dass nahezu jede Partei einen Vergleich einer gerichtlichen Entscheidung vorzieht, wenn sie ausreichend von ihrer anwaltlichen Vertretung auf **alle Risiken** hingewiesen wurde und der Anwalt eine **eindeutige Empfehlung** dahingehend abgibt, ob der Vergleich für die Partei günstig ist oder nicht. 43

Erhält ein Mandant von seinem Anwalt auf die Frage, ob er den Vergleich abschließen soll oder nicht, lediglich die Antwort, dies müsse er selbst entscheiden (weil der Anwalt die Verantwortung für eine Empfehlung nicht übernehmen will), so **kann** der Mandant 44

---

37 Zu Unterhaltsregelungen s. Teil 3 und Teil 2.

einem Vergleichsabschluss gar nicht zustimmen, da ihm die nötigen rechtlichen Kenntnisse fehlen, um abzuschätzen, ob der Vergleich für ihn günstig ist oder nicht.

45 (Zu den Risiken bei Abschluss eines Vergleichs und den erforderlichen Vorprüfungen, die seitens des Anwalts vorzunehmen sind, siehe die ausführlichen Beratungshinweise zu den einzelnen Varianten der abzuschließenden Vereinbarungen bei Teil 3 Notarielle Scheidungsvereinbarungen sowie bei den nachfolgenden Vereinbarungsvorschlägen sowie insbesondere oben Teil 1 zur Anwaltshaftung.)

46 Vom Abschluss von **Teilvergleichen** ist i.d.R. abzuraten, da häufig sodann mangels Interesse an einer Erledigung einer Folgesache in den weiteren Verfahren mit Verzögerungen zu rechnen ist, da das Interesse der Parteien an einer Gesamteinigung fehlt.

Der Rechtsanwalt hat die Pflicht, seinen Klienten umfassend über das **Für und Wider** eines abzuschließenden Vergleichs zu beraten (s.o. Teil 1).[38] Zwar ist dem Anwalt für Vergleichsverhandlungen ein Ermessensspielraum eingeräumt; besteht jedoch nach Prozesslage die **begründete Aussicht**, dass im Falle einer streitigen Entscheidung ein wesentlich günstigeres Ergebnis zu erzielen ist, hat der Anwalt von einem Vergleich abzuraten.[39] Für eine etwaige Auseinandersetzung mit dem Klienten über Schadenersatzansprüche greift die **Vermutung**, dass der Klient diesem Rat gefolgt wäre.[40]

47 Zu Recht weist *Göppinger/Börger*[41] darauf hin, dass bei komplexen Verhandlungen über eine Vielzahl von Streitfragen der Anwalt berücksichtigen darf und muss, dass das Bestehen auf einer streitigen Entscheidung in einem Teilbereich vermutlich eine Einigung – mit für den Klienten günstigen Regelungen – auch in den restlichen Fragen vereitelt, sodass auf jeden Fall eine **Gesamtabwägung notwendig** und geboten ist.

48
261

Muster: Belehrung im Verhandlungstermin bei Unterhaltsverzicht

Der Ehegattenunterhaltsverzicht der Klägerin wurde nach mehrfachen Unterbrechungen und eingehenden Besprechungen zwischen der Prozessbevollmächtigten und Frau ■■■ von dieser abgegeben, in Kenntnis aller Risiken und nach rechtlicher Aufklärung über die Folgen der Abgabe eines Unterhaltsverzichts, insbesondere unter Berücksichtigung der neuen Rechtsprechung des Bundesgerichtshofs und des Bundesverfassungsgerichts.

Beratungshinweis:

Die Belehrung ist insbesondere seitens des Unterhaltspflichtigen wichtig, bezogen auf die Inhaltskontrolle, da dieser darauf hinzuweisen ist, dass er unter Umständen, trotz Abgabe eines Unterhaltsverzichts, dennoch mit Unterhaltsansprüchen rechnen muss. Zur ausführlichen Formulierung bezüglich der Belehrung bei Abgabe eines Unterhaltsverzichts s. nachfolgendes Muster.

---

38 Zum Umfang der Beratungspflichten allgemein: Feuerich/Braun, § 44 BRAO Rn 17 ff; Göppinger/Börger a.a.O. Rn 148 zu Teil 1.
39 BGH NJW 1993, 1325, 1328 m.w.N.
40 BGH NJW 1993, 1325, 1329; 1992, 240; NJW 1998, 749; Göppinger/Börger a.a.O. Rn 148 zu Teil 1.
41 Göppinger/Börger a.a.O. Rn 148 zu Teil 1.

Muster: Unterhaltsverzichtsvereinbarung

Unterhaltsverzichtsvereinbarung

zwischen Frau ■■■ und Herrn ■■■

49
262

Der nachfolgende Unterhaltsverzicht wird aufschiebend bedingt abgeschlossen für den Fall der tatsächlichen fristgemäßen Zahlung der Abfindungssumme.

Wir verzichten hiermit gegenseitig auf jeglichen nachehelichen Ehegattenunterhalt, auch für den Fall der Not, und nehmen diesen Verzicht wechselseitig an.

Wir erklären, dass wir vollumfänglich in der Lage sind, für unseren eigenen Lebensunterhalt aufzukommen.

Auch besteht keinerlei Gefahr, dass möglicherweise einer von uns auf staatliche Leistungen (Arbeitslosengeld II, Sozialgeld u.a.) angewiesen sein wird.

Wir wurden durch unsere Prozessbevollmächtigten ausdrücklich auf die neue BGH- und Bundesverfassungsgerichtsrechtsprechung bezüglich der eingeschränkten Wirksamkeit von Ehegattenunterhaltsverzichtsvereinbarungen hingewiesen sowie insbesondere auf die Inhaltskontrolle, der solche Vereinbarungen unterliegen können.

Wir wurden auch dahingehend belehrt, dass – falls einer von uns Sozialleistungen in Anspruch nehmen muss – möglicherweise eine Berufung auf die Unterhaltsverzichtserklärung nicht zulässig ist.

Wir gehen jedoch beide davon aus, dass **keine einseitige Lastenverteilung** vorliegt i.S.d. BGH- und Bundesverfassungsgerichtsrechtsprechung.

Wir sind übereinstimmend der Auffassung und erklären einvernehmlich, dass es unserem eigenen gemeinsamen und frei gebildeten Lebens-, Ehe- und Erziehungsverständnis entspricht, dass jeder von uns für seinen Lebensunterhalt selbst aufkommt.

Wir wurden eingehend belehrt über die derzeitige Rechtslage, wonach ein Verzicht, vor allem wenn dieser zu einer evident einseitigen und durch die individuelle Gestaltung der ehelichen Lebensverhältnisse nicht gerechtfertigten Lastenverteilung führt, gem. § 138 BGB unwirksam sein kann, bzw. der richterlichen Inhaltskontrolle unterliegt und wurden auch darüber belehrt, dass sich ein Beteiligter unter Umständen auf einen Verzicht des anderen nach den Grundsätzen von Treu und Glauben gem. § 242 BGB nicht berufen kann.

Wir beide wünschen jedoch dennoch ausdrücklich die Wirksamkeit dieser Vereinbarung.

Verrechnung bei Unterhaltsabfindung, falls Vereinbarung unwirksam ist.

Sollten trotz Abschlusses dieser Vereinbarung, die unserem ausdrücklichen Wunsch entspricht und trotz der Tatsache, dass wir beide ausdrücklich für unseren Lebensunterhalt selbst aufkommen wollen, dennoch Unterhaltsansprüche bestehen, so sind sich die Parteien dahingehend einig, dass diese Unterhaltsansprüche mit der vorstehend vereinbarten Abfindungszahlung verrechnet werden, also so lange kein Unterhalt geschuldet ist, bis die Höhe des zu zahlenden Abfindungsbetrages erreicht ist.

■ Auch ein **abgetrenntes** Versorgungsausgleichsverfahren bietet noch eine ausreichende Grundlage für den Abschluss eines späteren Vergleichs auch über noch nicht erledigte Fragen der Vermögensauseinandersetzung und des Zugewinnausgleichs. Solange Verbundverfahren i.S.d. § 621 Abs. 5 – 9 und 13 ZPO anhängig sind, bleibt es allerdings bei dem **Anwaltszwang** des § 78 ZPO, sodass auch in abgetrennten Verfahren beiderseitige anwaltliche Vertretung notwendig ist.[42]

■ Ein Ehescheidungsfolgenvergleich muss aber nicht im Ehescheidungsverfahren selbst abgeschlossen werden. Es ist auch möglich, beispielsweise ein Verfahren über den **Getrenntlebensunterhalt** vor Einleitung des Ehescheidungsverfahrens dazu zu benutzen, einen Vergleich zu protokollieren, der nicht nur das auf den Trennungsunterhalt gerichtete Verfahren abschließt, sondern zugleich eine Regelung des nachehelichen Unterhaltes und der sonstigen Scheidungsfolgen für den Fall einer Scheidung beinhaltet.[43]

■ **Nicht** geeignet für den Abschluss eines Ehescheidungsfolgenvergleichs sind abgetrennte Verfahren betreffend die Regelung der **elterlichen Sorge**, des **Umgangsrechts** oder der **Herausgabe eines Kindes**, weil in diesen Verfahren wegen der Besonderheit kein Vergleich über vermögensrechtliche Fragen geschlossen werden kann. In diesen Verfahren muss nämlich trotz einer Vereinbarung der Parteien über den Verfahrensgegenstand eine Entscheidung ergehen.[44]

IX. Jugendamtsurkunde, amtliche Beurkundung des Kindesunterhalts

50 Verpflichtungen zur Zahlung von Unterhalt an Kinder, die das **21. Lebensjahr noch nicht vollendet** haben, können nach § 59 Abs. 1 Ziff. 3, 60 SGB VIII, bei dem Jugendamt von Beamten in einer **vollstreckbaren Urkunde** beurkundet werden, denen die Beurkundung der Verpflichtungserklärung übertragen worden ist. Ferner beurkunden auch die Amtsgerichte nach § 62 Abs. 1 Ziff. 2 BeurkG i.V.m. § 55 a KostO kostenfrei die Verpflichtungen zur Erfüllung von Unterhaltsansprüchen eines Kindes.[45]

X. Notarielle Urkunden

Hierzu s.o. Teil 3 Notarielle Scheidungsvereinbarungen.

XI. Interessenkollision, Parteiverrat

51 Die berufsrechtlichen Verpflichtungen der Rechtsanwälte und Anwaltsnotare, soweit sie als Anwalt tätig sind, sind in der BRAO und der Berufsordnung für Rechtsanwälte (BORA) geregelt. Aus den §§ 43 u. 43 a BRAO ergibt sich unter anderem die Verpflichtung zur Beachtung der Verschwiegenheitspflicht sowie die Beachtung des Verbotes unsachlichen Verhaltens und der **Wahrnehmung widerstreitender Interessen.**

52 Gerade bei **einverständlichen** Ehesachen entstehen häufig berufsrechtliche Probleme im Sinne der Vermeidung einer **Interessenkollision**, §§ 43 a Abs. 4, 45, 46 BRAO, und des **Parteiverrats**, § 356 StGB.

53 Nach § 43 a Abs. 4 BRAO darf ein Anwalt keine widerstreitenden Interessen vertreten. Nach § 3 Abs. 1 der Berufsordnung ist jegliche Tätigkeit untersagt, wenn der Anwalt,

---

42 Göppinger/Börger, Vereinbarungen anlässlich der Ehescheidung, Rn 129 zu Teil 1.
43 Göppinger/Börger a.a.O. Rn 130 zu Teil 1; Stein/Jonas/Schlosser, § 617 Rn 11.
44 Göppinger/Börger a.a.O. Rn 131 zu Teil 1; Bumiller/Winkler, FGG, § 12 Anm. 3 a.
45 Göppinger/Börger a.a.O. Rn 136 zu Teil 1.

gleich in welcher Funktion und Weise, für eine andere Partei in derselben Rechtssache in widerstreitendem Interesse tätig war. Nach § 356 StGB macht sich der Rechtsanwalt strafbar, der in derselben Rechtssache **beiden** Parteien durch Rat oder Beistand pflichtwidrig dient.[46]

- Wurde ohne Mandatserteilung ein **privater Rechtsrat** erteilt, so wird überwiegend die Auffassung vertreten, dass der privat gewährte Rechtsrat als Anknüpfungspunkt für die Wahrnehmung widerstreitender Interessen ausscheidet.[47]

- Wollen beide Parteien durch einen (gemeinsamen) Anwalt vertreten werden, weil sie sich einig sind, so darf der Anwalt **nicht** beide Eheleute beraten und sich erst **nach** näherer **Diskussion** über die in Betracht kommenden Scheidungsgründe **entscheiden**, ob er den Ehemann gegen die Ehefrau oder die Ehefrau gegen den Ehemann vertreten will. Er muss vielmehr sogleich für eine Klarstellung sorgen, von welchem Ehegatten er das Mandat übernehmen will.[48]

- Der Rechtsanwalt macht sich des **Parteiverrats** i.S.d. § 356 StGB schuldig, wenn er beide Parteien berät und dann schließlich eine Einigung herbeiführt dahingehend, welchen Ehegatten er vertreten wolle, wie der Scheidungsantrag begründet werden soll und welche Haltung die beklagte Partei im Prozess einnehmen soll, ebenso wenn er etwa zwischen den Eheleuten einen **Vergleich** über die Scheidungsfolgen vermittelt oder sonst dem **anderen** Ehegatten behilflich ist.[49]

- Andererseits dürften keine Bedenken bestehen, wenn der Rechtsanwalt zunächst die Ehegatten **abstrakt** unter Hinweis auf die erwähnten Berufspflichten darüber **belehrt**, welche Scheidungsgründe das Gesetz vorsieht, dass Anwaltszwang besteht, dass eine einverständliche Scheidung nach einjähriger Trennung einen Vergleich über bestimmte Folgesachen voraussetzt, § 630 ZPO, und dass dieser nur zustande kommen kann, wenn beide Parteien anwaltlich vertreten sind oder vorher ein Vertrag beurkundet wurde, um dann anschließend die Eheleute um Entscheidung zu bitten, wer von ihnen das Mandat erteilen will.[50]

- Demgegenüber ist der Straftatbestand des **Parteiverrats** erfüllt, wenn der Rechtsanwalt zunächst den **Ehemann** nach Erörterung der Sachlage über die Möglichkeit und Aussicht eines Scheidungsantrags berät und danach, da er z.B. einen Antrag nach § 1565 Abs. 2 BGB vor Ablauf des Trennungsjahres für aussichtslos hält, von der **Ehefrau** das Mandat übernimmt.[51]

- Die Vorschrift des § 3 Abs. 2 BORA, wonach das Verbot der Vertretung widerstreitender Interessen bzw. in derselben Rechtssache jeweils für alle in einer Sozietät verbundener Rechtsanwälte gilt, ist vom Bundesverfassungsgericht wegen zu weit gehenden Eingriffs in die Berufsfreiheit nach Art. 12 GG für **verfassungswidrig** erklärt worden.[52] In dieser Entscheidung wird einerseits klargestellt, dass die Anfor-

---

46 Göppinger/Börger, Vereinbarungen anlässlich der Ehescheidung, Rn 138 zu Teil 1.
47 Göppinger/Börger a.a.O. Rn 139 zu Teil 1; Henssler/Prütting/Eylmann, § 43a Rn 37; Feurich/Weiland, § 43 a Rn 55.
48 Göppinger/Börger a.a.O. Rn 140 zu Teil 1; Henssler/Prütting/Eylmann, § 43a Rn 150; AG Neunkirchen FamRZ 1996, 298 f; großzügiger: OLG Karlsruhe NJW 2002, 3561.
49 BGH FamRZ 1985, 593; Göppinger/Börger a.a.O. Rn 140 zu Teil 1.
50 Göppinger/Börger a.a.O. Rn 140 zu Teil 1.
51 Göppinger/Börger a.a.O. Rn 141 zu Teil 1.
52 BVerfG NJW 2003, 2520 ff.

derungen der BRAO nicht zur Disposition des Mandanten stehen und dementsprechend ein Einverständnis des Mandanten mit einem Verstoß hiergegen die Pflichtwidrigkeit nicht beseitigt.

■ In der gleichen Entscheidung hat das BVerfG jedoch betont, es sei **Sache** des wahrheitsgemäß und umfassend informierten **Mandanten**, seine **Interessen** zu **definieren**; es liege deswegen in der verantwortungsvollen Einschätzung der betroffenen Rechtsanwälte, ob eine Konfliktsituation oder doch jedenfalls das Ziel der Vermeidung zukünftiger Störungen des Vertrauensverhältnisses eine Mandatsniederlegung gebiete.

■ Dieser vom BVerfG betonte Primat der eigenverantwortlichen Definition seiner Interessen durch den Mandanten führt dazu, dass grundsätzlich bei entsprechendem Mandatsauftrag ein sog. **Doppelmandat** geführt werden kann, also z.B. die Erarbeitung einer Trennungs- oder Ehescheidungsfolgenvereinbarung im **Auftrag beider Ehegatten**. Es mag im Einzelfall auch denkbar sein, ein Ehescheidungsverfahren im gemeinsamen Auftrag der Ehepartner zu führen, wenn im Einzelfall kein Interessengegensatz denkbar ist (also ein Versorgungsausgleich nicht stattzufinden hat, Gütertrennung und Ausschluss des nachehelichen Unterhaltes vereinbart ist, gemeinsame Kinder nicht vorhanden sind).[53]

■ Unzweifelhaft **schließt** ein solches Mandat **aus**, zu einem späteren Zeitpunkt **einen** der Ehegatten gegen den anderen zu vertreten.[54]

■ Auch muss unzweifelhaft das Mandat **beendet** werden, wenn entgegen der ursprünglichen Absicht der Eheleute eine **einvernehmliche Regelung nicht** zu **erzielen** ist und ein Interessenkonflikt erkennbar wird.[55]

54 **Beratungshinweis:**

In jedem Fall sollte beiden Parteien erklärt werden, dass im Hinblick auf Loyalitätsgründe sämtliche Gespräche nur mit **beiden Parteien gemeinsam** geführt werden. Dies ist erforderlich, um zu vermeiden, dass Rechtsauskünfte erteilt werden, von denen die jeweils andere Partei keine Kenntnis hat.

55

263

Muster: Aufklärung (Interessenkollision)

Hiermit bestätige ich, dass ich von Frau Rechtsanwältin ■■■ darüber **aufgeklärt** wurde, dass sie nur eine Partei – in diesem Fall meine Ehefrau/meinen Ehemann – vertreten und beraten darf und kann.

Mir ist bewusst, dass ich von Frau Rechtsanwältin ■■■ daher weder vertreten noch entgegen den Interessen ihrer Mandantschaft beraten werden kann.

In Kenntnis dieser Sachlage wünsche ich trotzdem ein gemeinsames Gespräch mit Frau Rechtsanwältin ■■■ und meiner Ehefrau/meinem Ehemann zur möglicherweise gütlichen Einigung bezüglich der strittigen Punkte.

Frau Rechtsanwältin ■■■ hat mich außerdem darüber aufgeklärt, dass sie nicht mit mir persönlich reden darf, wenn ich bereits anwaltlich vertreten werde.

Ich **bestätige** daher außerdem, dass ich **nicht** bereits anwaltlich vertreten werde.

Ort ■■■, Datum ■■■

---

53 Göppinger/Börger a.a.O. Rn 143 zu Teil 1; Tröndle/Fischer, § 356 StGB Rn 7.
54 Göppinger/Börger a.a.O. Rn 143 zu Teil 1.
55 Göppinger/Börger a.a.O. Rn 143 zu Teil 1.

Muster: Einverständniserklärung

Ich, ■■■ (Name Mandant) erkläre, dass ich es wünsche, dass Frau Rechtsanwältin ■■■ mit meinem jetzigen Ehepartner/meiner jetzigen Ehepartnerin verhandelt und in diesem Sinne versucht, eine gütliche Einigung zu erzielen.

Ort ■■■, Datum ■■■

56

264

Muster: Hälftige Kostenübernahme

Vereinbarung zwischen Frau/Herrn ■■■ und Frau/Herrn ■■■

Wir sind uns dahingehend einig, dass die Anwaltskosten, die durch das Scheidungsverfahren entstehen, von uns **hälftig** übernommen werden.

Gleiches gilt für etwaige Anwaltskosten, die durch den Abschluss eines Vergleichs entstehen.

Diese Vereinbarung gilt auf der Grundlage, dass lediglich **ein Anwalt** mit der Durchführung des Scheidungsverfahrens bzw. Protokollierung eines Vergleichs **beauftragt** wird.

Ort ■■■, Datum ■■■ Unterschriften beider Parteien

57

265

- Da der Anwalt im Falle eines **Doppelmandats** jedenfalls später keinen von beiden mehr beraten und vertreten kann und so unter anderem die Gefahr entsteht, dass beim Auftreten von zunächst nicht erwarteten Streitigkeiten 3 Anwälte bezahlt werden müssen, ist große Zurückhaltung gegenüber solchen Doppelmandaten geboten.[56]

- Vorsicht ist auch geboten bei der Geltendmachung von **Unterhaltsansprüchen** für inzwischen **volljährig** gewordene Kinder, wenn sich die Unterhaltsansprüche jetzt auch gegen den bisher vertretenen betreuenden Elternteil richten können.[57]

- **Mediation** und Prozessvertretung schließen sich aus, da die Tätigkeit des Mediators ausschließlich im Auftrag beider Parteien und im gemeinschaftlichen Interesse der Parteien an der Erzielung einer einvernehmlichen Regelung ausgeübt wird. Auf die Tätigkeit des Anwaltsmediators sind die berufsrechtlichen Regelungen für Anwälte anzuwenden.[58]

- Ist der **Anwalt**, der im Scheidungsverfahren einen Ehegatten vertritt, zugleich **Notar**, so darf er eine Vereinbarung der Ehegatten über Scheidungsfolgen nicht beurkunden, § 3 Abs. 1 Nr. 5 BeurkG.

- Die **Zustimmung** der Beteiligten beseitigt auch hier das **Mitwirkungsverbot** nicht.[59] Der Anwaltsnotar darf selbst dann die Vereinbarung nicht beurkunden, wenn er in einer Anwaltssozietät verbunden ist und sein Partner die Vertretung eines Ehegatten im Ehescheidungsverfahren übernommen hat.[60] Umgekehrt darf er auch nicht nach Beurkundung einer Vereinbarung einen Ehegatten gegen den anderen im Scheidungsverfahren vertreten.[61]

- Zu den Berufspflichten eines Anwaltes und eines Anwaltsnotars gehört es, die Parteien über die entstehenden **Kosten zu belehren** und auf die Möglichkeit hinzuwei-

---

56 Göppinger/Börger, Vereinbarungen anlässlich der Ehescheidung, Rn 143 zu Teil 1.
57 Börger, Kammerforum RAK Köln, 2004, 102 ff.
58 Göppinger/Börger a.a.O. Rn 144 zu Teil 1.
59 Göppinger/Börger a.a.O. Rn 145 zu Teil 1.
60 Göppinger/Börger a.a.O.
61 Göppinger/Börger a.a.O.

sen, **Prozesskostenhilfe** oder **Beratungshilfe** zu beantragen, § 16 Abs. 1 BORA. Dies jedenfalls dann, wenn ein **begründeter Anlass** für den Hinweis besteht.

XII. Prozesskostenhilfe

58 Die Bewilligung von Prozesskostenhilfe für das Ehescheidungsverfahren erfasst das Verbundverfahren **Versorgungsausgleich**, § 624 Abs. 2 ZPO i.V.m. § 621 Abs. 1 Nr. 6 ZPO.

Gemäß § 48 Abs. 3 RVG erstreckt sich die Beiordnung in einer Ehesache auf den **Abschluss** eines **Vertrages** i.S.d. Nr. 1000 des Vergütungsverzeichnisses (VV Nr. 1000), der den gegenseitigen **Unterhalt** der **Ehegatten**, den Unterhalt gegenüber den **Kindern** im Verhältnis der Ehegatten zueinander, die **Sorge** für die Person der gemeinschaftlichen minderjährigen Kinder, die **Umgangsregelung**, die Rechtsverhältnisse an **Ehewohnung** und dem **Hausrat** und die Ansprüche aus dem **ehelichen Güterrecht** betrifft.[62]

59 Darüber hinausgehend ist die **Erstreckung** der Prozesskostenhilfe auf einen **Vergleich** oder auf die Vertretung in Verbundverfahren von einer entsprechenden Ausdehnung der Bewilligung abhängig, § 48 Abs. 4 RVG.

Für die Verfahren der **einstweiligen Anordnung** nach §§ 620 ff ZPO ist die **gesonderte** Antragstellung und Bewilligung notwendig, weil es sich um gebührenrechtlich gesonderte Verfahren handelt, § 17 RVG.[63]

60 Wird der Termin im **Prozesskostenhilfe-Prüfungsverfahren** anberaumt und ein Vergleich geschlossen, so gibt es zweierlei Rechtsmeinungen bezüglich der Bewilligung der Prozesskostenhilfe.

- Einerseits soll Prozesskostenhilfe **nur** für diesen **Vergleich** bewilligt werden.[64]
- Nach anderer Meinung soll Prozesskostenhilfe für das **gesamte Prozesskostenhilfe-Prüfungsverfahren** bewilligt werden.[65] Letzteres ist die überwiegende Rechtsmeinung, die auch zu befürworten ist, da andernfalls der Bedürftige die Gebühren für das Prozesskostenhilfeverfahren selbst zu tragen hätte.[66]

61 **Beratungshinweis:**

In jedem Fall sollte **vor Abschluss** jeglichen **Vergleichs** Prozesskostenhilfeerstreckung auf den Abschluss des Vergleichs beantragt werden, zumal sehr häufig auch Gegenstände mitgeregelt werden, die in § 48 Abs. 3 RVG nicht genannt sind, so z.B. die Frage der **Schuldenregelung**[67] oder sonstige Streitgegenstände, bezüglich deren kein gerichtliches Verfahren anhängig ist und folgegemäß auch noch keine Prozesskostenhilfebewilligung erfolgte und auch kein entsprechender Antrag gestellt wurde.

62 § 48 Abs. 3 RVG betrifft ausschließlich den Abschluss des Vertrags, nicht aber die Prozesskostenhilfe **für die Hauptsache als solches**. Für alle anderen Folgesachen, mit Aus-

---

62 Heiß, Das Mandat im Familienrecht, Rn 9 zu Teil 3.
63 Göppinger/Börger, Vereinbarungen anlässlich der Ehescheidung, Rn 156 zu Teil 1.
64 OLG Köln FamRZ 1998, 835, 836; OLG Celle RPfleger 1999, 451.
65 OLG Nürnberg FamRZ 2000, 838; 2002, 760; FamRZ 1998, 837; OLG Düsseldorf FamRZ 2001, 1155; 1996, 416; OLG Koblenz FamRZ 1990, 180; OLG Hamm FamRZ 1987, 1062.
66 Heiß, Das Mandat im Familienrecht, Rn 17 zu Teil 3.
67 Heiß, Das Mandat im Familienrecht, Rn 53 zu Teil 3.

nahme des Versorgungsausgleichs (§ 623 Abs. 1 ZPO i.V.m. § 621 Abs. 1 ZPO) muss jeweils **gesondert Prozesskostenhilfe beantragt** werden.[68]

Prozesskostenhilfebewilligung muss **vor Abschluss** des Vergleichs bzw. **unmittelbar da-** **nach** beantragt werden.[69]   **63**

Wird ein Vergleich nach Bewilligung der Prozesskostenhilfe **außergerichtlich** geschlossen, so ist streitig, ob diese Tätigkeit im Rahmen der Prozesskostenhilfe abrechnungsfähig ist.[70]

Zur Einkommensermittlung sowie Formularen zu den Anträgen auf Bewilligung Pro-   **64** zesskostenhilfe, Änderungsanträge und Rechtsmittel gegen Ablehnung der Prozesskostenhilfe s. *Heiß* a.a.O., Rn 1 ff zu Teil 3.

Beratungshinweis: **65**

Die Partei ist in jedem Fall durch ein Belehrungsschreiben darauf hinzuweisen, dass sie bei Erhalt einer größeren Summe damit rechnen muss, dass die Prozesskostenhilfe widerrufen wird und bei Vergleichsabschluss mit Kostenaufhebung die Kosten der anwaltlichen Vertretung sowie die Hälfte der Gerichtskosten von der Partei selbst zu tragen sind. Der Freibetrag liegt derzeit bei 2.300 Euro + 256 Euro für jeden Unterhaltsberechtigten.[71]

Muster: Belehrungsschreiben an Mandant   **66**   (266)

Sehr geehrte/r Frau/Herr ■■■

Anliegend übergebe ich den Beschluss des Gerichts vom ■■■, wonach Prozesskostenhilfe ohne Ratenzahlung bewilligt wurde. Die Kosten des Verfahrens – Anwalts- und Gerichtskosten – werden also von der Staatskasse getragen.

Ausdrücklich weise ich darauf hin, dass von der **Prozesskostenhilfe** nur die Tätigkeit mit umfasst ist, die im Rahmen des **gerichtlichen** Verfahrens erledigt wird, sei es durch Klageerhebung oder durch **Vergleich**, der anlässlich des Scheidungstermins zu Protokoll gegeben wird.

Außergerichtliche Tätigkeiten, wie z.B. eine außergerichtliche Unterhaltsregelung u.a., sind **nicht** von der Prozesskostenhilfe mitumfasst. Die hierfür anfallenden Kosten müssten also ggf. Ihnen gegenüber **zusätzlich** in Rechnung gestellt werden.

Abschließend weise ich darauf hin, dass im Falle des **Erhaltes** einer **größeren Geldzahlung**, z.B. Zugewinn u.a. die Prozesskostenhilfebewilligung widerrufen wird, wenn die Vermögensgrenze (Schonvermögen) von ca. 2.300 bis 2.500 Euro überschritten wird.

■■■ Rechtsanwältin

XIII. Unterhaltsregelungen

Im günstigsten Fall sollte die Frage des **nachehelichen Ehegattenunterhalts** durch Zah-   **67** lung einer **Abfindung** geregelt werden bzw. im Zusammenhang mit Übertragung von

---

68 Heiß a.a.O. Rn 51, 55 zu Teil 3; OLG Zweibrücken FamRZ 2001, 1466.
69 Heiß a.a.O. Rn 57 zu Teil 3; OLGMünchen RPfleger 2000, 26; OLG Karlsruhe JurBüro 1990, 231.
70 Heiß a.a.O. Rn 58 zu Teil 3; dafür: BGH NJW 1988, 494, 495; dagegen: OLG Bamberg FamRZ 1999, 240; OLG Stuttgart FamRZ 1999, 389.
71 Heiß, Das Mandat im Familienrecht, Rn 29 zu Teil 3.

Vermögenswerten, da hierdurch eine **endgültige Regelung** für beide Parteien herbeigeführt wird. Abzuwägen ist jedoch die Frage des Alters und der Erwerbsfähigkeit der Berechtigten sowie zahlreiche weitere Hypothesen, nämlich wie lange der Verpflichtete voraussichtlich noch einer Erwerbstätigkeit nachgeht, ob die Berechtigte beabsichtigt, mit einem neuen Partner zusammen zu leben, ob eine der Parteien krank ist u.a.

68 Eine solche Vereinbarung kann einerseits Sicherheit bringen, muss aber andererseits in einem angemessenen Verhältnis zu Dauer und Höhe der Unterhaltsverpflichtung stehen.

69 **Beratungshinweis:**

Zu beachten ist in jedem Fall die Vorschrift des § 5 VAHRG (Unterhaltsprivileg), und zwar insbesondere dann, wenn abzusehen ist, dass die Unterhaltsverpflichtungen nach Rentenbeginn des Unterhaltsverpflichteten weiterhin bestehen, der unterhaltsverpflichtete Ehegatte früher rentenberechtigt wird als die unterhaltsberechtigte Ehefrau und zu Lasten des Unterhaltspflichtigen der Versorgungsausgleich durchgeführt wurde.

Besteht eine solche Unterhaltsverpflichtung, so kann nach § 5 VAHRG beantragt werden, von der Kürzung der Versorgung aufgrund des Versorgungsausgleichs abzusehen, solange der Unterhaltsberechtigte nicht seinerseits Rente aus dem Versorgungsausgleich bezieht. Die Kürzung des Versorgungsausgleichs kann selbst dann vermieden werden, **wenn die Unterhaltsverpflichtung niedriger** ist als die Kürzung der Rente in Folge des Versorgungsausgleichs.

Es ist Aufgabe des Anwalts, zu prüfen, ob nicht durch Vereinbarung eines **Unterhaltsbetrages**, der **geringer** ist als der Kürzungsbetrag, eine günstigere Regelung herbeigeführt werden kann.

Auch **Abfindungen** von Unterhaltsansprüchen kommen als Grundlage für einen Härteantrag in Betracht, sofern ohne die Abfindung für den Zeitraum, für den die Kürzung der Rente entfallen soll, Unterhalt zu zahlen gewesen wäre.[72]

70 Bei Vereinbarung einer **Kapitalabfindung** sind die Möglichkeiten des steuerlichen **Realsplittings** zu berücksichtigen (Teil 4, § 4 Rn 391 ff, 399). Der Höchstbetrag für die steuerliche Berücksichtigung des Ehegattenunterhalts beträgt derzeit 13.805 Euro. Somit liegt es nahe, eine etwaige Abfindung bei entsprechender Höhe auf mehrere Jahre zu verteilen. Dabei muss klargestellt werden, dass die Zahlungen auf die Unterhaltsabfindung entfallen. Bei solchen **Ratenzahlungen** sollte in jedem Fall zum einen für entsprechende Sicherheit gesorgt werden und zum anderen eine **Verfallklausel** aufgenommen werden, wonach der gesamte offene Betrag zur Zahlung fällig wird, wenn der Schuldner z.B. länger als 14 Tage mit der Zahlung in **Verzug** ist.

71 (Zur Berechnungsmöglichkeit der Kapitalabfindung s. *Heiß*, Das Mandat im Familienrecht, Rn 738 zu Teil 8.) In jedem Fall sollte in diesen Fällen auch eine Vereinbarung zur **Verzinsung** erfolgen.

72 Wird eine grundsätzlich unbefristete Unterhaltsrente vereinbart, so ist i.d.R. damit zu rechnen, dass erneut Streit entsteht bei **künftigen Anpassungen** wegen Änderung der tatsächlichen und wirtschaftlichen Verhältnisse der Parteien, so z.B. bei höherem Ein-

---

72 Heiß, Das Mandat im Familienrecht, Rn 186, 187 zu Teil 12.

kommen, Eintreten der Erwerbsobliegenheit, Zusammenleben mit einem neuen Partner, nicht prägenden Einkünften aus Erbschaften u.a.

Die Vereinbarung der **Festschreibung** des Unterhaltsbetrages und deren Anpassung an die Entwicklung der **Lebenshaltungskosten** kann unter Umständen für beide Parteien **riskant** sein, je nachdem, welche **Ausnahmen** von der Festschreibung vereinbart werden, so insbesondere z.B. **Wiederheirat**, dauerhaftes **Zusammenleben** der Berechtigten mit einem anderen Partner, unverschuldete **Arbeitslosigkeit**, eintretende **Erwerbsunfähigkeit** einer der Parteien u.a.   73

Je nach Gestaltung der Anpassungsregelung kann die **Genehmigung** des zuständigen Bundesamts für Wirtschafts- und Ausführungskontrolle nach § 2 Abs. 1 S. 2 PaPkG erforderlich sein bezüglich der Vereinbarung der **Wertsicherungsklausel**.   74

In Betracht kommt auch eine Vereinbarung, bei der die Beträge **gestaffelt** sind oder z.B. bestimmte Einkommensteile der Berechtigten **anrechnungsfrei** verbleiben sollen, um hierdurch einen Arbeitsanreiz für die Berechtigte zu schaffen.   75

Zu denken ist auch an eine **zeitliche Befristung** mit anschließendem Unterhaltsverzicht oder zumindest eine Vereinbarung dahingehend, dass Einigkeit besteht, ab wann eine **Erwerbsobliegenheit** des unterhaltsberechtigten Ehegatten besteht und wie und in welcher Höhe später erzieltes Einkommen anzurechnen ist.   76

Wenn der Unterhaltsbetrag der Höhe nach nicht festgeschrieben wird, so müssen die Vergleichsgrundlagen so exakt wie möglich festgehalten werden, wie z.B. Höhe des Einkommens, steuerliche Verhältnisse, berufsbedingte Aufwendungen, Schuldendienst u.a. (zu den Vor- und Nachteilen der Aufnahme von Vergleichsgrundlagen s. Teil 4, § 4 Rn 13 ff).   77

Beratungshinweis: 78

Im Hinblick auf die Abänderbarkeit von Unterhaltsvereinbarungen nach § 323 ZPO (im Einzelnen hierzu s.o. Teil 4, § 4 Rn 85 ff) empfiehlt es sich, entweder die **Vergleichsgrundlagen** möglichst genau **festzulegen** oder aber ausdrücklich aufzunehmen, dass eine etwaige spätere Abänderung **ohne Bindungswirkung** an den Vergleich erfolgen soll. Lassen sich die Vergleichsgrundlagen aus der Unterhaltsvereinbarung nicht entnehmen, so erfolgt im Rahmen einer Abänderung eine Neufestsetzung des Unterhalts.

Üblicherweise sollten als Vergleichsgrundlage mit aufgenommen werden

- die Höhe des Einkommens des Verpflichteten und des Berechtigten bezogen auf ein gesamtes Jahr,
- berufsbedingte Aufwendungen,
- Wohnwert,
- fiktive Einkünfte,
- Einkünfte aus oberobligatorischer Tätigkeit und deren Berücksichtigung (Höhe),
- weitere Unterhaltsberechtigte (eheliche oder nichteheliche Kinder),
- Erwerbsobliegenheit,
- des Weiteren sollte der Unterhaltstatbestand bezeichnet werden.[73]

---

73   BGH FamRZ 1993, 788.

79 In jedem Fall muss eine Klarstellung erfolgen, dass der vereinbarte Unterhalt den gesamten Unterhalt einschließlich **Krankenvorsorge-** und **Altersvorsorgeunterhalt** enthält, falls diesbezügliche Ansprüche gegeben sind. Auch kann der Unterhalt im Einzelnen aufgegliedert werden in Elementarunterhalt, Krankenvorsorgeunterhalt und Altersvorsorgeunterhalt.

80 Zu empfehlen sind auch Vereinbarungen über die wechselseitige **Auskunftserteilung** sowohl seitens des Unterhaltspflichtigen als auch seitens des Unterhaltsberechtigten (unaufgeforderte Informationspflicht). (Zur entsprechenden Vereinbarung s. Teil 3, § 4 Rn 114 ff)

81 Ist zusätzlich zum **Elementarunterhalt** noch **Krankenvorsorge-** und/oder **Altersvorsorgeunterhalt** geschuldet, so sollte klargestellt werden, welcher Teil auf Elementarunterhalt bzw. Krankenvorsorgeunterhalt und Altersvorsorgeunterhalt entfällt.

82 Wenn bereits bei Vergleichsabschluss absehbar ist, dass zu einem bestimmten Zeitpunkt die Zahlung des **Kindesunterhalts entfällt** (z.B. wegen Arbeitsaufnahme durch das Kind), sollte die Auswirkung des Wegfalls des Kindesunterhalts festgelegt werden, also die Frage, in welchem Umfang der Wegfall zu einer Erhöhung des Ehegattenunterhalts führt.

83 Jede Unterhaltsvereinbarung sollte auch die Vereinbarung betreffend Zustimmung zum **Realsplitting** und Ausgleich der finanziellen Nachteile enthalten (hierzu siehe Teil 3, § 4 Rn 73).

XIV. Sicherung des Unterhaltsanspruchs

83 Vereinbarungen über eine Sicherheitsleistung für einen – titulierten oder nicht titulierten – Anspruch auf **nachehelichen Unterhalt** sind zulässig, auch wenn eine Verpflichtung zur Sicherheitsleistung aus einem der in § 1585a Abs. 1 S. 2 BGB bezeichneten Gründe nicht besteht.[74]

85 Ein Arrest kann zur Sicherung eines **Unterhaltsrückstandes** oder **künftiger** Unterhaltsforderungen bei Vermögensverschiebungen, unbekanntem Aufenthalt oder Absetzen des Schuldners ins Ausland beantragt werden. Die Sicherung des **Kindesunterhalts** kann bis zu dessen **Volljährigkeit** erfolgen,[75] des Ehegattenunterhalts je nach den Umständen des Einzelfalles für mehrere Jahre.[76]

86 Ein **Anspruch** des **getrenntlebenden** Ehegatten auf Sicherheitsleistung für seinen Unterhaltsanspruch besteht **nicht**. Die Eheleute können aber für einen – titulierten oder nicht titulierten – Anspruch auf Trennungsunterhalt die Leistung einer Sicherheit durch den Verpflichteten **vereinbaren**.[77]

---

74 Kilger/Pfeil in Göppinger/Börger, Vereinbarungen anlässlich der Ehescheidung, Rn 318 zu Teil 5.
75 Heiß, Das Mandat im Familienrecht, Rn 792 zu Teil 8; KG FamRZ 1985, 730; Heiß in Kroiß, Formular-Bibliothek Zivilprozess 2005, Familienrecht, Rn 819 zu § 5.
76 Heiß a.a.O. Rn 792 zu Teil 8; OLG Düsseldorf FamRZ 1994, 111; OLG Hamm FamRZ 1995, 1427; zu den näheren Einzelheiten s. von Heintschel-Heinegg in FA-FamR Rn 226 ff zu Kap. 1.
77 Kilger/Pfeil a.a.O. Rn 319 zu Teil 5.

XV. Art und Höhe der Sicherheit[78]

In erster Linie kommt die **Belastung von Immobilien** in Betracht, z.B. in Form einer **87** **Reallast** oder einer in geeigneter Höhe bestellter **Grundschuld**. Des Weiteren kann die Sicherung auch durch Abtretung von Lohn- und **Gehaltsforderungen** erfolgen, soweit diese nicht im Einzelfall durch **Betriebsvereinbarung ausgeschlossen** sind, weshalb sich in jedem Fall empfiehlt, vor Vereinbarung die Möglichkeiten und Modalitäten der Abtretung mit der auszahlenden Stelle zu klären.[79]

Auch **Bürgschaften** stellen geeignete Sicherungsmittel dar sowie in jedem Fall die **Unter-** **88** **werfung** des Unterhaltsverpflichteten unter die **sofortige Zwangsvollstreckung** (bei notariellen Scheidungsvereinbarungen).

Bei Protokollierung einer Vereinbarung im Rahmen des Scheidungsverfahrens stellt **89** ohne Zwangsvollstreckungsunterwerfungsklausel das Protokoll den Vollstreckungstitel dar.

In jedem Fall sind die Unterhaltsansprüche betreffend **Ehegattenunterhalt** und **Kindes-** **90** **unterhalt** getrennt zu beziffern und **getrennt** zu titulieren. Mangels getrennter Titulierung dringt die Vollstreckungsabwehrklage durch.[80]

In Betracht kommen **91**

- Verpfändung des Anspruchs aus einem **Sparguthaben**,
- Verpfändung des Anspruchs aus einem **Lebensversicherungsvertrag** oder von Wertpapieren,
- Bestellung einer **Bürgschaft** oder einer **Reallast**,
- **Abtretung** künftiger Lohn- und **Gehaltsansprüche**, wobei hier die Frage der Abtretbarkeit und die Modalitäten der Abtretung vorab beim Drittschuldner geklärt werden müssen.[81]
- Ist der Unterhaltsanspruch tituliert, so besteht nach § 850d Abs. 3 ZPO die Möglichkeit, auch künftig fällig werdendes Arbeitseinkommen des Verpflichteten wegen der dann jeweils fällig werdenden Ansprüche zu pfänden (**Vorratspfändung**).[82]
- Bei der Bemessung der Höhe der Sicherheit besteht keine Bindung an die Regelung des § 1585a Abs. 1 S. 3 BGB. Die in § 1585a Abs. 1 S. 3 vorgesehene **Jahresdeckung** der Unterhaltsrente ist jedoch i.d.R. ausreichend.[83]

XVI. Generalabgeltungsklausel

Muster: Generalabgeltungsklausel 1 **92**

Die Ehegatten sind sich darüber einig, dass mit vollständigem Vollzug dieser Vereinbarung und der vollständigen Erfüllung aller darin begründeten/übernommenen Verpflichtungen zwischen den Ehegatten hinüber wie herüber **keinerlei** (insbesondere ver-

78 Im Einzelnen s.a. o. Teil 1, Rn 288 ff.
79 Langenfeld, Handbuch der Eheverträge und Scheidungsvereinbarungen, Rn 1021 zu Kap. 5.
80 Langenfeld a.a.O. Rn 1022 zu Kap. 5.
81 Kilger/Pfeil a.a.O. Rn 321 zu Teil 5.
82 Heiß/Born, Unterhaltsrecht, Ein Handbuch für die Praxis, Kap. 27 Rn 89 ff.
83 Kilger/Pfeil a.a.O. Rn 323 zu Teil 5.

mögensrechtlichen) **Ansprüche** und Rechte mehr bestehen, die ihren tatsächlichen oder rechtlichen Grund in dem ehelichen Güterstand, dessen (vollständiger) Auseinandersetzung/Ausgleich, der gemeinsamen Lebens- und Haushaltsführung oder der Verwaltung bzw. Abgrenzung des jeweiligen Vermögens im weitesten Sinne haben. Sofern und soweit dies ein Verzicht auf bereits bestehende Ansprüche und Rechte bedeutet, wird dieser **Verzicht** hiermit ausdrücklich wechselseitig **vereinbart** und **angenommen**.

Die vorstehende Abfindungsklausel gilt ausdrücklich auch für mögliche Ausgleichsansprüche aus Mitarbeit im Geschäft des anderen Ehegatten sowie für mögliche Ausgleichsansprüche im Zusammenhang mit **Zuwendungen**, **Schenkungen** von Ehegatten, **Schwiegereltern** etc. ■■■

93

Muster: Generalabgeltungsklausel 2

Die Parteien sind sich darüber einig, dass mit den Vereinbarungen in dieser Urkunde ihre vermögens- und güterrechtliche Auseinandersetzung abschließend geregelt ist. Rein vorsorglich verzichten die Parteien gegenseitig auf jegliche weitergehende diesbezüglichen Ansprüche, insbesondere **Zugewinnausgleichsansprüche**, Ansprüche auf Rückforderung und Ausgleich von Schenkungen und Zuwendungen jeglicher Art (ob ehebedingt oder nicht), Ansprüche wegen Wegfalls der Geschäftsgrundlage, Gesamtgläubiger- und Gesamtschuldnerausgleichsansprüche sowie jegliche sonstigen Ausgleichs- und Schadenersatzansprüche, ebenso auf **Nach**- und **Rückforderungsansprüche** bezüglich Trennungs- und Kindesunterhalt für die Vergangenheit.

Sie nehmen die Verzichtserklärung jeweils wechselseitig an.

XVII. Anwaltshaftung bei Vergleichsabschluss

94 Hierzu s.o. Teil 1 Rn 349 ff.

§ 2 Vermögen, Grundstücksübertragungen

A. Immobilien

I. Grundsätze

1. Regelungsmöglichkeiten

In Betracht kommen folgende Regelungen:

1

- **Übertragung** anteiligen Grundbesitzes,
- **Verkauf,**
- Aufteilung gemeinsamen Grundbesitzes in selbständige **Eigentumswohnungen,**
- **Benutzungsregelungen,** § 1010 BGB,
- Einräumung eines **Nießbrauchs,** § 1030 BGB,
- beschränkte persönliche **Dienstbarkeit,** § 1090 BGB,
- dingliches **Wohnrecht,** § 1093 BGB,
- zahlreiche Varianten von Regelungen zu Gunsten der **Kinder** (hierzu s. Teil 3),
- Benutzungs- oder Mitbenutzungsansprüche am Familienheim.

Beratungshinweis:

2

Eine klare Auseinandersetzung des gemeinsamen Vermögens ist erforderlich, um künftige Streitigkeiten zu vermeiden.

Häufig wird von den Parteien erwogen, statt einer vermögensrechtlichen Auseinandersetzung Regelungen zu Gunsten der Kinder zu treffen. Dabei ist jedoch zu berücksichtigen, dass die Ehegatten nicht bereits zu Lebzeiten jegliche Verfügungsbefugnis über die geschaffenen Vermögenswerte verlieren sollten, zumal nicht abzusehen ist, ob nicht bei Eintreten eines Notbedarfs auf die Vermögenswerte zurückgegriffen werden müsste.

Auch ist – insbesondere bei noch minderjährigen Kindern – deren künftige Entwicklung nicht absehbar, insbesondere ob die Kinder ein Interesse haben, die von den Eltern übertragenen Immobilien u.a. als Familienbesitz zu erhalten.

Während intakter Ehe hat jeder Ehegatte unabhängig von schuld- oder sachenrechtlichen Benutzungs- oder Mitbenutzungsansprüchen ein **aus dem Wesen der Ehe folgendes Besitzrecht am Familienheim.**[84] Dieses Mitbenutzungsrecht besteht gerade auch dann, wenn das Familienheim im **Eigentum** des **anderen** Ehegatten steht.[85] Als Recht zum Mitbesitz schließt es sachenrechtliche Herausgabeansprüche aus, §§ 985, 986 BGB; es erstreckt sich auch auf den Hausrat und kann auch freiberuflich oder gewerblich genutzte Räume in Familienheimen umfassen.[86]

3

---

84 BGH FamRZ 1976, 691; FamRZ 1978, 496; Graba FamRZ 1987, 1722.
85 Langenfeld, Handbuch der Eheverträge und Scheidungsvereinbarungen, Rn 179 zu Kap. 2.
86 Langenfeld a.a.O.; OLG Düsseldorf FamRZ 1988, 1053.

4

269

Muster: Einräumung des Nutzungsrechts

Die Parteien sind sich dahingehend einig, dass die Antragsgegnerin noch für die Dauer von 3 Jahren, d.h. bis ■■■ unentgeltlich das im Miteigentum der Parteien befindliche Anwesen bewohnen darf. Sollte ein Lebensgefährte der Antragsgegnerin in das Anwesen einziehen, so hat dieser den angemessenen Mietpreis an den Antragsteller für dessen Hälfte zu bezahlen.

Die Antragsgegnerin trägt sämtliche nach mietrechtlichen Regeln umlagefähigen Kosten. Die Kosten für notwendige Instandhaltungsarbeiten werden von beiden Parteien zu je ½ getragen. Die Beteiligten sind sich dahingehend einig, dass über das Erfordernis von Hausrenovierungen Einverständnis zu erzielen ist.

2. Grundsätze zur Zugewinnausgleichsberechnung

5 Die Zugewinnausgleichsberechnung besteht darin, dass ein **Zahlungsanspruch** ermittelt wird. Es wird das **Endvermögen** jedes Ehegatten bei Zustellung des Scheidungsantrags dem **Anfangsvermögen** bei Eheschließung bzw. dem **privilegierten Vermögen** (Schenkungen, Erbschaften, Ausstattung) gegenübergestellt. Die Differenz zwischen dem Endvermögen sowie Anfangsvermögen und privilegiertem Vermögen (jeweils **nach Schuldenabzug**) bildet den Zugewinn.

3. Ermittlung des Zugewinnausgleichsanspruchs

■ Zugewinngemeinschaft ist der **gesetzliche Güterstand**, also der Güterstand, der gilt, wenn kein Ehevertrag abgeschlossen wurde.

■ **Stichtag** für die Wertermittlung für das Endvermögen ist die **Zustellung** des Scheidungsantrags.

■ Stichtag für die Ermittlung des **Anfangsvermögens** ist das **Datum der Eheschließung**.

■ Stichtage für das sog. **privilegierte** Vermögen in Form von Schenkungen oder Erbschaften ist der **Zeitpunkt der Schenkung** bzw. der Erbschaft.[87]

■ Zugewinn ist jenes Vermögen, das während der Ehe erwirtschaftet wurde.

■ Vom bereinigten Endvermögen (nach Abzug der **Schulden**) ist das jeweilige ebenfalls um Schulden bereinigte Anfangsvermögen und das wiederum schuldenbereinigte privilegierte Vermögen (Erbschaften und Schenkungen) in Abzug zu bringen. Die Differenz bildet den Zugewinn.

■ Um den **Kaufkraftschwund** des Geldes, also den unechten Zugewinn, auszuscheiden, hat eine **Indexierung** bezüglich des Anfangsvermögens und des privilegierten Vermögens zu erfolgen, die nach der Formel des BGH wie folgt vorzunehmen ist: Ermitteltes Anfangsvermögen x Index bei Güterstandsbeendigung: Index bei Güterstandsbeginn.

Zur Indexierung im Einzelnen s. Heiß a.a.O. Rn 38 ff zu Teil 10.

■ Das Endvermögen ist nie **weniger als Null**.

---

87 Heiß, Das Mandat im Familienrecht, Rn 13 zu Teil 10; Heiß in Kroiß, FormularBibliothek Zivilprozess 2005, Familienrecht, Rn 1300 ff zu § 7.

- Es gibt **kein negatives Anfangsvermögen**.
- Ist das Endvermögen niedriger als das Anfangsvermögen, so ist der Zugewinn Null. Ein **Ausgleich des Verlustes** erfolgt **nicht**.[88]

Sind die Parteien z.b. **Miteigentümer** einer Immobilie, so wirkt sich dies, wenn **beide**   6
Parteien **über Zugewinn** unter Berücksichtigung des Miteigentumsanteils an der Immobilie **verfügen**, auf die Höhe des Zugewinnausgleichsanspruchs nicht aus.

Beratungshinweis: 7

So müsste in den entsprechenden Fällen im Rahmen des Zugewinnausgleichsverfahrens unter Umständen kein Gutachten zur Bewertung der Immobilie erholt werden. Dennoch sollte darauf gedrängt werden, dass ein solches **Gutachten** erholt wird, da Sinn und Zweck der Zugewinnausgleichsauseinandersetzung nicht nur die Feststellung des Zugewinnausgleichsanspruchs ist, sondern die **endgültige Vermögensauseinandersetzung** mit der eventuellen Folge, dass ein Miteigentumsanteil an einer Immobilie unter Verrechnung mit dem Zugewinnausgleichsanspruch auf den anderen Ehegatten übertragen wird.

Die Berechnung der Ausgleichsforderung erfolgt sodann wie folgt:

½ Miteigentumsanteil an der Immobilie = ...

abzüglich Schulden ...

Nettowert der zu übertragenden Immobilie = ...

zuzüglich/abzüglich (je nachdem, wer zugewinnausgleichsberechtigt ist und welcher Ehepartner dem anderen die Immobilie übertragen will) Zugewinnausgleichsanspruch ...

verbleibt Auszahlungsbetrag ...

Es ist darauf zu achten, dass **alle Vermögenswerte** beider Ehegatten berücksichtigt werden, sei es Aktiva oder Passiva (Schulden). Gemeinsame Konten sollten aufgelöst werden. **Haftungsentlassungserklärungen** müssen bei Unterzeichnung einer Vereinbarung vorliegen bzw. Finanzierungszusagen zur Finanzierung des Auszahlungsbetrages oder Bankbürgschaften als Sicherheit bei vereinbarten Ratenzahlungen u.a. Gegebenenfalls müssen Entlassungen aus Bürgschaften vorgenommen werden.

4. Formvorschriften

Erforderlich ist, dass die Ehescheidungsfolgenvereinbarung bei **beiderseitiger anwalt-**   8
licher Vertretung vor Gericht **beurkundet** wird.

Der **gerichtlich protokollierte Vergleich** nach § 127a BGB **ersetzt** jede anderweitig vor-   9
geschriebene Form, insbesondere auch die **notarielle Beurkundung**.

Wegen der teilweise komplizierten Vollzugsregelungen bei Grundstücksübertragungen   10
(z.B. bei eingetragenem Vorkaufsrecht, Wiederkaufsrecht u.a.) ist es häufig ratsam, die **Eigentumsübertragung nicht** anlässlich des gerichtlich protokollierten Vergleichs vorzunehmen, sondern die nach §§ 311 b, 127 a BGB **formwirksame Verpflichtung** zum **Abschluss** eines notariellen Übertragungsvertrages festzulegen.

---

88 Heiß, Das Mandat im Familienrecht, Rn 16 zu Teil 10.

11 **Beratungshinweis:**

Um spätere Streitigkeiten bei Abschluss des notariellen Vertrages zu vermeiden, sollten jedoch weitest möglich die vertraglichen Bedingungen festgelegt werden, wie z.b.:

- Fälligkeit,
- Vorlage der Erklärung der Bank, wonach Haftungsentlassung in Aussicht gestellt wurde,
- Finanzierungszusage der Bank bei Verpflichtung zur Zahlung eines Abfindungsbetrages,
- Verzinsungsregelungen,
- Feststellung, dass alle gemeinsamen Vermögenswerte geteilt sind,
- übereinstimmende Erklärung, dass keine ehegemeinschaftlichen Schulden mehr bestehen,
- Zeitpunkt der Übergabe,
- Feststellung, dass keine Ansprüche betreffend Nutzziehung und Lastentragung mehr bestehen,
- Kostenregelung bezüglich Notarkosten, Anwaltskosten sowie Kosten der Grundbuchumschreibung.

12 Zu berücksichtigen ist, dass eine etwa zu Protokoll gegebene Auflassungserklärung bedingungsfeindlich ist, § 29 GBO, sodass – wie nachfolgend in Rn 15 f ausgeführt – ausdrücklich in einen Vergleich mit aufgenommen werden muss, dass dieser unabhängig von der Scheidung Geltung haben soll.

13 Soweit ein Erbvertrag abgeschlossen werden soll, ist zu beachten, dass die **gleichzeitige Anwesenheit beider Parteien** notwendig ist, §§ 1410, 2276 BGB.

14 Der Vergleich muss durch die **Parteien persönlich** und deren **Prozessbevollmächtigte** abgeschlossen werden.

II. Grundstücksübertragung, Bedingungsfeindlichkeit

1. Beratung

15 **Beratungshinweis:**

Bei Grundstücksübertragungen können rechtswirksame Auflassungserklärungen **nur dann** in einem Ehescheidungsfolgenvergleich abgegeben werden – bei beiderseitiger anwaltlicher Vertretung nach § 127a BGB –, wenn der Vergleich ausdrücklich nicht „**für den Fall der Ehescheidung**" abgeschlossen wird, sondern **unbedingt** abgeschlossen wird, also unabhängig von der Frage, ob und wann die Ehe geschieden wird.

Wird dieser ausdrückliche Hinweis nicht aufgenommen, handelt es sich um eine **bedingte** Auflassung, die rechtlich nicht zulässig ist. Die Auflassungserklärung ist grundsätzlich **bedingungsfeindlich**, § 925 Abs. 2 BGB.

Die andere Möglichkeit besteht darin, in den Ehescheidungsfolgenvergleich lediglich die Verpflichtung aufzunehmen, bis spätestens zu einem bestimmten **Zeitpunkt** eine entsprechende notarielle Vereinbarung abzuschließen, wobei es sich empfiehlt um späteren Streitigkeiten vorzubeugen, möglichst **vollständig den gesamten Vertragsinhalt** bereits in diese Verpflichtungserklärung mit aufzunehmen.

Häufig wird z.B. die Frage der Kostenregelung übersehen, wie z.B. Kosten der notariellen Beurkundung und Kosten der Grundbuchumschreibung u.a.

Um zu vermeiden, dass die gesamte Vereinbarung möglicherweise deshalb unwirksam ist bzw. die Geschäftsgrundlage weggefallen ist, weil der Zeitpunkt der notariellen Beurkundung nicht eingehalten werden konnte, sollte klargestellt werden, dass die Vereinbarung auch dann wirksam ist, wenn die Beurkundung **nicht** innerhalb der vereinbarten **Frist** erfolgt.

2. Muster: Grundstücksübertragung, Bedingungsfeindlichkeit

16

> Ausdrücklich stellen die Parteien klar, dass die vorstehende Eigentumsübertragung unabhängig von dem Scheidungsausspruch erfolgt **(keine Bedingung)**, also **unabhängig** davon, ob und wann die Ehe **geschieden** wird.

III. Umfassende Scheidungsfolgesachenvereinbarung mit Immobilienübertragung und Verpflichtung zur Abgabe von Erklärungen

1. Beratung

Wird im Rahmen eines zu Protokoll gegebenen Vergleichs eine **Eigentumsübertragung** 17 vorgenommen, also nicht nur eine schuldrechtliche Vereinbarung mit der Verpflichtung zum Abschluss einer notariellen Beurkundung, sollten zusätzlich zu der umfassenden Scheidungsfolgesachenvereinbarung zur **Sicherheit** die nachfolgenden Erklärungen abgegeben werden, da häufig nicht alle erforderlichen Formulierungen (wie diese sich in einem notariellen Vertrag befinden) bedacht werden.

In der nachfolgenden Scheidungsfolgesachenvereinbarung wird Folgendes geregelt: 18
- Übertragung **Miteigentum,**
- Eintragung einer **Auflassungsvormerkung,**
- Schuldenübernahme und **Haftungsfreistellung,**
- **Löschung** eingetragener **Grundschulden,**
- Feststellung, dass keine Ansprüche betreffend **Nutzziehung** und **Lastentragung** mehr bestehen,
- Eintritt in bestehendes Mietverhältnis,
- **Vorlage** der Vereinbarung an das Grundbuchamt durch das **Gericht,**
- Kostenregelung,
- **Abfindungszahlung** Zugewinnausgleich,
- Abfindungszahlung **Ehegattenunterhaltsverzicht,**
- Eintragung einer **Hypothek** zur Sicherung des Abfindungsbetrages,
- Feststellung, dass keine gemeinsamen Vermögenswerte mehr bestehen,
- Feststellung der **Hausratsverteilung,**
- Feststellung, dass keine **Unterhaltsrückstände** bestehen,
- Regelung Kindesunterhalt.

Bei Abschluss der nachfolgenden Vereinbarung ist keine notarielle Beurkundung mehr erforderlich.

19 **2. Muster: Scheidungsfolgesachenvereinbarung**

Scheidungsfolgesachenvereinbarung

zwischen Frau ■■■

Prozessbevollmächtigte/r:

und

Herrn ■■■

Prozessbevollmächtigte/r: ■■■

(1) Übertragung eines ideellen Miteigentumsanteils an dem Anwesen ■■■

(2) Grundbuchstand

Frau ■■■ und Herr ■■■ sind laut Eintrag im Grundbuch des Amtsgerichts ■■■ Miteigentümer zu je ½ des nachfolgenden Grundbesitzes:

Grundbuch von ■■■

Band ■■■, Blatt ■■■

Gemarkung ■■■, FlStNr.: ■■■

Bezeichnung: ■■■

zu ■■■ ha

Im Grundbuch sind folgende Belastungen vorgetragen:

In Abteilung II: ■■■

In Abteilung III: ■■■

Grundschuld zu ■■■ für die ■■■.

(3) Übertragung, Auflassung

Frau/Herr ■■■ – nachfolgend auch Veräußerer genannt – **überträgt** hiermit an Herrn/Frau ■■■ – nachfolgend auch Erwerber genannt – den Miteigentumsanteil an dem in Ziffer ■■■ genannten Grundbesitz mit allen Rechten, Pflichten, Bestandteilen und dem gesetzlichen Zubehör zum Alleineigentum, sodass Herr/Frau ■■■ nach Vollzug dieser Urkunde Alleineigentümer/in des in Ziffer ■■■ genannten Grundbesitzes wird.

Die Übertragung erfolgt nur zu den in dieser Urkunde bestimmten Gegenleistungen.

Zur **Sicherung** des Anspruchs des Erwerbers auf Übertragung des Eigentums am Vertragsobjekt im Erwerbsverhältnis gemäß Ziffer ■■■ **bewilligt** der Veräußerer/die Veräußerin und **beantragt** der Erwerber/die Erwerberin die Eintragung einer Eigentumsvormerkung gem. § 883 BGB im Grundbuch.

(4) Auflassung

Die Vertragsteile sind über den in Ziffer ■■■ vereinbarten Eigentumsübergang einig und **bewilligen und beantragen** die Eintragung der Auflassung und Rechtsänderung in das Grundbuch.

(5) Herr/Frau ■■■ übernimmt zur alleinigen Zinszahlung und Tilgung für Vergangenheit, Gegenwart und Zukunft die durch die eingetragenen Grundschulden gesicherten Darlehensverbindlichkeiten gegenüber der ■■■ und stellt Herrn/Frau ■■■ von jeglicher Haftung für Vergangenheit, Gegenwart und Zukunft frei.

Die Haftungsfreistellung erfolgt sowohl im Innenverhältnis als auch im Außenverhältnis.

Die Eheleute ■■■ sind sich dahingehend einig, dass Geschäftsgrundlage für die vorstehende Vereinbarung die Haftungsentlassung der Frau/des Herrn ■■■ bezüglich der auf dem Anwesen lastenden Schulden durch die Gläubigerbank ist.

Herr/Frau ■■■ verpflichtet sich, für Haftungsfreistellung im Außenverhältnis, notfalls durch Umschuldung, Sorge zu tragen.

Die Parteien stellen übereinstimmend fest, dass die Gläubigerbank ■■■ Haftungsfreistellung gemäß Schreiben vom ■■■ bereits in Aussicht gestellt hat.

(6) Beide Parteien beantragen die Löschung der eingetragenen Grundschulden.

(7) Die Parteien stellen übereinstimmend fest, dass bezüglich des Anwesens ■■■ keinerlei wechselseitige Ansprüche betreffend Nutzziehung und Lastentragung mehr bestehen.

(8) Das Anwesen ist vermietet. Herr/Frau ■■■ tritt mit Wirkung ab ■■■ in jegliche Rechte und Pflichten aus dem Mietvertrag ein. Die Parteien sind sich dahingehend einig, dass Herr/Frau ■■■ mit Wirkung ab ■■■ aus jeglichen Rechten und Pflichten aus dem Mietvertrag entlassen wird. (Zur ausführlichen Formulierung s. Teil 2)

Das Anwesen wird derzeit bewohnt von Herrn/Frau ■■■.

Herr/Frau ■■■ verpflichtet sich, unter Verzicht auf jegliche Räumungsschutzfristen, egal nach welchen Vorschriften, das Anwesen bis spätestens ■■■ zu räumen und geräumt an Herrn/Frau ■■■ herauszugeben.

(9) Beide Parteien verpflichten sich, die steuerliche Unbedenklichkeitsbescheinigung beizubringen. Das Gericht wird gebeten, dem Grundbuchamt diese Vereinbarung zum Zwecke der Eigentumsumschreibung zuzuleiten.

(10) Die Kosten der Grundbuchumschreibung trägt ■■■.

(11) Herr/Frau ■■■ verpflichtet sich, an Frau/Herrn ■■■ zur Abgeltung sämtlicher Zugewinnausgleichsansprüche einen Betrag in Höhe von ■■■ zu bezahlen, der innerhalb von 2 Wochen nach Eintragung der Auflassungsvormerkung zur Zahlung fällig ist.

der wie folgt zur Zahlung fällig ist:

Ein Teilbetrag in Höhe von ■■■ bis spätestens ■■■. Dieser Betrag ist ab Fälligkeit mit 10 % pro Jahr zu verzinsen.

Der Restbetrag in Höhe von ■■■ ist zur Zahlung fällig zum ■■■.

Herr/Frau ■■■ verpflichtet sich, an Frau/Herrn ■■■ aus diesem Betrag Zinsen in Höhe von 5 Prozentpunkten über dem Basiszinssatz pro Jahr zu bezahlen, zahlbar jährlich zum ■■■.

Sollte Herr/Frau ■■■ mit der Zahlung eines Teilbetrages länger als 2 Wochen in Verzug sein, so wird der gesamte Restbetrag sofort zur Zahlung fällig.

Die Vertragsparteien verzichten höchst vorsorglich auf etwaige darüber hinausgehende Zugewinnausgleichsansprüche und nehmen diesen Verzicht wechselseitig an.

Die Parteien sind sich dahingehend einig, dass die Immobilienübertragung zur Abgeltung sämtlicher Zugewinnausgleichsansprüche/bzw. Ansprüche betreffend nachehelichen Ehegattenunterhalt/erfolgt.

Die Parteien sind sich dahingehend einig, dass von dem Auszahlungsbetrag in Höhe von ■■■ ein Teilbetrag in Höhe von ■■■ zur Abgeltung der nachehelichen Ehegattenunterhaltsansprüche bezahlt wird.

Insofern stimmt Frau ■■■ dem Realsplitting zu. Herr ■■■ verpflichtet sich, sämtliche finanziellen Nachteile, die Frau ■■■ durch diese Erklärung entstehen, zu übernehmen.

Zur Sicherung des Zugewinnausgleichsbetrages in Höhe von ■■■ nebst Zinsen bestellt hiermit Herr/Frau ■■■ eine Hypothek ohne Brief an folgendem Grundstück: ■■■.

Die Eintragung der Hypothek im Grundbuch mit den Verzinsungs- und Zahlungsbestimmungen und der dinglichen Zwangsvollstreckungsunterwerfung im Grundbuch wird hiermit **bewilligt und beantragt**.

(12) Gemeinsame Vermögenswerte, gemeinsame Konten u.a. bestehen nicht.

(13) Der Hausrat ist geteilt. Jeder bleibt bzw. wird Alleineigentümer der Gegenstände, die er heute in Besitz hat.

(14) Gemeinschaftliche Verbindlichkeiten, außer den in Ziffer ■■■ genannten, bestehen nach Angabe nicht.

(15) Ausdrücklich stellen die Parteien klar, dass die vorstehende Eigentumsübertragung unabhängig von dem Scheidungsausspruch erfolgt.

(16) Ehegattenunterhalt

Die Vertragsparteien verzichten gegenseitig für die Zeit nach Rechtskraft der Scheidung auf jeglichen nachehelichen Ehegattenunterhalt, auch für den Fall der Not, und nehmen den Verzicht wechselseitig an. (Ausführlich zum Unterhaltsverzicht s. Teil 4, § 1 Rn 48 f)

(17) Die Parteien stellen übereinstimmend fest, dass keine Ansprüche hinsichtlich Unterhaltsrückstände mehr bestehen.

(18) Versorgungsausgleich ■■■

(19) Kindesunterhalt

Herr ■■■ verpflichtet sich, an Frau ■■■ Kindesunterhalt wie folgt zu bezahlen:

für das ehegemeinschaftliche Kind ■■■, geboren am ■■■ Prozent des Regelbetrages der jeweiligen Altersstufe der jeweils geltenden Düsseldorfer Tabelle, abzüglich gem. § 1612 b Abs. V BGB anrechenbares Kindergeld, somit derzeit ■■■ Euro.

Vergleichsgrundlage ist ein Einkommen des Herrn ■■■ in Höhe von ■■■ sowie Kindergeldauszahlung an Frau ■■■.

(20) Krankenversicherungsbeiträge ■■■

(21) Für den Fall, dass zum grundbuchamtlichen Vollzug dieser Vereinbarungen weitere **Erklärungen erforderlich** sind, verpflichten sich die Parteien bereits jetzt zur Abgabe solcher Erklärungen in der erforderlichen Form.

Die Parteien beantragen Erteilung einer vollstreckbaren Ausfertigung dieser Vereinbarung zu Händen ■■■ zur Bewirkung des **Vollzugs** im Grundbuch.

Wahlweise: Das **Gericht** wird gebeten, diese Vereinbarung dem Grundbuchamt zum Zwecke des Vollzugs vorzulegen. Beide Parteien verpflichten sich, die steuerliche Unbedenklichkeitsbescheinigung beizubringen.

(21) Die Kosten der Vereinbarung werden gegeneinander aufgehoben.

IV. Teilvergleich

1. Tatsächliche Ausgangssituation

20 Ist eine abschließende Vereinbarung zum Zugewinnausgleich nicht möglich, weil z.B. noch **Gutachten** zu der Bewertung von Immobilien oder Unternehmen u.a. **fehlen**, so kann unter Umständen ein Teilvergleich dahingehend geschlossen werden, dass die sonstigen Berechnungsgrundlagen zum Zugewinnausgleich **unstreitig** gestellt werden und einer späteren Vereinbarung in der festgelegten Höhe zugrundegelegt werden.

2. Rechtliche Ausgangssituation

Beratungshinweis:

21

Zu einem Abschluss von Teilvereinbarungen kann i.d.R. nicht uneingeschränkt geraten werden, da häufig nach Abschluss eines Teilvergleichs das Interesse an einer **Gesamt-bereinigung** aller noch nicht geregelten Scheidungsfolgen, wie nachehelicher Ehegatten-unterhalt, abschließende Vermögensauseinandersetzung durch Miteigentumsanteils-übertragung u.a. fehlt. Wird z.B. ein Gutachten zur Verkehrswertermittlung einer Immobilie oder eines Unternehmens erstellt, so werden häufig seitens der Parteien Ein-wendungen gegen diese Gutachten vorgebracht.

Grundsätzlich gilt, dass eine bessere Argumentation für eine Gesamtvereinbarung dann möglich ist, wenn mehrere Positionen zu Lasten **beider Parteien** streitig sind.

V. Regelung ohne Kenntnis der Verkehrswerte von betroffenen Immobilien

1. Beratung

Insbesondere bei Vorhandensein mehrerer Immobilien (oder auch Unternehmen/Unter-nehmensbeteiligungen) bevorzugen die Parteien häufig aus **Kostengründen** eine Pau-schalregelung, da zur Ermittlung einer exakten Berechnung zahlreiche mit erheblichen **Kosten** verbundenen **Gutachten** erforderlich sind. 22

Um späteren Anfechtungsmöglichkeiten oder der Berufung auf den **Wegfall** der Ge-schäftsgrundlage vorzubeugen, sollte nachfolgende Vereinbarung getroffen werden. 23

2. Muster: Regelung ohne Kenntnis der Verkehrswerte

24

Beiden Parteien ist im Übrigen bewusst, dass diese Regelung **ohne Kenntnis** der **tatsäch-lichen Werte** der beiderseitigen **Grundstücke** ■■■ getroffen wurde. Keiner von beiden kann sich sowohl dem **anderen** wie auch den beteiligten **Anwälten** gegenüber auf eine Fehleinschätzung dieser – nicht bekannten – Grundstücksverkehrswerte zum Zeitpunkt des Vertragsabschlusses berufen.

VI. Schuldrechtliche Vereinbarung mit Zugewinnausgleichsregelung, Übertragung einer Miteigentumshälfte an einer Immobilie sowie Abfindung Ehegattenunterhalt

1. Beratung

a) Tatsächliche Ausgangssituation

Im Rahmen des gerichtlichen Verfahrens soll eine abschließende Regelung betreffend **Zugewinn, Unterhalt** sowie **Übertragung** eines Hälfteanteils an einer Immobilie getrof-fen werden, wobei diese Vereinbarung noch nicht soweit bis ins Detail ausgearbeitet wurde, dass sie als **Ersatz** einer **notariellen Vereinbarung** gelten kann. Dies kann z.B. der Fall sein, wenn Grundbuchauszüge noch nicht vorliegen, Eintragungen im Grund- 25 buch vorliegen, wie z.B. **Vorkaufsrecht** oder **Wiederkaufsrecht** der Gemeinde oder der Vergleich vor dem Verhandlungstermin noch nicht vollständig ausgehandelt wurde.

26 Andererseits wird sodann im Rahmen der Verhandlung eine abschließende Regelung gewünscht, an die beide Parteien gebunden sind. Abgeschlossen werden kann dann lediglich eine **schuldrechtliche** Vereinbarung.

b) Rechtliche Ausgangssituation

27 **Beratungshinweis:**

In jedem Fall sollte das Protokoll der notariellen Urkunde beigefügt werden mit folgender Formulierung:
Die Beteiligten haben zu Protokoll des ... Gerichts vom ... Az ... eine Vereinbarung getroffen, deren Inhalt den Beteiligten bekannt ist und deren Text der gegenwärtigen Urkunde zur Information als **Anlage** beigefügt ist.
Die nachstehend in der gegenwärtigen Urkunde niedergelegten Vereinbarungen erfolgen in Erfüllung der vorgenannten Vereinbarung, wobei – wie die Beteiligten feststellen und vereinbaren – die in der gegenwärtigen Urkunde getroffenen Vereinbarungen maßgebend sind, soweit diese von den Bestimmungen der genannten Vereinbarung abweichen oder diese ergänzen.

28 Es ist darauf zu achten, dass die Vereinbarungen, so wie sie zu Protokoll gegeben wurden, auch in der notariellen Urkunde übernommen wurden.

29 Wird in der protokollierten Vereinbarung ein Zeitpunkt aufgenommen, bis zu welchem die Vereinbarung notariell beurkundet werden soll – was regelmäßig zu empfehlen ist – so sollte, um spätere Streitigkeiten zu vermeiden, mit aufgenommen werden, dass die getroffene Vereinbarung auch dann gelten soll, falls diese Frist zur Beurkundung nicht eingehalten werden kann. Wird eine derartige Vereinbarung nicht getroffen, so könnte durchaus Streit dahingehend entstehen, ob die Fristvereinbarung nicht **Geschäftsgrundlage** der Vereinbarung war.

2. Muster: Schuldrechtliche Vereinbarung

30

Mit Regelung des Zugewinnausgleichs und Übertragung der Miteigentumshälfte an einer Immobilie sowie Abfindung Ehegattenunterhalt[89]

1. Die Parteien verpflichten sich, durch **notarielle Vereinbarung**, die bis **spätestens** ■■■ beurkundet sein muss, die Miteigentumshälfte der Antragstellerin an dem Anwesen ■■■ auf den Antragsgegner zu Alleineigentum zu übertragen. Die notarielle Beurkundung hat zu erfolgen durch das **Notariat** ■■■ Die Parteien sind sich dahingehend einig, dass die Vereinbarung auch dann **wirksam** sein soll, wenn die vorstehend vereinbarte **Frist** nicht eingehalten werden kann. Beide Parteien verpflichten sich jedoch, für rechtzeitige Beurkundung Sorge zu tragen.

2. Der Antragsgegner verpflichtet sich, zur Abgeltung sämtlicher **vermögensrechtlicher** Ansprüche und auch aller Ansprüche auf nacheheliche **Ehegattenunterhalt**

---

89 Zur nicht lediglich schuldrechtlichen Vereinbarung betreffend Immobilienübertragung s. vorstehend Rn 17 ff.

sowie Unterhaltsrückstände betreffend den Ehegattenunterhalt einen **Betrag** in Höhe von Euro ■■■ an die Antragstellerin zu bezahlen.

3. Die Antragstellerin hat das Recht, bis einschließlich ■■■ unentgeltlich in diesem Anwesen zu wohnen. Sie verpflichtet sich, unter Verzicht auf jegliche **Räumungsschutzfristen**, das Anwesen bis spätestens ■■■ geräumt an den Antragsgegner **herauszugeben**.

4. Der Betrag in Höhe von Euro ■■■ ist zur Zahlung **fällig** bis spätestens ■■■ und bis dahin auch nicht zu verzinsen. Voraussetzung für die Räumungsverpflichtung zum ■■■ ist, dass die Antragstellerin am ■■■ auch im Besitz des Betrages in Höhe von Euro ■■■ ist. Sollte die Zahlung später erfolgen, so **verlängert** sich die **Räumungsfrist** entsprechend, somit um die gleiche Zeit.

5. Die Parteien **verzichten** gegenseitig auf jegliche **Zugewinnausgleichsansprüche** und nehmen diesen Verzicht wechselseitig an.

6. Die Parteien sind sich darüber einig, dass keinerlei Ansprüche bezüglich **rückständigen** Ehegattenunterhalt für die Zeit bis jetzt bestehen. Die Parteien **verzichten** gegenseitig auf jeglichen nachehelichen **Ehegattenunterhalt**, auch für den Fall der Not, und nehmen diesen Verzicht wechselseitig an. (Zur ausführlichen Unterhaltsverzichtserklärung unter Berücksichtigung der Rechtsprechung des BGH und des BVerfG s. Teil 4, § 1 Rn 48, Teil 4, § 4 Rn 346)

7. Die Parteien **verzichten** wechselseitig auf die Durchführung des **Versorgungsausgleichs** und nehmen diesen Verzicht gegenseitig an. Sie beantragen insoweit familiengerichtliche Genehmigung.

8. Der Antragsgegner verpflichtet sich, zur **Sicherung** des Zahlungsanspruchs der Antragstellerin gem. Ziffer ■■■ dieser Vereinbarung eine **Grundschuld** auf dem gemeinschaftlichen Eheanwesen ■■■ in Höhe von Euro ■■■ eintragen zu lassen.

9. Die Parteien sind sich einig, dass der **Hausrat** geteilt ist. Jeder bleibt bzw. wird Alleineigentümer der bei ihm befindlichen Hausratsgegenstände.

10. Die **Kosten** der notariellen Vereinbarung sowie die Kosten der Eintragung im Grundbuch sowie die Kosten der Eintragung der Grundschuld und Grundbuchumschreibung tragen die Parteien je zur Hälfte. Im Übrigen wird Kostenaufhebung vereinbart.

(**Anmerkung**: Zur notariellen Beurkundung dieses Vertrages s.o. Teil 3)

VII. Übertragung einer Immobilie mit Wiederkaufsrecht

Hierzu s.o., Teil 3.

VIII. Verpflichtung zur Vermögensübertragung an Dritte

1. Beratung

Eine ehegemeinschaftliche Eigentumswohnung soll an den Sohn einer der Parteien **verkauft** werden. Der Verkaufserlös soll zwischen den Parteien aufgeteilt werden. Diese Vereinbarung ist Gegenstand einer Gesamtvereinbarung, die noch weitere Regelungen bezüglich Unterhalt u.a. enthält. 31

32

2. Muster: Verpflichtung zur Vermögensübertragung an Dritte

274

> Die Parteien verpflichten sich, die in ihrem gemeinsamen Miteigentum stehende **Eigen-
> tumswohnung** ▬▬▬ durch notarielle Vereinbarung, die bis spätestens ▬▬▬ beim Notariat
> ▬▬▬ zu beurkunden ist, auf den **Sohn** der Antragstellerin, Herrn ▬▬▬, zu einem Gesamt-
> preis von Euro ▬▬▬ zu **übertragen**. Die Kosten für die notarielle Beurkundung sowie für
> die Grundbuchumschreibung trägt der Erwerber.
>
> Von dem **Kaufpreis** stehen dem Antragsgegner sowie der Antragstellerin jeweils Euro
> ▬▬▬ zu.
>
> Der Abschluss des oben genannten notariellen Vertrages ist **Geschäftsgrundlage** für den
> gesamten Vergleich.

IX. Verwalterzustimmung bei Eigentumswohnung

1. Beratung

33

Eine bisher im gemeinsamen Miteigentum stehende **Eigentumswohnung** soll auf einen
der Ehegatten zu Alleineigentum übertragen werden. In einem solchen Fall ist immer zu
bedenken, dass grundsätzlich die **Zustimmung des Verwalters** erforderlich ist. Häufig
sind jedoch Rechtsgeschäfte unter Ehegatten nicht zustimmungsbedürftig. Ob Zustim-
mungsbedürftigkeit vorliegt, ist i.d.R. aus dem Grundbuchauszug zu entnehmen.

34

2. Muster: Verwalterzustimmung bei Eingentumswohnung

275

> Beide Parteien verpflichten sich, die Verwalterzustimmung beizubringen. Die dadurch
> entstehenden Kosten tragen die Parteien zu je ½.

X. Übertragung vermieteter Eigentumswohnung

1. Beratung

35

Wird eine **vermietete** Eigentumswohnung übertragen, so ist zu regeln, ab welchem Zeitpunkt Kosten, Nutzen und Lasten auf den Erwerber übergehen. Es sind Regelungen bezüglich Instandhaltungsrücklage, Eintritt in die Gemeinschaftsordnung u.a. zu treffen.
(Zur ausführlichen Vereinbarung bei Übertragung einer Eigentumswohnung s.o., Teil 3)

36

2. Muster: Regelung über den Zeitpunkt des Kosten-, Nutzen- und Lastenübergangs auf den Erwerber

276

> Die Eigentumswohnung ist vermietet. Herr ▬▬▬ tritt für die Zeit ab ▬▬▬ in das beste-
> hende **Mietverhältnis** ein. **Kosten** und **Nutzen** stehen Herrn ▬▬▬ ab diesem Zeitpunkt
> zu. Gleiches gilt für die Lastenübernahme.
>
> Herr ▬▬▬ **stellt** Frau ▬▬▬ von allen Ansprüchen aus dem Mietverhältnis und nach WEG-
> Recht für die Zukunft **frei**. EtwaigeAnsprüche stehen ihm alleine zu.

XI. Regelung bei laufender Zwangsversteigerung bezüglich einer gemeinsamen Immobilie

1. Beratung

Erfolgt eine Einigung der Ehegatten über eine gemeinsame Immobilie und ist parallel hierzu ein **Zwangsversteigerungsverfahren** anhängig, so ist im Rahmen einer Vereinbarung die **Rücknahme** des Versteigerungsantrags und die Frage der **Kostenregelung** zu klären. Gleiches gilt, wenn das Versteigerungsverfahren fortgeführt werden soll.

37

2. Muster: Verpflichtung zur Rücknahme des Versteigerungsantrags

38

(277)

Der Antragsgegner **verpflichtet** sich, den **Antrag** auf **Zwangsversteigerung** des Anwesens ▄▄▄ zurückzunehmen. Die Antragstellerin verpflichtet sich, der Antragsrücknahme **zuzustimmen**. Der Antragsgegner übernimmt die **Gerichtskosten** sowie die **Sachverständigenkosten** des Zwangsversteigerungsverfahrens. Bezüglich der Anwaltskosten für das Zwangsversteigerungsverfahren wird Kostenaufhebung vereinbart.

Alternative 1:
Die Parteien sind sich dahingehend einig, dass die Kosten des Zwangsversteigerungsverfahrens betreffend das Anwesen ▄▄▄ von den Parteien je zur Hälfte übernommen werden. Sollten demzufolge noch **Kosten** im Rahmen des Versteigerungsverfahrens offen sein, sind sich die Parteien dahingehend einig, dass dieser Betrag **vorweg** vom **Versteigerungserlös abgezogen** wird und der verbleibende Betrag zwischen beiden Parteien hälftig aufgeteilt wird. Die Parteien verpflichten sich, diese **Zustimmung** zur **Erlösverteilung** dem **Versteigerungsgericht** unverzüglich vorzulegen.

Alternative 2:
Eingetragen ist in Abteilung II des Grundbuchs die Anordnung der Zwangsversteigerung zur Aufhebung der Gemeinschaft (Amtsgericht ▄▄▄, eingetragen am ▄▄▄).
Herr ▄▄▄ verpflichtet sich, den Antrag auf Zwangsversteigerung des ehegemeinschaftlichen Anwesens ▄▄▄ unverzüglich nach Abschluss dieser Vereinbarung **zurückzunehmen**. Die Kosten des Zwangsversteigerungsverfahrens trägt Herr ▄▄▄
Beide Parteien **beantragen** und **bewilligen** beim Grundbuchamt die **Löschung** des eingetragenen Zwangsversteigerungsvermerks im Grundbuch.

XII. Vermögensübertragung im Rahmen der Scheidung an einen Dritten (z.B. Mutter einer Partei)

1. Beratung

Gelegentlich kommt – insbesondere wenn **Rückübertragungsansprüche** (hierzu s. Teil 3) zu Gunsten der Eltern bestehen – in Betracht, dass im Rahmen einer Scheidungsvereinbarung eine Immobilie auf die **Eltern/Schwiegereltern** **übertragen** wird. Da diese nicht Partei im Verfahren sind, muss der jeweilige Übernehmer dem **Verfahren** zum Zwecke des Vergleichsabschlusses **beitreten**.

39

40 **2. Muster: Verfahrenseintritt zum Zwecke des Vergleichsschlusses**

Die Mutter der Klägerin tritt dem Verfahren zum Zwecke des Vergleichsabschlusses bei.
■■■ Eigentumsübertragung
■■■ Schuldenübernahme

XIII. Vermögensauseinandersetzung bezüglich ausländischen Vermögens

1. Beratung

a) Tatsächliche Ausgangssituation

41 Die Parteien sind Miteigentümer zu je ½ bezüglich einer Immobilie im **Ausland**, die auf einen Ehegatten **übertragen** werden soll.

b) Rechtliche Ausgangssituation

42 Da i.d.R. absolut **unbekannt** ist, in welcher **Form** nach dem jeweiligen ausländischen Recht die Übertragung zu erfolgen hat, kann bezüglich solcher Immobilien nur eine **Verpflichtungserklärung** dahingehend abgegeben werden, dass sämtliche erforderlichen Rechtshandlungen vorzunehmen sind, die für die Übertragung auf den anderen Ehegatten erforderlich sind.

43 Es handelt sich bei dieser Verpflichtungserklärung zum einen um eine **unvertretbare Handlung** mit den damit verbundenen Schwierigkeiten der Zwangsvollstreckung im Falle der Nichtabgabe der Erklärungen. Zum anderen können in diesen Fällen nicht einmal die abzugebenden Erklärungen konkret bestimmt werden, sodass als Druckmittel zur Durchsetzung der vertraglichen Vereinbarung eine Verpflichtung zur Leistung von **Schadenersatz** bei **Nichterfüllung** der Vereinbarung wohl die wirksamste Möglichkeit zur Durchsetzung des Vereinbarungsinhalts darstellt. Die **Höhe** des Schadensersatzes sollte in die Vereinbarung mit aufgenommen werden.

Da des Weiteren völlig unbekannt ist, unter welchen Bedingungen auf eine ausländische Immobilie **Schulden** aufgenommen werden können, ist eine höchst vorsorgliche **wechselseitige Haftungsfreistellung** anzuraten.

Zu bedenken ist auch, dass eine Regelung betreffend etwaiger offener Nebenkostenabrechnungen wie Strom, Wasser u.a. getroffen wird.

44 **2. Muster: Verpflichtungserklärung bei Immobilie im Ausland**

Beide Parteien sind **Miteigentümer zu je** ½ bezüglich der Eigentumswohnung in ■■■ (Ausland).

Der Antragsteller verpflichtet sich, spätestens binnen 3 Monaten ab Rechtskraft der Scheidung alle **erforderlichen Rechtshandlungen** vorzunehmen, die dafür notwendig sind, der Antragsgegnerin das Alleineigentum an dieser Wohnung zu **übertragen**.

Für den Fall, dass der Antragsteller dieser Verpflichtung aus Gründen, die er zu vertreten hat, nicht nachkommt, verpflichtet er sich zur Leistung eines **Schadenersatzes** in Höhe von Euro ▪▪▪ zahlbar 2 Wochen nach Fristablauf. Dieser Anspruch ist bei Verzug mit 10 % pro Jahr zu verzinsen.

Der Antragsteller erklärt, dass auf der oben genannten Wohnung keinerlei **Schulden** lasten. Sollte dies nicht den Tatsachen entsprechen, **übernimmt** er etwaige darauf lastende Schulden zur alleinigen Haftung und **stellt** die Antragsgegnerin hiervon **frei**.

Auch die **Antragsgegnerin** erklärt, dass sie **keine Schulden** auf die oben genannte Wohnung aufgenommen hat. Sollte dies nicht den Tatsachen entsprechen, übernimmt sie die von ihr aufgenommenen Schulden zur alleinigen Haftung und **stellt** den Antragsteller hiervon **frei**.

Die Antragsgegnerin stellt den Antragsteller darüber hinaus von eventuellen derzeit offenen Forderungen aus **Nebenkostenabrechnungen** für die oben genannte Wohnung **frei**.

Die Parteien **verzichten** gegenseitig auf etwaige **Zugewinnausgleichsansprüche** und nehmen den Verzicht wechselseitig an.

Alternative:

Frau ▪▪▪ überträgt ihren ½ Miteigentumsanteil an dem Hausgrundstück in ▪▪▪ auf Herrn ▪▪▪ sodass dieser Alleineigentümer der Immobilie wird.

Frau ▪▪▪ verpflichtet sich dazu, unverzüglich nach Aufforderung alle nach **Inhalt** und **Form entsprechend** dem ▪▪▪ **Recht notwendigen Erklärungen** zur Erreichung dieses Rechtszieles abzugeben.

Die Erlangung des vollen alleinigen Eigentums an der genannten Immobilie in ▪▪▪ ist **Geschäftsgrundlage** dieser Vereinbarung.

Soweit es um den dinglichen grundbuchmäßigen Vollzug bezüglich des Anwesens in ▪▪▪ geht, gilt ▪▪▪ Recht mit der entsprechenden Gerichts- und –Behördenzuständigkeit.

Dies gilt auch für die Eintragung eines **Sicherungsrechtes** – nach deutschem Recht einer Vormerkung –, welche Herr ▪▪▪ jederzeit zur Sicherung seines Anspruches auf Übertragung des hälftigen Miteigentumsanteils von Frau ▪▪▪ an der in ▪▪▪ gelegenen Immobilie fordern kann und die Frau ▪▪▪ unverzüglich nach Eingang dieser Forderung nach den dem ▪▪▪ Recht entsprechenden Regeln und Formen zu gewähren hat.

XIV. Ausgleichszahlung, Ratenzahlung

1. Beratung

Soll eine Ausgleichszahlung in **Raten** erfolgen, andererseits aber das Miteigentum an einer Immobilie schon **vor Fälligkeit** der zweiten oder dritten Rate umgeschrieben werden, so sollte eine **verbindliche Finanzierungszusage** der Bank **vor Abschluss der Vereinbarung** vorgelegt werden, um sichergehen zu können, dass die Bank den Abfindungsbetrag auch tatsächlich finanziert. 45

Im nachfolgenden Muster soll der zweite Teilbetrag erst 3 Wochen **nach Eintragung** der Eigentumsänderung im Grundbuch **fällig** sein. Die für den Gläubiger günstigere Lösung wäre jene, dass vereinbart wird, dass der Vergleich dem **Grundbuchamt zur Eigentumsumschreibung** erst **vorgelegt** werden darf, wenn die Zahlung der letzten Rate erfolgt ist. 46

Ergänzend ist bei Ratenzahlungsverpflichtungen immer eine **Verfallklausel** mit aufzunehmen, wonach der gesamte **Restbetrag sofort** zur Zahlung fällig wird, falls der Schuldner mit einer Rate länger als (z.B. 2 Wochen) in **Verzug** gerät.

47 **2. Muster: Ausgleichszahlung in Raten bei vorheriger Umschreibung einer Immobilie**

> Die Klägerin verpflichtet sich, an den Beklagten für die Übertragung der Miteigentumshälfte und unter Verrechnung des ihr zustehenden Zugewinnausgleichs folgende Zahlungen zu leisten:
>
> Einen Teilbetrag von Euro ▪▪▪ sofort.
>
> Ein weiterer Teilbetrag in Höhe von Euro ▪▪▪ ist fällig spätestens 3 Wochen nach Eintragung der Eigentumsänderung im Grundbuch.
>
> Die Klägerin verpflichtet sich, bis spätestens ▪▪▪ dem Beklagten eine **verbindliche Finanzierungszusage** der Bank über den zu zahlenden Betrag von Euro ▪▪▪ zu übersenden.
>
> Die Parteien sind sich dahingehend einig, dass die Vorlage der Finanzierungszusage **Geschäftsgrundlage** für die Vereinbarung ist.

XV. Generalabgeltungsklausel

1. Beratung

48 Vor Aufnahme einer Generalabgeltungsklausel sollte exakt überprüft werden, ob und ggf. welche wechselseitigen vermögensrechtlichen Ansprüche zwischen den Parteien noch bestehen könnten.

49 **2. Muster: Generalabgeltungsklausel**

> Die Ehegatten sind sich darüber einig, dass mit vollständigem Vollzug dieser Vereinbarung und der vollständigen Erfüllung aller darin begründeten/übernommenen Verpflichtungen zwischen den Ehegatten hinüber wie herüber **keinerlei** (insbesondere vermögensrechtlichen) **Ansprüche** und Rechte mehr bestehen, die ihren tatsächlichen oder rechtlichen Grund in dem ehelichen Güterstand, dessen (vollständiger) Auseinandersetzung/Ausgleich der gemeinsamen Lebens- und Haushaltsführung und der Verwaltung bzw. Abgrenzung des jeweiligen Vermögens im weitesten Sinne haben. Sofern und soweit dies ein Verzicht auf bereits bestehende Ansprüche und Rechte bedeutet, wird dieser **Verzicht** hiermit ausdrücklich wechselseitig **vereinbart** und **angenommen**.
>
> Die vorstehende Abfindungsklausel gilt ausdrücklich auch für mögliche Ausgleichsansprüche aus Mitarbeit im Geschäft des anderen Ehegatten sowie für mögliche Ausgleichsansprüche im Zusammenhang mit **Zuwendungen**, **Schenkungen** von Ehegatten und **Schwiegereltern** usw.
>
> Im Einzelnen zur Generalabgeltungsklausel s. a.o. Teil 3 Notarielle Scheidungsvereinbarungen sowie Teil 4, § 1 Rn 97 ff.
>
> **Alternative 1:**
>
> Damit sind alle gegenseitigen **vermögensrechtlichen Ansprüche abgegolten**. Dies gilt insbesondere für Ansprüche aus dem Güterrecht und im Zusammenhang mit der **Errichtung** und **Finanzierung** des im Alleineigentum von Herrn ▪▪▪ stehenden Anwesens in ▪▪▪

Alternative 2:

Zur Abgeltung sämtlicher wechselseitiger Ansprüche betreffend **Zugewinnausgleich/Investitionen/Darlehensforderungen** sowie sonstiger vermögensrechtlicher Ansprüche, insbesondere Aufwendungen aus **Fördermitteln**, verpflichtet sich die Antragsgegnerin an den Antragsteller einen Betrag in Höhe von Euro ■■■ zu bezahlen.

Alternative 3:

Die Antragsgegnerin verzichtet auf etwaige Ansprüche betreffend **Investitionen** in das Anwesen des Antragstellers bzw. Forderungen aus **Schenkungen** und **Anfangsvermögen**, das sie bei Eheschließung hatte. Dies gilt auch für etwaige **ehebedingte Zuwendungen**.

Alternative 4:

Der Antragsteller verpflichtet sich, zur Abgeltung sämtlicher Ansprüche betreffend Trennungsunterhalt, nachehelichen **Ehegattenunterhalt**, **Hausratsverteilung**, **Zugewinnausgleich** sowie **Steuererstattung** und etwaige Ersatzansprüche für **Mietzahlungen** einen Abfindungsbetrag in Höhe von insgesamt Euro ■■■ an die Antragsgegnerin zu bezahlen. Die Parteien sind sich dahingehend einig, dass hiervon ein **Teilbetrag** in Höhe von Euro ■■■ auf Unterhalt – Trennungsunterhalt/nachehelicher Ehegattenunterhalt entfällt.

Beratungshinweis: 50

Die Aufgliederung, welcher Betrag auf Unterhalt entfällt, ist erforderlich, um die Möglichkeiten des Realsplittings zu nutzen, also des Abzugs der Unterhaltsleistungen als Sonderausgaben (im Einzelnen hierzu s.a. Teil 4, § 4 Rn 391 ff, 399).

Alternative 5:

Es wird wechselseitig darüber hinaus auf alle in der bisherigen **privaten** und **anwaltschaftlichen Korrespondenz** gegenseitig erhobenen Ansprüche **verzichtet**. Jeder der beiden Ehegatten nimmt die Verzichtserklärung des anderen an.

B. Sicherung

Siehe auch nachfolgend C. Schuldenübernahme.

I. Ratenzahlung

1. Beratung

Ein Abfindungsbetrag für Zugewinnausgleich, Unterhalt sowie Rückzahlung eines Dar- 51
lehens soll vom Schuldner in Raten bezahlt werden.

Beratungshinweis: 52

Falls eine anderweitige Sicherungsmöglichkeit, wie Finanzierungszusage, Bankbürgschaft oder Grundschuld nicht besteht, so empfiehlt es sich, als **Geschäftsgrundlage/Vergleichsgrundlage** für die gesamte Vereinbarung die Erfüllung der Vereinbarung aufzunehmen zusätzlich zu der Verfallklausel, wonach bei Verzug der gesamte noch offene Restbetrag sofort zur Zahlung fällig ist.

53 Zusätzlich sollte als **Bedingung** für die vertraglichen Vereinbarungen, wie z.b. Unterhaltsverzicht, Zugewinnausgleichsregelung u.a. die **tatsächliche** Erfüllung vereinbart werden.

54 **2. Muster: Bedingung der tatsächlichen Erfüllung bei Ratenzahlung**

> Sollte der Antragsteller mit der Zahlung einer **Rate** länger als 4 Wochen in **Verzug** sein, so wird der gesamte dann noch **offene Restbetrag** sofort zur Zahlung **fällig**. Sollten die Voraussetzungen der Verfallklausel eintreten, sind die gesetzlichen **Zinsen** geschuldet.
>
> **Geschäftsgrundlage** für die gesamte Vereinbarung ist, dass der Antragsteller sowohl seinen Zahlungsverpflichtungen bezüglich der **Rückzahlung des Darlehens** gemäß dem Verfahren bei dem ■■■ Gericht in Höhe von Euro ■■■ nachkommt als auch seinen **Zahlungsverpflichtungen** aus diesem **Vergleich**.
>
> Ausdrücklich sind sich die Parteien dahingehend einig, dass **Bedingung** für diesen gesamten vorstehenden Vergleich die **tatsächliche Erfüllung** der Zahlungsverpflichtung ist.

II. Grundschuldeintragung

1. Beratung

55 Wird ein Abfindungsbetrag in Raten bezahlt oder insgesamt zu einem späteren Zeitpunkt, so stellt die Eintragung einer **Grundschuld** i.d.R. ein geeignetes Sicherungsmittel dar. Dies jedenfalls dann, wenn nicht durch bereits eingetragene Grundschulden (z.B. zur Hausfinanzierung) die Immobilie – evtl. in Höhe des Verkehrswerts – **belastet** ist. Es kann entweder eine **schuldrechtliche** Vereinbarung mit der Verpflichtungserklärung zur Eintragung der Grundschuld abgegeben werden oder aber – falls ein Grundbuchauszug vorliegt und der Beschrieb in die Vereinbarung übernommen werden kann – auch die **Grundschuldeintragung** als solche **vorgenommen** werden.

56 **2. Muster: Verpflichtungserklärung zur Eintragung der Grundschuld**

> Die Parteien sind sich dahingehend einig, dass zur Sicherung der Zahlung des Restbetrages an nächst offener Rangstelle eine **Grundschuld** zu Gunsten des Antragstellers **eingetragen wird**.
>
> Soweit für die Finanzierung des ersten Teilbetrages eine **neue** Grundschuld eingetragen werden muss, geht diese im **Rang** der Grundschuld für den zweiten Teilbetrag **vor**.
>
> **Alternative:**
>
> Grundschuldeintragung zur Sicherung des Zugewinnausgleichsbetrages:
>
> Zur Sicherung des Zugewinnausgleichsbetrages in Höhe von Euro ■■■ verpflichtet sich Herr ■■■ eine Grundschuld an dem Anwesen ■■■ einzutragen.
>
> Die Eintragung der Grundschuld im Grundbuch mit der dinglichen Zwangsvollstreckungsunterwerfung im Grundbuch **wird hiermit bewilligt und beantragt.** (Ausführlich hierzu s. Teil 3)

III. Bankbürgschaft

1. Beratung

a) Tatsächliche Ausgangssituation

Die Vorlage einer **Bankbürgschaft** bietet nahezu höchstmögliche Sicherheit, da Schuld- **57** ner in diesem Fall die Bank ist und nicht der zahlungspflichtige Ehegatte. Die Ehefrau hatte sich **verpflichtet**, eine selbstschuldnerische, nicht bedingte und nicht widerrufliche Bankbürgschaft hinsichtlich des Abfindungsbetrages bei **Abschluss** des **notariellen Vertrages** vorzulegen. Diese Verpflichtungserklärung wurde im Rahmen einer schuldrechtlichen Vereinbarung zu Protokoll des Gerichts aufgenommen. Eine Bankbürgschaft wurde bei der notariellen Beurkundung **nicht vorgelegt**.

b) Rechtliche Ausgangssituation

Wird eine vereinbarte **Sicherheit** für die Abfindungssumme bei notarieller Beurkundung **58** nicht geleistet – wie im vorliegenden Fall die Vorlage einer Bankbürgschaft –, so kann durch Vereinbarung eines **Rücktrittsrechts** eine – wenn auch nicht absolute – Sicherheit gewährt werden, dass die Bürgschaftserklärung vorgelegt wird.
In diesem Fall ist zu regeln, dass der Zahlungspflichtige sämtliche im Zusammenhang mit der Rückabwicklung anfallenden Kosten zu übernehmen hat. Dies betrifft insbesondere auch die **Kosten** für die Löschung einer eingetragenen **Auflassungsvormerkung**, wenn – wie im vorliegenden Fall – die Zahlungsverpflichtung i.V.m. einer Immobilienübertragung steht.

2. Muster: Bankbürgschaft als Sicherheit für die Abfindungssumme

59

 284

> Eine selbstschuldnerische, nicht bedingte und nicht widerrufliche **Bankbürgschaft** über den Betrag in Höhe von Euro ■■■, die gem. Abschnitt ■■■ des erwähnten Vergleiches bei Abschluss des notariellen Vertrages von Frau ■■■ und Herrn ■■■ zur Verfügung zu stellen wäre, **liegt** heute **nicht vor**.
>
> Herr ■■■ erklärt sich jedoch damit einverstanden, dass die **Beurkundung** des notariellen Vertrages **dennoch** mit der gegenwärtigen Urkunde erfolgt.
>
> Frau ■■■ verpflichtet sich jedoch gegenüber Herrn ■■■ **unverzüglich** dafür zu sorgen, dass Herr ■■■ die erwähnte Bankbürgschaft erhält.
>
> Sollte Herr ■■■ eine entsprechende Bankbürgschaft **nicht** innerhalb von **2 Wochen**, von heute an gerechnet, erhalten haben, so ist er berechtigt, durch einseitige, per Einschreiben zu sendende Erklärung gegenüber Frau ■■■ **vom schuldrechtlichen Teil dieses Vertrages zurückzutreten** (Sachverhalt: Auszahlung eines Betrages von Euro ■■■ durch die Ehefrau zur Abgeltung aller vermögensrechtlicher Ansprüche an den Ehemann).
>
> Der Rücktritt kann nicht mehr ausgeübt werden, wenn Herr ■■■ die erwähnte Bankbürgschaft oder den Abfindungsbetrag erhalten hat.
>
> Im Falle eines entsprechenden **Rücktritts** vom Vertrag sind sämtliche im Zusammenhang mit der Rückabwicklung anfallenden **Kosten** von Frau ■■■ zu tragen; insbesondere hat sie dann auf eigene Kosten für die **Löschung** der zu ihren Gunsten eingetragenen **Auflassungsvormerkung** zu sorgen.

Außerdem hat Frau ▪▪▪ in dem erwähnten Fall Herrn ▪▪▪ die Kosten zu ersetzen, die diesem im Zusammenhang mit der **heutigen Beurkundung** entstanden sind. Wenn Herr ▪▪▪ die entsprechende Bürgschaftsurkunde erhalten hat, ist er verpflichtet, diese unverzüglich **nach Zahlung** des erwähnten Abfindungsbetrages von Euro ▪▪▪ wieder an Frau ▪▪▪ zurückzugeben.

C. Schuldenübernahme

I. Schuldenübernahme, Gesamtschulden

1. Beratung

a) Tatsächliche Ausgangssituation

60 Sind die Ehegatten Miteigentümer einer gemeinsamen Immobilie, so haften sie regelmäßig für die darauf lastenden Schulden **gemeinsam**.

b) Rechtliche Ausgangssituation

▪ Gemäß § 426 Abs. 1 S. 1 BGB besteht die Mithaftung von Gesamtschuldnern grundsätzlich zu **gleichen** Anteilen, falls nicht **ein anderes bestimmt ist.**

▪ Für **Schuldentilgungen** während des **ehelichen Zusammenlebens** gibt es bei einer **Alleinverdienerehe keinen Gesamtschuldnerausgleich**, da die finanziellen Leistungen des Ehemannes und die Haushaltsführung der Ehefrau **gleichwertige Beiträge** zur ehelichen Lebensgemeinschaft darstellen.[90]

▪ Auch in einer **Doppelverdienerehe** besteht **kein Ausgleichsanspruch** für die Zeit des **Zusammenlebens** der Partner, weil davon auszugehen ist, dass der die Schulden rückzahlende Ehegatte nicht nur sich selbst, sondern auch den anderen von seiner Schuld befreien will.[91]

▪ Ein **Ausgleichsanspruch** besteht jedoch für **Schulden**, die **nach** Scheitern der Ehe getilgt wurden, wobei der Ausgleichsanspruch **rückwirkend** geltend gemacht werden kann.[92]

▪ Maßgeblicher **Stichtag** ist i.d.R. der Zeitpunkt des Scheiterns der Ehe und damit der **endgültigen** Trennung.[93]

▪ Von einer **anderweitigen** Bestimmung als der hälftigen Mithaftung ist auszugehen, wenn der **allein verdienende Ehegatte** das im Miteigentum beider Ehegatten stehende **Haus** nach der Trennung allein **bewohnt** und die hierfür anfallenden Schuldenzahlungen alleine trägt und der andere Ehegatte deshalb von ihm **keine Nutzungsentschädigung** verlangt.[94]

---

90 Heiß, Das Mandat im Familienrecht, Rn 291 ff zu Teil 10; BGH FamRZ 1983, 795.
91 BGH FamRZ 2002, 1024, 1026; 2002, 739, 740, entschieden für den nachträglichen Steuerausgleich aufgrund Steuerklasse III/V.
92 BGH FamRZ 1995, 216, 217; FamRZ 1983, 759, 796; FUR 2003, 374, 376; Heiß a.a.O., Rn 296.
93 BGH FamRZ 1995, 216, 218; 1997, 487; OLG Brandenburg FamRZ 2001, 1074; Heiß, Das Mandat im Familienrecht, Rn 297 zu Teil 10.
94 BGH FamRZ 1993, 676.

Beratungshinweis: 61

Die Entstehung eines Anspruchs auf **Nutzungsentschädigung** setzt nach der Rechtsprechung grundsätzlich die Geltendmachung des Anspruchs durch das Verlangen nach einer Änderung der bisherigen Nutzungsregelung voraus.[95]

Des Weiteren ist von anderweitiger Bestimmung auszugehen: 62

- bei **Verbleib** eines Ehegatten nach endgültiger Trennung in der gemieteten früheren **Ehewohnung** hinsichtlich der Mietzahlungsverpflichtung,[96]
- wenn ein Kredit allein für **Zwecke** nur **eines Ehegatten** aufgenommen worden ist[97] oder
- wenn die **Tilgung** der gesamtschuldnerischen Verbindlichkeiten im Rahmen der **Unterhaltsberechnung** bereits berücksichtigt ist.[98]

Beratungshinweis: 63

Wird Nutzungsentschädigung deshalb nicht verlangt, weil der andere Ehegatte die Schuldenrückzahlungen erbringt, so empfiehlt es sich, diesen ausdrücklich darauf hinzuweisen, dass Nutzungsentschädigung lediglich deshalb nicht verlangt wird, weil die Schuldenrückzahlung durch den anderen Ehegatten erfolgt.

- Steht das Familienheim im **Alleineigentum** eines Ehegatten und wird es von diesem Ehegatten genutzt, so hat dieser für die Schulden **allein** aufzukommen.[99] (Zum Anspruch auf Haftungsfreistellung s. nachfolgende Rn 83 ff)
- Soll einer der Ehegatten Gesamtschulden zur alleinigen Haftung übernehmen, (z.B. weil er die den Darlehensverbindlichkeiten zugrundeliegende Immobilie zu Alleineigentum übernimmt), so muss zunächst in jedem Fall **Haftungsfreistellung im Innenverhältnis** erfolgen.

Unter Umständen kann eine **rückwirkende** Geltendmachung des Ausgleichsanspruchs 64 in Betracht kommen und zwar auch ohne vorherigen Hinweis auf den Willen, ab einem bestimmten Zeitpunkt den Ausgleich zu verlangen.[100] Grundsätzlich ist maßgebender Zeitpunkt für die Änderung der bis dahin geltenden stillschweigenden Vereinbarung einer **anderen,** als der **hälftigen** Teilung im Innenverhältnis, der **Zeitpunkt** des endgültigen **Scheiterns der Ehe.**[101]

Besteht zwischen den Parteien der Güterstand der **Zugewinngemeinschaft,** so kann es 65 sinnvoll sein, erst auf den Zeitpunkt der **Zustellung des Scheidungsantrags** abzustellen.[102]

---

95 BGH FamRZ 1995, 216.
96 OLG München FamRZ 1996, 291.
97 OLG Hamm FamRZ 1992, 437; FamRZ 1994, 960.
98 OLG Zweibrücken FamRZ 2002, 1341; OLG Köln FamRZ 1994, 961; OLGMünchen FamRZ 1996, 291 f.
99 BGH FamRZ 1997, 487; OLG Köln FamRZ 1992, 318; Heiß, Das Mandat im Familienrecht, Rn 302 zu Teil 10.
100 BGH FamRZ 1995, 216.
101 BGH FamRZ 1997, 487; FamRZ 1983, 797.
102 Bosch FamRZ 2002, 366, 370 ff.

Übernimmt ein Ehegatte im Zusammenhang mit der Übertragung eines Anteils an einer Immobilie die darauf lastenden Schulden, so genügt es **nicht**, wenn Haftungsfreistellung im **Innenverhältnis** erfolgt.

66 **Beratungshinweis:**

Eine Vereinbarung, wonach sich der schuldübernehmende Ehegatte darum „**bemüht**", für Haftungsfreistellung im Außenverhältnis Sorge zu tragen, macht wenig Sinn.

Wesentlich sicherer ist es, wenn im Vorfeld bereits abgeklärt wurde, ob die Bank eine **Haftungsfreistellung in Aussicht stellt** bei Übernahme der Immobilie durch eine der Parteien.

In der Regel erteilen Banken solche Erklärungen bezüglich künftiger Haftungsfreistellungen allerdings erst dann, wenn ihnen die vollständige beabsichtigte Vereinbarung vorliegt einschließlich Unterhaltsregelung und vermögensrechtlicher Regelungen; dies deshalb weil die Banken ausschließlich auf die Frage der **Liquidität** abstellen und die vorhandenen Vermögenswerte nur eine untergeordnete Rolle spielen.

Grund hierfür mag letztlich auch die hohe Anzahl von Privatinsolvenzen sein.

Ist eine Haftungsentlassung im Außenverhältnis nicht möglich und bestehen Zweifel daran, ob der andere Ehegatte seinen Zahlungspflichten in Zukunft nachkommen kann, so kann es gerechtfertigt sein, den Haftungsfreistellungsanspruch zu **sichern** und zwar entweder durch **dingliche Belastung** von Grundbesitz, Sicherungsabtretung von Bankforderungen oder aber auch ggf. durch Verpflichtung zum Abschluss und zur Beitragszahlung bezüglich einer **Risikolebensversicherung.**

■ **Verbot der Doppelverwertung**

67 Das Verbot der Doppelverwertung gilt auch bei Schulden**tilgungen**. Selbst wenn die Tilgung einer Alleinschuld für das im **Alleineigentum** des Pflichtigen stehende Familienheim nach einem objektiven Maßstab angemessen ist, kann der Tilgungsanteil beim **Trennungsunterhalt** ab **Rechtshängigkeit** des Scheidungsverfahrens **nicht mehr abgezogen werden**, wenn die **Schulden** im **Zugewinnverfahren** als **Passiva** angesetzt werden.[103]

68 **2. Muster: Verpflichtungserklärung zur Haftungsentlassung**

(Zur ausführlichen Formulierung von Verpflichtungserklärungen betreffend Haftungsentlassung s. a.o. Teil 3 Notarielle Scheidungsvereinbarungen)

Die Parteien haften **gesamtschuldnerisch** aus dem Kreditvertrag Nr ■■■ mit der ■■■ Bank. Der Darlehensbetrag beträgt derzeit etwa ■■■ Euro, die monatlichen Zins- und Tilgungsleistungen ■■■ Euro.

Die Ehefrau übernimmt im **Innenverhältnis** die Rückführung dieses Kredits zur vollständigen Entlastung des Ehemannes alleine und stellt den Ehemann von jeglicher Inanspruchnahme durch die ■■■ Bank hiermit frei.

Die Ehefrau **verpflichtet** sich, bis spätestens ■■■ eine Haftungsentlassungserklärung der ■■■ Bank vorzulegen.

---

103 OLG München FamRZ 2005, 713 f.

Zur Sicherung des Freistellungsanspruchs des Ehemannes beantragt und bewilligt die Ehefrau hiermit die Eintragung einer **Grundschuld** über ▪▪▪ Euro zuzüglich ▪▪▪ Zinsen an bereitester Stelle auf ihrem Grundstück in ▪▪▪ eingetragen im Grundbuch ▪▪▪ von ▪▪▪

Der Verfahrensbevollmächtigte des Ehemannes wird bevollmächtigt, den **Eintragungsantrag** beim Grundbuchamt zu stellen.

Alternative 1:

Die Haftungsfreistellung im Außenverhältnis hat **notfalls** durch **Umschuldung** zu erfolgen, wenn nicht Sicherheit in anderer adäquater Weise geboten werden kann.

Die Beteiligten versichern, dass außer den vorgenannten Verbindlichkeiten **keine weiteren Schulden** mehr vorhanden sind.

Zwischen den Beteiligten besteht Einigkeit, dass **keinerlei** gegenseitige **Ausgleichsverpflichtung** besteht, was die **bisherige** Tilgung und Verzinsung der vorgenannten Verbindlichkeiten betrifft.

Alternative 2:

Der Antragsteller **verpflichtet** sich, die Antragsgegnerin von den Verbindlichkeiten bei der ▪▪▪ Bank sowohl im Innenverhältnis als auch im Außenverhältnis **freizustellen**. Dies gilt für **Vergangenheit, Gegenwart** und **Zukunft**. Die Haftungsfreistellung im Außenverhältnis hat notfalls durch Umschuldung zu erfolgen.

Alternative 3:

Bezüglich des Darlehens ▪▪▪ bei der ▪▪▪ Bank mit Darlehensstand Euro ▪▪▪ sind sich die Parteien einig, dass dieses Darlehen von den Parteien **zu je ½** bezüglich Zinszahlung und Tilgung übernommen wird. Jede der Parteien **stellt** insofern bezüglich der **weiteren Hälfte** dieses Darlehens die andere Partei von der Haftung für Zinszahlung und Tilgung beginnend ab sofort **frei**. Beide Parteien verpflichten sich, bezüglich dieses Darlehens einen **neuen Darlehensvertrag** abzuschließen, womit sichergestellt ist, dass der jeweils andere Partner nicht mehr für die Schulden mithaftet.

Alternative 4:

Sollte die Haftungsentlassungserklärung der ▪▪▪ Bank nicht bis zum ▪▪▪ vorliegen, ist der Antragsteller berechtigt, von dieser Vereinbarung **zurückzutreten** durch Einschreiben/ Rückschein gegenüber der Antragsgegnerin.

Alternative 5:

Die Eheleute ▪▪▪ sind sich dahingehend einig, dass **Geschäftsgrundlage** für die vorstehende Vereinbarung die **Haftungsentlassung** der Frau ▪▪▪ bezüglich der auf dem Anwesen lastenden Schulden in Höhe Euro ▪▪▪ durch die ▪▪▪ Bank ist.

II. Zweckbestimmungserklärung

1. Beratung

Die Ehefrau hatte für **Schulden des Ehemannes** auf einer in ihrem Alleineigentum stehenden Immobilie Grundschulden eintragen lassen und eine entsprechende **Zweckbestimmungserklärung** unterzeichnet. Der Ehemann verpflichtet sich, durch **Umschuldung** für die **Freigabe** der eingetragenen Grundschuld Sorge zu tragen und die Zweckbestimmungserklärung aufheben zu lassen. 69

70

2. Muster: Zweckbestimmungserklärung für Grundschulden

Von Frau ▪▪▪ wurde am ▪▪▪ eine **Zweckbestimmungserklärung** für **Grundschulden** unterzeichnet betreffend einen Schuldenbetrag mit derzeitigem Stand in Höhe von Euro ▪▪▪ für welchen im **Innenverhältnis Herr** ▪▪▪ **alleine haftet**.

Kopie der Zweckerklärung sowie Kopie des Schreibens der ▪▪▪ Bank betreffend dieses Darlehen ist beigefügt.

Herr ▪▪▪ verpflichtet sich, den Darlehensbetrag, Darlehen-Nr ▪▪▪ bei der ▪▪▪ Bank, derzeitiger Kontostand Euro ▪▪▪ **umzuschulden** und für **Aufhebung** der **Zweckbestimmungserklärung** vom ▪▪▪ Sorge zu tragen, sodass die eingetragenen **Grundschulden** in Höhe von gesamt Euro ▪▪▪ insoweit **frei** sind und **nicht mehr** zur **Sicherung** des genannten **Schuldenbetrages** von **Herrn** ▪▪▪ dienen.

In diesem Zusammenhang stellen die Parteien klar, dass es sich bei diesen Schulden um ein Darlehen handelt, das ausschließlich Herrn ▪▪▪ allein gewährt wurde und für das dieser sowohl im **Innenverhältnis** als auch im **Außenverhältnis allein haftet**.

III. Freigabe einer Grundschuld

1. Beratung

71 Zu Gunsten des Ehemannes war auf der Immobilie der Ehefrau für Bankschulden, die im Innenverhältnis alleine den Ehemann betrafen, eine Sicherungshypothek/**Grundschuld** eingetragen.

Der Ehemann erhielt im Rahmen der vermögensrechtlichen Auseinandersetzung einen **Abfindungsbetrag,** von dem vorab die Schulden bei der Bank beglichen werden sollten. Bezüglich der eingetragenen Grundschuld wurde eine **Verpflichtung** zur Abgabe sämtlicher Erklärungen zur **Freigabe** erklärt und **Sicherheitsleistung** durch den Ehemann durch **Abtretung** einer **Lebensversicherung** vereinbart, um die Freigabe durch die Bank auch tatsächlich zu erreichen.

72

2. Muster: Freigabe einer Grundschuld

Herr ▪▪▪ erklärt ausdrücklich sein Einverständnis dahingehend, dass durch die Bank von dem Betrag in Höhe von Euro ▪▪▪ **vorab** das **Darlehen** bei der ▪▪▪ Bank **beglichen** wird, sodass die an zweiter und dritter Rangstelle für die ▪▪▪ Bank eingetragenen **Sicherungshypotheken gelöscht** werden können. Der verbleibende Restbetrag wird an Herrn ▪▪▪ ausbezahlt.

Beide Parteien sind sich dahingehend einig, dass die an erster Stelle eingetragene **Grundschuld** zu Gunsten der ▪▪▪ Bank nicht mehr als **Sicherheit** für das von Herrn ▪▪▪ übernommene Darlehen dient. Herr ▪▪▪ wird für dieses Darlehen Sicherheit leisten durch **Abtretung** der Rechte aus der ▪▪▪ **Lebensversicherung,** VS-Nr. ▪▪▪

Herr ▪▪▪ verpflichtet sich, sämtliche diesbezüglich erforderlichen **Erklärungen** zur **Freigabe** der Grundschuld gegenüber der ▪▪▪ Bank **abzugeben**.

Die gesamte Vereinbarung bezüglich der vermögensrechtlichen Auseinandersetzung steht unter der **Bedingung** der tatsächlichen Freigabe der Grundschuld (alternativ: Rücktrittsrecht).

IV. Vereinbarung, wenn keine Haftungsentlassung möglich ist; Abschluss Risikolebensversicherung

1. Beratung

Wird durch die Bank eine Haftungsentlassung nicht vorgenommen, so kann zumindest 73 für den Fall des **Ablebens** durch Abschluss einer **Risikolebensversicherung** abgesichert werden, dass der andere Ehepartner nicht mehr haftet. Allerdings ist durch eine solche Vereinbarung in keinster Weise sichergestellt, dass im **Erlebensfall** keine Haftung bei Nichtzahlung durch den anderen Ehegatten besteht.

Ergänzend sollte zu einer solchen Vereinbarung in jedem Fall noch wechselseitig – bei Vorhandensein vom Immobilien – durch **Grundschuldeintragungen** eine Absicherung erfolgen.

2. Muster: Verpflichtungserklärung zum Abschluss einer Risikolebensversicherung zur Haftungsentlassung des überlebenden Ehegatten

74

288

Im Hinblick darauf, dass die **Banken keine Haftungsentlassung** des jeweils anderen Ehepartners vornehmen, verpflichten sich die Parteien, durch Abschluss einer **Risikolebensversicherung** abzusichern, dass der jeweils andere Ehepartner im Falle des **Ablebens** eines Ehepartners nicht mehr haftet.

Die Parteien verpflichten sich gegenseitig, den Abschluss der Risikolebensversicherung bis spätestens ■■■ durch Vorlage eines entsprechenden Versicherungsvertrages **nachzuweisen**.

V. Hypothekenbestellung zur Sicherung einer Zahlungsverpflichtung

1. Beratung

Zur Sicherung eines Abfindungsanspruchs wird eine **Hypothek** auf dem Grundbesitz 75 des Zahlungspflichtigen eingetragen.

Die Ausgleichsberechtigte verpflichtet sich, die Hypothek zur **Löschung** zu bewilligen, sobald sie den vereinbarten Betrag erhalten hat.

2. Muster: Sicherung des Abfindungsanspruchs durch Hypothek

76

Herr ■■■ bestellt an Fl.St.Nr ■■■ zu ■■■ ha zur Sicherung der **Zahlungsverpflichtung** gem. Ziffer ■■■ zu Gunsten von Frau ■■■ eine

Hypothek

ohne Brief in Höhe von Euro ■■■ zuzüglich 10 % Jahreszinsen hieraus ab dem Zeitpunkt der Eintragung dieser Hypothek im Grundbuch. Er unterwirft den Pfandbesitz der sofortigen **Zwangsvollstreckung** aus dieser Hypothek samt Zinsen in der Weise, dass die Zwangsvollstreckung gegen den jeweiligen Eigentümer des Pfandbesitzes zulässig ist.

Herr ■■■

bewilligt und **beantragt**

> die **Eintragung** dieser Hypothek samt Zinsen und der dinglichen Zwangsvollstreckungs-
> unterwerfung mit Wirkung gegen den jeweiligen Eigentümer im Grundbuch, im Rang
> nach den in Abschnitt ■■■ aufgeführten Belastungen.
>
> Frau ■■■ verpflichtet sich, die **Hypothek zur Löschung zu bewilligen**, sobald sie den ver-
> einbarten **Betrag** von Euro ■■■ zuzüglich etwa angefallener Zinsen **erhalten hat**.
>
> Die **Kosten** der Eintragung und der Löschung der Hypothek trägt Herr ■■■

VI. Abtretung Bankguthaben

1. Beratung

77 Sind keine Immobilien vorhanden, so kann Sicherung des Auszahlungsanspruchs auch
durch **Abtretung** eines **Bankguthabens** erfolgen, wobei die **Vorlage** der Abtretungserklärung an die **Bank** erforderlich ist, um den Vollzug der Abtretung zu sichern. In
der nachfolgenden Vereinbarung hat sich die Ehefrau im Gegenzug hierzu verpflichtet,
den abgetretenen Betrag zur **Schuldenrückführung** zu verwenden. Es erfolgt die Haftungsfreistellung im **Innenverhältnis** sowie die Verpflichtung, durch die Schuldenrückführung für Haftungsfreistellung im **Außenverhältnis** Sorge zu tragen.

78 #### 2. Muster: Sicherung des Auszahlungsanspruchs durch Abtretung eines
Bankguthabens

> Der Antragsgegner **tritt** seine **Ansprüche** auf Auszahlung des auf dem Konto mit der Nr.
> ■■■ bei der ■■■ **Bank** hinterlegten **Betrages** in Höhe von Euro ■■■ an die Antragstellerin
> **ab**. Diese **nimmt** die Abtretung **an**.
>
> Die Parteien verpflichten sich, diese Vereinbarung der ■■■ Bank **unverzüglich vorzulegen**
> und alle erforderlichen Handlungen vorzunehmen, damit die **Abtretung vollzogen** wird.
>
> Die Antragstellerin verpflichtet sich, diesen Betrag **zweckgebunden** zur **Rückführung** der
> zu ihren Lasten bei der ■■■ Bank bestehenden **Schulden** in Höhe von ca. Euro ■■■ (Kon-
> to-Nr.) zu verwenden.
>
> Die Antragstellerin **stellt** den Antragsgegner im Gegenzug hierzu von sämtlichen Ansprü-
> chen bezüglich **Zinszahlung** und **Tilgung** betreffend die vorbezeichneten Schulden **frei**
> und verpflichtet sich, für Haftungsfreistellung im Außenverhältnis **durch Schuldenrück-
> führung Sorge zu tragen**.

VII. Schuldenübernahme durch die Mutter des Übernehmers

1. Beratung

79 Erfolgt die Schuldenübernahme durch einen nicht am Verfahren Beteiligten und wird
mit diesem eine Vereinbarung getroffen, so muss der Dritte zum Zwecke des Abschlusses der Vereinbarung **dem Verfahren beitreten**. Mit der nachfolgenden Vereinbarung
wurde die Immobilie auf die Mutter des Antragstellers übertragen, die im Gegenzug
hierzu sich zum einen zur Zahlung eines Geldbetrages sowie zur **Übernahme der Schulden** verpflichtet hat.

2. Muster: Schuldenübernahme durch die Mutter des Übernehmers

> Frau ▪▪▪ (Mutter des Antragstellers), die anwesend ist, **tritt** zum Zwecke des Abschlusses der Vereinbarung **dem Verfahren bei.**
>
> Immobilienübertragung ▪▪▪
>
> Im Gegenzug hierzu verpflichtet sich die Mutter des Antragstellers, Frau ▪▪▪ an den Antragsteller einen Betrag in Höhe von Euro ▪▪▪ zu bezahlen.
>
> Des Weiteren übernimmt Frau ▪▪▪ die auf dem Anwesen lastenden Schulden, welche durch den Umbau entstanden sind, in Höhe von ca. Euro ▪▪▪
>
> Formulierung Schuldenübernahme s. vorstehende Rn 68 (Muster).
>
> Diese Vereinbarung wurde in Gegenwart von Frau ▪▪▪ (Mutter des Antragstellers), welche dem Verfahren zum Zwecke des Abschlusses der Vereinbarung beigetreten ist, verlesen und von allen drei Beteiligten genehmigt.

VIII. Ansprüche Dritter

1. Beratung

Bestehen Forderungen Dritter, insbesondere Familienangehöriger, bezüglich deren streitig ist, ob diese gegen einen Ehegatten oder gegen beide Ehegatten gerichtet sind, so ist zum einen eine **Klarstellung** erforderlich, wer Schuldner dieser Forderung ist. Zum anderen ist Haftungsfreistellung im **Innenverhältnis** sowie im **Außenverhältnis** zu regeln.

2. Muster: Regelung von Ansprüchen Dritter

> Es besteht Einigkeit darüber, dass die **Forderung** der **Schwester** von Herrn ▪▪▪ wohnhaft ▪▪▪ die im Anwaltsschriftsatz vom ▪▪▪ mit Euro ▪▪▪ angegeben und bei der vorläufigen Berechnung des Zugewinnausgleichs in das negative Endvermögen von Frau ▪▪▪ gesetzt worden ist sowohl im **Innenverhältnis** als auch im **Außenverhältnis nur Frau** ▪▪▪ und nicht auch Herrn ▪▪▪ **betrifft.**
>
> **Höchst vorsorglich stellt** Frau ▪▪▪ Herrn ▪▪▪ von jeglicher **Haftung** für diese Forderung im Innenverhältnis **frei** und verpflichtet sich, eine entsprechende **Haftungsfreistellungserklärung** bzw. Bestätigung, dass keine Haftung besteht, seitens der Schwester von Herrn ▪▪▪ beizubringen bis spätestens ▪▪▪

IX. Haftungsfreistellung Darlehen; Zahlung des Ausgleichsbetrages an die Darlehensgeber statt an den Ehepartner, falls Haftungsfreistellung nicht vorgelegt wird

1. Beratung

Der Ehemann hat gegen die Ehefrau einen **Abfindungsanspruch** aus der erfolgten Vermögensauseinandersetzung. Zum Zeitpunkt des Abschlusses der Vereinbarung liegt noch **keine Haftungsfreistellung** für ein – bei Dritten aufgenommenes – Darlehen vor.

Die Ehefrau hat gemäß nachfolgender Vereinbarung die Möglichkeit, die Abfindungs-zahlung an die **Darlehensgeber** statt an den Ehemann zu **leisten,** falls nicht innerhalb einer bestimmten Frist eine Haftungsfreistellungserklärung vorliegt.

84

293

2. Muster: Haftungsfreistellung (Darlehen)

> Bezüglich des Darlehens bei den **Eheleuten** ■■■ erklärt Herr ■■■ zur Klarstellung, dass er dieses Darlehen für Vergangenheit, Gegenwart und Zukunft sowohl im Innenverhältnis als auch im Außenverhältnis **zur alleinigen Haftung** für Vergangenheit, Gegenwart und Zukunft alleine **übernimmt** und erklärt höchst vorsorglich, dass er Frau ■■■ von jeglicher Haftung **freistellt.**
>
> Er verpflichtet sich, eine **Erklärung** der Eheleute ■■■ beizubringen, wonach klargestellt wird, dass Frau ■■■ für dieses Darlehen **nicht haftet.**
>
> Frau ■■■ verpflichtet sich, ohne Anerkennung einer Rechtspflicht (Anmerkung: die Dar-lehensforderung war streitig) einen **Betrag** in Höhe von Euro ■■■ binnen 4 Wochen **an die Eheleute** ■■■ zu bezahlen. (Abfindungsanspruch des Ehemannes.)
>
> Für den Fall, dass **Herr** ■■■ innerhalb der vorbezeichneten Frist von ■■■ Wochen eine **Er-klärung** der Eheleute ■■■ **beibringt,** aus der sich ergibt, dass Frau ■■■ nicht für das vor-bezeichnete Darlehen haftet, verpflichtet sich Frau ■■■ die Zahlung von Euro ■■■ **an Herrn** ■■■ (Ehemann) zu **leisten.**

X. Freistellungserklärung

1. Beratung

85 Die **Eltern** haben **Investitionen** in das Anwesen der Ehegatten geleistet. Um sicherzustel-len, dass keine Rückforderungsansprüche erhoben werden, wird eine **Haftungsfreistel-lungserklärung** der Eltern sowie der von den Eltern betriebenen GmbH, die die Inves-titionen vorgenommen hat, vorgelegt.

86

294

2. Muster: Freistellung bei Investitionen der Eltern in das Anwesen der Ehegatten

> Die Parteien sind sich dahingehend einig, dass mit der vorstehenden Zahlung auch sämt-liche **Ansprüche** der Eltern des Antragstellers bezüglich deren **Investitionen** in das Anwe-sen **abgegolten** sind. In diesem Zusammenhang stellen die Parteien übereinstimmend fest, dass eine Erklärung der Eltern des Antragstellers vom ■■■ vorliegt, wonach diese be-stätigen, dass **weder sie selbst** noch die von ihnen betriebene ■■■ **GmbH** irgendwelche Forderungen bezüglich der Investitionen in das Haus haben.

XI. Vereinbarung bei Anhängigkeit eines zivilrechtlichen Verfahrens bezüglich Rückzahlung an Familienmitglieder aus Darlehen u.a.

1. Beratung

Die Parteien haben eine Vereinbarung über die **Zugewinnausgleichsansprüche** des Ehemannes getroffen. Offen ist der Ausgang eines **zivilrechtlichen Verfahrens**, in welchem der **Vater** des Ehemannes Ansprüche aus einem überlassenen Bausparvertrag gegen die Ehefrau geltend macht.   87

Sollte dieser mit der Forderung durchdringen, so wirkt sich dies bei der Zugewinnausgleichsberechnung mit ½ **der Forderung** im **negativen Endvermögen** aus, sodass eine Vereinbarung zu treffen ist, wonach die Ehefrau die Hälfte dieser Forderung von der Zugewinnausgleichszahlung in Abzug bringen darf.   88

2. Muster: Vereinbarung bei Anhängigkeit eines zivilrechtlichen Verfahrens bezüglich Rückzahlung an Familienmitglieder aus Darlehen u.a.   89

> Sollte im Rahmen des beim ■■■ **Gericht** anhängigen **Prozesses** betreffend den **Bausparvertrag** des Vaters des Antragstellers eine weitere Zahlungsverpflichtung zu Lasten der Antragsgegnerin rechtskräftig festgestellt werden, so ist die **Antragsgegnerin berechtigt**, **die Hälfte dieser Forderung** von dem **Abfindungsbetrag** von Euro ■■■ in Abzug zu bringen.   **295**

XII. Unterhalt, keine Geltendmachung von Unterhalt, kein Gesamtschuldenausgleich[104]

1. Beratung

Wurden Schuldenrückzahlungen im Rahmen der **Unterhaltsberechnung** berücksichtigt, besteht **kein** Anspruch auf **Gesamtschuldenausgleich**, zumal die Unterhaltsberechtigte durch **Kürzung** ihres Unterhalts den Kredit mittelbar zur Hälfte **mittilgt**.[105]   90

Der Ehemann zahlt **ehegemeinschaftliche** Schulden vollumfänglich alleine zurück. Im Gegenzug hierzu macht die Ehefrau mangels Leistungsfähigkeit des Ehemannes keinen Anspruch auf Unterhalt geltend.   91

2. Muster: Tilgung ehegemeinschaftlicher Schulden anstelle Unterhalt   92

> Eine Unterhaltszahlung des Ehemannes an die Ehefrau erfolgt derzeit mit Rücksicht auf die von ihm allein übernommene Schuldentilgung nicht. Damit liegt zugleich eine anderweitige Regelung i.S.d. § 426 BGB vor, die dem Ehemann einen Innenausgleich verwehrt, jedenfalls solange, wie die Unterhaltsregelung fortbesteht. Eine Anpassung der Unterhaltsregelung aus anderen Gründen als der Schuldentilgung, z.B. aufgrund der Mehrung

---

104   Münch, Ehebezogene Rechtsgeschäfte, Rn 2171 zu Teil 8.
105   Heiß, Das Mandant im Familienrecht, Rn 311 zu Teil 10; OLG Zweibrücken FamRZ 2002, 1341; OLGMünchen FamRZ 1996, 291, 292; OLG Köln FamRZ 1995, 1149, 1150.

anderer Einkünfte, hindert den Fortbestand der Unterhaltsregelung nicht. Sofern der Ehemann die alleinige Verzinsung und Tilgung einstellt, ist der Unterhalt unter Berücksichtigung dessen neu festzusetzen.

XIII. Darlehensgewährung unter Ehegatten

1. Beratung

a) Tatsächliche Ausgangssituation

93 Im nachfolgenden Fall wird zugrunde gelegt, dass z.B. die Ehefrau dem Ehemann die Finanzierung einer Ausbildung oder eines **Studiums ermöglicht** hat aufgrund der Tatsache, dass sie selbst erwerbstätig war und die laufenden Lebenshaltungskosten finanziert hat.

b) Rechtliche Ausgangssituation

94 Leistet ein Ehegatte im Rahmen des Familienunterhalts einen **höheren Beitrag** als es ihm obliegt, so ist nach § 1360 b BGB **im Zweifel** anzunehmen, dass er **nicht** beabsichtigt, von dem anderen Ehegatten **Ersatz** zu verlangen.

95 Soll zu Gunsten der Ehefrau ein Rückforderungsanspruch bestehen, so ist dies **ausdrücklich** in der Form zu vereinbaren, dass die erfolgten Leistungen als **Darlehen** geleistet wurden, das (z.B.) im Falle der Scheidung zurückzuzahlen ist. Die **Höhe** der Aufwendungen und des diesbezüglichen Darlehens ist zu **beziffern**, um späterer Streitigkeiten zu vermeiden.

96 ### 2. Muster:[106] Bezifferung bei Darlehensgewährung unter Ehegatten

297

Die **Ehefrau** hat während des Studiums des Ehemannes vom ■■■ bis ■■■ die **Kosten** des ehelichen Haushalts und die persönlichen Bedürfnisse des Ehemannes aus ihrem Arbeitseinkommen **allein** bestritten. Die Ehegatten sind sich dahingehend einig, dass diese Aufwendungen **darlehensweise** erfolgten und **im Falle der Scheidung zurückzuzahlen sind**.

Die Aufwendungen werden übereinstimmend mit ■■■ Euro **beziffert**. Diesen Betrag schuldet der Ehemann der Ehefrau als Darlehen. Die **Rückzahlung** des Darlehens erfolgt auf Verlangen bei Rechtskraft der **Scheidung**. Das Rückzahlungsverlangen kann ab **Rechtshängigkeit** des Scheidungsverfahrens geltend gemacht werden.

Beim **Tod** des Ehemannes wird das Darlehen **fällig**. Verstirbt die Ehefrau vor dem Ehemann, so erlischt der Darlehensanspruch. Der Darlehensbetrag ist ab heute bis zur Rückzahlung mit ■■■ % jährlich zu verzinsen. Die **Zinsen** werden mit der Hauptsumme fällig.

---

106 Langenfeld, Handbuch der Eheverträge und Scheidungsvereinbarungen, Rn 111 zu Kap. 1.

D. Unentgeltliches Nutzungsrecht

Zur Einräumung von Wohnrechten und Nutzungsrechten s. auch Teil 3.

I. Beratung

Bei Einräumung eines Wohnrechts für einen bestimmten Zeitraum sollte zum Zwecke der Sicherung der Räumungsverpflichtung nach Ablauf der Frist ein **Verzicht** auf **Räumungsschutzfristen** mit aufgenommen werden. Zur Sicherheit für die Berechtigte – die im nachfolgenden Fall im Anwesen des Ehemannes wohnt – verpflichtet sich der Ehemann, im Falle einer Veräußerung dafür Sorge zu tragen, dass das unentgeltliche Wohnrecht von dem Erwerber übernommen wird. Die wesentlich sicherere Variante ist die Eintragung des Wohnrechts im Grundbuch.   97

Zu denken wäre auch an eine **Vertragsstrafe**, wonach bei nicht nicht rechtzeitiger Räumung für jeden Monat ein **Betrag in Höhe der monatlichen Ehegattenunterhaltszahlung** als Vertragsstrafe geschuldet ist mit der Folge, dass für diese Monate kein Ehegattenunterhalt zu zahlen ist.   98

II. Muster: Unentgeltliches Nutzungsrecht   99

298

> Frau ■■■ hat das **Recht**, das Anwesen ■■■ bis zur Vollendung des 18. Lebensjahres der Tochter ■■■ also bis ■■■ **unentgeltlich** zu **nutzen** und mietfrei dort in den bisher von ihr bewohnten Räumen zu wohnen.
>
> Sämtliche **Nebenkosten** (Betriebskosten) werden wie bisher anteilig von Frau ■■■ bezahlt.
>
> Frau ■■■ verpflichtet sich bereits jetzt unter **Verzicht** auf jegliche **Räumungsschutzfristen**, egal nach welchen gesetzlichen Vorschriften, das Anwesen bis zu diesem Zeitpunkt in besenreinem Zustand **zurückzugeben** und zu räumen.
>
> Frau ■■■ ist allerdings befugt, die Wohnung auch zu einem früheren Zeitpunkt zu räumen und zurückzugeben.
>
> Für den Fall einer **Veräußerung** des Anwesens verpflichtet sich Herr ■■■ dafür Sorge zu tragen, dass das unentgeltliche Wohnrecht von Frau ■■■ von dem **Erwerber übernommen** wird.
>
> **Alternative:**
>
> Für den Fall, dass Frau ■■■ das Anwesen nicht fristgemäß räumt, wird eine Vertragsstrafe wie folgt vereinbart:
>
> Für jeden angefangenen Monat, in dem die Ehefrau noch nach Ablauf des ■■■ in dem Anwesen wohnt, ist seitens des Ehemannes kein Ehegattenunterhalt geschuldet.

E. Ausschluss der Aufhebung der Miteigentümergemeinschaft

I. Ausschluss der Auseinandersetzung des Miteigentums

1. Beratung

a) Tatsächliche Ausgangssituation

100 Die Ehegatten sind **Miteigentümer** eines Anwesens, das von der Ehefrau mit den Kindern bewohnt wird. Der Ehemann übernimmt die Schuldenzahlung. Es soll gesichert werden, dass die Ehefrau mit den gemeinsamen Kindern das **Anwesen** bis zur **Volljährigkeit** des jüngsten Kindes **unentgeltlich bewohnen** kann. Um sicherzustellen, dass das Miteigentum bis zu dem Zeitpunkt des Ablaufs des befristeten Wohnrechts nicht auseinandergesetzt werden kann, wird die **Auseinandersetzung** des **Miteigentums ausgeschlossen**.

b) Rechtliche Ausgangssituation

101 Eine Vereinbarung, wonach die **Auseinandersetzung** des Miteigentums an Grundbesitz nach den Vorschriften der §§ 873 ff BGB für eine gewisse Zeit **ausgeschlossen** werden soll, ist **nicht** nach § 311 b BGB **formbedürftig**.[107]

102 **Beratungshinweis:**

Die Eintragung des Auseinandersetzungsausschlusses im Grundbuch ist jedoch aus Sicherheitsgründen dringend zu empfehlen.

Zu beachten ist auch, dass eine solche Vereinbarung i.d.R. auch im Zusammenhang mit der Unterhaltsregelung steht, zumal dann, wenn z.B. die Unterhaltsberechtigte im Haus wohnt und der Unterhaltspflichtige die darauf lastenden Schulden bezahlt.

In jedem Fall zu regeln ist, in welchem Verhältnis die Parteien die laufenden Kosten, wie z.B. Unterhaltungskosten, Reparaturen, Grundsteuer, Versicherung u.a. zu tragen haben sowie in welcher Höhe einerseits der Wohnwert und andererseits etwaige Kosten bei der Unterhaltsregelung berücksichtigt wurden.

Im Hinblick auf etwaige spätere Streitigkeiten im Rahmen einer **Teilungsversteigerung** und etwaiger Anträge auf einstweilige Einstellung des Verfahrens nach § 180 Abs. 2 oder Abs. 3 ZVG kann es sinnvoll sein, in die Vereinbarung die maßgeblichen Gründe für die zeitweilige Aussetzung der Auseinandersetzung aufzunehmen. Diese wird das Gericht im Rahmen eines Antrags nach § 180 Abs. 2 ZVG bei der notwendigen Interessenabwägung zu berücksichtigen haben.[108]

---

107 Palandt/Heinrichs § 311b Rn 10.
108 Göppinger/Börger Rn 51 zu Teil 6.

2. Muster:[109] Ausschluss der Auseinandersetzung des Miteigentums

> Die Parteien sind **Miteigentümer zu** ½ bezüglich des Grundstücks ■■■ eingetragen im Grundbuch von ■■■
>
> Das Haus wird derzeit von der **Ehefrau** mit den gemeinsamen **Kindern bewohnt**. Die Parteien sind sich darüber einig, dass die Miteigentumsgemeinschaft mindestens bis zur **Volljährigkeit** des **jüngsten Kindes**, also bis zum ■■■ **aufrechterhalten** bleiben soll. Sie verzichten aus diesem Grund wechselseitig bis zum ■■■ auf ihr Recht, die Auseinandersetzung zu betreiben.
>
> Danach soll über den freihändigen Verkauf oder die Übertragung des Hälfteanteils des Ehemannes auf die Ehefrau verhandelt werden.
>
> Bis zur Auseinandersetzung des Miteigentums vereinbaren die Parteien:
>
> Alle laufenden **Kosten** des Hauses einschließlich Grundbesitzabgaben und Gebäudeversicherung trägt die Ehefrau. Diese übernimmt außerdem die Gartenpflege und Streu- und Räumverpflichtungen.
>
> **Kleinere Reparaturen** bis zu einem Betrag von ■■■ Euro trägt die Ehefrau alleine. **Im Übrigen** tragen die Parteien die Kosten für notwendige Reparaturen und Instandhaltungsmaßnahmen **je zur Hälfte**. Diese sind – vorbehaltlich von Gefahr im Verzuge oder besonderer Eilbedürftigkeit – vor Auftragserteilung zwischen den Parteien abzustimmen.
>
> Die Kreditverpflichtung gegenüber der ■■■ Bank mit einer Restschuld von derzeit ■■■ Euro mit monatlichen **Darlehensrückzahlungen** in Höhe von ■■■ Euro **übernimmt** der Ehemann zur alleinigen Zinszahlung und Tilgung im Innenverhältnis und stellt insofern die Ehefrau von jeglicher Zahlungsverpflichtung bis zum ■■■ frei (Zeitpunkt, ab welchem die Auseinandersetzung möglich sein soll, also Vollendung des 18. Lebensjahres des jüngsten Kindes).
>
> Die **Zahlungsverpflichtungen** werden bei der Berechnung des Ehegatten- und Kindesunterhalts durch Abzug von dem Einkommen des Ehemannes berücksichtigt. (Es besteht somit kein Anspruch auf Gesamtschuldenausgleich.)
>
> Der **Wohnwert** des Hauses wird auf Seiten der Ehefrau im Rahmen der Unterhaltsberechnung mit monatlich ■■■ Euro berücksichtigt.

II. Ausschluss der Aufhebung der Miteigentümergemeinschaft, Nutzung einer gemeinsamen Immobilie, Nutzungsentschädigung

1. Beratung

a) Tatsächliche Ausgangssituation

Die Parteien haben im gleichen Vertrag **Gütertrennung** vereinbart. Sie sind **Miteigentümer** bezüglich einer Immobilie, die bis zur Vollendung des 18. Lebensjahres des Sohnes von der Ehefrau bewohnt werden soll und bis zu diesem Zeitpunkt nicht veräußert werden darf. Das Miteigentumsverhältnis besteht zu ¾ zu Gunsten des Ehemannes und zu ¼ zu Gunsten der Ehefrau. Es wurde der Anspruch auf **Kindesunterhalt** mit der **Nutzungsentschädigung verrechnet**. Ansprüche auf **Ehegattenunterhalt** wurden **nicht geltend gemacht** im Hinblick auf die Nutzung des Anwesens durch die Ehefrau.

104

---

109   Göppinger/Börger a.a.O. Rn 52 zu Teil 6.

b) Rechtliche Ausgangssituation

105 Zu regeln ist Folgendes:

- **Ausschluss** des Rechts auf Aufhebung der Miteigentümergemeinschaft.
- **Nutzung** des Anwesens durch die Ehefrau.
- Höhe der **Nutzungsentschädigung**.
- Zahlung der Nutzungsentschädigung durch den **Ehemann**, falls dieser in das Anwesen einzieht und die Ehefrau von ihrem Wohnrecht keinen Gebrauch macht.
- **Neuberechnung** des Kindes- und Ehegattenunterhalts, falls die Ehefrau von ihrem Wohnrecht keinen Gebrauch macht.
- Nutzungsentschädigungszahlung durch einen **Lebensgefährten**/Ehemann der Ehefrau, falls dieser das Anwesen bewohnt.
- Regelung der **Kostenübernahme** betreffend Nebenkosten, Erhaltungskosten sowie Verwaltungskosten.
- **Erwerbsrecht** zu Gunsten jedes Ehegatten bezüglich des Miteigentumsanteils des anderen Ehegatten. für folgende Fälle:
  - Insolvenzverfahren
  - Verfügung über Miteigentumsanteil ohne Zustimmung des anderen Ehegatten
  - Vorversterben des Verpflichteten vor dem Berechtigten
- Regelung der **Bedingungen** für das Übertragungsrecht (Ersatz von Verwendungen u.a.).
- Eintragung einer **Vormerkung** zur Sicherung des Übertragungsanspruchs.
- Regelung der **Haftungsfreistellung** betreffend Schulden des Ehemannes, für die keine gemeinschaftliche Haftung besteht.

106 **2. Muster: Vereinbarungen nach §§ 1010, 748, 749 BGB**

> (1) Die **Miteigentümer** des vorstehend in Abschnitt ▆▆▆ näher bezeichneten Grundbesitzes vereinbaren hiermit – mit sofortiger Wirkung – gem. §§ 748 f, 1010 BGB:
>
> Das Recht, die **Aufhebung** der Gemeinschaft zu **verlangen**, ist bis zum Ablauf des ▆▆▆ (Tag der Vollendung des 18. Lebensjahres des gemeinsamen Sohnes) **ausgeschlossen**; d.h. jeder Miteigentümer kann erst ab dem ▆▆▆ die Aufhebung der Gemeinschaft verlangen.
>
> Bis zum Ablauf des ▆▆▆ gebührt die alleinige und ausschließliche **Nutzung** des gesamten Grundbesitzes allein der **Ehefrau**, solange diese zusammen mit zumindest einem gemeinsamen Kind das Anwesen **bewohnt**.
>
> Die Ehefrau hat für diese Nutzung auf deren Dauer dem Ehemann eine **Nutzungsentschädigung** in Höhe von Euro ▆▆▆ monatlich zu zahlen:
>
> Eine **Wertsicherung** des Nutzungsentschädigungsbetrages wird auch nach Belehrung nicht gewünscht.
>
> Im Falle des Auszuges entfällt diese Verpflichtung zur Zahlung der Nutzungsentschädigung und der **Ehemann** hat die Möglichkeit, gegen Zahlung einer **Nutzungsentschädigung** in Höhe von $\frac{1}{3}$ des vorgenannten Betrages in das Objekt einzuziehen (die Parteien sind Miteigentümer wie folgt: Herr ▆▆▆ $\frac{3}{4}$ und Frau ▆▆▆ $\frac{1}{4}$); andernfalls ist das Objekt zu **verkaufen** oder zu **vermieten** und der jeweilige Erlös hieraus zwischen den Ehegatten entsprechend dem Verhältnis ihrer Miteigentumsanteile zueinander und unter Beachtung

der Vereinbarungen nachfolgend in Abschnitt ■■■ zu teilen; diese **Erlösverteilungsrege-lung** gilt somit ausdrücklich auch für den Fall, dass die Ehefrau von dem vorstehend in Absatz ■■■ ihr eingeräumten **Wohnungsnutzungsrecht keinen Gebrauch** mehr macht. Es erfolgt dann auch eine **Neuberechnung des Kindes- und ggf. des Ehegattenunterhalts**.

Im Falle der Neuberechnung des Kindes- und ggf. des Ehegattenunterhalts erfolgt auch eine Neubestimmung des Nutzungsentschädigungsbetrages, für den dann 75 % der (für das Gesamtanwesen) ortsüblichen Miete anzusetzen ist.

(Sachverhalt: Im vorliegenden Fall wurde Kindesunterhalt mit Nutzungsentschädigung verrechnet und Ansprüche auf Ehegattenunterhalt nicht geltend gemacht im Hinblick auf die Nutzung des Anwesens durch die Ehefrau.)

Einigen sich die Ehegatten nicht auf diese ortsübliche Miete, so bestimmt dies ein öffent-lich vereidigter **Sachverständiger** nach pflichtgemäßem Ermessen gem. § 315 BGB als sog. Sachverständigenschiedsgutachter für beide Ehegatten verbindlich; einigen sich die Ehe-gatten nicht innerhalb eines Monats, nachdem ein Ehegatte den anderen Ehegatten hierzu schriftlich aufgefordert hat, auf die Person des Sachverständigen, so bestimmt diese auf Antrag eines Ehegatten der Direktor des ■■■ Gerichts für beide Vertragteile verbindlich; die Kosten des Schiedsgutachtens und ggf. der Bestimmung des Schiedsgut-achters tragen die Ehegatten je zur Hälfte.

Sollte ein **Lebensgefährte/Ehemann** der Ehefrau in das Anwesen einziehen, so ist von die-sem bzw. für diesen von der Ehefrau eine **Nutzungsentschädigung** in Höhe von 75 % der hälftigen ortsüblichen Miete für das gesamte Anwesen an den Ehemann zu zahlen. Die Ehefrau ist verpflichtet, den Ehemann von einem derartigen Einzug **unverzüglich in Kenntnis zu setzen**. Besteht zwischen den Beteiligten Streit über die Höhe der ortsübli-chen Miete, entscheidet hierüber auf Antrag eines Ehegatten ein öffentlich vereidigter Sachverständiger als Sachverständigenschiedsgutachter für beide Ehegatten verbindlich nach pflichtgemäßem billigem Ermessen.

Einigen sich die Ehegatten nicht innerhalb eines Monats ■■■ (Formulierung siehe oben)

Mit Wirkung bis zum Ablauf des ■■■ (Tag der Vollendung des 18. Lebensjahres des ge-meinsamen Sohnes) treffen die Ehegatten hinsichtlich der **Lasten** des Grundbesitzes so-wie der **Kosten** der Erhaltung, Verwaltung und der **Benutzung** die folgende Vereinbarung:

– Derjenige Ehegatte, der aufgrund der Regelungen vorstehend in Absatz ■■■ das al-leinige Recht zur Wohnungsnutzung hat, trägt auch alle laufenden **Betriebs- bzw. Nebenkosten**, wie Kosten der Beheizung der Ver- und Entsorgung (mit Wasser, Strom, Gas usw.), der Müllabfuhr, etwaige Kosten des Medienkonsums und der Te-lekommunikation (Telefon, Kabelanschluss, Internetanschluss und -Nutzung usw.).

– Im Übrigen werden sämtliche **Lasten** des Grundbesitzes sowie die **Kosten** der **Erhal-tung**, **Verwaltung** und der **Benutzung** von den Ehegatten entsprechend dem **Ver-hältnis** ihrer **Miteigentumsanteile** zueinander getragen.

Ohne vorherige **Zustimmung** des Herrn ■■■ dürfen keine **baulichen Veränderungen** an dem Anwesen vorgenommen werden.

(2) Erwerbsrecht

Jeder Ehegatte (hier auch „der Berechtigte" genannte) ist berechtigt, vom jeweils anderen Ehegatten (hier auch „der Verpflichtete" genannt) die **unentgeltliche Übertragung**/Über-eignung von **dessen Miteigentumsanteil** an dem in Abschnitt ■■■ näher bezeichneten Grundbesitz auf sich oder einen anderen seiner Abkömmlinge zu **verlangen**, wenn vor dem ■■■ (Vollendung des 18. Lebensjahres des Sohnes)

- der Verpflichtete Antrag auf Eröffnung des **Insolvenzverfahrens** über sein Vermögen stellt, wenn das Insolvenzverfahren über sein Vermögen eröffnet oder der Eröffnungsantrag mangels Masse abgewiesen wird, oder wenn die **Zwangsvollstreckung** in seinen Miteigentumsanteil betrieben und nicht wieder aufgehoben wird, bevor es zu Verwertungshandlungen kommt;
- der Verpflichtete über seinen Miteigentumsanteil ohne Zustimmung des Berechtigten **verfügt**, insbesondere den Miteigentumsanteil veräußert und/oder belastet; oder
- der Verpflichtete vor dem Berechtigten **verstirbt**, ohne dass sein Miteigentumsanteil binnen 6 Monate ausschließlich auf einen oder mehrere gemeinsame Abkömmlinge der Ehegatten übergeht.
- Für das Übertragungsrecht gelten die folgenden **Bedingungen**:
  - Die Ausübung hat **schriftlich** per Einschreiben gegenüber dem Übertragungsverpflichteten zu erfolgen.
  - Das Übertragungsrecht kann nur innerhalb einer **Frist** von 6 Monaten von dem Zeitpunkt ausgeübt werden, in dem der Berechtigte Kenntnis von den tatsächlichen Umständen hat, die zur Ausübung des Übertragungsrechts berechtigen.
  - Die **Kosten** der Übertragung sowie sämtliche mit der Übertragung anfallenden Steuern, Abgaben und Gebühren hat der Übertragungsverpflichtete zu tragen.
  - Jede **Haftung** für Sachmängel ist ausgeschlossen, sofern und soweit nicht Vorsatz zur Last fällt. Der Anteil ist frei von heute nicht eingetragenen **Belastungen**, deren Eintragung der Verpflichtete nicht zugestimmt hat, zu übereignen. Etwaig durch danach zu übernehmende Grundschulden abgesicherte Verbindlichkeiten sind schuldbefreiend nur im Fall von ■■■ (Vorversterben des Verpflichteten) und dann auch nur insoweit vom Berechtigten zu übernehmen, als er der Valutierung zugestimmt oder an ihr mitgewirkt hat.
  - **Verwendungen** des Übertragungsverpflichteten sind nur im Fall von ■■■ (Vorversterben des Verpflichteten) und dann auch nur entsprechend § 994 BGB zu erstatten; im Übrigen ist eine Entschädigung nicht geschuldet.
  - Vom Rückforderungsverpflichteten bis zum Zugang der Ausübungsserklärung gem. vorstehend im Absatz ■■■ gezogene **Nutzungen** sind von diesem nicht zu erstatten. Die Regelungen vorstehend in Abschnitt ■■■ bleiben hiervon unberührt.
  - Das Übertragungsrecht ist bis zu seiner wirksamen Ausübung nach vorstehendem Absatz ■■■ weder übertragbar noch vererblich.

(3) Grundbucherklärungen

Eintragung nach Bewilligung und Beantragung bezüglich

- befristete Verwaltungs- und **Benutzungsregelung**,
- befristeter **Ausschluss** des Rechts die Aufhebung der Gemeinschaft zu verlangen,
- **Vormerkung** zur Sicherung des bedingten und befristeten Übertragungsanspruchs.

Um Vollzugsmitteilung für den Notar und die Beteiligten an den Notar wird ersucht.

(4) Schuldentilgung

Die durch das im vorstehenden Abschnitt ■■■ näher bezeichneten Grundpfandrecht abgesicherten schuldrechtlichen Verbindlichkeiten sind ausschließlich solche des Ehemannes, die dieser insbesondere zum Kauf einer Eigentumswohnung ■■■ eingegangen ist.

(5) Mit sofortiger Wirkung sind die Ehegatten zu einer weiteren Valutierung des eingetragenen Grundpfandrechtes (auch hinsichtlich nur jeweils seines eigenen Miteigentumsanteils) nur noch gemeinsam befugt.

(6) Die Ehefrau weiß, dass sie gegenüber dem jeweiligen Gläubiger dinglich mit ihrem Miteigentumsanteil weiter haftet, bis dieser durch den jeweiligen Gläubiger aus der dinglichen Haftung entlassen wurde; dies und die Freigabe etwaiger weiterer gestellter Sicherheiten werden die Vertragsteile zu gegebener Zeit selbst betreiben. Der Notar soll in diesem Zusammenhang ausdrücklich nicht tätig werden.

(7) Die vorbezeichneten Verbindlichkeiten des Ehemannes sollen bei der Veräußerung und Aufteilung des Verkaufserlöses nicht zu Lasten der Ehefrau, d.h. somit ausschließlich allein zu Lasten des Ehemannes berücksichtigt werden und ausschließlich von dessen Erlösanteil getilgt werden. Bei einem Verkauf/Verwertung/Versteigerung des Grundbesitzes erhält somit die Ehefrau ¼ des Erlöses aus dem/der Verkauf/Verwertung/Versteigerung des Grundbesitzes ohne Schuldenabzug. Diese Regelung gilt ausdrücklich auch für den Fall, dass die Ehefrau von ihrem vorstehend in Abschnitt ■■■ eingeräumten Wohnungsnutzungsrecht keinen Gebrauch mehr macht.

F. Regelung zu Gunsten der Kinder

Zu den Regelungsmöglichkeiten zu Gunsten gemeinschaftlicher Kinder im Einzelnen s. Teil 3.

I. Beratung

Der Miteigentumsanteil einer gemeinsamen Immobilie soll auf die Kinder übertragen werden. Dies ist im Rahmen eines gerichtlichen Verfahrens nur möglich, wenn die Kinder dem Verfahren **zum Zwecke des Vergleichsabschlusses beitreten** und wenn diese auch **anwaltlich vertreten** sind. Bei der nachfolgenden Vereinbarung handelt es sich um volljährige Kinder, die an den übertragenden Elternteil eine **Ausgleichszahlung** zu leisten haben. 107

Die Übernahme der Erschließungskosten ist in der nachfolgenden Vereinbarung insbesondere deshalb zu regeln, weil hier bereits eine Ankündigung betreffend **anfallender Erschließungskosten** in Form eines Schreibens der Gemeinde vorliegt.

II. Muster: Übertragung einer Immobilie auf die volljährigen Kinder

108

301

Die **Kinder** der Parteien ■■■ und ■■■ **treten** dem **Verfahren** zum Zwecke des abzuschließenden Vergleiches **bei** und bevollmächtigen **Rechtsanwalt** ■■■ sie im Rahmen des abzuschließenden Vergleichs zu vertreten.

■■■ Vermögensübertragung

Die beigetretenen Kinder ■■■ und ■■■ verpflichten sich, an den **Kläger** gesamtschuldnerisch einen **Betrag** in Höhe von Euro ■■■ zur **Abgeltung** sämtlicher **vermögensrechtlicher Ansprüche** aller am Vergleich beteiligten Personen zu bezahlen, der zum ■■■ zur Zahlung fällig ist und bis zu diesem Zeitpunkt nicht zu verzinsen ist.

> Die Parteien sind sich dahingehend einig, dass für die anfallenden Erschließungskosten ab heutigem Datum, insbesondere für die **in Aussicht gestellten Erschließungskosten** gem. Schreiben der Gemeinde ■■■ vom ■■■ ausschließlich die **Erwerber haften**.

G. Zugewinnausgleich

I. Abgeltung von Zugewinnausgleichsansprüchen

1. Beratung

a) Tatsächliche Ausgangssituation

109 Die Parteien haben sich auf einen **Zugewinnausgleichsbetrag** geeinigt, der in monatlichen Raten an die Ehefrau bezahlt werden soll.

110 Die Ehefrau **haftet** für Verbindlichkeiten des Ehemannes und hat diesem zur Sicherheit für die allein den Ehemann betreffenden Schulden eine **Grundschuld** zur Verfügung gestellt, die auf den in ihrem **Alleineigentum** befindlichen Anwesen eingetragen ist.

111 **Beratungshinweis:**

Häufig werden im Rahmen von **Prozesskostenvorschussverfahren** Vorauszahlungen auf Zugewinnausgleich geleistet, um sicherzustellen, dass der geleistete Prozesskostenvorschuss im Falle des Erhalts einer Zugewinnausgleichszahlung nicht zurückgefordert werden muss, sondern mit einem etwaigen Abfindungsbetrag verrechnet wird. Die Praxis zeigt, dass häufig solche Vorauszahlungen, zumal dann, wenn sie bereits längere Zeit zurückliegen, bei der Festsetzung des Abfindungsbetrages vergessen werden!

b) Rechtliche Ausgangssituation

112 Zu regeln ist Folgendes:
- **Höhe** des Zugewinnausgleichsbetrages,
- **Fälligkeit**,
- **Verfallklausel** bei Verzug mit Ratenzahlung,
- **Haftungsfreistellungsverpflichtung**,
- **Löschungsbewilligung** für die Grundschuld.

113 **2. Muster: Abgeltung von Zugewinnausgleichsansprüchen**

> Herr ■■■ verpflichtet sich, zur **Abgeltung sämtlicher Zugewinnausgleichsansprüche** an Frau ■■■ einen Betrag in Höhe von Euro ■■■ zu bezahlen. Dieser Betrag ist wie folgt zur Zahlung **fällig**:
>
> Ab Rechtskraft der Scheidung in **monatlichen Raten** in Höhe von Euro ■■■ und zwar jeweils monatlich im Voraus.
>
> Sollte Herr ■■■ mit einer **Rate** mehr als einen Monat in **Verzug** kommen, so wird der gesamte dann noch **offene Restbetrag** zur Zahlung **fällig (Verfallklausel!)**.

> Frau ▪▪▪ hat für Verbindlichkeiten von Herrn ▪▪▪ bei der ▪▪▪ Bank die **Mithaftung** über-
> nommen. Die Haftungssumme beträgt noch ca. Euro ▪▪▪.
>
> Frau ▪▪▪ hat darüber hinaus für die Verbindlichkeiten von Herrn ▪▪▪ bei der ▪▪▪ Bank
> eine **Grundschuld** in Höhe von Euro ▪▪▪ zur Verfügung gestellt.
>
> Herr ▪▪▪ übernimmt zur alleinigen Verzinsung und Tilgung für die Vergangenheit, Ge-
> genwart und Zukunft die Verbindlichkeiten bei der ▪▪▪ Bank.
>
> Herr ▪▪▪ verpflichtet sich, Frau ▪▪▪ **von jeder Zahlungsverpflichtung** gegenüber den
> Gläubigern **freizustellen**. Er verpflichtet sich weiterhin, eine entsprechende **Freistellungs-**
> **erklärung** der Gläubiger und eine **Löschungsbewilligung** der Gläubiger für die **Grund-**
> **schuld** über Euro ▪▪▪ beizubringen.

II. Verrechnung mit Unterhaltsansprüchen

1. Beratung

Die Ehefrau schuldet Zugewinnausgleich. Statt einer Zahlungsverpflichtung wird be- **114**
züglich eines **Teilbetrages** eine **Verrechnung** mit **Ehegattenunterhalt** und **Kindesunter-**
halt vereinbart. Zur Klarstellung muss auf darüber hinausgehende Zugewinnausgleichsansprüche verzichtet werden. In der gleichen Vereinbarung muss Ehegatten-
und Kindesunterhalt (hierzu s.u. Teil 4, § 5 Rn 1 ff) geregelt werden.

2. Muster: Abgeltung von Zugewinnausgleichsansprüchen durch Verrechnung mit **115**
Unterhaltsansprüchen

303

> Die Parteien sind sich einig, dass **Frau ▪▪▪** an Herrn ▪▪▪ einen **Zugewinnausgleichs-**
> **betrag** von insgesamt Euro ▪▪▪ **schuldet**, der wie folgt zu bezahlen ist:
> – Ein Teilbetrag in Höhe von Euro ▪▪▪ wird innerhalb von 4 Wochen nach Abschluss
>   der Vereinbarung zur Zahlung fällig.
> – Der weitere Teilbetrag in Höhe von Euro ▪▪▪ wird mit dem von Herrn ▪▪▪ geschul-
>   deten **Ehegattenunterhalt** (eventuell auch **Kindesunterhalt**) in Höhe von monatlich
>   ▪▪▪ gemäß der Verpflichtung nach Ziffer ▪▪▪ dieser Vereinbarung wie folgt **ver-**
>   **rechnet** ▪▪▪.
> – Im Übrigen verzichten beide Parteien gegenseitig auf Zugewinnausgleich und neh-
>   men diesen Verzicht wechselseitig an.

III. Stundung von Zugewinnausgleichsansprüchen; Verrechnung mit
Unterhaltsansprüchen

1. Beratung

Der Ehemann hat evtl. Zugewinnausgleichsansprüche, deren **Höhe** jedoch **nicht be-** **116**
kannt ist (z.B. weil kein Sachverständigengutachten bezüglich der Immobilie der Ehefrau erholt wurde). Die Ehefrau macht Ansprüche betreffend Ehegattenunterhalt solange nicht geltend, solange Zugewinnausgleich nicht gefordert wird. Bis zu diesem
Zeitpunkt werden etwaige Ehegattenunterhaltsansprüche **gestundet**.

117 Zur Klarstellung wird aufgenommen, dass auf den **Einwand der Verwirkung** wegen längerer Nichtgeltendmachung dieser Ansprüche **verzichtet** wird.

118 **2. Muster: Stundung von Zugewinnausgleichsansprüchen; Verrechnung mit Unterhaltsansprüchen**

Herr ■■■ macht **derzeit keine Zugewinnausgleichsansprüche geltend.** Sollten diesbezüglich Ansprüche bestehen – was ausdrücklich durch diese Vereinbarung nicht anerkannt wird – so werden diese Ansprüche **gestundet,** bis seitens von Frau ■■■ freie finanzielle Mittel zur Verfügung stehen, wobei sich die Parteien einig sind, dass Frau ■■■ **nicht** zur **Verwertung** des Anwesens durch Verkauf u.a. **verpflichtet** ist.

Von einem etwaigen Zugewinnausgleichsanspruch werden folgende Abzüge vorgenommen:

Bis zum Auszahlungstermin **aufgelaufene Ansprüche** betreffend **Ehegattenunterhalt, soweit** diese nach Gesetz und Rechtsprechung **geschuldet** sind, wobei auf den **Einwand** der **Verwirkung** wegen längerer Nichtgeltendmachung dieser Ehegattenunterhaltsansprüche ausdrücklich **verzichtet** wird.

Etwaige **Ehegattenunterhaltsansprüche** werden also bis zum Zeitpunkt der Fälligkeit einer etwaigen **Zugewinnausgleichsforderung gestundet.**

IV. Neutrale Behandlung ererbter Gegenstände

1. Beratung

119 Ein Ehegatte hatte **bei Eheschließung** eine Immobilie, der andere Ehegatte hat eine Immobilie während der Ehezeit **geerbt.** Bezüglich beider Immobilien sind **keine wertsteigernden** Maßnahmen vorgenommen worden. Die zu erholenden Sachverständigengutachten und die damit verbundenen Kosten stehen in keinem Verhältnis zu einem etwaigen Zugewinnausgleichsanspruch.

120 **2. Muster: Einigung über Immobilie zum Zweck der Vermeidung von Sachverständigenkosten**

Der Antragsgegner hat während der Ehezeit eine Eigentumswohnung **geerbt,** die Antragstellerin hatte bei Eheschließung einen ⅓ Miteigentumsanteil an einem Zweifamilienhaus.

Beide Parteien sind sich dahingehend einig, dass sowohl die Eigentumswohnung als auch das geerbte Haus bei der Zugewinnausgleichsberechnung **außer Betracht bleiben.**

121 **Beratungshinweis:**

Da es sich bei der vorstehenden Regelung um eine Modifizierung des Zugewinnausgleichs handelt, muss diese entweder zu Protokoll des Gerichts gegeben werden oder notariell beurkundet werden, da sie andernfalls unwirksam ist.

V. Übernahme von Vermögensgegenständen in Anrechnung auf die Zugewinnausgleichsforderung

1. Beratung

Die Höhe der Zugewinnausgleichsforderung steht fest. Der Ehemann **überträgt Vermögensgegenstände** auf die Ehefrau zum Zwecke der Befriedigung der Forderung. Auf dem zu übertragenden Pkw lasten noch **Schulden**, die die Ehefrau übernimmt. Für den Fall, dass der Ehemann nicht im Außenverhältnis aus der Haftung entlassen wird und die Ehefrau mit der Zahlung der Kreditraten in Verzug kommt, ist der Ehemann berechtigt, die **Kreditraten** unmittelbar an die Bank zu zahlen und sie von seinen **Unterhaltszahlungen** in **Abzug** zu bringen.

122

Der Ehefrau steht das Recht zu, betreffend der Übertragung von Aktien (die Übertragung erfolgt nicht bereits mit der Vereinbarung) diese **abzulehnen**, falls die Übertragung des Aktiendepots nicht bis zu einem bestimmten **Zeitpunkt** erfolgt ist.

123

2. Muster:[110] Übernahme von Vermögensgegenständen in Anrechnung auf die Zugewinnausgleichsforderung

124

> Die Parteien sind sich dahingehend einig, dass der Ehefrau gegen den Ehemann eine **Zugewinnausgleichsforderung** in Höhe von 75.000 Euro zusteht. Die Forderung ist fällig mit Rechtskraft der Ehescheidung und ab diesem Zeitpunkt mit 5 % über dem Basiszinssatz zu verzinsen.
>
> **In Anrechnung** auf die Zugewinnausgleichsforderung gem. Ziffer 1. überträgt der Ehemann der Ehefrau das **Alleineigentum** an der sich bereits in ihrem Besitz befindlichen, aus dem Nachlass seines Vaters stammenden Barockkommode ███ Das Alleineigentum hieran geht mit Vertragsunterzeichnung auf die Ehefrau über. Die Parteien sind sich darüber einig, dass die **Anrechnung** auf die Zugewinnausgleichsforderung gem. Ziffer 1. **mit 10.000 Euro** erfolgt.
>
> Die Ehefrau übernimmt weiter in Anrechnung auf die Zugewinnausgleichsforderung das Alleineigentum an dem bereits in ihrem Besitz befindlichen **Pkw**, Marke ███, amtl. KZ: ███.
>
> Der Ehemann verpflichtet sich, die **Umschreibung** auf die Ehefrau zu **veranlassen** und ihr den **Kfz-Schein** am Tage nach der Rechtskraft der Ehescheidung **auszuhändigen**. Die Ehefrau übernimmt zur vollständigen Entlassung des Ehemannes im **Innenverhältnis** alleine die Rückführung des zur Anschaffung des Fahrzeuges aufgenommenen **Kredits** bei der ███ Bank, Darlehens-Nr. ███.
>
> Die noch offenen Restschulden betragen derzeit ███ Euro. Die Ehefrau hat die fälligen Raten ab Rechtskraft der Ehescheidung zu übernehmen. Die Parteien verpflichten sich wechselseitig, sich um **Haftungsentlassung** des Ehemannes durch die ███ Bank im Außenverhältnis zu **bemühen**. Sollte die Bank zur Entlassung des Ehemannes aus dem Kreditvertrag **nicht bereit sein**, ist der **Ehemann berechtigt**, im Falle des **Zahlungsverzuges** der **Ehefrau** die **Kreditraten unmittelbar an die Bank zu zahlen** und sie von seinen **Unterhaltszahlungen** in **Abzug** zu bringen (hier evtl. alternativ: notfalls muss Umschuldung erfolgen, aber: **Vorfälligkeitsentschädigung**).

---

110 Göppinger/Börger, Vereinbarungen anlässlich der Ehescheidung, Rn 16 zu Teil 6.

Die **Anrechnung** auf die Zugewinnausgleichsverpflichtung gem. Ziffer 1. erfolgt unter Berücksichtigung der übernommenen Kreditverpflichtung mit **5.000 Euro**.

Der Ehemann verpflichtet sich gegenüber der Ehefrau zur **Zahlung des Restbetrages** von 60.000 Euro. Er ist aber berechtigt, zur weiteren Abgeltung der Zugewinnausgleichsforderung der Ehefrau sein **Aktiendepot** bei der ■■■ Bank, geführt unter Konto-Nr. ■■■ **zu übertragen**.

Die Anrechnung auf die Zugewinnausgleichsforderung gem. Ziffer 1. erfolgt mit dem **Tageswert** am Tage der **Gutschrift** auf dem **Konto der Ehefrau**. Die Ehefrau ist berechtigt, die Abgeltung durch die Übertragung von Aktien **abzulehnen** und die restliche Barzahlung in Höhe von 60.000 Euro zuzüglich Zinsen zu verlangen, sofern die Übertragung des Aktiendepots **nicht bis zum** ■■■ **erfolgt** ist.

VI. Verzicht auf Zugewinn

1. Beratung

125 Es ist sowohl eine **Verzichtserklärung** abzugeben als auch die wechselseitige **Annahme**. Es empfiehlt sich die Aufnahme einer **Generalabgeltungsklausel**, womit sämtliche vermögensrechtlichen wechselseitigen Ansprüche abgegolten sind. Wenn etwaige Forderungen wegen Investitionen der beiderseitigen Familien im Raum stehen, sollte höchstvorsorglich eine **Haftungsfreistellung** erklärt werden. Befindet sich der Zugewinnausgleichsbetrag – z.B. aufgrund vorangegangenen Verkaufs einer Immobilie – auf einem **Treuhandkonto**, so ist die Bank entsprechend anzuweisen, den Verkaufserlös in der vereinbarten Weise aufzuteilen.

2. Muster: Verzicht auf Zugewinn

126

Die Parteien **verzichten** gegenseitig auf jegliche **Zugewinnausgleichsansprüche** und **nehmen** den Verzicht wechselseitig **an**. Die Parteien sind sich dahingehend einig, dass **keine wechselseitigen vermögensrechtlichen Ansprüche** bestehen, wie z.B. Ansprüche aufgrund unbenannter Zuwendungen, Schuldentilgungen und jegliche Investitionen seitens beider Familien in das ehegemeinschaftliche Anwesen. Sollte seitens eines Familienmitgliedes einer Partei diesbezügliche Ansprüche geltend gemacht werden, so **stellen** sich die Eheleute insoweit wechselseitig **frei**.

Die Parteien weisen die ■■■ Bank hiermit gemeinsam und in unwiderruflicher Weise dazu an, das auf Konto-Nr ■■■ **hinterlegte Geld** aus dem Verkauf des gemeinsamen Hauses **hälftig aufzuteilen**. (Hinterlegung erfolgte auf ein Treuhandkonto solange, bis die Zugewinnausgleichsangelegenheit geklärt ist). (Zur ausführlichen Zugewinnausgleichsverzichtserklärung und Generalabgeltungsklausel s. Teil 4, § 1 Rn 97 f)

VII. Vereinbarung zur Erfüllung einer notariellen Zugewinnausgleichsregelung, die während der Ehezeit getroffen wurde

1. Beratung

Die Parteien haben bereits in einem **Ehevertrag** die **Höhe** des Zugewinnausgleichs- 127
anspruchs geregelt.

2. Muster: Erfüllung einer Zahlungsverpflichtung 128

308

> Durch **Ehevertrag** des Notars ■■■ vom ■■■ haben die Parteien eine Regelung betreffend **Zugewinnausgleich** getroffen.
>
> In Erfüllung der dort genannten vertraglichen Verpflichtungen verpflichtet sich der Antragsteller, an die Antragsgegnerin einen Betrag in Höhe von Euro ■■■ zu bezahlen, der – entsprechend dem Inhalt des oben genannten Ehevertrages – bis spätestens ■■■ zur Zahlung **fällig** ist und bis dahin nicht zu verzinsen ist.
>
> Die Parteien stellen übereinstimmend fest, dass Zugewinnausgleichsansprüche mit Erfüllung der in Ziffer ■■■ enthaltenen Zahlungspflicht nicht mehr bestehen und **verzichten höchstvorsorglich** wechselseitig auf Zugewinnausgleichsansprüche und nehmen den Verzicht gegenseitig an.

H. Gütergemeinschaftsauseinandersetzung

Zum **Ehevertrag** betreffend Vereinbarung Gütergemeinschaft s.o. Teil 2; zur notariellen 129
Scheidungsvereinbarung zur Auseinandersetzung der Gütergemeinschaft s.o. Teil 3.

I. Beratung

1. Tatsächliche Ausgangssituation

Begründet wird der Güterstand der Gütergemeinschaft durch **notariellen** Vertrag. Bei 130
der Gütergemeinschaft wird **automatisch** jeder erworbene Vermögensgegenstand **Miteigentum** beider Parteien, soweit nicht Vorbehalts- oder Sondergut besteht. Dies betrifft
auch Gegenstände, die bei Vereinbarung der Gütergemeinschaft bereits **vorhanden waren**. Demgegenüber erwirbt bei bestehender Zugewinngemeinschaft jeder Ehegatte
während des Bestehens der Ehe gesondert das in sein Eigentum übergehende Vermögen.[111]

Beratungshinweis: 131

Vielfach gehen die Parteien davon aus, dass bei Gütergemeinschaft das Vermögen bei
Scheidung hälftig geteilt wird. Es ist darauf hinzuweisen, dass die Gütergemeinschaft
im Wesentlichen bezüglich des **wirtschaftlichen Ergebnisses** der **Zugewinngemeinschaft**
nahezu **gleichsteht**. Es soll das eingebrachte Vermögen (Schenkungen, Erbschaften, bei
Vereinbarung der Gütergemeinschaft vorhandenes Vermögen) geschützt werden und es

---

111 Heiß, Das Mandat im Familienrecht, Rn 217 zu Teil 10.

soll eine gleichmäßige Beteiligung am gemeinsam Erarbeiteten erfolgen. Es muss also zunächst der **Stand** des **Gesamtguts** nach Abzug der **Gesamtgutsverbindlichkeiten** ermittelt werden, sodann ist der Wert des jeweiligen **eingebrachten Vermögens** herauszurechnen. Der sodann verbleibende **Überschuss** wird **hälftig** geteilt.[112]

2. Rechtliche Ausgangssituation

a) Beendigung der Gütergemeinschaft

132 Zu den Aufhebungs- und Auseinandersetzungsvereinbarungen s.o. Teil 3. Die Beendigung der Gütergemeinschaft erfolgt durch
- notariellen **Ehevertrag** nach § 1408 ff BGB,
- **Aufhebungsurteil** nach § 1447 f, 1469 f BGB,
- Scheidung oder Aufhebung der Ehe, wobei in diesem Fall mit Rechtskraft der Scheidung zwar der Güterstand der Gütergemeinschaft beendet ist, diese jedoch in eine **Liquidationsgemeinschaft** übergeht und das Gesamtgut bis zum Abschluss der Auseinandersetzung bestehen bleibt.[113]

133 Die streitige Auseinandersetzung erfolgt gem. den §§ 1475 ff BGB ggf. im Verbund mit der Ehesache, §§ 621 Abs. 1 Nr. 8, 623 Abs. 1 ZPO.

b) Reihenfolge bei der Auseinandersetzung

- **Berichtigung** der **Gesamtgutsverbindlichkeiten** nach §§ 1475 ff BGB, ggf. durch Umsetzung des Gesamtgutes in Geld, § 1475 Abs. 3 BGB,
- hälftige **Teilung** des **Überschusses**, § 1476 Abs. 1 BGB,
- Teilungsreife liegt nur dann vor, wenn **Schuldenregelung** vorgenommen wurde,
- Berücksichtigung von **Ersatz-** und **Übernahmeansprüchen**, §§ 1476 Abs. 2, 1477 Abs. 2 BGB sowie **Wertersatz** nach § 1478 BGB bezüglich eingebrachter Vermögensgegenstände.

134 Auf den einem Partner zustehenden Anteil am Überschuss nach § 1476 Abs. 1 BGB muss sich jeder Ehegatte zunächst das anrechnen lassen, was er zum Gesamtgut zu ersetzen hat, insbesondere nach Maßgabe der §§ 1435 S. 3, 1445, 1476 BGB. Der Wert einer solchen Verpflichtung ist rechnerisch der Teilungsmasse hinzuzurechnen.[114]

c) Teilung

- Die Teilung hat zunächst in **Natur**, hilfsweise durch **Verkauf** bzw. durch Versteigerung zu erfolgen.
- **Übernahmerecht** nach § 1477 Abs. 2 BGB (aber keine Übernahmepflicht) in Form eines Gestaltungsrechts, das durch einseitige empfangsbedürftige Willenserklärung

---

112 Heiß a.a.O. Rn 216 zu Teil 10.
113 Heiß a.a.O. Rn 241 zu Teil 10; § 1471 Abs. 3 i.V.m. § 1419 BGB.
114 Im Einzelnen zur Auseinandersetzung der Gütergemeinschaft s. Heiß, Das Mandat im Familienrecht, Rn 238 ff zu Teil 10.

gegenüber dem anderen Ehegatten ausgeübt wird. Für die dingliche Rechtsänderung ist ein gesonderter Übertragungsakt erforderlich (zum Übernahmerecht im Einzelnen s. Teil 3).

- Klageart: Klage auf **Zustimmung** zum Abschluss eines **Auseinandersetzungsvertrages** nach einem vom Kläger vorzulegenden Auseinandersetzungsplan (keine Gestaltungsfreiheit des Gerichts),[115] ggf. Hilfsanträge.
- **Übernahmerecht** bezüglich persönlicher Gegenstände oder eingebrachter Gegenstände (Erbe, Schenkung oder Ausstattung).
- Reicht das Gesamtgut zur Erfüllung der Erstattungsansprüche nicht aus, ist der **fehlende Betrag** nach dem **Verhältnis** des Wertes der von beiden Ehegatten eingebrachten Vermögenswerte zu tragen, § 1478 Abs. 1, 2. Halbs. BGB.
- Auch dieser Anspruch ist **Gestaltungsrecht**, das durch einseitige empfangsbedürftige Willenserklärung ausgeübt wird. Einmal wirksam geworden, ist es nicht mehr einseitig widerruflich.[116]
- Eingebracht sind auch **Rechte**, die mit dem Tod eines Ehegatten erlöschen oder deren Erwerb durch den **Tod** eines Ehegatten bedingt ist, § 1478 Abs. 2 Ziff. 3 BGB. Dies sind insbesondere **Leibrenten**, sonstige auf Lebenszeit begrenzte Ansprüche, sofern sie nicht wegen Nichtübertragbarkeit zum Sondergut gehören und Rechte aus einer Lebensversicherung, sofern das Bezugsrecht nicht durch die **unwiderrufliche Begünstigung** eines Dritten bereits dem Gesamtgut entzogen worden ist.[117]
- Gegenüber einem Übernahmeanspruch kann der andere Ehegatte ein **Zurückbehaltungsrecht** wegen des Wertersatzanspruches geltend machen, was i.d.R. zu einer Zug-Um-Zug-Verurteilung führt, sofern nicht nach § 273 Abs. 3 BGB zur Abwendung Sicherheit geleistet wird.[118]
- **Nicht** anwendbar sind die Vorschriften der §§ 1475 ff für den ehelichen **Hausrat**, weil auch insoweit der Vorrang der Sondervorschriften der Hausratsverordnung gilt.[119]

Beratungshinweis:

135

Soweit eine **Ablösung** der Verbindlichkeiten zwischen den Parteien nicht in Frage kommt, z.B. weil Vermögenswerte nicht veräußert werden sollen, sondern von einer der Parteien übernommen werden sollen, müssen die Schulden in der Weise aufgeteilt werden, dass jeweils eine der Parteien ausschließlich für die bestehenden Schulden **haftet** und diese sowohl im **Innen-** als auch im **Außenverhältnis** zur alleinigen Haftung für Zinszahlung und Tilgung für die Zukunft übernimmt.

Allein das **Angebot**, die Verbindlichkeiten Zug um Zug gegen die Übertragung des betreffenden Gegenstandes zu übernehmen, ist **unzureichend**.[120]

---

115 BGH FamRZ 1988, 813.
116 MünchKomm/Kanzleiter § 1478 Rn 11 u. 12.
117 Göppinger/Börger, Vereinbarungen anlässlich der Ehescheidung, Rn 22 zu Teil 6; Palandt/Brudermüller § 1478 Rn 4.
118 OLG München FamRZ 1996, 170.
119 MünchKomm/Kanzleiter, vor § 1471 Rn 2.
120 BGH FamRZ 1988, 813; Heiß, Das Mandat im Familienrecht, Rn 250 zu Teil 10.

Vielmehr wird die tatsächliche Tilgung der Schulden nur durch die bereits abgeschlossene **Entlassung aus der Mithaftung** ersetzt.[121]

Zu beachten ist, dass auch ein etwaiger **Zugewinnausgleichsanspruch**, der zum Zeitpunkt der Vereinbarung der Gütergemeinschaft bestand als eingebrachtes Vermögen des zugewinnausgleichsberechtigten Ehegatten gilt. Dies kommt insbesondere dann in Betracht, wenn die Gütergemeinschaft erst nach einem längeren Verlauf der Ehe vereinbart wird und bis zu diesem Zeitpunkt der Güterstand der Zugewinngemeinschaft bestand.

136 Ist das Gesamtgut **überschuldet**, kann die Auseinandersetzung nur so vorgenommen werden, dass alle Gegenstände des Gesamtguts **veräußert** werden und festgelegt wird, in welchem Prozentsatz die Ehegatten für die verbleibenden Verbindlichkeiten aufzukommen haben. Nach § 1480 BGB entsteht eine gesamtschuldnerische Haftung der Ehegatten.

137 ## II. Muster: Auseinandersetzung bei Überschuldung

309

1. Die Parteien sind sich darüber einig, dass die zum Gesamtgut gehörenden **beweglichen** Vermögensgegenstände zwischen ihnen wie folgt aufgeteilt werden:

a) Die Ehefrau erhält ■■■

b) der Ehemann erhält ■■■

■■■

2. Aufteilung von Bankkonten.

Die Parteien sind sich darüber einig, dass das Hausgrundstück ■■■ eingetragen im Grundbuch von ■■■ Blatt ■■■ **verkauft** werden soll und verpflichten sich wechselseitig, an dem Verkauf **mitzuwirken** und das Haus nach Absprache mit dem Erwerber fristgerecht zu räumen.

138 **Beratungshinweis:**

Günstiger ist eine konkrete Verpflichtungserklärung, z.B. bis spätestens zum ■■■ an den bis dahin meistbietenden Käufer ■■■ zu veräußern.

3. Aus dem Veräußerungserlös, der bei dem beurkundenden Notar zu **hinterlegen** ist, sollen zunächst alle auf dem Hausgrundstück ruhenden noch valutierten **Belastungen** bei der ■■■ Bank sowie die Kreditverbindlichkeiten gegenüber der Mutter des Ehemannes in Höhe von Euro ■■■ **abgelöst** werden. Der Notar wird angewiesen, den verbleibenden Überschuss je zur Hälfte an die Parteien zu überweisen.

4. Eigentumsumschreibung erst nach Schuldentilgung ■■■

5. Die Parteien sind sich darüber einig, dass bei der vorstehenden Auseinandersetzungsregelung die wechselseitigen **Wertersatz-** und **Übernahmeansprüche berücksichtigt** sind und das Gesamtgut auseinandergesetzt ist. Sie verzichten wechselseitig auf weitere Auseinandersetzungsansprüche jeglicher Art. Sollten noch Verbindlichkeiten aus der Ehe **entstehen** bzw. **auftreten**, die vorstehend nicht berücksichtigt sind, tragen die Parteien diese im Innenverhältnis je zur Hälfte. Dies gilt auch für etwaige Steuernachforderungen aus

---

121 BGH FamRZ 1988, 813; Heiß a.a.O.

der Zeit der Ehe. Etwa noch entstehende Forderungen, einschließlich etwaiger Steuererstattungsforderungen, stehen den Parteien im Innenverhältnis je zur Hälfte zu.

(6. Eventuell: **Hinterlegung** des **Verkaufserlöses** auf einem Notar-Anderkonto mit Anweisung, dass erst nach Schuldentilgung hälftige Auszahlung zu erfolgen hat.)

Beratungshinweis: 139

Zu beachten ist, dass die Errichtung eines Notar-Anderkontos mit nicht unerheblichen zusätzlichen Kosten verbunden ist. Ausreichende Sicherheit würde auch die Überweisung des Verkaufserlöses auf das Konto des Notars bieten, wenn dieser angewiesen wird, die Auszahlung erst aufgrund einer gemeinsamen **Anweisung** der Parteien oder nach Maßgabe einer rechtskräftigen gerichtlichen Entscheidung vorzunehmen.

I. Zuwendungen Dritter

Zu Zuwendungen von Seiten Dritter und Ansprüche gegen Dritte, Schwiegereltern; Zu- 140
wendungen wegen Bau auf fremdem Grund. Zu den ehebedingten unbenannten Zuwendungen s.o., Teil 3.

I. Beratung

1. Tatsächliche Ausgangssituation

Die **Eltern** einer der Ehegatten haben **Investitionen** in eine Immobilie, die im Miteigen- 141
tum der Parteien steht, erbracht. Diese Investitionen sollen durch eine Regelung der Ehegatten untereinander mit abgegolten werden. Die Eltern müssen in diesem Fall bei der Vereinbarung mit anwesend sein. Alternativ kann eine **Haftungsfreistellung** desjenigen Ehegatten erklärt werden, dessen Eltern die Investitionen getätigt haben, wobei diese Haftungsfreistellung jedoch nur im **Innenverhältnis** wirkt.

2. Rechtliche Ausgangssituation

Prozessuale **Voraussetzungen** und **Formerfordernisse**: Sofern Dritte, wie z.B. die 142
Schwiegereltern im Rahmen einer Ehescheidungsfolgenvereinbarung mit beteiligt werden sollen, müssen diese bei **notarieller Beurkundung** mitwirken und mit unterschreiben.

Bei einem **protokollierten Vergleich**, § 127a BGB muss der zu beteiligende Dritte dem 143
Rechtsstreit zum **Zwecke des Vergleichsabschlusses beitreten**.

144 **II. Muster:**[122] **Zuwendungen von Seiten Dritter und Ansprüche gegen Dritte**

> Die Ehefrau verpflichtet sich hiermit, gegenüber dem **Ehemann** an dessen **Vater** ▪▪▪ bis zum ▪▪▪ einen Betrag in Höhe von ▪▪▪ Euro zu **bezahlen**.
>
> Die Parteien sind sich darüber einig, dass damit alle wechselseitigen Ansprüche der Parteien und der Anspruch des Vaters des Ehemannes in Bezug auf dessen Zuwendung vom ▪▪▪ in Höhe von ▪▪▪ Euro erledigt sind. Der Ehemann **stellt** hiermit die Ehefrau von etwaigen weiteren Ansprüchen seines Vaters **frei**.
>
> **Alternative 1:**
>
> Der Vater des Ehemannes **tritt hiermit** dem **Vergleich** der Parteien **bei**.
>
> Die Ehefrau **verpflichtet** sich, gegenüber dem dies annehmenden **Vater** des Ehemannes hiermit, an diesen bis zum ▪▪▪ einen Betrag von ▪▪▪ Euro zu zahlen.
>
> Der Vater des Ehemannes und die Parteien sind sich darüber einig, dass damit alle wechselseitigen Ansprüche im Zusammenhang mit der Zuwendung vom ▪▪▪ erledigt sind.
>
> **Alternative 2:**[123]
>
> Bei der Berechnung des vorstehend geregelten Zugewinnausgleichsanspruchs ist berücksichtigt, dass die **Eltern** des **Ehemannes** den **Parteien** am ▪▪▪ das später mit einem Haus bebaute Grundstück ▪▪▪ **übertragen** haben. Mit der vorstehenden Regelung sind sämtliche diesbezüglichen **Ausgleichsansprüche** des Ehemannes sowie der Eltern des Ehemannes **abgegolten**. Dieser stellt die Ehefrau im Innenverhältnis von allen etwaigen Ansprüchen seiner Eltern frei.

145 **Beratungshinweis:**

Zusätzlich sollte auf Abgabe einer Freistellungserklärung durch die Eltern des Ehemannes bestanden werden, da andernfalls lediglich Haftungsfreistellung im **Innenverhältnis** besteht.

Bestehen die vorbezeichneten Ansprüche, so haben diese Auswirkungen auf den Zugewinnausgleichsanspruch. Zuwendungen müssen daher bei der Berechnung des Zugewinnausgleichsanspruchs mitberücksichtigt werden.

J. Verkauf der gemeinsamen Immobilie

I. Vereinbarung betreffend Hausverkauf

1. Beratung

146 Eine ehegemeinschaftliche Immobilie soll innerhalb einer bestimmten **Frist** an den bis dahin vorhandenen **meistbietenden Käufer** verkauft werden. Zu regeln ist die Verteilung des **Verkaufserlöses** unter Berücksichtigung der **Kosten** im Zusammenhang mit dem Verkauf und der auf dem Haus lastenden **Schulden**. Gleiches gilt für die Übernahme von Hausschulden und Kosten **bis** zum Hausverkauf bzw. bis zum Auszug des Ehegatten, der das Anwesen noch bewohnt.

---

122 Göppinger/Börger, Vereinbarungen anlässlich der Ehescheidung, Rn 45 zu Teil 6.
123 Göppinger/Börger a.a.O. Rn 41 zu Teil 6.

Soll die Immobilienabteilung einer Bank mit dem Verkauf beauftragt werden, so ist eine umfassende **Vollmachtserklärung** erforderlich, die ggf. zu befristen ist, um nach Ablauf der Befristung, falls ein Verkauf nicht möglich war, ggf. einen Makler zu beauftragen.

Beratungshinweis:

Bei jedem Verkauf einer mit Schulden belasteten Immobilie ist vorab zu klären, in welcher Höhe **Vorfälligkeitsentschädigung** durch etwaige vorzeitige Schuldentilgung anfällt und wer diese übernimmt.

147

2. Muster: Vereinbarung betreffend Hausverkauf

311

1. Die Parteien **verpflichten** sich gegenseitig, das vorgenannte Anwesen bis spätestens ■■■ zu verkaufen. Einem entsprechenden Verkauf wird von den Beteiligten bereits jetzt gegenseitig unwiderruflich zugestimmt, wobei der Verkauf an denjenigen Kaufinteressenten zu erfolgen hat, der bis zum Ablauf des Monats ■■■ den **höchsten Kaufpreis geboten** hat.
2. Die Beteiligten **verpflichten** sich in diesem Zusammenhang gegenseitig, sich intensiv zu bemühen, einen möglichst **hohen Kaufpreis** zu erzielen und alles zu unterlassen, was zu einer Kaufpreisreduzierung führen könnte.
3. Die Beteiligten verpflichten sich gegenseitig, sich über Angebote von Kaufinteressenten für das in Ziffer ■■■ genannte Objekt unverzüglich gegenseitig zu **informieren**.
4. Beide Parteien erteilen der ■■■ **Bank**, Immobilienabteilung ■■■ **Vollmacht**, sie umfassend beim **Verkauf** der in Ziffer ■■■ genannten Immobilie **zu vertreten**. Die Bevollmächtigte (Bank) ist befugt, alle mit dem Verkauf des vorgenannten Objektes im Zusammenhang stehenden Rechtsgeschäfte abzuschließen und Erklärungen abzugeben, sei es gegenüber Privatpersonen oder Behörden einschließlich des Grundbuchamtes, insbesondere auch die Verkaufsverhandlungen zu führen, den Kaufvertrag abzuschließen, den Kaufpreis festzulegen – wobei die Bevollmächtigte im Innenverhältnis an die vorstehend eingegangene Verpflichtung, einen möglichst **hohen Kaufpreis** zu erzielen, gebunden ist – die Auflassung zu erklären und **entgegenzunehmen**, Belastungen des verkauften Objektes, die bereits vor Umschreibung des Eigentums auf den Käufer mit einer Fremdfinanzierung des Käufers erfolgen, vorzunehmen, die zur Lastenfreistellung notwendigen Erklärungen abzugeben, überhaupt alles Erforderliche oder Zweckmäßige zum Abschluss und zur Durchführung eines Kaufvertrages über das in Ziffer ■■■ genannte Objekt vorzunehmen.
5. Die Vollmacht ist **befristet** bis ■■■. Nach Ablauf der Frist wird Vollmacht gleichen Inhalts der Bausparkasse ■■■ erteilt.
6. Die Vollmacht wird ausdrücklich unwiderruflich erteilt.
7. Die Klägerin verpflichtet sich, das Objekt von bis zu **5 Kaufinteressenten** pro Woche zu den üblichen Tageszeiten **besichtigen** zu lassen.
8. Die Parteien behalten sich vor, das Grundstück auch selbst meistbietend zu verkaufen.
9. Das in Ziffer 1 genannte Anwesen wird derzeit von der Klägerin und dem gemeinsamen Sohn bewohnt.

10. Die Klägerin verpflichtet sich, das Anwesen bis spätestens ■■■ einschließlich eines eventuellen Mieters **vollständig zu räumen** und aus dem Anwesen zusammen mit dem Sohn auszuziehen. Sie **verzichtet** insoweit auf jegliche **Räumungsschutzfristen**, gleichgültig auf welcher Rechtsgrundlage.
11. Die Parteien sind sich dahingehend einig, dass bezüglich Nutzziehung und Lastentragung keinerlei gegenseitige Ansprüche mehr bestehen, mit Ausnahme der nachfolgend vereinbarten Schuldenübernahmeregelung.
12. Vom Verkaufserlös werden vorweg die Darlehen bei der ■■■ Bank beglichen:
13. Beide Parteien verpflichten sich gegenseitig, von den vorgenannten Konten keinerlei Abhebungen, Überweisungen oder sonstige Änderung ab sofort vorzunehmen.
14. Vom verbleibenden Erlös erhält der Beklagte vorweg Euro ■■■ ausgezahlt.
15. Der dann noch verbleibende Restbetrag wird zwischen den Parteien hälftig geteilt, sodass im Ergebnis der Beklagte aus dem Erlös nach Schuldentilgung Euro ■■■ mehr erhält als die Klägerin.
16. Die Klägerin erhält die **Mieten** für das oben genannte Anwesen und begleicht damit die anfallenden Betriebskosten und Grundsteuern für das Anwesen.
17. Nach vollständiger Räumung des Anwesens anfallende Betriebskosten werden von den Parteien zu je ½ übernommen.

Unterhaltsverzicht

1. Mit dem Vergleich ist sowohl der nacheheliche Ehegattenunterhalt abgefunden als auch der Trennungsunterhalt und Zugewinnausgleich, ebenso der **Gesamtschuldnerausgleich**. Es bestehen darüber hinaus keinerlei wechselseitige vermögensrechtliche Ansprüche mehr. (Zur ausführlichen Unterhaltsverzichtserklärung s. Teil 4, § 1 Rn 49; Teil 4, § 4 Rn 346)
2. Der Beklagte verzichtet auf seine Rechte aus Ziffer ■■■ des Endurteils des Amtsgerichts ■■■ vom ■■■ Az ■■■ (Zugewinn).
3. (Sachverhalt: Der Vergleich wurde in 2. Instanz nach Einlegung der Berufung durch die Klägerin geschlossen.)
4. Die Klägerin nimmt hiermit ihre Berufung im Verfahren ■■■ zurück.
5. Die Kosten im Verfahren Az ■■■. und Az ■■■ werden in beiden Instanzen und die Kosten des Vergleichs ebenso gegeneinander aufgehoben.
6. Die Kosten der **Grundbuchumschreibung** sowie die Kosten des **Vollzugs** des Kaufvertrages sowie sämtliche weitere im Zusammenhang mit dem Verkauf anfallenden notwendigen Kosten, z.B. Maklerkosten, tragen die Parteien je zur Hälfte.

Alternative:

Die Parteien sind Miteigentümer zu je ½ bezüglich des Anwesens ■■■

Die Parteien sind sich dahingehend einig, dass das Haus bis spätestens ■■■ an den bis dahin vorhandenen **meistbietenden Käufer** verkauft werden soll.

Der Verkaufserlös wird nach Abzug der im Zusammenhang mit dem Verkauf anfallenden **Kosten** sowie nach Abzug der auf dem Haus lastenden **Schulden** hälftig **aufgeteilt**.

Der Antragsgegner übernimmt die laufenden Kosten sowie **Hausschulden** für die Dauer, für die er das Anwesen bewohnt, alleine. Im Falle seines **Auszuges** werden diese Kosten von den Parteien zu je ½ übernommen.

II. Verpflichtung zum Verkauf einer Immobilie und Zugewinnausgleichszahlung

1. Beratung

a) Tatsächliche Ausgangssituation

Die Ehegatten sind sich einig über die Höhe des der Ehefrau zustehenden Zugewinnausgleichsanspruchs. Dieser soll bei Hausverkauf zur Zahlung fällig sein.

149

b) Rechtliche Ausgangssituation

Zu regeln ist Folgendes:

150

- **Höhe** der Zugewinnausgleichsforderung,
- **Fälligkeit,**
- Regelung zur Zahlung des **hälftigen Verkaufserlöses** zuzüglich Zugewinnausgleichsanspruch an die Berechtigte,
- **Abtretung** der Ansprüche aus dem Kaufvertrag in Höhe des Zugewinnausgleichsanspruchs,
- **Kosten**regelung,
- **Verzicht** auf darüber hinausgehende Zugewinnausgleichsansprüche.

2. Muster: Verpflichtung zum Verkauf einer Immobilie und Ausgleichszahlung

151

(1) Der Antragsteller verpflichtet sich, an die Antragsgegnerin zur Abgeltung sämtlicher Zugewinnausgleichsansprüche einen Betrag in Höhe von Euro ■■■ zu **bezahlen**, der bei **Verkauf** des ehegemeinschaftlichen Anwesens zur Zahlung **fällig** ist.

(2) Beide Parteien verpflichten sich, das ehegemeinschaftliche Anwesen ■■■ baldmöglichst zu verkaufen.

(3) Der Verkaufserlös wird wie folgt aufgeteilt:

Erlös: Euro ■■■ voraussichtlich ■■■ abzüglich Schulden Euro ■■■, die auf dem Anwesen lasten, hiervon ½ Euro ■■■ zuzüglich **Zugewinnausgleichsanspruch** Euro ■■■, somit Euro ■■■ gelangen an die Antragsgegnerin zur Auszahlung. Den verbleibenden Restbetrag in Höhe von Euro ■■■ erhält der Antragsteller.

Der Antragsteller **tritt** die **Ansprüche** aus dem **Kaufvertrag** betreffend den oben errechneten Betrag in Höhe von Euro ■■■ an die Antragsgegnerin ab.

Die Kosten des Hausverkaufs werden von den Parteien zu je ½ übernommen, somit die Kosten der **Grundbuchumschreibung** sowie die Kosten der **notariellen Beurkundung**, soweit diese nicht vom Käufer getragen werden.

Die Parteien **verzichten** höchst vorsorglich auf etwaige darüber hinausgehende **Zugewinnausgleichsansprüche** und nehmen den Verzicht wechselseitig an.

§ 3 Sonstige Vermögenswerte

1 **Bausparverträge,** Sparverträge, **Wertpapierdepots, Lebensversicherungen** u.ä. müssen anlässlich der güterrechtlichen Auseinandersetzung aufgeteilt oder einer der Parteien übertragen werden. Ist dies bis zum Zeitpunkt des Vergleichsabschlusses noch nicht geschehen, so sollte eine entsprechende Vereinbarung als **gemeinsame Anweisung** an die Bank formuliert werden, das **Konto** aufzulösen, hälftig zwischen den Ehepartnern zu teilen und jeweils mit der Hälfte des Guthabens ein neues Konto zu eröffnen u.a. Darüber hinaus sollte vereinbart werden, dass sich die Parteien **verpflichten,** sämtliche für die jeweiligen Übertragungen **erforderlichen Willenserklärungen** gegenüber der Bank unverzüglich in der erforderlichen Form vorzunehmen.

2 Soweit ein Ehegatte an einer **Gesellschaft** beteiligt ist, die vom anderen Ehegatten betrieben wird, sollte eine Übertragung auf den die Gesellschaft betreibenden Ehegatten erfolgen (s.o. Teil 3).

3 **Muster: Einigung betreffend während der Trennungszeit ausbezahlter Vermögenswerte**

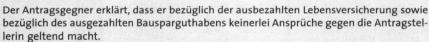

Der Antragsgegner erklärt, dass er bezüglich der ausbezahlten Lebensversicherung sowie bezüglich des ausgezahlten Bausparguthabens keinerlei Ansprüche gegen die Antragstellerin geltend macht.

A. Lebensversicherungen

I. Eintragung einer unwiderruflichen Bezugsberechtigung

1. Beratung

a) Tatsächliche Ausgangssituation

4 Lebensversicherungen sind grundsätzlich wohl nur **einem Ehepartner** vermögensrechtlich zuzuordnen und mit ihrem Zeitwert (bzw. Rückkaufswert bei erforderlicher Auflösung der Lebensversicherung) im Rahmen des Zugewinnausgleichs zu berücksichtigen.

5 Soweit nach den Versicherungsbedingungen im Einzelfall eine **Mitberechtigung** von Ehepartnern begründet ist, wird versicherungstechnisch im Allgemeinen eine **Aufspaltung** möglich sein, die aber vorher mit der Versicherungsgesellschaft geklärt werden sollte.

6 Wird der Ehegatte als Bezugsberechtigter gestrichen, so ist zu berücksichtigen, dass, falls kein neuer Bezugsberechtigter benannt wird, die Lebensversicherung beim Tod des Versicherungsnehmers mit der Versicherungssumme in dessen **Nachlass** fällt.

b) Rechtliche Ausgangssituation

Die **Bewertung** von Lebensversicherungen erfolgt grundsätzlich in Abhängigkeit davon, **7** ob die Lebensversicherung zum Zwecke der Abgeltung von Zugewinnausgleichsansprüchen u.a. **aufgelöst** werden muss oder nicht, entweder nach dem **Rückkaufswert** einschließlich Überschussbeteiligung bzw. Gewinnguthaben oder nach dem sog. **Fortführungswert.**

- Bewertung, wenn die Versicherung **aufgelöst** werden muss, um den Zugewinnausgleichsanspruch zu befriedigen:
  Rückkaufswert zuzüglich Überschussanteile abzüglich Stornoabzüge, abzüglich Kapitalertragsteuer.
- Bewertung bei **Fortführung**: Rückkaufswert der individuell gutgeschriebenen Versicherungsleistungen ohne Stornoabschläge = **Deckungskapital** + gutgeschriebene Gewinnanteile + Anwartschaftsbarwert auf Schlussgewinnanteile.[124]

Möglich ist auch, statt des Ausgleichs über den Zugewinn eine Vereinbarung dahin- **8** gehend zu treffen, dass der Ausgleichsberechtigte auch nach der Scheidung **unwiderruflich** zum **Bezugsberechtigten** benannt wird.

Beratungshinweis: **9**

Bedenklich ist eine solche Vereinbarung allerdings möglicherweise deshalb, weil der Berechtigte keinen Einfluss darauf hat, ob der Verpflichtet die laufenden **Beitragszahlungen** für die Lebensversicherung weiter entrichtet und hierüber auch von den Versicherungsgesellschaften nicht unterrichtet wird, da er selbst nicht Versicherungsnehmer ist.

In jedem Fall muss eine solche Vereinbarung die **übereinstimmende** Erklärung gegen- **10** über der **Versicherungsgesellschaft** enthalten, dass der bedachte Ehegatte unwiderruflich Bezugsberechtigter ist. Des Weiteren muss in jedem Fall darauf geachtet werden, dass die Versicherungsgesellschaft eine **schriftliche Rückbestätigung** dahingehend erteilt, dass die unwiderrufliche Bezugsberechtigung eingetragen wurde.

2. Muster:[125] Lebensversicherung (Eintragung unwiderruflich Bezugsberechtigter) **11**

Der Ehemann ist Versicherungsnehmer der Kapitallebensversicherung bei der ■■■ Versicherungs AG mit der Versicherungs-Nr. ■■■.
Bezugsberechtigt ist nach der derzeitigen Bestimmung des Ehemannes die Ehefrau.
Zur **Sicherung der Unterhaltsansprüche** der Ehefrau soll es hierbei auch nach Ehescheidung mit der Maßgabe bleiben, dass der Ehemann die **Ehefrau** für den Fall seines Todes vor dem vertraglich vereinbarten Fälligkeitszeitpunkt am ■■■ **unwiderruflich** zur **Bezugsberechtigten** benennt.
Für den **Erlebensfall** soll die Versicherungssumme zum Fälligkeitstermin an den **Ehemann** als Versicherungsnehmer ausbezahlt werden. Die Parteien **weisen** hiermit übereinstimmend die **Versicherungsgesellschaft an**, die Auszahlung der Versicherungsleistung nach

---

124 BGH FamRZ 1995, 1270; Heiß, Das Mandat im Familienrecht, Rn 138 zu Teil 10.
125 Göppinger/Börger, Vereinbarungen anlässlich der Ehescheidung, Rn 63 zu Teil 6.

> Maßgabe der vorstehenden Vereinbarung vorzunehmen. Der Ehemann verpflichtet sich, bis spätestens ■■■ eine entsprechende **Rückbestätigungserklärung** der Versicherungsgesellschaft **beizubringen.**
>
> Die Ehefrau ist **berechtigt**, mit **Wirkung** auch für den **Ehemann** eine Ausfertigung dieser Vereinbarung der Versicherungsgesellschaft **zuzustellen**, sofern der Ehemann ihr nicht bis zum ■■■ nachweist, dass er die Versicherungsgesellschaft entsprechend der Vereinbarung der Parteien angewiesen hat.
>
> **Alternative:**
>
> Für den Erlebensfall wird die Versicherungsgesellschaft hiermit angewiesen, die Versicherungsleistung an die unwiderruflich begünstigte Ehefrau/an beide Ehegatten zu je ½ auszuzahlen. Der Ehemann verpflichtet sich, bis zum Fälligkeitstermin die Versicherung aufrechtzuerhalten und die laufenden Prämien zu zahlen.
>
> Die Parteien sind sich darüber einig, dass damit auch etwaige Ansprüche der Ehefrau auf Vorsorgeunterhalt endgültig abgegolten sind.

12   **Beratungshinweis:**

In Betracht kommen kann auch, eine Lebensversicherung aufzuspalten und jedem Ehegatten die Fortführung auf eigene Rechnung zu ermöglichen. Dies kommt insbesondere in Betracht bei sog. Partnerschaftspolicen, wenn jeder Ehegatte Versicherungsnehmer bezüglich der gleichen Versicherung ist.

Zur Vermeidung von Haftungsgefahren muss mit der Versicherungsgesellschaft im Einzelnen – sei es durch die Partei nach Rücksprache mit dem Versicherungsvertreter, sei es durch den Anwalt – abgeklärt werden, ob eine solche Aufspaltung möglich ist und falls ja, welche Formerfordernisse hierfür erfüllt werden müssen.

II. Übertragung einer Lebensversicherung

1. Beratung

a) Tatsächliche Ausgangssituation

13   Es soll eine Lebensversicherung auf den Ehepartner – der noch nicht Versicherungsnehmer ist – übertragen werden.

14   Vor Abschluss einer solchen Vereinbarung sollte mit der Versicherungsgesellschaft **geklärt** werden, ob eine Übertragung **möglich** ist.

15   Vorsorglich – für den Fall, dass eine Übertragung nicht möglich ist – sind die Rechte aus der Lebensversicherung an den anderen Ehepartner **abzutreten** und der andere Ehegatte ist als unwiderruflicher **Bezugsberechtigter** sowohl für den Erlebens- als auch für den Todesfall zu bestimmen.

b) Rechtliche Ausgangssituation

Zu regeln ist Folgendes: 16

- **Übertragung** der Lebensversicherung,
- **Abtretung** sämtlicher Rechte aus der Versicherung sowohl für den Erlebensfall als auch für den Todesfall (falls Übertragung nicht möglich ist),
- Verpflichtung zur **Vorlage** der Abtretungserklärung an die Versicherungsgesellschaft,
- Einräumung eines unwiderruflichen **Bezugsrechts** für den Erlebens- und Todesfall,
- Freistellung von der Verpflichtung zur **Beitragszahlung**,
- Abgabe sämtlicher erforderlichen **Erklärungen**, die zur **Übertragung** erforderlich sind.

2. Muster: Übertragung einer Lebensversicherung 17

315

Die Antragstellerin **überträgt** auf den Antragsgegner ihre Lebensversicherung bei der ▪▪▪, Nr. ▪▪▪ mit sofortiger Wirkung mit allen Rechten und Pflichten, sodass dieser alleiniger Versicherungsnehmer, Rechtsinhaber und Verpflichteter wird.

Für den Fall, dass eine Übertragung in der Weise, dass der Antragsgegner Versicherungsnehmer wird, **nicht möglich** sein sollte, **tritt** die Antragstellerin sämtliche **Rechte** sowohl für den Erlebensfalls als auch für den Todesfall aus der vorbezeichneten Versicherung an den Antragsgegner **ab**. Beide Parteien verpflichten sich, die Abtretungserklärung der Lebensversicherungsgesellschaft **vorzulegen** und dafür Sorge zu tragen, dass die Abtretung durch die Lebensversicherung rückbestätigt wird. In diesem Fall verpflichtet sich die Antragstellerin zusätzlich, den Antragsgegner **unwiderruflich** als **Bezugsberechtigten** für den **Erlebens-** und **Todesfall** zu benennen.

Sollte der Antragsgegner wünschen, dass statt der Antragstellerin eine andere Person als versicherte Person bestimmt wird, so stimmt die Antragstellerin der diesbezüglichen Änderung zu.

Der Antragsgegner **stellt** die Antragstellerin im Innenverhältnis von sämtlichen Verpflichtungen für die vorbezeichnete Versicherung **frei**, insbesondere von der **Beitragszahlung**.

Die Parteien sind sich dahingehend einig, dass die vorbezeichnete Vereinbarung bezüglich der Lebensversicherung mit sämtlichen genannten Alternativen Geschäftsgrundlage der gesamten Vereinbarung ist.

Alternative:

Der Antragsgegner überträgt auf die Antragstellerin die Lebensversicherung bei ▪▪▪, Versicherungs-Nr. ▪▪▪, Versicherungsnehmer: ▪▪▪, versicherte Person: ▪▪▪.

Der Antragsgegner **gibt hiermit** sämtliche zur Übertragung der Versicherungsnehmereigenschaft auf Frau ▪▪▪ erforderlichen **Erklärungen ab** und verpflichtet sich, alle zur Mitwirkung erforderlichen Handlungen betreffend die Übertragung vorzunehmen.

Beide Parteien verpflichten sich, diese Vereinbarung der Lebensversicherung ▪▪▪ **vorzulegen** und dafür Sorge zu tragen, dass die Lebensversicherungsgesellschaft die Durchführung dieser Vereinbarung schriftlich bestätigt.

18 Beratungshinweis:

Statt einer Verpflichtungserklärung zur Abgabe aller Erklärungen ist es i.d.R. günstiger, wenn diese Erklärungen bereits in der Vereinbarung abgegeben werden (… gibt hiermit sämtliche … Erklärungen ab). Es liegt dann eine verbindliche Erklärung des Übertragungspflichtigen vor, die der Versicherungsgesellschaft zum Zwecke der Durchführung der Vereinbarung lediglich noch vorgelegt werden muss. Die Mitwirkungspflicht bezüglich der erforderlichen Handlungen sollte jedoch dennoch aufgenommen werden, falls – wovon im Regelfall auszugehen ist – noch verschiedene Formalitäten eingehalten werden müssen.

Wichtig für den Anwalt ist, dass er selbst die Vereinbarung dann der Versicherungsgesellschaft vorlegt und alle Erklärungen, womit die Durchführung der Vereinbarung bestätigt wird bzw. entsprechend umgeschriebene Versicherungsdokumente in Kopie in einem gesonderten Akt aufbewahrt. Sollte es – ggf. Jahre später – irgendwelche Schwierigkeiten geben bei der Abwicklung der Auszahlung aus der Lebensversicherung, so ist nach Auflösung der Akten kein Nachweis mehr zu führen, dass seitens des Anwalts alles unternommen wurde, um die Durchführung der getroffenen Vereinbarung sicherzustellen. Die Aktenaufbewahrungsdauer richtet sich nach § 50 Abs. 2 BRAO.[126] Danach erscheint ein Zeitraum von **5 Jahren** ab Beendigung des Auftrages angemessen.

III. Auszahlungsverpflichtung

1. Beratung

a) Tatsächliche Ausgangssituation

19 Ein **Abfindungsbetrag** für vermögensrechtliche Ansprüche soll **aus** einer in Kürze zur Auszahlung gelangenden **Lebensversicherung** bezahlt werden.

b) Rechtliche Ausgangssituation

20 Zu regeln ist Folgendes:
- **Zahlungsverpflichtung,**
- Auskunftserteilung über **Auszahlungstermin,** soweit dieser noch nicht feststeht,
- **Verzinsung,**
- **Abtretung** der Rechte aus der Lebensversicherung in Höhe des Abfindungsbetrages,
- **Vorlage** der Abtretungserklärung an die Versicherungsgesellschaft,
- Beibringung einer **Rückbestätigung** durch die Versicherungsgesellschaft bezüglich der Auszahlung gemäß der getroffenen Vereinbarung.

21 **2. Muster: Auszahlungsverpflichtung**

Die Antragstellerin **bezahlt** an den Antragsgegner einen Betrag in Höhe von Euro ■■■ Der Betrag ist 2 Wochen nach Auszahlung der Lebensversicherung der Antragstellerin bei der Lebensversicherungsgesellschaft ■■■, Vers.Nr. ■■■ zur Zahlung fällig, wobei der voraussichtliche Auszahlungstermin am ■■■ ist.

---

126 Henssler/Prütting BRAO, RBerG 2. AVO, § 2 Rn 2.

Die Antragstellerin verpflichtet sich, über den tatsächlichen **Auszahlungstermin Auskunft** zu erteilen. Bei Überschreitung des Fälligkeitstermins ist der Vergleichsbetrag mit 5 Prozentpunkten über dem Basiszinssatz zu **verzinsen**. Die Antragstellerin **tritt** hiermit ihre Rechte aus der Versicherung ■■■ in Höhe eines Betrages von ■■■ an den Antragsgegner **ab**.

Beide Parteien verpflichten sich, die Abtretungserklärung der Lebensversicherungsgesellschaft **vorzulegen** und dafür Sorge zu tragen, dass eine **Rückbestätigung** der Versicherungsgesellschaft beigebracht wird, wonach diese gemäß der vorstehenden Vereinbarung die Auszahlung des Versicherungsbetrages vornimmt.

IV. Ausbildungsversicherungen für Kinder

1. Beratung

Der Ehemann übernimmt die **Beitragszahlung** für die **Ausbildungsversicherungen** der Kinder bis zu einem bestimmten Alter des jeweiligen Kindes. 22

Es muss sichergestellt werden, dass der Ehefrau das Recht zusteht zu **überprüfen**, ob tatsächlich die laufenden Beitragszahlungen erfolgen. 23

2. Muster: Ausbildungsversicherungen für Kinder

24

Der Antragsteller **verpflichtet** sich, die Beiträge für die abgeschlossenen Ausbildungsversicherungen für die beiden gemeinsamen Kinder ■■■ weiterhin bis zum 20. Lebensjahr des jeweiligen Kindes zu **bezahlen**.

In diesem Zusammenhang erklärt der Antragsteller hiermit, dass er seiner Ehefrau das **Recht** einräumt, sich unmittelbar beim Versicherungsträger nach dem jeweiligen **Stand** der Ausbildungsversicherung und der erfolgten **Beitragszahlungen** zu **erkundigen**.

Beratungshinweis:

25

In der Regel sind bei Ausbildungsversicherungen, die die Eltern für die Kinder abgeschlossen haben, entweder der Ehemann oder die Ehefrau **Versicherungsnehmer**.

Zu empfehlen wäre daher, ergänzend zu vorstehender Erklärung folgendes

Muster: Auszahlung der Ausbildungsversicherung unmittelbar an die Kinder

26

Die Parteien erklären hiermit übereinstimmend und unwiderruflich, dass die Ausbildungsversicherungen bei tatsächlicher Auszahlung ausschließlich unmittelbar an die Kinder erfolgt. Sie verpflichten sich, diese Bestimmung der Lebensversicherungsgesellschaft vorzulegen und auch diesbezüglich eine Rückbestätigung der Versicherungsgesellschaft beizubringen, wonach die Auszahlung ausschließlich an die beiden Kinder ■■■ ausbezahlt wird.

27 **Beratungshinweis:**

Wird eine solche Vereinbarung nicht aufgenommen, kann immer noch der Fall eintreten, dass die Ausbildungsversicherung unmittelbar an den Versicherungsnehmer und nicht an das Kind ausbezahlt wird. Die Kinder werden damit als unwiderruflich Bezugsberechtigte sowohl für den Erlebensfall als auch für den Todesfall eingesetzt.

V. Bezugsrecht, Auszahlung im Erlebensfall

1. Beratung

28 Es handelt sich um eine Rentenversicherung mit Kapitalwahlrecht. Die Ehefrau wird als **unwiderrufliche** Bezugsberechtigte sowohl für den **Erlebensfall** als auch für den **Todesfall** eingesetzt.

29 ### 2. Muster: Einsetzung als unwiderruflich Bezugsberechtigte bei Rentenversicherung mit Kapitalwahlrecht

Herr ■■■ hat bei der ■■■ Lebensversicherung unter der Vers.Schein.Nr ■■■ eine **Renten-versicherung** mit einem **Kapitalabfindungswahlrecht** geschlossen. Die Höhe dieser Rentenversicherung und deren Konditionen sind den Beteiligten bekannt. Versicherungsnehmer und versicherte Person aus dieser Rentenversicherung ist Herr ■■■. Das Bezugsrecht aus dieser Rentenversicherung steht im Erlebensfall dem Versicherungsnehmer Herrn ■■■ zu, im Todesfall Frau ■■■.

Herr ■■■ verpflichtet sich, gegenüber Frau ■■■ deren **Bezugsrecht** für den Todesfall während des Bestehens der vorgenannten Rentenversicherung **aufrechtzuerhalten**. Die Beiträge zu dieser Lebensversicherung sind bereits vollumfänglich eingezahlt.

Die Beteiligten vereinbaren ferner, dass **alle Ansprüche** aus dieser Rentenversicherung auch im Erlebensfall zukünftig nicht mehr Herrn ■■■ sondern Frau ■■■ zustehen sollen. Dies gilt insbesondere auch für die Ansprüche auf Ausübung des **Kapitalabfindungswahl-rechts** und der dann daraus resultierenden Ansprüche auf Zahlung der Kapitalabfindung. Herr ■■■ verpflichtet sich, gegenüber Frau ■■■ bei der vorgenannten **Lebensversiche-rungsgesellschaft** unverzüglich eine entsprechende **unwiderrufliche Änderung** des Bezugsrechts für den Erlebensfall zu **veranlassen**, hierüber Frau ■■■ einen entsprechenden **Nachweis** zukommen zu lassen und dieses geänderte Bezugsrecht während der Laufzeit der Rentenversicherung aufrechtzuerhalten.

Alternative:

Herr ■■■ verpflichtet sich, unverzüglich bezüglich seiner Lebensversicherung bei der ■■■ eine unwiderrufliche Bezugsberechtigung für den Todesfall zu Gunsten der **Kinder** ■■■ zu je einem Drittel eintragen zu lassen. Er verpflichtet sich, den entsprechenden Nachweis bis spätestens ■■■ vorzulegen.

VI. Verwertung zur Schuldentilgung

1. Beratung

Beide Ehegatten haben Lebensversicherungen, die als **Sicherheit** für die auf der Wohnung lastenden **Schulden** bei der Bank an diese abgetreten wurden. Die Höhe der Auszahlungssumme ist nicht bekannt. Unter **Berücksichtigung** der **Verwertung** der Lebensversicherungen sollen die Schulden durch die Parteien zu je ½ übernommen werden. 30

2. Muster: Verwertung zur Schuldentilgung

31

> Die Parteien sind sich dahingehend einig, dass grundsätzlich die auf der gemeinsamen Eigentumswohnung lastenden **Schulden** von ihnen je zu ½ zu tragen sind sowie darüber, dass der interne Schuldenausgleich nach etwaiger Verwertung der Lebensversicherungen durch die Bank in der Weise vorgenommen wird, dass unter **Berücksichtigung** der **Verwertung** der **Lebensversicherungen** die Schulden letztlich so aufgeteilt werden, dass jede Partei ½ der bestehenden **Schulden übernimmt**, somit also Herr ■■■ den höheren Schuldenanteil zu übernehmen hat, falls die Rückkaufswerte seiner Lebensversicherungen bei Verwertung durch die Bank geringer sind als der Rückkaufswert der Lebensversicherung der Antragstellerin.

B. Bausparverträge

I. Übertragung

1. Beratung

a) Tatsächliche Ausgangssituation

Häufig bestehen **zwei verbundene Bausparverträge,** wobei auf dem einen Bausparvertrag ein **Guthaben** angespart wird und auf dem zweiten ein **Darlehen** aufgenommen wurde. 32

Beratungshinweis:

Wird übersehen, dass hierzu eine Regelung betreffend **beide** Bausparverträge erforderlich ist, so besteht Haftungsgefahr für den Anwalt. 33

b) Rechtliche Ausgangssituation

Für **gemeinsame** Bausparverträge gilt, dass sie im Innenverhältnis im Zweifel den Ehegatten **je zur Hälfte gemeinsam** zuzurechnen sind und dementsprechend hälftige Auszahlung verlangt werden kann, wenn das Bausparguthaben ohne Verwendung für Bauzwecke **nach** einer **Kündigung** des Vertrages ausbezahlt wird.[127] 34

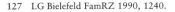

127 LG Bielefeld FamRZ 1990, 1240.

35 Bei Auseinandersetzungsvereinbarungen müssen ergänzend die Folgewirkungen einer Aufteilung unter **steuerrechtlichen** und **wohnungsbauförderungsrechtlichen** Aspekten berücksichtigt werden (hierzu siehe auch Teil 4, § 3, Rn 32 ff).[128]

36 Die **Abtretung** des Bausparvertrages vor Ablauf der **Sperrfrist** ist nur dann steuer- und prämienunschädlich, wenn der Abtretungsempfänger die Bausparsumme oder die aufgrund einer Beleihung empfangenen Beträge unverzüglich und unmittelbar im **Wohnungsbau** für den **Abtretenden** oder dessen **Angehörige verwendet**. Der andere Ehegatte als Abtretungs**empfänger** kann dementsprechend als Angehöriger die Bausparsumme unschädlich für eigene Bauzwecke verwenden.[129]

37 ## 2. Muster: Übertragung eines Bausparkontos

Die Parteien sind sich dahingehend einig, dass Herr ■■■ Alleininhaber des gemeinsamen LBS-Guthabens, Nr ■■■ wird. Frau ■■■ verpflichtet sich dazu, unverzüglich nach Vorlage ein entsprechendes Formularschreiben der LBS zu unterzeichnen. Herr ■■■ soll damit Alleininhaber von **Soll** und **Haben** des gemeinsamen LBS Bausparkontos, Nr ■■■ werden, wobei der **Schuldenstand** per ■■■ Euro ■■■ und der **Guthabensstand** zum gleichen Zeitpunkt Euro ■■■ beträgt.

Alternative 1:

Zu Gunsten beider Parteien bestehen noch zwei Bausparverträge bei ■■■ und zwar einmal mit der Bausparvertrags-Nr ■■■ mit Guthaben per ■■■ in Höhe von ■■■ und einmal Bausparvertrags-Nr ■■■ per ■■■ mit Guthaben ■■■.

Die Parteien sind sich dahingehend einig, dass diese beiden Bausparverträge auf Herrn ■■■ als Alleinberechtigten übertragen werden. Frau ■■■ verpflichtet sich, sämtliche erforderlichen Erklärungen gegenüber der ■■■ Bausparkasse abzugeben, sodass Herr ■■■ Alleinberechtigter aus diesen beiden Bausparverträgen wird.

38 **Beratungshinweis:**

Günstiger ist wohl die Formulierung: „■■■ gibt hiermit sämtliche erforderlichen Erklärungen ab, sodass Herr ■■■ Alleinberechtigter ■■■ wird. Soweit noch aus formellen Gründen weitere Erklärungen abgegeben werden müssen, verpflichtet sich Frau ■■■, diese Erklärungen abzugeben"; diese Formulierung ist deshalb vorzuziehen, da mit der Vereinbarung bereits alle erforderlichen Erklärungen abgegeben wurden und diese Vereinbarung der Bausparkasse zur Durchführung der Änderungen vorgelegt werden kann. Sollten aus formellen Gründen noch weitere Erklärungen erforderlich sein, befindet sich hier in der Vereinbarung die Verpflichtung, diese Erklärungen abzugeben.

Alternative 2:

39 (1) Bei der ■■■ Bank besteht noch ein **Darlehen** über Euro ■■■, für das die Parteien gemeinsamen haften.

Der Antragsteller übernimmt im Innenverhältnis diese Schulden wie bisher zur alleinigen Haftung für Zinszahlung und Tilgung für Vergangenheit, Gegenwart und Zukunft und verpflichtet sich, dafür Sorge zu tragen, dass **Haftungsfreistellung** im **Außenverhältnis** erfolgt.

---

128 Göppinger/Börger, Vereinbarungen anlässlich der Ehescheidung, Rn 66 zu Teil 6.
129 Börger a.a.O. Rn 66 zu Teil 6.

(2) Die Parteien sind sich dahingehend einig, dass der parallel zu dem Darlehensvertrag laufende Bausparvertrag mit **Ansparguthaben**, der bisher auf beide Parteien lautet, auf den Antragsteller als Alleinberechtigten überschrieben wird.

Frau ■■■ verpflichtet sich, sämtliche zur Überschreibung dieses Bausparvertrages auf den Antragsteller erforderlichen Erklärungen abzugeben. (Zur evtl. günstigeren Formulierung s. vorstehende Alternative 1 dort: Beratungshinweis)

II. Bausparvertrag, Aufrechterhaltung bis zur Auszahlungsreife, hälftige Teilung

1. Beratung

Es besteht ein gemeinsamer Bausparvertrag, der bis zur Auszahlungsreife aufrechterhalten bleiben soll. Die Ehepartner tragen die **Bausparbeiträge zu je** ½. Der Auszahlungsbetrag soll nach Abzug von Straßenausbaukosten, die nur eine der Parteien treffen, hälftig geteilt werden.   40

2. Muster: Verpflichtung zur Aufrechterhaltung eines Bausparvertrages   41

Die Beteiligten haben **gemeinsam** einen Bausparvertrag bei der Bausparkasse ■■■ abgeschlossen, der bei der genannten Bausparkasse unter Bauspar-Nr ■■■ geführt wird. Die Beteiligten vereinbaren hierzu, dass dieser Bausparvertrag von ihnen bis zu seiner **Auszahlungsreife aufrechterhalten bleibt**. Noch bis dahin zu leistende Bausparbeiträge sind von den Vertragsteilen je zur **Hälfte** zu bezahlen. Der bereits durchgeführte **Straßenausbau** für das Anwesen ■■■ (das anlässlich der Vereinbarung einer der Parteien zu Alleineigentum übertragen wurde) ist noch **nicht endgültig abgerechnet**. Zwischen den Beteiligten besteht Einigkeit, dass von dem Betrag, der bei Auszahlungsreife des erwähnten Bausparvertrages ausbezahlt wird, **vorab** der aufgrund der entsprechenden Endabrechnung für diesen **Straßenausbau** noch bezüglich des in Abschnitt ■■■ genannten Grundbesitzes zu zahlende Beitrag beglichen wird und der verbleibende Rest des Auszahlungsbetrages zwischen den Vertragsteilen je zur Hälfte geteilt wird.

Eine Ausgleichszahlung für die vorstehend getroffene Regelung ist – wie die Beteiligten klarstellen – von keiner der Parteien zu leisten.

C. Pkw

I. Übereignung

1. Beratung

Wird ein Pkw auf den anderen Ehegatten übertragen, so ist eine Verpflichtungserklärung aufzunehmen zur Abgabe sämtlicher zur Eigentumsübertragung erforderlichen Erklärungen sowie zur Herausgabe des Fahrzeugbriefs. Darüber hinaus empfiehlt sich die **Bevollmächtigung** des anderen Ehegatten, alle zur Fahrzeugumschreibung notwendigen Rechtshandlungen vorzunehmen.   42

2. Muster: Übereignung eines Pkw

> Die Parteien sind sich dahingehend einig, dass der Pkw Marke ▪▪▪ auf Frau ▪▪▪ zu Alleineigentum übertragen wird. Herr ▪▪▪ verpflichtet sich, sämtliche zur Eigentumsumschreibung erforderlichen **Erklärungen** abzugeben (alternativ: ▪▪▪ gibt hiermit sämtliche ▪▪▪ Erklärungen ab).
>
> Er verpflichtet sich des Weiteren, an Frau ▪▪▪ das **Original** des **Fahrzeugbriefs** zum Pkw ▪▪▪ zu übergeben und **bevollmächtigt** Frau ▪▪▪ darüber hinaus, alle zur Fahrzeugumschreibung notwendigen **Rechtshandlungen** vorzunehmen.

II. Verkauf

1. Beratung

44 Wird der Verkauf eines Pkws von den Parteien beabsichtigt, sollte eine Verpflichtungserklärung aufgenommen werden, wonach der Verkauf innerhalb einer bestimmten Frist an den bis dahin **meistbietenden Käufer** vorgenommen wird.

2. Muster: Verpflichtungserklärung zum Verkauf an den Meistbietenden

> Die Parteien sind sich dahingehend einig, dass der Pkw ▪▪▪ **spätestens** bei Rechtskraft der Scheidung nach gemeinsamer Absprache an den dann vorhandenen **meistbietenden** Käufer verkauft wird und der Verkaufserlös zwischen den Parteien geteilt wird.

III. Pkw- und Schuldenübernahme

1. Beratung

46 Pkw und Schulden sollen von einer Partei übernommen werden. Steht zum Zeitpunkt des Vergleichsabschlusses nicht fest, ob tatsächlich der übernehmende Ehegatte alleiniger Darlehensnehmer der auf dem Pkw lastenden Schulden ist, sollte höchst vorsorglich eine **Haftungsfreistellungserklärung** mit aufgenommen werden.

47 Erfolgt im **Außenverhältnis** durch die Bank keine Haftungsfreistellung und ist der Ehemann zu Unterhaltszahlungen verpflichtet, kann vereinbart werden, dass für den Fall der Inanspruchnahme des Ehemannes bezüglich der laufenden monatlichen Schuldenrückzahlungsraten diese mit dem laufenden monatlichen **Ehegattenunterhalt** verrechnet werden.

2. Muster: Freistellungserklärungen bei Darlehen zur Finanzierung eines Kfz

> Die Parteien sind sich dahingehend einig, dass der Pkw ▪▪▪, amtl. KZ: ▪▪▪, im Alleineigentum des Antragsgegners bleibt. Für diesen Pkw existiert ein **Darlehen** bei der ▪▪▪ Bank, bezüglich dessen alleiniger Darlehensnehmer Herr ▪▪▪ ist. Herr ▪▪▪ wird die auf dem Pkw lastenden Schulden weiterhin wie bisher übernehmen. Er stellt Frau ▪▪▪ höchst vorsorglich von jeglicher Haftung für Zinsen und Tilgung bezüglich dieses Darlehens für Vergangenheit, Gegenwart und Zukunft frei.

Alternative:

1. Der Ehemann verpflichtet sich, der Ehefrau den Pkw ▬▬▬ zu Alleineigentum zu übertragen sowie alle erforderlichen Erklärungen abzugeben u.a. (s. vorstehende Rn 43).

2. Die Ehefrau übernimmt im **Innenverhältnis** alleine den für die Anschaffung des Pkw bei der ▬▬▬ Bank aufgenommenen **Kredit** und stellt den Ehemann von jeglicher Inanspruchnahme für Zins- und Tilgungsleistungen aus diesem Darlehen frei.

3. Sollte der **Ehemann** auf die **Zahlung** der monatlichen Kreditrate **in Anspruch genommen** werden, ist er berechtigt, die Zahlung bzw. die Zahlungen auf seine monatlichen **Unterhaltszahlungen** gegenüber der Ehefrau anzurechnen, also von den Ehegattenunterhaltszahlungen in Abzug zu bringen.

D. Bankkonten

I. Verfügungsbefugnis, Kontentrennung

1. Beratung

a) Tatsächliche Ausgangssituation

Bei vorhandenen Bankkonten stellt sich in Verbindung mit der Trennung die Frage, ob z.b. eine Frau, die **Kontovollmacht** über das Bankkonto ihres Ehemannes hat, **berechtigt** ist, von diesem Konto **Abhebungen** vorzunehmen insbesondere z.b. zum Zwecke der Finanzierung von **Umzugskosten** sowie auch zur Finanzierung von **Lebenshaltungskosten** für den Zeitraum bis zur Regelung der Unterhaltsfrage.   49

Die Bevollmächtigung im **Innenverhältnis erlischt,** sobald die Eheleute **getrennt leben.** Mit dem **Scheitern** der Ehe entfällt die Geschäftsgrundlage für die Bevollmächtigung.[130]   50

Die Partei ist darauf hinzuweisen, dass bei **unberechtigten Kontoabhebungen** unter Umständen wegen vorsätzlicher sittenwidriger Schädigung der Anspruch auf **Ehegattenunterhalt verwirkt** sein kann. Umgekehrt ist im vorstehenden Fall der **Ehemann** darauf hinzuweisen, dass im **Außenverhältnis**, also der Bank gegenüber, die Vollmacht **weiter** gilt, bis diese widerrufen wird (§ 170 BGB).   51

Beratungshinweis: 52

Um sich vor unberechtigten Kontoabhebungen zu schützen, empfiehlt es sich dringend, bestehende Gemeinschaftskonten zu **trennen** und bei Einzelkonten mit Verfügungsberechtigung des anderen Ehegatten diese **Verfügungsberechtigung** zu **widerrufen**.

Die **Banken** bestehen jedoch i.d.R. bei **Kontoüberziehungen** vor Kontentrennung darauf, dass die Kontenüberziehung **ausgeglichen** wird.

---

130 BGH FamRZ 1988, 476, 478; Heiß, Das Mandat im Familienrecht, Rn 384 zu Teil 10.

b) Rechtliche Ausgangssituation

53   Zur Rechtslage bei Einzelkonten mit Kontovollmacht des anderen Ehegatten, Gemeinschaftskonto, Sparbüchern und Wertpapieren s. *Heiß*, Das Mandant im Familienrecht, Rn 385 ff zu Teil 10; insbesondere auch zu den entsprechenden Klageanträgen: *Heiß* a.a.O. Rn 610 f zu Teil 10.

aa) Einzelkonto

54   Eröffnet ein Ehegatte ein **Einzelkonto**, sei es ein Girokonto oder Wertpapierkonto, auf seinen Namen, so ist er **alleiniger** Gläubiger der Guthabensforderung gegen die Bank, aber auch im **Innenverhältnis** zum anderen Ehegatten grundsätzlich **allein berechtigt**.[131]

55   Allein die Tatsache, dass auch der andere Ehegatte hierauf Einzahlungen tätigt oder dass dem anderen Ehegatten über das Konto Vollmacht erteilt wurde, ändert hieran nichts.[132]

56   Eine **Ausnahme** von diesem Grundsatz ist jedoch dann gerechtfertigt, wenn durch eine von den Ehegatten **gemeinsam festgelegte Zweckbindung** des Kontos das Guthaben ersichtlich für einen **gemeinsamen** Zweck, etwa die Anschaffung eines Familienwohnheims, angespart wurde.

57   Für diesen Fall hat der BGH[133] entschieden, dass die Ehegatten stillschweigend hinsichtlich der angesparten Summe eine **Bruchteilsgemeinschaft** vereinbart hatten. Gleiches galt nach BGH[134] für den Fall, dass die **kompletten Ersparnisse** des Ehemannes während der gesamten Ehezeit auf **Konten der Ehefrau** eingezahlt wurden. Hier wurde vom BGH angenommen, dass das Verhalten der Eheleute der **Vorsorge für den Fall des Alters oder der Erkrankung** diente.

58   Es wurde **Bruchteilsgemeinschaft** angenommen.[135] Den Anspruch auf Aufteilung aus Bruchteilsgemeinschaft sah der BGH dann auch **vorrangig** vor dem Zugewinnausgleich als gegeben an, da im **Zugewinn** gerade der Ausgleichsanspruch aus Bruchteilsgemeinschaft eingestellt werden müsse und daher aus dem streitgegenständlichen Konto kein Zugewinn resultiere.[136]

bb) Gemeinschaftskonto

59   Für **Gemeinschaftskonten** ist anerkannt, dass bei ihnen i.d.R. nach §§ 430, 742 BGB **im Innenverhältnis hälftiges Miteigentum** vorliegt.[137]

60   Dies gilt auch dann, wenn die Mittel auf dem Gemeinschaftskonto ausschließlich vom allein verdienenden Ehegatten eingezahlt werden. Die Rechtsprechung hat eine solche Teilung sowohl für Konten angenommen, die der Lebensführung dienten, wie auch für **Sparkonten**.

---

131   OLG Karlsruhe FamRZ 2003, 607.
132   OLG Karlsruhe FamRZ 2003, 607, 608.
133   BGH FamRZ 1966, 442; BGH FamRZ 2000, 948.
134   BGH FamRZ 2002, 1696.
135   Münch, Ehebezogene Rechtsgeschäfte, Rn 1060 zu Teil 5.
136   Münch a.a.O. Rn 1061 zu Teil 5.
137   BGH FamRZ 1990, 370, 371; OLG Köln WM 2000, 2485 ff.

cc) Sparbuch

Werden Sparbücher auf den Namen **eines Ehegatten** oder den Namen eines **gemein-** **61** **samen Kindes** errichtet, so gilt Folgendes:[138]

Forderungsinhaber ist derjenige, der nach dem für die **Bank erkennbaren Willen Gläu-** **62** **biger** der Bank werden soll.[139] Hierzu kann abgestellt werden auf

- den Kontoeröffnungsantrag,
- den Besitz des Sparbuchs,
- die spätere Verwendung.

Auf die **Herkunft** des auf das Konto einbezahlten Geldes kommt es **nicht** an.[140]

Wird ein Sparbuch auf ein **Kind** angelegt, z.B. von Eltern oder Großeltern, und bleibt **63** das Sparbuch im **Besitz** desjenigen, der es angelegt hat, so geht die **Vermutung** dahin, dass der **Inhaber Gläubiger** der Bank bleiben will.[141]

Zahlt eine Ehegatte auf das Sparbuch des anderen ein, so können diese Einzahlungen als **64** **ehebezogene** Zuwendungen behandelt werden.[142] Häufig sollen Sparbücher, die für die **Kinder** angelegt wurden, aus dem **Zugewinnausgleich** ausgenommen werden. Hierzu empfiehlt sich folgende Vereinbarung:

Muster: Anweisung der Bank zur Auszahlung eines Sparguthabens ausschließlich **65** **an die Kinder**

Bezüglich der bisher auf die Kinder angelegten Sparguthaben (Sparbücher) sind sich die Parteien dahingehend einig, dass die **Auszahlung ausschließlich** an die **Kinder** erfolgen darf. Beide Parteien weisen hiermit die ▪▪▪ Bank übereinstimmend und unwiderruflich an, die Auszahlung der Sparguthaben ausschließlich an die Kinder vorzunehmen.

326

---

dd) Wertpapierdepot

Für gemeinschaftliche Wertpapierdepots gilt Folgendes: Die Rechtsprechung geht da- **66** von aus, dass die Anlage eines **Oder-Depots** noch **keine Aussage** über das **Eigentum** er- laube. Sie könne auch lediglich zur Einräumung einer Verfügungsbefugnis geschehen sein. Somit will die Rechtsprechung bei Oder-Depots die **Beweislast** dem anspruchstel- lenden Teil aufbürden.[143]

Abzustellen ist auf die **Mittelherkunft**, den **Verwendungszweck** und den sonstigen Um- **67** gang der Ehegatten mit ihrem Vermögen.[144]

---

138 Heiß, Das Mandat im Familienrecht, Rn 400 ff zu Teil 10.
139 BGH NJW 1996, 840, 841; OLG Hamm FamRZ 2001, 158.
140 BGH NJW 1996, 840, 841; FamRZ 1994, 625.
141 Haußleiter/Schulz, Vermögensauseinandersetzung bei Trennung und Scheidung, Rn 265 zu Kap. 1.
142 Haußleiter/Schulz, Rn 265 zu Kap. 6.
143 OLG Köln WM 2000, 2485, 2487.
144 Münch a.a.O. Rn 1065 zu Teil 5.

68 **Beratungshinweis:**

Zu empfehlen ist in jedem Fall bei **allen Anlageformen** eine Regelung im Innenverhältnis. Zu beachten ist auch, dass Einzahlungen auf ein Gemeinschaftskonto durch einen Ehegatten schenkungsteuerlich i.d.R. als Schenkung qualifiziert werden, sofern es sich nicht lediglich um kleinere Beträge im Rahmen der ehelichen Erwerbs- und Wirtschaftsgemeinschaft handelt und soweit die Freibeträge überschritten sind.[145]

ee) Ausgleichsansprüche

69 Bezüglich Bankguthaben ist für das **Innenverhältnis**, insbesondere bei **gemeinschaftlichen** Konten, zu berücksichtigen, dass sie mangels anderer Vereinbarung **Gesamtgläubigerschaft** im Außenverhältnis und **Berechtigung** zu **gleichen Anteilen** im Innenverhältnis begründen, §§ 428, 430 BGB, und nach endgültiger Trennung jeder Ehegatte einen **eigenständigen** Anspruch auf **hälftige** Teilhabe hat, der sich in einen entsprechenden **Ausgleichsanspruch** gegen den Ehegatten verwandeln kann, der über den Gesamtbetrag verfügt.[146]

70 Gleiches gilt grundsätzlich auch für sog. **Oder-Konten**, deren Zweckbestimmung darin liegt, die gemeinsame Lebensführung zu finanzieren.[147] Wenn dieser **Zweck** wegen endgültiger Trennung **nicht mehr besteht**, ist die diesbezügliche Vereinbarung der Eheleute für das Innenverhältnis dahingehend auszulegen, dass auf Ausgleichsansprüche **verzichtet** wird, soweit Verfügungen während intakter Ehe getroffen worden sind,[148] während sich aus einer Verfügung **nach Trennung** zu Gunsten des übergangenen Ehegatten ein **Ausgleichsanspruch** ergibt, soweit der andere Ehegatte mehr als die Hälfte des Guthabens für sich verwendet hat.[149]

71 Auch bei **intakter Ehe** kann sich ein Ausgleichsanspruch im Einzelfall bei **außergewöhnlich hohen** Verfügungen ergeben.[150]

72 **2. Muster: Tilgung des Negativsaldos auf gemeinsamem Konto**

Die Parteien sind sich darüber einig, dass sie den **Schuldensaldo** auf dem gemeinsamen Konto bei der ▪▪▪ Bank, Konto-Nr. ▪▪▪, in Höhe von Euro ▪▪▪ in der Weise tilgen, dass Herr ▪▪▪ einen Anteil von Euro ▪▪▪ bezahlt, den Restbetrag zahlt Frau ▪▪▪.

Die Zahlung erfolgt durch **gemeinsame Überweisung** von dem Notar-Anderkonto bei dem Notar ▪▪▪ (bei diesem Notar-Anderkonto war ein Verkaufserlös aus dem Verkauf einer gemeinsamen Immobilie hinterlegt).

Die Parteien sind sich darüber hinaus einig, dass dieses Konto unverzüglich aufgelöst werden soll und erteilen jeweils hiermit ihre Zustimmung.

145 Vgl. Götz/Jorde, StR 2002, 1462 ff.
146 Göppinger/Börger, Vereinbarungen anlässlich der Ehescheidung, Rn 65 zu Teil 6; OLG Hamm FamRZ 1990, 59; OLG Karlsruhe FamRZ 1990, 629.
147 BGH FamRZ 1990, 370; FamRZ 2000, 948; Börger a.a.O.
148 BGH FamRZ 1990, 370 ff; OLG Karlsruhe FamRZ 1990, 629.
149 BGHZ 95, 185 ff; BGH FamRZ 1990, 370 ff; OLG Zweibrücken FamRZ 1991, 820; Börger a.a.O. Rn 65 zu Teil 6.
150 OLG Zweibrücken FamRZ 1991, 820 f.

II. Wertpapierdepots, Sparbücher

1. Beratung

Bei Wertpapierdepots wird im Allgemeinen ein **gemeinsamer Auftrag** an die Bank aus- **73**
reichen, das Wertpapierdepot hälftig zu teilen und für jeden Ehegatten ein eigenes Depot zu begründen bzw. fortzuführen.

In jedem Fall sollte ein **Aufteilungsvorschlag** der **Bank** eingeholt werden, um zu ge- **74**
währleisten, dass eine **gleichmäßige Verteilung** vorhandener Wertpapiere erfolgt, da
ein Depot häufig Einzelwerte beinhaltet, die sich nicht aufteilen lassen.[151] Seitens des
übertragenden Ehegatten muss eine **Zustimmungserklärung** zur Übertragung abgegeben werden.

Beratungshinweis: **75**

Um spätere Streitigkeiten zu vermeiden, sollte auch eine Regelung getroffen werden,
wonach keinerlei Ausgleichsverpflichtung betreffend bisherige Verfügungen über Konten u.a. besteht.

2. Muster: Ausgleichsverpflichtungen bei Wertpapierdepots, Sparbüchern **76**

Sofern noch gemeinsame Wertpapiere der Beteiligten vorhanden sind, stehen diese, wie
die Beteiligten feststellen, Herrn ■■■ alleine zu. Vorsorglich **stimmt** Frau ■■■ einer **Übertragung** entsprechender Wertpapiere an Herrn ■■■ zu dessen Alleinberechtigung **zu**.

Das derzeit auf dem Girokonto von Herrn ■■■ befindliche Guthaben steht, wie die Beteiligten feststellen, alleine Herrn ■■■ zu. Frau ■■■ hatte bisher **Kontovollmacht** für das
erwähnte Girokonto. Zwischen den Beteiligten besteht Einigkeit, dass Herr ■■■ diese
Kontovollmacht **widerrufen** wird und Frau ■■■ keine Verfügungen mehr über dieses
Konto vornehmen wird.

Zwischen den Beteiligten besteht Einigkeit, dass gegenseitig **keinerlei Ausgleichsverpflichtung** besteht, was die **bisherigen Verfügungen** der Beteiligten über ihre Konten
und Guthaben betrifft; dies gilt insbesondere auch für das vorgenannte Girokonto.

Alternative:

Das Guthaben auf dem **Sparbuch** bei der ■■■ Bank, Sparbuch-Nr. ■■■ wird zwischen den
Parteien dahingehend aufgeteilt, dass Herr ■■■ einen Betrag in Höhe von Euro ■■■ erhält und Frau ■■■ einen Betrag in Höhe von Euro ■■■

Die Parteien verpflichten sich, diese Vereinbarung der **Bank vorzulegen** und für entsprechende **Auszahlung** Sorge zu tragen.

Damit sind sämtliche gegenseitigen vermögensrechtlichen Ansprüche, gleich welcher Art,
abgegolten.

---

151 Börger a.a.O. Rn 66 zu Teil 6.

III. Genossenschaftsanteil

1. Beratung

77   Häufig werden vorhandene **Genossenschaftsanteile** übersehen. Wurden diese mit Hilfe eines noch bestehenden Darlehens finanziert, ist auch diesbezüglich die **Schuldenübernahme** zu regeln.

78   **2. Muster: Genossenschaftsanteil**

329

> (1) Der Antragsgegner **verbleibt Alleinberechtigter** und Verpflichteter bezüglich des **Genossenschaftsanteils** bei der Baugenossenschaft ▪▪▪. Der Wert des Genossenschaftsanteils beträgt gem. Bestätigung vom ▪▪▪ Euro ▪▪▪.
>
> Die Parteien stellen übereinstimmend fest, dass für den Erwerb dieses Genossenschaftsanteils bei der ▪▪▪ Bank, Kto-Nr ▪▪▪ ein **Darlehen** aufgenommen wurde, das per ▪▪▪ gem. Bankbestätigung noch einen Darlehensstand von Euro ▪▪▪ aufweist.
>
> Dieses Darlehen ist abgesichert durch eine **Grundschuld** auf dem ehegemeinschaftlichen Anwesen. Diese Schulden werden sowohl im Innenverhältnis als auch im Außenverhältnis von Herrn ▪▪▪ alleine übernommen mit Wirkung ab ▪▪▪. Die diesbezüglich eingetragene Grundschuld soll **gelöscht** werden.
>
> Die Parteien sind sich einig, dass die Antragstellerin das Anwesen ▪▪▪ zu Alleineigentum erhält. Sie verpflichten sich, bis spätestens ▪▪▪ eine entsprechende notarielle Urkunde erstellen zu lassen bei dem Notariat ▪▪▪ (ausführlich hierzu s. Teil 4, § 2 Rn 30).
>
> (2) Herr ▪▪▪ verpflichtet sich, **anderweitige Sicherheiten** zu leisten in Form von ▪▪▪.

E. Übernahme eines Unternehmens oder Betriebs

I. Beratung

1. Tatsächliche Ausgangssituation

79   Die Ehegatten sind entweder Partner einer **BGB-Gesellschaft** oder einer der Ehegatten ist Inhaber eines **GmbH-Anteils**. Aus den nachfolgend aufgeführten Gründen ist eine Auseinandersetzungsregelung für einen zu protokollierenden Vergleich nur dann geeignet, wenn die Auseinandersetzungsvereinbarung vorher von einem hierauf spezialisierten Anwalt ausgearbeitet wurde.

2. Rechtliche Ausgangssituation

80   Sind die Ehegatten Partner einer **BGB-Gesellschaft** (z.B. Arzt- oder Anwaltsgemeinschaft) oder einer OHG (Betrieb einer gemeinsamen Handelsfirma), kann eine Auseinandersetzung durch **Übertragung des Gesellschaftsanteils** eines Ehegatten auf den anderen nur erfolgen, wenn der **Gesellschaftsvertrag** dies ausdrücklich **vorsieht** oder alle Gesellschafter, also auch Außenstehende, einer solchen Regelung **zustimmen**.

Die **gesetzlichen** Regelungen der §§ 717, 723 ff BGB gehen davon aus, dass das Gesellschaftsverhältnis den Wegfall eines Gesellschafters nicht überdauert und einen **Gesellschafterwechsel nicht zulässt.** Andere Vereinbarungen im Gesellschaftsvertrag sind selbstverständlich zulässig.[152]

Die **Rechtsfolge** der Übertragung der Gesellschafterstellung richtet sich danach, ob der **übernehmende** Ehegatte bereits Gesellschafter **ist** oder durch die Übertragung neu in die Gesellschaft aufgenommen wird. Wird er durch Übertragung erst neu aufgenommen, handelt es sich um einen **Aufnahmevertrag,** verbunden mit dem Ausscheiden des veräußernden Gesellschafters mit der Folge des Anwachsens des Anteils des veräußernden Gesellschafters bei dem Übernehmenden mit den **Haftungsfolgen** des § 130 HGB.[153]

Ist der übernehmende Ehegatte bereits seinerseits Gesellschafter, hat die Übertragung nur die Folge einer **Änderung** der **Gewinn-** und ggf. der **Verlustverteilung.**[154]

Soweit eine Gesellschaft auf **unbestimmte Zeit** eingegangen ist, ist sie, wenn nichts anderes vereinbart ist, jederzeit kündbar, § 723 Abs. 1 BGB, § 132 HGB (zum Schluss eines Geschäftsjahres mit Kündigungsfrist von mindestens 6 Monaten).

Ist die Gesellschaft auf **bestimmte Zeit** eingegangen oder ist die **Kündigung** gesellschaftsvertraglich **beschränkt,** berechtigt nur ein **wichtiger Grund** zur Kündigung, z.B. wenn dem Kündigenden nach Treu und Glauben die Fortsetzung, z.B. wegen eines Vollmachtsmissbrauchs,[155] wegen gesellschaftsschädigenden Verhaltens bzw. nachhaltiger Zerstörung des gesellschaftlichen Vertrauensverhältnisses[156] nicht mehr zumutbar ist, wobei Verschulden des Mitgesellschafters nicht unbedingt vorausgesetzt ist.[157]

Die Übertragung des Gesellschaftsanteils auf den anderen Ehegatten ist mangels entgegenstehender gesellschaftsvertraglicher Vereinbarung bei **BGB-Gesellschaft, OHG-**Anteil und **KG-Anteil formfrei** möglich. Die Übertragung eines **GmbH-Anteils** bedarf demgegenüber der **notariellen Beurkundung,** § 15 Abs. 3 GmbHG.[158]

Beratungshinweis:

Da bei Übertragungen von Geschäftsanteilen zum einen der Gesellschaftsvertrag berücksichtigt werden muss und zum anderen die Rechte etwaiger außenstehender Mitgesellschafter, empfiehlt es sich häufig, den Vertrag **außerhalb** der Scheidungsfolgenvereinbarung abzuschließen. Zur Vermeidung von Haftungsgefahren sollten diese entsprechenden Teilvereinbarungen auch jeweils von einem auf Gesellschaftsrecht spezialisierten Anwalt entworfen werden.

Unabhängig davon sollte für das **Innenverhältnis** klargestellt werden, in welchem Umfang Forderungen der Gesellschaft und der Gläubiger der Gesellschaft von dem über-

81

82

83

84

85

86

87

---

152 Göppinger/Börger, Vereinbarungen anlässlich der Ehescheidung, Rn 54 zu Teil 6.
153 Göppinger/Börger a.a.O. Rn 54 zu Teil 6.
154 Börger a.a.O. Rn 54 zu Teil 6 mit Hinweis auf Westermann, Handbuch der Personengesellschaften, § 35 Rn 1001 ff, 1032 ff.
155 BGH WM 1985, 997.
156 BGH WM 1966, 29, 31; BGH NJW 2000, 3491.
157 BGH WM 1975, 329; Göppinger/Börger a.a.O. Rn 55 zu Teil 6.
158 Göppinger/Börger a.a.O. Rn 56 zu Teil 6.

nehmenden Ehegatten im Innenverhältnis unter Freistellung des anderen Ehegatten übernommen werden und zu welchem Stichtag die Übernahme von Rechten und Pflichten aus der Beteiligung erfolgt.[159]

88 Besteht ein **Ehegattenarbeitsverhältnis**, so muss dies anlässlich der Scheidung i.d.R. aufgelöst werden, wobei zu beachten ist, dass eine vorzeitige Beendigung des Arbeitsverhältnisses auf Veranlassung oder unter Mitwirkung des Arbeitnehmerehegatten zu **Sperrfristen** bei der Bewilligung von Arbeitslosengeld führen kann. Ggf. kann von der Möglichkeit der Vereinbarung einer Abfindung nach §§ 9, 10 Kündigungsschutzgesetz Gebrauch gemacht werden.

89 Es wird nur in Ausnahmefällen in Betracht kommen, dass das Arbeitsverhältnis **nach der Scheidung** fortgesetzt wird. Ist dies der Fall, so muss dieses Arbeitsverhältnis arbeitsvertraglich exakt wie ein Arbeitsvertrag mit einem fremden Dritten **vereinbart und praktiziert** werden, da andernfalls das Finanzamt von einer verschleierten Unterhaltszahlung und dementsprechend von Nichtberücksichtigung der Gehaltszahlungen als gewinnmindernde Aufwendungen ausgehen würde[160] (im Einzelnen zu Ehegattenarbeitsverhältnissen s. Teil 2).

90 Soweit gesellschaftsrechtliche oder arbeitsvertragliche Vereinbarungen Bestandteil der Gesamtvereinbarungen der Ehegatten sind, kann es sich empfehlen, wegen der notwendigen **Vorlage** solcher Vereinbarungen bei Finanzamt, Arbeitsamt, im Betrieb usw. diese Vereinbarungen in **gesonderten Urkunden** niederzulegen.

91 **II. Muster:[161] Gesellschaftsanteilsübernahme**

> Die Parteien sind an der ■■■ Gesellschaft beteiligt und zwar mit folgenden Anteilen: ■■■ Sie sind sich darüber einig, dass die Ehefrau ihren Anteil auf den Ehemann in einem **gesonderten Übertragungsvertrag** überträgt.
>
> Im **Innenverhältnis stellt** der Ehemann schon jetzt seine Ehefrau von allen Forderungen der **Gesellschaft** und der **Gläubiger** der Gesellschaft **frei** und zwar für die Vergangenheit und für die Zukunft. Gewinne aus dem Unternehmen stehen dem Ehemann im Innenverhältnis mit Wirkung vom ■■■ alleine zu (evtl. noch Verpflichtungserklärung bezüglich Haftungsfreistellung im Außenverhältnis).

92 **Beratungshinweis:**

Soweit die Übertragung von Gesellschaftsanteilen zur **Erfüllung** von **Zugewinnausgleichsansprüchen**, zur Abgeltung von Versorgungsausgleichsansprüchen, zur Abfindung von Unterhaltsansprüchen oder zur Abgeltung sonstiger Ansprüche des übernehmenden Ehegatten erfolgt, kann hierin eine **steuerrechtlich relevante** Aufdeckung **stiller Reserven** bzw. **verdeckte Gewinnausschüttung** liegen (zu den steuerlichen Folgen siehe Teil 4, § 13 Rn 1 ff).[162]

---

159 Göppinger/Börger a.a.O. Rn 57 zu Teil 6.
160 Göppinger/Börger a.a.O. Rn 229 zu Teil 1.
161 Göppinger/Börger a.a.O. Rn 58 zu Teil 6.
162 Göppinger/Börger a.a.O. Rn 59 zu Teil 6.

Zur Übernahme einer Apotheke siehe den detaillierten Vertrag ■■■ Notarielle Schei-   93
dungsvereinbarungen Teil 3.

Alternative: Betriebsübernahme

Herr ■■■ erhält ferner zum **Alleineigentum** bzw. zur **Alleinberechtigung** den in Abschnitt
■■■ genannten ■■■ Betrieb mit allen **Aktiva** und **Passiva**, insbesondere auch dem dazugehörigen Inventar zu Alleineigentum zugeteilt.

Besitz, Nutzungen und **Gefahren** gehen hinsichtlich des in Abschnitt ■■■ genannten
Grundbesitzes mit Wirkung ab sofort auf den Erwerber über; dies gilt auch für den auf
dem erwähnten Grundbesitz geführten Betrieb.

Der Veräußerer übernimmt keinerlei **Gewährleistung** bezüglich des in Abschnitt ■■■ erwähnten Betriebes.

Die Parteien sind sich dahingehend einig, dass betreffend die Betriebsübertragung noch
ein **gesonderter Übertragungsvertrag** abgeschlossen wird.

F. Übernahme Mietvertrag, Auszugsvereinbarung

I. Übernahme Mietvertrag mit Freistellungsverpflichtung[163]

1. Beratung

a) Tatsächliche Ausgangssituation

Die Parteien bewohnen eine **Mietwohnung**. Einer der Ehegatten möchte das Mietver-   94
hältnis fortsetzen.

b) Rechtliche Ausgangssituation

Zu regeln ist Folgendes: 95

- Räumungsverpflichtung,
- Übernahme von Miete und Mietnebenkostenvorauszahlungen,
- Zahlungsverpflichtung betreffend Schönheitsreparaturen,
- Mietkaution,
- Entlassung aus dem Mietvertrag bzw. Freistellung aus den Zahlungsverpflichtun-
  gen.

Beratungshinweis: 96

Kommt eine Vereinbarung über die weitere Nutzung der gemieteten Wohnung nicht in
Betracht, so müsste das Mietverhältnis zunächst von **beiden Parteien** (falls beide Par-
teien den Mietvertrag unterzeichnet haben) gekündigt werden und sodann ein eigener
Mietvertrag mit dem in der Wohnung verbleibenden Ehegatten abgeschlossen werden.

---

163   Münch, Ehebezogene Rechtsgeschäfte, Rn 253 f.

97

331

2. Muster: Übernahme Mietvertrag mit Freistellungsverpflichtung

(1) Wir leben seit dem ■■■ getrennt. Die Ehegatten sind sich einig, dass die Ehewohnung ■■■, die sie aufgrund eines Mietvertrages mit dem Eigentümer ■■■ vom ■■■ nutzen, künftig von der Ehefrau und den gemeinsamen Kindern bewohnt wird. Der Ehemann ist bereits aus der Wohnung ausgezogen.

Alternative 1:

Der Ehemann verpflichtet sich, diese Wohnung bis zum ■■■ unter Mitnahme seiner persönlichen Habe und Zurücklassung aller Schlüssel zu räumen.

(2) Vom Tag des Auszugs des Ehemannes an kommt die Ehefrau allein für die Zahlung von **Miete und Nebenkostenvorauszahlungen** auf. Bis zu diesem Zeitpunkt haben die Ehegatten diese Leistungen je zu gleichen Teilen zu erbringen, ohne dass eine Verrechnung mit anderen Forderungen oder ein späterer Erstattungsanspruch besteht.

Abrechnungen mit dem Vermieter sind ebenfalls für Zeiträume bis zum Auszugstag noch mit beiden Ehegatten vorzunehmen, ab diesem Zeitpunkt mit der Ehefrau alleine.

Alternative 2:

Eine weitere Endabrechnung findet allein zwischen dem Vermieter und der Ehefrau statt, auch sofern sie Zeiten gemeinsamer Nutzung betrifft.

(3) Anlässlich des Auszugs des Ehemannes sind die mietvertraglich geschuldeten **Schönheitsreparaturen** zu erbringen und von beiden Seiten zu gleichen Teilen zu zahlen.

Alternative 3:

Schönheitsreparaturen sind von der Ehefrau zu erbringen, wenn sie nach Mietvertrag fällig sind. Ein Ausgleichsanspruch gegenüber dem Ehemann besteht insoweit nicht.

(4) Die vorhandene **Mietkaution** steht der Ehefrau zu.

(5) Die Ehefrau verpflichtet sich, den Ehemann im Außenverhältnis gegenüber dem Vermieter mit dem Tag des Auszugs aus dem **Mietverhältnis** zu **entlassen** und von allen weitergehenden Verpflichtungen **freizustellen.** Sofern dies nicht gelingt, verpflichtet sie sich hiermit, im Innenverhältnis gegenüber dem Ehemann die Zahlungen jeweils fristgerecht zu leisten, insbesondere die Miete und die Nebenkostenvorauszahlungen an den Eigentümer zu zahlen und den Ehemann im Falle einer Inanspruchnahme durch den Eigentümer unverzüglich **freizustellen,** ohne dass weitere Ausgleichsansprüche bestehen. Wird der Ehemann dennoch vom Eigentümer aus dem Mietverhältnis in Anspruch genommen, so kann er Leistungen direkt gegenüber dem Eigentümer erbringen und vom jeweils geschuldeten **Ehegattenunterhalt** in **Abzug bringen.**

II. Auszugsvereinbarung betreffend Mietwohnung[164]

1. Beratung

98 **Beide** Ehegatten möchten das Mietverhältnis betreffend die bisherige Ehewohnung **kündigen** und aus der Wohnung ausziehen. Zu regeln ist die entsprechende Verpflichtung zur Abgabe sämtlicher Erklärungen, die zur Beendigung des Mietverhältnisses erforderlich sind, sowie eine Regelung über weiter anfallende **Kosten** und **Kaution.**

---

164 Münch a.a.O. Rn 2056.

2. Muster: Auszugsvereinbarung betreffend Mietwohnung

> 1. Wir leben seit dem ■■■ getrennt. Die Ehegatten sind sich einig, dass sie die Ehewohnung in der ■■■ Straße, die sie aufgrund eines Mietvertrages mit dem Eigentümer ■■■ vom ■■■ nutzen, zum nächstmöglichen Kündigungstermin **kündigen** und aufgeben. Die Ehegatten verpflichten sich gegenseitig, alle **Erklärungen** abzugeben, die zur Beendigung des Mietverhältnisses erforderlich sind und die Wohnung zum Kündigungstermin geräumt zu übergeben.
> 2. Alle bis zum Ende des Mietverhältnisses noch anfallenden **Kosten** und **Abrechnungen** tragen die Eheleute zu gleichen Teilen. Dies gilt auch für anstehende Schönheitsreparaturen. Eine zurückzugebende Kaution steht beiden Ehegatte je zur Hälfte zu.

G. Generalabgeltungsklausel

Hierzu s. Notarielle Scheidungsvereinbarungen Teil 3 sowie Teil 4, § 1 Rn 97 f.

§ 4 Ehegattenunterhalt

A. Grundsätze

Wegen der Nichtidentität von Trennungsunterhalt und nachehelichem Unterhalt wird sicherheitshalber empfohlen, bei einer einheitlichen Unterhaltsvereinbarung **zwei getrennte Zwangsvollstreckungsunterwerfungen** aufzunehmen. 1

Beratungshinweis: 2

Im Hinblick auf die unterschiedliche Berechnung von Trennungsunterhalt und nachehelichem Ehegattenunterhalt sowie insbesondere im Hinblick auf Lohnsteuerwechsel sowie zusätzlich Altersvorsorge- und Krankenvorsorgeunterhalt wird wohl kaum eine Unterhaltsvereinbarung für die Trennungszeit dem Betrag nach identisch sein mit einer Unterhaltsvereinbarung für die Zeit nach der Scheidung.

Ein Verzicht auf Trennungsunterhalt und auch **ein** erhebliches Unterschreiten des gesetzlich geschuldeten Ehegattenunterhalts ist unzulässig. Häufig werden in Verträgen **Absichtserklärungen** abgegeben, wonach für die Zeit der Trennung kein Unterhalt geltend gemacht werden soll, mit einer entsprechenden Belehrung, dass diese Erklärung nicht rechtlich verpflichtend ist. 3

Das OLG Köln[165] hat keinen unzulässigen Unterhaltsverzicht angenommen, sondern eine Erklärung der Parteien, dass sie in Kenntnis ihrer Einkommensverhältnisse feststellen, dass sie **keinen Bedarf** an Unterhalt haben. 4

Wird dennoch Unterhalt verlangt, so sei dies dann **rechtsmissbräuchlich**, wenn das Verlangen **nicht** auf **veränderten** Umständen beruht. Nach *Bergschneider*, FamRZ 2006, 5

---

165 OLG Köln FamRZ 2006, 609 m. Anm. Bergschneider und abl. Anm. Deisendorfer FamRZ 2000, 1368.

609, ist das **Ergebnis** zwar **zutreffend**, aber es liegt ein nichtiger Unterhaltsverzicht vor. Nach § 242 BGB wäre es jedoch **rechtsmissbräuchlich, sich auf die Nichtigkeit zu berufen.** Empfohlen wird, eine Erklärung abzugeben, wonach man nach gegenwärtigem Stand nicht unterhaltsbedürftig ist, jedoch wird auch dies nicht verhindern können, dass später ein Ehegatte dennoch Trennungsunterhalt geltend macht, wenn eine Bedürftigkeit tatsächlich vorliegt.[166]

6   Unzulässig ist in gleicher Weise ein **Verzicht** gegen Abfindung. Auch wer vorsichtiger formuliert und eine Gegenleistung vereinbart, die entfällt, wenn wider Erwarten Trennungsunterhalt geltend gemacht wird, dürfte eine unzulässige Klausel gewählt haben.[167]

7   **Beratungshinweis:**

Dennoch sollte in die Vereinbarung, bei welcher eine Abfindung bezahlt wird, mit aufgenommen werden, dass – falls entgegen der Absichtsklärung dennoch Unterhaltsansprüche geltend gemacht werden – diese dann in der tatsächlich bestehenden Höhe mit der Abfindungszahlung verrechnet werden können, sodass also entgegen der gesetzlichen Regelung beide Parteien sich dahingehend einig sind, dass eine Aufrechnung ausdrücklich zulässig ist.

Fraglich ist jedoch auch hier, ob die Abbedingung des Aufrechnungsverbots rechtlich zulässig ist.

Wird ein **geringerer** Trennungsunterhalt vereinbart, als dieser nach dem Gesetz geschuldet ist, so soll hierin noch kein unzulässiger Teilverzicht liegen, wenn die zu erbringenden Zahlungen den gesetzlich geschuldeten Unterhalt um nicht mehr als 20 % unterschreiten.[168]

8   Soll der Unterhaltsanspruch zeitlich **begrenzt** werden, so ist daraus häufig zu schließen, dass der Ehegatte für die folgende Zeit **auf Unterhalt verzichtet.** Soll diese Wirkung nicht eintreten, ist ausdrücklich aufzunehmen, dass nach Ablauf der zeitlichen Befristung eine Neuberechnung zu erfolgen hat. Eine Verzichtsvereinbarung ist selbstverständlich nur dann sinnvoll, wenn **auch der Verpflichtete** auf Unterhalt verzichtet. Mit der Abgabe der Verzichtserklärung erlischt der Unterhaltsanspruch mit der Folge, dass der **Erbe** des an sich unterhaltspflichtigen geschiedenen Ehegatten von Unterhaltsansprüchen **frei** wird, § 1586 b BGB. Liegt eine **vertragliche** Vereinbarung bezüglich Ehegattenunterhalt vor, so kommt eine **Abänderung** wegen Anpassung an **veränderte Verhältnisse** nur nach den **Grundsätzen des Wegfalls der Geschäftsgrundlage** in Betracht (**keine** entsprechende Anwendung des § 323 ZPO!).[169]

---

166 Münch, Ehebezogene Rechtsgeschäfte, Rn 1250 zu Teil 6.
167 Münch a.a.O. Rn 1251 zu Teil 6; Schwackenberg, FPR 2001, 107, 108.
168 OLG Hamm FUR 2000, 280 (unwirksam erst, wenn Toleranzgrenze überschritten wird, die bei 20 – 33 % des Bedarfs gezogen wird); OLG Düsseldorf NJW-FER 2000, 307 (Angemessenheitsrahmen überschritten bei Abweichung um ein Drittel); Palandt/Brudermüller, § 1361 Rn 71; Schwackenberg, FPR 2001, 107, 108 (keine feste Quote, sondern Berücksichtigung aller Gesamtumstände); ders. ZFE 2002, 38, 39.
169 BGH FamRZ 1986, 719; Heiß, Das Mandat im Familienrecht, Rn 774 zu Teil 8; Heiß in Kroiß, FormularBibliothek Zivilprozess 2005, Familienrecht, Rn 798 f zu § 5.

Beratungshinweis: 9

Wird ein bestimmter Betrag als nachehelicher Ehegattenunterhalt vereinbart, so ist der Anwalt schon aus **Haftungsgründen** gehalten, einen diesbezüglichen Vollstreckungstitel zu erwirken in Form einer Vereinbarung, die zu Protokoll des Gerichts abgeschlossen wird, da andernfalls gesondert aus einer außergerichtlichen Vereinbarung Klage erhoben werden müsste, falls der Schuldner nicht bezahlt.

Im Hinblick auf die **eingeschränkten** Vereinbarungsmöglichkeiten, insbesondere zur Frage der „einseitigen Lastenverteilung" und zur Frage der „ausführlichen Belehrung" über die Abgabe eines etwaigen Unterhaltsverzichts, empfiehlt es sich in jedem Fall, eine Verzichtserklärung unter Beteiligung beider Anwälte zu Protokoll des Gerichts zu geben oder notariell zu vereinbaren.

Darüber hinaus sollte **vor Abschluss** einer Vereinbarung, wonach ein Verzicht abgegeben werden soll, an die eigene Partei ein Belehrungsschreiben gesandt werden, das gesondert in einem Akt betreffend Belehrungsschreiben aufbewahrt wird, um Regressansprüche zu vermeiden. Zum diesbezüglichen Formularschreiben s. *Heiß*, Das Mandat im Familienrecht, Rn 768 zu Teil 8; *Heiß*, in: Kroiß, FormularBibliothek Zivilprozess 2005, Familienrecht, Rn 793 zu § 5.

Unterhaltsverzichtsvereinbarungen bieten sich i.d.R. in folgenden Fällen an: 10

- Die Unterhaltsberechtigte lebt mit einem neuen Partner dauerhaft zusammen,
- die Unterhaltsberechtigte beabsichtigt, erneut zu heiraten.[170]

Beratungshinweis: 11

Eine etwaige Eheschließung sollte nicht im unmittelbaren zeitlichen Zusammenhang mit der Zahlung einer **Kapitalabfindung** gegen Unterhaltsverzicht stehen, um zu vermeiden, dass der Unterhaltspflichtige möglicherweise die Kapitalabfindung zurückfordert mit der Begründung, er sei bei Abschluss der Vereinbarung getäuscht worden, z.B. weil bereits bei Abschluss der Vereinbarung feststand, dass und wann die Berechtigte ihren neuen Lebensgefährten heiraten möchte.

Des Weiteren bietet sich ein Unterhaltsverzicht an, wenn sowohl der **Zugewinnausgleich** als auch eine etwaige Auseinandersetzung von **Immobilien** geregelt wird. 12

B. Zahlungsvereinbarungen

I. Aufnahme von Vergleichsgrundlagen in eine Vereinbarung

1. Beratung

a) Tatsächliche Ausgangssituation

Wurde eine Unterhaltsvereinbarung abgeschlossen und soll diese nachträglich abgeändert werden, kommt eine Abänderung nur nach den Grundsätzen des Wegfalls der Geschäftsgrundlage in Betracht (s. vorstehende Rn 8). 13

---

170 Heiß, Das Mandat im Familienrecht, Rn 771 zu Teil 8.

b) Rechtliche Ausgangssituation

aa) Festschreibung der Grundlagen einer Vereinbarung

14 Um eine spätere **Anpassung** der **Vereinbarung** an geänderte Verhältnisse zu **ermögli-chen,** kann es durchaus empfehlenswert sein, sämtliche Grundlagen der Vereinbarung mit in einen Vergleich aufzunehmen. Dies gilt insbesondere, zumal fehlgeschlagene ein-seitige **Erwartungen** nur dann zur Vertragsanpassung führen, wenn sie in der Verein-barung als gemeinschaftlicher Geschäftswille aufgenommen worden sind.[171]

15 **Beratungshinweis:**

Insbesondere auch aus Haftungsgründen kann die Aufnahme der Vergleichsgrundlagen zu empfehlen sein, zumal dann, wenn der Anwalt zu einem späteren Zeitpunkt seinen anwaltlichen Rat zum Vergleichsabschluss rechtfertigen muss.

In der Praxis häufig – wenn nicht nahezu die Regel – ist, dass ein Vergleich letztlich dann doch auf der Grundlage eines pauschalen Nachgebens beider Seiten bei verschie-denen streitigen Positionen zustande kommt.

In einem solchen Fall ist die Aufnahme der Vergleichsgrundlagen schwierig und es stellt sich die Frage, ob nicht eine Vereinbarung dahingehend günstiger ist, dass bei einer be-stimmten Wesentlichkeitsgrenze, nämlich z.B. Erhöhung oder Ermäßigung des Unter-halts um mehr als 10 %, eine Abänderung möglich sein soll **ohne** Bindungswirkungen an die abgeschlossene Vereinbarung.

Einerseits wird bei Abschluss von Eheverträgen die Aufnahme einer „**Präambel**" emp-fohlen, also Ausführungen dahingehend, welche Erwartungshaltungen bei Abschluss des Vertrages hinsichtlich der künftigen Erwerbstätigkeit u.a. bestanden.

Dies wird vorgeschlagen, um spätere Korrekturen des „Ehemodells" zu ermöglichen.[172]
Andererseits ist zu beachten, dass, je exakter die Motive für den Abschluss der Verein-barung z.B. in einem **Vergleich anlässlich der Scheidung** festgehalten werden, umso eher ein späterer Einwand wegen Wegfalls der Geschäftsgrundlage möglich ist und dass diese Erklärungen zum Ausgangspunkt einer Ausübungskontrolle werden.[173]

Oft ist es zweckmäßig, zur Vermeidung von Streitigkeiten zu vereinbaren, dass die Ab-änderung nach der im Abänderungszeitpunkt geltenden tatsächlichen und rechtlichen Lage erfolgen soll.[174]

Wird im Zusammenhang mit einer Unterhaltsregelung auch die **vermögensrechtliche** Regelung getroffen, z.B. in Form der Vereinbarung eines Auszahlungsbetrages, so ist in die Vergleichsgrundlagen diese Zahlung mit aufzunehmen, um sicherzustellen, dass die hieraus erzielbaren Zinsen bzw. sonstige Vermögenseinkünfte hieraus bei der Unterhaltsberechnung bereits berücksichtigt wurden.

---

171 Schwab/Borth IV Rn 1292; Kilger/Pfeil in Göppinger/Börger, Vereinbarungen anlässlich der Ehescheidung Rn 282 zu Teil 5.
172 Kilger/Pfeil in Göppinger/Börger, Vereinbarungen anlässlich der Ehescheidung, Rn 283 zu Teil 5; Kornexl FamRZ 2004, 1609, 1612; Deisendofer FamRB 2004, 199, 203.
173 Kilger/Pfeil a.a.O. Rn 283 zu Teil 5.
174 Büttner NJW 1999, 2315, 2327; Palmberger FPR 2003, 190, 195; a.A. Heiß/Born/Langenfeld, Unterhalts-recht, Ein Handbuch für die Praxis, Kap. 15 Rn 23, wonach empfohlen wird, die Umstände, die für den Vergleich und die Bemessung des Unterhalts maßgeblich waren, „stets im Vergleichstext auszuführen".

Werden z.b. erzielbare Zinseinkünfte nicht bei der Unterhaltsberechnung und der darauf folgenden Vereinbarung von Vergleichsgrundlagen berücksichtigt, so scheidet eine nachträgliche Änderung des Unterhalts aus diesem Grund aus, da bereits bei Vergleichsabschluss die Zahlung bekannt war und insoweit **keine nachträgliche Änderung** gegenüber dem Zeitpunkt des Vergleichsabschlusses eingetreten ist.

Zu dem Inhalt der möglicherweise festzuschreibenden Grundlagen einer Vereinbarung **16** siehe die Checkliste bei *Heiß/Born* Kap. 23 Rn 354. Im Vergleich können festgehalten werden sämtliche Arten sowie die anzusetzende Höhe der **Einkünfte** des Verpflichteten sowie des Berechtigten, insbesondere z.B.

- Berücksichtigung von **Abschreibungen** bei Selbständigen,
- generelle **Einkommensermittlung** bei Selbständigen (Zurechnung Kfz-Kosten u.a.),
- **Nichtberücksichtigung** von Einkünften,
- **Erwerbsobliegenheit,**
- **fiktive Anrechnung** von Einkünften seitens der Berechtigten bei Zusammenleben mit einem neuen Partner,
- **Wohnvorteil** für das Bewohnen eines Eigenheims,
- Berücksichtigung bzw. Nichtberücksichtigung von **Verbindlichkeiten** (Art und Höhe),
- bei Tilgung von gesamtschuldnerischen Verbindlichkeiten: Regelung der **Ausgleichspflicht** des begünstigten Ehegatten (§ 426 Abs. 1 S. 1 BGB),
- zeitliche Begrenzung,
- Ausschluss der passiven Vererblichkeit des Anspruchs oder Modifizierung der **Erbenhaftung,**
- Regelung für den Fall, dass die Berechtigte in einer **nichtehelichen Lebensgemeinschaft** lebt (hierzu siehe Teil 4, § 4 Rn 100 f).

bb) Abänderungsgründe[175]

- Erhöhung oder Reduzierung des **Einkommens** beim Pflichtigen und beim Bedürftigen.[176]
- Erhöhung des **Bedarfs** durch gestiegene Lebenshaltungskosten.[177]
- **Arbeitslosigkeit.**
- Zusätzliche **Unterhaltslasten.**
- Wegfall von **Verbindlichkeiten.**
- Änderung von **Unterhaltabellen.**[178]
- Höhere **Altersstufe** bei Kindern oder höherer Bedarf eines volljährigen Kindes.
- **Gesetzesänderung.**[179]
- Änderung der **höchstrichterlichen Rechtsprechung** (erst ab dem Zeitpunkt der höchstrichterlichen Entscheidung, nicht der vorangehenden Entscheidung des OLG).[180]

---

175 Heiß, Das Mandat im Familienrecht, Rn 805 zu Teil 8.
176 BGH FamRZ 1985, 374; 1989, 842.
177 BGH FamRZ 1992, 162, 164.
178 BGH FamRZ 1995, 221, 222.
179 BGH FamRZ 2001, 1687, 1689.
180 Gerhardt, Handbuch des Fachanwalts Familienrecht, Rn 644 zu Kap. 6.

cc) Verfahren

17 Die gerichtliche Abänderung einer titulierten Unterhaltsvereinbarung erfolgt grundsätzlich gem. § 323 Abs. 4, 1 ZPO im Rahmen einer **Abänderungsklage**. Diese kann vom **Leistungsverpflichteten** und vom **Unterhaltsberechtigten** erhoben werden. Sie ist nur möglich gegen Urteile, gerichtliche Vergleiche, vollstreckbare Urkunden sowie Titel im vereinfachten Verfahren.[181]

18 Eine **Vollstreckungsgegenklage** kommt grundsätzlich dann in Betracht, wenn der Anspruch nicht mehr besteht, weil ihm eine rechtshemmende oder rechtsvernichtende Einwendung gegenüber steht (z.B. Erfüllung, Verjährung, Verzicht).

19 Änderungen in den persönlichen und wirtschaftlichen Verhältnissen, also betreffend Leistungsfähigkeit und Bedürftigkeit können grundsätzlich nur mit der Abänderungsklage geltend gemacht werden. Gegen die **Zulässigkeit** einer Abänderungsklage, mit der sowohl ein **Verwirkungseinwand** nach § 1579 Nr. 7 BGB als auch eine Veränderung der wirtschaftlichen Verhältnisse geltend gemacht wurden, hat der BGH keine Bedenken erhoben.[182]

dd) Umfang der Abänderung, Unterhaltsbemessung

20 Die Abänderung richtet sich nicht nach § 323 Abs. 1 ZPO, sondern nach den aus §§ 242, 313 BGB abgeleiteten Grundsätzen über die Veränderung oder den **Wegfall der Geschäftsgrundlage** und damit weitgehend parallel zu den für **Unterhaltsurteile** maßgeblichen Kriterien des § 323 Abs. 1 ZPO.[183]

21 Das in § 313 Abs. 3 BGB n.F. vorgesehene **Rücktritts-** bzw. **Kündigungsrecht** hat bislang für Unterhaltsvereinbarungen keine Bedeutung erlangt, da i.d.R. eine **Vertragsanpassung** möglich und zumutbar ist.[184]

22 Ob eine Änderung eingetreten ist, die zur Abänderung berechtigt, ist aus dem **Parteiwillen** zu schließen. Demgemäß können die Parteien Regelungen treffen, unter welchem Umstand eine Vereinbarung angepasst werden kann, wann eine Wesentlichkeit der Veränderung vorliegt oder welcher Maßstab bei der Anpassung anzuwenden ist oder auch die Abänderbarkeit ganz ausschließen.[185]

23 Die zumutbare **Opfergrenze** sollte in jedem Fall bestimmt werden, wobei mangels anderweitiger Regelung eine Veränderung von 10 % im Allgemeinen als Anhaltspunkt dienen kann.[186]

---

181 Heiß, Das Mandant im Familienrecht, Rn 799 zu Teil 8 (zur Abgrenzung gegenüber der Vollstreckungsabwehrklage nach § 767 ZPO s. Heiß a.a.O. Rn 800, 812 zu Teil 8; Heiß in Kroiß, FormularBibliothek Zivilprozess 2005, Familienrecht, Rn 849 ff zu § 5.
182 BGH FamRZ 1991, 542; BGH NJW 2002 1947, 1950; Kilger/Pfeil in Göppinger/Börger, Vereinbarungen anlässlich der Ehescheidung, Rn 274 zu Teil 5.
183 BGH FamRZ 2001, 1687, 1689; Heiß/Born, Unterhaltsrecht, Ein Handbuch für die Praxis, Kap. 23 Rn 309.
184 Kilger/Pfeil a.a.O. Rn 384 zu Teil 5.
185 Schwab/Maurer/Borth I Rn 989.
186 Schwab/Maurer/Borth I Rn 1047.

Eine **Neubemessung** des Unterhalts kommt in Betracht, 24

- wenn sich die Grundlagen der Vereinbarung so geändert haben, dass dem **Parteiwillen** für die vorzunehmende Änderung kein hinreichender Anhaltspunkt mehr zu entnehmen ist.[187]
  In diesem Fall ist der Unterhalt wie bei einer **Erstfestsetzung** zu bemessen.

- wenn sich die Berechnung des im Vergleich geregelten Unterhalts **nicht nachvollziehen** lässt oder der Vergleich keine Grundlagen enthält und damit eine Anpassung des Vergleichs an zwischenzeitlich geänderte Verhältnisse nicht möglich ist.[188]

Beratungshinweis: 25

Liegen die Voraussetzungen, z.B. für eine zeitliche Begrenzung des Unterhalts oder für eine höhemäßige Begrenzung zum Zeitpunkt der Regelung im Vergleich bereits vor oder sind sie als zuverlässig vorauszusehen, so müssen sie bereits bei der Erstregelung berücksichtigt werden.[189]

Die **Voraussetzungen** der zeitlichen Begrenzung sind regelmäßig bereits im Erstverfahren zu prüfen, in einem späteren Abänderungsverfahren ist diese Einwendung präkludiert.[190]

Bei der Betreuung gemeinschaftlicher Kinder in der Ehe und nach der Trennung/Scheidung **entfällt** i.d.R. eine zeitliche Begrenzung, außer es sind dadurch keine beruflichen Nachteile oder nur kurzfristige Einkommenseinbußen eingetreten;[191] Probleme bereitet die Berechnung eines Teilanspruchs nach § 1573 Abs. 2 BGB, der zeitlich zu begrenzen ist. Es muss insoweit zunächst fiktiv hochgerechnet werden, welches bereinigte Nettoeinkommen der Bedürftige bei Ganztagstätigkeit hätte. Der Teilanspruch nach § 1573 Abs. 2 BGB ist deshalb in diesen Fällen immer gegeben, wenn trotz fiktiver Hochrechnung des Bedürftigen noch eine Differenz zum prägenden bereinigten Nettoeinkommen des Pflichtigen verbleibt.[192]

Eine Abänderungsklage kann (anders als bei Urteilen, für welche die Präklusionsvorschrift des § 323 Abs. 2 ZPO anzuwenden ist, und entgegen dem Gesetzeswortlaut) auch auf **Umstände vor der Titulierung** und mithin noch darauf gestützt werden, dass die zugrundegelegten Verhältnisse schon damals nicht den Tatsachen entsprachen.[193]

ee) Abänderungszeitpunkt

- Wünscht der Unterhaltsberechtigte eine Erhöhung, so ist **Verzug** erforderlich und erst ab diesem Zeitpunkt kann rückwirkend erhöhter Unterhalt verlangt werden.

- Für den **Trennungsunterhalt** gilt dies bereits ab Zugang eines **Auskunftsverlangens**, §§ 1613 Abs. 1, 1585 b BGB.

---

187 BGH NJW 1980, 2081; BGH FamRZ 1994, 696; BGH FamRZ 2001, 1140, 1142.
188 BGH FamRZ 2001, 1141; vgl. auch OLGMünchen FamRZ 2000, 612; OLG Hamm FamRZ 1999, 1349.
189 BGH FPR 2004, 579; OLG Düsseldorf FamRZ 1994, 170 (Vorbehalt bei außerehelicher Beziehung).
190 BGH FamRZ 1986, 886, 888; 2000, 1499; 2001, 905; Heiß, Das Mandat im Familienrecht, Rn 46 zu Teil 8.
191 BGH FamRZ 1990, 492, 494.
192 Gerhardt in FA-FamR, Rn 387 a zu Kap. 6; Heiß, Das Mandat im Familienrecht, Rn 46 zu Teil 8.
193 Heiß/Born Kap. 23 Rn 274; BGH FamRZ 1984, 997.

- Streitig ist, ob es beim nachehelichen Unterhalt weiterhin einer sog. „Stufenmahnung" bedarf oder ob § 1613 BGB trotz der fehlenden Verweisung entsprechend auf den nachehelichen Unterhalt analog anwendbar ist.[194] (Hierzu siehe jedoch die Neuregelung nach der geplanten Unterhaltsreform.)
- Wünscht der Unterhaltsverpflichtete eine Herabsetzung, so ist eine Abänderung bereits ab dem **Zeitpunkt** möglich, in dem ein **Wegfall der Geschäftsgrundlage** eingetreten ist.[195] § 323 Abs. 3 ZPO, also die Zeitschranke, gilt wegen fehlender Rechtskraftwirkung nicht für die Abänderung der in Abs. 4 genannten Titel,[196] also **nicht für Vergleiche**, Beschlüsse im vereinfachten Verfahren und nicht für notarielle Urkunden, in den der Unterhalt geregelt wurde.[197]
- Auf den **Zeitpunkt** des **Abänderungsverlangens** des Gläubigers kommt es **nicht** an.[198]
- Wird Abänderung wegen Änderung der **höchstrichterlichen Rechtsprechung** verlangt, so ist dies ab dem Zeitpunkt der Verkündung der Entscheidung, aus der sich der Abänderungsgrund ergibt, möglich.[199]
- Zwischen den Parteien kann **vereinbart** werden, dass die Voraussetzungen des § 323 **Abs. 3 ZPO** zu beachten sind, also Abänderung erst ab Klageerhebung, Verzug oder Zugang eines Auskunftsverlangens möglich ist.
- Hiervon ist unter anderem aufgrund der **Missbrauchsgefahr** (Verschweigen von Einkünften) abzuraten.[200]

26

333

Muster:[201] Zur Abänderbarkeit eines Vergleichs

Die Vertragsparteien sind sich einig, dass die Vereinbarung bezogen auf denjenigen Zeitpunkt jederzeit abgeändert werden kann, zu welchem sich der monatliche **Unterhaltsanspruch** um mindestens **10 % erhöht** oder **vermindert** und zwar gemessen an denjenigen tatsächlichen und rechtlichen Verhältnissen, die zu diesem Zeitpunkt bestehen werden, ohne Rücksicht auf die heutigen Verhältnisse, insbesondere **ohne** Berücksichtigung von **§ 323 ZPO** und ohne Berücksichtigung der **Grundsätze** des **Wegfalls der Geschäftsgrundlage**. Im Falle der Abänderung soll vielmehr eine vollständig **neue Unterhaltsberechnung**, wie im Rahmen einer Erstberechnung erfolgen. Solange die vorgenannte Grenze von 10 % nicht erreicht wird, ist jegliche Abänderung jedoch ausdrücklich ausgeschlossen.

Die Abänderung ist auch **rückwirkend zulässig, ohne** dass **Verzug** vorliegen müsste, jedoch nicht über einen Zeitraum hinaus, welcher länger als 1 Jahr vor der erstmaligen Geltendmachung eines schriftlichen Abänderungs- oder Auskunftsverlangens liegt. Dies gilt jedoch nicht in Fällen, welche § 1613 Abs. 2 Ziff. 2 BGB entsprechen.

---

194 Dafür: Schwab/Maurer/Borth I Rn 1061; für analoge Anwendung des § 1613 Abs. 1 S. 2 BGB: Johannsen/Henrich/Büttner, § 1585b Rn 2.
195 BGH FamRZ 1983, 22; FamRZ 1986, 790.
196 BGH NJW 1998, 2433.
197 Heiß, Das Mandat im Familienrecht, Rn 803 zu Teil 8; Heiß in Kroiß, FormularBibliothek Zivilprozess 2005, Familienrecht, Rn 833 zu § 5.
198 BGH FamRZ 1989, 850; Johannsen/Henrich/Brudermüller, § 323 ZPO Rn 124; a.A. OLG Stuttgart FamRZ 2000, 1379 (erst ab Zugang des Abänderungsverlangens).
199 BGH FamRZ 2001, 1687; BGH FamRZ 2003, 518.
200 Kilger/Pfeil in Göppinger/Börger, Vereinbarungen anlässlich der Ehescheidung, Rn 281 zu Teil 5; a.A. (empfehlenswert zur Gleichbehandlung von Urteil und Vergleich, z.B. Heiß/Born Kap. 23 Rn 351.
201 Kilger/Pfeil a.a.O. Rn 285 zu Teil 5.

Alternative 1: Vergleichsgrundlagen (Einkommen Selbständiger)

Grundlage dieses Vergleichs ist

- ein durchschnittlicher **Gewinn** des Beklagten in den Jahren ■■■ in Höhe von Euro ■■■.
- Dabei wurde im Jahr ■■■ ½ der **Fahrzeugkosten** als privat und im Jahr ■■■ ⅔ der Fahrzeugkosten als privat beurteilt.
- Grundlage ist des Weiteren, dass der Beklagte für ehegemeinsame **Schulden** monatlich ■■■ Darlehensraten abbezahlt und die Klägerin im Innenverhältnis freistellt sowie
- Aufwendungen des Beklagten für **Lebensversicherungen** in Form von Altersversorgung in Höhe von Euro ■■■.

Alternative 2: Realsplittingnachteil

- Vergleichsgrundlage ist die Tatsache, dass **kein Realsplittingnachteil** bei der Klägerin entsteht. Sollte dennoch ein Realsplittingnachteil entstehen, hat rückwirkend eine Neuberechnung zu erfolgen unter Berücksichtigung des Splittingnachteils.
- In diesem Fall ist der Beklagten berechtigt, einen etwa zuviel bezahlten Unterhalt von den laufenden Ehegattenunterhaltszahlungen in **Abzug** zu bringen.
- Er verpflichtet sich, in diesem Fall der Klägerin sämtliche finanzielle Nachteile, die dieser aus der Zustimmung zum Realsplitting entstanden sind, auszugleichen. (Hierzu: ausführliche Formulierung s. Teil 4, § 4 Rn 399)

Alternative 3:

- Die Parteien sind sich darüber einig, dass mit diesem Vergleich der Rechtsstreit erledigt ist.
- Die Kosten des Verfahrens werden gegeneinander aufgehoben.
- Die Klägerin kann diesen Vergleich mittels eines Schriftsatzes ihres Prozessbevollmächtigten widerrufen, der spätestens am ■■■ bei Gericht eingegangen sein muss.
- **Vergleichsgrundlage:**
- **Nettoeinkommen** des Unterhaltspflichtigen in Höhe von Euro ■■■.
- Berechnung des Nettoeinkommens aus dem Bruttoeinkommen in Höhe von Euro ■■■ im Jahr ■■■ abzüglich **Abzüge** in Höhe von ■■■.
- Hiervon sind in Abzug zu bringen Euro ■■■ für **Auslösegelder** (⅔ der Auslöse).
- Berufsbedingte Aufwendungen in Form von **Fahrtkosten** in Höhe von ■■■ km × ■■■ Tage x 0,30 Euro.
- **Kreditzahlungen** für den Kredit bei der ■■■ Bank in Höhe von monatlich Euro ■■■.
- Einkommen der **Klägerin** in Höhe von monatlich netto Euro ■■■ abzüglich pauschaler berufsbedingter Aufwendungen.
- Mangelfallberechnung, wobei für das erste **voreheliche Kind** ein Betrag in Höhe von ■■■ als Kindesunterhalt angesetzt wurde.
- **Steuerklasse** ■■■ seitens der Klägerin und Steuerklasse ■■■ seitens des Beklagten.

Beratungshinweis:

27

Wenn in der gleichen Vereinbarung, in welcher der Unterhalt geregelt wird, vereinbart wird, dass die Berechtigte aufgrund einer vermögensrechtlichen Regelung einen größeren Geldbetrag erhält, müssen die **Zinseinkünfte** bereits berücksichtigt werden bzw. ein etwaiger Wohnvorteil aus einer neuen Eigentumswohnung, da anderenfalls später keine Abänderung verlangt werden kann, weil die Voraussetzung der Zinseinkünfte bereits bei Vergleichsabschluss gegeben war.

II. Vereinbarung bezüglich laufender Unterhaltszahlungen, Einmalzahlung aufgrund Gewinnausschüttung, Unterhalt aus Sondervergütungen

1. Beratung

28 Der Ehemann bezieht laufende Einkünfte aus **Angestelltentätigkeit** einer Firma, bei der er selbst mitbeteiligt ist, sowie andererseits Einkünfte aus **selbständiger Tätigkeit** in Form von Gewinnausschüttungen, die jeweils einmal jährlich zur Auszahlung kommen. Grundlage für die Unterhaltsberechnung ist das Gesamteinkommen des Ehemannes aus selbständiger und nicht selbständiger Tätigkeit. Im Hinblick auf die Einmalzahlungen in Form von Gewinnausschüttungen soll jedoch ein Teilbetrag des Unterhalts erst bei Auszahlung der Gewinnanteile fällig sein.

29 Erhält der Unterhaltspflichtige Sondervergütungen, wie Urlaubsgeld, Weihnachtsgeld, Schichtzulagen u.a., so kann diesbezüglich eine feste **Quote** des hieraus zu zahlenden Unterhalts vereinbart werden.

30 **2. Muster: Vereinbarung bezüglich laufender Unterhaltszahlungen, Einmalzahlung aufgrund Gewinnausschüttung, Unterhalt aus Sondervergütungen**

334

(1) Die Parteien sind sich dahingehend einig, dass sowohl für die **Trennungszeit** als auch für die Zeit **nach Rechtskraft der Scheidung** ein monatlicher Gesamtunterhalt (Ehegatten- und Kindesunterhalt, Krankenvorsorge- und Altersvorsorgeunterhalt) einschließlich Krankenversicherungsbeiträge der Kinder in Höhe von insgesamt Euro ▪▪▪ geschuldet ist.

Der Unterhalt für die beiden Kinder ist durch Jugendamtsurkunde tituliert. Für den Sohn ▪▪▪ nach Abzug des Kindergeldes in Höhe von Euro ▪▪▪ und für den Sohn ▪▪▪ nach Abzug des Kindergeldes in Höhe von Euro ▪▪▪.

(2) Herr ▪▪▪ verpflichtet sich, ab ▪▪▪ einen monatlichen Ehegattenunterhalt (Trennungsunterhalt bzw. nachehelichen Ehegattenunterhalt) in Höhe von Euro ▪▪▪ monatlich im Voraus zu bezahlen.

(3) Der Gesamtunterhalt in Höhe von Euro ▪▪▪ ist wie folgt zur Zahlung fällig:

a) Frau ▪▪▪ erhält insgesamt eine **laufende monatliche Unterhaltsrente** (inklusive Kindesunterhalt) in Höhe von Euro ▪▪▪.

b) Der Restbetrag – **Differenzbetrag** zwischen monatlich Euro ▪▪▪ und monatlich Euro ▪▪▪ – ist bis spätestens ▪▪▪ eines jeden Jahres, beginnend ab dem Jahr ▪▪▪ nach Abzug der aufgelaufenen Krankenversicherungsbeiträge für die beiden Kinder, die von Herrn ▪▪▪ bezahlt werden, in Höhe von derzeit monatlich Euro ▪▪▪ zur Zahlung fällig.

c) Sollte Frau ▪▪▪ eine Möglichkeit haben, die Kinder zu gleich guten Leistungen günstiger zu versichern und übernimmt sie demgemäß die Krankenversicherungsbeiträge selbst, so ist der volle noch offene Restbetrag jeweils zum ▪▪▪ (gleicher Zeitpunkt wie Buchstabe b) des Jahres zur Auszahlung fällig.

d) Frau ▪▪▪ verpflichtet sich, etwaige aufgrund günstigerer Krankenversicherung ersparte Beträge zu Gunsten der Kinder anzulegen.

(4) Vergleichsgrundlage ist die Tatsache, dass **20 % der jeweiligen Gewinne** bereits während des ehelichen Zusammenlebens der Parteien nicht aus der Firma ausbezahlt wurden, sondern dem Firmenkonto von Herrn ■■■ gutgeschrieben wurden und nach Angaben von Herrn ■■■ auch künftig aufgrund des Gesellschaftsvertrages nicht ausbezahlt werden.

(5) Vergleichsgrundlage ist des Weiteren ein Einkommen von Herrn ■■■ in Höhe von Euro ■■■ jährlich brutto, und zwar einerseits aus den **laufenden Einkünften** aus **Angestelltentätigkeit** sowie andererseits aus den Einkünften aus selbständiger Tätigkeit (**Gewinnausschüttungen**) sowie Steuerklasse I und Durchführung des Realsplittings.

Bei dem **Bruttobetrag** in Höhe von Euro ■■■ ist der 20 %ige Gewinnanteil, der nicht ausbezahlt wird, **bereits in Abzug gebracht**.

Alternative: Vereinbarung betreffend Unterhaltszahlung aus Sondervergütungen

(1) Laufende monatliche Unterhaltsverpflichtung ■■■.

(2) Außerdem verpflichtet sich Herr ■■■ gegenüber Frau ■■■, an diese – zusätzlich zu dem in Ziffer (1) genannten Unterhaltsbetrag – jeweils **50 %** aus seinem **Mehrverdienst** (Schichtzulagen u.a.) sowie Sondervergütungen (Urlaubsgeld, Weihnachtsgeld) zu bezahlen.

Die vorstehende Verpflichtung zur anteiligen Bezahlung bezieht sich auf das Nettoeinkommen von Herrn ■■■ um das sich dieses aufgrund des entsprechenden **Mehrverdienstes** oder durch entsprechende **Sondervergütungen** erhöht.

Zu **vergleichen** ist also jeweils das Nettoeinkommen von Herrn ■■■ das er ohne entsprechenden Mehrverdienst und ohne derartige Sondervergütungen erzielen würde, mit dem Nettoeinkommen einschließlich derartigen Mehrverdienstes und derartiger Sondervergütungen.

Die entsprechende Zahlung an Frau ■■■ hat jeweils **nach Ablauf** des entsprechenden **Kalenderjahres** dann zu erfolgen, wenn die Erhöhung des Nettoeinkommens von Herrn ■■■ für das abgelaufene Kalenderjahr durch entsprechenden Mehrverdienst bzw. entsprechende Sondervergütungen feststeht.

(3) Die in Ziffern (1) und (2) niedergelegten Vereinbarungen stellen eine momentane Regelung der Unterhaltsverpflichtungen von Herrn ■■■ dar, auf die sich die Vertragsteile geeinigt haben.

Die Beteiligten stellen ausdrücklich klar, dass durch die in Ziffer (1) und (2) niedergelegten Vereinbarungen eine Anwendung des § 323 ZPO nicht ausgeschlossen wird.

Jeder Vertragsteil ist berechtigt, jederzeit für die Zukunft eine Änderung der bezüglich des Unterhalts getroffenen Regelungen **entsprechend** den jeweils hierfür maßgeblichen **gesetzlichen** Bestimmungen zu verlangen.

III. Ausklammerung verschiedener Einkommensarten

1. Beratung

a) Tatsächliche Ausgangssituation

Eine solche Vereinbarung kommt insbesondere im Hinblick auf den häufigsten Fall der **beengten finanziellen Verhältnisse** sowohl seitens des Unterhaltspflichtigen als auch seitens der Unterhaltsberechtigten in Betracht. 31

b) Rechtliche Ausgangssituation

32 Es können verschiedene Einkommensarten ausgeklammert werden, wie z.B. Nebentätigkeiten oder Minijobs.[202] Es kann auch **insgesamt** ein bestimmter Betrag **anrechnungsfrei** verbleiben (hierzu siehe nachfolgend Rn 34), was häufig insofern der Befriedung der Parteien dient, als diese nicht fortlaufend wechselseitig kontrollieren müssen,
ob irgendwelche Nebentätigkeiten oder Tätigkeiten generell ausgeübt werden.

33 **Beratungshinweis:**

Zu beachten ist, dass bei Vorliegen eines **Mangelfalls**, bei welchem der Ehegattenunterhalt ohnehin nicht in voller Höhe bezahlt wird, sich unter Umständen eine Erhöhung
des Einkommens der Unterhaltsberechtigten nicht auswirkt. Es sollte also vor Abschluss der Vereinbarung eine Unterhaltsberechnung mit verschiedenen Varianten des
Einkommens der Berechtigten erstellt werden, um festzustellen, ab welchem Einkom-
mensbetrag eine Änderung der Höhe des Unterhalts eintritt. Gleiches gilt, wenn z.B.
die Unterhaltsberechtigte Schulden zurückführt, die unterhaltsrechtlich relevant sind,
sich aber z.B. mangels Vorliegen eigener Einkünfte nicht unterhaltserhöhend auswirken.[203]

34 **2. Muster: Anrechnungsfreier Hinzuverdienst der Ehefrau**

335

Die Parteien sind sich dahingehend einig, dass die Ehefrau anrechnungsfrei einen Betrag
aus **Erwerbstätigkeit** hinzuverdienen kann in Höhe von netto nach Abzug berufsbedingter
Aufwendungen ■■■ Euro.

35 **Beratungshinweis:**

Ausdrücklich sollte klargestellt werden, dass es sich bei den anrechnungsfreien Einkünften um Einkünfte aus **Erwerbstätigkeit** handelt, da andernfalls die Gefahr besteht, dass die Anrechnungsfreiheit auch fiktive Einkünfte aus einer nichtehelichen
Lebensgemeinschaft mit umfasst, was seitens der Unterhaltsberechtigten sicherlich
in den seltensten Fällen gewollt ist.

Alternative 1:
Wir sind uns dahingehend einig, dass sowohl seitens des Unterhaltspflichtigen als auch
seitens der Unterhaltsberechtigten Einkünfte aus **Nebentätigkeit** unberücksichtigt bleiben und nicht zu einer Verminderung bzw. Erhöhung des Unterhaltsanspruchs führen.
Alternative 2: Ausklammerung von Erträgen aus privilegiertem Anfangsvermögen[204]
Wir vereinbaren, dass Erträge des Ehemannes aus dem vorstehend vom **Zugewinn** ausgenommenen Vermögen auch bei der Unterhaltsberechnung nicht zum anrechnungs-
pflichtigen Einkommen gezählt werden, **solange** dadurch **nicht** eine **Unterhaltspflicht**
des anderen Ehegatten begründet wird.

---

202 Münch, Ehebezogene Rechtsgeschäfte, Rn 1641 zu Teil 6.
203 Zur Mangelfallberechnung s. Heiß, Das Mandat im Familienrecht, Rn 612 ff zu Teil 8.
204 Münch a.a.O. Rn 1643 zu Teil 6.

> **Alternative 3: Nichtanrechnung überobligatorischer Einkünfte**[205]
>
> Wir sind uns dahingehend einig, dass seitens der Ehefrau Einkommen aus Erwerbstätigkeit bis zu einer Höhe von 300 Euro monatlich nicht anzurechnen ist, da aufgrund der Kinderbetreuung noch **keine Erwerbsobliegenheit** besteht.
>
> Diese Nichtanrechnungsbestimmung gilt für die **Zeit von 3 Jahren**, gerechnet von heute an. Für darüber liegendes Einkommen und fernere Zeitabschnitte gilt die gesetzliche Regelung.

Beratungshinweis: 36

Bei einer Nichtanrechnungsbestimmung im Hinblick auf die Kinderbetreuung ist **immer** die Dauer der Nichtanrechnung mit aufzunehmen unter Berücksichtigung des Alters der Kinder, da andernfalls die Gefahr besteht, dass die Nichtanrechnungsbestimmung zeitlich unbegrenzt gilt. Zu beachten ist des Weiteren die neue Entscheidung des BGH,[206] wonach ohnehin der nicht unterhaltsrelevante Teil aus überobligatorischer Tätigkeit bei der Unterhaltsermittlung vollständig unberücksichtigt bleibt (hierzu s. nachfolgend Rn 37 ff).

IV. Anrechnungsfreiheit eigener Einkünfte der Ehefrau

1. Beratung

Wenn der unterhaltsberechtigte Ehegatte **überobligatorisch** erwerbstätig ist, so z.B. 37
trotz Betreuung minderjähriger Kinder, ist zu beachten, dass unter Umständen bereits die Differenzmethode zur „**Halbanrechnung**" dieser Einkünfte führen würde. Der Unterhaltsberechtigte wird somit nur dann tatsächlich besser gestellt, wenn mehr als die Hälfte seines Einkommens anrechnungsfrei bleibt.[207]

Erzielt der Unterhaltsberechtigte **überobligationsmäßige** Einkünfte, ist nur der unter- 38
haltsrelevante Teil des so erzielten Einkommens in die Additions- bzw. Differenzmethode einzubeziehen. Der nicht unterhaltsrelevante Teil bleibt bei der Unterhaltsermittlung **vollständig unberücksichtigt**.[208]

Geht der Bedürftige wegen der Betreuung kleiner Kinder einer Erwerbstätigkeit nach, 39
ist sein Einkommen nach § 1577 Abs. 2 BGB zunächst aus Billigkeitsgründen zu kürzen und der verbleibende Rest als eheprägend sowohl beim Bedarf als auch bei der Bedürftigkeit/Höhe anzusetzen.[209]

Die **Höhe** der **Kürzung** ist nach BGH eine Einzelfallfrage, die vom **Alter** und von der 40
Anzahl der Kinder sowie vom Umfang der Erwerbstätigkeit abhängt. So ist z.B. darauf abzustellen, ob ein Kind noch vor der Arbeit in den **Kindergarten** gebracht und dort wieder pünktlich abgeholt werden muss oder ob es als **Schüler** den Schulweg allein be-

---

205 Münch a.a.O. Rn 1646 zu Teil 6.
206 BGH FamRZ 2005, 1154.
207 Vgl. OLG Karlsruhe NJW 2004, 859; OLG Hamm NJW 2003, 2461.
208 BGH FamRZ 2005, 1154 m. Anm. Gerhardt S. 1158.
209 Ausführlich hierzu: Heiß/Born, Unterhaltsrecht, Ein Handbuch für die Praxis, Rn 644 zu Kap. 3.

wältigt und nach Schulende unter Umständen sogar eine kurze Zeit allein unbeaufsichtigt bleiben kann, ferner ob **ein** Kind oder mehrere Kinder betreut werden. Gleiches gilt für den **Umfang** der **Erwerbstätigkeit.**[210]

41 Generell wird jedoch **keine** Kürzung auf **ein Drittel** des Erwerbseinkommens mehr vorgenommen werden können (wie dies nach früherer Rechtsprechung der Fall war). Auch eine Kürzung auf die **Hälfte** des Einkommens wird ein Ausnahmefall sein, selbst wenn der BGH dies bei Betreuung von 2 Kindern im Alter von **6 und 10 Jahren** und einer **ganztägigen Ausbildung** mit Bezahlung von Unterhaltsgeld **gebilligt** hat.[211] Im Ergebnis wird man deshalb die Kürzung i.d.R. so vornehmen, wie bisher, nämlich durch Ansatz eines **Betreuungsbonus.**[212]

42 Der BGH hat klargestellt, dass bei einer Kürzung des Einkommens nach § 1577 Abs. 2 BGB **daneben keine konkreten Betreuungskosten** in Betracht kommen. Die Kürzung nach § 1577 Abs. 2 BGB ermöglicht allerdings, über konkrete Betreuungskosten hinaus einen **weiteren Betrag anrechnungsfrei** zu belassen, d.h. neben den konkreten Betreuungskosten auch einen Betreuungsbonus zu gewähren. Diese Frage war bisher umstritten. Die Kürzung ist vorzunehmen **unabhängig** davon, ob es sich um die Kinderbetreuung durch den **Bedürftigen** oder Unterhaltspflichtigen handelt, für den § 1577 Abs. 2 BGB nicht gilt.[213]

43 **2. Muster:**[214] **Anrechnungsfreiheit eigener Einkünfte der Ehefrau**

> Erwerbseinkommen, welches die Ehefrau neben der Betreuung unserer gemeinsamen Kinder erzielt, wird bis zur Vollendung des 8. (/9.) Lebensjahres unseres jüngsten Kindes **nicht angerechnet.** Für den daran anschließenden Zeitraum bis zur Vollendung des 14. Lebensjahres unseres jüngsten Kindes ist ein Verdienst der Ehefrau nur insoweit anzurechnen, als ihr Einkommen nach Abzug pauschaler berufsbedingter Aufwendungen in Höhe von 5 % ihres Nettoeinkommens sowie nach Abzug der Kinderbetreuungskosten und eines Erwerbstätigenbonus von 10 % des hiernach verbleibenden Einkommens 500 Euro **übersteigt.**
>
> Die Geltendmachung höherer berufsbedingter Aufwendungen bleibt der Ehefrau auf Nachweis vorbehalten.
>
> Die Berücksichtigung des auf diese Weise ermittelten Mehreinkommens der Ehefrau erfolgt nach der **Anrechnungsmethode.**

44 **Beratungshinweis:**

Die Anwendung der Anrechnungsmethode bedeutet, dass der Mehrbetrag des erzielten Einkommens direkt vom **Unterhaltsanspruch abgezogen** wird, wohingegen bei der Differenzmethode die Einkünfte des Unterhaltspflichtigen und der Unterhaltsberechtigten in die Bedarfsberechnung einzustellen sind, somit also zu einem höheren Unterhaltsanspruch führen als bei Anwendung der Anrechnungsmethode.[215]

---

210 Gerhardt FamRZ 2005, S. 1158.
211 BGH FamRZ 2005, 967.
212 Gerhardt a.a.O. S. 1159.
213 Gerhardt a.a.O. S. 1159.
214 Kilger/Pfeil in Göppinger/Börger, Vereinbarungen anlässlich der Ehescheidung, Rn 177 zu Teil 5.
215 Zur Berechnung mit der Anrechnungsmethode (so z.B. bei nicht prägenden Einkünften) s. Heiß, Das Mandat im Familienrecht, Rn 981 ff zu Teil 8; Heiß in Kroiß, FormularBibliothek Zivilprozess 2005, Familienrecht, S. 290 f.

Ab Vollendung des 14. (15.) Lebensjahres unseres jüngsten Kindes ist das dann von der Ehefrau erzielte und entsprechend den vorstehenden Ausführungen bereinigte Einkommen in voller Höhe nach der **Differenzmethode** in die Unterhaltsberechnung einzustellen. Ungeachtet dieser Vereinbarung ist jedoch stets mindestens der gesetzliche Unterhalt geschuldet.

Alternative 1:

Die Parteien sind sich darüber einig, dass die Klägerin weitere Euro ■■■ **(bereinigt)** monatlich netto anrechnungsfrei hinzuverdienen kann.

Beratungshinweis: 45

Exakter Weise müsste hier aufgeschlüsselt werden, welches Einkommen und welche **Abzugsposten** die Klägerin bezüglich ihres möglicherweise derzeit bereits erzielten Einkommens hat; es müsste also geklärt werden, was unter dem Begriff „bereinigt" zu verstehen ist, also z.B. Abzug von 1/10 Erwerbstätigenbonus sowie Abzug von Fahrtkosten u.a.

Alternative 2:

(1) Die Parteien sind sich dahingehend einig, dass **jede der Parteien** anrechnungsfrei 200 Euro netto monatlich hinzuverdienen darf, ohne dass von einer der Parteien eine Abänderung verlangt werden kann.

Beratungshinweis: 46

Achtung bezüglich der Formulierung „hinzuverdienen": Streitig kann sein, ob es sich nur um Einkünfte aus Erwerbstätigkeit handelt oder auch um Einkünfte aus der Anrechnung fiktiver Einkünfte aus nichtehelicher Lebensgemeinschaft oder **Zinseinkünfte.** Es muss ausdrücklich klargestellt werden, ob es sich hier um Einkommen jeglicher Art handelt oder nur um Erwerbseinkünfte.

(2) Der Beklagte verpflichtet sich, zur Abgeltung sämtlicher **Unterhaltsrückstände** bezüglich Ehegatten- und Kindesunterhalt für die Zeit von ■■■ bis ■■■ einen Betrag in Höhe von Euro ■■■ zu bezahlen. Die Parteien sind sich dahingehend einig, dass damit alle Unterhaltsrückstände ausgeglichen sind und Ansprüche auf **überzahlten Unterhalt** nicht bestehen.

Beratungshinweis: 47

Wird im Rahmen einer Vereinbarung eine Regelung betreffend Unterhaltsrückstände getroffen, so sollte zur Vermeidung künftiger Streitigkeiten auch eine Regelung dahingehend erfolgen, dass keine Ansprüche auf überzahlten Unterhalt bestehen.

(3) Vergleichsgrundlage ■■■

Alternative 3: Hälftige Kinderbetreuung durch beide Ehegatten

(1) Die Parteien sind sich dahingehend einig, dass Frau ■■■ anrechnungsfrei weitere Euro ■■■ hinzuverdienen kann und zwar bis (Vollendung 15. Lebensjahr des Kindes).

Sollte Frau ■■■ mehr als insgesamt Euro ■■■ aus Erwerbstätigkeit verdienen, so verpflichtet sie sich, dies Herrn ■■■ unverzüglich **mitzuteilen.**

48 **Beratungshinweis:**

Wird in einem Unterhaltsvertrag geregelt, dass die Unterhaltsberechtigte bis zur Geringverdienergrenze **anrechnungsfrei** hinzuverdienen kann, so ist die Unterhaltsberechtigte aus dem Grundsatz der nachehelichen Solidarität verpflichtet, dem Unterhaltsschuldner die Ausweitung ihrer Arbeitstätigkeit ungefragt zu offenbaren.[216]

(2) Von dem Mehrbetrag, der ▪▪▪ Euro übersteigt, wird ⅓ auf den Unterhaltsbetrag **angerechnet**, also vom dem nach dieser Vereinbarung geschuldeten Unterhalt abgezogen.

(3) Vergleichsgrundlagen:

Betreuung des Kindes ▪▪▪ an 3 Wochenenden im Monat in der Zeit von Freitag ▪▪▪ bis Dienstag ▪▪▪.

Weitere Vergleichsgrundlage ist, dass die Antragstellerin aus der **Vermögensauseinandersetzung** einen Betrag in Höhe von Euro ▪▪▪ erhalten hat und daraus entweder **Zinseinkünfte** oder **Wohnwert** erzielt.

49 **Beratungshinweis:**

Bezieht die Unterhaltsberechtigte bereits Zinseinkünfte oder Wohnwert – z.B. weil die Vermögensauseinandersetzung zwischen den Parteien bereits durchgeführt wurde –, so sind die Einkünfte bei der Errechnung des vereinbarten Unterhalts zu berücksichtigen. Eine spätere Berücksichtigung scheidet aus aufgrund der **Präklusionswirkung** (zur Abänderbarkeit von Unterhaltsvereinbarungen im Einzelnen s.o. Teil 1 Rn 242 ff).

Kindergeldauszahlung an Herrn ▪▪▪.

Die Parteien sind sich dahingehend einig, dass wechselseitig keinerlei Ansprüche bezüglich Kindesunterhalt bestehen auf der Grundlage der vorbezeichneten **hälftigen Kinderbetreuung**.

50 **Beratungshinweis:**

Wenn seitens der Unterhaltsberechtigten ein anrechnungsfreier Betrag vereinbart wird, obwohl bereits damals eine **Verpflichtung** zur Aufnahme einer **Teilzeitbeschäftigung** bestand, besteht in einem späteren Abänderungsverfahren keine Veranlassung, diesen Betrag bei einer nur erweiterten Erwerbsobliegenheit der Berechtigten nicht mehr außer Ansatz zu lassen. Folge: Es wird also nur der **über** den anrechnungsfreien Betrag **hinausgehende** Betrag als Einkommen **angerechnet**.[217]

---

216 OLG Frankfurt FamRZ 2003, 1750; Zur unaufgeforderten Informationspflicht s. Heiß/Heiß in Heiß/Born, Unterhaltsrecht, Ein Handbuch für die Praxis, Rn 77 zu Kap. 6.
217 Urteil des OLG München, Az 12 UF 796/87.

V. Unterhaltsregelung bei beabsichtigtem Verkauf einer gemeinsamen Eigentumswohnung

1. Beratung

Zu regeln ist:

51

- Höhe der Unterhaltsrente unter Berücksichtigung von **Wohnwert** und **Schuldenzahlung** bis zum Verkauf der Eigentumswohnung.
- Höhe der Unterhaltsrente nach **Wegfall** von Wohnwert und Schulden.
- Außerachtlassung von **Nebeneinkünften**.

2. Muster: Unterhaltsregelung bei beabsichtigtem Verkauf einer gemeinsamen Eigentumswohnung

52

337

(1) Für die Zeit **bis** zum **Verkauf** der Eigentumswohnung verpflichtet sich Herr, an Frau ■■■ eine monatlich im Voraus zahlbare Unterhaltsrente in Höhe von ■■■ zu bezahlen.

(2) **Ab** dem Monat des **Zuflusses** des **Verkaufserlöses** aus dem Verkauf der Eigentumswohnung bzw. ab dem Zeitpunkt, in welchem durch Eingang des Verkaufserlöses die auf der Eigentumswohnung lastenden Schulden abgedeckt sind, gilt die nachfolgende Regelung gem. Ziffer (3).

(3) Für die Zeit ab dem Monat des Geldflusses aus dem Verkauf der Eigentumswohnung bzw. ab dem Zeitpunkt des Wegfalls der Schuldenbelastung bis zum Erreichen der gesetzlichen Altersgrenze verpflichtet sich Herr ■■■ an Frau ■■■ eine monatlich im Voraus zahlbare Unterhaltsrente in Höhe von Euro ■■■ zu bezahlen.

Die Parteien stellen ausdrücklich klar, dass eine **Abänderung** nach § 323 ZPO möglich ist, der Unterhalt also nicht festgeschrieben wird, somit Abänderung insbesondere dann **möglich** ist, wenn

a) sich das **Weihnachts-** bzw. **Urlaubsgeld** auf Seiten des Herrn ■■■ vermindert,

b) **Frau** ■■■ Einkünfte erzielt,

c) Herr ■■■ aufgrund **Krankheit** u.a. geringere Einkünfte erzielt.

d) Ab dem Zeitpunkt des Erreichens der **gesetzlichen Altersgrenze** von Frau ■■■ verzichten die Parteien auf jeglichen nachehelichen Ehegattenunterhalt, auch für den Fall der Not, und nehmen diesen Verzicht wechselseitig an.

Zwischen den Parteien besteht Einigkeit dahingehend, dass weder für die Zeit bis zum Verkauf der Eigentumswohnung noch für die Zeit nach Verkauf der Eigentumswohnung **Nebeneinkünfte** seitens des Herrn ■■■ im Rahmen der Unterhaltsberechnung berücksichtigt werden.

Realsplitting (s. Teil 4, § 4 Rn 391 ff, 399)

VI. Neuberechnung bei Einkommensermäßigung

1. Beratung

a) Tatsächliche Ausgangssituation

53 Häufig steht zum Zeitpunkt des Abschlusses einer Unterhaltsvereinbarung die Höhe des künftigen Einkommens noch nicht fest. Dies ist z.b. dann der Fall, wenn eine **Lohnsteuerklassenänderung** bevorsteht.

54 Stichtag aus der Sicht des Finanzamts ist zunächst der 01.01. des betreffenden Jahres. Wenn die Parteien am 01.01. des betreffenden Jahres getrennt gelebt haben, so müssen sie ab diesem Jahr grundsätzlich steuerlich **getrennt veranlagt** werden, es sei denn sie leben in diesem Jahr – wenn auch kurzfristig – wieder zusammen.

55 Üblicherweise hat der Ehemann ein erheblich höheres Einkommen als die Ehefrau mit der Folge, dass der Ehemann die Steuerklasse III und die Ehefrau die Steuerklasse V hat. Diese **wesentlich günstigere** steuerliche Zusammenveranlagung ändert sich bei **dauerhafter Trennung** dahingehend, dass der Ehemann die erheblich ungünstigere **Steuerklasse I** hat sowie die Ehefrau, wenn die **Kinder** sich bei ihr befinden, die wesentlich günstigere **Steuerklasse II**.[218]

56 In diesen Fällen kann die Zahlung eines Trennungsunterhaltsabschlagsbetrages vereinbart werden mit der Möglichkeit der **Neuberechnung**, sobald die Höhe des nachhaltig erzielten, geänderten Einkommens bekannt ist.

b) Rechtliche Ausgangssituation

57 Durch Unterhaltsleistungen werden gewöhnlich **keine Vermögensvorteile** geschaffen, sondern der Empfänger **verbraucht** die Zahlung für seine **Lebensbedürfnisse**. Werden also Unterhalts**überzahlungen** geleistet, so entfällt i.d.R. ein **Wertersatz** nach § 818 Abs. 3 BGB, da der Bedürftige nicht mehr bereichert ist.[219]

58 Aus diesem Grund ist die **Rückforderungsmöglichkeit** von überzahltem Unterhalt und der **Verzicht** auf die **Einrede der Entreicherung** ausdrücklich in der Vereinbarung festzuhalten.

59 Unterhaltsrückstände bezüglich nachehelichen Ehegattenunterhalts können nur unter den Voraussetzungen des § 1585 b BGB verlangt werden, also ab **Rechtshängigkeit** oder **Verzug**. Rückständiger Trennungsunterhalt kann gem. § 1360a Abs. 3 BGB unter den Voraussetzungen des § 1613 Abs. 1 BGB verlangt werden ab dem Ersten des Monats, in dem das **Auskunftsbegehren** oder das **Verzugsschreiben** zuging.[220] Soll, **ohne** dass die **Verzugsvoraussetzungen** vorliegen, eine **Nachforderung** möglich sein, muss dies ausdrücklich vertraglich vereinbart werden.

---

218 Heiß, Das Mandat im Familienrecht, Rn 15 zu Teil 2; Heiß in Kroiß, FormularBibliothek Zivilprozess 2005, Familienrecht, Rn 14 ff.
219 BGH FamRZ 1984, 767; im Einzelnen hierzu s. Heiß, Das Mandat im Familienrecht, Rn 642 zu Teil 8.
220 Heiß, Das Mandat im Familienrecht, Rn 508 zu Teil 8.

2. Muster: Neuberechnung bei Einkommensermäßigung

338

Nach Ablauf eines Jahres, somit ab ■■■ erfolgt Neuberechnung, falls das Einkommen des Antragsgegners aufgrund Nichtzahlung von Prämien/Weihnachtsgeld/Urlaubsgeld durch den Arbeitgeber **erheblich** niedriger wird. Von Erheblichkeit in diesem Sinne ist auszugehen, wenn sich das Gesamtjahreseinkommen unverschuldet um mindestens ■■■ **Prozent** reduziert.

Alternative:

Hinsichtlich des zu bezahlenden Ehegatten-Trennungsunterhalts gehen die Parteien davon aus, dass die Antragstellerin zum ■■■ eine Beschäftigung aufnehmen wird. Das erwartete Bruttoeinkommen liegt bei ■■■ Euro. Die Parteien gehen weiter davon aus, dass voraussichtlich eine **Änderung** der **Lohnsteuerklassen** eintreten wird und sich somit das zu berücksichtigende, derzeit mit ■■■ Euro angenommene Nettoeinkommen des Antragsgegners verringern wird.

Die Parteien sind sich darüber einig, dass der Antragsgegner mit Wirkung ab ■■■ an die Antragstellerin einen **Trennungsunterhaltsabschlag** in Höhe von Euro ■■■ monatlich jeweils zum 3. eines jeden Monats im Voraus bezahlt.

Eine Neuberechnung dieses Trennungsunterhalts sowie ein **Ausgleich** etwa geleisteter **Überzahlungen** oder **Nachforderungen** soll spätestens im **Termin des Scheidungsverfahrens** erfolgen. Beiden Parteien steht es jedoch frei, eine frühere Neuberechnung zu beantragen aufgrund der tatsächlich bestehenden wirtschaftlichen Verhältnisse, frühestens jedoch zum ■■■

Die Parteien **verzichten** in diesem Zusammenhang auf die **Einrede der Entreicherung** und nehmen diesen Verzicht wechselseitig an.

VII. Widerruflicher Vergleich

1. Beratung

Bestehen seitens der beteiligten Parteien oder einer der beteiligten Partei Bedenken gegen den Abschluss der – ggf. durch das Gericht vorgeschlagenen – Vereinbarung und wünschen die Parteien nochmals ein ausführliches Gespräch mit ihren Prozessbevollmächtigten betreffend die Erfolgsaussichten der Klage, so ist aus **Haftungsgründen** (hierzu im Einzelnen s.o. Teil 1, Rn 349 ff) ein **widerruflicher Vergleich** abzuschließen.

In diesem Fall sind die **Anträge** zu stellen sowie die Einverständniserklärung mit Entscheidung im **schriftlichen Verfahren** abzugeben, um sodann im Falle des Vergleichswiderrufs eine gerichtliche Entscheidung ohne weiteren Verhandlungstermin zu ermöglichen.

2. Muster: Widerruflicher Vergleich

339

Grundlage dieser Vereinbarung ist ein zu **versteuerndes** Bruttoeinkommen des Beklagten in Höhe von Euro ■■■ sowie ein **Gesamt**bruttoeinkommen des Beklagten in Höhe von jährlich ■■■.

64 | **Beratungshinweis:**

Das zu versteuernde Bruttoeinkommen kann insoweit vom **Gesamt**bruttoeinkommen abweichen, als im Gesamtbruttoeinkommen auch steuerfreie oder teilweise steuerfreie Leistungen, wie z.B. Schichtzulagen, Nachtzuschläge mitenthalten sind.

Seitens der Klägerin wurde ein Bruttoeinkommen von jährlich Euro ■■■ zugrunde gelegt. Vergleichsgrundlage ist des Weiteren, dass die Klägerin monatliche ehebedingte Schulden in Höhe von Euro ■■■ zurückzahlt und der Beklagte Kindesunterhalt für den gemeinsamen Sohn ■■■ in Höhe von Euro ■■■ bezahlt.

Beiden Parteien wird eine **Widerrufsfrist** bis ■■■ eingeräumt.

Klägervertreterin stellt den Antrag aus dem Klageschriftsatz vom (für den Fall des Widerrufs). Zur Begründung bezieht sie sich auf die dem Klageschriftsatz beigefügte Gutdeutsch-Berechnung.

Beklagtenvertreter beantragt, den Antrag abzuweisen.

Beide Parteivertreter erklären sich im Falle des Widerrufs mit einer Entscheidung im schriftlichen Verfahren einverstanden.

VIII. Beschränkung des Unterhaltsanspruchs auf bestimmte Anspruchsgrundlagen

1. Beratung

a) Tatsächliche Ausgangssituation

65 Die Praxis zeigt, dass häufig den Parteien nicht bekannt ist, dass ein Unterhaltsanspruch allein aufgrund der Tatsache geschuldet wird, dass die Parteien **unterschiedlich hohe Einkünfte** haben. Der **Aufstockungsunterhalt** ist einer der häufigsten Ansprüche auf den Ehepartner verzichten wollen.

b) Rechtliche Ausgangssituation

66 Im Hinblick auf die Rechtsprechung des BGH, wonach der Kernbereich des Unterhaltsrechts nur eingeschränkt der Vertragsfreiheit unterliegt, wird man i.d.R. den unterhaltsrechtlichen Kernbereich **nicht** abbedingen. Hierzu zählen neben dem **Betreuungsunterhalt** der Unterhalt wegen **Alters** oder **Krankheit** sowie der Vorsorgeunterhalt. Nicht zum Kernbereich des Unterhaltsrechts gehört der Aufstockungsunterhalt[221] (hierzu s. im Einzelnen die umfangreichen Ausführungen Teil 1, Rn 49 ff). Ab Rechtshängigkeit des Scheidungsverfahrens kann zusätzlich zum Elementarunterhalt **Altersvorsorgeunterhalt** verlangt werden.[222]

67 Die Berechnung erfolgt nach der **Bremer Tabelle**, und zwar in der Weise, dass der Elementarunterhalt fiktiv wie **rentenversicherungspflichtiges Einkommen** errechnet wird und sodann **hieraus** der gesetzliche **Beitrag** für **Altersvorsorgeunterhalt** geschuldet ist.

---

221 BGH NJW 2004, 930 ff.
222 BGH FamRZ 1988, 1145 ff, 1147; Heiß, Das Mandat im Familienrecht, Rn 133 zu Teil 8.

Es wird also fingiert, dass der Elementarunterhalt **Einkommen** aus einer versicherungspflichtigen Erwerbstätigkeit ist.[223]

Bei weitgehender **wirtschaftlicher Unabhängigkeit** des unterhaltsberechtigten Ehegatten und atypischen **Vermögensverhältnissen** wird ein Verzicht auch auf Unterhaltsansprüche, die grundsätzlich zum Kernbereich der gesetzlichen Scheidungsfolgenregelung zu zählen sind, als zulässig zu erachten sein.[224]   **68**

2. Muster: Beschränkung des Unterhaltsanspruchs auf bestimmte Anspruchsgrundlagen   **69**

Gesetzliche Unterhaltsansprüche werden auf den Kindesbetreuungsunterhalt sowie den Unterhalt wegen Alters oder Krankheit (§§ 1570 – 1572 BGB) beschränkt. Insbesondere der Anspruch auf Aufstockungsunterhalt (§ 1573 Abs. 2 BGB) wird ausgeschlossen.

Alternative 1:
Gesetzliche Unterhaltsansprüche werden auf den Unterhalt wegen Alters gem. § 1571 BGB beschränkt, der ab Vollendung des 60. Lebensjahres verlangt werden kann.

Alternative 2:
Ein Unterhaltsanspruch wegen Arbeitslosigkeit gem. § 1573 BGB ist ausgeschlossen.

Alternative 3:
Ausgeschlossen werden der Anspruch auf Altersvorsorgeunterhalt gem. § 1578 Abs. 3 BGB sowie Unterhaltsansprüche wegen Sonderbedarfs angesichts der Vermögensverhältnisse beider Ehegatten.

Alternative 4:
Ein Aufstockungsunterhalt ist ausgeschlossen, sofern die bereinigten Einkünfte des Berechtigten den Betrag von ■■■ Euro überschreiten. Im Übrigen findet eine Aufstockung nur bis zu diesem Betrag statt.

Alternative 5:
Der Unterhaltsanspruch gem. § 1586a BGB nach Auflösung einer späteren Ehe besteht nur, soweit der spätere Ehegatte auch unter Berücksichtigung des Billigkeitsunterhalts gem. § 1581 BGB sowie bei Verwertung seines Vermögens außer Stande wäre, angemessenen Unterhalt zu gewähren.

IX. Bestimmung der ehelichen Lebensverhältnisse

1. Beratung

a) Tatsächliche Ausgangssituation

Durch die nachfolgende Vereinbarung soll Streit darüber vermieden werden, in welcher Höhe das **Einkommen die ehelichen Lebensverhältnisse geprägt hat.**   **70**

Nachträgliche **Einkommenserhöhungen** sollen – auch wenn sie bereits in der Ehe angelegt waren – zur **Ermittlung des Unterhaltsbedarfs nicht** herangezogen werden.   **71**

---

223 Heiß, Das Mandat im Familienrecht, Rn 134 zu Teil 8 mit den dortigen Ausführungen zur Berechnung des Altersvorsorgeunterhalts.
224 Zimmermann/Dorsel, Eheverträge, Scheidungs- u. Unterhaltsvereinbarungen, Rn 56 zu § 20.

b) Rechtliche Ausgangssituation

72　Die Höhe des Unterhaltsanspruchs richtet sich nach den **ehelichen Lebensverhältnissen**.[225] Einkommenserhöhungen durch Regelbeförderungen oder **vorhersehbarem** beruflichen Aufstieg sind grundsätzlich **prägende** Einkünfte, sodass sich bei einer späteren Einkommenserhöhung der Unterhalt aus einem erst nach Trennung oder Scheidung erzielten erhöhten Einkommen errechnet.

73　Nach der Rechtsprechung des BGH gibt es auch **keine Sättigungsgrenze**, also keine Begrenzung nach oben, jedoch kann eingewendet werden, dass das Einkommen die ehelichen Lebensverhältnisse nicht geprägt hat, da es zur **Vermögensbildung** verwendet wurde.[226]

74　**Beratungshinweis:**

Nimmt die Unterhaltsberechtigte eine Erwerbstätigkeit erst nach der Scheidung auf, so ist diese **eheprägend**, weil es sich um ein **Surrogat** der früheren Haushaltsführung handelt.[227] Gleiches gilt nach der genannten Rechtsprechung auch für **fiktive** Einkünfte, also Einkünfte, die die Berechtigte nicht erzielt, weil sie ihre Erwerbsobliegenheit verletzt. In der Regel werden hier die erzielbaren Einkünfte in die Unterhaltsberechnung eingestellt.[228] Geht die Ehefrau bei Abschluss der nachfolgenden Vereinbarung noch keiner Erwerbstätigkeit nach oder nur einer Teilzeittätigkeit, so kann zu dieser Vereinbarung nicht geraten werden, weil dann spätere Einkünfte der Ehefrau als **nicht prägend** berücksichtigt werden und damit im Wege der **Anrechnungsmethode** vom Unterhaltsanspruch in Abzug gebracht werden.

75　**2. Muster: Vereinbarung über den für die Bestimmung der ehelichen Lebensverhältnisse maßgeblichen Teil des Einkommens**

Für die Berechnung des nachehelichen Unterhalts gelten grundsätzlich die gesetzlichen Bestimmungen. Abweichend hiervon erklären wir übereinstimmend, dass der Teil unseres Einkommens, der zur Finanzierung unserer **ehelichen Lebensverhältnisse** dient, mit 60.000 Euro netto anzusetzen ist.

■■■ evtl. Wertsicherungsklausel, hierzu s. nachfolgend Rn 131 ff, 268 ff.

225　Heiß, Das Mandat im Familienrecht, Rn 119 zu Teil 8; Rn 126 zur Übersicht betreffend prägende und nicht prägende Einkünfte.
226　BGH FamRZ 1987, 36, 39; 1989, 1160, 1163; im Einzelnen hierzu s. Heiß, Das Mandat im Familienrecht, Rn 128 ff zu Teil 8.
227　BGH FamRZ 2001, 986.
228　Heiß, Das Mandat im Familienrecht, Rn 130 zu Teil 8.

X. Vereinbarung über Anrechnung von Erlösen aus der Vermögensverteilung

1. Beratung

a) Tatsächliche Ausgangssituation

Eine ehegemeinschaftliche Immobilie wurde veräußert. Zu regeln ist die Frage, wie sich **76** der **Veräußerungserlös** auf die **Höhe** des **Unterhaltsanspruchs** auswirkt.

b) Rechtliche Ausgangssituation

Der Erlös aus der Veräußerung einer gemeinsamen Immobilie ist in Höhe von **erziel-** **77** **baren Kapitalzinsen** eheprägend und zwar auch dann, wenn diese den früheren Wohn- wert übersteigen.[229] Der Erlös wird als **Surrogat** des früheren **Wohnwertes** angese- hen.[230] Ist der an die Ehegatten auszuzahlende Verkaufserlös beiderseits gleich hoch, kann es zweckmäßig sein, eine Vereinbarung abzuschließen, wonach beiderseits diese **erzielbaren Kapitalzinsen** aus dem Verkaufserlös bei der Einkommensberechnung **un- berücksichtigt** bleiben.

Bei **gemeinsamem** Wohnungseigentum und Teilung des Verkaufserlöses wirken sich die **78** beiderseitigen Zinserlöse bei der Berechnung des Ehegattenunterhalts sowohl beim **Be- darf** aus als auch bei der **Bedürftigkeit/Leistungsfähigkeit** und zwar **wertneutral**. Dies hat zur Folge, dass der Ehegattenunterhalt **vereinfacht** in der Weise berechnet werden kann, dass sowohl beim Bedarf der beiderseitige Erlös als auch bei der Ermittlung der Bedürftigkeit/Leistungsfähigkeit der halbe Veräußerungserlös **nicht angesetzt** wird.[231]

Auch wenn ein Teil des Erlöses in **unterschiedlicher Höhe verbraucht** wurde, verbleibt **79** es wegen der ursprünglichen Wertneutralität dabei, dass der beiderseitige Erlös nicht in die Unterhaltsberechnung eingesetzt wird. Damit werden auch bei künftigen Abände- rungsfällen Auseinandersetzungen vermieden.[232] Diese vereinfachte Berechnungsmög- lichkeit besteht nicht, wenn das veräußerte Eigenheim im **Alleineigentum eines Ehegat- ten** stand: Bei Alleineigentum des Bedürftigen/Pflichtigen bleiben die Zinsen in vollem Umfang als Surrogat **eheprägend** und sind bei der Bedürftigkeit/Leistungsfähigkeit in vollem Umfang beim Eigentümer als Einkommen anzusetzen.[233]

Haben die Parteien einen Teil des Erlöses in **unterschiedlicher** Höhe verbraucht, ist bei **80** Miteigentum i.d.R. aus Billigkeitsgründen der beiderseitige Zinserlös gleich hoch anzu- setzen, sodass sich der teilweise Verbrauch des Erlöses **wertneutral** auswirkt. Auszuge- hen ist von den Zinsen aus dem **niedrigeren** Kapitalrest, um den sparsamen Ehegatten nicht zu benachteiligen.[234] **Fiktive Zinseinkünfte** können nur angesetzt werden, wenn eine **mutwillige Herbeiführung** der Bedürftigkeit i.S.d. § 1579 Nr. 3 BGB vorliegt.[235]

Diese Voraussetzungen liegen nicht vor, wenn die Ausgaben für berechtigte Zwecke er- **81** folgten, z.B. für die Bezahlung der Verfahrenskosten, des Umzugs, des Kaufs einer not-

---

229 BGH FamRZ 2001, 1140; BGH FamRZ 2002, 88, 92.
230 BGH FamRZ 2002, 88; Heiß, Das Mandat im Familienrecht, Rn 126 zu Teil 8.
231 Gerhardt, Die Veräußerung des Eigenheims bei Ehegattenunterhalt, FamRZ 2003, 414.
232 Heiß/Heiß in Heiß/Born, Unterhaltsrecht, Ein Handbuch für die Praxis, Rn 677 zu Kap. 3.
233 Heiß/Heiß in Heiß/Born Rn 677 zu Kap. 3.
234 OLG Koblenz FamRZ 2002, 1407.
235 BGH FamRZ 1990, 989.

wendigen Wohnungseinrichtung, eines Pkw, oder wenn Einzahlungen in eine Lebensversicherung als Altersvorsorge vorgenommen wurden.[236] Allerdings ist zu beachten, dass sich beim **Kindesunterhalt** die Höhe des Unterhaltsanspruchs immer nach den **tatsächlichen** Einkünften richtet – unabhängig davon, ob diese Einkünfte die ehelichen Lebensverhältnisse geprägt haben oder nicht.

82 Im Rahmen einer Vereinbarung kann auch festgelegt werden, dass die beiderseitigen Kapitaleinkünfte – in gleicher Höhe – beiderseits bei der Einkommensberechnung berücksichtigt wurden.

83 **2. Muster: Vereinbarung über Anrechnung von Erlösen aus der Vermögensverteilung**

342

Tatsächlich oder **fiktiv** erzielte Kapitaleinkünfte in Höhe von ■■■ Euro beim Ehemann sowie in Höhe von ■■■ Euro bei der Ehefrau, die aus dem **Veräußerungserlös** der gemeinsamen Ehewohnung stammen, wurden bei vorstehender Unterhaltsberechnung beiderseits in Höhe von ■■■ Euro als prägende Einkünfte berücksichtigt.

Als **ehepräge** Einkünfte werden diese auch im Falle einer späteren Unterhaltsabänderung, weiterhin nach der **Differenzmethode** behandelt.

XI. Vereinbarung abweichender Einsatzzeitpunkte

1. Beratung

a) Tatsächliche Ausgangssituation

84 Eine Vereinbarung **abweichender Einsatzzeitpunkte** – z.B. **Trennungszeitpunkt** statt Zeitpunkt der Scheidung – kommt z.B. dann in Betracht, wenn die Parteien die Durchführung des Scheidungsverfahrens nicht beabsichtigen, sondern vielmehr auf **längere Dauer getrennt** leben wollen.

85 Gleiches gilt, wenn sich die Parteien nach der Trennung **beruflich verändern** wollen.

b) Rechtliche Ausgangssituation

86 Wird ein abweichender Einsatzzeitpunkt vereinbart, so prägen die Veränderungen nach diesem Zeitpunkt die ehelichen Lebensverhältnisse nicht mehr mit der Folge, dass sie bei der **Bedarfsermittlung nicht** zu berücksichtigen sind, sondern nur noch bei der Frage der **Leistungsfähigkeit**. Zur Vermeidung späterer Streitigkeiten im Abänderungsverfahren empfiehlt es sich, die Einkommens- und Vermögensverhältnisse möglichst detailliert in die Vereinbarung mit aufzunehmen.

---

236 BGH FamRZ 1990, 989; Gerhardt a.a.O. S. 415; Heiß/Heiß in Heiß/Born Rn 678 zu Kap. 3.

Beratungshinweis: 87

Die Vereinbarung von Einsatzzeitpunkten ist insoweit mit Haftungsgefahren verbunden, als der Einsatzzeitpunkt der maßgebliche Zeitpunkt ist für die Frage, ob ein Unterhaltsanspruch überhaupt gegeben ist. Die Einsatzzeitpunkte sind unterschiedlich, je nachdem nach welchem Unterhaltstatbestand Ehegattenunterhalt geschuldet ist.[237]

So ist z.B. Einsatzzeitpunkt beim Unterhalt wegen Alters gem. § 1571 Nr. 1 BGB der Zeitpunkt der Rechtskraft des Scheidungsurteils, wobei auch denkbar ist, auf den Zeitpunkt der Rechtshängigkeit des Scheidungsantrags abzustellen.[238]

Weiterer Einsatzzeitpunkt ist der Zeitpunkt der Beendigung der Pflege und Erziehung eines gemeinsamen Kindes, § 1571 Nr. 2 BGB, sowie der Zeitpunkt des Wegfalls der Voraussetzungen für einen Unterhaltsanspruch nach §§ 1572, 1573 BGB (§ 1571 Nr. 3 BGB).[239]

Beim Unterhalt wegen Krankheit ist Einsatzzeitpunkt

- die Scheidung
- die Beendigung der Pflege oder Erziehung eines gemeinschaftlichen Kindes
- die Beendigung der Ausbildung, Fortbildung oder Umschulung
- der Zeitpunkt des Wegfalls der Voraussetzungen für einen Unterhaltsanspruch nach § 1573 BGB.[240]

Eine **Vorverlegung** des Einsatzzeitpunktes kann für den Unterhaltsberechtigten mit erheblichen Nachteilen verbunden sein.

2. Muster:[241] Vereinbarung über den für das Maß des Unterhalts relevanten Zeitpunkt

88

343

Nachehelicher Unterhalt wird anhand der gesetzlichen Bestimmungen und der hierzu ergangenen Rechtsprechung mit der Maßgabe geschuldet, dass sich das **Maß des Unterhalts** abweichend von § 1578 BGB nicht nach den zum Zeitpunkt der Eheschließung, sondern nach den im Zeitpunkt der Trennung (Datum) bestehenden ehelichen Lebensverhältnissen beurteilt und dass auch hinsichtlich der **Einsatzzeitpunkte** der §§ 1570 ff BGB nicht der Zeitpunkt der Ehescheidung, sondern der Zeitpunkt der Trennung (Datum) maßgeblich ist.

Es ist somit von folgenden Berechnungsgrundlagen auszugehen:

(Darlegung der Einkommens- und Vermögenssituation)

Ein darin etwa enthaltener **Unterhaltsverzicht** des unterhaltsberechtigten Ehegatten wird hiermit vom unterhaltspflichtigen Ehegatten angenommen.

---

237 Im Einzelnen zu den Einsatzzeitpunkten bei den verschiedenen Unterhaltstatbeständen s. Heiß, Das Mandat im Familienrecht, Rn 33 ff zu Teil 8; Heiß in Kroiß, FormularBibliothek Zivilprozess 2005, Familienrecht, Rn 347 ff zu § 5.
238 Heiß/Heiß in Heiß/Born, Unterhaltsrecht, Ein Handbuch für die Praxis, Rn 41 zu Kap. 1; Heiß, Das Mandat im Familienrecht, Rn 58 zu Teil 8.
239 Heiß, Das Mandat im Familienrecht, Rn 60 f.
240 Heiß, Das Mandat im Familienrecht, Rn 66 zu Teil 8.
241 Kilger/Pfeil in Göppinger/Börger, Rn 202 zu Teil 5.

Beratungshinweis:

Immer dann, wenn ein **geringerer Unterhalt** vereinbart wird als der gesetzliche Unterhaltsanspruch, sollte höchstvorsorglich zur Klarstellung auf etwaige darüber hinausgehende Unterhaltsansprüche verzichtet und der Verzicht vom anderen Ehegatten angenommen werden.

XII. Unterhaltsvereinbarung für den Fall der Aufnahme einer eheähnlichen Lebensgemeinschaft durch die Berechtigte

1. Beratung

a) Tatsächliche Ausgangssituation

90 Problematisch ist im Rahmen des nachfolgenden Musters die Formulierung des „**Zusammenziehens**", da dies häufig nur schwer zu beweisen ist. Es stellt sich die Frage, ob nicht hier ausdrücklich auch andere Kriterien mit aufgenommen werden sollen, wie z.B. gemeinsame Urlaube, teilweise Übernachtungen, Erscheinungsbild in der Öffentlichkeit, gemeinsame Familienfeiern u.a.

91 Fraglich ist auch, ob es nicht sinnvoller ist, statt dessen die Formulierung aufzunehmen, dass ein **eheähnliches Zusammenleben** i.S.d. geltenden Rechtsprechung sowie der geltenden Gesetze Voraussetzung für den Wegfall des Unterhaltsanspruchs ist. Auch die Formulierung der „**angemessenen Herabsetzung**" sowie der „Unbilligkeit" geben jegliche Streitmöglichkeiten.

92 **Beratungshinweis:**

Um Streitigkeiten über eine „angemessene Herabsetzung" zu vermeiden, kann auch ein konkreter **Betrag** vereinbart werden, um welchen sich der Unterhaltsanspruch bei Aufnahme einer eheähnlichen Lebensgemeinschaft durch die Berechtigte vermindert.

93 Wird eine Vereinbarung über nachehelichen Unterhalt unter ausdrücklichem **Verzicht auf jegliche Abänderungsmöglichkeit** geschlossen, so folgt daraus **nicht**, dass die Unterhaltsverpflichtung **entgegen § 1586 BGB** trotz einer neuen Ehe des Berechtigten **weiter bestehen** soll. Eine solche Vereinbarung ist regelmäßig dahingehend auszulegen, dass nur Änderungen im **Bedarf** und in der **Bedürftigkeit** nicht geltend gemacht werden können.[242] Soll deshalb (ausnahmsweise) eine Unterhaltsverpflichtung über den Zeitpunkt einer Wiederverheiratung oder Begründung einer (eingetragenen) Lebenspartnerschaft hinaus fortbestehen, ist dies besonders zu regeln.[243]

b) Rechtliche Ausgangssituation

94 Führt jemand einem **leistungsfähigen** Dritten den Haushalt, so ist hierfür ein Einkommen anzusetzen; bei Haushaltsführung durch einen **Nichterwerbstätigen** i.d.R. ein Betrag von 200 – 550 Euro.[244]

---

242 OLG Bamberg FamRZ 1999, 1278.
243 Kilger/Pfeil a.a.O. Rn 222 zu Teil 5.
244 Süddeutsche Leitlinien Ziff. I.6; Im Einzelnen s. Heiß, Das Mandat im Familienrecht, Rn 295 f zu Teil 8.

Arbeitet jedoch der Unterhaltsbedürftige **ganztags** und teilt sich die Haushaltstätigkeit   95
mit seinem Partner, sind nach BGH **keine Einkünfte** für eine haushälterische Tätigkeit anzusetzen.[245] Zu prüfen ist jedoch, ob **ersparte Aufwendungen** zu berücksichtigen sind.

Bei einer eheähnlichen Lebensgemeinschaft kann der Unterhalt gem. § 1579 Nr. 7 BGB   96
herabgesetzt werden oder **verwirkt** sein. Eine Verwirkung bei einem **langjährigen Zusammenleben** mit einem neuen Partner liegt vor, wenn

- der Unterhaltsberechtigte nur deshalb von der **Eheschließung absieht**, um seinen Unterhaltsanspruch nicht nach § 1586 BGB zu verlieren,
- eine **Unterhaltsgemeinschaft** besteht,
- sich die neue Beziehung so verfestigt hat, dass ein nichteheliches Zusammenleben
  von **mindestens 2 – 3 Jahren** an die Stelle der Ehe getreten ist.[246]

Beratungshinweis: 97

Für den Unterhaltsverpflichteten ist es besonders wichtig, möglichst viele Details und
Beweismittel betreffend **Gemeinsamkeiten** und Lebensgestaltung zu beschaffen, so z.B.

- Beginn der Beziehung sowie Zeiten, die das neue Paar im Alltag miteinander ver-
  bringt (werktags, Wochenende, Übernachtungen),
- gemeinsame Hobbies, Gestaltung von Feiertagen/Urlauben,
- Mahlzeitengestaltung/Versorgungsleistungen,
- Freundeskreis und Familienfeste beider Familien,
- Wohnungssituation der beiden Partner und gemeinsame Pkw-Nutzung.[247]

Von Formulierungen wie „die Verpflichtung zur Zahlung des nachehelichen Unterhalts
entfällt, sobald die Ehefrau eine neue eheliche oder außereheliche Lebensgemeinschaft
eingegangen ist, die bereits länger als 3 Monate andauert" ist allerdings abzuraten. Es
ist bereits zweifelhaft, ob eine solche Vereinbarung bestimmt genug ist.[248]

Unklar bleibt auch, ob es auf den Beginn eines Zusammenlebens mit dem gemeinsamen   98
Ziel einer Verfestigung der Partnerschaft zu einer nichtehelichen Lebensgemeinschaft
i.S.d. Rechtsprechung ankommt oder ob sämtliche Kriterien der Rechtsprechung zur
Verwirkung bei eheähnlichem Zusammenleben erfüllt sein müssen.

Es kann deshalb allenfalls versucht werden, bestimmte **objektivierbare** Verhaltenswei-   99
sen zu umschreiben, die zum Wegfall oder einer Reduzierung der Unterhaltsverpflichtung führen sollen.

2. Muster:[249] Unterhaltsvereinbarung für den Fall der Aufnahme einer eheähnlichen   100
Lebensgemeinschaft durch die Berechtigte

344

Die Verpflichtung zur Zahlung des nachehelichen Unterhalts entfällt, wenn die Ehefrau
mit einem neuen Partner **zusammenzieht** oder einem neuen Partner **Versorgungsleistungen** erbringt; von einem derartigen Umstand hat die Ehefrau den Ehemann unverzüglich

---

245 BGH Urteil vom 13.04.05 XII ZR 48/02.
246 BGH FamRZ 1989, 487, 489; 1995, 540, 542; Heiß/Heiß in Heiß/Born Rn 295 zu Kap. 9.
247 Heiß, Das Mandat im Familienrecht, Rn 708 zu Teil 8; hier auch im Einzelnen zur Frage der Beweislast.
248 Kilger/Pfeil in Göppinger/Börger, Vereinbarungen anlässlich der Ehescheidung, Rn 221 zu Teil 5.
249 Kilger/Pfeil a.a.O. Rn 221 zu Teil 5.

und unaufgefordert zu **unterrichten**. Der Unterhaltsanspruch entfällt **unabhängig** davon, ob die Voraussetzungen des § 1579 Nr. 7 BGB (Bestehen einer auf Dauer angelegten nichtehelichen Lebensgemeinschaft) bereits erfüllt sind. Ist die Ehefrau zu diesem Zeitpunkt wegen der Betreuung eines oder mehrerer Kinder an der Ausübung einer vollschichtigen Tätigkeit gehindert, ist der Unterhaltsanspruch der Ehefrau angemessen **herabzusetzen**, falls sich eine völlige Versagung des Unterhalts als **unbillig** erweist.

101 Beratungshinweis:

Die Verpflichtung der Berechtigten, den Verpflichteten von der Aufnahme einer nichtehelichen Lebensgemeinschaft zu unterrichten, empfiehlt sich deshalb, weil eine Obliegenheit des Bedürftigen, Beziehungen zu einem **neuen Partner** zu offenbaren, nicht besteht, es sei denn, es ginge um die **Sicherstellung** der **Versorgung** des Bedürftigen durch den Partner.[250]

XIII. Vereinbarung zur anteiligen Haftung gegenüber volljährigen Kindern

1. Beratung

102 Die Parteien haften im Hinblick auf die **Volljährigkeit** des ehegemeinschaftlichen Kindes **anteilig** für den Kindesunterhalt.

103 Die Ehefrau hat im Rahmen der **Vermögensauseinandersetzung** einen Geldbetrag erhalten, den sie zur **Sicherung** des laufenden monatlichen **Unterhalts des Sohnes** bis zum Abschluss von dessen Ausbildung verwenden soll. Festgelegt wird zwischen den Parteien der **Haftungsanteil** bezüglich des Barunterhalts.

104 ### 2. Muster: Vereinbarung zur anteiligen Haftung gegenüber volljährigen Kindern

(1) Herr ■■■ verpflichtet sich, an Frau ■■■ einen Betrag in Höhe von Euro ■■■ zu bezahlen, der mit Abschluss der Vereinbarung zur Zahlung fällig ist.

Frau ■■■ verpflichtet sich, einen Teilbetrag in Höhe von Euro ■■■ für den Sohn ■■■ geboren ■■■ **anzulegen**, wobei Verfügungsberechtigte Frau ■■■ ist. Dieser Betrag dient der Zahlung des anteiligen Unterhalts zur Finanzierung des Studiums des Sohnes ■■■ durch Frau ■■■.

(2) Aus dem angelegten Betrag in Höhe von Euro ■■■ übernimmt Frau ■■■ monatlich Euro ■■■ des laufenden monatlichen Unterhalts des Sohnes ■■■

Herr ■■■ verpflichtet sich, zur Deckung des restlichen Unterhaltsanspruchs des Sohnes ■■■ an diesen einen Betrag in Höhe von Euro ■■■ bis zur Beendigung des Studiums durch den Sohn ■■■ zu bezahlen.

Die Parteien sind sich also dahingehend einig, dass sie im **Verhältnis** Frau ■■■ zu ⅓/Herr ■■■ zu ⅔ für den Barunterhaltsanspruch des Sohnes ■■■ aufkommen.

Diese prozentuale Regelung gilt auch für den Zeitraum nach Verbrauch der Geldanlage in Höhe von Euro ■■■.

---

250   BGH FamRZ 1986, 1082; Heiß, Das Mandat im Familienrecht, Rn 502 zu Teil 8.

XIV. Kindesunterhaltsregelung auf der Basis, dass kein Ehegattenunterhalt geltend gemacht wird

1. Beratung

Sind nur **geringe Ehegattenunterhaltsansprüche** gegeben, z.B. weil die Unterhalts- 105
berechtigte einer Erwerbstätigkeit nachgeht, kann eine Regelung getroffen werden, wonach im Gegenzug hierzu **höherer Kindesunterhalt** als geschuldet vereinbart wird und/
oder das Kindergeld **anrechnungsfrei** bei der Unterhaltsberechtigten verbleibt. Da die
Erklärung, keinen Ehegattenunterhalt geltend zu machen, keinen Unterhaltsverzicht
darstellt, muss eine Regelung für den Fall getroffen werden, dass entgegen dieser Erklärung dennoch Ehegattenunterhalt geltend gemacht wird. Für diesen Fall sollte vereinbart werden, dass der Kindesunterhalt sodann nach den gesetzlichen Vorschriften
neu zu regeln ist.

2. Muster: Kindesunterhaltsregelung auf der Basis, dass kein Ehegattenunterhalt   106
geltend gemacht wird

(1) Frau ■■■ erklärt, dass sie keinen Ehegattenunterhalt geltend macht. In dieser Erklärung liegt **kein Verzicht** auf Ehegattenunterhalt.

(2) Kindesunterhalt (zur Regelung von Kindesunterhaltsansprüchen s. Teil 4, § 5) (z.B. das **Kindergeld**) für beide Kinder verbleibt **anrechnungsfrei** bei Frau ■■■. Diese Regelung gilt auch bei einer etwaigen Erhöhung oder Herabsetzung des Kindergeldes.

(3) Die gesamte in dieser Vereinbarung getroffene **Kindesunterhaltsregelung** gilt nur für den Fall, dass Frau ■■■ keinerlei Ehegattenunterhalt, egal aus welcher Anspruchsgrundlage und egal in welcher Höhe **geltend macht.**

Macht Frau ■■■ Ehegattenunterhalt geltend, so gilt ab dem Tag, für den erstmals Ehegattenunterhalt bezahlt wird, für den Kindesunterhalt und für die Zurechnung des Kindergeldes die **gesetzliche Regelung.**

XV. Bezug von Erwerbsunfähigkeitsrente durch die Berechtigte (Rentenantrag der Berechtigten)

1. Beratung

a) Tatsächliche Ausgangssituation

Die unterhaltsberechtigte Ehefrau hat **Antrag** auf Erwerbsunfähigkeitsrente **gestellt.** Zu 107
regeln ist der Fall, dass einerseits Unterhaltszahlungen ohne Berücksichtigung der Erwerbsunfähigkeitsrente erbracht werden und andererseits möglicherweise eine **Rentennachzahlung** für den **Zeitraum** erfolgt, für welchen Unterhalt ohne Berücksichtigung
der Rente bezahlt wurde.

b) Rechtliche Ausgangssituation

108   Eine Unterhaltsrückforderungsklage wegen Überzahlungen kann scheitern, wenn sich der Unterhaltsberechtigte mit Erfolg auf den Einwand der **Entreicherung** gem. § 818 Abs. 3 BGB beruft. (Im Einzelnen hierzu s. auch nachfolgende Rn 117 ff.)

109   Allein durch den Anspruch des unterhaltsberechtigten Ehegatten auf eine künftige Rentenzahlung wird die Bedürftigkeit des Unterhaltsberechtigten vor Bewilligung der Rente nicht gemindert. Die **rückwirkende** Bewilligung von Rentenleistungen führt jedoch zu einer **ungerechtfertigten Bereicherung** des Berechtigten gem. § 812 Abs. 1 S. 2, soweit sich die Unterhaltszahlung als ganz oder teilweise unbegründet dargestellt hat. Der Berechtigte kann Entreicherung einwenden, da er die Beträge für seinen Lebensunterhalt verwendet hat (§ 818 Abs. 3 BGB).

110   Es besteht ein **Erstattungsanspruch** eigener Art nach § 242 BGB, und zwar in der Höhe, in der sich der Unterhaltsanspruch ermäßigt hätte, wenn die Rente sofort bewilligt worden wäre.[251]

111   Zur Sicherheit kann sich der Unterhaltspflichtige den Anspruch auf Rentennachzahlung nach § 53 Abs. 2 Nr. 1 SGB I **abtreten lassen.** Zur Vermeidung unnötiger Prozesse und unbilliger Ergebnisse hat der BGH empfohlen, den errechneten Unterhalt als zins- und tilgungsfreies Darlehen zu zahlen; dem Unterhaltsberechtigten sei die Erstattung des **Darlehens** aus der Rentennachzahlung zumutbar.[252]

112   Stattdessen kann auch eine Vereinbarung dahingehend abgeschlossen werden, dass die Berechtigte sich verpflichtet, etwaige Rentenzahlungen an den Verpflichteten zurückzuerstatten, soweit sich aufgrund der Rentennachzahlung ein niedrigerer Unterhaltsanspruch ergibt.

113   Eine Rentennachzahlung an den **Berechtigten** beeinflusst dessen Bedürftigkeit. Die Bedürftigkeit entfällt jedoch nicht bereits durch die Stellung eines Antrags auf Erwerbsunfähigkeitsrente, sondern erst durch die **tatsächliche Zahlung** der Rente.[253] Während des Rentenbewilligungsverfahrens bleibt daher der Unterhaltsanspruch bestehen.[254]

114   Um Nachteile für den **Pflichtigen** zu vermeiden, besteht die Möglichkeit, dass der Pflichtige der Bedürftigen anbietet, ihr in Form von Unterhaltszahlungen ein **tilgungsfreies Darlehen** zur Verfügung zu stellen und im Falle der endgültigen Ablehnung des Rentenantrags auf deren Rückzahlung zu verzichten. Zur Sicherung des Antrags auf Rückzahlung solcher Darlehen kann der Anspruch auf Rentennachzahlung **abgetreten** werden. Dem **Berechtigten** obliegt es, einen in dieser Weise angebotenen **Kredit** aufzunehmen und zur Sicherheit den Anspruch auf Rentennachzahlung **abzutreten.**[255]

115   Erfährt der **Pflichtige** erst nach Bewilligung der Rente von der Rentennachzahlung, kommt ein **Erstattungsanspruch** gem. **§ 242 BGB** in Betracht, dessen **Höhe** sich danach

251 BGH FamRZ 1983, 574; BGH NJW 1990, 709, 712; Heiß/Heiß in Heiß/Born Kap. 8 Rn 46.
252 Formulierungsbeispiele: Reinecke ZFE 2003, 1115 f, ders. ZFE 2004, 324, 332.
253 Heiß, Das Mandat im Familienrecht, Rn 423 zu Teil 8.
254 BGH FamRZ 1983, 574.
255 BGH FamRZ 1983, 575; 1989, 718; 1990, 269.

bemisst, inwieweit sich der Unterhaltsanspruch ermäßigt hätte, wenn die Rente schon während des fraglichen Zeitraums bezahlt worden wäre.[256]

2. Muster: Bezug von Erwerbsunfähigkeitsrente durch die Berechtigte (Rentenantrag der Berechtigten)

116

> Die Klägerin verpflichtet sich, ihren Antrag auf Erwerbsunfähigkeitsrente weiter zu verfolgen und etwaige Rentenzahlungen **bis zur** Höhe des vom Beklagten bezahlten Unterhalts an diesen **zurückzuerstatten**, soweit sie diese für die Zeiträume der Unterhaltszahlungen erhält und soweit eine Unterhaltsberechnung unter Berücksichtigung der Rentenzahlung zu einem **niedrigeren Unterhaltsanspruch** führt.
>
> Die Klägerin ermächtigt ferner den Beklagten bzw. seine Rechtsvertreterin, beim zuständigen Versorgungsträger wegen eines Anspruchs auf eine Erwerbsunfähigkeitsrente sowie etwaigen Beginn und Höhe **nachzufragen.**

347

XVI. Darlehensweise Gewährung von Unterhalt (Rentenantrag des Verpflichteten)

1. Beratung

a) Tatsächliche Ausgangssituation

Der Ehegattenunterhalt ist **tituliert** durch Vergleich oder gerichtliche Entscheidung. Der Unterhaltsverpflichtete hat Rentenantrag gestellt. Über den Rentenantrag wurde noch nicht entschieden. Insbesondere steht die Höhe des an den Verpflichteten zur Auszahlung gelangenden Rentenbetrages noch nicht fest. Der Unterhaltsverpflichtete bezahlt den Ehegattenunterhalt als **Darlehen** bis zur Rentenbewilligung.

117

b) Rechtliche Ausgangssituation

Die **Rückforderung** von Unterhaltsüberzahlungen ohne Erhebung einer **Rückforderungs(Wider)klage** kann scheitern, wenn sich der Unterhaltsberechtigte mit Erfolg auf den Einwand der **Entreicherung** gem. § 818 Abs. 3 BGB beruft. Es spricht eine Vermutung zu Gunsten des Unterhaltsberechtigten, dass die Überzahlung für den Lebensbedarf verbraucht wurde.[257]

118

Eine Nachzahlung an den **Unterhaltspflichtigen** ist in eine Anpassung der **laufenden Unterhaltsrente** einzubeziehen.[258] Eine quotenmäßige **Beteiligung** des **Berechtigten** am Gesamtbetrag hat **nicht** zu erfolgen.[259]

119

Der **Unterhaltsberechtigte** ist **verpflichtet**, einer solchen Vereinbarung **zuzustimmen.** Kommt er diesem Angebot nicht nach, macht er sich schadenersatzpflichtig.[260]

120

256 BGH FamRZ 1990, 269 ff; Heiß, Das Mandat im Familienrecht, Rn 423 zu Teil 8.
257 BGH NJW 2000, 740, 741.
258 BGH FamRZ 1985, 155, 156.
259 BGH FamRZ 1985, 155, 156; Heiß, Das Mandat im Familienrecht, Rn 423 zu Teil 8.
260 BGH FamRZ 2000, 751.

121 Die Verrechnung der eventuell verbleibenden Darlehensbeträge auf künftige Unterhaltsforderungen ist dem Unterhaltsberechtigten **zumutbar**, soweit das pfändungsfreie Existenzminimum gewahrt bleibt oder er über ausreichende finanzielle Rücklagen verfügt.[261] Ein Verstoß gegen das **Aufrechnungsverbot** dürfte dann **nicht** vorliegen.[262]

122 Zu regeln ist Folgendes:

- **Darlehensweise** Gewährung des Unterhalts.
- **Verzicht** auf **Darlehensrückzahlung**, soweit Unterhaltsansprüche gegeben sind.
- **Fälligkeit** der Darlehensrückzahlung.
- **Verrechnung** der Darlehensrückzahlung mit fälligen Unterhaltsleistungen, soweit keine Zurückzahlung durch die Berechtigte erfolgt.
- Ggf. Verrechnung mit **Kapitalabfindung**.

123 Zur Vermeidung einer (vorsorglichen) Erhebung einer Abänderungs- oder Feststellungsklage, die zunächst auf eine Schätzung der zukünftigen Unterhaltshöhe gestützt werden müsste, bietet sich folgende Vereinbarung an.[263]

124 **2. Muster: Darlehensweise Gewährung von Unterhalt (Rentenantrag des Verpflichteten)**

Der nacheheliche Unterhalt der Ehefrau ist durch **gerichtlichen Vergleich**, abgeschlossen am ■■■ vor dem AG ■■■ (bzw. Urteil/Beschluss des AG ■■■ vom ■■■) in der Weise geregelt, dass der Ehefrau ab ■■■ eine monatliche Unterhaltsrente in Höhe von ■■■ Euro zusteht. Dabei waren folgende Berechnungsgrundlagen maßgeblich (Darstellung der Grundlagen der Vereinbarung).

Im Hinblick auf die vom Ehemann zum 1.5.2007 beantragte Altersrente sind sich die Ehegatten über das Erfordernis einer Unterhaltsanpassung ab dem 1.5.2007 einig.

Der Unterhalt soll – unter Beibehaltung der übrigen, vorstehend angeführten Bemessungskriterien – unter Berücksichtigung des tatsächlichen **Renteneinkommens** des Ehemannes (ohne Abzüge für berufsbedingte Aufwendungen und Verdienstanreiz) an Stelle seines früheren Erwerbseinkommens bemessen werden.

Der endgültig für den Zeitraum ab dem 1.5.2007 zu beziffernde Betrag wird erst **nach Rentenbewilligung** feststehen. Die Parteien wollen auf dieser Basis evtl. auch über die Vereinbarung einer **Kapitalabfindung** gegen beiderseitigen Unterhaltsverzicht verhandeln. Im Hinblick darauf treffen die Parteien nachfolgende Darlehensvereinbarung:

- Die Ehegatten sind sich einig, dass der Ehemann den zuletzt vereinbarten/titulierten Ehegattenunterhalt von monatlich ■■■ Euro ab dem 1.5.2007 als zins- und tilgungsfreies **Darlehen** in – dem Unterhalt entsprechenden – Monatsbeträgen an die Ehefrau bezahlt.

- Dieses Darlehen ist mit Zustandekommen einer vergleichsweisen Einigung über den ab 1.5.2007 zu leistenden Ehegattenunterhalt oder mit rechtskräftigem Abschluss eines gerichtlichen Unterhaltsabänderungsverfahrens/Hauptsacheverfahrens/negativen Feststellungsverfahrens zur Rückzahlung fällig. Der Ehemann **verzichtet** je-

---

261 OLG Naumburg FamRZ 1990, 437; Reinecke ZFE 2004, 324, 328.
262 Kilger/Pfeil in Göppinger/Börger, Vereinbarungen anlässlich der Ehescheidung, Rn 18 zu Teil 5.
263 Kilger/Pfeil a.a.O. Rn 17 zu Teil 5.

doch bereits jetzt auf die **Rückzahlung** des **Darlehens in Höhe** derjenigen Beträge, welche sich nach rechtskräftigem Abschluss eines gerichtlichen Unterhaltsverfahrens oder mit Zustandekommen einer vergleichsweisen Einigung als ab dem 1.5.2007 verbleibender **Unterhaltsbetrag** ergeben werden.

– Die Darlehensrückzahlung hat durch Zahlung des gesamten Betrages (der Summe der Monatsbeträge) innerhalb eines Monats nach Fälligkeit zu erfolgen.

– Soweit vom Ehemann ab dem Zeitpunkt der Fälligkeit der Rückzahlung des Darlehens noch Unterhaltszahlungen an die Ehefrau zu erbringen sind, erklärt sich die Ehefrau mit einer **Verrechnung** der Darlehensrückzahlung mit ab diesem Zeitpunkt fälligen **Unterhaltsleistungen** bereits jetzt einverstanden, wenn sie das Darlehen nicht oder nicht vollständig innerhalb der oben genannten Frist zurückbezahlt. Die Verrechnung mit ab dem Zeitpunkt der Fälligkeit des Darlehensrückzahlungsanspruchs zu leistenden Unterhalts erfolgt in der Weise, dass sich der künftige Unterhaltsanspruch der Ehefrau monatlich jeweils um denjenigen **Betrag** verringert, welcher der ab 1.5.2007 erfolgten monatlichen **Überzahlung** entspricht. Bei unterschiedlich hohen Beträgen wird zunächst die zeitlich ältere Überzahlung angerechnet. Ist eine Verrechnung mit Unterhaltszahlungen hiernach nicht oder nicht mehr möglich, ist der verbleibende Darlehensbetrag wiederum als Gesamtzahlung geschuldet, zahlbar innerhalb eines Monats nach Eintritt dieses Zeitpunktes. Der Ehemann ist außerdem berechtigt, eine **Verrechnung** des ihm zustehenden Darlehensrückzahlungsanspruches mit einer von ihm an die Ehefrau wegen des nachehelichen Unterhalts zu erbringenden oder vereinbarten **Kapitalabfindung** vorzunehmen.

Beratungshinweis:

125

Soll bereits bei einer **Erstregelung** zum Unterhalt eine Verpflichtungserklärung aufgenommen werden, dass die Unterhaltsberechtigte einer darlehensweisen Unterhaltsgewährung in Höhe des streitigen Unterhaltsbetrages zustimmt, so ist zu beachten, dass es sich hierbei wohl lediglich um eine „Absichtserklärung" handeln kann. Zu empfehlen ist deshalb die Vereinbarung eines vorsorgenden **Einredeverzichts**, mit welchem sich der Berechtigte verpflichtet, sich nicht auf den Entreicherungseinwand des § 818 Abs. 3 BGB zu berufen.[264]

Alternative:[265]

Für den Fall eines erfolgreichen gerichtlichen Abänderungsverfahrens oder einer außergerichtlichen Vereinbarung über die Herabsetzung oder den Wegfall der Unterhaltsverpflichtung des Ehemannes verpflichtet sich die Ehefrau, den seit Zugang eines bezifferten Abänderungsverlangens überzahlten Unterhalt an den Ehemann zurückzuzahlen. Die Ehefrau **verzichtet** insoweit auf die **Einrede** des § 818 Abs. 3 BGB (**Entreicherung** wegen Verbrauchs des geleisteten Unterhalts). Der Ehemann nimmt diesen Verzicht an.

---

264 Kilger/Pfeil a.a.O. Rn 19 zu Teil 5.
265 Kilger/Pfeil a.a.O.

XVII. Unterhaltszahlung auf Darlehensbasis (wegen noch nicht ausbezahltem Erbe); Rentennachzahlung

1. Beratung

a) Tatsächliche Ausgangssituation

126 Die Unterhaltsberechtigte ist Erbin eines beträchtlichen Vermögens nach Ableben ihres Vaters, sodass aus dem Erbe Zinseinkünfte u.a. als Einkommen zu berücksichtigen wären. Die **Erbengemeinschaft** ist jedoch **noch nicht auseinandergesetzt**, sodass noch kein Geldfluss stattgefunden hat. Der Ehegattenunterhalt wird dem gemäß (wie bei den vorstehenden Mustern) als Darlehen gewährt bis zu dem Zeitpunkt, in welchem der Ehefrau tatsächlich Vermögen aus der Erbschaft zufließt.

b) Rechtliche Ausgangssituation

Siehe hierzu vorstehend Rn 107 ff.

127 ### 2. Muster: Unterhaltszahlung auf Darlehensbasis

(349)

(1) Am ■■■ ist der Vater von Frau ■■■ (Ehefrau) verstorben. Gemäß Erbschein des Amtsgerichts ■■■ vom ■■■, Geschäfts-Nr ■■■ ist dieser von Frau ■■■ und deren Schwester ■■■ zu je ½ beerbt worden.

Der Erbanteil von Frau ■■■ hat einen erheblichen wirtschaftlichen Wert. Zwischen Frau ■■■ (Ehefrau) und deren Schwester besteht jedoch eine **streitige Erbschaftsauseinandersetzung**, deren Ende derzeit nicht absehbar ist.

(2) Aufgrund veränderter Verhältnisse (Erbschaftsanfall bei Frau ■■■) sind sich die Parteien dahingehend einig, dass in Abänderung der ursprünglichen Vereinbarung vom ■■■ ein Gesamtunterhalt („Unterhaltsdarlehen" bezüglich Frau ■■■ und Kindesunterhalt) in Höhe von Euro ■■■ geschuldet ist sowie zusätzlich die Krankenversicherungsbeiträge für die beiden Kinder ■■■.

Der Gesamtunterhaltsbetrag von Euro ■■■ teilt sich somit bezüglich **Ehegatten-Unterhaltsdarlehen** und Kindesunterhalt (Düsseldorfer Tabelle Gruppe ■■■ Stand ■■■) wie folgt auf:

Unterhalt für den Sohn ■■■ Euro	■■■
abzüglich hälftiges Kindergeld Euro	■■■
Unterhalt für den Sohn ■■■ Euro	■■■
abzüglich hälftiges Kindergeld Euro	■■■

Der Restbetrag in Höhe von monatlich Euro ■■■ entfällt auf **Ehegattenunterhalts-Darlehen**.

(3) Die Parteien sind sich dahingehend einig, dass rechnerisch ein Ehegattenunterhalt in Höhe von Euro ■■■ ab dem Ableben des Vaters von Frau ■■■ somit ab ■■■ **darlehensweise** gewährt wird und zwar **ohne Verzinsung.**

(4) Wenn Frau ■■■ Vermögen aus der Erbschaft zufließt, gilt Folgendes:

a) Bis zu einem Betrag von Euro ■■■ als Einzelbetrag oder Summe von Teilbeträgen, ist die **Hälfte** zur Rückführung des Unterhalts-Darlehens zu verwenden.

b) Soweit der Vermögenszufluss aus der Erbschaft ■■■ Euro überschreitet, ist der darüber hinausgehende Betrag **vollständig** zur Darlehensrückzahlung zu verwenden.

> Zur Vermeidung von Streitigkeiten über die tatsächlichen oder erzielbaren Zinsen wird für die Frau ■■■ nach Abzug der Darlehensrückführung verbleibenden Vermögenszuflüsse ein **Zinssatz von 3 %** zugrunde gelegt, unabhängig von der Entwicklung auf dem Geldmarkt. In Höhe dieser Zinsen vermindert sich der Unterhaltsanspruch. (Hinweis: Es handelt sich um **nichtprägende** Vermögenseinkünfte).
>
> c) Das Unterhalts-Darlehen läuft **solange** weiter, bis der monatliche **Zinsbetrag** aus dem zugeflossenen Vermögen den zu diesem Zeitpunkt gültigen **Unterhalts-Darlehensbetrag** erreicht, nämlich derzeit Euro ■■■.
>
> d) Ab diesem Zeitpunkt **verzichten** die Ehegatten wechselseitig auf nachehelichen Unterhalt in jeder Lebenslage, auch für den Fall der Not, und nehmen diesen Verzicht gegenseitig an.
>
> e) Beide Seiten sind gegenseitig zur unverzüglichen Erteilung von **Auskünften** und Vorlage von Belegen bezüglich der unterhaltsrechtlich relevanten Umstände verpflichtet.
>
> f) Bezüglich sämtlichen Vermögenszuflusses gilt, dass von dem Vermögenszufluss vorab die offenen **Kostenrechnungen** für Rechtsanwaltsgebühren nach dem RVG, Gerichts- sowie etwaige Sachverständigen- und Zeugenkosten, die in Verbindung mit dem **erbrechtlichen Rechtsstreit** bis dahin angefallen sind, gegen Nachweis von Frau ■■■ **in Abzug gebracht** werden dürfen und somit sämtliche Regelungen bezüglich Vermögenszuflüssen sich nur auf den Vermögenszufluss nach Abzug dieser Kosten im Verfahren betreffend Erbauseinandersetzung beziehen.

XVIII. Verpflichtung zur Weiterzahlung der Krankenversicherungsbeiträge für einen bestimmten Zeitraum

1. Beratung

Die Ehefrau ist **nicht erwerbstätig.** Die **Mitversicherung** mit dem Ehemann **entfällt** im 128
Hinblick auf die Rechtskraft der Scheidung. Es ist davon auszugehen, dass die Ehefrau in absehbarer Zeit wieder einer versicherungspflichtigen Tätigkeit nachgeht, bei der sie auch entsprechend **krankenversichert** ist.

Zu bedenken ist der Fall, dass die Ehefrau bereits **vor Ablauf** der vereinbarten **Frist** einer 129
versicherungspflichtigen Tätigkeit nachgeht. Für diesen Fall muss geregelt werden, dass die Verpflichtung zur Weiterzahlung der Krankenversicherungsbeiträge entfällt.

2. Muster: Verpflichtung zur Weiterzahlung der Krankenversicherungsbeiträge für einen bestimmten Zeitraum
130

> Der Antragsteller verpflichtet sich, an die Antragsgegnerin längstens bis einschließlich ■■■ einen monatlichen Betrag in Höhe von Euro ■■■ **zweckgebunden** zur Weiterversicherung bei der gesetzlichen **Krankenversicherung** zu zahlen.
>
> Sollte die Antragsgegnerin vor Ablauf dieser Frist bei einer gesetzlichen Krankenversicherung pflichtversichert werden, entfällt diese Zahlungsverpflichtung.

XIX. Festlegung eines wertgesicherten Höchstbetrages

1. Beratung

Zur Festlegung eines Höchstbetrages s.a. Teil 2.

a) Tatsächliche Ausgangssituation

131 Zu prüfen ist, ob anhand der konkreten Verhältnisse eine solche Vereinbarung sinnvoll ist und **bis zu welchem Zeitpunkt** eine Festschreibung erfolgen soll (z.B. 15. Lebensjahr des jüngsten Kindes). Es sind umfassende Erwägungen insbesondere auf Seiten des Unterhaltsverpflichteten anzustellen, in welchen Fällen eine **Anpassung** dennoch **möglich** sein soll (z.B. Zusammenleben mit einem neuen Partner/Wiederheirat/Eintreten einer Ganztagserwerbsobliegenheit/dauerhafte Erwerbsunfähigkeit oder Arbeitsunfähigkeit u.a.).

b) Rechtliche Ausgangssituation

132 Die Höhe des Unterhaltsanspruchs kann **dauerhaft begrenzt** werden in der Weise, dass ein **Höchstbetrag** vereinbart wird und **im Übrigen** auf darüber hinausgehende Unterhaltsansprüche **verzichtet** wird. Bei solchen Vereinbarungen ist ausdrücklich aufzunehmen, ob und ggf. unter welchen Umständen dennoch eine **Anpassung** nach § 323 ZPO möglich ist oder ob eine solche Anpassung ausschließlich aufgrund der Wertsicherungsklausel vereinbart wird.

133 Die Aufnahme einer Wertsicherungsklausel in eine modifizierende Unterhaltsvereinbarung ist dann sinnvoll, wenn neben der durch die Wertsicherungsklausel definierten Anpassungsmöglichkeit ausdrücklich die Abänderungsmöglichkeit wegen künftiger Einkommensentwicklungen (und damit die Anpassung derselben) in der Vereinbarung ausgeschlossen wird.[266]

134 Zur **Vollstreckbarkeit** einer Wertsicherungsklausel hat der BGH[267] entschieden, dass Wertsicherungsklauseln, die auf den vom statistischen Bundesamt ermittelten Preisindex abstellen, hinreichend bestimmt sind und somit aus diesen Vereinbarungen vollstreckt werden kann.

135 Die Zulässigkeit von Wertsicherungsklauseln beurteilt sich nach § 2 Abs. 1 Preisangaben- und Preisklauselgesetz (PaPkG) sowie nach der hierzu ergangenen Preisklauselverordnung (PrKV).[268] Nach § 3 Abs. 1 S. 2 PrKV sind insbesondere solche Wertsicherungsklauseln **genehmigungsfähig**, welche den geschuldeten Betrag durch die Änderung eines vom statistischen Bundesamt oder einem statistischen Landesamt ermittelten Preisindex für die Gesamtlebenshaltung oder eines vom statistischen Amt der europäischen Gemeinschaft ermittelten Verbraucherindex bestimmen.[269]

136 **Wann** eine Wertsicherungsklausel einer Genehmigung nach § 2 Abs. 1 S. 2 PaPkG bedarf, ist weiterhin nicht eindeutig geklärt. Aus diesem Grund sollte in **jedem Einzelfall**

---

266 Heiß/Born/Langenfeld, Unterhaltsrecht, Ein Handbuch für die Praxis, Kap. 15 Rn 24.
267 BGH FamRZ 2004, 531.
268 Kilger/Pfeil in Göppinger/Börger, Vereinbarungen anlässlich der Ehescheidung, Rn 309 zu Teil 5.
269 Kilger/Pfeil a.a.O. Rn 310 zu Teil 5.

die **Genehmigung oder** ein **Negativattest** des Bundesamtes für Wirtschaft und Ausführkontrolle, Postfach 51 50, 65726 Eschborn eingeholt werden.[270] Zur Sicherheit sollte die **Wirksamkeit** der gesamten Vereinbarung unter die **Bedingung** gestellt werden, dass die Genehmigung des Bundesamts erteilt wird oder ein Negativattest hierzu ergeht.

Seit dem Jahr 2003 gibt es nur noch **einen** umfassenden Verbraucherindex, welcher sich **„Verbraucherindex für Deutschland"** (**VPI**) nennt. Weggefallen sind die Teilindizes für spezielle Haushaltstypen (4 Personen-Haushalte von Beamten und Angestellten mit höherem Einkommen/mittlerem Einkommen/geringem Einkommen). Darüber hinaus wurde mit dem Berichtsmonat Januar 2003 vom statistischen Bundesamt der VPI auf das **neue Basisjahr 2000** umgestellt.

137

Wertsicherungsklauseln sollten auf Basis des Verbraucherindexes für Deutschland abgeschlossen werden.[271] Etwa **alle 5 Jahre** wird die Berechnung des Verbraucherindexes in Deutschland vom statistischen Bundesamt auf ein neues **Preisbasisjahr** umgestellt. Um deshalb die Probleme bei der Umstellung auf ein neues Basisjahr zu reduzieren, empfiehlt es sich, die Wertsicherungsklausel auf eine **Veränderung in Prozent** (und nicht in Punkte) abzustellen, da dann das Basisjahr keine Rolle mehr spielt.[272]

138

2. Muster:[273] Festlegung eines wertgesicherten Höchstbetrages

139

(1) Wertgesicherter Unterhalt als Festbetrag
(Festlegung des Unterhaltsbetrages: ■■■)

Wertsicherung:

Der monatlich zu leistende Geldbetrag soll wertgesichert sein. Die Vertragsparteien vereinbaren daher folgende Wertsicherung:

Der monatlich zu bezahlende Unterhaltsbetrag erhöht oder vermindert sich in demselben prozentualen Verhältnis, in dem sich der vom statistischen Bundesamt in Wiesbaden für jeden Monat festgestellte und veröffentlichte Verbraucherindex für Deutschland Basis 2000 = 100 gegenüber dem für den auf die Beurkundung/Abschluss der Vereinbarung folgenden Monat festzustellenden Index erhöht oder vermindert. Eine **Erhöhung** oder **Verminderung** des jeweils zu zahlenden Betrages tritt jedoch erst dann ein, wenn die Indexveränderung zu einer Erhöhung oder Verminderung des jeweils zu zahlenden Betrages um **mindestens 10 %** – 10 vom Hundert – führt.

Der aufgrund der Wertsicherungsklausel erhöhte oder ermäßigte Unterhaltsbetrag ist erstmals für den Monat, für den eine Indexänderung um **mindestens 10 %** festgestellt wird, zu entrichten, ohne dass es einer Aufforderung durch die begünstigte Vertragspartei bedarf.

Differenzbeträge, für die bis zur Indexveröffentlichung verstreichende Zeit sind unverzüglich nach **Bekanntgabe** des maßgeblichen Indexes ohne Beilage von Zinsen auszugleichen.

---

270 Heiß/Born/Langenfeld Kap. 15 Rn 80.
271 Kilger/Pfeil a.a.O. Rn 312, 314 zu Teil 5.
272 Kilger/Pfeil a.a.O. Rn 315 zu Teil 5.
273 Kilger/Pfeil a.a.O. Rn 316 zu Teil 5.

Diese Wertsicherungsklausel findet immer wieder erneut Anwendung, wenn sich der Lebenshaltungsindex um weitere 10 % – 10 vom Hundert – nach oben oder unten verändert; auch insoweit bedarf es **keiner Aufforderung** durch die begünstigte Vertragspartei.

Alternative 1:

„Der aufgrund dieser Wertsicherungsklausel erhöhte oder ermäßigte Betrag ist erstmals für den Kalendermonat, in welchem einer der Vertragspartner den veränderten Zahlungsbetrag gegenüber dem anderen Vertragspartner **schriftlich geltend macht**, zu entrichten."

Abänderbarkeit:

Eine weitergehende **Anpassung findet nicht statt**, insbesondere nicht aufgrund von Veränderungen in der Bedürftigkeit des Berechtigten und in der Leistungsfähigkeit des Verpflichteten. Eine Abänderungsmöglichkeit nach § 323 ZPO wird ausgeschlossen; die Ehegatten **verzichten** wechselseitig auf alle Rechte aus **§ 323 ZPO** und auf alle Rechte, welche sich aus den Grundsätzen des **Wegfalls der Geschäftsgrundlage** ergeben; sie nehmen diesen Verzicht wechselseitig an. Diese Regelung gilt längstens bis zu dem Zeitpunkt, in welchem der Ehemann aus dem **Erwerbsleben ausscheidet** oder sein um Steuern, Sozialabgaben und Beiträge zur angemessenen Kranken-, Pflege- und Altersvorsorge bereinigtes Erwerbseinkommen ■■■ Euro unterschreitet.

Ob und ggf. in welchem Umfang der Ehefrau dann noch ein Unterhaltsanspruch zusteht, soll auf der Basis der dann gegebenen Verhältnisse neu ermittelt werden. Gleiches gilt bei **Wiederverheiratung** der Ehefrau oder dann, wenn diese eine **eheähnliche Lebensgemeinschaft** oder eine Lebenspartnerschaft eingeht oder Versorgungsleistungen an einen neuen Partner erbringt.

Genehmigung:

Nach Hinweis auf das Erfordernis einer Genehmigung der vorstehenden Wertsicherungsklausel **beantragen** die Vertragsteile hiermit diese Genehmigung und beauftragen den Notar/das Gericht/Rechtsanwalt, diese beim Bundesamt für Wirtschaft und Ausfuhrkontrolle, Postfach 51 50, 65760 Eschborn, für sie einzuholen und entgegenzunehmen.

Die gesamte Vereinbarung wird **nur wirksam**, wenn das vorgenannte Bundesamt die vorstehend aufgeführte Wertsicherungsklausel entweder **genehmigt** oder bestätigt, dass eine Genehmigung **nicht erforderlich** ist.

Alternative 2:

Sollte das Bundesamt für Wirtschaft die vorstehende Wertsicherungsklausel **nicht genehmigen**, so berührt dies den übrigen **Vertragsinhalt nicht**. Die Ehegatten verpflichten sich, für diesen Fall hiermit zum Abschluss einer anderen genehmigungsfähigen oder genehmigungsfreien Wertsicherungsklausel, die den angestrebten Wertsicherungszweck in ähnlicher Weise wie die vorstehende Klausel erfüllt.

(2) Wertgesicherter Unterhalt als Höchstbetrag[274]

(Festlegung der Unterhaltshöhe: ■■■)

Wertsicherung: ■■■ wie Muster (1)

Abänderbarkeit und Verzicht:

Diese Vereinbarung ist nach den gesetzlichen Bestimmungen und den von der Rechtsprechung hierzu entwickelten Grundsätzen abänderbar. Abweichend hiervon vereinbaren wir jedoch, dass der hier vereinbarte Unterhalt einschl. einer eventuellen mit der vereinbarten Wertsicherung verbundenen Erhöhung auch zukünftig die **Obergrenze** des **Bedarfs**

---

274 Kilger/Pfeil in Göppinger/Börger, Vereinbarungen anlässlich der Ehescheidung, Rn 317 zu Teil 5.

der Ehefrau darstellen soll. Ein evtl. von der Ehefrau dann erzieltes Einkommen ist auf diesen Bedarf **anzurechnen**. Die Ehefrau **verzichtet** hiermit auf einen eventuell weitergehenden Unterhalt aus jedwedem Rechtsgrund. Der Ehemann nimmt diesen Verzicht an.

Genehmigung: ■■■ wie Muster (1)

Alternative 1:

Nachehelicher Unterhalt – gleich welcher Art und/oder Zweckwidmung – wird auf einen monatlichen Betrag von **höchstens** 2.000 Euro **beschränkt**.

Wertsicherungsklausel (hier s. ■■■)

Alternative 2:

Nachehelicher Unterhalt – gleich welcher Art und/oder Zweckwidmung – wird auf einen monatlichen Betrag beschränkt, der ¾ des Einkommens entspricht, das der Berechtigte erzielen würde bei Vollzeittätigkeit in seinem im Zeitpunkt der Scheidung oder zuletzt davor ausgeübten Beruf.[275]

Beratungshinweis: 140

Bei einer derartigen Regelung bleibt den Beteiligten jedoch das Risiko des Streits über die **Höhe** des zugrundezulegenden Einkommens. Ein derartiger Streit kann durch die Vereinbarung eines Höchstbetrages für den nachehelichen Unterhalt – wie vorstehend formuliert – ausgeschlossen werden.

XX. Einschränkungen des Unterhaltsmaßes

1. Beratung

S. vorstehend Rn 70 ff.   141

2. Muster: Einschränkungen des Unterhaltsmaßes   142

352

Für die Bemessung des nachehelichen Unterhalts gelten für die Festlegung des Unterhaltsmaßes als Maß die ehelichen Lebensverhältnissen, die zum Zeitpunkt der **Trennung** der Ehegatten i. S. des § 1361 BGB bestanden haben.

Alternative 1:

Für die Bemessung des nachehelichen Unterhalts gelten zur Festlegung des Unterhaltsmaßes auf Seiten des Berechtigten die Verhältnisse, die dem im Zeitpunkt der Scheidung oder **zuletzt** davor von diesem ausgeübten **Beruf** entsprechen.

Alternative 2:

Bei der Festlegung des Maßes des nachehelichen Unterhalts werden auf Seiten des Unterhaltpflichtigen Einkünfte, die nicht auf seiner Beschäftigung als Angestellter bei der ■■■ oder einer an die Stelle dieser Beschäftigung tretenden **hauptberuflichen** Tätigkeit beruhen, nicht berücksichtigt.

Alternative 3:

Für die Bemessung des nachehelichen Unterhalts sind die **Mieterträge** aus dem Hausanwesen ■■■ in ■■■ außer Ansatz zu lassen, ebenso die hieraus erwachsenden steuerlichen Abschreibungen.

---

275   Zimmermann/Dorsel, Eheverträge, Scheidungs- u. Unterhaltsvereinbarungen, Rn 72 zu § 20.

143 **Beratungshinweis:**

In diesem Fall ist eine **fiktive Steuerberechnung** durchzuführen, also eine Steuerberechnung ohne Berücksichtigung der Abschreibungen.
Eine solche Berechnung sollte durch einen Steuerberater erfolgen.

Alternative 4:
Für die Bemessung des nachehelichen Unterhalts sind auf Seiten des Unterhaltsberechtigten Einkünfte aus **nicht selbständiger** Tätigkeit, die dieser nach Trennung i.S. des § 1361 BGB aufgenommen hat, nicht zu berücksichtigen.

Alternative 5:
Für die Bemessung des nachehelichen Unterhalts scheidet ein Aufstockungsunterhalt auf Seiten des Unterhaltsberechtigten aus, wenn seine Einkünfte aus nicht selbständiger Tätigkeit brutto ▪▪▪ Euro **übersteigen.**

Alternative 6:
Für die Bemessung des nachehelichen Unterhalts sind die Einkünfte des Unterhaltsberechtigten aus **Kapitalerträgen** und Vermietung und Verpachtung weder als positive noch als negative/nur als positive Einkünfte zu berücksichtigen.

Alternative 7:
Für die Bemessung des nachehelichen Unterhalts sind auf Seiten des Unterhaltsberechtigten **Zins-** und **Tilgungsverbindlichkeiten** betreffend das Hausobjekt ▪▪▪ nicht zu berücksichtigen/Tilgungsleistungen nicht zu berücksichtigen/Zinsleistungen nur zu berücksichtigen, soweit sie ▪▪▪ Prozent jährlich übersteigen.

Alternative 8:
Bei der Bemessung des nachehelichen Unterhalts werden Zahlungen aufgrund gesetzlicher Unterhaltspflichten gegenüber unterhaltsberechtigten **Abkömmlingen** – gleich welchen Alters – **vorweg** abgezogen.

144 **Beratungshinweis:**

Kindesunterhalt für **nachrangige volljährige Kinder** darf bei der Ermittlung des Ehegattenunterhalts nur dann vorweg abgezogen werden, wenn der **angemessene Bedarf** (= angemessener Selbstbehalt) des Ehegatten gesichert ist.[276]
Mit der vorstehenden Vereinbarung wird eine Regelung getroffen, wonach auch der Kindesunterhalt für volljährige Kinder vorweg abgezogen werden darf.

XXI. Gesamtschuld und Unterhalt

1. Beratung

a) Tatsächliche Ausgangssituation

145 Die Ehegatten sind Gesamtschuldner bezüglich eines Darlehens, das vom unterhaltspflichtigen Ehemann allein zurückgeführt wird.

---

276 OLG München FamRZ 2001, 1618; Heiß, Das Mandat im Familienrecht, Rn 343 zu Teil 8.

b) Rechtliche Ausgangssituation

Wurden gesamtschuldnerische Verbindlichkeiten, die von nur einem Ehegatten getilgt werden, als **Abzugsposten** bei der Unterhaltsberechnung berücksichtigt, besteht ein Anspruch auf **Gesamtschuldnerausgleich nicht** mehr, da sich entweder aus (stillschweigender) Vereinbarung oder aus der „Natur der Sache" eine anderweitige Bestimmung i.S.v. § 426 Abs. 1 S. 1 BGB ergibt. Dies gilt jedoch nicht, wenn derartige Verpflichtungen **nur** bei der **Berechnung** des **Kindesunterhalts** berücksichtigt wurden.[277]

Das **Verbot der Doppelverwertung** gilt auch bei **Schuldtilgungen**. Selbst wenn die **Tilgung** einer Alleinschuld für das im **Alleineigentum** des Pflichtigen stehende Familienheim nach einem objektiven Maßstab angemessen ist, kann die Schuld**tilgung** beim Trennungsunterhalt **ab Rechtshängigkeit** des **Scheidungsverfahrens** nicht mehr abgezogen werden, wenn die Schulden im **Zugewinnverfahren** als **Passiva** angesetzt werden.[278]

Begründet wird dies damit, dass die Berechtigte sonst über einen reduzierten Zugewinn und Unterhalt zumindest bis zur Scheidung die Schuld des Ausgleichspflichtigen **alleine tilgen** würde.

Werden beim Abschluss eines Unterhaltsvergleichs eheprägende Verbindlichkeiten mit einbezogen, so ist **klarzustellen**, dass diese Verbindlichkeiten dann weiteren Ansprüchen aus **Gesamtschuldnerausgleich** zumindest für die Zeit des Bestandes des Unterhaltsvergleichs entzogen sind, dass damit aber keine Verpflichtung zur ferneren **alleinigen Schuldentilgung** oder gar zur Ablösung bei einem Verkauf verbunden ist. Diese Regelung empfiehlt sich deshalb, weil im Hinblick auf die jeweiligen Unterhaltsquoten möglicherweise noch ein Anspruch auf Restausgleich bestehen kann.[279]

Nicht zweifelsfrei ist auch, ob die Berücksichtigung beim Unterhaltsverpflichteten auch zur **späteren alleinigen Tilgung verpflichtet**[280] und ob dies auch die **Ablösung** der Forderung etwa beim **Verkauf** des Familienheims beinhaltet.[281]

Zu berücksichtigen ist, dass allein schon die tatsächliche Verfahrensweise einer Schuldentilgung allein durch einen Ehegatten während funktionierender Ehe zu einer anderen Bestimmung i.S.d. § 426 Abs. 1 S. 1 BGB führen kann. Wer einen **Ausgleich** verlangen will, muss sich diesen also **ausdrücklich vorbehalten**.

Nach der Trennung kann ein Ehegatte nicht mehr davon ausgehen, dass der andere Schulden tilgt, ohne von ihm einen Ausgleich zu verlangen; vielmehr soll ein Ausgleichsanspruch auch ohne vorherigen Hinweis entstehen. Aus diesem Grunde sollte in Vereinbarungen, die für die Zeit der Trennung gelten, eine entsprechende Regelung mit aufgenommen werden.

Werden Ausgleichsansprüche **nachträglich** geltend gemacht, so kann die Problematik entstehen, dass der andere Ehegatte im Vertrauen darauf, dass keine Ausgleichsansprü-

146

147

148

149

150

151

152

153

277 OLG Köln FamRZ 1999, 1501; a.A. OLG Celle FamRZ 2001, 1071.
278 OLG München FamRZ 2005, 713; OLG München FamRZ 2004, 1874; Kogel FamRZ 2004, 1614; Allgemein zum Verbot der Doppelverwertung: BGH FamRZ 2003, 432; 2004, 1352.
279 So OLG Köln FamRZ 1991, 1192.
280 OLG Köln FamRZ 1995, 1149 f.
281 Ablehnend: OLG Hamm FamRZ 1999, 1501.

che geltend gemacht werden, **kein Nutzungsentgelt gefordert** hatte und dies wegen § 745 Abs. 2 BGB auch nachträglich nicht mehr tun kann. Nach der Entscheidung des BGH[282] liegt in der **Nichtgeltendmachung** eines **Nutzungsentgelts** eine **anderweitige Bestimmung** i.S.d. Gesamtschuldnerausgleichs.

154 Hat umgekehrt der andere Ehegatte im Hinblick auf die Schuldentilgung keine **Unterhaltsansprüche** geltend gemacht und liegt somit **kein Verzug** vor, so können Unterhaltsansprüche für die Vergangenheit nicht mehr geltend gemacht werden. Die Rechtsprechung hierzu ist unterschiedlich.[283] Wenn jedoch die **Schulden** bei der Unterhaltsberechnung **berücksichtigt** wurden und so die Unterhaltszahlung sich verringert, ist eine **anderweitige Bestimmung** gegeben.[284]

155 Verlangt der in der Wohnung gebliebene Ehegatte Trennungsunterhalt (§ 1361 BGB), wird ihm regelmäßig die Überlassung der Wohnung bei der Unterhaltsberechnung als fiktives Einkommen (**Wohnwert**) angerechnet. In diesem Fall scheidet eine Nutzungsvergütung nach § 1361b Abs. 3 S. 2 BGB aus, da der bei der Unterhaltsbemessung angerechnete Wohnwert schon eine Regelung über den Nutzungswert der Ehewohnung beinhaltet.[285]

156 **Beratungshinweis:**

Zur **Klarstellung** empfiehlt sich eine Vereinbarung dahingehend, dass ein späterer Gesamtschuldnerausgleich ausgeschlossen ist.

Ist der Unterhaltsverpflichtete hiermit nicht einverstanden, so muss wenigstens hinsichtlich des Unterhalts Verzug begründet werden, damit dieser ggf. für die Vergangenheit geltend gemacht werden kann.

157 **Muster:**[286] **Gesamtschuld und Unterhalt**

In der vorliegenden Unterhaltsregelung liegt zugleich eine **anderweitige Bestimmung** i.S.d. § 426 BGB, die dem Ehemann als Unterhaltspflichtigem einen **Innenausgleich verwehrt**, jedenfalls solange, wie die Unterhaltsregelung fortbesteht. Eine Anpassung der Unterhaltsregelung aus anderen Gründen als der Schuldentilgung, z.B. aufgrund einer Mehrung anderer Einkünfte, hindert das Fortbestehen der Unterhaltsregelung in diesem Sinne nicht.

Sofern der Ehemann die alleinige Verzinsung und Tilgung **einstellt**, ist der Unterhalt unter Berücksichtigung dessen neu festzulegen.

282 BGH FamRZ 1993, 676 ff.
283 OLG Köln FamRZ 1999, 1501; (Nichtgeltendmachung von Unterhalt allein ist keine abweichende Bestimmung i.S.d. § 426 BGB); OLG Rostock, OLG-Report 2001, 500.
284 Haußleiter/Schulz Kap. 4 Rn 51.
285 Haußleiter/Schulz, Vermögensauseinandersetzung bei Trennung und Scheidung, Rn 52; BGH FamRZ 1997, 484, 486; 1994, 1100, 1102; FA-FamR/Gerhardt Kap. 6. Rn 236.
286 Münch, Ehebezogene Rechtsgeschäfte, Rn 990 zu Teil 5.

c) Zur Haftungsfreistellung

Ein Befreiungsanspruch betreffend das Außenverhältnis besteht nur für den **fälligen** Teil der Forderung. Der BGH[287] greift hier auf die Regeln des Auftragsrechts zurück und gibt dem anderen Ehegatten einen **Anspruch auf Befreiung** von der Gesamtschuld im **Außenverhältnis** nach den Regeln des **Auftragsrechts**. Danach könne der nach außen nur mitverpflichtete Ehegatte den Auftrag außerordentlich kündigen nach § 671 Abs. 3 BGB und sodann Freistellung als eine Form des **Aufwendungsersatzes** verlangen, §§ 670, 752 BGB.[288] 158

Gegen einen Zahlungsanspruch nach § 426 BGB kann ein beklagter Ehegatte grundsätzlich mit einem **Zugewinnausgleichsanspruch** nach § 1378 Abs. 1 BGB **aufrechnen**, gegen einen **Befreiungsanspruch** ein **Zurückbehaltungsrecht** und die Berufung auf seinen Anspruch aus § 1378 Abs. 1 BGB geltend machen. Das Prozessgericht wird in diesem Fall auch über die zur Aufrechnung gestellte Forderung entscheiden[289] bzw. beim Zurückbehaltungsrecht eine **Zug-um-Zug-Verurteilung** aussprechen. Die für das Zurückbehaltungsrecht erforderliche Voraussetzung, dass die Forderungen aus demselben rechtlichen Verhältnis resultieren, hat der BGH bejaht.[290] 159

Ist der Zugewinnausgleichsanspruch **noch nicht entstanden**, weil der Güterstand noch nicht beendet, d.h. die Scheidung noch **nicht rechtskräftig ist**,[291] **scheiden** hingegen sowohl eine **Aufrechnung** als auch ein **Zurückbehaltungsrecht** aus.[292] **Vorher** wird nur in ganz extremen **Ausnahmefällen** eine Möglichkeit bestehen, sich unter Verweis auf ein laufendes Zugewinnverfahren, in dem das Geleistete sogleich wieder zurückzugewähren wäre (dolo petit), gegen eine isolierte Entscheidung des Prozessgerichts zu wehren.[293] Das OLG Frankfurt hat solches in einem Fall zugelassen, in dem die Beklagte behauptet hatte, der isolierte Prozess diene nur dazu, sie durch Vollstreckungen mittellos zu machen.[294] 160

Im Zugewinnausgleichsverfahren ist die Frage der Ansprüche aus dem Gesamtschuldverhältnis Vorfrage, weil das Ergebnis in die Zugewinnberechnung einzustellen ist. Aus diesem Grund wird das Familiengericht ggf. das Zugewinnausgleichsverfahren gem. § 148 ZPO **aussetzen** oder evtl. aus dem Verbundverfahren **abtrennen**. 161

Ob **umgekehrt** das Verfahren bezüglich des Gesamtschuldnerausgleichs mit Verweis auf das Zugewinnverfahren im Hinblick auf eine erklärte Aufrechnung ausgesetzt werden kann, ist **umstritten**.[295] 162

---

287 BGH FamRZ 1989, 835; hierzu Bosch FamRZ 2002, 366, 389.
288 Kritisch hierzu: Bosch FamRZ 2002, 366, 369.
289 BGH FamRZ 1989, 166.
290 BGH FamRZ 1985, 49; BGH FamRZ 1990, 250; Münch aaO Rn 1016 zu Teil 5.
291 OLG Düsseldorf FamRZ 1999, 228, 230.
292 Gerhardt FamRZ 2001, 661, 666 m.w.N.; OLG Düsseldorf FamRZ 1999, 228 ff.
293 Hansen-Tilker FamRZ 1997, 1188, 1189; Münch a.a.O. Rn 1017 zu Teil 5.
294 OLG Frankfurt FamRZ 1985, 482; Münch a.a.O.
295 Verneinend: OLG Düsseldorf FamRZ 1999, 228, 230; OLG Celle FamRZ 2000, 1288; Bosch FamRZ 2002, 366, 372; bejahend: BGH FamRZ 1989, 166, 167.

163 Nicht vollständig geklärt sind die Probleme, die sich ergeben, wenn **nach Abschluss des Zugewinnausgleichsverfahrens** Gesamtschuldnerausgleichsansprüche geltend gemacht werden, die folglich nicht mehr in den Zugewinn einbezogen werden können.[296]

164 **Beratungshinweis:**

In sämtlichen Trennungs-und Scheidungsvereinbarungen ist die Frage des Gesamtschuldnerausgleichs, und zwar sowohl bezüglich des Innenverhältnisses als auch bezüglich des Außenverhältnisses, mitzuregeln und durch eine Generalabgeltungsklausel sicherzustellen, dass keine diesbezüglichen weiteren Ansprüche mehr bestehen.

165 Ansprüche auf **Nutzungsentschädigung** setzen voraus, dass der Anspruchsberechtigte deutlich eine **andere Regelung** der Benutzung und Verwaltung nach § 745 Abs. 2 BGB verlangt hat. In der Regel geschieht diese Neuregelung durch Festsetzung der Zahlung eines angemessenen Nutzungsentgeltes durch den im Haus verbliebenen Partner. Dieser wird regelmäßig in Höhe der Hälfte der **ortsüblichen** Miete anzunehmen sein,[297] während einer Übergangsphase von 6 – 12 Monaten jedoch nur in Höhe der **ersparten Miete**,[298] zumindest bei einer aufgedrängten Alleinnutzung.

166 Zu bedenken ist, dass die Lasten, z.B. **Schuldenrückzahlungsraten**, mit dem Nutzungsentgelt **verrechnet** werden können.[299]

167 **2. Muster: Gesamtschuld und Unterhalt**

354

Alternative 1
Eine **Unterhaltszahlung** des Ehemannes an die Ehefrau erfolgt derzeit mit Rücksicht auf die von ihm allein übernommene **Schuldentilgung** nicht. Damit liegt zugleich eine **anderweitige Regelung** i.S.d. § 426 BGB vor, die dem Ehemann einen Innenausgleich verwehrt, jedenfalls solange, wie die Unterhaltsregelung fortbesteht. Eine Anpassung der Unterhaltsregelung aus anderen Gründen als der Schuldentilgung, z.B. aufgrund der Mehrung anderer Einkünfte, hindert den Fortbestand der Unterhaltsregelung nicht. Sofern der Ehemann die alleinige Verzinsung und Tilgung einstellt, ist der Unterhalt unter Berücksichtigung dessen neu festzusetzen.

Alternative 2
Bezüglich des Kredits bei der ■■■ Bank verpflichtet sich Herr ■■■, diese Schulden zur alleinigen Zinszahlung und Tilgung im Innenverhältnis zu übernehmen. Diese Verpflichtung gilt jedoch nur für die Zeit, für welche **kein Ehegattenunterhalt** von Frau ■■■ geltend gemacht wird.
Sollte Ehegattenunterhalt geltend gemacht werden, verbleibt es bei der hälftigen gesamtschuldnerischen Haftung für diese Schulden.

---

296 Hierzu siehe: Hansen-Tilker, FamRZ 1997, 1188, 1193.
297 Münch a.a.O. Rn 1045 zu Teil 5.
298 OLG Celle NJW 2000, 1425, 1426.
299 BGH FamRZ 1994, 822.

Alternative 3: Vereinbarung bei mangelnder Leistungsfähigkeit wegen Schuldenrückzahlung für Immobilie

(1) Der Antragsgegner verpflichtet sich, ab Verkauf des Anwesens und **Erhalt** des **Verkaufserlöses**, spätestens ab ■■■ an die Antragsgegnerin als nachehelichen Ehegattenunterhalt eine monatlich im Voraus zahlbare Unterhaltsrente in Höhe von ■■■ zu bezahlen.

(2) Die Parteien sind sich dahingehend einig, dass Ehegattenunterhaltsrückstände für den Zeitraum bis zum Hausverkauf und Erhalt des Verkaufserlöses, spätestens ■■■ nicht bestehen. Sollte das Anwesen vor diesem Zeitpunkt verkauft werden, wird Ehegattenunterhalt ab Erhalt des Verkaufserlöses geschuldet.

Alternative 4: Abhängigkeit der Unterhaltszahlung von Darlehensrückzahlung aufgrund Verkauf einer Immobilie

Beratungshinweis:

168

Wenn von einem Wegfall von Darlehensraten in Folge des Verkaufs der Immobilie ausgegangen wird, empfiehlt sich die nachfolgende Vereinbarung für den **Fall**, dass der **Kaufpreis nicht pünktlich bezahlt** wird.

Sollte der Kaufpreis für das gemeinsame Anwesen wider Erwarten nicht im ■■■ bezahlt werden und der Beklagte in Folge dessen noch im ■■■ mit einer monatlichen Darlehensrate in Höhe von Euro ■■■ belastet sein, so verbleibt es für den Monat ■■■ bei denselben Unterhaltsverpflichtungen wie bis zu diesem Monat.

Alternative 5: Unmittelbare Schuldenrückzahlung

(1) Der Antragsteller verpflichtet sich, an die Antragsgegnerin eine monatlich im Voraus zahlbare Unterhaltsrente in Höhe von Euro ■■■, beginnend ab ■■■ zu bezahlen wovon ein Teilbetrag in Höhe von Euro ■■■, solange die Schulden bei der ■■■ **Bank** noch bestehen, unmittelbar an diese vom Antragsteller **bezahlt** wird.

Zu zahlen sind demgemäß derzeit an die Antragstellerin selbst Euro ■■■. In diesem Unterhaltsbetrag ist sowohl der Krankheitsvorsorgeunterhalt als auch der Altersvorsorgeunterhalt enthalten.

(2) Die Parteien sind sich dahingehend einig, dass die Antragsgegnerin bis zur Vollendung des 15. Lebensjahres des Kindes ■■■, also bis ■■■, anrechnungsfrei Euro ■■■ pro Monat hinzuverdienen kann.

Alternative 6:[300]

Ein **Gesamtschuldnerausgleich** wegen der vom Ehemann auf das gesamtschuldnerische Darlehen Nr ■■■ bei der ■■■ Bank geleisteten Darlehensraten findet für den Zeitraum, in welchem aufgrund dieser Vereinbarung unverändert Unterhalt geleistet wird, nicht statt. Eine **Verpflichtung** des Ehemannes, diese Verbindlichkeit zukünftig alleine zu übernehmen und die Ehefrau hiervon freizustellen, ist hiermit **nicht** verbunden.

Beratungshinweis:

169

Wird Unterhalt lediglich **nicht** geltend gemacht, während der Verpflichtete gesamtschuldnerische Verbindlichkeiten tilgt, so ist nicht ohne weiteres davon auszugehen, dass eine konkludente anderweitige Bestimmung i.S.d. § 426 Abs. 1 BGB geschlossen wurde[301] (hierzu s. vorstehende Rn 145 ff).

---

300   Kilger/Pfeil in Göppinger/Börger, Vereinbarungen anlässlich der Ehescheidung, Rn 197 zu Teil 5.
301   OLG Köln FamRZ 1999, 1501.

Etwas **anderes** kann jedoch gelten, wenn der Unterhaltsverpflichtete im Hinblick auf die von ihm geleistete Schuldentilgung **kein Nutzungsentgelt** nach § 745 Abs. 2 BGB verlangt hat.[302]

In jedem Fall sollte **vorsorglich** der andere Ehegatte wegen des Unterhalts in Verzug gesetzt werden.

Bei **jeder** Unterhaltsvereinbarung müssen sämtliche Einkommenspositionen, wie z.B. Wohnwert u.a., berücksichtigt werden, da eine nachträgliche Änderung der tatsächlichen und wirtschaftlichen Verhältnisse erforderlich ist für eine spätere Abänderung, soweit nicht eine Abänderung ohne Bindungswirkung an den Vergleich vereinbart wurde.

XXII. Unterhaltsrückstände

1. Beratung

a) Tatsächliche Ausgangssituation

170   Die Parteien treffen eine Regelung, wonach Ansprüche betreffend **Unterhaltsrückstand** nicht mehr gegeben sind. Hierbei ist zu beachten, dass auch **familienrechtliche Ausgleichsansprüche** geregelt werden müssen. Zu berücksichtigen ist des Weiteren eine etwaige Zahlung an öffentliche Leistungsträger (Bundesagentur für Arbeit/UVG-Leistungen u.a.).

b) Rechtliche Ausgangssituation

aa) Familienrechtlicher Ausgleichsanspruch

171   Nach der Rechtsprechung des BGH hat ein **Elternteil**, der **allein** für den **Kindesunterhalt** eines gemeinsamen ehelichen Kindes aufkommt, einen **Ersatzanspruch** gegen den anderen Elternteil, der als familienrechtlicher Ausgleichsanspruch bezeichnet wird.[303]

172   Der Anspruch ergibt sich aus der gemeinsamen Unterhaltspflicht der Eltern gegenüber den Kindern und der Notwendigkeit, die Unterhaltslast im Innenverhältnis zwischen den Eltern entsprechend ihrem Leistungsvermögen zu verteilen.[304]

173   Soweit das **minderjährige** Kind nach Trennung der Eltern den **Aufenthalt wechselt**, kann der das Kind nicht mehr betreuende Elternteil rückständigen Unterhalt nur als **Ausgleichsanspruch** geltend machen. Das gleiche gilt, wenn ein **Kind volljährig** wird und der betreuende Elternteil noch Unterhaltsrückstände vor Volljährigkeit erstattet haben will.[305] Praktikabler ist in diesem Fall aber eine **Abtretung** der bis zur Volljährigkeit noch offenen Unterhaltsrückstände durch den Volljährigen an den betreuenden Elternteil, insbesondere wenn eine entsprechende Unterhaltsklage bereits anhängig ist.[306]

---

302   BGH FamRZ 1993, 676.
303   BGH FamRZ 1981, 761, 762; 1984, 775 ff; 1994, 1102; Deisenhofer in Heiß/Born, Unterhaltsrecht, Ein Handbuch für die Praxis, Rn 106 zu Kap. 12.
304   BGH FamRZ 1981, 761, 762; 1984, 775 ff; 1994, 1102; Gerhardt in FA-FamR Rn 549 zu Kap. 6.
305   OLG München FamRZ 1996, 422; Gießler FamRZ 1994, 800, 805; Gerhardt FA-FamR Rn 551 zu Kap. 6.
306   Gerhardt a.a.O.

Wird die Klage durch ein inzwischen **volljähriges Kind** erhoben und betreffen die Unter-   174
haltsrückstände sowohl den Zeitpunkt der **Minderjährigkeit** als auch den Zeitpunkt der
Volljährigkeit des Kindes, so muss zum Zwecke der Wirksamkeit einer entsprechenden
Vereinbarung die **Mutter** des zwischenzeitlich volljährigen Kindes **dem Verfahren** zum
Zwecke des Vergleichsabschlusses **beitreten**.

bb) Anrechnung von geleisteten Unterhaltszahlungen

Häufig ist zum Zeitpunkt eines Vergleichsabschlusses im Prozess nicht bekannt, wann   175
in welcher Höhe Unterhaltszahlungen erbracht wurden. In diesem Fall empfiehlt sich
eine Regelung, wonach bezahlte Beträge auf den Unterhaltsrückstand angerechnet
werden.

cc) Leistungen von Arbeitslosengeld II

Das Arbeitslosengeld II dient nicht mehr dem Lohnersatz, sondern nur noch der **Unter-**   176
haltssicherung.[307] Es unterscheidet sich in der Funktion wie auch in der Höhe nicht von
der Sozialhilfe. Auch der **Zuschlag** ist dem Grunde nach eine **subsidiäre** Sozialleistung.
Gleiches gilt für das **Einstiegsgeld** nach § 29 SGB II. Es gilt also der **Grundsatz der Sub-**
sidiarität des Arbeitslosengeldes II.[308]

Der Unterhaltsberechtigte bleibt trotz Bezuges von Arbeitslosengeld II solange im Pro-   177
zess **aktivlegitimiert**, wie der zuständige Träger keine **Überleitungsanzeige nach § 33**
SGB II erlässt. Erst mit der Überleitungsanzeige, die mit der Bekanntgabe an den Unterhaltspflichtigen **wirksam** wird, geht der Anspruch über; eine etwaige Anfechtung der
Überleitungsanzeige ist wegen deren **sofortiger Vollziehbarkeit** unbeachtlich. Die Überleitungsanzeige **wirkt** nach § 33 Abs. 4 SGB II **auch** für die **Zukunft**, solange die Leistungen nicht länger als 2 Monate unterbrochen werden.[309]

Nach **Wirksamkeit der Überleitungsanzeige** (Bekanntgabe an den Unterhaltspflichti-   178
gen) ist der Unterhaltsberechtigte **nicht mehr aktivlegitimiert** und es kann nur mehr
der **Sozialleistungsträger** im Umfang der Überleitung auf Leistung an sich **klagen**.[310]

Klagen sowohl Leistungsträger als auch der Unterhaltsberechtigte auf künftige Leis-   179
tung, so steht der späteren Klage der Einwand der Rechtshängigkeit entgegen.[311]
Wird für den gleichen Zeitraum, in dem öffentliche Leistungen bezogen wurden, Unterhaltsrückstand bezahlt, so muss geregelt werden, dass die Unterhaltsberechtigte aus diesem Rückstand die erhaltenen Beträge an den **Leistungsträger zurückbezahlt**, soweit die
monatlichen Rückstandsbeträge gleich hoch oder höher als die vom Staat bezogenen
Leistungen sind.

---

307 Klinkhammer FamRZ 2004, 1917; Knittel JAmt 2004, 397.
308 Heiß, Das Mandat im Familienrecht, Rn 223 zu Teil 8.
309 Im Einzelnen zur Überleitungsanzeige s. Heiß, Das Mandat im Familienrecht, Rn 224 zu Teil 8.
310 Heiß a.a.O. Rn 226.
311 Klinkhammer FamRZ 2004, 1918.

dd) Vaterschaftsanfechtungsverfahren bei gleichzeitiger Anhängigkeit eines Verfahrens betreffend Kindesunterhalt

180 Hängt die Entscheidung eines Rechtsstreits davon ab, ob ein Mann, dessen Vaterschaft im Wege der Anfechtungsklage angefochten worden ist, der Vater des Kindes ist, so gelten die Vorschriften des § 152 ZPO entsprechend, § 153 ZPO. Die Nichtehelichkeit eines Kindes ist **Vorfrage** des **auszusetzenden** Prozesses.

181 Das Unterhaltsverfahren ist solange auszusetzen, bis feststeht, ob der vermeintliche Vater auch der tatsächliche Vater des Kindes ist. Soweit dennoch Unterhaltszahlungen durch den vermeintlichen Vater geleistet werden bzw. wurden, ist eine Regelung zu treffen, bei der gewährleistet ist, dass solche zu Unrecht bezogenen Überzahlungen **zurückgefordert** bzw. mit etwaigen darüber hinausgehenden Unterhaltszahlungen betreffend Ehegattenunterhalt u.a. verrechnet werden können.

182 **2. Muster: Unterhaltsrückstand/Familienrechtlicher Ausgleichsanspruch**

> (1) Die Parteien stellen übereinstimmend fest, dass keinerlei Unterhaltsrückstände mehr bestehen. Gleiches gilt für etwaige **familienrechtliche Aussgleichsansprüche**.
>
> (2) Der Antragsteller verpflichtet sich, an die Antragsgegnerin als nachehelichen Ehegattenunterhalt eine monatlich im Voraus zahlbare Unterhaltsrente in Höhe von Euro ▪▪▪ beginnend ab ▪▪▪ zu bezahlen.
>
> Vergleichsgrundlage ist die Berechnung des Antragstellervertreters vom ▪▪▪, Ausdruck ▪▪▪, Uhrzeit ▪▪▪ die in der Anlage zum Protokoll gegeben wird.
>
> Weiterhin ist Vergleichsgrundlage ein Zinseinkommen seitens der Antragsgegnerin in Höhe von monatlich ▪▪▪ Euro.
>
> In dem Unterhaltsbetrag in Höhe von Euro ▪▪▪ ist sowohl der Elementarunterhalt als auch jegliche Art von Vorsorgeunterhalt (Altersvorsorge/Krankenvorsorgeunterhalt) enthalten.
>
> (3) Die Parteien verpflichten sich, an der **gemeinsamen Einkommensteuerveranlagung** für das Jahr ▪▪▪ mitzuwirken.
>
> Die Antragsgegnerin erhält von der **Steuererstattung** nach Abzug der Steuerberatungskosten ⅓. Etwaige Steuernachzahlungen werden vom Antragsteller alleine übernommen.
>
> **Alternative 1: Ratenzahlung betreffend Rückstand**
>
> Die Parteien sind sich dahingehend einig, dass ein Unterhaltsrückstand für die Zeit von ▪▪▪ bis ▪▪▪ in Höhe von Euro ▪▪▪ besteht.
>
> Der Antragsgegner verpflichtet sich, diesen Unterhaltsrückstand in monatlichen Raten von Euro ▪▪▪ jeweils fällig mit dem laufenden Unterhalt von Euro ▪▪▪ beginnend am ▪▪▪ an die Antragstellerin zu bezahlen.
>
> Sollte der Antragsgegner mit der Zahlung einer Rate länger als 2 Wochen in **Verzug** sein, so wird der noch **offene Restbetrag** sofort zur Zahlung **fällig**.
>
> **Alternative 2: Vereinbarung bei Unkenntnis, ob für einen bestimmten Zeitraum Unterhalt bereits bezahlt wurde**
>
> Sollten die Unterhaltsbeträge für ▪▪▪ bereits bezahlt sein, werden diese **bezahlten Beträge** auf die obige Unterhaltsverpflichtung als Erfüllung **angerechnet**.

Alternative 3: Anhängiges Vaterschaftsverfahren

(1) Die Parteien sind sich dahingehend einig, dass der Beklagte Zahlungen teilweise an ▉▉▉ (die **Bundesagentur für Arbeit**) und teilweise an die Klägerin erbracht hat.

(2) Die Parteien sind sich dahingehend einig, dass sämtliche Unterhaltszahlungen auf den Rückstand angerechnet werden.

(3) Soweit **Überzahlungen** geleistet wurden, ist der Beklagte berechtigt, diese vom laufenden Unterhalt **einzubehalten**, wobei der Beklagte erklärt, dass ein Einbehalt erst dann vorgenommen wird, wenn festgestellt ist, ob er der Vater des Kindes ▉▉▉ ist oder nicht.

Alternative 4: Beitritt zum Verfahren zum Zwecke des Vergleichsabschlusses durch die Mutter des Klägers

(1) Der Beklagte verpflichtet sich, zur Abgeltung sämtlicher etwaiger Unterhaltsrückstände an den Kläger einen Betrag in Höhe von Euro ▉▉▉ zu bezahlen. (Hinweis: Der Kläger war zwischenzeitlich **volljährig**; die **Unterhaltsrückstände** betrafen einen Zeitraum der **Minderjährigkeit** sowie einen weiteren Zeitraum der **Volljährigkeit** des Sohnes).

(2) Die Parteien sind sich dahingehend einig, dass damit jegliche etwaigen Unterhaltsrückstände abgegolten sind.

(3) Die **Mutter** des Klägers, Frau ▉▉▉ **tritt** dem Verfahren zum Zwecke des **Vergleichsabschlusses** bei und erklärt ausdrücklich, dass mit vorstehender Zahlung auf Unterhaltsrückstände an den Kläger auch sämtliche etwaigen **familienrechtlichen Ausgleichsansprüche** abgegolten sind und von ihr keinerlei Forderungen – gleich aufgrund welcher Anspruchsgrundlage – bezüglich rückständigen Kindesunterhalts für den Sohn ▉▉▉ gegen den Beklagten erhoben werden.

XXIII. Verzicht auf Rechte aus bestehendem Titel; Rücknahme von Pfändungsmaßnahmen

1. Beratung

a) Tatsächliche Ausgangssituation

Es besteht ein **Unterhaltstitel** in Form einer gerichtlichen Entscheidung, eines Vergleichs oder einer Jugendamtsurkunde. An Stelle dieses Unterhaltstitels wird eine gerichtlich protokollierte Vereinbarung geschlossen, mit der ein neuer Titel geschaffen wird. 183

b) Rechtliche Ausgangssituation

Zu regeln ist Folgendes: 184

- **Verzicht** auf die Rechte aus dem ursprünglichen Titel.
- Verpflichtung zur **Herausgabe** der vollstreckbaren Ausfertigung des Titels.
- Ggf. **Teilverzicht** auf die Rechte aus dem Titel.
- Wenn Zwangsvollstreckungsnahmen eingeleitet wurden, ist eine Verpflichtung zur **Rücknahme** mit aufzunehmen. Es kann auch das **Ruhen** des Vollstreckungsverfahrens vereinbart werden mit der Möglichkeit der jederzeitigen Wiederaufnahme, falls der Schuldner nicht bezahlt.

Beratungshinweis:

Wird ein **Gesamtunterhalt** für Ehefrau und Kind vereinbart, so muss dieser in jedem Fall aufgegliedert werden in den Betrag, der auf Ehegattenunterhalt entfällt und den Betrag, der auf Kindesunterhalt entfällt.

Im Übrigen ist der Kindesunterhalt zu **dynamisieren** (hierzu s. Teil 4, § 5).

Wird ein solcher Gesamtbetrag dann für einen bestimmten Zeitraum **festgeschrieben**, also die Abänderung nach § 323 ZPO ausgeschlossen, muss eine Regelung getroffen werden für den Fall, dass sich der Kindesunterhalt erhöht. Entweder es verbleibt dennoch bei dem vereinbarten Gesamtbetrag mit der Folge, dass sich der Ehegattenunterhalt entsprechend ermäßigt, oder der Ehegattenunterhalt bleibt hiervon unberührt und der Kindesunterhalt erhöht sich entsprechend der Dynamisierung.

186 **2. Muster: Verzicht auf Rechte aus bestehendem Titel**

Ferner **verzichtet** die Beklagte auf die Geltendmachung der Rechte aus Ziffer ▪▪▪ der Vereinbarung des Amtsgerichts ▪▪▪ im Verfahren ▪▪▪.

Alternative 1:

Die Beteiligten sind sich dahingehend einig, dass aus dem Anerkenntnisurteil des Amtsgerichts ▪▪▪ vom ▪▪▪ für Vergangenheit, Gegenwart und Zukunft **keinerlei Rechte** mehr hergeleitet werden.

Die Klägerin verpflichtet sich, die **vollstreckbare Ausfertigung** des betreffenden Urteils an den Beklagten **herauszugeben**.

Alternative 2: Vereinbarung zur Abänderung eines Titels

(1) Die Klägerin verpflichtet sich, in Abänderung des Beschlusses des Amtsgerichts ▪▪▪ vom ▪▪▪ für das Kind ▪▪▪, geboren ▪▪▪, vertreten durch das Kreisjugendamt ▪▪▪, mit Wirkung ab ▪▪▪ einen monatlichen Unterhalt in Höhe von Euro ▪▪▪ monatlich im Voraus zum 1. eines Monats zu Händen des gesetzlichen Vertreters zu bezahlen.

(2) Die Parteien sind sich dahingehend einig, dass bereits gezahlte Unterhaltsbeträge durch die Klägerin auf diesen Betrag anzurechnen sind (Unterhaltsrückstand).

(3) Die Parteien erklären übereinstimmend das Verfahren ▪▪▪ für erledigt.

Alternative 3: Verzicht auf Rechte aus einem Titel und Rückgabe der vollstreckbaren Ausfertigung

Aufgrund dieses Vergleichs wird auf die Rechte aus der **Jugendamtsurkunde** vom ▪▪▪ seitens der Klägerin **verzichtet** und die vollstreckbare Ausfertigung an den Beklagten zu Händen seiner Prozessbevollmächtigten **herausgegeben**.

Alternative 4: Teilverzicht auf Ansprüche aus Titel

(1) Ich, Frau ▪▪▪ verzichte hiermit auf die Ansprüche aus der Vereinbarung gem. Protokoll des Amtsgerichts ▪▪▪ vom ▪▪▪, Az ▪▪▪, **soweit** darin ein **höherer** Ehegattenunterhalt als monatlich ▪▪▪ vereinbart wurde.

(2) Wir vereinbaren hiermit mit Wirkung ab ▪▪▪ einen **Gesamtunterhalt** in Höhe von ▪▪▪, wovon ein **Teilbetrag** in Höhe von ▪▪▪ auf Kindesunterhalt für unser ehegemeinschaftliches Kind ▪▪▪ entfällt und ein Betrag in Höhe von ▪▪▪ auf Ehegattenunterhalt.

Beratungshinweis:

Statt der Vereinbarung eines **Teilbetrages**, der auf Kindesunterhalt entfällt, ist eine **Verpflichtungserklärung** zu empfehlen, wonach **dynamisierter Kindesunterhalt** festgelegt wird, um die automatische Anpassung bei geänderter Altersgruppe oder Änderung der Düsseldorfer Tabelle zu gewährleisten. (Hierzu im Einzelnen s. Teil 4, § 5)

Alternative 5: Rücknahme von Pfändungsmaßnahmen 188

Die Klägerin **nimmt** hiermit den **Antrag** auf **Pfändungs- und Überweisungsbeschluss zurück** und erklärt, dass aus dem Pfändungs- und Überweisungsbeschluss gegenüber dem ▪▪▪ keine Rechte mehr geltend gemacht werden. Die Klägerin **verzichtet** des Weiteren auf sämtliche Rechte aus den Vollstreckungsmaßnahmen gegenüber der ▪▪▪ Bank und verpflichtet sich im Hinblick auf die vorstehende Vereinbarung, die vollstreckbare Ausfertigung des Vergleiches vom ▪▪▪ (der mit dem nunmehrigen Vergleich abgeändert wurde) **herauszugeben.**

Alternative 6: Vereinbarung bei laufender Zwangsvollstreckung

Die Antragsgegnerin verpflichtet sich, unverzüglich nach Erhalt des Betrages in Höhe von Euro ▪▪▪ (Unterhaltsrückstand) die gegen den Antragsteller eingeleiteten **Vollstreckungsmaßnahmen zurückzunehmen.** Bis zum Ablauf der 14-tägigen Zahlungsfrist wird das **Ruhen** des **Vollstreckungsverfahrens** beim zuständigen Vollstreckungsgericht beantragt.

XXIV. Krankenvorsorgeunterhalt

1. Beratung

a) Tatsächliche Ausgangssituation

Die unterhaltsberechtigte Ehefrau geht **keiner Erwerbstätigkeit** nach und ist im Hinblick auf das Alter der Kinder oder Krankheit u.a. auch nicht verpflichtet, einer Erwerbstätigkeit nachzugehen. 189

Nach § 1578 Abs. 2 BGB gehören zum Lebensbedarf auch die Kosten einer **angemessenen Krankenversicherung.** Mit Rechtskraft der Scheidung erlischt der **Krankenversicherungsschutz** nach § 10 SGB V für den Ehegatten des in der Krankenversicherung gesetzlich oder freiwillig Versicherten. Nach § 9 SGB V kann der geschiedene Ehegatte der Krankenversicherung **freiwillig beitreten** und zwar ohne Rücksicht auf sein Alter ohne Wartezeit, ohne ärztliche Untersuchung und ohne Ausschluss bereits bestehender Krankheiten von der Kassenleistung. Der Aufnahmeantrag oder die Beitragszahlung hat **binnen 3 Monaten** nach **Rechtskraft** des Scheidungsurteils zu erfolgen. Die **Kinder** bleiben nach § 10 SGB V weiter versichert. 190

In der **Privatversicherung** bleibt der geschiedene Ehegatte, soweit der Versicherte den Vertrag **nicht kündigt,** weiter versichert. Die Ehegatten können vereinbaren, dass der **Ehemann** weiterhin die **Versicherungsbeiträge** für die Frau **leistet** und sich verpflichtet, die Versicherung nur mit deren Einverständnis zu kündigen. Die Ehefrau kann aber im Einverständnis mit der privaten Krankenversicherung diese auch selbst fortführen oder 191 der gesetzlichen Krankenversicherung **freiwillig beitreten**. Die Ehegatten können vereinbaren, dass der Ehemann der Ehefrau die laufenden **Beiträge erstattet**.[312]

b) Rechtliche Ausgangssituation

192 Besteht seitens des Berechtigten **keine Erwerbsobliegenheit** und geht dieser auch keiner Erwerbstätigkeit nach, über die er krankenversichert ist, so sind die Kosten für die freiwillige Weiterversicherung **nach der Scheidung** zusätzlich zum Elementarunterhalt geschuldet.[313] Bis zur **Rechtskraft** der Scheidung bleibt der beim Ehegatten krankenversicherte Berechtigte noch wie bisher **weiter krankenversichert**.

193 Der Krankenvorsorgeunterhalt ist bei der Berechnung des endgültigen Elementarunterhalts **vorab** vom **Einkommen** in **Abzug** zu bringen. Krankheitsvorsorgeunterhalt ist **auch** im **Mangelfall** zuzusprechen, da der Elementarunterhalt gegenüber dem Krankheitsvorsorgeunterhalt (anders als der Altersvorsorgeunterhalt) **keinen** Vorrang hat.[314]

194 **Kündigt** der Unterhaltsschuldner die bisher von ihm finanzierte Krankenversicherung, muss er den Unterhaltsberechtigten rechtzeitig hiervon in **Kenntnis** setzen, andernfalls wird er **schadenersatzpflichtig**, wenn dem Berechtigten hierdurch ein Schaden entsteht.[315]

195 Wird Krankenvorsorgeunterhalt vereinbart, so ist der **Wegfall** dieses Unterhaltsanspruches zu regeln für den Fall, dass die Unterhaltsberechtigte entweder Anspruch auf die **gesetzliche Krankenvorsorge** hat oder aufgrund bestehender Erwerbsobliegenheit hätte. Auch sollte eine Verpflichtungserklärung der Unterhaltsberechtigten aufgenommen werden, wonach diese die Krankenversicherungszahlungen unmittelbar an die Krankenkasse erbringt.

196 ### 2. Muster: Verpflichtung zum Beitritt zur Krankenversicherung des Unterhaltspflichtigen[316]

> Die Ehefrau ist verpflichtet, binnen eines Monats nach Rechtskraft der Scheidung gem. § 9 SGB V der gesetzlichen Krankenversicherung des Ehemannes bei der ▪▪▪ **beizutreten**. Die Beiträge zu dieser Versicherung **bezahlt** der Ehemann als Teil des geschuldeten Unterhalts.
>
> **Alternative 1:**
>
> Herr ▪▪▪ verpflichtet sich, an Frau ▪▪▪ einen nachehelichen Ehegattenunterhalt in Höhe von insgesamt ▪▪▪ Euro monatlich im Voraus zu bezahlen. Hierin ist ein Teilbetrag von ▪▪▪ Euro enthalten für **Krankenvorsorge**.
>
> Sobald Frau ▪▪▪ **Anspruch** auf **gesetzliche** Krankenvorsorge hat oder aufgrund bestehender Erwerbsobliegenheit **hätte**, schuldet Herr ▪▪▪ nur noch den Betrag in Höhe von Euro ▪▪▪ (vereinbarter Unterhalt abzüglich Krankenversicherungsbeitrag).
>
> Frau ▪▪▪ verpflichtet sich insbesondere, dies Herrn ▪▪▪ sogleich mitzuteilen.

---

312 Langenfeld, Handbuch der Eheverträge und Scheidungsvereinbarungen, Rn 992 zu Kap. 5.
313 Heiß, Das Mandat im Familienrecht, Rn 138 zu Teil 8.
314 BGH FamRZ 1989, 483; OLGMünchen FamRZ 1998, 553.
315 OLG Koblenz FamRZ 1990, 1111; Heiß, Das Mandat im Familienrecht, Rn 138 zu Teil 8.
316 Langenfeld a.a.O. Rn 990 zu Kap. 5.

Der hier vereinbarte Unterhalt ist die vertragliche Ausgestaltung der gesetzlichen Unterhaltsansprüche von Frau ███. Er umfasst alle gesetzlichen Anspruchsgrundlagen auf Elementar-, Kranken- und Altersvorsorgeunterhalt.

Beratungshinweis:

In der vorstehenden Vereinbarung wird lediglich der Wegfall des Anspruchs auf Krankenvorsorgeunterhalt geregelt. Es ist jedoch davon auszugehen, dass bei Wegfall dieses Unterhaltsanspruchs gleichzeitig eine Erwerbstätigkeit durch die Berechtigte aufgenommen wird oder eine Erwerbsobliegenheit der Berechtigten bestünde, sodass in diesem Fall eine **Neuberechnung** des Unterhalts erfolgen müsste im Hinblick auf eigene Einkünfte oder erzielbare Einkünfte der Ehefrau.

Alternative 2:

In dem Betrag von Euro ███ ist ein Krankenvorsorgeunterhalt in Höhe von ███ für Frau ███ enthalten.

Frau ███ verpflichtet sich unter Freistellung von Herrn ███ zur monatlichen vertragsgemäßen **Beitragszahlung** von Euro ███ direkt an die ███ **Krankenkasse**.

Beide verpflichten sich, wechselseitig gegenüber der ███ Krankenkasse alle **Erklärungen** abzugeben, welche zur versicherungsrechtlichen Herauslösung der Krankenversicherung für Frau ███ führen. Beide beantragen dies übereinstimmend und unwiderruflich gegenüber der ███ Krankenkasse.

XXV. Versorgungsausgleich und Altersvorsorgeunterhalt

1. Beratung

a) Tatsächliche Ausgangssituation

Der Unterhaltsverpflichtete bezahlt an die Unterhaltsberechtigte **Altersvorsorgeunter-** | 197
halt. Durch eine Vereinbarung soll gewährleistet werden, dass der Altersvorsorgeunterhalt **zweckentsprechend** verwendet, und dass bei einer späteren **Unterhaltsberechnung** berücksichtigt wird, welche Ansprüche die Unterhaltsberechtigte aufgrund des geleisteten Altersvorsorgeunterhalts zur Alterssicherung erworben hätte.

b) Rechtliche Ausgangssituation

Zweifelhaft ist, ob in einem **Verzicht** auf **Versorgungsausgleich** auch zugleich ein **Ver-** | 198
zicht auf **Altersvorsorgeunterhalt** liegt. Dafür könnte sprechen, dass dann, wenn die Parteien schon für die Ehezeit die Altersversorgung nicht ausgleichen wollten, sie erst recht nicht nach der Ehezeit für die Altersversorgung des jeweils anderen Ehegatten zuständig sein wollten.[317] Der BGH hatte diese Fragestellung zu beurteilen, hat sie aber nicht entschieden.[318]

---

317 Münch, Ehebezogene Rechtsgeschäfte, Rn 1733 zu Teil 7.
318 BGH FamRZ 1992, 1046, 1049.

199 **Beratungshinweis:**

Es sollte in jedem Fall bei Ausschluss eines Versorgungsausgleichs eine Vereinbarung dahingehend getroffen werden, ob damit auch auf Altersvorsorgeunterhalt i.S.d. § 1578 Abs. 3 BGB verzichtet werden soll (falls nicht ohnehin durch die Vereinbarung jegliche Unterhaltsansprüche ausgeschlossen werden).

Ist der Versorgungsausgleichsverpflichtete wesentlich älter als der Berechtigte, so kann es sich empfehlen, eine gesetzliche Unterhaltspflicht zu belassen, um eine frühzeitige Kürzung der Versorgung des Verpflichteten zu vermeiden, von der auch der Berechtigte nicht profitieren würde, § 5 VAHRG. Bezieht der Ausgleichpflichtige die Rente erst nach Rechtskraft der Scheidung und ist er verpflichtet, Ehegattenunterhalt zu zahlen, so kann gem. § 5 VAHRG ein Antrag dahingehend gestellt werden, dass der Versorgungsausgleich wegen des sog. Unterhaltsprivilegs nicht gekürzt wird, wobei es hier auf die Höhe des Unterhaltsanspruchs nicht ankommt.[319] Auch geringfügige Beträge reichen aus, um die Voraussetzungen des § 5 VAHRG zu bejahen.[320]

Der Unterhaltsanspruch kann auch auf einer **Vereinbarung der Parteien beruhen**, wie z.B. einem Vergleich. Allerdings darf die Vereinbarung nicht willkürlich erscheinen. Vielmehr muss die Unterhaltszahlung ihre Grundlage in einer gesetzlichen Verpflichtung haben.[321]

Renteneinkünfte, die auf dem Versorgungsausgleich beruhen, sind eheprägend und damit im Wege der Differenzmethode zu berücksichtigen, **nicht** jedoch soweit sie auf dem vom Pflichtigen gezahlten Altersvorsorgeunterhalt beruhen. Diese sind Folge der Ehescheidung und nicht eheprägend und im Wege der Anrechnungsmethode zu berücksichtigen. Auf dem Vorsorgeunterhalt beruhende Renteneinkünfte sind nicht prägende Einkünfte.[322]

200 **2. Muster:[323] Versorgungsausgleich und Altersvorsorgeunterhalt**

358

> In vorstehender Unterhaltsvereinbarung ist ein Betrag in Höhe von ■■■ Euro für **Altersvorsorgeunterhalt** und ein Betrag in Höhe von ■■■ Euro für **Krankenvorsorgeunterhalt** einschließlich **Pflegevorsorge** enthalten.
>
> Diese Beträge **ändern** sich nur, wenn und soweit sich die zugrundegelegten Abführungsprozentsätze für die betreffenden Versorgungsträger ändern und werden von Änderungen des Unterhalts im Übrigen künftig nicht berührt. Der Unterhaltsberechtigte ist verpflichtet, den Krankenvorsorgeunterhalt zur Unterhaltung einer Krankenversicherung zu verwenden, die im Leistungsumfang mindestens den Regelleistungen der allgemeinen Ortskrankenkassen vergleichbar ist. Der Altersvorsorgeunterhalt ist **zweckgebunden** und

---

319 Heiß, Das Mandat im Familienrecht, Rn 1 zu Teil 12.
320 Heiß, Das Mandat im Familienrecht, Rn 184 zu Teil 12.
321 Im Einzelnen hierzu s. Heiß a.a.O. Rn 185 ff.
322 BGH FamRZ 2003, 848; Heiß, Das Mandat im Familienrecht, Rn 126 zu Teil 8.
323 Zimmermann/Dorsel, Eheverträge, Scheidungs- u. Unterhaltsvereinbarungen, Rn 63 zu § 20.

darf nur zur Einzahlung in die gesetzliche Rentenversicherung oder eine private Lebensversicherung verwendet werden, die Leistungen wegen Alters ab dem 60. Lebensjahr und wegen verminderter Erwerbsfähigkeit vorsieht.

Alternative 1:[324]

Bei der Bestimmung des Altersvorsorgeunterhalts ist der Berechtigte so zu behandeln, wie er stünde, wenn er die im Rahmen des Versorgungsausgleichs geleistete **Abfindungszahlung** bei der BfA eingezahlt oder für eine private Lebensversicherung verwendet hätte, die Leistungen wegen Alters ab dem 60. Lebensjahr und wegen verminderter Erwerbsfähigkeit vorsieht.[325]

Beratungshinweis:

Wird im Rahmen des Versorgungsausgleichs eine **Abfindungszahlung** gewährt gegen **Verzicht** auf **Versorgungsausgleichsansprüche**, muss dieser Umstand bei einer etwaigen späteren Unterhaltszahlung berücksichtigt werden. Der Unterhaltsverpflichtete sollte so gestellt werden wie er stünde, wenn die Abfindungszahlung für die Altersvorsorge verwendet worden wäre.[326]

Alternative 2: Vereinbarung zur Sicherung der Verwendung des Vorsorgeunterhalts

Beratungshinweis:

Wird Vorsorgeunterhalt bezahlt, jedoch vom Berechtigten **nicht zweckentsprechend** verwendet, so kann ein Unterhaltsanspruch gem. § 1579 Nr. 3 BGB bei mutwilliger Herbeiführung der Bedürftigkeit ausgeschlossen sein. Darüber hinaus kann die zweckwidrige Verwendung dazu führen, dass künftig unmittelbar an den Versorgungsträger gezahlt werden kann.[327]

Die zweckwidrige Verwendung des Vorsorgeunterhalts begründet jedoch **keinen Rückzahlungsanspruch**.[328]

Um spätere Streitigkeiten zu vermeiden, kann die nachfolgende Vereinbarung abgeschlossen werden.

Wir vereinbaren, dass sich die Ehefrau hinsichtlich eines etwaigen **Unterhaltsanspruchs** nach Eintritt in das Rentenalter oder bei Invalidität so behandeln lassen muss, als habe sie den gesamten gezahlten Vorsorgeunterhalt zuzüglich 2 % Zins für jeden Jahreszahlbetrag ab dem Folgejahr mit 2 % über dem Basiszinssatz nach § 247 BGB verzinslich angelegt. Diese (rechnerischen) Zinsen hat sie sich daher bedarfsdeckend auf einen etwaigen Unterhaltsanspruch **anrechnen** zu lassen.

Beratungshinweis:

Vereinbart wurde **Anrechnung**, also nicht die Berücksichtigung der eigenen Einkünfte im Wege der Differenzmethode. Dies beruht auf der Rechtsprechung des BGH,[329] wonach Rentenanwartschaften, die aufgrund nach der Scheidung einbezahlter Beträge er-

---

324 Zimmermann/Dorsel a.a.O. Rn 65 zu § 20.
325 Zimmermann/Dorsel a.a.O. Rn 65 zu § 20.
326 Zimmermann/Dorsel a.a.O. Rn 64 zu § 20.
327 Heiß/Heiß, Die Höhe des Unterhalts von A–Z, S. 19.
328 OLG Hamm NJW-RR 1992, 261.
329 FamRZ 2003, 848.

201

202

203

worben werden im Wege der **Anrechnungsmethode**, also als nicht prägende Einkünfte zu berücksichtigen sind.

XXVI. Vereinbarung von Vorauszahlungen auf Zugewinnausgleich statt Unterhaltszahlungen

1. Beratung

204 Leben die Eheleute getrennt und ergibt sich einerseits rechnerisch kein Unterhalt, besteht aber andererseits die Gefahr, dass – da es sich bei dem Verpflichteten um einen Selbständigen handelt – möglicherweise dennoch Unterhaltsansprüche zugesprochen werden könnten, und soll vermieden werden, dass die Gegenseite gegen ein erstinstanzliches Urteil Berufung einlegt, so bietet sich – vorausgesetzt es bestehen **möglicherweise Zugewinnausgleichsansprüche** der Ehefrau gegen den Ehemann – eine Vereinbarung an, wonach evtl. für eine Übergangszeit statt Unterhalt geringfügige **Vorauszahlungen** auf Zugewinnausgleich in Form von **monatlichen Zahlungen** erbracht werden, die dann mit einem **Zugewinnausgleichsanspruch verrechnet** werden können.

205 Zu regeln ist der Fall, ob – falls keine Zugewinnausgleichsansprüche bestehen – dem Zahlungspflichtigen ein **Rückforderungsrecht** bezüglich der bezahlten Beträge eingeräumt wird.

206 **2. Muster: Vereinbarung von Vorauszahlungen auf Zugewinnausgleich statt Unterhaltszahlungen**

Der Beklagte verpflichtet sich, für die Dauer von 6 Monaten einen Betrag in Höhe von monatlich ■■■ Euro als **Vorauszahlungen** auf den **Zugewinnausgleich** zu zahlen. Soweit Zugewinnausgleichsansprüche bestehen, wird dieser Betrag von einem etwaigen Zugewinnausgleichsanspruch in Abzug gebracht. Falls keine Zugewinnausgleichsansprüche bestehen, besteht kein (wahlweise: ein) **Rückforderungsanspruch** bezüglich der bezahlten Beträge.

Im Übrigen sind sich die Parteien einig, dass nach Ablauf dieser 6 Monate von der Klägerin **kein Ehegattenunterhalt geltend gemacht** wird, solange sich die beiden minderjährigen Kinder ■■■ beim Vater aufhalten.

Der Beklagte **stellt** die Klägerin von dem gesetzlichen **Ausbildungsunterhaltsanspruch** für die **Kinder** ■■■ **frei**, solange kein Ehegattenunterhalt gefordert wird.

XXVII. Verrechnung mit Zugewinn

1. Beratung

207 Die Parteien vereinbaren eine Zugewinnausgleichszahlung, die teilweise durch Verrechnung mit Ehegattenunterhalt (evtl. auch Kindesunterhalt) beglichen wird.

2. Muster: Verrechnung mit Zugewinn

208

Die Parteien sind sich einig, dass Frau ■■■ an Herrn ■■■ einen Zugewinnausgleichs-betrag von insgesamt Euro ■■■ schuldet, der wie folgt zu bezahlen ist:

– Ein **Teilbetrag** in Höhe von Euro ■■■ wird innerhalb von 4 Wochen nach Abschluss der Vereinbarung zur Zahlung fällig.

– Der weitere Teilbetrag in Höhe von Euro ■■■ wird mit dem von Herrn ■■■ geschuldeten **Ehegattenunterhalt** (eventuell auch Kindesunterhalt) wie folgt **verrechnet** ■■■

– Im Übrigen **verzichten** beide Parteien gegenseitig auf Zugewinnausgleich und nehmen diesen Verzicht wechselseitig an.

XXVIII. Verpflichtung zur Zahlung nachehelichen Unterhalts und Wohnungsgewährung als Sachleistung[330]

1. Beratung

Die Parteien vereinbaren, dass ein Teilbetrag des nachehelichen Ehegattenunterhalts in Form von **Sachleistungen** erbracht wird, und zwar in der Weise, dass der Ehefrau ein Anspruch auf **unentgeltliche Nutzung** einer im Alleineigentum des Ehemannes stehenden Immobilie zusteht.

209

Zu regeln ist:

210

■ Höhe der angerechneten Sachleistung.

■ Recht der Ehefrau auf kostenfreie Überlassung der Wohnung.

■ Erlöschen bei Wiederheirat der Ehefrau.

■ Realsplitting: Die Sachleistung kann ebenfalls wie die Barunterhaltszahlung im Wege des begrenzten Realsplittings als Sonderausgabe in Abzug gebracht werden.

Beratungshinweis:

211

Wie in der nachfolgenden Vereinbarung geregelt, kann späterer Streit wegen **Sonderbedarfs** ausgeschlossen werden durch eine entsprechende Vereinbarung, wonach der Sonderbedarf bereits im laufenden Unterhalt berücksichtigt wurde. Als Sonderbedarf kommen in erster Linie in Betracht:

1. Krankheitskosten in Folge eines Verkehrsunfalles[331]
2. kieferorthopädische Behandlung;[332] nicht aber Kosten einer vorhersehbaren Zahnbehandlung[333]
3. Umzugskosten, einschließlich Umzugsnebenkosten (z.B. Renovierungs- und Malerarbeiten, Teppichbodenverlegung)[334]

330 Münch, Ehebezogene Rechtsgeschäfte, Rn 1657 zu Teil 6.
331 BGH FamRZ 1982, 145; OLG Karlsruhe FamRZ 1981, 146.
332 OLG Düsseldorf FamRZ 1981, 76.
333 OLG Zweibrücken FamRZ 1984, 169.
334 BGH FamRZ 1983, 29 ff; im Einzelnen zu den Voraussetzungen für Sonderbedarf s. Heiß, Das Mandat im Familienrecht, Rn 459 ff zu Teil 8.

4. Jedoch hat der Verpflichtete Sonderbedarf wegen eines Umzugs zur Ermöglichung des Getrenntlebens dann nicht zu decken, wenn der Berechtigten nicht dartut und beweist, dass ihm ein Getrenntleben in der Ehewohnung nicht möglich oder nicht zumutbar ist.[335]

212
2. Muster: Verpflichtung zur Zahlung nachehelichen Unterhalts und Wohnungsgewährung als Sachleistung

(1) Ich, der Ehemann, verpflichte mich, für die Zeit ab Rechtskraft der Scheidung an meine geschiedene Ehefrau unter Zugrundelegung der gesetzlichen Vorschriften einen monatlichen Ehegattenunterhalt in Höhe von ■■■ Euro zu zahlen.

Dieser Betrag beinhaltet sowohl Vorsorge- wie auch Kranken- und Pflegeversicherungsunterhalt. Aufgrund der großzügigen Bemessung kann **weiterer Unterhalt** wegen **Sonderbedarfs** nicht verlangt werden.

(2) Die Zahlung des nachehelichen Unterhalts beginnt an dem auf die rechtskräftige Scheidung folgenden Monatsersten und ist jeweils fällig im Voraus bis zum Ersten eines jeden Monats.

(3) Auf diesen Unterhaltsbetrag wird eine **Sachleistung** in Höhe von ■■■ Euro angerechnet, die der Ehemann dadurch erbringt, dass er die in seinem **Alleineigentum** stehende **Eigentumswohnung** in ■■■ Straße ■■■ der Ehefrau und den gemeinsamen Kindern als Wohnung **zur Verfügung stellt**. Bei der Festlegung der Anrechnungssumme wurde der **Anteil** der **Kinder** bereits vorab abgezogen. Die Ehefrau ist berechtigt, die **kostenfreie Überlassung** dieser Wohnung zur Nutzung zu verlangen und der Ehemann ist berechtigt, diesen Teil des Unterhalts durch diese Art der Sachleistung zu erbringen.

Bei der Berechnung des Gesamtunterhalts und des Sachleistungsbetrags wurde berücksichtigt, dass der Ehemann Zins und Tilgung für diese Wohnung allein erbringt, die Ehefrau aber die Nebenkosten alleine zahlt.

Die Verpflichtung zur Wohnungsüberlassung **erlischt** mit **Wiederheirat** der Ehefrau oder Eingehen einer **eheähnlichen Beziehung** i.S.d. § 1579 Nr. 7 BGB.

(4) Der Unterhalt wird wegen **Kindesbetreuung** nach § 1570 BGB gezahlt (ggf. andere Vorschrift eintragen).

(5) Der Unterhaltsbemessung liegende folgende eheprägenden Daten zugrunde ■■■

(6) Diese Unterhaltsregelung ist nach § 323 ZPO abänderbar. Hierbei soll sich die Bewertung der Sachleistung an der **ortsüblichen Miete** und dem Vorwegabzug der Kinderanteile ausrichten.

(7) Realsplitting ■■■ hierzu s. Teil 4, § 4 Rn 399.

---

335   OLG Köln FamRZ 1986, 163.

XXIX. Vereinbarung von Vorausleistungen

1. Beratung

Vorausleistungen sind beim **Trennungsunterhalt** gem. §§ 1360 a Abs. 3, 1614 Abs. 2, 760 Abs. 3 BGB nur für **3 Monate wirksam.** Für den nachehelichen Unterhalt hat die Rechtsprechung diesen Zeitraum auf **6 Monate** ausgedehnt.[336] **213**

Nach Ablauf dieses Zeitraums muss der Verpflichtete ggf. **erneut** Unterhalt **leisten,** wenn der Berechtigte bedürftig ist. Dies gilt jedoch **nicht** bei besonderer **vertraglicher Regelung** des **nachehelichen Unterhalts,** was sich aus den Bestimmungen über die Leistung einer Abfindung (§ 1585 Abs. 2 BGB) ergibt.[337] **214**

2. Muster:[338] Vereinbarung von Vorausleistungen

215
🔵 **362**

In Ausgestaltung des gesetzlichen nachehelichen Unterhaltsanspruchs der Ehefrau vereinbaren die Parteien:
Der Ehemann verpflichtet sich, beginnend mit dem ▪▪▪ an die Ehefrau nachehelichen Unterhalt als Aufstockungsunterhalt in Höhe von monatlich ▪▪▪ Euro zu bezahlen.
Der Unterhaltsanspruch der Ehefrau ist **befristet** bis zum ▪▪▪. Die Ehefrau erklärt sich mit einer **Vorauszahlung** der Unterhaltsraten durch den Ehemann **einverstanden.** Der Ehemann wird zu diesem Zwecke der Ehefrau spätestens bis zum ▪▪▪ einen Betrag in Höhe von ▪▪▪ Euro zur Verfügung stellen. Die Ehefrau **verzichtet** im Übrigen auch für den Fall der Not auf weitergehenden Unterhalt. Der Ehemann nimmt diesen Verzicht hiermit an. Der Verzicht wird nur **wirksam,** wenn die Vorleistung des Ehemannes in Höhe von ▪▪▪ Euro rechtzeitig bis zum ▪▪▪ vollständig **erbracht** ist. Eine Abänderung dieser Vereinbarung findet nicht statt.

XXX. Aufrechnungsvereinbarung

1. Beratung

a) Tatsächliche Ausgangssituation

Zu prüfen ist die Zulässigkeit der Aufrechnung seitens des Unterhalts**berechtigten** sowie des Unterhalts**pflichtigen** sowie die Frage, ob und inwieweit zulässigerweise durch **Vertrag** eine Aufrechnung vereinbart werden kann. **216**

b) Rechtliche Ausgangssituation

Die Aufrechnung eines Anspruchs auf Unterhalt **gegen** eine **nicht** familienrechtliche Forderung, etwa gegen den Ausgleichsanspruch wegen alleiniger Tilgung gemeinschaftlicher Verbindlichkeiten nach der Trennung, ist **grundsätzlich zulässig,** § 394 BGB, und kann vor einem allgemeinen Zivilgericht erklärt werden.[339] **217**

---

336 BGH FamRZ 1993, 1186.
337 Kilger/Pfeil in Göppinger/Börger, Vereinbarungen anlässlich der Ehescheidung Rn 227 zu Teil 5.
338 Kilger/Pfeil a.a.O. Rn 228 zu Teil 5.
339 BGH FamRZ 1996, 1067; Heiß/Heiß in Heiß/Born, Unterhaltsrecht – Ein Handbuch für die Praxis, Rn 48 zu Kap. 8.

218   **Gegen Unterhaltsforderungen** kann mit **anderen Forderungen nicht aufgerechnet** werden, soweit das Pfändungsverbot des § 850 b Abs. 1 Nr. 2 ZPO reicht, § 394 BGB.[340] Dies gilt auch für Ansprüche des Unterhaltsberechtigten aus Mitwirkung am **Realsplitting**.[341]

219   Es kann somit bei **Überzahlung** von Unterhalt über den Weg der Aufrechnung ein Ausgleich grundsätzlich nicht erreicht werden, denn es gilt das Aufrechnungsverbot gem. §§ 394 BGB, 850 b Abs. 1 Nr. 2 ZPO.[342] Das Aufrechnungsverbot umfasst auch **Unterhaltsrückstände**.[343]

220   Für einen Anspruch auf **Unterhaltsabfindung** kann – jedenfalls im Grundsatz – nichts anderes gelten.[344] Allerdings wird bei der Rückforderung von überzahltem Unterhalt eine Aufrechnung Bestand haben, wenn der Unterhaltsberechtigte damit **einverstanden** ist. Ist er einverstanden, kann die Aufrechnung Berücksichtigung finden.[345]

221   Es ist zulässig, **durch Vertrag eine Aufrechnung zu vereinbaren**. Diese Vereinbarung kann auch für den Unterhaltsberechtigten von Interesse sein, wenn die materiellen Voraussetzungen für eine Aufrechnung vorliegen. Bei einer derartigen Vereinbarung ist aber zu beachten, dass nach § 387 BGB erst aufgerechnet werden kann, wenn der Aufrechnungswillige die ihm obliegende **Leistung bewirken** kann. Nach § 1614 Abs. 2, 760 Abs. 2, 1360 a Abs. 3, 1361 Abs. 4 BGB kann diese beim Kindes-, Trennungs- und Familienunterhalt nur jeweils für den Zeitraum von **3 Monaten** geschehen und beim nachehelichen Ehegattenunterhalt für einen Zeitraum von 6 Monaten.[346] Die Aufrechnungserklärungen sind somit alle 3 bzw. 6 Monate zu wiederholen. Eine **weitergehende Aufrechnungsvereinbarung** über erst künftig fällig werdende Unterhaltszahlungen ist gem. § 134 BGB **nichtig**.[347]

222   Unterhaltsansprüche sind nach § 850b Abs. 1 ZPO nur bedingt pfändbar. Der **Aufrechnung** gegen eine Unterhaltsforderung steht regelmäßig § 394 BGB entgegen.[348]

223   Liegen die materiellen Aufrechnungsvoraussetzungen vor, kann auch vertraglich eine Aufrechnung vereinbart werden.[349] Die Aufrechnungserklärung muss jedoch alle **3 Monate** (Trennungsunterhalt) bzw. **6 Monate** (nacheheelicher Unterhalt) **wiederholt** werden.[350] Sind die Voraussetzungen einer wirksamen Aufrechnung **nicht erfüllt**, ist die **Aufrechnungsvereinbarung** hinsichtlich der erst künftig **fällig werdenden Unterhaltsraten** gem. § 134 BGB **nichtig**,[351] sie erfasst jedoch in zulässiger Weise die Rückstände.

---

340   Heiß/Heiß a.a.O. Rn 49 zu Kap. 8.
341   BGH FamRZ 1997, 544.
342   Vgl. Voll FamRZ 1999, 1423 und Ludwig FamRZ 1999, 1659; a.A. OLG Naumburg FamRZ 1999, 437; OLG Hamm FamRZ 1999, 436.
343   OLG Düsseldorf FamRZ 1981, 970; Heiß/Heiß in Heiß/Born, Unterhaltsrecht, Ein Handbuch für die Praxis, Rn 57 zu Kap. 8.
344   BGH FamRZ 2002, 1181.
345   BGH FamRZ 1985, 908; Heiß/Heiß a.a.O. Rn 59 zu Kap. 8.
346   BGH FamRZ 1993, 1186.
347   Vgl. MünchKomm/Schlüter, § 394 Rn 12; Heiß/Heiß a.a.O. Rn 66 zu Kap. 8.
348   Zu Ausnahmen (Arglisteinwand bzw. verschärfte Haftung bei Unterhaltsüberzahlung vgl. OLG Hamm NJW-RR 2004, 437; OLG Karlsruhe FamRZ 2003, 33; Heiß/Heiß Kap. 8 Rn 59.
349   Kilger/Pfeil in Göppinger/Börger, Vereinbarungen anlässlich der Ehescheidung Rn 225 zu Teil 5.
350   BGH FamRZ 1993, 1186.
351   MünchKomm/Schlüter, § 394 BGB Rn 12.

Die **Verrechnung** von **Überzahlungen** und **Nachzahlungen** in laufenden Prozessen bleibt jedoch **zulässig**, da es sich insoweit um eine Saldierung handelt.[352]

2. Muster: Aufrechnungsvereinbarung

Siehe Teil 3.

XXXI. Vereinbarung betreffend Prozesskostenvorschuss, Zahlung aus Gesamtgut bei bestehender Gütergemeinschaft

1. Beratung

a) Tatsächliche Ausgangssituation

Die Parteien leben im Güterstand der Gütergemeinschaft. Die Ehefrau erhält keine Un-   224
terhaltszahlungen. Der Ehemann verfügt über hohe Einkünfte.

b) Rechtliche Ausgangssituation

Rechtsgrundlage für eine Prozesskostenvorschusspflicht sind §§ 1360a Abs. 4, 1361   225
Abs. 4 S. 4 und 1601 ff BGB. Bei dem Anspruch auf Prozesskostenvorschuss handelt
es sich um einen **Unterhaltsanspruch**. Der **getrenntlebende** (nicht der **geschiedene**) Ehegatte kann Anspruch auf Prozesskostenvorschuss haben, wenn

- Erfolgsaussichten für den zu führenden Prozess bestehen,
- kein oder ein sehr geringes Einkommen seitens des Berechtigten vorliegt,
- der Verpflichtete ein sehr hohes Einkommen hat und z.b. keinen Unterhalt bezahlt,
  aus dem der Berechtigte die Kosten für den Prozess bezahlen könnte.[353] Der Anspruch setzt **Bedürftigkeit** des anspruchstellenden und zum anderen die Leistungsfähigkeit des in Anspruch genommenen Ehegatten voraus. Je leistungsfähiger der
  verpflichtete Ehegatte ist, umso geringere Anforderungen sind an die Bedürftigkeit
  des Berechtigten zu stellen.[354]

Die **Höhe** des Prozesskostenvorschusses entspricht der Höhe der voraussichtlich anfal-   226
lenden **Anwaltskosten, Gerichtskosten** und etwaigen Kosten für **Sachverständige**.

Gemäß § 1443 BGB fallen bei bestehender **Gütergemeinschaft Prozesskosten** im Ver-   227
hältnis der Ehegatten **zueinander** bei einem Prozess, den die Ehegatten miteinander führen, **dem Ehegatten** zur Last, der sie nach **allgemeinen Vorschriften** zu tragen hat,
§ 1443 Abs. 1 BGB.

Beratungshinweis: 228

Ein Prozesskostenvorschuss kann **zurückverlangt** werden, wenn die Voraussetzungen
für die Bewilligung nicht mehr bestehen, z.B. wenn sich die wirtschaftlichen Verhält-

---

352 BGH FamRZ 1985, 908, 910; OLG Hamm NJW-RR 2004, 438 (rückwirkende Änderung der Steuerklas-
     se); Kilger/Pfeil a.a.O. Rn 226 zu Teil 5.
353 Heiß, Das Mandat im Familienrecht, Rn 28 zu Teil 8.
354 OLG Köln FamRZ 2003, 97; Im Einzelnen s. zum Prozesskostenvorschuss: Heiß/Heiß in Heiß/Born
     Rn 427 zu Kap. 3.

nisse des berechtigten Ehegatten erheblich gebessert haben, z.B. aufgrund Zahlung eines Betrages aus der vermögensrechtlichen Auseinandersetzung.

In der Regel empfiehlt sich daher, Prozesskostenvorschuss in der Form zu leisten, dass dieser auf vermögensrechtliche Ansprüche angerechnet wird bzw. – wie im vorliegenden Fall – dass jede der Parteien aus dem **Gesamtgut** einen Betrag für Gerichts- und Anwaltskosten erhält mit der Bestimmung, dass ein für die Auszahlung des erforderlichen Betrages aufgenommenes Darlehen als Gesamtschuld zu berücksichtigen ist, die den Stand der Gütergemeinschaft entsprechend vermindert, und zwar zu Lasten **beider Parteien**.

229 **2. Muster: Gemeinsame Kreditaufnahme für Gerichts- und Anwaltskosten**

> Die Parteien sind sich dahingehend einig, dass sie **gemeinsam** bei der ▪▪▪ Bank einen Kredit in Höhe von ▪▪▪ aufnehmen. Dieser Kredit wird **zweckgebunden** für die **Gerichts- und Anwaltskosten** bezüglich des Verfahrens betreffend Unterhalt sowie Auseinandersetzung der Gütergemeinschaft aufgenommen. Der Auszahlungsbetrag aus dem Kredit steht den Parteien jeweils zur **Hälfte**, also in Höhe von ▪▪▪ Euro zu.
>
> Die Parteien sind sich dahingehend einig, dass dieses Darlehen die Gütergemeinschaft belastet. Es handelt sich bei diesem Betrag um **Gesamtschulden**, die im Rahmen der Auseinandersetzung der Gütergemeinschaft zu berücksichtigen sind.
>
> Im Hinblick auf vorstehende Einigung erklären die Parteien das Verfahren bezüglich Prozesskostenvorschuss für erledigt.

230 **Beratungshinweis:**

Bei bestehender Gütergemeinschaft wird von den Banken – insbesondere dann, wenn bekannt ist, dass die Parteien getrennt leben, bzw. ein Scheidungsverfahren anhängig ist – in der Praxis keine Kreditgewährung – und Auszahlung an eine der Parteien vorgenommen.

Da **beiderseits** Gerichts- und Anwaltskosten anfallen, die i.d.R. zwangsläufig aus dem Gesamtgut aufzubringen sind, empfiehlt sich die vorstehende Vereinbarung, bei der die Parteien gleichgestellt werden, da vereinbart wird, dass die Kreditauszahlung das Gesamtgut belastet.

C. Befristung und zeitliche Begrenzung des nachehelichen Ehegattenunterhalts

I. Beratung

1. Tatsächliche Ausgangssituation

231 Der nacheheliche Ehegattenunterhalt wird **befristet**, z.B. bis zu einem bestimmten **Lebensalter** der Kinder. In der Regel wird – wenn es sich um einen überschaubaren Zeitraum handelt – die Abänderungsmöglichkeit ausgeschlossen und ein bestimmter **Fixbetrag** vereinbart. Vereinbarungen über eine Befristung sind i.d.R. mit einem anschließenden Unterhalts**verzicht** verbunden. Es kann jedoch ebenso Unterhalts**neuberechnung** nach den – nach Fristablauf – gegebenen tatsächlichen und wirtschaftlichen Verhältnissen vereinbart werden.

2. Rechtliche Ausgangssituation

Zu beachten ist die geplante Neuregelung des § 1578 b BGB, wonach eine zeitliche Begrenzung mehr als bisher in Betracht kommen wird. Eine zeitliche Begrenzung des nachehelichen Ehegattenunterhalts kommt insbesondere in Betracht beim **Aufstockungsunterhalt** bzw. Unterhaltsanspruch nach § 1573 Abs. 1 oder Abs. 2 BGB. Es muss jedoch ausdrücklich in die Vereinbarung aufgenommen werden, dass für den Zeitraum ab **Ablauf der Frist auf Unterhaltsansprüche wechselseitig verzichtet wird**, da andernfalls ein Anspruch auf **Anschlussunterhalt** bestehen kann (der allerdings betreffend die Höhe auf den vorausgegangenen Aufstockungsunterhaltsanspruch begrenzt ist).   232

Unterhaltsansprüche können auf einzelne Unterhaltstatbestände beschränkt werden (z.B. Kindesbetreuungsunterhalt). Im Übrigen kann auf weitergehende Unterhaltsansprüche nach anderen **Unterhaltstatbeständen** verzichtet werden.   233

Auch das **Maß** des Unterhalts kann definiert werden (hierzu s.Teil 4, § 4 Rn 70 ff), indem z.B. auf die berufliche Stellung des Unterhaltsberechtigten abgestellt wird (Arzt/ Krankenschwester-Ehe).   234

Zu beachten ist die **zeitliche Begrenzung**, die ggf. in eine Vereinbarung aufgenommen werden muss, weil sie zu einem späteren Zeitpunkt aufgrund der Präklusionswirkung nicht mehr nachgeholt werden kann.[355] Waren die **Gründe** für eine zeitliche Begrenzung **zur Zeit** des **Ausgangsverfahrens** eingetreten oder konnten sie **zuverlässig vorausgesehen** werden, kann die Unterhaltsbegrenzung **nicht** einer **Abänderungsklage** überlassen werden, sondern ist bereits im **Ausgangsverfahren** zu treffen. Wird die zeitliche Begrenzung nicht eingewandt, ist die Folge, dass **Präklusion** bezüglich dieser Einwendungen in einem späteren Verfahren eintritt, also die Einwendung nicht mehr zu berücksichtigen ist, was bei Vorliegen der Voraussetzungen für die zeitliche Begrenzung zum klassischen **Haftungsfall** wird.[356]   235

Es kann auch ein **gestaffelter** Unterhalt vereinbart werden dahingehend, dass sich der Unterhalt ab Vollendung eines bestimmten Lebensjahres des Kindes oder der Kinder ermäßigt und nach Vollendung des 15. Lebensjahres völlig in Wegfall kommt. Auch der **Zeitpunkt** des Eintretens einer Halbtags- bzw. **Ganztagserwerbsobliegenheit** kann vereinbart werden.   236

Des Weiteren können **Einkommenssteigerungen**, die auf Seiten des verpflichteten Ehegatten eintreten, insbesondere bei nicht prägenden Einkünften in Folge eines sog. „Karrieresprungs", von der Unterhaltsberechnung **ausgenommen** werden.   237

Da grundsätzlich **Altersvorsorgeunterhalt** zweckbestimmend zu verwenden ist (hierzu s. vorstehend Rn 197 ff), empfiehlt sich die gesonderte Ausweisung in der Vereinbarung. So kann z.B. vereinbart werden, dass der Altersvorsorgeunterhalt direkt an   238

---

355   BGH FamRZ 2000, 1499; FamRZ 2001, 905; Brudermüller FamRZ 1998, 649.
356   Heiß, Das Mandat im Familienrecht, Rn 106 zu Teil 8.

eine Versicherungsgesellschaft in Form von Versicherungsbeiträgen der Ehefrau bezahlt wird.

239 Auch die **Auskunftspflichten** können vertraglich geregelt werden, was im Hinblick auf die verschärfte Informationspflicht bei vertraglichen Regelungen zu empfehlen ist. **Auskunftspflicht** besteht i.d.R. im Abstand von 2 Jahren. Im Hinblick darauf, dass **umstritten ist**, ob sich die unaufgeforderte Informationspflicht auch auf das **Zusammenleben mit** einem neuen **Partner** bezieht, sollte dies in einer Regelung der Auskunftspflichten aufgenommen werden.

240 Wenn ein Unterhaltsgläubiger über längere Zeit mit einem neuen Partner **eheähnlich zusammenlebt**, kann gem. § 242 BGB eine Verpflichtung bestehen, den Unterhaltsschuldner hiervon in Kenntnis zu setzen.[357] Jedoch besteht nicht in jedem Fall eine Obliegenheit des unterhaltsbedürftigen geschiedenen Ehegatten, **Beziehungen zu einem neuen Partner** dem Unterhaltsverpflichteten zu offenbaren, sondern nur in den Fällen, in denen es um die **Sicherstellung** der **Versorgung** des Unterhaltsberechtigten durch den neuen Partner geht.[358] Es genügt also nicht, dass ein **eheähnliches Verhältnis** allgemein geeignet sein kann, die Unterhaltsbedürftigkeit zu beeinflussen, sondern die Bedarfslage muss im **konkreten** Fall durch die neue Situation betroffen sein können.[359]

241 Wenn der Unterhaltsgläubiger eine solche Verpflichtung zur Auskunftserteilung **verletzt** und trotz eines längeren eheähnlichen Zusammenlebens mit einem anderen Partner den titulierten Ehegattenunterhalt weiterhin entgegennimmt, kann hierin eine **vorsätzliche sittenwidrige Schädigung** des Unterhaltsschuldners zu sehen sein, die gem. § 826 BGB zum **Schadenersatz** verpflichtet.[360] Der Unterhaltsschuldner kann erwarten, dass ihm ein redlicher Unterhaltsgläubiger eine solche Veränderung der Verhältnisse, die zu erfragen er i.d.R. keine Veranlassung hat, **unaufgefordert mitteilt**, § 242 BGB.[361] Bei einem **Verstoß** gegen die Verpflichtung zur ungefragten Information besteht ein **Rückforderungsanspruch** auf geleisteten Unterhalt nach § 826 BGB nur, wenn sich der Unterhaltsbedürftige in **hohem Maße unredlich** verhalten hat.[362] Zum entsprechenden Muster s. Teil 4, § 4 Rn 100.

242 Wird zeitliche Begrenzung nicht eingewandt, obwohl die Voraussetzungen hierfür gegeben gewesen wären, so handelt es sich um den klassischen **Haftungsfall**.

243 Wenn sichergestellt werden soll, dass der Einwand der zeitlichen Begrenzung noch wirksam erfolgen kann trotz Abschluss einer Unterhaltsvereinbarung, in der eine Befristung nicht aufgenommen wurde, so ist dies aus Gründen der Vorsorge in der Vereinbarung **festzuschreiben**, um die Annahme einer zeitlich unbefristeten Unterhaltsverpflichtung als Geschäftsgrundlage zu verhindern.[363]

---

357 OLG Koblenz FamRZ 1987, 1156; im Anschluss an die vom BGH aufgestellten Grundsätze zur Informationspflicht bei Änderung der wirtschaftlichen Verhältnisse; BGH FamRZ 1986, 450/453; BGH FamRZ 1986, 794/796.
358 BGH FamRZ 1986, 1082; Heiß/Heiß in Heiß/Born Rn 81 zu Kap. 6.
359 A.A. OLG Koblenz FamRZ 1987, 1156.
360 Heiß/Heiß in Heiß/Born Rn 82 zu Kap. 6.
361 OLG Koblenz FamRZ 1987, 1156.
362 BGH FamRZ 1988, 270; Im Einzelnen hierzu s. Heiß/Heiß a.a.O. Rn 82 zu Kap. 6.
363 BGH FamRZ 1995, 665, 666; Kilger/Pfeil a.a.O. Rn 217 zu Teil 5.

Ein entsprechender **Vorbehalt** muss auch dann vereinbart werden,[364] wenn für eine **Un-** **terhaltsbegrenzung** oder **Befristung** maßgebende **Umstände** noch **nicht** zuverlässig be- urteilt werden können. Die zeitliche Begrenzung muss bei der Erstregelung vorgenom- men werden und kann zu einem späteren Zeitpunkt nicht mehr nachgeholt werden.[365]   244

Lässt sich bei der Erstregelung die Höhe des Unterhaltsbedarfs noch nicht übersehen,   245 muss ein Vorbehalt hinsichtlich einer **zeitlichen** oder **höhenmäßigen** Begrenzung vor- genommen werden.[366]

II. Muster: Befristung des nachehelichen Ehegattenunterhalts, sonstige Vereinbarungsmöglichkeiten   246

Die Parteien sind sich dahingehend einig, dass sowohl der Einwand der zeitlichen Begren- zung als auch der Einwand der höhenmäßigen Begrenzung für ein späteres Abänderungs- verfahren vorbehalten bleibt und ausdrücklich keine Präklusionswirkung eintritt.

Beratungshinweis:

Wenn ein Unterhaltsvergleich geschlossen wird, so muss eine nachträgliche zeitliche Begrenzung des Unterhalts ausdrücklich vorbehalten werden, da diese grundsätzlich im Erstverfahren geltend gemacht werden muss. Bergschneider[367] empfiehlt als Ver- einbarung im **Vorfeld der Unterhaltsrechtsreform** folgende **Formulierung:**

Alternative 1: Regelung unter Berücksichtigung der Unterhaltsrechtsreform

Die Parteien vereinbaren, dass eine Abänderung auch **ohne Vorliegen** der in den **Über-** **gangsvorschriften** enthaltenen besonderen **Abänderungsvoraussetzungen** verlangt wer- den kann. Die Parteien sind darüber einig, dass diese Vereinbarung abänderbar ist, sobald das **Recht** über den nachehelichen Unterhalt **geändert** wird. Es gelten dann uneinge- schränkt die Vorschriften des Abänderungsgesetzes; die besonderen Voraussetzungen für die Abänderung einer Unterhaltsvereinbarung, die in den Übergangsvorschriften ei- nes Änderungsgesetzes enthalten sind, gelten für diese Vereinbarung nicht. (Im Einzelnen zu den Abänderungsvoraussetzungen nach dem Reformgesetz s. Teil 1, Rn 41 ff)

Alternative 2:[368] Befristete Unterhaltsvereinbarung

Vereinbarung des Aufstockungsunterhalts:

– Der Aufstockungsunterhalt wird längstens bis zum ▪▪▪ gewährt. Der Ehefrau steht das Recht, eine Kapitalabfindung zu verlangen, nicht zu.

– Auf weitergehenden nachehelichen Unterhalt aus jedwedem Rechtsgrund, auch für den Fall der Not, verzichten wir hiermit. Wir nehmen den Verzicht gegenseitig an.

– Der Verzicht soll auch im Falle einer Änderung der gesetzlichen Vorschriften oder der Rechtsprechung wirksam bleiben.

– Auf die Rechtsprechung, wonach ein Unterhaltsverzicht ungültig sein kann, wenn dadurch ein bedürftiger Ehegatte der Sozialhilfe (dem Staat) zur Last fallen sollte, wurden wir hingewiesen. Wir gehen jedoch übereinstimmend davon aus, dass der- zeit Gründe für eine Bedürftigkeit hinsichtlich staatlicher Leistungen nicht gegeben

---

364 OLG Schleswig FPR 2004, 110.
365 BGH FamRZ 1995, 665; 2000, 1499; 2001, 905; Brudermüller FamRZ 1998, 649.
366 OLG Düsseldorf FamRZ 1992, 951; Langenfeld in Heiß/Born, Unterhaltsrecht – Ein Handbuch für die Praxis, Rn 108 zu Kap. 15.
367 Bergschneider FamRZ 2006, 153 ff.
368 Kilger/Pfeil in Göppinger/Börger, Vereinbarungen anlässlich der Ehescheidung, Rn 216 zu Teil 5.

sind. Wir sind **beide berufstätig** und wollen dies auch bleiben und haben beide bereits Renten bzw. Versorgungsanwartschaften erworben. Wir erachten unsere derzeitige und künftige Versorgung, auch im Falle der Not, als gesichert.

– Uns ist bekannt, dass durch diesen Unterhaltsverzicht der Kernbereich der gesetzlichen Scheidungsfolgen berührt ist, also der Verzicht einer richterlichen Inhaltskontrolle in Form einer Wirksamkeits- oder Ausübungskontrolle unterliegt. Wir halten diese Vereinbarung jedoch für ausgewogen und mit unserer bisherigen ehelichen Lebensgestaltung vereinbar.

– Eine Abänderung des bis zum ■■■ zu leistenden Unterhalts nach den Grundsätzen des Wegfalls der Geschäftsgrundlage ist ausgeschlossen. Wir verzichten wechselseitig auf jegliche Auskunftsansprüche nach §§ 1580, 1605 BGB.

Alternative 3: Eingeschränkter Unterhaltsverzicht nach Ablauf der Befristung

(1) Der Antragsteller verpflichtet sich, an die Antragsgegnerin als nachehelichen Ehegattenunterhalt **rückwirkend** ab ■■■ eine monatlich im Voraus zahlbare Unterhaltsrente in Höhe von Euro ■■■ befristet bis ■■■ zu bezahlen.

(2) Geleistete Unterhaltszahlungen werden **angerechnet**.

(3) Der Unterhalt wird **festgeschrieben** bis zum Ablauf der Vereinbarung. Die Anwendung des § 323 ZPO wird ausgeschlossen.

(4) Für die Zeit ab Vollendung des 15. Lebensjahres des Sohnes ■■■ **verzichten** die Parteien gegenseitig auf jeglichen nachehelichen Ehegattenunterhalt, auch für den Fall der Not, und nehmen diesen Verzicht wechselseitig an, mit **Ausnahme** des Falles, dass eines der Kinder aufgrund eines Unfalls oder einer schwerwiegenden Erkrankung einer **ganztägigen dauerhaften Pflege bedarf**.

(5) Während der Laufzeit der Vereinbarung ist es beiden Parteien freigestellt, **anrechnungsfrei** in unbegrenztem Umfang hinzuzuverdienen, ohne dass dadurch eine Abänderung der Unterhaltsvereinbarung beantragt werden kann.

(6) Die Parteien wurden auf die aktuelle Rechtsprechung betreffend die Wirksamkeit von Unterhaltsverzichtsvereinbarungen hingewiesen. In Übereinstimmung mit dem Gericht wird von der **Wirksamkeit** dieser Vereinbarung ausgegangen, da zum einen der Sohn ■■■ bei Ablauf der Unterhaltsregelung und Eintritt der Verzichtswirkung bereits 15 Jahre alt ist und die Antragsgegnerin **erwerbstätig** ist. Darüber hinaus hat die Antragsgegnerin einen **Zugewinnausgleichsbetrag** in Höhe von Euro ■■■ erhalten hat. Im Hinblick hierauf kann von einer relevanten Ungleichgewichtslage nicht ausgegangen werden.

Alternative 4: Befristete Vereinbarung mit anschließender Neuberechnung

(1) Der Beklagte verpflichtet sich, an die Klägerin beginnend ab ■■■ einen monatlich im Voraus zahlbaren **Trennungsunterhalt** in Höhe von Euro ■■■ zu bezahlen.

(2) Die Parteien sind sich dahingehen einig, dass diese Vereinbarung **befristet** ist bis zu dem auf die Rechtskraft der Scheidung folgenden Monat.

(3) Für die Zeit ab **Rechtskraft** der Scheidung, also für den nachehelichen Ehegattenunterhalt erfolgt Neuberechnung **ohne jegliche Bindungswirkung** an diesen Vergleich.

(4) Der Unterhalt wird **festgeschrieben**, § 323 ZPO wird ausgeschlossen.

(5) Für den Zeitraum dieser Vereinbarung stellt der Beklagte die Klägerin von der **Haftung** für **Kindesunterhalt frei** (im vorliegenden Fall befinden sich die Kinder beim Vater).

(6) Die Parteien sind sich dahingehend einig, dass auf der **Grundlage** der **derzeitigen Verhältnisse** für die Klägerin die **Verpflichtung** besteht, nach Rechtskraft der Scheidung einer **Ganztagserwerbstätigkeit** nachzugehen. Sie verpflichtet sich, sich rechtzeitig um den Erhalt einer Ganztagstätigkeit zu bemühen.

Beratungshinweis:

Die Klarstellung, dass betreffend den nachehelichen Ehegattenunterhalt **ohne jegliche Bindungswirkung** eine Neuberechnung zu erfolgen hat, ist unbedingt erforderlich, da andernfalls möglicherweise davon auszugehen ist, dass nach Ablauf einer Befristung kein Ehegattenunterhalt mehr geltend gemacht wird (im Einzelnen hierzu s.o. Teil 3).

Wird der Zeitpunkt der Verpflichtung zur Ganztagserwerbstätigkeit geregelt (so z.B. wegen Vollendung des 15. Lebensjahres des jüngsten Kindes), so ist zu bedenken, dass möglicherweise eine Verpflichtung zur Ganztagserwerbsobliegenheit trotz Erreichen der betreffenden Altersgrenze nicht gegeben ist, weil entweder die Unterhaltsberechtigte wegen Krankheit keiner Erwerbstätigkeit nachgehen kann oder eines der Kinder aufgrund eines unvorhergesehenen Ereignisses (Unfall, Krankheit) der ganztägigen Betreuung bedarf. Aus diesem Grund muss klargestellt werden, dass die Verpflichtung zur Ganztagserwerbstätigkeit auf der **Grundlage der derzeitigen Verhältnisse** besteht.

Alternative 4:
Der Beklagte verpflichtet sich, an die Klägerin beginnend mit dem Monat ■■■ bis einschließlich ■■■ an die Klägerin Trennungsunterhalt in Höhe von Euro ■■■ zu zahlen.
Sollte die Ehe während der **Laufzeit** der Trennungsunterhaltsvereinbarung **geschieden** werden, so sind beide Parteien einig, dass Euro ■■■ monatlich auch den **nachehelichen** Ehegattenunterhalt darstellen.
Im Übrigen **verzichten** die Parteien gegenseitig auf nachehelichen Ehegattenunterhalt für den Zeitraum ab Ablauf der Befristung und nehmen diesen Verzicht wechselseitig an. (Zur ausführlichen Formulierung eines Ehegattenunterhaltsverzichts s. Teil 4, § 1 Rn 49; Teil 4, § 4 Rn 346)

Beratungshinweis:

Wird der Unterhaltsanspruch als **Trennungsunterhalt** bezeichnet und soll dieser bis zu einem bestimmten Zeitpunkt bezahlt werden, ist zu bedenken, dass möglicherweise die Ehe bereits vorher geschieden ist. Entweder der Unterhaltsanspruch wird als Trennungs- sowie nachehelicher Ehegattenunterhalt bezeichnet oder aber es wird klargestellt, dass der Unterhalt bis zum Fristablauf unabhängig davon, ob die Ehe geschieden wurde, bezahlt wird.

Alternative 5: Befristete Vereinbarung bis zur Erstellung eines Sachverständigengutachtens betreffend eventueller krankheitsbedingter Einschränkungen der Erwerbsobliegenheit
(1) Der Beklagte verpflichtet sich, vorläufig befristet auf die Dauer von ■■■ Monaten, abhängig von dem noch einzuholenden **Sachverständigengutachten** zur Erwerbsfähigkeit der Klägerin, Trennungsunterhalt in Höhe von ■■■ Euro monatlich im Voraus zu bezahlen.
(2) Sollte sich nach Gutachtenserstellung ergeben, dass die Klägerin nur einen **niedrigeren** Unterhaltsanspruch hat, ist die Überzahlung mit dem zukünftigen Unterhalt zu verrechnen. Mit dieser **Aufrechnung** erklärt die Klägerin ausdrücklich das Einverständnis. (Zur Zulässigkeit von Aufrechnungsvereinbarungen s. vorstehend Rn 217 ff)

(3) Sollte das einzuholende Sachverständigengutachten ergeben, dass die Klägerin einen **höheren** Unterhaltsanspruch hat, kann auch im Rahmen der einstweiligen Anordnung bzw. des Hauptsacheverfahrens eine **Abänderung** erfolgen.

249 **Beratungshinweis:**

Im vorliegenden Fall kann ein fester Unterhaltsbetrag nicht vereinbart werden, da nicht feststeht, ob Ganztagserwerbsobliegenheit der Ehefrau besteht oder nicht. Es wird im Rahmen eines Unterhaltsverfahrens ein gewisser Abschlagsbetrag vereinbart, jedoch mit der Möglichkeit, dass bei Zuvielzahlungen diese mit dem künftigen Unterhalt verrechnet werden können und für den Fall, dass zu wenig bezahlt wurde, Nachforderungsansprüche bestehen.

D. Festschreibung, Festbetrag

250 Siehe a.E. Abänderungsvereinbarungen nachfolgend Rn 274 ff.

I. Absolute Festschreibung

1. Beratung

a) Tatsächliche Ausgangssituation

251 Bei einem **überschaubaren** Zeitraum, der nicht allzu lange angesetzt werden sollte, kann es im Interesse beider Parteien liegen, einen absolut **festgeschriebenen** Unterhaltsbetrag zu vereinbaren, um so dem Unterhaltspflichtigen zu ermöglichen, ggf. höhere Einkünfte zu erzielen (insbesondere bei Selbständigen), und dem Unterhalts**berechtigten** die Möglichkeit zu geben, ohne Abänderungsmöglichkeit der Vereinbarung Einkünfte oder Zusatzeinkünfte zu erzielen.

252 Andererseits ist die Vereinbarung eines absoluten Festbetrages – ohne Ausnahmen – mit Gefahren verbunden, z.B.
- **Wiederverehelichung** der Berechtigten (für diesen Fall sollte immer eine Abänderungsmöglichkeit vereinbart werden),
- **Erwerbsunfähigkeit** des Unterhaltspflichtigen,
- erhebliche **Einkommensverminderung** seitens des Unterhaltspflichtigen,
- ganztägige **Betreuungsbedürftigkeit** eines der Kinder aufgrund von Krankheit, Unfall u.a.,
- **dauerhaftes Zusammenleben** der Berechtigten mit einem neuen Partner,
- Erhalt einer größeren Summe aus der **vermögensrechtlichen Auseinandersetzung**,
- **Arbeitsunfähigkeit** der Berechtigten.

b) Rechtliche Ausgangssituation

Beratungshinweis:

253

Bei Vereinbarung eines Festbetrages als Ehegatten-**Trennungsunterhalt**, der nicht abänderbar sein soll, muss darauf geachtet werden, dass die Gegenseite unter Umständen zahlreiche Möglichkeiten hat, das Scheidungsverfahren zu verzögern durch Erhebung von Stufenklagen, Auskunftsklagen betreffend Zugewinnausgleich, durch Anträge auf Hausratsauseinandersetzung usw. Es sollte ein bestimmter **Endzeitpunkt** für die Festschreibung festgelegt werden bzw. vereinbart werden, dass **Geschäftsgrundlage** der Vereinbarung ist, dass **keine Folgesachenanträge** eingereicht werden und dass sich die Gegenseite verpflichtet, alles zu unternehmen, damit die Auskünfte bezüglich des Versorgungsausgleichs unverzüglich dem Gericht vorliegen. Die sicherste Möglichkeit ist jedoch die, einen **Endzeitpunkt** zu vereinbaren, ab welchem dann Abänderungsmöglichkeit besteht. Möglicherweise ist eine Unterhaltsvereinbarung, die jederzeit angepasst werden kann, günstiger, zumal nicht abzusehen ist, wie lange das Scheidungsverfahren einschließlich Folgesachenregelung mit Zugewinnausgleich, nachehelichem Ehegattenunterhalt oder sonstigen Scheidungsfolgesachen dauert. Ein vereinbarter Ausschluss der Abänderbarkeit einer Unterhaltsvereinbarung hat gem. § 242 BGB seine Grenze dort, wo der **eigene Unterhalt** des **Verpflichteten** und seiner nächsten Angehörigen **nicht mehr gesichert** ist.[369]

2. Muster: Festschreibung, Festbetrag

254

365

(1) Herr ■■■ verpflichtet sich, rückwirkend ab ■■■ **für die Zeit bis** ■■■ einen monatlich im Voraus zahlbaren Ehegattenunterhalt (**Trennungsunterhalt** sowie **nachehelichen** Ehegattenunterhalt) in Höhe von Euro ■■■ zu bezahlen. Dieser Betrag wird absolut festgeschrieben. Die Anwendung von § 323 ZPO wird ausgeschlossen. Dies mit Ausnahme des Falles der **Wiederverehelichung** von Frau ■■■.

(2) Der Unterhaltsbetrag wird wertgesichert ■■■ Wertsicherungsklausel, siehe nachfolgend Rn 272.

(3) Für die Zeit ab ■■■ **verzichten** die Parteien auf jeglichen nachehelichen Ehegattenunterhalt, auch für den Fall der Not, und nehmen diesen Verzicht wechselseitig an.

Alternative 1: Gesamtbetrag, der in Raten bezahlt wird

(1) Die Parteien sind sich dahingehend einig, dass als nachehelicher Ehegattenunterhalt ein **Gesamtbetrag** für sämtliche nacheheliche Ehegattenunterhaltsansprüche in Höhe von Euro ■■■ geschuldet ist.

(2) Dieser Betrag ist, beginnend ab ■■■ auf die Dauer von 5 Jahren jeweils monatlich im Voraus in Höhe von Euro ■■■ zur Zahlung fällig. Sollte der Antragsgegner mit der Zahlung einer monatlichen Rate länger als einen Monat in **Verzug** sein, wird der jeweilige gesamte noch offene **Restbetrag** zu dem Gesamtbetrag von Euro ■■■ sofort zur Zahlung **fällig**.

(3) Der Betrag in Höhe von monatlich ■■■ wird **festgeschrieben**, die Anwendung des § 323 ZPO wird ausgeschlossen.

---

369 OLG Köln FamRZ 1989, 637; OLG Karlsruhe FamRZ 1990, 521; OLG Saarbrücken OLGR 2004, 13; OLG Celle NJW-RR 2004, 1585.

(4) Für die Zeit ab ■■■ **verzichtet** die Antragstellerin auf jeglichen nachehelichen Ehegattenunterhalt, auch für den Fall der Not. Der **Antragsgegner** verzichtet **ab sofort** auf jeglichen nachehelichen Ehegattenunterhalt, auch für den Fall der Not. Beide Parteien nehmen den Verzicht des jeweilig anderen an.

(5) Die Antragstellerin verpflichtet sich, dem begrenzten **Realsplitting** zuzustimmen. Der Antragsgegner verpflichtet sich, der Antragstellerin sämtliche sich hieraus ergebenden finanziellen Nachteile zu ersetzen. (Ausführlich zur Vereinbarung betreffend Realsplitting s. Teil 4, § 4 Rn 391 ff, 399)

255

Beratungshinweis:

Bei jeder Ratenzahlung sollte eine **Verfallklausel** mit aufgenommen werden, da in diesem Fall der gesamte noch offene Restbetrag bei Verzug sofort zur Zahlung fällig ist und nicht die einzelnen Raten jeweils monatlich durch Zwangsvollstreckung beigetrieben werden müssen.

Ist – wie im vorliegenden Fall – der Ehemann unterhaltspflichtig, so ist zur Klarstellung durchaus zu empfehlen, dass dieser mit Wirkung **ab sofort** auf nachehelichen Ehegattenunterhalt verzichtet, auch wenn die Ehefrau erst mit Wirkung ab einem späteren Zeitpunkt in der gleichen Vereinbarung auf Ehegattenunterhalt verzichtet.

Alternative 2:

Der Unterhalt wird **festgeschrieben** bis einschließlich ■■■. Die Anwendung des § 323 ZPO wird für diesen Zeitraum ausgeschlossen, mit **Ausnahme des Falles**, dass vor diesem Zeitraum die **vermögensrechtliche Auseinandersetzung abgeschlossen** ist und ein entsprechender Abfindungsbetrag an die Ehefrau zur Auszahlung gelangt ist oder die Ehe geschieden wurde.

Die Beteiligten sind sich dahingehend einig, dass nach Ablauf dieses befristeten Vergleichs eine **Neuberechnung** des Ehegatten- und Kindesunterhalts nach der dann geltenden unterhaltsrechtlichen Rechtslage vorgenommen wird.

Gleiches gilt, wenn die **Scheidung** oder die **Vermögensauseinandersetzung** einschließlich der Auszahlung eines entsprechenden Abfindungsbetrages vor dem ■■■ durchgeführt worden ist.

Die **Neuberechnung** erfolgt völlig losgelöst von dem vorbezeichneten Vergleich, **ohne jegliche Bindungswirkung.**

256

Beratungshinweis:

Wird der Trennungsunterhalt für einen bestimmten Zeitraum festgeschrieben, muss berücksichtigt werden, dass möglicherweise vor Ablauf der Dauer der Befristung die Vermögensauseinandersetzung durchgeführt wird und die Berechtigte aus diesem Grund erheblich niedrigere oder gar keine Unterhaltsansprüche mehr hat oder dass evtl. die Scheidung vor Ablauf der Befristung ausgesprochen wird mit der Folge, dass z.B. zusätzlich zum Elementarunterhalt Krankenvorsorgeunterhalt geschuldet ist. Da bei Prozessvergleichen die Anpassung allein nach den Regeln des **materiellen** Rechts erfolgt und maßgebend allein die aus §§ 242, 313 BGB abgeleiteten Grundsätze über die Veränderung der Geschäftsgrundlage maßgebend sind, sollte für den

Fall nach Ablauf der Befristung eine völlige Neuberechnung ohne jegliche Bindungswirkung vereinbart werden.

Gem. § 323 Abs. 1 ZPO, der für Prozessvergleiche nicht gilt, ist ein Vergleich immer dann abzuändern, wenn eine wesentliche Änderung eingetreten ist, ohne dass Voraussetzung wäre, dass die Geschäftsgrundlage für die Vereinbarung weggefallen ist. Es empfiehlt sich daher dringend, im Rahmen eines Prozessvergleichs die Anwendung von § 323 Abs. 1 ZPO zu vereinbaren (! um so eine vereinfachte Anpassung eines Vergleichs zu ermöglichen).[370] Dies gilt dann, wenn nicht ohnehin – wie vorstehend ausgeführt – eine Neuberechnung ohne jegliche Bindungswirkung erfolgen soll.

Alternative 3: Befristete Vereinbarung Gesamtbetrag für Ehegatten- und Kindesunterhalt

(1) Herr ▄▄▄ verpflichtet sich, an Frau ▄▄▄ als nachehelichen Ehegattenunterhalt eine monatlich im Voraus zahlbare Unterhaltsrente in Höhe von Euro ▄▄▄ zu bezahlen und zwar bis zur Vollendung des 12. Lebensjahres des Sohnes ▄▄▄.

(2) Ab **Vollendung** des ▄▄▄ Lebensjahres bis zur Vollendung des ▄▄▄ Lebensjahres des Sohnes ▄▄▄ verpflichtet sich Herr ▄▄▄ an Frau ▄▄▄ eine **Gesamtunterhaltsrente** (Ehegatten- und Kindesunterhalt) in Höhe von Euro ▄▄▄ monatlich im Voraus zu bezahlen.

Dabei gehen die Vertragsparteien davon aus, dass der Sohn ▄▄▄ mit dem ▄▄▄ Lebensjahr die **Lehre beginnt**. Sollte der Sohn ▄▄▄ **früher** eine Lehre beginnen, so gilt diese Vereinbarung bis zum **Beginn der Lehre**.

(3) Bei Vorliegen von **höheren Ansprüchen** betreffend **Kindesunterhalt** – egal aus welchem Grund – **ermäßigt** sich der **Ehegattenunterhalt** gem. der vorstehenden Vereinbarung entsprechend, wobei es jeweils bei der **Höhe** des **Gesamtbetrages** verbleibt (Sachverhalt: Vereinbart war eine Gesamtunterhaltsrente für Ehefrau und Kind, die dahingehend aufgeschlüsselt war, welcher Betrag auf Kindesunterhalt und welcher Betrag auf Ehegattenunterhalt entfällt).

(4) Die Anwendung des **§ 323 ZPO** wird von den Parteien ausdrücklich **ausgeschlossen**. Dies gilt insbesondere **auch** für den Fall, dass Frau ▄▄▄ mit einem anderen Partner **zusammenlebt** und diesem den Haushalt führt sowie insbesondere auch betreffend Einkommenserhöhungen und Einkommensverschlechterungen.

(5) **Eigene Einkünfte** von Frau ▄▄▄ bleiben **anrechnungsfrei** und werden bei der Unterhaltsberechnung nicht berücksichtigt.

(6) Für die Zeit ab Vollendung des 17. Lebensjahres des Sohnes ▄▄▄ bzw. falls der **Beginn** einer **Lehre** durch den Sohn ▄▄▄ **vor** diesem Zeitpunkt liegt, gilt:

Die Parteien **verzichten** ab diesem Zeitpunkt gegenseitig auf jeglichen nachehelichen Ehegattenunterhalt, auch für den Fall der Not und nehmen den Verzicht wechselseitig an. (Ausführlich zur Unterhaltsverzichtsvereinbarung s. nachfolgend Rn 346)

Beratungshinweis:

Wünschen die Parteien eine festgeschriebene Unterhaltsvereinbarung, die befristet ist bis zum Beginn der Lehre des gemeinsamen Kindes und wird die Befristung demgemäß bis zu einem bestimmten Alter des Kindes vorgenommen, muss eine Regelung getroffen werden für den Fall, dass bereits vor dem vereinbarten Lebensjahr, bis zu dem die Unterhaltsvereinbarung befristet sein soll, die Lehre begonnen wird.

257

---

370 Heiß, Das Mandat im Familienrecht, Rn 526 zu Teil 8.

Wird ein **Gesamtbetrag** für Ehegatten- und Kindesunterhalt als Festbetrag vereinbart, muss aufgeschlüsselt werden, welcher Betrag auf Kindesunterhalt und welcher Betrag auf Ehegattenunterhalt entfällt, sowie eine Regelung dahingehend getroffen werden, ob es bei dem Gesamtbetrag verbleiben soll, auch für den Fall, dass sich der Kindesunterhalt erhöht oder ermäßigt. Soll eine Erhöhung oder eine Ermäßigung des Gesamtbetrages nicht erfolgen, muss klargestellt werden, dass sich sodann der Anspruch betreffend Ehegattenunterhalt entsprechend erhöht oder ermäßigt.

Alternative 4:

(1) Herr ■■■ zahlt beginnend ab ■■■ zu Händen von Frau ■■■ einen monatlich im Voraus zahlbaren Unterhalt von Euro ■■■, worin ein Kindesunterhalt enthalten ist für ■■■ in Höhe von ■■■, sodass an Ehegattenunterhalt ■■■ auf Frau ■■■ entfallen. In den vorstehenden Beträgen ist der Kindergeldanteil berücksichtigt.

(2) Die vorstehende Regelung wird **festgeschrieben** bis zur Vollendung des 15. Lebensjahres des Kindes ■■■. Bis zu diesem Zeitpunkt wird die Anwendung von § 323 ZPO ausgeschlossen. Ab diesem Zeitpunkt erfolgt sodann die **Neuberechnung ohne Bindungswirkung**.

Diese Festschreibung gilt jedoch nur für die Höhe des Ehegattenunterhaltes. Der **Kindesunterhalt** ist entsprechend der jeweils geltenden Düsseldorfer Tabelle **anzupassen**.

Alternative 5: Vereinbarung der Unabänderbarkeit/Fortbestehen des Unterhaltstitels

Die Vereinbarung zum Getrenntlebensunterhalt in Höhe von monatlich Euro ■■■ ist für die **Dauer** von ■■■ Jahren **unabänderlich**. Die Abänderungsmöglichkeiten nach § 323 ZPO werden für den Zeitraum von 3 Jahren ab ■■■ ausdrücklich ausgeschlossen.

Nach Ablauf von ■■■ Jahren **kann jede Partei** losgelöst von dieser Vereinbarung **Abänderung** beantragen. Der Unterhalt ist dann auf Antrag einer Partei nach den dann bestehenden tatsächlichen Verhältnissen **neu zu berechnen**.

Diese Vereinbarung zum Ehegattenunterhalt, unabänderlich für die Dauer von 3 Jahren, gilt auch und gerade für den Fall, dass der **Scheidungsantrag zurückgenommen** wird.

258 **Beratungshinweis:**

Achtung! Es besteht auch nach Ablauf der 3 Jahre ein Titel, wenn keine Befristung der Unterhaltsvereinbarung insgesamt erfolgt, sodass ggf. Abänderungsklage erhoben werden muss. Günstiger für den Unterhaltspflichtigen wäre eine befristete Vereinbarung.

II. Festschreibung mit Abänderungsmöglichkeiten

1. Beratung

Hierzu s. vorstehend Rn 13 ff.

2. Muster: Festschreibung mit Abänderungsmöglichkeiten

Der Unterhalt wird **festgeschrieben** mit Ausnahme der nachfolgend aufgeführten Änderungen und unterliegt mit Ausnahme dieser Änderungen nicht der Anpassung nach § 323 ZPO.

Abänderungsmöglichkeiten:

– Die Neuberechnung des Unterhalts erfolgt in folgenden Fällen:
– Einer der Eheleute ■■■ bezieht ein **Alten- oder Pflegeheim.**
– **Ambulante Pflegekosten** sind nur dann ein Anpassungsgrund, wenn sie bei objektiver Betrachtung wegen des Alters/des Gesundheitszustandes bei einer der Parteien notwendig sind.
– Das **Nettoeinkommen** aus Erwerbstätigkeit bzw. aus Rente von einer der Parteien verringert sich um mehr als 10 %. Dabei wird von einem **Netto-Renteneinkommen** des Ehemannes in Höhe von Euro ■■■ sowie von einem Nettoarbeitseinkommen von Frau ■■■ in Höhe von Euro ■■■ ausgegangen.
– Im Fall des berechtigten **Anpassungsverlangens** ist der Unterhalt von Grund auf neu zu **berechnen.**
– Für die Dauer des Bezugs von **Krankengeld** durch Frau ■■■ beginnend mit dem Monat ■■■ vereinbaren die Parteien, dass Herr ■■■ zusätzlich zu dem vereinbarten Unterhalt in Höhe von Euro ■■■ die **Hälfte der Differenz** zwischen dem bei der Unterhaltsberechnung in Ansatz gebrachten Einkommen von Frau ■■■ aus Erwerbstätigkeit in Höhe von Euro ■■■ (nach Abzug von Fahrtkosten sowie 1/10 Erwerbstätigenbonus) zu dem jetzt von Frau ■■■ bezogenen Krankengeld ausgleicht und an Frau ■■■ bezahlt.

Alternative 1:

(1) Dieser Unterhaltsbetrag wird festgeschrieben bis ■■■. Bis zu diesem Zeitpunkt ist eine **Abänderung** der Vereinbarung nach § 323 ZPO ausdrücklich **ausgeschlossen.** Dies gilt insbesondere auch für den Fall, dass eine der Parteien höheres Einkommen als derzeit zugrundegelegt erzielt.

Ausgenommen von der Unabänderbarkeit der Vereinbarung bezüglich Ehegattenunterhalt ist der Fall, dass eine der Parteien ein **erheblich** niedrigeres Einkommen (■■■ %) als derzeit erzielt sowie der Fall, dass eine der Parteien **unverschuldet arbeitslos** wird oder aufgrund schwerer **Krankheit kein Einkommen** mehr erzielen kann. Des Weiteren ist ausgenommen der Fall, dass aufgrund einer schweren **Erkrankung des Sohnes** ■■■ für den betreuenden Elternteil die Ausübung einer Erwerbstätigkeit aufgrund der **Betreuungsbedürftigkeit** des Kindes **unmöglich** ist.

(2) Ab ■■■, also nach Ablauf der befristeten Unterhaltsvereinbarung wird der Ehegattenunterhalt aufgrund der dann bestehenden Einkommenssituation **neu berechnet.**

Frau ■■■ **verzichtet** jedoch bereits jetzt auf die den Betrag von Euro ■■■ **übersteigenden Ehegattenunterhaltsansprüche** mit der Einschränkung, dass der **volle** Unterhalt geschuldet wird, falls Frau ■■■ zu diesem Zeitpunkt aufgrund **eigener schwerwiegender Krankheit oder** aufgrund schwerer Erkrankung des **Kindes** keine Erwerbstätigkeit mehr ausüben kann.

Der Anspruch auf Ehegattenunterhalt **endet** spätestens bei **Volljährigkeit** des Sohnes. Für die Zeit ab Volljährigkeit des Sohnes **verzichten** die Parteien auf gegenseitige Unterhaltsansprüche und nehmen diesen Verzicht wechselseitig an. **Ausgenommen** von diesem Verzicht ist wiederum der Fall, dass aufgrund einer schwerwiegenden **Erkrankung** des **Sohnes** und der damit verbundenen Betreuungsbedürftigkeit eine Erwerbstätigkeit vom betreuenden Elternteil nicht ausgeübt werden kann. (Zur ausführlichen Unterhaltsverzichtsvereinbarung s. nachstehend Rn 346.)

260 **Beratungshinweis:**

Die Vereinbarung des Ruhens des Anspruchs auf Ehegattenunterhalt bei Zusammenleben der Berechtigten mit einem neuen Partner ist in jedem Fall zu empfehlen, um Streit zu vermeiden über die Höhe der zu berücksichtigenden fiktiven Einkünfte aus der nichtehelichen Lebensgemeinschaft, wenngleich dies den Unterhaltpflichtigen nicht von der Beweislast des Zusammenwohnens entbindet und hier jedwede Möglichkeiten der Unterhaltsberechtigten offen bleiben, statt des Zusammenwohnens in zwei getrennten Wohnungen zu wohnen und dennoch eine dauerhafte ehewidrige Beziehung zu führen.

(3) Der Anspruch auf Ehegattenunterhalt **ruht** für den Fall, dass Frau ■■■ mit einem anderen Mann längere Zeit als 5 Monate **zusammenwohnt**.

(4) Ausdrücklich wird nochmals klargestellt, dass jede der Parteien zusätzlich zum derzeitigen Einkommen ohne betragsmäßige Begrenzung **Einkünfte** erzielen kann, **ohne** dass dadurch eine **Abänderung** der Vereinbarung betreffend Ehegattenunterhalt möglich ist.

Alternative 2:

(1) Herr ■■■ verpflichtet sich, an Frau ■■■ beginnend ab ■■■ eine monatlich im Voraus zahlbare Unterhaltsrente (nachehelicher Ehegattenunterhalt) in Höhe von Euro ■■■ zu bezahlen. In diesem Betrag ist sowohl Elementarunterhalt als auch jegliche Art von Vorsorgeunterhalt (Alters- und Krankenvorsorgeunterhalt) mit enthalten.

(2) Die Vereinbarung zum Ehegattenunterhalt ist gem. § 323 ZPO **abänderbar** für folgende Fälle:

– Für den Fall, dass sich die wirtschaftlichen Verhältnisse des Herrn ■■■ **unverschuldet wesentlich** ändern, wobei die Wesentlichkeitsgrenze bei **10 %** liegt.
– Ein Verschulden liegt vor, wenn nach Gesetz und Rechtsprechung ein Fall der **unterhaltsbezogenen** groben **Leichtfertigkeit** bezüglich der Einkommensminderung vorliegt.
– Bezug von **Rente durch** Frau ■■■, unabhängig davon, ob es sich um eine **Vollrente** wegen Alters oder um eine **Erwerbsunfähigkeitsrente** handelt.
– Im Falle einer **dauerhaften Beziehung** von Frau ■■■ mit einem neuen Partner, soweit hier nach geltender Rechtsprechung von **Verwirkung** auszugehen ist oder im Fall einer etwaigen **Wiederverheiratung**.

(3) Im Übrigen wird die Anwendung des § 323 ZPO ausgeschlossen.

Soweit eine Abänderung statthaft ist, sind sich die Beteiligten dahingehend einig, dass **keine Bindungswirkung** an den geschlossenen Vergleich besteht, sondern nach den dann geltenden gesetzlichen Vorschriften der Unterhalt neu berechnet wird.

(4) Vergleichsgrundlage ist ein Einkommen des Herrn ■■■ in Höhe von Euro ■■■ nach Abzug von Kranken- und Pflegeversicherung, Altersvorsorge, Lebensversicherungsbeiträge in Höhe von monatlich Euro ■■■.

(5) Frau ■■■ stimmt hiermit dem begrenzten **Realsplitting** zu und verpflichtet sich, die Anlage U zu unterzeichnen.

Herr ■■■ verpflichtet sich im Gegenzug hierzu, Frau ■■■ sämtliche **finanziellen Nachteile** einschließlich notwendiger Steuerberatungskosten, die dieser durch die Unterzeichnung der Anlage U entstehen, zu erstatten. (Ausführlich hierzu s. Teil 4, § 4 Rn 399)

Beratungshinweis:

Wird Abänderbarkeit für den Fall der Einkommensverminderung vereinbart, so sollte diese Vereinbarung immer dahingehend konkretisiert werden, dass es sich um eine **unverschuldete** Einkommensermäßigung handelt. Auch der Begriff „wesentlich" muss konkretisiert werden in Form eines bestimmten Prozentsatzes des bisher erzielten – und zu beziffernden – Einkommens. Der Verschuldensbegriff sollte unter Berücksichtigung der Rechtsprechung konkretisiert werden, sodass Verschulden bei einer unterhaltsbezogenen groben Leichtfertigkeit vorliegt.

Alternative 3:

Der Unterhaltsbetrag in Höhe von Euro ▪▪▪ wird **festgeschrieben** und unterliegt nicht der jeweiligen Anpassung nach § 323 ZPO. Dies gilt **insbesondere** bei **Einkommenssteigerungen** oder Einkommens**verminderungen** seitens beider Parteien.

Die Vereinbarung ist jedoch **abänderbar** und den geänderten Verhältnissen anzupassen, falls eine der Vertragsparteien aufgrund **krankheitsbedingter Arbeitsunfähigkeit** kein Einkommen aus Erwerbstätigkeit mehr erzielen kann sowie für den Fall, dass aufgrund Ausscheidens aus dem Erwerbsleben (**Rentenbezug**) eine wesentliche Änderung in den finanziellen Verhältnissen einer der Parteien eintritt.

In allen anderen Fällen von Einkommensverschiebungen, sei es aufgrund tatsächlicher Einkünfte oder aufgrund fiktiver Einkünfte, wird die Anpassung der Vereinbarung an die geänderten Verhältnisse ausdrücklich ausgeschlossen.

Die Parteien sind sich dahingehend einig, dass die Unterhaltsvereinbarung auch dann **nicht** abänderbar ist, wenn Frau ▪▪▪ eine **nichteheliche Lebensgemeinschaft** eingeht, **unabhängig** von deren **Dauer.**

Alternative 4:

(1) Der Ausschluss der Abänderung gilt, mit Ausnahme folgender Änderungen:

– Dauerhafte **unverschuldete Arbeitslosigkeit** oder **krankheitsbedingte Erwerbsunfähigkeit** von Herrn ▪▪▪. In diesem Fall erfolgt eine vollständige Neuberechnung des Ehegattenunterhalts entsprechend den gesetzlichen Vorschriften.

– Bei **Wiederverheiratung** der Ehefrau entfällt der Ehegattenunterhalt vollständig.

(2) **Bis** zum **Ablauf** der Unterhaltsfestschreibung verzichtet Frau ▪▪▪ auf einen eventuell höheren Ehegattenunterhalt und Herr ▪▪▪ auf jeden Anspruch auf Leistung von Ehegattenunterhalt, jeweils gegenüber dem anderen Vertragsteil und ausdrücklich auch für den Fall der Not und jeden Fall der Änderung der Rechtslage; die Ehegatten nehmen den jeweiligen Verzicht hiermit gegenseitig an. (Zur ausführlichen Unterhaltsverzichtsvereinbarung s. nachfolgend Rn 346)

Der vorstehend in Ziffer ▪▪▪ vereinbarte Unterhalt wird sowohl als Trennungsunterhalt als auch als nachehelicher Unterhalt vereinbart. Die Beteiligten wurden darüber aufgeklärt, dass ein Verzicht auf Trennungsunterhalt für die Zukunft nicht möglich ist. Die Ehegatten erklären hiermit ausdrücklich, dass sie über den vorstehend in Ziffer ▪▪▪ vereinbarten Unterhalt der Ehefrau hinaus wechselseitig **keinen** weiteren Trennungsunterhalt **geltend machen werden.**

(3) Nach den derzeitigen Verhältnissen gehen beide Ehegatten übereinstimmend davon aus, dass sie jeweils in der Lage sind und in der Lage sein werden, sich im Übrigen selbst zu unterhalten. Die Richtigkeit dieser Annahme soll jedoch – soweit rechtlich zulässig – weder Bedingung noch Geschäftsgrundlage der Unterhaltsvereinbarung sein; siehe im Übrigen nachfolgend Rn 346.

Alternative 5: Eingeschränkte Anwendung des § 323 ZPO

(1) Die Anwendung des § 323 ZPO wird hinsichtlich folgender Änderungen eingeschränkt:

a) Einkommens**steigerungen** und Einkommensver**minderungen** bleiben sowohl auf Seiten der Antragsgegnerin als auch auf Seiten des Antragstellers außer Betracht.

b) Der Unterhaltsanspruch bleibt auch bestehen für den Fall, dass die Antragsgegnerin in einem **eheähnlichen Verhältnis** mit einem anderen Mann zusammenlebt. In diesem Fall unterbleibt ebenfalls eine Anrechnung fiktiver Einkünfte.

c) § 323 ZPO bleibt anwendbar, wenn sich der eheliche **Sohn** ▪▪▪ auf Dauer bei der Antragsgegnerin **aufhält** oder für den Fall, dass die Antragsgegnerin **erwerbsunfähig krank** i. S. von § 1572 BGB ist. In diesem Fall wird die Antragsgegnerin vom Antragsteller so gestellt, dass sie, abgesehen von den Zinseinkünften, über die monatlich vereinbarten Unterhaltszahlungen des Antragstellers unter Berücksichtigung der Steigerung des Lebenshaltungskostenindexes hinaus noch über ein **Einkommen** aus **sämtlichen** verbleibenden **Einkunftsarten** von insgesamt Euro ▪▪▪ **verfügen** kann.

(2) In dem Unterhaltsbetrag von Euro ▪▪▪ ist sowohl Altersvorsorge als auch Krankenvorsorge und Aufstockungsunterhalt mit enthalten.

(3) Der Antragsteller **stellt** die Antragsgegnerin von der **Haftung** für sämtliche Unterhaltsansprüche betreffend den gemeinschaftlichen Sohn ▪▪▪ **frei**.

(4) Die Vereinbarung betreffend den nachehelichen Unterhalt ist **befristet** auf 10 Jahre, also bis ▪▪▪.

Für die Zeit ab ▪▪▪ **verzichten** beide Parteien auf nachehelichen Unterhalt für alle Lebenslagen, auch für Fälle der Not, und nehmen den Verzicht des anderen wechselseitig an. (Ausführlich hierzu s. nachfolgend Rn 346)

(5) Wertsicherungsklausel (s. vorstehend Rn 131 ff, nachfolgend Rn 268 ff)

III. Vereinbarung eines Gesamtunterhalts

1. Beratung

261 Die Vereinbarung eines **Gesamtunterhalts** kommt i.d.R. nur in Betracht, wenn der Unterhalt für einen relativ **kurzen Zeitraum** geregelt wird. Auch eine Vereinbarung dahingehend, dass der Gesamtunterhaltsanspruch auf Ehegattenunterhalt sowohl den Elementar- als auch den Altersvorsorgeunterhalt sowie den Krankenvorsorgeunterhalt beinhaltet, begegnet insoweit Bedenken, als bei zweckwidriger Verwendung des Altersvorsorgeunterhalts ein späterer Anspruch auf Unterhalt wegen Alters verwirkt sein kann.

262 Wird eine **befristete** Vereinbarung abgeschlossen mit Abgabe einer Ehegattenunterhaltsverzichtserklärung nach Ablauf der Befristung, kann sowohl die Befristung als auch der Verzicht dahingehend eingeschränkt werden, dass beide nicht gelten für den Fall, dass die Ehefrau bei **Ablauf** der **Befristung** Anspruch auf **Unterhalt** wegen **Krankheit** hat. Für diesen Fall kann **Neuberechnung** des Unterhalts vorbehalten bleiben.

263 Auch kann der Verzicht dahingehend eingeschränkt werden, dass dieser nicht gilt, falls die Ehefrau wegen einer schwerwiegenden **Erkrankung** eines der **Kinder** keiner Erwerbstätigkeit nachgehen kann. Eine solche Einschränkung empfiehlt sich schon aufgrund der Rechtsprechung des BGH und des BVerfG zur Wirksamkeits- und Inhaltskontrolle.

2. Muster: Vereinbarung eines Gesamtunterhalts

264

(1) Der Antragsteller verpflichtet sich, an die Antragsgegnerin beginnend ab ▪▪▪ eine monatlich im Voraus zahlbare Unterhaltsrente in Höhe von Euro ▪▪▪ zu bezahlen, wobei es sich hierbei um den **Gesamtunterhaltsanspruch** einschließlich Elementar- und Altersvorsorgeunterhalt sowie Krankenvorsorgeunterhalt handelt.

(2) Dieser Unterhalt ist **festgeschrieben** bis ▪▪▪. Die Anwendung des § 323 ZPO wird für diesen Zeitraum ausgeschlossen, mit Ausnahme des Falles, dass der Antragsteller ein im Verhältnis zu heute um **30 % verringertes** Nettoerwerbseinkommen erzielt.

Das **heutige Nettoeinkommen** des Antragstellers beträgt vor Abzug berufsbedingter Aufwendungen sowie sonstiger Abzugsposten Euro ▪▪▪.

(3) Der Unterhalt ist befristet bis einschließlich ▪▪▪.

Die Befristung und der nachfolgend erklärte Verzicht gelten beide nicht für den Fall, dass die Antragsgegnerin zum **Zeitpunkt des Ablaufs** der **Befristung** Anspruch auf **Unterhalt** wegen **Krankheit** hat.

Für den Fall, dass ein Anspruch der Antragsgegnerin auf Unterhalt wegen Krankheit besteht, erfolgt vollständige **Neuberechnung** des Unterhalts ohne Bindungswirkung an diese Vereinbarung.

(4) Für die Zeit ab (Datum der Befristung) **verzichten** die Parteien auf jeglichen Ehegattenunterhalt, auch für den Fall der Not, und nehmen diesen Verzicht wechselseitig an, mit **Ausnahme** des Falles, dass die Antragsgegnerin aufgrund einer schwerwiegenden **Erkrankung** eines der Kinder keiner Erwerbstätigkeit nachgehen kann aufgrund der krankheitsbedingten Betreuungsbedürftigkeit des Kindes. Die Parteien sind sich dahingehend einig, dass Krankheit in vorstehendem Sinne auch ein Unfallereignis ist. In diesem Fall erfolgt ebenfalls vollständige Neuberechnung des Unterhalts ohne Bindungswirkung an diese Vereinbarung.

IV. Regelung nach Ablauf einer befristeten Unterhaltsvereinbarung

1. Beratung

Vereinbart war zwischen den Ehegatten ein Festbetrag für Kindes- und Ehegattenunterhalt, wobei aufgrund des Alters der Kinder Anspruch auf **Betreuungsunterhalt** gem. § 1570 BGB bestand. In der nachfolgenden Vereinbarung wird klargestellt, dass nach Ablauf der Unterhaltsfestschreibung **völlige** Neuberechnung des Unterhalts erfolgt ohne Bindungswirkung an die Vereinbarung. Ausdrücklich wurde der Unterhaltsanspruch bis zum Ablauf der Befristung als Unterhaltsanspruch wegen **Kindesbetreuung** gem. § 1570 BGB bezeichnet. Dies ist bedeutsam für die Frage des **Einsatzzeitpunkts**. **Anders** als bei den übrigen Unterhaltstatbeständen ist es für die Entstehung der Unterhaltpflicht nach § 1570 BGB **ohne Bedeutung**, in welchem **Zeitpunkt ach der Scheidung** die Tatbestandsvoraussetzungen eintreten, also z.B. ob das gemeinschaftliche Kind erst nach der Scheidung geboren wird.[371]

So kann z.B. der Unterhaltstatbestand des § 1570 BGB auch **von neuem** entstehen, obwohl die Voraussetzungen bereits einmal entfallen sind. Dieser Fall kann **dann** eintre-

---

265

371   Heiß/Heiß in Heiß/Born, Unterhaltsrecht- Ein Handbuch für die Praxis, Rn 27 zu Kap. 1.

ten, wenn ein Kind zunächst nicht mehr betreuungsbedürftig ist, dann aber in Folge einer **Krankheit** pflege- und **betreuungsbedürftig** wird.[372]

267 **2. Muster: Regelung nach Ablauf einer befristeten Unterhaltsvereinbarung**

Nach **Ablauf** der vorstehend vereinbarten **Unterhaltsfestschreibung**, d.h. mit Vollendung des ▪▪▪ Lebensjahres der jüngsten Tochter ▪▪▪, somit am ▪▪▪, wird der Unterhalt völlig **neu berechnet** unter Berücksichtigung der dann gegebenen Verhältnisse. Die jetzige Unterhaltsvereinbarung hat kein Präjudiz für die dann vorzunehmende Unterhaltsberechnung entsprechend den dann geltenden gesetzlichen Bestimmungen.

Die Vertragsteile sind sich darüber einig, dass nach Beendigung des vorstehend in Ziffer ▪▪▪ vertraglich vereinbarten Unterhaltsanspruchs sich das Recht eines Ehegatten auf Leistung von laufendem (nachehelichem oder Getrenntlebens-) Unterhalt wieder ausschließlich nach den jeweils dann geltenden gesetzlichen Bestimmungen richtet, wobei bezüglich eines etwaig dann gegebenen gesetzlichen Unterhaltsanspruchs die **Zeit bis zum Ablauf der Unterhaltsfestschreibung** so zu behandeln ist, als ob Frau ▪▪▪ berechtigterweise, d.h. im Einklang mit der jeweils geltenden Gesetzeslage in dieser Zeit Getrenntlebensunterhalt bzw. nach Rechtskraft der Scheidung nachehelichen Ehegattenunterhalt deswegen erhalten hätte, weil die **Betreuung** der gemeinsamen **Kinder** dies erforderte (derzeit somit gem. § 1570 BGB).

V. Wertsicherungsklauseln

Im Einzelnen hierzu s. a.o. Teil 4, § 4 Rn 131 ff.

1. Beratung

a) Tatsächliche Ausgangssituation

268 Die Vereinbarung einer Wertsicherungsklausel ist seitens der Unterhaltsberechtigten dann zu empfehlen, wenn der Unterhalt langfristig festgeschrieben wird. Zu regeln ist in jedem Fall, dass die Anpassung **automatisch** erfolgt und es einer **Inverzugsetzung nicht bedarf**. Vereinbart werden kann auch ein **Mindestprozentsatz**, ab welchem eine Abänderung möglich sein soll.

b) Rechtliche Ausgangssituation

269 Es ist Frage des Einzelfalles, ob und inwieweit bezüglich der Abänderungsmöglichkeiten auf die **Geldwertentwicklung** Rücksicht genommen werden soll. Die Abänderungsmöglichkeit nach § **323 ZPO** einerseits sowie die Vereinbarung einer **Wertsicherungsklausel** schließen sich nicht grundsätzlich aus.

270 Bei schuldumschaffenden Vereinbarungen (z.B. **Leibrente** statt Unterhalt) **bedarf** es einer ausdrücklichen **Wertsicherungsvereinbarung**, da § **323 ZPO nicht gilt**. In der Regel werden Wertsicherungsklauseln in der Praxis nur bei **langfristig fest vereinbarten** Unterhaltsbeträgen mit in die Vereinbarung aufgenommen.

---

372 Heiß, Das Mandat im Familienrecht, Rn 42 zu Teil 8.

Nicht genehmigungspflichtig ist eine **Spannungsklausel**, d.h. eine Anpassungsverein- 271
barung, die als Bezugsgröße für die Anpassung einen gleichartigen Wertmesser vorsieht,
z.B. die Entwicklung eines bestimmten Beamtengehaltes oder eines Durchschnittsgehaltes einer bestimmten Angestelltengruppe.[373]

2. Muster: Wertsicherungsklausel

272

369

Vorstehende Unterhaltsvereinbarung unterliegt der Abänderung gem. § 323 ZPO, sofern
sich der vom statistischen Bundesamt festgestellte monatliche Verbraucherpreisindex
für Deutschland (Basis 2000 = 100) im Vergleich zur für den Monat ■■■ festgestellten
Indexzahl um mehr als 5 % geändert hat. Ist eine **Neufestsetzung** gem. § 323 ZPO erfolgt,
gilt vorstehende Regelung für eine spätere Neufestsetzung mit der Maßgabe, dass als
Ausgangszahl die für den Monat der **Rechtskraft** der **Abänderungsentscheidung** festgestellte Indexzahl gilt.[374]

Alternative 1:

Eine Abänderung der vorstehenden Unterhaltsvereinbarung gem. § 323 ZPO ist nur möglich, wenn sich die auf der Seiten des Unterhaltspflichtigen zugrundezulegenden Einkünfte von der Entwicklung des vom statistischen Bundesamt festgestellten monatlichen
Verbraucherpreisindex für Deutschland (Basis 2000 = 100) **erheblich** abweichend entwickeln. Eine erhebliche Abweichung liegt vor, wenn der **Prozentsatz** der Änderung der
Einkünfte von der prozentualen Änderung des Indexes um mehr als 10 % abweicht.[375]

Beratungshinweis:

273

Derartige Vereinbarungen sind keine Wertsicherungsklauseln und deshalb auch
nichtgenehmigungspflichtig. Bei echten Wertsicherungsklauseln kommt eine Genehmigung nach § 3 Preisklauselverordnung in Betracht, soweit eine Unterhaltsvereinbarung vom gesetzlichen Unterhaltsanspruch abweicht. Ein entsprechendes Attest
des Bundesamtes für Wirtschaft sollte deshalb grundsätzlich eingeholt werden.[376]

Alternative 2:

Die Beteiligten vereinbaren, dass sich die vorstehend festgesetzten Unterhaltsleistungen
um denselben Prozentsatz erhöhen oder ermäßigen, um den der vom statistischen Bundesamt festgestellte monatliche Verbraucherpreisindex für Deutschland (Basis 2000 =
100) von dem gleichen Index für den Monat ■■■ abweicht.

Eine **Abänderung** findet jedoch **nicht** statt, wenn sich der Zahlbetrag nicht um **mindestens 5 %** verändert. Ist eine Änderung erfolgt, erfolgt eine weiteren Änderung ebenfalls
erst, wenn die Erhöhung oder Ermäßigung des Zahlbetrages mindestens 5 % ausmachen
würde.

Die Unterhaltsleistung in der neu festgesetzten Höhe ist erstmals **fällig** zum Ersten des
auf den Monat, in dem die erforderliche Abweichung erstmals festgestellt wurde, folgenden dritten Monats.

Zu vorstehender Vereinbarung ist die Genehmigung gem. § 3 Preisklauselverordnung erforderlich, mit deren Einholung der amtierende Notar beauftragt wird. Sollte die vorste-

---

373 Zimmermann/Dorsel, Eheverträge, Scheidungs-u. Unterhaltsvereinbarungen, Rn 94 zu § 20.
374 Zimmermann/Dorsel, a.a.O., Rn 91 zu § 20.
375 Zimmermann/Dorsel, a.a.O., Rn 91 zu § 20.
376 Zimmermann/Dorsel, a.a.O., Rn 92 zu § 20.

hende Vereinbarung nicht genehmigungsfähig sein, tritt an ihre Stelle die Verpflichtung der Beteiligten, auf der Grundlage vorstehender Vereinbarung zum betreffenden Zeitpunkt über eine Neufestsetzung des Unterhalts eine Vereinbarung herbeizuführen.

Jegliche **Abänderung** vorstehender Vereinbarung auf anderer rechtlicher Grundlage, insbesondere § 323 ZPO, ist **ausgeschlossen.**[377]

Alternative 3:

(1) Der Unterhaltsbetrag wird wertgesichert.

Der vorgenannte Betrag wird auf der Grundlage der Lebenshaltungskosten bei erstmaliger Fälligkeit des Unterhaltsbetrages also dem Monat, der der Rechtskraft des Scheidungsurteils nachfolgt, festgelegt.

Der Ehegattenunterhalt verändert sich erstmals zum 01.07. ■■■ im gleichen prozentualen Verhältnis, wie sich der vom statistischen Bundesamt amtlich festgestellte monatliche Verbraucherpreisindex (Basis 2000 = 100) künftig verändert, wobei das prozentuale Verhältnis durch den Vergleich des Index im Juli des Anpassungsjahres zum Index im Juli des vorangegangenen Jahres ermittelt wird. Die Anpassung erfolgt jeweils **automatisch** zum 01.07. eines jeden Jahres.

Beide Parteien verpflichten sich, diese Vereinbarung dem Bundesamt für Wirtschaft und Ausfuhrkontrolle (BAFA), Frankfurter Str. 29 – 31, 65760 Eschborn, vorzulegen und für **Genehmigung** bzw. **Negativbescheinigung** bezüglich der Wertsicherungsklausel Sorge zu tragen.

(2) Für die Zeit ab ■■■ erfolgt **Neuberechnung** auf der Grundlage der dann gegebenen beiderseitigen Einkommensverhältnisse.

(3) Ausdrücklich stellen die Eheleute klar, dass es einer **Inverzugsetzung** bezüglich der Erhöhungen **nicht bedarf.**

E. Abänderungsvereinbarungen

Hierzu s.a. vorstehend, Rn 250 ff, Festschreibung/Festbetrag. Ausführlich zur Abänderung s. Teil 1, Rn 242 ff.

I. Vereinbarungen zur Abänderbarkeit von Unterhaltsregelungen

1. Beratung

a) Tatsächliche Ausgangssituation

274 **Künftige Änderungsgründe** können vertraglich geregelt werden, so z.B. dass eine Abänderung erst dann möglich ist, wenn sich die **Einkünfte** des Berechtigten oder Verpflichteten erhöhen oder vermindern oder welche Auswirkungen eine Wiederverheiratung oder Begründung einer außerehelichen festen Beziehung des Berechtigten auf den geschuldeten Unterhalt haben soll.

275 Auch eine **Wesentlichkeitsgrenze** in Form eines bestimmten **Prozentsatzes** kann vereinbart werden.

377 Zimmermann/Dorsel, a.a.O., Rn 93 zu § 20.

Wird die Unterhaltsrente nur für einen bestimmten Zeitraum (z.B. Getrenntlebens- 276
unterhalt) oder für die Dauer einer Ausbildung vereinbart, so kann auf jede Abänderung verzichtet werden und die Anwendung des § 323 ZPO ausgeschlossen werden.

Beratungshinweis: 277

Wird bei Trennungsunterhalt die Anwendung des § 323 ZPO ausgeschlossen, so ist zu
beachten, dass unter Umständen durch Einreichung von Klagen betreffend Zugewinnausgleich, nachehelichen Ehegattenunterhalt oder sonstiger Scheidungsfolgesachen eine
lange Zeitdauer von dieser Unterhaltsvereinbarung betroffen sein kann.
In diesen Fällen ist es ratsam, die Unterhaltsvereinbarung **zeitlich zu begrenzen** in der
Form, dass diese Vereinbarung nur bis zu einem bestimmten Zeitpunkt gilt und nach
Ablauf der Befristung Neuberechnung zu erfolgen hat.

b) Rechtliche Ausgangssituation

Vereinbarte Unterhaltsleistungen sind abänderbar aufgrund 278
- **wesentlicher Änderung** der Verhältnisse, § 323 ZPO,
- **Wegfalls der Geschäftsgrundlage,**
- **grober Unbilligkeit** gem. § 1579 BGB,
- vertraglicher **Änderungsvereinbarungen**, insbesondere Wertsicherungsklauseln.

Grundsätzlich sollte **jede Vereinbarung** klarstellen, inwieweit **Abänderung möglich** ist. 279
Vereinbart werden kann auch
- ein völliger Abänderungsausschluss, wobei dies die Ausnahme sein wird im Hinblick auf die für beide Seiten damit verbundenen Gefahren, wie z.B. Erwerbsunfähigkeit des Unterhaltsverpflichteten oder der Unterhaltsberechtigten, dauerhaftes
  Zusammenleben der Unterhaltsberechtigten mit einem neuen Partner u.a. Ein vollständiger Abänderungsausschluss kommt nur bei Vereinbarungen, die lediglich für
  einen **kurzen Zeitraum** gelten sollen, in Betracht;
- die Einschränkung oder sonstige Modifizierung der gesetzlichen Abänderungsmöglichkeiten,
- eine vollkommen selbständige Abänderungsregelung und der Ausschluss gesetzlicher Abänderungsmöglichkeiten.

Beratungshinweis: 280

Wird keine Vereinbarung für den Fall der **Wiederheirat** geschlossen, verbleibt es auch
bei einem **Abänderungsausschluss** dabei, dass der Unterhaltsanspruch nach Wiederheirat (bzw. Begründung einer eingetragenen Lebenspartnerschaft) des Berechtigten erlischt (§ 1586 Abs. 1 BGB).[378]
Das **Fortbestehen** des Unterhaltsanspruchs bei Wiederheirat muss ausdrücklich vereinbart werden.
Der **Ausschluss** der Anwendbarkeit des § 323 ZPO in einer Unterhaltsvereinbarung berührt auch nicht die Zulässigkeit des Verwirkungseinwandes im Rahmen einer Vollstre-

---

378 OLG Bamberg FamRZ 1999, 1278; Kilger/Pfeil in Göppinger/Börger, Vereinbarungen anlässlich der Ehescheidung, Rn 293 zu Teil 5.

ckungsgegenklage, beispielsweise nach Aufnahme einer eheähnlichen Lebensgemeinschaft durch den Berechtigten.[379]

281   Zu beachten ist, dass sich bei **vollstreckbaren Urkunden** die Abänderungsmöglichkeit nach § 323 ZPO materiell nach § 242 BGB bemisst[380] und dass weder eine Präklusionswirkung nach § 323 Abs. 2 ZPO besteht noch § 323 Abs. 3 ZPO eingreift, demzufolge eine Abänderung erst mit Wirkung ab **Rechtshängigkeit** möglich wäre.[381]

282   Da Abänderungen **gerichtlicher Vergleiche** und **notarieller Urkunden** auch **für die Vergangenheit**, also auch für die Zeit vor Erhebung der Abänderungsklage, verlangt werden kann,[382] ist daran zu denken, dass die Parteien auch **vereinbaren** können, dass eine Abänderung erst ab **Zugang** eines bezifferten **Abänderungsverlangens** oder ab **Klageerhebung** entsprechend § 323 Abs. 3 ZPO möglich ist. (Im Einzelnen zur Abänderung s.o. Teil 1 Rn 242 ff)

283   Maßgeblich für die Abänderung von Unterhaltsvergleichen ist immer der geäußerte oder durch Auslegung zu ermittelnde **Parteiwille**. Ist dieser **nicht feststellbar**, so ist der Unterhalt im Abänderungsverfahren nach den **gesetzlichen Vorschriften** zu bestimmen[383]

284   **2. Muster:[384] Abänderbarkeit von Unterhaltsregelungen**

370

Vorstehende Unterhaltsvereinbarung unterliegt keinerlei Abänderung, gleich auf welcher rechtlichen Grundlage.

Alternative 1:

Vorstehende Unterhaltsvereinbarung unterliegt **keinerlei Abänderung**, soweit es den ausgewiesenen **Altersvorsorgeunterhalt** betrifft.

Alternative 2:

Die Abänderung der Unterhaltsleistungen gem. § 323 ZPO ist nur für den Zeitraum, ab dem auf die Rechtshängigkeit einer entsprechenden **Klage** folgenden Monatsersten zulässig (alternativ: ab dem **Abänderungsbegehren**).

285   **Beratungshinweis:**

Nach der Rechtsprechung des BGH[385] ist eine Abänderung gem. § 323 ZPO auch für die **Vergangenheit** denkbar. Dies ist in vielen Fällen nicht sachgerecht und sollte ggf. ausgeschlossen werden.

286   **Alternative 3:**

Eine Abänderung gem. § 323 ZPO wegen einer **Änderung der wirtschaftlichen Verhältnisse** des Unterhaltspflichtigen ist ausgeschlossen.

---

379   OLG Koblenz FamRZ 2004, 1656.
380   BGH FamRZ 1986, 790; 1992, 538.
381   BGH FamRZ 1983, 21; 1983, 997; Zimmermann/Dorsel a.a.O. Rn 80 zu § 20.
382   BGH FamRZ 1983, 22.
383   BGH FamRZ 1983, 569.
384   Zimmermann/Dorsel a.a.O. Rn 87 zu § 20.
385   FamRZ 1983, 22.

Alternative 4:
Eine Abänderung gem. § 323 ZPO wegen einer Änderung der wirtschaftlichen Verhältnisse des Unterhaltspflichtigen ist nur zulässig, wenn der gemäß vorstehender Berechnung ihm verbleibende **Selbstbehalt** den Betrag von 1.500 Euro monatlich **unterschreitet.**

Alternative 5:
Eine Abänderung gem. § 323 ZPO wegen einer Änderung der wirtschaftlichen Verhältnisse des Unterhaltspflichtigen ist **frühestens** zulässig nach Ablauf von 5 Jahren ab Rechtskraft der Scheidung der Ehe.

Alternative 6:
Eine Abänderung vorstehender Unterhaltsleistungen gem. § 323 ZPO wegen Veränderung der wirtschaftlichen Verhältnisse des Unterhaltsberechtigten ist (auf die Dauer von 5 Jahren ab Rechtskraft der Scheidung) ausgeschlossen, es sei denn, dass der Unterhaltsberechtigte eine **neue Ehe** eingeht.

Beratungshinweis: 287

Im Rahmen eines Vergleichs wird i.d.R. das Einkommen nicht exakt berechnet, sondern es wird eine Pauschalregelung getroffen, bei der jede Partei Abstriche bezüglich Einkommen und Abzugsposten gemacht hat. Dies hat zur Folge, dass gerade die Aufnahme von **Vergleichsgrundlagen** möglicherweise zum Scheitern des Vergleichsabschlusses führt.

So kann es zur Vermeidung späterer Streitigkeiten darüber, ob die Geschäftsgrundlage für die Vereinbarung weggefallen ist, günstiger sein, eine Vereinbarung zu treffen, wonach nach Ablauf der Befristung eine **vollständige Neuberechnung** nach den gesetzlichen Vorschriften ohne Bindungswirkung an den Vergleich erfolgt.

II. Abänderung einer nicht titulierten Vereinbarung

Ist die Vereinbarung nicht tituliert, ist **keine Abänderungsklage** nach § 323 Abs. 4 ZPO   288
zu erheben, da **kein Schuldtitel vorliegt.** Vielmehr ist die Abänderung vom Unterhaltsberechtigten mit der **Leistungsklage** nach § 258 ZPO geltend zu machen. Zur negativen Feststellungsklage nach § 256 ZPO:[386] Der Unterhalts**pflichtige** hat die Möglichkeit, seine Zahlungen ganz oder teilweise **einzustellen** oder ggf. **negative Feststellungsklage** zu erheben.

Ob Ehegatten einer **privatschriftlichen Vereinbarung** die Eigenschaft eines gerichtlichen   289
Vergleichs dadurch beilegen können, dass **vereinbart** wird, eine **Abänderung** könne nur durch Erhebung einer **Abänderungsklage** erfolgen, ist zweifelhaft.[387] Auch bei nicht titulierten Vereinbarungen können die Voraussetzungen für eine Vertragsänderung grundsätzlich frei bestimmt werden.[388]

---

386 Heiß, Das Mandat im Familienrecht, Rn 812 zu Teil 8.
387 Johannsen/Henrich/Brudermüller, § 323 ZPO Rn 126; Kilger/Pfeil a.a.O. Rn 287 zu Teil 5.
388 Kilger/Pfeil a.a.O. Rn 289 zu Teil 5.

III. Vereinbarung zur Abänderung eines Beschlusses im einstweiligen Anordnungsverfahren; Vergleichsabschluss im Hauptsacheverfahren

1. Beratung

290 Zur Klarstellung sollte bei Vorliegen eines Beschlusses, der im einstweiligen Anordnungsverfahren erlassen wurde, in eine an die Stelle des Beschlusses tretende Vereinbarung aufgenommen werden, dass durch diesen Vergleich die Ansprüche gemäß dem **Beschluss erledigt** sind und der Vergleich an die Stelle des Beschlusses tritt.

291 #### 2. Muster: Vereinbarung zur Abänderung eines Beschlusses im einstweiligen Anordnungsverfahren

(1) Der Beklagte verpflichtet sich, an die Klägerin einen monatlichen Trennungsunterhalt in Höhe von ■■■ jeweils zum 1. eines Monats im Voraus zu bezahlen.

(2) Die Parteien sind sich darüber einig, dass damit die **Ansprüche** aus dem **Beschluss** vom ■■■ im einstweiligen Anordnungsverfahren, Az ■■■ **erledigt** sind und der Vergleich an die Stelle dieses Beschlusses tritt.

(3) Die Parteien sind sich weiter dahingehend einig, dass dieser Vergleich nur für die Trennungsunterhalt gilt, **nicht** aber für Ansprüche auf **nachehelichen** Ehegattenunterhalt.

IV. Abänderung einer einseitigen Unterwerfungserklärung

292 Der Unterhaltspflichtige kann bezüglich eines **unstreitigen** Betrages ein **notarielles Schuldanerkenntnis** abgeben. Hierdurch kann das Kostenrisiko, welches andernfalls bei einer gesonderten Leistungsklage außerhalb des Verbundes bestünde, verhindert werden. Darüber hinaus ermäßigt sich der Streitwert, da nur noch über den Spitzenbetrag gestritten werden muss (zum notariellen Schuldanerkenntnis s.o. Teil 2).

293 Liegt ein **Schuldanerkenntnis** vor, so kann der Berechtigte Klage in Form einer **Zusatzklage** erheben, die nur den Spitzenbetrag betrifft.[389]

294 Es besteht auch die Möglichkeit, **Abänderungsklage** nach § 323 Abs. 4 ZPO zu erheben.[390] Der Unterhalts**pflichtige** kann Abänderung nach den Regeln über den Wegfall der **Geschäftsgrundlage** begehren. Es erfolgt dann eine Anpassung an die neuen Verhältnisse.[391]

295 Die Abänderung kann **nicht** auf **Gründe** gestützt werden, die der Erklärende bereits bei Abgabe seines Schuldanerkenntnisses **kannte** und mit denen er bei Abgabe seiner Erklärung rechnete.[392] Eine **Neufestsetzung** findet **nur** dann statt, wenn **weder** aus der Ur**kunde** noch aus dem **Parteivortrag** Vereinbarungen über die Grundlagen der Unterhaltsbemessung zu entnehmen sind. Es ist dann im Zweifel davon auszugehen, dass der Parteiwille darauf gerichtet war, den gesetzlichen Unterhalt zu konkretisieren.[393]

---

389 OLG Karlsruhe FamRZ 1994, 637; Johannsen/Henrich/Brudermüller, § 323 ZPO Rn 141.
390 BGH FamRZ 1980, 342.
391 BGH FamRZ 1983, 22, 24; OLG Köln FamRZ 2000, 905 (für vollstreckbare Jugendamtsurkunde); OLG Brandenburg FamRZ 2002, 676; OLGMünchen FamRZ 2002, 1271.
392 Johannsen/Henrich/Brudermüller, § 323 ZPO Rn 141.
393 BGH FamRZ 2004, 24; OLG Köln FamRZ 2001, 1716; Kilger/Pfeil a.a.O. Rn 291 zu Teil 5.

V. Abänderung einer notariellen Unterhaltsvereinbarung

1. Beratung

Die Ehegatten haben im Rahmen einer **notariellen Gesamtregelung** bezüglich Vermögensauseinandersetzung und Unterhalt die Höhe der monatlich zu zahlenden Unterhaltsbeträge festgelegt. In **Abänderung** dieser Vereinbarung soll nunmehr gegen Zahlung eines Abfindungsbetrages auf Unterhalt **verzichtet** werden.   296

2. Muster: Abänderung einer notariellen Unterhaltsvereinbarung   297

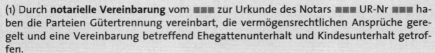

(1) Durch **notarielle Vereinbarung** vom ■■■ zur Urkunde des Notars ■■■ UR-Nr ■■■ haben die Parteien Gütertrennung vereinbart, die vermögensrechtlichen Ansprüche geregelt und eine Vereinbarung betreffend Ehegattenunterhalt und Kindesunterhalt getroffen.

(2) In **Abänderung** dieser notariellen Vereinbarung Ziffer ■■■ (nachehelicher Ehegattenunterhalt) schließen die Parteien folgende Vereinbarung:

Die Parteien **verzichten** gegenseitig auf jeglichen nachehelichen Ehegattenunterhalt, auch für den Fall der Not, und nehmen den Verzicht wechselseitig an. (Im Einzelnen zum Unterhalt zur ausführlichen Formulierung eines Unterhaltsverzichts s. nachfolgend, Rn 346)

Herr ■■■ verpflichtet sich, an Frau ■■■ zur **Abfindung** sämtlicher Unterhaltsansprüche einen Betrag in Höhe von Euro ■■■ zu bezahlen, der innerhalb von ■■■ Wochen nach Abschluss der Vereinbarung zur Zahlung fällig ist. Die fristgemäße Zahlung der Abfindung ist **Bedingung** für den von der Ehefrau erklärten Unterhaltsverzicht.

Im Übrigen verbleibt es bei den Vereinbarungen gem. der vorbezeichneten notariellen Urkunde.

Die Parteien stellen übereinstimmend fest, dass **Unterhaltsrückstände** nicht bestehen.

VI. Vereinbarung bei Abänderungsklage

1. Beratung

Existiert ein Unterhaltstitel, der im Rahmen der Abänderungsklage abgeändert wird, so ist in die Vereinbarung mit aufzunehmen, dass der neue Titel **in Abänderung des Vergleichs** (oder Urteil/Beschluss) geschlossen wird, um zu **vermeiden**, dass evtl. **zwei Unterhaltstitel** vorliegen.   298

2. Muster: Vereinbarung bei Abänderungsklage   299

In **Abänderung** des **Vergleichs** des Amtsgerichts ■■■ vom ■■■ im Verfahren ■■■ ist der Beklagte mit Wirkung ab ■■■ nur mehr verpflichtet, einen monatlichen nachehelichen Ehegattenunterhalt in Höhe von Euro ■■■ zu bezahlen.

VII. Vorbehalt von Abänderungsgründen im späteren Verfahren

1. Beratung

300 Auf Abänderungsgründe kann entweder **verzichtet** werden oder es können solche ausdrücklich **vorbehalten** bleiben für ein späteres Abänderungsverfahren, obwohl sie bereits bei Abschluss der Vereinbarung bekannt waren. Dies wird im Hinblick auf das geplante Gesetz zur Änderung des Unterhaltsrechts insbesondere betreffend den **Einwand der zeitlichen Begrenzung** dringend zu empfehlen sein.

301 So kann z.b. für zukünftige Abänderungsverfahren auf die Forderung einer Ganztagstätigkeit der Unterhaltsberechtigten verzichtet werden. Dies kommt in Betracht im Hinblick auf das Alter der Ehefrau oder falls die Ehefrau ein behindertes Kind betreut oder selbst wegen Krankheit nicht ganztags erwerbstätig sein kann. Auch kann z.b. der Einwand betreffend der Verpflichtung zur Vermögensumschichtung für künftige Abänderungsverfahren vorbehalten bleiben.

302 **2. Muster: Vorbehalt von Abänderungsgründen im späteren Verfahren**

> (1) Der Antragsgegner **verzichtet** bei der Festlegung dieses Unterhalts und für etwaige **zukünftige** Abänderungsverfahren auf die **Forderung** einer **Ganztagstätigkeit** der Antragstellerin.
>
> (2) Eine **Abänderung** dieser Vereinbarung kann nur gefordert werden, wenn sich das bereinigte Nettoeinkommen eines der beiden Ehegatten um **mehr als 20 %** erhöht oder ermäßigt hat.

303 **Beratungshinweis:**

Im Übrigen ist diese Vereinbarung aber abänderbar nach § 323 ZPO.

304 (3) Die Parteien sind sich dahingehend einig, dass – ohne dass hiermit ein Anerkenntnis bezüglich der Geltung des Einwandes verbunden wäre – der **Einwand betreffend** der Verpflichtung zur **Vermögensumschichtung** bezogen auf den im Eigentum der Antragstellerin stehenden Bauplatz **vorbehalten** bleibt. Dies gilt für etwaige **zukünftige Abänderungsverfahren.**

(4) Ausdrücklich vereinbaren die Parteien, dass auch der Einwand der **zeitlichen Begrenzung** für etwaige zukünftige Abänderungsverfahren **vorbehalten** bleibt, also **nicht** aufgrund dieser Vereinbarung **präkludiert** ist.

F. Erb- und Pflichtteilsverzicht, Unterhaltsverzicht

305 Im Einzelnen siehe hierzu die umfangreichen Ausführungen zu Teil 2, § 2 Rn 51 ff.

I. Ausschluss der Erbenhaftung

1. Tatsächliche Ausgangssituation

Das gesetzliche Erbrecht des überlebenden Ehegatten erlischt nach Einreichung des Scheidungsantrags, wenn zur Zeit des Todes des anderen Ehegatten die Voraussetzungen für die Scheidung der Ehe gegeben waren **und** der **Erblasser** die Scheidung **beantragt** oder ihr durch Prozesshandlung gegenüber dem Familiengericht **zugestimmt** hat, § 1933 BGB. In diesem Fall hat der überlebende Ehegatte gegen die Erben des verstorbenen Ehegatten **Anspruch** auf **Unterhalt** gem. § 1586 BGB.

306

2. Rechtliche Ausgangssituation

Die Erbenhaftung des § 1586b Abs. 1 S. 1 BGB (ggf. i.V.m. § 1933 S. 3 BGB), die auch für modifizierende Vereinbarungen gilt, kann **ausgeschlossen** werden oder auf einen Bruchteil des fiktiven Pflichtteils **begrenzt** werden.[394] Umgekehrt kann auch **unbeschränkte** Erbenhaftung vereinbart werden.[395]

307

Eine besondere Regelung zur **Erbenhaftung** ist **erforderlich**, wenn der Unterhaltsberechtigte vor oder während der Ehe zur Erlangung testamentarischer Verfügungsfreiheit vorbehaltlos auf sein **gesetzliches Erbrecht** (§ 2346 Abs. 1 BGB) oder sein Pflichtteilsrecht (§ 2346 Abs. 2 BGB) **verzichtet** hat. Dies **schließt** die **Unterhaltspflicht** des Erben nach § 1586b BGB aus (**str.**).[396] Zur **Klarstellung** ist die Geltung des § 1586 BGB ausdrücklich entweder **auszuschließen** oder zu vereinbaren.[397]

308

Sehr umstritten ist, wie sich ein **Erb- oder Pflichtteilsverzicht** auf den Anspruch nach § 1586b BGB auswirkt. Während die einen unter Berufung auf den Normzweck den Anspruch entfallen lassen wollen,[398] sehen andere im Vordergrund den unterhaltsrechtlichen Anspruch, der nur der Höhe nach begrenzt sei, daher entfalle mit einem Erboder Pflichtteilsverzicht **nicht** auch der **Unterhaltsanspruch** nach § 1586b BGB.[399]

309

Beratungshinweis:

310

Schließen Ehegatten einen Erb- oder Pflichtteilsverzicht ab, so z.B. im Rahmen einer umfassenden Scheidungsvereinbarung, muss **vertraglich** klargestellt werden, ob dieser die Unterhaltsansprüche nach § 1586b BGB entfallen lässt.

---

394 Vgl. Hambitzer, FPR 2004, 158, 159 zu verschiedenen Vereinbarungsmöglichkeiten sowie Schindler, FamRZ 2004, 1527 ff zu Problemen der Erbenhaftung; Kilger/Pfeil, a.a.O., Rn 223 zu Teil 5.

395 Kilger/Pfeil in Göppinger/Börger, Vereinbarungen anlässlich der Ehescheidung, Rn 223 zu Teil 5; Johannsen/Henrich/Brüttner, § 1585b BGB Rn 2.

396 MünchKomm/Maurer, § 1586b Rn 2 m.w.N.; a.A., z.B. Heiß/Heiß in Heiß/Born, Unterhaltsrecht, Ein Handbuch für die Praxis, Kap. 4 Rn 40; Johannsen/Henrich/Büttner, § 1586b Rn 9 m.w.N.; Schwab/Borth IV, Rn 1250.

397 Kilger/Pfeil, a.a.O., Rn 223 zu Teil 5.

398 Palandt/Brudermüller, § 1586b Rn 8; Dieckmann, FamRZ 1999, 1029; MünchKomm/Maurer, § 1586b Rn 2.

399 Deisendofer, FamRZ 1991, 1258 f; Büttner/Niepmann, NJW 2000, 2547, 2552; Bergschneider, FamRZ 2003, 1049, 1057; Kindermann, ZFE 2003, 175 f.

311　Nach wohl herrschender Lehre[400] verliert der Ehegatte den **Unterhaltsanspruch**, wenn er auf sein noch bestehendes Pflichtteilsrecht durch **Erb- oder Pflichtteilsverzichtsvertrag** verzichtet hat. Bei Verbindung des Erb- oder Pflichtteilsverzichts mit einem Unterhaltsverzicht empfiehlt sich eine ausdrückliche Klarstellung.

312　**II. Muster:[401] Zu § 1586b BGB**

> Durch diesen Pflichtteilsverzicht sollen etwaige **Unterhaltsansprüche** des verzichtenden Ehegatten gegen die Erben des anderen Ehegatten nach **§ 1586b** und 1933 S. 3 BGB **nicht beeinträchtigt** oder **ausgeschlossen** werden. Der Überlebende soll vielmehr insoweit so gestellt sein, als ob der Pflichtteilsverzicht nicht erklärt worden wäre.

G. Auskunft, Auskunftsverpflichtung, Vorlage von Belegen, unaufgeforderte Information

I. Beratung

1. Tatsächliche Ausgangssituation

313　Um die Höhe des Unterhaltsanspruchs zu errechnen, muss zunächst die Höhe des Einkommens anhand von Belegen, wie Gehaltsabrechnungen, Bilanzen, Steuerbescheiden, ermittelt werden.

2. Rechtliche Ausgangssituation

314　Es besteht zum einen ein gesetzlicher **Auskunftsanspruch** nach § 1580 S. 1 BGB sowie ein **zusätzlicher Anspruch** gem. §§ 1580 S. 2, 1605 Abs. 1 S. 2 BGB auf Vorlage von **Belegen**. Es handelt sich um zwei getrennte Ansprüche.[402]

315　Darüber hinaus besteht bei Vorliegen einer Unterhaltsverpflichtung eine Pflicht zur **ungefragten** Information, worauf die Parteien bei Vergleichsabschluss unbedingt hingewiesen werden müssen. Als Ausprägung des Grundsatzes von **Treu und Glauben** kann sowohl der Unterhalts*berechtigte* als auch der Pflichtige die Pflicht haben, **ungefragt** Auskunft zu erteilen, und zwar dann, wenn eine **Veränderung der Verhältnisse** i.S.d. § 323 ZPO eingetreten ist und das **Schweigen** über eine grundlegende Änderung der Verhältnisse **evident unredlich** erscheint.[403] Eine Obliegenheit des Bedürftigen, Beziehungen zu einem **neuen Partner** zu offenbaren, besteht nicht, es sei denn, es ginge um die **Sicherstellung** der Versorgung des **Bedürftigen** durch den Partner.[404]

400　Langenfeld, Handbuch der Eheverträge und Scheidungsvereinbarungen, Rn 1068 zu Kap. 5. m. zahlreichen w. N.; Dieckmann, NJW 1980, 2077; NJW 1992, 633; Münch.Komm./Maurer, § 1586b Rn 2; Münch.Komm./Leipold, § 1933 Rn 16; Palandt/Brudermüller, § 1586b Rn 8.
401　Langenfeld, a.a.O., Rn 1070 zu Kap. 5.
402　Heiß/Heiß, in Heiß/Born, Rn 6 zu Kap. 6; Heiß, Das Mandat im Familienrecht, Rn 618 zu Teil 8.
403　BGH, FamRZ 1988, 270; FamRZ 2000, 150; OLG Bremen, FamRZ 2000, 256; Heiß, Das Mandat im Familienrecht, Rn 502 zu Teil 8.
404　BGH, FamRZ 1986, 1082.

Während eines **laufenden Unterhaltsprozesses** besteht wechselseitig die Obliegenheit 316
zur Anzeige **aller** den Unterhaltsanspruch beeinflussenden **Änderungen** der rechtserheblichen Umstände.[405] Die Verpflichtung zur ungefragten Information erstreckt sich auf Umstände, die ersichtlich die sich aus der Vereinbarung ergebenden Rechte und Verpflichtungen berühren.[406] Werden solche Informationen nicht erteilt, so kann dies zu einer **Anfechtbarkeit** einer Unterhaltsregelung[407] führen, wenn die Informationen bereits **bei Vertragsabschluss** nicht gegeben wurden.

Des Weiteren kann in der Folgezeit eine Verletzung der Verpflichtung zur ungefragten 317
Information nach § 1579 Nr. 2, 4 BGB zu einer **Anspruchskürzung** führen[408] oder auch zu einem **Schadenersatzanspruch** nach § 826 BGB.[409]

II. Muster:[410] Auskunftsverpflichtung

318

376

Die Ehegatten sind verpflichtet, einander wechselseitig im Abstand von 2 Jahren gerechnet vom Zeitpunkt der jeweils letzten Auskunftserteilung, **unaufgefordert Auskunft** über ihre Einkommensverhältnisse zu erteilen und diese Auskunft zu **belegen**. Die Ehefrau ist darüber hinaus verpflichtet, den Ehemann zu unterrichten, wenn sie mit einem **neuen Partner** zusammenzieht, einem Dritten Versorgungsleistungen erbringt oder wieder **heiratet**. Bei Verletzung dieser Auskunftsverpflichtungen ist der **überzahlte** Unterhalt unter Ausschluss der Einrede des § 818 Abs. 3 BGB (Entreicherungseinrede) zurückzuzahlen. Der zu wenig gezahlte Unterhalt ist – ohne dass insoweit Verzug vorliegen müsste – nachzuzahlen.

Alternative 1

Der Unterhaltspflichtige ist verpflichtet, bis spätestens 01.03. eines jeden Jahres über seine **Einkünfte** und den Stand und die Entwicklung seines **Vermögens** Auskunft zu erteilen. Er bevollmächtigt hiermit unwiderruflich den Unterhaltsberechtigten, bei allen Stellen, insbesondere Arbeitgebern und Finanzämtern die erforderlichen Auskünfte **selbst** einzuholen und alle Unterlagen **einzusehen**.

Beratungshinweis:

319

In der Praxis wird eine solche Vereinbarung betreffend der uneingeschränkten Möglichkeit des Berechtigten, alle Auskünfte selbst einzuholen, der absolute Ausnahmefall sein.

Soweit über die Entwicklung des **Vermögens** Auskunft erteilt wird, ist zu beachten, ob es sich bei diesen Entwicklungen um prägende Einkünfte handelt, also solche, die in der Ehe angelegt waren, oder um nichtprägende Einkünfte.

---

405 BGH, FamRZ 2000, 253; Heiß, Das Mandat im Familienrecht, Rn 502 zu Teil 8.
406 Schwab/Borth, IV Rn 591.
407 BGH, FamRZ 2000, 153, 154.
408 BGH, FamRZ 1997, 483.
409 BGH, NJW 1988, 1965, 1966 f; OLG Karlsruhe, NJW-RR 2004, 145 u. 1441.
410 Kilger/Pfeil in Göppinger/Börger, Vereinbarungen anlässlich der Ehescheidung Rn 299 zu Teil 5.

Alternative 2

Der Auskunftsanspruch des Unterhaltsberechtigten gem. §§ 1580, 1605 BGB wird insoweit **beschränkt**, als lediglich die Vorlage von **Steuerbescheiden** verlangt werden kann. Liegt ein entsprechender Bescheid für das abgelaufene Kalenderjahr bis zum 01.03. des Folgejahres nicht vor, genügt zunächst eine von einem Angehörigen der rechts- und steuerberatenden Berufe ausgestellte Bescheinigung über die voraussichtliche Veranlagung und das voraussichtliche Einkommen.

320 **Beratungshinweis:**

Die Beschränkung der Auskunftpflicht auf Vorlage von Steuerbescheiden ist nicht zu empfehlen. Das unterhaltsrechtlich relevante Einkommen ist bei Selbständigen ausschließlich anhand der Bilanzen/Gewinn- und Verlust-Rechnungen für 3 Jahre zu ermitteln unter Berücksichtigung von Abschreibungen, Sonderposten mit Rücklageanteil, Rückstellungen, privaten Raumkosten u.a.

Bei nichtselbständigen Unterhaltpflichtigen ist das Einkommen anhand der zurückliegenden 12 Kalendermonate unter Vorlage der Gehaltsabrechnungen zu ermitteln, da nur diese Aufschluss darüber geben, ob und ggf. in welcher Höhe **steuerfreie** Leistungen erbracht werden, z.B. bei Nacht-, Schicht- und Feiertagszuschläge u.a.

Alternative 3

Der Unterhaltsberechtigte kann vom Unterhaltpflichtigen nur Auskünfte über Einkommen aus **nichtselbständiger** Arbeit verlangen. Weitergehende Auskunftsansprüche werden ausgeschlossen.

Alternative 4

Der Antragsteller verpflichtet sich dazu, **bei Einkommenserhöhungen** unverzüglich der Antragsgegnerin Auskunft über die Höhe seines Einkommens durch Vorlage der letzten 12 Verdienstbescheinigungen sowie des zuletzt erhaltenen Steuerbescheides zu erteilen, damit auf dieser Grundlage die dann erforderliche Neuberechnung zum Unterhalt durchgeführt werden kann.

Bei Änderung der wirtschaftlichen oder tatsächlichen Verhältnisse der Parteien erfolgt Neuberechnung ohne jede Bindungswirkung.

321 **Beratungshinweis:**

Die vorstehende Vereinbarung kommt insbesondere dann in Betracht, wenn der Unterhaltpflichtige zunächst Krankengeld und/oder Berufsunfallrente bezogen hat und vorübergehend krankheitsbedingt arbeitsunfähig war.

Alternative 5

Die Parteien verpflichten sich wechselseitig, spätestens zum ▪▪▪ im Abstand von 2 Jahren Auskunft über die jeweiligen Einkommensverhältnisse durch Vorlage der dafür nötigen Belege (12 Verdienstabrechnungen/Steuerbescheid u.a.) zu erteilen.

H. Verzicht

Im Einzelnen hierzu siehe die ausführlichen Ausführungen Teil 2 sowie Teil 3.

I. Unterhaltsverzicht/nachehelicher Ehegattenunterhalt

1. Beratung

Beratungshinweis:

In jedem Fall ist vor Abgabe eines Unterhaltsverzichts zu prüfen, ob nicht lediglich vereinbart werden soll, dass Unterhalt auf der Grundlage der derzeitigen Verhältnisse nicht geltend gemacht wird. Selbst eine längerfristige Nichtgeltendmachung von Unterhalt kann allein nicht als Ausdruck eines Verzichtswillens des Berechtigten angesehen werden.[411]

Ein Verzicht erfordert einen **vertraglichen Erlass** i.S.v. § 397 BGB.[412]

Eine Einigung der Parteien für den Fall der Scheidung, „sich selbst zu unterhalten", beinhaltet keinen Unterhaltsverzicht.[413]

Der Verzicht kann **befristet** oder aufschiebend oder auflösend bedingt und mit einem Rücktrittsvorbehalt verbunden werden.[414]

322

a) Unterhaltsverzicht und § 5 Abs. 1 VAHRG

Besteht zwischen den Eheleuten ein erheblicher **Altersunterschied** mit der Folge, dass der Unterhaltsverpflichtete mit einer **Kürzung** aufgrund des durchgeführten Versorgungsausgleichs rechnen muss und der **Berechtigte** andererseits aus dem im Versorgungsausgleich erworbenen Anrecht in absehbarer Zeit **keine Rente bezieht**, so kann vereinbart werden, dass ein etwaiger Unterhaltsverzicht erst mit dem Eintritt des Renten- oder Versorgungsfalles des Unterhaltspflichtigen wirksam wird und der Verpflichtete z.B. bis zu diesem Zeitpunkt **Unterhalt** zu zahlen hat. Voraussetzung ist jedoch, dass ein gesetzlicher nachehelicher **Unterhaltsanspruch** des Berechtigten **besteht**.

323

Beratungshinweis:

Die **Nichtgeltendmachung** eines bestehenden gesetzlichen nachehelichen Unterhaltsanspruchs durch den Berechtigten steht der Anwendung des § 5 Abs. 1 VAHRG demgegenüber nicht entgegen, da es auf eine tatsächliche **Unterhaltszahlung** durch den Verpflichteten **nicht ankommt**.[415] § 5 VAHRG ist grundsätzlich auch anzuwenden, wenn gesetzlich geschuldeter Unterhalt tatsächlich nicht gezahlt wird.[416] § 5 VAHRG findet jedoch keine Anwendung im Falle eines wirksamen Unterhaltsverzichts.[417]

324

---

411 BGH FamRZ 1981, 763 (zum Kindesunterhalt); Kilger/Pfeil a.a.O. Rn 250 zu Teil 5.
412 BGH NJW 1985, 1835, 1836 = FamRZ 1985, 787; OLG Düsseldorf FamRZ 1996, 734, 735.
413 OLG Schleswig FamRZ 1993, 72 f; OLG Brandenburg NJOZ 2004, 2555.
414 Kilger/Pfeil a.a.O. Rn 251 zu Teil 5.
415 BSG NJW-RR 1996, 899, 900; VGH Baden-Württemberg FamRZ 2001, 1149; MünchKomm/Gräper, § 5 VAHRG Rn 31; Palandt/Brudermüller, § 5 VAHRG Rn 3; Kilger/Pfeil a.a.O. Rn 253 zu Teil 5.
416 VGH Mannh. FamRZ 2001, 1149; Palandt/Brudermüller § 5 VAHRG Rn 3.
417 BSG NJW-RR 1995, 840.

Ist ein gesetzlicher Unterhaltsanspruch durch eine **Abfindung** endgültig oder für einen bestimmten Zeitraum abgegolten worden, findet § 5 Abs. 1 VAHRG solange Anwendung, wie der Verpflichtete dem Berechtigten ohne die Abfindung laufend gesetzlichen Unterhalt zu leisten hätte[418]
§ 5 Abs. 1 VAHRG ist **unabhängig von der Höhe** des Unterhalts anwendbar.[419]

b) Folgen des Unterhaltsverzichts

- Verstirbt ein Ehegatte aufgrund eines **Arbeitsunfalles**, erhält der geschiedene Ehegatte nur dann eine Rente nach § 66 SGB VIII, wenn der Verstorbene **während des letzten Jahres** vor seinem Tod Unterhalt geleistet hat oder dem geschiedenen Ehegatten ein **Anspruch** auf Unterhalt **zustand.**
- Zum **wiederauflebenden** Anspruch auf Witwen(Witwer-)rente aus der gesetzlichen Rentenversicherung nach § 46 Abs. 3 i.V.m. Abs. 1 u. Abs. 2 SGB VI nach dem **vorletzten** – während Bestehen der Ehe verstorbenen – Ehegatten:
  - Ein Unterhaltsverzicht wird im Rahmen von § 90 Abs. 1 SGB VI und der dazu erlassenen Rechtsprechung nur dann **unschädlich** sein, wenn der **Verzicht** zum Zeitpunkt seiner Erklärung unter Berücksichtigung der schutzwürdigen Interessen auf einem **verständigen Grund** – wirtschaftliche Lage der Eheleute, Regelung vermögensrechtlicher Fragen mit Vorteilen zu Gunsten des auf Unterhalt verzichtenden Ehegatten – beruht.[420]
  - **Wiederauflebender** Anspruch auf Witwen(Witwer-)geld nach § 61 Abs. 3 S. 1 Halbs. 1 BeamtVG: ein von der Witwe (dem Witwer) eines während Bestehen der Ehe verstorbenen Beamten (Beamtin) in Folge Scheidung der weiteren Ehe bestehender **Unterhaltsanspruch** ist auf das Witwen(Witwer-)geld **anzurechnen.** Die Auswirkung eines Unterhaltsverzichts auf das Wiederaufleben des Witwen(Witwer-)geldes wird in der Rechtsprechung uneinheitlich beurteilt.[421]
- Bei einem Verzicht auf nacheheliche Unterhalt anlässlich der Scheidung einer Ehe bei **geschiedener Vorehe** kann der durch den Verzichtenden wegen Betreuung eines Kindes aus der geschiedenen Vorehe nach § 1586 a Abs. 1 BGB in Anspruch genommene Ehegatte dem Unterhaltsbegehren möglicherweise mit Erfolg entgegenhalten, der Verzichtende habe seine Bedürftigkeit mutwillig herbeigeführt (§ 1579 Nr. 3 BGB).[422]
- Ein vollständiger Unterhaltsverzicht umfasst **sämtliche** Ehegattenunterhaltsansprüche, auch solche gegen die **Erben** nach § 1586b BGB – jedoch nicht einen nach **Auflösung** einer weiteren Ehe des Verzichtenden **neu entstehenden** Anspruch nach § 1586 a Abs. 1 BGB.[423]

---

418 Palandt/Brudermüller a.a.O.; BVerwG 109, 231.
419 BSG NJW-RR 1996, 899, 900; BVerwG NJW-RR 1994, 1219; OVG Münster FamRZ 2002, 827, 828; Schwab/Hahne VI Rn 186; Palandt/Brudermüller, § 5 VAHRG Rn 3.
420 BSG FamRZ 1983, 583, 584; Heilemann FamRZ 1991, 1254, 1257.
421 Verzicht unschädlich: BVerwG FamRZ 1969, 277, 278 ff; a.A. VG Darmstadt FamRZ 1994, 1558, 1559; Kilger/Pfeil in Göppinger/Börger, Vereinbarungen anlässlich der Ehescheidung, Rn 256 zu Teil 5.
422 Kilger/Pfeil a.a.O. Rn 257 zu Teil 5; BGH FamRZ 1988, 46, 47.
423 BGH NJW 1988, 557 f.

c) Wirksamkeit des Unterhaltsverzichts

■ Zur **Inhaltskontrolle** siehe Teil 1 Rn 49 ff.

■ Verhältnis zu Arbeitslosengeld II: Das Arbeitslosengeld II dient **nicht** mehr dem **Lohnersatz**, sondern nur noch der **Unterhaltssicherung**.[424] Das Arbeitslosengeld II **unterscheidet** sich in der Funktion wie auch in der Höhe nicht **von der Sozialhilfe**. Auch der Zuschlag ist dem Grunde nach eine **subsidiäre Sozialleistung**; gleiches gilt für das **Einstiegsgeld** nach § 29 SGB II. Es gilt also der Grundsatz der **Subsidiarität** des Arbeitslosengeldes II.[425]

Beratungshinweis: 325

Bezieht der Unterhaltsberechtigte solche subsidiären Leistungen, kann (wie dies beim Bezug von Sozialhilfe der Fall war) ein Unterhaltsverzicht – der dann zu Lasten des Staates ginge – nicht mehr abgeschlossen werden. In jedem Fall ist vor Abgabe eines Unterhaltsverzichts mit der Bundesagentur für Arbeit abzuklären, ob eine entsprechende Verzichtserklärung Auswirkungen auf die staatlichen Leistungen hat.

■ Ein Verzicht, der zwangsläufig zur Unterhaltspflicht **nachrangiger Verwandter** führt, ist **sittenwidrig und nichtig**.[426]

■ Ein Unterhaltsverzicht, der das gemeinsame **Kind zum Gegenstand eines Handels** macht, kann sittenwidrig und nichtig sein, jedoch nur dann, wenn **ohne Rücksicht** auf das **Wohl** des Kindes und in anstößiger Weise das **Sorge- und Umgangsrecht** zum **Tauschobjekt** gegen den Unterhaltsverzicht gemacht wurde.[427]

■ Hat ein Beteiligter **Renten- oder Versorgungsansprüche** aus einer **früheren** Ehe und wird auf Unterhalt verzichtet, so kann sich dies auf die genannten Ansprüche auswirken.

■ In § 44 Abs. 5 BVG wird für die Kriegsopferversorgung bestimmt, dass eine **Anrechnung fiktiver Unterhaltsansprüche** erfolgen kann mit der Folge, dass der **Witwe**, die „**ohne verständigen Grund**" auf nachehelichen Unterhalt verzichtet hat, der Betrag anzurechnen ist, den der frühere Ehegatte ohne den Verzicht zu leisten hätte.[428] Dieser Rechtsgedanke wird vom Bundessozialgericht im Bereich der gesetzlichen Rentenversicherung durchgehend angewandt.[429]

■ Der Verzicht darf **nicht zu Lasten eines Dritten**, insbesondere des Trägers staatlicher Leistungen, gehen.[430] Dabei ist Schädigungsabsicht nicht erforderlich, es genügt die objektive Bedarfslage und die Kenntnis eines der Beteiligten hiervon.

■ Unwirksamkeit kann gegeben sein bei Ausnutzen einer **Zwangslage** eines Beteiligten, so z.B. im Zusammenhang mit Ausländern und aufenthaltsrechtlicher Problematik.

---

424 Klinkhammer FamRZ 2004, 1917; Knittel JAmt 2004, 397; Heiß/Heiß in Heiß/Born Rn 30 zu Kap. 3.
425 Heiß/Heiß a.a.O.
426 Langenfeld, Handbuch der Eheverträge und Scheidungsvereinbarungen, Rn 1003 zu Kap. 5.; Frey, Der Verzicht auf nacheheliche Unterhalt, 1988, 67.
427 BGH FamRZ 1984, 778; 1986, 444; Langenfeld aaO Rn 1004 zu Kap. 5.
428 Langenfeld a.a.O. Rn 1005 zu Kap. 5.
429 Langenfeld a.a.O.
430 BGH FamRZ 1983, 137, 139; NJW 1991, 913.

- **Verstoß gegen Treu und Glauben** kann vorliegen, wenn der Verzicht auch den **Kindesbetreuungsunterhalt** gem. § 1570 BGB **mitumfasst** und sich dies nachteilig auf die Kinderbetreuung auswirken würde. In diesem Fall ist keine Berufung auf den Unterhaltsverzicht möglich. (Im Einzelnen hierzu und zur Kernbereichslehre s.o. Teil 1, Rn 49 ff)
- Unwirksamkeit liegt evtl. bei gleichzeitigem Verzicht auf **Versorgungsausgleich** und Unterhalt (§ 1587o Abs. 2 S. 4 BGB) vor.
- Zur **Schwangerschaft** der Ehefrau bei Abgabe eines Unterhaltsverzichts s.o., Teil 1, Rn 49 ff.
- Bei vollständigem Unterhaltsverzicht sollte mit aufgenommen werden, ob und inwieweit eine spätere Abänderung wegen **Wegfalls** der Geschäftsgrundlage ausgeschlossen ist.[431]
- Die Frage ist insbesondere bei vorsorgenden Vereinbarungen von Bedeutung, wenn sich die gemeinsame Lebensplanung ändert, z.B. Kinder geboren werden. Bei **Scheidungsvereinbarungen** sollte eine Veränderbarkeit generell ausdrücklich **ausgeschlossen** werden, sofern ein Verzicht Gegenstand ist.[432]

326

377

2. Muster: Unterhaltsverzicht

Die Beteiligten verzichten wechselseitig auf jeglichen nachehelichen Unterhalt. Sie nehmen diesen Verzicht wechselseitig an. Vorstehende Vereinbarung soll auch bei einer Änderung der tatsächlichen und rechtlichen Verhältnisse **keinerlei Abänderung** unterliegen.[433]
Der generelle Unterhaltsverzicht erstreckt sich auf alle Arten des nachehelichen gesetzlichen Unterhalts.

Beratungshinweis:

Nach wie vor ist üblich in Anlehnung an die frühere Rechtslage, auch auf den **notdürftigen** Unterhalt zu verzichten. Wird aber überhaupt eine Einzelaufzählung von Unterhaltsarten vorgenommen, muss sie vollständig sein und sich auf alle Unterhaltsarten beziehen, die nach der Rechtsprechung selbständig angeknüpft werden etwa

- den Alters-, Kranken- und Pflegevorsorgeunterhalt gem. § 1578 Abs. 2, 3 BGB,
- den selbständig **wiederauflebenden** Unterhaltsanspruch nach Scheidung einer weiteren Ehe, § 1586 a BGB.[434]

Alternative 1:[435]
Die Beteiligten verzichten wechselseitig auf jeglichen Unterhalt einschließlich des Unterhalts **im Falle der Not**, des Alters-, Kranken-, und Pflegevorsorgeunterhalts und des Unterhalts im Falle der **Wiederverheiratung** und anschließender Scheidung. Sie nehmen diesen Verzicht wechselseitig an.

---

431 BGH FamRZ 1987, 46.
432 Zimmermann/Dorsel, Eheverträge, Scheidungs- u. Unterhaltsvereinbarungen, Rn 26 zu § 20.
433 Zimmermann/Dorsel a.a.O. Rn 27 zu § 20.
434 Zimmermann/Dorsel a.a.O. Rn 28 zu § 20.
435 Zimmermann/Dorsel a.a.O. Rn 29 zu 20.

Eine Abänderung der Vereinbarung ist auch bei **Änderung** der tatsächlichen oder rechtlichen Verhältnisse ausgeschlossen.

Alternative 2:[436] **Vereinbarung wechselseitiger völliger Verzicht**

– Wir verzichten hiermit gegenseitig auf nachehelichen Unterhalt aus jedwedem Rechtsgrund, auch für den Fall der Not, und nehmen den Verzicht gegenseitig an.
– Der Verzicht umfasst auch den Anspruch nach § 1586a Abs. 1 BGB.
– Uns ist bekannt, dass durch diesen Unterhaltsverzicht der **Kernbereich** der gesetzlichen Scheidungsfolgen berührt ist, also einer richterlichen **Inhaltskontrolle** in Form einer Wirksamkeits- oder Ausübungskontrolle unterliegen kann. Auf die hierzu ergangene **Rechtsprechung** wurden wir hingewiesen. Es ist uns insbesondere bekannt, dass ein Unterhaltsverzicht dann ungültig sein kann, wenn hierdurch ein bedürftiger Ehegatte der **Sozialhilfe** anheim fallen würde oder die Voraussetzungen für den Bezug anderer Sozialleistungen, etwa **Arbeitslosengeld II** oder **Grundsicherung** vorliegen. Wir gehen jedoch übereinstimmend davon aus, dass Gründe für eine solche Bedürftigkeit derzeit nicht gegeben sind. Wir sind **beide berufstätig** und wollen dies auch bleiben; auch hat jeder von uns bereits Renten- bzw. Versorgungsanwartschaften erworben. Unsere derzeitige und künftige **Versorgung**, auch im Falle der Not, erachten wir als **gesichert**. Wir halten diese Vereinbarung für **ausgewogen** und mit unserer bisherigen ehelichen Lebensgestaltung **vereinbar**.

Beratungshinweis:

Auch **Scheidungsvereinbarungen** unterliegen dem Risiko, im Rahmen einer **Inhaltskontrolle abgeändert oder aufgehoben** zu werden; dies, obwohl sie zu einem Zeitpunkt abgeschlossen werden, zu welchem bereits feststeht, dass die Ehe geschieden wird. Wird eine Verzichtsvereinbarung im Rahmen eines gerichtlichen Verfahrens abgeschlossen – ggf. auf Anraten des Gerichts –, sollte in der Vereinbarung festgehalten werden, dass die Inhaltskontrolle durch das Gericht bereits anlässlich des Abschlusses der Vereinbarung ausgeübt wurde. Dies stellt zwar keine Gewährleistung für den Bestand der Vereinbarung dar, ist jedoch immerhin ein Indiz dafür, dass der Verzicht einer Inhaltskontrolle ggf. standhält.

327

Alternative 2:

Wir verzichten mit Wirkung ab Abschluss der Vereinbarung auf jeglichen nachehelichen Ehegattenunterhalt, auch für den Fall der Not, und nehmen diesen Verzicht wechselseitig an.

Wir erklären, dass wir voll umfänglich in der Lage sind, für unseren eigenen **Lebensunterhalt aufzukommen**.

Wir wurden durch unsere Prozessbevollmächtigten ausdrücklich auf die neue **BGH-** und **BVerfG-Rechtsprechung** bezüglich der eingeschränkten Wirksamkeit von Ehegattenunterhaltsverzichtsvereinbarungen hingewiesen, sowie insbesondere auf die Inhaltskontrolle, der solche Vereinbarungen unterliegen können.

Wir wurden auch dahingehend belehrt, dass – falls einer von uns **Sozialleistungen** in Anspruch nehmen muss – möglicherweise eine Berufung auf die Unterhaltsverzichtserklärung nicht zulässig ist.

---

436 Kilger/Pfeil in Göppinger/Börger, Vereinbarungen anlässlich der Ehescheidung, Rn 260 zu Teil 5.

Wir gehen jedoch beide davon aus, dass **keine einseitige Lastenverteilung** vorliegt i.S.d. BGH- und BVerfG-Rechtsprechung.

Wir sind übereinstimmend der Auffassung und erklären einvernehmlich, dass es unserem eigenen gemeinsamen und **frei gebildeten** Lebens-, Ehe- und Erziehungsverständnis entspricht, dass jeder von uns für seinen Lebensunterhalt **selbst aufkommt**.

Wir wurden eingehend belehrt über die derzeitige Rechtslage, wonach ein Verzicht, vor allem wenn dieser zu einer evident einseitigen und durch die individuelle Gestaltung der ehelichen Lebensverhältnisse nicht gerechtfertigten Lastenverteilung führt, gem. § 138 BGB **unwirksam sein kann** bzw. der richterlichen Inhaltskontrolle unterliegt und wurden auch darüber belehrt, dass sich ein Beteiligter unter Umständen auf einen Verzicht des anderen nach den Grundsätzen von **Treu und Glauben** gem. § 242 BGB nicht berufen kann.

Wir beide **wünschen** jedoch dennoch ausdrücklich die **Wirksamkeit** dieser Vereinbarung. Die richterliche Inhaltskontrolle wurde bereits in der Weise ausgeübt, dass dieser Vergleich im Rahmen des **gerichtlichen Verfahrens abgeschlossen** und seitens des Gerichts **befürwortet** wurde.

328 **Beratungshinweis:**

Häufig wird in der Praxis bei Vorhandensein von minderjährigen Kindern der Fall von einem Unterhaltsverzicht ausgenommen, dass ein Kind aufgrund unvorhersehbarer schwerwiegender Erkrankung oder z.B. Unfall der ganztägigen Betreuung bedarf und somit eine Erwerbstätigkeit durch den betreuenden Elternteil nicht möglich ist. Es kann auch umgekehrt ein Unterhaltsverzicht erklärt werden bezüglich einzelner Unterhaltstatbestände.

Soll eine eingeschränkte Verzichtserklärung abgegeben werden, so müssen die Einschränkungen **exakt** aufgeführt werden, um spätere Auslegungsstreitigkeiten zu vermeiden.

Im Hinblick auf Inhalts- und Wirksamkeitskontrolle wird häufig ein Unterhaltsverzicht vereinbart mit Ausnahme des Falles des Betreuungsunterhalts. Dies deshalb, weil es sich hierbei um den absolut geschützten Kernbereich handelt (siehe Teil 1, Rn 49 ff). Ob auch der auf **§ 1573 Abs. 2 BGB** beruhende **Teilunterhalt** zum besonders geschützten Kernbereich des gesetzlichen Scheidungsfolgenrechts gehört, ist derzeit ungeklärt.

Hat der kinderbetreuende Ehegatte nach Beendigung der Kindererziehung Erwerbsnachteile, kann sich auch der Verzicht auf **Anschlussunterhalts** wegen Alters, § 1571 BGB, oder wegen Krankheit, § 1572 BGB, als problematisch erweisen (siehe hierzu die Rechtsprechung des BGH und des BVerfG Teil 1, Rn 148 ff).

Alternative 2: Wechselseitiger – teils eingeschränkter, teils völliger – Verzicht[437]

Die Ehegatten verzichten hiermit gegenseitig auf nachehelichen Unterhalt, auch für den Fall der Not, und nehmen diesen Verzicht wechselseitig an. **Ausgenommen** von diesem Verzicht ist jedoch der Unterhalt nach § 1570 BGB (wegen **Kinderbetreuung**) sowie der Unterhalt, welcher dem Ehegatten, der die Betreuung des gemeinsamen Kindes übernommen hat, im Zeitpunkt des **Wegfalls** der **Voraussetzungen** des Betreuungsunterhalts nach § 1571 BGB (Unterhalt wegen **Alters**), nach § 1572 BGB (Unterhalt wegen **Krankheit**

---

437   Kilger/Pfeil a.a.O. Rn 265 zu Teil 5.

oder Gebrechen) oder nach § 1586 a Abs. 1 S. 1 BGB (Unterhalt nach Auflösung einer neuen Ehe oder Lebenspartnerschaft wegen Betreuung eines gemeinschaftlichen Kindes) nebst Anschlussunterhalt nach § 1571 oder § 1572 BGB zustehen könnte; in diesem Fall steht diesem Ehegatten der **eheangemessene** Unterhalt oder – falls niedriger – der **notwendige** Unterhalt nach den Bedarfssätzen der DT zu.

Alternative 3:

(1) Die Parteien verzichten gegenseitig auf jeglichen nachehelichen Ehegattenunterhalt, auch für den Fall der Not, und nehmen den Verzicht wechselseitig an.

Beide Parteien erklären aus heutiger Sicht, dass sie in der Lage sind, für ihren Lebensunterhalt selbst aufkommen zu können und dass mit der vorstehenden Unterhaltsvereinbarung **keine einseitige Lastenverteilung** i. S. der Rechtsprechung des Bundesgerichtshofs und des Bundesverfassungsgerichts verbunden ist.

(2) Beide Parteien erklären, dass es ihrem **nachehelichen Verständnis** und ihrer **Lebensplanung** entspricht, für ihren laufenden Lebensunterhalt aus dem **eigenen Einkommen** aufzukommen. Beide Parteien wünschen ausdrücklich die Wirksamkeit dieser Vereinbarung und erklären in diesem Zusammenhang, dass Frau ■■■ aus dem **Versteigerungserlös** des im gemeinsamen Miteigentum stehenden Anwesens einen Betrag in Höhe von Euro ■■■ erhalten hat.

Alternative 4:

Die Parteien verzichten, mit Ausnahme der nachfolgend aufgenommenen **Einschränkung**, auf jeglichen nachehelichen Ehegattenunterhalt, auch für den Fall der Not und nehmen diesen Verzicht wechselseitig an.

Dieser Unterhaltsverzicht gilt nicht für den Fall, dass aufgrund **schicksalhafter Ereignisse**, wie schwere Krankheit oder Unfall die Antragsgegnerin **keinerlei Erwerbstätigkeit** nachgehen kann.

Es besteht Einverständnis zwischen den Parteien, dass solche außergewöhnlichen Umstände derzeit nicht vorliegen.

Alternative 5: Unterhaltsverzicht/Ausnahme Kindesbetreuung wegen Erkrankung

Der Verzicht erstreckt sich grundsätzlich auch auf den **Kindesbetreuungsunterhalt** nach § 1570 BGB (hierzu noch nähere Ausführungen, wie Präambel Teil 1, Rn 122).

Dies gilt jedoch **nicht** für den Fall, dass ein Vertragsteil, der ein oder mehrere gemeinsame Kinder betreut, wegen **schwerer Erkrankung** eines gemeinsamen Kindes oder einer sonstigen besonderen Betreuungsbedürftigkeit eines gemeinsamen Kindes keiner Erwerbstätigkeit nachgehen kann; wenn und solange eine derartige besondere Betreuungsbedürftigkeit eines gemeinsamen Kindes besteht, kann der betreuende Vertragsteil von dem anderen Vertragsteil Kindesbetreuungsunterhalt nach den gesetzlichen Bestimmungen verlangen.

Auf die besondere wirtschaftliche Bedeutung der vorstehenden Unterhaltsverzichtsvereinbarung wurde durch die Prozessbevollmächtigten hingewiesen, ferner darauf, dass eine Berufung auf den in diesem Abschnitt ■■■ niedergelegten Verzicht bei Vorliegen besonderer Umstände **unzulässig** sein kann. In dem vorgenannten Zusammenhang erklären die Vertragsteile, dass sie – ohne dass dies Geschäftsgrundlage für die vorstehenden Erklärungen ist – aus jetziger Sicht jeweils in der Lage sind, für den **eigenen Lebensunterhalt** selbst aufzukommen.

Die Beteiligten nehmen hiermit die in diesem Abschnitt ■■■ abgegebenen Erklärungen gegenseitig an.

Alternative 6:

Der **Verzicht** auf nachehelichen Unterhalt durch Frau ■■■ wird wirksam mit **Erfüllung** der vorstehenden Vereinbarung.

> **Alternative 7:**
> Der Verzicht gilt auch für den Fall einer **Änderung** des **Gesetzes** sowie einer Änderung der geltenden **Rechtsprechung**.

II. Verzicht auf Trennungsunterhalt

329 Unterhaltsansprüche sind bei **Getrenntleben** nur begrenzt regelbar, weil das **Verbot des Unterhaltsverzichts** gem. §§ 1361 Abs. 4, 1360 a Abs. 3, 1614 BGB gilt. Ungeachtet des Verbots des Unterhaltsverzichts kann auf **rückständigen** Trennungsunterhalt verzichtet werden.

330 Es kann ein höherer als der geschuldete Trennungsunterhalt vereinbart werden.

331 **Beratungshinweis:**

Wohnen die Parteien innerhalb eines Hauses getrennt, so kann die Berücksichtigung des mietfreien Wohnens im Wege der **Wohnwertanrechnung** erfolgen oder aber eine Vereinbarung über monatliche Mietzahlungen/Nutzungsentschädigung getroffen werden. Wenn Unterhaltsansprüche bestehen, so ist im Ergebnis i.d.R. bedeutungslos, ob entweder einerseits Wohnwert angerechnet wird oder andererseits Miete bezahlt wird, da die Mieteinkünfte beim Verpflichteten sich entsprechend einkommenserhöhend auswirken und beim Berechtigten bei Mietzahlungen kein Wohnwert angerechnet wird. Trennungsunterhalt und nachehelicher Ehegattenunterhalt sind nicht identisch.[438] Soll die Unterhaltsregelung über die eventuelle Scheidung hinaus als nacheheliche Ehegattenunterhaltsregelung andauern, muss dies **ausdrücklich vereinbart** werden.

III. Unterhaltsverzicht gegen Abfindungszahlung

1. Beratung

a) Tatsächliche Ausgangssituation

332 Häufig wollen die Ehegatten mit der Scheidung einen endgültigen Schlussstrich unter die Ehe ziehen mit Hilfe einer **Gesamtlösung**, die sowohl **Zugewinnausgleichsansprüche** als auch Auseinandersetzung gemeinschaftlicher **Immobilien** sowie **Ehegattenunterhalt** umfasst.

333 Gerade wenn Vermögenswerte vorhanden sind, bietet sich eine solche Gesamtlösung an, da die andere Alternative ist, dass die Ehegatten über den nachehelichen Ehegattenunterhalt, die fortbestehenden wechselseitigen Auskunftsverpflichtungen über Einkommen u.a. dauerhaft miteinander verbunden sind. Gerade bei jungen Ehegatten, die beide erwerbstätig sind und deren Lebensplanung die Eingehung einer neuen Partnerschaft beinhaltet, wird in der Praxis häufig eine solche Gesamtlösung gewünscht. Weitere Gründe für eine solche Gesamtlösung sind z.B. die selbständige Tätigkeit des Unter-

---

438   BGH FamRZ 1982, 465.

haltspflichtigen, dessen Einkommen sich jederzeit nachhaltig ändern kann, die Gefahr schwerwiegender Erkrankung oder des Ablebens des Unterhaltspflichtigen u.a.

b) Rechtliche Ausgangssituation

- Eine Abfindung kann auch in der Weise erfolgen, dass die Ehegatten für die Dauer eines bestimmten Zeitraums nach der Scheidung die Zahlung einer laufenden monatlichen Geldrente mit **anschließender Abfindung** (**Teilabfindung**) vereinbaren.[439]
- **Grundlagen:**[440]
  - Die Voraussetzungen des § 1585 Abs. 2 BGB für das Verlangen auf Kapitalabfindung brauchen nicht vorzuliegen.[441]
  - Die Endgültigkeit der Abfindung ist, wenn die Auslegung nichts anderes ergibt; im Zweifel **Vertragsinhalt**, nicht nur Geschäftsgrundlage der Vereinbarung.[442]
- Zur **Anfechtbarkeit** nach § 123 BGB wegen Täuschung über eine bevorstehende Wiederheirat s. Teil 1, Rn 260 ff. Ist seitens der Unterhaltsberechtigten bei **Abschluss der Vereinbarung** bereits bekannt, dass diese **unmittelbar** nach Abschluss der Vereinbarung erneut eine **Ehe** eingehen will, steht also die Eheschließung unmittelbar bevor, so kann eine **Anfechtung** wegen **arglistiger Täuschung** nach § 123 Abs. 1 BGB erfolgen.[443] (Im Einzelnen hierzu s.o., Teil 1)
- Für **Leistungsstörungen** gelten die allgemeinen Vorschriften. Unabhängig davon kann die Aufnahme eines **Rücktrittsrechts** in die Vereinbarung für den Fall der Nichtleistung der Abfindung sinnvoll sein.[444]
- Bei vertraglicher Vereinbarung einer Kapitalabfindung **erlischt** der Unterhaltsanspruch mit **Wirksamwerden** der Vereinbarung, nicht erst mit der (vollständigen) Leistung der Abfindung. Der Berechtigte trägt damit das Erfüllungsrisiko. Andererseits sind noch offene Raten, trotz einer **Wiederverheiratung** des Berechtigten, weiterzuzahlen.[445]

Demzufolge sollte ausdrücklich die **Rechtswirkung** der Verfügung des Berechtigten über seinen nachehelichen Unterhaltsanspruch von der **vollständigen Leistung der Abfindung** – als **aufschiebende Bedingung** – abhängig gemacht werden.[446]   334

- Ist der Abfindungsanspruch beim **Tode** des Unterhaltsberechtigten noch nicht erfüllt, so ist er, soweit er die Abfindung künftiger Unterhaltsansprüche betrifft, **erloschen** und daher nicht vererblich (str. OLG Hamburg FamRZ 2002, 434; a.A. Wendl/Pauling Rn 6/614).
- Die Abfindungszahlung kann ausdrücklich **erblich** vereinbart werden, falls nicht – wie vorstehend ausgeführt – vereinbart wird, dass der gesetzliche Unterhaltsanspruch erst nach vollständiger Bezahlung der Abfindungssumme erlischt.

---

439 Kilger/Pfeil in Göppinger/Börger, Vereinbarungen anlässlich der Ehescheidung, Rn 230 zu Teil 5.
440 S.A. Kilger/Pfeil a.a.O. Rn 231 ff.
441 Johannsen/Henrich/Büttner, § 1585 Rn 10.
442 Kilger/Pfeil a.a.O. Rn 231 mit Hinweis auf Wendl/Pauling Rn 6/614.
443 Heiß, Das Mandat im Familienrecht, Rn 739 zu Teil 8.
444 Langenfeld Rn 818; Kilger/Pfeil a.a.O. Rn 231 zu Teil 5.
445 Schwab/Borth IV Rn 1208; Kilger/Pfeil a.a.O. Rn 232 zu Teil 5.
446 Schwab/Borth IV Rn 1207; Kilger/Pfeil a.a.O. Rn 232 zu Teil 5.

335 **Beratungshinweis:**

Da der Anspruch auf nachehelichen Unterhalt nach § 1570 ff BGB und der Unterhalts-anspruch nach einer – z.b. durch Scheidung oder Tod des neuen Ehegatten aufgelösten – **weiteren** Ehe gem. § 1586a Abs. 1 BGB jeweils besondere Ansprüche sind, zwischen denen keine Identität besteht, bringt ein Abfindungsvertrag nicht ohne weiteres auch den Anspruch nach § 1586 a Abs. 1 BGB zum Erlöschen.[447]

336 In Fällen der nachehelichen **Betreuung gemeinschaftlicher Kinder** ist insoweit eine Klarstellung im Abfindungsvertrag dringend anzuraten.[448]

- Die Unterhaltsverzichtsvereinbarung gegen Zahlung einer Abfindung sollte in jedem Fall beinhalten, dass die Parteien gegenseitig auf nachehelichen Ehegattenunterhalt verzichten und diesen Verzicht **wechselseitig annehmen.** Damit ist klargestellt, dass es sich um eine abschließende Regelung handelt.
- Wird mit der Zahlung des Abfindungsbetrages auch **Zugewinn** oder werden sonstige vermögensrechtliche Ansprüche oder Versorgungsausgleich mit abgegolten, so muss sowohl aus **steuerlichen Gründen** als auch für den Fall einer **Teilnichtigkeit** festgelegt werden, welcher Betrag auf die Abfindung für Unterhalt entfällt.
- Die Zahlung der Abfindung kann entweder durch Zahlung eines Geldbetrages oder durch Übertragung von Vermögensgegenständen vereinbart werden.
- Grundlage für die Bemessung der **Höhe** der Abfindung wird i.d.R. zunächst der derzeit geschuldete Unterhalt sowie **Laufzeit** der Unterhaltsrente und **Kapitalisierung** sein.

337 Im Einzelnen hierzu: siehe *Heiß,* Das Mandat im Familienrecht, Rn 738 u. 739, insbesondere zur Berücksichtigung jeglicher **künftiger Entwicklungen,** soweit diese abschätzbar sind, wie z.B. Zeitpunkt des Eintretens der Ganztagserwerbsobliegenheit; voraussichtliche Wiederheirat; voraussichtliche Dauer der Erwerbstätigkeit des Unterhaltsverpflichteten u.a.

338 **Beratungshinweis:**

Bei **Beamten** ist zu berücksichtigen, dass der **Familienzuschlag** der Stufe 1 wegfällt, wenn keine Ehegattenunterhaltszahlungen mehr erbracht werden, da in diesem Fall der Ehegatte nicht mehr i.S.v. § 40 Abs. 1 Nr. 3 BBesG „aus der Ehe zum Unterhalt verpflichtet ist";[449] Vergleichbares gilt für Angestellte des öffentlichen Dienstes (§ 29 B Abs. 2 Nr. 3 BAT).[450]

339 Zu beachten ist § 5 Abs. 1 VAHRG, wonach der aus dem **Versorgungsausgleich** Verpflichtete einen Anspruch auf ungekürzte Versorgung hat, wenn Unterhaltszahlungen erfolgen, sei es auch, dass diese Unterhaltszahlungen unter dem Betrag liegen, der den im Wege des Versorgungsausgleichs zu übertragenen Anwartschaft entspricht.

340 Dies gilt grundsätzlich auch bei Zahlung von **Kapitalabfindungen,** jedoch nur solange wie der Verpflichtete dem Berechtigten zum Unterhalt verpflichtet ist; endet die Unter-

---

447 MünchKomm/Maurer, § 1586a Rn 10; Kilger/Pfeil a.a.O. Rn 234 zu Teil 5.
448 Kilger/Pfeil a.a.O.
449 BVerwG NJW 2003, 1986; Kilger/Pfeil a.a.O. Rn 239 zu Teil 5.
450 Ausführlich hierzu siehe: Meyer/Götz ZFE 2002, 307, 309.

haltspflicht, fällt der Anspruch auf ungekürzte Versorgung weg.[451] Im Abfindungsvertrag muss daher die Dauer des Zeitraumes angegeben werden, für den – ohne die Abfindung – die gesetzliche Unterhaltspflicht gegeben wäre.

Über das begrenzte **Realsplitting** können Unterhaltsabfindungszahlungen bis zu einer Höhe von jährlich 13.805 Euro als Sonderausgaben in Abzug gebracht werden. Handelt es sich bei dem Abfindungsbetrag um einen höheren Betrag, so sollte dieser ggf. auf mehrere Jahre verteilt werden. Maßgeblich ist das Jahr der tatsächlichen Zahlung. (Zum Realsplitting im Einzelnen s. Teil 4, § 4 Rn 391 ff, 399)   341

Die **vollstreckungsrechtlichen** Vorschriften über den Pfändungsschutz (§ 850 b ZPO) und das Pfändungsvorrecht (§ 850 d ZPO) sind (entgegen dem Gesetzeswortlaut) entsprechend anwendbar.[452]   342

In der **Insolvenz** des Unterhaltsberechtigten ist der Abfindungsanspruch des Berechtigten Insolvenzmasse (§ 35 InsO), in der Insolvenz des Unterhaltspflichtigen ist er Insolvenzforderung (§ 38 InsO), soweit er im Zeitpunkt der Insolvenzeröffnung bereits fällig war.[453]   343

In jedem Fall sind die Grenzen der **Inhaltskontrolle** und Wirksamkeitskontrolle nach der Rechtsprechung des Bundesgerichtshofs und Bundesverfassungsgerichts zu berücksichtigen (hierzu s. Teil 1, Rn 49 ff).   344

- Nach § 1585 Abs. 2 BGB kann der Berechtigte **verlangen**, dass er statt einer monatlichen **Zahlung** eine **Abfindung** erhält. Voraussetzung hierfür ist ein **wichtiger Grund** sowie die Tatsache, dass der Verpflichtete hierdurch **nicht unbillig belastet** sein darf. Ein solch wichtiger Grund kann etwa darin liegen, dass der Berechtigte das Kapital zum Aufbau einer **selbständigen Lebensstellung** benötigt oder dass die Durchsetzung der monatlichen Geldzahlungen mit Schwierigkeiten verbunden ist, weil der Unterhaltspflichtige nicht leistet.[454]

- Für die **Höhe** der Abfindung ist neben der derzeitigen Unterhaltszahlung die voraussichtliche weitere Entwicklung von Bedürftigkeit und Leistungsfähigkeit maßgeblich. Hierzu gehört auch die **Lebenserwartung** des Berechtigten. Problematisch ist die Wertung einer „Wiederverheiratungswahrscheinlichkeit". In der Gerichtspraxis wird vielfach der **5- bis 7-fache Jahresunterhaltsbetrag** als Abfindung zugesprochen.[455]

Beratungshinweis: 345

In der **Praxis** werden solche Klagen i.d.R. nicht erhoben, sondern stattdessen wird eine Unterhaltsvereinbarung gegen Abfindungszahlung getroffen.

- **Umstritten** ist, ob beim **Tod** des Unterhaltsberechtigten ein noch nicht erfüllter Abfindungsanspruch **vererblich** ist. Das OLG Hamburg hat dies abgelehnt.[456]

---

451 BGH NJW 1994, 2481; BVerwG NJW-RR 2000, 145; Schwab/Hahne VI Rn 186.
452 BGH NJW 1997, 1441; BGH FPR 2002, 559, 560; Kilger/Pfeil in Göppinger/Börger, Vereinbarungen anlässlich der Ehescheidung, Rn 241 zu Teil 5.
453 MünchKomm/Maurer, § 1585 Rn 16 sowie vor § 1569 Rn 41, 42; Kilger/Pfeil a.a.O. Rn 241 zu Teil 5.
454 Münch, Ehebezogene Rechtsgeschäfte, Rn 1651 zu Teil 6; MünchKomm-BGB/Maurer, § 1585 Rn 9.
455 Münch a.a.O. Rn 1651 zu Teil 6.
456 OLG Hamburg FamRZ 2002, 234 m.w.N. zur anders lautenden herrschenden Literaturauffassung.

■ Wird in einem **vorsorgenden Ehevertrag** ein Unterhaltsverzicht gegen Abfindung oder Kompensation vereinbart, ist zu beachten, dass die Rechtsprechung der Finanzgerichte hierin eine unentgeltliche Zuwendung sehen, die der **Schenkungsteuer** unterliegt, da der vorsorgende Unterhaltsverzicht lediglich als Erwerbschance zu sehen sei, die sich noch nicht konkretisiert habe.[457]

■ Sofern § 5 VAHRG einschlägig sein könnte, sind Abfindungen bei Gesamtregelungen so zu gestalten, dass sich ergibt, welcher Teil für den Unterhaltsverzicht bestimmt ist (s. vorstehend Rn 323 ff).

346

378

2. Muster: Unterhaltsverzicht gegen Abfindungszahlung[458]

Wir verzichten hiermit gegenseitig auf nachehelichen Unterhalt aus jedwedem Rechtsgrund, auch für den Fall der Not, und nehmen den Verzicht gegenseitig an.

Der Verzicht soll auch im Fall einer Änderung der gesetzlichen Vorschriften oder der Rechtsprechung wirksam bleiben.

Präambel: (Erklärungen zu den wirtschaftlichen Verhältnissen und den Motiven der Vereinbarung!)

(1) Der Ehemann verpflichtet sich, an die Ehefrau als Gegenleistung für diesen Unterhaltsverzicht eine **Abfindungssumme** in Höhe von 50.000 Euro zu bezahlen; dieser Betrag ist fällig einen Monat nach dem Eintritt der Rechtskraft der Scheidung und ab Fälligkeit mit 5 %Punkten über dem gesetzlichen Basiszinssatz zu verzinsen (evtl. Vereinbarung eines höheren Zinssatzes bei bestehenden Darlehensverbindlichkeiten und tatsächlicher Zahlung höherer Zinsen).

(2) Für die **Rechtzeitigkeit** der Zahlung ist der Eingang des Geldbetrages auf dem Konto Nr. ■■■ bei der ■■■ Bank maßgeblich.

(3) Der gegenseitige Verzicht auf nacheheliche Unterhalt wird **erst wirksam** mit **vollständiger Bezahlung** der vereinbarten Abfindungssumme. Für den Fall der nicht fristgemäßen vollständigen Zahlung der Abfindungssumme hat die Ehefrau unabhängig davon das Recht, ohne weitere Voraussetzungen von diesem Vertrag **zurückzutreten**. Der Rücktritt vom Vertrag kann nur schriftlich mit eingeschriebenem Brief gegenüber dem Ehemann erklärt werden.[459]

Alternative 1:

(1) Für die Zeit nach einer etwaigen Scheidung unserer Ehe verzichten wir gegenseitig auf Unterhalt, auch für den Fall des Notbedarfs, gleichgültig, ob ein Unterhaltsanspruch gegenwärtig bereits erkennbar hervorgetreten ist oder nicht.

Der Verzicht steht jedoch unter der **aufschiebenden Bedingung**, dass der Ehemann an die Ehefrau bis längstens 2 Monate nach Rechtskraft der Scheidung einen Betrag in Höhe von 50.000 Euro als Abfindung für den Unterhaltsverzicht zahlt. Verzinsung und dingliche Sicherstellung können bis dahin nicht verlangt werden.

Erlangt der Verzicht mangels Zahlung **keine Wirksamkeit**, so ist der **gesetzliche Unterhalt** geschuldet und zwar von der Rechtskraft des Scheidungsurteils an.

(Soweit noch weitere Regelungen getroffen wurden): Die **übrigen Regelungen** in dieser Vereinbarung bleiben unberührt, wenn die aufschiebende Bedingung nicht eintritt (nur soweit dies gewollt ist).

---

457 Münch a.a.O. Rn 1653 zu Teil 6; FG Nürnberg, DStRe 2003, 1463.
458 Hierzu s.a. vorstehend Rn 322 ff.
459 Kilger/Pfeil in Göppinger/Börger, Vereinbarungen anlässlich der Ehescheidung, Rn 242 zu Teil 5.

(2) Diesen Verzicht nehmen wir hiermit an.

(3) Der Verzicht gilt auch im Falle einer **Änderung** der einschlägigen **gesetzlichen Vorschriften** oder der **Rechtsprechung** weiterhin.

(4) Wir wurden von unseren Prozessbevollmächtigten ■■■ belehrt ■■■

Alternative 2: Abfindungszahlung in Raten

(1) ■■■ verzichten hiermit auf nachehelichen Ehegattenunterhalt ■■■

Beratungshinweis:

347

Im Hinblick auf die Möglichkeit des begrenzten **Realsplittings** sollte versucht werden, die Zahlung des Abfindungsbetrages so zu verteilen, dass dieser weitestmöglich im Wege des Realsplittings steuerlich geltend gemacht werden kann. Zu berücksichtigen sind im Wege des begrenzten Realsplittings nur die jeweils in dem betreffenden Jahr geleisteten Zahlungen.

Herr ■■■ verpflichtet sich, zur Abgeltung sämtliche Ansprüche von Frau ■■■ betreffend nachehelichen Ehegattenunterhalt einen Abfindungsbetrag in Höhe von Euro ■■■ zu bezahlen, der in 3 Raten zur Zahlung fällig ist wie folgt ■■■

Frau ■■■ stimmt dem begrenzten **Realsplitting** zu und verpflichtet sich, die Anlage U zu unterzeichnen.

Herr ■■■ verpflichtet sich, Frau ■■■ sämtliche finanziellen Nachteile (konkrete Bezeichnung erforderlich; hierzu s. Teil 4, § 4 Rn 391 ff, 392; s.a. Teil 4, § 13 Rn 16 ff), die dieser durch die Unterzeichnung der Anlage U entstehen, zu ersetzen, wobei Steuerberatungskosten entsprechend der Rechtsprechung nur dann zu ersetzen sind, wenn diese **notwendigerweise** anfallen.

(2) Sollte die Unterhaltsvereinbarung – aus welchen Gründen auch immer – **unwirksam** sein oder der richterlichen **Inhaltskontrolle** unterliegen, so sind sich die Parteien dahingehend einig, dass die **Abfindung** in Höhe von Euro ■■■ mit einem etwaigen laufenden Unterhalt **verrechnet** wird, wobei jedoch nochmals ausdrücklich klargestellt wird, dass beide Parteien von der Wirksamkeit dieser Vereinbarung ausgehen und Anhaltspunkte dafür, dass die Vereinbarung unwirksam sein könnte, nicht bestehen.

Den Beteiligten ist bekannt, dass der Vertrag einer richterlichen **Inhalts-** oder **Ausübungskontrolle** unterliegen kann, insbesondere im Hinblick auf die §§ 138, 242 BGB und Art. 2 und 6 GG. Eine Unwirksamkeit oder eine richterliche Inhalts- oder Ausübungskontrolle ist insbesondere möglich im Interesse der gemeinschaftlichen Kinder. So kann z.B. das Wohl eines vom Ehegatten betreuten Kindes den Bestand der Unterhaltspflicht auch gegenüber dem Ehegatten erfordern.

Die Beteiligten erklären, dass aufgrund ihrer **Einkommens-** und **Vermögensverhältnisse** und der Gesamtregelung in diesem Vertrag das **Interesse** der gemeinschaftlichen **Kinder** nach ihrer Ansicht einem vollständigen oder teilweisen Unterhaltsverzicht nicht entgegensteht. Über die Möglichkeit einer gerichtlichen Kontrolle wurden die Parteien belehrt. Die Beteiligten erklären, dass aus ihrer heutigen Sicht durch diesen Vertrag kein Ehegatte staatliche Leistungen in Anspruch nehmen muss, wie z.B. Arbeitslosengeld II/ Grundsicherung u.a.

Alternative 3: Abfindungszahlung bei laufenden Zwangsvollstreckungsmaßnahmen

(1) Zur **Abgeltung** sämtlicher rückständiger Ehegattenunterhaltsansprüche sowie zur Abgeltung des nachfolgenden Ehegattenunterhaltsverzichts verpflichtet sich der Antragsgegner, an die Antragstellerein einen **Gesamtbetrag** in Höhe von Euro ■■■ zu bezahlen, der wie folgt zur Zahlung fällig ist:

(2) Ein Teilbetrag in Höhe von Euro ■■■ sofort bei Abgabe der Freigabeerklärung für den durch die **Pfändung** einbehaltenen Betrag.

(3) Die Antragstellerin verpflichtet sich, bezüglich des darüber hinausgehenden Betrages den **Arbeitgeber** des Antragsgegners anzuweisen, dass dieser Betrag an den Antragsgegner sofort zur Auszahlung gelangt.

(4) Der Restbetrag von Euro ■■■ ist am ■■■ zur Zahlung fällig.

(5) Die Antragstellerin verpflichtet sich, den **Antrag** auf Pfändungs- und Überweisungsbeschluss **zurückzunehmen**.

(6) Der Antragsgegner **stellt** die Antragstellerin von der **Haftung** für den **Kindesunterhalt** für den gemeinsamen Sohn ■■■, geboren ■■■, **frei**.

348 **Beratungshinweis:**

Grundsätzlich sollte eine Haftungsfreistellung für Kindesunterhalt nur für die **Dauer** der Ausbildung erfolgen. Andernfalls besteht die Gefahr, dass z.B. bei einer eintretenden schweren Erkrankung oder Behinderung des Kindes der Freistellende vollumfänglich für sämtliche – nicht absehbaren – Kosten, die in Verbindung mit der Betreuung des Kindes anfallen, aufkommen muss.

(7) Die Parteien sind sich dahingehend einig, dass keinerlei Unterhaltsrückstände betreffend Kindes- bzw. Ehegattenunterhalt mehr bestehen, mit Ausnahme der vorstehend vereinbarten Zahlung.

(8) Die Parteien verzichten auf jeglichen nachehelichen Ehegattenunterhalt, auch für den Fall der Not, und nehmen den Verzicht wechselseitig an. Dieser Verzicht gilt **nicht**, soweit die Antragstellerin einer Erwerbstätigkeit nicht nachgehen kann, weil eines der **Kinder** aufgrund von **Krankheit** oder **Unfall** einer ganztägigen Betreuung bedarf.

Alternative 4: Abfindungszahlung in Raten gegen Bürgschaftsentlassung/keine weitere Ratenzahlungsverpflichtung bei Eingehung einer neuen Ehe durch die Berechtigte

(1) Der Antragsgegner verpflichtet sich, an die Antragstellerin zur Abgeltung des Unterhaltsanspruchs für die kommenden 5 Jahre einen Betrag in Höhe von Euro ■■■ zu bezahlen, der wie folgt zur Zahlung fällig ist, vorausgesetzt dass der Antragsgegner aus der **Bürgschaft** gemäß der nachfolgenden Ziffer entlassen wird. Seitens der Antragstellerin ist **Bedingung**, dass der Antragsgegner bis spätestens zum ■■■ eine Finanzierungszusage der Bank vorlegt.

Ein Betrag in Höhe von Euro ■■■ ist binnen 14 Tagen nach Abschluss der Vereinbarung zur Zahlung fällig.

Ein weiterer Teilbetrag in Höhe von Euro ■■■ ist in 2 Jahren, somit am ■■■ zur Zahlung fällig für den Fall, dass die Antragstellerin **bis dahin keine** neue **Ehe eingegangen** ist.

Sollte die Antragstellerin innerhalb von 2 Jahren, gerechnet ab ■■■, eine neue Ehe eingehen, entfällt die Verpflichtung zur Zahlung des zweiten Teilbetrages in Höhe von Euro ■■■ und es ist von dem bereits bezahlten Betrag von Euro ■■■ ein Teilbetrag in Höhe von Euro ■■■ an den Antragsgegner **zurückzubezahlen**, wozu sich die Antragstellerin hiermit verpflichtet.

Im Übrigen verzichten die Parteien gegenseitig auf jeglichen nachehelichen Ehegattenunterhalt, auch für den Fall der Not und nehmen diesen Verzicht wechselseitig an. (Vollständiger Text s. vorstehend Rn 346 sowie nachfolgend Alternative 5)

(2) Der Antragsgegner hat gegenüber der ■■■ Bank für ■■■ (Schwager der Antragstellerin) eine **Bürgschaft** über einen Betrag in Höhe von Euro ■■■ geleistet.

Die Antragstellerin verpflichtet sich, **dafür Sorge zu tragen**, dass der Antragsgegner aus dieser Bürgschaft entlassen wird.

In diesem Zusammenhang erklärt die Antragstellerin, dass als neuer Bürge Herr ■■■ eintreten wird anstelle des Antragsgegners.

Die Antragstellerin erklärt weiterhin, dass Herr ■■■ (Schwager) sich mit der Bank bereits in Verbindung gesetzt hat und **zugesichert** hat, dass der Antragsgegner nach Vorlage der Vereinbarung an die Bank aus der Bürgschaft **entlassen** wird bei Eintritt des neuen vorbezeichneten Bürgen.

(3) Die Parteien erklären übereinstimmend, das Verfahren ■■■ Az. ■■■, Familiengericht ■■■ für erledigt im Hinblick auf die vorbezeichnete Vereinbarung.

Alternative 5: Unterhaltsverzicht gegen Abfindung/Verrechnung mit zu Unrecht bezogenem Kindergeld/ausführliche Belehrung betreffend Unterhaltsverzicht

I.

Der Kläger verpflichtet sich, zur **Abgeltung** sämtlicher Ansprüche betreffend nachehelichen Ehegattenunterhalt an die Beklagte einen Betrag in Höhe von ■■■ Euro zu bezahlen, der wie folgt zur Zahlung fällig ist:

Ein Teilbetrag in Höhe von ■■■ Euro ist innerhalb von 2 Wochen nach Abschluss des Vergleichs zur Zahlung fällig.

Der weitere Restbetrag in Höhe von ■■■ Euro wird bezahlt in monatlichen Raten in Höhe von je ■■■ Euro, beginnend ab ■■■ (Monat) ■■■ (Jahr) und zwar ■■■ Monate zu je ■■■ Euro und ein Monat zu ■■■ Euro.

1. Die Beklagte (im vorliegenden Fall wurde Abänderungsklage gegen einen gerichtlichen Vergleich erhoben) erklärt die **Zustimmung zur Kindergeldauszahlung** für die Tochter ■■■ rückwirkend für die Zeit ab dem Jahr ■■■ an Herrn ■■■, da sich die Tochter ■■■ in dieser Zeit bei Herrn ■■■ aufgehalten hat.
2. Frau ■■■ verpflichtet sich, die für die Zeit ab ■■■ von ihr erhaltenen **Kindergeldzahlungen** für die Tochter ■■■ an Herrn ■■■ **zurückzuzahlen**, soweit er nicht die Kindergeldzahlungen für diesen Zeitraum von der Familienkasse erhält.
3. Frau ■■■ **verzichtet** auf die **Rechte** aus der Vereinbarung gem. **Protokoll** des Amtsgerichts ■■■ Familiengericht ■■■ vom ■■■ Az ■■■ Ziffer ■■■, also soweit in dieser Vereinbarung Ehegattenunterhaltszahlungen geregelt wurden. Die heutige Vereinbarung tritt damit an die Stelle der Vereinbarung betreffend Ehegattenunterhalt vom ■■■
4. Wir sind uns darüber einig, dass keine Unterhaltsrückstände und keine Unterhaltsüberzahlungen vorliegen.

II.

Wir verzichten mit Wirkung ab Abschluss der Vereinbarung auf jeglichen nachehelichen Ehegattenunterhalt, auch für den Fall der Not, und nehmen diesen Verzicht wechselseitig an.

Wir erklären, dass wir voll umfänglich in der Lage sind, für unseren eigenen **Lebensunterhalt aufzukommen**.

Wir wurden durch unsere Prozessbevollmächtigten ausdrücklich auf die neue **BGH**- und **BVerfG-Rechtsprechung** bezüglich der eingeschränkten Wirksamkeit von Ehegattenunterhaltsverzichtsvereinbarungen hingewiesen, sowie insbesondere auf die Inhaltskontrolle, der solche Vereinbarungen unterliegen können.

Wir wurden auch dahingehend belehrt, dass – falls einer von uns **Sozialleistungen** in Anspruch nehmen muss – möglicherweise eine Berufung auf die Unterhaltsverzichtserklärung nicht zulässig ist.

Wir gehen jedoch beide davon aus, dass **keine einseitige Lastenverteilung** vorliegt i.S.d. BGH- und BVerfG-Rechtsprechung.

Wir sind übereinstimmend der Auffassung und erklären einvernehmlich, dass es unserem eigenen gemeinsamen und **frei gebildeten** Lebens-, Ehe- und Erziehungsverständnis entspricht, dass jeder von uns für seinen Lebensunterhalt **selbst aufkommt**.

Wir wurden eingehend belehrt über die derzeitige Rechtslage, wonach ein Verzicht, vor allem wenn dieser zu einer evident einseitigen und durch die individuelle Gestaltung der ehelichen Lebensverhältnisse nicht gerechtfertigten Lastenverteilung führt, gem. § 138 BGB **unwirksam sein kann** bzw. der richterlichen Inhaltskontrolle unterliegt und wurden auch darüber belehrt, dass sich ein Beteiligter unter Umständen auf einen Verzicht des anderen nach den Grundsätzen von **Treu und Glauben** gem. § 242 BGB nicht berufen kann.

Wir beide **wünschen** jedoch dennoch ausdrücklich die **Wirksamkeit** dieser Vereinbarung. Die richterliche Inhaltskontrolle wurde bereits in der Weise ausgeübt, dass dieser Vergleich im Rahmen des **gerichtlichen Verfahrens abgeschlossen** und seitens des Gerichts **befürwortet** wurde.

III.

Sollten trotz Abschlusses dieser Vereinbarung, die unserem ausdrücklichen Wunsch entspricht, und trotz der Tatsache, dass wir beide ausdrücklich für unseren Lebensunterhalt selbst aufkommen wollen, dennoch Unterhaltsansprüche bestehen, so sind wir uns dahingehend einig, dass diese Unterhaltsansprüche mit der vorstehend vereinbarten Abfindungszahlung **verrechnet** werden, also **solange kein Unterhalt geschuldet** ist, bis die **Höhe des zu zahlenden Abfindungsbetrages erreicht** ist.

IV.

Sollte seitens der **Familienkasse** das Kindergeld – aus welchen Gründen auch immer – nicht an Herrn ■■■ zur Auszahlung gelangen, so ist Herr ■■■ berechtigt, den Gesamtbetrag des von Frau ■■■ ab ■■■ für die Tochter ■■■ bezogenen Kindergeldes von der Abfindungszahlung **in Abzug** zu bringen.

V.

Frau ■■■ stimmt dem begrenzten Realsplitting hiermit zu und verpflichtet sich, die Anlage U zu unterzeichnen.

Herr ■■■ verpflichtet sich, Frau ■■■ sämtliche finanziellen Nachteile (konkrete Aufzählung erforderlich) einschl. notwendiger Steuerberatungskosten, die dieser durch die Unterzeichnung der Anlage U entstehen, zu erstatten.

Herr ■■■ verpflichtet sich des Weiteren, die Steuern unverzüglich nach Vorlage des Einkommensteuerbescheides unmittelbar an das Finanzamt zu bezahlen.

349 **Beratungshinweis:**

Die Ehefrau hatte Kindergeld für ein Kind bezogen, welches sich bereits seit mehreren Monaten beim Vater aufgehalten hat. Eine Kindergeldverrechnung zwischen den Ehegatten zu Gunsten des Ehemannes war nicht erfolgt. Der Ehemann hatte der Familienkasse die Kindergeldauszahlung an die Ehefrau mitgeteilt mit der Folge, dass das von der Ehefrau zu Unrecht bezogene Kindergeld von dieser zurückgefordert wurde. Diesbezüglich war zusätzlich zu dem anhängigen Unterhaltsverfahren ein gerichtliches Verfahren anhängig.

Alternative 6: Abfindungszahlung für Trennungs- und nachehelichen Ehegattenunterhalt/Verrechnungsklausel

Sollte Frau ■■■ – **entgegen** der in Abschnitt ■■■ enthaltenen **Absichtserklärung** – gegenüber Herrn ■■■ **Trennungsunterhalt geltend machen**, so sind von Herrn ■■■ geleistete **Unterhaltszahlungen** von dem vorgenannten **Gesamtbetrag** (Abfindungszahlung) von Euro ■■■ **abzuziehen** und zwar von den jeweils zunächst fälligen Raten (bei Ratenzahlungsverpflichtung bezüglich Abfindungszahlung). Die vorgenannte Ratenzahlungsverpflichtung beginnt in diesem Fall also erst dann, wenn keine Verrechnung mehr mit geleistetem Trennungsunterhalt erfolgen kann.

Beratungshinweis: 350

Es wurde eine Abfindungszahlung vereinbart, die sowohl Trennungsunterhaltsansprüche als auch Ansprüche betreffend nachehelichen Ehegattenunterhalt betraf.

Im Hinblick darauf, dass ein Verzicht auf Trennungsunterhalt nach dem Gesetz nicht möglich ist, empfiehlt sich eine **Verrechnungsklausel**, falls Trennungsunterhaltsansprüche dennoch geltend gemacht werden. Die Abfindung soll in diesem Fall bis zur Höhe des geltend gemachten Trennungsunterhalt mit etwaigen Unterhaltsansprüchen verrechnet werden. (Zur Zulässigkeit solcher Aufrechnungsvereinbarungen s. vorstehend Rn 216 ff)

IV. Verzicht mit Ausnahme des Falles der Not

1. Beratung

Wird ein Unterhaltsverzicht erklärt „mit Ausnahme des Falles der Not" oder „mit Ausnahme des Notbedarfs", so ist der Verzicht zunächst wirksam, **verliert die Wirksamkeit** jedoch bei **Eintritt der Notlage**, da der Verzicht als durch dieses Ereignis **auflösend bedingt anzusehen ist.**[460] Mit dem **Wegfall der Notlage** wird der Verzicht wieder voll **wirksam.**[461]   351

Die **Definition** der Notlage ergibt sich aus einem Vergleich der (späteren) **Einkünfte** des Verzichtenden mit dem **Notbedarf**. Ein Fall der Not ist gegeben, wenn die Einkünfte unter dem Notbedarf liegen. Wegen der Abgrenzungsschwierigkeiten ist es wenig empfehlenswert, den Notunterhalt auf **unverschuldete** Bedarfslagen zu beschränken.[462]   352

Zur **Höhe**: Der Notbedarf umfasst einerseits nicht den eheangemessenen Unterhalt i.S.v. § 1578 Abs. 1 S. 1 BGB. Anderseits handelt es sich auch nicht um den notdürftigen Unterhalt i.S.v. § 65 Abs. 1 EheG a.F.[463]   353

---

460   MünchKomm/Maurer § 1585c Rn 22.
461   MünchKomm/Maurer § 1585c Rn 23.
462   Kilger/Pfeil a.a.O. Rn 267 zu Teil 5.
463   Kilger/Pfeil a.a.O. Rn 268 zu Teil 5.

354 Der Notbedarf soll vielmehr den – **zwischen** dem eheangemessenen und dem **notdürf- tigen** Unterhalt liegenden – notwendigen Unterhalt sicherstellen und kann mit dem **not- wendigen Bedarf nach** der DT angenommen werden.[464]

355 **Beratungshinweis:**

Zur Vermeidung späterer Streitigkeiten über die Höhe des Notbedarfs sollte dieser zu- mindest in der Weise festgelegt werden, dass es sich hierbei um den notwendigen Bedarf (Selbstbehalt) nach der DT handelt.

In jedem Fall zu berücksichtigen ist der jeweilige **Einsatzzeitpunkt**, also die Frage, ob ein Anschlussunterhalt wegen eines eingetretenen Notfalles besteht.

Grundlage eines Unterhaltsanspruchs wegen Notbedarfs können die Tatbestände der §§ 1570, 1573 Abs. 4 u. 1576 sein, da in diesen Fällen ein Unterhaltsanspruch ohne Anschluss an einen Vortatbestand **neu entstehen kann.**

Auch ein zum Zeitpunkt der Scheidung bereits endgültig gegebener Tatbestand (§ 1571 BGB: vorgerücktes Alter; § 1572 BGB: Krankheit) ist als tatbestandliche Grundlage ei- nes Anspruchs wegen Notbedarfs geeignet.[465]

356 **2. Muster:[466] Notbedarf**

Die Ehegatten verzichten wechselseitig auf jeglichen nachehelichen Unterhalt – mit **Aus- nahme** des **Falles der Not** – und nehmen diese Verzichtserklärungen wechselseitig an.

– Ein Fall der Not liegt vor, wenn dem geschiedenen Ehegatten der notwendige Eigen- bedarf (Existenzminimum) eines unterhaltsberechtigten Ehegatten gem. den Richt- sätzen der DT nicht zur Verfügung steht. In diesem Falle wird die Differenz zwischen dem Betrag des notwendigen Eigenbedarfs und den Einkünften des geschiedenen Ehegatten als Unterhalt geschuldet.

– Voraussetzung für den Unterhaltsanspruch für den Fall der Not ist jedoch, dass der geschiedene Ehegatte zum Zeitpunkt der Notlage Unterhalt nach den gesetzlichen Vorschriften verlangen könnte; insbesondere müssen die sog. „Einsatzzeitpunkte" erfüllt sein. Der Unterhaltsanspruch wird ausdrücklich nicht vertraglich begründet.

Alternative 1:

Die Vertragsparteien verzichten gegenseitig für die Zeit nach Rechtskraft der Scheidung auf jeglichen nachehelichen Ehegattenunterhalt, auch für den Fall der Not, und nehmen den Verzicht wechselseitig an.

Vorbehalten bleibt lediglich **Kindesbetreuungsunterhalt – ohne Anschlussunterhalt –** wenn Frau ■■■ aus **zwingenden Gründen** des Kindeswohles, insbesondere bei schwerer Erkrankung/Unfall o. Ä. schicksalhaften Ereignis im Interesse eines der Kinder an eigener Erwerbstätigkeit gehindert wäre (evtl. Klarstellung: ganz oder teilweise gehindert wäre).

Alternative 2:

Der Unterhaltsverzicht gilt jedoch nicht, wenn und solange wegen besonderer Umstände, wie z.B. schwerer länger dauernder **Erkrankung** oder aufgrund Unfallfolgen, eine **persön- liche Betreuung** des gemeinsamen Sohnes ■■■ unumgänglich erforderlich ist. Wenn und

---

464 BGH NJW 1981, 51, 52 f; OLG Karlsruhe FamRZ 1985, 1050; MünchKomm/Maurer § 1585c Rn 23; Palandt/Brudermüller § 1585c Rn 7.
465 Kilger/Pfeil a.a.O. Rn 269 zu Teil 5; Schwab/Borth IV Rn 1306.
466 Kilger/Pfeil a.a.O. Rn 270 zu Teil 5.

solange in dem erwähnten Fall eine Betreuung des Sohnes ▬▬▬ durch einen Vertragsteil erfolgt, steht diesem gegenüber dem anderen Vertragsteil ein nachehelicher Unterhaltsanspruch entsprechend den gesetzlichen Bestimmungen zu.

V. Unterhaltsverzicht bei Tod des Unterhaltspflichtigen

1. Beratung

Ausführlich hierzu s.o. Teil 2, § 2 Rn 51 ff. Bei **Tod** des **Unterhaltspflichtigen** geht die 357 Verpflichtung zur Unterhaltszahlung auf seine **Erben** über, § 1586 b BGB (anders: § 1615 Abs. 1 BGB für den Fall des Familienunterhalts). Diese Bestimmung kann abbedungen werden;[467] zur Reichweite der Erbenhaftung für den Geschiedenenunterhalt siehe *Dressler*, NJW 2003, 2430.

2. Muster: Unterhaltsverzicht bei Tod des Unterhaltspflichtigen   358

Für den nachehelichen Unterhalt gelten die gesetzlichen Bestimmungen, mit Ausnahme von § 1586b BGB, der keine Anwendung finden soll. (Zu den entsprechenden Vereinbarungen s. Teil 2, § 2 Rn 51 ff)

VI. Unterhaltsverzicht bei Zusammenleben mit neuem Partner

1. Beratung

Das Zusammenleben mit einem neuen Partner kann zu einer Verwirkung des Unter- 359 haltsanspruchs gem. § 1579 Nr. 7 BGB führen und zwar unter folgenden Voraussetzungen:

Eine **Verwirkung** bei einem **langjährigen** Zusammenleben mit einem neuen Partner liegt 360 vor, wenn

- ■ der Unterhaltsberechtigte nur deshalb von der Eheschließung absieht, um seinen Unterhaltsanspruch nicht zu verlieren,
- ■ **eine** Unterhaltsgemeinschaft **besteht,**
- ■ sich die neue Beziehung so verfestigt hat, dass ein nichteheliches Zusammenleben von mindestens 2 – 3 Jahren an die Stelle der Ehe getreten ist.[468]

Grundvoraussetzung ist immer, dass ein **Fortbestehen** der Unterhaltspflicht als **objektiv** 361 **unzumutbar** zu beurteilen ist.[469]

---

467 Zimmermann/Dorsel, Eheverträge, Scheidungs- u. Unterhaltsvereinbarungen, Rn 52 zu § 20.
468 BGH FamRZ 1989, 487, 489; 1995, 540, 542; Heiß/Heiß in Heiß/Born, Unterhaltsrecht, Ein Handbuch für die Praxis, Rn 284 ff zu Kap. 9; Heiß, Das Mandat in Familienrecht, Rn 707 zu Teil 8.
469 BGH FamRZ 1991, 670; Heiß, Das Mandat im Familienrecht, Rn 707 zu Teil 8.

362 **Beratungshinweis:**[470]

Für den Unterhaltsverpflichteten ist es besonders wichtig, möglichst viele Details und Beweismittel betreffend **Gemeinsamkeiten** und Lebensgestaltung zu beschaffen, so z.b.

■ Beginn der Beziehung sowie Zeiten, die das neue Paar im Alltag miteinander verbringt (werktags, Wochenende, Übernachtungen),

■ gemeinsame Hobbies, Gestaltung von Feiertagen/Urlauben,

■ Mahlzeitengestaltung/Versorgungsleistungen,

■ Freundeskreis und Familienfest beider Familien,

■ Wohnungssituation der beiden Partner und gemeinsame Pkw-Nutzung.[471]

363 Möglicherweise kann auch **fiktives Einkommen** angesetzt werden für die Haushaltsführung für den neuen Partner, was nach derzeitiger Rechtsprechung jedoch nur dann gilt, wenn der neue Partner leistungsfähig ist.

364 Führt jemand einem **leistungsfähigen** Dritten den Haushalt, so ist hierfür ein Einkommen anzusetzen. Bei Haushaltsführung durch einen **Nichterwerbstätigen** i.d.R. ein Betrag von **200 – 550 Euro.**[472]

365 Arbeitet jedoch der Unterhaltsbedürftige **ganztags** und teilt sich die Haushaltätigkeit mit seinem Partner, sind nach BGH **keine Einkünfte** für eine haushälterische Tätigkeit anzusetzen.[473] Zu prüfen ist jedoch, ob **ersparte Aufwendungen** zu berücksichtigen sind.[474]

366 **Beratungshinweis:**

In allen diesen Fällen ist jedoch nachzuweisen, dass eine neue Partnerschaft vorliegt, in der tatsächlich Versorgungsleistungen durch den Unterhaltsberechtigten erbracht werden. Da dieser Nachweis in der Praxis nur schwer zu erbringen ist, stellt sich die Frage, inwieweit **Vereinbarungen** getroffen werden können, die eine Beweiserleichterung für den Unterhaltspflichtigen darstellen.

367 **2. Muster: Beendigung der Unterhaltpflicht bei eheähnlichem Zusammenleben mit einem Dritten**

Die Unterhaltpflicht endet, wenn der Unterhaltsberechtigte mit einem Dritten eheähnlich zusammenlebt. Ein eheähnliches Zusammenleben wird vermutet, wenn der Unterhaltsberechtigte mit einem Dritten eine **gemeinsame Wohnung bewohnt** oder nach geltender Rechtsprechung von einer eheähnlichen Lebensgemeinschaft/sozioökonomischen Gemeinschaft auszugehen ist.

---

470 Heiß, Das Mandat im Familienrecht, Rn 708 zu Teil 8.
471 Im Einzelnen hierzu und zur Beweislast: Heiß, Das Mandat im Familienrecht, Rn 708 ff zu Teil 8.
472 Süddeutsche Leitlinien Ziff. I.6; Heiß, Das Mandat im Familienrecht, Rn 259 zu Teil 8.
473 BGH Urteil vom 13.04.05, XII ZR 48/02.
474 Heiß, Das Mandat im Familienrecht, Rn 259 zu Teil 8.

VII. Unterhaltsverzicht und § 5 VAHRG

1. Beratung

Ausführlich hierzu s. vorstehend Rn 323 ff. Ein genereller Unterhaltsverzicht ist im Hin- **368**
blick auf § 5 VAHRG (Gesetz zur Regelung von Härten im Versorgungsausgleich) unter Umständen **nachteilig.** Danach werden im Rentenalter bei einem Versorgungsaus-
gleichspflichtigen **Kürzungen** der Versorgung aufgrund Versorgungsausgleichs **nicht
vorgenommen,** solange der Ausgleichs**berechtigte** noch **keine eigene Rente** bezieht,
der Ausgleichspflichtige ihm aber **Unterhalt** leisten muss.[475]

Erfolgt eine Nachzahlung der durch den Versorgungsausgleich ausgelösten Kürzungs- **369**
beträge, stellt die in § 6 VAHRG **geregelte hälftige Aufteilung** an die geschiedenen Ehegatten nur eine formale Auszahlungsregelung dar. Das **materiell-rechtliche** Verhältnis
der Ehegatten wird dadurch **nicht** berührt.[476]

Die **Kürzung** der Versorgung aufgrund Versorgungsausgleichs wird im Falle der Unter- **370**
haltsleistung **unabhängig** von der **Höhe** des geleisteten Unterhalts rückgängig gemacht.
Voraussetzung ist, dass überhaupt ein **gesetzlicher** Unterhaltsanspruch **besteht,** ein bloß
vertraglich vereinbarter reicht nicht aus.[477] (Im Einzelnen zu Unterhalt und § 5 VAHRG
s. Teil 3, § 4 Rn 161, 200 ff; Teil 4, § 4 Rn 323 ff.)

2. Muster: Unterhaltsverzicht und § 5 VAHRG

371

> Solange die Ehefrau aus dem zu ihren Gunsten durchzuführenden Versorgungsausgleich
> keine Rente erhält, der Ehemann jedoch Rente bezieht, besteht ein Unterhaltsanspruch
> der Ehefrau in Höhe von ■■■ Euro. Nachzahlungen gem. § 6 VAHRG stehen dem Ehe-
> mann zu.
> **Alternative:**
> Wir verzichten hiermit ■■■. Dieser Verzicht wird erst **wirksam,** wenn die Ehefrau eine aus
> dem Versorgungsausgleich erworbene **Rente bezieht;** sie hat den Ehemann von einem
> Rentenbezug **unaufgefordert zu unterrichten.** Etwaige Nachzahlungen gem. § 6 VAHRG
> stehen im Innenverhältnis allein dem Ehemann zu. Bis zum Zeitpunkt des Wirksamwer-
> dens des Unterhaltsverzichts vereinbaren wir in Ausgestaltung des gesetzlichen Unter-
> haltsanspruchs der Ehefrau: ■■■ (Unterhaltsregelung, die bis zum Verzicht gelten soll).

VIII. Bestätigung eines notariell vereinbarten Unterhaltsverzichts

1. Beratung

Gegenstand des gerichtlichen Verfahrens der Parteien war die Frage der Wirksamkeit/ **372**
Inhaltskontrolle einer notariellen Verzichtserklärung. Die Wirksamkeit des notariellen
Vertrages soll bestätigt werden.

---

475 Zimmermann/Dorsel a.a.O. Rn 30 zu § 20.
476 BGH FamRZ 2003, 1086.
477 OVG Rheinland-Pfalz FamRZ 1990, 102; Zimmermann/Dorsel a.a.O. Rn 30 zu § 20.

373

2. Muster: Bestätigung eines notariell vereinbarten Unterhaltsverzichts

Die Parteien haben durch **notariellen Vertrag** vom ▬▬▬ auf nacheheliche Ehegatten-unterhalt verzichtet. Bei diesem Verzicht soll es **verbleiben**. In diesem Zusammenhang wird festgehalten, dass beide Parteien ausdrücklich auf die neue BGH- und BVerfG-Recht-sprechung bezüglich der Wirksamkeit von Ehegattenunterhaltsverzichtsvereinbarungen hingewiesen worden.

Dennoch soll es bei dieser Vereinbarung sein Bewenden haben. Die Parteien gehen davon aus, dass **keine einseitige Lastenverteilung** vorliegt i. S. der BGH- und BVerfG-Rechtspre-chung und zwar aufgrund des Versorgungsausgleichsverzichts, aufgrund der Verein-barung betreffend **Zugewinnausgleich** sowie aufgrund der Vereinbarung betreffend die Haftungsfreistellung für den Sohn. Die Antragsgegnerin verfügt über ein monatliches **Nettoeinkommen** in Höhe von ▬▬▬

Die Parteien sind übereinstimmend der Auffassung und erklären einvernehmlich, dass es ihrem eigenen gemeinsamen und frei gebildeten Lebens-, Ehe- und Erziehungsverständ-nis entspricht, wenn die Gesamtvereinbarung abgeschlossen wird und damit eine **Bestä-tigung** der bereits notariell getroffenen **Unterhaltsverzichtsvereinbarung** betreffend nachehelichen Ehegattenunterhalt abgegeben wird.

Die Parteien wurden **eingehend** belehrt über die derzeitige Rechtsprechung, wonach ein Verzicht (vor allem wenn dieser zu einer evident einseitigen und durch die individuelle Gestaltung der ehelichen Lebensverhältnisse nicht gerechtfertigten Lastenverteilung führt) gem. **§ 138 unwirksam** sein kann bzw. wonach sich ein Beteiligter unter Umständen auf einen Verzicht des anderen nach den Grundsätzen von **Treu und Glauben** gem. § 242 BGB nicht berufen kann.

Beide Parteien **wünschen** die Wirksamkeit der Vereinbarung.

IX. Wirksamkeit der Vereinbarung nur bei tatsächlicher Zahlung

1. Beratung

374 Die Verzichtsvereinbarung kann entweder unter der **aufschiebenden Bedingung** der tat-sächlichen Zahlung abgeschlossen werden oder aber es wird – wie in der nachfolgenden Vereinbarung geschehen – ausdrücklich **klargestellt**, dass sowohl Trennungsunterhalt als auch nachehelicher Ehegattenunterhalt **geltend gemacht** wird, falls der **Abfindungs-betrag nicht** fristgemäß **bezahlt** wird.

375

2. Muster: Wirksamkeit der Vereinbarung nur bei tatsächlicher Zahlung

Der Antragsgegner verpflichtet sich, an die Antragstellerin zur Abgeltung sämtlicher An-sprüche auf Ehegatten-Trennungsunterhalt einen Betrag in Höhe von Euro ▬▬▬ zu bezah-len. Die Zahlung ist fällig am ▬▬▬. Die Zahlung dieses Unterhaltsrückstandes ist Ge-schäftsgrundlage der Vereinbarung, insbesondere Geschäftsgrundlage dafür, dass die Antragstellerin keinen nachehelichen Ehegattenunterhalt geltend macht.

Sollte der Antragsgegner der Verpflichtung zur Zahlung dieses Betrages **nicht fristgemäß nachkommen**, wird die Antragstellerin sowohl **Trennungsunterhalt** als auch **nacheheli-chen Ehegattenunterhalt geltend machen**.

X. Weiterzahlung von Trennungsunterhalt bis zur Fälligkeit des Abfindungsbetrages betreffend nachehelichen Ehegattenunterhalt

1. Beratung

Erfolgt die Abfindungszahlung für einen Unterhaltsverzicht nicht im unmittelbaren zeitlichen Zusammenhang mit dem Abschluss der Vereinbarung, so ist die Zeit bis zur tatsächlichen Zahlung zu regeln, also insbesondere ob bis zu diesem Zeitpunkt noch Unterhaltsansprüche bestehen. Eine solche Regelung ist zu befürworten, da sie möglicherweise den Unterhaltspflichtigen zur pünktlichen Zahlung des Abfindungsbetrages veranlasst. **376**

2. Muster: Weiterzahlung von Trennungsunterhalt bis zur Fälligkeit des Abfindungsbetrages betreffend nachehelichen Ehegattenunterhalt

377

385

Herr ▪▪▪ verpflichtet sich, an Frau ▪▪▪ zur Abgeltung sämtlicher Ansprüche betreffend nachehelichen Ehegattenunterhalt einen Betrag in Höhe von Euro ▪▪▪ zu bezahlen, der fällig ist bis spätestens ▪▪▪

Herr ▪▪▪ verpflichtet sich des Weiteren, bis zum Fälligkeitstermin bzw. bis zu dem **Zeitpunkt**, in welchem die **tatsächliche Zahlung** des Abfindungsbetrages erfolgt, eine monatlich im Voraus zahlbare **Unterhaltsrente** in Höhe von Euro ▪▪▪ **zu bezahlen.**

XI. Regelung, wenn die Kinder sich beim Ehemann aufhalten, jedoch noch von der Ehefrau betreut und verpflegt werden

1. Beratung

Bleibt der Ehemann in dem ehegemeinschaftlichen Anwesen, so wünschen häufig die Kinder, in ihrem Zuhause zu bleiben, also beim Vater. Da dieser i.d.R. erwerbstätig ist, kommt eine Betreuung und Verpflegung der Kinder durch die Mutter dann in Betracht, wenn das Verhältnis der Parteien dies zulässt. Anstelle eines Ehegattenunterhalts kann in diesem Fall ein Zahlbetrag als **Gegenleistung** für **Betreuung** und **Verpflegung** der Kinder vereinbart werden. **378**

2. Muster: Regelung, wenn die Kinder sich beim Ehemann aufhalten, jedoch noch von der Ehefrau betreut und verpflegt werden

379

386

(1) Die in Abschnitt ▪▪▪ genannten 3 Kinder der Beteiligten **wohnen** derzeit bei **Herrn** ▪▪▪ in dem in Abschnitt ▪▪▪ genannten Anwesen.

Sie werden jedoch derzeit dort von **Frau** ▪▪▪ (Ehefrau) **betreut** und **verpflegt.**

(2) Auf der Grundlage des vorstehend genannten Sachverhalts treffen die Beteiligten folgende Feststellungen und Vereinbarungen:

– Von Frau ▪▪▪ wird, wie die Beteiligten feststellen, derzeit **kein** Getrenntlebensunterhalt **geltend gemacht**. Mit dieser Feststellung ist jedoch kein Verzicht auf Getrenntlebensunterhalt oder nachehelichen Unterhalt verbunden.

– Herr ▪▪▪ verpflichtet sich, an Frau ▪▪▪ **für die Betreuung** und **Verpflegung** der gemeinsamen Kinder durch Frau ▪▪▪ im Anwesen von Herrn ▪▪▪ monatlich einen Betrag in Höhe von Euro ▪▪▪ zu bezahlen, der jeweils am 1. des betreffenden Monats im Voraus zur Zahlung fällig ist. Bei eingetretenen Änderungen der Kaufkraft verpflichten sich die Beteiligten, diese Vereinbarung entsprechend anzupassen. (Wertsicherungsklausel ▪▪▪ s. Teil 4, § 4 Rn 131 ff, 268 ff)

(3) Die vorstehend niedergelegten Feststellungen und Vereinbarungen werden auf der Grundlage des in Ziffer ▪▪▪ genannten Sachverhalts getroffen. Wenn sich insoweit künftige **Änderungen** ergeben sollten, verpflichten sich die Beteiligten gegenseitig, die in Ziffer ▪▪▪ enthaltenen Regelungen entsprechend diesen Änderungen wirtschaftlich **anzupassen.**

XII. Keine Geltendmachung von Ehegattenunterhalt (kein Verzicht)

1. Beratung

380 Besteht **mangels Leistungsfähigkeit** kein Anspruch auf Ehegattenunterhalt, z.B. weil der Ehemann noch die ehegemeinschaftlichen **Schulden** zurückführt, kann eine Vereinbarung abgeschlossen werden, wonach Ehegattenunterhalt nicht geltend gemacht wird. Zu empfehlen ist eine ausdrückliche Klarstellung, dass damit **kein Unterhaltsverzicht** erklärt wird, um die Möglichkeit offen zu lassen, erforderlichenfalls **staatliche Leistungen** in Anspruch zu nehmen.

381 2. Muster: Keine Geltendmachung von Ehegattenunterhalt

Frau ▪▪▪ macht derzeit Ansprüche auf Ehegattenunterhalt nicht geltend. Ausdrücklich wird jedoch auf Ehegattenunterhalt **nicht verzichtet.**

Alternative 1:

(1) Die Antragstellerin macht derzeit Ehegattenunterhalt **nicht geltend**, wobei ausdrücklich hiermit kein Unterhaltsverzicht abgegeben wird. Aufgrund der Feststellungen des Landratsamts ▪▪▪ vom ▪▪▪ besteht derzeit **keine Leistungsfähigkeit** des Antragsgegners im Hinblick darauf, dass dieser die **ehegemeinschaftlichen Schulden** vollumfänglich zurückbezahlt.

(2) Der Antragsgegner verpflichtet sich, die ehegemeinschaftlichen Schulden bei der ▪▪▪ Bank in Höhe von derzeit ca. Euro ▪▪▪ zurückzuzahlen und **stellt** die Antragstellerin von der **Haftung** für Zinszahlung und Tilgung für sämtliche ehegemeinschaftlichen Schulden für Vergangenheit, Gegenwart und Zukunft **frei.**

382 **Beratungshinweis:**

Eine Haftungsfreistellung im Außenverhältnis ist in diesem Fall z.B. deshalb nicht möglich, weil der Ehemann keine ausreichenden Sicherheiten bieten kann und die Bank einer Schuldenentlassung nicht zustimmt.

Alternative 2:

Die Parteien sind sich dahingehend einig, dass aufgrund der mangelnden Leistungsfähigkeit des Beklagten ein Anspruch auf Ehegattenunterhalt derzeit nicht geschuldet ist, ohne dass damit die Abgabe einer Verzichtserklärung verbunden wäre.

XIII. Klarstellung bezüglich Unterhaltsrückstände

1. Beratung

In jede Unterhaltsvereinbarung sollte zur Vermeidung von künftigen Streitigkeiten be-   384
züglich etwaiger bestehender **Unterhaltsrückstände** oder etwaiger **Überzahlungen** von
Unterhalt eine Klarstellung über die Höhe des Unterhaltsrückstandes oder die Feststellung, dass Unterhaltsrückstände und Überzahlungen nicht bestehen, mit aufgenommen
werden.

2. Muster: Klarstellung bezüglich Unterhaltsrückständen   385

388

Die Parteien sind sich darüber einig, dass Getrenntlebensunterhaltsansprüche nicht mehr bestehen und dass weder Unterhaltsrückstände noch etwaige Ansprüche auf Rückzahlung von geleistetem Unterhalt bestehen.

I. Steuern

Im Einzelnen s.a. Teil 3, § 10; Teil 4, § 13.

I. Beratung

1. Tatsächliche Ausgangssituation

Nachehelicher Ehegatten- und Trennungsunterhalt ist einkommensteuerrechtlich auf-   386
grund des sog. **Realsplittings** gem. § 10 Abs. 1 Nr. 1 EStG als Sonderausgabe abzugsfähig, sofern der Empfänger der Versteuerung der Einkünfte zustimmt. Die Pflicht des
unterhalts**berechtigten** Ehegatten, dem steuerlichen Realsplitting zuzustimmen ist davon abhängig, dass der Unterhalts**pflichtige** die **finanziellen Nachteile ausgleicht,** die
dem Berechtigten hieraus erwachsen. Folge des Sonderausgabenabzugs ist, dass der Unterhaltsberechtigte den **Unterhalt** als **sonstige Einkünfte versteuern** muss, wenn der
Haushaltsfreibetrag überschritten ist.

Für den **Verpflichteten** besteht die **Obliegenheit,** das begrenzte Realsplitting in An-   387
spruch zu nehmen, wenn die Zustimmung des Berechtigten vorliegt.[478] Für den Unterhaltsberechtigten besteht eine **Verpflichtung,** dem begrenzten Realsplitting zuzustim-

---

478   BGH, FamRZ 1983, 670 ff; Heiß, Das Mandat im Familienrecht, Rn 410 zu Teil 8.

men, wenn der Unterhalts**pflichtige** die finanziellen **Nachteile ausgleicht**, die dem Berechtigten daraus erwachsen.[479]

2. Rechtliche Ausgangssituation

a) Zusammenveranlagung

388 Zur Frage, unter welchen Voraussetzungen ein Ehegatte verpflichtet ist, dem Antrag des anderen auf **gemeinsame Veranlagung** zur Einkommensteuer zuzustimmen, wenn in dem betreffenden Veranlagungszeitraum die eheliche Lebensgemeinschaft noch bestand, siehe BGH NJW 2002, 2319.

389 Der Unterhaltsberechtigte ist für ein Kalenderjahr, in dem noch **teilweise Zusammenleben** erfolgte, zur Zustimmung zur Zusammenveranlagung **verpflichtet**, insbesondere wenn der Trennungsunterhalt für das (Rest-)Kalenderjahr auf der Grundlage der zu Beginn des Jahres gewählten Steuerklasse bemessen wurde, da es sonst zu unbilligen Ergebnissen oder nachfolgenden Ausgleichsansprüchen kommen müsste.[480]

390 Dabei entstehende **Nachteile** sind allerdings auszugleichen. Zustimmung kann nur gegen Nachteilsausgleich oder eine entsprechende Zusage verlangt werden. Der **Nachteil für den Unterhaltsberechtigten** besteht aber **nicht** in Höhe der dem Unterhaltsberechtigten aufgrund der getrennten Veranlagung erstatteten Steuer, welche er bei einer Zusammenveranlagung an das Finanzamt zurückzahlen muss, sondern nur in Höhe einer über die Vorauszahlung und im Wege des Lohnabzugs (Steuerklasse V) **steuerlichen Mehrbelastung** durch die Zusammenveranlagung und etwa mit der Zusammenveranlagung verbundene Nebenkosten, etwa **Steuerberaterkosten**.[481]

b) Realsplitting

391 Gegenüber dem Finanzamt werden Antrag und Zustimmung i.d.R. unter Verwendung der Anlage U zur Einkommensteuererklärung erklärt. Antrag und Zustimmung können auch **nach bestandskräftiger Veranlagung noch gestellt werden** und führen dann nach § 175 Abs. 1 S. 1 Nr. 2 AO zu einer geänderten Veranlagung.[482]

392 Es sind immer zunächst die **Nachteile** des Realsplittings zu **errechnen**. Je höher das Einkommen auf Seiten der Berechtigten ist, umso eher kann der Fall eintreten, dass die Vorteile des Realsplittings durch die Nachteile aufgewogen werden. Von einem Ausgleich **sonstiger** Nachteile kann der Unterhaltsberechtigte seine Zustimmung nur abhängig machen, wenn er diese Nachteile im Einzelfall **substantiiert darlegt**.[483]

393 Gedacht wurde vom BGH in der genannten Entscheidung insbesondere an etwaige Kürzungen oder Entzug **öffentlicher Leistungen**. Dadurch, dass Unterhaltszahlungen beim Realsplitting als Einkünfte gewertet werden, werden die Grenzen bestimmter Sozialleistungen überschritten, etwa bei Wohnungsbauprämien, Sparprämien, Arbeitnehm-

---

479 BGH, FamRZ 1983, 576 ff; Heiß, a.a.O.
480 Heiß/Heiß in Heiß/Born, Rn 768 zu Kap. 3.
481 Heiß/Heiß, a.a.O.
482 BFH, BStBl 2001 II, S. 338.
483 BGH, FamRZ 1988, 820, 821.

ersparzulagen oder Renten nach dem Bundesversorgungsgesetz, ggf. auch Stipendien oder Kindergartenbeiträge.

Bei getrennt lebenden Ehegatten kann das Privileg der **Familienversicherung** nach § 10 Abs. 1 SGB V entfallen. Der in der Zahlung eigener Beiträge bestehende Nachteil müsste dann ausgeglichen werden.

Beratungshinweis:

Wenn für die Unterhaltszahlung das Realsplitting durchgeführt wird, stellt die Unterhaltszahlung für den Berechtigten eine Einnahme auch i.S.d. sozialrechtlichen Vorschriften dar. Wird dadurch ein Siebtel der monatlichen Bezugsgröße nach § 18 SGB IV überschritten, so entfällt die Möglichkeit der **Familienmitversicherung** nach § 10 Abs. 1 Nr. 5 SGB V.[484]

In jedem Fall muss zunächst mit der Krankenversicherung abgeklärt werden, ob und in welchem Umfang eine Erhöhung der Krankenversicherungsbeiträge aufgrund der Unterzeichnung der Anlage U erfolgt.

Die Zustimmung kann auch gleich für **mehrere Jahre** erteilt werden. Voraussetzung für eine Verpflichtung zur Zustimmung ist, dass der Unterhaltsverpflichtete den Berechtigten von **steuerlichen Nachteilen** sowie im Einzelfall **substantiiert** vorgetragenen **sonstigen Nachteilen** freistellt und ihm bei begründeter Besorgnis eine entsprechende **Sicherheit geleistet** wird. Im Übrigen ist eine Berücksichtigung als außergewöhnliche Belastung im Rahmen des § 33a Abs. 1 EStG zu prüfen.

c) Leibrente

Handelt es sich bei der Vereinbarung nicht um eine Ausgestaltung der gesetzlichen Unterhaltpflicht, sondern um eine **Schuldumschaffung** mit Abfindungscharakter, bei der der Eingehung der Zahlungsverpflichtung eine Gegenleistung gegenübersteht, die auch zwischen Fremden hätte vereinbart werden können, so gelten die **allgemeinen** steuerlichen Grundsätze. Insbesondere bei **Rentenzahlungsverpflichtungen** ist dann zu beurteilen, ob für die Beteiligten die Behandlung als **Rente** gem. § 22 Abs. 1 EStG oder als **dauernde Last** gem. § 10 Abs. 1 Nr. 1 EStG günstiger ist. Eine Rente ist nur mit ihrem **Ertragsanteil** abziehbar und auf der Gegenseite zu versteuern. Sie muss mindestens 10 Jahre Laufzeit aufweisen und kann wertgesichert sein. Eine **dauernde Last** ist im Rahmen des § 10 EStG **voll abziehbar** und auf der Gegenseite voll zu versteuern. Maßgebliches Unterscheidungskriterium ist, dass bei einer dauernden Last die **Abhängigkeit** der Zahlungspflicht von Unterhaltsbedürftigkeit des Berechtigten und **Leistungsfähigkeit** des Verpflichteten erhalten bleiben muss, insbesondere die Abänderbarkeit nach § 323 ZPO.[485]

---

484 Münch, Ehebezogene Rechtsgeschäfte, Rn 1261 zu Teil 6.
485 Zimmermann/Dorsel, Eheverträge, Scheidungs- u. Unterhaltsvereinbarungen, Rn 2 zu § 22.

399 **II. Muster: Zustimmung zum Realsplitting**

Die Beteiligte zu 2) verpflichtet sich in Ansehung sämtlicher vorstehend vereinbarter Zahlungsverpflichtungen für die Dauer der Unterhaltsleistung auf Verlangen des Pflichtigen im Januar eines Jahres für das Vorjahr die nach § 10 Abs. 1 Nr. 1 EStG erforderliche **Zustimmung zum begrenzten Realsplitting** zu erteilen. Der Beteiligte zu 1) verpflichtet sich, die Ehefrau von ihr entstehenden **Steuernachteilen** sowie sonst **konkret nachgewiesenen** Nachteilen in Folge der Zustimmung freizustellen. Steuervorteile stehen dem Beteiligten zu 1) zu. Der Ausgleichsbetrag ist an die Beteiligte zu 2) (oder nach Vorlage der Steuerbescheide unmittelbar an das Finanzamt) binnen 2 Wochen ab Vorliegen ihres Steuerbescheides zu zahlen.

Auf Verlangen hat der Beteiligte zu 1) in Höhe des für jedes Jahr zu erwartenden Nachteils zum Jahresbeginn **Sicherheit zu leisten,** was die Beteiligte zu 2) zur Voraussetzung für die Zustimmungserklärung machen kann.[486]

Alternative 1:

Die erforderliche Zustimmung zum begrenzten Realsplitting **wird hiermit bereits** für die Veranlagungszeiträume bis zum Ablauf der Unterhaltsfestschreibung **erteilt.** (Übernahme der Steuernachteile und sonstigen Nachteile durch den Unterhaltspflichtigen.)

Alternative 2: Unterhalt und dauernde Last

Als Gegenleistung für die vorstehende Übertragung des Miteigentumsanteils verpflichtet sich der Beteiligte zu 2), einen monatlichen Unterhalt von ▪▪▪ Euro zu zahlen, zahlbar ab dem Ersten des folgenden Monats zum Ersten eines Monats im Voraus. Die Leistungen sollen **steuerlich** als **dauernde Last** berücksichtigt werden können und unterliegen deshalb bei wesentlicher Änderung der Verhältnisse der **Abänderbarkeit** gem. **§ 323 ZPO.** Sollte diese steuerliche Behandlung von den Finanzbehörden nicht anerkannt werden, verpflichten sich die Beteiligten, zur Änderung der Vereinbarung in der Weise, dass der angestrebte wirtschaftliche Zweck bestmöglich erreicht wird.[487]

---

486 Zimmermann/Dorsel, a.a.O., Rn 3 zu § 22.
487 Zimmermann/Dorsel, a.a.O., Rn 4 zu § 22.

§ 5 Kindesunterhalt

Literatur

Wendl/Staudigl, Das Unterhaltsrecht in der familienrichterlichen Praxis, 6. Auflage 2004; *Heiß/Herrmann*, Formularbibliothek Zivilprozess, Familienrecht, 2005; Langenfeld, Handbuch der Eheverträge und Scheidungsvereinbarungen, 5. Auflage 2005; *Zimmermann/Dorsel*, Eheverträge, Scheidungs- und Unterhaltsvereinbarungen, 4. Auflage 2005; Palandt, Bürgerliches Gesetzbuch, 65. Auflage 2006, *Gerhard/v. Heintschel-Heinegg/Klein*, Handbuch des Fachanwalts Familienrecht, 5. Auflage 2005; Krenzler, Vereinbarungen bei Trennung und Scheidung; 1992; *Büchting/Heussen*, Beck'sches Rechtsanwaltshandbuch, 8. Auflage 2004; Heiß/Born, Unterhaltsrecht, Stand Juli 2004.

A. Beratungssituation

I. Tatsächliche Ausgangssituation

Aufgrund des Verwandtschaftsverhältnisses besteht zwischen Eltern und Kindern ein 1 unverzichtbarer Anspruch auf Unterhalt. Eheliche und nichteheliche Kinder sind gleichgestellt, jedoch sind Unterhaltsansprüche nichtehelicher Kinder vor Anerkennung oder Feststellung der Vaterschaft grundsätzlich ausgeschlossen. Die Abstammung ist zunächst in einem Statusverfahren zu klären.

1. Art der Unterhaltsgewährung

Gemäß § 1612 Abs. 2 BGB können die Eltern eines **minderjährigen unverheirateten Kindes** bestimmen, in welcher Art sie Unterhalt gewähren. Lebt das Kind im Haushalt der gemeinsam sorgeberechtigten Eltern, wird regelmäßig **Naturalunterhalt** durch Betreuung, Erziehung, Pflege etc. geleistet, gegebenenfalls ergänzt durch einen **Barunterhalt** in Form der Bezahlung von Taschengeld.[488] Leben die Eltern getrennt, erfüllt regelmäßig derjenige Elternteil, in dessen Obhut sich das Kind befindet, seine Unterhaltsverpflichtung durch Leistung von Naturalunterhalt. Der andere Elternteil ist regelmäßig zur Leistung von Barunterhalt verpflichtet. Das Bestimmungsrecht über die Art der Unterhaltsleistung hat derjenige Elternteil, dem die elterliche Sorge zusteht. Bei der Unterhaltserbringung für minderjährige unverheiratete Kinder sind die Erbringung von Barunterhalt und von Naturalunterhalt regelmäßig als gleichwertig anzusehen. Lebt das minderjährige Kind mit Einverständnis der Kindeseltern in einem eigenen Hausstand oder in einem Internat, ist von beiden Elternteilen anteilig gemäß § 1606 Abs. 2 S.1 BGB Barunterhalt geschuldet.

Ab Eintritt der **Volljährigkeit** des Kindes sind keine Betreuungsleistungen mehr geschuldet.[489] Das volljährige Kind ist in der Regel nur mehr dann bedürftig und auch anspruchsberechtigt, wenn es sich in einer Ausbildung befindet, § 1610 Abs. 2 BGB. Nach Abschluss der Ausbildung haben volljährige Kinder eine eigene Lebensstellung und sind für ihren Unterhalt selbst verantwortlich.[490] Für volljährige Kinder sind beide Elternteile barunterhaltsverpflichtet. Nach § 1606 Abs. 3 S. 1 BGB haften sie anteilig nach ihren Einkommens- und Vermögensverhältnissen.

---

488 Langenfeldt, Handbuch der Eheverträge und Scheidungsvereinbarungen, § 8 Rn 404.
489 BGH FamRZ 2002, 815, 817.
490 Heiß/Born, Unterhaltsrecht, Deisenhofer, Kap. 12 Rn 101.

4 Eltern und Kind können die Art und die Höhe des Unterhalts im Wege eines **Vertrages** vereinbaren und regeln. Die Eltern können dem Kind eine Eigentumswohnung überlassen und somit Naturalunterhalt gewähren. Sie können dem Kind diese Wohnung aber auch vermieten, sind dann aber barunterhaltspflichtig.[491] Haben sich getrennt lebende Eltern auf die Art der Unterhaltsgewährung im Wege einer Vereinbarung geeinigt, so bindet diese das Kind und die Eltern. Eine Loslösung hiervon, einfach durch andersartige Unterhaltsgewährung, ist zumindest ohne triftigen Grund nicht möglich.[492]

2. Bedarf

5 Minderjährige Kinder sind in der Regel **bedürftig**, da sie auf grund ihres Alters und ihres Ausbildungsstandes regelmäßig nicht in der Lage sind, sich selbst zu unterhalten. Der Unterhalt des minderjährigen Kindes bemisst sich nach der Lebensstellung des Kindes, § 1610 Abs. 1 BGB, die das minderjährige Kind wiederum von seinen Eltern und deren Einkommens- und Vermögensverhältnissen ableitet. Volljährige haben zunächst ihren Bedarf selbst zu decken. Befindet sich das volljährige Kind jedoch in einer Ausbildung, ist es regelmäßig auch weiterhin bedürftig. Die Lebensstellung des Kindes wird auch hier von den Einkommens- und Vermögensverhältnissen der Eltern geprägt. Erzielen die Kinder (volljährige und minderjährige) im Rahmen ihrer Ausbildung Einkommen, so ist die **Ausbildungsvergütung** – nach Abzug des ausbildungsbedingten Mehrbedarfs – auf den Unterhaltsanspruch anzurechnen. Ob ein volljähriges Kind, das ein Internat besucht, noch als im Haushalt zumindest eines Elternteils lebend im Sinne des § 1603 Abs. 2 BGB zu gelten hat, mit der Folge, dass es zu den sogenannten privilegiert volljährigen Kindern gehört, ist streitig.[493] **Wehr- oder Zivildienstleistende** haben keinen Anspruch auf Unterhalt. Die staatlichen Leistungen sichern den Unterhalt.[494]

3. Höhe des Kindesunterhalts

6 Der Regelbedarf eines Kindes wird nach Tabellen und Leitlinien bemessen. In der Praxis wird regelmäßig die sogenannte **Düsseldorfer Tabelle** herangezogen, ergänzt für die neuen Bundesländer durch die **Berliner Vortabelle**, sowie in den jeweiligen Bezirken geltende Richt- und Leitlinien der Oberlandesgerichte. Die Düsseldorfer Tabelle ist in 4 Altersstufen, bis zum 5. Lebensjahr (1. Altersstufe), bis zum 11. Lebensjahr (2. Altersstufe), bis zum 17. Lebensjahr (3. Altersstufe) und ab dem 18. Lebensjahr (4. Altersstufe), sowie 13 Einkommensgruppen unterteilt.

7 Das **unterhaltsrechtlich relevante Einkommen** wird ermittelt, indem das bereinigte Nettoeinkommen zugrunde gelegt wird, also das Bruttoeinkommen abzüglich Einkommens- und Kirchensteuer, abzüglich berufsbedingtem Aufwand, abzüglich Vorsorgeaufwendungen für Alter und Krankheit, abzüglich berücksichtigungsfähiger Schulden, sowie konkreter Mehrbedarf für Alter oder Krankheit.[495]

---

491 Wendl/Staudigl, Das Unterhaltsrecht in der familienrichterlichen Praxis, Scholz, § 2 Rn 26.
492 Wendl/Staudigl, Das Unterhaltsrecht in der familienrichterlichen Praxis, Scholz, § 2 Rn 34.
493 OLG Brandenburg, FamRZ 2005, 2094.
494 OLG Stuttgart, FamRZ 1987, 409.
495 Langenfeldt, Handbuch der Eheverträge und Scheidungsvereinbarungen, § 8 Rn 405.

Die Düsseldorfer Tabelle geht bei den Bedarfssätzen von einer vierköpfigen Familie aus. 8
Ist der Barunterhaltsverpflichtete jedoch nur einem minderjährigen Kind gegenüber un-
terhaltsverpflichtet, so kommt eine **Höhergruppierung** in der Einkommensgruppe um
bis zu drei Gruppen in Betracht. Eine **Herabgruppierung** ist angezeigt, wenn der Unterhaltsverpflichtete mehr als drei Unterhaltsberechtigten gegenüber verpflichtet ist.

Bei **sehr günstigen Einkommensverhältnissen**, Nettoeinkommen über EUR 4.800,–, 9
hilft die Düsseldorfer Tabelle nicht weiter. Der Unterhalt ist dann nach den Umständen
des Einzelfalls festzulegen. Das Kind hat jedoch **keinen** Anspruch auf bloße Teilhabe
am Luxus der Eltern, sodass ein höherer Bedarf als nach der 13. Einkommensgruppe
konkret darzulegen und zu beweisen ist.[496]

In den Tabellensätzen sind alle Lebenshaltungskosten, wie Nahrung, Kleidung, Unter- 10
richtsmaterial, Kosten eines Hobbys etc. pauschal enthalten.[497] Jedoch sind z.B. **Kinder-
gartenkosten** zumindest in den Tabellensätzen der unteren Gruppen der Düsseldorfer
Tabelle nicht enthalten. Auch **Krankenversicherungsbeiträge** sind nicht enthalten.
Sollte das Kind ausnahmsweise nicht mit familienversichert sein, ist der Krankenver-
sicherungsbeitrag zusätzlich geschuldet. Folgerichtig ist dann der Krankenversiche-
rungsbeitrag vom unterhaltsrechtlich relevanten Einkommen des Unterhaltsverpflichteten vorab in Abzug zu bringen. Von den Tabellenbeträgen auch nicht umfasst ist
sogenannter **Sonderbedarf** und **Mehrbedarf**. Sonderbedarf ist ein Bedarf, der unvorher-
sehbar ist und außergewöhnlich hoch. Bei Mehrbedarf handelt es sich um regelmäßig
erhöht anfallende Kosten.

Beratungshinweis: 11

Die regelmäßige **Ausübung des Umgangs** mit dem minderjährigen Kind rechtfertigt
keine Kürzung des Barunterhalts. Der Umgangsberechtigte hat regelmäßig die Kosten
des Umgangs selbst zu tragen.[498] Abweichungen hiervon sind nur in eng begrenzten
Ausnahmefällen möglich. Insbesondere aber, wenn die Eltern weit entfernt voneinander wohnen, sollte überlegt werden, eine Vereinbarung zum Unterhalt mit einer Vereinbarung zum Umgangsrecht zu koppeln. Hierbei kann eine etwaige Beteiligung an den
Umgangskosten vereinbart werden, eine Erhöhung des Selbstbehalts des Umgangsberechtigten bei der Unterhaltsbemessung oder auch nur eine Vereinbarung die Weg-
strecken zu teilen, was bereits eine erhebliche finanzielle Entlastung darstellen kann.
Das *OLG Bamberg* ist der Ansicht, dass der Selbstbehalt beim Kindesunterhalt um
die angemessenen Kosten des Umgangs zu erhöhen ist, auch wenn der Verpflichtete weniger als 100% des Regelbetrages an Kindesunterhalt leistet.[499] Die Kosten des Umgangs können gegebenenfalls auch beim Sozialhilfeträger, gestützt auf die generelle
Auffangnorm des § 73 SGB XII geltend gemacht werden, der Antragsteller hat sich jedoch eigenverantwortlich um Kostenminimierung zu bemühen.[500]

---

496   BGH FamRZ 2001, 1603.
497   BGH FamRZ 1983, 473.
498   OLG Hamm, FamRZ 2004, 560.
499   OLG Bamberg, FamRZ 2005, 2090.
500   SozG Berlin, FamRZ 2005, 2103.

12   Häufig erbringen auch **Dritte**, z.B. Großeltern **Leistungen** für das Kind (*freiwillige Leistungen Dritter*). Diese Leistungen mindern nur dann den Unterhaltsanspruch, wenn sie dauerhaft sind und nach dem Willen des Zuwendenden gerade auch den Unterhaltsschuldner entlasten sollen.[501]

4. Ausbildungsunterhalt

13   Einem Kind, das selbst im Stande ist sich zu unterhalten, steht kein Unterhaltsanspruch zu. Befindet sich das Kind in einer **Ausbildung**, wird das regelmäßig nicht der Fall sein. Das Kind hat grundsätzlich einen Anspruch auf eine Ausbildung in einem anerkannten Beruf, nachdem es die Schule abgeschlossen hat, bevor es auf die Erwerbstätigkeit verwiesen werden kann. Die Wahl der Ausbildung trifft das volljährige Kind selbst. Für das minderjährige Kind entscheiden die sorgeberechtigten Eltern, jedoch in Absprache mit diesem. Es muss sich um eine Ausbildung handeln, die den Begabungen, Neigungen und Fähigkeiten des Kindes, sowie seinem Leistungswillen entspricht.[502] Der Anspruch des Kindes auf eine entsprechende Ausbildung ist vom **Gegenseitigkeitsprinzip** geprägt. Der Verpflichtung des Unterhaltsschuldners auf Finanzierung einer entsprechenden Ausbildung steht die Verpflichtung des Kindes gegenüber, diese mit Zielstrebigkeit und Fleiß in angemessener Zeit zu beenden.[503] Liegt ein einheitlicher Ausbildungsweg vor, mit engem fachlichen und zeitlichen Zusammenhang, besteht ein Anspruch des Kindes auf Finanzierung der **Weiterbildung** durch die Eltern. Ein solcher **fachlicher Zusammenhang** mit Anspruch auf Weiterbildung ist zu bejahen bei: Lehre – Besuch der Fachoberschule – Fachhochschule; Ausbildung als Bauzeichner – Studium der Architektur. Eltern haben ihrem volljährigen Kind grundsätzlich keine fachfremde **Zweitausbildung** zu finanzieren. Eine Ausnahme kann dann bestehen, wenn die Eltern das Kind bei der ersten Ausbildung gegen seinen Willen in einen seinen Begabungen und Fähigkeiten nicht entsprechenden Beruf gedrängt haben.[504] Während einer sogenannten **Orientierungsphase** ist es dem Kind jedenfalls zuzubilligen den Studiengang zu wechseln. (Vergleiche die ausführliche Darstellung zum Ausbildungsunterhalt in: Formularbibliothek Zivilprozess, Familienrecht, Heiß/Herrmann, § 6 Rn 1067 ff.)

5. Kindergeld

14   Das Kindergeld beträgt derzeit für das erste, zweite und dritte Kind je EUR 154,–, für jedes weitere Kind EUR 179,– Es steht grundsätzlich dem das Kind betreuenden Elternteil zu. Da durch die Kindergeldzahlung eine Entlastung beider Eltern stattfinden soll, es aber nur einem Elternteil tatsächlich ausbezahlt wird, hat ein Ausgleich stattzufinden, §§ 1612 b, c BGB. Das Kindergeld wird grundsätzlich in der Weise ausgeglichen, dass es jedem Elternteil **zur Hälfte** zusteht. Bezieht ein Elternteil das volle Kindergeld, wird der Ausgleich dergestalt durchgeführt, dass es hälftig (bei einem ersten Kind EUR 77,–) vom Barunterhaltsanspruch des Kindes, welcher dem Tabellensatz der Düs-

---

501 Waldner, Eheverträge, Scheidungs- und Partnerschaftsvereinbarungen, Rn 121; BGH, NJW 1980, 124, 126.
502 BGH, FamRZ 2001, 757, 758.
503 FA-FamR, Gerhardt, Kap. 6 Rn 117.
504 BGH, FamRZ 2000, 420.

seldorfer Tabelle entnommen wird, abgezogen wird. Eine **Anrechnung** des Kindergeldes unterbleibt, soweit der Unterhaltsverpflichtete außer Stande ist 135% des Regelbetrages der RegelbetragsVO zu leisten, § 1612 b Abs. 5 BGB. Zur Erleichterung der Berechnung enthalten die Düsseldorfer und die Berliner Tabelle, sowie die meisten Leitlinien der Oberlandesgerichte Kindergeldanrechnungstabellen. Das Kind selbst hat keinen Anspruch gegen die Eltern auf Auszahlung, auch nicht bei mangelnder Leistungsfähigkeit des Verpflichteten.[505]

Lebt das Kind in einem **eigenen Hausstand**, und ist nur ein Elternteil leistungsfähig, und damit allein kindergeldbezugsberechtigt, hat er zwar allein voll für den Bedarf des Kindes aufzukommen, ihm ist aber auch das volle Kindergeld zu belassen.[506] Das Kind bezieht das Kindergeld, wenn beide Elternteile nicht leistungsfähig sind, hat es dann aber auch voll bedarfsdeckend anzusetzen.   15

6. Geltendmachung des Kindesunterhalts

Neben dem **Klageweg** zur Durchsetzung des Unterhaltsanspruches besteht die Möglichkeit, im Wege des **Vereinfachten Verfahrens** rasch und kostengünstig einen vollstreckbaren Unterhaltstitel zu erwirken. Es besteht die freie Wahlmöglichkeit zwischen einer Unterhaltsklage und dem vereinfachten Verfahren. Das Vereinfachte Verfahren scheidet jedoch aus, wenn bereits ein Titel besteht, wie z.B. eine Jugendamtsurkunde. Auf die Richtigkeit der Unterhaltshöhe kommt es nicht an.   16

Der allein sorgeberechtigte Elternteil hat gegenüber dem anderen Elternteil die Unterhaltsansprüche des minderjährigen Kindes geltend zu machen, bei gemeinsamer elterlicher Sorge derjenige Elternteil, in dessen Obhut sich das Kind befindet. Sind Eltern miteinander verheiratet, so kann ein Elternteil während der Trennung und während des laufenden Scheidungsverfahrens Unterhaltsansprüche des Kindes nur in eigenem Namen in Prozessstandschaft für das Kind geltend machen, § 1629 Abs. 3 S. 1 BGB. Eine von einem Elternteil erwirkte gerichtliche Entscheidung oder ein zwischen den Eltern geschlossener gerichtlicher Vergleich wirken auch für und gegen das Kind. Nach rechtskräftiger Scheidung oder bei nichtehelichen Kindern macht der betreuende Elternteil den Unterhalt für das Kind als dessen gesetzlicher Vertreter geltend. Das volljährige Kind hat seine Ansprüche in eigenem Namen geltend zu machen.   17

Beratungshinweis:

Sinnvoll erscheint eine Koppelung der Unterhaltsvereinbarung mit einer Sorgerechtsvereinbarung, denn mit der Frage des Sorgerechts wird regelmäßig die Frage des gewöhnlichen Aufenthalt des Kindes geregelt. Der Elternteil, bei dem das Kind lebt, leistet Naturalunterhalt, der andere Elternteil ist zum Barunterhalt verpflichtet. Beachte aber hierzu den Punkt Verzicht/Freistellung. Die in der Praxis häufig vorkommende Verquickung einer Unterhalts**freistellung** mit einem Sorgerechts- bzw. Umgangsrechts**verzicht** sind jedenfalls **unwirksam**.   18

---

505   Wendl/Staudigl, Das Unterhaltsrecht in der familienrichterlichen Praxis, Scholz, § 2 Rn 501.
506   Gerhardt, FA-FamR, Kap. 6 Rn 157a.

19 Kommt **ein Elternteil allein für den Unterhalt** des Kindes auf, hat dieser gegen den anderen Elternteil einen Ersatzanspruch, den sogenannten **familienrechtlichen Ausgleichsanspruch.** Um von dem anderen Elternteil einen Ausgleich verlangen zu können, ist Voraussetzung, dass die Unterhaltsleistung auch in dem Bewusstsein erbracht wird für den anderen Elternteil mit zu bezahlen und einen Ausgleich verlangen zu wollen. Ein Ausgleich kann nicht verlangt werden, wenn der Elternteil aufgrund einer gerichtlichen Entscheidung den Unterhalt erbringt.[507]

II. Rechtliche Ausgangssituation

1. Was kann geregelt werden

a) Die Vereinbarung

20 Vereinbarungen zum Kindesunterhalt sind nur **eingeschränkt** möglich, da auf Unterhalt für die Zukunft gem. § 1614 Abs. 1 BGB nicht verzichtet werden kann. Eine Vereinbarung über die Höhe des geschuldeten Kindesunterhalts darf sich nicht zu weit von den Tabellensätzen entfernen, sodass sie einem, wenn auch nur teilweisen Unterhaltsverzicht gleichkommen würde. Im Rahmen dieses Angemessenheitsspielraumes ist nach herrschender Rechtsprechung von einem unzulässigen Teilverzicht auszugehen, wenn die gebräuchlichen Tabellensätze um mehr als ein Drittel unterschritten werden, eine Unterschreitung bis zu 20% erscheint noch hinnehmbar.[508] Ausgeschlossen ist auch die vertraglich Vereinbarung auf eine Erhöhung des Kindesunterhalts im Wege der Abänderung zu verzichten. Ein Verzicht auf Kindesunterhalt für die **Vergangenheit** ist jedoch zulässig.

21 Zulässig ist es durch eine Vereinbarung einen **zukünftigen** Unterhaltsanspruch zu begründen, auch wenn an sich die gesetzlichen Voraussetzungen einen solchen nicht ergeben. So kann sich ein Elternteil verpflichten eine nach dem Gesetz an sich nicht geschuldete Zweitausbildung zu finanzieren. Eine vertragliche Abrede kann etwa in dem Versprechen einer Ausstattung gesehen werden, das nach § 1624 Abs. 2 BGB der Form des § 518 Abs. 1 S. 1 BGB nicht bedarf und deshalb durch ausdrückliche, wie schlüssige Erklärungen zustande kommen kann.[509]

22 Nur in seltenen Ausnahmefällen kann ein Elternteil verpflichtet werden, Zahlungen, die er in der Vergangenheit ohne Rechtspflicht erbracht hat auch zukünftig für einen begrenzten Zeitraum weiter zu erbringen, wenn das Kind auf die weitere Bezahlung Vertrauen durfte und Dispositionen getroffen hat, die nicht sofort und nur mit erheblichen Nachteilen wieder rückgängig gemacht werden können.[510]

23 Leben die Eltern getrennt und betreut jeder von ihnen ein minderjähriges gemeinsames Kind, besteht grundsätzlich für jeden Elternteil die Barunterhaltsverpflichtung für das nicht bei ihm lebende Kind. Eine **Verrechnung** dieser Unterhaltsansprüche ist nicht zu-

---

507 BGH, FamRZ 1981, 457, 459.
508 Wendl/Staudigl, Das Unterhaltsrecht in der familienrichterlichen Praxis, Scholz, § 2 Rn 522; Gerhardt, FA-FamR, Kap. 6 Rn 188.
509 BGH, FamRZ 2001, 1601, 1603.
510 Wendl/Staudigl, Das Unterhaltsrecht in der familienrichterlichen Praxis, Scholz, § 2 Rn 520a; BGH, FamRZ 2001, 1601.

lässig. Verfügen die Eltern aber über ungefähr gleich hohes Einkommen und fallen die Kinder in die selbe Altersstufe der Düsseldorfer Tabelle, sind die Unterhaltsansprüche auch gleich hoch, sodass eine gegenseitige Freistellung in Betracht kommt. (Vgl. hierzu *d) Verzicht/Freistellung*.)

Die zwischen den Eltern getroffene Vereinbarung über die Unterhaltserbringung bindet ein **volljährig gewordenes** Kind nicht. Es ist nicht gehindert jeden Elternteil auf Zahlung des Unterhalts an sich in Anspruch zu nehmen. Die Eltern können aber in einer solchen Vereinbarung die Anteile festhalten, in welcher Höhe sie jeweils den Bedarf des Kindes decken wollen.[511] In der Regel wird es jedoch bei der gesetzlichen Vorgabe verbleiben, dass der Unterhalt für ein volljähriges Kind anteilig nach den Einkommens – und Vermögensverhältnissen geschuldet ist.

24

b) Kindergeld

Bei der Bestimmung des Unterhaltsanspruchs des Kindes ist zu beachten, wer kindergeldbezugsberechtigt ist, und in welcher Höhe. Gemäß § 64 Abs. 2 EStG steht das Kindergeld dem Elternteil zu, bei dem das Kind lebt. Vereinbarungen über die Zuweisung des Kindergeldes sind **nicht** möglich.[512] Das Kindergeld ist unbedingt dem Elternteil zuzurechnen, dem es nach § 64 EStG zusteht. So ist es auch der Familienkasse anzugeben. Andernfalls könnte ein **Rückforderungsanspruch** ergehen, dem auch nicht mit dem Argument entgegnet werden kann das Kindergeld sei an den berechtigten Elternteil abgeführt worden.[513]

25

c) Dynamisierter Unterhalt

Der Unterhalt des Kindes kann als **statischer** Unterhaltsbetrag gefordert werden. Das minderjährige Kind kann aber auch von dem Elternteil, mit dem es nicht in einem Haushalt lebt, den Unterhalt als Vomhundertsatz des jeweiligen Regelbetrages nach der Regelbetrags-Verordnung verlangen, § 1612 a Abs. 1 BGB. Die Regelbeträge werden alle zwei Jahre angepasst. Der Unterhalt kann also als **Vomhundertsatz eines Regelbetrages einer** *bestimmten* **Altersstufe abzüglich anrechenbaren Kindergeldes** oder als **Vomhundertsatz des Regelbetrages der** *jeweiligen* **Altersstufe abzüglich anrechenbaren Kindergeldes** geltend gemacht werden. Die zuletzt genannte Möglichkeit ist der Regelfall zur Geltendmachung von Kindesunterhalt. Der Vorteil liegt darin, dass der Unterhalt automatisch alle 2 Jahre dynamisiert wird und sich automatisch ab dem 1. des Monats erhöht, in dem das Kind die nächste Altersstufe erreicht. (Vgl. das Muster unter II. 2.)

26

2. Grundlagen der Vereinbarung

Eine Vereinbarung zum Kindesunterhalt muss im Wege der **Abänderung** geänderten Verhältnissen angepasst werden können. Nicht nur das Alter des Kindes ändert sich und somit die Einstufung in die jeweilige Altersgruppe, sondern auch weitere Umstän-

27

511 Waldner, Eheverträge, scheidungs- und Partnerschaftsvereinbarungen, Rn 124.
512 Langenfeld, Handbuch der Eheverträge und Scheidungsvereinbarungen, Kap. 5 Rn 1043.
513 Hess.FG, FamRZ 1999, 1547.

de, wie z.B. das Einkommen, die Höhe der jeweiligen Abzüge, die Anzahl der Unterhaltsberechtigten oder eigenes Einkommen des Kindes. Deshalb sollten unbedingt die **Grundlagen für die Vereinbarung** mit in diese aufgenommen werden, wie z.b. die Ermittlung des unterhaltsrechtlich relevanten Einkommens, das Bruttoeinkommen und die jeweiligen Abzüge, die Anzahl der Unterhaltsberechtigten usw. Auch empfiehlt sich eine **Dynamisierung** des Unterhalts, um die Schaffung eines neuen Titels zu vermeiden, wenn sich nur die Alterstufe ändert, oder die Düsseldorfer Tabelle angepasst wird.

28

Muster: Vereinbarung zum Kindesunterhalt

Der Kindesvater verpflichtet sich an die Kindesmutter für die gemeinsame Tochter ■■■, geboren am ■■■, ab 1.8.2006 einen monatlichen, im Voraus zahlbaren Kindesunterhalt in Höhe von 100% des jeweiligen Regelbetrages der Düsseldorfer Tabelle nach der jeweiligen Alterstufe (derzeit Alterstufe 2) unter Berücksichtigung des nach § 1612b Abs. 5 BGB anzurechnenden Kindergeldes zu bezahlen, somit derzeitiger Zahlbetrag in Höhe von monatlich EUR 247,–.

Die Parteien gehen davon aus, dass die gemeinsame Tochter ■■■ im Haushalt der Kindesmutter lebt und von dieser versorgt und betreut wird, sowie dass das staatliche Kindergeld von dieser bezogen wird.

Auf Seiten des Kindesvaters gehen die Eltern davon aus, dass dieser in den vergangenen 12 Monaten ein monatsdurchschnittliches Nettoeinkommen erzielt hat in Höhe von EUR ■■■ und die im Miteigentum stehende Eigentumswohnung ■■■ Str. in ■■■, mit einem Mietwert von ■■■ derzeit allein bewohnt und die Finanzierungsverbindlichkeiten mit monatlich EUR ■■■ (Zins und Tilgung) derzeit alleine leistet.

29 Grundsätzlich sinnvoll ist auch die Aufnahme einer **Informationspflicht** des Verpflichteten über **wesentliche Einkommensänderungen**. Dies dient primär der Klarstellung, da ein regelmäßiger Auskunftsanspruch besteht. Eine Auswirkung auf die Höhe des Kindesunterhalts hat dies jedoch nur dann, wenn die Einkommenserhöhung eine Eingruppierung in eine höhere Einkommensstufe bewirkt.

30

Muster: Informationspflicht

Wir verpflichten uns wechselseitig zur ungefragten und unverzüglichen Information über wesentliche Einkommens- bzw. Vermögensveränderungen, auch hinsichtlich des gemeinsamen Kindes ■■■, geboren am ■■■. Wesentlich ist eine Änderung insbesondere dann, soweit sich die hier zu Grunde gelegten Nettoeinkünfte um mehr als 10% erhöhen.

31 **Beratungshinweis:**

Über den Beginn einer Ausbildung hat das Kind bzw. der betreuende Elternteil den Unterhaltsschuldner umgehend zu informieren, da eigenes Einkommen des Kindes die Höhe des Unterhaltsanspruches reduziert. Das Kind kann seinen Bedarf insoweit selbst decken.

3. Formvorschriften

Grundsätzlich ist eine Vereinbarung zum Kindesunterhalt **formlos möglich**. Sie ist jedoch bei Unterschreitung des gesetzlichen Unterhalts **nichtig**,[514] denn zwingendes Recht geht einer Vereinbarung regelmäßig vor. 32

a) Kindesunterhalt Minderjähriger

Besteht alleinige elterliche Sorge, hat der sorgeberechtigte Elternteil gegenüber dem anderen Elternteil die Unterhaltsansprüche des Kindes geltend zu machen, bei gemeinsamer elterlicher Sorge derjenige Elternteil, in dessen Obhut sich das Kind befindet. Sind Eltern miteinander verheiratet, so kann ein Elternteil während der Trennung und während des laufenden Scheidungsverfahrens Unterhaltsansprüche des Kindes nur in eigenem Namen in Prozessstandschaft für das Kind geltend machen, § 1629 Abs. 3 S. 1 BGB. Eine von einem Elternteil erwirkte gerichtliche Entscheidung oder ein zwischen den Eltern geschlossener gerichtlicher Vergleich wirken auch für und gegen das Kind. Eine solche Prozessstandschaft besteht bei notariellen Scheidungsvereinbarungen und Anwaltsvergleichen nicht. In der Praxis wird deshalb ein *Vertrag zu Gunsten Dritter* gemäß § 328 BGB geschlossen, damit das Kind eigene Ansprüche erhält. 33

> **Muster für Vertrag zu Gunsten Dritter** 34
>
> 392
>
> Die Parteien vereinbaren zu Gunsten des Kindes ▬▬▬, geboren am ▬▬▬, dass diesem der nachfolgend vereinbarte Unterhalt zu Händen der Kindesmutter zu bezahlen ist. Die Kindesmutter ist berechtigt neben dem Kind Leistung an das Kind i.S.v. § 335 BGB fordern zu können.[515]
>
> **oder**
>
> Die Parteien sind sich darüber einig, dass das Kind ▬▬▬, geboren am ▬▬▬, aus der nachfolgenden Regelung gemäß § 328 BGB unmittelbar das Recht erwerben soll, die ihm zustehenden Leistungen an sich zu fordern.

b) Unterhalt Volljähriger

Vereinbarungen über den Unterhalt eines volljährigen Kindes müssen zwischen diesem und den Eltern bzw. dem Elternteil getroffen werden. 35

4. Verzicht/Freistellung

Auf Kindesunterhalt kann für die Zukunft **nicht verzichtet** werden, § 1614 BGB. Eine Vereinbarung, wonach der gesetzliche Vertreter des minderjährigen Kindes oder das volljährige Kind zusichert, keinen Anspruch auf Kindesunterhalt geltend zu machen wäre nichtig, §§ 134, 397 BGB.[516] Zulässig ist jedoch ein Unterhaltsverzicht für die 36

---

514 Herrmann, Formularbibliothek Zivilprozess, Familienrecht, § 6 Rn 1055.
515 Nach Langenfeld, Handbuch der Eheverträge und Scheidungsvereinbarungen, Kap. 5, Rn 1042.
516 Wendl/Staudigl, Das Unterhaltsrecht in der familienrichterlichen Praxis, Scholz, § 2 Rn 521.

Vergangenheit. Eine solche Vereinbarung kann auch durch schlüssiges Verhalten zu Stande kommen, nicht ausreichend ist jedoch, dass ein Anspruch für einen längeren Zeitraum nicht geltend gemacht wird.[517]

37 Eltern können sich, mit Wirkung allerdings nur im Innenverhältnis, verpflichten, den anderen Elternteil von der Zahlungsverpflichtung zum Kindesunterhalt freizustellen. Gegenüber dem Kind selbst entfaltet diese **Freistellungsvereinbarung** keine Wirkung. Kindesunterhalt steht grundsätzlich dem Kind selbst zu, sodass es nicht einmal gehindert ist einen höheren Kindesunterhalt geltend zu machen. Der in Anspruch genommene Elternteil kann aber dann von dem anderen Elternteil Erstattung seiner Aufwendungen verlangen.[518]

38 Die in der Praxis häufig vorkommende Verquickung von Freistellungsvereinbarungen mit einem **Sorgerechts- und Umgangsrechtsverzicht** ist nichtig.[519] Vereinbaren Eheleute anlässlich ihrer Trennung privatschriftlich die Freistellung von Unterhaltsansprüchen, ist diese Vereinbarung jedenfalls dann als **sittenwidrig** i.S.d. § 138 BGB anzusehen, wenn sie mit einer Regelung zur elterlichen Sorge verknüpft ist, worin das Wohl des Kindes zur Erlangung wirtschaftlicher Vorteile übergangen wird.[520] Hierin wäre eine **anstößige Koppelung** zu sehen. Eine Freistellungsvereinbarung kann auch dann sittenwidrig sein, wenn der betreuende und sozial schwächere Elternteil den anderen nicht nur von der Verpflichtung zum Kindesunterhalt beizutragen freistellt, sondern darüber hinaus auch noch auf Ehegattenunterhalt verzichtet und dadurch eine den Interessen des Kindes entsprechende Betreuung des Kindes und den Verhältnissen beider Eltern **angemessener Barunterhalt nicht mehr sichergestellt** ist.[521] Ferner ist eine Freistellungsvereinbarung dann als nichtig anzusehen, wenn sie quasi als **Gegenleistung für einen Verzicht auf Ausübung des Umgangs** erfolgt.[522]

5. Vollstreckung

39 Soll für mehrere unterhaltsberechtigte Kinder der Unterhalt festgelegt werden, sind die Beträge **für jedes Kind einzeln** anzugeben und vollstreckbar zu machen, damit später eine eventuelle Abänderung und auch Vollstreckung möglich ist. Deshalb sollten die Grundlagen für die Vereinbarung in jedem Fall auch mit in die Vereinbarung aufgenommen werden.[523] Schließen die Eltern einen Vertrag zu Gunsten Dritter, erhält das Kind durch diese Vereinbarung einen eigenen Unterhaltsanspruch. Sowohl der Anspruch des einen Elternteils auf Zahlung an das Kind als auch der vom Kind im Wege des Vertrages zu Gunsten Dritter erworbene Anspruch auf Zahlung können der sofortigen Zwangsvollstreckung unterworfen werden.

---

517 BGH FamRZ 1981,763.
518 BGH FamRZ 1986, 254.
519 Heiß/Born, Unterhaltsrecht, Deisenhofer, Kap. 12 Rn 101.
520 OLG Hamm, FamRZ 1999, 163.
521 BVerfG, FamRZ 2001, 343, 348.
522 FA-FamR, Gerhardt, Kap. 6, Rn 188.
523 Büchting/Heussen, Beck`sches Rechtsanwaltshandbuch, Heiß/Heiß, Kap. C 17 Rn 114.

Die formlose Vereinbarung zur Zahlung eines bestimmten Unterhalts stellt an sich allerdings lediglich außergerichtlich ein Anerkenntnis zur Unterhaltsverpflichtung da. Erst die Erstellung einer **notariellen Urkunde** schafft den Vollstreckungstitel.[524]

40

Beispiel:

41

Wegen der vorstehenden Zahlungsverpflichtung unterwirft sich der Kindesvater der sofortigen Zwangsvollstreckung aus dieser Urkunde in sein gesamtes Vermögen. Dem Berechtigten soll auf Anforderung jederzeit eine vollstreckbare Ausfertigung dieser Urkunde erteilt werden.

Um die Vollstreckbarkeit herzustellen, ist es auch möglich, dass der Unterhaltsschuldner eine **Jugendamtsurkunde** unterzeichnet, §§ 59, 60 SGB VIII. Die Unterzeichnung ist **kostenfrei** bei jedem Amt für Kinder, Jugend und Familie möglich. Sie stellt einen wirksamen Titel dar, aus dem ggf. Vollstreckungsmaßnahmen eingeleitet werden können. Kommt zwischen den Kindeseltern keine Einigung zu Stande, und fordert der Berechtigte den Verpflichteten auf, eine Jugendamtsurkunde zu unterzeichnen, besteht ein Rechtsschutzbedürfnis auf Klageerhebung, wenn der Verpflichtete die Unterzeichnung der Jugendamtsurkunde verweigert, selbst wenn regelmäßige Unterhaltszahlungen erbracht werden.

42

B. Die Vereinbarung

Bevor eine Vereinbarung zum Kindesunterhalt aufgesetzt wird ist zu klären, wo das Kind seinen tatsächlichen Lebensmittelpunkt hat, wer das Kindergeld bezieht, wie die Einkommens- und Vermögensverhältnisse der Kindeseltern sind, und ob das Kind über eigene Einkünfte verfügt (hierzu zählen **nicht** Einkünfte aus Ferienjobs). Der Mandant ist sodann umfassend über die Rechtslage hinsichtlich der Unterhaltsverpflichtung bzw. des Unterhaltsanspruches des Kindes aufzuklären. Abzuklären ist auch, wer das Kind krankenversichert, soweit es nicht mit einem Elternteil familienversichert ist.

43

Um den Weg für eine Anpassung an veränderte Verhältnisse offen zu lassen, sollten die Grundlagen der Vereinbarung mit aufgenommen werden.

44

Muster: Aufnahme der Grundlagen der Vereinbarung (Kindesunterhalt)

45

393

Grundlage dieser Vereinbarung ist ein monatsdurchschnittliches Nettoeinkommen des Kindesvaters in Höhe von EUR ▪▪▪, unter Berücksichtigung eines dreizehnten Gehaltes sowie der Lohnsteuerklasse 1 und 1,0 Kinderfreibeträgen, pauschal 5% berufsbedingte Aufwendungen, somit EUR ▪▪▪, die Zahlung auf eine Rentenversicherung mit monatlich EUR ▪▪▪ sowie die Belastung mit einem Kredit in Höhe von EUR ▪▪▪ monatlich.

Muster: Dynamisierter Unterhalt allgemein

46

394

Der Kindesvater verpflichtet sich an die Kindesmutter für das gemeinsame Kind ▪▪▪, geboren am ▪▪▪, ab ▪▪▪. Kindesunterhalt in Höhe von 135 % des jeweiligen Regelbetrages der jeweiligen Altersstufe gemäß § 1 RegelbetragsVO abzüglich des hälftigen Kindergeldes zu bezahlen, fällig jeweils zum 3. eines Monats.

---

524 Waldner, Eheverträge, Scheidungs- und Partnerschaftsvereinbarungen, Rn 120.

47

395

Muster: Dynamisierter Unterhalt dynamisiert

Der Kindesvater verpflichtet sich für das Kind ▪▪▪, geboren am ▪▪▪ folgende Unterhaltsbeträge zu bezahlen:

Ab Juni 2006 monatlichen Kindesunterhalt in Höhe von EUR 199,–,

vom 1. Juli 2007 bis 31. Oktober 2007 135% des Regelbetrages der 1. Altersstufe abzüglich gemäß § 1612 b Abs. 5 BGB anrechenbares Kindergeld,

vom 01. November 2007 bis 31. Oktober 2013 135% des Regelbetrages der 2. Altersstufe, abzüglich gemäß § 1612 b Abs. 5 BGB anrechenbares Kindergeld,

ab 01. November 2013 135% des Regelbetrages der 3. Altersstufe abzüglich gemäß § 1612 b Abs. 5 BGB anrechenbares Kindergeld.

48

Beratungshinweis:

Die Dynamisierung der Unterhaltsbeträge ist sinnvoll, da kein neuer Titel erforderlich wird, wenn die Düsseldorfer Tabelle alle 2 Jahre im Juli angepasst wird, und/oder das Kind in die nächste Altersstufe vorrückt. Bei einer Änderung der Gesetzeslage wird jedoch auch hier eine Anpassung notwendig.

49

396

Muster: Statischer Unterhalt

Der Kindesvater verpflichtet sich für das Kind ▪▪▪, geboren am ▪▪▪ monatlichen Unterhalt zu Händen der Kindesmutter in Höhe von jeweils EUR ▪▪▪, fällig zum ersten eines Monats zu bezahlen. Die Kindesmutter erhält das volle Kindergeld.

50

397

Muster: Freistellung

Das Kind ▪▪▪, geboren am ▪▪▪ lebt bei der Kindesmutter, das Kind ▪▪▪, geboren am ▪▪▪ lebt bei dem Kindesvater. Jeder Elternteil kommt für den Unterhalt für das bei ihm lebende und betreute Kind allein auf und stellt den anderen Elternteil von sämtlichen Unterhaltsansprüchen für das von ihm betreute Kind frei.

51

398

Muster: Volljährigenunterhalt

Wir sind uns dahingehend einig, dass wir unserem volljährigen Kind ▪▪▪, geboren am ▪▪▪ einen monatlichen Unterhalt in Höhe von EUR ▪▪▪ schulden. Der auf die Kindesmutter entfallende Anteil beträgt EUR ▪▪▪ und der auf den Kindesvater entfallende Anteil beträgt EUR ▪▪▪. Das Kind ▪▪▪ erhält das volle Kindergeld zur eigenen Verfügung.

Grundlage ist ein Nettoeinkommen des Kindesvaters in Höhe von EUR ▪▪▪ abzüglich berufsbedingten Aufwand in Höhe von 5%, sowie ein Nettoeinkommen der Kindesmutter in Höhe von EUR ▪▪▪ und eine Ausbildungsvergütung des Kindes in Höhe von EUR ▪▪▪, abzüglich ausbildungsbedingten Aufwands in Höhe von 90,–.

52

399

Muster: Sonderbedarf/Mehrbedarf

Der Kindesvater verpflichtet sich dazu, sich an den für das gemeinsame Kind ▪▪▪, geboren am ▪▪▪, anfallenden Betreuungskosten mit dem hälftigen Betrag zu beteiligen. Der Betrag wird jeweils zum ersten des Monats fällig und ist auf das Konto der Kindesmutter zu überweisen. Die Kindesmutter verpflichtet sich, den Kindesvater umgehend über etwaige Änderungen in der Betreuungssituation des Kindes zu informieren.

C. Die streitige Auflösung

Haben sich die der ursprünglich geschlossenen Vereinbarung zu Grunde liegenden Verhältnisse **wesentlich geändert**, steht eine Abänderung der Unterhaltsvereinbarung im Raum. Finden die Beteiligten hier keinen gemeinsamen Nenner, bleibt nur der Weg eine gerichtliche Abänderung herbeizuführen. Hierzu ist eine wesentliche Veränderung der Verhältnisse vorzubringen im Rahmen des § 323 ZPO. Beim Kindesunterhalt handelt es sich immer um denselben Streitgegenstand, sodass der Titel weder durch eine Scheidung der Eltern oder den Eintritt der Volljährigkeit des Kindes beeinträchtigt wird.[525] Die Abänderungsklage ist somit die richtige Klageart, wenn z.B. weitere Unterhaltsberechtigte hinzukommen, oder wegfallen, wenn sich der Unterhaltsbedarf des Kindes ändert, aufgrund eignen Einkommens oder Aufrücken in die nächste Altersstufe oder sich die Gesetzesvorgaben bzw. die höchstrichterliche Rechtsprechung ändern.

53

D. Vergütung des Rechtsanwalts

Die Vergütung des Rechtsanwalts ermittelt sich nach dem **Gegenstandswert** der Angelegenheit. Der Gegenstandswert errechnet sich nach dem Betrag des für 12 Monate verlangten/vereinbarten Unterhalts. Rückstände sind dem Wert hinzuzurechnen.

54

Die Geschäftsgebühr mit einem Gebührenrahmen von 0,5 bis 2,5 umfasst das Betreiben des Geschäfts einschließlich der Information, die Teilnahme an Besprechungen und das Mitwirken bei der Gestaltung einer Einigung. Die für den „Normalfall" angemessene Gebühr liegt bei 1,3.[526] Nur bei umfangreicher und schwieriger Tätigkeit kann eine höhere als die 1,3 Gebühr verlangt werden. Kommt es unter Mitwirkung des Anwalts zu einer außergerichtlichen Einigung entsteht eine 1,5 Einigungsgebühr gemäß VV RVG Nr. 1100, die der Anwalt abzurechnen berechtigt ist. Wird eine Vereinbarung, ohne dass sie Gegenstand des Prozesses ist, nochmals in einem Scheidungstermin erörtert, entsteht, falls kein Prozessauftrag vorliegt, keine weitere als die Geschäftsgebühr und die Einigungsgebühr.[527]

55

Ist ein Rechtsanwalt lediglich **beratend** tätig, ohne einen Vertrag zu entwerfen oder hieran mitzuarbeiten, wird es seit 1.7.2006 notwendig, eine **Vergütungsvereinbarung** abzuschließen. Ansonsten erhält der Anwalt nur Gebühren nach den Vorschriften des Bürgerlichen Rechts. Die bis dahin geltende Regelung, dass automatisch das Rechtsanwaltsvergütungsgesetz gilt, entfällt. Kommt es jedoch zu einer Vertretung nach außen, so können die Gebühren nach dem RVG ermittelt und erhoben werden.

56

---

525 FA-FamR, Gerhardt, Kap. 6 Rn 623.
526 FA-FamR, Keske, Kap. 17 Rn 385.
527 FA-FamR, Keske, Kap. 17 Rn 388.

§ 6 Elterliche Sorge

Literatur

Heiß/Herrmann, Formularbibliothek Zivilprozess, Familienrecht, 2005; *Palandt*, Bürgerliches Gesetzbuch, 65. Auflage 2006; Schwab, Handbuch des Scheidungsrechts, 5. Auflage 2004; *Zimmermann/Dorsel*, Eheverträge, Scheidungs- und Unterhaltsvereinbarungen, 4. Auflage 2005; *Langenfeld*, Handbuch der Eheverträge und Scheidungsvereinbarungen, 5. Auflage 2005.

1   Die elterliche Sorge steht auch nach Trennung und Scheidung grundsätzlich den Eltern weiterhin gemeinsam zu. Nur auf Antrag eines bzw. beider Elternteile oder auch von Amts wegen kann eine anderslautende gerichtliche Entscheidung ergehen.

2   Sind Eltern bei der Geburt ihres Kindes **nicht** miteinander **verheiratet**, so steht ihnen die elterliche Sorge dann gemeinsam zu, wenn sie erklären, die gemeinsame Sorge ausüben zu wollen oder einander heiraten. Im zuerst genannten Fall müssen beide Eltern übereinstimmende Sorgeerklärungen abgeben. Diese Erklärungen sind gem. § 1626 d Abs. 1 BGB öffentlich zu beurkunden.

A. Beratung

I. Ausgangssituation

3   Sehen die Eltern die Ausübung der gemeinsamen elterlichen Sorge auch nach ihrer Trennung als **gemeinsame Aufgabe** an, bedarf es keiner gerichtlichen Regelung über die elterliche Sorge.

4   **Beratungshinweis:**

Der Anwalt sollte darauf hinweisen, dass auch ein nicht nur vorübergehendes Getrenntleben zunächst nahezu ohne Einfluss auf die bisherige Ausübung der gemeinsamen elterlichen Sorge der Kindeseltern ist.

5   Die Eltern können die tatsächliche Ausübung der elterlichen Sorge und die Aufgabenverteilung einvernehmlich regeln. Die **Gestaltungsfreiheit** der Kindeseltern reicht bis zur Grenze des Sorgerechtsmissbrauchs.[528] Im Fall der Kindeswohlgefährdung ist ein **Einschreiten von Amts wegen** nach § 1666 BGB gerechtfertigt. Soll das Sorgerechtsverhältnis, gegebenenfalls auch einvernehmlich, umgestaltet werden, bedarf es einer **familiengerichtlichen Entscheidung.** Jeder Elternteil kann nach § 1671 BGB ab dem Zeitpunkt der Trennung, während des Scheidungsverfahrens oder nach Rechtskraft der Scheidung, beim Familiengericht beantragen, dass ihm die alleinige elterliche Sorge oder ein Teil der elterliche Sorge, zum Beispiel das Aufenthaltsbestimmungsrecht, übertragen wird. Wird über das Sorgerecht gerichtlich entschieden, ist damit auch über die zentrale Frage entschieden, wo das Kind zukünftig seinen **Lebensmittelpunkt** haben wird. Gerade dies hat auch Auswirkungen auf die Frage der **Unterhaltsverpflichtung.** Regelmäßig leistet derjenige Elternteil, bei dem das Kind lebt, den sogenannten **Naturalunter-**

---

528   Schwab, Handbuch des Scheidungsrechts, Motzer, Teil III, Rn 47.

halt, durch Betreuung, Erziehung, etc. Der andere Elternteil ist zum sogenannten **Barunterhalt** verpflichtet. Eine Vereinbarung der Eltern, das Geld auf ein Sperrkonto bis zum 18ten Lebensjahr des unterhaltsberechtigten Kindes einzubezahlen, ist gemäß § 134 BGB nichtig, da ein Verstoß gegen § 1614 BGB vorliegt.[529] Jedenfalls sind Naturalunterhalt und Barunterhalt grundsätzlich als gleichwertig anzusehen.

II. Rechtliche Ausgangssituation

1. Willensbildung und deren Umsetzung

Trennen sich verheiratete Eltern, stehen ihnen zunächst drei Gestaltungsformen zur Regelung der elterlichen Sorge und des Umgangs zur Verfügung:[530]

6

a) Eingliederungsfall

Nach dem sog. **Eingliederungs- oder Domizilmodell** hat das Kind seinen ständig Aufenthalt bei einem Elternteil. Dem anderen Elternteil steht ein Recht auf regelmäßigen Umgang und Beratung über für das Kind wichtige Angelegenheiten zu.

7

b) Wechselmodell

Nach dem sog. **Wechselmodell** lebt das Kind jeweils in regelmäßigen Abständen beim Vater und bei der Mutter.

8

c) Nestmodell

Bei dem sog. **Nestmodell** wird das Kind in derselben Wohnung abwechselnd durch Vater und Mutter betreut.

9

Können sich die Eltern nicht auf den Fortbestand der gemeinsamen elterlichen Sorge bzw. des zukünftigen gewöhnlichen Aufenthalt des Kindes einigen, besteht die Möglichkeit das Familiengericht anzurufen. Zunächst sollte gegebenenfalls versucht werden, eine Lösung durch die Vermittlung des Jugendamtes zu erreichen. Beantragt zumindest ein Elternteil eine gerichtliche Regelung, haben die Eltern gem. § 1671 Abs. 3 BGB die Möglichkeit das Gericht durch einen **übereinstimmenden Vorschlag** zu binden, vorausgesetzt:

10

- der Vorschlag ist inhaltlich zulässig,
- der Vorschlag entspricht dem Kindeswohl,
- das gemeinsame Kind, das bereits das 14. Lebensjahr vollendet hat, widerspricht dem Vorschlag nicht.

Die erklärte Zustimmung des Elternteils ist **jederzeit frei widerruflich**.[531] Dem Antrag eines Elternteils ist auch stattzugeben, wenn zu erwarten ist, dass die Aufhebung der gemeinsamen elterlichen Sorge und Übertragung auf den Antragsteller dem Kindeswohl am besten entspricht. Das Gericht kann gegebenenfalls auch nur einen Teil der elterli-

11

529 OLG Frankfurt, FamRZ 1994, 1131.
530 Nach, Schwab, Handbuch des Scheidungsrechts, Motzer, Teil III, Rn 47.
531 Schwab, FamRZ 1998, 457, 461.

chen Sorge, als milderes Mittel im Rahmen der **Verhältnismäßigkeitsprüfung**, auf einen Elternteil übertragen. Dies wird in der Regel das sogenannte **Aufenthaltsbestimmungsrecht** sein. Die Kindeswohlprüfung tritt tatbestandsmäßig an die Stelle der Zustimmung des anderen Elternteils und neutralisiert einen eventuellen Widerspruch des Kindes.[532]

12 **Beratungshinweis:**

Vor Einleitung eines streitigen gerichtlichen Sorgerechtsverfahrens sind die Kindeseltern auf die mit diesem Verfahren einhergehenden enormen emotionalen Belastungen hinzuweisen. Durch die Übertragung des Sorgerechtes oder zumindest eines Teiles hiervon auf einen Elternteil wird das Band zwischen dem anderen Elternteil und dem Kind nicht durchschnitten. Durch die Ausübung eines umfangreichen und regelmäßigen Umgangs kann ein Elternteil an der Entwicklung des Kindes teilhaben und eine vertrauensvolle Beziehung aufbauen, um über diesen Weg größeren Einfluss auf das Kind zu nehmen, als es allein durch die Inhaberschaft der elterlichen Sorge möglich wäre.

13 Wollen Eltern eine **außergerichtliche einvernehmliche Vereinbarung** über das Sorgerecht treffen, sind insbesondere folgende Fragen zu klären:
- Wo soll das Kind seinen zukünftigen Lebensmittelpunkt haben?
- Welche Kindesbelange soll künftig ein Elternteil allein und welche sollen/wollen die Eltern künftig gemeinsam entscheiden?

14 Eine entsprechende Regelung sollte in Bezug auf einzelne Gesichtspunkte nicht allzu sehr ins Detail gehen, insbesondere wegen der **Unvorhersehbarkeit** der zu treffenden Entscheidungen.[533] In einzelnen Fällen mag es auch sinnvoll sein, die Vereinbarung über die elterliche Sorge mit einer Vereinbarung über das Umgangsrecht (Ort, Dauer, Häufigkeit etc.) zu kombinieren, um auch hier ein zukünftiges Konfliktpotential möglichst gering zu halten.

2. Formvorschriften

15 Einigen sich die Eltern, für den Fall einer Trennung und Scheidung die gemeinsame elterliche Sorge beizubehalten und fixieren dies in einer Trennungs- und Scheidungsvereinbarung, gilt auch hier, dass zum Zeitpunkt der Trennung und gegebenenfalls auch Scheidung die tatsächlichen Verhältnisse neu geprüft werden können. Die Frage des Sorgerechts ist allein an **Kindeswohlgesichtspunkten** orientiert.

16 Sind sich die Eltern einig, dass die alleinige elterliche Sorge oder zumindest ein Teil der elterlichen Sorge, wie z.B. das Aufenthaltsbestimmungsrecht, auf einen Elternteil übertragen werden soll, kann dies zwar vertraglich fixiert werden, die **Sorgerechtsübertragung** an sich ist aber **Aufgabe des Gerichts**. Aus diesem Grund ist zur Übertragung zumindest von einem Elternteil ein gerichtliches Sorgerechtsverfahren einzuleiten. Auch für diesen Fall wird das Amt für Kinder, Jugend und Familie regelmäßig am Verfahren beteiligt werden.[534]

---

532 Palandt/Diederichsen, § 1671 BGB Rn 16.
533 Waldner, Eheverträge, Scheidungs- und Partnerschaftsvereinbarungen, Rn 118.
534 Einzelheiten zur Antragstellung, vgl. Formularbibliothek Zivilprozess, Familienrecht, § 3, Herrmann.

3. Zwangsvollstreckung

Gerichtliche Sorgerechtsentscheidungen haben rechtsgestaltende Wirkung an sich. Zur Umsetzung der Sorgerechtsentscheidung besteht allenfalls die Möglichkeit, im Wege der Herausgabeanordnung Vollstreckungsmaßnahmen einzuleiten.[535]   17

B. Bindung der Eltern an die Einigung

Eltern können ihre Entscheidung und Einigung über die elterliche Sorge, auch wenn diese Teil einer umfassenden Trennungs- und Scheidungsvereinbarung ist, **frei widerrufen**.[536] Im Scheidungsverfahren kann bis zum Schluss der letzten mündlichen Verhandlung die Einigung widerrufen werden. Dies hat zur Folge, dass § 1671 Abs. 2 Nr. 1 BGB unanwendbar wird. Hält der andere Elternteil seinen Antrag aufrecht, hat das Gericht nach § 1671 Abs. 2 Nr. 2 BGB anhand der Kindeswohlkriterien eine umfassende Interessenabwägung vorzunehmen. Hierbei sind auch die Gründe für den Widerruf der Einigung zu hinterfragen.   18

Eine **formell bestandskräftige** gerichtliche Entscheidung ist **nur abänderbar**, wenn dies aus triftigen, das **Wohl des Kindes nachhaltig berührenden Gründen** angezeigt ist, § 1696 Abs. 1 BGB.   19

C. Muster: Gemeinsame elterliche Sorge, Variante 1   20

400

Vereinbarung

zwischen

Herrn ■■■

und

Frau ■■■

zur Regelung der elterlichen Sorge

Vorbemerkungen:

Herr ■■■ und Frau ■■■ sind miteinander verheiratet. Aus ihrer Ehe sind die gemeinsamen Kinder ■■■, geboren am ■■■ und ■■■, geboren am ■■■ hervorgegangen.

Die Erschienenen sind sich über das Fortbestehen der gemeinsamen elterlichen Sorge einig, und somit auch darüber, dass anlässlich des Scheidungsverfahrens keine Anträge zur Übertragung oder Teilübertragung der elterlichen Sorge gestellt werden.

Der gewöhnliche Aufenthalt der Kinder ■■■, geboren am ■■■ und ■■■, geboren am ■■■ befindet sich bei der Kindesmutter. Die Eltern sind sich einig, dass die Kindesmutter berechtigt ist, Alltagsentscheidungen im Sinne des § 1687 Abs. 1 S. 2 und 3 BGB allein zu treffen. Der Kindesvater erteilt ihr insoweit Vollmacht zur Vertretung des Kindes nach außen.

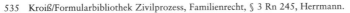

535 Kroiß/Formularbibliothek Zivilprozess, Familienrecht, § 3 Rn 245, Herrmann.
536 OLG München, FamRZ 1991, 1343, 134.

21 **Beratungshinweis**

Hat ein Elternteil seine Einwilligung zum gewöhnlichen Aufenthalt des Kindes bei dem anderen Elternteil erteilt, so ist eine einseitige Aufhebung dieser Vereinbarung nicht möglich. Eine Ortsveränderung bedarf der Zustimmung des anderen Elternteils.[537]

22
401

Muster: Gemeinsame elterliche Sorge, Variante 2

Die Erschienenen sind sich dahingehend einig, dass es auch mit einer Scheidung bei der gemeinsamen elterlichen Sorge für das Kind ■■■, geboren am ■■■ verbleiben soll.
Die Erschienenen vereinbaren insbesondere, dass das Kind ■■■, geboren am ■■■ seinen gewöhnlichen Aufenthalt jeweils abwechselnd wochenweise bei einem Elternteil hat. Der Elternteil, bei dem sich das Kind jeweils befindet, steht die Alltagsalleinsorge im Sinne des § 1687 BGB allein zu. Die Erschienenen erteilen sich diesbezüglich wechselseitig Vollmacht zur Vertretung nach außen.

23 **Beratungshinweis:**

Bei dieser Gestaltung sollte zugleich die Unterhaltsfrage geklärt werden, etwa in der Art:

Beide Elternteile leisten Naturalunterhalt und tragen die Unterhaltskosten für das Kind je hälftig. Das Kindergeld wird hälftig geteilt.

24
402

Muster: Aufhebung der gemeinsamen elterlichen Sorge

Die Erschienenen sind sich einig, dass die alleinige elterliche Sorge für das Kind ■■■, geboren am ■■■ im Zuge des Scheidungsverfahrens auf die Kindesmutter übertragen werden soll. Die Kindesmutter wird einen entsprechenden Antrag bei Gericht stellen. Der Kindesvater erteilt bereits jetzt seine Zustimmung.

25 **Beratungshinweis:**

Sinnvoll ist es, in die Vereinbarung zugleich eine Kombination mit einer Umgangsregelung aufzunehmen. Denn selbst, wenn sich die Eltern über die Sorgerechtsverhältnisse an sich einig sind, besteht hier Regelungsbedarf. Gleiches gilt für die Frage der Unterhaltsregelung.

26
403

Muster: Übertragung des Aufenthaltsbestimmungsrechts

Die Ehegatten sind sich dahingehend einig, dass es auch mit einer Scheidung bei der gemeinsamen elterlichen Sorge für das Kind ■■■, geboren ■■■ verbleiben soll. Das Aufenthaltsbestimmungsrecht soll jedoch auf die Mutter übertragen werden. Die Kindesmutter wird dementsprechend einen Antrag beim Familiengericht stellen, ihr das Aufenthaltsbestimmungsrecht nebst der damit verbundenen Alltagsalleinsorge, sowie das Recht zur Gesundheitsfürsorge und alleinigen Vertretung in schulischen Angelegenheiten zu übertragen. Der Kindesvater erteilt bereits jetzt zu einem solchen Antrag seine Zustimmung.

---

537 OLG Stuttgart, FamRZ 1999, S. 39, 40; Langenfeld, Handbuch der Eheverträge und Scheidungsvereinbarungen, § 6 Rn 1035.

D. Aufhebung der Vereinbarung

Gerichtliche, formell verbindliche Sorgerechtsentscheidungen sind nur im Rahmen des 27
§ 1696 Abs. 1 BGB abänderbar, aus triftigen, das Kindeswohl nachhaltig berührenden
Gründen. Eine ansonsten abgegebene Willenserklärung ist frei widerruflich, in einem
Scheidungsverfahren bis zum Schluss der letzten mündlichen Verhandlung.

E. Vergütung des Rechtsanwalts

Die Vergütung des Rechtsanwalts richtet sich nach dem **Gegenstandswert** der Angele- 28
genheit. Dieser wird bei Sorgerechtsangelegenheit i.d.R. bei EUR 3.000,– liegen (§ 94
Abs. 1, 2 i.V.m. § 30 Abs. 2 KostO). Ist die Angelegenheit schwierig, kommt eine Erhöhung des Streitwertes oder gegebenenfalls eine Reduzierung bei einer besonders
leichten Angelegenheit in Betracht. Letzteres wird der Fall sein, wenn alle Beteiligten
über die Regelung der elterlichen Sorge einig sind. Für die Tätigkeit kann der Anwalt
regelmäßig eine **Geschäftsgebühr** verlangen und im Fall einer Einigung der Parteien
eine **Einigungsgebühr**. Die Höhe der Geschäftsgebühr richtet sich nach der Schwierigkeit und dem Umfang der Angelegenheit. Die Mittelgebühr liegt bei einem Satz von 1,3.
Für die außergerichtliche Einigung kann eine Einigungsgebühr mit einem Satz von 1,5
verlangt werden. Hat eine Unterredung bei einem Notar oder Anwalt stattgefunden,
kommt gegebenenfalls eine weitere Gebühr hinzu. Ist eine Rechtsanwalt lediglich **beratend** tätig, ohne einen Vertrag zu entwerfen oder hieran mitzuarbeiten, wird es seit
1.7.2006 notwendig eine **Vergütungsvereinbarung** abzuschließen. Ansonsten erhält
der Anwalt nur Gebühren nach den Vorschriften des Bürgerlichen Rechts, bei Erstberatung derzeit EUR 190,–. Die bis dahin geltende Regelung, dass automatisch das Rechtsanwaltsvergütungsgesetz gilt, entfällt. Kommt es jedoch zu einer Vertretung nach außen, endet das reine Beratungsmandat, so daß die Gebühren nach dem RVG
ermittelt und erhoben werden können.

§ 7 Das Umgangsrecht

Literatur

Gerhard/v. Heintschel-Heinegg/Klein, Handbuch des Fachanwalts Familienrecht, 5. Auflage 2005; *Heiß/Herrmann*, Formularbibliothek Zivilprozess, Familienrecht, 2004; *Schwab*, Handbuch des Scheidungsrechts, 5. Auflage 2004; Langenfeld, Handbuch der Eheverträge und Scheidungsvereinbarungen, 5. Auflage 2005; *Krenzler*, Vereinbarungen bei Trennung und Scheidung, 4. Auflage 2006.

I. Das Umgangsrecht

1   Das Umgangsrecht ist gem. § 1684 Abs. 1 Hs. 1 BGB als ein Recht des Kindes ausgestaltet. Gemäß § 1684 Abs. 1 Hs. 2 BGB hat jeder **Elternteil** ein Recht, aber auch die Pflicht zum Umgang mit dem eigenen Kind. Daneben regelt § 1685 BGB den Umgang des Kindes mit **anderen Bezugspersonen,** wie zum Beispiel Großeltern oder Geschwistern. Zweck und Inhalt des Umgangsrechtes ist es, dem Berechtigten die Möglichkeit zu geben, sich laufend von der Entwicklung und dem Wohlergehen des Kindes zu überzeugen und die zwischen ihnen bestehenden Bande zu pflegen und somit einer Entfremdung vorzubeugen und dem Liebesbedürfnis beider Teile Rechnung zu tragen.[538] Bei Trennung der Kindeseltern führt eine konkrete Umgangsregelung dazu, dass Streitigkeiten über Dauer, Art und Umfang des Umgangs vermieden werden. Dies liegt im Interesse der Eltern, aber insbesondere auch der Kinder, da die zwischen den Erwachsenen bestehenden Differenzen leider allzu häufig über die Kinder ausgetragen werden.

II. Beratungssituation

1. Tatsächliche Ausgangssituation

2   Das Umgangsrecht besteht unabhängig davon, ob das Kind in einer Ehe geboren worden ist, in einer nichtehelichen Lebensgemeinschaft oder ohne Zusammenleben der Eltern.[539] Es besteht auch **unabhängig** davon, ob alleinige **elterliche Sorge** oder gemeinsames Sorgerecht besteht. Allein die Elternschaft begründet das Umgangsrecht.

3   Trennen sich Eltern oder leben sie bereits getrennt, steht die Regelung des Umgangs an. Können Eltern unter Zurückstellung eigener Bedürfnisse eine am **Kindeswohl** orientierte Regelung zum Umgang treffen, so ist dies die Grundlage für eine intensive Beziehung zwischen den Eltern und dem Kind. Ein klar und detailliert geregelter und regelmäßig eingehaltener Umgang schafft nicht nur Erleichterungen für die Eltern, sondern sorgt insbesondere beim Kind nach der Trennung der Eltern für das Gefühl von gesicherten Verhältnissen. Voraussetzung ist, dass die Eltern-Kind Beziehung von den persönlichen Konflikten der Eltern losgelöst betrachtet wird und die Eltern diesbezüglich bemüht sind, das Kind möglichst nicht zu belasten.

4   Liegen die Wohnsitze der Eltern weit auseinander oder liegen besonders enge wirtschaftliche Verhältnisse vor, ist an eine Regelung hinsichtlich der Übernahme der **Kosten der Umgangsausübung** zu denken. Der Umgangsberechtigte hat grundsätzlich selbst und in voller Höhe für die Kosten des Umgangs aufzukommen. Die Rechtsprechung

---

538   OLG Brandenburg, FamRZ, 2003, 111.
539   FA-FamR, Oelkers, Kap. 4 Rn 453.

spricht bei größeren Entfernungen in einzelnen Fällen dem Unterhaltsverpflichteten und Umgangsberechtigten zu, bei der Unterhaltsbemessung (Kindesunterhalt) den Selbstbehalt um die angemessenen Kosten des Umgangs zu erhöhen, auch wenn der Verpflichtete weniger als 100% des Regelbetrages bezahlt.[540] Zur Begründung wird darauf verwiesen, dass dem Unterhaltsverpflichteten auch in einer solchen Situation die Möglichkeit zur Ausübung des Umgangs erhalten bleiben muss.

2. Rechtliche Ausgangssituation

a) Was kann geregelt werden

Auch ohne ein gerichtliches Verfahren sind Vereinbarungen zum Umgang wirksam. Eltern können grundsätzlich einvernehmlich einen Umgang vereinbaren, wenn mindestens einer von ihnen **Sorgerechtsinhaber** ist.[541] Die jeweilige Regelung ist am **Wohl des Kindes** zu orientieren und in seinem Interesse zu regeln. Das Gericht wird nur auf Anregung eines Elternteils tätig.

Geregelt werden können insbesondere die **Besuchsdauer**, die jeweiligen **Besuchstage**, die Besuchsabstände, **Modalitäten** des Abholens und des Bringens, die Verbringung der **Ferien** und der **Feiertage**, der **Ort** der Ausübung des Umgangs, und die Regelung bei **Ausfall** des Umgangs, z.B. durch Krankheit. Situationsbezogen sollte auch das **Umgangsrecht mit Dritten**, wie z.B. Großeltern als enge Bezugspersonen geregelt werden, sowie bei Bedarf Termine für Telefonate zwischen dem Kind und dem anderen Elternteil während des Umgangs. Die Praxis zeigt, dass immer wieder Probleme auftreten, wenn das Kind auch am Wochenende Hobbys bzw. anderen Interessen nachgeht, wie z.B. Fußballspielen. Dadurch wird regelmäßig das Umgangsrecht des Berechtigten eingeschränkt. Hier sind Regelungen zu empfehlen, wann und von wo das Kind abgeholt wird und ob der Umgang gegebenenfalls nachzuholen ist.

b) Ausgestaltung des Umgangs

Im Gesetz existiert keine Bestimmung über Zeit, Dauer, Häufigkeit oder den Ort des Umgangs. Die Ausgestaltung des Umgangs hängt von dem gewöhnlichen Aufenthaltsort des Kindes ab und sollte altersentsprechend und an den Neigungen des Kindes orientiert, sowie an den Möglichkeiten und Wünschen des umgangsberechtigten Elternteils ausgerichtet werden.

Der Regelfall ist, dass das Kind bei einem Elternteil lebt, und mit dem anderen Elternteil Umgang gepflegt wird. So hat sich in der Praxis für diesen Fall herausgestellt, dass ein **Kleinkind** in der Regel nur wenige Stunden mit dem anderen Elternteil verbringen wird. Das Kind, das bereits den **Kindergarten** besucht, wird einen ganzen Besuchstag beim anderen Elternteil verbringen, ein **schulpflichtiges Kind** wird wohl bereits die Zeit von Samstag vormittags bis Sonntagabend beim Umgangsberechtigten verbringen. Üblich sind zwei Besuchstermine im Monat.[542] Üblich ist auch, dass das Kind die soge-

---

540 OLG Bamberg, FamRZ 2005, 2090.
541 FA-FamR, Oelkers, Kap. 4 Rn 507.
542 Kroiß, Formularbibliothek Zivilprozess, Familienrecht, Herrmann, § 4 Rn 254.

nannten hohen Feiertage bei dem Elternteil verbringt, wo es seinen gewöhnlichen Aufenthaltsort hat. Der darauffolgende Feiertag wird regelmäßig beim anderen Elternteil verbracht. So entspricht es bisweilen den Wünschen der Eltern, dass am Heiligen Abend das Kind, wenn auch nur für ein paar Stunden, Zeit mit dem Umgangsberechtigten verbringt. Dies wird meist der Vormittag bis zum frühen Nachmittag sein. **Abweichende Regelungen** sind bei Einvernehmen der Kindeseltern möglich. Dies gilt auch für die **Ferienregelung**. Die Ferienzeit ist zwischen den Kindeseltern regelmäßig hälftig aufzuteilen, wobei mit Rücksicht auf das Alter des Kindes Ferienaufenthalte auch wochenweise geregelt werden können. In den **Sommerferien** besteht in der Regel ein Umgangsrecht für den Zeitraum von **zwei Wochen**.

9 Neben diesen Möglichkeiten existiert das sogenannte **Wechselmodell**, um den Umgang zu regeln. Das Kind lebt abwechselnd bei der Mutter und dem Vater und der jeweils andere Elternteil hat ein Besuchsrecht.[543] Nach dem sogenannten **Nestmodell** lebt das Kind in ein und derselben Wohnung und wird abwechselnd, tage- bzw. wochenweise von Vater oder Mutter betreut. Diese beiden zuletzt genannten Modelle sind wohl die Ausnahme.

c) Verzicht

10 Der **Verzicht** auf die Umgangsbefugnis ist wegen des Charakters als Pflichtrecht nicht möglich.[544] Eine Vereinbarung, in welcher ein Elternteil auf Umgang verzichtet und den anderen Elternteil im Gegenzug von dessen Unterhaltsverpflichtung freistellt, ist wegen § 138 BGB **unwirksam**. Dennoch können sich die Kindeseltern wirksam darauf verständigen, für einen gewissen Zeitraum situationsbezogen den Kontakt zu unterlassen, soweit dies dem Kindeswohl nicht widerspricht.[545] Das Umgangsrecht ist ein höchstpersönliches Recht. Eine **Verwirkung** des Umgangsrechtes – etwa dadurch, dass ein Elternteil sich längere Zeit nicht um das Kind kümmert – ist nicht möglich.[546]

d) Hinweise

11 Immer wieder werden Vereinbarungen geschlossen, in denen zugesichert wird, das Umgangsrecht großzügig zu handhaben. Dieses Vorgehen ist zwar gut gemeint, in der Sache selbst leider allzu häufig wenig hilfreich. Zwar ist eine Vereinbarung wünschenswert, die eine **flexible Gestaltung** des Umgangs ermöglicht, und den Eltern damit eine weitgehende Eigenverantwortung überlässt. Die Praxis zeigt aber, dass hierin enormes Konfliktpotential liegt. Vereinbarungen sollten deshalb möglichst genau die Einzelheiten der Ausgestaltung des Umgangs festhalten. Nur so sind die zu erwartenden Streitigkeiten über Häufigkeit, Dauer, Ort usw. zu vermeiden. Gegebenenfalls kann so auch dafür gesorgt werden, dass die häufig zerstrittenen Eltern kaum in Kontakt treten müssen.

12 Eine einvernehmliche Vereinbarung der Eltern zum Umgangsrecht, auch wenn diese notariell beglaubigt ist, ist **nicht vollstreckbar**.[547] Hierzu bedarf es der **gerichtlichen Bil-**

---

543 Langenfeld, Handbuch der Eheverträge und Scheidungsvereinbarungen, Kap. 3 § 8 Rn 411.
544 Schwab, Handbuch des Scheidungsrechts Motzer, Teil III Rn 240.
545 BGH NJW 1984, 1951, 1952.
546 FA-FamR, Oelkers, Kap. 4 Rn 499.
547 OLG Karlsruhe, FamRZ 1999, 325.

ligung der Vereinbarung, die jedoch nur im Rahmen eines gerichtlichen Verfahrens zu erlangen ist. Regelmäßig sollte es aber im Interesse aller Beteiligten liegen, da es für das betroffene Kind die beste Lösung ist, wenn die Eltern sich untereinander, auch unter Einbeziehung des Kindes, situationsbezogen verständigen und einigen.

Zur Durchsetzung und Vollstreckung einer gerichtlich gebilligten Umgangsregelung kann die Einleitung eines **Vermittlungsverfahrens** gemäß § 52 a FGG beantragt werden. Ist dies erfolglos, so kann versucht werden den Umgang mit **Zwangsmitteln** durchzusetzen. Voraussetzung ist, das Ort, Zeit und Dauer des Umgangs genau bestimmt sind. Ein Elternteil muss schuldhaft gegen die Umgangsvereinbarung verstoßen haben. Zwangmittel sind vor der Festsetzung anzudrohen. Die Anwendung eines Zwangsmittels ist keine Strafe, sondern ein **Beugemittel**. Gewaltanwendungen gegen ein Kind dürfen nicht zugelassen werden, wenn dieses zum Zweck der Ausübung des Umgangs herausgegeben werden soll.[548]   13

III. Die Vereinbarung

1. Rechtliche Ausführungen

Vereinbarungen der Eltern über die Ausgestaltung des Umgangs, insbesondere in einer notariellen Scheidungsvereinbarung, sind für beide Eltern **bindend**.[549] Nur wenn sich die tatsächlichen **Verhältnisse wesentlich geändert** haben oder die Durchführung des Umgangs an dem nicht zu behebenden Widerstand des Kindes scheitert, kann ein Elternteil sich einseitig von der Vereinbarung lossagen.[550] **Vollstreckbar** ist eine solche Vereinbarung nicht. Hierzu bedarf diese der Billigung des Gerichts. Legen die Eltern dem Gericht eine Umgangsvereinbarung zur Übernahme in eine gerichtliche Regelung nach § 1684 Abs. 3 S. 1 BGB vor, so darf das Gericht nur, wenn es das **Kindeswohl** erfordert, von dieser Regelung abweichen[551] oder wenn das bereits 14jährige Kind dieser Regelung widerspricht. Bereits ab dem 9ten Lebensjahr ist dem Willen des Kindes bei der Ausgestaltung des Umgangs ganz erhebliches Gewicht beizumessen.   14

2. Muster: Vereinbarung der Eltern über die Ausgestaltung des Umgangs   15

Vertrag

zwischen

Herrn ■■■

und

Frau ■■■

zur Regelung des Umgangs

Vorbemerkungen:

Herr ■■■ und Frau ■■■ sind miteinander verheiratet, aus ihrer Ehe sind die gemeinsamen Kinder

■■■, geb. ■■■

---

548 Heiß, Herrmann, Formularbibliothek Zivilprozess, Familienrecht, § 4 Rn 310.
549 OLG Zweibrücken, FamRZ 1998, 1465, 1466.
550 Schwab, Handbuch des Scheidungsrechts, MotzerMotzer, Teil III Rn 237.
551 OLG Koblenz, FamRZ 1995, 1282.

und

■■■, geb. ■■■

hervorgegangen. Der gewöhnliche Aufenthalt der Kinder befindet sich bei der Kindesmutter.

1. Der Vater hat das Recht und die Pflicht die gemeinsamen Kinder ■■■, geb. ■■■ und ■■■, geb. ■■■ an jedem zweiten Wochenende jeweils von Freitags 18.00 Uhr bis Sonntags 19.00 Uhr zu sich zu nehmen.
1. Fällt der unter Ziffer 1) vereinbarte Umgang wegen Erkrankung der Kinder oder aus einem sonstigen triftigen Grund aus, ist der Vater berechtigt, den Umgang mit den Kindern am darauffolgenden bzw. am nächstmöglichen Wochenende nachzuholen. Der Turnus verschiebt sich dadurch nicht.
2. Schulferien von mehr als einer Woche Dauer verbringen die Kinder jeweils hälftig beim Vater und bei der Mutter.

oder

1. Schulferien von mehr als einer Woche Dauer verbringen die Kinder abwechselnd je zur Hälfte beim Vater und bei der Mutter, wobei in den anstehenden Osterferien die erste Woche der Mutter zusteht.
2. Der Vater holt die Kinder bei der Mutter ab, und bringt sie auch wieder zurück.
3. Der Vater trägt die hierdurch entstehenden Kosten.

oder

1. Der Vater holt die Kinder bei der Mutter ab und bringt sie auch wieder zurück. Gibt die Mutter ihren jetzigen Wohnsitz auf und zieht mit den Kindern in eine andere Gemeinde, teilen sich die Eltern die durch die Wahrnehmung des Umgangs dem Vater entstehenden Kosten.[552] Hierzu zählen ausschließlich Fahrtkosten.[553]
2. Während des Umgangs der Kinder mit dem Vater steht diesem das Recht zu, den Umgang mit Dritten zu bestimmen.
3. Beide Elternteile verpflichten sich, den Kindern jeweils ein positives Bild des anderen Elternteils zu vermitteln und eine negative Beeinflussung der Kinder zu unterlassen.

Muster: Variante für ein ca. 4-jähriges Kind

1. Der Vater hat das Recht, das gemeinsame Kind ■■■, geb. ■■■ jeweils sonntags in der Zeit von 14.00 Uhr bis 17.00 Uhr zu sich zu nehmen
2. Benötigt die Mutter Unterstützung bei der Betreuung des Kindes, soll zunächst an den Vater gedacht werden, bevor Dritte zur Betreuung hinzugezogen werden.

(Im Hinblick auf das Alter des Kindes ist eine Ferienregelung nicht erforderlich.)

Muster: Gerichtliche Genehmigung (Für den Fall, dass die Eltern die gerichtliche Genehmigung der Vereinbarung beantragen wollen)

Die Ehefrau wird einen entsprechenden Antrag zur Regelung des Umgangs beim Familiengericht stellen. Der Ehemann stimmt dieser Regelung bereits jetzt zu. Die Eheleute werden die richterliche Billigung dieser Vereinbarung beantragen.

---

552 Bei weit auseinanderliegenden Wohnorten wird i.d.R. ein Umgangsrecht in größeren zeitlichen Abständen angezeigt sein, z.B. 1 mal monatlich.
553 Die Fahrtkostenvereinbarung führt zu einem einklagbaren Fahrtkostenerstattungsanspruch, OLG Zweibrücken, FuR 1999, 21.

IV. Die Auflösung der Vereinbarung

Die zwischen den Kindeseltern getroffene Vereinbarung ist auch vor ihrer gerichtlichen Billigung verbindlich.[554] Die Kindeseltern können aber bei veränderten Verhältnissen das Umgangsrecht einvernehmlich abweichend regeln, und damit die ursprüngliche Vereinbarung außer Vollzug setzen. Eine **Abänderung** sollte jedoch nur bei triftigen, das Kindeswohl nachhaltig berührenden Gründen erfolgen.[555] Die Eltern sollten dem **Kontinuitätsprinzip** entsprechend möglichst eine Regelung finden, die nach einer kurzen Phase des Ausprobierens zu dauerhaften Verhältnissen führt.[556] Können sich die Eltern nicht einigen, sollte derjenige, der mit dem Ist-Zustand unzufrieden ist, möglichst umgehend eine gerichtliche Klärung, gegebenenfalls unter vorheriger Einschaltung des Jugendamtes, herbeiführen.[557] So ist insbesondere dann, wenn gewichtige Gründe des Kindeswohls dies erfordern, eine von der vertraglichen Regelung abweichende gerichtliche Anordnung zu erlassen.[558]

18

V. Die Vergütung des Rechtsanwalts

Die Vergütung des Rechtsanwalts richtet sich nach dem Gegenstandswert der Angelegenheit. Dieser wird bei Umgangsrechtsangelegenheiten in der Regel bei EUR 3.000,– liegen (§ 94 Abs. 1, 2 i.V.m. § 30 Abs. 2 KostO). Ist die Angelegenheit schwierig kommt eine Erhöhung des Streitwertes (die Obergrenze liegt bei EUR 500.000,–, wird aber wohl selten über EUR 10.000,– liegen) oder gegebenenfalls eine Reduzierung bei einer besonders leichten Angelegenheit in Betracht. Für die Tätigkeit kann der Anwalt regelmäßig eine Geschäftsgebühr verlangen und im Fall einer Einigung eine Einigungsgebühr. Die Höhe der Geschäftsgebühr richtet sich nach der Schwierigkeit und dem Umfang der Angelegenheit. Die Mittelgebühr liegt bei einem Satz von 1,3. Für die außergerichtliche Einigung kann eine Einigungsgebühr mit einem Satz von 1,5 verlangt werden. Hat eine Unterredung bei einem Notar oder Anwalt stattgefunden, kommt gegebenenfalls eine weitere Gebühr hinzu. Ist ein Rechtsanwalt lediglich beratend tätig, ohne einen Vertrag zu entwerfen oder hieran mitzuarbeiten, wird es seit 1.7.2006 notwendig, eine **Vergütungsvereinbarung** abzuschließen. Ansonsten erhält der Anwalt nur die Erstberatungsgebühr. Die bis dahin geltende Regelung, dass automatisch das Rechtsanwaltsvergütungsgesetz gilt, entfällt. Kommt es jedoch zu einer Vertretung nach außen, so können die Gebühren nach dem RVG ermittelt und erhoben werden.

19

---

554 Schwab, Handbuch des Scheidungsrechts, Motzer, Teil III Rn 237.
555 BGH NJW RR 1986, 1130.
556 Krenzler, Vereinbarungen bei Trennung und Scheidung, B.II. 5.
557 Vgl. zu entsprechenden Anträgen, Formularbibliothek Zivilprozess, Familienrecht, Herrmann § 4.
558 OLG Frankfurt, FamRZ 1988, 1315.

§ 8 Hausrat

A. Beratung

1 Zuständig ist das Familiengericht. Die Regelung über die Hausratsteilung erfolgt nach billigem Ermessen, §§ 1, 2 HausrVO.

2 Die Hausratsverordnung betrifft grundsätzlich nur Hausrat, der „**beiden Ehegatten gemeinsam gehört**" (§ 8 Abs. 1 HausratsVO). Hausrat, der im **Alleineigentum** eines Ehegatten steht, ist **Zugewinn**.[559] Die Hausratsverordnung gilt **unabhängig** vom **Güterstand**, in dem die Eheleute leben. Die Hausratsverteilung hat also ebenso bei **Gütertrennung** oder **Gütergemeinschaft** zu erfolgen.[560]

3 Hausrat sind alle Gegenstände, die nach den Einkommens- und Vermögensverhältnissen der Ehegatten für die **Wohnung** und **Hauswirtschaft** und das Zusammenleben der Familie bestimmt sind. Auch ein Pkw kann Teil des Hausrats sein. Vom Hausratsbegriff umfasst sind auch **Rechte**, Ansprüche und **Verbindlichkeiten**, die derartige Sachen betreffen. Sachen, die nur den Interessen oder Bedürfnissen **eines Ehegatten** dienen, sind kein Hausrat.

4 Bedeutsam für die richterliche Verteilung des Hausrats ist, in wessen **Eigentum** die Sachen stehen. Hausrat, der im Eigentum **beider Ehegatten** steht, wird gem. § 8 HausrVO „gerecht und zweckmäßig" vom Richter verteilt. Die Gegenstände gehen in das Alleineigentum des Ehegatten über, dem sie der Richter zuteilt. Wenn es der Billigkeit entspricht, soll der Richter diesem Ehegatten zu Gunsten des anderen eine **Ausgleichszahlung** auferlegen.

5 Notwendige Gegenstände, die im Alleineigentum eines Ehegatten stehen, kann der Richter dem anderen Ehegatten zuweisen, wenn dieser auf ihre **Weiterbenutzung angewiesen** ist und es dem Eigentümer zugemutet werden kann, sie dem anderen zu überlassen, § 9 HausrVO.[561]

1. Eine gerichtliche Entscheidung über die Hausratsregelung kann mit einer Regelung der hausratsbezogenen **Schulden** für das **Innenverhältnis** der Ehegatten verbunden werden, § 10 Abs. 1 HausratsVO.

2. Grundsätzlich ist der Hausrat in **natur** aufzuteilen. Jedoch kann die Auferlegung von **Ausgleichszahlungen** unter Billigkeitsgesichtspunkten gem. § 8 Abs. 3 HausratsVO erfolgen.

Dies betrifft im Wesentlichen Fälle, in denen ein Ehegatten **wertmäßig mehr** an Hausratsgegenständen zugewiesen erhält.

Da die Ausgleichszahlung die **Wiederanschaffung** entsprechender Gegenstände ermöglichen soll, ist **dieser Wert** maßgebend, jedoch nicht unbedingt der **Neuanschaffungswert**.[562]

---

559 BGH, FamRZ 1984, 144, 147; OLG Düsseldorf, FamRZ 1992, 60.
560 Haußleiter/Schulz, Vermögensauseinandersetzung bei Trennung und Scheidung, Rn 434 zu Kap. 4; Heiß, Das Mandat im Familienrecht, Rn 13 zu Teil 15.
561 Zimmermann/Dorsel, Eheverträge, Scheidungs- u. Unterhaltsvereinbarungen, Rn 4 zu § 26.
562 Palandt/Brudermüller, Anhang zu § 1361 a, 1361 b Rn 9; BGH, FamRZ 1994, 504, 505; OLG Zweibrücken, FamRZ 2003, 82; OLG Stuttgart, FamRZ 1992, 1446; 1993, 1461.

Beratungshinweis: 6

Obwohl die Hausratsverteilung durch die Gerichte **von Amts wegen** erfolgen müsste, werden von den Gerichten in der Praxis erhebliche Auflagen zur **Substantiierung** eines Hausratsteilungsantrags erteilt, so insbesondere bezüglich Anschaffungszeitpunkt, Kosten bei Anschaffung, derzeitiger Wert u.a.; ggf. ist zur Wertermittlung ein Sachverständigengutachten zu erholen, wobei die hierfür anfallenden Kosten i.d.R. in keinem Verhältnis stehen zu dem Wert der zu verteilenden Hausratsgegenstände.

Häufig sind Ansprüche betreffend Hausratsteilung schon allein deshalb nicht durchsetzbar, weil entweder die Gegenstände nicht ausreichend exakt bezeichnet wurden und damit eine **Zwangsvollstreckung** unmöglich ist oder aber deshalb, weil der andere Ehegatte bestreitet, noch im Besitz dieser Gegenstände zu sein. Eine entsprechende Beweisführung ist in der Praxis nahezu unmöglich. 7

Selbst wenn – was an sich zu empfehlen ist – die Hausratsgegenstände, die sich bei Trennung der Parteien in der Ehewohnung befunden haben, fotografisch festgehalten wurden, stellt dies keinen Beweis dafür dar, dass sich die Gegenstände nach wie vor noch im Besitz des anderen Ehegatten befinden. 8

Aus diesem Grunde wird von den Parteien in der Praxis häufig in der Weise vorgegangen, dass anlässlich des Auszugs jene Gegenstände mitgenommen werden, die von dem ausziehenden Ehegatten mit in die Ehe gebracht wurden und im Übrigen wertmäßig in etwa ½ jener Gegenstände, die während der Ehezeit angeschafft wurden. Eine exakte Teilung ist i.d.R. absolut unmöglich. 9

1. Bei **Vereinbarungen** über die Aufteilung des Hausrats sind die Parteien **nicht** an die Verteilungskriterien der Hausratsverordnung **gebunden**, können also auch ohne die Schranken des § 9 Abs. 1 HausratsVO über Gegenstände verfügen, die im **Alleineigentum** eines Ehegatten stehen.[563]

2. So können **Ausgleichszahlungen** vereinbart werden oder Abfindungsregelungen für den gesamten Hausrat sowie Regelungen bezüglich der Schuldentilgung getroffen werden betreffend die Kredite für Hausratsanschaffung.

3. Im Hinblick darauf, dass Hausrat, der nach der Hausratsverordnung zu verteilen ist, **nicht** dem **Zugewinnausgleich** unterliegt,[564] sollte eine Hausratsregelung ggf. auch eine Vereinbarung dahingehend enthalten, dass die im Rahmen der Hausratsauseinandersetzung verteilten Gegenstände bei der Zugewinnausgleichsberechnung **nicht berücksichtigt** werden.

4. Dies gilt insbesondere z.B. für Hausrat, der **nach** der Trennung angeschafft wurde und nicht nach der Hausratsverordnung zu verteilen ist, sondern dem Zugewinn unterliegt, sowie für Hausrat, der bereits bei **Eheschließung** vorhanden war und im Al-

---

563 Göppinger/Börger Rn 9 zu Teil 7.
564 BGH FamRZ 1984, 144; BGH FamRZ 1991, 43, 49.

leineigentum eines Ehegatten stand und daher grundsätzlich – wenn keine anderweitige Regelung getroffen wird – dem **Anfangsvermögen** des betreffenden Ehegatten zuzurechnen ist.[565]

5. Wie oben ausgeführt, muss bei Vereinbarungen über Herausgabeverpflichtungen betreffend Hausrat eine **exakte Beschreibung** der herauszugebenden Gegenstände erfolgen, um den Bestimmtheitsanforderungen des Zwangsvollstreckungsrechts Rechnung zu tragen. Die Vollstreckung hat nach §§ 883, 886 ZPO zu erfolgen. **Unmöglichkeit** der Herausgabe kann **Schadenersatzansprüche** nach § 989 BGB auslösen; **Vorenthaltungsschaden** wegen verzögerter Herausgabe kann allerdings nur nach §§ 990 Abs. 2, 992 BGB, verlangt werden.[566]

10 **Beratungshinweis:**

Besteht die Vereinbarung nicht darin, dass festgestellt wird, dass der Hausrat geteilt ist und jeder **Alleineigentümer** der Gegenstände bleibt bzw. wird, die er in Besitz hat, sondern wird eine Vereinbarung des Inhalts abgeschlossen, dass eine Partei bzw. beide Parteien noch **verpflichtet** sind, bestimmte Gegenstände **herauszugeben**, so besteht die Gefahr einer solchen Vereinbarung zum einen in

- der mangelnden Vollstreckungsmöglichkeit, da die Hausratsgegenstände nicht ausreichend genau **beschrieben** wurden,
- Schwierigkeiten beim Vollzug der Vereinbarung, weil herauszugebende Gegenstände entweder nicht mehr vorhanden oder defekt bzw. unvollständig sind.

11 ## B. Muster: Hausratsauseinandersetzung

Die Beteiligten setzen sich bezüglich ihres Hausrates in folgender Weise auseinander:

Die Beteiligten sind sich darüber einig, dass mit sofortiger Wirkung jeder Ehegatte **Alleineigentum** an den Gegenständen hat, die ihm in der als Anlage zu diesem Vertrag beigefügten **Liste** zugeordnet sind. Sie befinden sich jeweils schon im unmittelbaren **Besitz** des Betreffenden. Die Beteiligten erklären, dass **keine weiteren Gegenstände** in ihrem Vermögen als Hausrat zu betrachten sind. Der Ehemann zahlt der Ehefrau als **Ausgleich** für die ihm zugeordneten Hausratsgegenstände einen pauschalen Ausgleichsbetrag in Höhe von ▪▪▪ Euro; die Ehefrau leistet keine Ausgleichszahlung.

Alternative 1: Vereinbarung betreffend Herausgabe[567]

(1) Die Ehefrau verpflichtet sich, an den Ehemann folgende Gegenstände **herauszugeben** ▪▪▪.

Die Herausgabe hat nach vorheriger **Terminabstimmung** bis spätestens zum ▪▪▪ in der früheren Ehewohnung zu erfolgen. Der Ehemann trägt etwaige **Kosten** für Verpackung und Abtransport.

---

565 Johannsen/Henrich/Jaeger, § 1374 Rn 13; vgl. jedoch Schwab, VII Rn 26 – 28, der befürwortet, den gesamten Hausrat im Endvermögen und Anfangsvermögen für den Zugewinnausgleich unberücksichtigt zu lassen; Göppinger/Börger a.a.O. Rn 10 zu Teil 7.
566 BGH NJW-RR 1993, 626; Börger a.a.O. Rn 11 zu Teil 7.
567 Börger a.a.O. Rn 12 zu Teil 7.

(2) Die Restverbindlichkeit aus dem **Anschaffungskredit** bei der ■■■ Bank übernimmt mit Wirkung vom ■■■ der Ehemann zur vollständigen Entlastung der Ehefrau im Innenverhältnis alleine.

Die Kreditbelastung ist bei der Aufteilung des Hausrates berücksichtigt worden. Die Parteien sind sich darüber einig, dass ein Ansatz im Endvermögen des Ehemannes für die Berechnung des **Zugewinnausgleichs** zu **unterbleiben** hat.

Beratungshinweis: 12

Da mit einer solchen Vereinbarung in die Regelung des Zugewinnausgleichs eingegriffen wird, ist in jedem Fall zu empfehlen, dass die Vereinbarung bei beiderseitiger anwaltlicher Vertretung im Rahmen der Verhandlung zu Protokoll des Familiengerichts gegeben wird, um anschließenden Streit über die Wirksamkeit der Vereinbarung zu vermeiden.

(3) Der dem Ehemann gem. Ziffer 1. zugewiesene Hausrat geht in dessen **Alleineigentum** über; der restliche in der Ehewohnung befindliche Hausrat geht in das Alleineigentum der Ehefrau über.

(4) Die Parteien stellen klar, dass der Pkw ■■■ amtliches Kennzeichen ■■■ bei der Hausratsteilung noch nicht berücksichtigt ist. Dieser vom Ehemann genutzte **Pkw** soll bei der Ermittlung des **Zugewinnausgleichs** in dessen Endvermögen berücksichtigt werden (s. aber obigen Beratungshinweis).

(5) Die Parteien sind sich darüber einig, dass damit der eheliche Hausrat zwischen ihnen endgültig **aufgeteilt** ist und zwar **auch** für den Fall der **Ehescheidung**.

Jeder bleibt bzw. wird im Übrigen Alleineigentümer der Gegenstände, die er derzeit in Besitz hat.

Alternative 2:

(1) Die unter Ziffer I des Antragsschriftsatzes vom ■■■ aufgeführten Gegenstände verbleiben beim Antragsgegner.

(2) Die unter Ziffer II des Antragsschriftsatzes vom ■■■ aufgeführten Gegenstände erhält die Antragstellerin.

(3) Zu den im Antrag unter Ziffer III aufgeführten Gegenständen treffen die Beteiligten folgende abschließende Regelung:

Die Antragstellerin verpflichtet sich, an den Antragsgegner folgende Gegenstände herauszugeben: ■■■

Diese Gegenstände werden vom Antragsgegner bei der Antragstellerin am ■■■ abgeholt.

(4) Die Beteiligten sind sich dahingehend einig, dass mit dieser Vereinbarung der Hausrat vollständig auseinandergesetzt ist und keine weiteren Ausgleichsansprüche mehr bestehen.

Beratungshinweis: 13

Im Klageantrag wurden zum einen jene Gegenstände unter Ziffer I aufgeführt, die der Antragsgegner bereits mitgenommen hat; unter Ziffer II jene Gegenstände, die bei der Antragstellerin verblieben sind und unter III jene Gegenstände, deren Herausgabe noch beantragt wurde.

Alternative 3:

Die Parteien sind sich dahingehend einig, dass der Hausrat **geteilt ist**. Jeder **wird** bzw. **bleibt Alleineigentümer** der Gegenstände, die er in alleinigem **Besitz** hat, mit Ausnahme folgender Gegenstände, die die Antragstellerin an den Antragsgegner herausgibt: ■■■.

Alternative 4:

Von den im Besitz der Klägerin befindlichen **Filmen**, die Gegenstand des einstweiligen Verfügungsverfahrens ■■■ des Amtsgerichts ■■■ sind, händigt die Klägerin den ■■■ Film dem Beklagten zu Eigentum aus, während die übrigen Filme ihm zur Fertigung von **Fotokopien** für die Dauer von 2 Monaten überlassen werden.

Die Parteien erklären übereinstimmend das einstweilige Verfügungsverfahren im Hinblick auf diesen Vergleich für erledigt.

Alternative 5:

Zwischen den Beteiligten besteht Einigkeit, dass Frau ■■■ die nachgenannten persönlichen Gegenstände ohne Ausgleichspflicht zu Alleineigentum erhält, die sich derzeit noch in der früher ehegemeinschaftlichen Wohnung in ■■■ befinden. Herr ■■■ verpflichtet sich, diese Gegenstände bis spätestens ■■■ an Frau ■■■ herauszugeben.

Alternative 6: Räumungsverpflichtung betreffend Hausratsgegenstände/Auszahlungsverpflichtung aus Vermögensauseinandersetzung bezüglich Zugewinnausgleich

Der Antragsgegner verpflichtet sich, die Einrichtungsgegenstände, die sich im Schlafzimmer der ehemaligen Ehewohnung befinden, nämlich ■■■ sowie ■■■ bis ■■■ zu **räumen**.

Die **Fälligkeit** der **Zahlungsverpflichtung** der Antragstellerin tritt erst mit Erfüllung der **Räumungsverpflichtung** des Antragsgegners ein.

Alternative 7:

Herr ■■■ verpflichtet sich weiterhin, die **Finanzierungsraten** für den von Frau ■■■ benutzten Pkw, Marke ■■■ zu bezahlen.

Nach **Ablauf des Darlehens** bei der ■■■ Bank übereignet Herr ■■■ an Frau ■■■ den Pkw. Er verpflichtet sich bereits jetzt, zum genannten Zeitpunkt sämtliche **Erklärungen** abzugeben, die zur Eigentumsumschreibung erforderlich sind. Des Weiteren verpflichtet sich Herr ■■■ sodann, an Frau ■■■ sämtliche Pkw-Papiere (Kfz-Brief/Schein, Versicherungsunterlagen) herauszugeben.

Alternative 8:

Die Teilung des Hausrats wird auf einen **späteren Zeitpunkt verschoben**. Wir verpflichten uns gegenseitig, über keinerlei bewegliche Gegenstände, die sich derzeit im Anwesen befinden, ohne Zustimmung des anderen Ehegatten zu verfügen. Jedem von uns ist genau bekannt, was sich im Anwesen derzeit befindet, die Aufstellung einer Liste ist deshalb nicht erforderlich.

Alle zum persönlichen Gebrauch bestimmten Gegenstände, wie Kleidung, Wäsche, Schmuck und dergleichen befinden sich im Eigentum und im Besitz des jeweiligen Ehepartners. Insoweit ist Aufteilung erfolgt.

(Hinweis: Im vorliegenden Fall wurde das ehegemeinschaftliche Anwesen noch weiterhin von einem der Ehepartner bewohnt.)

Alternative 9:

Die Parteien verpflichten sich wechselseitig, die von den Parteien nicht mehr benötigten, aber noch im Haus befindlichen Gegenstände bis ■■■ **gemeinsam** zu **entsorgen** und die **Kosten** der Entsorgung zu je ½ zu übernehmen.

§ 9 Versorgungsausgleich

A. Allgemeine Ausführungen zu Versorgungsausgleichsvereinbarungen

I. Formerfordernisse

Die Vereinbarung nach § 1408 Abs. 2 BGB sowie die Scheidungsvereinbarung nach § 1587o BGB müssen **notariell** beurkundet werden. 1

Die Scheidungsvereinbarung nach § 1587o BGB kann auch **gerichtlich protokolliert** 2
werden bei beiderseitiger anwaltlicher Vertretung, §§ 1587o Abs. 2 S. 1, 127 a BGB.

Die Beurkundungspflicht der Versorgungsausgleichsvereinbarung führt auch zur Beur- 3
kundungspflicht der **übrigen Vereinbarungen**, etwa betreffend nachehelichen Unterhalt
und Vermögensauseinandersetzung, § 125 BGB.[568]

II. Zulässigkeit

Die Versorgungsausgleichsvereinbarung darf **keine Manipulation** zu Lasten der Versor- 4
gungsträger darstellen, § 1587o Abs. 1 S. 2 BGB. Es gilt das **Verbot** des **Super-Splittings**.
Super-Splitting bedeutet die Vereinbarung einer **höheren** als der **hälftigen** Ausgleichsquote, die **Höherbewertung** von Anwartschaften des Verpflichteten als in § 1587a
BGB vorgesehen und die **Nichtberücksichtigung ausgleichspflichtiger** Anwartschaften
des **Berechtigten**. Das Gericht darf dem Berechtigten **nicht mehr** Anwartschaften in
der gesetzlichen Rentenversicherung **übertragen** als dies ohne die Vereinbarung geschähe.[569] Gleiches gilt beim „**Super-Quasi-Splitting**" von Beamten und Richtern.[570]

Ein unzulässiges Super-Splitting kann auch dann vorliegen, wenn geringfügige **Rand-** 5
versorgungen des Ausgleichsberechtigten vom Versorgungsausgleich **ausgenommen**
werden oder wenn z.B. eine **Verkürzung** der ausgleichspflichtigen **Ehezeit** vereinbart
wird, wenn als Folge hiervon der Ausgleichs**berechtigte mehr** Anwartschaften in der gesetzlichen Rentenversicherung übertragen erhält **als** dies nach **Gesetz** der Fall wäre. Bei
einer Verkürzung der Ehezeit ist dies dann der Fall, wenn der Ausgleichsberechtigte in
der vom Versorgungsausgleich ausgenommenen Zeit **mehr Anwartschaften erworben**
hat als der Ausgleichspflichtige.

III. Gerichtliche Genehmigung

Die Versorgungsausgleichsvereinbarung nach § 1587o BGB muss **gerichtlich geneh-** 6
migt werden, § 1587o Abs. 2 S. 3 u. 4 BGB. Im Rahmen der Prüfung der Genehmigungsfähigkeit ist eine **Gesamtbewertung** des wirtschaftlichen Ergebnisses der
Vermögensauseinandersetzung, Unterhaltsregelung und Regelung des Versorgungsausgleichs vorzunehmen.[571]

---

568 Langenfeld DNotZ 1983, 146.
569 Langenfeld, Handbuch der Eheverträge und Scheidungsvereinbarungen, Rn 931 zu Kap. 5; Heiß, Das
     Mandat im Familienrecht, Rn 24 ff zu Teil 12.
570 Zimmermann/Becker FamRZ 1983, 1, 3.
571 BGH FamRZ 1982, 473; BGH NJW 1987, 1768; BGH NJW 1987, 1770.

7 Streitig ist, ob das Familiengericht vor Genehmigung einer Vereinbarung die **Auskunft der Versorgungsträger** erholen muss. In der neueren Literatur wird im Anschluss an die Betonung des Vereinbarungsspielraums der Eheleute und des Verhältnismäßigkeitsgebots durch das BVerfG[572] wieder von einem freien Beurteilungsspielraum des Gerichts gesprochen,[573] der auch eine **Schätzung** der **Versorgungsanwartschaften** erlaube.[574]

8 Bei familiengerichtlichen Genehmigungen ist nicht zu prüfen, ob die Gegenleistung angemessen ist, sondern ob sie **offensichtlich unangemessen** ist.[575] Die Genehmigung darf **nur versagt** werden, wenn ein **auffälliges Missverhältnis** zwischen dem Wert, der bei Durchführung des Versorgungsausgleichs erlangten Versorgungsanrechte und der vereinbarten Gegenleistung besteht.[576]

9 Liegt eine Doppelverdienerehe mit unterschiedlich hohen Rentenanwartschaften vor, so müsste zumindest dann Genehmigung erfolgen können, wenn der ausgleichsberechtigte Ehegatte die **Wartezeiten** in der gesetzlichen Rentenversicherung bereits erfüllt hat und keinem Ehegatten **ehebedingte** Nachteile in seinen Versorgungsanwartschaften entstanden sind.[577]

10 Waren **beide** Ehegatten selbständige **Unternehmer** und erfolgte die Altersvorsorge in Form der Vermögensbildung durch Stärkung des Unternehmens, wurde der Versorgungsausgleichsausschluss vom BGH[578] gebilligt. Besteht in diesen Fällen eine ausgleichspflichtige **Randversorgung**, z.B. wegen teilweiser Pflichtversicherung oder wegen Kindeserziehungszeiten, so kann deren Ausgleich ausgeschlossen werden.

11 Auch bei Ehen von **sehr kurzer Dauer** ist **nicht grundsätzlich** von einer **Genehmigungsfähigkeit** des Ausschlusses des Versorgungsausgleichs auszugehen.[579]

IV. Genehmigungsfähigkeit

12 Gemäß § 1587o Abs. 2 S. 4 BGB darf die Genehmigung zu einer Scheidungsvereinbarung nur verweigert werden, wenn unter Einbeziehung der Unterhaltsregelung und der Vermögensauseinandersetzung **offensichtlich** die vereinbarte Leistung **nicht zur Sicherung** des Berechtigten für den Fall der Erwerbsunfähigkeit und des Alters **geeignet** ist oder zu keinem nach Art und Höhe angemessenen Ausgleich unter den Ehegatten führt.

13 Ein „Negativ-Attest" ist deshalb in doppelter Hinsicht erforderlich:
- Die Vereinbarung darf den Ausgleichsberechtigten nicht offensichtlich ohne ausreichende Alterssicherung stellen;
- die Vereinbarung darf von Leistung und Gegenleistung in der Gesamtauseinandersetzung nicht offensichtlich unangemessene, d.h. zu geringe Sicherungsleistungen zusprechen.[580]

---

572 FamRZ 1982, 769.
573 Johannsen/Henrich/Hahne § 1587o Rn 22.
574 Langenfeld a.a.O. Rn 941 zu Kap. 5.
575 OLG Düsseldorf FamRZ 1984, 1115; Johannsen/Henrich/Hahne § 1587o Rn 22.
576 MünchKomm/Strobel § 1587o Rn 34.
577 OLG Koblenz FamRZ 1983, 406, 508.
578 Langenfeld a.a.O. Rn 978 zu Kap. 5; DNotZ 1994, 261.
579 BGH FamRZ 1981, 944; OLG Köln FamRZ 1988, 849.
580 Zimmermann/Dorsel, Eheverträge, Scheidungs- u. Unterhaltsvereinbarungen, Rn 1 zu § 17.

Ein „entschädigungsloser" Verzicht ist grundsätzlich möglich, wenn eine **anderweitige** **14** **Absicherung** vorhanden ist. Dies ist z.B. dann der Fall, wenn eine Lebensversicherung abgeschlossen wird u.a. Dies gilt insbesondere dann, wenn der Ausgleichsberechtigte über nicht ausgleichspflichtiges **Vermögen** aus Grundbesitz und Kapital verfügt, während der Verpflichtete auf seine Altersversorgung angewiesen ist.[581]

Ein Verzicht ohne Gegenleistung wird zugelassen, wenn der Unterschied der beidersei- **15** tigen Anwartschaften eine **Geringfügigkeitsschwelle** nicht überschreitet. Hierzu hat sich die Meinung durchgesetzt, dass der **Wertunterschied** der beiderseitigen Anwartschaften **10 %** nicht überschreiten sollte.[582]

Ein entschädigungsloser Verzicht ist insbesondere dann möglich, wenn die Ehezeit nur **16** **extrem kurz** war, mithin eine gemeinsame Vesorgungsplanung noch nicht greifen konnte.[583]

Zulässig ist auch der Ausschluss von sog. „**Randversorgungen**", jedoch dann nicht, **17** wenn dies zu einer **Erhöhung** der **gesetzlichen Ausgleichsquote** führt (Verstoß gegen § 1587o Abs. 1 S. 2 BGB).

Das Vorliegen eines **Härtefalles** nach § 1587c BGB führt zur **Genehmigungsfähigkeit** **18** eines auf dieser Härte beruhenden vereinbarten Versorgungsausgleichsausschlusses.[584]

Härtefälle nach § 1587c BGB liegen vor, **19**

- wenn die Ehefrau das **sicher** oder **wahrscheinlich** von einem anderen Mann stammende Kind dem Ehemann als eheliches Kind untergeschoben hatte,[585]
- wenn dem ausgleichspflichtigen Ehegatten bei Durchführung des Versorgungsausgleichs **nicht mehr der notwendige Eigenbedarf** verblieben wäre, er die Minderung seiner Versorgungsanwartschaften aus Altersgründen auch **nicht** mehr hätte **ausgleichen** können und andererseits die berechtigte Ehefrau sich selbst über Vermögensbildung eine ausreichende Versorgung verschafft hatte oder sie sich noch verschaffen konnte,[586]
- wenn die an sich ausgleichsberechtigte Ehefrau während der Ehe ein **Studium** absolviert hat, das der **Ehemann** während der Ehe und nach Rechtskraft der Ehescheidung bis zu dem erfolgreichen Abschluss überwiegend **finanziert** hatte.[587]
- Genehmigungsfähig ist auch eine Vereinbarung dahingehend, dass die Ehefrau auf Versorgungsausgleich verzichtet mit der Begründung, sie werde durch eine **beabsichtigte Heirat** ausreichend abgesichert.[588]
- Ein entschädigungsloser Verzicht auf Versorgungsausgleich kommt auch dann in Betracht, wenn beide Ehegatten in der Ehezeit **etwa gleich hohe** Rentenanwartschaften erworben haben.[589]

---

581 BGH NJW 1981, 394; OLG München, FamRZ 1985, 79; OLG Hamm FamRZ 1987, 951.
582 Zimmermann/Dorsel, a.a.O., Rn 7 zu § 17 i.A. an Ruland, Anwaltsblatt 1982, 93.
583 BGH, FamRZ 1981, 30.
584 BGH, FamRZ 1982, 473.
585 BGH, FamRZ 1983, 32; FamRZ 1985, 267.
586 OLG München, FamRZ 1985, 79.
587 OLG Hamm, FamRZ 1976, 72.
588 BGH, FamRZ 1982, 471.
589 Johannsen/Henrich/Hahne, § 1587o Rn 29; Langenfeld, Handbuch der Eheverträge und Scheidungsvereinbarungen, Rn 982 zu Kap. 5.

20 **Beratungshinweis:**

Allerdings ist – ggf. durch einen **Rentenberater** – zu prüfen, ob seitens der Berechtigten die Voraussetzungen für die vorzeitige Erwerbsunfähigkeitsrente bereits erfüllt sind, also die kleine Wartezeit von 60 Monaten, und ob diese erfüllt wäre nach Durchführung des Versorgungsausgleichs, auch wenn nur geringe Ansprüche übertragen werden.

21 **Eheliches Fehlverhalten** steht dem Versorgungsausgleich nur dann entgegen, wenn es wegen seiner Auswirkungen auf den Ehepartner ganz besonders ins Gewicht fällt, etwa weil die Pflichten gegenüber dem anderen Ehepartner über lange Zeit verletzt worden sind.[590]

- Es müssen schwere Begleitumstände vorliegen, wobei strengere Anforderungen als bei § 1579 BGB gelten.[591]
- Kein ausreichendes Fehlverhalten bei bloßer Zuwendung an einen anderen Partner nach langjähriger Ehe.[592]
- Bejaht bei längerer Trennung vom Ehegatten allein durch eheliches Fehlverhalten verschuldet.[593]

22 **Entscheidungen,** die auf die **Versorgungslage** abgestellt den Ausgleich als **unbillig** erachten:

- Ausgleichspflichtiger hat Anwartschaften von 400 DM in der gesetzlichen Rentenversicherung, der Ausgleichsberechtigte etwa 6.000.000 DM Privatvermögen.[594]
- Der Ehemann bezieht eine höhere Rente, die Ehefrau hat den Aufbau der Altersversorgungsanwartschaften noch nicht abgeschlossen.[595]

23 Nach einer Entscheidung des OLG Karlsruhe[596] soll ein Ausschluss nach § 1587c BGB vom Gericht nur dann ausgesprochen werden, wenn die während der Ehe erworbenen Versorgungsanwartschaften **genau ermittelt** wurden.[597]

24 Demgegenüber soll nach der Entscheidung des **Bundesverfassungsgerichts**[598] das Merkmal der Offensichtlichkeit des § 1587o Abs. 2 S. 4 BGB die Familiengerichte von der **Verpflichtung** entbinden, einen **bis ins Einzelne** gehenden Vergleich eines fiktiv durchzuführenden Versorgungsausgleichs vorzunehmen.[599]

25 Die exakte **Versorgungswertermittlung** ist **nicht erforderlich**, wenn die in Frage stehende zu klärende Versorgung angesichts anderweitiger Absicherung offensichtlich nur von untergeordnetem Wert ist[600] sowie

---

590 BGH, FamRZ 1983, 32.
591 BGH, FamRZ 1982, 463.
592 BGH, FamRZ 1982, 35.
593 OLG München, FamRZ 1985, 79.
594 OLG Düsseldorf, FamRZ 1985, 77; OLG München, FamRZ 1985, 79.
595 BGH, FamRZ 1982, 258.
596 FamRZ 1984, 1114.
597 Zimmermann/Dorsel, Eheverträge, Scheidungs- u. Unterhaltsvereinbarungen, Rn 33 zu § 17.
598 DNotZ 1982, 565, 568.
599 Zimmermann/Dorsel, a.a.O., Rn 33 zu § 17.
600 Zimmermann/Dorsel, a.a.O., Rn 37 zu § 17.

- wenn es auf die Höhe etwa bestehender Anwartschaften angesichts der sonstigen Umstände nicht entscheidend ankommt;
- wenn Vorauskünfte oder Erkenntnisse vorliegen, die zur verlässlichen Versorgungsberechnung ausreichen.[601]

Versorgungsausgleichsausgleichsansprüche können durch alle denkbaren **vermögenswerten Leistungen** ausgeglichen werden.[602]   26

So z.B. durch Zahlung von Geldbeträgen, Übertragung von Immobilien oder sonstigen Sachwerten oder Unterhaltsleistungen.   27

V. Abänderung von Vereinbarungen

Eine **Abänderung** von Vereinbarungen über den Versorgungsausgleich ist gem. § 10 a   28
Abs. 10 VAHRG **möglich**, wenn die Abänderung durch die Vereinbarung nicht ausgeschlossen wurde. Abänderung kann nach § 10 a Abs. 1, Abs. 2, Abs. 5 VAHRG nur verlangt werden, wenn **eine** der Parteien das Alter von **55 Jahren** erreicht hat **oder** ein **Rentenfall** eintritt, auf welchen der Versorgungsausgleich Einfluss hat.[603]

Abänderung ist möglich, wenn der zugrundegelegte Wertunterschied der beiderseitigen   29
Anrechte sich nachträglich als **unrichtig** erweist, so z.B. wegen **fehlerhafter** Entscheidung oder **nachträglicher** Änderungen. So kann z.B. ein Änderungsgrund dann vorliegen, wenn eine bisher verfallbare Betriebsrente sodann unverfallbar wird und sich dadurch der Wertausgleich verändert.[604]

VI. Rechtshängigkeit des Scheidungsverfahrens

Vor Rechtshängigkeit des Scheidungsantrags sind sowohl Vereinbarungen nach § 1408   30
Abs. 2 BGB sowie nach § 1587o BGB möglich. **Nach Rechtshängigkeit** des Scheidungsantrags sind Vereinbarungen nur nach § **1587o BGB** möglich, da eine vorsorgende Vereinbarung nach § 1408 BGB unwirksam wäre, § 1408 Abs. 2 S. 2 BGB. Zur alternativen Vereinbarung nach § 1408 Abs. 2 BGB und § 1587 o BGB s. Teil 2.

Vereinbarungen nach § 1408 Abs. 2 BGB (vor Einreichung des Scheidungsantrags) sind   31
nicht genehmigungsbedürftig. Zur Inhaltskontrolle entsprechender Eheverträge siehe Teil 1, Rn 49 ff.

Wird vor Ablauf der Sperrfrist von einem Jahr Scheidungsantrag eingereicht, so ist eine   32
Umdeutung der dann unwirksam gewordenen Vereinbarung nach § 1408 Abs. 2 BGB in eine Vereinbarung nach § 1587o BGB **nicht möglich**,[605] weshalb in der notariellen Vereinbarung ausdrücklich geregelt werden muss, dass eine **Vereinbarung** nach § 1408 Abs. 2 BGB im Falle der Einreichung des Scheidungsantrags innerhalb der Jahresfrist hilfsweise als Vereinbarung nach § **1587 o** gelten soll.[606]

---

601 Zimmermann/Dorsel a.a.O. Rn 38, 39 zu § 17.
602 Johannsen/Henrich/Hahne § 1587o Rn 27.
603 Heiß, Das Mandat im Familienrecht, Rn 154 zu Teil 12.
604 Heiß a.a.O. Rn 155, 156, dort auch zur Wesentlichkeitsgrenze.
605 BGH FamRZ 1983, 459.
606 Langenfeld DNotZ 1983, 141.

33 Eine Vereinbarung nach § 1587o BGB ist auch möglich **vor Einreichung des Scheidungsantrags**. Eine solche Vereinbarung kommt in Betracht, wenn bereits bei Abschluss
der Vereinbarung bekannt ist, dass vor Ablauf der Sperrfrist von einem Jahr Scheidungsantrag eingereicht werden soll. In diesem Fall bedarf die Vereinbarung jedoch,
wie ausgeführt, der gerichtlichen Genehmigung.

VII. Abänderung nach gerichtlicher Entscheidung/Wiederheirat

34 **Nach wirksamer gerichtlicher Entscheidung** ist eine Vereinbarung über den Versor-
gungsausgleich insoweit nicht mehr möglich, als dieser durch Splitting, Quasi-Splitting,
Realteilung nach § 1 Abs. 2 VAHRG, analoges Quasi-Splitting nach § 1 Abs. 3
VAHRG oder gem. § 3b Abs. 1 VAHRG in diesen Formen **bereits vollzogen** ist. Der
Versorgungsausgleich ist der Disposition der Parteien insoweit entzogen.[607]

35 **Abänderungsvereinbarungen** über den **schuldrechtlichen** Versorgungsausgleich, wie
z.B. Änderung oder Erlass der Ausgleichsrente, sind, auch wenn sie rechtskräftig festgestellte, aber noch nicht erfüllte Ansprüche auf Beitragszahlungen oder Renten aus
dem schuldrechtlichen Versorgungsausgleich betreffen, **möglich,**[608] da mit rechtskräftiger Entscheidung über den Versorgungsausgleich der Schutzzweck des § 1587o BGB
entfallen ist. Derartige Vereinbarungen sind **form- und genehmigungsfrei** möglich.[609]

36 In einem Verfahren über den Versorgungsausgleich kann eine Vereinbarung nach
§ 1587o BGB bis zum **Schluss der mündlichen Verhandlung** getroffen werden, die
der Rechtskraft der Entscheidung vorausgeht.[610] Dies gilt auch dann, wenn die Ehe
vorab bereits rechtskräftig geschieden wurde.[611]

37 Wurde über den Versorgungsausgleich bereits **rechtskräftig entschieden** und der Versorgungsausgleich durch Gestaltungsurteil **vollzogen**, so ist kein Raum mehr für eine
Vereinbarung nach § 1587o BGB.[612] Auch eine spätere Aufhebung einer solchen Vereinbarung beeinträchtigt die Rechtskraftwirkung dieses Urteils nicht mehr.[613]

38 Auch eine **spätere Wiederheirat** der Vertragsteile beseitigt die Auswirkungen des Versorgungsausgleichs **nicht** rückwirkend.[614] Vereinbarungen sind jedoch auch danach
noch bezüglich der **noch nicht erfüllten** Beitragspflicht nach § 3b Abs. 1 Nr. 2
VAHRG[615] sowie über den schuldrechtlichen Versorgungsausgleich **zulässig**.[616] Solche
Vereinbarungen unterliegen hinsichtlich Form und Inhalt **nicht** den **Beschränkungen**
des § 1587o Abs. 2 BGB.[617]

---

607 BGH FamRZ 2002, 1553.
608 Langenfeld, Handbuch der Eheverträge und Scheidungsvereinbarungen, Rn 929 zu Kap. 5.
609 MünchKomm/Strobel § 1587o Rn 7 m.w.N.
610 BGH FamRZ 1982, 688; Johannsen/Henrich/Hahne, § 1587o Rn 8.
611 BGH FamRZ 1989, 1060, 1062.
612 BGH FamRZ 2002, 1553 ff.
613 BGH FamRZ 2002, 1553 ff.
614 Borth FamRZ 2003, 889, 896.
615 BayObLG, NJW 1981, 1519.
616 Nicht jedoch die Ersetzung des Wertausgleichs durch den schuldrechtlichen Versorgungsausgleich:
     Johannsen/Henrich/Hahne, § 1587o Rn 13; Münch aaO Rn 2011 zu Teil 7.
617 OLG Karlsruhe FamRZ 1989, 762, 763; vgl. auch BGH FamRZ 2001, 1447 f.

VIII. Schuldrechtlicher Versorgungsausgleich

Beim **schuldrechtlichen** Versorgungsausgleich handelt es sich um eine vom Gesetz vorgesehene Ausgleichsform, deren Vereinbarung an Stelle des Wertausgleichs grundsätzlich **zulässig ist**.[618]

Der schuldrechtliche Versorgungsausgleich wird i.d.R. dann vereinbart, wenn der Wertausgleich zu **unwirtschaftlichen Ergebnissen** führen würde, was z.B. dann der Fall ist, wenn der Ausgleichsberechtigte **Beamter** ist und die ihm zu übertragenden Rentenanwartschaften die Mindestwartezeit von **60 Monaten** für eine Rente wegen Erwerbs- und Berufsunfähigkeit nicht erfüllen.[619] In diesem Fall würden die übertragenen Anwartschaften verloren gehen.

Gleiches gilt für den Fall, dass **beide Ehegatten Beamte** sind. Sind die Beamtenanwartschaften auszugleichen, so ist zu beachten, dass

- auf einen **Nichtbeamten** Anwartschaften auf eine Beamtenversorgung nicht übertragen werden können, sondern der Ausgleich in der Weise vorzunehmen ist, dass zu Gunsten des ausgleichsberechtigten Ehegatten **neue** Anwartschaften in der gesetzlichen Rentenversicherung **begründet** werden.
- Sind **beide** Ehegatten Beamte, so ist in jedem Fall zu überprüfen, ob der Versorgungsausgleich nicht **unwirtschaftlich** ist, weil der in der gesetzlichen Rentenversicherung zu begründende Betrag so **gering** ist, dass er den 60 Monaten **Wartezeit nicht entspricht** (zu berücksichtigen sind jedoch zusätzlich etwaige vom Ausgleichsberechtigten selbst erworbenen Rentenanwartschaften in der gesetzlichen Rentenversicherung).
- Der **Mindestbetrag**, ab welchem Rentenbezug möglich ist, liegt bei 49 Euro.[620]

IX. Steuerliche Auswirkungen

Grundsätzlich hat die Durchführung des Versorgungsausgleichs keine steuerlichen Auswirkungen, mit Ausnahme der Tatsache, dass die Geldrente aus schuldrechtlichem Versorgungsausgleich als dauernde Last beim **Verpflichteten** in voller Höhe als **Sonderausgabe** abziehbar und beim **Berechtigten** in voller Höhe nach § 22 Nr. 1b EStG zu versteuern ist[621] (hierzu siehe auch Teil 4, § 13).

X. Ausschluss des Versorgungsausgleichs, Gütertrennung

Durch den **Ausschluss** des Versorgungsausgleichs tritt nach § 1414 S. 2 BGB **Gütertrennung** ein. Bei jedem Ausschluss des Versorgungsausgleichs sollte eine **Regelung getroffen werden**, ob damit Gütertrennung eintritt oder nicht. Die Auslegungsregel des § 1414 Abs. 2 BGB greift jedoch **nur** dann ein, wenn ein Totalausschluss des Versorgungsausgleichs für beide Ehegatten vereinbart wurde.[622] Soll die Gütertrennung **vermieden** werden, so muss dies ausdrücklich angeordnet sein.

39

40

41

42

43

---

618   MünchKomm/Strobel § 1587o Rn 30.
619   MünchKomm/Strobel § 1587o Rn 10.
620   Heiß, Das Mandant im Familienrecht, Rn 107 zu Teil 12.
621   BMF FamRZ 1982, 104.
622   Palandt/Brudermüller § 1414 Rn 1; Münch aaO Rn 1721 zu Teil 7.

44 Soll **Gütertrennung eintreten,** so sollte aber auch dies ausdrücklich angeordnet werden, da sonst die Gefahr besteht, dass bei **Unwirksamkeit** des Ausschlusses des Versorgungsausgleichs bei Eheverträgen etwa nach § 1408 Abs. 2 S. 2 BGB (Scheidungsantrag innerhalb Jahresfrist) auch die **Gütertrennung** nach § 139 BGB **nicht wirksam** vereinbart wäre.[623]

45 Diese würde nach herrschender Auffassung **rückwirkend entfallen,** und zwar auch mit der Konsequenz, dass die Verfügungsbeschränkungen der §§ 1365 ff BGB rückwirkend gelten. Ein Gut-Glaubens-Schutz Dritter wird sogar bei Eintragung der Gütertrennung in das Güterrechtsregister abgelehnt.[624]

46 Die Vereinbarung der **Gütertrennung** hat jedoch **nicht umgekehrt** den Ausschluss des Versorgungsausgleichs zur Folge, kann jedoch z.B. dann, wenn der Ehemann Unternehmer ist und nicht in die gesetzliche oder private Rentenversicherung einbezahlt hat, zu einem erheblichen Ungleichgewicht zu Gunsten des anderen Ehegatten führen.

XI. Verzicht auf Altersvorsorgeunterhalt

47 Zweifelhaft ist, ob in einem **Verzicht** auf **Versorgungsausgleich** auch **zugleich** ein **Verzicht** auf **Altersvorsorgeunterhalt** liegt. Dafür könnte sprechen, dass dann, wenn die Parteien schon für die Ehezeit die Altersversorgung nicht ausgleichen wollten, sie erst recht nicht nach der Ehezeit für die Altersversorgung des jeweils anderen Ehegatten zuständig sein wollten.[625] Der BGH hatte diese Fragestellung zu beurteilen, hat sie aber nicht entschieden.[626]

48 **Beratungshinweis:**

Es sollte in jedem Fall bei Ausschluss eines Versorgungsausgleichs eine Vereinbarung getroffen werden, ob damit auch auf Altersvorsorgeunterhalt i.S.d. § 1578 Abs. 3 BGB verzichtet werden soll (falls nicht ohnehin durch die Vereinbarung jegliche Unterhaltsansprüche ausgeschlossen werden).

49 Ist der Versorgungsausgleichsverpflichtete wesentlich älter als der Berechtigte, so kann es sich empfehlen, eine gesetzliche Unterhaltspflicht zu belassen, um eine frühzeitige Kürzung der Versorgung des Verpflichteten zu vermeiden, von der auch der Berechtigte nicht profitieren würde, § 5 **VAHRG** (hierzu s.o. Teil 4, § 4 Rn 323 ff).

50 Renteneinkünfte, die auf dem Versorgungsausgleich beruhen, sind eheprägend und damit im Wege der Differenzmethode zu berücksichtigen, nicht jedoch soweit sie auf dem vom Pflichtigen gezahlten Altersvorsorgeunterhalt beruhen. Diese sind Folge der Ehescheidung und nicht eheprägend und im Wege der Anrechnungsmethode zu berücksichtigen.

---

623 MünchKomm-BGB/Kanzleiter, § 1414 Rn 7.
624 Münch, Ehebezogene Rechtsgeschäfte, Rn 1723 zu Teil 7; MünchKomm-BGB/Kanzleiter a.a.O.
625 Münch a.a.O. Rn 1733 zu Teil 7.
626 BGH FamRZ 1992, 1046, 1049.

B. Ausschluss, Modifizierung des Versorgungsausgleichs

I. Tatsächliche Ausgangssituation

In der Praxis kommt eine Vereinbarung über den Versorgungsausgleich in folgenden Fällen in Betracht:[627]

- Kein Ausgleich für Versorgungsanwartschaften, die in einer bestimmten Zeit (meist **Trennungszeit**) erworben worden sind;
- keine Durchführung des Versorgungsausgleichs bezüglich des Ausgleichs der **Betriebsrente** oder einer **laufenden** Berufsunfähigkeitsrente; dafür soll eine anderweitige Absicherung – meist lebenslange Leibrente – in der privaten Rentenversicherung begründet werden.
- Abschluss einer **Risikolebensversicherung** zum Schutz des Unterhaltsberechtigten bei vorzeitigem Tod des Unterhaltsverpflichteten;
- keine Stellung des Antrags nach § 10a VAHRG, damit beide Parteien Rechtssicherheit haben;
- keine Anwendung des § 1587h BGB bei Durchführung des schuldrechtlichen Versorgungsausgleichs;
- **kein Antrag** des Verpflichteten, seine **Betriebsrente abfinden** bzw. kapitalisieren zu lassen (dies hätte zur Folge, dass der Berechtigte keinen Anspruch mehr auf die Ausgleichsrente hat).[628]

51

II. Rechtliche Ausgangssituation

Hierzu s. vorstehende Rn 1 ff.

52

C. Verbot des Super-Splittings

I. Beratung

1. Tatsächliche Ausgangssituation

Das Verbot des Super-Splittings ist immer dann zu beachten, wenn z.B. **Randversorgungen** seitens des Berechtigten vom Versorgungsausgleich ausgeschlossen werden oder wenn der Versorgungsausgleich **zeitlich beschränkt** wird, z.B. die Trennungszeit aus dem Versorgungsausgleich herausgenommen wird. Diese Regelung wird häufig von Parteien gewünscht, die mehrere Jahre getrennt leben, ohne dass die Durchführung des Scheidungsverfahrens beabsichtigt ist.

53

---

627 Hauptmann in Göppinger/Börger a.a.O. Rn 40 zu Teil 3.
628 BGH FamRZ 2003, 644, 923.

54 Nicht disponibel ist dabei der **Endstichtag** gem. § 1587 Abs. 2 BGB, nach welchem die auszugleichenden Anwartschaften **bewertet** werden.[629] Diese Einschränkung betrifft jedoch nur die Frage der **Bewertung** der im Rahmen des Versorgungsausgleichs einzubeziehenden Rechte.[630]

55 Die Gefahr des Super-Splittings besteht in diesen Fällen dann, wenn der Ausgleichs**pflichtige** in einer auszuschließenden Zeit wenig oder keine Rentenanwartschaften erworben hat, während die Ausgleichsberechtigte in der ausgeschlossenen Zeit höhere Rentenanwartschaften als der Pflichtige erworben hat.

2. Rechtliche Ausgangssituation

56 Gemäß § 1587o Abs. 1 S. 2 BGB sind Vereinbarungen unwirksam, die dazu führen, dass **dem Berechtigten mehr** Anwartschaften in der **gesetzlichen Rentenversicherung** übertragen werden als dies bei der Durchführung des Versorgungsausgleichs aufgrund der gesetzlichen Vorschriften ohne Berücksichtigung der Vereinbarung geschehen würde. Dies kann z.B. dann der Fall sein, wenn die Parteien bestimmte Anrechtsarten **ausschließen**, wenn der ausgleichs**berechtigte** Ehegatte hier die **höheren Anrechte** erworben hat.

57 **II. Muster: Auffangklausel Super-Splitting**[631]

> Wir schließen hiermit gem. § 1408 Abs. 2 S. 1 BGB gegenseitig den Versorgungsausgleich nach den Bestimmungen der §§ 1587 ff BGB insoweit aus, als ■■■.
> Sofern diese Vereinbarung im Scheidungsfall entgegen der Bestimmung des § 1587o Abs. 1 S. 2 BGB zu einem **Super-Splitting** führt, soll sie insoweit keine Wirkung zeigen, als sie gegen dieses Verbot verstößt. Im Übrigen aber bleibt sie wirksam. Wir verpflichten uns, in diesem Fall eine dementsprechende Wirkung durch einen ergänzenden **schuldrechtlichen** Versorgungsausgleich herzustellen.

D. Versorgungsausgleichsverzicht

I. Beratung

58 Ob ein nach § 1408 Abs. 2 BGB vereinbarter Ausschluss des Versorgungsausgleichs wieder **wirksam wird**, wenn zwar zunächst innerhalb der Jahresfrist Scheidungsantrag gestellt, dann aber der **Ehescheidungsantrag** wieder **zurückgenommen** worden ist, ist nach wie vor streitig. Der BGH **bejaht** die **Wirksamkeit** des Versorgungsausgleichsausschlusses in einem solchen Fall.[632]

---

629 BGH FamRZ 2001, 1444, 1445; OLG Celle FamRZ 2002, 823; Heiß, Das Mandat im Familienrecht, Rn 28 zu Teil 12.
630 Heiß a.a.O.
631 Münch, Ehebezogene Rechtsgeschäfte, Rn 1919 zu Teil 7.
632 BGH NJW 1986, 2318; vgl. auch Palandt/Brudermüller, § 1408 Rn 30 m.w.N. auch zur Gegenmeinung.

Beratungshinweis:[633]   59

Wenn ein Ausschluss des Versorgungsausgleichs nach § 1408 BGB vorliegt, dessen **Wirksamkeit** durch Stellung des Scheidungsantrags durch den Ausschlussbegünstigten (zunächst) beseitigt worden ist, sollte der Bevollmächtigte des durch den Verzicht **benachteiligten** Ehegatten einen **eigenen Scheidungsantrag** stellen. Damit wird verhindert, dass der durch den Verzicht begünstigte Ehegatte durch **Rücknahme des Scheidungsantrages** und Beendigung des Scheidungsverfahrens erreicht, dass der Ausschluss des Versorgungsausgleichs weiterhin wirksam ist.

Ein entschädigungsloser Verzicht wird nur dann die erforderliche Genehmigung des   60
Gerichts erhalten können, § 1587o BGB, wenn es um eine **kurze Ehe** geht oder wenn aufgrund der beiderseitigen Berufstätigkeit die Wertunterschiede in den Versorgungsanwartschaften **gering** sind.

Darüber hinaus ist ein entschädigungsloser genehmigungsfähiger Verzicht denkbar,   61
wenn der wirtschaftlich stärkere Ehegatte seine Altersversorgung durch anderweitiges **Vermögen**, insbesondere Abschluss von Lebensversicherungen u.a., die nicht dem Versorgungsausgleich unterliegen, gesichert hat und der Versorgungsausgleich zu Lasten des finanziell schwächeren Ehegatten durchzuführen wäre. (Zur Genehmigungsfähigkeit s. vorstehende Rn 12 ff.)

Regelungsbedarf i.S.d. Abschlusses einer Vereinbarung kann sich bei allen **Zusatzver-**   62
sicherungen und Ansprüchen der **betrieblichen** Altersversorgung ergeben.

Gleiches gilt, wenn der Versorgungsausgleichsanspruch den **Höchstbetrag** i.S.d. § 1587   63
b Abs. 5 BGB übersteigt, was insbesondere bei Einbeziehung berufständischer bzw. **betrieblicher** Versorgungen häufig der Fall ist. Hier kommt insbesondere ein **Verzicht** auf eine **Abfindung** nach § 1587 l BGB in Betracht.

Kommt eine Regelung durch Einzahlung in eine private **Lebensversicherung** in Betracht,   64
so sollte zur Absicherung zum einen ein schriftliches **Angebot** der **Lebensversicherungsgesellschaft** erholt werden und zum anderen ggf. ein Rentenberater hinzugezogen werden zur Abklärung, in welcher Höhe Einzahlungen in eine Lebensversicherung vorgenommen werden müssen, um eine bestimmte monatliche Rentenhöhe zu einem bestimmten Alter zu erreichen.

Bei einer vertraglichen Gestaltung mit Abschluss einer Lebensversicherung sollte für   65
hinreichende **Dynamik** der Versicherung gesorgt und eine **Sicherheitsleistung** für künftige Prämienzahlungen einbezogen werden, soweit nicht eine **Einmalprämie** bei Vertragsbeginn geleistet wird, was in jedem Fall die sicherste Lösung darstellt.

Im Hinblick auf die Besteuerung von Leistungen aus Lebensversicherungsverträgen   66
sollte geregelt werden, welcher Ehegatte im Innenverhältnis eine etwaige **Steuerlast** zu tragen hat.[634]

---

633 Hauptmann in Göppinger/Börger, Vereinbarungen anlässlich der Ehescheidung, Rn 11 zu Teil 3.
634 Göppinger/Börger a.a.O. Rn 229 zu Teil 1.

67 In der Entscheidung vom 11.2.2004[635] hat der BGH auf die Rechtsprechung des BVerfG[636] reagiert. Der Versorgungsausgleich wird als **vorweggenommener Altersunterhalt** nach § 1571 BGB angesehen. Vereinbarungen sind daher nach den **gleichen Kriterien** zu prüfen wie ein vollständiger oder teilweiser Unterhaltsverzicht. Es ist jedoch wegen der Nähe zum Zugewinnausgleich eine große Dispositionsbefugnis möglich.[637]

68 Durch die Entscheidung des BGH erhält der Verzichtende die Möglichkeit, bei Vorliegen einer unangemessenen Benachteiligung über § 242 BGB die Vereinbarung bis zur Wiederherstellung der **gesetzlichen Regelung** zu korrigieren.[638] Andererseits hat der BGH (im Einzelnen hierzu s. Teil 1, Rn 49 ff) entschieden, dass lediglich **ehebedingte** Nachteile auszugleichen sind, die Ausgleichsberechtigte damit so zu stellen ist, wie sie stünde, wenn sie während der Ehezeit in ihrem erlernten Beruf erwerbstätig gewesen wäre (s. Teil 1, Rn 49 ff).

69 ## II. Muster: Verzicht auf den Versorgungsausgleich

(1) Beide Parteien verzichten auf die Durchführung des Versorgungsausgleichs, soweit vom Versicherungskonto des Antragstellers bei der ■■■ auf das Versicherungskonto der Antragsgegnerin bei der ■■■ Rentenanwartschaften von monatlich Euro ■■■ bezogen auf den ■■■ zu **übertragen** wären, da ein entsprechender **finanzieller Ausgleich** bereits im Rahmen der notariellen **Scheidungsvereinbarung** vom ■■■ zu Gunsten der Antragsgegnerin berücksichtigt worden ist.

(2) Beide Parteien verzichten auf die Durchführung des Versorgungsausgleichs, soweit der Antragsteller schuldig wäre, auf dem Versicherungskonto der Antragsgegnerin weitere Euro ■■■, bezogen auf den ■■■, durch **Beitragszahlung** in Höhe von Euro ■■■ zu begründen. Als **Ausgleich** hierfür verpflichtet sich der Antragsteller, der Antragsgegnerin einen Betrag in Höhe von Euro ■■■ zu **bezahlen**. Die Antragsgegnerin verpflichtet sich, diesen Betrag im Rahmen einer privaten **Lebensversicherung** auf Rentenbasis anzulegen und bis spätestens ■■■ dem Antragsteller den entsprechenden Nachweis über die Anlage in Form einer privaten Rentenversicherung **vorzulegen**.

(3) Die Parteien **beantragen**, die Vereinbarung über den Versorgungsausgleich familiengerichtlich zu **genehmigen**.

Alternative 1:

Die Parteien **schließen** die Durchführung des Versorgungsausgleichs **ohne Wertausgleich aus** und beantragen familiengerichtliche Genehmigung.

Zur **Begründung** führen sie aus:

Die Parteien haben beide während der Ehezeit in die landwirtschaftliche Alterskasse einbezahlt. Die Einzahlungen lagen in etwa gleicher Höhe. Der Antragsteller hat ca. 5 – 6 Jahre länger in die landwirtschaftliche Alterskasse einbezahlt als die Antragsgegnerin. Demgegenüber hat die Antragsgegnerin geringfügige Rentenanwartschaften in der gesetzlichen Rentenversicherung erworben.

---

635   FamRZ 2004, 601 ff.
636   FamRZ 2001, 985.
637   Hauptmann in Göppinger/Börger, Vereinbarungen anlässlich der Ehescheidung, Rn 12 zu Teil 3.
638   Hauptmann in Göppinger/Börger Rn 12 zu Teil 3.

Alternative 2:

(1) Wir schließen hiermit den Versorgungsausgleich nach § 1587 ff BGB für den **Fall** aus, dass ich, der Ehemann, **ausgleichsberechtigt** bin. Insoweit verzichte ich, der Ehemann, auf einen Ausgleich.

(2) Diesen Verzicht nehme ich, die Ehefrau, hiermit an.

Alternative 3: Begründung zur Genehmigungsfähigkeit des Ausschlusses des Versorgungsausgleichs

Beide Parteien haben in etwa gleich hohe versicherungspflichtige Einkünfte erzielt und durch die Ehe **keine beruflichen Nachteile erlitten** und insoweit eine ausgewogene Gesamtregelung getroffen.

Alternative 4:

Die Parteien sind seit ■■■ verheiratet.

Der Antragsgegner befindet sich bereits seit ■■■ Jahren im Vorruhestand.

Alternative 5:

Der Versorgungsausgleichsverzicht wurde im Rahmen der **Abfindungszahlung** mitberücksichtigt. Voraussichtlich hätte Frau ■■■ geringfügige Ausgleichsansprüche. Auch der erklärte Verzicht auf Ehegattenunterhalt stellt ein Entgegenkommen zu Gunsten von Frau ■■■ dar, da diese über nicht unerheblich höhere Einkünfte verfügt als Herr ■■■

Die Parteien beantragen familiengerichtliche Genehmigung dieser Vereinbarung.

Alternative 6:

Die Beteiligten halten die vorstehende Regelung als **angemessen** i. S. der vorgenannten Bestimmung. Sie stellen hierzu fest, dass Herr ■■■ in den Jahren ■■■ Angestellter mit einem Bruttogehalt von ca. monatlich Euro ■■■ war, seit dem Jahr ■■■ selbständig ist und seither keine freiwilligen Beiträge zur Rentenversicherung einbezahlt hat. Frau ■■■ war während der gesamten bisherigen Ehezeit erwerbstätig mit einem Bruttoeinkommen in Höhe von ca. Euro ■■■ monatlich.

E. Verzicht auf Betriebsrenten

I. Beratung

Die Parteien belassen es bezüglich des Versorgungsausgleichs grundsätzlich bei den gesetzlichen Bestimmungen, jedoch soll auf **Betriebsrentenanwartschaften** des Ausgleichspflichtigen **verzichtet** werden. 70

II. Muster: Verzicht auf Betriebsrenten 71

Der Versorgungsausgleich ist grundsätzlich nach den gesetzlichen Bestimmungen durchzuführen.

Jedoch verzichtet Frau ■■■ gegenüber Herrn ■■■ im Wege einer Vereinbarung gem. § 15870 BGB bezüglich der beiden Herrn ■■■ bei der Firma ■■■ zustehenden **Betriebsrenten** auf die Durchführung des Versorgungsausgleichs. Dieser Verzicht wird von Herrn ■■■ hiermit angenommen.

> Zu der vorstehenden Vereinbarung ist die **Genehmigung** durch das Familiengericht erforderlich. Die Erteilung dieser Genehmigung wird von den Beteiligten hiermit beantragt.
>
> Die Beteiligten stellen in diesem Zusammenhang fest und erklären, dass sie die vorstehende Vereinbarung im Hinblick auf die übrigen in dieser Urkunde getroffenen Regelungen, insbesondere die in Abschnitt ■■■ niedergelegte **Immobilienübertragung** für **angemessen** halten. Festgestellt wird in diesem Zusammenhang von den Beteiligten außerdem, dass Frau ■■■ eine **Lebensversicherung** mit einer Versicherungsleistung per ■■■ in Höhe von Euro ■■■ abgeschlossen hat.

F. Teilverzicht

I. Beratung

72   Der Ehemann ist Beamter. Die Ehefrau hat auf einen **Teil** der **Pensionsanwartschaften** im Rahmen des Versorgungsausgleichs verzichtet.

73   ### II. Muster: Teilverzicht im Rahmen des Versorgungsausgleichs

> Die Antragstellerin verzichtet gem. der anliegenden Berechnung bezüglich des Versorgungsausgleichs auf Durchführung hinsichtlich eines Teilbetrages in Höhe von Euro ■■■ Die Beteiligten vereinbaren insoweit, dass hinsichtlich der von der Bezirksfinanzdirektion ■■■ bezüglich der Versorgung erteilten Auskünfte bei der zukünftigen Berechnung des Versorgungsausgleichs ein Teilbetrag von Euro ■■■ **abgezogen** wird, sodass bei der Durchführung des Versorgungsausgleichs bei der einzusetzenden **Versorgung** des Antragsgegners bei der **Finanzdirektion** ■■■ ein um diesen Betrag geminderter Betrag einzusetzen ist. Beide Parteien beantragen die familiengerichtliche Genehmigung dieser Vereinbarung.

G. Versorgungsausgleich und Lebensversicherung

I. Beratung

74   Handelt es sich bei der Lebensversicherung um eine **Leibrentenversicherung**, so unterliegt diese grundsätzlich dem Versorgungsausgleich. Rechte aus **Kapitallebensversicherungen mit Rentenwahlrecht** unterliegen nur dann dem Versorgungsausgleich, wenn das Rentenwahlrecht bis zum Eintritt der Rechtshängigkeit des Scheidungsantrags ausgeübt wurde.[639]

75   Wenn eine abschließende vertragliche Regelung des **Zugewinns** erfolgt, der Versorgungsausgleich aber vorbehalten wird, so sollte nachgefragt werden, ob eine Renten-

---

[639] BGH FamRZ 1984, 156; Heiß, Das Mandat im Familienrecht, Rn 85 zu Teil 12 sowie insbesondere Rn 232 ff zu Teil 12 zur Frage des Ausgleichs von Anrechten aus einer Lebensversicherung mit Kapitalwahlrecht, wenn der Berechtigte das Wahlrecht erst nach Rechtshängigkeit des Scheidungsantrags ausübt.

lebensversicherung mit Kapitalwahlrecht besteht und ggf. eine Regelung aufgenommen werden, dass für den Fall, dass das **Kapitalwahlrecht** noch **ausgeübt** wird, das Kapital im **Zugewinnausgleich** zusätzlich zu **berücksichtigen** ist![640]

II. Muster: Versorgungsausgleich und Lebensversicherung

76

412

Die Beteiligten verzichten hinsichtlich **sämtlicher beidseitiger** Lebensversicherungen auf die Durchführung des Versorgungsausgleichs und nehmen diesen Verzicht wechselseitig an.

Alternative:

Hinsichtlich des Versorgungsausgleichs soll es bei den gesetzlichen Bestimmungen verbleiben.

Abweichend hiervon vereinbaren die Vertragsteile jedoch, dass **sämtliche** von ihnen abgeschlossenen privaten **Lebensversicherungsverträge** auch dann nicht dem **Versorgungsausgleich** unterfallen, wenn sie gem. der gesetzlichen Regelung auszugleichen wären; also insbesondere Lebensversicherungen, die Anrechte auf Rentenbasis gewähren oder Kapitallebensversicherungen mit Rentenwahlrecht, sofern dieses Wahlrecht bereits ausgeübt wurde oder ein solches bis zur Rechtshängigkeit des Scheidungsantrages noch **ausgeübt wird**. Soweit dies einen (teilweisen) Verzicht auf die Durchführung des Versorgungsausgleichs bedeutet, wird dieser hiermit wechselseitig erklärt und angenommen.

Die Parteien beantragen familiengerichtliche Genehmigung.

H. Abfindungszahlung für Verzicht auf Betriebsrente

I. Beratung

Der Ehemann bezahlt zur Abgeltung der Ansprüche betreffend Betriebsrente einen **Abfindungsbetrag** an die Ehefrau. Diese wiederum **verpflichtet** sich, den Betrag in eine **Lebensversicherung** einzuzahlen und zum Nachweis die Lebensversicherungspolice in beglaubigter Abschrift an den Ehemann auszuhändigen.

77

II. Muster: Abfindungszahlung für Verzicht auf Betriebsrente

78

(1) Herr ■■■ verpflichtet sich, 14 Tage nach Rechtskraft des Scheidungsurteils einen **Betrag** von Euro ■■■ an Frau ■■■ zur **Abgeltung** von deren versorgungsrechtlichen Ansprüchen an seiner betrieblichen Altersversorgung bei der ■■■ für Gegenwart und Zukunft zu bezahlen.

(2) Frau ■■■ **verzichtet** somit auf den **Einbezug** dieser **betrieblichen Altersversorgung** von Herrn ■■■ in die Durchführung des öffentlich-rechtlichen Versorgungsausgleichs mit der Folge, dass dort kein sog. Supersplitting durchzuführen ist.

(3) Frau ■■■ verpflichtet sich dazu, den erhaltenen Betrag in Höhe von Euro ■■■ in voller Höhe in einen neu zu begründenden **Lebensversicherungsvertrag** für ihre Altersversorgung einzuzahlen.

---

640   Münch, Ehebezogene Rechtsgeschäfte, Rn 1728 zu Teil 7.

> Gleichzeitig verpflichtet sie sich, in unwiderruflicher Weise sowohl Herrn ■■■ wie auch der von ihr ausgewählten Lebensversicherungsgesellschaft gegenüber dazu, dass die beiden gemeinsamen **Kinder** ■■■ dann zu gleichen Teilen ausschließlich versicherungsrechtlich **berechtigt** sind, falls sie selbst die Versicherungsleistung nicht in Anspruch nehmen kann.
>
> Sie verpflichtet sich, die Lebensversicherungs**police** mit dieser versicherungsrechtlich bindenden, unwiderruflichen Verfügung zu Gunsten der Kinder – wie auch den Einzahlungsbeleg von Euro ■■■ – in anwaltschaftlich beglaubigten Abschriften sogleich nach Erhalt – spätestens bis zum Ende dieses Jahres – an Herrn ■■■ **auszuhändigen.**
>
> (4) Beide Parteien beantragen die familienrechtliche Genehmigung dieser Regelung zum Versorgungsausgleich.

I. Vereinbarung zum schuldrechtlichen Versorgungsausgleich, beide Parteien beziehen bereits Rente

I. Beratung

79 Die Ehepartner haben anlässlich einer protokollierten Vereinbarung den Versorgungsausgleich in der Weise geregelt, dass auf einen **Anteil der Betriebsrente** durch die Ehefrau **verzichtet** wurde. Bezüglich des auszugleichenden Betrages der Betriebsrente hat sich der Ehemann – im Hinblick darauf, dass **beide** Parteien bereits **Rente** bezogen haben – verpflichtet, diesen Betrag als **schuldrechtlichen Ausgleichsbetrag** an die Ehefrau zu **zahlen.**

80 In der gleichen Vereinbarung wurde – schuldrechtlich – vereinbart, dass eine Immobilie auf einen Ehepartner übertragen wird. Anschließend wurde die gesamte Vereinbarung notariell beurkundet.

81 **Beratungshinweis:**

Im Hinblick auf die steuerliche Belastung seitens der Ausgleichsberechtigten ist eine Abklärung mit dem **Steuerberater** erforderlich, in welcher Höhe Steuern anfallen. In gleicher Weise sind die steuerlichen Auswirkungen für den Ausgleichspflichtigen vorab durch fachkundige Beratung abzuklären. (Zu den steuerlichen Auswirkungen s. vorstehend Rn 42 sowie Teil 4, § 13)

82 Zur Sicherheit für die Ausgleichsberechtigte ist ein **abstraktes Schuldanerkenntnis** abzugeben mit **Zwangsvollstreckungsunterwerfungsklausel** (bei notarieller Beurkundung).

83 **II. Muster: Abstraktes Schuldanerkenntnis mit Zwangsvollstreckungsunterwerfungsklausel zur Sicherheit für den Ausgleichsberechtigten**

> Der Versorgungsausgleich wird in der Weise durchgeführt, dass Frau ■■■ eine monatliche Rentenanwartschaft von Herrn ■■■ erhält in Höhe von insgesamt ■■■ Euro, wovon gem. der Versorgungsausgleichsberechnung des Gerichts ein Teilbetrag in Höhe von ■■■ Euro im Wege des öffentlich-rechtlichen Versorgungsausgleichs vom Versicherungskonto

des Herrn ■■■ auf das Versicherungskonto der Frau ■■■ umgebucht wird und im Übrigen bezüglich des Teilbetrages in Höhe von ■■■ (Anteil **Betriebsrente**) sich Herr ■■■ **verpflichtet**, diesen Betrag als monatlichen **schuldrechtlichen Ausgleichsbetrag** an Frau ■■■ zu zahlen (vorangegangen war eine Vereinbarung anlässlich des Scheidungstermins zu Protokoll, die nachträglich nochmals in einer Gesamturkunde im Zusammenhang mit **Übertragung einer Immobilie** beurkundet wurde).

Festgestellt wird, dass durch Beschluss des Familiengerichts ausweislich des Protokolls vom ■■■ die Vereinbarungen bezüglich des Versorgungsausgleichs **bereits genehmigt** sind.

Herr ■■■ verpflichtet sich, die Versorgungsansprüche in Höhe von ■■■ an Frau ■■■ **abzutreten** und zwar gegenüber dem ■■■ (Versorgungsträger).

Herr ■■■ verpflichtet sich, bis spätestens zum ■■■ eine Erklärung des ■■■ (Versorgungsträger) vorzulegen, mit welcher die Abtretung der Ansprüche des Herrn ■■■ in Höhe von monatlich ■■■ an Frau ■■■ **angenommen** wurde.

Die Vertragsteile sind sich darüber einig, dass **Frau** ■■■ den an sie abgetretenen Teil der **Betriebsrente selbst versteuert.**

In diesem Zusammenhang wird **festgestellt**, dass **Frau** ■■■ die Frage der Besteuerung der Betriebsrente durch Rücksprache mit ihrem **Steuerberater** ■■■ **selbst geklärt** hat.

Als Sicherheit für die Zahlung des jeweiligen vorstehend abgetretenen Betrages von ■■■ Euro an Frau ■■■ erklärt Herr ■■■ ein **abstraktes Schuldanerkenntnis** dahingehend, dass er verpflichtet ist, jeweils monatlich Frau ■■■ auf deren Lebensdauer den Betrag von ■■■ zu zahlen. Er unterwirft sich wegen dieser Zahlungsverpflichtung der **sofortigen Zwangsvollstreckung** aus dieser Urkunde in sein gesamtes Vermögen. Frau ■■■ ist jederzeit ohne Nachweis auf ihren einseitigen Antrag hin eine vollstreckbare Ausfertigung der heutigen Urkunde zu erteilen.

J. Abänderungsverfahren nach § 10a Abs. 3 VAHRG

I. Beratung

Zu den Voraussetzungen des Abänderungsverfahrens im Einzelnen s. vorstehend Rn 28 f. Die Möglichkeit der Abänderung gilt nach § 10a Abs. 9 VAHRG auch für **Abänderung vertraglicher Vereinbarungen** zum Versorgungsausgleich, sofern sie dort nicht ausdrücklich ausgeschlossen wurde. Soll eine Abänderung der Vereinbarungen nicht möglich sein, so muss ein **ausdrücklicher Ausschluss** erfolgen.[641]

84

II. Muster

Hierzu siehe Teil 3.

---

641 Münch a.a.O. Rn 1875 f zu Teil 7.

§ 10 Erbrechtliche Regelungen

A. Verpflichtung zur Erbeinsetzung der Kinder

I. Beratung

1. Tatsächliche Ausgangssituation

1 Häufig werden Vergleichsverhandlungen zwischen den Parteien dadurch günstig beeinflusst, dass erbvertragliche Verfügungen zu Gunsten **gemeinschaftlicher Kinder** getroffen werden, so z.B., dass durch eine erbvertragliche Verpflichtung sichergestellt wird, dass eine Immobilie den gemeinschaftlichen Kindern nach dem Tod einer Partei zufällt oder diese Alleinerben werden, selbst wenn später noch pflichtteilsberechtigte Personen hinzutreten sollten (neuer Ehegatte, weitere Kinder).

2 **Beratungshinweis:**

Werden Regelungen getroffen, wonach Verfügungen über eine solche Immobilie zu Lebzeiten nicht möglich sind, so sollte zumindest ein Vorbehalt für den Fall gemacht werden, dass der Verkauf notwendig ist, um die Betreuung im Alter und ggf. eine Unterbringung in einem Pflegeheim sicherzustellen. (Zu eventuellen Schadenersatzansprüchen bei Veräußerung trotz erbvertraglicher Bindung s.o. Teil 3, § 7)

2. Rechtliche Ausgangssituation

3 **Beratungshinweis:**

Soweit ein Erbvertrag abgeschlossen werden soll, ist zu berücksichtigen, dass die **gleichzeitige Anwesenheit beider Parteien** notwendig ist, §§ 1410, 2276 BGB.
Der Vergleich muss durch die **Parteien persönlich** und deren Prozessbevollmächtigte abgeschlossen werden, § 78 Abs. 2 ZPO.

4 Auch hier **ersetzt** der **gerichtlich protokollierte** Vergleich die notarielle Beurkundung, § 127a BGB.

5 II. Muster: Einsetzung der gemeinsamen Kinder zu alleinigen Erben

415

Die Parteien persönlich und vertreten durch ihre Rechtsanwälte erklären:
Wir vereinbaren hiermit in Kenntnis der Bindungswirkung dieser Vereinbarung wechselbezüglich, dass jeder von uns unsere **beiden Kinder** ■■■ geboren ■■■ und ■■■ geboren ■■■ zu seinen **alleinigen Erben** einsetzt. Diese Erbeinsetzung gilt unabhängig davon, ob weitere Pflichtteilsberechtigte hinzutreten und insbesondere auch gerade für den Fall nach rechtskräftiger **Scheidung** unserer Ehe.

B. Verpflichtungserklärung zum Abschluss eines Erbvertrages

I. Beratung

Sind sich die Parteien zwar einerseits einig, dass die gemeinsamen Kinder als Erben ein- 6
gesetzt werden, sollen die näheren Modalitäten jedoch noch ausgehandelt werden, so
ist eine **Verpflichtungserklärung** zum Abschluss eines Erbvertrages vorzuziehen, um
den Parteien noch Bedenkzeit betreffend den genauen Inhalt des Erbvertrages zu lassen
und auch die ausführliche Beratung durch einen Notar zu ermöglichen.

II. Muster: Verpflichtungserklärung zum Abschluss eines Erbvertrages 7

416

> Die Parteien verpflichten sich, durch Erbvertrag festzulegen, dass die **jeweiligen Erben**
> nach ihrem Ableben die **Kinder** sind und zwar hat jeder der Ehegatten ein **Bestimmungs-**
> **recht** dahingehend, in welchem **Quotenverhältnis** die Kinder erben sollen.
> – Dieser Erbvertrag soll sich ausschließlich beziehen auf das **Anwesen** ■■■
> – Im Übrigen sollen die Parteien bezüglich erbrechtlicher Bestimmungen **frei sein.**
> – Die Parteien verpflichten sich, einen entsprechenden Erbvertrag bis spätestens ■■■
>   bei dem Notariat ■■■ abzuschließen.

C. Vereinbarung eines Erb- oder Pflichtteilsverzichts, Ausschluss der Erbenhaftung

I. Beratung

Nach § 1586 b BGB geht die **Unterhaltspflicht** mit dem **Tode** des Verpflichteten als 8
Nachlassverbindlichkeit auf dessen **Erben** über, allerdings der Höhe nach summen-
mäßig beschränkt auf den fiktiven **Pflichtteil.** Der Anspruch knüpft also an das
Vermögen des **Unterhaltsverpflichteten** an. Wurde dessen Vermögen über den **Zuge-**
winnausgleich bei Scheidung im Ergebnis hälftig geteilt oder erfolgten hohe Ausgleichszahlungen, so kann eine nochmalige Belastung des Restvermögens zu Lasten der Erben
des Unterhaltsverpflichteten unangemessen sein. Der Anspruch aus § **1586 b BGB** sollte
in diesem Fall **ausgeschlossen** werden.[642]

Sehr umstritten ist, wie sich ein **Erb- oder Pflichtteilsverzicht** auf den Anspruch nach 9
§ 1586 b BGB auswirkt. Während die einen unter Berufung auf den Normzweck den
Anspruch entfallen lassen wollen,[643] sehen andere im Vordergrund den unterhaltsrechtlichen Anspruch, der nur der Höhe nach begrenzt sei, daher entfalle mit einem Erb-
oder Pflichtteilsverzicht **nicht** auch der **Unterhaltsanspruch** nach § 1586 b BGB.[644]

---

642 Langenfeld, Handbuch der Eheverträge und Scheidungsvereinbarungen, Rn 1038 zu Kap. 5.
643 Palandt/Brudermüller, § 1586 b Rn 8; Dieckmann FamRZ 1999, 1029; MünchKomm-BGB/Maurer,
     § 1586b Rn 2.
644 Deisendofer FamRZ 1991, 1258 f; Büttner/Niepmann NJW 2000, 2547, 2552; Bergschneider FamRZ
     2003, 1049, 1057; Kindermann ZFE 2003, 175 f.

10 **Beratungshinweis:**

Schließen Ehegatten einen Pflichtteilsverzicht ab, so z.B. im Rahmen einer umfassenden Scheidungsvereinbarung, muss **vertraglich** klargestellt werden, ob dieser die Unterhaltsansprüche nach § 1586b BGB entfallen lässt.

11 ## II. Muster: Ausschluss der Erbenhaftung

■■■ (Siehe die ausführlichen Ausführungen in Teil 2, § 2 Rn 51 ff.)

Ausschluss der Erbenhaftung

Die Unterhaltsverpflichtung **endet** insgesamt mit dem **Tod** des Ehemannes. Ansprüche der Ehefrau nach § 1586b BGB sind ausgeschlossen.

§ 11 Haftungsfreistellungserklärungen

A. Haftungsentlassung aus Darlehen durch die Bank

I. Beratung

Ausführlich hierzu s. Teil 3. Bei jeder Schuldenregelung i.v.m. Immobilienübertragun- **1**
gen oder auch sonstigen Schuldübernahmeerklärungen im **Innenverhältnis** muss für
Haftungsentlassung im **Außenverhältnis** Sorge getragen werden, um zu vermeiden,
dass der andere Ehegatte bei Zahlungsunfähigkeit dennoch von der Bank in Anspruch
genommen wird.

Beratungshinweis: **2**
Üblicherweise wird eine solche Haftungsfreistellungserklärung bei Abschluss von Im-
mobilienübertragungsvereinbarungen erst nach Unterzeichnung der entsprechenden
notariellen Urkunde bzw. des protokollierten Vergleichs durch die Bank erklärt.
In diesen Fällen ist eine **Inaussichtstellung** der Haftungsfreistellung beizubringen, woraus sich ergibt, dass bei Abschluss der geplanten Vereinbarung Haftungsfreistellung
durch die Bank erfolgt. Im Hinblick auf die nicht unerheblichen Kosten, die die Banken
für die Haftungsfreistellungserklärungen erheben, muss eine Kostenregelung mit aufgenommen werden.

II. Muster: Haftungsentlassung durch die Bank wurde in Aussicht gestellt **3**

> In diesem Zusammenhang stellen die Parteien übereinstimmend fest, dass die ■■■ Bank **418**
> Haftungsentlassung gem. Schreiben vom ■■■ in **Aussicht** gestellt hat.
> **Alternative 1: Haftungsfreistellung wird erklärt**
> ■■■ Hiermit bestätigen wir Ihnen, dass sie aus der Haftung für die Darlehen Nr ■■■ (Kre-
> ditvertrag über Euro ■■■ vom ■■■) und Darlehen Nr ■■■ (Kreditvertrag über Euro ■■■
> vom ■■■) **entlassen wurden.**

B. Freistellungserklärung bezüglich Investitionen der Eltern

I. Beratung

Ausführlich hierzu s.o. Teil 3, Notarielle Scheidungsvereinbarungen. Werden ver- **4**
mögensrechtliche Verhältnisse, wie z.B. Auseinandersetzung der Immobilien, geregelt
und haben die **Eltern Investitionen** in die Immobilie vorgenommen, empfiehlt es sich,
eine Haftungsfreistellung der Eltern beizubringen, um künftige Forderungen und Streit
um die **Rückerstattung** der geleisteten Investitionen zu vermeiden.

Zumindest aber sollte eine wechselseitige Freistellung im **Innenverhältnis** durch die **5**
beiden Ehegatten erfolgen bezüglich der ggf. von beiden Familien erbrachten Investitionen.

6 **II. Muster: Freistellungserklärung bezüglich Investitionen der Eltern**

Die Parteien sind sich dahingehend einig, dass mit der vorstehenden Zahlung auch **sämtliche Ansprüche** der **Eltern** des Antragstellers bezüglich deren Investitionen in das Anwesen **abgegolten** sind. In diesem Zusammenhang stellen die Parteien übereinstimmend fest, dass eine **Erklärung** der **Eltern** des Antragstellers vom ■■■ vorliegt, wonach diese bestätigen, dass weder sie selbst noch die von ihnen betriebene ■■■ GmbH irgendwelche Forderungen bezüglich der Investitionen in das Haus haben.

Alternative 1:

Die **beiderseitigen** Familien haben Beiträge zur Finanzierung und/oder Errichtung des Anwesens ■■■ geleistet.

Die Ehegatten ■■■ stellen sich **gegenseitig** von etwaigen von ihren **Herkunftsfamilien** an den anderen deshalb gestellten Ansprüchen **frei**.

Alternative 2:

Der Antragsgegner **stellt** die Antragstellerin von sämtlichen etwaigen Darlehensrückzahlungsansprüchen seiner Eltern **frei** und erklärt, dass die Eltern aus dem Darlehen keinerlei Ansprüche gegenüber der Antragstellerin mehr geltend machen werden. Eine entsprechende Erklärung der Eltern wurde bereits vorgelegt.

C. Haftungsfreistellung Kindesunterhalt

I. Beratung

7 Eine Haftungsfreistellung für Kindesunterhalt kann entweder als Gegenleistung für eine Abfindungszahlung vereinbart werden oder im Hinblick auf die Tatsache, dass jeder der Ehegatten ein gemeinsames Kind betreut. (Zu den Vereinbarungen betreffend Kindesunterhalt s. Teil 4, § 5)

8 **II. Muster: Haftungsfreistellung Kindesunterhalt**

Die Antragstellerin **stellt** den Antragsgegner von den **Unterhaltansprüchen** der **Söhne** ■■■ für die **Dauer** von 5 Jahren, beginnend mit dem Abschluss der Vereinbarung frei.

Diese Haftungsfreistellung wird mit einem Betrag von Euro ■■■ bewertet.

Ausdrücklich stellen die Parteien übereinstimmend fest, dass **Unterhaltsrückstände nicht** bestehen.

9 **Beratungshinweis:**

Wird diese Vereinbarung bezüglich Rückstand nicht aufgenommen und bestehen noch offene Forderungen bezüglich Rückstände, so könnten diese zusätzlich geltend gemacht werden, trotz der erklärten Haftungsfreistellung.

10 **Alternative:**

Die Parteien haben **2** ehegemeinschaftliche **Kinder** ■■■ und ■■■

Der Sohn ■■■ hält sich beim Vater, die Tochter ■■■ hält sich bei der Mutter auf.

Die Parteien stellen sich gegenseitig von der Geltendmachung von Kindesunterhaltsansprüchen für die **Dauer** von deren **Ausbildung frei**. Das bedeutet, dass Herr ■■■ für den bei ihm wohnenden Sohn ■■■ allein aufkommt und Frau ■■■ für die bei ihr lebende Tochter ■■■ Diese Haftungsfreistellung gilt, **solange** der gewöhnliche **Aufenthaltsort** des Sohnes ■■■ beim Vater und der Tochter ■■■ bei der Mutter ist.

Beratungshinweis:

11

Jegliche Haftungsfreistellung für Kindesunterhalt sollte auf die Dauer der Ausbildung beschränkt werden, da andernfalls möglicherweise bei schwerer Erkrankung eines Kindes oder Unfall mit anschließender Behinderung ein Ehegatte allein für den vollen Bedarf des Kindes aufkommen muss.

§ 12 Kosten und Streitwert

A. Kostenregelung im Vergleich, Gerichtliche Kostenentscheidung, Streitwert

I. Kosten

■ Die Kostenvorschrift des § 93a ZPO für Ehescheidungsverfahren sieht ausdrücklich in Absatz 1 Satz 3 die Möglichkeit einer **Vereinbarung** der Parteien **über die Kostentragung** vor. Liegt eine solche Vereinbarung vor, **kann** sie das Gericht ganz oder teilweise der Kostenentscheidung im **Urteil** zugrundelegen.

■ Tut das Gericht dies **nicht**, folgt aus einer solchen Kostenvereinbarung ein **materiellrechtlicher Kostenerstattungsanspruch**.[645]

■ Fehlt in einer Vereinbarung über Ehescheidungsfolgen eine Kostenregelung, so greift § 98 ZPO ein, d.h. die Kosten werden gegeneinander **aufgehoben**, was bedeutet, dass die Gerichtskosten hälftig zu tragen sind (§ 92 Abs. 1 S. 2 ZPO) und im Übrigen die außergerichtlichen Anwaltskosten jeweils von den Ehegatten selbst zu übernehmen sind.

■ Enthält ein **vor Erlass** des Ehescheidungsurteils abgeschlossener Vergleich keine Kostenregelung, erfasst die vom Gericht zu treffende Kostenregelung nach § **93a** ZPO auch die Kosten des Vergleichs, sofern dieser sich nur auf **rechtshängige** bzw. anhängige Folgesachen bezieht. Enthält der Vergleich dagegen Gegenstände, die **nicht rechtshängig** oder anhängig waren, ist § 98 ZPO anzuwenden.[646]

■ Wird in einem nach § 628 ZPO **abgetrennten** Verfahren oder in einem nach Schluss der mündlichen Verhandlung in der Ehescheidungssache anhängig gewordenen Verfahren (siehe § 623 Abs. 2 i.V. mit Abs. 4 S. 1 ZPO) ein Vergleich abgeschlossen, kann die **Kostenentscheidung** des **Ehescheidungsurteils** diesen **nicht** umfassen. Enthält der Vergleich keine Kostenregelung, so kommt es darauf an, ob der Vergleich in einem **Zivilprozess** oder in einem Verfahren der **freiwilligen Gerichtsbarkeit** abgeschlossen wird.

■ Im ersteren Fall ist § 98 ZPO anzuwenden, im letzteren Fall findet i.d.R. eine Kostenerstattung nicht statt (vgl. § 13a Abs. 1 FGG, Kostenerstattung nur unter Billigkeitsgesichtspunkten bzw. bei unbegründetem Rechtsmittel oder grobem Verschulden).[647]

---

1 | **Beratungshinweis:**

Häufig wird bei anhängigen gerichtlichen Verfahren über Folgesachen ein **Prozesskostenvorschuss** bezahlt. Die Zahlung erfolgt zweckmäßigerweise bei Bestehen von Zugewinnausgleichsansprüchen als Vorauszahlung auf Zugewinnausgleich, da in diesem Fall eine Vorauszahlung mit vermögensrechtlichen Ansprüchen verrechnet werden kann.

In jedem Fall muss eine Regelung auch bezüglich geleisteter Prozesskostenvorschüsse erfolgen, die bei der endgültigen Kostenregelung zu berücksichtigen sind, zu regeln

---

645 Göppinger/Börger, Vereinbarungen anlässlich der Ehescheidung, Rn 18 zu Teil 1.
646 Göppinger/Börger a.a.O. Rn 162 zu Teil 1.
647 Göppinger/Börger a.a.O. Rn 163 zu Teil 1.

ist des Weiteren wie die Kosten etwaiger **Verfahren der einstweiligen Anordnung** verteilt werden sollen. Diese Verfahren sind gebührenrechtlich selbständig und lösen besondere Kosten aus (§§ 17 Ziff. 4, 18 Ziff. 1 u. 2 RVG i.V. mit Ziff. 1420 – 1422 der Anlage 1 zu § 3 Abs. 2 GKG). Nach § 620g ZPO gelten die Kosten der einstweiligen Anordnung für die Kostenentscheidung als Teil der Kosten der Hauptsache, wobei allerdings § 96 ZPO entsprechend anwendbar ist, der Ausnahmen zulässt. Wird keine anderweitige Regelung durch das Gericht getroffen und auch keine Vereinbarung der Parteien abgeschlossen, so werden nach den Voraussetzungen des § 93a ZPO regelmäßig auch die Kosten des Verfahrens der einstweiligen Anordnung gegeneinander aufgehoben.[648]

- Ein unter **Vormundschaft** oder **Betreuung** stehender Ehegatten bedarf unter Umständen nach §§ 1908i und 1822 Ziff. 12 BGB der **Genehmigung des Vormundschaftsgerichts**, sofern der Wert 3.000,– Euro übersteigt und der Vergleich nicht einem schriftlichen oder protokollierten **gerichtlichen Vergleichsvorschlag** entspricht.[649]
- Ein Ehescheidungsfolgenvergleich mit einer Kostenregelung ist auch dann ein die **Kostenfestsetzung** nach § 106 ZPO ermöglichender Titel i. S. des § 103 ZPO, wenn er vor Erlass des Ehescheidungsurteils für den Fall der Scheidung protokolliert worden ist und das **Gericht** die Kostenvereinbarung **nicht** nach § 93a Abs. 3 S. 3 ZPO in sein Urteil übernommen hat.[650]
- In einer **Vereinbarung** über Ehescheidungsfolgen sollte **ausdrücklich geregelt** werden, wie die Kosten zwischen den Ehegatten zu verteilen sind. Wird keine Regelung getroffen, so gilt § 98 ZPO, d.h. die Kosten werden gegeneinander aufgehoben mit der Folge, dass die Gerichtskosten von den Ehegatten hälftig zu tragen sind und jede Partei die ihrerseits entstandenen Anwaltskosten zu tragen hat.
- Die Vergleichsgebühr ist durch die Einigungsgebühr ersetzt, der Höhe nach aber unverändert. Das Entstehen erfordert nur noch die **Mitwirkung** an einer vertraglichen Regelung, die nicht nur in einem Anerkenntnis oder Verzicht besteht. Gegenseitiges Nachgeben i.S.d. § 779 BGB ist nicht mehr erforderlich, VV 1000 und 1003.
  - Die Gebühren für außergerichtliche Tätigkeiten sind durch eine einheitliche Geschäftsgebühr ersetzt, die vom 0,5-fachen bis zum 2,5-fachen der vollen Gebühr reicht und nur zur Hälfte bzw. mit maximal dem 0,75-fachen der vollen Gebühr auf eine nachfolgende Verfahrensgebühr des gerichtlichen Verfahrens anzurechnen ist, VV 2400 i.V.m. Vorbemerkung 3 Abs. 4 vor VV 3100.
  - Auch in streitigen FGG-Verfahren fällt die volle Verfahrensgebühr an, VV 3001, Anm. 3.
  - Die Prozessgebühr ist durch die **Verfahrensgebühr** ersetzt worden und beträgt das **1,3-fache** der vollen Gebühr, VV 3100.

---

648 Göppinger/Börger a.a.O. Rn 164 zu Teil 1.
649 Göppinger/Börger a.a.O. Rn 165 zu Teil 1.
650 Göppinger/Börger a.a.O. Rn 166 zu Teil 1 mit Hinweisen zu der Gegenmeinung.

- Die Beweisgebühr ist durch das Rechtsanwaltsvergütungsgesetz (RVG) nebst dazu gehörendem Vergütungsverzeichnis (VV) mit Wirkung zum 1.7.2004 abgeschafft worden.
- Die **Terminsgebühr** beträgt das **1,2-fache** der vollen Gebühr, VV 3104.
- Die Ehescheidungssache und die Folgesachen (§§ 623 Abs. 1 – 3; 621 Abs. 1 Ziff. 5 – 9 und Abs. 2 S. 1 Nr. 1 – 4 ZPO) gelten nach § 16 Ziff. 4 RVG als dieselbe Angelegenheit und werden deswegen einheitlich nach den **zusammengerechneten Streitwerten** abgerechnet, § 22 Abs. 1 RVG.
- Verfahren der **einstweiligen Anordnung**, insbesondere nach §§ 620, 620 b Abs. 1, 2 ZPO gelten als **besondere** Angelegenheit, § 18 Abs. 1 Nr. 1 u. 3 RVG. Diese werden nach den zusammengerechneten Streitwerten abgerechnet, § 21 Abs. 1 RVG.
- Gebühren für die Mitwirkung des Rechtsanwalts bei Vereinbarungen anlässlich der Ehescheidung.
  - Der Anwalt erhält grundsätzlich das **1,5-fache** der vollen Gebühr, wenn **kein gerichtliches** Verfahren anhängig war. Bei **Anhängigkeit** eines gerichtlichen Verfahrens beträgt die Einigungsgebühr 1,0, VV 1003.
  - Der Anwalt erhält diese Gebühr auch dann, wenn er nur bei den Vergleichsverhandlungen **mitgewirkt** hat, es sei denn, dass seine Mitwirkung für den Abschluss des Vertrages nicht ursächlich war, VV 1000 Anm. 2.
  - Wird Prozesskostenhilfe für den Abschluss eines **außergerichtlich** geschlossenen Vergleichs und für dessen Protokollierung beantragt, bleibt es bei der **1,5-fachen Prozesskostenhilfegebühr**.[651]
  - In **Scheidungsverfahren** kann bezogen auf die Scheidung selbst eine Einigungsgebühr nicht anfallen, VV 1000 Abs. 5, VV 1000 Anm. 5.
  - Durch VV 1000 Anm. 5 wird jedoch klargestellt, dass im Zusammenhang mit der Ehesache Vergleiche sowohl über vermögensrechtliche Ansprüche als auch über nicht vermögensrechtliche Ansprüche abgeschlossen werden können (z.B. Sorgerecht, Umgangsrecht, Zugewinnausgleich, Namensführung der geschiedenen Ehefrau usw.).[652]
  - Werden in Scheidungsvereinbarungen teilweise Angelegenheiten geregelt, über die ein Rechtsstreit anhängig ist oder ein Prozesskostenhilfe-Prüfungsverfahren und teilweise Angelegenheiten geregelt, betreffend deren kein Verfahren anhängig ist, so entsteht für die **nicht anhängigen** Verfahren eine Einigungsgebühr nach dem gesondert zu ermittelnden **Gegenstandswert** in Höhe von **1,5**. Es gilt allerdings die **Anrechnungsvorschrift** des § 15 Abs. 3 RVG.
  - Die Einigungsgebühr ist also nach den Streitwerten für die **anhängigen** Sachen mit **1,0**, nach den Streitwerten für die **nicht anhängigen** Sachen mit **1,5** gesondert zu berechnen. **Zusammen** darf der Rechtsanwalt jedoch nicht mehr als das **1,5-fache** nach dem **Gesamtwert** aller zusammengerechneten Streitwerte berechnen. Gleiches gilt bei mehreren Teilvergleichen.[653]

---

651 Gerold/Schmid/von Eicken VV 1000 Rn 97 m.w.N.
652 Gerold/Schmid/von Eicken VV 1000 Rn 8.
653 Göppinger/Börger a.a.O. Rn 197 zu Teil 1; Gerold/Schmid/von Eicken, VV 1000 Rn 52, 45/46.

- Gleiches gilt für den aufgrund der Bewilligung von **Prozesskostenhilfe** beigeordneten Rechtsanwalt, soweit sich die Bewilligung der Prozesskostenhilfe auf den abzuschließenden Vergleich erstreckt oder Beiordnung kraft Gesetz auf den Vergleichsabschluss gem. § 48 RVG vorliegt.[654]
- War der Rechtsanwalt nicht beim Abschluss, sondern nur vor Abschluss des Vergleichs beteiligt, muss die **Ursächlichkeit** seiner Tätigkeit festgestellt werden. Es genügt, wenn er zu dem Vergleich in mehr als nur unbedeutender Weise beigetragen hat, so z.B. Teilnahme an Besprechungen, Führen von Korrespondenz, Überprüfung eines Vorschlages, Ausarbeitung eines Entwurfs, Besprechung eines Entwurfs mit dem Mandanten.[655]
- Wird der Anwalt erst nach Abschluss des Vergleichs **ohne seine Beteiligung** mit der **Protokollierung** bei Gericht beauftragt, entsteht eine **Einigungsgebühr**, wenn und soweit die **Wirksamkeit** des Vergleichs von der anwaltlichen Mitwirkung **abhängt**, z.B. im Hinblick auf Formbedürftigkeit nach § 1378 Abs. 3 BGB oder durch die anwaltliche Mitwirkung die **Vollstreckungsfähigkeit** der Vereinbarung hergestellt wird. Vergleichswert ist im letzten Fall das Titulierungsinteresse.[656]
- Die **Ursächlichkeit** der Tätigkeit des Anwalts wird **vermutet**, wenn er an Vergleichsverhandlungen in Form mündlicher oder schriftlicher Erörterungen mit der Gegenseite **teilgenommen** hat.[657] Im Streitfall hat der Anwalt die Beweislast für seine Tätigkeit, der Auftraggeber die Beweislast für mangelnde Ursächlichkeit.[658]

- Zur Abrechnung bei **mehreren Aufträgen** (z.B. Zugewinn, Unterhalt u.a.) s.o. Teil 1, Rn 317 ff.
- Hat der Rechtsanwalt **Prozessauftrag**, werden von der Verfahrensgebühr nach § 19 Abs. 1 Ziff. 2 RVG auch außergerichtliche Verhandlungen abgedeckt. Wenn auftragsgemäß die Verhandlungen i. S. einer Generalbereinigung auf andere regelungsbedürftige, aber **nicht anhängige** Angelegenheiten ausgedehnt werden, kommt es darauf an, ob der Prozessauftrag auf diese Angelegenheit **ausgedehnt** wird. Hierfür ist **nicht notwendig**, dass diese auch **eingeklagt** werden sollen. Für das Entstehen einer **Verfahrensgebühr** auch nach den **zusammengerechneten** Streitwerten dieser Gegenstände reicht der Auftrag zu dem Versuch einer Einigung und deren gerichtlicher Protokollierung.[659] In Ehesachen ist allerdings Voraussetzung, dass es sich um Angelegenheiten handelt, die im Streitfall in den Verbund mit der Ehesache einbezogen werden können.[660]
- Ist dies **nicht möglich** – wie z.B. bei Streitigkeiten um die **Auseinandersetzung** des **Miteigentums** an einer Immobilie – oder ist der Auftrag nur allgemein darauf gerichtet, die

---

654 Gerold/Schmid/von Eicken, § 122 RVG Rn 40; VV 1000 Rn 57/58.
655 Göppinger/Börger a.a.O. Rn 196 zu Teil 1.
656 Göppinger/Börger a.a.O. Rn 196 zu Teil 1; Gerold/Schmid/von Eicken VV 1000 Rn 31; OLG Brandenburg FamRZ 1996, 680 f.
657 Göppinger/Börger a.a.O. Rn 196 zu Teil 1.
658 Göppinger/Börger a.a.O.
659 Gerold/Schmidt/von Eicken, § 19 RVG Rn 13; Göppinger/Börger a.a.O. Rn 197 zu Teil 1.
660 Göppinger/Börger a.a.O.

Möglichkeiten einer **Generalbereinigung** zu prüfen und anstehende Einzelfragen zu regeln, kann eine **Geschäftsgebühr** entstehen, VV 2400, die auf eine später ggf. entstehende Verfahrensgebühr nur zur Hälfte, maximal mit einer 0,75-fachen Gebühr angerechnet wird.[661]

■ Gerichtsgebühren:

– Sowohl für das Scheidungsverfahren als auch für den Fall der **Protokollierung** einer Ehescheidungsfolgenvereinbarung ist das **Kostenverzeichnis (KV)**, Anlage 1 zu § 3 Abs. 2 GKG, maßgebend und zwar Ziffer 1310 – 1332 sowie Ziffer 1420 – 1425 (für Verfahren der einstweiligen Anordnung).

– Für **Ehesachen** nebst **Folgesachen** fallen nach KV 1310 grundsätzlich 2,0 Gebühren an, während für isolierte ZPO-Verfahren in Familiensachen (insbesondere also nach § 621 Abs. 1 Ziff. 4, 5, 8 ZPO) die allgemeinen Regeln für Prozessverfahren gelten und dementsprechend 3 Gebühren anfallen (KV 1210).[662]

– Bei einem Urteil, das **keine Begründung** enthält, fällt nur eine halbe Urteilsgebühr an, KV 1311 Ziff. 2.

2 | **Beratungshinweis:**

Es stellt sich daher die Frage, ob ein **Verzicht auf die Abfassung von Tatbestand und Entscheidungsgründen** erklärt werden soll, § 313a Abs. 1 u. 2. Ziff. 1 ZPO.

Zu berücksichtigen ist, dass eine solche Verzichtserklärung **nicht** abgegeben werden soll, wenn einer der Beteiligten ausländischer Staatsangehöriger ist im Hinblick auf die Anerkennungsfähigkeit des Urteils im Heimatstaat der betroffenen Partei. Für die Abgabe dieser grundsätzlich unwiderruflichen Verzichtserklärung, die Prozesshandlung ist, besteht Anwaltszwang.[663]

■ Die Gerichtskosten reduzieren sich auch dann auf eine **halbe Gebühr**, wenn das Verfahren oder eine Folgesache durch einen **gerichtlichen Vergleich** (KV 1311, Ziff. 3) beendet wird. Gleiches gilt bei Antragsrücknahme, Verzicht, Anerkenntnis oder **Erledigungserklärung**.[664]

■ Daneben kommen gesonderte Gebühren für Verfahren der **einstweiligen Anordnung** nach Ziffern 1420 ff des KV in Betracht, nämlich insbesondere eine halbe Gebühr für Entscheidungen über einen Antrag nach § 620 Nr. 4, 6 – 10 ZPO (KV 1421) bzw. eine halbe Gebühr für einen Antrag nach § 621f ZPO (Prozesskostenvorschuss, KV 1422). Mehrere zu einer Gebührenziffer gehörende Entscheidungen gelten als eine Entscheidung.[665]

■ **Weder** im **Hauptsacheverfahren** noch in den Verfahren der **einstweiligen Anordnung** fallen gesonderte **Gerichtskosten** für die **Protokollierung** eines **Vergleichs** an.[666]

---

661 Göppinger/Börger a.a.O.
662 Göppinger/Börger a.a.O. Rn 207 zu Teil 1.
663 Baumbach/Hartmann, § 313a Rn 9.
664 Göppinger/Börger a.a.O. Rn 208 zu Teil 1.
665 Göppinger/Börger a.a.O. Rn 209 zu Teil 1.
666 Göppinger/Börger a.a.O.

■ Soweit in **isolierten Verfahren** der freiwilligen Gerichtsbarkeit die Abrechnung nach der Kostenordnung erfolgt, richten sich die Gerichtskosten nach den §§ 91 – 100 a, §§ 32 – 35 KostO. Die Höhe der Gebühren richtet sich nach § 32 KostO i.V.m. der Anlage hierzu und ist wiederum geschäftswertabhängig, § 39 KostO.[667]

Muster: Regelung, wenn nur ein Anwalt beteiligt ist   3

Vereinbarung   **421**

Wir, die Eheleute ■■■ sind uns dahingehend einig, dass wir die Anwaltskosten des Scheidungsverfahrens sowie die Kosten einer etwaigen Regelung betreffend Scheidungsfolgen je zu ½ übernehmen auf der **Grundlage**, dass lediglich **ein Anwalt** beauftragt wird.

■■■

Ort, Datum, Unterschrift (Ehefrau)

■■■

Ort, Datum, Unterschrift (Ehemann)

Beratungshinweis: 4

Es muss klargestellt werden, dass eine solche Kostenvereinbarung auf der Grundlage erfolgt, dass lediglich **ein Anwalt** mit der Durchführung des Scheidungsverfahrens und der Regelung der Scheidungsfolgen beauftragt wird. Andernfalls müsste sich möglicherweise bei Beauftragung von zwei Anwälten jeder an den Anwaltskosten des anderen Ehegatten hälftig beteiligen.

II. Streitwerte

1. Scheidungsverbund

Die Streitwertberechnung für alle mit der Ehescheidungssache verbundenen **Schei-**   5
dungsfolgesachen richtet sich nur nach den Vorschriften des GKG und der ZPO, auch soweit Verbundverfahren gem. § 621a Abs. 1 ZPO nach dem Verfahren der freiwilligen Gerichtsbarkeit abzuwickeln sind, § 1 Ziff. 1 b GKG. Die Vorschriften der **Kostenordnung** finden also nur dann Anwendung, wenn ein Verfahren der **freiwilligen Gerichtsbarkeit außerhalb** des **Verbundes**, insbesondere nach Schluss der mündlichen Verhandlung in der Ehesache anhängig wird.[668]

Die Scheidungssache und die Folgesache gilt nach § 46 Abs. 1 GKG als ein Verfahren,   6
sodass die Gebühren nach dem **zusammengerechneten Wert** der einzelnen Gegenstände zu berechnen sind.

Auch für die als besondere Angelegenheit zu behandelnden **einstweiligen Anordnungen**   7
i.S.d. § 620 ZPO gilt, dass mehrere einstweiligen Anordnungen gebührenrechtlich als **eine Angelegenheit** behandelt und nach den **zusammengerechneten Streitwerten** abgerechnet werden, § 18 Ziff. 1 RVG.

---

667 Göppinger/Börger a.a.O.
668 Göppinger/Börger, Vereinbarungen anlässlich der Ehescheidung, Rn 167 zu Teil 1.

2. Ehescheidung

8 Nach § 48 Abs. 2 u. 3 GKG richtet sich der Wert nach den **Umständen des Einzelfalles,** insbesondere nach Umfang und Bedeutung der Sache sowie nach den **Vermögens- und Einkommensverhältnissen.**
Mindeststreitwert: 2.000 Euro
Höchststreitwert: 1.000.000 Euro

9 Häufig werden **Abschläge** je Kind vorgenommen.[669] Im Bezirk des OLG München wird überwiegend je (minderjähriges) Kind ein Betrag von 250 Euro vom Einkommen in Abzug gebracht.

10 **Schulden** sind zu berücksichtigen, soweit sie im Verhältnis zu den Einkünften einen derartigen Umfang haben, dass die Lebensverhältnisse der Ehegatten dadurch nachhaltig beeinträchtigt werden.[670]

11 **Vermögen** wird nach Abzug der Schulden mit einem Prozentsatz in Höhe von **5 – 10 %** berücksichtigt, wobei die Rechtsprechung teilweise die **Freibeträge** des Vermögensteuerrechts berücksichtigt (derzeit für jeden Ehegatten und für jedes gemeinsame Kind je 61.355 Euro), teilweise auch geringere Freibeträge in Ansatz bringt.[671] Im Bezirk des OLG München betragen die Freibeträge i.d.R. je Ehegatte 60.000 Euro und je (minderjähriges) Kind 30.000 Euro.

12 Die Anwendung **ausländischen Rechts** kann **werterhöhend** berücksichtigt werden.[672] · Maßgeblich sind die **Verhältnisse bei Einreichung des Ehescheidungsantrags. Veränderungen** zwischen Einreichung des Ehescheidungsantrags und Abschluss des Verfahrens bleiben grundsätzlich **außer Betracht,** § 4 Abs. 1 ZPO, § 20 GKG.[673]

3. Unterhalt

■ Auszugehen ist gem. § 42 Abs. 1 GKG von dem für die ersten 12 Monate geforderten Unterhalt, wenn nicht der Gesamtbetrag der geforderten Leistungen geringer ist. Sind ein Ehegatte und ein oder mehrere Kinder betroffen, sind die Unterhaltsforderungen zu **addieren.**

■ **Rückstände** sind hinzuzurechnen, § 42 Abs. 5 GKG.[674]

■ Wird in einem Vergleich sowohl **Trennungsunterhalt** als auch **nachehelicher Ehegattenunterhalt** geregelt, so muss der jeweilige Wertansatz gesondert erfolgen.[675] Streitig ist, ob der Trennungsunterhalt mit **weniger** als dem **Jahreswert** zu bewerten ist, wenn absehbar ist, dass die Ehescheidung vor Ablauf eines Jahres erfolgt.[676]

---

669 Göppinger/Börger, Vereinbarungen anlässlich der Ehescheidung, Rn 168 zu Teil 1; Madert/Müller-Rabe, Kostenhandbuch FamS, S. 12 m.w.N.; siehe auch die sich widersprechenden Entscheidungen OLG Hamm und OLG Köln jeweils FamRZ 1995, 103.
670 Göppinger/Börger a.a.O. Rn 168 zu Teil 1; Madert/Müller-Rabe a.a.O. S. 12 m.w.N. aus der Rechtsprechung.
671 Göppinger/Börger a.a.O. Rn 168 zu Teil 1; Madert/Müller-Rabe a.a.O. S. 13 m.w.N. aus der Rechtsprechung.
672 OLG Hamm FamRZ 1996, 501.
673 Göppinger/Börger a.a.O. Rn 169 zu Teil 1.
674 Göppinger/Börger a.a.O. Rn 172 zu Teil 1.
675 Madert/Müller-Rabe, Kostenhandbuch FamS, S. 23.
676 Vgl. OLG Hamm FamRZ 1996, 502 (dagegen) und OLG Bamberg FamRZ 1996, 502 (dafür).

- Wenn zum Zeitpunkt der Klageerhebung offen ist, wie lange das Verfahren dauert, muss der Jahresbetrag maßgebend sein; nur wenn bereits bei Klageerhebung ein geringerer Betrag als der **Jahresbetrag** gefordert wird, ist dieser geringere Betrag maßgebend.[677]

- Für das **einstweilige Anordnungsverfahren** ist maßgeblich der **6-fache** geforderte Unterhalt, § 53 Abs. 2 GKG.

- Die Bewertung eines durch **Vergleich** vereinbarten **Ehegattenunterhaltsverzichts** betreffend nacheheliche Ehegattenunterhalt ist nach § 3 ZPO unter Zugrundelegung des Maßstabes des § 42 Abs. 1 GKG zu schätzen.[678] Dabei muss berücksichtigt werden, dass nach § 5 ZPO bei **gegenseitigem** Unterhaltsverzicht der Wert des Verzichtes jedes Ehegatten **gesondert** zu berücksichtigen ist und die Werte **zusammenzurechnen** sind.[679]

- Streitig ist, wie eine **Unterhaltsabfindung** zu bewerten ist. Teilweise wird die **Höhe des Abfindungsbetrages** angesetzt, teilweise der Jahreswert des laufenden gesetzlichen Unterhaltsanspruchs.[680]

- Wird eine **rein vertragliche** Unterhaltsverpflichtung durch Vergleich begründet (also nicht der gesetzliche Unterhalt modifiziert), so ist diese nicht nach § 42 Abs. 1 GKG, sondern nach **§ 9 ZPO** zu bewerten. Gleiches gilt, wenn die vertraglich begründete Unterhaltsverpflichtung die Grenzen der gesetzlichen Unterhaltsverpflichtung ersichtlich erheblich überschreitet.[681] Gleiches gilt, wenn die Gewährung einer **Leibrente** vereinbart wird. In diesen Fällen ist der **3 ½-fache Jahreswert** gem. § 9 ZPO zugrunde zu legen.

- Enthält die Vereinbarung eine Regelung dahingehend, dass mit Wiederverheiratung des Berechtigten die Leibrente wegfällt, ist der Streitwert nach § 3 ZPO zugrundezulegen, also zu schätzen und nicht etwa nach § 42 Abs. 1 GKG nur mit dem Jahreswert der Leibrente in Ansatz zu bringen.[682]

- Wird eine **Haftungsfreistellung**, z.B. für Kindesunterhalt vereinbart, gilt ebenfalls § 3 ZPO und nicht etwa § 17 Abs. 1 GKG entsprechend.[683]

Wird zusätzlich zu einer Vereinbarung betreffend den laufenden Unterhalt eine Zahlungsverpflichtung für **Beiträge** für eine Lebens-, Aussteuer- oder Ausbildungsversicherung übernommen, bemisst sich der Streitwert nach § 9 ZPO, also nach dem **3 ½-fachen** Jahreswert, sofern nicht der Gesamtbetrag der geschuldeten Zahlungen geringer ist.[684]

---

677 Madert/Müller-Rabe a.a.O. S. 22 m.w.N.
678 OLG Düsseldorf JW 90, 52 (12 Monatsbeträge); OLG Naumburg FamRZ 2001, 433 (18 Monatsbeträge).
679 Göppinger/Börger a.a.O. Rn 173 zu Teil 1; Madert/Müller-Rabe, Kostenhandbuch FamS, S. 35.
680 Madert/Müller-Rabe a.a.O. S. 36 m.N. aus der Rechtsprechung.
681 Göppinger/Börger a.a.O. Rn 175 zu Teil 1; Egon Schneider, Streitwert-Kommentar Stichwort Unterhalt, Rn 4416 f; S. 877.
682 Göppinger/Börger a.a.O. Rn 175 zu Teil 1.
683 BGH NJW 1974, 2128; OLG Oldenburg FamRZ 1991, 966.
684 Göppinger/Börger a.a.O. Rn 175 zu Teil 1; OLG Celle RPfleger 1967, 426; vgl. auch BGH AnwBl. 2003, 184.

■ Besteht bei Abgabe eines Unterhaltsverzichts nach Auffassung der Parteien **kein Unterhaltsanspruch**, so ist ein **Mindestbetrag** von 900 – 1.200 Euro, bei **gegenseitigem Verzicht** von 1.800 – 2.400 Euro anzusetzen.[685]

4. Versorgungsausgleich

■ **1.000 Euro** bei Ansprüchen aus gesetzlicher Rentenversicherung, Beamtenversorgung und Alterssicherung der Landwirte, § 49 Ziff. 1 GKG, sowie bei sonstigen Anrechten, § 49 Ziff. 2 GKG.

■ **2.000 Euro**, soweit es um Anrechte i.S.v. Ziff. 1 und Ziff. 2 geht, also sowohl um Ansprüche aus der gesetzlichen Rentenversicherung/Beamtenversorgung … und zusätzliche **Betriebsrenten, VBL-Renten** u.a.

Wird im Rahmen eines Ehescheidungsfolgenvergleichs eine Abfindung betreffend Versorgungsausgleich in Form einer Zahlung eines einmaligen Betrages vereinbart, so muss entsprechend der Rechtsprechung zur Unterhaltsabfindung **dieser Betrag** als **Streitwert** zugrundegelegt werden.[686]

5. Güterrecht

■ Der Streitwert einer Zugewinnausgleichsklage bemisst sich nach dem **geforderten Betrag**, § 48 Abs. 1 GKG, § 3 ZPO.

■ Bei **Widerklage** sind die Streitwert für **Klage** und **Widerklage zusammenzurechnen**.[687]

■ Der Streit um die Widerklage ist wirtschaftlich nicht im Streit um die Klage mitenthalten.[688]

■ Bei einer **Klage auf Auseinandersetzung** der **Gütergemeinschaft** richtet sich der Streitwert nach dem **wirtschaftlichen Interesse** des Klägers, also nicht nach dem Gesamtwert des Gesamtgutes oder der Hälfte hiervon.

■ Das wirtschaftliche Interesse ergibt sich aus dem Auseinandersetzungsplan, der mit der Klageschrift vorgelegt werden muss.[689]

■ Für eine **Stundung** nach § 1382 BGB ist maßgebend das nach § 3 ZPO zu schätzende Interesse an der Stundung.[690]

■ Für die **Übertragung von Vermögensgegenständen** unter Anrechnung auf die Ausgleichsforderung gem. § 1383 BGB ist streitig, ob auf den Wert der zu übertragenden Sachen nach § 6 ZPO oder darauf abzustellen ist, welche **Erfüllungswirkung** die Übertragung der Vermögensgegenstände hat. Für Letzteres spricht § 1383 Abs. 1

---

685 OLG Naumburg FamRZ 2001, 433; Kilger/Pfeil a.a.O. Rn 329 zu Teil 5.
686 Göppinger/Börger a.a.O. Rn 177 zu Teil 1.
687 Str. vgl. OLG Bamberg FamRZ 1995, 492 f mit Darstellung des Streitstandes und OLG München FamRZ 1997, 41; OLG Köln FamRZ 1997, 41.
688 OLG Köln MDR 2001, 941; OLG Karlsruhe FamRZ 1998, 574; Madert/Müller-Rabe, Kostenhandbuch FamS, S. 43.
689 Göppinger/Börger a.a.O. Rn 181 zu Teil 1.
690 Göppinger/Börger a.a.O. Rn 182 zu Teil 1 unter Hinweis auf Groß, Anwaltgebühren in Familiensachen, Rn 100.

letzter Halbsatz BGB, wonach im Urteil der Betrag festzusetzen ist, der auf die Ausgleichsforderung angerechnet wird.[691]

- Nach dem OLG Düsseldorf[692] ist bei einem zu übertragenden Vermögensgegenstand sowohl der **Verkehrswert** (Immobilie) **zuzüglich** der zu übernehmenden **Belastungen** maßgeblich.

- Bei Anträgen betreffend **Sicherheitsleistung** für einen künftigen Zugewinnausgleichsanspruch ist die Höhe der geforderten Sicherheitsleistung maßgebend.[693]

- Soweit es um die **Befreiung** von einer **Verbindlichkeit** geht, ist grundsätzlich deren **Betrag** maßgeblich, wobei im Einzelfall das Freistellungsinteresse auch geringer bewertet werden kann.[694] Eine geringere Bewertung kann z.B. dann vorgenommen werden, wenn die Schulden im Innenverhältnis ohnehin von dem anderen Partner zu übernehmen wären.

- Ein **Nießbrauchsrecht** und ein **dingliches Wohnungsrecht** sind nach § 3 ZPO zu bewerten,[695] ggf. im Wege einer Schätzung des Wertes des Reinertrages bzw. des Nutzungswertes unter Berücksichtigung der Regeln des § 9 ZPO (3 ½-facher Jahreswert).

- Eine **Reallast** ist unmittelbar nach § 9 ZPO zu bewerten, weil sie wiederkehrende Leistungen betrifft.[696]

6. Auskunftsanspruch, Stufenklage

- Nach § 45 GKG ist für die Wertberechnung bei einer Stufenklage nur der **höhere** Anspruch maßgebend, also in aller Regel der **Hauptanspruch**.

- Der Wert des Hauptanspruchs steht erst nach erfolgter Bezifferung fest, sodass er zunächst nach § 3 ZPO geschätzt werden muss. Erst **nach Bezifferung** in der 2. Stufe ist dieser Antrag für den Streitwert maßgebend.

- Bleibt es bei der Geltendmachung des Auskunftsanspruchs, weil der Zahlungsanspruch überhaupt nicht oder in geringerer Höhe, als zunächst erwartet, begründet ist, bleibt es für den Zahlungsanspruch bei dem nach § 3 ZPO aufgrund der ursprünglichen Angaben des Klägers zu schätzenden Wert.[697]

- Der **Auskunftsanspruch** selbst ist nach § 3 ZPO zu bewerten und zwar i.d.R. mit einem Bruchteil des Hauptanspruchs. Die Quote wird i.d.R. mit **10 % – 25 %** angesetzt.[698] Anders erfolgt die Bewertung der Beschwer im Berufungsverfahren. Für die Bewertung der Beschwer kommt es i.d.R. auf den erforderlichen Aufwand an Zeit und Kosten für die Auskunftserteilung an.[699]

---

691 Göppinger/Börger a.a.O. Rn 182 zu Teil 1; Madert/Müller-Rabe a.a.O. S. 45.
692 AnwBl. 1985, 388.
693 OLG München Rechtspfleger 1977, 176.
694 z.B. BGH MDR 95, 196; OLG Düsseldorf FamRZ 1994, 57.
695 Baumbach/Hartmann § 3 ZPO Rn 86.
696 Baumbach/Hartmann § 3 ZPO Rn 93; OLG Frankfurt MDR 1982, 411.
697 Göppinger/Börger a.a.O. Rn 187 zu Teil 1; OLG Brandenburg FamRZ 2003, 240; OLG Celle MDR 2003, 55; OLG Bamberg FamRZ 1997, 40; Madert/Müller-Rabe, Kostenhandbuch FamS, S. 31.
698 BGH FamRZ 1999, 1497; 1993, 1189 und KG FamRZ 1996, 500 f.
699 BGH FamRZ 2003, 666; 1268; FamRZ 1993, 45, 46 jeweils m.w.N.; Göppinger/Börger a.a.O. Rn 187 zu Teil 1.

13 **Beratungshinweis:**

In der Scheidungsvereinbarung sollten in jedem Fall Regelungen bezüglich der Kosten der Vereinbarung sowie der Kosten des Scheidungsverfahrens enthalten sein; so z.B. Kostenaufhebung bei beiderseitiger anwaltlicher Beteiligung für das Scheidungsverfahren und Regelung hälftiger **Kostenübernahme** des Vertrages.

Es kann sinnvoll sein, einen Zuschuss zu den Kosten des anderen Ehegatten mit einem festen Betrag zu vereinbaren oder die Kostenquote anders festzulegen. Falls Prozesskostenvorschüsse bezahlt wurden, ist zu regeln, ob diese zu erstatten bzw. anzurechnen sind.

7. Ehe- und Erbverträge

14 Für ehe- und **erbvertragliche** Regelungen verweist § 23 Abs. 3 RVG auf die Bestimmungen der Kostenordnung, also § 39 Abs. 3 KostO für den Ehevertrag und § 46 Abs. 4 für den Erbvertrag. Danach kommt es – ohne Wertbegrenzung – auf den **Wert des zusammengerechneten Vermögens** der Ehegatten bzw. auf den Wert dessen an, über das letztwillig verfügt wird, jeweils nach **Abzug der Schulden**. Nicht abzuziehen sind Vermächtnisse, Pflichtteilsrechte und Auflagen, § 46 Abs. 4 S. 2 KostO. (Im Einzelnen hierzu s. Teil 1, Rn 312 ff)

15

Muster: Weitere Vereinbarungen zur Kostenregelung

Alternative 1:

Die Kosten dieser Urkunde, der hierzu erforderlichen **Genehmigungen**, **Negativbescheinigungen** und sonstigen Erklärungen tragen die Vertragsteile je zur Hälfte.

Die Kosten des **Vollzugs im Grundbuch** und die **Katasterfortführungsgebühren** trägt Herr ■■■, ebenso eine etwaige Grunderwerbsteuer. Eine etwaige **Schenkungsteuer** trägt jeder Erwerber für seinen Erwerb.

Herr ■■■ beantragt **Befreiung** von der **Grunderwerbsteuer**, da das gegenwärtige Geschäft zum Zwecke der Auseinandersetzung des Vermögens zwischen den früheren Ehegatten ■■■ abgeschlossen wird.

Alternative 2:

Die Kosten der **Haftungsentlassungserklärungen** der ■■■ Bank werden von den Parteien je zu ½ übernommen.

Im Einzelnen handelt es sich hierbei um folgende Schulden: ■■■

Alternative 3:

(1) Die Kosten im **Verfahren** Az ■■■ und Az ■■■ werden in beiden Instanzen (Berufungsverfahren!) und die Kosten des Vergleichs ebenso gegeneinander aufgehoben.

(2) Die Kosten der Grundbuchumschreibung sowie die Kosten des **Vollzugs** des **Kaufvertrages** sowie sämtliche weitere im Zusammenhang mit dem Verkauf anfallenden notwendigen Kosten, z.B. **Maklerkosten**, tragen die Parteien je zur Hälfte.

Alternative 4:

Die Kosten dieser **Vereinbarung**, insbesondere auch Anwalts- und Gerichtskosten betreffend außergerichtlicher Tätigkeit und gerichtlicher Protokollierung des Vergleichs, trägt der Antragsteller (Kosten des Scheidungsverfahrens nach Gesetz: Kostenaufhebung).

Alternative 5:
Die Kosten der Vereinbarung werden gegeneinander aufgehoben.
Die Kosten des grundbuchamtlichen Vollzugs tragen die Parteien zu je ½. Soweit in Verbindung mit der **Freigabe der Zweckbestimmungserklärung** Kosten anfallen, trägt diese Herr ■■■

Alternative 6: Kostenvereinbarung, wenn lediglich ein Anwalt beteiligt ist
Wir sind uns dahingehend einig, dass die Anwaltskosten, die durch das Scheidungsverfahren entstehen, von uns hälftig übernommen werden.
Gleiches gilt für etwaige Anwaltskosten, die durch den Abschluss eines Vergleichs entstehen.
Diese Vereinbarung gilt auf der Grundlage, dass lediglich ein Anwalt mit der Durchführung des Scheidungsverfahrens bzw. Protokollierung eines Vergleiches beauftragt wird.

B. Unterhaltsvereinbarung

Die Anwaltsgebühren bei gerichtlichen Verfahren betragen: 16

- Verfahrensgebühr nach VV 3100 (1,3) bzw. 3101 (0,8) sowie
- Einigungsgebühr nach VV 1003 (1,0).

Soweit nicht nur beantragt ist, eine Einigung der Parteien zu Protokoll zu nehmen, entsteht auch eine **Terminsgebühr** aus VV 3104 (1,2), die schon durch eine **außergerichtliche** Besprechung unter Anwälten ausgelöst werden kann, die einen Verfahrensauftrag haben.[700]

Im **Prozesskostenhilfe-Prüfungsverfahren** beträgt die Verfahrensgebühr nach VV 3335 nur 1,0 bzw. nach VV 3337 nur 0,5. Die Einigungsgebühr beträgt 1,0 nach VV 1003, **soweit Prozesskostenhilfe nicht lediglich** für die gerichtliche Protokollierung eines **Vergleichsbeantragt** worden war; insoweit verbleibt es bei der Gebühr des VV 1000 (1,5).

Für die **Terminsgebühr** genügt z.B. die Teilnahme am Erörterungstermin und eine (auch außergerichtliche) Besprechung mit dem Gegner zur außergerichtlichen Einigung.[701]

Wird ein **außergerichtlicher** Vergleich abgeschlossen, so erhält der Anwalt die Geschäftsgebühr aus VV 2400 (0,2 – 2,5) und beim Zustandekommen der Scheidungsvereinbarung die **Einigungsgebühr** aus VV 1000 (1,5).

- Wird die außergerichtlich getroffene Einigung entgegen der bisherigen Planung zu gerichtlichem **Protokoll** gegeben, beispielsweise im Ehescheidungsverfahren, entsteht **zusätzlich** gem. VV 3101 die ermäßigte **Verfahrensgebühr** des VV 3100 mit 0,8, auf die jedoch die **Geschäftsgebühr** zur Hälfte bzw. höchstens mit einem Gebührensatz von 0,75 anzurechnen ist.[702]

---

700   Gerold/Schmid/v. Eicken/Müller-Rabe, RVG VV Vorbemerkung 3 Rn 81 ff.
701   Gerold/Schmid/v. Eicken/Müller-Rabe, RVG VV 3335 Rn 47.
702   Kilger/Pfeil in Göppinger/Börger, Vereinbarungen anlässlich der Ehescheidung, Rn 434 zu Teil 5.

17 **Beratungshinweis:**[703]

Um spätere Streitigkeiten zu vermeiden, empfiehlt es sich, **Vollmacht** zur außergerichtlichen Tätigkeit geben zu lassen. Dann ist eindeutig, dass die Geschäftsgebühr aus VV 2400 gefordert werden kann.[704]

■ Ist dem Anwalt nur der Auftrag zur **Mitwirkung** an der **Protokollierung einer Scheidungsfolgenvereinbarung** erteilt ("Fluranwalt"), so ist er nicht als Prozessbevollmächtigter tätig.
Er erhält für die Wahrnehmung des Termins eine **Verfahrensgebühr** für sonstige Einzeltätigkeiten von **0,8** (VV 2403) sowie jedenfalls dann, wenn die Einigung nach § 127a BGB **protokollierungsbedürftig** ist, für seine Mitwirkung eine **Einigungsgebühr** von 1,5 nach VV 1000.[705]

■ Wird ein einseitiges **notarielles Schuldanerkenntnis** abgegeben, so ist vom Schuldner eine volle Gebühr gem. §§ 141, 36 Abs. 1 KostO an den Notar zu zahlen. Als **Geschäftswert** ist bei Ehegatten nach § 24 Abs. 3 KostO höchstens der **5-fache** Jahresbetrag der Unterhaltsleistung anzusetzen. Bei der Beurkundung von **Verträgen** fällt eine **doppelte** Gebühr an (§ 36 Abs. 2 KostO).[706]

■ Bezüglich der **Gerichtsgebühren** tritt in Folge einer vergleichsweisen Regelung Gebührenermäßigung nach KV 1211 bzw. KV 1322 auf **1,0 Gebühren** ein.
Wird in einem **gerichtlichen** Verfahren ein Unterhaltsvergleich über **nicht rechtshängige** Ansprüche abgeschlossen, entstehen Gerichtsgebühren nach KV 1900 in Höhe von 0,25.
Ein im **Prozesskostenhilfe-Prüfungsverfahren** gem. § 118 Abs. 1 S. 3 Halbs. 2 ZPO abgeschlossener Vergleich ist **gebührenfrei**. Nur wenn in dem Vergleich auch Gegenstände geregelt werden, deretwegen nicht um Prozesskostenhilfe nachgesucht worden ist, erwächst aus dem überschießenden Betrag eine Vergleichsgebühr nach KV 1900 in Höhe von 0,25.[707]

---

703 Kilger/Pfeil a.a.O.
704 Gerold/Schmid/v.Eicken/Madert/Müller-Rabe RVG VV 2400 – 2403 Rn 35.
705 Kilger/Pfeil a.a.O. Rn 335 zu Teil 5; Schneider RVG-Berater 2004, 89.
706 Kilger/Pfeil a.a.O. Rn 337 zu Teil 5.
707 Kilger/Pfeil a.a.O. Rn 339 zu Teil 5.

§ 13 Steuern

Siehe auch die Ausführungen in Teil 3, § 10.

A. Grundsätze

- Während bis zum 31.12.1998 nur diejenigen entgeltlichen Grundstücksveräußerungen als „**Spekulationsgeschäfte**" erfasst wurden, bei denen der Zeitraum zwischen Anschaffung und Veräußerung nicht mehr als **2 Jahre** betrug, wurde durch das Steuerentlastungsgesetz vom 24.3.2000 § 23 EStG zu einem **völlig neuen Steuertatbestand** umgestaltet.

- **Alle privaten Veräußerungsgeschäfte**, also auch vorweggenommene Erbfolge, Ausstattung, Erbauseinandersetzung und Scheidungsvereinbarungen können, soweit sie **entgeltlich** oder **teilentgeltlich** sind, zu einem steuerpflichtigen **Einkommen des Veräußerers** führen, wobei die Erfassungsfrist **10 Jahre** beträgt. Für die Fristberechnung ist grundsätzlich das schuldrechtliche Rechtsgeschäft maßgeblich, also z.B. der Tag der Beurkundung der Grundstücksveräußerung. Die Neufassung gilt rückwirkend.[708]
  Mitumfasst sind von § 23 Abs. 1 Nr. 1 EStG auch die **Herstellungen von Gebäuden** und **Außenanlagen**, wobei für die Fristberechnung der 10-Jahresfrist stets auf die **Anschaffung** von **Grund und Boden** abzustellen ist und die Herstellung des Gebäudes keine neue Frist in Gang setzt.
  Als private Veräußerungsgewinne sind weiterhin erstmals auch **Eigenleistungen** des Steuerpflichtigen, **Nachbarschaftshilfe** und **Schwarzarbeit** zu versteuern.[709]
  Ausgenommen von der Besteuerung sind Wirtschaftsgüter, die im Zeitraum zwischen Anschaffung oder Fertigstellung und Veräußerung ausschließlich **zu eigenen Wohnzwecken oder** wenigstens im Jahr der Veräußerung und in den beiden vorangegangenen Jahren zu eigenen Wohnzwecken genutzt wurden.[710]

- Die Rechtsprechung des Bundesfinanzhofs[711] und die Steuerverwaltung[712] sehen den **Erwerb von Grundstücken im Zusammenhang mit der Scheidung** einkommensteuerlich als **entgeltlich** an. Soweit es sich bei dem übertragenen Grundstück **nicht** um das **selbstgenutzte** Eigenheim handelt, sind steuerpflichtige Gewinne i.S.v. § 23 EStG möglich.[713]
  Im Einzelnen zu den steuerlichen Auswirkungen von Immobilienübertragungen zur Abgeltung von Zugewinnausgleichsansprüchen, Tauschgeschäften bezüglich Immobilien u.a. siehe *Langenfeld*.[714]

---

708 Langenfeld, Handbuch der Eheverträge und Scheidungsvereinbarungen, Rn 1071 zu Kap. 5.
709 Langenfeld a.a.O. Rn 1072 f zu Kap. 5.
710 Langenfeld a.a.O. Rn 1074 zu Kap. 5.
711 BFH BStBl 2002 II, S. 519.
712 OFD München Betrieb 2001, 1533; OFD Frankfurt FinanzR 2001, 322.
713 Langenfeld a.a.O. Rn 1075 zu Kap. 5.
714 Langenfeld a.a.O. Rn 1076 f.

1 **Beratungshinweis:**

In jedem Fall ist dem Mandanten – am besten **schriftlich** – zu empfehlen, sich vor einer entsprechenden Vereinbarung mit seiner Steuerkanzlei in Verbindung zu setzen und sich beraten zu lassen. Das entsprechende Belehrungsschreiben ist in einem gesonderten Ordner betreffend Belehrungsschreiben aufzubewahren, damit auch nach Aktenauflösung noch der Beweis über die Belehrung geführt werden kann.

- Der steuerliche Begriff des dauernden Getrenntlebens ist von dem zivilrechtlichen verschieden. Insbesondere findet die Vorschrift des § 1567 Abs. 2 BGB nach der ein Versöhnungsversuch das Trennungsjahr nicht unterbricht, im Steuerrecht keine Anwendung.[715]
  Steuerrechtlich kann ein gescheiterter Versöhnungsversuch daher das dauernde Getrenntleben unterbrechen.[716] Die **Erklärung der Ehegatten vor dem Familiengericht** zum dauernden Getrenntleben sind für die steuerliche Würdigung ein **Indiz**, aber nicht mehr. Entscheidend sind die tatsächlichen Gegebenheiten. Allerdings trifft die Ehegatten die Feststellungslast für das nicht dauernde Getrenntleben.[717]
  Bei Zusammenveranlagung wirkt die Auszahlung einer Steuerrückerstattung an einen Ehegatten auch für und gegen den anderen Ehegatten, § 36 Abs. 4 S. 3 EStG. Für Einkommensteuern **haften beide** Ehegatten nach § 44 Abs. 1 S. 1 AO als Gesamtschuldner, wenn sie **zusammenveranlagt** werden.
  Allerdings kann jeder zusammenveranlagte Ehegatte nach Maßgabe der §§ 268 ff AO eine **Aufteilung rückständiger Steuern** beantragen. Die Steuer ist alsdann nach dem **Verhältnis** der Beträge aufzuteilen, die sich bei **getrennter** Veranlagung ergeben würden (§ 270 AO).[718]
  Häufig wird – gerade bei Abschluss einer Vereinbarung betreffend Zugewinnausgleich – übersehen, dass etwaige Steuernachzahlungen oder Steuerrückerstattungen zu erwarten sind.
  Jede Vereinbarung sollte auch hierzu eine Regelung enthalten.
  Eine wechselseitige **Verpflichtung**, der gemeinsamen steuerlichen Veranlagung **zuzustimmen**, besteht, solange die steuerrechtlichen Voraussetzungen hierfür gegeben sind.[719]
  Ein Anspruch auf Zustimmung zu einer Zusammenveranlagung kann sich auch aus einer Ehegatten-Innengesellschaft ergeben.[720]
  Die Zustimmung zur gemeinsamen Veranlagung kann davon abhängig gemacht werden, dass der begünstigte Ehegatte dem anderen Ehegatten den bei diesem gegenüber getrennter Veranlagung entstehenden **Nachteil erstattet**.[721] Dies gilt jedoch nur dann, wenn die Ehegatten im Innenverhältnis keine – sei es auch nur konkludente – anderweitige Vereinbarung i.S.d. § 426 Abs. 1 S. 1 BGB getroffen haben.[722]

715 Münch, Ehebezogene Rechtsgeschäfte, Rn 2215 zu Teil 8.
716 BFH BStBl 1991 II, S. 806; Liebelt NJW 1994, 609.
717 BGH BStBl 1991 II, S. 806 f; dort auch kritisch zur Beiziehung von Scheidungsakten.
718 Münch, Ehebezogene Rechtsgeschäfte, Rn 2219 zu Teil 8.
719 BGH FamRZ 2002, 1024.
720 BGH FamRZ 2003, 1454.
721 BGH FamRZ 1983, 576.
722 BGH FamRZ 2000, 2024; Börger a.a.O. Rn 70 zu Teil 6.

Eine solche stillschweigende Vereinbarung kann sich aus der Steuerklassenwahl (III/V) und daraus ergeben, dass im Rahmen der ehelichen Lebensgemeinschaft der Grundsatz gilt, dass der Zuvielleistende im Zweifel keinen Rückforderungswillen hat.[723]

■ Da **bis zur** endgültigen **räumlichen Trennung** die Ehegatten sich i.d.R. mit ihrer Lebensführung darauf einstellen, was jeder von ihnen unter Berücksichtigung der gewählten Steuerklasse an finanziellen Mitteln zur Verfügung hat und zum gemeinsamen Lebensbedarf beisteuert, kann für **diese Zeit** i.d.R. **nicht nachträglich** getrennte Veranlagung **gewählt** oder die Zustimmung zur gemeinsamen Veranlagung von dem **Nachteilsausgleich** abhängig gemacht werden.[724]

■ Eine anderweitige Vereinbarung kann sich auch aus einer vereinbarten **Unterhaltsregelung** ergeben.

■ Die **Aufteilung** von Steuererstattungen oder Steuernachzahlungen erfolgt i.d.R. nach dem Verhältnis der steuerpflichtigen Einkünfte bzw. Aufteilung der Steuerschuld entsprechend dem Verhältnis der bei – fiktiver – getrennter Veranlagung entstehenden Steuerbeträge.

■ Steuerliche Berücksichtigung von Aufwendungen im Zusammenhang mit der Scheidung:

■ Als **außergewöhnliche** Kosten sind im Zusammenhang mit der Ehescheidung **anerkannt** (*Münch*, a.a.O., Rn 2402 zu Teil 8.):
– **Gerichtskosten** und **Anwaltskosten** für das **Scheidungsverfahren**. Sie sind zwangsläufig, da eine Ehe nur durch gerichtliches Urteil geschieden werden kann. Solche Kosten werden auch dann als außergewöhnliche Belastung anerkannt, wenn die Ehe aufgrund Versöhnung nicht geschieden wird.[725]
– Abziehbar ist nur die **gerichtlich** ausgesprochene **Kostenverteilung**. Übernimmt ein Ehegatte Kostenanteile des anderen, sind diese für ihn nicht absetzbar.[726]
– Gerichtskosten und Anwaltskosten für die Scheidungs**folgesachen**, die nach § 623 ZPO im Verbund entschieden werden.
– Kosten **notarieller** Scheidungsvereinbarungen bzw. Mediationen, wenn deren Ergebnisse im Scheidungsverfahren übernommen werden.[727] Sie vermeiden langwierige Auseinandersetzungen und damit noch höhere Kosten.

■ Als **außergewöhnliche** Kosten sind im Zusammenhang mit der Ehescheidung **nicht anerkannt** (*Münch*, a.a.O., Rn 2403 zu Teil 8):
– Sonstige Folgekosten, die nicht unmittelbar und unvermeidbar durch die Ehescheidung entstehen, z.B. **Detektivkosten**.[728]
– Kosten als Folge der Trennung, wie **Umzugskosten**, Aufwendungen für neue Möbel und neuen Hausrat.[729]

---

723 BGH NJW 2002, 1570.
724 BGH FamRZ 2002, 1024; Börger a.a.O. Rn 70 zu Teil 6.
725 FG Hamburg EFG 1982, 246.
726 Münch, Ehebezogene Rechtsgeschäfte, Rn 2402.
727 OFD Köln BB 2001, 1724.
728 BFH BStBl 1992 II, S. 175.
729 BFH BStBl 1975 II, S. 538.

- Kosten der Kontaktpflege zwischen geschiedenem Ehegatten und Kind.[730]
- Prozesskosten bei **vermögensrechtlichen Auseinandersetzungen**, auch wenn sie im Zusammenhang mit der Scheidung einer Ehe nach Gütertrennung stehen; es fehlt schon an der Zwangsläufigkeit der unmittelbaren Ursache solcher Kosten. Anders als bei einem Scheidungsprozess besteht bei der Durchführung einer vermögensrechtlichen Auseinandersetzung **nicht die prozessuale Notwendigkeit** eines gerichtlichen **Titels**. Dies ist jedoch nach der Rechtsprechung des BFH entscheidender Grund für die Berücksichtigung der Kosten jener Verfahren als außergewöhnliche Belastungen.[731]

  Damit dürften alle Auseinandersetzungen, die über die „zweite Spur" der **schuldrechtlichen** Ansprüche ausgetragen werden, von der Geltendmachung als außergewöhnliche Belastung ausgeschlossen sein.[732]
- **Kapitalabfindungen** zur Abgeltung von Unterhaltsansprüchen des geschiedenen Ehegatten.[733]

2   Beratungshinweis:

Die Vereinbarung zur Vermögensauseinandersetzung sollte auch ausdrücklich regeln, wie **Steuererstattungsforderungen** der Eheleute und Steuernachforderungen des Finanzamts aus Zeiten der gemeinsamen Veranlagung aufgeteilt werden sollen.

B. Vereinbarung zur steuerlichen Veranlagung, Steuererstattung und Verlustabzug

I. Beratung

3   Verlust i.S.d. § 10 d EStG ist der **negative Gesamtbetrag** der Einkünfte (§ 2 Abs. 3 EStG), der auch bei der **Zusammenveranlagung** von Ehegatten **getrennt** ermittelt wird.[734]

4   Der Verlust kann ohne zeitliche Begrenzung **rück-** und **vorgetragen** werden, d.h. die Verluste können zunächst im zweiten, dann im ersten vorausgegangenen Veranlagungszeitraum vom Gesamtbetrag der Einkünfte abgezogen werden. Die dadurch nicht verbrauchten Verluste können in den folgenden Veranlagungszeiträumen unter Berücksichtigung der Höchstbeträge von den Einkünften abgezogen werden.[735]

5   Der Verlustabzug ist **nicht übertragbar**. Werden Ehegatten im Verlustentstehungsjahr **zusammen**, im Abzugsjahr **einzeln** oder **getrennt** veranlagt, so kommt der Abzug nur bei demjenigen in Betracht, der den Verlust erlitten hat (§ 62 d Abs. 1 EStDV). Bei der **Zusammenveranlagung** ist aber der negative **Gesamtbetrag** der Einkünfte des Ehe-

---

730   BFH BStBl 1997 II, S. 54.
731   Münch a.a.O. Rn 2403 zu Teil 8.
732   Münch a.a.O.
733   BFH BStBl 1998 II, S. 605.
734   BFH BStBl 1978 II, 8; Märkle in Göppinger/Börger, Vereinbarungen anlässlich der Ehescheidung, Rn 206 zu Teil 9.
735   Märkle a.a.O. Rn 206 zu Teil 9 insbesondere zu den derzeitigen Höchstbeträgen.

gatten zuvor mit dem positiven Gesamtbetrag des **anderen** Ehegatten auszugleichen.[736] Zu den Voraussetzungen der Zusammenveranlagung und zur Verpflichtung, der Zusammenveranlagung zuzustimmen, s.o. Teil 4, § 4 Rn 388 ff.

II. Muster: Vereinbarung zur gemeinsamen steuerlichen Veranlagung

6

Zwischen den Beteiligten besteht Einigkeit, dass sie für das Kalenderjahr ▪▪▪ steuerlich **gemeinsam veranlagt** werden. Sie vereinbaren hierzu, dass Frau ▪▪▪ von einer Steuerrückerstattung für das Kalenderjahr ▪▪▪ (Jahr der gemeinsamen Veranlagung) denjenigen **Betrag** in vollem Umfang erhält, der sich im Zusammenhang mit dem in Abschnitt ▪▪▪ genannten Anwesen sowie der von Frau ▪▪▪ darin betriebenen **Praxis** ergibt; dies betrifft sämtliche steuerlichen Vergünstigungen, wie z.B. Abschreibung sowie Geltendmachung von Zins- und Tilgungszahlungen.

Eventuelle **Steuerrückerstattungen** für das Kalenderjahr ▪▪▪ (Jahr der Zusammenveranlagung), die sich nicht auf das genannte Anwesen sowie die erwähnte Praxis beziehen, stehen hingegen Herrn ▪▪▪ zu.

Die Beteiligten werden die ihnen aufgrund der vorstehenden Vereinbarung anteilig zustehenden Steuerrückerstattungsbeträge nach Vorliegen des Einkommensteuerbescheides für das Jahr ▪▪▪ (Jahr der gemeinsamen Veranlagung) von ihrem **Steuerberater ermitteln lassen.**

Die vorstehende Vereinbarung bezieht sich nur auf Steuerrückerstattungsbeträge und dabei auch nur auf das Kalenderjahr ▪▪▪ (Jahr der Zusammenveranlagung); im Übrigen sind von den Beteiligten für bereits bezahlte Steuern keine gegenseitigen Ausgleichsleistungen zu erbringen.

Alternative 1:

Zwischen den Parteien besteht Einigkeit, dass aus den Steuererklärungen für die Jahre ▪▪▪ und ▪▪▪ Rückerstattungsbeträge fließen können; diese werden **hälftig geteilt.** Jede der Parteien verpflichtet sich, für den Fall der Auszahlung des Gesamtbetrages an sie, den hälftigen Betrag an den anderen auszuzahlen.

Alternative 2:

Da die Parteien seit ▪▪▪ endgültig getrennt leben, **verpflichtet** sich Frau ▪▪▪ gegenüber Herrn ▪▪▪ der gemeinsamen **Einkommensteuerveranlagung** mit Frau ▪▪▪ für das Kalenderjahr ▪▪▪ **zuzustimmen.**

Herr ▪▪▪ **stellt** Frau ▪▪▪ von sämtlichen einkommensteuerrechtlichen und **kirchensteuerrechtlichen** Verpflichtungen, welche sich aus der gemeinsamen Veranlagung für das Kalenderjahr ▪▪▪ (Jahr der Trennung) ergeben können, im **Innenverhältnis frei.** Diese Freistellung erstreckt sich auch auf etwaige bestehende und **noch entstehende** Einkommensteuerverpflichtungen bzw. Kirchensteuerverpflichtungen aus der Zeit zuvor. Etwaige Nachzahlungen und Rückerstattungen für das Kalenderjahr ▪▪▪ (Jahr der Trennung) gehen auf Rechnung von Herrn ▪▪▪

Alternative 3:[737]

Sollten für die Zeiten gemeinsamer steuerlicher Veranlagung noch **Steuernachforderungen** des Finanzamtes anfallen, tragen wir diese Steuerschuld im Innenverhältnis je zur Hälfte/nach dem Verhältnis der steuerpflichtigen Einkünfte/nach dem **Verhältnis** der bei **fiktiver getrennter Veranlagung** entstehenden Steuerbeträge.

---

736 Märkle a.a.O. Rn 208 zu Teil 9.
737 Göppinger/Börger, Vereinbarungen anlässlich der Ehescheidung, Rn 72 zu Teil 6.

Nach dem gleichen Berechnungsmodus sind etwaige **Steuererstattungen** für die Zeiten gemeinsamer steuerlicher Veranlagung aufzuteilen.

Wir sind uns darüber einig, dass etwaige Nachforderungen oder Erstattungen des Finanzamtes **keinen Einfluss** auf die **Unterhaltsregelung** haben sollen.

Alternative 4:

Steuererstattungen aus Zeiten gemeinsamer Veranlagung stehen dem **Ehemann** im Innenverhältnis alleine zu. Er übernimmt zur Entlastung der Ehefrau im Innenverhältnis auch alleine etwaige **Steuernachforderungen** des Finanzamts für die Zeiten gemeinsamer Veranlagung. Die entsprechenden Zahlungsverpflichtungen oder Geldzuflüsse sollen in dem jeweiligen Kalenderjahr der tatsächlichen Zahlung bei den **Unterhaltsberechnungen** als Einkommen bzw. Schulden des Ehemannes **berücksichtigt** werden. Er verpflichtet sich, unaufgefordert der Ehefrau Kopien der jeweiligen Steuerbescheide zukommen zu lassen.

C. Steuerliche Beurteilung von Unterhaltsleistungen

I. Beratung

Im Einzelnen hierzu s. Teil 4, § 4 Rn 386 ff.

1. Zusammenveranlagung

7   Erfüllen die Ehegatten die Voraussetzung der **Zusammenveranlagung** und werden sie deshalb **zusammen** oder **getrennt** veranlagt oder wird für beide Ehegatten die besondere Veranlagung durchgeführt, so sind dadurch ihre gegenseitigen **Unterhaltsleistungen** einkommensteuerlich **abgegolten**.[738]

8   Unbeschränkt einkommensteuerpflichtige Ehegatten haben nach § 26 Abs. 1 EStG für jedes Kalenderjahr das Recht, zwischen der **Zusammenveranlagung und der getrennten Veranlagung zu wählen, wenn** sie zu irgendeinem Zeitpunkt innerhalb des Kalenderjahres verheiratet waren, nicht dauernd getrennt lebten und beide unbeschränkt einkommensteuerpflichtig waren (d.h. Wohnsitz oder gewöhnlichen Aufenthalt im Inland gehabt haben). Sind hingegen während des **ganzen** Kalenderjahres die Voraussetzungen der Zusammenveranlagung nicht erfüllt, so ist jeder Ehegatte **einzeln zu veranlagen**.[739]

9   Leben Eheleute **getrennt** i.S.d. § 1567 BGB, so schließt dies regelmäßig ein dauerndes Getrenntleben i.S.d. § 26 EStG mit ein. Nach Auffassung des BFH ist die Erklärung der Ehegatten im **Ehescheidungsprozess** zwar ein wichtiges **Indiz**, entbindet aber die Finanzbehörden und Finanzgerichte nicht von ihrer **Ermittlungspflicht**, denn die Ehegatten seien im Besteuerungsverfahren daran nicht gebunden.[740]

10   Die **Beiziehung** der familiengerichtlichen **Scheidungsakten** ist **gegen** den **Widerspruch** eines der Beteiligten nur **gerechtfertigt**, wenn dies im **überwiegenden** Interesse der All-

---

738   Zu § 33a Abs. 1 EStG: BFH BStBl 1989 II, 164 = NJW 1989, 2015; Märkle in Göppinger/Börger, Vereinbarungen anlässlich der Ehescheidung, Rn 37 zu Teil 9.
739   Märkle in Göppinger/Börger, Vereinbarungen anlässlich der Ehescheidung, Rn 38 zu Teil 9.
740   Märkle a.a.O., BFH BStBl 1986 II, 486 = NJW 1986, 2010.

gemeinheit unter strikter Wahrung des **Verhältnismäßigkeitsgebotes** erfolgt; unzulässig beigezogene Akten unterliegen dem Verwertungsverbot.[741]

Bei räumlichem Getrenntleben in Scheidungsfällen bis zu einem Jahr vor der Ehescheidung trifft die Ehegatten die Beweislast des dauernden Getrenntlebens.[742] Ein **kurzzeitiges Zusammenleben** (z.B. ein gescheiterter Versöhnungsversuch) reicht (entgegen § 1567 Abs. 2 BGB) für die **Zusammenveranlagung** in diesem Kalenderjahr aus.[743] Besuche und gemeinsame **Urlaubsreisen** reichen **nicht** aus.[744] **11**

2. Getrennte Veranlagung

Ehegatten werden getrennt veranlagt, wenn die Voraussetzungen für die Zusammenveranlagung vorliegen und mindestens einer von ihnen dies **beantragt** (§ 26 Abs. 2 EStG)[745] mit folgenden Hinweisen: **12**

- Die Veranlagungsart kann noch im **finanzgerichtlichen Verfahren** beantragt werden, auch wenn vorher die andere durchgeführt worden ist.[746]
- Bis zur Bestandskraft von Änderungsbescheiden kann eine abweichende Wahl der Veranlagungsart insoweit berücksichtigt werden, als die Änderung reicht.[747]
- Ein Antrag auf getrennte Veranlagung ist aber **unwirksam**, wenn er allein darauf abzielt, den anderen Ehegatten zu **schädigen**[748] mit folgendem Hinweis:
- Zivilrechtlich sind die Ehegatten verpflichtet, an der **gemeinsamen Veranlagung** mitzuwirken (z.B. für das **gesamte Trennungsjahr**: BGH FamRZ 1999, 1590; FamRZ 2004, 174; OLG Oldenburg FamRZ 2003, 159).

Eine **zivilgerichtliche** Klage auf Zusammenveranlagung berührt die **einkommensteuerliche** Veranlagungsart **nicht** und kann lediglich **Schadenersatzansprüche** begründen.[749] Die **Pflicht** zur Zustimmung zur Zusammenveranlagung besteht aber nur dann, wenn die entstehenden **Nachteile ausgeglichen** werden.[750] **13**

Die Zusammenveranlagung darf nicht von der Beteiligung am Splittingvorteil abhängig gemacht[751] und nur bei berechtigtem Interesse an der getrennten Veranlagung versagt werden[752] (so z.B. wegen Geheimhaltung der Einkommensverhältnisse oder **außersteuerlicher** Nachteile). **14**

Bei schuldhafter Verweigerung der Mitwirkungspflicht entsteht **Schadenersatzpflicht**.[753] Ein Antrag auf getrennte Veranlagung ist z.B. dann **missbräuchlich** und **steuerlich unwirksam**, wenn sich der Antrag beim Antragsteller auf die **Höhe** seiner Steuer **15**

---

741 BFH BStBl 1991 II, 806 = NJW 1991, 3055; Märkle a.a.O.
742 BFH a.a.O.
743 Hessisches FG EFG 1988, 639; Jessen/Vollers FamRZ 2002, 149; Hausmann FamRZ 2002, 1612; Märkle a.a.O.
744 FG Köln StEd 1993, 127; Märkle a.a.O.
745 Märkle a.a.O. Rn 43
746 BFH BStBl 1977 II, 605; BStBl 2002 II, 408.
747 BFH BStBl 1989 II, 225; BStBl 1992 II, 123 = NJW 1992, 1648.
748 Märkle a.a.O. Rn 43 zu Teil 7.
749 BFG HFR 1977, 297; Märkle a.a.O.
750 LG Giessen FamRZ 2001, 97.
751 BGH FamRZ 2002, 1024 m. Anm. Bergschneider FamRZ 2002, 1182.
752 OLG Hamburg MDR 1979, 581; LG Aachen FamRZ 1999, 391.
753 OLGMünchen FamRZ 1979, 721, 723; OLG Hamm FamRZ 2001, 98.

nicht auswirkt, weil er keine oder nur geringe Einkünfte hat und diese auch keinem Steuerabzug unterlegen haben.[754]

3. Begrenztes Realsplitting[755]

16 Unterhaltsleistungen können auf Antrag bis zu einem Höchstbetrag von 13.805 Euro jährlich als **Sonderausgaben** abgezogen werden, wenn der Unterhaltsberechtigte dem Realsplitting zustimmt. Dies gilt für Unterhaltsleistungen an **geschiedene** oder an **dauernd getrennt lebende** Ehegatten. (Zum dauernden Getrenntleben s.o. Teil 4, § 4 Rn 386 ff)

17 **Stimmt** der Empfänger dem Antrag des Unterhaltspflichtigen **zu,** so werden die Unterhaltsleistungen in voller Höhe als steuerpflichtige **sonstige Einkünfte** nach Abzug der Werbungskosten, ggf. mit dem Pauschbetrag hierfür zugerechnet und zusammen mit seinen anderen Einkünften durch Veranlagung der Einkommensteuer unterworfen (§ 22 Nr. 1 a, § 46 Abs. 2 Nr. 1 EStG).

18 Unterhalt in diesem Sinne sind sowohl Unterhaltsleistungen in bar als auch **Sachzuwendungen** zur Eigentumsübertragung sowie zur Gebrauchsüberlassung.[756] Dabei ist ohne Bedeutung, ob es sich um laufende oder einmalige Leistungen handelt, ob sie freiwillig oder aufgrund gesetzlicher Unterhaltspflicht erbracht werden.[757]

19 Das begrenzte Realsplitting kommt nur dann in Betracht, wenn die Ehegatten **zu Beginn** des betreffenden Kalenderjahres **dauernd getrennt gelebt** haben oder geschieden waren.

20 Erfüllen die Ehegatten für das betreffende Jahr noch die Voraussetzungen der **Zusammenveranlagung,** so sind die Unterhaltsleistungen nach den gesetzlichen Vorschriften über die Ehegattenbesteuerung **abgegolten.**[758]

21 Werden Unterhaltsleistungen z.B. an **mehrere geschiedene Ehegatten** erbracht, so ist **für jeden Empfänger** gesondert zu beurteilen, ob der Sonderausgabenabzug zulässig ist. Der abziehbare Höchstbetrag von 13.805 Euro gilt jeweils für die Unterhaltsleistungen an einen Empfänger.[759] Das begrenzte Realsplitting gilt **nicht** für Unterhaltsleistungen an andere Personen, z.B. an die Mutter des gemeinsamen nichtehelichen Kindes (§ 1615 l BGB).[760]

22 Der **Antrag** ist weder **form-** noch **frist**gebunden. Er ist bedingungsfeindlich und **unwiderruflich,** bindet jedoch nur das **Kalenderjahr,** für das der Sonderausgabenabzug beantragt wird. Er muss jedes Jahr neu gestellt werden. Die **Zustimmung** ist bis auf **Widerruf** wirksam. Der Widerruf kann nur **vor Beginn** des jeweils betroffenen Kalenderjahres er-

---

754 BFH BStBl 1977 II, 870.
755 Im Einzelnen s. a.o. Teil 4, § 4 Rn 391, 399.
756 Märkle a.a.O. Rn 51 zu Teil 9.
757 Vgl. Germann ENF 1996, 428.
758 BFH NJW 1989, 2015; Märkle in Göppinger/Börger, Vereinbarungen anlässlich der Ehescheidung, Rn 52 zu Teil 7.
759 Märkle a.a.O. Rn 53 zu Teil 9.
760 BFH BFH/NV 2003, 1415; kein Verstoß gegen Art. 3 u. 6 GG: BFH BFH/NV 1995, 777.

folgen. Insoweit kann es sich empfehlen, die **Zustimmungserklärung eindeutig** auf **1 Jahr** beschränkt abzugeben.[761]

Das Antragsrecht kann mit dem Antrag auf **Lohnsteuerermäßigung**, auf Anpassung der **Einkommensteuervorauszahlungen** oder mit der **Einkommensteuererklärung** ausgeübt werden. Wird der Antrag erst nach Bestandskraft des Einkommensteuerbescheides gestellt, so wird der Steuerbescheid insoweit nach § 175 Abs. 1 Nr. 2 AO geändert.[762] Wird die Zustimmung auf eine vom Antrag **abweichende** Betragshöhe beschränkt, so ist sie unwirksam.[763]   23

Ohne die Zustimmung des Unterhaltsempfängers können Unterhaltsleistungen allenfalls als **außergewöhnliche Belastung** nach § 33 a Abs. 1 EStG geltend gemacht werden.   24

Die Zustimmung kann durch eine rechtskräftige **Verurteilung** zu ihrer Abgabe oder durch einen entsprechenden **Prozessvergleich** ersetzt werden (§ 894 ZPO).   25

Die Zustimmung **wirkt** auch für die folgenden Jahre bis auf **Widerruf**.[764] Sie kann sowohl gegenüber dem **Wohnsitzfinanzamt** des Unterhaltsleistenden, wie auch des Unterhaltsempfängers widerrufen werden. In beiden Fällen ist der Sonderausgabenabzug des Unterhaltsleistenden ausgeschlossen.[765]   26

Der Widerruf muss **vor** Beginn des Kalenderjahres, für das die Zustimmung nicht mehr gelten soll, gegenüber dem Finanzamt erklärt werden. Soweit die Zustimmung durch rechtskräftige Verurteilung ersetzt wurde, wirkt sie nur für das Kalenderjahr, das Gegenstand des Rechtsstreits war.[766]   27

4. Übernahme der finanziellen Nachteile

Zu den **steuerlichen Nachteilen** gehören die **Einkommensteuer**, der **Solidaritätszuschlag** und die **Kirchensteuer** einschließlich der Vorauszahlungen hierzu (§ 37 EStG) sowie der **Verlust** von Steuer**vergünstigungen** durch Überschreiten von Einkunfts- und Einkommensgrenzen,[767] soweit sie auf den zugerechneten Unterhaltsleistungen beruhen,[768] sowie der Kosten des Steuerberaters[769] einschließlich der Steuerberatungskosten für die Berechnung der steuerlichen Nachteile.[770]   28

Die Freistellung muss auch **außersteuerliche** öffentliche Leistungen und **sonstige finanzieller Nachteile** umfassen. Dies betrifft z.B. Wohnungsbauprämie, Arbeitnehmersparzulage für vermögenswirksame Leistungen, Beiträge zum Ersatz der wegfallenden   29

761 Schöppe-Fredenburg in Gerhardt FA-FamR Rn 201 zu Kap. 13.
762 Märkle a.a.O. Rn 60 zu Teil 9; BFH BStBl 1989 II, 957 = NJW 1990, 270.
763 Märkle a.a.O. Rn 61 zu Teil 9.
764 Märkle a.a.O. Rn 64 zu Teil 9.
765 BFH BStBl 2003 II, 803; Märkle a.a.O. Rn 64 zu Teil 9.
766 BFH BStBl 1989 II, 192 = NJW 1989, 1504.
767 Märkle in Göppinger/Börger, Vereinbarungen anlässlich der Ehescheidung, Rn 65 zu Teil 9; zu solchen bei geringfügiger Beschäftigung: OLG Bamberg FamRZ 1987, 1047.
768 OLG Bamberg FamRZ 1987, 1047.
769 OLG Bamberg FamRZ 1987, 1046; nur bei unerfahrenen Unterhaltsempfängern: OLG Köln FamRZ 1998, 834.
770 OLG Hamm FamRZ 1993, 205.

Familienversicherung nach § 10 Abs. 1 SGB,[771] Stipendien nach dem Graduiertenförderungsgesetzt (auch hinsichtlich der Rückzahlung von Darlehen).[772]

30 Bei der Gewährung von **Wohngeld**, von Waisen-, Eltern- und Ausgleichsrenten nach dem Bundesversorgungsgesetz und von Leistungen nach dem BAföG werden Unterhaltsleistungen beim Berechtigten ohnehin als Einkünfte behandelt; bei diesen Förderungen können sich jedoch dann Nachteile ergeben, wenn der Unterhaltsempfänger Mehrbeträge als Ausgleich für steuerliche oder andere Nachteile erhält, die zusätzlich erfasst werden müssen.[773]

31 Beim **BAföG** können sich außerdem Nachteile dann ergeben, wenn ein Elternteil von seinem geschiedenen Ehegatten außer den reinen Unterhaltsleistungen noch Ersatz für Nachteile erhält.[774]

32 Die Zustimmung kann nicht für die Zukunft, sondern nur für ein **abgelaufenes Kalenderjahr** begehrt werden.[775] Gleicht der Unterhaltsverpflichtete dem Berechtigten die Steuernachteile aus und/oder beteiligt er den Unterhaltsberechtigten an seinem Steuervorteil, so stellen auch diese Mehrbeträge Unterhaltsleistungen dar, die im Rahmen der Höchstgrenze unter das begrenzte Realsplitting fallen.[776]

33 Bei den Steuern bei Zusammenveranlagung wirkt die Auszahlung einer **Steuerrückerstattung** an einen Ehegatten auch für und gegen den anderen Ehegatten, § 36 Abs. 4 S. 3 EStG. Trotzdem kann es für das Finanzamt erforderlich werden, Feststellungen zur Erstattungsberechtigung zu treffen und ggf. die Höhe des auf jeden Ehegatten entfallenden Erstattungsbetrages zu ermitteln. Dies ist immer dann **erforderlich**, wenn das Finanzamt **erkennt**, dass die Ehe nicht mehr intakt ist. **Erstattungsberechtigt** ist dann derjenige Ehegatte, für dessen Rechnung der zu erstattende Betrag gezahlt worden war.[777]

34 Jeder zusammenveranlagte Ehegatte kann nach Maßgabe der §§ 268 ff AO eine **Aufteilung rückständiger Steuern** beantragen. Die Steuer ist sodann nach dem **Verhältnis** der Beträge aufzuteilen, die sich bei **getrennter Veranlagung** ergeben würden, § 270 AO.

II. Muster

Zu Mustern siehe Teil 4, § 4 Rn 399 sowie vorstehend Rn 6.

D. Bestellung eines Leibrentenstammrechts

35 Die Bestellung eines Leibrentenstammrechts als Gegenleistung für den Verzicht auf gesetzliche Unterhaltsansprüche ist keine freigiebige Zuwendung, also keine Schenkung, sondern **entgeltlich** und deshalb **nicht schenkungsteuerpflichtig**.

---

771 Böhmel FamRZ 1995, 270; Arens FamRZ 1999, 1558.
772 Märkle a.a.O.
773 Märkle a.a.O.
774 Märkle a.a.O.
775 OLG Koblenz FamRZ 1980, 791.
776 Märkle a.a.O.; BMF DStZ/E 1982, 2, 3; DB 1981, 2576.
777 Münch, Ehebezogene Rechtsgeschäfte, Rn 227 zu Teil 1; Verfügungen der OFD München und der OFD Nürnberg, DStR 2004, 139.

Im Übrigen kommt die Rechtsprechung des BFH zur Anwendung, nach der Unterhalts- 36
leistungen, die auf einer Vereinbarung geschiedener Ehegatten beruhen, i.d.R. keine
freigiebigen Zuwendungen darstellen, selbst wenn keine gesetzliche Verpflichtung im
Hintergrund steht.[778]

E. Regelung des Zugewinnausgleichs durch Vermögensübertragung

I. Einkommensteuer

Wird zur Abgeltung der Zugewinnausgleichsansprüche **Privatvermögen** übertragen, so 37
kann hierdurch nur dann eine **Einkommensteuer** entstehen, wenn es sich innerhalb der
Veräußerungs**fristen** um ein privates Veräußerungsgeschäft i.S.d. § 23 EStG oder um
die Veräußerung einer wesentlichen Beteiligung i.S.d. § 17 EStG handelt; denn es liegt
ein **entgeltliches** Rechtsgeschäft vor, wenn Wirtschaftsgüter in Erfüllung von Verpflichtungen aus der güterrechtlichen Auseinandersetzung übertragen werden.[779]

Gehörte jedoch der übertragene Gegenstand zum **Betriebsvermögen** des Ausgleichs- 38
pflichtigen, so liegt in der Übertragung dann eine **Entnahme** (§ 6 Abs. 1 Nr. 4 EStG),
wenn der Empfänger nicht Mitunternehmer des Betriebs ist; durch die Entnahme
wird ein laufender Gewinn ausgelöst, soweit der **Teilwert** zum Zeitpunkt der **Entnahme**
über dem **Buchwert** liegt, auch wenn das Wirtschaftsgut beim Empfänger wieder Betriebsvermögen wird.[780]

Einkünfte aus den übertragenen Gegenständen sind nach der Übertragung dem **Emp-** 39
fänger zuzurechnen. Die Leistung des Zugewinnausgleichs in Geld hat beim Ausgleichs-
pflichtigen keine einkommensteuerlichen Folgen.[781]

II. Außergewöhnliche Belastung

Die Leistung des Zugewinnausgleichs kann als Vorgang im Vermögensbereich beim 40
Ausgleichspflichtigen nicht als außergewöhnliche Belastung (§ 33 EStG) berücksichtigt
werden. Gleiches gilt für Zinsen, wenn zur Auszahlung des Zugewinnausgleichs ein
Darlehen aufgenommen werden musste.[782]

III. Schenkungsteuer

Die Zahlung der Ausgleichsforderung ist **nicht schenkungsteuerpflichtig** (§ 5 Abs. 2, 41
siehe auch § 7 ErbStG).[783] **Verzichtet** der berechtigte Ehegatte auf die ihm zustehende
Ausgleichsforderung, so kann hierin eine **Schenkung** unter Lebenden an den verpflich-

---

778 Langenfeld, Handbuch der Eheverträge und Scheidungsvereinbarungen, Rn 1097 zu Kap. 5; BFH BStBl
     1968 II, 239.
779 Märkle a.a.O. Rn 127 zu Teil 9.
780 Märkle in Göppinger/Börger, Vereinbarungen anlässlich der Ehescheidung, Rn 128 zu Teil 9.
781 Märkle a.a.O. Rn 129 zu Teil 9.
782 BFH BStBl 1990 II, 958; Märkle a.a.O. Rn 130 zu Teil 9.
783 BMF BStBl 1975 I, 42; BStBl 1976 I, 145, Tz.2.2.

teten Ehegatten liegen.[784] Gleiches gilt, wenn Zugewinnausgleichsansprüche nicht geltend gemacht werden.

42 Erfolgt der Verzicht gegen Zahlung einer **Abfindung**, so tritt diese an die Stelle der Ausgleichsforderung und ist damit ebenfalls **steuerfrei**. Gleiches gilt auch für die **Übertragung von Gegenständen** unter Anrechnung auf die Ausgleichsforderung (§ 1383 Abs. 1 BGB).[785] Haben die Ehegatten eine **höhere Ausgleichsquote** vereinbart, so ist die diesbezügliche Leistung ebenfalls **nicht schenkungsteuerpflichtig**.[786]

43 Wird eine **unentgeltliche Zuwendung** auf die Ausgleichsforderung angerechnet (§ 1380 Abs. 1 BGB), **erlischt** gem. § 29 Abs. 1 Nr. 3 ErbStG die Schenkungsteuer mit Wirkung **für die Vergangenheit**, d.h. die bezahlte Schenkungsteuer wird **erstattet**.[787]

44 Die Zugewinnausgleichsforderung kann nicht als außergewöhnliche Belastung abgezogen werden, auch nicht mit ihr verbundene Finanzierungszinsen. Die Zugewinnausgleichsschuld ist auch dann keine betriebliche Schuld, wenn der auszugleichende Zugewinn im Bereich des Betriebsvermögens entstanden ist.[788] Die Abfindung mit Gegenständen des **Betriebsvermögens** kann aber zu steuerpflichtigen Entnahmen führen.[789]

IV. Grunderwerbsteuer

45 Die Übertragung eines **inländischen Grundstücks** an Erfüllungs Statt ist ohne Rücksicht auf den ehelichen Güterstand von der Grunderwerbsteuer **befreit** (§ 3 Nr. 4, 5, § 5 GrErwStG). Das gleiche gilt für Erwerbe, die zwischen den **früheren** Ehegatten im Rahmen der Vermögensauseinandersetzung **nach** der Scheidung (§ 3 Nr. 5 GrErwStG) oder zwischen Personen durchgeführt werden, die in gerader Linie miteinander verwandt sind (§ 3 Nr. 6 GrErwStG). Ebenfalls ist der Erwerb eines zum **Gesamtgut** gehörenden Grundstücks durch Teilnehmer einer fortgesetzten Gütergemeinschaft zur Teilung des Gesamtguts von der Grunderwerbsteuer ausgenommen (§ 3 Nr. 7 GrErwStG).[790]

46 Unter den Begriff Grundstück fallen auch alle **Bestandteile** oder **Zubehör**, Miteigentumsanteile an Grundstücken, Erbbaurechte, Gebäude auf fremdem Grund und Boden sowie dinglich gesicherte Sondernutzungsrechte i.S.d. § 15 WEG und des § 1010 BGB.[791]

F. Auseinandersetzung einer Gütergemeinschaft

47 Da bei der Auseinandersetzung der Gütergemeinschaft jeder Ehegatte seinen Anteil erhält, entsteht **keine Schenkungsteuer**. Wird ein Grundstück oder ein Grundstücksanteil übertragen, so ist dieser Vorgang auch **grunderwerbsteuerfrei** (§ 3 Nr. 5 GrErwStG).

---

784 Märkle a.a.O. Rn 132 zu Teil 9.
785 Märkle a.a.O. Rn 132 zu Teil 9.
786 Meincke DStR 1977, 363, 365; Märkle a.a.O. Rn 132 zu Teil 9.
787 Märkle a.a.O. Rn 133 zu Teil 9.
788 BFHE 170, 134 = BStBl II 1993, 434.
789 Langenfeld, Handbuch der Eheverträge und Scheidungsvereinbarungen, Rn 418 zu Kap. 3.
790 Märkle in Göppinger/Börger, Vereinbarungen anlässlich der Ehescheidung, Rn 134 zu Teil 9.
791 Märkle a.a.O. Rn 134 zu Teil 9.

Werden Gegenstände des **Privatvermögens** veräußert, so unterliegt der Erlös **nicht** der **Einkommensbesteuerung**, es sei denn es handelt sich um ein privates Veräußerungsgeschäft i.S.d. § 23 EStG oder um Anteile an einer Kapitalgesellschaft bei wesentlicher Beteiligung i.S.d. § 17 EStG (im Einzelnen hierzu s. a.o. Teil 3).[792]

Gehört ein **Betrieb** zum Gesamtgut der Gütergemeinschaft, so sind die Ehegatten aufgrund der bestehenden Gütergemeinschaft regelmäßig **Mitunternehmer** des Betriebs, außer wenn die Einkünfte aus dem Betrieb nicht aufgrund des betrieblichen Sachvermögens, sondern allein durch den **höchstpersönlichen** Arbeitseinsatz eines Ehegatten erzielt werden[793] (im Einzelnen s.o.). 48

G. Übertragung von Bausparverträgen

Bei einer Auseinandersetzung von Bausparverträgen müssen die **einkommensteuer-** und **wohnungsbauprämien**rechtlichen Vorschriften berücksichtigt werden und die hierfür geltenden **Sperrfristen**.[794] 49

Die **Abtretung** des Bausparvertrags vor Ablauf der Sperrfrist ist nur dann steuer- und prämienunschädlich, wenn der Abtretungsempfänger die Bausparsumme unverzüglich und unmittelbar zum **Wohnungsbau** für den **Abtretenden** oder dessen Angehörige verwendet.[795] 50

Ist der Abtretungsempfänger (z.B. geschiedener Ehegatte) selbst Angehöriger des Bausparers, so kann er die Bausparmittel für sich selbst unschädlich zum Wohnungsbau verwenden. Dies betrifft z.B. Bau oder Erwerb eines Wohngebäudes, einer Eigentumswohnung, eines Dauerwohnrechts, einen Bauplatzes, Ablösung von Schulden aus dem Wohnungsbau, Modernisierung der Wohnung durch den Mieter.[796] 51

Wurde ein **gemeinsamer Bausparvertrag** auf den Namen **beider** Ehegatten geführt, so stellt eine Teilung **keine Abtretung** dar. Übernimmt jedoch ein Ehegatte den gemeinsamen Bausparvertrag allein, so liegt eine Abtretung vor, die **steuer-** und **prämienschädliche** Folgen auslösen kann.[797] 52

H. Schenkung unter Lebenden, Erwerb von Todes wegen

Bei Schenkungserwerb unter Lebenden oder bei Erwerb von Todes wegen vom anderen Ehegatten hat der erwerbende Ehegatte nach § 16 Abs. 1 Nr. 1 ErbStG einen **Steuerfreibetrag** von derzeit 307.000 Euro.[798] 53

Im gesetzlichen Güterstand der **Zugewinngemeinschaft** stellt § 5 ErbStG unter bestimmten Voraussetzungen den Zugewinn von der Erbschaftsteuer bzw. Schenkung- 54

792 Märkle a.a.O. Rn 136 zu Teil 9.
793 Im Einzelnen hierzu siehe: Märkle a.a.O. Rn 137 zu Teil 9.
794 Im Einzelnen hierzu siehe: Märkle in Göppinger/Börger, Vereinbarungen anlässlich der Ehescheidung Rn 203 zu Teil 9.
795 Märkle a.a.O. Rn 204 zu Teil 9.
796 Im Einzelnen siehe: Märkle a.a.O. Rn 204.
797 Märkle a.a.O. Rn 205 zu Teil 9.
798 Langenfeld a.a.O. Rn 215 d zu Kap. 2.

steuer frei. § 5 Abs. 1 ErbStG stellt im **Todesfall**, wenn der Zugewinn über das **erbrechtliche Viertel** des § 1371 Abs. 1 BGB ausgeglichen wird, eine **fiktive** Zugewinnausgleichsforderung, wie sie sich nach § 1371 Abs. 2 BGB errechnet, steuerfrei. Der Kaufkraftschwund wird aus dem Zugewinn herausgerechnet. Ehevertragliche Modifizierungen der Zugewinnausgleichsforderung werden nicht berücksichtigt. Der Zugewinn muss konkret nachgewiesen werden, also insbesondere auch das Anfangsvermögen.[799]

55   Die Privilegierung des § 5 Abs. 1 ErbStG ist für die **Ehevertragsgestaltung** wichtig. Sie hat zur Entwicklung des Ehevertragstyps „modifizierte **Zugewinngemeinschaft**" geführt, bei der es beim **gesetzlichen** Güterstand und beim Zugewinnausgleich im **Todesfall** verbleibt, aber der Zugewinnausgleich bei **Scheidung abbedungen** wird.[800] (Im Einzelnen hierzu s.o. Teil 2 und Teil 3)

I. Öffentlich-rechtlicher Versorgungsausgleich

56   Dieser vollzieht sich in der privaten Vermögenssphäre der Beteiligten und hat somit **keine einkommensteuerlichen Auswirkungen;** dasselbe gilt auch für die Rückgängigmachung der Übertragung nach §§ 4 ff VAHRG.[801]

57   Die Rente, die der Ausgleichsberechtigte bei Eintritt des Rentenfalles erhält, ist von diesem mit ihrem steuerpflichtigen Teil zu versteuern. Gleiches gilt für die verringerte Rente des Ausgleichspflichtigen.[802] Das gleiche gilt auch bei **Pensionskassen.**[803]

58   Wird vom Ausgleichsverpflichteten eine **Abfindung** im Rahmen einer Parteivereinbarung geleistet, so bleibt auch diese **einkommensteuerlich unberücksichtigt.**[804]

59   Die einkommensteuerliche Behandlung des Versorgungsausgleichs ergibt sich aus dem BMF-Schreiben vom 20.7.1981.[805] Danach hat der Versorgungsausgleich grundsätzlich keine einkommensteuerlichen Auswirkungen. Zahlungen im Bereich des **schuldrechtlichen Versorgungsausgleichs** sind als **dauernde Last** abziehbar und vom **Empfänger** als **wiederkehrende Bezüge** zu versteuern. Gleiches gilt bei Scheidungsvereinbarungen, in denen als Gegenleistung für den Verzicht auf Zugewinnausgleich oder Versorgungsausgleich **dauernde Lasten** vereinbart werden.[806]

60   Der **Verzicht** auf den Zugewinnausgleich kann eine zu versteuernde **Schenkung** an den verpflichteten Ehegatten sein. Grundstücksübertragungen anlässlich der Scheidung sind nach § 3 Nr. 5 GrEStG von der **Grunderwerbsteuer befreit.**

---

799   Langenfeld a.a.O. Rn 215 e zu Kap. 2.
800   Langenfeld a.a.O. Rn 215 f zu Kap. 2.
801   Stuhrmann TStR 1983, 255.
802   BMF BStBl 1981 I, 567 = NJW 1981, 2560; Märkle a.a.O. Rn 99 zu Teil 9.
803   Stuhrmann TStR 1983, 255.
804   BMF BStBl 1981 I, 567 = NJW 1981 2560.
805   BStBl I 1981, 567.
806   Langenfeld a.a.O. Rn 418 zu Kap. 3.

J. Quasi-Splitting, Beamtenanwartschaften

Die Begründung von Anwartschaftsrechten in der gesetzlichen Rentenversicherung zu   61
Lasten beamtenrechtlicher oder beamtenähnlicher Versorgungsansprüche ebenso wie
deren Rückgängigmachung nach §§ 4 ff VAHRG spielt sich im **einkommensteuerlich
unbeachtlichen** Bereich der privaten Vermögensebene ab.[807]

Der Versorgungsausgleich wird in diesem Fall dadurch vollzogen, dass der Dienstherr   62
dem Versicherungsträger spätere Rentenzahlungen erstattet. Die dem berechtigten Ehegatten später zufließende Rente aus der gesetzlichen Rentenversicherung ist mit ihrem
steuerpflichtigen Teil zu versteuern.[808]

K. Schuldrechtlicher Versorgungsausgleich

Die Geldrente, die der Ausgleichsverpflichtete dem berechtigten Ehegatten einräumt, ist   63
abänderbar (§§ 1587g Abs. 3, 242 BGB, 323 ZPO); sie ist deshalb eine dauernde
Last[809] und beim Verpflichteten in voller Höhe als **Sonderausgabe** i.S.d. § 10 Abs. 1
Nr. 1 a EStG abziehbar. Der Ausgleichs**berechtigte** hat die Zahlungen ebenfalls in voller
Höhe nach § 22 Nr. 1 b EStB zu versteuern.[810]

Verlangt der Berechtigte statt der Rentenzahlung die **Abtretung** der Versorgungs-   64
ansprüche (§ 1587 i BGB), so sind die Versorgungsleistungen beim Ausgleichs**verpflichteten** auch insoweit zu versteuern, als sie wegen der Abtretung nicht ihm, sondern dem
Ausgleichsberechtigten zufließen.[811]

Er kann die abgetretenen Leistungen als dauernde Last in voller Höhe als Sonderaus-   65
gaben abziehen;[812] dieselben Beträge stellen nach Abzug der Werbungskosten (§ 9 a
Nr. 3 EStG) beim **Berechtigten sonstige Einkünfte** nach § 22 Nr. 1 S. 3 b EStG dar.

Hat der ausgleichs**pflichtige** Ehegatte für die schuldrechtlich auszugleichende Betriebs-   66
rente in vollem Umfang – also auch hinsichtlich ihres dem ausgleichsberechtigten Ehegatten gebührenden Teils – **Beiträge** zur **Kranken-** und **Pflegeversicherung zu zahlen,**
während die schuldrechtliche Ausgleichsrente bei der Bemessung der von dem ausgleichsberechtigten Ehegatten zu erbringenden Kranken- und Pflegeversicherungsbei-
träge unberücksichtigt bleibt, so kann dem sich daraus ergebenden Verstoß gegen
den Halbteilungsgrundsatz durch eine **Kürzung** der **Ausgleichsrente** nach § 1587 h
Nr. 1, § 1587 c Nr. 1 BGB Rechnung getragen werden.[813]

Ist der Ausgleichsverpflichtete **Beamter** und wird der schuldrechtliche Versorgungsaus-   67
gleich nach § 1587 f Nr. 5 BGB **vereinbart** und vom Familiengericht genehmigt, so
bezieht der ausgleichspflichtige Beamte die volle Pension, die bei ihm nach Abzug des
Versorgungs-Freibetrages **voll steuerpflichtig** ist. Bei dieser Regelung erhält der ausgleichsberechtigte Ehegatte im Falle des Todes des ausgleichspflichtigen Beamten-Ehe-

---

807   BMF BStBl 1981 I, 567 = NJW 1981, 2560.
808   Märkle a.a.O. Rn 102 zu Teil 9.
809   Märkle a.a.O. Rn 105 zu Teil 9; Biergans DB 1979, 955, 959; Tiermann/Ferger NJW 1977, 2137, 2141.
810   Biergans a.a.O.
811   Biergans a.a.O.; Märkle a.a.O. Rn 106 zu Teil 9.
812   BMF BStBl 1981 I, 567 = NJW 1981, 2560.
813   BGH FamRZ 2005, 1982 ff.

gatten nach § 22 Abs. 2 BeamtVG einen Unterhaltsbeitrag. Dieser stellt beim **ausgleichsberechtigten** Ehegatten Einnahmen aus nichtselbständiger Arbeit dar und unterliegt der **Einkommensteuer**.[814]

68 Verlangt der Ausgleichsberechtigte an Stelle der Geldrente oder Abtretung von dem ausgleichsverpflichteten Ehegatten eine **Abfindung**, die nur in Form von Beiträgen an die gesetzliche Rentenversicherung oder an eine private Lebens- oder Rentenversicherung geleistet werden kann (§ 1587 l BGB), so sind diese Beiträge beim leistenden **Verpflichteten nicht** als **Sonderausgaben** abziehbar, weil nach der zwingenden zivilrechtlichen Regelung allein der Berechtigte Versicherungsnehmer ist (§ 1587 l Abs. 3 S. 2 BGB); denn Versicherungsbeiträge kann nur derjenige als Sonderausgaben geltend machen, der sie als Versicherungsnehmer schuldet.[815]

L. Betriebliche Altersversorgung

■ Für **unverfallbare** betriebliche oder berufsständische Versorgungsansprüche kann ein anderes Anrecht des Verpflichteten zum Ausgleich herangezogen werden (§ 3 b Abs. 1 Nr. 1 VAHRG). Zur Erhaltung der betrieblichen Versorgungsanwartschaften kann das Familiengericht den Ausgleichspflichtigen verpflichten, für den Berechtigten **Beiträge** zur gesetzlichen Rentenversicherung zu zahlen (§ 3 b Abs. 1 Nr. 2 VAHRG). Die Beiträge sind **weder** beim leistenden noch beim berechtigten Ehegatten als **Sonderausgaben** abziehbar.[816]

■ Sind die Anwartschaften noch **verfallbar**, so kommt lediglich der schuldrechtliche Versorgungsausgleich in Betracht (§ 1587 f Nr. 4 BGB).

■ Wird der Versorgungsausgleich in Form der **Realteilung** durchgeführt, so erhält der ausgleichsberechtigte Ehegatte ein eigenes Anrecht. Leistungen aus einer geteilten **Direktversicherung**, einem **Pensionsfond** oder einer **Pensionskasse** sind jeweils dem **Berechtigten zuzurechnen**, sofern es sich um **Leibrenten** handelt, sind sie vom Empfänger mit dem Ertragsanteil zu versteuern. Erträge aus **Kapitalauszahlungen** sind in voller Höhe einkommensteuerpflichtig, wenn der Versicherungsvertrag nach dem 31.12.2004 abgeschlossen wurde.[817]

■ Werden **betriebliche** Pensionszusagen im Wege der Realteilung auf den Berechtigten übertragen, so handelt es sich hierbei um einen selbständigen Anspruch gegenüber dem Arbeitgeber des ausgleichsverpflichteten Ehegatten mit der Folge, dass beim Ausgleichsberechtigten steuerlich eine eigene Einkunftsquelle zu berücksichtigen ist. Bei ausgleichsverpflichteten **Arbeitnehmer-Ehegatten** werden die künftigen – gekürzten – Pensionszahlungen als Einkünfte aus nicht selbständiger Arbeit berücksichtigt. Dasselbe gilt für die dem Ausgleichsberechtigten im Versorgungsfall zufließenden einmaligen und laufenden Leistungen. In beiden Fällen hat der **Arbeitgeber** den **Lohnsteuerabzug** vorzunehmen.[818]

---

814 Märkle a.a.O. Rn 107 zu Teil 9.
815 Märkle a.a.O. Rn 108 zu Teil 9; BFH BStBl 1989 II, 683; BStBl 1989 II, 862.
816 Märkle in Göppinger/Börger, Vereinbarungen anlässlich der Ehescheidung, Rn 109 zu Teil 9.
817 Märkle a.a.O. Rn 112 zu Teil 9; im Einzelnen zur Versteuerung von Versicherungsleistungen siehe dort.
818 Märkle a.a.O. Rn 115 ff zu Teil 9.

■ Wird an Stelle der Realteilung bezüglich der betrieblichen Versorgungsansprüche (aufgrund Anordnung des Familiengerichts oder durch Vereinbarung) der Versorgungsausgleich in der Weise durchgeführt, dass der ausgleichsberechtigte Ehegatte durch Abschluss einer **Lebensversicherung** abgefunden wird, so kann der geleistete Versicherungsbeitrag beim **ausgleichspflichtigen** Ehegatten weder als Werbungskosten[819] noch als außergewöhnliche Belastung (§ 33 EStG)[820] berücksichtigt werden. Auch ein Abzug als Sonderausgaben kommt nicht in Betracht, weil der Ausgleichspflichtige die Beiträge nicht als Versicherungsnehmer schuldet.[821]

Auch der **ausgleichsberechtigte** Ehegatte kann die vom Ausgleichspflichtigen einbezahlten Beiträge nicht als Sonderausgaben geltend machen, weil er sie nicht selbst geleistet hat.[822]

■ Soweit der Arbeitgeber die Beiträge zur Lebensversicherung, die dem ausgleichspflichtigen Arbeitnehmer obliegen, bezahlt hat, sind die vom Arbeitgeber geleisteten Beiträge dem ausgleichspflichtigen Arbeitnehmer als **Arbeitslohn** zuzurechnen.[823] Der Arbeitgeber hat den Steuerabzug vom Arbeitslohn nach allgemeinen Grundsätzen (§ 39b EStG) vorzunehmen.[824]

M. Übertragung von Vermögenswerten zur Abgeltung von Versorgungsausgleichsansprüchen

Die Ausgleichsregelungen nach § 1587o BGB spielen sich grundsätzlich dann im einkommensteuerlich unbeachtlichen Bereich der privaten Vermögenssphäre ab, wenn Geldvermögen oder Einkunftsquellen übertragen werden, die vorher zum **Privatvermögen** des Ausgleichsverpflichteten gehört haben. Werden Wirtschaftsgüter zur Abgeltung von Versorgungsausgleichsansprüchen übertragen, so kann Einkommensteuer anfallen, wenn es sich um ein **Veräußerungsgeschäft** i.S.d. **§ 23 EStG** oder um die Veräußerung einer wesentlichen **Beteiligung** i.S.d. **§ 17 EStG** handelt, da jeweils ein **entgeltliches** Rechtsgeschäft vorliegt, wenn Wirtschaftsgüter in Erfüllung der Verpflichtungen aus dem Versorgungsausgleich übertragen werden.[825]

69

Gehört jedoch das übertragene Wirtschaftsgut zum **Betriebsvermögen** des Ausgleichsverpflichteten, so liegt in der Übertragung dann eine **Entnahme** (§ 6 Abs. 1 Nr. 4 EStG), wenn der Empfänger nicht Mitunternehmer des Betriebs ist. Durch die Entnahme wird ein steuerpflichtiger laufender Gewinn ausgelöst, soweit der **Teilwert** zum Zeitpunkt der **Entnahme über dem Buchwert** liegt. Dies gilt auch dann, wenn das Wirtschaftsgut beim Empfänger wieder Betriebsvermögen wird.[826]

70

819 BFH BStBl 1984 II, 106 = NJW 1984, 1783.
820 Finanzministerium NW, DB 1988, 2129.
821 Märkle a.a.O. Rn 118 f zu Teil 9.
822 Märkle a.a.O. Rn 120 zu Teil 9.
823 Finanzministerium NW, DB 1988, 2129.
824 Märkle in Göppinger/Börger, Vereinbarungen anlässlich der Ehescheidung, Rn 121 zu Teil 9.
825 Märkle a.a.O. Rn 123 zu Teil 9.
826 BFH BStBl 1982 II, 18; Märkle a.a.O. Rn 124 zu Teil 9.

71 Die Einräumung von Darlehensforderungen sowie des **Nießbrauchs** an **Grundstücken,**[827] an Unternehmen oder Mitunternehmenranteilen hat dagegen **keine** unmittelbaren **einkommensteuerlichen** Belastungen zur Folge. Die daraus fließenden Einkünfte sind jedoch dem berechtigten Empfänger zuzurechnen.[828] Die Einräumung von **dinglichen Wohnrechten** (§ 1093 BGB) oder Dauerwohnrechten (§§ 31, 33 WEG) können auf Seiten des **Berechtigten** als Einkünfte einkommensteuerliche Auswirkungen haben.[829]

---

827 BMF BStBl 1998 I, 914; BFH BStBl 1984 II, 366 = NJW 1984, 1583; BStBl 1986 II, 327 = NJW 1986, 605.
828 Märkle a.a.O. Rn 125 zu Teil 9.
829 Märkle a.a.O. Rn 126 zu Teil 9.

§ 14 Generalabgeltungsklausel und Salvatorische Klausel

Hierzu siehe im Einzelnen die ausführlichen Ausführungen Teil 1 sowie Teil 4, § 1 Rn 97 f.

A. Beratung

Beratungshinweis:

1

Vor Vereinbarung einer Generalabgeltungsklausel muss mit der Partei eingehend über sämtliche etwaigen noch aus der Ehe entstehenden bzw. erst später bekannt werdenden Forderungen gesprochen werden, wie z.B. Steuernachforderungen oder Steuererstattungen aus Zeiten gemeinsamer Veranlagung, Berücksichtigung sämtlicher Schulden u.a.

Wird eine Generalabgeltungsklausel aufgenommen, so ist grundsätzlich später jegliche Geltendmachung weiterer Ansprüche ausgeschlossen. In diesem Zusammenhang ist auch daran zu denken, ob noch **gemeinsame** Vermögenswerte vorhanden sind, die von den Parteien übersehen wurden.

2

Der **Irrtum** eines Ehegatten bei Abschluss eines Globalvergleichs mit Erledigungsklausel dahingehend, dass keine Ausgleichsansprüche mehr bestehen, ist ein **unbeachtlicher Motivirrtum**.[830] Es kommt allenfalls die Anwendung der Grundsätze über den **Wegfall der Geschäftsgrundlage** wegen eines **gemeinschaftlichen** Motivirrtums in Betracht, wenn die Parteien sich gemeinsam über einen für ihre Willensbildung wesentlichen Umstand geirrt haben.[831]

3

Im Einzelfall können auch die Voraussetzungen des § 779 Abs. 1 BGB vorliegen, wobei es sich hier um einen **beiderseitigen** Irrtum über den dem Vergleich zugrundegelegten Sachverhalt handeln muss, der sich zudem auf einen streitausschließenden Umstand bezieht.[832]

4

Die Salvatorische Klausel beinhaltet die Vereinbarung, dass in Abweichung von § 139 BGB die einzelnen Bestandteile einer **Gesamtvereinbarung** auch dann **wirksam** bleiben sollen, wenn **eine** oder **mehrere nichtig** sein sollten.

5

B. Muster: Salvatorische Klausel, Ersetzungsklauseln

6

Mit dieser Vereinbarung sind alle wechselseitigen vermögensrechtlichen Ansprüche der Parteien im Zusammenhang mit der Beendigung ihrer Ehe endgültig erledigt. (Ausführlich zu Generalabgeltungsklauseln s. Teil 1 sowie Teil 4, § 1 Rn 97 f.)

424

---

830 Göppinger/Börger, Vereinbarungen anlässlich der Ehescheidung, Rn 78 Teil 6.
831 OLG Celle NJW 1971, 145; Palandt/Heinrichs, § 119 Rn 29/30 m.w.N.
832 Palandt/Sprau, § 779 Rn 17 ff; Börger a.a.O. Rn 78 zu Teil 6.

Alternative 1:

Sollte eine dieser Vereinbarungen unwirksam sein oder werden, sollen die restlichen Vereinbarungen hiervon unabhängig wirksam bleiben.

7 **Beratungshinweis:**

Dies gilt insbesondere dann, wenn z.B. in einem Ehevertrag auf Versorgungsausgleich verzichtet wird. Hier ist eine Regelung erforderlich für den Fall, dass vor Ablauf der Jahresfrist Scheidungsantrag eingereicht wird. Es ist klarzustellen, ob in diesem Fall der Versorgungsausgleichsverzicht trotzdem vereinbart sein soll. Gleiches gilt für die übrigen Vereinbarungen.

Der BGH misst der Salvatorischen Klausel in seiner neueren Rechtsprechung nur noch eine vertragliche **Beweislastregelung** zu.

8 Wer sich wegen der Unwirksamkeit einer Klausel auf die Unwirksamkeit des gesamten Vertrages berufen will, trägt die Beweislast dafür, dass die Parteien den Vertrag nicht ohne den nichtigen Teil gewollt hätten.[833]

9 **Beratungshinweis:**

Es empfiehlt sich, konkret aufzuführen die Nichtigkeit welcher Bestandteile (z.B. der Vereinbarungen zum Unterhalt, Versorgungsausgleich und Zugewinn) keinen Einfluss auf die Wirksamkeit der restlichen Vereinbarung haben soll.[834]

Salvatorische Klauseln werden häufig durch sog. **Ersetzungsklauseln**[835] ergänzt.

10 **Alternative 2:**

Sollte eine Bestimmung dieser Vereinbarung unwirksam sein, ist sie durch eine wirksame zu ersetzen, die dem angestrebten Zweck wirtschaftlich am nächsten kommt.

11 **Beratungshinweis:**

Da aufgrund der neuen Rechtsprechung des BGH zu der Wirksamkeit von Eheverträgen offenbar auch eine Teilnichtigkeit in Betracht kommen soll,[836] andererseits sittenwidrige Rechtsgeschäfte für den Gläubiger nicht das Risiko völliger Unwirksamkeit verlieren dürfen,[837] sind die Wirksamkeit und Reichweite solcher Klauseln derzeit zumindest **unsicher**.[838]

---

833   BGH NJW 2003, 347; Sarres, FF 2004, 241; Deisendofer, FF 2004, 275.
834   Langenfeld, Handbuch der Eheverträge und Scheidungsvereinbarungen, Rn 1042; Sarres, FF 2004, 251 f; Bergschneider FamRZ 2004, 1757, 1764.
835   Deisendofer, FF 2004, 275 f.
836   BGH FamRZ 2004, 601, 606.
837   BGH NJW 2001, 815 ff; BGH NJW 2000, 1182.
838   Vgl. hierzu: Sanders, FF 2004, 249 f; Sarres, FF 2004, 251 f.

§ 15 Verjährung

Im Einzelnen s.o. Teil 1, Rn 303 ff. Die Verjährung von Ansprüchen aus einer Eheschei-   1
dungsfolgenvereinbarung richtet sich nach § 194 Abs. 1 BGB.

- Soweit in der Vereinbarung **Zahlungsansprüche** geregelt sind, beispielsweise zum Zwecke des **Zugewinnausgleichs**, der Auseinandersetzung des Gesamtgutes und der sonstigen **Vermögensauseinandersetzung** oder als **Unterhaltsabfindung**, so verjährt dieser Anspruch in **30 Jahren**, § 197 Abs. 1 Ziff. 2 u. 4 BGB, und zwar ab Entstehung des Anspruchs, § 200 S. 1 BGB, d.h. im Allgemeinen frühestens mit der **Rechtskraft des Scheidungsurteils**, da mit dieser der Vergleich wirksam wird (vgl. auch § 201 BGB für titulierte Ansprüche nach § 197 Abs. 1 Ziff. 3 u. 4 BGB). Sind spätere Fälligkeitsdaten vereinbart, läuft die Frist ab diesem Fälligkeitsdatum.[839]

- Die 30-jährige Verjährungsfrist für familienrechtliche Ansprüche gilt aber nur, soweit nicht etwas anderes bestimmt ist. Eine solche anderweitige Bestimmung enthält § 1378 Abs. 4 BGB, sodass es für den **Zugewinnausgleichsanspruch** bei der **3-jährigen** Verjährungsfrist bleibt, soweit der Anspruch **nicht** in der **Ehescheidungsfolgenvereinbarung** tituliert ist, § 197 Abs. 1 Ziff. 4 BGB.[840]

- Hat sich ein Ehegatte zu **wiederkehrenden** Leistungen (insbesondere **Unterhaltszahlungen**) für die Zeit nach der Ehescheidung verpflichtet, verjährt der Anspruch auf die jeweilige Zahlung in **3 Jahren**, § 197 Abs. 2 i.V.m. § 195 BGB. Dies gilt auch für Sonderbedarf i. S. des § 1613 Abs. 2 BGB. Die Verjährung beginnt mit dem **Schluss des Kalenderjahres**, in dem der – bekannte – Anspruch fällig wird, sodass alle im Laufe des Jahres 2004 fällig gewordenen Unterhaltsraten am 31.12.2007 verjähren, § 199 Abs. 1 BGB.[841]
  Demgegenüber verjähren in der Ehescheidungsfolgenvereinbarung erfasste und ggf. titulierte **rückständige** Unterhaltsraten erst nach 30 Jahren, § 197 Abs. 1 Nr. 2 und/oder Nr. 4 i.V.m. § 197 Abs. 2 BGB.[842]
  Die Verjährungsfrist von 3 Jahren für laufende Unterhaltsansprüche gilt auch für **familienrechtliche Ausgleichsansprüche**.[843]
  Die **Vollstreckungsverjährung** beträgt nach § 197 Nr. 3 BGB für **titulierte Rückstände** bis zur Rechtskraft der Entscheidung **30 Jahre**, für den titulierten **künftigen** Unterhalt nach § 197 Abs. 1 Nr. 3, Abs. 2 BGB dagegen nur **3 Jahre**.[844]

- Unterhaltsansprüche eines **Kindes** gegen einen Elternteil verjähren **nicht**, solange das Kind **minderjährig** ist, § 207 Abs. 1 Ziff. 2 BGB. Demgegenüber endet die Hemmung der Verjährungsfrist mit der Folge der Geltung der kurzen 3-jährigen Verjährungsfrist, wenn der Unterhaltsanspruch des Kindes nach § 1607 Abs. 3 BGB auf einen anderen Verwandten, der den Unterhalt gewährt hat, übergegangen ist.[845]

---

839 Göppinger/Börger, Vereinbarungen anlässlich der Ehescheidung, Rn 80 zu Teil 1.
840 Göppinger/Börger a.a.O. Rn 80 zu Teil 1.
841 Göppinger/Börger, Vereinbarungen anlässlich der Ehescheidung, Rn 81 zu Teil 1.
842 Göppinger/Börger a.a.O. Rn 81 zu Teil 1 mit Hinweis auf BGH NJW 1990, 2754.
843 Heiß, Das Mandat im Familienrecht, Rn 531 zu Teil 8.
844 Heiß, Das Mandat im Familienrecht a.a.O. Rn 531 zu Teil 8 mit Hinweis auf Büttner FamRZ 2002, 361.
845 Göppinger/Börger a.a.O. Rn 82 zu Teil 1; OLG Brandenburg NJW RR 2002, 362.

- Für **Kostenerstattungsforderungen** ist keine Sonderregelung mehr vorgesehen, sodass die Regel-Verjährungsfrist von **3 Jahren** gilt, sofern die Forderung **nicht** (z.B. durch einen Kostenfestsetzungsbeschluss oder einen vollstreckbaren Vergleich) **beziffert tituliert** ist, §§ 195, 197 Abs. 1 Ziff. 4 BGB.[846]

---

[846] Göppinger/Börger a.a.O. Rn 82 zu Teil 1.

Stichwortverzeichnis

Fette Ziffern verweisen auf Teile, kursive auf Kapitel (§§), magere auf Randnummer